U0940735

2014
中国城市经济年鉴
CHINA URBAN ECONOMY YEARBOOK

张巨功　主编

中国城市出版社

·北京·

积极稳妥推进城镇化，合理调节各类城市人口规模，提高中小城市对人口的吸引能力，始终节约用地，保护生态环境。

城镇化要发展，农业现代化和新农村建设也要发展，同步发展才能相得益彰，要推进城乡一体化发展。

——中共中央总书记、国家主席、中央军委主席　习近平

统筹“新四化”发展，需要平衡多方面关系。推进城镇化，核心是人的城镇化，关键是提高城镇化质量，目的是造福百姓和富裕农民。要走集约、节能、生态的新路子，着力提高内在承载力，不能人为“造城”，要实现产业发展和城镇建设融合，让农民工逐步融入城镇。要为农业现代化创造条件、提供市场，实现新型城镇化和农业现代化相辅相成。

—— 中共中央政治局常委、国务院总理　李克强

《2014中国城市经济年鉴》编辑委员会

《2014中国城市经济年鉴》编辑委员会

编委（以姓氏笔画为序）

《2014中国城市经济年鉴》编辑委员会

编委单位（以参加时间为序）

理的创新思路与辉煌成就的文章；五是对全国城市经济的研究机构、全国城市经济高等院校以及在中国城市经济发展研究领域作出杰出贡献和有资深研究的专家及其重点专著作了专题汇编和介绍，为全国研究机构、学校、专家、学者进行学术交流提供平台；六是专门编辑了中国城市特色研究成果，包括中国城市竞争力2013年度综述、总部经济、中国主要临空经济区发展、2014年长江三角洲城市发展问题与前瞻报告以及2013年江苏城市发展报告等；七是摘选了2013年度各大图书排行榜中区域和城市经济相关畅销书进行介绍。

《2014中国城市经济年鉴》是一部全国性、综合性、资料性年鉴，是各级领导科学决策和规划城市现代化建设与发展，专家学者研究中国城市经济和中国特色城镇化道路的必备参考书；是广大读者案头实用的知识性和综合性的图书；是一部展示中国城市经济发展轨迹，总结改革发展经验，开展创新研究，科学规划未来的一部有重要参考价值的文献图书。

本年鉴的出版和发行得到了我国各城市领导、中国城市发展研究会以及有关专家、学者的大力支持，在此表示诚挚的感谢。由于编者水平所限，本卷年鉴的缺点和不足在所难免，恳请广大读者对《2014中国城市经济年鉴》的编纂工作提出宝贵的批评和建议。

编者

2014年10月

CONTENTS 目录

第一篇　中国城市经济相关政策文件

第二篇　中国城市经济统计资料

第三篇　2013年中国主要城市经济发展概况

第四篇　中国市长论城市经济

第五篇　中国城市经济科研机构及专家汇编

全国高等院校城市经济院系汇编

全国城市经济研究机构汇编

中国城市经济著名专家榜

第六篇　中国城市特色经济研究成果汇编

第七篇　2013年区域和城市经济畅销书

附录一　中国城市博览

附录二　中国企业风采

THE 第一篇
FIRST CHAPTER

中国城市经济相关政策文件

循环经济发展战略及近期行动计划
（摘要）

国发〔2013〕5号

前　言

发展循环经济是我国的一项重大战略决策，是落实党的十八大推进生态文明建设战略部署的重大举措，是加快转变经济发展方式，建设资源节约型、环境友好型社会，实现可持续发展的必然选择。

近年来，各地区、各部门大力推动循环经济发展，循环经济理念进一步确立，产业体系逐步完善，发展水平不断提高，经济、社会和环境效益进一步显现。当前，我国已进入全面建成小康社会的决定性阶段，随着工业化、城镇化和农业现代化持续推进，我国能源资源需求将呈刚性增长，废弃物产生量将不断增加，经济增长与资源环境之间的矛盾更加突出，发展循环经济的要求更为迫切。

为指导和推动循环经济加快发展，实现“十二五”规划纲要提出的资源产出率提高15%的目标，国家编制了《循环经济发展战略及近期行动计划》，对发展循环经济做出战略规划，对今后一个时期的工作进行具体部署。各地区、各部门要从战略和全局的高度，充分认识加快发展循环经济的重要意义，落实工作责任，完善工作机制，加强协调配合，进一步加大工作力度，采取切实有效的措施，确保完成各项目标任务，全面提高生态文明水平。

第一章　现状与形势

第一节　“十一五”循环经济发展取得的主要成效

循环经济理念逐步树立。

循环经济试点取得明显成效。

法规标准体系初步建立。

政策机制逐渐完善。

技术支撑不断增强。

产业体系日趋完善。

“十一五”以来，通过发展循环经济，我国单位国内生产总值能耗、物耗、水耗大幅度降低，资源循环利用产业规模不断扩大，资源产出率有所提高，初步扭转了工业化、城镇化加快发展阶段资源消耗强度大幅上升的势头，促进了结构优化升级和发展方式转变，为保持经济平稳较快发展提供了有力支撑，为改变“大量生产、大量消费、大量废弃”的传统增长方式和消费模式探索出了可行路径。

同时必须清醒地看到，我国循环经济发展规模还有待扩大、发展水平有待提高，主要表现在：循环经济理念尚未在全社会得到普及，一些地方和企业对发展循环经济的认识还不到位；循环经济促进法配套法规规章尚不健全，生产者责任延伸等制度尚未全面建立；部分资源性产品价格形成机制尚未理顺，有利于循环经济发展的产业、投资、财税、金融等政策有待完善；循环经济技术创新体系和先进适用技术推广机制不健全，技术创新能力亟须加强；统计基础工作比较薄弱，评价制度不健全，循环经济能力建设、服务体系、宣传教育等有待加强。这些矛盾和问题已严重制约循环经济的发展，必须尽快加以研究解决。

第二节　循环经济发展面临的形势

资源约束强化。

环境污染严重。

应对气候变化压力加大。

绿色发展成为国际潮流。

无论是从国内能源资源供给和生态环境承载能力看，还是从全球发展趋势和温室气体排放空间看，我国都无法继续靠粗放型的增长方式推进现代化进程。当前我国已进入全面建成小康社会的关键时期，也是发展循环经济的重要机遇期，必须积极创造有利条件，着力解决突出矛盾和问题，加快推进循环经济发展，从源头减少能源资源消耗和废弃物排放，实现资源高效利用和循环利用，改变“先污染、后治理”的传统模式，推动产业升级提升和发展方式转变，促进经济社会持续健康发展。

第二章　指导思想、基本原则和主要目标

第一节　指导思想

以邓小平理论、“三个代表”重要思想、科学发展观为指导，落实节约资源和保护环境的基本国策，围绕提高资源产出率，遵循“减量化、再利用、资源化，减量化优先”的原则，坚持统筹规划、重点突破、全面推进相结合，因地制宜、示范引领、推广普及相结合，制度创新、技术创新、管理创新相结合，政府推动、企业实施、公众参与相结合，健全激励约束机制，积极构建循环型产业体系，推动资源再生利用产业化，推行绿色消费，形成覆盖全社会的资源循环利用体系，加快转变经济发展方式，推进资源节约型、环境友好型社会建设，提高生态文明水平。

第二节 基本原则

强化理念，减量优先。

完善机制，创新驱动。

改造存量，优化增量。

示范引领，全面推进。

因地制宜，突出特色。

高效利用，安全循环。

第三节 主要目标

循环经济发展的中长期目标是：循环型生产方式广泛推行，绿色消费模式普及推广，覆盖全社会的资源循环利用体系初步建立，资源产出率大幅提高，可持续发展能力显著增强。到“十二五”末的目标（近期目标）是：主要资源产出率比“十一五”末提高15%，资源循环利用产业总产值达到1.8万亿元。

第三章 构建循环型工业体系

在工业领域全面推行循环型生产方式，实施清洁生产，促进源头减量；推进企业间、行业间、产业间共生耦合，形成循环链接的产业体系；鼓励产业集聚发展，实施园区循环化改造，实现能源梯级利用、水资源循环利用、废物交换利用、土地节约集约利用，促进企业循环式生产、园区循环式发展、产业循环式组合，构建循环型工业体系。到2015年，单位工业增加值能耗、用水量分别比2010年降低21%、30%，工业固体废物综合利用率达到72%，50%以上的国家级园区和30%以上的省级园区实施了循环化改造。

第一节 煤炭工业

推动煤矿绿色开采。

推进煤系共伴生资源综合开发利用。

实施系统节能降耗。

推进矿区生态环境保护。

构建煤基循环经济产业链。

到2015年，原煤入洗率达到60%以上，煤矸石综合利用率达到75%，煤层气（瓦斯）抽采利用率达到60%，煤层气发电装机容量超过285万千瓦，低热值煤炭资源综合利用发电装机容量达到7600万千瓦，矿井水综合利用率达到75%，土地复垦率达到60%。

第二节　电力工业

加强节能降耗。

推进粉煤灰、脱硫石膏综合利用。

支持可再生能源发电和资源综合利用电厂建设。

构建发电与相关产业的循环经济链。

到2015年，火电平均供电煤耗降到325克标准煤/千瓦时，粉煤灰综合利用率达到70%，脱硫石膏综合利用率达到80%，生物质发电装机容量达到1300万千瓦。

第三节　钢铁工业

推进铁矿石资源综合开发利用。

强化节能降耗。

推动余热余压、固体废物和废水资源化利用。

鼓励钢铁生产系统与社会生活系统循环链接。

构建钢铁行业循环经济产业链。

到2015年，吨钢综合能耗降到580千克标准煤，吨钢耗新水量降到4立方米，废钢回收利用量达到1.3亿吨，冶炼废渣综合利用率达到97%，重点钢铁企业焦炉干熄焦普及率达到95%以上。

第四节　有色金属工业

推进共伴生矿和尾矿综合开发利用。

强化节能降耗。

推动冶炼废渣、废气、废液和余热资源化利用。

推进废有色金属再生利用。

构建有色金属行业循环经济产业链。

到2015年，铜冶炼综合能耗降到300千克标准煤/吨，铝锭综合交流电耗降到13300千瓦时/吨，赤泥综合利用率达到20%，工业用水循环利用率达到87%，主要再生有色金属产量达到1200万吨。

第五节　石油石化工业

加强油气资源综合开发利用。

加强节能降耗。

推动废渣、废气、废水资源化利用。

构建石油石化行业循环经济产业链。

到2015年，原油加工综合能耗降到86千克标准煤/吨，乙烯综合能耗降到857千克标准煤/吨，石油石化行业单位工业增加值用水量比2010年减少30%。

第六节　化学工业

推动磷、硫、钾等矿产资源综合开发利用。

推进节能降耗。

推动“三废”资源化利用。

构建化学工业循环经济产业链。

到2015年，合成氨综合能耗低于1350千克标准煤/吨，烧碱（离子膜）综合能耗降到330千克标准煤/吨，电石综合能耗降到1050千克标准煤/吨，行业平均中水回用率达到90%，固体废物综合利用率达到75%。

第七节　建材工业

加强节能降耗。

推动利废建材规模化发展。

发展绿色建材产品。

推进水泥窑协同资源化处理废弃物。

构建建材行业循环经济产业链。

到2015年，水泥熟料综合能耗降到112千克标准煤/吨，平板玻璃综合能耗降到15千克标准煤/重量箱，日用陶瓷综合能耗降到1110千克标准煤/吨，水泥生产线纯低温余热发电比例提高到70%以上，玻璃生产线余热发电比例提高到30%以上，新型墙体材料比重达到65%以上，水泥窑协同资源化处理废弃物生产线比例达10%。

第八节　造纸工业

推进节能降耗。

加强废物资源化利用。

推进造纸行业与上下游产业一体化发展。

构建造纸行业循环经济产业链。

到2015年，纸及纸板综合能耗降到530千克标准煤/吨，纸浆综合能耗降到370千克标准煤/吨，纸浆、纸及纸板生产平均取水量降到70立方米/吨，废纸利用率达到72%。

第九节 食品工业

加强节能降耗。

推进食品加工副产物和废弃物资源化利用。

推动食品行业与上下游产业一体化发展。

构建食品行业循环经济产业链。

到2015年，食品行业单位工业增加值能耗、用水量分别比2010年降低16%、30%，食品工业副产品综合利用率提高到80%以上。

第十节 纺织工业

推进节能降耗。

加强废弃物资源化利用。

推动废旧纺织品再生利用规范化发展。

构建纺织行业循环经济产业链。

到2015年，纺织行业单位工业增加值能耗、取水量比2010年分别下降20%、30%，纺织纤维再利用总量达到800万吨。

第十一节 产业园区

按照“布局优化、企业集群、产业成链、物质循环、集约发展”的要求，推进新建、搬迁企业和项目园区化、集聚化发展，推动各类产业园区实施循环化改造，构建循环经济产业链，实现企业、产业间的循环链接，提高产业关联度和循环化程度，促进园区绿色低碳循环发展。到2015年，50%以上的国家级园区和30%以上的省级园区实施循环化改造。

构建园区循环经济产业链。

推进园区资源高效循环利用。

推行园区基础设施绿色化。

第四章 构建循环型农业体系

在农业领域加快推动资源利用节约化、生产过程清洁化、产业链接循环化、废物处理资源化，形成农林牧渔多业共生的循环型农业生产方式，加快农业机械化，推进农业现代化，改善农村生态环境，提高农业综合效益，促进农业发展方式转变。到2015年，农业灌溉用水有效利用系数达到0.53，秸秆综合利用率提高到80%，设施渔业养殖废水处理与综合利用率达80%以上，林业“三剩物”综合利用率达80%以上。

第一节　种植业

发展节约型种植业。

推动农作物秸秆综合利用。

推动农田残膜、灌溉器材回收利用。

第二节　林业

加强林竹加工业节能降耗。

推动林竹废弃物资源化利用。

构建林业循环经济产业链。

第三节　畜牧业

推进畜禽养殖清洁生产。

加强畜禽粪污资源化利用。

推动畜禽加工副产物和废弃物利用。

构建农牧业循环经济产业链。

第四节　渔业

推行设施渔业清洁生产。

延伸渔业循环产业链。

第五节　工农业复合

推进种植业、养殖业、农产品加工业、生物质能产业、农林废弃物循环利用产业、高效有机肥产业、休闲农业等产业循环链接，形成无废高效的跨企业、跨农户循环经济联合体，构建粮、菜、畜、林、加工、物流、旅游一体化和一、二、三产业联动发展的现代工农复合型循环经济产业体系。大力推广农业循环经济典型模式，重点培育推广畜（禽)—沼—果（菜、林、果)复合型模式、农林牧渔复合型模式、上农下渔模式、工农业复合型模式等，提升农业综合效益。

第五章　构建循环型服务业体系

加快构建循环型服务业体系，推进服务主体绿色化、服务过程清洁化，促进服务业与其他产业融合发展，充分发挥服务业在引导人们树立绿色循环低碳理念，转变消费模式方面的积极作用。

第一节　旅游业

推进旅游业开发、管理、消费各环节绿色化，积极构建循环型旅游服务体系。

推进旅游景区建设和管理绿色化。

引导低碳旅游和绿色消费。

第二节　通信服务业

推进绿色基站建设。

推进绿色数据中心建设。

鼓励回收废旧通信产品。

到2015年，通信基站能耗比2010年降低25%，通信基站废旧铅酸蓄电池回收率达90%以上。

第三节　零售批发业

积极推行清洁生产。

推进废弃物回收利用。

推动绿色消费。

到2015年，营业面积在1万平方米以上的大型超市、百货店、专业店等零售业万元营业额能耗显著下降。

第四节　餐饮住宿业

推进餐饮住宿业绿色化。

倡导绿色服务。

到2015年，餐饮住宿业单位增加值能耗明显降低，一次性用品使用率大幅降低。

第五节　物流业

提高物流运行效率。

加快绿色仓储建设。

到2015年，初步建立起低碳、循环、高效的绿色物流体系，物流设施能源利用效率明显提高，车辆空驶率稳步降低。

第六章　推进社会层面循环经济发展

加快完善再生资源和垃圾分类回收体系，推动再生资源利用产业化，发展再制造，推进餐厨废弃物资源化利用，实施绿色建筑行动和绿色交通行动，推行绿色消费，实施大循环战略，加快建设循环型社会。

第一节　完善再生资源回收体系

完善再生资源回收网络。

健全生活垃圾分类回收体系。

加强重点再生资源回收。

到2015年，构建起先进完整的再生资源回收体系，垃圾分类工作取得明显进展，主要品种再生资源回收率达到70%。

第二节　推动再生资源利用产业化发展

推动废旧机电产品、电线电缆、通信设备、汽车、家电、手机、铅酸电池、塑料、橡胶、玻璃等再生资源利用的规模化、产业化发展。到2015年，主要再生资源利用总量达到2.66亿吨，产值达到1.2万亿元，就业人员1800万人。

推进再生资源规模化利用。

推进再生资源高值化利用。

推进再生资源清洁安全利用。

第三节　发展再制造

建立旧件逆向回收体系。

抓好重点产品再制造。

推动再制造产业化发展。

到2015年，实现年再制造发动机80万台，变速箱、起动机、发电机等800万件，工程机械、矿山机械、农用机械等20万台套，再制造产业年产值达500亿元左右。

第四节　实施绿色建筑行动

推进既有建筑供热计量和节能改造。

新建建筑严格执行节能标准。

发展绿色建筑。

推进建筑废物资源化利用。

“十二五”期间，北方采暖地区完成既有居住建筑供热计量和节能改造4亿平方米以上，夏热冬冷地区既有居住建筑节能改造5000万平方米以上，公共建筑和公共办公区建筑节能改造1.2亿平方米，新建绿色建筑8亿平方米。到2015年，城镇新建建筑15%以上达到绿色建筑标准要求。

第五节　构建绿色综合交通运输体系

基础设施建设环节体现循环经济要求。

运营服务环节大力提高能源资源利用效率。

倡导绿色出行。

到2015年，铁路、公路、水路、民航、邮政、城市轨道交通行业基础设施建设和运营服务环节的资源能源利用效率全面提高，污染排放得到有效控制。

第六节　推进餐厨废弃物资源化利用

建立餐厨废弃物资源化利用体系。

强化餐厨废弃物管理。

到2015年，50%的设区城市初步实现餐厨废弃物分类收运和资源化利用，餐厨废弃物资源化利用能力达到3万吨/日。

第七节　推行绿色消费

树立绿色消费理念。

倡导绿色生活方式。

政府机构带头节约。

第八节　实施大循环战略

在推动企业内部、园区内部、产业内部实行清洁生产和资源循环利用的基础上，遵循生态循环规律，实施大循环战略，推动产业之间、生产与生活系统之间、国内外之间的循环式布局、循环式组合、循环式流通，加快构建循环型社会，全面推进循环发展，实现资源利用可循环、环境容量可承载、经济发展可持续。

推进产业循环式组合。

促进生产与生活系统的循环链接。

推进资源循环利用国内外大循环。

第七章　实施循环经济“十百千”示范行动

通过实施循环经济“十百千”示范行动，实现技术突破和管理创新，推动循环经济形成较大规模。

第一节　实施循环经济十大示范工程

资源综合利用示范工程。

产业园区循环化改造示范工程。

再生资源回收体系示范工程。

“城市矿产”基地建设示范工程。

再制造产业化示范试点工程。

餐厨废弃物资源化利用和无害处理示范试点工程。

生产过程协同资源化处理废弃物示范工程。

农业循环经济示范工程。

循环型服务业示范工程。

资源循环利用技术产业化示范推广工程。

第二节　创建百个循环经济示范城市（县）

选择100个左右城市（县），创建国家循环经济示范城市（县）。示范城市（县）要全面推行循环型生产方式和绿色消费模式，率先构建起覆盖全社会的资源循环利用体系，资源产出率提高幅度超出全国平均水平，通过发展循环经济探索实现转型发展的道路。

第三节　培育千家循环经济示范企业（园区）

选择1000家骨干企业或园区，树立循环经济典型。示范企业（园区）的资源产出率、土地产出率、单位产值能耗、物耗、水耗、产业废弃物综合利用率、工业用水重复利用率等指标达到国内领先水平和国际先进水平。

实施循环经济“十百千”示范行动，以企业自主投资为主，国家和地方政府通过现有政策和资金渠道给予必要的资金支持。中央补助资金重点支持相关公益性基础设施、公共服务平台、重点项目、能力建设及关键共性技术产业化示范和推广应用。鼓励金融机构和社会主体将资金投向循环经济重大工程。鼓励企业通过自有资本、银行贷款、上市融资、发行债券等方式实施循环经济重大工程。

第八章 保障措施

第一节 完善经济政策

产业政策。

投资政策。

价格和收费政策。

财政政策。

税收政策。

金融政策。

第二节 健全法规和标准

加快法规建设。

建立健全标准和计量体系。

第三节 加强管理监督

实行生产者责任延伸制度。

加强循环经济管理。

探索市场化管理机制。

加强监督检查。

第四节 强化技术和服务支撑

加快共性关键技术开发。

加强技术装备产业化示范。

加快先进适用技术推广应用。

健全循环经济服务体系。

第五节 建立循环经济统计评价制度

完善循环经济统计制度。

建立循环经济评价体系。

加强统计能力建设。

第六节　强化宣传教育和人才培养

加大宣传力度。

强化教育和人才培养。

第七节　积极开展交流合作

积极开展国际交流与合作。

积极开展两岸三地交流与合作。

第八节　加强组织领导

国务院建立健全发展循环经济组织协调机制，研究有关重大问题，部署重大任务，把握实施进度和效果，进行定期监督检查。各级人民政府和有关部门要切实履行职责，扎实开展工作，确保完成各项目标任务。

地方各级人民政府对本地区发展循环经济工作负总责，切实加强组织领导和统筹协调，建立相应的工作机制，抓紧编制实施本地区循环经济发展规划和年度推进计划，出台配套政策，明确任务分工，做到层层有责任，逐级抓落实。

国务院有关部门要按照职责分工做好相关工作，出台配套政策措施，加强协调配合，形成工作合力。充分发挥发展循环经济部际联席会议的作用，发展改革委要会同有关部门加强对计划实施的指导、支持以及监督和评估，制订实施全国循环经济年度推进计划，针对计划实施中出现的新情况新问题，适时提出解决办法，重大问题及时向国务院报告。

国务院

2013年1月23日

“十二五”国家自主创新能力建设规划（摘要）

国发〔2013〕4号

为贯彻落实《中华人民共和国国民经济和社会发展第十二个五年规划纲要》《国家中长期科学和技术发展规划纲要（2006—2020年）》和《中共中央国务院关于深化科技体制改革加快国家创新体系建设的意见》（中发〔2012〕6号），引导创新主体行为，指导全社会加强自主创新能力建设，加快推进创新型国家建设，制定本规划。本规划主要涉及创新基础设施、创新主体、创新人才队伍和制度文化环境等方面。

一、建设基础与面临形势

（一）建设基础。

“十一五”期间，我国坚持把增强自主创新能力作为科学技术发展的战略基点和提高综合国力的关键，大力推进科技进步和创新，强化了对经济社会发展和国家安全保障的支撑。

（二）面临形势。

“十二五”是我国建设创新型国家的关键时期，全面建成小康社会、加快转变经济发展方式对自主创新能力建设提出了更高、更紧迫的要求。

1. 加强创新能力建设是提升国家竞争力的迫切要求。

2. 加强创新能力建设是实现重大科技突破的重要举措。

3. 加强创新能力建设是加快转变经济发展方式的重要支撑。

4. 加强创新能力建设是破解社会发展难题的客观需要。

当前，我国自主创新能力建设仍存在一些突出问题，主要表现在：创新能力建设缺乏系统前瞻布局，与世界先进水平相比还有较大差距；创新资源配置重复分散、使用效率不高、共享不足；企业创新动力和活力不足，技术创新的主体作用没有得到充分发挥；投入不足与结构不合理并存，持续投入机制尚未形成；知识产权保护等创新环境有待完善。面对新形势和新要求，必须把科技创新作为提高社会生产力和综合国力的战略支撑，摆在国家发展全局的核心位置，以战略眼光和全球视野，抓住机遇，应对挑战，充分利用现有基础，着力加强薄弱环节，以更大力度推进我国自主创新能力建设。

二、指导思想、建设目标和总体部署

（一）指导思想。

以邓小平理论、“三个代表”重要思想、科学发展观为指导，着眼国家全局性和长远性发展需求，实施创新驱动发展战略，以体制机制改革为保障，统筹创新能力建设布局，加强自主创新的物质技术基础和人才队伍建设，促进创新资源合理配置，增强创新主体动力和全社会创新活力，更加注重协同创新，全面提升原始创新、集成创新和引进消化吸收再创新的能力和水平，加快创新型国家建设，为经济社会发展提供有力保障。

（二）建设目标。

到“十二五”末，我国自主创新能力建设的目标是：

——创新基础条件建设布局更加合理。

——重点领域创新能力明显提升。

——创新主体实力明显增强。

——区域创新能力布局不断优化。

——创新环境更加完善。

（三）总体部署。

“十二五”时期，我国自主创新能力建设的总体部署是：加强政府统筹规划指导，更加发挥市场在资源配置中的基础性作用，引导社会创新主体积极参与，重点推进科学研究实验设施和各类创新基地建设，加强科技资源整合共享和高效利用，健全国家标准、计量、检测和认证技术体系，支撑科技跨越发展；加快推进重点产业关键核心技术研发和工程化能力建设，提升重点社会领域创新能力和公共服务水平，构建各具特色、协调发展的区域创新体系，支撑经济社会创新发展；加强创新主体能力、人才队伍和制度等创新环境建设，深化国际交流与合作，强化知识产权创造、运用、保护和管理能力，激发全社会创新活力，提高创新效率和效益。

三、加强科技创新基础条件建设

（一）科学研究实验设施。

1. 规划建设国家重大科技基础设施。瞄准科技前沿和国家重大战略需求，坚持有所为、有所不为，以能源科学、生命科学、地球系统与环境科学、粒子物理和核物理科学、空间和天文科学、材料科学、工程技术科学等7个领域为重点，统筹国家重大科技基础设施建设布局。

2. 加强国家重点实验室建设。按照明确定位、完善布局、规范管理、共建共享的原则，进一步加强国家（重点）实验室建设。

3. 提高科研装备水平。加强科学规划和系统设计，改善科研装备条件，进一步提高现有科研仪器设备的使用效率。

4. 稳步推进国家野外科学观测研究站（网）建设。加强农业、气象、生态、环保、交通、水利等领域野外科学观测研究站（网）建设。

（二）科技资源与信息平台。

1. 加强自然科技资源库建设。继续开展自然科技资源的搜集、保藏和安全保护，整合和完善科学植物园、动植物种质资源库、微生物菌（毒）种和人类遗传资源库、临床样本和疾病信息资源库、实验材料和标准物质资源库、岩矿化石和生物标本资源库。

2. 推动重点领域科技资源平台建设。在信息、生物、新材料、航空航天、能源、海洋、节能减排等重点领域以及新兴、前沿和交叉学科领域，推动多学科交叉集成、面向社会开放服务的科技资源平台建设。

3. 加快科学数据平台建设。实施科研信息化应用推进工程，强化国家重要科研信息化基础设施的综合应用和服务能力。

（三）标准计量检测认证平台。

1. 加强标准和认证认可体系建设。完善国家和行业技术标准资源服务平台，加强标准化与科技创新、产业升级协同发展，加快关键技术标准研制，提高参与制定国际标准的能力。

2. 加强检验检测平台建设。整合资源，构建以国家级机构为龙头、区域性机构为基础、企业及社会检测资源为补充的检验检测体系。

3. 积极推进计量测试平台建设。

四、增强重点产业持续创新能力

（一）农业创新能力。

1. 加强农业技术创新平台建设。围绕我国粮食安全、种业发展、主要农产品供给、农产品质量安全、生物安全、农林生态保护等，加强农业重点实验室、农业应用研究示范基地、科学观测实验站、品种改良中心、种质库（圃）等创新基地和平台建设。

2. 推进农业创新资源集聚。推进现代农业产业技术体系建设，完善以产业需求为导向、以农产品为单元、以产业链为主线、以综合试验站为基点的新型农业科技资源组合模式。

3. 加快农业技术推广体系建设。健全乡镇或区域性农业技术推广、动植物疫病防控、农产品质量监管等公共服务机构，构建以国家农技推广机构为主导，农业科研单位、有关学校、农民专业合作社、涉农企业、群众性科技组织、农民技术人员广泛参与的多元化农技推广体系，促进农业科技信息传播和成果推广应用。

（二）制造业创新能力。

1. 加强制造业共性技术创新平台建设。以制造业结构调整和优化升级必需的基础工艺、基础材料、基础元器件、关键零部件和软件系统为重点，集聚、整合产业链各环节的创新资源，创新组织模式，搭建一批关键共性技术研发和工程化平台，为提升制造业新技术和新产品开发能力提供有力支撑。

2. 提高重大成套技术装备开发能力。围绕重大成套技术装备设计验证以及节能减排、资源综合利用和循环经济等关键技术开发，完善和提升产业技术创新、检测检验和系统验证服务等平台，培育发展专业化的工业设计、研发机构。

3. 推动工业化和信息化深度融合。加强生产过程智能化和生产装备数字化应用示范，提升集散控制、数字控制等自动化和信息化技术集成创新能力。

（三）战略性新兴产业创新能力。

1. 加强战略性新兴产业创新平台和标准化建设。前瞻部署一批前沿技术研发平台，完善一批产业关键核心技术创新平台，重点建设一批工程化验证平台，为培育战略性新兴产业提供有力支撑。

2. 推进战略性新兴产业创新成果应用示范。实施战略性新兴产业创新成果应用示范工程。

（四）现代服务业创新能力。

1. 加强服务业公共技术创新平台和标准体系建设。在金融服务、现代物流、商贸服务、高技术服务等领域，加强公共技术创新平台建设，开发和推广应用新技术，发展服务新产品，推进服务业结构优化升级。

2. 加快服务业创新基地建设。依托有比较优势区域，建设主体功能突出、创新基础较好的区域性服务业创新中心和产业化基地，利用信息化技术手段，大力发展新兴业态，促进服务业规模化、品牌化和网络化发展。

（五）能源产业和综合交通运输创新能力。

1. 推进能源产业和综合交通运输绿色发展。加快形成和提升新型煤化工、油气勘探、农村水电开发等重大节能减排技术创新能力，研究推广动力煤配制新技术，加强电力需求侧管理技术、电网资源优化技术等开发与推广能力，提高资源综合开发利用水平。

2. 提高能源生产运行和交通运输安全的技术保障能力。在能源产业领域，重点围绕煤矿、电站、油气田生产安全和电网、油气管网运行安全等，完善一批研发和工程化设施，提升安全防控技术支撑能力；在综合交通运输领域，构建覆盖设计、建设、运行、管理等环节的安全技术创新体系，重点加强铁路、公路、水运和航空等重大基础设施耐久性评价与安全保障技术创新平台建设，提高安全事故主动防控能力。

3. 强化能源和交通重大工程建设的技术支撑。集聚整合行业优势创新资源，加强关键技术、装备和工艺创新能力建设，加速创新成果转化，保障国家煤炭基地、大型水（核）电站、智能电网等重大工程顺利建设。

五、提高重点社会领域创新能力

（一）教育领域。

1. 加强教育信息化应用体系建设。推动“宽带网络校校通”“优质资源班班通”、“网络学习空间人人通”建设，构建和完善网络教学体系。

2. 提高教育信息化的技术支撑能力。开发适应多终端共享要求的内容资源、学习工具和资源生成系统，提高教育信息化技术装备水平。

3. 加强教育管理信息化建设。制定国家教育管理信息标准与编码规范，制定学校信息化管理业务标准与规范等教育信息化标准。

（二）医疗卫生领域。

1. 加强医疗卫生公共服务技术能力建设。推进医疗卫生信息化，完善国家、省和地市三级卫生信息平台。

2. 推进医疗卫生技术基础能力建设。加强基础性卫生信息标准研发，统一卫生领域术语信息标准和代码标准，研究制定公共卫生和医院信息化功能规范及业务流程规范。

3. 强化疾病防治技术能力建设。加强心脑血管病、肿瘤、糖尿病、慢性呼吸系统疾病等慢性病、地方病和职业病早期预警、预防干预与诊断治疗共性关键技术研发能力建设，加强病因、致病机理等相关基础研究，健全“预防—诊断—治疗”技术体系。

（三）文化领域。

1. 推进文化科技创新能力建设。着眼现代文化产业体系建设需要，在出版、印刷、传媒、影视、演艺、网络游戏、网络音乐、动漫等领域推动建设技术创新平台和产学研战略联盟，支持数字文化创意、数字出版、数字影视制作、数字投送等创新技术应用，形成一批文化资源数据库，增强文化科技创新基础能力。

2. 创新公共文化服务手段和服务内容。充分利用信息技术，大力开发新型文化产品，增强公共文化产品供给能力，满足人民群众多样化文化需求，使城乡居民平等享受公共文化服务。

（四）公共安全领域。

1. 增强突发事件监测预警技术能力。健全地质地震灾害、气象灾害、水旱灾害、生态环境灾害、海洋灾害、生物灾害和森林草原火灾等自然灾害监测体系和预警预报信息发布平台，完善食品安全、突发急性传染病、群体性不明原因疾病、动物疫情和职业危害等公共卫生事件信息平台和监测预警网络，建立社会安全基础数据库，形成统一指挥、功能齐全、反应灵敏、运转高效的监测预警体系。

2. 提高应急管理技术水平。进一步加强国家应急平台建设，完善公共安全网络和信息技术标准与应用规范，强化跨部门、跨区域协同处置突发事件的技术支撑能力。

六、强化区域创新发展能力

（一）加快建设各具特色的区域创新体系。

结合区域经济社会发展的特色和优势，加快区域创新能力布局建设，构建运行高效的区域创新网络，鼓励创新资源密集的区域率先实现创新驱动发展，支持具有特色创新资源的区域加快提高创新能力。

（二）推进重点创新集聚区建设与发展。

加强北京中关村、武汉东湖、上海张江等国家自主创新示范区建设，推进体制机制创新和政策先行先试，加快创新支撑条件建设，探索创新驱动发展的新思路、新模式。

七、推进创新主体能力建设

（一）加强企业技术创新基础能力建设。

1. 深入实施国家技术创新工程。鼓励产业技术创新战略联盟按产业发展需求构建创新链，推进创新型企业建设，加大对企业创新基础能力建设支持力度，促进创新资源向企业集聚。

2. 加强企业研发机构建设。采取有效政策措施，引导企业加大产业发展前沿技术研发力度。

3. 推进中小企业创新服务体系建设。在中小企业集聚区布局建设一批技术创新服务平台，增强产品创新、工艺创新和服务创新支撑能力。

（二）提升高等院校和科研院所创新能力。

深入实施“211工程”、“985工程”和“高等学校创新能力提升计划”，重点完善基础研究、应用基础研究平台，整合高等院校优势创新资源，建设一批高水平研究型大学，加强跨学科交叉研究机构、跨校研究中心建设，增强高等院校创新人才培养能力、基础研究和前沿技术创新能力。

（三）增强科技中介机构创新服务能力。

1. 积极推进各类科技中介服务机构发展。引导科技中介服务机构向服务专业化、功能社会化、组织网络化、运行规范化方向发展。

2. 提高科技中介机构服务创新的水平。以提高创业服务能力为重点，大力推进大学科技园、留学人员创业园、科技企业孵化器发展，为科技型初创企业提供优质、高效、全方位服务。

（四）进一步深化企业主导的产学研合作。

加强协同创新，积极探索推进产学研相结合的有效模式。

八、加强创新人才队伍建设

（一）科技创新领军人才。

实施创新人才推进计划和青年人才开发计划，设立科学家工作室，依托高等院校、科研院所和大型骨干企业，加快建设一批创新人才培养示范基地和国家青年英才培养基地，培养造就一批世界水平的科学家、中青年科技创新领军人才、科技创新创业人才和青年拔尖人才等。

（二）产业创新紧缺人才。

以国家科技计划和重大工程为平台，以产业技术创新战略联盟和产学研合作项目为纽带，建设一批工程创新实训基地，实施专业技术人才知识更新工程，加快培养经济社会发展重点领域紧缺专门人才。

（三）创新创业服务人才。

加强服务于创新创业的各类人才培养。

（四）完善创新人才使用激励机制。

改进科技成果管理制度，鼓励探索知识、技术、管理、技能等要素参与分配的机制，探索有利于创新人才发挥作用的多种分配方式，支持企业创新人才以股权、期权等多种形式参与收益分配。

九、完善创新能力建设环境

（一）整合共享创新资源。

积极推进体制机制改革，促进创新资源有效共享、高效利用，加强科技资源和科技产出调查，统筹创新资源配置，深化跨部门、跨区域和跨行业开放合作，完善公共科技资源共建共享机制。

（二）加强知识产权创造、运用、保护和管理。

加快构建以国家知识产权数据中心为核心、区域（行业）知识产权信息服务中心为支撑、知识产权中介服务机构与维权援助机构为基础的知识产权信息服务体系，提升知识产权信息公共服务能力。

（三）推进科学普及能力建设。

构建开放程度高、延伸范围广的信息化、网络化全国科普设施体系，合理规划科技馆、自然科学博物馆等科普设施建设。

（四）大力培育创新文化。

营造“尊重知识、尊重人才、鼓励探索、宽容失败”的创新文化氛围，开展创新方法培训，强化科学精神、创造性思维和创新能力教育培训。

（五）提升国际合作水平。

根据我国发展需要，制定科技发展国际化战略，积极开展全方位、多层次、高水平的科技国际合作。

十、规划实施

（一）加强组织领导。

各相关部门要高度重视，充分发挥积极性和主动性，抓紧制定具体措施，分解任务，明确责任，创新机制，确保规划提出的各项任务落到实处。

（二）完善支持政策措施。

深入贯彻落实科学技术进步法等相关法律法规，进一步完善促进国家自主创新能力建设的法律法规和政策，加强产业政策、财税政策、金融政策等与创新能力建设的衔接协调。

（三）保障资金投入。

进一步完善和落实促进全社会研发经费逐步增长的相关政策措施，探索建立多元化、多渠道、多层次的科技投入体系。

（四）强化监督评估。

强化规划实施的监测、评估和督促检查，采取有效措施解决规划实施中遇到的问题，根据实际情况及时调整和完善规划的具体任务部署。

国务院

2013年1月15日

关于2013年深化经济体制改革重点工作的意见

国发〔2013〕20号

党的十八大提出要加快完善社会主义市场经济体制，全社会热切期待改革取得新突破。顺应人民愿望，把握时代要求，不失时机深化重要领域改革，意义十分重大。现就2013年深化经济体制改革重点工作提出以下意见。

一、指导思想和总体要求

2013年深化经济体制改革工作的指导思想是，以邓小平理论、“三个代表”重要思想、科学发展观为指导，全面贯彻党的十八大精神，坚定不移走中国特色社会主义道路，坚持社会主义市场经济改革方向，以更大的勇气、智慧和韧性，大力推动促进经济转型、民生改善和社会公正的改革，坚决破除妨碍科学发展的体制机制弊端，促进经济持续健康发展与社会和谐稳定，使改革红利更多更公平惠及全体人民，为全面建成小康社会、实现中华民族伟大复兴的中国梦作出积极贡献。

总体要求是，正确处理好政府与市场、政府与社会的关系，处理好加强顶层设计与尊重群众首创精神的关系，处理好增量改革与存量优化的关系，处理好改革创新与依法行政的关系，处理好改革、发展、稳定的关系，确保改革顺利有效推进。

二、大力推进年度重点改革

2013年改革重点工作是，深入推进行政体制改革，加快推进财税、金融、投资、价格等领域改革，积极推动民生保障、城镇化和统筹城乡相关改革。

（一）行政体制改革。

1. 深化政府机构改革。完成新组建部门“三定”规定制定和相关部门“三定”规定修订工作。组织推进地方行政体制改革，研究制定关于地方政府机构改革和职能转变的意见。（中央编办牵头）

2. 简政放权，下决心减少审批事项。抓紧清理、分批取消和下放投资项目审批、生产经营活动和资质资格许可等事项，对确需审批、核准、备案的项目，要简化程序、限时办结相关手续。严格控制新增审批项目。（中央编办、发展改革委、人力资源和社会保障部、法制办等负责）

3. 创新政府公共服务提供方式。加快出台政府向社会组织购买服务的指导意见，推动公共服务提供主体和提供方式多元化。出台行业协会商会与行政机关脱钩方案。改革工商登记和社会组织登记制度。深化公务用车制度改革。（财政部、中央编办、发展改革委、民政部、人力资源和社会保障部、国资委、工商总局、国管局等负责）

（二）财税体制改革。

4. 完善财政预算制度，推动建立公开、透明、规范、完整的预算体制。完善财政转移支付制度，减少、合并一批专项转移支付项目，增加一般性转移支付规模和比例。（财政部牵头）

5. 扩大营业税改征增值税试点范围，在全国开展交通运输业和部分现代服务业营改增试点，择机将铁路运输和邮电通信等行业纳入试点范围。合理调整消费税征收范围和税率，将部分严重污染环境、过度消耗资源的产品等纳入征税范围。扩大个人住房房产税改革试点范围。（财政部、税务总局会同住房城乡建设部等负责）

6. 将资源税从价计征范围扩大到煤炭等应税品目，清理煤炭开采和销售中的相关收费基金。开展深化矿产资源有偿使用制度改革试点。（财政部、发展改革委、税务总局、国土资源部等负责）

7. 建立健全覆盖全部国有企业的国有资本经营预算和收益分享制度。落实和完善对成长型、科技型、外向型小微企业的财税支持政策。（财政部、国资委、科技部、工业和信息化部、税务总局等负责）

（三）金融体制改革。

8. 稳步推进利率汇率市场化改革。逐步扩大存贷款利率浮动幅度，建立健全市场基准利率体系。完善人民币汇率形成机制，充分发挥市场供求在汇率形成中的基础性作用。稳步推进人民币资本项目可兑换，建立合格境内个人投资者境外投资制度，研究推动符合条件的境外机构在境内发行人民币债券。（人民银行会同发展改革委、财政部、银监会、证监会、外汇局等负责）

9. 完善场外股权交易市场业务规则体系，扩大中小企业股份转让系统试点范围。健全投资者尤其是中小投资者权益保护政策体系。推进煤炭、铁矿石、原油等大宗商品期货和国债期货市场建设。（证监会、发展改革委、财政部、人民银行、能源局等负责）

10. 推进制订存款保险制度实施方案，建立健全金融机构经营失败风险补偿和分担机制，形成有效的风险处置和市场退出机制。加快和规范发展民营金融机构和面向小微企业、“三农”的中小金融机构。（人民银行、银监会、财政部等负责）

（四）投融资体制改革。

11. 抓紧清理有碍公平竞争的政策法规，推动民间资本有效进入金融、能源、铁路、电信等领域。按照转变政府职能、简政放权的原则，制定政府投资条例、企业投资项目核准和备案管理条例。（法制办、发展改革委、财政部、工业和信息化部、交通运输部、人民银行、国资委、银监会、能源局等负责）

12. 改革铁路投融资体制。建立公益性运输补偿制度、经营性铁路合理定价机制，为社会资本进入铁路领域创造条件。支线铁路、城际铁路、资源开发性铁路所有权、经营权率先向社会资本开放，通过股权置换等形式引导社会资本投资既有干线铁路。（发展改革委、财政部、交通运输部、铁路局等负责）

（五）资源性产品价格改革。

13. 推进电价改革，简化销售电价分类，扩大工商业用电同价实施范围，完善煤电价格联动机制和水电、核电上网价格形成机制。推进全国煤炭交易市场体系建设。推进天然气价格改革，逐步理顺天然气与

可替代能源的比价关系。推进大用户直购电和售电侧电力体制改革试点。（发展改革委牵头）

14. 在保障人民群众基本生活需求的前提下，综合考虑资源节约利用和环境保护等因素，建立健全居民生活用电、用水、用气等阶梯价格制度。（发展改革委牵头）

（六）基本民生保障制度改革。

15. 整体推进城乡居民大病保险，整合城乡基本医疗保险管理职能，逐步统一城乡居民基本医疗保险制度，健全全民医保体系。研究制订基础养老金全国统筹方案。健全保障性住房分配制度，有序推进公租房、廉租房并轨。（人力资源的社会保障部、卫生计生委、中央编办、财政部、住房和城乡建设部等负责）

16. 建立健全最低生活保障、就业困难群体就业援助、重特大疾病保障和救助等制度，健全并落实社会救助标准与物价涨幅挂钩的机制。整合社会救助资源，逐步形成保障特困群体基本生存权利和人格尊严的长效保底机制。（民政部、财政部、人力资源社会保障部、发展改革委、卫生计生委等负责）

17. 建立最严格的覆盖生产、流通、消费各环节的食品药品安全监管制度。建立健全部门间、区域间食品药品安全监管联动机制。完善食品药品质量标准和安全准入制度。加强基层监管能力建设。充分发挥群众监督、舆论监督作用，全面落实食品安全投诉举报机制。建立实施黑名单制度，形成有效的行业自律机制。（食品药品监管总局牵头）

18. 建立健全最严格的环境保护监管制度和规范科学的生态补偿制度。建立区域间环境治理联动和合作机制。完善生态环境保护责任追究制度和环境损害赔偿制度。制定加强大气、水、农村（土壤）污染防治的综合性政策措施。深入推进排污权、碳排放权交易试点，研究建立全国排污权、碳排放交易市场，开展环境污染强制责任保险试点。制定突发环境事件调查处理办法。研究制定生态补偿条例。（环境保护部、发展改革委、财政部、林业局等负责）

（七）城镇化和统筹城乡相关改革。

19. 研究制定城镇化发展规划。以增强产业发展、公共服务、吸纳就业、人口集聚功能为重点，开展中小城市综合改革试点。优化行政层级和行政区划。实施好经济发达镇行政管理体制改革试点。有序推进城乡规划、基础设施和公共服务一体化，创新城乡社会管理体制。（发展改革委、中央编办、住房和城乡建设部、民政部、农业部等负责）

20. 根据城市综合承载能力和转移人口情况，分类推进户籍制度改革，统筹推进相关公共服务、社会保障制度改革，有序推进农业转移人口市民化，将基本公共服务逐步覆盖到符合条件的常住人口。（公安部、发展改革委、财政部、人力资源和社会保障部、卫生计生委、教育部、民政部、农业部、法制办等负责）

21. 积极稳妥推进土地管理制度、投融资体制等促进城镇化健康发展的改革，调研并制定相关配套政策。完善地方债务风险控制措施，规范发展债券、股权、信托等投融资方式，健全鼓励社会资本投资城乡基础设施、公共服务项目的政策和相关机制。（发展改革委、国土资源部、财政部、人民银行、银监会、证监会、保监会等负责）

22. 建立健全农村产权确权、登记、颁证制度。依法保障农民土地承包经营权、宅基地使用权、集体收益分配权。开展国有林场改革试点。研究提出国有林区改革指导意见。探索建立农村产权交易市场。推进小型水利工程管理体制改革。（国土资源部、发展改革委、农业部、财政部、水利部、林业局等负责）

三、继续深化已出台的各项改革

对已经部署并正在推进的各项改革，有关部门按职能分工，切实抓好落实，力求年内取得新的进展。

（一）继续推进国有企业改革。推动大型国有企业公司制股份制改革，大力发展混合所有制经济。推进国有经济战略性调整和国有企业并购重组，着力培育一批具有国际竞争力的大企业。完善各类国有资产监督管理制度。加快解决国有企业办社会负担和历史遗留问题。

（二）继续深化开放型经济体制改革。进一步扩大金融、物流、教育、科技、医疗、体育等服务业对外开放。完善口岸管理体制，推进通关便利化改革。加快海关特殊监管区域整合优化，完善政策和功能，开展保税工厂改革试点。加快制订并出台中国（上海）自由贸易试验区建设方案，推进港澳和内地服务贸易自由化，探索建立与国际接轨的外商投资管理体制。积极实施自由贸易区战略，建立健全双边、多边和区域投资贸易合作新机制。健全境外投资规划、协调、服务和管理机制，完善风险防控体系。继续深化流通体制改革。

（三）加快教育、文化、医药卫生等社会事业各项改革。围绕促进教育公平、提高教育质量，深化教育体制改革。加快推进文化领域政事、政企、政资分开，完善公共文化服务体系，优化促进文化产业创新发展的制度环境。深化医药卫生体制改革，加快公立医院改革，完善社会办医政策，逐步形成多元化办医格局。稳步推进事业单位分类改革，推进事业单位人事、收入分配和社会保险制度等改革，加快管办分离和建立法人治理结构。

（四）加快完善科技创新体制机制。构建以企业为主体、市场为导向、产学研相结合的技术创新体系，扩大国家自主创新示范区先行先试政策试点范围，整合资源实施科技重大专项，完善科技成果转移转化的激励政策，加强科技资源开放共享，发挥科技在经济发展中的支撑作用。

（五）深化收入分配制度改革。贯彻落实深化收入分配制度改革的若干意见，制订出台合理提高劳动报酬、加强国有企业收入分配调控、整顿和规范收入分配秩序等重点配套方案和实施细则。

四、完善改革协调推进机制

各地区、各部门要将改革工作放到更加突出的位置，切实完成各项改革任务，确保取得明显成效。

认真做好改革方案研究制订工作。深入调查研究，充分听取各方面意见，科学制订方案，统筹好改革力度与社会可承受程度，使改革更好地集中民智、体现民意、惠及民生。

扎实抓好改革方案实施和社会引导工作。牵头部门要明确提出工作方案、时间进度和阶段性目标。参与部门要各司其职，积极主动配合。要注重政策宣传和舆情引导，及时回应社会关切，为改革创造良好的舆论氛围和社会环境。

积极推进各项改革试点工作。继续推进综合配套改革试点，优先在试验区部署重大改革任务，发挥其探索创新、示范带动作用。及时总结和推广试点经验。围绕迫切需要推进的重大改革，组织实施一批攻关性试点。鼓励各地因地制宜进行改革试点。

进一步加强组织领导和统筹协调工作。各地区、各部门要把推进改革作为领导干部业绩考核的重要内容。发展改革委要采取建立联席会议、专题会议制度等多种形式，加强统筹安排，健全工作机制，协调解决重大问题，做好督促检查工作，及时将改革进展情况和重要问题报告国务院。

国家发展和改革委员会

2013年5月18日

“宽带中国”战略及实施方案（摘要）

国发〔2013〕31号

宽带网络是新时期我国经济社会发展的战略性公共基础设施，发展宽带网络对拉动有效投资和促进信息消费、推进发展方式转变和小康社会建设具有重要支撑作用。从全球范围看，宽带网络正推动新一轮信息化发展浪潮，众多国家纷纷将发展宽带网络作为战略部署的优先行动领域，作为抢占新时期国际经济、科技和产业竞争制高点的重要举措。近年来，我国宽带网络覆盖范围不断扩大，传输和接入能力不断增强，宽带技术创新取得显著进展，完整产业链初步形成，应用服务水平不断提升，电子商务、软件外包、云计算和物联网等新兴业态蓬勃发展，网络信息安全保障逐步加强，但我国宽带网络仍然存在公共基础设施定位不明确、区域和城乡发展不平衡、应用服务不够丰富、技术原创能力不足、发展环境不完善等问题，亟须得到解决。

根据《2006—2020年国家信息化发展战略》《国务院关于大力推进信息化发展和切实保障信息安全的若干意见》（国发〔2012〕23号）和《“十二五”国家战略性新兴产业发展规划》的总体要求，特制订《“宽带中国”战略及实施方案》，旨在加强战略引导和系统部署，推动我国宽带基础设施快速健康发展。

一、指导思想、基本原则和发展目标

（一）指导思想。

以邓小平理论、“三个代表”重要思想、科学发展观为指导，围绕加快转变经济发展方式和全面建成小康社会的总体要求，将宽带网络作为国家战略性公共基础设施，加强顶层设计和规划引导，统筹关键核心技术研发、标准制定、信息安全和应急通信保障体系建设，促进网络建设、应用普及、服务创新和产业支撑的协同，综合利用有线、无线技术推动电信网、广播电视网和互联网融合发展，加快构建宽带、融合、安全、泛在的下一代国家信息基础设施，全面支撑经济发展和服务社会民生。

（二）基本原则。

坚持政府引导与市场调节相结合。

坚持统筹规划与分步推进相结合。

坚持网络建设与应用服务相结合。

坚持网络升级与产业创新相结合。

坚持宽带普及与保障安全相结合。

（三）发展目标。

到2015年，初步建成适应经济社会发展需要的下一代国家信息基础设施。基本实现城市光纤到楼入户、农村宽带进乡入村，固定宽带家庭普及率达到50%，第三代移动通信及其长期演进技术（3G/LTE）用户普及率达到32.5%，行政村通宽带（有线或无线接入方式，下同）比例达到95%，学校、图书馆、医院等公益机构基本实现宽带接入。城市和农村家庭宽带接入能力基本达到20兆比特每秒（Mbps）和4Mbps，部分发达城市达到100Mbps。宽带应用水平大幅提升，移动互联网广泛渗透。网络与信息安全保障能力明显增强。

到2020年，我国宽带网络基础设施发展水平与发达国家之间的差距大幅缩小，国民充分享受宽带带来的经济增长、服务便利和发展机遇。宽带网络全面覆盖城乡，固定宽带家庭普及率达到70%，3G/LTE用户普及率达到85%，行政村通宽带比例超过98%。城市和农村家庭宽带接入能力分别达到50Mbps和12Mbps，发达城市部分家庭用户可达1吉比特每秒（Gbps）。宽带应用深度融入生产生活，移动互联网全面普及。技术创新和产业竞争力达到国际先进水平，形成较为健全的网络与信息安全保障体系。

二、技术路线和发展时间表

遵循宽带技术演进规律，充分利用现有网络基础，围绕经济社会发展总体要求和宽带发展目标，加强和完善总体布局，系统解决宽带网络接入速度、覆盖范围、应用普及等关键问题，强化产业发展和安全保障，不断提高宽带发展整体水平，全面提升支撑经济社会可持续发展的能力。

（一）技术路线。

统筹接入网、城域网和骨干网建设，综合利用有线技术和无线技术，结合基于互联网协议第6版（IPv6）的下一代互联网规模商用部署要求，分阶段系统推进宽带网络发展。

（二）发展时间表。

1. 全面提速阶段（至2013年底）。重点加强光纤网络和3G网络建设，提高宽带网络接入速率，改善和提升用户上网体验。

到2013年底，固定宽带用户超过2.1亿户，城市和农村家庭固定宽带普及率分别达到55%和20%。3G/LTE用户超过3.3亿户，用户普及率达到25%。行政村通宽带比例达到90%。城市地区宽带用户中20Mbps宽带接入能力覆盖比例达到80%，农村地区宽带用户中4Mbps宽带接入能力覆盖比例达到85%。城乡无线宽带网络覆盖水平明显提升，无线局域网基本实现城市重要公共区域热点覆盖。全国有线电视网络互联互通平台覆盖有线电视网络用户比例达到60%。

2. 推广普及阶段（2014—2015年）。重点在继续推进宽带网络提速的同时，加快扩大宽带网络覆盖范围和规模，深化应用普及。

到2015年，固定宽带用户超过2.7亿户，城市和农村家庭固定宽带普及率分别达到65%和30%。3G/LTE用户超过4.5亿户，用户普及率达到32.5%。行政村通宽带比例达到95%。城市家庭宽带接入能力基本达到20Mbps，部分发达城市达到100Mbps，农村家庭宽带接入能力达到4Mbps。3G网络基本覆盖城乡，LTE实现规模商用，无线局域网全面实现公共区域热点覆盖，服务质量全面提升。互联网网民规模达到8.5亿，应用能力和服务水平显著提高。全国有线电视网络互联互通平台覆盖有线电视网络用户比例达到80%。互联网骨干网间互通质量、互联网服务提供商接入带宽和质量满足业务发展需求。在宽带无线通信、云计算等重点领域掌握一批拥有自主知识产权的核心关键技术。宽带技术标准体系逐步完善，国际标准话语权明显提高。

3. 优化升级阶段（2016—2020年）。重点推进宽带网络优化和技术演进升级，宽带网络服务质量、应用水平和宽带产业支撑能力达到世界先进水平。

到2020年，基本建成覆盖城乡、服务便捷、高速畅通、技术先进的宽带网络基础设施。固定宽带用户达到4亿户，家庭普及率达到70%，光纤网络覆盖城市家庭。3G/LTE用户超过12亿户，用户普及率达到85%。行政村通宽带比例超过98%，并采用多种技术方式向有条件的自然村延伸。城市和农村家庭宽带接入能力分别达到50Mbps和12Mbps，50%的城市家庭用户达到100Mbps，发达城市部分家庭用户可达1Gbps，LTE基本覆盖城乡。互联网网民规模达到11亿，宽带应用服务水平和应用能力大幅提升。全国有线电视网络互联互通平台覆盖有线电视网络用户比例超过95%。全面突破制约宽带产业发展的高端基础产业瓶颈，宽带技术研发达到国际先进水平，建成结构完善、具有国际竞争力的宽带产业链，形成一批世界领先的创新型企业。

三、重点任务

（一）推进区域宽带网络协调发展。

东部地区。支持东部地区先行先试开展网络升级和应用创新。

中西部地区。给予政策倾斜，支持中西部地区宽带网络建设，增加光缆路由，提升骨干网络容量，扩大接入网络覆盖范围，与东部地区同步部署应用新一代移动通信技术、下一代广播电视网技术和下一代互联网。

农村地区。将宽带纳入电信普遍服务范围，重点解决宽带村村通问题。

（二）加快宽带网络优化升级。

骨干网。加快互联网骨干节点升级，推进下一代广播电视网宽带骨干网建设，提升网络流量疏通能力，全面支持IPv6。

接入网和城域网。积极利用各类社会资本，统筹有线、无线技术加快宽带接入网建设。

应用基础设施。统筹互联网数据中心建设，利用云计算和绿色节能技术进行升级改造，提高能效和集约化水平。

（三）提高宽带网络应用水平。

经济发展。不断拓展和深化宽带在生产经营中的应用，加快企业宽带联网和基于网络的流程再造与业务创新，利用信息技术改造提升传统产业，实现网络化、智能化、集约化、绿色化发展，促进产业优化升级。

社会民生。着力深化宽带网络在教育、医疗、就业、社保等民生领域的应用。

文化建设。加快文化馆（站）、图书馆、博物馆等公益性文化机构和重大文化工程的宽带联网，优化公共文化信息服务体系，大力发展公共数字文化。

国防建设。依托公众网络增强军用网络设施的安全可靠、应急响应和动态恢复能力。

应用普及。大力推进信息技术在教育教学中的应用，推进优质教育资源普遍共享，加强网络文明与网络安全教育，引导学生形成良好的用网习惯和正确的网络世界观。

（四）促进宽带网络产业链不断完善。

关键技术研发。推进实施新一代宽带无线移动通信网、下一代互联网等专项和863计划、科技支撑计划等。

重大产品产业化。在光通信、新一代移动通信等重点领域，加大对关键设备核心芯片、高端光电子器件等高端产品研发及产业化的支持力度。

智能终端研制。充分发挥无线和有线宽带网络能力，面向教育、医疗卫生、交通等重点领域，积极发展物美价廉的移动终端、互联网电视、平板电脑等多种形态的上网终端产品。

支撑平台建设。充分整合现有资源，在宽带网络相关技术领域，推动国家工程中心、实验室等产业创新能力平台建设。研究制定宽带网络发展评测指标体系，构建覆盖全国的宽带网络信息测试与采集系统，实现宽带网络性能常态化监测。

（五）增强宽带网络安全保障能力。

技术支撑能力。加强宽带网络信息安全与应急通信关键技术研究，提高基础软硬件产品、专用安全产品、应急通信装备的可控水平，支持技术产品研发，完善相关产业链，提高宽带网络信息安全与应急通信技术支撑能力。

安全防护体系。加快形成与宽带网络发展相适应的安全保障能力，构建下一代网络信息安全防护体系。

应急通信系统。提高宽带网络基础设施的可靠性和抗毁性，逐步实现宽带网络的应急优先服务，提升宽带网络的应急通信保障能力。

安全管理机制。引导和规范新技术、新应用安全发展，构建安全评测评估体系，提高主动安全管理能力。

四、政策措施

（一）加强组织领导。

建立“宽带中国”战略实施部际协调机制，加强统筹和配合，协调解决重大问题，务实推进战略的贯彻实施。

（二）完善制度环境。

完善法律法规。

健全监管体系。

推动开放竞争。

深化应用创新。

（三）规范建设秩序。

严格落实宽带网络建设规划和规范。按照城乡规划法、土地管理法和城市通信工程规划规范等法律法规和规范规定，将宽带网络建设纳入各地城乡规划、土地利用总体规划。

保障宽带网络设施建设与通行。政府机关、企事业单位和公共机构等所属公共设施，市政设施、公路、铁路、机场、地铁等公共设施应向宽带网络设施建设开放，并提供通行便利。

深化网络设施共建共享。在城市地下管线规划、控制性详细规划中，统筹安排通信工程综合管道网和相关设施，加强宽带网络设施与城市其他通信管线、居住区、公共建筑等管线的协调。

（四）加大财税扶持。

加大财政资金支持。完善电信普遍服务补偿机制，形成支持农村和中西部地区宽带发展的长效机制。

加强税收优惠扶持。将西部地区宽带网络建设和运营纳入《西部地区鼓励类产业目录》，扶持西部地区宽带发展。结合电信行业特点，在营业税改增值税改革中，制定增值税相关政策与征管制度，完善电信业增值税抵扣机制，支持宽带网络建设。

完善投融资政策。将宽带业务纳入《中西部地区外商投资优势产业目录》。推进专利等知识产权质押融资工作，加大对宽带应用服务企业的融资支持力度，积极支持符合条件的宽带应用服务企业在海内外资本市场直接融资。

（五）优化频谱规划。

明确国家无线频谱路线图。尽快研究确定国家宽带无线发展各阶段的频谱需求，梳理无线频谱分布和利用状况。

促进频谱资源高效利用。支持动态频谱分配等高效利用频谱资源新技术的开发运用，支持消除干扰技术和设备的研发和利用，促进不同无线业务类型频率的共用共享，提高频率资源整体利用率。

加强公共频段上无线设备的监管。统筹无线局域网等无线通信网络的部署，鼓励无线设备共建共享，避免频率干扰，提高频谱资源使用效益。

（六）加强人才培养。

优先保障人才发展投入。争取国家重大人才工程加大对宽带人才队伍建设的支持力度，加强宽带领域专业技术人才继续教育。

加大高层次人才引进和培养。加强宽带重点领域创新型人才引进，将所需人才纳入国家海外高层次人才引进计划，大力吸引海外高层次人才在华创新创业。

（七）深化国际合作。

加强网络基础资源国际合作。探索建立适应互联网域名、网址和网际协议地址（IP地址）资源全球化发展要求的地区和国家间的协调与合作机制。

深化网络空间国际合作。加强国际交流，推动双边、多边协调和对话，建立多层次的沟通交流平台，提升参与网络空间国际治理和规则制定的话语权。

加大知识产权国际合作。完善知识产权保护制度，强化数字内容和互联网应用的知识产权保护，加强打击互联网领域侵权盗版行为的国际合作。

国务院

2013年8月1日

国务院关于加强城市基础设施建设的意见（摘要）

国发〔2013〕36号

各省、自治区、直辖市人民政府，国务院各部委、各直属机构：

城市基础设施是城市正常运行和健康发展的物质基础，对于改善人居环境、增强城市综合承载能力、提高城市运行效率、稳步推进新型城镇化、确保2020年全面建成小康社会具有重要作用。当前，我国城市基础设施仍存在总量不足、标准不高、运行管理粗放等问题。加强城市基础设施建设，有利于推动经济结构调整和发展方式转变，拉动投资和消费增长，扩大就业，促进节能减排。为加强和改进城市基础设施建设，现提出以下意见：

一、总体要求

（一）指导思想。以邓小平理论、“三个代表”重要思想、科学发展观为指导，围绕推进新型城镇化的重大战略部署，立足于稳增长、调结构、促改革、惠民生，科学研究、统筹规划，提升城市基础设施建设和管理水平，提高城镇化质量；深化投融资体制改革，充分发挥市场配置资源的基础性作用；着力抓好既利当前又利长远的重点基础设施项目建设，提高城市综合承载能力；保障城市运行安全，改善城市人居生态环境，推动城市节能减排，促进经济社会持续健康发展。

（二）基本原则。

规划引领。坚持先规划、后建设，切实加强规划的科学性、权威性和严肃性。

民生优先。坚持先地下、后地上，优先加强供水、供气、供热、电力、通信、公共交通、物流配送、防灾避险等与民生密切相关的基础设施建设，加强老旧基础设施改造。

安全为重。提高城市管网、排水防涝、消防、交通、污水和垃圾处理等基础设施的建设质量、运营标准和管理水平，消除安全隐患，增强城市防灾减灾能力，保障城市运行安全。

机制创新。在保障政府投入的基础上，充分发挥市场机制作用，进一步完善城市公用事业服务价格形成、调整和补偿机制。

绿色优质。全面落实集约、智能、绿色、低碳等生态文明理念，提高城市基础设施建设工业化水平，优化节能建筑、绿色建筑发展环境，建立相关标准体系和规范，促进节能减排和污染防治，提升城市生态环境质量。

二、围绕重点领域，促进城市基础设施水平全面提升

当前，要围绕改善民生、保障城市安全、投资拉动效应明显的重点领域，加快城市基础设施转型升

级，全面提升城市基础设施水平。

（一）加强城市道路交通基础设施建设。

公共交通基础设施建设。鼓励有条件的城市按照“量力而行、有序发展”的原则，推进地铁、轻轨等城市轨道交通系统建设，发挥地铁等作为公共交通的骨干作用，带动城市公共交通和相关产业发展。到2015年，全国轨道交通新增运营里程1000公里。

城市道路、桥梁建设改造。加快完善城市道路网络系统，提升道路网络密度，提高城市道路网络连通性和可达性。到2015年，力争完成对全国城市危桥加固改造，地级以上城市建成桥梁信息管理系统。

城市步行和自行车交通系统建设。城市交通要树立行人优先的理念，改善居民出行环境，保障出行安全，倡导绿色出行。

（二）加大城市管网建设和改造力度。

市政地下管网建设改造。加强城市供水、污水、雨水、燃气、供热、通信等各类地下管网的建设、改造和检查，优先改造材质落后、漏损严重、影响安全的老旧管网，确保管网漏损率控制在国家标准以内。

城市供水、排水防涝和防洪设施建设。加快城镇供水设施改造与建设，积极推进城乡统筹区域供水，力争到2015年实现全国城市公共供水普及率95%和水质达标双目标；加强饮用水水源建设与保护，合理利用水资源，限期关闭城市公共供水管网覆盖范围内的自备水井，切实保障城市供水安全。到2015年，重要防洪城市达到国家规定的防洪标准。全面提高城市排水防涝、防洪减灾能力，用10年左右时间建成较完善的城市排水防涝、防洪工程体系。

城市电网建设。将配电网发展纳入城乡整体规划，进一步加强城市配电网建设，实现各电压等级协调发展。到2015年，全国中心城市基本形成500（或330）千伏环网网架，大部分城市建成220（或110）千伏环网网架。

（三）加快污水和垃圾处理设施建设。

城市污水处理设施建设。以设施建设和运行保障为主线，加快形成“厂网并举、泥水并重、再生利用”的建设格局。到2015年，36个重点城市城区实现污水“全收集、全处理”，全国所有设市城市实现污水集中处理，城市污水处理率达到85%，建设完成污水管网7.3万公里。按照“无害化、资源化”要求，加强污泥处理处置设施建设，城市污泥无害化处置率达到70%左右；加快推进节水城市建设，在水资源紧缺和水环境质量差的地区，加快推动建筑中水和污水再生利用设施建设。到2015年，城镇污水处理设施再生水利用率达到20%以上；保障城市水安全、修复城市水生态，消除劣Ⅴ类水体，改善城市水环境。

城市生活垃圾处理设施建设。以大中城市为重点，建设生活垃圾分类示范城市（区）和生活垃圾存量治理示范项目。到2015年，36个重点城市生活垃圾全部实现无害化处理，设市城市生活垃圾无害化处理率达到90%左右；到2017年，设市城市生活垃圾得到有效处理，确保垃圾处理设施规范运行，防止二次污染，摆脱“垃圾围城”困境。

（四）加强生态园林建设。

城市公园建设。结合城乡环境整治、城中村改造、弃置地生态修复等，加大社区公园、街头游园、郊野公园、绿道绿廊等规划建设力度，完善生态园林指标体系，推动生态园林城市建设。到2015年，确保老城区人均公园绿地面积不低于5平方米、公园绿地服务半径覆盖率不低于60%。加强运营管理，强化公园公共服务属性，严格绿线管制。

提升城市绿地功能。到2015年，设市城市至少建成一个具有一定规模，水、气、电等设施齐备，功能完善的防灾避险公园。结合城市污水管网、排水防涝设施改造建设，通过透水性铺装，选用耐水湿、吸附净化能力强的植物等，建设下沉式绿地及城市湿地公园，提升城市绿地汇聚雨水、蓄洪排涝、补充地下水、净化生态等功能。

三、科学编制规划，发挥调控引领作用

（一）科学编制城市总体规划。牢固树立规划先行理念，遵循城镇化和城乡发展客观规律，以资源环境承载力为基础，科学编制城市总体规划，做好与土地利用总体规划的衔接，统筹安排城市基础设施建设。

（二）完善和落实城市基础设施建设专项规划。城市基础设施建设要着力提高科学性和前瞻性，避免盲目和无序建设。

（三）加强公共服务配套基础设施规划统筹。城市基础设施规划建设过程中，要统筹考虑城乡医疗、教育、治安、文化、体育、社区服务等公共服务设施建设。

四、抓好项目落实，加快基础设施建设进度

（一）加快在建项目建设。各地要统筹组织协调在建基础设施项目，加快施工建设进度。

（二）积极推进新项目开工。根据城市基础设施建设专项规划落实具体项目，科学论证，加快项目立项、规划、环保、用地等前期工作。

（三）做好后续项目储备。按照城市总体规划和基础设施专项规划要求，超前谋划城市基础设施建设项目。对2016年、2017年拟安排建设的项目，要抓紧做好前期准备工作，建立健全统一、完善的城市基础设施项目储备库。

五、确保政府投入，推进基础设施建设投融资体制和运营机制改革

（一）确保政府投入。各级政府要把加强和改善城市基础设施建设作为重点工作，大力推进。

（二）推进投融资体制和运营机制改革。建立政府与市场合理分工的城市基础设施投融资体制。

六、科学管理，明确责任，加强协调配合

（一）提升基础设施规划建设管理水平。城市规划建设管理要保持城市基础设施的整体性、系统性，避免条块分割、多头管理。

（二）落实地方政府责任。省级人民政府要把城市基础设施建设纳入重要议事日程，加大监督、指导

和协调力度，结合已有规划和各地实际，出台具体政策措施并抓好落实。

（三）加强部门协调配合。住房城乡建设部会同有关部门加强对城市基础设施建设的监督指导；发展改革委、财政部、住房城乡建设部会同有关部门研究制定城市基础设施建设投融资、财政等支持政策；人民银行、银监会会同有关部门研究金融支持城市基础设施建设的政策措施；住房城乡建设部、发展改革委、财政部等有关部门定期对城市基础设施建设情况进行检查。

国务院

2013年9月6日

中国（上海）自由贸易试验区总体方案

国发〔2013〕38号

建立中国（上海）自由贸易试验区（以下简称试验区）是党中央、国务院做出的重大决策，是深入贯彻党的十八大精神，在新形势下推进改革开放的重大举措。为全面有效推进试验区工作，制订本方案。

一、总体要求

试验区肩负着我国在新时期加快政府职能转变、积极探索管理模式创新、促进贸易和投资便利化，为全面深化改革和扩大开放探索新途径、积累新经验的重要使命，是国家战略需要。

（一）指导思想。

高举中国特色社会主义伟大旗帜，以邓小平理论、“三个代表”重要思想、科学发展观为指导，紧紧围绕国家战略，进一步解放思想，坚持先行先试，以开放促改革、促发展，率先建立符合国际化和法治化要求的跨境投资和贸易规则体系，使试验区成为我国进一步融入经济全球化的重要载体，打造中国经济升级版，为实现中华民族伟大复兴的中国梦作出贡献。

（二）总体目标。

经过两至三年的改革试验，加快转变政府职能，积极推进服务业扩大开放和外商投资管理体制改革，大力发展总部经济和新型贸易业态，加快探索资本项目可兑换和金融服务业全面开放，探索建立货物状态分类监管模式，努力形成促进投资和创新的政策支持体系，着力培育国际化和法治化的营商环境，力争建设成为具有国际水准的投资贸易便利、货币兑换自由、监管高效便捷、法制环境规范的自由贸易试验区，为我国扩大开放和深化改革探索新思路和新途径，更好地为全国服务。

（三）实施范围。

试验区的范围涵盖上海外高桥保税区、上海外高桥保税物流园区、洋山保税港区和上海浦东机场综合保税区等4个海关特殊监管区域，并根据先行先试推进情况以及产业发展和辐射带动需要，逐步拓展实施范围和试点政策范围，形成与上海国际经济、金融、贸易、航运中心建设的联动机制。

二、主要任务和措施

紧紧围绕面向世界、服务全国的战略要求和上海“四个中心”建设的战略任务，按照先行先试、风险可控、分步推进、逐步完善的方式，把扩大开放与体制改革相结合、把培育功能与政策创新相结合，形成与国际投资、贸易通行规则相衔接的基本制度框架。

（一）加快政府职能转变。

1. 深化行政管理体制改革。加快转变政府职能，改革创新政府管理方式，按照国际化、法治化的要求，积极探索建立与国际高标准投资和贸易规则体系相适应的行政管理体系，推进政府管理由注重事先审批转为注重事中、事后监管。建立一口受理、综合审批和高效运作的服务模式，完善信息网络平台，实现不同部门的协同管理机制。建立行业信息跟踪、监管和归集的综合性评估机制，加强对试验区内企业在区外经营活动全过程的跟踪、管理和监督。建立集中统一的市场监管综合执法体系，在质量技术监督、食品药品监管、知识产权、工商、税务等管理领域，实现高效监管，积极鼓励社会力量参与市场监督。提高行政透明度，完善体现投资者参与、符合国际规则的信息公开机制。完善投资者权益有效保障机制，实现各类投资主体的公平竞争，允许符合条件的外国投资者自由转移其投资收益。建立知识产权纠纷调解、援助等解决机制。

（二）扩大投资领域的开放。

2. 扩大服务业开放。选择金融服务、航运服务、商贸服务、专业服务、文化服务以及社会服务领域扩大开放（具体开放清单见附件），暂停或取消投资者资质要求、股比限制、经营范围限制等准入限制措施（银行业机构、信息通信服务除外），营造有利于各类投资者平等准入的市场环境。

3. 探索建立负面清单管理模式。借鉴国际通行规则，对外商投资试行准入前国民待遇，研究制定试验区外商投资与国民待遇等不符的负面清单，改革外商投资管理模式。对负面清单之外的领域，按照内外资一致的原则，将外商投资项目由核准制改为备案制（国务院规定对国内投资项目保留核准的除外），由上海市负责办理；将外商投资企业合同章程审批改为由上海市负责备案管理，备案后按国家有关规定办理相关手续；工商登记与商事登记制度改革相衔接，逐步优化登记流程；完善国家安全审查制度，在试验区内试点开展涉及外资的国家安全审查，构建安全高效的开放型经济体系。在总结试点经验的基础上，逐步形成与国际接轨的外商投资管理制度。

4. 构筑对外投资服务促进体系。改革境外投资管理方式，对境外投资开办企业实行以备案制为主的管理方式，对境外投资一般项目实行备案制，由上海市负责备案管理，提高境外投资便利化程度。创新投资服务促进机制，加强境外投资事后管理和服务，形成多部门共享的信息监测平台，做好对外直接投资统计和年检工作。支持试验区内各类投资主体开展多种形式的境外投资。鼓励在试验区设立专业从事境外股权投资的项目公司，支持有条件的投资者设立境外投资股权投资母基金。

（三）推进贸易发展方式转变。

5. 推动贸易转型升级。积极培育贸易新型业态和功能，形成以技术、品牌、质量、服务为核心的外贸竞争新优势，加快提升我国在全球贸易价值链中的地位。鼓励跨国公司建立亚太地区总部，建立整合贸易、物流、结算等功能的营运中心。深化国际贸易结算中心试点，拓展专用账户的服务贸易跨境收付和融资功能。支持试验区内企业发展离岸业务。鼓励企业统筹开展国际国内贸易，实现内外贸一体化发展。探索在试验区内设立国际大宗商品交易和资源配置平台，开展能源产品、基本工业原料和大宗农产品的国际贸易。扩大完善期货保税交割试点，拓展仓单质押融资等功能。加快对外文化贸易基地建设。推动生物医药、软件信息、管理咨询、数据服务等外包业务发展。允许和支持各类融资租赁公司在试验区内设立项目子公司并开展境内外租赁服务。鼓励设立第三方检验鉴定机构，按照国际标准采信其检测结果。试点开展境内外高技术、高附加值的维修业务。加快培育跨境电子商务服务功能，试点建立与之相适应的海关监管、检验检疫、退税、跨境支付、物流等支撑系统。

6. 提升国际航运服务能级。积极发挥外高桥港、洋山深水港、浦东空港国际枢纽港的联动作用，探索形成具有国际竞争力的航运发展制度和运作模式。积极发展航运金融、国际船舶运输、国际船舶管理、国际航运经纪等产业。加快发展航运运价指数衍生品交易业务。推动中转集拼业务发展，允许中资公司拥有或控股拥有的非五星旗船，先行先试外贸进出口集装箱在国内沿海港口和上海港之间的沿海捎带业务。支持浦东机场增加国际中转货运航班。充分发挥上海的区域优势，利用中资“方便旗”船税收优惠政策，促进符合条件的船舶在上海落户登记。在试验区实行已在天津试点的国际船舶登记政策。简化国际船舶运输经营许可流程，形成高效率的船籍登记制度。

（四）深化金融领域的开放创新。

7. 加快金融制度创新。在风险可控前提下，可在试验区内对人民币资本项目可兑换、金融市场利率市场化、人民币跨境使用等方面创造条件进行先行先试。在试验区内实现金融机构资产方价格实行市场化定价。探索面向国际的外汇管理改革试点，建立与自由贸易试验区相适应的外汇管理体制，全面实现贸易投资便利化。鼓励企业充分利用境内外两种资源、两个市场，实现跨境融资自由化。深化外债管理方式改革，促进跨境融资便利化。深化跨国公司总部外汇资金集中运营管理试点，促进跨国公司设立区域性或全球性资金管理中心。建立试验区金融改革创新与上海国际金融中心建设的联动机制。

8. 增强金融服务功能。推动金融服务业对符合条件的民营资本和外资金融机构全面开放，支持在试验区内设立外资银行和中外合资银行。允许金融市场在试验区内建立面向国际的交易平台。逐步允许境外企业参与商品期货交易。鼓励金融市场产品创新。支持股权托管交易机构在试验区内建立综合金融服务平台。支持开展人民币跨境再保险业务，培育发展再保险市场。

（五）完善法制领域的制度保障。

9. 完善法制保障。加快形成符合试验区发展需要的高标准投资和贸易规则体系。针对试点内容，需要停止实施有关行政法规和国务院文件的部分规定的，按规定程序办理。其中，经全国人民代表大会常务委员会授权，暂时调整《中华人民共和国外资企业法》、《中华人民共和国中外合资经营企业法》和《中华人民共和国中外合作经营企业法》规定的有关行政审批，自2013年10月1日起在三年内试行。各部门要支持试验区在服务业扩大开放、实施准入前国民待遇和负面清单管理模式等方面深化改革试点，及时解决试点过程中的制度保障问题。上海市要通过地方立法，建立与试点要求相适应的试验区管理制度。

三、营造相应的监管和税收制度环境

适应建立国际高水平投资和贸易服务体系的需要，创新监管模式，促进试验区内货物、服务等各类要素自由流动，推动服务业扩大开放和货物贸易深入发展，形成公开、透明的管理制度。同时，在维护现行税制公平、统一、规范的前提下，以培育功能为导向，完善相关政策。

（一）创新监管服务模式。

1. 推进实施“一线放开”。允许企业凭进口舱单将货物直接入区，再凭进境货物备案清单向主管海关办理申报手续，探索简化进出境备案清单，简化国际中转、集拼和分拨等业务进出境手续；实行“进境检疫，适当放宽进出口检验”模式，创新监管技术和方法。探索构建相对独立的以贸易便利化为主的货物贸易区域和以扩大服务领域开放为主的服务贸易区域。在确保有效监管的前提下，探索建立货物状态分类监管模式。深化功能拓展，在严格执行货物进出口税收政策的前提下，允许在特定区域设立保税展示交易平台。

2. 坚决实施“二线安全高效管住”。优化卡口管理，加强电子信息联网，通过进出境清单比对、账册管理、卡口实货核注、风险分析等加强监管，促进二线监管模式与一线监管模式相衔接，推行“方便进出，严密防范质量安全风险”的检验检疫监管模式。加强电子账册管理，推动试验区内货物在各海关特殊监管区域之间和跨关区便捷流转。试验区内企业原则上不受地域限制，可到区外再投资或开展业务，如有专项规定要求办理相关手续，仍应按照专项规定办理。推进企业运营信息与监管系统对接。通过风险监控、第三方管理、保证金要求等方式实行有效监管，充分发挥上海市诚信体系建设的作用，加快形成企业商务诚信管理和经营活动专属管辖制度。

3. 进一步强化监管协作。以切实维护国家安全和市场公平竞争为原则，加强各有关部门与上海市政府的协同，提高维护经济社会安全的服务保障能力。试验区配合国务院有关部门严格实施经营者集中反垄断审查。加强海关、质检、工商、税务、外汇等管理部门的协作。加快完善一体化监管方式，推进组建统一高效的口岸监管机构。探索试验区统一电子围网管理，建立风险可控的海关监管机制。

（二）探索与试验区相配套的税收政策。

4. 实施促进投资的税收政策。注册在试验区内的企业或个人股东，因非货币性资产对外投资等资产重组行为而产生的资产评估增值部分，可在不超过5年期限内，分期缴纳所得税。对试验区内企业以股份或出资比例等股权形式给予企业高端人才和紧缺人才的奖励，实行已在中关村等地区试点的股权激励个人所得税分期纳税政策。

5. 实施促进贸易的税收政策。将试验区内注册的融资租赁企业或金融租赁公司在试验区内设立的项目子公司纳入融资租赁出口退税试点范围。对试验区内注册的国内租赁公司或租赁公司设立的项目子公司，经国家有关部门批准从境外购买空载重量在25吨以上并租赁给国内航空公司使用的飞机，享受相关进口环节增值税优惠政策。对设在试验区内的企业生产、加工并经“二线”销往内地的货物照章征收进口环节增值税、消费税。根据企业申请，试行对该内销货物按其对应进口料件或按实际报验状态征收关税的政策。在现行政策框架下，对试验区内生产企业和生产性服务业企业进口所需的机器、设备等货物予以免税，但生活性服务业等企业进口的货物以及法律、行政法规和相关规定明确不予免税的货物除外。完善起运港退税试点政策，适时研究扩大起运地、承运企业和运输工具等试点范围。

此外，在符合税制改革方向和国际惯例，以及不导致利润转移和税基侵蚀的前提下，积极研究完善适应境外股权投资和离岸业务发展的税收政策。

四、扎实做好组织实施

国务院统筹领导和协调试验区推进工作。上海市要精心组织实施，完善工作机制，落实工作责任，根据《方案》明确的目标定位和先行先试任务，按照“成熟的可先做，再逐步完善”的要求，形成可操作的具体计划，抓紧推进实施，并在推进过程中认真研究新情况、解决新问题，重大问题要及时向国务院请示报告。各有关部门要大力支持，积极做好协调配合、指导评估等工作，共同推进相关体制机制和政策创新，把试验区建设好、管理好。

国务院

2013年9月18日

全国资源型城市可持续发展规划（2013—2020年）

国发〔2013〕45号

资源型城市是以本地区矿产、森林等自然资源开采、加工为主导产业的城市（包括地级市、地区等地级行政区和县级市、县等县级行政区）。资源型城市作为我国重要的能源资源战略保障基地，是国民经济持续健康发展的重要支撑。促进资源型城市可持续发展，是加快转变经济发展方式、实现全面建成小康社会奋斗目标的必然要求，也是促进区域协调发展、统筹推进新型工业化和新型城镇化、维护社会和谐稳定、建设生态文明的重要任务。本规划根据《中华人民共和国国民经济和社会发展第十二个五年规划纲要》、《全国主体功能区规划》等编制，是指导全国各类资源型城市可持续发展和编制相关规划的重要依据。

规划范围包括262个资源型城市，其中地级行政区（包括地级市、地区、自治州、盟等）126个，县级市62个，县（包括自治县、林区等）58个，市辖区（开发区、管理区）16个。

规划期为2013—2020年。

一、规划背景

我国资源型城市数量多、分布广，历史贡献巨大、现实地位突出。新中国成立以来，资源型城市累计生产原煤529亿吨、原油55亿吨、铁矿石58亿吨、木材20亿立方米，“一五”时期156个国家重点建设项目中有53个布局在资源型城市，占总投资额的近50%，为建立我国独立完整的工业体系、促进国民经济发展作出了历史性的贡献。

2001年以来，在党中央、国务院坚强领导和各方面共同努力下，以资源枯竭城市转型为突破口的资源型城市可持续发展工作取得了阶段性成果，政策体系逐步完善，工作机制初步建立，资源枯竭城市经济社会发展重现生机与活力。

但是，当前国际政治经济不确定性、不稳定性上升，国内经济发展中不平衡、不协调、不可持续问题突出，由于内外部因素叠加，新旧矛盾交织，资源型城市可持续发展面临严峻挑战，加快转变经济发展方式的任务十分艰巨。

资源枯竭城市历史遗留问题依然严重，转型发展内生动力不强。尚有近7000万平方米棚户区需要改造，约14万公顷沉陷区需要治理，失业矿工人数达60多万，城市低保人数超过180万。产业发展对资源的依赖性依然较强，采掘业占二次产业的比重超过20%，现代制造业、高技术产业等处于起步阶段。人才、资金等要素集聚能力弱，创新水平低，进一步发展接续替代产业的支撑保障能力严重不足。

资源富集地区新矛盾显现，可持续发展压力较大。部分地区开发强度过大，资源综合利用水平低。

生态环境破坏严重，新的地质灾害隐患不断出现。高耗能、高污染、高排放项目低水平重复建设，接续替代产业发展滞后。资源开发、征地拆迁等引发的利益分配矛盾较多，维稳压力大。资源开发与经济社会发展、生态环境保护之间不平衡、不协调的矛盾突出。

促进资源型城市可持续发展的长效机制亟待完善，改革任务艰巨。资源开发行为方式有待进一步规范，调控监管机制有待健全，反映市场供求关系、资源稀缺程度和环境损害成本等的资源性产品价格形成机制尚未完全形成。资源开发企业在资源补偿、生态建设和环境整治、安全生产及职业病防治等方面的主体责任仍未落实到位。扶持接续替代产业发展的政策体系不够完善，支持力度不足。资源收益分配改革涉及深层次的利益格局调整，矛盾错综复杂。

促进资源型城市可持续发展，对于维护国家能源资源安全、推动新型工业化和新型城镇化、促进社会和谐稳定和民族团结、建设资源节约和环境友好型社会具有重要意义。目前，我国已经进入了全面建成小康社会的决定性阶段，对资源型城市可持续发展提出了新的要求，迫切需要统筹规划、协调推进。

二、总体要求

（一）指导思想。

以邓小平理论、“三个代表”重要思想、科学发展观为指导，深入贯彻落实党的十八大精神，按照“五位一体”总布局，以加快转变经济发展方式为主线，进一步深化改革开放，依靠体制机制创新，统筹推进新型工业化和新型城镇化，培育壮大接续替代产业，加强生态环境保护和治理，保障和改善民生，建立健全可持续发展长效机制；坚持统筹协调、分类指导，努力化解历史遗留问题，破除城市内部二元结构，加快资源枯竭城市转型发展，有序开发综合利用资源，提升城市综合服务功能，促进资源富集地区协调发展，走出一条有中国特色的资源型城市可持续发展之路。

（二）基本原则。

分类引导，特色发展。根据资源保障能力和经济社会可持续发展能力对资源型城市进行科学分类，将资源型城市划分为成长型、成熟型、衰退型和再生型四种类型，明确不同类型城市的发展方向和重点任务，引导各类城市探索各具特色的发展模式。

有序开发，协调发展。牢固树立生态文明理念，加强资源开发规划和管理，严格准入条件，引导资源规模化、集约化开发，提高资源节约和综合利用水平，强化生态保护和环境整治，推进绿色发展、循环发展、低碳发展，实现资源开发与城市发展的良性互动。

优化结构，协同发展。坚持把经济结构转型升级作为加快资源型城市可持续发展的主攻方向，充分发挥市场机制作用，改造提升传统资源型产业、发展绿色矿业，培育壮大接续替代产业，加快发展现代服务业，鼓励发展战略性新兴产业，推进资源型城市由单一的资源型经济向多元经济转变。

民生为本，和谐发展。以解决人民群众最关心、最直接、最现实的问题为突破口，千方百计扩大就业，大力改善人居环境，加快健全基本公共服务体系，使资源型城市广大人民群众共享改革发展成果，促进社会和谐稳定。

（三）规划目标。

到2020年，资源枯竭城市历史遗留问题基本解决，可持续发展能力显著增强，转型任务基本完成。资源富集地区资源开发与经济社会发展、生态环境保护相协调的格局基本形成。转变经济发展方式取得实质性进展，建立健全促进资源型城市可持续发展的长效机制。

资源保障有力。资源集约利用水平显著提高，资源产出率提高25个百分点，形成一批重要矿产资源接续基地，重要矿产资源保障能力明显提升，重点国有林区森林面积和蓄积量稳步增长，资源保障主体地位进一步巩固。

经济活力迸发。资源性产品附加值大幅提升，接续替代产业成为支柱产业，增加值占地区生产总值比重提高6个百分点，服务业发展水平明显提高，多元化产业体系全面建立，产业竞争力显著增强。国有企业改革任务基本完成，非公有制经济和中小企业快速发展，形成多种所有制经济平等竞争、共同发展的新局面。

人居环境优美。矿山地质环境得到有效保护，历史遗留矿山地质环境问题的恢复治理率大幅提高，因矿山开采新损毁的土地得以全面复垦利用，新建和生产矿区不欠新账。主要污染物排放总量大幅减少，重金属污染得到有效控制。重点地区生态功能得到显著恢复。城市基础设施进一步完善，综合服务功能不断增强，生态环境质量显著提升，形成一批山水园林城市、生态宜居城市。

社会和谐进步。就业规模持续扩大，基本公共服务体系逐步完善，养老、医疗、工伤、失业等社会保障水平不断提高，住房条件明显改善。城乡居民收入增幅高于全国平均水平，低收入人群的基本生活得到切实保障。文化事业繁荣发展，矿区、林区宝贵的精神文化财富得到保护传承。

国务院

2013年11月12日

THE 第二篇
SECOND CHAPTER

中国城市经济统计资料

中华人民共和国
2013年国民经济和社会发展统计公报[1]

2013年，面对错综复杂的国内外形势，党中央、国务院团结带领全国各族人民深入贯彻落实党的十八大精神，坚持稳中求进工作总基调，坚持宏观政策要稳、微观政策要活、社会政策要托底的思路，统筹稳增长、调结构、促改革，探索创新宏观调控方式，经济社会发展稳中有进、稳中向好，实现了良好开局。

一、综合

年末全国内地总人口为136072万人，比上年末增加668万人，其中城镇常住人口为73111万人，占总人口比重为53.73%，比上年末提高1.16个百分点。全年出生人口1640万人，出生率为12.08‰；死亡人口972万人，死亡率为7.16‰；自然增长率为4.92‰。全国人户分离的人口[2]为2.89亿人，其中流动人口[3]为2.45亿人。

表1　2013年年末人口数及其构成

单位：万人

指标	年末数	比重（%）
全国总人口	136072	100.0
其中：城镇	73111	53.73
乡村	62961	46.27
其中：男性	69728	51.2
女性	66344	48.8
其中：0～15岁[4]（含不满16周岁）	23875	17.5
16～59岁（含不满60周岁）	91954	67.6
60周岁及以上	20243	14.9
其中：65周岁及以上	13161	9.7

国民经济平稳较快增长。初步核算，全年国内生产总值[5]568845亿元，比上年增长7.7%。其中，第一产业增加值56957亿元，增长4.0%；第二产业增加值249684亿元，增长7.8%；第三产业增加值262204亿元，增长8.3%。第一产业增加值占国内生产总值的比重为10.0%，第二产业增加值比重为43.9%，第三产业增加值比重为46.1%，第三产业增加值占比首次超过第二产业。

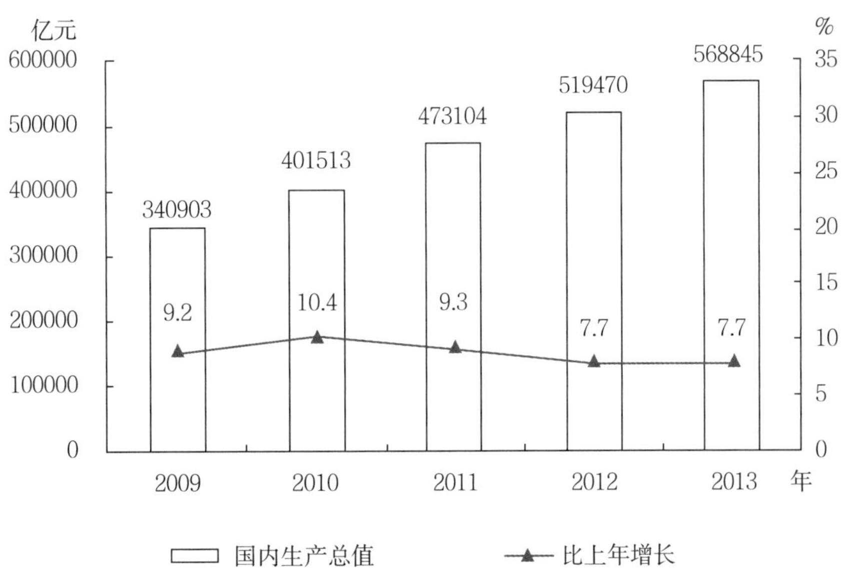

图1 2009—2013年国内生产总值及其增长速度

就业持续增加。年末全国就业人员76977万人，其中城镇就业人员38240万人。全年城镇新增就业1310万人。年末城镇登记失业率为4.05%，略低于上年末的4.09%。全国农民工[6]总量为26894万人，比上年增长2.4%。其中，外出农民工16610万人，增长1.7%；本地农民工10284万人，增长3.6%。

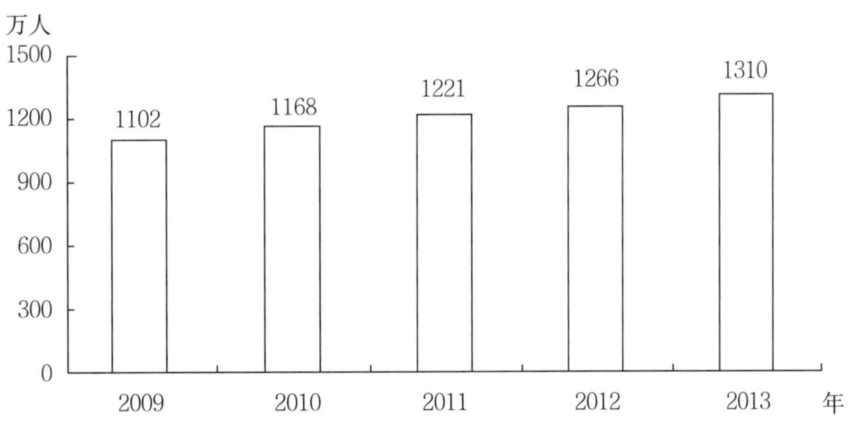

图2 2009—2013年城镇新增就业人数

劳动生产率稳步提高。全年国内生产总值与全部就业人员的比率为66199元/人（以2010年不变价格计算），比上年提高7.3%。

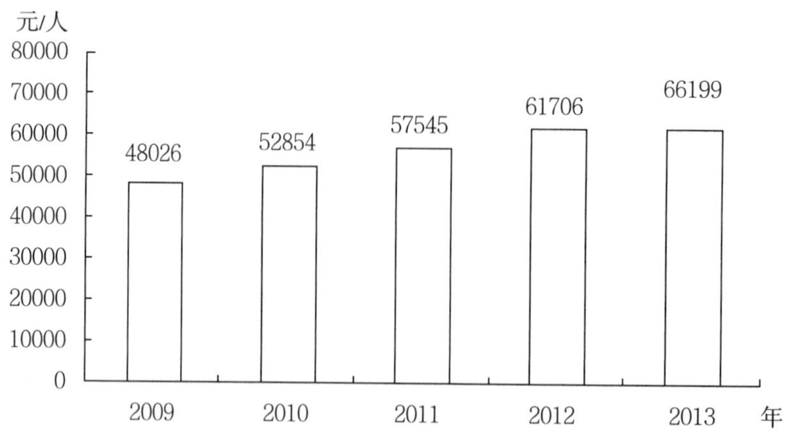

图3　2009—2013年国内生产总值与全部就业人员比率
（2010年不变价格）

居民消费价格基本稳定。全年居民消费价格比上年上涨2.6%，其中食品价格上涨4.7%。固定资产投资价格上涨0.3%。工业生产者出厂价格下降1.9%。工业生产者购进价格下降2.0%。农产品生产者价格[7]上涨3.2%。

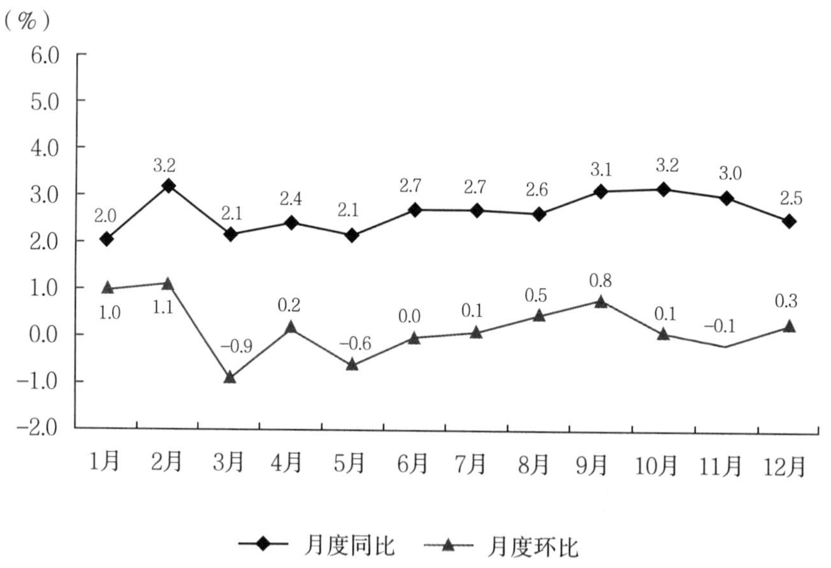

图4　2013年居民消费价格月度涨跌幅度

表2 2013年居民消费价格比上年涨跌幅度

单位：%

指标	全国		
		城市	农村
居民消费价格	2.6	2.6	2.8
其中：食　品	4.7	4.6	4.9
烟酒及用品	0.3	0.1	0.8
衣　着	2.3	2.2	2.5
家庭设备用品及维修服务	1.5	1.5	1.3
医疗保健和个人用品	1.3	1.2	1.8
交通和通信	-0.4	-0.5	0.1
娱乐教育文化用品及服务	1.8	1.7	1.8
居　住	2.8	3.0	2.3

70个大中城市新建商品住宅销售价格月环比上涨的城市个数年末为65个。

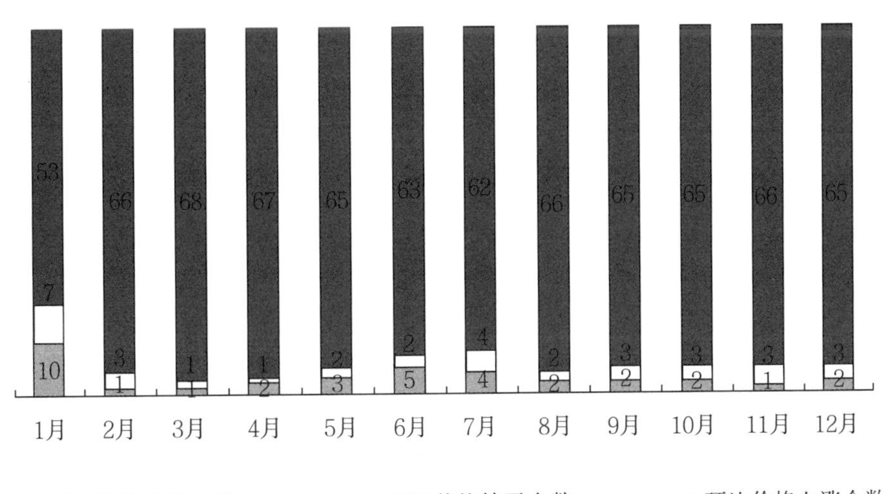

图5 2013年新建商品住宅月环比价格下降、持平、上涨城市个数变化情况

财政收入稳定增长。全年全国公共财政收入[8]129143亿元，比上年增加11889亿元，增长10.1%；其中税收收入110497亿元，增加9883亿元，增长9.8%。

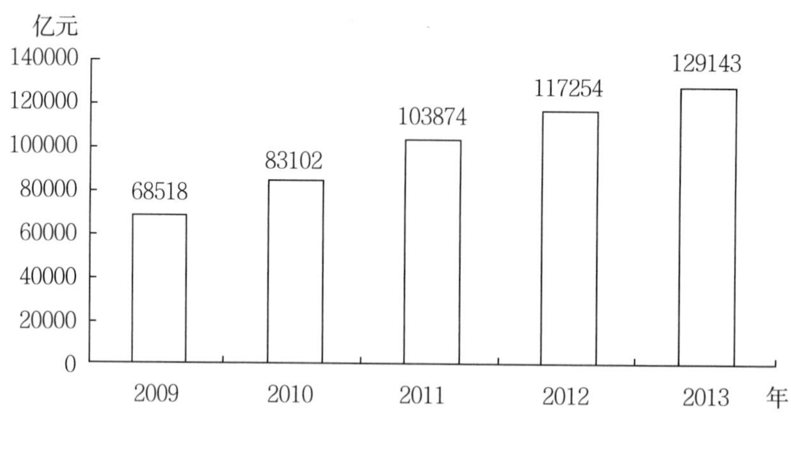

图6 2009—2013年公共财政收入[9]

外汇储备继续增加。年末国家外汇储备38213亿美元，比上年末增加5097亿美元。年末人民币汇率为1美元兑6.0969元人民币，比上年末升值3.1%。

图7 2009—2013年年末国家外汇储备

二、农业

全年粮食种植面积11195万公顷，比上年增加75万公顷；棉花种植面积435万公顷，减少34万公顷；油料种植面积1408万公顷，增加15万公顷；糖料种植面积199万公顷，减少4万公顷。

粮食再获丰收。全年粮食产量60194万吨，比上年增加1236万吨，增产2.1%。其中，夏粮产量13189万吨，增产1.5%；早稻产量3407万吨，增产2.4%；秋粮产量43597万吨，增产2.3%。其中，主要粮食品种中，稻谷产量20329万吨，减产0.5%；小麦产量12172万吨，增产0.6%；玉米产量21773万吨，增产5.9%。

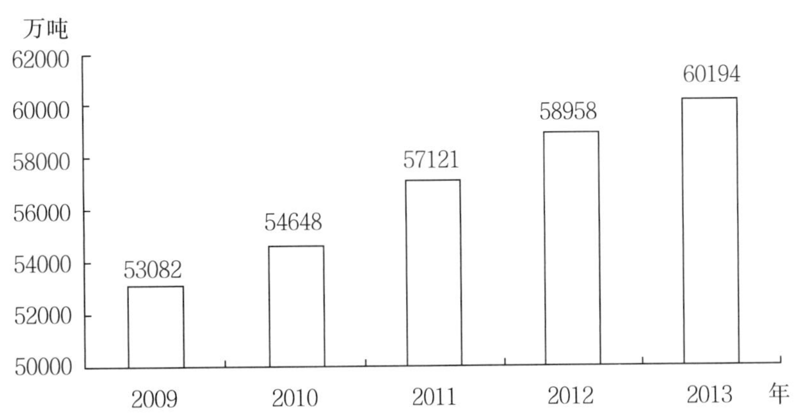

图8　2009—2013年粮食产量

全年棉花产量631万吨，比上年减产7.7%。油料产量3531万吨，增产2.8%。糖料产量13759万吨，增产2.0%。茶叶产量193万吨，增产7.9%。

全年肉类总产量8536万吨，比上年增长1.8%。其中，猪肉产量5493万吨，增长2.8%；牛肉产量673万吨，增长1.7%；羊肉产量408万吨，增长1.8%；禽肉产量1798万吨，下降1.3%。年末生猪存栏47411万头，下降0.4%；生猪出栏71557万头，增长2.5%。禽蛋产量2876万吨，增长0.5%。牛奶产量3531万吨，下降5.7%。

全年水产品产量6172万吨，比上年增长4.5%。其中，养殖水产品产量4547万吨，增长6.0%；捕捞水产品产量1625万吨，增长3.5%。

全年木材产量8367万立方米，比上年增长2.3%。

全年新增有效灌溉面积129万公顷，新增节水灌溉面积211万公顷。

三、工业和建筑业

工业生产稳定增长。全年全部工业增加值210689亿元，比上年增长7.6%。规模以上工业增加值增长9.7%。在规模以上工业中，分经济类型看，国有及国有控股企业增长6.9%；集体企业增长4.3%，股份制企业增长11.0%，外商及港澳台商投资企业增长8.3%；私营企业增长12.4%。分门类看，采矿业[10]增长6.4%，制造业增长10.5%，电力、热力、燃气及水生产和供应业增长6.8%。

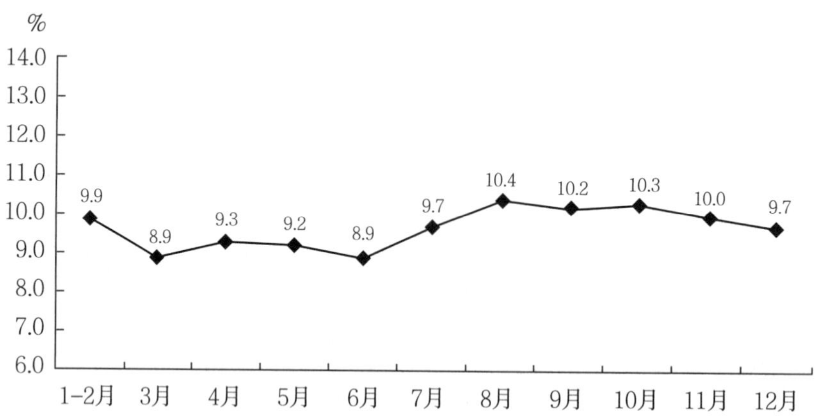

图9 2013年规模以上工业增加值增速（月度同比）

全年规模以上工业中，农副食品加工业增加值比上年增长9.4%，纺织业增长8.7%，通用设备制造业增长9.2%，专用设备制造业增长8.5%，汽车制造业增长14.9%，计算机、通信和其他电子设备制造业增长11.3%，电气机械和器材制造业增长10.9%。六大高耗能行业[11]增加值比上年增长10.1%，其中，非金属矿物制品业增长11.5%，化学原料和化学制品制造业增长12.1%，有色金属冶炼和压延加工业增长14.6%，黑色金属冶炼和压延加工业增长9.9%，电力、热力生产和供应业增长6.2%，石油加工、炼焦和核燃料加工业增长6.1%。高技术制造业增加值比上年增长11.8%。

年末全国发电装机容量124738万千瓦，比上年年末增长9.3%。其中，火电装机容量86238万千瓦，增长5.7%；水电装机容量28002万千瓦，增长12.3%；核电装机容量1461万千瓦，增长16.2%；并网风电装机容量7548万千瓦，增长24.5%；并网太阳能发电装机容量1479万千瓦，增长3.4倍。

全年规模以上工业企业实现利润62831亿元，比上年增长12.2%，其中国有及国有控股企业15194亿元，增长6.4%；集体企业825亿元，增长2.1%，股份制企业37285亿元，增长11.0%，外商及港澳台商投资企业14599亿元，增长15.5%；私营企业20876亿元，增长14.8%。

全年全社会建筑业增加值38995亿元，比上年增长9.5%。全国具有资质等级的总承包和专业承包建筑业企业实现利润5575亿元，增长16.7%，其中国有及国有控股企业1363亿元，增长20.1%。

表3　2013年主要工业产品产量及其增长速度

产品名称	单位	产量	比上年增长（%）
纱	万吨	3200.0	7.2
布	亿米	882.7	4.0
化学纤维	万吨	4121.9	7.4
成品糖	万吨	1589.7	12.8
卷　烟	亿支	25604.0	1.8
彩色电视机	万台	12776.1	-0.4
其中：液晶电视机	万台	12290.3	4.5
家用电冰箱	万台	9261.0	9.9
房间空气调节器	万台	13057.2	5.3
一次能源生产总量	亿吨标准煤	34.0	2.4
原　煤	亿吨	36.8	0.8
原　油	亿吨	2.09	1.8
天然气[12]	亿立方米	1170.5	9.4
发电量	亿千瓦小时	53975.9	7.5
其中：火电	亿千瓦小时	42358.7	7.0
水电	亿千瓦小时	9116.4	5.6
核电	亿千瓦小时	1106.3	13.6
粗　钢	万吨	77904.1	7.6
钢　材[13]	万吨	106762.2	11.7
十种有色金属	万吨	4054.9	9.7
其中：精炼铜（电解铜）	万吨	649.0	12.7
原铝（电解铝）	万吨	2205.9	9.2
氧化铝	万吨	4437.2	17.7
水　泥	亿吨	24.2	9.3
硫　酸（折100%）	万吨	8122.6	3.1
纯　碱	万吨	2434.9	1.6
烧　碱（折100%）	万吨	2859.0	6.0
乙　烯	万吨	1622.6	9.1
化　肥（折100%）	万吨	7037.0	3.0
发电机组（发电设备）	万千瓦	12572.8	-3.3
汽　车	万辆	2211.7	14.7
其中：基本型乘用车（轿车）	万辆	1210.4	12.4
大中型拖拉机	万台	58.7	11.4
集成电路	亿块	866.5	11.2
程控交换机	万线	3115.7	10.1
移动通信手持机	万台	145561.0	23.2
微型计算机设备	万台	33661.0	5.8

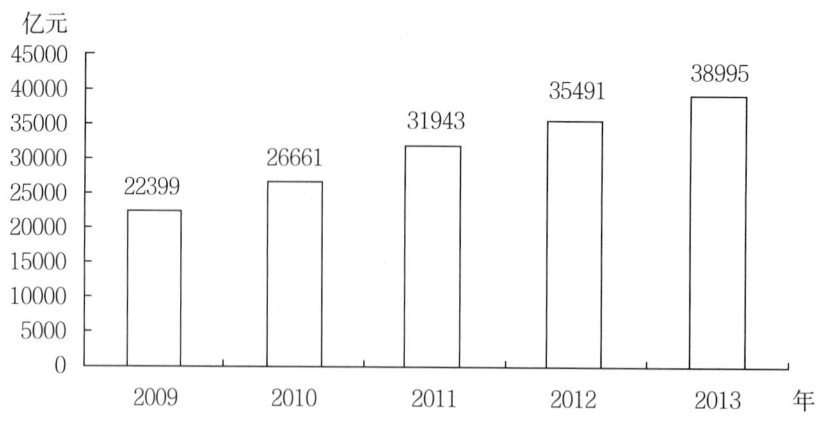

图10　2009—2013年建筑业增加值

四、固定资产投资

固定资产投资较快增长。全年全社会固定资产投资447074亿元，比上年增长19.3%，扣除价格因素，实际增长18.9%。其中，固定资产投资（不含农户）436528亿元，增长19.6%；农户投资10547亿元，增长7.2%。东部地区投资[14]179092亿元，比上年增长17.9%；中部地区投资105894亿元，增长22.2%；西部地区投资109228亿元，增长22.8%；东北地区投资47367亿元，增长18.4%。

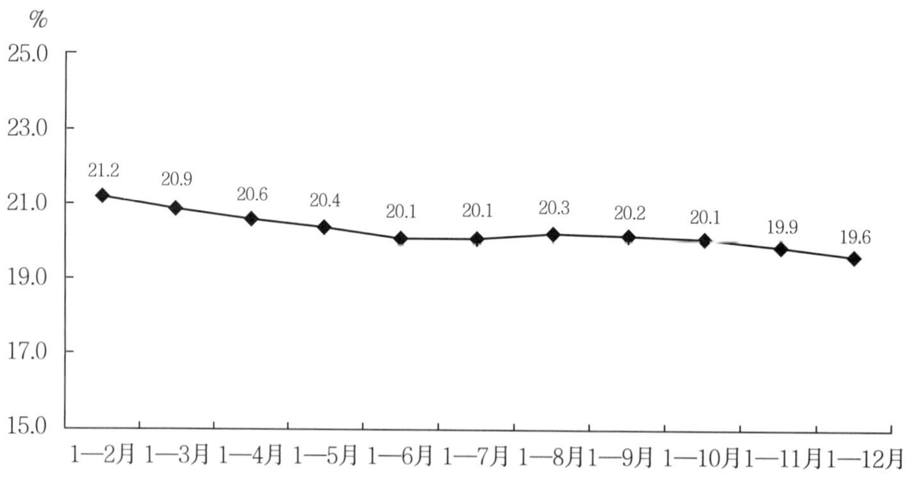

图11　2013年固定资产投资（不含农户）增速
（累计同比）

表4 2013年分行业固定资产投资（不含农户）及其增长速度

单位：亿元

行业	投资额	比上年增长（%）
总　　计	436528	19.6
农、林、牧、渔业	11611	32.4
采矿业	14750	10.9
制造业	147370	18.5
电力、热力、燃气及水生产和供应业	19744	18.4
建筑业	3737	1.4
批发和零售业	12695	30.0
交通运输、仓储和邮政业	36194	17.2
住宿和餐饮业	6001	17.5
信息传输、软件和信息技术服务业	3216	19.5
金融业	1250	35.3
房地产业[15]	111424	20.3
租赁和商务服务业	5922	26.1
科学研究和技术服务业	3149	27.2
水利、环境和公共设施管理业	37598	26.9
居民服务、修理和其他服务业	2037	20.8
教育	5486	19.1
卫生和社会工作	3184	21.7
文化、体育和娱乐业	5251	23.0
公共管理、社会保障和社会组织	5908	-2.3

在固定资产投资（不含农户）中，第一产业[16]投资9241亿元，比上年增长32.5%；第二产业投资184804亿元，增长17.4%；第三产业投资242482亿元，增长21.0%。

表5　2013年固定资产投资新增主要生产能力

指　　标	单位	绝对数
新增220千伏及以上变电设备	万千伏安	19631
新建铁路投产里程	公里	5586
其中：高速铁路[17]	公里	1672
增建铁路复线投产里程	公里	4180
电气化铁路投产里程	公里	4810
新建公路里程	公里	70274
其中：高速公路	公里	8260
港口万吨级码头泊位新增吞吐能力	万吨	33119
新增光缆线路长度	万公里	266

全年房地产开发投资86013亿元，比上年增长19.8%。其中，住宅投资58951亿元，增长19.4%；办公楼投资4652亿元，增长38.2%；商业营业用房投资11945亿元，增长28.3%。

全年新开工建设城镇保障性安居工程住房666万套（户），基本建成城镇保障性安居工程住房544万套。

表6　2013年房地产开发和销售主要指标完成情况及其增长速度

指标	单位	绝对数	比上年增长（%）
投资额	亿元	86013	19.8
其中：住宅	亿元	58951	19.4
其中：90平方米及以下	亿元	19446	15.8
房屋施工面积	万平方米	665572	16.1
其中：住宅	万平方米	486347	13.4
房屋新开工面积	万平方米	201208	13.5
其中：住宅	万平方米	145845	11.6
房屋竣工面积	万平方米	101435	2.0
其中：住宅	万平方米	78741	-0.4
商品房销售面积	万平方米	130551	17.3
其中：住宅	万平方米	115723	17.5
本年到位资金	亿元	122122	26.5
其中：国内贷款	亿元	19673	33.1
其中：个人按揭贷款	亿元	14033	33.3

五、国内贸易

市场销售平稳较快增长。全年社会消费品零售总额237810亿元，比上年增长13.1%，扣除价格因素，实际增长11.5%。按经营地统计，城镇消费品零售额205858亿元，增长12.9%；乡村消费品零售额31952亿元，增长14.6%。按消费形态统计，商品零售额212241亿元，增长13.6%；餐饮收入额25569亿元，增长9.0%。

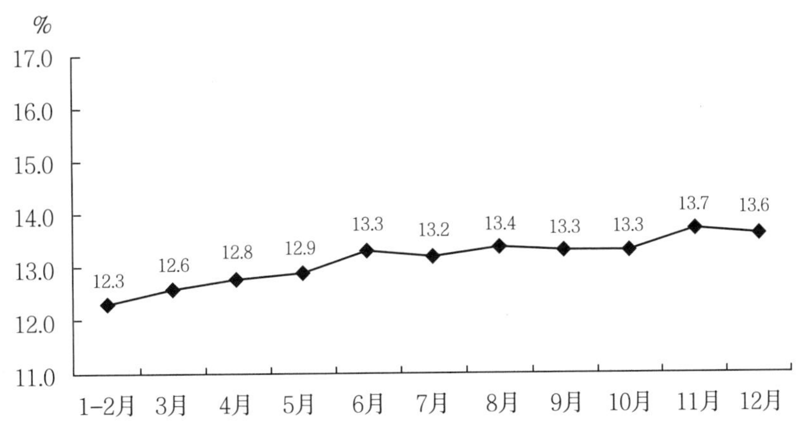

图12　2013年社会消费品零售总额增速（月度同比）

在限额以上企业商品零售额中，粮油、食品、饮料、烟酒类零售额比上年增长13.9%，服装、鞋帽、针纺织品类增长11.6%，化妆品类增长13.3%，金银珠宝类增长25.8%，日用品类增长14.1%，家用电器和音像器材类增长14.5%，中西药品类增长17.7%，文化办公用品类增长11.8%，家具类增长21.0%，通信器材类增长20.4%，石油及制品类增长9.9%，汽车类增长10.4%，建筑及装潢材料类增长22.1%。

六、对外经济

进出口稳中有升。全年货物进出口总额258267亿元人民币，以美元计价为41600亿美元，比上年增长7.6%。其中，出口137170亿元人民币，以美元计价为22096亿美元，增长7.9%；进口121097亿元人民币，以美元计价为19504亿美元，增长7.3%。进出口差额（出口减进口）16072亿元人民币，比上年增加1514亿元人民币，以美元计价为2592亿美元，增加289亿美元。

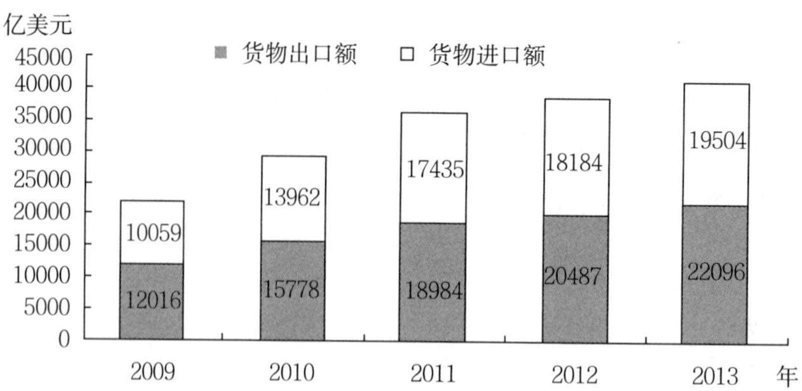

图13　2009—2013年货物进出口总额

表7　2013年货物进出口总额及其增长速度

单位：亿美元

指标	绝对数	比上年增长（%）
货物进出口总额	41600	7.6
货物出口额	22096	7.9
其中：一般贸易	10875	10.1
加工贸易	8605	-0.3
其中：机电产品	12652	7.3
高新技术产品	6603	9.8
货物进口额	19504	7.3
其中：一般贸易	11099	8.6
加工贸易	4970	3.3
其中：机电产品	8400	7.3
高新技术产品	5582	10.1
进出口差额（出口减进口）	2592	—

表8　2013年主要商品出口数量、金额及其增长速度

商品名称	单位	数量	比上年增长（%）	金额（亿美元）	比上年增长（%）
煤（包括褐煤）	万吨	751	-19.1	11	-33.1
钢材	万吨	6234	11.9	532	3.4
纺织纱线、织物及制品	—	—	—	1069	11.7
服装及衣着附件	—	—	—	1770	11.3
鞋类	—	—	—	508	8.4
家具及其零件	—	—	—	518	6.2
自动数据处理设备及其部件	万台	187050	2.0	1822	-1.7
手持或车载无线电话	万台	118582	16.9	951	17.3
集装箱	万个	270	8.8	79	-6.4
液晶显示板	万个	326577	3.1	359	-1.0
汽车（包括整套散件）	万辆	92	-6.7	120	-5.3

表9　2013年主要商品进口数量、金额及其增长速度

商品名称	数量（万吨）	比上年增长（%）	金额（亿美元）	比上年增长（%）
谷物及谷物粉	1458	4.3	51	6.6
大豆	6338	8.6	380	8.6
食用植物油	810	-4.2	81	-16.7
铁矿砂及其精矿	81931	10.2	1059	10.4
氧化铝	383	-23.7	14	-22.7
煤（包括褐煤）	32708	13.4	290	1.1
原油	28192	4.0	2196	-0.5
成品油	3959	-0.6	320	-3.2
初级形状的塑料	2462	3.9	491	6.3
纸浆	1685	2.4	114	3.7
钢材	1408	3.1	170	-4.3
未锻造的铜及铜材	453	-2.5	353	-8.5

表10　2013年对主要国家和地区货物进出口额及其增长速度

单位：亿美元

国家和地区	出口额	比上年增长（%）	进口额	比上年增长（%）
欧盟	3390	1.1	2200	3.7
美国	3684	4.7	1525	14.8
东盟	2441	19.5	1996	1.9
中国香港	3848	19.0	162	-9.3
日本	1503	-0.9	1623	-8.7
韩国	912	4.0	1831	8.5
中国台湾	406	10.5	1566	18.5
俄罗斯	496	12.6	396	-10.2
印度	484	1.6	170	-9.6

全年服务进出口（按国际收支口径统计，不含政府服务，下同）总额5396亿美元，比上年增长14.7%。其中，服务出口2106亿美元，增长10.6%；服务进口3291亿美元，增长17.5%。服务进出口逆差1185亿美元。

全年非金融领域新批外商直接投资企业22773家，比上年下降8.6%。实际使用外商直接投资金额1176亿美元，增长5.3%。

全年非金融领域对外直接投资额902亿美元，比上年增长16.8%。

全年对外承包工程业务完成营业额1371亿美元，比上年增长17.6%；对外劳务合作派出各类劳务人员52.7万人，增长2.9%。

表11　2013年非金融领域外商直接投资及其增长速度

行业	企业数（家）	比上年增长（%）	实际使用金额（亿美元）	比上年增长（%）
总　　计	22773	-8.6	1175.9	5.3
其中：农、林、牧、渔业	757	-14.2	18.0	-12.7
制造业	6504	-27.5	455.5	-6.8
电力、燃气及水的生产和供应业	200	7.0	24.3	48.2
交通运输、仓储和邮政业	401	1.0	42.2	21.4
信息传输、计算机服务和软件业	796	-14.0	28.8	-14.2
批发和零售业	7349	4.6	115.1	21.7
房地产业	530	12.3	288.0	19.4
租赁和商务服务业	3359	4.0	103.6	26.2
居民服务和其他服务业	166	-13.5	6.6	-43.6

七、交通、邮电和旅游

交通运输平稳较快增长。全年货物运输总量451亿吨，比上年增长9.9%。货物运输周转量186478亿吨公里，增长7.3%。全年规模以上港口完成货物吞吐量106.1亿吨，比上年增长8.5%，其中外贸货物吞吐量33.1亿吨，增长9.2%。规模以上港口集装箱吞吐量18878万标准箱，增长6.7%。

全年旅客运输总量402亿人次，比上年增长5.6%。旅客运输周转量36036亿人公里，增长7.9%。

表12　2013年各种运输方式完成货物运输量及其增长速度

指标	单位	绝对数	比上年增长（%）
货物运输总量	亿　吨	450.6	9.9
铁路	亿　吨	39.7	1.6
公路	亿　吨	355.0	11.3
水运	亿　吨	49.3	7.5
民航	万　吨	557.6	2.3
管道[18]	亿　吨	6.6	6.3
货物运输周转量	亿吨公里	186478.4	7.3
铁路	亿吨公里	29173.9	0.0
公路	亿吨公里	67114.5	12.7
水运	亿吨公里	86520.6	5.9
民航	亿吨公里	168.6	2.9
管道	亿吨公里	3500.9	9.0

表13　2013年各种运输方式完成旅客运输量及其增长速度

指　　标	单　位	绝对数	比上年增长（%）
旅客运输总量	亿人次	401.9	5.6
铁路	亿人次	21.1	10.8
公路	亿人次	374.7	5.3
水运	亿人次	2.6	1.8
民航	亿人次	3.5	10.9
旅客运输周转量	亿人公里	36036.0	7.9
铁路	亿人公里	10595.6	8.0
公路	亿人公里	19705.6	6.7
水运	亿人公里	76.3	-1.6
民航	亿人公里	5658.5	12.6

年末全国民用汽车保有量达到13741万辆（包括三轮汽车和低速货车1058万辆），比上年年末增长13.7%，其中私人汽车保有量10892万辆，增长17.0%。民用轿车保有量7126万辆，增长19.0%，其中私人轿车6410万辆，增长20.8%。

全年完成邮电业务总量[19]16679亿元，比上年增长11.1%。其中，邮政业务总量2725亿元，增长33.8%；电信业务总量13954亿元，增长7.5%。邮政业全年完成邮政函件业务63.20亿件，包裹业务0.69亿件，快递业务量91.9亿件；快递业务收入1442亿元。电信业全年局用交换机容量减少2697万门，总容量41052万门；新增移动电话交换机容量[20]12522万户，达到196545万户。年末固定电话用户26699万户。新增移动电话用户11696万户，年末达到122911万户，其中3G移动电话用户[21]40161万户。电话普及率达到110.5部/百人。互联网上网人数6.18亿人，其中手机上网人数[22]5.0亿人。互联网普及率达到45.8%。

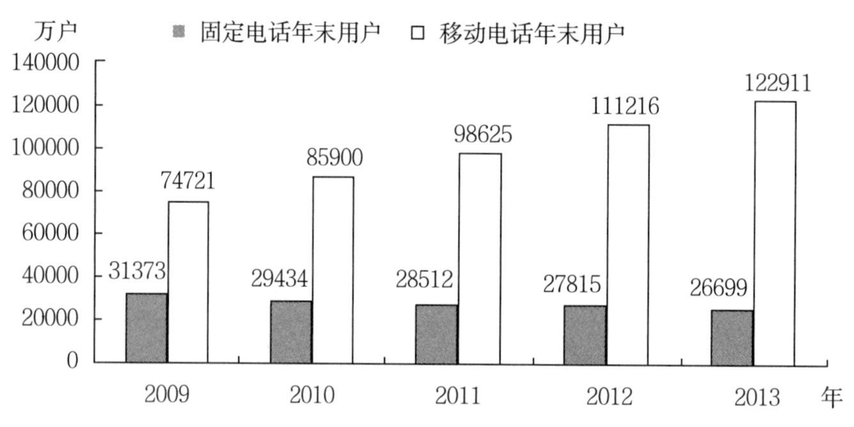

图14　2009—2013年年末电话用户数

全年国内游客[23]32.6亿人次，比上年增长10.3%；国内旅游收入26276亿元，增长15.7%。入境游客12908万人次，下降2.5%。其中，外国人2629万人次，下降3.3%；香港、澳门和台湾同胞10279万人次，下降2.3%。在入境游客中，过夜游客5569万人次，下降3.5%。国际旅游外汇收入517亿美元，增长3.3%。国内居民出境9819万人次，增长18.0%。其中因私出境9197万人次，增长19.3%。

八、金融

金融市场运行总体平稳。年末广义货币供应量（M2）余额为110.7万亿元，比上年末增长13.6%；狭义货币供应量（M1）余额为33.7万亿元，增长9.3%；流通中现金（M0）余额为5.9万亿元，增长7.2%。

全年社会融资规模[24]为17.3万亿元，按可比口径计算，比上年多1.5万亿元。年末全部金融机构本外币各项存款余额107.1万亿元，比年初增加12.7万亿元，其中人民币各项存款余额104.4万亿元，增加12.6万亿元。全部金融机构本外币各项贷款余额76.6万亿元，增加9.3万亿元，其中人民币各项贷款余额71.9万亿元，增加8.9万亿元。

表14 2013年年末全部金融机构本外币存贷款余额及其增长速度

单位：亿元

指标	年末数	比上年末增长（%）
各项存款余额	1070588	13.5
其中：住户存款	465437	13.5
其中：人民币	461370	13.6
非金融企业存款	380070	10.1
各项贷款余额	766327	13.9
其中：境内短期贷款	311772	16.3
境内中长期贷款	410346	12.8

年末主要农村金融机构（农村信用社、农村合作银行、农村商业银行）人民币贷款余额91644亿元，比年初增加13324亿元。全部金融机构人民币消费贷款余额129721亿元，增加25401亿元。其中，个人短期消费贷款余额26558亿元，增加7198亿元；个人中长期消费贷款余额103163亿元，增加18203亿元。

全年上市公司通过境内市场累计筹资[25]6885亿元，比上年增加1044亿元。其中，A股再筹资（包括配股、公开增发、非公开增发[26]、认股权证）2803亿元，增加710亿元；上市公司通过发行可转债、可分离债、公司债筹资4082亿元，增加1369亿元。

全年发行公司信用类债券[27]3.67万亿元，比上年减少667亿元。

全年保险公司原保险保费收入[28]17222亿元，比上年增长11.2%，其中寿险业务原保险保费收入9425亿元；健康险和意外伤害险业务原保险保费收入1585亿元；财产险业务原保险保费收入6212亿元。支付各类赔款及给付6213亿元，其中寿险业务给付2253亿元；健康险和意外伤害险赔款及给付521亿元；财产险业务赔款3439亿元。

九、人民生活和社会保障

城乡居民收入继续增加。全年农村居民人均纯收入8896元，比上年增长12.4%，扣除价格因素，实际增长9.3%；农村居民人均纯收入中位数[29]为7907元，增长12.7%。城镇居民人均可支配收入26955元，比上年增长9.7%，扣除价格因素，实际增长7.0%；城镇居民人均可支配收入中位数为24200元，增长10.1%。根据从2012年四季度起实施的城乡一体化住户调查[30]，全国居民人均可支配收入18311元，比上年增长10.9%，扣除价格因素，实际增长8.1%。农村居民食品消费支出占消费总支出的比重为37.7%，比上年下降1.6个百分点；城镇为35.0%，下降1.2个百分点。

图15　2009—2013年农村居民人均纯收入

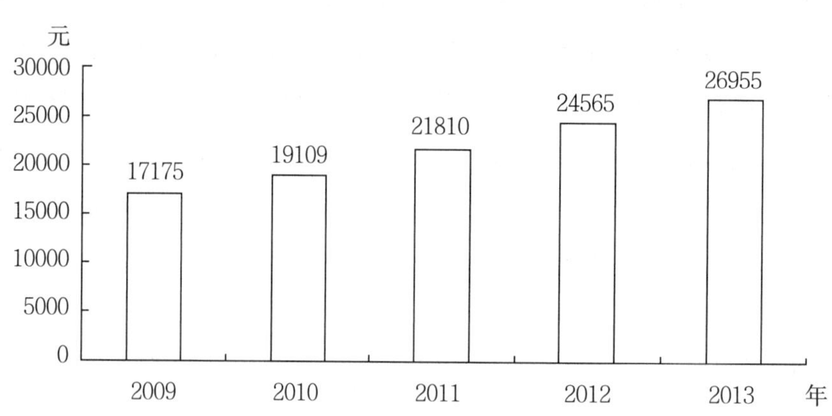

图16　2009—2013年城镇居民人均可支配收入

年末全国参加城镇职工基本养老保险人数32212万人，比上年末增加1785万人。参加城乡居民基本养老保险人数49750万人，增加1381万人。参加基本医疗保险人数57322万人，增加3680万人。其中，参加职工基本医疗保险人数27416万人，增加930万人；参加居民基本医疗保险人数29906万人，增加2750万人。参加失业保险人数16417万人，增加1192万人。年末全国领取失业保险金人数197万人。参加工伤保险人数19897万人，增加887万人，其中参加工伤保险的农民工7266万人，增加86万人。参加生育保险人数16397万人，增加968万人。年末，2489个县（市、区）实施了新型农村合作医疗制度，新型农村合作医疗参合率99.0%；1—9月新型农村合作医疗基金支出总额[31]为2067亿元。按照年人均纯收入2300元（2010年不变价）的农村扶贫标准计算，2013年农村贫困人口为8249万人，比上年减少1650万人。

十、教育、科学技术和文化

教育科技文化事业持续发展。全年研究生招生61.1万人，在学研究生179.4万人，毕业生51.4万人。普通本专科招生699.8万人，在校生2468.1万人，毕业生638.7万人。中等职业教育[32]招生698.3万人，在校生

1960.2万人，毕业生678.1万人。普通高中招生822.7万人，在校生2435.9万人，毕业生799.0万人。初中招生1496.1万人，在校生4440.1万人，毕业生1561.5万人。普通小学招生1695.4万人，在校生9360.5万人，毕业生1581.1万人。特殊教育招生6.6万人，在校生36.8万人，毕业生5.1万人。幼儿园在园幼儿3894.7万人。

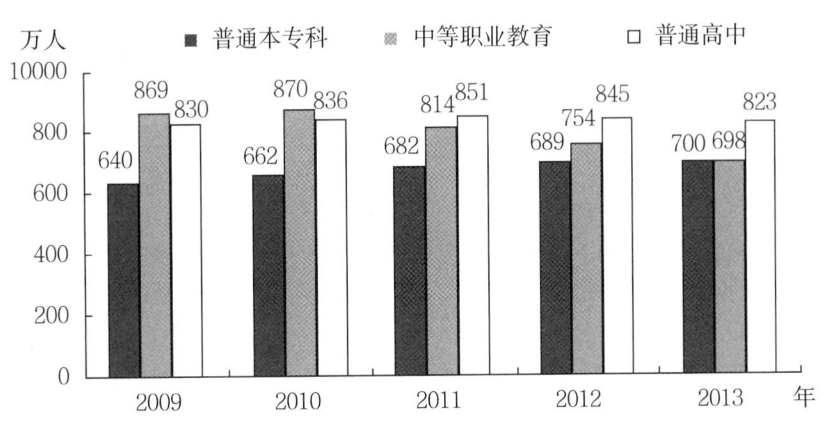

图17 2009—2013年高等教育、中等职业教育及普通高中招生人数

全年研究与试验发展（R&D）经费支出11906亿元，比上年增长15.6%，占国内生产总值的2.09%，其中基础研究经费569亿元。全年国家安排了3543项科技支撑计划课题，2118项“863”计划课题。累计建设国家工程研究中心132个，国家工程实验室143个，国家认定企业技术中心达到1002家。全年国家新兴产业创投计划[33]累计支持设立141家创业投资企业，资金总规模近390亿元，投资了创业企业422家。全年受理境内外专利申请237.7万件，其中境内申请221.0万件，占93.0%。受理境内外发明专利申请82.5万件，其中境内申请69.3万件，占84.0%。全年授予专利权131.3万件，其中境内授权121.0万件，占92.2%。授予发明专利权20.8万件，其中境内授权13.8万件，占66.6%。截至年底，有效专利419.5万件，其中境内有效专利352.5万件，占84.0%；有效发明专利103.4万件，其中境内有效发明专利54.5万件，占52.7%。全年共签订技术合同29.5万项，技术合同成交金额7469.0亿元，比上年增长16.0%。

全年成功发射卫星14次。神舟十号载人飞船与天宫一号目标飞行器成功实施首次绕飞交会试验，嫦娥三号探测器顺利实现首次在地外天体软着陆和巡视勘查，“蛟龙号”载人潜水器实现从深潜海试验到科学应用的跨越。

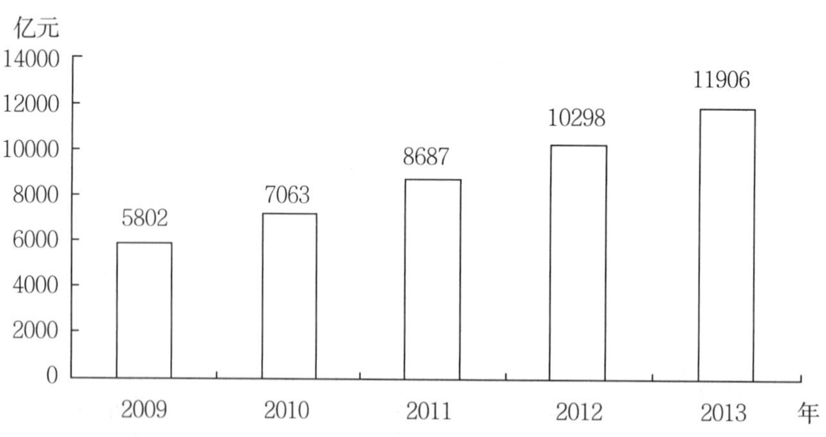

图18　2009—2013年研究与试验发展（R&D）经费支出

年末全国共有产品检测实验室30098个，其中国家检测中心556个。全国现有产品质量、体系认证机构174个，已累计完成对110949个企业的产品认证。全年制定、修订国家标准1870项，其中新制定1161项。全国共有地震台站1687个，区域地震台网32个。全国共有海洋观测站79个。测绘地理信息部门公开出版地图1585种。

年末全国文化系统共有艺术表演团体2055个，博物馆2638个。全国共有公共图书馆3073个，文化馆3298个。有线电视用户2.24亿户，有线数字电视用户1.69亿户。年末广播节目综合人口覆盖率为97.8%；电视节目综合人口覆盖率为98.4%。全年生产电视剧441部15783集，电视动画片199132分钟。全年生产故事影片638部，科教、纪录、动画和特种影片[34]186部。出版各类报纸478亿份，各类期刊34亿册，图书83亿册（张）。年末全国共有档案馆4122个，已开放各类档案12059万卷（件）。

全年我国运动员在22个运动大项中获得124个世界冠军，共创13项世界纪录。全年我国残疾人运动员在28项国际赛事中获得306个世界冠军。

十一、卫生和社会服务

卫生和社会服务事业不断进步。年末全国共有医疗卫生机构973597个，其中医院24720个，乡镇卫生院36978个，社区卫生服务中心（站）33976个，诊所（卫生所、医务室）184058个，村卫生室649080个，疾病预防控制中心3519个，卫生监督所（中心）2994个。卫生技术人员718万人，其中执业医师和执业助理医师279万人，注册护士278万人。医疗卫生机构床位618万张，其中医院458万张，乡镇卫生院113万张。

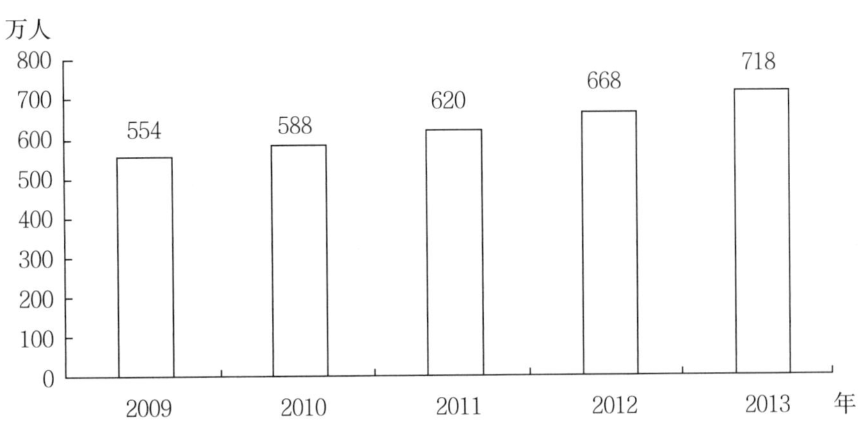

图19 2009—2013年卫生技术人员人数

年末全国各类提供住宿的社会服务机构[35]4.7万个，床位509.4万张，收养救助各类人员310.0万人。其中，养老服务机构4.3万个，床位474.6万张，收留抚养各类人员294.3万人。年末共有社区服务中心1.9万个，社区服务站10.3万个。年末全国共有2061.3万人享受城市居民最低生活保障，5382.1万人享受农村居民最低生活保障，农村五保供养[36]538.2万人。全年资助1229.3万城市困难群众参加医疗保险，资助4132.5万农村困难群众参加新型农村合作医疗。

十二、资源、环境和安全生产

全年全国国有建设用地供应总量[37]73万公顷，比上年增长5.8%。其中，工矿仓储用地21万公顷，增长3.2%；房地产用地[38]20万公顷，增长26.8%；基础设施等其他用地32万公顷，下降2.9%。

全年水资源总量27860亿立方米。全年平均降水量665毫米。年末全国613座大型水库蓄水总量3488亿立方米，比上年末蓄水量减少5%。全年总用水量6170亿立方米，比上年增长0.6%。其中，生活用水增长2.7%，工业用水增长1.4%，农业用水下降0.1%，生态补水增长1.6%。万元国内生产总值用水量[39]121立方米，比上年下降6.5%。万元工业增加值用水量68立方米，下降5.7%。人均用水量453立方米，与上年基本持平。

全年完成造林面积609万公顷，其中人工造林418万公顷。林业重点工程完成造林面积249万公顷，占全部造林面积的40.9%。截至年底，自然保护区达到2697个，其中国家级自然保护区407个。新增水土流失治理面积5.7万平方公里，新增实施水土流失地区封育保护面积2.0万平方公里。

全年平均气温为10.2℃，共有9个台风登陆。

初步核算，全年能源消费总量37.5亿吨标准煤，比上年增长3.7%。煤炭消费量增长3.7%；原油消费量增长3.4%；天然气消费量增长13.0%；电力消费量增长7.5%。全国万元国内生产总值能耗下降3.7%。

十大流域[40]的704个水质监测断面中，Ⅰ～Ⅲ类水质断面比例占71.7%，劣Ⅴ类水质断面比例占8.9%。十大流域水质总体为轻度污染，水质保持基本稳定。

近岸海域301个海水水质监测点中，达到国家一、二类海水水质标准的监测点占66.4%，三类海水占8.0%，四类、劣四类海水占25.6%。

年末城市污水处理厂日处理能力达12246万立方米，比上年年末增长4.4%；城市污水处理率达到87.9%，提高0.6个百分点。城市集中供热面积54.1亿平方米，增长4.5%。建成区绿地率达到36.0%，提高0.3个百分点。

全年农作物受灾面积3135万公顷，其中绝收384万公顷。全年因洪涝地质灾害造成直接经济损失1884亿元，因旱灾造成直接经济损失905亿元，因低温冷冻和雪灾造成直接经济损失260亿元，因海洋灾害造成直接经济损失165亿元。全年大陆地区共发生5级以上地震41次，成灾14次，造成直接经济损失995亿元。全年共发生森林火灾3929起，森林火灾受害森林面积1.4万公顷。

全年各类生产安全事故共死亡69434人。亿元国内生产总值生产安全事故死亡人数为0.124人，比上年下降12.7%；工矿商贸企业就业人员10万人生产安全事故死亡人数为1.52人，下降7.3%；道路交通万车死亡人数为2.3人，下降8.0%；煤矿百万吨死亡人数为0.288人，下降23.0%。

中华人民共和国国家统计局

2014年2月24日

注释：

[1]本公报中数据均为初步统计数。各项统计数据均未包括香港特别行政区、澳门特别行政区和台湾省。部分数据因四舍五入的原因，存在着与分项合计不等的情况。

[2]人户分离的人口是指居住地与户口登记地所在的乡镇街道不一致且离开户口登记地半年以上的人口。

[3]流动人口是指人户分离人口中扣除市辖区内人户分离的人口。市辖区内人户分离的人口是指一个直辖市或地级市所辖区内和区与区之间，居住地和户口登记地不在同一乡镇街道的人口。

[4]考虑到我国劳动年龄下限为16周岁，从2013年开始公布16—59岁（含不满60周岁）人口数据。按照往年公报公布口径，2013年年末，0—14岁（含不满15周岁）人口为22329万人，15—59岁（含不满60周岁）人口为93500万人。

[5]国内生产总值、各产业增加值绝对数按现价计算，增长速度按不变价格计算。

[6]年度农民工数量包括年内在本乡镇以外从业6个月以上的外出农民工和在本乡镇内从事非农产业6个月以上的本地农民工两部分。

[7]农产品生产者价格是指农产品生产者直接出售其产品时的价格。

[8]公共财政收入是指政府凭借国家政治权力，以社会管理者身份筹集以税收为主体的收入。

[9]图中2009年至2012年数据为公共财政收入决算数，2013年为执行数。

[10]根据《国民经济行业分类》（GB/T 4754—2011），从2013年开始工业行业不再使用“轻工业”、“重工业”分类，而以采矿业、制造业、电力热力燃气及水生产和供应业的标准行业分类代替。

[11]六大高耗能行业分别为：化学原料和化学制品制造业、非金属矿物制品业、黑色金属冶炼和压延加工业、有色金属冶炼和压延加工业、石油加工炼焦和核燃料加工业、电力热力生产和供应业。

[12]天然气包括气田天然气、油田天然气（分为油田气层气、油田中伴生的溶解气）和煤田天然气（即与煤共生的瓦斯气）。

[13]钢材产量数据中含使用钢材加工成其他钢材的重复计算因素。

[14]固定资产投资按东部、中部、西部和东北地区计算的合计数据小于全国数据，是因为有部分跨地区的投资未计算在地区数据中。其中，东部地区是指北京、天津、河北、上海、江苏、浙江、福建、山东、广东和海南10省（市）；中部地区是指山西、安徽、江西、河南、湖北和湖南6省；西部地区是指内蒙古、广西、重庆、四川、贵州、云南、西藏、陕西、甘肃、青海、宁夏和新疆12省（区、市）；东北地区是指辽宁、吉林和黑龙江3省。

[15]房地产业投资除房地产开发投资外，还包括建设单位自建房屋以及物业管理、中介服务和其他房地产投资。

[16]根据《国民经济行业分类》（GB/T 4754—2011），2013年对三次产业划分进行了修订，将“农、林、牧、渔业”中的“农、林、牧、渔服务业”，“采矿业”中的“开采辅助活动”，“制造业”中的“金属制品、机械和设备修理业”等三个大类调入第三产业。

[17]高速铁路是指最高营运速度达到200公里/小时及以上的铁路。

[18]2013年，管道运输统计口径在原中国石油天然气集团公司、中国石油化工集团公司基础上增加中国海洋石油总公司。

[19]邮电业务总量按2010年不变价格计算。

[20]移动电话交换机容量是指移动电话交换机根据一定话务模型和交换机处理能力计算出来的最大同时服务用户的数量。

[21]3G是指第三代蜂窝移动通信系统（3rd-generation，3G），3G移动电话用户是指报告期末在计费系统拥有使用信息、占用3G网络资源的在网用户。

[22]手机上网人数是指过去半年通过手机接入并使用互联网的6周岁及以上中国居民数量。

[23]为规范指标名称，将往年公报中的出游人数、旅游人数、旅游者统一为游客。

[24]社会融资规模是指一定时期内实体经济从金融体系获得的资金总额，是增量概念。

[25]2013年没有首次公开发行股票。

[26]非公开增发又叫定向增发，不含资产认购部分。

[27]公司信用类债券包括非金融企业债务融资工具、企业债券以及公司债、可转债等。

[28]原保险保费收入是指保险企业确认的原保险合同保费收入。

[29]人均收入中位数是指将所有调查户按人均收入水平从低到高（或从高到低）顺序排列，处于最中间位置的调查户的人均收入。

[30]2012年四季度，国家统计局实施了城乡一体化住户调查改革，统一了城乡居民收入名称、分类和统计标准，在全国统一抽选了16万户城乡居民家庭，直接开展调查。在此基础上，计算了城乡可比的新口径全国居民人均可支配收入。同时，为保持年度可比，继续按老口径调查和计算农村居民人均纯收入、城镇居民人均可支配收入。

[31]按卫生计生委统计制度规定，新型农村合作医疗基金支出总额目前仅统计到1-9月份。

[32]中等职业教育包括普通中专、成人中专、职业高中和技工学校，其中技工学校数据为2012年数据。

[33]新兴产业创投计划是指中央财政专项资金通过与地方政府资金、社会资本共同发起设立创业投资企业，或以股权投资模式直接投资创业企业等方式，培育和促进新兴产业发展的活动。

[34]特种影片是指那些采用与常规影院放映在技术、设备、节目方面不同的电影展示方式，如巨幕电影、立体电影、立体特效（4D）电影、动感电影、球幕电影等。

[35]提供住宿的社会服务机构除收养性机构外，还包括救助类机构、社区类机构以及军休所、军供站等机构。

[36]农村五保供养是指老年、残疾和未满16周岁的村民，无劳动能力、无生活来源又无法定赡养、抚养、扶养义务人，或者其法定赡养、抚养、扶养义务人无赡养、抚养、扶养能力的村民，在吃、穿、住、医、葬方面得到的生活照顾和物质帮助。

[37]国有建设用地供应总量是指报告期内市、县人民政府根据年度土地供应计划依法以出让、划拨、租赁等方式将土地使用权提供给单位或个人使用的国有建设用地总量。

[38]房地产用地是指商服用地和住宅用地的总和。

[39]万元国内生产总值用水量、万元工业增加值用水量和万元国内生产总值能耗按2010年不变价格计算。

[40]十大流域包括原七大水系（包括长江、黄河、珠江、松花江、淮河、海河、辽河）和浙闽片河流、西北诸河和西南诸河。

[41]国家于2013年实施了新的空气质量标准。由于全年数据正在汇总分析之中，新标准下的2013年空气质量数据暂缺。国家相关部门将于2014年3月正式发布2013年汇总数据。

2013年国民经济发展稳中向好

2013年，面对极为错综复杂的国内外形势，党中央、国务院团结带领全国各族人民，深入贯彻落实党的十八大精神，坚持稳中求进的工作总基调，坚定不移推进改革开放，科学创新宏观调控方式，国民经济呈现稳中有进，稳中向好的发展态势。

初步核算，全年国内生产总值568845亿元，按可比价格计算，比上年增长7.7%。分季度看，一季度同比增长7.7%，二季度增长7.5%，三季度增长7.8%，四季度增长7.7%。分产业看，第一产业增加值56957亿元，增长4.0%；第二产业增加值249684亿元，增长7.8%；第三产业增加值262204亿元，增长8.3%。从环比看，四季度国内生产总值增长1.8%。全年万元国内生产总值能耗比上年下降3.7%。

一、农业生产再获丰收

全年全国粮食总产量达到60194万吨，比上年增加1236万吨，增长2.1%。其中，夏粮产量13189万吨，增长1.5%；早稻产量3407万吨，增长2.4%；秋粮产量43597万吨，增长2.3%。全年棉花产量631万吨，比上年减少7.7%；油料产量3531万吨，增长2.8%；糖料产量13759万吨，增长2.0%。全年猪牛羊禽肉产量8373万吨，比上年增长1.8%，其中猪肉产量5493万吨，增长2.8%。生猪存栏47411万头，比上年下降0.4%；生猪出栏71557万头，比上年增长2.5%。全年禽蛋产量2876万吨，比上年增长0.5%；牛奶产量3531万吨，下降5.7%。

二、工业生产增势平稳

全年全国规模以上工业增加值按可比价格计算比上年增长9.7%。分季度看，一季度同比增长9.5%，二季度增长9.1%，三季度增长10.1%，四季度增长10.0%。分经济类型看，国有及国有控股企业增加值比上年增长6.9%，集体企业增长4.3%，股份制企业增长11.0%，外商及港澳台商投资企业增长8.3%。分三大门类看，采矿业增加值比上年增长6.4%，制造业增长10.5%，电力、热力、燃气及水生产和供应业增长6.8%。分地区看，东部地区增加值比上年增长8.9%，中部地区增长10.7%，西部地区增长11.0%。分产品看，全年464种工业产品中有340种产品产量比上年增长。其中，发电量增长7.6%，粗钢增长7.5%，钢材增长11.4%，水泥增长9.6%，平板玻璃增长11.2%，十种有色金属增长9.9%，焦炭增长8.1%，硫酸（折100%）增长5.8%，烧碱（折100%）增长6.6%，化学纤维增长8.1%，乙烯增长8.5%，微型计算机设备增长7.8%，集成电路增长10.4%，汽车增长18.4%，其中轿车增长16.6%。全年规模以上工业企业产销率达到97.8%。规模以上工业企业实现出口交货值113471亿元，比上年增长5.0%。12月份，规模以上工业增加值同比增长9.7%，环比增长0.71%。

资料来源：国家统计局　　发布时间：2014-01-20 10:00

1—11月份，全国规模以上工业企业实现利润总额53338亿元，比上年同期增长13.2%，其中，主营活动利润53701亿元，比上年同期增长4.4%。在41个工业大类行业中，27个行业主营活动利润比上年同期增长，12个行业主营活动利润比上年同期减少，2个行业由上年同期主营活动亏损转为赢利。1—11月份，规模以上工业企业每百元主营业务收入中的成本为85.64元，以利润总额计算的利润率为5.77%。

三、固定资产投资较快增长

全年固定资产投资（不含农户）436528亿元，比上年名义增长19.6%（扣除价格因素实际增长19.2%）。其中，国有及国有控股投资144056亿元，增长16.3%；民间投资274794亿元，增长23.1%，占全部投资的比重为63%。分地区看，东部地区投资比上年增长17.9%，中部地区增长22.8%，西部地区增长23.0%。分产业看，第一产业投资9241亿元，比上年增长32.5%；第二产业投资184804亿元，增长17.4%；第三产业投资242482亿元，增长21.0%。在第二产业投资中，工业投资181864亿元，比上年增长17.8%；其中，采矿业投资14750亿元，增长10.9%；制造业投资147370亿元，增长18.5%；电力、热力、燃气及水生产和供应业投资19744亿元，增长18.4%。全年基础设施（不包括电力、热力、燃气及水生产和供应)投资71695亿元，比上年增长21.2%。从到位资金情况看，全年到位资金480381亿元，比上年增长20.1%。其中，国家预算资金增长17.0%，国内贷款增长14.4%，自筹资金增长20.8%，利用外资下降3.7%。全年新开工项目计划总投资357815亿元，比上年增长14.2%；新开工项目389256个，比上年增加66194个。从环比看，12月份固定资产投资（不含农户）增长1.41%。

全年全国房地产开发投资86013亿元，比上年名义增长19.8%（扣除价格因素实际增长19.4%），其中住宅投资增长19.4%。房屋新开工面积201208万平方米，比上年增长13.5%，其中住宅新开工面积增长11.6%。全国商品房销售面积130551万平方米，比上年增长17.3%，其中住宅销售面积增长17.5%。全国商品房销售额81428亿元，增长26.3%，其中住宅销售额增长26.6%。全年房地产开发企业土地购置面积38814万平方米，比上年增长8.8%。12月末，全国商品房待售面积49295万平方米，同比增长35.2%。全年房地产开发企业到位资金122122亿元，比上年增长26.5%。其中，国内贷款增长33.1%，自筹资金增长21.3%，利用外资增长32.8%。

四、市场销售平稳增长

全年社会消费品零售总额234380亿元，比上年名义增长13.1%（扣除价格因素实际增长11.5%），其中，限额以上企业（单位）消费品零售额118885亿元，增长11.6%。按经营单位所在地分，城镇消费品零售额202462亿元，比上年增长12.9%，乡村消费品零售额31918亿元，增长14.6%。按消费形态分，餐饮收入25392亿元，比上年增长9.0%，商品零售208988亿元，增长13.6%。在商品零售中，限额以上企业（单位）商品零售额110704亿元，增长12.7%，其中，汽车类增长10.4%，家具类增长21.0%，家用电器和音像器材类增长14.5%。12月份，社会消费品零售总额同比名义增长13.6%（扣除价格因素实际增长12.2%），环比增长1.24%。

五、进出口增长有所回升

全年进出口总额41603亿美元，比上年增长7.6%，其中，出口22100亿美元，增长7.9%，进口19503亿美元，增长7.3%。进出口相抵，顺差2597.5亿美元。进出口总额中，一般贸易进出口21973亿美元，比上年增长9.3%，加工贸易进出口13578亿美元，增长1.0%。出口额中，一般贸易出口10876亿美元，增长10.1%，加工贸易出口8608亿美元，下降0.2%。进口额中，一般贸易进口11097亿美元，增长8.5%，加工贸易进口4970亿美元，增长3.3%。12月份，进出口总额3898亿美元，同比增长6.2%，其中，出口2077亿美元，增长4.3%，进口1821亿美元，增长8.3%。

六、居民消费价格基本稳定

全年居民消费价格比上年上涨2.6%。其中，城市上涨2.6%，农村上涨2.8%。分类别看，食品价格比上年上涨4.7%，烟酒及用品上涨0.3%，衣着上涨2.3%，家庭设备用品及维修服务上涨1.5%，医疗保健和个人用品上涨1.3%，交通和通信下降0.4%，娱乐教育文化用品及服务上涨1.8%，居住上涨2.8%。在食品价格中，粮食价格上涨4.6%，油脂价格上涨0.3%，猪肉价格上涨0.3%，鲜菜价格上涨8.1%。12月份，居民消费价格同比上涨2.5%，环比上涨0.3%。全年工业生产者出厂价格比上年下降1.9%，12月份同比下降1.4%，环比持平。全年工业生产者购进价格比上年下降2.0%，12月份同比下降1.4%，环比持平。

七、居民收入继续增加

全年城镇居民人均总收入29547元。其中，城镇居民人均可支配收入26955元，比上年名义增长9.7%，扣除价格因素实际增长7.0%。在城镇居民人均总收入中，工资性收入比上年名义增长9.2%，经营净收入增长9.8%，财产性收入增长14.6%，转移性收入增长10.1%。全年城镇居民人均可支配收入中位数24200元，比上年名义增长10.1%。按城镇居民五等份收入分组，低收入组人均可支配收入11434元，中等偏下收入组人均可支配收入18483元，中等收入组人均可支配收入24518元，中等偏上收入组人均可支配收入32415元，高收入组人均可支配收入56389元。全年农村居民人均纯收入8896元，比上年名义增长12.4%，扣除价格因素实际增长9.3%。其中，工资性收入比上年名义增长16.8%，家庭经营纯收入增长7.4%，财产性收入增长17.7%，转移性收入增长14.2%。农村居民人均纯收入中位数7907元，比上年名义增长12.7%。按农村居民五等份收入分组，低收入组人均纯收入2583元，中等偏下收入组人均纯收入5516元，中等收入组人均纯收入7942元，中等偏上收入组人均纯收入11373元，高收入组人均纯收入21273元。2013年全国居民收入基尼系数为0.473。全年农民工总量26894万人，比上年增加633万人，增长2.4%，其中，本地农民工10284万人，增长3.6%，外出农民工16610万人，增长1.7%。外出农民工月均收入水平2609元，比上年增长13.9%。

八、货币信贷平稳增长

12月末，广义货币（M2）余额110.65万亿元，比上年末增长13.6%，狭义货币（M1）余额33.73万亿元，增长9.3%，流通中货币（M0）余额5.86万亿元，增长7.1%。12月末，人民币贷款余额71.9万亿元，人民币存款余额104.38万亿元。全年新增人民币贷款8.89万亿元，比上年多增6879亿元，新增人民币存款12.56

万亿元，比上年多增1.74万亿元。

九、人口就业总体平稳

2013年年末，中国大陆总人口（包括31个省、自治区、直辖市和中国人民解放军现役军人，不包括香港、澳门特别行政区和台湾省以及海外华侨人数）136072万人，比上年末增加668万人。出生人口1640万人，人口出生率为12.08‰，死亡人口972万人，人口死亡率为7.16‰，人口自然增长率为4.92‰。从性别结构看，男性人口69728万人，女性人口66344万人，总人口性别比为105.10（以女性为100），出生人口性别比为117.60。从年龄构成看，16周岁以上至60周岁以下（不含60周岁）的劳动年龄人口91954万人，比上年末减少244万人，占总人口的比重为67.6%，60周岁及以上人口20243万人，占总人口的14.9%，65周岁及以上人口13161万人，占总人口的9.7%。从城乡结构看，城镇常住人口73111万人，比上年末增加1929万人，乡村常住人口62961万人，减少1261万人，城镇人口占总人口比重为53.73%。全国居住地和户口登记地不在同一个乡镇街道且离开户口登记地半年以上的人口（即人户分离人口）2.89亿人，比上年末增加959万人，其中流动人口为2.45亿人，比上年末增加812万人。年末全国就业人员76977万人，比上年末增加273万人，其中城镇就业人员38240万人，比上年末增加1138万人。

总体看来，2013年经济运行总体平稳，稳中有进，稳中向好，成绩来之不易。但也要清醒地认识到，我国经济正处于发展转型的关键时期，长期积累的深层次矛盾尚待缓解，经济企稳回升的基础仍需巩固。下一阶段，要认真贯彻落实十八届三中全会和中央经济工作会议精神，坚持稳中求进，改革创新，把改革贯穿于经济社会发展各个领域各个环节，以改革促发展进步、促转型升级、促民生改善，推动经济社会持续健康发展。

中华人民共和国国家统计局

2014年1月20日

附注：

（1）国内生产总值、规模以上工业增加值及其分类项目增长速度按可比价计算，为实际增长速度；其他指标除特殊说明外，按现价计算，为名义增长速度。

（2）经国务院批准，国家统计局从2011年4月份起对外公布国内生产总值、规模以上工业增加值、固定资产投资（不含农户）、社会消费品零售总额四项统计指标的经季节调整的环比数据。

根据季节调整模型自动修正结果，对近一年各期国内生产总值、规模以上工业增加值、固定资产投资（不含农户）、社会消费品零售总额环比增速进行修订。修订结果及2013年四季度GDP环比数据、2013年12月份其他指标环比数据如下：

2012年及2013年各季度GDP环比增速分别为1.4%、2.1%、2.0%、1.9%、1.5%、1.8%、2.2%、1.8%。

2013年全国规模以上工业企业实现利润总额比上年增长12.2%

2013年全国规模以上工业企业实现利润总额62831亿元，比上年增长12.2%，其中，主营活动利润[1]62201.3亿元，比上年增长4%。

12月份，规模以上工业企业实现利润总额9425.3亿元，比上年同期增长6%，增速比11月份回落3.7个百分点，其中，主营活动利润8387.7亿元，与上年同期持平。

2013年，在规模以上工业企业中，国有及国有控股企业实现利润总额15194.1亿元，比上年增长6.4%，其中，主营活动利润12385.2亿元，下降0.2%；集体企业实现利润总额825.4亿元，增长2.1%，其中，主营活动利润866.4亿元，下降7.5%；股份制企业实现利润总额37285.3亿元，增长11%，其中，主营活动利润36880.1亿元，增长1%；外商及港澳台商投资企业实现利润总额14599.2亿元，增长15.5%，其中，主营活动利润13930.7亿元，增长14%；私营企业实现利润总额20876.2亿元，增长14.8%，其中，主营活动利润23388.1亿元，增长3.8%。

在41个工业大类行业中，31个行业主营活动利润比上年增长，9个行业主营活动利润比上年减少，1个行业主营活动亏损比上年减少。

2013年，规模以上工业企业实现主营业务收入1029149.8亿元，比上年增长11.2%。每百元主营业务收入中的成本为85.27元，以利润总额计算的利润率为6.11%，以主营活动利润计算的利润率为6.04%。

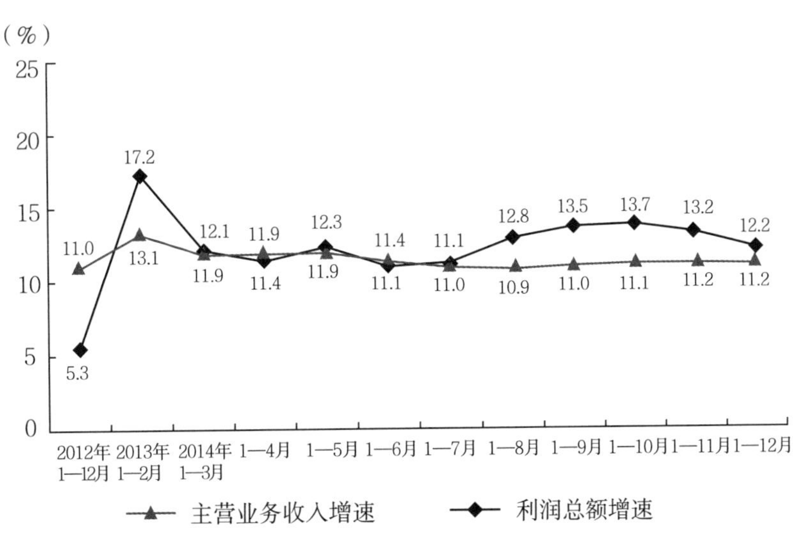

图1 各月累计主营业务收入与利润总额同比增速

资料来源：国家统计局　　发布时间：2014-01-20 10:00

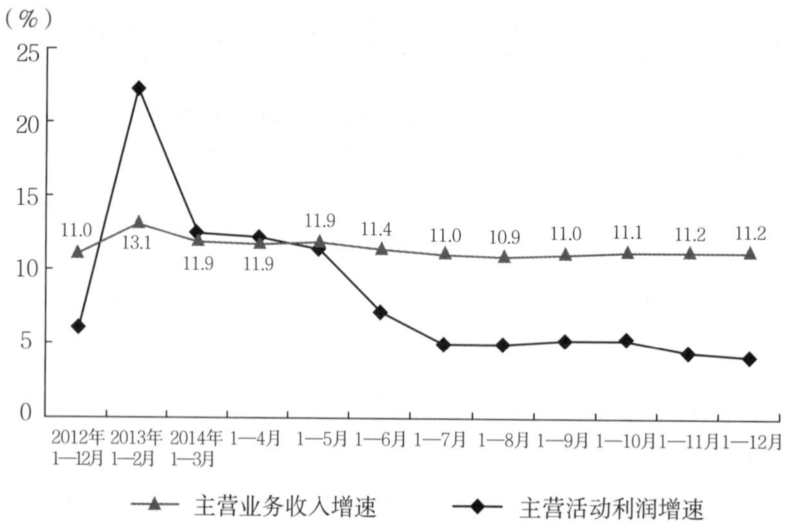

图2　各月累计主营业务收入与主营活动利润同比增速

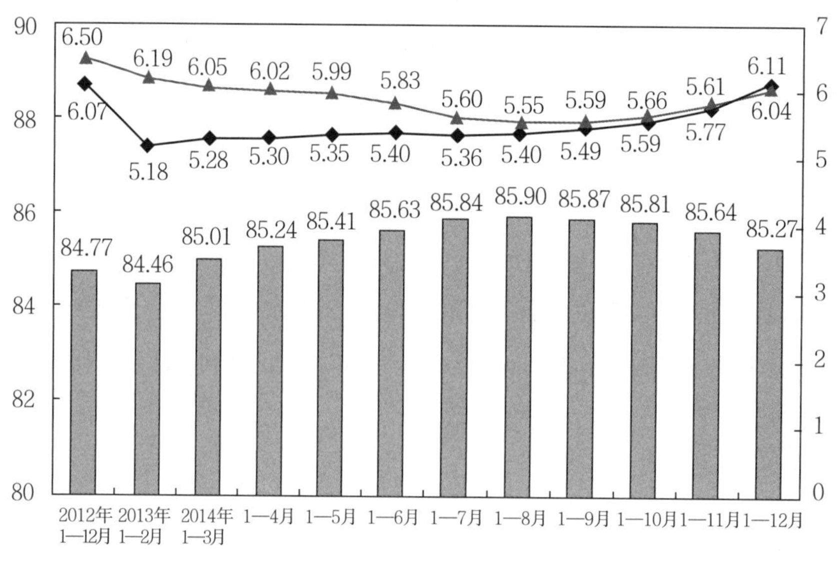

图3　各月累计每百元主营业务收入中的成本与利润率

在规模以上工业企业中，国有及国有控股企业实现主营业务收入258242.6亿元，比上年增长6.1%，每百元主营业务收入中的成本为83.04元，利润率（按主营活动利润计算，下同）为4.8%；集体企业实现主营业务收入11513.9亿元，增长5.1%，每百元主营业务收入中的成本为85.47元，利润率为7.52%；股份制企业实现主营业务收入610395.8亿元，增长12.7%，每百元主营业务收入中的成本为85.14元，利润率为6.04%；外商及港澳台商投资企业实现主营业务收入241387.8亿元，增长9%，每百元主营业务收入中的成本为85.6元，利润率为5.77%；私营企业实现主营业务收入329694.3亿元，增长15.4%，每百元主营业务收入中的成本为86.3元，利润率为7.09%。

2013年年末，规模以上工业企业应收账款95693.4亿元，比上年增长14%。产成品存货32759.5亿元，比上年增长6.8%。

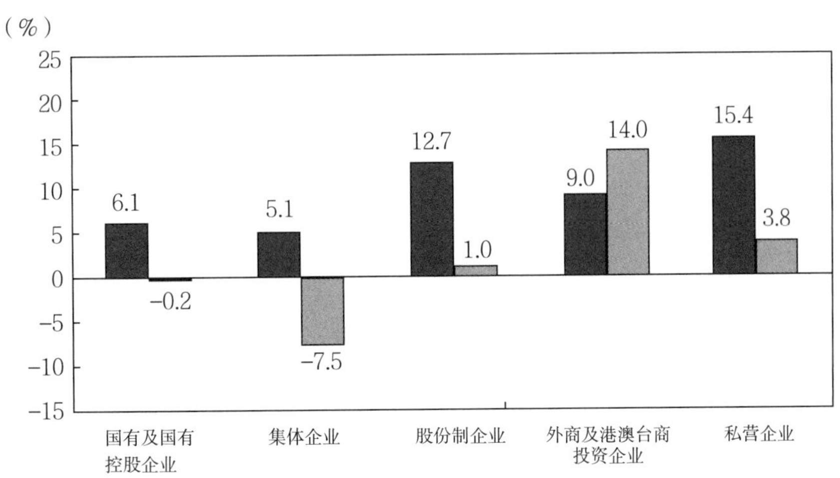

图4　2013年分经济类型主营业务收入与主营活动利润同比增速

2013年规模以上工业企业主要财务指标

分组名称	主营业务收入		利润总额		主营活动利润	
	全年累计	同比增长	全年累计	同比增长	全年累计	同比增长
	(亿元)	(%)	(亿元)	(%)	(亿元)	(%)
规模以上工业企业	1029149.8	11.2	62831.0	12.2	62201.3	4.0
分经济类型[1]						
国有及国有控股企业	258242.6	6.1	15194.1	6.4	12385.2	-0.2
私营企业	329694.3	15.4	20876.2	14.8	23388.1	3.8
集体企业	11513.9	5.1	825.4	2.1	866.4	-7.5
股份制企业	610395.8	12.7	37285.3	11.0	36880.1	1.0
外商及港澳台商投资企业	241387.8	9.0	14599.2	15.5	13930.7	14.0
分行业						
煤炭开采和洗选业	32404.7	-2.6	2369.9	-33.7	2034.9	-44.1
石油和天然气开采业	11691.1	0.4	3657.8	-10.5	3931.2	-13.7
黑色金属矿采选业	9828.3	11.8	1050.0	1.8	1104.0	0.5
有色金属矿采选业	6158.9	9.7	628.0	-17.2	677.1	-17.8
非金属矿采选业	4829.9	15.4	389.9	11.0	440.1	-5.1
农副食品加工业	59497.1	14.4	3105.3	14.4	3404.7	2.2
食品制造业	18165.0	15.9	1550.0	17.5	1570.3	8.5

续表

分组名称	主营业务收入		利润总额		主营活动利润	
	全年累计	同比增长	全年累计	同比增长	全年累计	同比增长
	(亿元)	(%)	(亿元)	(%)	(亿元)	(%)
酒、饮料和精制茶制造业	15185.2	12.1	1653.6	7.8	1622.5	-1.7
烟草制品业	8292.7	9.6	1222.1	14.9	1153.4	14.0
纺织业	36160.6	12.5	2022.7	19.1	2119.6	4.4
纺织服装、服饰业	19250.9	11.3	1141.1	9.8	1197.3	-3.8
皮革、毛皮、羽毛及其制品和制鞋业	12493.1	11.0	818.7	13.4	874.6	2.0
木材加工和木、竹、藤、棕、草制品业	12021.9	17.5	810.7	19.6	885.2	4.9
家具制造业	6462.8	14.3	403.9	14.0	422.7	0.6
造纸和纸制品业	13471.6	9.0	749.6	10.4	750.9	8.4
印刷和记录媒介复制业	5291.3	14.1	420.1	11.3	413.2	4.8
文教、工美、体育和娱乐用品制造业	12037.8	15.3	631.2	16.4	649.0	2.4
石油加工、炼焦和核燃料加工业	40679.8	3.6	482.1	4824.3	480.3	1494.5
化学原料和化学制品制造业	76329.8	12.9	4113.3	11.0	4239.7	7.4
医药制造业	20592.9	18.0	2071.7	17.8	2009.2	13.1
化学纤维制造业	7281.8	8.5	259.8	18.3	220.4	14.8
橡胶和塑料制品业	27310.6	13.3	1716.3	18.3	1802.9	8.9
非金属矿物制品业	51284.3	16.3	3756.8	19.1	3997.8	10.8
黑色金属冶炼和压延加工业	76316.9	7.3	1695.0	44.1	1916.3	24.9
有色金属冶炼和压延加工业	46536.3	12.1	1445.4	0.1	1368.4	-21.4
金属制品业	32842.9	13.1	1878.3	13.7	2005.2	2.0
通用设备制造业	42789.0	12.0	2867.1	12.9	2994.7	6.7
专用设备制造业	32057.5	11.8	2147.3	8.4	2145.7	3.1
汽车制造业	60540.0	18.7	5107.7	25.0	4061.0	16.3
铁路、船舶、航空航天和其他运输设备制造业	16545.1	4.8	925.7	10.0	869.9	3.0
电气机械和器材制造业	61018.1	12.6	3451.7	13.9	3427.7	3.4
计算机、通信和其他电子设备制造业	77226.3	10.2	3308.3	19.7	3184.7	14.6
仪器仪表制造业	7681.9	14.6	647.2	16.7	595.9	8.6
电力、热力生产和供应业	54825.0	7.5	3522.7	44.0	3028.1	63.6
燃气生产和供应业	4136.8	22.9	383.9	26.2	267.2	27.1
水的生产和供应业	1451.4	11.9	115.1	65.4	-3.6	（注2）

注：1. 经济类型分组之间存在交叉，合计大于规模以上工业总计。
2. 水的生产和供应业去年同期主营活动利润为-15.1亿元。

附注：

（1）指标解释

利润总额：指企业在生产经营过程中各种收入扣除各种耗费后的盈余，反映企业在报告期内实现的盈亏总额。

主营活动利润=主营业务收入-主营业务成本-主营业务税金及附加-销售费用-管理费用-财务费用

主营业务收入：指企业经营主要业务所取得的收入总额。

应收账款：指企业因销售产品或商品、提供劳务等，应向购货单位或接受劳务单位收取的款项。

产成品存货：指企业报告期末已经加工生产并完成全部生产过程，可以对外销售的制成产品。

每百元主营业务收入中的成本=主营业务成本/主营业务收入×100

以利润总额计算的利润率=利润总额/主营业务收入×100%

以主营活动利润计算的利润率=主营活动利润/主营业务收入×100%

（2）统计范围

从2011年起，规模以上工业企业起点标准由原来的年主营业务收入500万元提高到年主营业务收入2000万元。

（3）数据收集

规模以上工业企业财务状况报表按月进行全面调查（1月份数据免报）。

（4）行业分类标准

从2012年起，国家统计局执行新的国民经济行业分类标准（GB/T 4754—2011），工业大类行业由原来的39个调整为41个，具体请参见http://www.stats.gov.cn/tjsj/tjbz/hyflbz/。

注释：

[1]从2013年5月开始，在利润总额下增加“主营活动利润”指标，主营活动利润=主营业务收入-主营业务成本-主营业务税金及附加-销售费用-管理费用-财务费用。主营活动利润指标和工业生产的关系更加密切，可以更好地反映企业进行工业生产活动的经营成果。

2013年全国房地产开发和销售情况

一、房地产开发投资完成情况

2013年，全国房地产开发投资86013亿元，比上年名义增长19.8%（扣除价格因素实际增长19.4%），增速比1—11月份提高0.3个百分点，比2012年提高3.6个百分点。其中，住宅投资58951亿元，增长19.4%，增速比1—11月份提高0.3个百分点，占房地产开发投资的比重为68.5%。

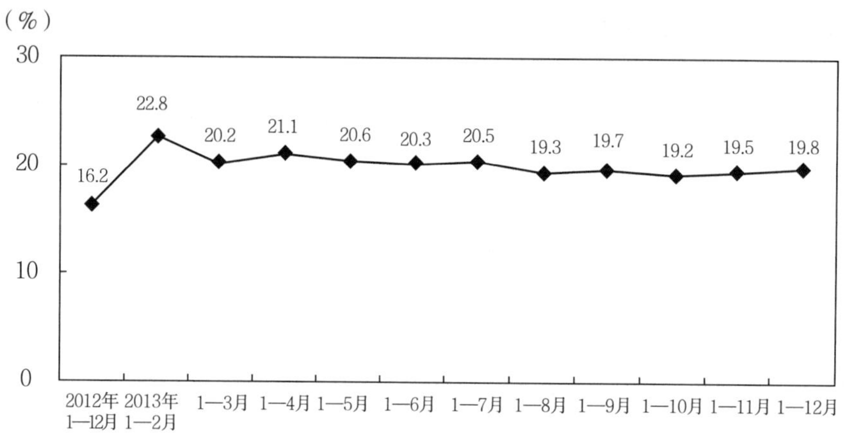

图1 全国房地产开发投资增速

2013年，东部地区房地产开发投资47972亿元，比上年增长18.3%，增速比1—11月份提高1个百分点；中部地区投资19045亿元，增长20.8%，增速回落0.9个百分点；西部地区投资18997亿元，增长22.6%，增速回落0.5个百分点。

2013年，房地产开发企业房屋施工面积665572万平方米，比上年增长16.1%，增速与1—11月份持平；其中，住宅施工面积486347万平方米，增长13.4%。房屋新开工面积201208万平方米，增长13.5%，增速提高2个百分点；其中，住宅新开工面积145845万平方米，增长11.6%。房屋竣工面积101435万平方米，增长2.0%，增速回落0.5个百分点；其中，住宅竣工面积78741万平方米，下降0.4%。

2013年，房地产开发企业土地购置面积38814万平方米，比上年增长8.8%，增速比1—11月份回落1.1个百分点；土地成交价款9918亿元，增长33.9%，增速提高2.4个百分点。

资料来源：国家统计局　　发布时间：2014-01-20 10:00

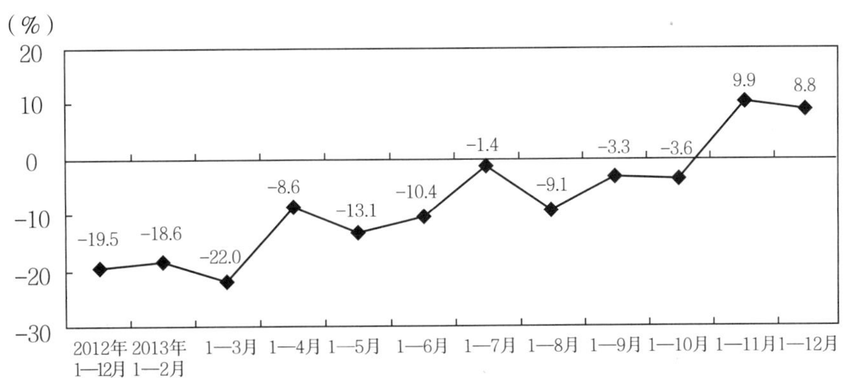

图2　全国房地产开发企业土地购置面积增速

二、商品房销售和待售情况

2013年，商品房销售面积130551万平方米，比上年增长17.3%，增速比1—11月份回落3.5个百分点，比2012年提高15.5个百分点；其中，住宅销售面积增长17.5%，办公楼销售面积增长27.9%，商业营业用房销售面积增长9.1%。商品房销售额81428亿元，增长26.3%，增速比1—11月份回落4.4个百分点，比2012年提高16.3个百分点；其中，住宅销售额增长26.6%，办公楼销售额增长35.1%，商业营业用房销售额增长18.3%。

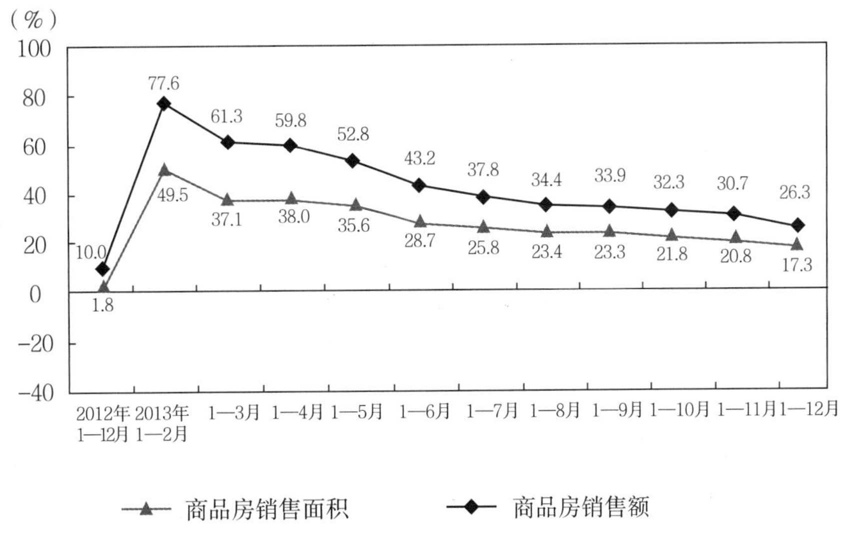

图3　全国商品房销售面积及销售额增速

2013年，东部地区商品房销售面积63476万平方米，比上年增长19.3%，增速比1—11月份回落2.9个百分点；销售额49327亿元，增长28.4%，增速回落4.7个百分点。中部地区商品房销售面积35191万平方米，增长16.8%，增速回落5.4个百分点；销售额16524亿元，增长26.9%，增速回落4.9个百分点。西部地区商品房销售面积31883万平方米，增长14.1%，增速回落2.6个百分点；销售额15576亿元，增长19.6%，增速回落3个百分点。

2013年年末，商品房待售面积49295万平方米，比11月末增加2489万平方米，比2012年年末增加12835万平方米。其中，住宅待售面积比11月末增加1696万平方米，办公楼待售面积增加156万平方米，商业营业用房待售面积增加346万平方米。

三、房地产开发企业到位资金情况

2013年，房地产开发企业到位资金122122亿元，比上年增长26.5%，增速比1—11月份回落1.1个百分点，比2012年提高13.8个百分点。其中，国内贷款19673亿元，增长33.1%；利用外资534亿元，增长32.8%；自筹资金47425亿元，增长21.3%；其他资金54491亿元，增长28.9%。在其他资金中，定金及预收款34499亿元，增长29.9%；个人按揭贷款14033亿元，增长33.3%。

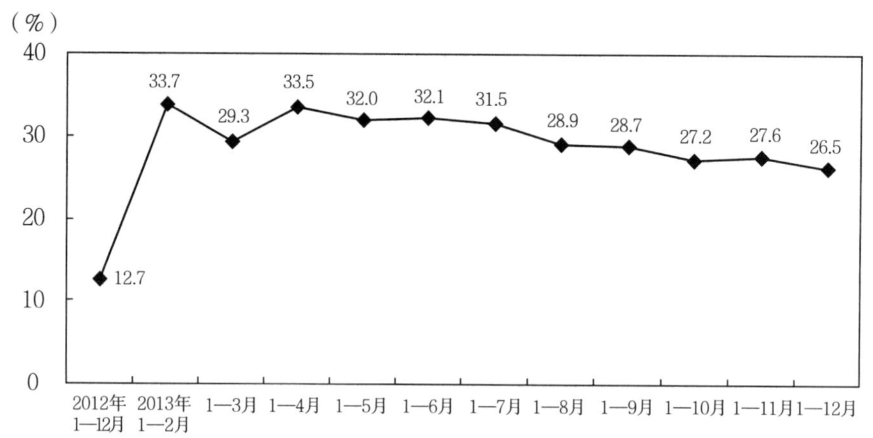

图4　全国房地产开发企业本年到位资金增速

四、房地产开发景气指数

2013年12月份，房地产开发景气指数（简称“国房景气指数”）为97.21，比上月提高0.83个点。

表1　2013年全国房地产开发和销售情况

指标	绝对量	比上年增长（%）
房地产开发投资（亿元）	86013	19.8
其中：住宅	58951	19.4
办公楼	4652	38.2
商业营业用房	11945	28.3
房屋施工面积（万平方米）	665572	16.1
其中：住宅	486347	13.4
办公楼	24577	26.5
商业营业用房	80627	22.5
房屋新开工面积（万平方米）	201208	13.5
其中：住宅	145845	11.6
办公楼	6887	15.0
商业营业用房	25902	17.7
土地购置面积（万平方米）	38814	8.8
土地成交价款（亿元）	9918	33.9
房屋竣工面积（万平方米）	101435	2.0
其中：住宅	78741	−0.4
办公楼	2789	20.5
商业营业用房	10852	6.1
商品房销售面积（万平方米）	130551	17.3
其中：住宅	115723	17.5
办公楼	2883	27.9
商业营业用房	8469	9.1
商品房销售额（亿元）	81428	26.3
其中：住宅	67695	26.6
办公楼	3747	35.1
商业营业用房	8280	18.3
商品房待售面积（万平方米）	49295	35.2
其中：住宅	32403	37.2
办公楼	1954	25.7
商业营业用房	9345	31.1
房地产开发企业到位资金（亿元）	122122	26.5
其中：国内贷款	19673	33.1
利用外资	534	32.8
自筹资金	47425	21.3
其他资金	54491	28.9
其中：定金及预收款	34499	29.9
个人按揭贷款	14033	33.3

表2　2013年东、中、西部地区房地产开发投资情况

地区	投资额（亿元）	住宅	比上年增长（%）	住宅
全国总计	86013	58951	19.8	19.4
东部地区	47972	32697	18.3	18.3
中部地区	19045	13265	20.8	19.9
西部地区	18997	12989	22.6	21.8

表3　2013年东、中、西部地区房地产销售情况

地区	商品房销售面积		商品房销售额	
	绝对数（万平方米）	比上年增长（%）	绝对数（亿元）	比上年增长（%）
全国总计	130551	17.3	81428	26.3
东部地区	63476	19.3	49327	28.4
中部地区	35191	16.8	16524	26.9
西部地区	31883	14.1	15576	19.6

附注：

（1）指标解释

房地产开发企业本年完成投资：指报告期内完成的全部用于房屋建设工程、土地开发工程的投资额以及公益性建筑和土地购置费等的投资。该指标是按照形象进度原则统计累计数据。

商品房销售面积：指报告期内出售新建商品房屋的合同总面积（即双方签署的正式买卖合同中所确认的建筑面积）。该指标是累计数据。

商品房销售额：指报告期内出售新建商品房屋的合同总价款（即双方签署的正式买卖合同中所确认的合同总价）。该指标与商品房销售面积同口径，也是累计数据。

房地产开发企业本年到位资金：指房地产开发企业报告期内实际可用于房地产开发的各种货币资金及来源渠道。具体细分为国内贷款、利用外资、自筹资金和其他资金。该指标是累计数据。

房屋施工面积：指房地产开发企业报告期内施工的全部房屋建筑面积。包括本期新开工的面积、上期跨入本期继续施工的房屋面积、上期停缓建在本期恢复施工的房屋面积、本期竣工的房屋面积以及本期施工后又停缓建的房屋面积。多层建筑物的施工面积指各层建筑面积之和。

房屋新开工面积：指房地产开发企业报告期内新开工建设的房屋面积，以单位工程为核算对象。不包括在上期开工跨入报告期继续施工的房屋建筑面积和上期停缓建而在本期复工的建筑面积。房屋的开工以房屋正式开始破土刨槽（地基处理或打永久桩）的日期为准。房屋新开工面积指整栋房屋的全部建筑面积，不能分割计算。

房屋竣工面积：指报告期内房屋建筑按照设计要求已全部完工，达到住人和使用条件，经验收鉴定合格或达到竣工验收标准，可正式移交使用的各栋房屋建筑面积的总和。

土地购置面积：指房地产开发企业在本年内通过各种方式获得土地使用权的土地面积。

土地成交价款：指房地产开发企业进行土地使用权交易活动的最终金额。在土地一级市场，是指土地最后的划拨款、“招拍挂”价格和出让价；在土地二级市场是指土地转让、出租、抵押等最后确定的合同价格。土地成交价款与土地购置面积同口径，可以计算土地的平均购置价格。

（2）统计范围

全部房地产开发经营法人单位。

（3）调查方式

按月（1月份除外）进行全面调查。

（4）全国房地产开发景气指数简要说明

全国房地产开发景气指数遵循经济周期波动的理论，以景气循环理论与景气循环分析方法为依据，运用时间序列、多元统计、计量经济分析方法，以房地产开发投资为基准指标，选取了房地产投资、资金、面积、销售有关指标，剔除季节因素和随机因素的影响，采用增长率循环方法编制而成。国房景气指数选择2000年为基年，将其增长水平定为100。通常情况下，国房景气指数100点是最合适的水平，95至105点之间为适度水平，95以下为较低水平，105以上为偏高水平。

（5）东、中、西部地区划分

东部地区包括北京、天津、河北、辽宁、上海、江苏、浙江、福建、山东、广东、海南11个省（市）；中部地区包括山西、吉林、黑龙江、安徽、江西、河南、湖北、湖南8个省；西部地区包括内蒙古、广西、重庆、四川、贵州、云南、西藏、陕西、甘肃、青海、宁夏、新疆12个省（市、自治区）。

（6）增长速度计算

房地产开发投资增长速度为名义增速，由于固定资产投资价格指数按季进行计算，除1—3月、1—6月、1—9月、1—12月可计算房地产开发投资实际增速外，其他月份只计算名义增速。

国民经济核算指标

指标	单位	1978年	1990年	2000年	2012年	2013年
绝对数						
国民总收入	亿元	3645.2	18718.3	98000.5	518214.8	566130.2
国内生产总值	亿元	3645.2	18667.8	99214.6	519470.1	568845.2
第一产业	亿元	1027.5	5062.0	14944.7	52373.6	56957.0
第二产业	亿元	1745.2	7717.4	45555.9	235162.0	249684.4
第三产业	亿元	872.5	5888.4	38714.0	231934.5	262203.8
人均国内生产总值	元	381	1644	7858	38459	41908
支出法国内生产总值	亿元	3605.6	19347.8	98749.0	529399.2	586673.0
最终消费支出	亿元	2239.1	12090.5	61516.0	261993.6	292165.6
居民消费支出	亿元	1759.1	9450.9	45854.6	190584.6	212187.5
政府消费支出	亿元	480.0	2639.6	15661.4	71409.1	79978.1
资本形成总额	亿元	1377.9	6747.0	34842.8	252773.2	280356.1
固定资本形成	亿元	1073.9	4827.8	33844.4	241756.8	269075.4
存货增加	亿元	304.0	1919.2	998.4	11016.4	11280.7
货物和服务净出口	亿元	-11.4	510.3	2390.2	14632.4	14151.3
指数(1978年=100)						
国民总收入指数		100.0	282.5	750.6	2410.3	2596.1
国内生产总值指数		100.0	281.7	759.9	2422.7	2608.6
第一产业		100.0	190.7	277.0	456.6	474.9
第二产业		100.0	304.1	1081.8	3806.6	4105.3
第三产业		100.0	362.1	956.1	3272.0	3542.6
人均国内生产总值指数		100.0	237.3	575.5	1715.1	1837.5
构成						
支出法国内生产总值=100						
最终消费支出	%	62.1	62.5	62.3	49.5	
资本形成总额	%	38.2	34.9	35.3	47.8	
最终消费支出=100						
居民消费支出	%	78.6	78.2	74.5	72.7	
政府消费支出	%	21.4	21.8	25.5	27.3	
资本形成总额=100						
固定资本形成总额	%	77.9	71.6	97.1	95.6	
存货增加	%	22.1	28.4	2.9	4.4	

注：1. 绝对数和构成按当年价格计算，指数按不变价格计算。

2. 由于统计误差的影响，按支出法计算的国内生产总值不等于按生产法计算的国内生产总值。

人口基本情况

指　标	单位	1982年	1990年	2000年	2012年	2013年
年末总人口	万人	101654	114333	126743	135404	136072
按性别分						
男性人口	万人	52352	58904	65437	69395	69728
女性人口	万人	49302	55429	61306	66009	66344
按城乡分						
城镇人口	万人	21480	30195	45906	71182	73111
乡村人口	万人	80174	84138	80837	64222	62961
人口比重						
按性别分						
男性人口	%	51.5	51.5	51.6	51.2	51.2
女性人口	%	48.5	48.5	48.4	48.8	48.8
按城乡分						
城镇人口	%	21.1	26.4	36.2	52.6	53.7
乡村人口	%	78.9	73.6	63.8	47.4	46.3
出生率	‰	22.28	21.06	14.03	12.10	12.08
死亡率	‰	6.60	6.67	6.45	7.15	7.16
自然增长率	‰	15.68	14.39	7.58	4.95	4.92
各年龄段人口比重						
0-14岁人口	%	33.6	27.7	22.9	16.5	16.4
15-64岁人口	%	61.5	66.7	70.1	74.1	73.9
65岁以上人口	%	4.9	5.6	7.0	9.4	9.7
总抚养比	%	62.6	49.8	42.6	34.9	35.3
少儿抚养比	%	54.6	41.5	32.6	22.2	22.2
老年抚养比	%	8.0	8.3	9.9	12.7	13.1
平均预期寿命	岁	67.77*	68.55	71.40		

注：1. 总人口包括中国人民解放军现役军人，但不包括香港、澳门特别行政区和台湾地区人口。
2. 城镇人口中包括中国人民解放军现役军人。
3. 表中带“*”号的数字为1981年数据。

居民消费价格指数

（上年=100）

项目	2011年	2012年	2013年		
				城市	农村
居民消费价格指数	105.4	102.6	102.6	102.6	102.8
食品	111.8	104.8	104.7	104.6	104.9
粮食	112.2	104.0	104.6	104.5	104.8
油脂	113.4	105.1	100.3	100.3	100.4
肉禽及其制品	122.6	102.1	104.3	104.4	104.0
蛋	114.2	97.1	104.9	104.9	105.0
水产品	112.1	108.0	104.2	104.1	104.6
菜	101.1	113.7	108.0	107.5	109.7
糖	111.2	104.2	100.5	100.8	99.8
茶及饮料	104.0	104.2	102.0	101.9	102.2
干鲜瓜果	115.9	100.1	105.9	105.5	107.2
液体乳及乳制品	105.1	103.2	105.7	106.2	103.6
烟酒及用品	102.8	102.9	100.3	100.1	100.8
烟草	100.3	100.5	100.4	100.2	100.9
酒	106.7	106.3	100.3	100.1	100.5
衣着	102.1	103.1	102.3	102.2	102.5
服装	102.4	103.3	102.4	102.4	102.7
鞋袜帽	100.7	102.3	101.6	101.5	101.7
家庭设备用品及维修服务	102.4	101.9	101.5	101.5	101.3
耐用消费品	100.4	100.4	100.3	100.2	100.4
室内装饰品	101.0	100.8	100.4	100.3	100.9
家庭服务及加工维修服务	111.4	109.7	108.7	109.0	107.1
医疗保健和个人用品	103.4	102.0	101.3	101.2	101.8
医疗保健	102.9	101.7	101.5	101.4	101.8
个人用品及服务	104.4	102.6	101.0	100.7	101.9
交通和通信	100.5	99.9	99.6	99.5	100.1
交通	102.6	101.2	100.2	100.0	100.7
通信	97.5	98.0	98.8	98.7	99.1
娱乐教育文化用品及服务	100.4	100.5	101.8	101.7	101.8
文娱用耐用消费品及服务	93.7	94.5	96.3	95.9	97.8
教育	101.3	101.7	102.7	102.8	102.5

续表

项目	2011年	2012年	2013年		
				城市	农村
文化娱乐	101.1	101.3	101.4	101.3	101.6
旅游	103.8	101.7	104.0	103.8	104.9
居住	105.3	102.1	102.8	103.0	102.3
建房及装修材料	104.7	101.0	101.2	101.3	101.1
住房租金	105.3	102.7	104.1	104.0	104.7
自有住房	106.5	102.3	103.8	103.9	103.8
水电燃料	103.5	102.4	101.6	101.9	100.9

全国居民人均收入与支出

单位: 元

指 标	2013年
一、收入	
（一）可支配收入	18310.8
1.工资性收入	10410.8
2.经营净收入	3434.7
3.财产净收入	1423.3
4.转移净收入	3042.1
（二）现金可支配收入	17114.6
1.工资性收入	10348.6
2.经营净收入	3354.2
3.财产净收入	526.6
4.转移净收入	2885.2
二、支出	
（一）消费支出	13220.4
1.食品烟酒	4126.7
2.衣着	1027.1
3.居住	2998.5
4.生活用品及服务	806.5
5.交通和通信	1627.1
6.教育、文化和娱乐	1397.7
7.医疗保健	912.1
8.其他用品及服务	324.7
（二）现金消费支出	10917.4
1.食品烟酒	3822.8
2.衣着	1025.7
3.居住	1155.1
4.生活用品及服务	801.8
5.交通和通信	1624.8
6.教育、文化和娱乐	1396.5
7.医疗保健	772.1
8.其他用品及服务	318.7

注：从2013年起，国家统计局开展了城乡一体化住户收支与生活状况调查，本表数据来源于此调查，与2013年前的分城镇和农村住户调查的调查范围、调查方法、指标口径有所不同。

社会消费品零售总额

年份	社会消费品零售总额 (亿元)	比上年增长 (%)
1978	1558.6	8.8
1979	1800.0	15.5
1980	2140.0	18.9
1981	2350.0	9.8
1982	2570.0	9.4
1983	2849.4	10.9
1984	3376.4	18.5
1985	4305.0	27.5
1986	4950.0	15.0
1987	5820.0	17.6
1988	7440.0	27.8
1989	8101.4	8.9
1990	8300.1	2.5
1991	9415.6	13.4
1992	10993.7	16.8
1993	14270.4	29.8
1994	18622.9	30.5
1995	23613.8	26.8
1996	28360.2	20.1
1997	31252.9	10.2
1998	33378.1	6.8
1999	35647.9	6.8
2000	39105.7	9.7
2001	43055.4	10.1
2003	52516.3	9.1
2004	59501.0	13.3
2005	68352.6	14.9
2006	79145.2	15.8
2007	93571.6	18.2
2008	114830.1	22.7
2009	132678.4	15.5
2010	156998.4	18.3
2011	183918.6	17.1

续表

年份	社会消费品零售总额 (亿元)	比上年增长 (%)
2012	210307.0	14.3
2013	237809.9	13.1
平均每年增长(%)		
1979—2013年		15.4
1991—2013年		15.7
2001—2013年		14.9

注：1. 本表按当年价格计算(下表同)。
2. 1992年及以前为社会商品零售总额；1997年起社会消费品零售总额不含居民购买住房。

固定资产投资概况

指标	单位	1990年	1995年	2000年	2012年	2013年
全社会固定资产投资额	亿元	4517.0	20019.3	32917.7	374694.7	447074.4
按登记注册类型分						
内资	亿元		17790.3	30311.5	353871.7	
港、澳、台商投资	亿元		673.6	1293.0	10275.9	
外商投资	亿元		1555.3	1313.2	10547.1	
按资金来源分						
国家预算资金	亿元	393.0	621.1	2109.5	18958.7	22374.5
国内贷款	亿元	885.5	4198.7	6727.3	51593.5	59060.9
利用外资	亿元	284.6	2295.9	1696.3	4468.8	4304.2
自筹资金	亿元	2329.5	10647.9	16317.3	277792.4	334580.4
其他资金	亿元	583.0	2761.3	6260.1	56862.4	71203.7
按隶属关系分						
中央项目	亿元		4533.7	6433.8	21663.0	24785.3
地方项目	亿元		15485.6	26483.9	353012.7	422289.0
按构成分						
建筑安装工程	亿元	3008.7	13173.3	20536.3	243617.5	299114.1
设备工器具购置	亿元	1165.5	4262.5	7785.6	77724.2	91201.7
其他费用	亿元	342.7	2583.5	4595.9	53353.1	56758.6
新增固定资产	亿元	3995.3	14521.7	26842.2	238490.8	
房屋建筑面积						
施工面积	万平方米	137171	215085	265294	1167238	1353127
住宅	万平方米		140452	180634	614991	672797
竣工面积	万平方米	107952	145600	181974	335504	346117
住宅	万平方米	86425	107433	134529	195103	192718
房地产开发						
房地产开发投资额	亿元	253.3	3149.0	4984.1	71803.8	86013.4
新增固定资产	亿元		1434.7	3698.6	33541.4	
开发房屋竣工住宅面积	万平方米	3527	12525	20603	79043	78741

THE 第三篇
THIRD CHAPTER

2013年中国主要城市经济发展概况

直辖市

| 北京市 | 上海市 | 天津市 | 重庆市 |

1

2013年北京市经济发展概况

【经济总量】2013年，北京市全年实现地区生产总值（GDP）19500.6亿元，比上年增长7.7%。其中，第一产业增加值161.8亿元，增长3%；第二产业增加值4352.3亿元，增长8.1%；第三产业增加值14986.5亿元，增长7.6%。

按常住人口计算，全市人均地区生产总值达到93213元（按年平均汇率折合15052美元）。三次产业结构由上年的0.8：22.7：76.5变为0.8：22.3：76.9。

全年文化创意产业实现增加值2406.7亿元，比上年增长9.1%；占地区生产总值的比重为12.3%，与上年持平。高技术产业实现增加值1327亿元，增长7%；占地区生产总值的比重为6.8%，比上年下降0.1个百分点。生产性服务业实现增加值9811.8亿元，增长10.4%；占地区生产总值的比重为50.3%，比上年提高0.6个百分点。

【农业】2013年，北京市全年实现农林牧渔业总产值421.8亿元，比上年增长6.6%。完成平原造林36.4万亩，在此带动下，林业实现产值75.9亿元，比上年增长38.4%。全年粮食播种面积15.9万公顷，比上年减少3.5万公顷。粮食产量96.1万吨，下降15.5%；粮食亩产403.3公斤，增长3.1%。

全市农业观光园1299个，比上年增加16个；观光园总收入27.4亿元，增长1.8%。民俗旅游实际经营户8530户，比上年增加163户；民俗旅游总收入10.2亿元，增长12.6%。设施农业实现收入57.3亿元，增长10.3%。种业收入14亿元，下降13.1%。

【工业和建筑业】2013年，北京市全年实现工业增加值3536.9亿元，比上年增长7.8%。其中，规模以上工业增加值增长8%。在规模以上工业中，国有控股企业增加值增长6.8%；高技术制造业、现代制造业增加值分别增长10.4%和14.2%。规模以上工业实现销售产值17062.1亿元，增长7%。其中内销产值15549.7亿元，增长7.7%；出口交货值1512.4亿元，增长0.3%。产品销售率为99.2%。

全市具有资质等级的总承包和专业承包建筑业企业完成建筑业总产值7407.1亿元，比上年增长12.4%。其中，在本市完成2762.8亿元，增长6.2%；在外省完成4644.3亿元，增长16.5%。本年新签合同额9493.2亿元，增长11.8%。

【固定资产投资】2013年，北京市全年完成全社会固定资产投资7032.2亿元，比上年增长8.8%。其中，国有控股单位完成投资4156.8亿元，比上年增长4.6%；民间投资完成2419.5亿元，比上年增长15.9%。

分产业看，第一产业投资175.5亿元，增长20.6%；第二产业投资755亿元，增长4.9%，其中工业投资747.3亿元，增长5.6%；第三产业投资6101.7亿元，增长9%。

【科学技术】2013年，北京市全年研究与试验发展（R&D）经费支出1200.7亿元，比上年增长12.9%；相当于地区生产总值的6.16%。

全市研究与试验发展（R&D）活动人员35.1万人，比上年增长8.7%。专利申请量与授权量分别为123336件和62671件，分别增长33.6%和24.1%；其中发明专利申请量与授权量分别为67554件和20695件，增长28.1%和2.8%。全年共签订各类技术合同62743项，增长4.6%；技术合同成交总额2851.2亿元，增长16%。

【国内贸易和对外经济】2013年，北京市全年北京地区海关进出口总值4291亿美元，比上年增长5.1%。其中出口632.5亿美元，增长6.1%；进口3658.6亿美元，增长5%。

全年批准合同外资111亿美元，比上年下降2.3%。实际利用外资85.2亿美元，增长6%。其中，租赁和商务服务业占20.1%，房地产业占17.4%，信息传输、计算机服务和软件业占14%，制造业占12.5%。

全年境外投资中方实际投资额30.8亿美元，比上年增长1.6倍。对外承包工程完成营业额33.6亿美元，增长15.9%。对外劳务合作人员实际收入5192万美元，下降9.5%。

【交通、邮电和旅游】2013年，北京市全年货运量29536.2万吨，比上年增长3.1%。全年客运量151361.1万人，比上年增长1.6%。

年末全市机动车拥有量543.7万辆，比上年末增加23.7万辆。民用汽车518.9万辆，增加23.2万辆；其中私人汽车426.5万辆，私人汽车中轿车311万辆，分别增加19万辆和12.8万辆。

全年实现邮电业务总量595.7亿元，比上年增长9%。其中，邮政业务总量58.4亿元，与上年基本持平；电信业务总量537.2亿元，增长9.9%。全年发送邮政函件7.2亿件，增长6.5%；特快专递4793.6万件，增长20.3%。年末固定电话用户达到867.6万户，固定电话主线普及率达到41线/百人，每百人比上年末减少1.7线。全年净增移动电话用户605.5万户，年末达到3373.8万户，其中3G移动电话用户1461万户。移动电话普及率达到159.5户/百人，每百人比上年末增加6.4户。全年短信业务总量达到459亿条，比上年增长2.5%。年末固定互联网宽带接入用户数达到536万户。

全年接待入境旅游者450.1万人次，比上年下降10.1%。其中，外国人387.6万人次，下降10.8%；港、澳、台同胞62.5万人次，下降5.9%。旅游外汇收入47.9亿美元，下降6.9%。全年接待国内旅游者2.5亿人次，增长9.3%。国内旅游收入3666.3亿元，增长11.1%。全年经旅行社组织的出境游人数331万人次，增长21.5%。

【金融和保险】2013年年末，北京市全市金融机构（含外资）本外币存款余额91660.5亿元，比年初增加6588.8亿元，增加额比上年少3255亿元。其中人民币存款余额87990.6亿元，比年初增加6386.9亿元，增加额比上年少2355.7亿元。

年末全市金融机构（含外资）本外币贷款余额47880.9亿元，比年初增加4578.7亿元，增加额比上年多1070.6亿元。其中人民币贷款余额40506.7亿元，比年初增加3954.1亿元，增加额比上年多900.7亿元。

全年实现原保险保费收入994.4亿元，比上年增长7.7%。其中，财产险保费收入288亿元，人身险保费收入706.4亿元。全年各类保险赔付支出318.2亿元。其中，财产险赔付165.3亿元，人身险赔付152.9亿元。

2

2013年上海市经济发展概况

【经济总量】2013年，上海市全年实现地区生产总值（GDP）21602.12亿元，按可比价格计算，比上年增长7.7%。其中，第一产业增加值129.28亿元，下降2.9%；第二产业增加值8027.77亿元，增长6.1%；第三产业增加值13445.07亿元，增长8.8%。第三产业增加值占上海市生产总值的比重达到62.2%，比上年提高1.8个百分点。按常住人口计算的上海市人均生产总值为9.01万元。

【农业】2013年，上海市全年全市实现农业总产值325.37亿元，比上年下降2.8%。其中，种植业174.56亿元，下降2.6%；林业9.71亿元，增长4.7%；牧业67.65亿元，下降8.5%；渔业61.55亿元，增长0.2%；农林牧渔服务业11.9亿元，增长9.2%。上海域外市属农场实现农业总产值18.81亿元，增长13.8%。

全年全市粮食播种面积168.51千公顷，比上年下降10.2%；粮食产量114.15万吨，下降6.7%；水产品产量27.59万吨，增长1.4%。

【工业和建筑业】2013年，上海市全年实现工业增加值7236.69亿元，比上年增长6.3%。其中规模以上工业增加值6769.64亿元，增长6.6%。全年完成工业总产值33899.38亿元，增长4.3%，其中规模以上工业总产值32088.88亿元，增长4.4%。

全年实现建筑业总产值5102.84亿元，比上年增长11.8%；房屋建筑施工面积29148.65万平方米，增长7.7%；竣工面积6274.25万平方米，增长20.7%。建筑企业按总产值计算的全员劳动生产率达到41.73万元/人，比上年提高4.4%。

【固定资产投资】2013年，上海市全年实现批发和零售业增加值3533.1亿元，比上年增长7.1%。

全年实现商品销售总额6.05万亿元，比上年增长12.5%，其中批发销售额5.33万亿元，增长12.9%。

全年实现社会消费品零售总额8019.05亿元，比上年增长8.6%，其中限额以上消费品零售额5885.89亿元，增长6.4%。在限额以上零售企业中，网上商店实现零售额465.38亿元，增长52.4%。

【科学技术】2013年，上海市全年受理专利申请量86450件，比上年增长4.6%，其中发明专利39157件，增长5.4%。全年专利授权量48680件，下降5.5%，其中发明专利10644件，下降6.5%。全市国家级创新型企业达到15家，国家级创新型试点企业19家，市级创新型企业达到500家。科技小巨人企业和小巨人培育企业共1014家，高新技术企业5140家，技术先进型服务企业298家。年内全市认定和复审高新技术企业1446家。年内认定高新技术成果转化项目709项，其中电子信息、生物医药、新材料等重点领域项目占86.3%。至年末，共认定高新技术成果转化项目9254项。全年经认定登记的各类技术交易合同2.63万件，下降6.1%；合同金额620.87亿元，增长5.5%。

【国内贸易和对外经济】2013年，上海市全年上海关区进出口总额8121.37亿美元，比上年增长1.4%。其中，进口3130.08亿美元，增长0.9%；出口4991.29亿美元，增长1.6%。

全年上海市进出口总额4413.98亿美元，比上年增长1.1%。其中，进口2371.54亿美元，增长3.1%；出口2042.44亿美元，下降1.2%。按市场分，对欧盟进口553.92亿美元，增长8.4%，出口362.63亿美元，下降7.4%；对美国进口227.34亿美元，增长13.6%，出口506.5亿美元，增长1%；对日本进口301.7亿美元，下降6.7%，出口249.09亿美元，下降0.2%。

【交通、邮电和旅游】2013年，上海市全年实现交通运输、仓储和邮政业增加值935.06亿元，比上年增长1%。

全年现代航运服务业实现营业收入6321.85亿元，比上年增长2.9%。

全年完成邮政业务总量258.7亿元，比上年增长35.5%；电信业务总量487.39亿元，增长9%。至年末，全市固定电话用户869.24万户，其中住宅电话512.28万户。移动电话用户3200.65万户，比上年末增加192.35万户，其中第三代移动通信技术（3G）用户1147.4万户，增加399.25万户。

全年接待国际旅游入境者757.4万人次，比上年下降5.4%。其中，入境外国人597.59万人次，下降5.6%；港、澳、台同胞159.81万人次，下降4.5%。在国际旅游入境者中，过夜旅游者614.09万人次，下降5.7%。全年接待国内旅游者25990.68万人次，增长3.6%，其中外省市来沪旅游者11368.66万人次，下降1.1%。全年入境旅游外汇收入53.37亿美元，下降4.4%；国内旅游收入2968亿元，下降8%。

【金融和保险】2013年，上海市全年实现金融业增加值2823.29亿元，比上年增长13.7%。

全年新增各类金融单位116家。其中，货币金融服务单位54家；资本市场服务单位59家。至年末，全市各类金融单位达到1240家。其中，货币金融服务单位564家；资本市场服务单位252家；保险业单位347家。至年末，在沪经营性外资金融单位达到215家，外资金融机构代表处198家。

全年原保险保费收入821.43亿元，比上年增长0.1%。其中，财产险公司原保险保费收入304.83亿元，增长12.2%；寿险公司原保险保费收入516.6亿元，下降5.9%。全年保险赔付支出301.95亿元，增长18.1%。其中，财产险赔款支出162.33亿元，增长17.1%；寿险给付103.17亿元，增长17.3%；健康险赔款给付31.82亿元，增长26.6%；意外险赔款支出4.63亿元，增长14.8%。

3

2013年天津市经济发展概况

【经济总量】2013年，天津市全年实现地区生产总值（GDP）14370.16亿元，按可比价格计算，比上年增长12.5%。分三次产业看，第一产业增加值188.45亿元，增长3.7%；第二产业增加值7276.68亿元，增长12.7%；第三产业增加值6905.03亿元，增长12.5%。三次产业结构为1.3：50.6：48.1。

全年全社会固定资产投资10121.20亿元，增长14.1%。其中，城镇投资9528.09亿元，增长14.2%；农村投资593.11亿元，增长11.7%。在城镇投资中，第一产业投资63.56亿元，增长15.2%；第二产业投资4208.74亿元，增长14.1%，其中，工业投资4178.17亿元，增长14.2%；第三产业投资5255.79亿元，增长14.3%。三次产业投资结构为0.6：44.2：55.2。推出新一批170项重大项目，总投资超过2200亿元。

【农业】2013年，天津市全年农业总产值412.36亿元，增长3.8%。其中，种植业产值217.16亿元，增长4.4%；林业产值3.09亿元，增长2.8%；畜牧业产值108.63亿元，增长2.4%；渔业产值73.20亿元，增长5.4%；农林牧渔服务业产值10.28亿元，增长0.4%。全年粮食总产量174.71万吨，增长8.0%；蔬菜产量455.06万吨，增长1.6%。新增农民专业合作社2136家，总数达到5136家；国家级和市级龙头企业达到222个。

【工业和建筑业】2013年，天津市全年全部工业增加值6678.60亿元，增长12.8%。其中，规模以上工业增加值增长13.0%。全部工业总产值27169.14亿元，增长13.0%；其中，规模以上工业总产值26400.37亿元，增长13.1%。

全年建筑业增加值598.08亿元，增长11.4%；总产值3670.53亿元，增长12.6%。当年新签合同额4041.82亿元，增长14.7%。年末全市有总承包和专业承包资质的建筑企业1756家。

【固定资产投资】2013年，天津市全年批发和零售业商品销售总额31932.26亿元，增长20.5%。其中，金属材料、石油及制品、汽车、煤炭及制品四大支柱类商品合计实现销售额2.09万亿元，占限额以上销售额的77.6%。全市亿元以上批发市场60家，主要集中在金属材料、农副产品、建筑装饰材料、汽车、五金机电五大行业，成交额达到3009亿元，增长10.0%。社会消费品零售总额4470.43亿元，增长14.0%。其中，当当网、唯品会、苏宁易购、亚马逊等互联网销售企业实现零售额70.48亿元，增长79.8%。

【科学技术】2013年，天津市全市15项科技成果获得国家科学技术奖，其中，技术发明奖4项，科技进步奖11项，涉及装备制造、水利水电、电气工程、生物医药等多个领域。全年完成市级科技成果2385项，增长17.5%。其中，基础理论成果171项，应用技术成果2190项，软科学成果24项；属于国际领先水平63项，达到国际先进水平336项。全年签订技术合同15817项，合同成交额300.68亿元，增长19.7%。

【国内贸易和对外经济】2013年，天津市全年外贸进出口总额1285.28亿美元，增长11.2%。其中，进口795.03亿美元，增长18.1%；出口490.25亿美元，增长1.5%。在出口额中，一般贸易出口206.39亿美元，增长11.0%；加工贸易出口250.42亿美元，下降2.3%。全年机电产品出口341.78亿美元，占全市出口额的69.7%；高新技术产品出口192.89亿美元，占全市出口额的39.3%。对非洲、巴西、东盟等新兴市场出口分别增长32.3%、28.1%和15.0%。

【交通、邮电和旅游】2013年，天津市全年货运量51602.54万吨，其中，公路31985.00万吨，增长15.3%；铁路8445.95万吨，增长6.8%；水运9884.42万吨。货物周转量5390.47亿吨公里，其中，公路368.46亿吨公里，增长15.8%；铁路273.47亿吨公里，下降4.6%；水运4741.83亿吨公里。全年客运量29518.36万人，增长3.7%；旅客周转量472.89亿人公里，增长9.3%。港口货物吞吐量5.01亿吨，增长5.0%；集装箱吞吐量1301.20万标准箱，增长5.8%。机场旅客吞吐量1003.58万人次，增长23.3%；货邮吞吐量21.44万吨，增长10.4%。

全年公共交通客运量16.08亿人次，其中轨道交通客运量2.43亿人次，增长1.2倍；公共汽电车客运量13.65亿人次，增长0.5%。年内新辟公交线路25条，累计公交线路达566条；年末公交运营车辆9670辆，运营出租车31940辆。

全年邮电业务总量220.53亿元，增长7.8%。其中，电信业务总量173.79亿元，增长7.0%；邮政业务总量46.74亿元，增长10.9%。全年发送邮政函件17751.50万件，其中，快递1418.50万件。年末公网固定电话用户352.82万户，移动电话用户1323.15万户。互联网用户930.89万户，增长11.6%；其中，宽带接入用户271.88万户，增长12.0%，光纤接入用户92.68万户，增长44.3%。

全年接待国际旅游人数264.54万人次，增长13.0%；其中，外国人242.03万人次，增长13.3%。国际旅游外汇收入25.91亿美元，增长16.4%。接待外省市游客人数比上年增长13.4%，国内旅游收入增长19.3%。全市30.26万人次出国出境旅游，增长9.3%；出国旅游人均支出17768.59元，增长6.6%。华侨城天津欢乐谷、欢乐海魔方、米立方水世界等旅游项目建成开放。年末全市有星级宾馆106家；旅行社390家，其中有出境资质的36家；A级及以上景区94个；国家和市级工农业旅游示范点59个。

【金融和保险】2013年，天津市全年金融业增加值1202.04亿元，增长18.3%。截至年末，全市金融机构（含外资）本外币各项存款余额23316.56亿元，增长14.9%。全年新增存款2976.68亿元，比上年多增251.08亿元；其中，新增单位存款1918.19亿元，新增个人存款914.35亿元。各项贷款余额20857.80亿元，增长13.4%。全年新增贷款2427.27亿元，比上年少增39.03亿元；其中，新增短期贷款1096.55亿元，新增中长期贷款911.74亿元，新增融资租赁469.74亿元。

年末全市共有保险总公司5家，当年新成立资产管理类公司1家。年末共有各类保险分公司49家，各类保险支公司、营业部、营销服务部和专属机构551家，保险专业中介机构102家。全年原保险保费收入276.80亿元，增长16.2%。其中，财产险收入102.28亿元，增长12.7%；人身险收入174.52亿元，增长18.4%。全年赔款和给付102.00亿元，增长25.9%。其中，财产险赔付58.98亿元，增长31.8%；人身险赔付43.03亿元，增长18.6%。

4

2013年重庆市经济发展概况

【经济总量】2013年，重庆市全年实现地区生产总值（GDP）12656.69亿元，比上年增长12.3%。其中，第一产业增加值1002.68亿元，增长4.7%；第二产业增加值6397.92亿元，增长13.4%；第三产业增加值5256.09亿元，增长12.0%。三次产业结构比为7.9：50.5：41.6。非公有制经济实现增加值7782.56亿元，增长12.4%，占全市经济的61.5%。

【农业】2013年，重庆市全年实现农林牧渔业增加值1002.68亿元，比上年增长4.7%。其中，种植业678.67亿元，增长4.3%；畜牧业246.96亿元，增长3.5%；林业35.07亿元，增长8.0%；渔业41.98亿元，增长17.0%。

全年粮食播种面积3380.9万亩，与上年基本持平。粮食综合单产339.6公斤/亩，增长1.1%。油料播种面积425.26万亩，增长4.6%。蔬菜播种面积1022.56万亩，增长4.5%。

【工业和建筑业】2013年，重庆市全年实现工业增加值5249.65亿元，比上年增长13.1%，占全市地区生产总值的41.5%。其中规模以上工业增加值增长13.6%。规模以上工业企业实现总产值15824.86亿元，同比增长14.5%。其中，大中型企业11288.89亿元，增长12.7%；国有控股企业4487.86亿元，增长10.8%。

全年实现建筑业增加值1148.27亿元，比上年增长14.9%。全市具有资质等级的总承包和专业承包建筑企业实现利润174.17亿元，比上年增长8.8%；上缴税金145.84亿元，比上年增长8.6%。

【固定资产投资】2013年，重庆市全年完成固定资产投资总额11205.03亿元，比上年增长19.5%。其中，基础设施建设投资2962.10亿元，增长23.2%；城镇投资9789.00亿元，增长15.7%；农村投资1416.03亿元，增长54.3%。

全年工业投资3529.90亿元，增长15.2%，占全市固定资产投资总额的31.5%；房地产开发业投资3012.78亿元，增长20.1%，占全市固定资产投资总额的26.9%。

【科学技术】2013年，重庆市全年研究与试验发展（R&D）经费支出192亿元，比上年增长20.2%，占全市地区生产总值的1.5%。共有市级及以上重点实验室85个，其中国家重点实验室8个；共有工程技术研究中心313个，其中国家级中心10个。技术市场签订成交合同5071项，成交金额167.98亿元。全年共受理专利申请4.78万件，比上年增长22.9%；获得专利授权2.48万件，比上年增长21.9%。国家级创新企业共有16家，市级创新型企业75家。

全市共有中国驰名商标82件，比上年增长18.8%；著名商标1311件，比上年增长9.6%；地理标志量159件，比上年增长23.3%。

【国内贸易和对外经济】2013年，重庆市全年批发和零售业实现增加值984.40亿元，比上年增长10.0%，占全市地区生产总值的7.8%；住宿和餐饮业实现增加值229.79亿元，增长7.1%，占全市地区生产总值的1.8%。

全年实现货物进出口总额687.04亿美元，比上年增长29.1%。其中，出口467.97亿美元，增长21.3%；进口219.07亿美元，增长49.7%。

全市货物出口前三位市场为美国、中国香港和德国，分别出口90.74亿美元、48.19亿美元和45.53亿美元，增长12.3%、3.9倍和77.8%。货物进口前三位市场为马来西亚、中国台湾和美国，分别进口38.94亿美元、21.84亿美元和15.72亿美元，增长29.2%、80.5%和27.5%。

全年实现服务贸易进出口总额105亿美元，比上年增长30%。其中，出口42亿美元，进口63亿美元。

【交通、邮电和旅游】2013年，重庆市全年交通运输、仓储和邮政业实现增加值580.93亿元，比上年增长9.2%，占全市地区生产总值的4.6%。公路通车里程累计达到12.28万公里，其中，高速公路2312公里。轨道交通营运里程170公里。全市行政村公路通达率100%。全年主要运输方式完成货物运输9.74亿吨，比上年增长12.7%；完成旅客运输量17.14亿人，增长8.6%。

全年完成邮电业务总量315.02亿元，比上年增长13.6%。其中，邮政业务总量39.12亿元，增长25.1%；电信业务总量275.90亿元，增长12.2%。年末固定电话用户581.0万户，比上年增长0.9%；年末移动电话用户2380.8万户，比上年增长15.0%。互联网用户2297.7万户，其中移动互联网用户（不含WiFi用户）1792.7万户。全年接待国际旅游人数242.26万人次，旅游外汇收入12.68亿美元，分别比上年增长8.0%和8.6%。

【金融和保险】2013年，重庆市全市金融业实现增加值1068.35亿元，比上年增长15.6%，占全市生产总值的8.4%。共有地方法人金融机构40家，非地方法人金融机构44家。年末全市金融机构本外币存款余额为22789.17亿元，比上年末增长17.3%。其中，人民币储蓄存款余额9622.31亿元，增长15.1%。金融机构本外币贷款余额为18005.69亿元，比上年末增长15.5%。其中，个人消费贷款及透支5202.04亿元，增长29.2%。

全市共有保险法人机构3家，营业性保险分公司41家。保费总收入359.23亿元。其中，寿险收入208.42亿元；财产险收入112.52亿元；健康险和意外伤害险收入38.29亿元。全年赔付各类保险金124.60亿元。其中，寿险赔付49.16亿元；财产险赔付62.98亿元；健康险和意外伤害险赔付12.46亿元。

河北省

| 石家庄市 | 唐山市 | 邯郸市 | 邢台市 | 保定市 | 张家口市 | 承德市 |
| 衡水市 | 沧州市 | 廊坊市 | 秦皇岛市 |

1

2013年石家庄市经济发展概况

【经济总量】2013年，石家庄市全年实现地区生产总值（GDP）4500.2亿元，比上年增长10.4%。其中，第一产业增加值完成452.2亿元，增长3.6%；第二产业增加值完成2240.7亿元，增长12.0%；第三产业增加值完成1807.3亿元，增长10.0%。三次产业结构比例为10.0∶49.8∶40.2。

全年市区居民消费价格指数比上年上涨2.8%，其中食品价格上涨3.4%。工业生产者出厂价格指数比上年下降1.2%，购进价格指数比上年下降0.6%。

【农业】2013年，石家庄市全年粮食播种面积76.5万公顷，比上年减少0.5万公顷，比上年下降0.69%。粮食总产量532.1万吨，比上年增长0.07%。

畜牧业、蔬菜、果品三大优势产业产值达到581.6亿元，占农林牧渔业总产值的比重为73.9%，比上年提高0.6个百分点。

【工业和建筑业】2013年，石家庄市全市规模以上工业企业2388个，实现增加值1800.2亿元，比上年增长13.5%。其中，轻工业实现增加值886.2亿元，比上年增长18.2%；重工业实现增加值913.9亿元，比上年增长9.4%。国有及国有控股企业实现增加值247.6亿元，比上年增长5.3%；集体企业实现增加值43.1亿元，比上年增长17.6%；股份制企业实现增加值1103.7亿元，比上年增长14.5%；外商及港澳台企业实现增加值127.7亿元，比上年增长5.5%。

年末资质等级以上建筑企业268个，全年完成建筑业总产值903.0亿元，比上年增长23.7%。其中，建筑工程产值731.3亿元，比上年增长22.9%。

【固定资产投资】2013年，石家庄市全年全社会固定资产投资完成3728.6亿元，比上年增长20.0%。其中，固定资产投资（不含农户）3673.3亿元，比上年增长21.4%。

在固定资产投资（不含农户）中，第一产业投资78.8亿元，比上年增长36.5%；第二产业投资1392.3亿元，增长28.8%；第三产业投资2202.3亿元，增长16.7%。

【科学技术】2013年，石家庄市全年取得科技成果312项。其中，达到国际领先水平1项，达到国际先进水平45项。全年申请专利4962项，授权3450项，分别比上年增长23.0%和38.7%。

【国内贸易和对外经济】2013年，石家庄市社会消费品零售总额完成1894.8亿元，比上年增长15.6%。分区域看，城镇消费品零售额完成1481.9亿元，比上年增长15.9%；乡村消费品零售额完成412.9亿元，增长14.3%。

在限额以上批发和零售企业（单位）商品零售额中，粮油食品饮料烟酒类比上年增长19.2%；服装鞋帽针纺织品类增长23.0%；日用品类增长20.0%；家用电器及音像器材类增长0.9%；中西药品类增长61.0%；石油及制品类增长4.9%；汽车类增长7.3%。

全年进出口总值完成129.5亿美元，比上年下降8.7%。其中，进口总值完成56.1亿美元，下降21.0%；出口总值完成73.4亿美元，增长3.6%。

【交通、邮电和旅游】2013年，石家庄市城市公共汽车营运线路达209条，比上年增加25条；营运车辆3877辆，比上年增加388辆；年客运量63975万人次，比上年增长9.25%。

【金融和保险】2013年，石家庄市全部财政收入完成573.2亿元，比上年增长17.2%。其中，公共财政预算收入272.3亿元，比上年增长23.1%。

全市公共财政预算支出458.1亿元，比上年增长13.5%。其中，一般公共服务支出48.1亿元，增长15.8%；公共安全支出27.8亿元，增长8.7%；教育支出106.9亿元，增长22.2%；科学技术支出7.2亿元，增长13.5%；社会保障和就业支出37.5亿元，增长27.8%；医疗卫生支出41.2亿元，增长4.1%；节能环保支出13.8亿元，增长27.0%；城乡社区事务支出47.6亿元，增长24.1%；农林水事务支出37.5亿元，增长13.0%。

2

2013年唐山市经济发展概况

【经济总量】2013年，唐山市全年实现地区生产总值（GDP）5861.63亿元，比上年增长10.4%。其中，第一产业增加值531.65亿元，增长4.2%；第二产业增加值3470.96亿元，增长11.8%；第三产业增加值1859.02亿元，增长9.5%。按常住人口计算，全市人均生产总值76000元（按年平均汇率折合12040美元），比上年增长9.7%。第一产业增加值占地区生产总值的比重为9.1%，比上年提高0.2个百分点；第二产业增加值比重为59.2%，比上年下降0.9个百分点；第三产业增加值比重为31.7%，比上年提高0.7个百分点。

【农业】2013年，唐山市全年粮食播种面积49.1万公顷，比上年增加0.2万公顷，粮食总产量311.4万吨，下降2.0%，粮食亩产423.2公斤，下降2.3%。棉花播种面积2.6万公顷，比上年减少0.3万公顷，总产量2.8万吨，下降10.3%；油料播种面积7.6万公顷，比上年减少0.1万公顷，总产量28.1万吨，下降1.0%；蔬菜播种面积18.7万公顷，比上年增加0.5万公顷，总产量1396.3万吨，增长2.6%，其中设施蔬菜468.5万吨，增长3.7%。

【工业和建筑业】2013年，唐山市全年全部工业增加值3240.99亿元，比上年增长12.0%，其中：规模以上工业增加值2904.85亿元，增长13.1%。在规模以上工业中，轻工业增长0.8%，重工业增长13.6%；股份制企业增长11.2%，外商及港、澳、台商投资企业增长3.1%；私营企业增长19.2%。五大主导行业增加值2037.37亿元，比上年增长9.3%，其中，钢铁业增加值993.97亿元，增长8.8%；装备制造业增加值409.27亿元，增长19.7%，装备制造业增加值占规模以上工业的比重为14.1%，比上年提高1.6个百分点；能源业增加值308.56亿元，增长3.0%；化工业增加值195.87亿元，增长8.4%；建材业增加值129.70亿元，增长2.1%。年末规模以上工业企业1296家，比上年末增加8家。其中，全年产值超过亿元企业746家，比上年末增加31家；超过50亿元企业29家；超过100亿元企业15家。

全市建筑业增加值229.97亿元，比上年增长9.4%。资质等级以上建筑企业房屋施工面积4551.18万平方米，增长7.0%；房屋竣工面积1125.67万平方米，下降9.3%。年末全市具有总承包和专业承包资格的建筑企业312家，比上年末增加17家，实现利润24.66亿元，下降2.7%，其中国有及国有控股企业9.74亿元，下降1.0%。

【固定资产投资】2013年，唐山市全社会固定资产投资3066.34亿元，比上年增长20.5%。其中，固定资产投资（不含农户）3017.17亿元，增长21.1%；农户投资49.17亿元，下降7.5%。在固定资产投资中，第一产业投资90.95亿元，增长98.1%。第二产业投资1380.94亿元，增长32.8%，其中，钢铁行业投资281.11亿元，增长43.6%，装备制造业投资412.36亿元，增长40.3%；工业技术改造投资909.24亿元，增长46.5%，占工业投资的65.9%，比重比上年提高6.1个百分点。第三产业投资1545.28亿元，增长9.9%，第三产业投资占固定资产投资的51.2%。民间投资1960.84亿元，增长40.7%。高新技术产业投资186.60亿元，增长37.9%。

【科学技术】2013年，唐山市全年新增高新技术企业15家，累计达95家。年末全市拥有各类研发机构243家，其中：市级以上重点实验室28家，市级以上工程技术研究中心80家，省级以上企业技术中心、工程实验室68家。拥有生产力促进中心11个，科技企业孵化器7个。全年申请专利2955件，专利授权量1799件，分别比上年增长25.4%和18.2%。签订技术合同732项，技术合同成交额33.39亿元，比上年增长54.9%。引进培养高层次人才8人，政府“特约院士”达到72名。建立特约院士工作站18家，博士后科研工作站8家，与清华大学、北京大学等国家重点高校共建研究生社会实践基地10家。全年共组织实施重点科技计划项目66项，其中国家和省级科技计划项目32项。全市共取得科学技术奖励126项，其中省级奖励44项，市级奖励82项。全市完成科技成果鉴定（验收）677项，其中达到国际先进水平64项，国内领先水平542项，国内先进水平68项。有2项新产品被认定为国家级重点新产品。

【国内贸易和对外经济】2013年，唐山市全年社会消费品零售总额1518.52亿元，比上年增长15.4%。按消费形态统计，批发业零售额217.30亿元，增长20.6%；零售业零售额1130.92亿元，增长14.1%；住宿业零售额12.61亿元，增长13.9%；餐饮业零售额157.69亿元，增长17.8%。按经营地统计，城镇消费品零售额1228.87亿元，增长15.5%；乡村消费品零售额289.65亿元，增长15.0%。

全年进出口总额104.82亿美元，比上年下降3.5%。其中，进口额61.64亿美元，下降11.6%；出口额43.18亿美元，增长11.2%。在出口额中，钢材产品出口21.58亿美元，增长15.4%；机电产品出口5.94亿美元，增长18.4%；装备制造业产品出口4.35亿美元，增长27.9%；陶瓷产品出口4.24亿美元，增长4.0%；农产品出口0.95亿美元，下降26.5%。对亚洲出口增长19.2%，对北美洲出口增长10.6%，对欧洲出口下降25.3%。在进口额中，铁矿砂进口44.09亿美元，下降8.7%；煤炭进口9.56亿美元，增长9.5%；机电产品进口3.35亿美元，下降48.1%。

【交通、邮电和旅游】2013年，唐山市交通基础建设投资204.2亿元，其中农村公路建设投资6.99亿元。年末全市公路通车里程14533公里，比上年末增长2.6%。其中，高速公路通车里程546公里。农村公路通车里程12676公里，其中新、改建农村公路1259公里。全年公路货物运输总量3.76亿吨，比上年增长14.0%；货物运输周转量848.05亿吨公里，增长14.0%。公路旅客运输总量1.38亿人次，增长6.4%；旅客运输周转量56.94亿人公里，增长14.2%。全市拥有客运班线904条，班线客车2274辆。

全年邮电业务总收入65.04亿元，比上年增长9.1%。其中，邮政业务收入5.57亿元，增长8.6%；电信业务收入60.43亿元，增长10.9%。年末全市邮政局（所）164处，其中农村邮政局（所）102处。年末固定电话用户142.73万户，比上年末减少30.62万户；移动电话用户835.66万户，减少8.35万户，其中，3G用户122.50万户，增加33.05万户。互联网宽带接入用户数122.00万户，增加11.65万户；互联网普及率53.0%，比上年提高4.8个百分点。年末局用电话交换机总容量182.90万门，减少90.10万门；移动电话交换机容量1370.30万门，增加192.30万门。

全年旅游资源开发投入106.26亿元，比上年下降9.9%。年末全市拥有旅行社167家，年内新增15家，停业2家；星级饭店56家，年内新增2家，停业4家；A级以上景区36家，年内升级1家，新增1家，取消1家。全年共接待国内外游客2554.78万人次，比上年增长27.3%；旅游总收入170.52亿元，增长30.5%。其中，接待国际游客8.2万人次，增长26.1%，旅游外汇收入4134.35万美元，增长22.0%；接待国内游客2546.58万人次，增长27.3%，国内旅游收入167.92亿元，增长30.7%。

【金融和保险】2013年年末，唐山市金融机构本外币各项贷款余额3589.30亿元，比年初增加466.34亿元。其中，人民币各项贷款余额3527.21亿元，比年初增加438.72亿元，新增贷款比上年末增加64.59亿元。年末全市金融机构本外币各项存款余额5464.03亿元，比年初增加689.51亿元。其中，人民币各项存款余额5437.46亿元，比年初增加689.60亿元。城乡居民人民币储蓄存款余额3265.88亿元，比年初增加424.64亿元，人均储蓄存款44168元（按年平均人口计算），比上年增长14.4%。年末全市银行业金融机构24家，比上年末增加3家，其中，商业银行19家，比上年末增加2家。

年末保险公司市级机构42家。全年保费收入127.79亿元，比上年增长1.0%，其中财产险保费收入46.49亿元，增长11.4%；人身险保费收入81.31亿元，下降4.1%。全年各类保险赔款给付支出44.05亿元，增长16.7%，其中财险赔款给付24.88亿元，增长30.3%；人身险业务赔款给付19.17亿元，增长2.8%。

3

2013年邯郸市经济发展概况

【经济总量】2013年，邯郸市全年实现地区生产总值（GDP）3061.5亿元，比上年增长7.3%。其中：第一产业实现增加值409.6亿元，增长3.0%；第二产业实现增加值1572.2亿元，增长7.7%；第三产业实现增加值1079.7亿元，增长8.2%。三次产业结构由2012年的12.7：53.6：33.7变化为13.4：51.3：35.3，第三产业比重比2012年提高1.6个百分点。

【农业】2013年，邯郸市全市农林牧渔业总产值718.4亿元，比上年增长3.2%；实现增加值409亿元，增长3%。粮食生产基本稳定。全市粮食播种面积1151.4万亩，亩产483公斤，总产量555.6万吨。其中：小麦产量259.4万吨，玉米产量273.1万吨。蔬菜、油料生产呈“三增长”：蔬菜播种面积208.2万亩，增长1.1%；亩产4081.1公斤，增长0.3%；总产量849.6万吨，增长1.4%。油料播种面积64.4万亩，增长2.2%；亩产228.7公斤，增长1.4%；总产量14.7万吨，增长3.6%。畜牧业生产平稳。肉类总产量70.3万吨，增长1.4%；禽蛋总产量105.0万吨，增长1.0%；奶类总产量23.5万吨。

【工业和建筑业】2013年，邯郸市全市完成工业增加值1416.4亿元，比上年增长7.9%。其中：规模以上工业增加值1273.6亿元，增长8.0%。在规模以上工业中：轻工业实现增加值251.1亿元，增长17.4%，增速高于重工业11.2个百分点，高于全市平均水平9.4个百分点。装备制造业128.5亿元，增长23.5%；纺织业53.4亿元，增长18.6%；食品制造业26.5亿元，增长11.6%，分别高于全市平均水平15.5个、10.6个和3.6个百分点。六大高耗能行业894.9亿元，增长5.7%，占全市规模以上工业增加值的比重为70.3%，比2012年下降2.3个百分点。全市规模以上工业实现利润148.8亿元，下降5.2%。

全市建筑业实现总产值433.2亿元，比上年增长6.7%；实现增加值155.83亿元，增长5.77%。资质等级以上建筑业企业房屋施工面积3417.1万平方米，下降5.3%；房屋竣工面积1173万平方米，下降11%。

【固定资产投资】2013年，邯郸市全社会固定资产投资完成2758.9亿元，比上年增长15.7%。其中固定资产投资2661.2亿元，增长16.1%。在固定资产投资中，第一产业投资131.7亿元，增长30.1%；第二产业投资1403.1亿元，增长19.4%，其中：工业投资完成1396.9亿元，增长18.9%，工业技改投资883.9亿元，占全市工业投资比重为63.3%；第三产业投资1126.4亿元，增长10.9%。全市装备制造业、高新技术产业和现代物流业三大新兴产业完成投资974.4亿元，增长31.5%，是钢铁、煤炭、电力三大传统产业投资额的3.7倍，占全市投资比重达36.6%，比上年提高3.6个百分点。

【科学技术】2013年，邯郸市全市共取得各类科技成果195项，其中：达到国际领先水平11项，国际先进水平22项；国内领先水平153项，国内先进水平9项。获得2013年度省科技奖一等奖2项、二等奖7项、三等奖15项；市科技进步一等奖16项、二等奖24项、三等奖40项。新通过国家认定高新技术企业24家。专利申请受理量2602项，专利申请授权量1479项。

【国内贸易和对外经济】2013年，邯郸市全市实现社会消费品零售总额1106.2亿元，比上年增长13.6%。其中：城镇市场实现零售额849.8亿元，增长13.3%。

全市外贸进出口总值36.1亿美元，下降3.2%。其中：出口13.7亿美元，下降6.9%；进口22.4亿美元，下降0.9%。

【交通、邮电和旅游】2013年，邯郸市交通基础设施建设和项目取得突破性进展，邯黄铁路竣工通车，邯长邯济扩能改造、邯大高速、邯临快速路建设进展顺利，市客运枢纽中心开工建设，邯郸机场开通了5条航线（上海、广州、重庆、大连、成都），全年运送旅客23万人次。全市铁路交叉、国道交会、高速过境、机场通航等综合交通优势进一步彰显。2013年交通运输、仓储和邮政业完成增加值318.4亿元，比上年增长11.5%。

全市完成货物运输总量36956万吨，比上年增长7.3%。其中：铁路2391万吨，下降3.7%；公路34565万吨，增长8.4%。全市完成旅客运输总量19241万人，比上年增长5.9%。其中：铁路846万人；公路18372万人，增长5.4%；民用航空23万人，增长35.3%。

全年完成邮电业务总收入54.06亿元，比上年增长15.8%。其中：邮政业务收入3.96亿元，增长16.1%；电信业务收入50.1亿元，增长15.7%。完成邮电业务总量（2010年不变价）65.97亿元，增长14.5%。其中：邮政业务总量3.87亿元，与上年持平；电信业务总量62.1亿元，增长15.6%。固定电话用户年末为86.12万户，比上年减少1.67万户；移动电话用户年末767万户，增加127万户；互联网用户为115.6万户，增加26.4万户。

全年接待海外游客4.6万人次，比上年增长21%。旅游收入1565万美元，增长12.9%。国内旅游发展良好，全年接待国内旅游者2761万人次，增长20.1%，旅游收入175亿元人民币，增长12.9%。全市共有星级饭店27家，旅行社75家。

【金融和保险】2013年年末，邯郸市全市金融机构各项存款余额3431.5亿元，比年初增加506.8亿元。金融机构各项贷款余额2095.0亿元，比年初增加247.0亿元。

全年保费收入72.22亿元。其中：财产险保费收入24.65亿元；人身险保费收入47.57亿元。全年各类保险赔款给付支出45.92亿元。其中：财产险13.12亿元；人身险32.8亿元。

4

2013年邢台市经济发展概况

【经济总量】2013年，邢台市全年实现地区生产总值（GDP）1604.6亿元，按可比价格计算，比上年增长7.4%。其中，第一产业增加值265.6亿元，增长3.0%；第二产业增加值846.1亿元，增长8.2%；第三产业增加值492.9亿元，增长7.7%。全市人均生产总值22277元，比上年增加916元，增长6.9%。三次产业结构由上年的15.7：54.1：30.2调整为16.6：52.7：30.7。三次产业对经济增长的贡献率依次为5.7%、64.2%和30.1%，分别拉动经济增长0.4个、4.7个和2.3个百分点。

全市居民消费价格总指数（CPI）比上年上涨3.4%。其中，城市上涨4.0%；农村上涨2.6%。八大类商品及服务项目价格呈现“七涨一降”态势。食品类价格上涨最多（上涨7.9%），影响居民消费价格总水平上涨2.35个百分点，约占CPI同比总涨幅的69.1%。工业生产者出厂价格指数（PPI）下降3.3%。其中，轻工业价格指数与上年持平，重工业价格指数下降4.3%；生产资料价格下降4.3%，生活资料价格上涨2.3%。

【农业】2013年，邢台市粮食播种面积1074.8万亩，比上年减少2.3万亩；亩产417.3公斤，比上年减少3.5公斤；总产量448.5万吨，比上年减少4.7万吨，下降1.0%。其中，夏粮产量219.7万吨，下降0.6%；秋粮产量228.7万吨，下降1.5%。

棉花播种面积245.9万亩，比上年减少12.3万亩，下降4.8%；棉花产量18.9万吨，下降6.1%。油料播种面积78.8万亩，增加10.7万亩，增长15.7%；油料产量15.5万吨，增长8.8%。

【工业和建筑业】2013年，邢台市全部工业增加值774.9亿元，比上年增长8.6%。其中，规模以上工业增加值627.3亿元，增长8.7%。分经济类型看，国有及国有控股企业增长0.7%；集体企业增长3.0%；股份合作企业下降11.2%；股份制企业增长11.2%；外商及港澳台商投资企业下降1.6%；其他经济类型企业增长22.1%。分轻重工业看，轻工业增长15.2%，重工业增长6.7%。装备制造、新能源、煤盐化工和新型建材等七大优势产业合计完成增加值415.6亿元，占全市规模以上工业增加值的66.2%，同比增长7.2%。工业产品销售率为97.3%。出口交货值增长17.0%。

全社会建筑业总产值和增加值分别为147.2亿元和71.2亿元，分别比上年增长6.9%和5.2%。资质等级以上建筑业企业房屋建筑施工面积1255.5万平方米，增长13.7%；房屋竣工面积547.1万平方米，增长3.3%。

【固定资产投资】2013年，邢台市全社会固定资产投资完成1486.4亿元，比上年增长18.2%。其中，固定资产投资（不含农户）完成1417.8亿元，增长19.5%；农户投资68.6亿元，下降3.7%。

在固定资产投资中，城乡建设项目投资1293.0亿元，增长18.0%。从三次产业看，第一产业投资30.5亿元，增长18.4%；第二产业投资972.3亿元，增长22.3%；第三产业投资290.2亿元，增长5.6%。全市亿元以上施工项目551个，比上年增加100个，完成投资851.4亿元，增长20.4%。工业技术改造项目824个，比上年增加121个，占工业施工项目（1173个）的70.2%，完成投资625.7亿元，增长28.3%。民间固定资产投资完成1157.5亿元，增长21.2%。城市基础设施投资142.8亿元，增长0.3%。

【科学技术】2013年，邢台市全年共取得科技成果203项，比上年增长10.3%。专利申请受理量1967项，增长54.5%；专利申请授权量1146项，增长17.4%。其中，发明专利56项，比上年减少5项。

【国内贸易和对外经济】2013年，邢台市消费品市场平稳加快。全年社会消费品零售总额实现708.4亿元，比上年增长13.5%。城镇消费品市场居主导地位。城镇零售额540.5亿元，增长13.7%，城镇零售额占全市社会消费品零售总额的比重高达76.3%；乡村零售额167.9亿元，增长12.9%。限额以上企业（单位）消费品零售额137.3亿元，增长16.5%。分类值看，与人民生活息息相关的消费品稳定增长。通信器材类、化妆品类、日用品类、粮油食品饮料烟酒类和服装鞋帽针纺织品类分别增长40.9%、25.6%、24.1%、20.5%和18.7%；汽车消费市场继续回暖。限上企业汽车类零售额49.9亿元，增长25.9%，增速比上年同期加快15.9个百分点。

全年进出口总值18.31亿美元，比上年增长4.5%。其中，进口总值6.22亿美元，下降8.8%，降幅比上年收窄24.3个百分点；出口总值12.09亿美元，增长13.0%，增速同比加快20.8个百分点。民营企业出口8.32亿美元，增长20.6%，民营企业出口占出口总值的68.79%。进出口差额（出口减进口）5.88亿美元，比上年增加1.99亿美元。

【交通、邮电和旅游】2013年，邢台市公路货物周转量520.27亿吨公里，比上年增长6.9%；旅客周转量49.34亿人公里，比上年下降16.0%。全市公路通车里程17288公里，增长10.5%，其中，高速公路498公里，比上年增加138公里。年末民用汽车保有量80.0万辆（包括三轮汽车和低速货车），比上年末增长42.4%，其中，私人汽车保有量54.2万辆，增长12.7%。民用轿车保有量39.3万辆，其中，私人轿车25.8万辆，私人轿车保有量占民用轿车保有量的65.5%。

全年完成邮电业务总量（2010年不变价）43.37亿元，比上年增长8.0%。其中，邮政业务量1.9亿元，增长5.0%；电信业务量41.47亿元，增长8.0%。年末局用电话交换机总容量达到715.39万门，比上年末减少17.02万门；固定电话用户达到92.46万户，减少2.59万户。其中，城市电话用户52.49万户，增加1.99万户；乡村电话用户37.84万户，减少4.38万户。全市固定及移动电话用户总数达543.92万户，比上年末增加40.64万户，增长8.0%。

全年国内旅游接待人数1194.1万人次，比上年增长13.3%；创收金额82.15亿元，增长23.7%；人均花费630.2元/人次，比上年增加57.7元/人次；国际旅游接待人数1.86万人次，下降18.4%；创汇金额569.9万美元，下降24.5%。

【金融和保险】2013年，邢台市全市金融机构人民币各项存款余额2397.2亿元，比年初增加343.2亿元，比年初增长16.7%。其中，储蓄存款余额1655.9亿元，比年初增加200.9亿元，增长13.8%。金融机构人民币各项贷款余额1377.6亿元，比年初增加210.4亿元，增长18.0%。全市金融机构存贷比为57.5%，比上年提高0.8个百分点。

保费收入39.8亿元，比上年增长7.6%。其中，财产险保费收入16.7亿元，增长25.2%；寿险保费收入23.1亿元，下降2.3%；健康和意外伤害险保费收入1.2亿元，增长21.5%。各项赔款和给付16.5亿元，增长52.3%，其中，财产险赔款8.0亿元，增长21.0%；受今年满期给付集中到期的影响，寿险赔付达8.5亿元（其中健康和意外伤害险赔付0.6亿元），总额比上年增加一倍多，增长101.6%。

5

2013年保定市经济发展概况

【经济总量】2013年，保定市全年实现地区生产总值（GDP）2650.6亿元，比上年增长9.0%。其中，第一产业完成增加值342.9亿元，增长3.5%；第二产业完成增加值1456.9亿元，增长10.6%；第三产业完成增加值850.8亿元，增长8.4%。三次产业结构为12.9：55.0：32.1。人均生产总值25982元，比上年增长8.3%。

【农业】2013年，保定市全年粮食播种面积1224.5万亩，粮食总产量524.5万吨。其中，夏粮总产量220.2万吨；秋粮总产量304.3万吨。粮食亩产428公斤。

全年蔬菜播种面积186.4万亩，比上年增长0.8%，总产量704万吨，比上年增长3.3%。其中，设施蔬菜播种面积32.0万亩，总产量116.8万吨，占全部蔬菜产量的16.6%。

【工业和建筑业】2013年，保定市全年全部工业完成增加值1239.3亿元，比上年增长11.5%。规模以上工业完成增加值1004.7亿元，比上年增长11.4%。规模以上工业中，分登记注册类型看，国有及国有控股企业完成增加值147.0亿元，比上年增长11.5%；股份制企业完成增加值856.1亿元，比上年增长12.8%；外商及港澳台商投资企业完成增加值32.0亿元，比上年增长8.1%。分轻重工业看，重工业完成增加值635.0亿元，比上年增长14.3%；轻工业完成增加值369.6亿元，比上年增长6.8%。

全年全市建筑业完成增加值217.6亿元，比上年增长5.6%。全市具有资质等级的总承包和专业承包建筑业企业256个，完成总产值1010.0亿元，比上年增长13.3%；实现利润30.5亿元，比上年增长23.1%；房屋建筑施工面积7076.6万平方米，比上年增长4.9%；房屋建筑竣工面积2809.7万平方米，比上年增长8.1%。

【固定资产投资】2013年，保定市全年全社会固定资产投资完成2000.1亿元，比上年增长9.3%。固定资产投资（不含农户）完成1905.5亿元，比上年增长9.6%，其中，建设项目投资完成1613.5亿元，比上年增长13.3%。

在固定资产投资（不含农户）中，第一产业完成投资53.5亿元，比上年增长12.6%；第二产业完成投资884.1亿元，比上年增长3.0%，其中，工业完成投资883.6亿元，比上年增长3.3%，工业技改完成投资479.8亿元，比上年增长16.6%；第三产业完成投资967.9亿元，比上年下降0.7%。

【科学技术】2013年年末，保定市全市共有院士工作站13家，拥有院士47人，博士专家1435人。全市共有研究所5所，其中，国家级1所，省级4所。重点实验室24家，其中，国家级2家，省级13家。企业工程技术中心92家，其中，国家级2家，省级22家。全市取得省级科技成果302项；推广省级以上科技成果18项，新产品开发项目107项；申请专利4837项，授权专利3267项；年末技术合同成交额6.2亿元；有29个项目获省级科技奖励，其中，科技进步奖27项，自然科学奖1项，国际合作奖1项。

【国内贸易和对外经济】2013年，保定市全年社会消费品零售总额实现1220.5亿元，比上年增长13.8%，其中，限额以上单位消费品零售额实现340.7亿元，比上年增长10.6%。分地域看，城镇市场零售额实现955.9亿元，比上年增长14.0%；乡村市场零售额实现264.6亿元，比上年增长13.2%。分行业看，批发业零售额实现154.2亿元，比上年增长17.7%；零售业零售额实现938.5亿元，比上年增长13.6%；住宿业零售额实现9.7亿元，比上年增长1.2%；餐饮业零售额实现104.0亿元，比上年增长10.8%。分类别看，限额以上批发零售单位中，粮油食品饮料和烟酒类、服装鞋帽、家用电器和音像制品、石油及制品、汽车五大类商品零售额实现275.4亿元，占全市限额以上单位批发零售业零售额的比重达到84.1%。

全年进出口总值完成51.8亿美元，比上年下降11.6%。其中，出口总值40.4亿美元，比上年下降10.9%；进口总值11.3亿美元，比上年下降14.1%。主要出口产品中，机器、机械器具、电气设备等设备出口12.1亿美元，比上年下降23.8%；车辆、船舶及有关运输设备出口8.0亿美元，比上年下降24.0%；纺织原料及纺织制品出口10.4亿美元，比上年增长8.1%；贱金属及其制品出口3.5亿美元，比上年下降14.5%；皮毛及其制品出口2.2亿美元，比上年增长39.3%。

【交通、邮电和旅游】2013年，保定市全年交通运输、仓储和邮政业完成增加值105.7亿元，比上年增长7.8%。

全年货物运输总量2.6亿吨，比上年增长18.8%；货物运输周转量969.1亿吨公里，比上年增长13.0%。旅客运输总量1.4亿人，比上年下降8.9%；旅客运输周转量93.3亿人公里，比上年增长0.6%。全市营运车辆18.3万辆，比上年增长23.3%，其中，货运17.7万辆，比上年增长24.4%；客运5265辆，比上年下降5.6%。全年汽车保有量195万辆，其中，小型汽车113.3万辆，本年新注册23.9万辆。

全年完成邮电业务收入68.5亿元，比上年增长9.4%，其中，邮政业务收入4.2亿元，比上年增长30.0%，电信业务收入64.3亿元，比上年增长8.3%。年末拥有固定电话用户147.6万户。年末拥有移动电话用户967.3万户，其中3G移动电话用户247.2万户。互联网接入用户数达148.9万户，比上年增加17.2万户。

全市共有A级名胜风景区35个，其中4A级以上景区13个。星级饭店55家。国内游客4746.1万人次，比上年增长19.0%，创收316.8亿元，比上年增长28.9%；国际游客13.7万人次，比上年增长6.6%，外汇收入3180.7万美元，比上年增长6.6%。4A级以上景区接待游客707.2万人次，总收入1.7亿元。

【金融和保险】2013年年末，保定市全市金融机构本外币各项存款余额4106.9亿元，比年初增长16.7%。其中，人民币存款余额4092.0亿元，比年初增长16.7%；城乡居民储蓄存款余额2797.2亿元，比年初增长13.7%。金融机构本外币各项贷款余额1785.3亿元，比年初增长18.2%。其中，中长期贷款余额1028.2亿元，比年初增长14.4%；短期贷款余额681.6亿元，比年初增长17.2%。

年末全市共有保险公司44家，其中，财产保险公司21家，人寿保险公司23家。在岗保险营销员2.98万人。保险业保费收入104.1亿元，其中，财产保费收入33.3亿元，寿险保费收入（包括储金）70.8亿元。支付各类赔款及给付36.9亿元，其中，财产险赔款16.2亿元，寿险保费给付（包括储金）20.7亿元。

6

2013年张家口市经济发展概况

【经济总量】2013年，张家口市全年实现地区生产总值（GDP）1317亿元，同比增长8.0%。其中第一产业实现增加值241.21亿元，同比增长6.2%；第二产业实现增加值554.83亿元，同比增长9.0%；第三产业实现增加值520.96亿元，同比增长7.4%。人均生产总值达29907元，同比增长7.5%。三次产业增加值占全市地区生产总值的比重分别为18.3%、42.1 %和39.6%。

【农业】2013年，张家口市全年全市实现农林牧渔业总产值428.91亿元，同比增长6.1%。其中，农业产值226.38亿元，增长10.1%；林业产值11.11亿元，增长4.6%；畜牧业产值179.68亿元，增长2.1%；渔业产值1.46亿元，增长2.5%；农业服务业产值10.28亿元，增长2.6%。占农林牧渔业的比重分别为：农业52.8%，比上年提高4.1个百分点；林业2.6%，与上年持平；畜牧业41.9%，下降3.7个百分点；渔业0.3%，下降0.1个百分点；农业服务业2.4%，下降0.3个百分点。全年粮食作物播种面积703.95万亩，同比下降1.3%，粮食总产量达166.07万吨，同比增长7.3%，粮食单产235.93公斤/亩，同比增长8.7%。油料总产量6.19万吨，同比增长14.5%，油料单产79.53公斤/亩,同比增长13.6%。全年蔬菜播种面积153.1万亩，同比增长2.8%，蔬菜总产量达671.03万吨，同比增长5.0%。园林水果总产量达到65.8万吨，比上年增长7.2%。

【工业和建筑业】2013年，张家口市全市464家规模以上工业企业，全年实现工业增加值417.78亿元，同比增长10.0%，其中，国有及国有控股企业增长3.2%，集体企业增长6.5%，私人控股企业增长21.4%，港澳台商控股企业下降6.4%；轻工业增长13.6%，重工业增长8.7%。分产业看，矿产品及精深加工产业累计完成工业增加值185.58亿元，同比增长10.7%；食品加工产业100.04亿元，增长9.8%；装备制造产业42.89亿元，增长0.9%；新型能源产业68.57亿元，增长8.8%。分企业类型看，大型企业累计完成工业增加值180.17亿元，同比增长4.9%；中型企业85.36亿元，增长2.0%；小型企业143.96亿元，增长23.0%；微型企业8.28亿元，增长21.3%。

年末，拥有资质等级以上建筑业企业175家，从业人员达2.88万人。全年资质等级以上建筑企业实现总产值239.99亿元，比上年下降3.1%。资质等级以上建筑业全年房屋建筑施工面积1872.93万平方米，比上年增长4.2%；房屋建筑竣工面积993.24万平方米，比上年增长3.2%。

【固定资产投资】2013年，张家口市全年全社会固定资产投资完成1292.98亿元，同比增长9.2%。其中固定资产投资完成1271.93亿元，同比增长9.4%；农村农户完成投资21.05亿元，同比下降1.4%。在固定资产投资中，城乡建设项目完成投资1072.59亿元，同比增长12.4%。

分产业看，第一产业投资114.76亿元，增长30.8%；第二产业投资423.66亿元，下降13.6%，其中工业投资426.41亿元，下降13.4%；第三产业投资754.56亿元，增长24.4%。

【科学技术】2013年，张家口市7个项目荣获河北省科技进步奖，8个项目获得省级山区创业奖，创历史新高。全市14个县区通过了科技部国家科技进步县考核。年内新增张家口市杏扁和葡萄等市级工程技术研究中心4家，累计达到6家。全市建成省级科普基地 5 家，市级科普基地15家。积极开展省市两级专利申请资助，对185项省级专利和195项市级专利进行了资助，发放资助金39.12万元，有效激发了全社会的创新热情，全市专利申请量、授权量稳步提升。全年专利申请684件，其中发明专利申请200件，获得授权专利420件，其中发明专利25件。

【国内贸易和对外经济】2013年，张家口市全年实现社会消费品零售总额494.67 亿元，同比增长13.7%。其中，全市336家限额以上企业（单位）实现消费品零售额119.45亿元，同比增长15.9%。分地区看，城镇零售额实现379.58亿元，同比增长12.3%；乡村零售额实现115.09亿元，同比增长18.7%。分行业看，批发业实现零售额87.84亿元，同比增长24.3%；零售业实现零售额328.16亿元，同比增长9.1%；住宿业实现零售额9亿元，同比增长24.0%；餐饮业实现零售额69.67亿元，同比增长22.4%。

全年全市实际利用外资27685万美元，同比增长10.9%，其中外商直接投资27429万美元，同比增长11.4%。2013年，新批外商投资项目3个，比上年下降40%。合同外资额达到10142万美元，同比下降17.4%。当年新注册外商投资企业3个，注册资本24040万美元，同比增长48.2%，投资总额达52652万美元，同比增长70.4%。

【交通、邮电和旅游】2013年，张家口市全年交通运输、仓储和邮政业实现增加值150.31亿元，比上年增长7.9%。

全年公路货运量6602万吨，比上年增长12.0%；货物周转量187.88亿吨公里，增长12.0%。公路客运量4794万人，增长7.5%；客运周转量30.36亿人公里，增长4.0%。

全市邮电业务总量达31.85亿元，同比增长6.1%。其中，邮政业务总量1.86亿元，同比增长20.9%；电信业务总量29.98亿元，增长5.3%。全年邮递函件97.2万件，发送特快专递45.08万件。报纸发行量6111.62万份，杂志发行量269.89万份。全市邮路总条数48条，总里程4920公里，其中支线邮路2276公里；转趟邮路2203公里；农村邮路441公里。年末固定电话用户51.76万户，同比下降11.9%；移动电话用户达415.76万户，同比增长38.3%；互联网用户达51.1万户，增长7.7%。

全市拥有旅游景点34个，其中4A级景点12个。星级宾馆42家，其中四星级宾馆12家。旅行社68家。2013年，共接待国内外游客2748.5万人次，旅游收入183.53亿元，同比分别增长30.3%和44.9%。其中，接待国际游客8.93万人次，创汇2257.68万美元，同比分别增长7.3%和10.2%。

【金融和保险】2013年年末，张家口市全市全部金融机构各项存款余额1913.59亿元，比年初增长14.3%。其中，单位存款601.63亿元，比年初增长15.4%，个人存款1283.88亿元，比年初增长13.8%；各项贷款余额1337.61亿元，比年初增长11.9%。其中，短期贷款472.23亿元，比年初增长11.4%，中长期贷款842.72亿元，比年初增长13.0%。

年末全市共有各类保险公司28家，比上年增加1家，其中，财险公司14家，寿险公司14家。全市保费收入达到37.6亿元，比上年增长1.6%。其中：财产险保费收入13.4亿元，比上年增长3.1%；寿险保费收入

24.2亿元，增长0.8%。赔款及给付12.96亿元，比上年增长8.0%。其中：财产险给付赔款7.1亿元，比上年下降11.3%；寿险给付赔款5.86亿元，比上年增长46.5%，正常退保3.69亿元。

7

2013年承德市经济发展概况

【**经济总量**】2013年，承德市全年实现地区生产总值（GDP）1272.09亿元，按可比价计算，比上年增长9.3%，增速比全国高1.6个百分点，比全省高1.1个百分点，居全省各市第二位。分产业看，第一产业实现增加值213.81亿元，增长6.2%，比全国、全省增速分别高2.2个、2.7个百分点，居各市第一位；第二产业增加值650.04亿元，增长10.5%，比全国、全省增速分别高2.7个、1.5个百分点，居各市第三位；第三产业增加值408.25亿元，增长8.8%，比全国、全省增速分别高0.5个、0.4个百分点，居各市第四位。三次产业比重由上年的15.7：52.9：31.4调整为16.8：51.1：32.1。

【**农业**】2013年，承德市全市粮食总产量147.42万吨，比上年增加12.23万吨，增长9.1%，粮食平均亩产333公斤，比上年增加24公斤，增长7.7%。其中玉米产量99.62万吨，增长15.0%，稻谷产量14.06万吨，增长4%。蔬菜播种面积105.7万亩，增长1.5%，总产量369.2万吨，增长5.8%。其中大白菜、黄瓜、卷心（圆白）菜产量较高，占蔬菜总产量的50.6%，产量分别为104.7万吨、43.7万吨，38.3万吨，分别增长7.5%、21.8%、0.5%。食用菌产量持续增长，产量达到47.4万吨，比上年增加6.4万吨，增长15.6%。食用坚果产量再创新高，达到16.9万吨，增长37.3%。园林水果产量达到102.3万吨，增长9.4%。

全市全年完成荒山造林面积73.4万亩，比上年增长9.6%，其中，人工造林面积56.4万亩，增长34.3%；中幼林抚育面积83.2万亩，增长14.4%；育苗面积4.8万亩，增长19.6%。

【**工业和建筑业**】2013年，承德市全市工业企业实现增加值575.5亿元，比上年增长11.3%。其中464家规模以上工业企业实现增加值528.1亿元，增长11.9%，高于全省（10.0%）平均水平1.9个百分点，高于全国（9.7%）平均水平2.2个百分点，居各市第二位。从登记注册类型看，国有及国有控股企业完成增加值157亿元，增长7.8%；股份制企业完成增加值469.8亿元，增长11.1%；从企业规模看，大中型企业完成增加值410.4亿元，增长11.2%；从轻重工业看，轻工业实现增加值39.9亿元，增长0.6%，重工业增加值488.2亿元，增长12.9%。

全市实现建筑业增加值74.5亿元，比上年增长4.1%。有施工活动的建筑业企业184个，比上年增加4个。建筑企业房屋建筑施工面积849.4万平方米，比上年下降13.4%，房屋建筑竣工面积361.49万平方米，下降15.9%。

【**固定资产投资**】2013年，承德市全市全社会固定资产投资完成1226.9亿元，比上年增长20%，比全省（18%）增速高2个百分点。其中，固定资产投资完成1202.1亿元，增长20.6%，比全国（19.6%）和全省（18.5%）增速分别高1个和2.1个百分点；农村个人投资24.8亿元，下降2.2%。在固定资产投资中，城乡建设项目投资1061.2亿元，增长21.1%，房地产开发投资140.9亿元，增长17.1%，房屋施工面积1594.7万平方米，增长5.9%；房屋竣工面积180.3万平方米，下降43.7%。商品房屋销售面积288.4万平方米，增长10.9%。

从三次产业投资看，第一产业完成投资73.3亿元，增长31.7%；第二产业完成投资495.5亿元，增长5.3%，其中，工业完成投资480.8亿元，增长6.2%，黑色金属矿采选业投资137.6亿元，增长12.0%，黑色金属冶炼及压延业投资7.8亿元，增长55%，高新技术产业投资71.9亿元，下降30.2%；第三产业完成投资658.1亿元，增长32.7%，占全社会投资比重突破50%，达53.6%，比上年提高5.6个百分点，三次产业投资比重由上年的6：46：48调整为6：40.4：53.6。

【科学技术】2013年，承德市全年研究与试验发展（R&D）经费支出11906亿元，比上年增长15.6%，占国内生产总值的2.09%，其中基础研究经费569亿元。全年国家安排了3543项科技支撑计划课题，2118项“863”计划课题。累计建设国家工程研究中心132个，国家工程实验室143个，国家认定企业技术中心达到1002家。全年国家新兴产业创投计划累计支持设立141家创业投资企业，资金总规模近390亿元，投资了创业企业422家。全年受理境内外专利申请237.7万件，其中境内申请221.0万件，占93.0%。受理境内外发明专利申请82.5万件，其中境内申请69.3万件，占84.0%。全年授予专利权131.3万件，其中境内授权121.0万件，占92.2%。授予发明专利权20.8万件，其中境内授权13.8万件，占66.6%。截至年底，有效专利419.5万件，其中境内有效专利352.5万件，占84.0%；有效发明专利103.4万件，其中境内有效发明专利54.5万件，占52.7%。全年共签订技术合同29.5万项，技术合同成交金额7469.0亿元，比上年增长16.0%。

【国内贸易和对外经济】2013年，承德市全市实现社会消费品零售总额392.6亿元，比上年增长13.5%，比上年回落2个百分点，比全国（13.1%）增速高0.4个百分点，比全省（13.6%）增速低0.1个百分点，居各市第八位。其中，城镇实现消费品零售额282.5亿元，增长13.1%；乡村实现消费品零售额110.1亿元，增长14.5%。从行业看，批发业实现销售额418.4亿元，增长14.2%；零售业实现销售额376.9亿元，增长15.4%；住宿业实现营业额11.2亿元，增长5.3%；餐饮业实现营业额56.0亿元，增长15%。

全年进出口总值25581.4万美元，比上年增长67.7%。其中，进口总值2571.2万美元，增长117.0%；出口总值23010.1万美元，增长63.5%。出口产品中五矿产品居第一位，出口额达10312万美元，比上年增长510.6%，占全市出口总额的44.8%；其次是农副产品出口4691万美元，增长39.4%，占全市出口总额的20.4%；机电产品出口3055万美元，增长3.3%，占全市出口总额的13.3%。

【交通、邮电和旅游】2013年，承德市全市公路货运量8367万吨，比上年增长11.9%，公路货运周转量188.39亿吨公里，增长15.1%；公路客运量5567万人，增长10.2%，公路客运周转量35.21亿人公里，增长10.3%。承赤高速建成通车，张承高速已开工建设，京沈客运专线开工在即，民用机场开工建设。

全年完成邮政业务总量2.2亿元，可比口径增长15.2%，其中快递业务量340.37万件；邮政业务总收入2.6亿元，可比口径增长13.4%，其中快递业务收入6039.68万元。电信业务总量（移动、联通、电信公司）

24.94亿元，比上年增长5.9%。本地固定电话用户38.05万户，比上年下降5.0%。电信业务总收入22.8亿元，比上年增长4.4%。国际互联网接入用户44.17万户，比上年增长13.7%。

全市接待境内外游客2463.4万人次，比上年增长22%；其中，境内游客2430.1万人次，增长23.0%，境外游客33.3万人次，下降1.9%。全年旅游总收入突破200亿元，达204亿元，增长26%，其中，接待境外游客创汇1.05亿美元，下降13.5%。

【金融和保险】2013年，承德市全市全部金融机构人民币各项存款余额达1601.26亿元，比上年末增长17.8%。其中个人存款余额为1039.6亿元，增长16.5%，而城乡居民储蓄存款余额达1032.5亿元，增长16.2%；单位存款余额达516.3亿元，增长18.4%。各项贷款余额达1108.8亿元，比上年末增长14.2%。其中短期贷款527亿元，增长21.8%，在短期贷款中，个人贷款及透支152.6亿元，增长14.1%，单位普通贷款及透支340.7亿元，增长20.8%；中长期贷款571.2亿元，增长8.8%，其中个人贷款197.0亿元，增长20.0%，单位普通贷款356.5亿元，增长4.1%。

2013年末，全市保险经营主体市级（三级机构）29家，市区营业部5家，县区级（四级机构）98家，乡镇级（五级机构）155个，保险代理公司20家。全市保险经营主体实现业务总收入37.5亿元，比上年增长8.2%。其中，财产保险业务总收入为12.1亿元，增长19.8%；人身保险业务总收入为25.7亿元，增长4.7%。全年支付保险赔款和给付14.5亿元，比上年增长48.1%，其中财产险赔付7.2亿元，赔付率59.7%，下降1.2个百分点。寿险赔款及满期、年金给付等7.3亿元，增长一倍。

8

2013年衡水市经济发展概况

【经济总量】2013年，衡水市全年实现地区生产总值（GDP）1070.1亿元，按可比价格计算比上年增长9.1%。其中，第一产业增加值176.4亿元，增长2.3%；第二产业增加值559.7亿元，增长10.7%；第三产业增加值334.0亿元，增长10.1%。第一产业增加值占全市生产总值的比重为16.5%，第二产业增加值比重为52.3%，第三产业增加值比重为31.2%。

【农业】2013年，衡水市全年粮食播种面积58.8万公顷，总产量372.3万吨。其中：夏粮181.9万吨，秋粮190.4万吨。

棉花播种面积189.0万亩，总产量14.3万吨。油料播种面积49.3万亩，总产量12.3万吨。

蔬菜播种面积125.9万亩，总产量424.1万吨。瓜果播种面积22.0万亩，总产量87.6万吨。园林水果总产量152.8万吨。

【工业和建筑业】2013年，衡水市全年规模以上工业实现增加值411.1亿元，比上年增长12.1%。分轻重工业看：轻工业实现增加值122.5亿元，增长18.6%；重工业实现增加值288.6亿元，增长9.8%。

全市具有资质等级的总承包和专业承包建筑业企业149家，实现产值120.4亿元，比上年增长17.7%。比上年增加31个。亿元项目完成投资535.5亿元，增长35.2%。

【固定资产投资】2013年，衡水市全年全社会固定资产投资完成830.1亿元，比上年增长22.5%。其中：固定资产投资（不含农户，下同）787.3亿元，增长23.0%；农户投资42.8亿元，增长13.9%。

在固定资产投资中，第一产业投资13.5亿元，比上年增长37.0%；第二产业投资557.1亿元，增长27.8%，其中工业投资557.1亿元，增长27.8%；第三产业投资216.7亿元，增长11.6%。工业技术改造投资363.1亿元，增长30.4%，占工业投资的65.2%。民间投资639.6亿元，增长29.1%。

【科学技术】2013年，全年共取得省级科技成果13项，市级科技成果62项；获省级科技进步奖励8项，市级科技进步奖励74项。全年共认定、登记技术合同9份（含涉外合同4份），技术合同成交额3200多万元。

【国内贸易和对外经济】2013年，衡水市全年社会消费品零售总额485.8亿元，比上年增长13.7%。按销售单位所在地统计，城镇消费品零售额344.3亿元，增长13.8%；乡村消费品零售额141.5亿元，增长13.4%。

全年进出口总值37.9亿美元，比上年增长16.9%。其中：出口32.1亿美元，增长18.5%；进口5.8亿美元，增长8.7%。

【交通、邮电和旅游】2013年，衡水市全年公路货物运输量5900万吨，比上年增长17.5%，货物运输周转量300.7亿吨公里，增长17.1%；公路旅客运输量2588万人，下降17.7%，旅客运输周转量23.1亿人公里，增长7.3%。年末民用汽车保有量44.2万辆（含三轮汽车和低速货车），其中载客汽车33.3万辆，小型及微型载客汽车33.0万辆。

全年接待海内外游客791.2万人次，比上年增长23.8%；实现旅游总收入45.2亿元，增长10.4%。其中：接待入境游客（含港、澳、台）1.42万人次，增长13.6%，实现旅游外汇收入458.9万美元，增长15.0%；接待国内游客789.8万人次，增长23.9%，实现旅游收入44.9亿元，增长10.4%。

【金融和保险】2013年年末，衡水市金融机构各项存款余额1854.6亿元，比年初增加283.3亿元，其中个人存款余额1318.5亿元，增加153.2亿元。各项贷款余额888.0亿元，增加177.4亿元。金融机构人民币存量存贷比为47.88%，提高2.93个百分点。

年末全市共有保险公司31家，比上年增加3家。其中财产险13家，增加2家；人寿险18家，增加1家。实现保费收入32.5亿元，其中财产险保费收入11.2亿元，人寿险保费收入21.3亿元。各项赔款和给付12.8亿元，赔付率39.4%。

9

2013年沧州市经济发展概况

【经济总量】2013年，沧州市全年实现地区生产总值（GDP）3013亿元，比上年增长9.0%，分别高于全国（7.7%）和全省（8.2%）1.3个和0.8个百分点。其中，第一产业增加值完成345.96亿元，增长3%；第二产业增加值完成1578.27亿元，增长10.5%；第三产业增加值完成1088.76亿元，增长8.7%。三次产业结构为11.5：52.4：36.1。

【农业】2013年，沧州市农林牧渔业总产值完成625.7亿元，比上年增长3.06%。其中，种植业产值325.5亿元，增长1.79%；畜牧业产值180.8亿元，增长3.22%；林业产值4.8亿元，增长3.71%；渔业产值24.9亿元，下降0.56%。

全年粮食播种面积1328.71万亩，下降1.39%，总产量477.37万吨，下降1.3%；棉花播种面积162.22万亩，下降4.85%，总产量11.69万吨，下降5.26%；油料播种面积49.71万亩，增长1.65%，总产量10.12万吨，同比增长4.26%；蔬菜总产量542.8万吨，增长2.8%；肉类产量47.5万吨，增长1.6%；禽蛋产量33.9万吨，增长1.0%；水产品产量11.9万吨，下降3.6%；牛奶产量10.2万吨，下降5.7%。

【工业和建筑业】2013年，沧州市全市规模以上（年主营业务收入2000万元以上）工业企业实现增加值1271.8亿元，比上年增长11.5%。

全市建筑业完成增加值147.77亿元，比上年增长5.01%。资质等级以上建筑业239家，完成建筑业总产值367.76亿元，增长21.38%，房屋施工面积2015.68万平方米，下降11.38%，房屋竣工面积912.83万平方米，下降8.14%。

【固定资产投资】2013年，沧州市全社会固定资产投资完成2357.7亿元，比上年增长21.0%。其中，城镇投资完成1801.5亿元，增长19.58%；农村投资完成556.1亿元，增长25.4%。

在固定资产投资中，第二产业投资完成1675.1亿元，占71.1%，增长26.2%。其中，工业投资完成1664.2亿元，增长26.3%。全市房地产开发投资完成184.51亿元，增长23%。

【科学技术】2013年，沧州市全市取得省级以上科技成果121项，其中101项达到国内领先水平，79项获市科技进步奖，4项科研成果获省科技进步奖；申报各项专利1438项，授权1126项；新增3家省级院士工作站，总数达到8家；新增省级工程技术研究中心2家，总数达到8家。

【国内贸易和对外经济】2013年，沧州市全市实现社会消费品零售总额886.2亿元，比上年增长13.7%。城镇实现零售额636.9亿元，增长13.9%；乡村实现零售额249.3亿元，增长13.3%，城镇快于乡村0.6个百分点。全市限额以上批发零售企业粮油、食品、饮料、烟酒类商品零售额增长22.9%，其中，粮油食品类增长26.6%；服装、鞋帽、针纺织品类商品零售额增长25.4%；日用品类增长29.1%。金银珠宝类实现零售额10.5亿元，增长41.4%；中草药及中成药品类实现零售额2.3亿元，增长9.1%；书报杂志类实现零售额3.2

亿元，增长17%；化妆品类实现零售额2.9亿元，增长9.2%。

外贸进出口总值25.7亿美元，比上年增长10.1%。其中，出口总值20.8亿美元，下降0.92%；进口总值4.9亿美元，增长108.6%。

【金融和保险】2013年，沧州市全市金融机构存款余额3105.48亿元，比年初增加415.08亿元，其中个人存款2109.3亿元，增加251.4亿元。金融机构贷款余额1565.93亿元，比年初增加295.04亿元。贷款额占存款额的50.4%，存贷差1539.55亿元。

10

2013年廊坊市经济发展概况

【经济总量】2013年，廊坊市全年实现地区生产总值（GDP）1943.1亿元，增长9.1%。其中，第一产业增加值202.3亿元，下降3.3%；第二产业增加值1022.6亿元，增长9.0%；第三产业增加值718.2亿元，增长12.8%。全市三次产业结构由上年的11.0：54.0：35.0调整为10.4：52.6：37.0。财政收入占GDP比重18.0%，同比提高0.9个百分点。

【农业】2013年，廊坊市全年粮食播种面积450.1万亩，下降4.2%；总产量176.0万吨，下降4.8%。其中，夏粮产量43.4万吨，下降14.9%；秋粮产量132.6万吨，增长2.5%。

棉花播种面积54.3万亩，下降13.7%；总产量4.0万吨，下降12.7%。油料播种面积23.6万亩，增长10.4%；总产量4.2万吨，增长14.9%。

【工业和建筑业】2013年，廊坊市全部工业增加值完成871.4亿元，增长9.4%，其中规模以上工业增长10.0%。在规模以上工业中，国有工业增长12.3%，集体工业增长19.1%，股份制工业增长9.1%，外商及港澳台商投资工业增长8.2%；轻工业增长4.6%，重工业增长12.0%。

建筑业实现增加值151.2亿元，增长7.1%。具有资质等级的建筑企业实现产值727.7亿元，增长5.2%。房屋建筑施工面积4511.3万平方米，增长48.0%，竣工面积1173.7万平方米，增长8.8%。

【固定资产投资】2013年，廊坊市全社会固定资产投资完成1577.8亿元，增长20.1%。其中，固定资产投资（不含农户）完成1541.3亿元，增长20.6%；农户投资36.5亿元，增长13.9%。在固定资产投资中，第一产业投资19.6亿元，增长1.7倍；第二产业投资744.2亿元，增长10.3%，其中，工业投资738.8亿元，增长14.1%；第三产业投资777.6亿元，增长29.8%。工业技改投资444.3亿元，增长15.7%，占全市工业投资的60.1%，同比提高0.8个百分点。房地产开发投资完成303.5亿元，下降24.8%。

【科学技术】2013年，廊坊市全市高新技术企业97家。登记科技成果144项，其中国际领先1项，国际先进7项；国内领先94项，国内先进42项；10项科技成果荣获省科技奖励，其中技术发明三等奖1项，科技进步二等奖2项，三等奖7项；市科技进步奖44项，其中一等奖5项，二等奖13项，三等奖26项。完成技术合同登记1454项，技术合同成交额4.23亿元。专利申请量2250件，其中发明专利400件；专利授权1593件，其中发明专利157件。

【国内贸易和对外经济】2013年，廊坊市社会消费品零售总额实现637.4亿元，增长13.4%。其中，限额以上企业（单位）消费品零售额154.6亿元，增长9.0%，占社会消费品零售总额比重为24.3%。分城乡看，城镇消费品零售额实现405.1亿元，增长13.8%；乡村消费品零售额实现232.2亿元，增长12.7%。

实际利用外资68532万美元，增长10.5%，其中，外商直接投资59759万美元，增长13.2%。从外商投资的产业投向看，第一产业投资2000万美元；第二产业投资27242万美元；第三产业投资30517万美元。

【交通、邮电和旅游】2013年，廊坊市全年公路货物运输总量12067万吨，增长10.8%；货物运输周转量202.2亿吨公里，增长9.2%。旅客运输总量3127万人，下降9.5%；旅客运输周转量32.6亿人公里，增长2.7%。至2013年年底，全市公路通车里程10052.2公里，增长5.9%。其中，国道317.9公里，省道705.9公里，县道784.0公里，乡道1716.4公里，专用公路255.0公里，村道6273.0公里。按等级分，高速公路通车路程287.9公里，一级路519.6公里，二级路1057.6公里，三级路983.9公里，四级路7203.2公里。全市现有桥梁2052座160008延米。其中，互通式立交桥98座1767延米。按跨径分，特大桥22座56937延米；大桥198座47591延米；中桥562座31560延米；小桥1270座23921延米。

全市邮电业务收入完成47.1亿元，增长12.8%。其中，邮政业务收入3.7亿元，增长13.2%。年末固定电话用户91.5万户，移动电话用户503.6万户。

全年共接待游客1450.7万人次，增长18.7%，实现旅游收入126.3亿元，增长27.5%。其中，接待国际游客12.7万人次，增长9.1%，创汇2811.1万美元，下降12.3%；接待国内游客1437.9万人次，增长18.8%，创收124.6亿元，增长28.3%。

【金融和保险】2013年年末，廊坊市全部金融机构本外币各项存款余额3276.6亿元，比年初增加563.9亿元，同比多增137.1亿元。其中城乡居民储蓄存款余额1834.5亿元，比年初增加248.1亿元，同比多增20.8亿元。各项贷款余额2208.5亿元，比年初增加322.9亿元，同比多增16.2亿元。

11

2013年秦皇岛市经济发展概况

【经济总量】2013年，秦皇岛市全年实现地区生产总值（GDP）1168.75亿元，比上年增长7.0%。其中，第一产业增加值171.46亿元，增长4.4%；第二产业增加值447.57亿元，增长6.5%；第三产业增加值549.72亿元，增长7.9%。从对全市经济的贡献情况看，第三产业贡献率最高，第二产业特别是工业的低速增长是制约全市经济发展的主要原因。三次产业之比为14.7：38.3：47.0。按常住人口计算全市人均生产总值38530元，增长6.3%，按现行汇率计算折合6221美元。

【农业】2013年，秦皇岛市全年实现农林牧渔业总产值305.53亿元，比上年增长4.4%。粮食实现增产，由于2013年气候适宜，秋粮长势良好，加之去年水灾影响较大，基数较低，全年粮食总产达84.40万吨，比上年增长4.3%。蔬菜、瓜果类生产均实现平稳增长，全年蔬菜总产达317.77万吨，比上年增长5.1%；瓜果类总产4.42万吨，增长4.7%。畜禽生产形势较好，主要畜产品存栏、出栏以及产量较上年均有不同程度的增长，其中猪出栏258.81万头，增长3.0%；存栏148.98万头，增长6.6%；猪肉产量20.98万吨，增长3.7%。渔业生产实现较快增长，全年渔业总产量达32.01万吨，比上年增长16.6%。

【工业和建筑业】2013年，秦皇岛市全年规模以上工业累计实现增加值353.26亿元，比上年增长2.1%，增幅较上年下降10.9个百分点，是2000年以来回落幅度最大的一年，也是增长最慢的一年。分轻重工业看，轻工业累计完成工业增加值53.79亿元，比上年下降5.9%；重工业完成增加值299.47亿元，增长3.7%。分注册类型看，占比达50%以上的股份制企业呈下降态势，增加值同比下降1.3%，外商及港澳台商投资企业实现增长，增幅为9.1%。分行业看，汽车制造业保持高速增长，增幅为41.2%，是拉动工业增长的主要因素。黑色金属冶炼及压延加工业增加值虽然实现了5.3%的小幅增长，但增速比上年低15.6个百分点，是制约工业增长的主要行业。从支柱产业看，食品加工、玻璃制造、金属冶炼及压延、装备制造四大支柱行业完成增加值258.7亿元，比上年增长3.7%，对工业经济增长的贡献率达到124.9%。其中装备制造业实现增加值125.5亿元，增长8.0%，贡献率达123.5%。

全市资质等级以上建筑企业完成建筑业总产值201.95亿元，比上年下降1.6%，其中建筑工程产值170.44亿元，下降2.5%；安装工程产值18.08亿元，增长9.6%。竣工产值144.27亿元，增长1.0%，竣工率为32.1%。建筑业企业房屋施工面积1650.75万平方米，下降0.2%，其中新开工面积644.78万平方米，增长6.9%。年末具有资质等级的建筑业企业221家，建筑队伍人数4.85万人。

【固定资产投资】2013年，秦皇岛市全市累计完成全社会固定资产投资786.34亿元，比上年增长6.4%，增幅较上年下降13.9百分点，为2000年以来的最低点。城乡建设项目投资完成535.17亿元，增长4.9%，增幅比上年下降12.8个百分点；房地产投资235.12亿元，增长10.2%，增幅同比下降19.5个百分点。工业投资增长趋缓，累计完成投资235.20亿元，比上年增长12.0%，增速低于全省平均水平。

投资结构不尽合理。全年完成第一产业投资24.45亿元，比上年下降2.8%；第二产业投资243.00亿元，增长16.3%，其中装备制造业投资下降10.3%；第三产业投资502.84亿元，仅增长2.7%，其中交通运输业投资下降20.4%。

【科学技术】2013年，秦皇岛市科技事业取得新进展。不断加强科技项目建设，全年组织实施科技计划项目762项，其中列入国家科技计划项目23个，列入省级科技计划项目145个；争取省级以上资金3846.5万元，比上年增长21%。加强知识产权战略实施，知识产权创造水平不断提高，全市专利申请量达到2419件，比上年增长54.9%，其中发明专利申请量达817件，增长53.0%。授权专利1203件，增长18.9%。加快高新技术企业培育，2012年，新认定高新技术企业10家，截至年末全市高新技术企业达到66家。加强科技创新平台建设，2012年，燕山大学先进制造成形技术及装备国家地方联合工程研究中心获得授牌，建设了我市第一家省级产业技术研究院——河北省数据产业技术研究院，在企业新建工程技术研究中心14家；年末全市工程技术研究中心和重点实验室达到62家，其中省级27家、国家级2家；拥有省级以上企业技术中心24家。创新型城市建设迈出坚实步伐，2012年，组织实施“创新型单位培育计划”，在全市企业、园区、社区、医院、学校等领域建设创新型单位20家，在机制创新、管理创新、制度创新等方面开展了许多工作，取得了较好示范效果。

【国内贸易和对外经济】2013年，秦皇岛市全市社会消费品零售总额完成508.97亿元，比上年增长为13.4%，增速呈现逐季提高态势，但仍低于2012年1.6个百分点。从区域看，城镇市场完成零售额425.61亿元，增长13.6%；农村市场完成零售额83.36亿元，增长12.5%。从行业看，批发零售业完成零售额449.57亿元，比上年增长12.5%；住宿餐饮业完成零售额59.40亿元，增长13.7%。限额以上社会消费品零售额增速明显提高，年内新增的三家汽车销售公司，拉动了限额以上社会消费品零售额的增长，全市限额以上企业实现社会消费品零售额144.26亿元，比上年增长10.0%。在限额以上企业商品零售额中，粮油、食品、饮料、烟酒类零售额增长11.2%；服装、鞋帽、针纺织品类零售额增长13.2%；书报杂志类零售额增长21.2%；金银珠宝类零售额增长19.8%。限额以上住宿餐饮业消费下滑凸显，全市限额以上住宿餐饮业实现营业额9.80亿元，比上年下降15.9%。其中住宿业营业额下降12.2%，餐饮业营业额下降21.2%。

全市完成进出口总额43.73亿美元，比上年下降0.9%，增速较上年回落2.4个百分点。其中完成出口24.18亿美元，下降2.8%，增幅回落14.8个百分点；进口19.55亿美元，增长1.6%，实现恢复性增长。出口产品结构进一步优化，机电产品出口占比超过50%，全市机电产品出口额达到12.15亿美元，创历史新高。龙头企业戴卡轮毂和宏启胜精密电子出口额占全市机电产品出口总额的57.5%，对拉动全市机电产品出口增长起到决定性作用。

【交通、邮电和旅游】截至2013年年末，秦皇岛市全市公路通车总里程达到8859公里，高速公路通车里程达到279公里。港口货物吞吐量扭转了下降局面，实现小幅回升。全市港口货物吞吐量达到2.73亿吨，比上年增长0.6%；集装箱吞吐量38.78万箱，增长12.8%。

全市邮政业务收入2.91亿元，比上年增长5.9%；电信业务收入27.58亿元，增长8.6%。全年发送函件1252.78万件，比上年增长13.0%。发送报刊累计达4569.7万份，下降6.5%。年末固定电话拥有量70.95万部，比上年下降1.9%；移动电话拥有量342.30万部，增长9.0%；其中3G手机用户112.40万户，占比达32.8%。互联网宽带用户达58.54万户，增长12.0%。

全年接待国内外游客2595.68万人次，实现旅游总收入256.32亿元，分别增长10.9%和19.6%。其中接待海外游客29.85万人次，增长4.2%；实现旅游外汇收入18058万美元，增长6.6%。

【金融和保险】截至2013年年末，秦皇岛，全市金融机构本外币存款余额达2122.60亿元，比年初增长10.2%，新增量比上年下降18.4%。其中储蓄存款余额1299.13亿元，比年初增加142.68亿元，新增量比上年下降9.9%；单位存款余额774.93亿元，比年初增加46.52亿元，新增量下降28.7%。金融机构本外币贷款余额达1365.59亿元，比年初增长9.4%，新增量较上年下降28.3%。其中短期贷款余额556.91亿元，比年初增加44.29亿元，新增量下降59.7%；中长期贷款余额785.52亿元，比年初增加71.57亿元，新增量比上年增长33.3%。

截至2013年年末全市拥有商业保险公司36家，比上年新增2家。全年实现各类保费收入44.84亿元，比上年增长4.7%。其中，财产险保费收入15.71亿元，增长14.0%；人身险保费收入29.13亿元，增长0.3%。支付各项赔款20.33亿元，增长30.9%。其中，财产险赔付9.03亿元，增长0.9%；人身险赔付11.30亿元，增长71.8%。

山西省

| 太原市 | 大同市 | 阳泉市 | 长治市 | 晋城市 | 朔州市 | 晋中市 | 运城市 |
| 忻州市 | 临汾市 | 吕梁市 |

1

2013年太原市经济发展概况

【经济总量】2013年，太原市全年实现地区生产总值（GDP）2412.87亿元，比上年增长8.1%。其中：第一产业增加值38.73亿元，增长3.2%；第二产业增加值1052.08亿元，增长10.6%；第三产业增加值1322.06亿元，增长6.1%。第三产业中，交通运输、仓储和邮政业增加值180.12亿元，增长8.1%；批发零售和住宿餐饮业增加值465.18亿元，增长6.2%；金融业增加值253.11亿元，增长8.8%。

【农业】2013年，太原市全年农作物种植面积107.18千公顷，比上年减少1.70千公顷。粮食种植面积80.48千公顷，比上年减少1.29千公顷。其中：夏粮种植面积0.35千公顷，秋粮种植面积80.13千公顷。蔬菜种植面积21.78千公顷，药材种植面积0.83千公顷。

【工业和建筑业】2013年，太原市规模以上工业企业460家，比上年增加20家。规模以上工业增加值770.94亿元，增长10.1%。

全市具有建筑业资质等级的总承包和专业承包建筑业企业总产值1961.17亿元，增长22.5%；利税总额115.83亿元，增长22.4%；利润总额55.87亿元，增长22.4%；上缴税金59.96亿元，增长22.4%。

【固定资产投资】2013年全年，太原市固定资产投资1670.74亿元，比上年增长26.5%。其中：中央项目投资111.57亿元，下降10.3%；省属项目投资349.03亿元，增长20.2%；市属及以下项目投资1210.14亿元，增长33.6%。

分产业看，第一产业投资25.31亿元，增长44.5%；第二产业投资531.52亿元，增长21.9%。其中：工业投资525.78亿元，增长22.4%；第三产业投资1113.91亿元，增长28.4%。三次产业投资比重为1.5%、31.8%和66.7%。

【国内贸易和对外经济】2013年，太原市社会消费品零售总额1281.46亿元，比上年增长13.5%。其中：城镇消费品零售额1255.53亿元，增长13.2%；乡村消费品零售额25.93亿元，增长25.7%。

全年外贸进出口总额91.63亿美元，比上年增长8.2%。其中：出口额52.95亿美元，增长24.8%；进口额38.68亿美元，下降8.5%。

【交通、邮电和旅游】2013年年末，太原市全市公路线路里程累计达到7317公里，其中高速公路288公里。公路密度104.7公里/百平方公里。

年末全市民用汽车保有量89.50万辆，比上年末增长13.5%，其中私人汽车75.65万辆，增长16.5%。本年新注册汽车13.60万辆，增长2.7%。年末轿车保有量53.08万辆，增长17.5%，其中私人轿车47.95万辆，增长19.0%；本年新注册轿车8.58万辆，增长3.0%。

全年邮电业务总量79.61亿元，比上年增长3.1%，其中：邮政业务总量5.21亿元，下降2.4%；电信业务总量74.40亿元，增长3.5%。年末市话达到120.15万户。农话达到6.04万户。移动电话用户726.22万户，其中：3G移动电话用户236.76万户。全市固定及移动电话用户总数达到852.41万户。每百人拥有电话199部，其中：固定电话和移动电话普及率分别达到29部/百人和170部/百人。计算机互联网用户143.48万户，净增加8.55万户，其中：宽带网用户133.12万户，增加9.73万户。

全市接待海内外游客3691.33万人次，比上年增长23.7%。其中：国内游客3644.73万人次，增长23.9%；海外游客46.60万人次，增长10.3%。海外游客中：外国人32.74万人次，香港同胞7.94万人次，澳门同胞0.87万人次，台湾同胞5.05万人次。全年旅游总收入430.90亿元，增长21.2%。其中：国内旅游收入413.52亿元，增长21.7%；旅游外汇收入2.76亿美元，增长12.9%。

【金融和保险】2013年年末，太原市全市金融机构本外币各项存款余额9948.51亿元，比年初增长10.8%；本外币各项贷款余额7222.35亿元，增长11.8%。

全年原保险保费收入97.55亿元，增长6.6%。其中：寿险业务保费收入52.91亿元，增长0.4%；健康险业务保费收入6.01亿元，增长19.7%；意外伤害险业务保费收入2.34亿元，增长15.3%；财产险业务保费收入36.28亿元，增长14.2%。

2

2013年大同市经济发展概况

【经济总量】2013年，大同市全年实现地区生产总值（GDP）967.5亿元，按可比价格计算，比上年增长8.3%。其中，第一产业增加值54.8亿元，增长4.9%；第二产业增加值455.6亿元，增长8.8%；第三产业增加值457.1亿元，增长8.1%。第一产业增加值占地区生产总值的比重为5.7%，第二产业增加值比重为47.1%，第三产业增加值比重为47.2%。第三产业增加值占比首次超过第二产业。全市人均地区生产总值实现28744元。

【农业】2013年，大同市全市农作物总播面积321.87千公顷，比上年增加0.13千公顷。其中，粮食作物播种面积279.46千公顷，增加0.52千公顷。在粮食作物播种面积中，夏粮播种面积1.27千公顷，减少0.02千公顷；秋粮播种面积278.19千公顷，增加0.55千公顷。全市油料作物种植面积15.68千公顷，比上年减少0.19千公顷；蔬菜面积18.93千公顷，比上年增加0.17千公顷；饲草作物种植面积1.86千公顷，比上年减少0.37千公顷。

全年全市粮食总产量102.55万吨，比上年增加7.65万吨，增长8.06%。其中，夏粮产量0.13万吨，比上年减少18.75%；秋粮产量102.42万吨，比上年增长8.11%。

【工业和建筑业】2013年，大同市规模以上工业企业工业增加值比上年增长10.0%。

全年全市规模以上工业企业实现主营业务收入1712.5亿元，比上年增长5.9%。实现利税77.7亿元，比上年下降28.3%。其中，国有控股工业企业实现利税63.9亿元，下降34.7%。实现利润18.5亿元，比上年下降36.0%。其中，国有控股工业企业实现利润11.5亿元，下降54.9%。

全年全市建筑业增加值54.0亿元，比上年增长1.9%。全市具有建筑业资质等级的总承包和专业承包建筑业企业完成建筑业总产值121.1亿元，比上年下降3.3%。房屋建筑施工面积760.1万平方米，比上年增长5.9%；房屋竣工面积420.5万平方米，比上年增长89.6%。

【固定资产投资】2013年，大同市全年全市全社会固定资产投资完成1036.3亿元，比上年增长24.6%。其中，国有经济单位投资完成466.8亿元，增长3.0%；民间投资完成569.5亿元，增长50.3%。在全社会固定资产投资中，第一产业投资120.5亿元，增长140.3%；第二产业投资279.7亿元，下降13.3%；第三产业投资636.1亿元，增长38.6%。在第二产业中，工业投资279.7亿元，下降13.3%。在全社会固定资产投资中，非煤产业投资704.1亿元，增长28.1%；传统产业投资145.4亿元，下降32.9%。

全年全市房地产业开发投资完成265.0亿元，比上年增长55.3%。其中，住宅投资192.8亿元，增长67.5%。全年全市房地产开发施工面积2129.1万平方米，比上年增长33.9%。其中，住宅施工面积1601.0万平方米，比上年增长20.5%。竣工面积656.2万平方米，比上年增长233.1%。其中，住宅竣工面积524.3万平方米，比上年增长213.7%。商品房屋销售面积120.6万平方米，比上年增长9.5%。

【科学技术】2013年，大同市全市共申请专利810件，比上年增长1.0%。其中，发明专利231件、实用新型专利426件、外观设计专利153件，分别占专利申请总数的28.5%、52.6%和18.9%。全市共授权专利485件。其中，发明专利48件、实用新型专利406件、外观设计专利31件，分别占专利授权总数的9.9%、83.7%和6.4%。

全年共签订各类技术合同34项，技术合同成交总额3129万元，增长89.0%。全年新登记科技成果35项。年末累计高新技术企业13家。

【国内贸易和对外经济】2013年，大同市全市实现社会消费品零售总额471.2亿元，比上年增长14.0%。其中，城镇消费品零售额395.6亿元，增长14.8%；乡村消费品零售额75.6亿元，增长9.8%。分行业看，全年全市批发业实现零售额67.0亿元，增长11.8%；零售业实现零售额353.7亿元，增长14.8%；住宿和餐饮业实现零售额50.5亿元，增长11.2%。

全年全市海关进出口总额完成47815万美元，比上年下降5.1%。其中，出口完成21493万美元，下降8.1%；进口完成26322万美元，下降2.5%。

【交通、邮电和旅游】2013年，大同市全市公路通车里程达到12537.7公里。其中，高速公路550.5公里。全市公路密度88.9公里/百平方公里。

全年全市完成邮电业务总量30.69亿元，比上年增长7.9%。其中，电信业务总量28.19亿元，增长8.6%；邮政业务总量2.50亿元，增长13.6%。年末全市固定及移动电话用户总数达到393.83万户，比上年增长2.9%。其中固定电话用户49.37万户，下降13.6%；移动电话用户344.46万户，增长5.8%。计算机互联网络用户达到52.42万户，比上年增长18.9%。3G用户达到86.58万户。全市邮政局所128个，邮路总长度3398公里。订销报纸4310万份，增长3.9%；订销杂志207.2万份，增长10.3%；国内函件202.5万件，包裹5.18万件。

全年全市接待国内外游客2355.83万人次，比上年增长22.8%。其中：海外旅游接待31.27万人次，同比增长12.7%；国内旅游接待2324.56万人次，同比增长23.0%。全年全市旅游总收入200.33亿元，同比增长23.0%；旅游外汇收入11781.23万美元，同比增长15.2%；国内旅游收入192.90亿元，同比增长23.5%。

【金融和保险】2013年年末，大同市全市金融机构各项存款余额2254.36亿元，比年初增加240.43亿元，比上年同期增长11.9%。年末全市金融机构各项贷款余额950.82亿元，比年初增加180.30亿元，比上年同期增长23.4%。

全市共有注册保险机构29家。全年全市保费收入37.2亿元，比上年增长9.0%。其中，寿险业务保费收入22.2亿元，同比增长6.0%；财产险业务保费收入14.9亿元，增长15.0%。全年全市累计支付各类保险赔款及给付17.22亿元，同比增长59.0%。其中，寿险业务给付7.45亿元，同比增长79.0%；财产险业务赔款9.77亿元，增长46.0%。

3

2013年阳泉市经济发展概况

【经济总量】2013年，阳泉市全年实现地区生产总值（GDP）611.8亿元，比上年增长7.0%。其中，第一产业增加值10.5亿元，增长4.2%，占生产总值的比重为1.7%；第二产业增加值352.9亿元，增长8.2%，占生产总值的比重为57.7%；第三产业增加值248.4亿元，增长5.0%，占生产总值的比重为40.6%。

【农业】2013年，阳泉市全年全市农作物种植面积5.9万公顷，比上年增加0.02万公顷。其中，粮食种植面积56857公顷，增加189公顷；油料种植面积166公顷，减少14公顷。在粮食种植面积中，玉米种植面积47466公顷，减少372公顷；小麦种植面积118公顷，增加2公顷。

全年粮食产量29.1万吨，比上年增加1.1万吨，增产3.7%。其中，夏粮0.2万吨，增产8.5%；秋粮28.9万吨，增产3.7%。

【工业和建筑业】2013年，阳泉市年末全市规模以上工业企业161家，比上年增加25家。全年规模以上工业增加值增长7.5%。

全年全市建筑业实现增加值36.6亿元，按可比价计算，比上年增长11.5%。具有建筑业资质等级的总承包和专业承包建筑业企业实现利润4.6亿元，增长24.3%。

【固定资产投资】2013年，阳泉市全年全社会固定资产投资485.5亿元，增长24.1%。其中，国有及国有控股投资228.5亿元，增长24.5%；民间投资248.2亿元，增长21.3%。

在全社会固定资产投资中，内资企业投资476.7亿元，增长22.8%；外商及港澳台商企业投资8.8亿元，增长183.9%。

在全社会固定资产投资中，第一产业投资17.7亿元，增长12.9%；第二产业投资210.8亿元，增长13.1%；第三产业投资257.0亿元，增长35.8%。在第二产业中，工业投资210.0亿元，增长14.4%。其中，煤炭工业投资87.1亿元，增长11.1%，非煤工业投资122.9亿元，增长16.9%；传统产业（煤炭、焦炭、冶金、电力）投资合计125.5亿元，上升12.6%，非传统产业投资合计84.5亿元，增长17.4%。

【科学技术】2013年，阳泉市全年全市专利申请量与授权量分别为1175件和311件，申请量增长43.3%，授权量下降15.0%；其中发明专利申请量与授权量分别为425件和24件，申请量增长150%，授权量下降0.04%。全年共签订各类技术合同16项，技术合同成交总额4582万元，增长14.8%。全年新登记科技成果61项。市级企业技术中心28家。按照国家高新技术企业认定办法，年末已有高新技术企业11家。

【国内贸易和对外经济】2013年，阳泉市全年全市社会消费品零售总额246.7亿元，增长13.4%。按经营地统计，城镇消费品零售额229.3亿元，增长13.3%；乡村消费品零售额17.4亿元，增长14.1%。按消费形态统计，商品零售额207.9亿元，增长15.8%；住宿、餐饮收入额38.8亿元，增长1.7%。

全年全市海关进出口总额2.1亿美元，下降12.4%。其中，进口额0.9亿美元，增长6.6%；出口额1.2亿美元，下降23.0%。

【交通、邮电和旅游】2013年，阳泉市年末全市公路（不含高速）线路里程5344公里，比上年末增加20公里。

年末全市民用汽车保有量16.7万辆（包括三轮汽车和低速货车0.5万辆），比上年末增长8.4%，其中私人汽车13.4万辆，增长12.5%。本年新注册汽车2.1万辆，下降14.0%。年末轿车保有量9.4万辆，增长17.5%，其中私人轿车8.3万辆，增长18.7%。

全年全市完成邮电业务总量14.6亿元，增长2.1%。其中，邮政业务总量1.3亿元，增长1.6%；电信业务总量13.3亿元，增长2.5%。年末移动电话用户158.7万户，其中，3G移动电话用户39.2万户。全市宽带接入用户28.1万户，增长23.8%。

全年全市接待海外旅游者4.2万人次，接待国内旅游者1483万人次，分别增长10.5%和25.8%；旅游外汇收入1177.6万美元，国内旅游收入119.9亿元，旅游总收入120.6亿元，分别增长16.6%、26.3%和26.2%。

【金融和保险】2013年年末，阳泉市全市金融机构本外币各项存款余额1151.0亿元，比年初增加52.6亿元，比年初增长4.8%。各项贷款余额618.6亿元，比年初增加88.4亿元，增长16.7%。

年末全市农村金融合作机构（农村信用社、农村合作银行、农村商业银行）人民币贷款余额177.3亿元，比年初增加23.2亿元，增长15.0%；人民币存款余额302.7亿元，比年初增加43.4亿元，比年初增长

16.7%。

全年全市保费收入22.2亿元，增长12.7%。其中，寿险业务保费收入14.5亿元，增长14.5%；健康险业务保费收入2656.4万元，增长86.6%；意外险业务保费收入2387.2万元，增长4.8%；财产险业务保费收入7.2亿元，增长10.3%。全年支付各类赔款及给付8.4亿元，增长20.0%。

4

2013年长治市经济发展概况

【经济总量】2013年，长治市全年实现地区生产总值（GDP）1333.7亿元，比上年增长8.5%。其中，第一产业增加值56.6亿元，增长3.9%，占生产总值的比重为4.3%；第二产业增加值867.1亿元，增长9.9%，占生产总值的比重为65.0%；第三产业增加值410.0亿元，增长5.8%，占生产总值的比重为30.7%。第三产业中，金融保险业增加值52.8亿元，增长13.6%；交通运输、仓储和邮政业增加值85.3亿元，增长7.1%；批发和零售业增加值90.1亿元，增长3.0%。

【农业】2013年，长治市全年全市粮食种植面积250.3千公顷，比上年减少3.6千公顷；油料种植面积1.5千公顷，与上年持平；棉花种植面积0.04千公顷，减少0.02千公顷。在粮食种植面积中，玉米种植面积205.9千公顷，增加1.4千公顷；小麦种植面积11.5千公顷，减少2.7千公顷。

全年粮食产量160.8万吨，比上年增加1.8万吨，增产1.1%。其中，夏粮3.7万吨，减产27.8%；秋粮157.1万吨，增产2.1%。

【工业和建筑业】2013年年末，长治市全市规模以上工业企业357家。全年规模以上工业增加值843.7亿元，增长10.5%。

全市全年建筑业实现增加值36.9亿元，比上年增长8.3%。

【固定资产投资】2013年，长治市全年固定资产投资1086.8亿元，增长25.4%。其中，国有及国有控股投资411.4亿元，增长14.6%。

分产业看，第一产业投资114.5亿元，增长100.6%；第二产业投资546.3亿元，增长18.9%；第三产业投资426.0亿元，增长21.6%。在第二产业中，工业投资546.3亿元，增长19.1%。其中，煤炭工业投资101.8亿元，下降33.1%。

【科学技术】2013年，长治市全年专利申请量与授权量分别为1646件和830件，分别增长21.2%和20.5%。全年全市科学技术成果112项，其中有54项技术获得省部级以上科学技术成果奖，比上年增加1项。全年全市共签订各类技术合同76项，技术合同成交总额3.1亿元，增长8.3%。

年末全市共有产品质量检验机构3个。全年对58户企业实施了产品认证，对10种产品进行了监督抽查。全市共有法定计量技术机构12个，全年完成强制检定计量器具20.3万台件。

【国内贸易和对外经济】2013年，长治市全年全市社会消费品零售总额425.8亿元，增长14.3%。其中，城镇消费品零售额367.6亿元，增长14.2%；乡村消费品零售额58.2亿元，增长14.7%。

全年全市进出口总额105457万美元，下降8.2%。其中，进口额21716万美元，下降20.3%；出口额83741万美元，下降4.4%。

【交通、邮电和旅游】2013年年末，长治市全市公路线路里程11248.7公里，其中高速公路295.0公里。

年末全市民用汽车保有量34.2万辆（包括三轮汽车和低速货车1.4万辆），比上年末增长10.6%，其中私人汽车28.8万辆，增长13.9%。本年新注册汽车5.5万辆，增长10.1%。年末轿车保有量19.2万辆，比上年末增长21.1%，其中私人轿车17.2万辆，增长23.0%。

全年全市完成邮电业务总量26.6亿元，增长9.5%。其中，邮政业务总量1.8亿元，增长7.8%；电信业务总量24.8亿元，增长9.7%。年末移动电话用户达到287.7万户，其中，3G移动电话用户达到73.3万户。全市互联网接入用户50.0万户，其中，新增互联网用户4.9万户。

全年全市接待海外旅游者14.5万人次，接待国内旅游者2148.6万人次，分别增长13.9%和28.7%；旅游外汇收入3547.9万美元，国内旅游收入209.4亿元，旅游总收入211.7亿元，分别增长18.3%、27.3%和27.2%。

【金融和保险】2013年年末，长治市全市金融机构本外币各项存款余额1848.0亿元，比年初增加123.9亿元，比年初增长7.2%。各项贷款余额918.8亿元，增加77.4亿元，增长9.2%。

全年全市保费收入32.1亿元，增长4.6%。其中，寿险业务保费收入18.5亿元，下降5.4%；健康和意外险业务保费收入2.1亿元，增长135.8%；财产险业务保费收入2.1亿元，增长1.3%；车险业务保费收入9.5亿元，增长15.0%。全年支付各类赔款及给付13.6亿元，增长25.0%。其中，寿险业务保费赔付6.7亿元，增长26.6%；健康和意外险业务保费赔付0.8亿元，增长68.3%；财产险业务保费赔付0.9亿元，下降5.3%；车险业务保费赔付5.3亿元，增长24.6%。

5

2013年晋城市经济发展概况

【经济总量】2013年，晋城市全年实现地区生产总值（GDP）1031.8亿元，比上年增长9.3%。其中，第一产业增加值43.2亿元，增长1.5%，占生产总值的比重为4.2%；第二产业增加值644.4亿元，增长10.8%，占生产总值的比重为62.4%；第三产业增加值344.2亿元，增长7.3%，占生产总值的比重为33.4%。第三产业中，金融保险业增加值44.1亿元，增长11.8%；交通运输、仓储和邮政业增加值78.7亿元，增长8.1%；批发和零售业增加值64.4亿元，增长6.4%；住宿和餐饮业增加值28.4亿元，增长4.5%；营利性服务业增加值36.6亿元，增长5.2%。人均地区生产总值44940元，按2013年平均汇率计算为7256美元。

【农业】2013年，晋城市全年全市农作物种植面积20.9万公顷，比上年减少0.2万公顷。其中，粮食种植面积19.7万公顷，减少0.3万公顷；油料种植面积0.3万公顷，增长0.1%；棉花种植面积0.03万公顷，下降10.2%。在粮食种植面积中，玉米种植面积9.0万公顷，增加0.4万公顷；小麦种植面积5.9万公顷，减少0.3万公顷。

全年粮食产量90.5万吨，比上年减少6.9万吨，减产7.1%。其中，夏粮17.7万吨，减产35.0%；秋粮72.8万吨，增产3.6%。

【工业和建筑业】2013年，晋城市年末全市规模以上工业企业246家。全年规模以上工业增加值比上年增长12.0%。

全年规模以上工业企业实现主营业务收入1198.5亿元，下降11.1%。其中，煤炭、炼焦、冶铸和电力工业分别实现主营业务收入646.1亿元、12.8亿元、133.3亿元和82.7亿元，分别增长-15.6%、-3.7%、-9.7%和4.4%；煤层气开采、化工、建材、装备制造、医药和食品工业分别实现主营业务收入43.2亿元、120.5亿元、9.7亿元、112.2亿元、3.7亿元和1.1亿元，分别增长8.5%、-8.1%、-12.0%、-10.4%、75.7%和-4.6%。

年末全市具有资质等级的总承包和专业承包建筑业企业94家，完成总产值66.6亿元，增长16.0%；房屋施工面积380.0万平方米，增长31.8%；签订合同额为121.0亿元，增长25.3%。

【固定资产投资】2013年，晋城市全年全市固定资产投资完成837.7亿元，增长27.9%。其中，国有及国有控股投资347.2亿元，增长16.1%；港澳台及外商投资38.9亿元，增长69.8%；民间投资451.6亿元，增长35.6%。

在固定资产投资中，第一产业投资59.4亿元，增长108.3%；第二产业投资391.4亿元，增长7.7%；第三产业投资386.9亿元，增长47.0%。在第二产业中，工业投资390.3亿元，增长8.6%。其中，煤炭工业投资142.3亿元，下降12.5%；非煤产业投资248.0亿元，增长26.1%。传统产业（煤炭、炼焦、冶金、电力）投资合计151.1亿元，下降12.7%；新兴接替产业投资合计239.2亿元，增长28.4%。

【科学技术】2013年，晋城市全年全市组织实施各类科技项目212项（其中国家级7项、省级69项、市级136项）。在国家级项目中，列入国家火炬计划1项，星火计划4项，富民强县计划1项，中小企业创新基金计划1项；在省级项目中，列入国际科技合作项目2项，火炬计划3项，星火计划16项，工业攻关计划3项，农业攻关计划1项，社会发展计划3项，成果推广计划8项，科技创新计划3项，软科学及基础平台建设计划3项，农村技术承包计划23项，强民富农计划4项。全年全市专利申请量1197件。其中，发明专利申请量313件。全年完成省级科技成果鉴定4项。全年有2项新技术获得山西省科技进步二等奖，有2项新技术获得山西省科技进步三等奖。全年新认定国家高新技术企业6家，省级创新企业11家，省级企业技术中心1家。截至2013年年末，全市累计国家高新技术企业17家，省级工程技术研究中心3家，省级企业技术中心11家，省级重点实验室2个。

【国内贸易和对外经济】2013年，晋城市全年全市社会消费品零售总额297.1亿元，增长14.0%。按经营地统计，城镇消费品零售额280.1亿元，增长14.0%；乡村消费品零售额17.0亿元，增长13.6%。

全年全市海关进出口总额9.19亿美元，下降25.6%。其中，进口额6.60亿美元，下降33.3%；出口额2.59

亿美元，增长5.5%。

全年出口煤炭69万美元，增长100.9%；出口钢材3243万美元，下降41.2%；出口机电产品21911万美元，增长19.1%；出口高新技术产品15358万美元，增长23.7%；出口电器及电子产品17054万美元，增长10.0%；出口计算机及通信技术产品13072万美元，增长16.6%。

【交通、邮电和旅游】2013年，晋城市年末全市公路线路里程8881.3公里。其中，高速公路318.6公里，比上年末增加0.1公里。

年末全市民用汽车保有量26.6万辆（包括三轮汽车和低速货车2.0万辆），比上年末增长10.4%。其中，私人汽车22.3万辆，增长13.2%。本年新注册汽车4.3万辆，增长7.5%。年末轿车保有量16.4万辆，增长22.4%。其中，私人轿车14.9万辆，增长24.2%。

全年全市完成邮电业务总量19.5亿元，增长9.6%。其中，邮政业务总量1.3亿元，增长8.3%；电信业务总量18.2亿元，增长9.6%。新增移动电话用户39.1万户，年末达到224.1万户。全市宽带接入用户34.9万户，增长9.7%。

年末全市共有成规模的旅游景区（点）43处，其中有1个国家级5A级景区，6个国家级4A级景区，5个2A级景区，7个国家级工农业旅游示范点。共有星级饭店26家，其中五星级1家、四星级11家、三星级9家、二星级5家。全年全市接待海外旅游者10.8万人次，接待国内旅游者2166.3万人次，分别增长12.9%和28.4%；旅游外汇收入5385.9万美元，国内旅游收入195.3亿元，旅游总收入198.7亿元，分别增长18.0%、30.3%和30.0%。

【金融和保险】2013年年末，晋城市全市金融机构本外币各项存款余额1759.5亿元，比年初增加29.9亿元，增长1.7%。各项贷款余额864.8亿元，比年初增加87.8亿元，增长11.3%。

全年全市保费收入31.9亿元，增长3.9%。其中，寿险业务保费收入20.9亿元，增长0.5%；财产险业务保费收入11.0亿元，增长11.1%。

6

2013年朔州市经济发展概况

【经济总量】2013年，朔州市全年实现地区生产总值（GDP）1026.4亿元，比上年增长9.0%。其中，第一产业增加值61.7亿元，比上年增长5.0%，比重占6.0%；第二产业增加值575.1亿元，增长11.0%，比重占56.0%；第三产业增加值389.6亿元，增长6.1%，比重占38.0%。第三产业中，金融保险业增加值28.1亿元，增长14.7%；批发和零售业增加值88.0亿元，增长5.4%；房地产业增加值21.2亿元，增长4.9%。

【农业】2013年，朔州市全年全市农作物种植面积34.5万公顷，比上年增长1.8%。其中粮食种植面积27.3万公顷，增长1.9%；油料种植面积2.8万公顷，减少2.6%。在粮食种植面积中，玉米种植面积14.8万公顷，增长2.1%。

全年粮食总产量117.6万吨，比上年增长9.9%。其中，玉米96.1万吨，增长10.5%。

【工业和建筑业】2013年，朔州市年末全市规模以上工业企业267家，比上年增加6家。

全年规模以上工业主营业务收入1157.6亿元，比上年增长0.9%。其中，煤炭、电力工业分别实现主营业务收入875.5亿元和92.5亿元，分别增长-0.3%和8.1%；食品和非金属矿物制造业分别实现主营业务收入27.1亿元和41.7亿元，分别增长3.5%和-21.8%；汽车制造业和医药工业分别实现主营业务收入1.2亿元和3.2亿元，分别增长18%和35.7%。

全年全市建筑业实现增加值25.1亿元，比上年增长11.8%。

【固定资产投资】2013年，朔州市全年全市固定资产投资774.7亿元，比上年增长26.9%。按产业分，第一产业投资64.2亿元，增长155.2%；第二产业投资345.2亿元，增长20.4%；第三产业投资365.3亿元，增长22.3%。按登记注册类型分，国有投资438.4亿元，增长6.5%；非国有投资336.3亿元，增长69%。

【科学技术】2013年，朔州市全年全市共受理各项专利申请量1245件，比上年增长61.7%。全市技术市场共签订技术合同9份，成交金额5760万元。全年有2个项目列入国家各类科技计划，获得国家资助1110万元。全年全市共取得省级以上6项科技成果。

【国内贸易和对外经济】2013年，朔州市全年全市社会消费品零售总额218.8亿元，比上年增长14.5%。其中，城镇零售额168.3亿元，增长14.4%；乡村零售额50.5亿元，增长14.7%。

全年全市海关进出口总额11698万美元，比上年下降54.5%。其中，进口额9624万美元，下降60.1%；出口额2074万美元，增长34.3%。

【交通、邮电和旅游】2013年，朔州市全年全市交通运输、仓储和邮政业增加值108.2亿元，比上年增长6.2%。全年新增公路通车里程94.1公里，新增高级、次高级路面里程122.6公里。年末全市公路通车里程达到10150公里，其中高速公路387.6公里。

全年全市完成邮电业务总量15.3亿元，比上年增长9.2%。其中邮政业务总量1.1亿元，比上年增长1.2%；电信业务总量14.2亿元，比上年增长9.8%。年末移动电话用户148.8万户，其中3G移动电话用户45.3万户。全市宽带接入用户18.8万户。

全年全市接待入境游客7.0万人次，接待国内游客886.5万人次，分别增长11.8%和31.3%；旅游外汇收入2537.5万美元，国内旅游收入82.5亿元，旅游总收入84.1亿元，分别增长14.8%、30.2%和29.8%。

【金融和保险】2013年，朔州市年末全市金融机构本外币各项存款余额1094.2亿元，比年初增加42.1亿元，增长4.0%，其中人民币各项存款余额1092.8亿元，比年初增加42.0亿元，增长4.0%；全市金融机构本外币各项贷款余额469.7亿元，比年初增加88.3亿元，增长23.2%，其中人民币各项贷款余额467.5亿元，比年初增加92.4亿元，增长24.6%。

全年全市保费收入13.3亿元，比上年增长10.7%。其中，寿险业务保费收入6.4亿元，增长8.9%；健康险保费收入0.5亿元，增长43.9%；意外伤害险保费收入0.3亿元，增长25.4%；财产险业务保费收入6.2亿元，增长10.0%。全年赔付支出6.7亿元，增长51.0%。其中，寿险业务给付支出3.1亿元，增长113.7%；健康险业务给付支出1441万元，增长54.9%；意外伤害险业务给付支出555万元，下降7.7%；财产险业务赔款支出3.4亿元，增长20%。

7

2013年晋中市经济发展概况

【经济总量】2013年，晋中市全年实现地区生产总值（GDP）1020.4亿元，比上年增长9.1%。其中，第一产业增加值95.7亿元，增长4.4%，占生产总值的比重为9.4%；第二产业增加值535.8亿元，增长12.4%，占生产总值的比重为52.5%；第三产业增加值388.9亿元，增长5.3%，占生产总值的比重为38.1%。

人均地区生产总值30960元，按2013年平均汇率计算达到4985美元。

【农业】2013年，晋中市全年全市农作物种植面积322.1千公顷，比上年减少0.9千公顷。其中，粮食种植面积273.1千公顷，减少4.7千公顷；油料种植面积3.4千公顷，减少0.2千公顷；棉花种植面积0.1千公顷，减少0.2千公顷。在粮食种植面积中，玉米种植面积215.8千公顷，增加5.7千公顷；小麦种植面积14.2千公顷，减少6.0千公顷。

全年粮食产量182.4万吨，增产7.6%。其中，夏粮5.9万吨，减产35.4%；秋粮176.5万吨，增产10.1%。

【工业和建筑业】2013年，晋中市年末全市规模以上工业法人企业517家。全年规模以上工业增加值472.7亿元，同比增长13.0%。

全社会原煤产量8455.9万吨，比上年增长10.4%；发电量213.4亿千瓦时，增长7.2%。规模以上工业企业焦炭产量1112.0万吨，增长3.2%；粗钢产量214.7万吨，增长25.0%。

【固定资产投资】2013年，晋中市全年全社会固定资产投资945.9亿元，增长27.1%。其中，国有投资327.1亿元，增长14.2%；非国有投资618.8亿元，增长35.2%。

在全社会固定资产投资中，第一产业投资74.3亿元，增长188.2%；第二产业投资456.8亿元，增长21.2%；第三产业投资414.8亿元，增长21.6%。在第二产业中，工业投资453.7亿元，增长20.7%。其中，煤炭工业投资158.7亿元，下降1.8%；非煤产业投资294.9亿元，增长37.6%。传统产业（煤炭、焦炭、冶金、电力）投资合计215.4亿元，下降0.2%，非传统产业投资合计238.2亿元，增长48.7%。

【科学技术】2013年，晋中市全年全市专利申请受理量为1031件，增长8.6%，其中发明专利申请受理量为241件。全年全市专利授权量为544件，增长14.3%。按照国家高新技术企业认定办法，年末累计认定高新技术企业25家，比上年增加10家，创造高技术产业总产值34.8亿元，增长53.3%。

【国内贸易和对外经济】2013年，晋中市全年全市社会消费品零售总额429.5亿元，比上年增长13.8%。按经营地统计，城镇消费品零售额301.5亿元，增长12.4%；乡村消费品零售额127.9亿元，增长

17.2%。按消费形态统计，商品零售额401.4亿元，增长14.1%；餐饮收入额28.1亿元，增长10.7%。

全年全市海关进出口总额44405万美元，比上年下降10.8%。其中，进口额19702万美元，下降19.7%；出口额24703万美元，下降2.1%。

【交通、邮电和旅游】2013年年末，晋中市全市公路通车里程15565.5公里，比上年增加234.9公里，增长1.5%；其中高速公路572公里，与上年末持平。

年末全市民用汽车保有量404352辆（包括三轮汽车和低速货车4668辆），比上年末增长10.5%，其中私人汽车350400辆，增长11.7%。本年新注册汽车62600辆，增长3.7%。年末轿车保有量227340辆，增长17.2%，其中私人轿车211939辆，增长18.1%。

全年全市完成邮电业务总量58.4亿元。其中，邮政业务总量2.0亿元；电信业务总量56.4亿元。全年全市固定电话用户年末达到64.9万户。年末移动电话用户282.1万户，其中，3G移动电话用户75.7万户。年末全市固定及移动电话用户总数达到347.0万户。全市宽带接入用户52.8万户，增长23.4%。

全年全市接待海外旅游者35.1万人次，接待国内旅游者3288.2万人次，分别增长14.9%和34.2%；旅游外汇收入11811.8万美元，国内旅游收入294.0亿元，旅游总收入301.5亿元，分别增长15.6%、40.3%和39.4%。

【金融和保险】2013年年末，晋中市全市金融机构本外币各项存款余额1836.7亿元，比年初增加154.9亿元，增长9.2%。各项贷款余额910.3亿元，比年初增加156.7亿元，增长20.8%。

全年全市保费收入43.4亿元，增长7.9%。其中，财产险业务保费收入12.9亿元，增长11.3%；人身险和寿险业务保费收入30.5亿元，增长6.6%。

8

2013年运城市经济发展概况

【经济总量】2013年，运城市全年实现地区生产总值（GDP）完成1140.1亿元，按可比价格计算，比上年增长9.2%。其中：第一产业增加值195.9亿元，增长4.5%；第二产业增加值505.6亿元，增长11.7%；第三产业增加值438.6亿元，增长8.0%。第三产业中，交通运输、仓储和邮政业102.8亿元，增长8.6%；批发和零售业95.9亿元，增长8.9%；金融业36.6亿元，增长18.2%；房地产业28.8亿元，增长3.5%。第一、第二和第三产业增加值占全市生产总值的比重分别为17.2%、44.3%和38.5%，对经济增长的贡献率分别为7.9%、58.9%和33.2%。

【农业】2013年，运城市全年农林牧渔服务业总产值为366.2亿元，按可比价计算同比增长4.6%。其中，农业产值282.8亿元，增长3.9%；林业产值5.3亿元，增长15.7%；牧业产值51.7亿元，增长5.8%；渔业产值2.4亿元，增长15.1%；农林牧渔服务业产值23.9亿元，增长5.5%。

全年农作物种植面积801.7千公顷，比上年增长1.2%。其中，粮食种植面积686.4千公顷，增长2.9%（小麦342.6千公顷，下降0.2%；秋粮343.8千公顷，增长6.1%；玉米302.5千公顷，增长9.7%）；棉花种植面积21.4千公顷，下降35.2%；油料种植面积11.2千公顷，增长2.6%；蔬菜种植面积57.6千公顷，增长0.5%；果园面积158.8千公顷，增长7.2%（苹果园面积88.6千公顷，增长1.6%）。

【工业和建筑业】2013年，运城市全年全部工业增加值433.0亿元，比上年增长12.4%，在第二产业中所占比重为85.6%，比上年下降0.6个百分点。其中，规模以上工业企业466家，完成工业增加值406.3亿元，比上年增长13.1%。规模以上工业总产值1633.4亿元，同比增长16.2%；销售产值1572.1亿元，增长16.6%；产销率达96.3%，同比增长0.3个百分点。

全年具有资质等级的总承包和专业承包建筑企业159个，其中有工作量的144个，实现增加值72.6亿元，比上年增长6.7%。上缴税金3.3亿元，下降22.4%；实现利润3.3亿元，下降1.2%。

【固定资产投资】2013年，运城市全年固定资产投资1008.9亿元，比上年增长22.0%。其中，房地产开发完成93.0亿元，增长37.3%。在固定资产投资中，第一产业投资77.1亿元，比上年增长87.5%；第二产业投资581.8亿元，增长11.5%；第三产业投资350.0亿元，增长32.5%。在固定资产投资中，非国有投资完成847.4亿元，同比增长27.4%；国有投资完成161.5亿元，同比持平。

【科学技术】2013年，运城市全年受理专利申请1177件，比上年增长13.7%。其中，受理发明专利申请339件，比上年增长23.3%。全市授予专利权699件，其中，授予发明专利权70件。全年有112个项目列入国家、省各类科技计划，获得项目研究资金3344万元。

【国内贸易和对外经济】2013年，运城市全年社会消费品零售总额552.1亿元，比上年增长14.3%。按规模统计，限额以上消费品零售额249.2亿元，增长18.3%；限额以下消费品零售额302.9亿元，增长11.1%。按经营地统计，城镇消费品零售额441.7亿元，增长13.8%；乡村消费品零售额110.4亿元，增长16.2%。按行业统计，商品批发业61.8亿元，增长17.6%；商品零售业430.3亿元，增长13.6%；住宿餐饮业60.0亿元，增长15.5%。

全年货物进出口总额174567万美元，比上年增长64.0%。其中，进口126310万美元，增长86.9%。出口48257万美元，增长24.2%。

【交通、邮电和旅游】2013年，运城市年末全市公路线路里程15744公里，其中，国道290.6公里，省道1452.1公里，县道2739.8公里，乡、村道及专用道11261.4公里；高速公路597.1公里。全市公路密度111.01公里/百平方公里。公路客运量5355万人，比上年增长5.0%；公路货运量7448万吨，比上年增长8.9%。公路旅客运输周转量22.6亿人公里，比上年增长2.0%；公路货物运输周转量203.6亿吨公里，比上年增长15.2%。

全年邮电业务总量35.4亿元，比上年增长10.0%。其中，邮政业务总量2.5亿元，增长5.7%；电信业务总量32.9亿元，增长10.3%。年末固定及移动电话用户总数达到481.3万户，比上年末增加16.9万户。其中，固定电话62.3万户，移动电话418.9万户。电话普及率达到92.1部/百人，其中固定电话和移动电话普及率分别达到11.9部/百人和80.2部/百人。全市宽带接入用户达到67.6万户，增长13.0%。

全年旅游总收入212.6亿元，增长28.1%。其中，国内旅游收入209.7亿元，增长28.4%；旅游外汇收入4571.4万美元，增长13.3%。全年全市接待国内游客2889.4万人次，增长21.5%；接待入境旅游者17.8万人次，增长12.0%。

【金融和保险】2013年年末，运城市全部金融机构本外币各项存款余额1510.3亿元，比年初增长14.4%，其中人民币各项存款余额1507.3亿元，比年初增长14.3%。全部金融机构本外币各项贷款余额838.2亿元，比年初增长17.5%，其中人民币各项贷款余额829.2亿元，比年初增长17.0%。

年末全市共有保险公司30家，全年保费收入45.5亿元，比上年增长13.0%。其中，财产险保费收入14.4亿元，增长20.6%；人身险保费收入3.1亿元，增长27.3%；寿险保费收入28.0亿元，增长8.1%。全年支付各类赔款及给付15.3亿元，增长31.9%。

9

2013年忻州市经济发展概况

【经济总量】2013年，忻州市全年实现地区生产总值（GDP）654.7亿元，比上年增长9.0%。其中，第一产业增加值63.6亿元，增长4.1%，占生产总值的比重为9.7%；第二产业增加值327.4亿元，增长12.3%，占生产总值的比重为50.0%；第三产业增加值263.7亿元，增长6.1%，占生产总值的比重为40.3%。

【农业】2013年，忻州市全年全市农作物种植面积47.58万公顷，比上年减少0.02万公顷。其中，粮食种植面积42.72万公顷，增加0.08万公顷，增长0.2%；油料种植面积3.09万公顷，减少0.19万公顷，下降5.79%。在粮食种植面积中，玉米种植面积25.2万公顷，比上年增加0.45万公顷，增长1.82%。

全年粮食产量169.57万吨，增加6.15万吨，增产3.76%。其中，夏粮0.11万吨，增产22.22%；秋粮169.46万吨，增产3.75%。

【工业和建筑业】2013年，忻州市年末全市规模以上工业企业332家，增加17家。全年规模以上工业增加值增长13.0%。

全年全市建筑业实现增加值30.8亿元，比上年增长10.4%。具有建筑业资质等级的总承包和专业承包建筑业企业实现利润3.1亿元，增长102.4%。

【固定资产投资】2013年，忻州市全年全社会固定资产投资815.2亿元，增长24.8%。其中，国有及国有控股投资397.9亿元，增长1.3%；民间投资416.3亿元，增长61.7%。

在全社会固定资产投资中，第一产业投资85.8亿元，增长211.1%；第二产业投资357.1亿元，增长1.9%；第三产业投资372.3亿元，增长35.3%。在第二产业中，工业投资357.1亿元，增长1.9%。其中，煤炭工业投资94.5亿元，下降22.9%，非煤产业投资262.6亿元，增长15.3%；传统产业（煤炭、焦炭、冶金、电力）投资合计200.8亿元，下降22.7%，非传统产业投资合计156.3亿元，增长72.5%。

【科学技术】2013年，忻州市全年全市专利申请量与授权量分别为982件和390件，分别增长32.9%和59.2%；其中发明专利申请量为263件，增长38.4%，发明授权量为23件，下降36.1%。全年共签订各类技术合同15项，技术合同成交总额5510万元，增长125%。全年新登记科技成果2项。国家认定企业技术中心1家。省级企业技术中心14家。按照国家高新技术企业认定办法，年末累计高新技术企业13家。

【国内贸易和对外经济】2013年，忻州市全年全市社会消费品零售总额246.0亿元，增长14.2%。按经营地统计，城镇消费品零售额196.8亿元，增长14.7%；乡村消费品零售额49.2亿元，增长12.2%。按消费形态统计，商品零售额211.5亿元，增长12.9%；餐饮收入额34.5亿元，增长23%。

全年全市海关进出口总额19751万美元，下降9.4%。其中，进口额372万美元，增长4.1倍；出口额19379万美元，下降10.8%。

【交通、邮电和旅游】2013年年末，忻州市全市公路线路里程17318公里，其中高速公路730公里。

年末全市民用汽车保有量23.0万辆（包括三轮汽车和低速货车0.4万辆），比上年末增长13.5%，其中私人汽车19.2万辆，增长17.8%。本年新注册汽车3.4万辆，下降2.8%。年末轿车保有量11.6万辆，增长20.6%，其中私人轿车10.6万辆，增长21.8%。

全年全市完成邮电业务总量20.6亿元，增长2.0%。其中，邮政业务总量2.3亿元，增长9.5%；电信业务总量18.3亿元，增长1.1%。年末移动电话用户268.5万户，其中，3G移动电话用户61.9万户。全市宽带接入用户34万户，增长1.2%。

全年全市接待海外旅游者23.1万人次，接待国内旅游者1951.6万人次，分别增长10.9%和28.5%；旅游外汇收入8447.7万美元，国内旅游收入202.6亿元，旅游总收入207.7亿元，分别增长13.0%、28.3%和27.7%。

【金融和保险】2013年年末，忻州市全市金融机构本外币各项存款余额1464.90亿元，比年初增加153.81亿元，比年初增长11.73%。各项贷款余额583.08亿元，比年初增加103.26亿元，增长21.52%。

全年全市保费收入23.47亿元，增长13.1%。其中，寿险保费收入13.56亿元，增长17.3%；财产保费收入9.91亿元，增长7.83%。全年支付各类赔款及给付10.85亿元，增长49.8%。

10

2013年临汾市经济发展概况

【经济总量】2013年，临汾市全年实现地区生产总值（GDP）1223.6亿元，比上年增长8.5%。其中，第一产业增加值87亿元，增长4.8%，占生产总值的比重为7.1%；第二产业增加值732.6亿元，增长10.3%，占生产总值的比重为59.9%；第三产业增加值404亿元，增长5.8%，占生产总值的比重为33%。第三产业中，房地产业增加值26.3亿元，增长7.6%；批发和零售业增加值74.2亿元，增长6.5%；交通运输、仓储和邮政业增加值99.4亿元，增长8.2%。

【农业】2013年，临汾市全年全市农作物种植面积560.81千公顷，比上年增加0.98千公顷，增长0.2%。其中，粮食种植面积512.81千公顷，增加3.4千公顷；油料种植面积10.61千公顷，减少1.28千公顷；棉花种植面积1.31千公顷，减少1.78千公顷。在粮食种植面积中，玉米种植面积229.2千公顷，增加15.61千公顷；小麦种植面积226.86千公顷，减少8.84千公顷。

全年粮食产量232.3万吨，比上年增加10.1万吨，增产4.5%。其中，夏粮83.9万吨，减产14.6%；秋粮148.5万吨，增产19.7%。

【工业和建筑业】2013年年末，临汾市全市规模以上工业企业374家。全年规模以上工业增加值增长12.6%。

规模以上工业企业实现主营业务收入1930.35亿元，下降3.0%。其中，煤炭、焦炭、冶金和电力工业分别实现主营业务收入556.47亿元、331.59亿元、807.97亿元和56.35亿元，分别增长-8.2%、-3.1%、2.4%和10.5%；化学、建材、装备制造、医药和食品工业分别实现主营业务收入79.43亿元、14.52亿元、50.12亿元、6.26亿元和15.66亿元，分别增长-22.6%、-7.5%、-4.1%、2.0%和6.1%。

全年全市建筑业实现增加值56.9亿元，比上年下降5.8%。具有建筑业资质等级的总承包和专业承包建筑业企业实现利润2.3亿元，下降16.8%。

【固定资产投资】2013年，临汾市全年全市固定资产投资完成1036.3亿元，增长26%。其中，国有及国有控股投资完成537.8亿元，增长12.7%。

在全市固定资产投资中，内资企业投资完成1032.5亿元，增长26.2%；外商及港澳台商企业投资2.2亿元，增长1.94倍。

从三次产业看，第一产业投资完成54.1亿元，增长80.6%；第二产业投资完成468.1亿元，增长23.3%；第三产业投资完成514.1亿元，增长24.5%。在第二产业中，工业投资完成467.9亿元，增长23.3%。其中，煤炭工业投资178.4亿元，增长1.3%，非煤产业投资289.5亿元，增长42.3%。传统产业（煤炭、焦炭、冶金、电力）投资合计246.8亿元，增长1.2%，非传统产业（食品、建材、化工、装备制造等）投资合计221.1亿元，增长62.8%。

【科学技术】2013年，临汾市全年全市受理专利申请1190件，比上年增长43.37%。受理发明专利申请359件，比上年增长33.46%。全市累计认定高新技术企业23家；认定省级技术中心19家，市级企业技术中心22家；科技创新型企业56家。

【国内贸易和对外经济】2013年，临汾市全年全市社会消费品零售总额475.5亿元，增长13.7%。按经营地统计，城镇消费品零售额398.2亿元，增长13.6%；乡村消费品零售额77.3亿元，增长14.3%。按消费形态统计，商品零售额438.1亿元，增长14.4%；餐饮收入额37.4亿元，增长6.5%。

全年全市海关进出口总额71704万美元，下降13.3%。其中，进口额55491万美元，增长0.9%；出口额16213万美元，下降41.5%。

【交通、邮电和旅游】2013年年末，临汾市全市公路线路里程18025公里，其中高速公路462公里，与上年末持平。

年末全市民用汽车保有量38.4万辆（包括三轮汽车和低速货车1.1万辆），比上年末增长15.1%，其中私人汽车33.5万辆，增长16.6%。本年新注册汽车6万辆，增长9.3%。年末轿车保有量22.6万辆，比上年末增长20.1%，其中私人轿车20.8万辆，增长21.8%。

全年全市完成邮电业务总量36.35亿元，增长9.6%。其中，邮政业务总量2.47亿元，增长2.2%；电信业务总量33.88亿元，增长10.1%。年末全市固定电话53.9万部，减少8.8万部，下降14.1%；新增移动电话用户29.7万户，年末达到393.6万户，其中，3G移动电话用户达到104.07万户。移动电话普及率89.88部/百人。全市宽带接入用户64.37万户，增长21.3%。

全年全市接待海外旅游者16.3万人次，接待国内旅游者2126.4万人次，分别增长12.4%和22.2%；旅游外汇收入3509.5万美元，国内旅游收入192.8亿元，旅游总收入195亿元，分别增长13.2%、22.1%和21.9%。

【金融和保险】2013年年末，临汾市全市金融机构本外币各项存款余额1794亿元，比年初增加137.2亿元，比年初增长8.3%。各项贷款余额845.7亿元，比年初增加96.1亿元，增长12.8%。

全年全市保费收入37.1亿元，增长4.7%。其中，寿险业务保费收入24.6亿元，增长0.3%；健康险业务保费收入1.6亿元；意外险业务保费收入0.7亿元；财产险业务保费收入12.5亿元，增长14.6%。全年支付各类赔款及给付13.5亿元，增长33.6%。

11

2013年吕梁市经济发展概况

【经济总量】2013年，吕梁市全年实现地区生产总值（GDP）1228.6亿元，增长9.5%。其中，第一产业增加值65.6亿元，增长4%，占生产总值的比重为5.3%；第二产业增加值866.5亿元，增长10.9%，占生产总值的比重为70.5%；第三产业增加值296.5亿元，增长6.6%，占生产总值的比重为24.2%。

【农业】2013年，吕梁市全年全市农作物种植面积39.93万公顷，比上年减少0.2万公顷。其中，粮食种植面积35.28万公顷，减少0.12万公顷；油料种植面积3.3万公顷，减少0.14万公顷；棉花种植面积0.02万公顷，减少0.017万公顷。在粮食种植面积中，玉米种植面积16.93万公顷，增加0.84万公顷；小麦种植面积0.42万公顷，减少0.3万公顷。

全年粮食产量115.86万吨，增加5.31万吨，增产4.8%。其中，夏粮1.41万吨，减产52.6%；秋粮114.44万吨，增产6.39%。

【工业和建筑业】2013年年末，吕梁市全市规模以上工业企业592家，增加14家。全年规模以上工业增加值增长12%。

规模以上工业企业实现主营业务收入1853.8亿元，增长2.2%。其中，煤炭、焦炭、冶金和电力工业分别实现主营业务收入910.3亿元、234.9亿元、270.6亿元和22.4亿元，分别增长-7.05%、-2.02%、29.3%和-2.29%。

全年全市建筑业实现增加值14.5亿元，比上年增长27.3%。具有建筑业资质等级的总承包和专业承包建筑业企业实现利润2.9亿元，增长11%。建筑业营业税14.1亿元，增长32.1%。

【固定资产投资】2013年，吕梁市全年固定资产投资872.9亿元，增长26.4%。其中，国有及国有控股投资315.2亿元，增长30%；民间投资557.7亿元，增长24.5%。

在固定资产投资中，第一产业投资13.9亿元，增长1倍；第二产业投资559.6亿元，增长19.6%；第三产业投资299.5亿元，增长38.9%。在第二产业中，工业投资559.6亿元，增长19.6%。其中，煤炭工业投资126.2亿元，下降32.5%，非煤产业投资433.4亿元，增长54.3%；传统产业（煤炭、焦炭、冶金、电力）投资合计320.2亿元，增长13.7%，非传统产业投资合计239.4亿元，增长28.5%。

【国内贸易和对外经济】2013年，吕梁市全年全市社会消费品零售总额344亿元，增长14.2%。其中：城镇零售额273.2亿元，增长14.4%；乡村市场零售额70.8亿元，增长13%。按消费形态统计，商品零售额287.8亿元，增长15.3%；餐饮收入额33.4亿元，增长7.45%。

全年全市海关进出口总额74846万美元，增长30.1%。其中：出口16393万美元，增长47.3%；进口58452万美元，增长26%。

【交通、邮电和旅游】2013年，吕梁市年末全市公路线路里程17015.1万公里，其中高速公路533.1公里。全年完成农村公路建设投资28亿元，建成农村公路338公里。

年末全市民用汽车保有量262951辆（包括三轮汽车和低速货车8551辆），比上年末增长14.7%，其中私人汽车225649辆，增长16.6%。本年新注册汽车39524辆，增长5.3%。年末轿车保有量155805辆，增长18.2%，其中私人轿车138805辆，增长18.1%。

全年全市完成邮电业务总量24.98亿元，增长6.9%。其中，邮政业务总量2.2亿元，增长5.7%；电信业务总量22.8亿元，增长7%。年末移动电话用户303.3万户，其中，3G移动电话用户86.3万户。全市宽带接入用户46.5万户，增长8.4%。

全年全市接待海外旅游者5.9万人次，接待国内旅游者1688万人次，分别增长11.1%和26.5%；旅游外汇收入1963.6万美元，国内旅游收入141亿元，旅游总收入142.3亿元，分别增长13.4%、29.5%和29.3%。

【金融和保险】2013年年末，吕梁市全市金融机构本外币各项存款余额1603.6亿元，比年初增加16.1亿元，增长1%；各项贷款余额803.1亿元，比年初增加41亿元，增长5.4%。

年末全市金融机构人民币各项存款余额1601.9亿元，比年初增加15.7亿元，增长1%；各项贷款余额798.6亿元，比年初增加41.7亿元，增长5.5%。

全年全市保费收入29.3亿元，增长1.7%。其中，财产险保费收入9.9亿元，增长12.5%；寿险保费收入17.8亿元，下降4.8%；意外险保费收入6185万元，增长16.6%；健康险保费收入1亿元，增长27.8%。

内蒙古自治区

| 呼和浩特市 | 乌海市 | 赤峰市 | 通辽市 | 鄂尔多斯市 | 呼伦贝尔市 |
| 巴彦淖尔市 | 乌兰察布市 | 包头市 |

1

2013年呼和浩特市经济发展概况

【经济总量】2013年，呼和浩特市全年实现地区生产总值（GDP）2710.39亿元，比上年增长10.0%。分产业看，第一产业实现增加值134.72亿元，同比增长5.3%；第二产业实现增加值866.74亿元，同比增长14.5%；第三产业增加值实现1708.93亿元，同比增长7.9%。三次产业的比重为5：32：63，一、二、三产业增加值对经济增长的贡献率分别为2.3%、47.7%和50.0%，三次产业分别拉动经济增长0.2个、4.8个和5.0个百分点。

【农业】2013年，呼和浩特市全市农作物播种面积458.14千公顷，比上年增长3.2%，其中粮食播种面积326.67千公顷，比上年增长0.5%。全年粮食产量136.90万吨，比上年增长12.3%。粮食作物中，玉米播种面积151.74千公顷，比上年增长5.4%，产量101.95万吨，比上年增长23.3%；马铃薯播种面积78.20千公顷，比上年增长8.2%，产量19.30万吨，比上年下降11.9%；油料播种面积59.55千公顷，比上年增长0.8%，产量7.81万吨，比上年增长27.3%。

【工业和建筑业】2013年，呼和浩特市全市规模以上工业增加值比上年增长18.1%，其中：国有企业增加值增长3.8%，集体企业增加值下降18.3%，股份合作企业增加值增长41.5%，股份制企业增加值增长40.5%，外商及港澳台投资企业增加值下降8.6%，其他经济类型企业下降26.1%。在规模以上工业企业中，轻工业增加值下降1.9%；重工业增加值增长35.4%。

2013年，全市规模以上工业企业主营业务收入1435.70亿元，比上年增长15.3%；实现利润110.32亿元，比上年增长26.4%；规模以上工业亏损企业亏损额18.41亿元，比上年下降33.8%。全年规模以上工业企业产品销售率98.4%，比上年提升3.2个百分点。

【固定资产投资】2013年，呼和浩特市固定资产投资完成1504.83亿元，比上年增长15.6%。其中，第一产业投资增长较快，完成投资114.06亿元，增长24.2%；第二产业完成投资275.01亿元，增长30.0%；第三产业完成投资1115.75亿元，增长11.8%。第二产业投资中，工业投资完成274.10亿元，比上年增长30.8%，增速创近七年来的新高，比全部固定资产投资增速快15.2个百分点。

【科学技术】2013年，全年市财政投入科技经费9396万元，比上年增长5.1%，争取国家及自治区支持资金1.19亿元，项目96项。年内专利申请量1729件，授权专利1130件。安排重大科技专项经费6583万元。

【国内贸易和对外经济】2013年，呼和浩特市全市社会消费品零售总额完成1142.36亿元，比上年增长11.8 %。从经营单位所在地看，城镇实现社会消费品零售额1049.33亿元，占社会消费品零售总额的91.9%，增长11.8%；乡村消费品零售额93.03亿元，增长10.8%。从限额以上批发零售贸易企业情况看，粮食、食品、饮料、烟酒类完成零售额70.53亿元，比上年增长17.2%；服装鞋帽、针纺织品类完成零售额99.98亿元，比上年增长2.6%；家用电器和音像器材类完成零售额24.88亿元，比上年增长32.6%；建筑及装潢材料类完成零售额14.11亿元，比上年增长22.3%。

全年海关进出口总额达到15.99亿美元，比上年下降5.9%。其中，进口总额8.64亿美元，比上年下降0.4%；出口总额7.35亿美元，比上年下降11.7%。

【交通、邮电和旅游】2013年，呼和浩特市全年公路货运量 14978万吨，比上年增长17.1%，公路货运周转量506.87亿吨公里，比上年增长17.4%；公路客运量1625万人，比上年下降5.6%，公路客运周转量40.61亿人公里，比上年下降5.5%。

全年邮电业务总量 50.23亿元，比上年增长6.5%。其中，邮政业务总量5.52亿元，比上年增长6.9%；电信业务总量44.71亿元，比上年增长6.5%。年末本地网固定电话用户81.25万户，增长2.3%；年末移动电话400.36万户，增长8.0%。年末全市互联网络用户达44.97万户，增长6.1%。

【金融和保险】2013年年末，呼和浩特市全市金融机构人民币存款余额为4437.99亿元，比上年末增长16.6%。其中单位存款余额为2632.92亿元，比上年末增长20.6%；个人存款1481.36亿元，比上年末增长17.1 %；财政性存款240.53亿元，比上年末下降16.3%。年末全市金融机构各项贷款余额4273.09亿元，比上年末增长15.3%。其中，短期贷款1021.29亿元，比上年末增长22.5%；中长期贷款3181.79亿元，比上年末增长12.3%。

全市保费收入51.72亿元，比上年增长9.6%。其中，财产险保费收入23.30亿元，比上年增长8.5%；人身险保费收入28.42亿元，比上年增长10.6 %。全市保险赔款与给付支出19.55亿元，比上年增长18.6%。其中，财产险保险赔付支出12.50亿元，比上年增长17.3%；人身险保险赔付支出7.05亿元， 比上年增长20.9%。

2

2013年乌海市经济发展概况

【经济总量】2013年，乌海市全年实现地区生产总值（GDP）570.13亿元，按可比价格计算，比上年增长10.5%，连续18年实现两位数增长，其中，第一产业增加值5.16亿元，增长5%；第二产业增加值375.97亿元，增长11.8%；第三产业增加值189亿元，增长8%。按常住人口计算，乌海市人均GDP达到103519元，比上年增长9.4%，按年均汇率计算折合16716美元。三次产业结构由上年的0.9：68.2：30.9调整为

0.9：65.9：33.2。

【农业】2013年，乌海市全年农作物总播面积4613公顷。粮食作物播种面积4574公顷，粮食总产量4.1万吨。

全市畜禽存栏头数达59.44万头（只），比上年下降8.6%。初步统计，全年肉类总产量13734.34吨，比上年增长0.01%。其中，猪肉产量达到9691吨，与上年持平；牛肉产量达到500吨，比上年下降3.1%；羊肉产量达到2647.34吨，比上年增长2.1%。牛奶产量1860.62吨，比上年下降38.4%；禽蛋产量3345.01吨，比上年下降0.1%。

【工业和建筑业】2013年，乌海市全市完成工业增加值337.04亿元，按可比价计算，比上年增长11.6%。156户规模以上工业企业增加值增长14.2%。其中，国有控股企业增长6.6%，股份制企业增长15.9%。产品销售率为91.9%，比上年降低1.6个百分点。分行业看：煤炭开采和洗选业比上年增长21%、炼焦业比上年增长11.7%、化学原料及化学制品业比上年增长8.7%、非金属矿物制品业比上年增长3.8%、黑色冶金业比上年增长12.4%、电力热力生产与供应业比上年下降 0.4%。

全市资质以上建筑施工企业50家，比上年增长了8.7%，实现建筑业增加值38.93亿元，比上年增长13%。

【固定资产投资】2013年，乌海市全市完成固定资产投资416.97亿元，比上年增长20.3%。其中，第一产业投资完成9.63亿元，比上年增长95%；第二产业投资完成253.94亿元，比上年增长26.5%；第三产业投资完成153.4亿元，比上年增长8.9%。

【科学技术】2013年，乌海市全市取得自治区科技成果38项，获得自治区科技进步奖1项。认定、登记技术合同23项，合同成交额14.93亿元。

【国内贸易和对外经济】2013年，乌海市全市实现社会消费品零售总额113.73亿元，比上年增长13.1%，扣除物价上涨因素，实际增长8.8%。

全市进出口总额达898万美元，比上年下降80.6%；其中出口额198万美元，比上年增长20.8%；进口额700万美元，比上年下降84.3%。

【交通、邮电和旅游】2013年，乌海市全年各种运输方式完成货物运输总量12169.73万吨，比上年增长15.4%，其中，铁路货物运输2081.59万吨，增长0.6%；公路货运量10088万吨，增长19.1%；民航货邮吞吐量完成1438.6吨，增长17.9%。

2013年全市固定电话用户达13.17万户，比上年下降15.3%；年末移动电话在网用户达到105.32万户，比上年下降6.3%，其中3G移动电话用户17.26万户；互联网用户达到20.46万户，比上年增长116.3%。

全年完成邮政业务总量4733.55万元，比上年下降3%。全年订阅报纸751.66万份，下降3%；订销杂志44.62万份，下降1%；国内收寄函件11.62万件，下降16%；国际收寄函件164件，下降63%。

全年旅游总收入20.35亿元，比上年同期增长22.9%，旅游接待人数145.6万人次，增长12.4%。

【金融和保险】2013年，乌海市全市金融业实现增加值26.23亿元，比上年增长12.7%。年末全市金融机构人民币存款余额587.33亿元，比年初增加27.38亿元。其中，个人存款余额299.05亿元，比年初增加38.88亿元；金融机构人民币各项贷款余额474.98亿元，比年初增加93.8亿元。其中，短期贷款余额230.72亿元，比年初增加50.27亿元；中长期贷款余额194.05亿元，比年初增加23.57亿元。

年末全市共有各类保险行业机构53家。全年财寿险保费收入10.01亿元，比上年增长13.7%。其中，财产险保费收入3.87亿元，下降2.7%；寿险保费收入6.14亿元，增长27.3%；全年各类保险赔款给付支出2.86亿元；其中，财产险赔付1.81亿元；寿险给付1.05亿元。

3

2013年赤峰市经济发展概况

【经济总量】2013年，赤峰市全年实现地区生产总值（GDP）1686.15亿元，按可比价格计算，比上年增长9.2%。其中，第一产业增加值264.71亿元，增长5.4%；第二产业增加值912.69亿元，增长11.4%；第三产业增加值508.75亿元，增长6.8%。按常住人口计算，人均生产总值39125元，增长9.3%，按年均汇率折算为6318美元。

从产业结构看，三次产业比例由上年的15.1：55.4：29.5调整为15.7：54.1：30.2，第一产业比重提高0.6个百分点，第二产业下降1.3个百分点，第三产业提高0.7个百分点；从增长速度看，第二产业达到11.4%，居三次产业之首，分别高于一、三产业6个和4.6个百分点；从贡献情况看，三次产业对经济增长的贡献率分别为8.7%、68.4%和22.9%，第一产业较上年提高0.1个百分点，第二产业下降2.3个百分点，第三产业提高2.2个百分点；从拉动经济增长情况看，三次产业分别拉动经济增长0.8个、6.3个和2.1个百分点，第二产业分别高于第一、第三产业5.5个和4.2个百分点。

【农业】2013年，赤峰市全市粮食作物播种面积1353.43万亩，增长0.5%。全市粮食总产量105.02亿斤，比上年增长5%。其中谷物96.95亿斤，增长8.4%；豆类1.62亿斤，下降47.6%；薯类（折粮）6.45亿斤，下降14.3%。经济作物产量普遍提高，其中，油料产量3.3亿斤，增长28.6%；甜菜21.53亿斤，增长43.5%；蔬菜90.54亿斤，下降2.5%；瓜类7.03亿斤，增长4.2%。

【工业和建筑业】2013年，赤峰市全年全部工业完成增加值790.46亿元，比上年增长11.6%。其中规模以上工业（年主营业务收入2000万元及以上的法人工业企业）增加值增长12.2%。在规模以上工业企业中，按企业规模分，大中型工业增长11.6%；按企业经济类型分，国有及国有控股企业增长7.3%，其他类型企业增长15.3%；按轻重工业分，轻工业增长12.5%，重工业增长12.1%。冶金、能源、食品、医药、建材、纺织、化工和机械八大重点行业增长11.7%，对规模以上工业的贡献率达92.1%，拉动规模以上工业增长11.2个百分点。其中冶金行业增长13.9%，对规模以上工业的贡献率为55.1%，拉动规模以上工业增长6.7个百分点。

全年建筑业完成增加值122.24亿元，比上年增长9.9%。全市具有建筑业资质等级的建筑企业房屋建筑施工面积1277.8万平方米，下降2.6%；竣工房屋面积834.4万平方米，增长1.5%；房屋建筑竣工率65.3%；利润总额9.98亿元，增长41.2%；实现税金0.23亿元，增长6.3%。

【固定资产投资】2013年，赤峰市全年全社会固定资产投资完成1578.82亿元，比上年增长18.1%。其中规模以上固定资产投资（城乡计划总投资50万元及以上建设项目）完成1567.47亿元，增长18.5%。从投资主体看，国有经济单位投资354.95亿元，增长6.7%；集体经济单位投资63.75亿元，增长19.9%；有限责任公司投资537.39亿元，增长21.7%；其他经济类型单位投资611.38亿元，增长23.5%。按项目隶属关系分，地方项目完成投资1539.34亿元，增长18.8%；中央项目完成投资28.14亿元，增长7.2%。

从产业投资结构看，三次产业分别完成投资205.05亿元、721.27亿元和641.15亿元，分别占规模以上固定资产投资的13.1%、46%和40.9%，第二产业投资所占比重同比下降3.7个百分点，第一、第三产业分别上升2.7个和1个百分点。从行业投资看，工业投资完成701.76亿元，增长9.8%，占规模以上固定资产投资的44.8%，所占比重同比下降3.6个百分点。第三产业中的住宿和餐饮业投资增长199.1%；文化、体育和娱乐业投资增长198.9%；租赁和商务服务业投资增长136%；公共管理、社会保障和社会组织投资增长88.3%。

【科学技术】2013年，赤峰市全年鉴定科技成果25项。年内签订技术合同92项，合同成交额7634万元。

【国内贸易和对外经济】2013年，赤峰市全年社会消费品零售总额526.56亿元，比上年增长13.2%。分城乡看，城镇消费品零售总额430.07亿元，增长14.2%；乡村消费品零售总额96.49亿元，增长8.8%。全年商品销售（营业）额1204.56亿元，比上年增长15.3%。分行业看，批发业销售额629.68亿元，增长16%；零售业销售额492.53亿元，增长14.3%；住宿业营业额17.44亿元，增长12.5%；餐饮业营业额64.91亿元，增长17.7%。

全年对外贸易企业进出口总额11.68亿美元，比上年下降17.5%。其中进口10.5亿美元，下降18.7%；出口1.18亿美元，下降4.9%。在进出口总额中“三资”企业完成0.63亿美元，增长0.1%。全年实际利用外商投资510万美元，下降53%。

【交通、邮电和旅游】2013年年末，赤峰市全市公路里程达到24266公里，比上年增长1.6%，其中等级公路率达到97.5%。全年公路货运量完成10290万吨，下降0.1%；货物周转量314.37亿吨公里，增长3.3%。公路客运量5045万人，与上年基本持平；客运周转量43.25亿人公里，下降0.1%。

全年邮电业务总量（2010年不变价）28.61亿元，比上年增长7.9%。其中，电信业务总量26.81亿元，增长7.2%；邮政业务总量1.81亿元，增长10%。全市固定电话用户达到50.4万户，其中住宅电话33.2万户。移动电话用户达到396.3万户，增长17.1%。计算机互联网用户36.3万户，增长19.6%。

全年共接待境内外游客910万人次，比上年增长26.4%，旅游业总收入实现145.21亿元，增长32%。

【金融和保险】2013年年末，赤峰市全市金融机构人民币存款余额1267.64亿元，比年初增加110.9亿元，增长9.6%。其中，单位存款余额380.1亿元，比年初增加15.2亿元，增长4.2%；个人存款余额866.8亿元，比年初增加98.5亿元，增长12.8%。年末全市金融机构人民币贷款余额860.72亿元，比年初增加149亿元，增长20.9%。其中，短期贷款余额408.2亿元，比年初增加92亿元，增长29.1%；中长期贷款余额445.7亿元，比年初增加55.2亿元，增长14.1%；个人消费贷款余额114.3亿元，比年初增加34亿元，增长42.3%。

全年保险业实现保费收入35.2亿元，比上年增长17.1%，赔款和给付支出11.79亿元，增长36.9%。其中，财产险保费收入15.45亿元，增长24.5%；赔款支出7.4亿元，增长25.8%。人寿险保费收入19.75亿元，增长11.9%；赔款与给付支出4.39亿元，增长60.9%。

4

2013年通辽市经济发展概况

【经济总量】2013年，通辽市全年完成地区生产总值（GDP）1811.82亿元，按可比价格计算，比上年增长9.7%，增速高于全区0.7个百分点。其中，第一产业增加值257.44亿元，增长6.7%；第二产业增加值1122.40亿元，增长11.2%；第三产业增加值431.98亿元，增长7.2%。三次产业结构由2012年的13.8：63.1：23.1调整为14.2：62.0：23.8，与上年相比，第二产业所占比重减少了1.1个百分点，第一、第三产业所占比重分别提高0.4个和0.7个百分点。按常住人口计算人均生产总值57902.27元，增长9.8%。

【农业】2013年，通辽市全市实现第一产业增加值257.44亿元，比上年增长6.7%，增幅较上年提高1.6个百分点。年初实有耕地面积134.80万公顷。农作物播种面积113.25万公顷，比上年增加1.26万公顷，增长1.1%。在农作物播种面积中，粮食作物播种面积93.01万公顷，比上年增加0.46万公顷，增长0.5%，占总播种面积82.1%；经济作物播种面积20.24万公顷，同比增加0.79万公顷，增长4.1%，占总播种面积的17.9%。油料作物播种面积4.99万公顷，同比增加0.34万公顷，增长7.3%，占总播种面积的4.4%；蔬菜及食用菌播种面积7.45万公顷，增加0.03万公顷，占总播种面积的6.6%，增长0.4%。

全年粮食产量663.00万吨，比上年增产55.0万吨，增长9.1%。其中：稻谷15.99万吨；小麦1.80万吨；玉米607.23万吨；高粱20.30万吨。

【工业和建筑业】2013年，通辽市全年全部工业增加值1036.23亿元，比上年增长11.8%，增幅比上年回落5.9个百分点。其中：规模以上工业企业增加值增长12.2%，增幅比上年回落7.0个百分点。分经济类型看，国有企业增加值累计增长16.0%，集体企业增加值累计增长5.0%，股份制企业增加值累计增长10.4%，外商及港澳台商投资企业增加值累计增长39.0%。其中，股份制企业所占比重达到73.8%，与同期相比增加2.3个百分点。

全年建筑业增加值86.17亿元，比上年增长4.3%。全市有工作量的资质等级建筑施工企业54个，实现建筑业总产值64.82亿元，比上年增长1.2%。实现利润总额2.98亿元，比上年增长28.8%。房屋建筑施工面积394.65万平方米，比上年下降0.2%，其中新开工面积271.94万平方米，比上年增长19.3%。

【固定资产投资】2013年，通辽市全年全社会固定资产投资完成1600.00亿元，比上年增长21.2%。其中，城乡50万元以上固定资产投资完成1577.65亿元，比上年增长23.1%。分产业看，第一产业投资107.70亿元，比上年增长48.2%；第二产业投资825.74亿元，比上年增长10.9%，其中：工业投资823.90亿元，比上年增长11.1%；第三产业投资644.22亿元，比上年增长38.8%。三次产业投资比重由上年同期的5.7：58.1：36.2调整为今年的6.8：52.3：40.9。分行业看，电力、热力、燃气及水的生产和供应业投资186.62亿元，比上年增长39.3%；交通运输、仓储和邮政业投资153.29亿元，比上年增长11.9%；水利、环境和公共设施管理业投资174.21亿元，比上年增长50.1%；住宿和餐饮业投资14.07亿元，比上年增长19.9%；教育投资12.21亿元，比上年增长58.9%；文化、体育和娱乐业投资24.69亿元，比上年增长2.4倍。

【国内贸易和对外经济】2013年，通辽市全年实现社会消费品零售总额372.35亿元，比上年增长11.0%，增幅比上年下降3.0个百分点。按销售单位所在地分，城镇实现零售额264.77亿元，同比增长10.4%，其中：城区143.37亿元，增长7.4%；乡村实现零售额107.58亿元，同比增长12.5%，增速快于城镇2.1个百分点。按行业分，全市批发业实现零售额54.68亿元，同比下降5.7%；零售业实现零售额265.34亿元，增长14.4%；住宿业实现零售额3.87亿元，增长18.5%；餐饮业实现零售额48.46亿元，增长14.7%。

全年外贸进出口总额20858万美元，同比增长100.9%，创历史新高。其中，出口12300万美元，同比增长68.8 %；进口8558万美元，同比增长176.5%。其中：民营企业累计进出口19867万美元，占全市外贸进出口总额的95.2 %，同比增长149.1 %。其中出口11330万美元，同比增长80.1%；进口8537万美元，同比增长404.3%。国有企业进出口809万美元，占全市外贸进出口总额的3.9 %，同比下降57.3%，其中出口788万美元，同比增长33.2%；进口11万美元，同比下降99.2%。外资企业进出口182万美元，占全市外贸进出口总额的0.9 %，同比下降63.4 %。

【交通、邮电和旅游】2013年，通辽市全年交通运输、仓储和邮政业增加值87.20亿元，比上年增长7.1%。全市公路里程18466公里，高速公路430公里。全年公路货运量5815万吨，比上年增长12.7%，公路货运周转量139.70亿吨公里，增长16.3%；全年公路客运量2897万人，增长2.4%；公路旅客周转量22.08亿人公里，增长6.5%。2013年铁路货运量4939万吨，下降7.4%；铁路客运量792万人，增长11.5%。全年民航货邮吞吐量0.18万吨，货邮周转量是251.50万吨公里；民航旅客吞吐量57.27万人次，全年的旅客周转量7.74亿人公里。

全年完成电信业务总量18.99亿元，邮政业务总量0.74亿元。全市有邮政局（所、处）125个，邮路总长度5098公里，农村投递路线总长度为2446公里。全年特快专递4.56万件，报纸期发数11.72万份，杂志期发数2.91万份。城镇固定电话普及率19.57部/百户；农村18.38部/百户。城镇移动电话普及率221.53部/百户；农村219.88部/百户。每百户城镇和农村居民家用计算机数分别为64.00台和23.34台。

全年旅游总收入120.00亿元，同比增长31.6%。接待国内外旅游者500.00万人次，同比增长14.3%；接待入境旅游者2.32万人次。国际旅游外汇收入1601万美元，国内旅游收入118.72亿元。通辽市已有A级景区22家，AAA级景区达到11家，4A级景区3家；有星级饭店32家。

【金融和保险】2013年年末，通辽市全部金融机构各项存款余额699.35亿元，比年初增加71.53亿元，增长11.4%，增幅比上年同期增长0.1个百分点。其中：单位存款239.60亿元，比年初增加15.85亿元，增长7.1%；个人存款428.59亿元，比年初增加63.11亿元，增长17.3%。全部金融机构各项贷款余额703.00亿元，比年初增加92.74亿元，增长15.2%，增幅比上年低0.2个百分点。

全年保险保费收入23.59亿元，同比增长21.7%，其中：财产保险保费收入12.50亿元，同比增长21.7%，赔款5.52亿元，同比增长18.3%；人寿保险保费收入11.09亿元，同比增长21.6%，赔款1.26亿元，同比增长25.1%。

5

2013年鄂尔多斯市经济发展概况

【经济总量】2013年，鄂尔多斯市全年实现地区生产总值（GDP）3955.90亿元，扣除价格因素，比去年增长9.6%。分产业看，第一产业完成增加值97.50亿元，增长3.3%，对经济增长的贡献率为2.5%，拉动GDP增长0.2个百分点。第二产业完成增加值2369.33亿元，增长11.4%，对全市经济增长的贡献率达到52.2%，拉动GDP增长5.0个百分点。其中，工业完成增加值2109.53亿元，增长11.9%；建筑业完成增加值259.80亿元，增长7.3%。第三产业完成增加值1489.07亿元，增长7.0%，对经济增长的贡献率为45.3%，拉动GDP增长4.4个百分点。三次产业增加值比例调整为2.5：59.9：37.6。

【农业】2013年，鄂尔多斯市全年现价农林牧渔及服务业总产值165.5亿元，按可比价格计算比上年增长3.7%。其中，农业产值75.6亿元，增长3.4%；林业产值6.6亿元，增长5.9%；牧业产值78.2亿元，增长2.6%；渔业产值2.0亿元，增长16.5%；农林牧渔服务业产值3.0亿元，增长5.4%。

全市农作物总播种面积577.72万亩。其中粮食作物播种面积362.83万亩，油料播种面积51.83万亩，蔬菜播种面积14.21万亩。全年粮食总产量155.1万吨，同比增长6.9%。油料产量9.01万吨，同比增长15.1%；甜菜产量9.46万吨，同比下降12.2%；蔬菜产量42.88万吨，同比增长24.8%。

【工业和建筑业】2013年，鄂尔多斯市全市规模以上工业企业379家，较去年减少6家。总产值达到4210.3亿元，同比增长7.5%；销售产值4141.1亿元，增长7.6%；工业产品产销率98.4%。

全年规模以上工业增加值按可比价比上年增长12.7%。按轻重工业分，轻工业增长0.7%、重工业增长13.0%；按经济类型分，国有企业增长28.9%，集体企业增长10.6%，股份制企业增长10.6%，外商及港澳台投资工业增长4.3%，其他经济类型工业增长32.0%。

年末全市具有资质等级的建筑施工企业221个，全年资质以上建筑业总产值469.62亿元，比上年增长7.9%，竣工产值171.97亿元，下降34.7%。建筑业企业房屋建筑施工面积652.22万平方米，下降42.8%；竣工面积247.61万平方米，下降49.5%。

【固定资产投资】2013年，鄂尔多斯市全市全社会固定资产投资完成2996.04亿元，同比增长16.6%。

其中，城镇投资2976.4亿元，同比增长16.6%；农村投资19.7亿元，同比增长12.2%。全年新增固定资产938.79亿元，固定资产交付使用率31.3%，共有983个城镇建设项目建成投产，项目建成投产率60.7%。全市亿元以上重点开工项目315个，比上年下降1.3%，完成投资2341.83亿元，比上年增长24.4%。

【科学技术】2013年，鄂尔多斯市全市共取得各类科技成果42项，全年提交专利申请1041件，分别同比增长75.0%和157.7%。其中，授权专利637件，同比增长190.9%。技术合同认定登记75项，成交金额1.1亿元，分别同比下降76.5%和80.1%。年内新认定国家级高新技术企业4家，自治区院士级企业研究开发中心4家，自治区级工程技术研究中心1家，自治区院士专家工作站3家。

【国内贸易和对外经济】2013年，鄂尔多斯市全市实现社会消费品零售总额553.81亿元，同比增长10.5%。其中，城镇实现消费品零售额460.54亿元，同比增长10.6 %；乡村实现消费品零售额93.28亿元，同比增长9.6%。

全市完成进出口总额（不含煤炭）11.36亿美元，同比增长168.8%。其中进口总额7.91亿美元，同比增长308.2%；出口总额3.46亿美元，同比增长51.0%。

【交通、邮电和旅游】2013年，鄂尔多斯机场全年共营运航线47条，通航城市38个，并于2013年7月首次开通直飞香港的国际（地区）航班。铁路通车里程达1576公里。全市公路总里程18475公里，其中高速公路里程682公里，公路网密度为21.2公里/百平方公里。全年各种运输方式完成货运量66609.35万吨，比上年增长14.3%；其中，铁路完成货运量26402.4万吨，增长14.0%；公路货运量40206万吨，增长14.0%；民航货运量0.95万吨，下降3%。全年各种运输方式完成客运量2757.79万人，比上年增长4.7%。其中，铁路完成客运量47.6万人，下降13.0%；公路客运量2537万人，增长4.7 %；民航客运量173.19万人，下降3.8%。全市机动车拥有量52.4万辆，同比增长6.1%，其中新注册3.5万户。

全年实现邮电业务收入28.44亿元，同比增长14.1%。其中，邮政业务收入1.21亿元，增长1.7%；电信业务收入27.23亿元，增长14.7%。年末固定电话用户23.34万户，移动电话用户306.21万户，其中，3G移动电话用户93.04万户，增长28.6%；宽带用户达到17.8万户，增长35.9%。

全市A级旅游景区和全国工农业旅游示范点44个，其中，国家5A级旅游景区2个，4A级旅游景区17个，3A级旅游景区13个。全市旅行社116家，其中具有出境经营权的旅行社17家，全市旅游直接从业者达4.4万人。全市共接待游客650.7万人次，同比增长9.7%。其中，接待入境旅游者3.1万人次。实现旅游收入152.4亿元，同比增长21.5%。

【金融和保险】2013年，鄂尔多斯市全市共有银行法人机构26家，银行营业网点553个，共有从业人员9399人。年末金融机构各项存款余额（人民币）2325.7亿元，同比增长5.5%。其中，单位存款余额1079.5亿元，同比下降3.8%；城乡居民储蓄存款余额1179.4亿元，同比增长14.3%。年末金融机构各项贷款余额2368.6亿元，同比增长7.3%。其中，短期贷款余额1069.5亿元，同比增长5.0%；中长期贷款余额1277.0亿元，同比增长7.2%；个人消费贷款余额254.5亿元，同比下降10.9%。

全市保险主体30家，各级保险机构178家。保险业实现保费收入32.37亿元，同比下降4.9%。其中财产险收入17.43亿元，同比下降11.5%；寿险收入12.43亿元，同比增长0.5%；健康险收入1.88亿元，同比增长57.0%；意外伤害险收入0.63亿元，同比下降18.5%。各项赔付支出11.47亿元，同比增长1.1%。其中财产险赔付支出8.57亿元，同比下降9.2%；寿险赔付支出1.97亿元，同比增长14.2%；健康险赔付支出0.77亿元，同比增长244.4%；意外伤害险赔付支出0.16亿元，同比下降23.4%。

6

2013年呼伦贝尔市经济发展概况

【经济总量】2013年，呼伦贝尔市全年实现地区生产总值（GDP）1430.55亿元，按可比价计算增长9.5%，人均地区生产总值（GDP）56470元，可比价增长9.6%。其中，第一产业增加值263.07亿元，增长5.8%；第二产业增加值682.17亿元，增长12.2%，其中：全部工业增加值587.56亿元，增长12.1%，建筑业增加值94.61亿元，增长12.6%；第三产业增加值485.31亿元，增长7.7%。三次产业结构比例由上年的17.9∶47.1∶35.0调整为18.4∶47.7∶33.9。

【农业】2013年，呼伦贝尔市全市农林牧渔业增加值实现263.07亿元，同比增长5.8%（可比价增速）。全市粮食作物播种面积2005.88万亩，增长0.5%。全年粮食总产量120.12亿斤，比上年增产7亿斤，增长6.2%。在粮食作物中，小麦产量20.48亿斤，增长23.2%；玉米产量61.03亿斤，增长17.0%；大豆产量22.93亿斤，增长8.8%；马铃薯产量7.85亿斤，下降39.8%。粮食平均亩产299.42公斤，增长5.7%。

【工业和建筑业】2013年，呼伦贝尔市全部工业增加值587.56亿元，增长12.1%，规模以上工业企业增加值523.63亿元，增长13.2%。煤炭开采和洗选业增长18.8%；电力、热力的生产和供应业增长7.0%；石油和天然气开采业下降6.9%；木材加工业增长15.9%；饮料制造业增长10.7%；非金属矿物制品业增长34.4 %；化学原料及化学制品制造业增长24.7%；食品制造业增长16.6%；农副食品加工业增长14.7%。企业营销能力进一步加强，产销衔接水平良好，产品销售率98.0%。

建筑业增加值94.61亿元，增长12.6%。全市73户具有资质等级的建筑企业完成产值101.38亿元，增长20.6%。房屋建筑施工面积552.27万平方米，增长11.0%。竣工房屋面积424.07万平方米，增长46.6%。房屋建筑竣工率为76.8%，增长25个百分点；全市建筑企业亏损11家。实现利润5.05亿元，增长104.5%。实现税金总额3.40亿元，下降27.2 %。建筑企业亏损面为15.1%，比上年高出0.2个百分点。全员劳动生产率为272270元/人，比上年增加66618元/人。

【固定资产投资】2013年，呼伦贝尔市全社会固定资产完成1118.45亿元，增长20.0%。其中住房和城乡建设领域完成固定资产投资365.65亿元，在住房和城乡建设领域投资中，各类房屋建设项目完成投资282亿元；市政公用基础设施项目完成投资82亿元；建筑节能改造项目完成投资1.65亿元。

【科学技术】2013年，呼伦贝尔市全年鉴定科技成果12项。签订各类技术合同27项，合同成交金额

12586.6万元，增长35.9%。

【国内贸易和对外经济】2013年，呼伦贝尔市全市社会消费品零售总额完成450.02亿元（不含其他项），增长12.9%。批发零售企业商品销售额857.96亿元，增长16.1%，其中：批发业431.41亿元，增长16.7%；零售业426.55亿元，增长15.5%。住宿餐饮企业营业额97.49亿元，增长16.9%，其中：住宿业16.78亿元，增长13.2%；餐饮业78.01亿元，增长17.7%。

全市进出口总额完成23.73亿美元，增长8.3%，其中，出口4.31亿美元，增长55.6%。进口19.42亿美元，增长1.5%。贸易逆差15.11亿美元。

【交通、邮电和旅游】2013年，呼伦贝尔市全年铁路、公路完成货运量17096万吨，增长7.3%。其中，铁路8584万吨，下降2.8%；公路8512万吨，增长20%；民航行货邮吞吐量10250吨，下降30.9%。全年各种运输方式完成客运量4853.6万人，增长15.1%。其中，铁路835.4万人，下降1.2%；公路3859万人，增长19%；民航159.2万人，增长24.2%。全年各种运输方式（不含民航）完成货物周转量693.4亿吨公里，比上年增长6.6%。其中，铁路完成货物周转量349.4亿吨公里，下降4.6%；公路完成货物周转量344亿吨公里，增长21%；各种运输方式（不含民航）完成旅客周转量57.8亿人公里，增长6.6%。其中，铁路完成旅客周转量30亿人公里，下降3.2%；公路完成旅客周转量27.8亿人公里，增长20%。全市公路里程已达21835公里。

全市邮电主营业务收入完成22.10亿元，增长4.9%。全市电话用户43.58万户，增长6.4%。其中，住宅电话为32.44万户，增长7.5%；移动电话用户已达318.26万户，增长11.4%；互联网用户37.05万户，增长8.9%。

全年共接待旅游者1140.52万人次，增长13.5%，其中，海外过夜旅游者64.33万人次，增长9.3%。国内旅游者1076.19万人次，增长13.7%；国际旅游创汇4.43亿美元，增长25.0%。旅游业总收入278.83亿元，增长30.5%。

【金融和保险】2013年，呼伦贝尔市全市金融机构各项存款余额达1111.07亿元，增长11.6%。其中，单位存款381.01亿元，增长12.5%；城乡居民储蓄存款余额达659.93亿元，增长11.0%。金融机构各项贷款余额达618.59亿元，增长12.3%。其中，短期贷款329.17亿元，比上年增加57.05亿元，增长21.0%。其中，个人短期消费贷款6.84亿元，比上年增加2.74亿元，增长66.8%。中长期贷款286.92亿元，比上年增加9.37亿元，增长3.4%。其中：个人中长期消费贷款38.50亿元，比上年增加7.08亿元，增长22.5%。

全市保险主体24家，其中，财产保险公司12家，寿险公司12家。业务总收入30.31亿元，增长22.1%。其中，财产险保费收入13.66亿元，增长56.8%；寿险保费收入16.65亿元，增长3.3%。全年保险赔付额为9.19亿元，增长49.8%。其中，财产险赔付6.30亿元，增长45.7%；寿险赔付2.90亿元，增长59.7%。全年政策性农业保险保费收入6.82亿元，增长158.3%。全年政策性农业保险赔款2.86亿元，增长76.5%。

7

2013年巴彦淖尔市经济发展概况

【经济总量】2013年，巴彦淖尔市全年实现地区生产总值（GDP）834.9亿元，按可比价格计算，比上年增长9.0%。分产业看：第一产业实现增加值162.2亿元，增长3.3%；第二产业实现增加值469.5亿元，增长10.8%；第三产业实现增加值203.2亿元，增长7.8%。从各产业贡献率看：第一产业对经济增长的贡献率为7.0%，第二产业对经济增长的贡献率为71.5%，第三产业对经济增长的贡献率为21.5%。三次产业结构由上年的18.6：58.9：22.5演进为19.4：56.2：24.3，第三产业比重比上年提升1.8个百分点。全年人均地区生产总值完成5.0万元人民币，增长8.8%，按年平均汇率折算达到8073美元。

【农业】2013年，巴彦淖尔市全市农作物总播面积为1001.9万亩，比上年增加35.2万亩，增长3.6%。粮食播种面积为516.6万亩，比上年减少10.1万亩，下降1.9%。其中，小麦面积为138.8万亩，比上年减少39.4万亩，下降22.1%；玉米面积为369.4万亩，比上年增加32.6万亩，增长9.7%。经济作物播种面积为470.0万亩，比上年增加45.9万亩，增长10.8%。其中，花葵面积350.9万亩，比上年增加76.7万亩，增长28.0%；油葵面积24.6万亩，比上年减少5.5万亩，下降18.2%；番茄面积13.0万亩，比上年减少11.1万亩，下降46.1%。耕地内种草面积为15.3万亩，比上年减少0.6万亩，下降3.6%。设施农业成效显著，全年新增设施农业2.6万亩。

【工业和建筑业】2013年，巴彦淖尔市全市规模以上工业增加值比上年增长12.2%。从所有制类型看：国有企业增加值增长4.7%，集体企业增加值下降9.6%，股份制企业增加值增长14.2%，外商及港澳台投资企业增加值增长4.1%。从行业看：煤炭开采和洗选业增加值增长38.6%；纺织业增加值增长19.8%；医药制造业增加值增长25.1%；非金属矿物制品业增加值增长18.5%。从优势特色产业看：农畜产品加工业增加值增长11.1%；矿山及冶金工业增加值增长14.3%；化学工业增加值增长25.1%；电力工业增加值增长4.7%。

全年建筑业增加值完成66.3亿元，比上年增长2.6%。年内全市辖区内具有建筑业资质的所有独立核算建筑业企业共54家，从业人员1.6万人。房屋建筑施工面积为519.9万平方米，房屋建筑竣工面积为151.6万平方米。

【固定资产投资】2013年，巴彦淖尔市全市固定资产投资完成803.2亿元，比上年增长14.6%。从投资主体看：国有控股投资379.4亿元，增长27.0%；集体控股投资10.6亿元，下降27.8%；私人控股投资359.3亿元，下降4.8%；其他经济类型投资53.9亿元，下降2.7%。从项目隶属关系看：地方项目投资占全部投资的98.5%，完成投资791.4亿元，增长15.6%；中央项目投资完成11.8亿元，下降27.3%。分产业看：第一产业投资83.1亿元，增长43.5%；第二产业投资405.5亿元，增长45.6%，其中，工业投资403.6亿元，增长45.2%；第三产业投资314.6亿元，下降13.7%。分城乡看：城镇固定资产投资720.4亿元，增长22.5%；农村牧区固定资产投资24.5亿元，下降47.0%。从主要行业投资看：农业投资83.1亿元，增长43.5%；采矿业投资100.3亿元，增长1.2倍；制造业投资187.4亿元，增长20.8%；电力投资92.1亿元，增长31.8%；水利环境和公共设施管理业投资117.0亿元，增长19.8%；交通运输、仓储及邮政业投资40.4亿元，下降50.9%；公共管理与社会组织投资35.1亿元，增长20.2%。

【科学技术】2013年年内，巴彦淖尔市共组织上报各类科技项目46项。完成了2014年国家和自治区科技项目的推荐申报工作，共申报项目65项。全市共授权专利133件，其中发明专利40件，实用新型71件，外观设计22件。全市累计授权专利1224件，提前完成了“十二五”1100项专利授权目标。

【国内贸易和对外经济】2013年，巴彦淖尔市全市社会消费品零售总额达到190.5亿元，比上年增长12.6%，增幅比全区平均水平高0.8个百分点。从销售单位所在地看：城镇实现社会消费品零售额165.5亿元，增长12.9%；乡村实现社会消费品零售额25.0亿元，增长10.4%。从规模看：限额以上企业实现零售额38.0亿元，增长20.6%，拉动社会消费品零售总额增长4.6个百分点；限额以下企业及个体户实现零售额152.5亿元，增长10.7%，拉动社会消费品零售总额增长8.0个百分点。从行业看：全市批发和零售业实现零售额162.6亿元，增长13.0%。其中：零售业实现零售额145.8亿元，增长13.6%，占批发零售业零售总额比重达89.7%；批发业实现零售额16.8亿元，增长7.7%，占批发零售业总额的比重仅为10.3%。零售业比重高于批发业79.4个百分点；住宿餐饮业实现零售额27.8亿元，增长9.8%。从商品类别看：粮油、食品、饮料、烟酒类零售额增长9.3%，增幅同比提高0.8个百分点。其中：粮油类增长20.5%，肉禽蛋类增长22.3%，蔬菜类增长14.8%，干鲜果类增长23.5%，饮料类增长17.0%；服装、鞋帽、针纺织品类的零售额比上年增长14.7%，其中服装类增长14.5%、针纺织品类增长23.1%；家用电器类实现零售额2.1亿元，增长2.1%；汽车类实现零售额9.2亿元，增长92.3%，扣除新增汽车销售企业因素仍增长30.0%。

全市完成进出口总额14.3亿美元，同比增长12.2%，继续保持平稳较快增长。其中，出口完成3.0亿美元，增长20.1%；进口完成11.3亿美元，增长10.3%。

【交通、邮电和旅游】截至2013年年末，巴彦淖尔市全市公路总里程达20526公里。其中，高速253公里，一级160公里，二级700公里，三级3481公里，四级11134公里，等外4798公里，公路密度31.9公里/百平方公里，居全区第三位。全年共完成客运量1915万人次，客运周转量16.3亿人公里，分别比上年增长0.2%和3.2%；完成货运量3784万吨，货运周转量159.9亿吨公里，分别比上年增长7.7%和14.3%。

全年完成邮电业务总量10.1亿元，比上年增长1.1%。年末本地网固定电话用户25.5万户；移动电话用户达到201.0万户。互联网络注册用户达到18.5万户。全年共完成邮政特快专递17.3万件，报刊期发19.3万份，函件190.4万件，包件3.8万件。

打造了包括临河黄河湿地公园、永济渠景观带、杭锦后旗润昇湖旅游区等19个体现河套特色的旅游项目，为巴彦淖尔市旅游业实现快速健康发展奠定了基础。磴口县纳林湖生态旅游区被评定为国家4A级旅游景区。全年接待游客260万人次，实现旅游收入24亿元。

【金融和保险】2013年年末，巴彦淖尔市全市金融机构各项存款余额697.1亿元，比上年增长15.1%。在各项存款中，单位存款224.2亿元，增长3.4%；城乡居民储蓄存款余额410.9亿元，增长15.9%。全市金融机构各项贷款余额569.0亿元，增长17.6%。其中，短期贷款394.5亿元，增长28.6%，在短期贷款中，个人贷款及透支186.3亿元，增长31.6%；单位贷款及透支197.3亿元，增长30.1%；贸易融资贷款10.9亿元，增长5.0%。中长期贷款173.7亿元，下降1.5%。

全市保险业保费收入9.0亿元，比上年下降0.5%。其中，财产险收入3.4亿元，下降6.0%；人寿险收入5.6亿元，增长3.0%。赔款支出2.2亿元，增长29.4%。其中，财产险支出2.1亿元，增长28.1%；人寿险支出0.1亿元，增长55.3%。

8

2013年乌兰察布市经济发展概况

【经济总量】2013年，乌兰察布市全年实现地区生产总值（GDP）完成833.75亿元，按不变价计算，比上年增长9.0%。其中：第一产业完成增加值133.66亿元，同比增长5.2%；第二产业完成增加值437.11亿元，同比增长11.4%；其中：全部工业增加值完成389.81亿元，同比增长12.2%，建筑业完成增加值47.3亿元，增长5.0%。第三产业完成增加值262.98亿元，同比增长6.8%。从产业结构看，三次产业结构由上年的15.6：55.0：29.4调整为本年的16.1：52.4：31.5。一产比重上升了0.5个百分点，二产比重下降了2.6个百分点，三产比重上升了2.1个百分点。从不变价增长速度看，第二产业增加值增速达到11.4%；其中：工业增加值增速达到12.2%，均高于地区生产总值平均增长速度。从贡献率看，第一产业对GDP的贡献率为22.05%，比上年同期提高了11.25%；第二产业对GDP的贡献率为33.58%，比上年同期下降了30.42%；第三产业对GDP的贡献率为44.37%，比上年同期提高了19.17%。从拉动GDP增长看，第一产业拉动了GDP增长2.0个百分点，第二产业拉动GDP增长3.0个百分点，第三产业拉动GDP增长4.0个百分点。常住人口人均地区生产总值达到了39213元，现价增长6.8%。

【农业】2013年，乌兰察布市全年农作物种植面积达到64.21万公顷，增长3.6%，其中：粮食作物播种面积47.95万公顷，增长1.5%；经济作物播种面积16.26万公顷，增长14.2%。主要农作物产量稳定增长；全年粮食总产量达到118.5万吨，增长33.9%；小麦产量8.71万吨，增长78.5%；玉米产量37.26万吨，增长23.7%；薯类产量66.14万吨，增长34.1%；大豆产量1.39万吨，增长27.5%；蔬菜产量179.54万吨，增长6.5%。

【工业和建筑业】2013年，乌兰察布市全年规模以上工业企业达到399家，规模以上工业增加值增速增长13.8%。分轻重工业看，轻工业增长0.19%；重工业增长15.1%；分所有制经济类型看，国有及国有控股经济增长9.6%；集体经济增长43.6%；股份制经济增长15.48%；外商及港澳台经济同比下降8.4%；从分行业看，六大主导产业工业增加值增长12.3%，其中：电力工业增长11.6%；冶金工业增长13.3%；化工工业增长36.8%；建材工业增长3.1%；农畜产品加工增长1.9%；装备制造业下降13.1%。

全年资质等级以上建筑企业单位数43个，建筑业从业人数15702人，建筑业总产值达到42.54亿元。施工企业房屋建筑施工面积60万平方米，增长23.5%；施工企业竣工房屋面积19.2万平方米，增长8.5%。房屋建筑竣工率达到32.0%，下降12.1%。建筑企业完成利润总额0.7亿元，下降26.3%。

【固定资产投资】2013年，乌兰察布市全市城乡50万元以上固定资产投资完成800.67亿元，增长23.09%。按所有制经济划分，国有经济投资完成397.28亿元，增长14.9%；集体经济投资完成1.62亿元，增长980.0%；个体经济投资完成399.57亿元，增长31.5%；其他经济投资完成2.2亿元，增长377.0%。按三次产业划分，第一产业完成投资25.67亿元，增长76.4%；第二产业完成投资405.3亿元，增长30.9%；第三产业完成投资367.9亿元，增长12.3%。从分行业看，农林牧渔业完成投资25.6亿元，增长76.4%；采矿业完成投资30.6亿元，增长183.7%。制造业完成投资235.9亿元，增长20.2%。电力、燃气及水的生产和供应业完成投资134.9亿元，增长49.0%；交通运输仓储及邮政业完成投资148.2亿元，增长78.6%；教育事业完成投资5.2亿元，增长21.3%；公共设施管理业社会保障完成投资18.3亿元，增长108.1%。城镇住宅施工面积566万平方米，同比下降34.0%；城镇住宅竣工面积71.8万平方米，同比下降63.4%。

【科学技术】2013年，乌兰察布市全市拥有科学研究开发机构11个，各类技术人员244人。高级工程师73人，工程师117人，初级技术人员54人。全年用于科技经费支出266万元，签订技术合同数2个，技术合同成交金额一百万元。

【国内贸易和对外经济】2013年，乌兰察布市全年社会消费品零售额完成239.46亿元，增长12.4%。其中：城镇消费品零售额完成185.74亿元，增长11.7%；城区消费品零售额完成87.09亿元，增长8.5%；乡村消费品零售额完成53.73亿元，增长14.8%。分商品类别看，消费品零售额有增有减。其中：服装、鞋帽针纺织品类、化妆品类零售额、金银珠宝类零售额、汽车类、石油及制品类零售额不断增长。随着城乡人民生活水平提高，消费质量不断上升，消费品市场活跃，汽车已进入居民家庭，零售额不断上升。服装鞋帽类、针纺织品类、化妆品类、金银珠宝类零售额分别增长44.5%、23.6%、27.7%、116.2%。汽车类，石油及制品零售额分别增长21.1%、10.3%。

全年海关进出口总额4687万美元，下降9.4%。其中：出口总额3247万美元，下降24.5%；进口总额1440万美元，增长71.7%。全年新批准外商投资企业3个，投资总额达到3752.7万美元，注册资本3746.3万美元，全年合同使用外商投资22162万美元，直接利用外资到位资金22162万美元。年末工商部门注册的外商投资企业36个。

【交通、邮电和旅游】2013年，乌兰察布市全年公路交通运输业完成公路客运量1996万人，增长12.8%；公路旅客周转量215535万人公里，增长12.8%。公路货运量完成6904万吨，增长12.8%；公路货运周转量2737085万吨公里，增长12.8%。

全市邮政、电信业务总量完成21.03亿元，增长18.7%。其中：电信业务总量完成19.9亿元，增长19.2%；邮政业务总量完成1.13亿元，增长10.8%。联通本地电话用户达到24.8万户，增长5.5%。已通电话行政村比重达到99.3%。移动电话用户达到189.9万户，增长19.0%。计算机互联网用户达到19.3万户，增长23.7%。公用电话用户达到0.61万户，下降7.6%。

全年共接待境内外游客800万人，增长44.9%。其中：国外游客1.5万人。旅游业总收入73.0亿元，增长65.1%。

【金融和保险】2013年，乌兰察布市全市金融机构各项存款为654.67亿元，增长9.5%。其中：单位存款181.74亿元，增长3.1%；城乡居民储蓄存款461.7亿元，增长12.3%。金融机构各项贷款为432.07亿元，增长25.4%。其中：短期贷款为198.54亿元，增长34.4%；中长期贷款为231.09亿元，增长18.2%。

全市人寿、财险两大保险机构年保费收入为6.39亿元，下降0.6%。其中：人寿保险机构保费收入为4.48亿元，增长1.0%；财产保险保费收入为1.91亿元，下降3.8%。人寿、财产保险两大保险机构业务支出为1.17亿元，下降13.9%。其中：寿险业务支出为0.14亿元，下降22.2%；财产险业务支出为1.04亿元，下降12.5%。

9

2013年包头市经济发展概况

【经济总量】2013年，包头市全年实现地区生产总值（GDP）3503.0亿元，按可比价格计算，比上年增长9.3%。其中，第一产业增加值99.9亿元，增长5.2%；第二产业增加值1808.7亿元，增长10.8%；第三产业增加值1594.4亿元，增长7.9%。第一、第二和第三产业增加值占全市生产总值的比重分别为2.9%、51.6%和45.5%，三次产业对经济增长的贡献率分别为1.4%、61.0%和37.6%。全市人均生产总值达到127434元，增长7.9%，按年平均汇率折算为20578美元。

【农业】2013年，包头市全年农作物播种面积31.5万公顷，比上年增长0.8%。其中，粮食作物播种面积22.9万公顷，增长0.5%。全年粮食总产量111.8万吨，比上年增长9.8%。其中，小麦产量6.6万吨，下降18.0%；玉米产量89.1万吨，增长13.6%；马铃薯产量14.9万吨，增长1.4%。全年油料产量5.3万吨，增长3.9%；蔬菜产量107.9万吨，增长2.8%。

【工业和建筑业】2013年，包头市全年全部工业增加值1605.5亿元，比上年增长11.6%。规模以上工业企业实现增加值1379.5亿元，增长12.4%。在规模以上工业中，钢铁、铝业、装备制造、稀土、电力五大产业工业增加值比上年增长9.6%，对规模以上工业经济增长的贡献率达50.0%，拉动工业增长6.2个百分点；轻工业增加值增长5.5%，重工业增长12.7%；六大高耗能产业增加值比上年增长7.9%，所占比重为52.6%，比上年下降2.5个百分点；高技术产业增加值较上年增长15.0%，高于规模以上工业增速2.6个百分点。全年规模以上工业企业主营业务收入3222.6亿元，比上年增长8.4%；税金总额117.9亿元，增长13.3%；利润总额187.3亿元，下降11%，其中国有及国有控股企业利润29.9亿元，下降47.9%。

全年建筑业增加值203.3亿元，比上年增长4.9%。在本市注册的具有资质等级的建筑企业共97户，完成总产值223.0亿元。

【固定资产投资】2013年，包头市全年固定资产投资2991.4亿元，比上年增长18.0%。其中，第一产业投资82.0亿元，较上年增长26.8%；第二产业投资1584.6亿元，增长15.0%；第三产业投资1324.8亿元，增长21.3%。在第二产业投资中，工业投资1520.0亿元，增长15.8%。

【科学技术】2013年，包头市全年申请专利1979件，比上年增长38.4%；专利授权量973件，增长19.4%。年末拥有国家级企业工程中心（技术中心）8家；国家高新技术企业累计达到78家，其中年内新增5家；市级以上创新型（试点）企业累计达到125家，其中国家级创新型（试点）企业2家。全年共签订各类技术合同71项，技术合同成交金额2.9亿元。

【国内贸易和对外经济】2013年，包头市全年社会消费品零售总额1077.4亿元，比上年增长11.5%。按经营地统计，城镇消费品零售额1057.7亿元，增长11.6%；乡村消费品零售额19.7亿元，增长4.7%。

全年外贸进出口总额为21.0亿美元，比上年同期增长0.3%。其中，出口总额为11.1亿美元，下降4.4%；进口总额9.9亿美元，增长6.0%。全年实际利用外资到位金额14.1亿美元，比上年增长3.3%。

【交通、邮电和旅游】2013年，包头市全年铁路货运量9484.6万吨，比上年增长1.7%；铁路客运量777.6万人，增长32.1%。公路货运量31814万吨，增长18.0%；公路客运量1406万人，下降0.8%。民航客运吞吐量170.88万人次，比上年增长5.1%；民航货邮总量10011.6吨，增长8.1%。

年末全市民用汽车保有量达到45.8万辆（包括三轮汽车和低速货车），比上年末增长10.1%，其中私人汽车保有量39.0万辆，增长13.3%。民用载客汽车保有量为38.3万辆，增长13.7%，其中私人载客汽车35.1万辆，增长14.8%。

全年邮电业务总量28.1亿元，比上年下降6.0%。其中，邮政业务总量1.2亿元，下降5.4%；电信业务总量26.9亿元，下降6.0%。年末固定电话用户46.8万户，增长3.2%。移动电话用户392.0万户，增长9.4%。

全年实现旅游总收入207.3亿元，比上年增长34.2%。国内旅游人数842.3万人次，增长9.5%；国内旅游收入205.9亿元，增长34.0%。入境旅游人数3.4万人次，增长28.3%；旅游外汇收入2341万美元，比上年增长58.7%。

【金融和保险】2013年年末，包头市全市金融机构人民币各项存款余额2326.6亿元，比上年末增长11.9%。其中，单位存款余额1011.0亿元，增长12.9%；个人存款余额1190.0亿元，增长13.3%。年末金融机构人民币各项贷款余额1629.0亿元，增长14.7%。其中，短期贷款余额770.5亿元，增长23.5%；中长期贷款余额788.9亿元，增长5.5%。

截至2013年年末，全市共有保险公司32家，其中人身险公司15家，财产险公司17家。全年保险业务收入36.6亿元，比上年增长4.5%。其中，财产险收入16.8亿元，下降5.8%；人寿险收入19.8亿元，增长15.3%。保险赔款及给付支出11.7亿元，下降0.7%。其中，财产险赔款及给付8.9亿元，增长1.6%；人寿险赔款及给付2.8亿元，下降7.2%。

THE APPENDIX 附录一

中国城市博览

开启跨越争先征程
展现“林海雪原”新姿——幸福海林

一本《林海雪原》、一部《智取威虎山》使杨子荣的英雄传奇传遍神州，让坐落在黑龙江省东南部的海林名扬天下。经过数十年的发展，尤其是改革开放以来，海林进入加速发展的快车道，经济社会发展水平始终保持黑龙江省前列。如今，在建设“幸福海林”理念的指引下，林海大地正焕发出前所未有的生机与活力，奏响着科学发展、和谐发展、跨越发展的最强音！

魅力海林——生态优良　风景如画

海林地处长白山脉张广才岭东麓，森林覆盖率高达78%，森林、湖泊、河流、冰雪造就了壮美的自然生态景观，赋予了这里“林海雪原”、“中国雪乡”的美称。辖区内有威虎山、雪乡、佛手山3个国家级森林公园和莲花湖国家级地质公园。海林是满族发源地之一，被誉为黑龙江三大历史文化亮点的金源文化、渤海文化、流人文化，在此都留有印迹，是黑龙江省旅游资源最富集的城市。依托“雪虎山水情”五大特色旅游资源，建成5个AAAA级景区，是中国优秀旅游城市。三年来，全市旅游接待量和旅游收入保持30%以上增长，2013年分别达到436万人次和7.8亿元，生态旅游成为海林新的经济增长极。

莲花湖

中国雪乡

实力海林——优势明显　加速前行

特色资源富集。海林是国家重点林区之一，“九山半水半分田”的地貌，孕育了丰富的林业资源和风能水能。活立木蓄积量1.6亿立方米，占全省十分之一，被誉为“中国黑木耳之乡”、“中国猴头菇之乡”。风能蕴藏量200万千瓦，水能蕴藏量103万千瓦，占全省十分之一。

交通条件便利。海林是连接亚欧的东部陆海丝绸之路经济带上的重要节点，距省会哈尔滨290公里，到牡丹江12公里，南与长吉图经济区相接，北靠黑龙江腹地，滨绥、图佳铁路和201、301国道贯穿全境，哈牡高铁过境设站，周边有绥芬河、东宁等5个口岸，具有连接沿边沿海和东北内陆腹地的天然优势。

中国虎乡

承载能力较强。海林国家级经济技术开发区规划面积30平方公里，完成了12平方公里路水电热讯等全配套，是国家级循环经济试点园区、国家级低碳工业园区。目前，入驻企业167户，年缴税收4亿元，是黑龙江省发展最快、配套最全、潜力最大的园区之一。

产业基础扎实。构建了“四大产业集群”。机械制造业，围绕石油装备、交通运输装备、建筑机械、农用机械和电气设备五个领域，打造了全国第二大石油钻探设备生产基地、黑龙江省唯一的大型混凝土搅拌设备生产基地和小型工程机械生产基地。食品加工业，拥有绿色食品加工企业62家，产品主要涉及

食用菌工厂化生产

食用菌等5大类38个品种，拥有1个国家驰名商标、2个黑龙江著名商标和2个地理标识产品。木材精深加工业，是海林传统优势产业，境内有3个森工局，重点发展实木地板、板式家具、装饰材料，培育了林江、欣成等一批大型企业。清洁能源产业，规划了30个风电场、23座水电站，先后与国网新源、大唐电力等5大电力公司开展战略合作，开发清洁能源项目15个。投资58亿元、装机容量120万千瓦的荒沟电站开工建设，是全国装机容量最大的抽水蓄能电站之一。

发展势头强劲。近年来，海林市委、市政府狠抓项目建设不动摇，实现了市域经济跨越争先、率先发展，创造了“海林现象”。2010年以来，综合实力连年稳居全省“十强县”前列。2013年，地区生产总值实现175亿元，增长15.6%；财政收入完成21.2亿元，增长10.8%。在黑龙江省经济总量、财源建设、工业发展和民生工作四个单项“十强县”评比中，是唯一连续三年全部进入十强的县市。

和谐海林——幸福城市　全民共享

悠悠万端，民生为要。海林市围绕建设幸福海林目标，始终将“为百姓谋福祉”作为科学发展的第一抓手，全力践行着“让人民生活更加美好”的庄严承诺。

建设生态宜居城市。按照“东北一流、龙江领先”生态宜居城市定位，大手笔改造旧城，大气魄建设新城，完成棚改总量的75%，建成3条景观大道和地下商业街，全市公园广场达到15个，城市绿化覆盖率达到38.6%，成功创建国家园林城市，正在创建国家卫生城。国家可持续发展实验区、联合国人居署可持续城市计划试点市、中国优秀旅游城市、中国特色魅力城市先后为林海山城加冕。

全力实施民生工程。持续开展利民实事工程，三年投入27.7亿元，群众关心的住房等问题得到有效解决，建设“幸福海林”在民生工程上得到充分体现。300户城区“双困”家庭、1500户农村群众喜迁新居，投入额度、改造面积全省最大，供热温度达标率达到95%以上。全市165个村级卫生所实现售药零差价，惠及15万农村群众。全市1896名干部与1411户贫困户结成帮扶对子，困难群体救助实现全覆盖，荣获龙江慈善奖。全市农民人均纯收入和城镇居民人均可支配收入分别达到19250元、12973元，位居黑龙江省第5位和第3位。

创新社会治理体系。海林是“全国平安县”。“三调联动”和镇村“五联动”的大调解工作机制在全省推广，“全警抓交通”成为全省典型，实施警务、调解、就业、信访、文化“五进”社区，持续开展“春季护航”、“百日护游”、“平安雪城”专项行动，海林的社会治理工作走在全省前列。

希望海林——加快升级　率先小康

站在新的历史起点，海林市以十八届三中全会精神为统领，以深化改革为动力，以加快发展、改善民生为根本，紧紧围绕全省“五大规划”，深入实施工业立市、金融强市、商贸富市、旅游兴市“四大战略”，稳中求好，稳中求快，奋力谱写“幸福海林”新篇章，在全省率先实现全面小康社会。

打造县域经济升级版。海林将充分发挥比较优势，加快招商引资和项目建设，加速“四大主导产业”上下衔接、左右关联、综合吃配、聚集发展，利用三年时间使之占全市工业比重达到80%，质量效益和支撑能力进一步增强。加快推进以生态旅游、商贸流通、文化创意、金融服务、社区服务业为重点的服务业发展，全市服务业增加值年均增长20%，到2017年达到106.3亿元，占GDP比重提高到32%。

打造产城融合幸福城。坚持“中等规模、东北一流、龙江领先”城市发展定位，加速城产融合，推进城镇化进程。进一步完善城市功能，推进“五城同创”，围绕“城市新区、产业新城”打造产城深度融合的效益型、生态型园区，加快“以产兴城、以城聚人”，将开发区面积放大到30平方公里，城市规模扩大一倍，把海林建成生态宜居的幸福城市。

打造和谐文明新家园。以群众满意、幸福为目标，最大限度加大民生投入，确保与经济发展同步提升，占财政支出一半以上，解决好就业、医疗、教育、社保等群众关心的切身利益问题，让群众分享发展成果，构建和谐海林。坚持科学发展，走“绿色、低碳、循环”发展道路，加强天然林保护，守住生态红线，让林海大地山川更秀美、河流更清澈、天空更蔚蓝。

科学发展永无止境，幸福追求从不停步。42万海林人民正以蓬勃的姿态踏上率先建成小康社会的新征程。

园区组图

全国第二大石油钻具生产基地

绥棱：国家园林县城

绥棱县地处于黑龙江省中部，小兴安岭南端西麓，幅员面积4238平方公里，地貌构成为“六山一水三分田”。总人口32万人，下辖4镇7乡，境内还有绥棱林业局、绥棱农场等5 个县团级驻绥单位。近年来，绥棱县坚持从科学规划入手，加大投入，建管结合，城乡环境极大改善，城区绿化覆盖率达到42%，人均公共绿地面积达到10.5平方米。2012年荣获“全国园林县城”称号。

规划先行的园林之城。绥棱县委、县政府立足县情实际，把城市发展定位在园林化特色化，先后聘请哈尔滨工业大学城市规划设计研究院等省内外知名设计院，编制完成了绥棱县城市总体规划、绥棱滨水新区概念规划等各类规划20多项。总的原则就是依托半山区农业县的山水风情，建设品位高雅、风格独特、功能完善、景观优美的生态园林县城。实践证明，绥棱县园林城的规划与实践完全符合习总书记在中央城镇化工作会议上提出的“城镇建设，要体现尊重自然、顺应自然、天人合一的理念”，达到了“让居民望得见山、看得见水、记得住乡愁” 的佳境。

充满生机的绿色之城。绥棱县形成了以公园广场为景区、街道绿化为骨架、住宅小区和单位庭院绿化为基础的绿化格局。坚持把绿化与棚户区改造相结合。在棚户区改造过程中，严格遵循建筑面积、道路面积、绿化面积各占三分之一的原则，实施建设与绿化同步，特别是高层地下停车位的建设，增加了小区绿化空间，实现人车分流，提升了小区整体档次。坚持把绿化与道路改造相结合。实行道路与绿化同步延伸，实现“修一路、绿一线、成一景”，做到有路就有树，有路就有花。目前，城市道路主骨架的绿化工程已全面完成，城内道路绿化普及率达100%。坚持把绿化与景观景点建设相结合。在突出景点功能的同时，重点配置植物景观，突出自然景观，体现地方风格。景观石、浮雕景墙、五色草花坛等景观的设置，增添了绥棱小城的文化气息。

正在崛起的宜居之城。绥棱投入了大量资金推进市政基础设施和公共服务设施建设。精品建设提升品位。2007年以来，累计改造棚户区总面积达80万平方米，建设综合楼近280万平方米，特别是精品小区、星级宾馆、文化艺术中心等工程的建设增添了绥棱小城的独特魅力。公园广场扮靓城区。先后实施了占地15万平方米的东北湖公园扩建、占地2万平方米的站前广场新建、占地33万平方米森林植物园改造等工程。目前，绥棱县公园、广场总数已达到10个，总面积超过100万平方米。公共服务惠及民生。城市给水二期工程、城市排水及生活污水治理工程、无害化填埋式垃圾处理、金都供热二期扩建等一系列公共服务项目的相继竣工，使城市综合服务功能实现了跨越提升。

绥棱人民正在如画的小城中幸福的生活着，正在“五个绥棱”的宏伟蓝图中奋进着。绥棱，这座美丽清新、景色怡人、多姿多彩的生态园林县城正崛起在松嫩平原上。

城载价值 投赢未来

宁乡县城市建设投资集团有限公司成立于2000年8月，是宁乡县人民政府直属事业单位，代表政府经营管理城市建设资金和国有城建资产，内设二室九科，下辖（控股）6家子公司，注册资本2亿元，总资产114亿元，初步发展成为以基础设施建设为主，融政府垄断性资源经营、房地产开发、保障房建设、旅游开发等于一体的大型国有复合型独资公司。公司成立以来，直接投入建设资金45亿元，进行了新城区、“沩江两岸三洲”、金洲湖及沩山风景名胜区等4个片区的开发建设，建成了新城区路网、文体中心、溜子洲大桥等35个重大项目；引进房产企业27家，建成楼盘28个，宁乡逐步发展成为一个现代化的中等城市。

公司大楼

公司建设的玉潭公园项目

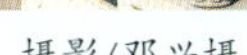

摄影/邓兴摄

公司建设的沩山景区项目　摄影/邓兴摄

公司开发引进的爱琴湾房产项目全景

公司建设的文体中心项目　摄影/杨铁军

公司建设的沩丰坝大桥项目　摄影/杨铁军

公司建设的状元楼项目　摄影/杨铁军

南国铝都　美丽平果

平果县位于广西壮族自治区西南部，风光秀丽的右江河畔，为百色市东大门。全县区域面积2485平方公里，辖9镇3乡181个行政村（社区），总人口52万人。

在一代伟人邓小平同志“广西平果铝要搞”的激励鼓舞下，平果县财政收入连续11年居广西县级第一，连续12年入围西部百强县，荣获“全国科技进步先进县”、“全国群众体育先进单位”、“全国食品安全示范县”、“全国民政工作先进县”等殊荣，连续入选全国西部百强县、中国中小城市科学发展百强县（市）、中国最具区域带动力中小城市百强县（市）。

中铝广西分公司氧化铝厂

区位优势得天独厚，交通便捷四通八达。平果县城驻地马头镇东距南宁市86公里，西距百色市113公里，是我国大西南出海通道上的重镇，滇、黔、桂三省区的交通要冲，国家“西部大开发”形成的“南（宁）—贵（阳）—昆（明）”经济带的咽喉地带，又处于“中国—东盟自由贸易区”。形成公路、铁路、水路、航空四通八达的交通网络。

自然资源储量丰富，涉铝产业一枝独秀。属南亚热带季风气候区，盛产水稻、玉米、甘蔗等作物以及优质葡萄、火龙果、香蕉、龙眼等水果；矿产储量已探明的有铝、铁、锰等21种，其中铝土矿储量达2.9亿吨，占全国保有量的17%，居全国首位，被誉为“南国铝都”，国家大型企业——中铝广西分公司落户平果。

市政基础设施完善，城市环境优美宜居。近年来，平果县大力推进“生态立县”战略，坚持以人为本，走可持续发展之路，城市路网等基础设施建设不断加快，先后建成体育馆、网球中心、邓小平铜像公园等一批标志性市政工程。城镇化率达42%，荣获“全国绿化模范单位”称号，连续三次获得广西城市市容环境整治“南珠杯”竞赛特等奖，评为“广西园林城市”。

经济发展势头良好，特色产业亮点纷呈。依托资源优势和区位优势，抢抓机遇，加快发展，突出产业特色，培育产业集群，基本建成全国重要的铝产业生产基地，全国最大的碳素生产基地，西南最大的门业生产基地。逐步打造成以中铝广西分公司为龙头，平果工业园为载体，集有色金属冶炼及加工、化工、门业、棕刚玉、建材、制糖为一体的新兴工业城市。2013年，全县完成生产总值120.71亿元，增长10.3%；财政收入22.15亿元，增长8.03%；规模以上工业总产值207.75亿元，增长18.5%；固定资产投资142.51亿元，增长23.7%；城镇居民可支配收入24553元，增长9%；农民人均现金收入达6135元，增长13.2%。

稳定增长潜力巨大，科学发展前景广阔。“十二五”期间，平果县坚持围绕“两个园区”（平果工业园区、平果大学园区）建设，全力打造“七大品牌”（工业品牌、城市品牌、特色农业品牌、旅游品牌、体育品牌、民族文化品牌、教育品牌），奋力实施“7133”工程，努力创建富裕文明和谐幸福美丽平果。科学发展、和谐发展、跨越发展的平果县蕴藏着巨大潜力和勃勃生机，孕育无限商机和创业先机，我们热忱欢迎四海宾朋前来观光旅游、投资兴业。

火龙果生产基地

万亩荷花观光园

平果夜景

THE APPENDIX 附录二

中国企业风采

北京桃源世家电子商务有限公司

北京桃源世家电子商务有限责任公司自2012年1月成立以来，始终坚信“讲道义、走正道，得正果”，坚持人文理想主义精神，坚守社会责任与义务，秉承“真诚、善意、和谐、完美”的核心价值观，创办了“三·九君子会”网站和“优服客”网站。

“三·九君子会”www.39jzh.com是桃源世家旗下的文化服务电商，打造“三·九君子会”品牌，广泛招募社会各界人士成为“三·九君子会”预备君子。在本人提交申请后，作为准君子进入调研、评估、品鉴流程，合格后即可成为“三·九君子会”年度君子。我们倡议每年的三月九日为“君子节”，在全国各地组织大量君子主题文化活动，建立君子主题文化园区、君子学院，评选并颁发君子人物、君子品牌、君子企业、君子家庭等年度君子奖项，倡导推行中华民族“仁、义、礼、智、信、温、良、恭、俭、让”的君子文化，不断激发人们灵魂深处的善根，自觉改造世界观和价值观，规范自己的言行，从而逐步建立并完善社会信誉体系，为充实中国梦和民族魂提供强大文化力量，打造中国文化名片，践行社会主义核心价值观，推崇极简主义生活方式，让君子文化影响世界。

“优服客”www.youfuke.com致力于为社会创造文明、和谐、温馨、优雅的第三方需求定制服务，开创了需求定制师这一新兴职业并组建了需求定制师联盟，成为国内外第三方需求定制服务行业的领跑者。目前是国内外首家第三方一站式需求定制服务概念的网站，具有无限的发展潜力。

“优服客”网站需求定制服务内涵

1. 面对消费者（产品和服务的需求者）：做好第三方导购和导航工作，站在消费者的立场上，肩并肩地帮助消费者挑选产品和服务，扮演好“买手”和“砍价员”的角色。充分挖掘消费者需求，准确定位，提升需求品质，给予消费者量身裁衣式的需求定制服务，在保证服务物美价廉、性价比最优化的前提下，提供最好的个性化定制服务。

2. 面对生产者（产品和服务的供应商）：做好第三方营销和推广工作，充分发挥定向营销和靶向营销的优势，在掌握市场终端和渠道的情况下，协助生产者和经营者把握产品和服务的卖点，扮演好“推手”和“促销员”的角色，以外包营销的方式，手递手地把产品和服务直接对接到消费者，减少营销的中间环节和所有层次，极大减低生产者和经营者的成本，提高生产者和经营者的利润和效率。

“优服客”网站需求定制服务项目

1. 采集供求信息
2. 难题咨询诊断
3. 供需资源对接
4. 买卖担保交易
5. 售后（前、中）服务调查
6. 产品（服务、行业）评估认证

辽宁省

| 沈阳市 | 大连市 | 鞍山市 | 本溪市 | 丹东市 | 营口市 | 阜新市 |
| 辽阳市 | 盘锦市 | 铁岭市 | 朝阳市 | 葫芦岛市 |

1

2013年沈阳市经济发展概况

【经济总量】2013年，沈阳市全年实现地区生产总值（GDP）7158.6亿元，按可比价计算，比上年增长8.8%。其中，第一产业增加值335.5亿元，增长4.7%；第二产业增加值3709.2亿元，增长10.1%；第三产业增加值3113.8亿元，增长7.6%。按常住人口计算，人均GDP为86850元，增长8.2%。

【农业】2013年，沈阳市全年农林牧渔业总产值643.3亿元，比上年增长4.9%。其中，种植业产值253.9亿元，林业产值10.9亿元，畜牧业产值329.3亿元，渔业产值25.8亿元，农林牧渔服务业产值23.3亿元。

全市农作物播种面积67.8万公顷，其中粮食作物播种面积51.5万公顷。粮食总产量410.6万吨，实现了连续十年粮食生产丰收，其中水稻产量102.9万吨，玉米产量291.5万吨。水果产量27.8万吨，比上年增长13.6%；蔬菜产量576.1万吨，增长14.8%；肉类总产量105.9万吨，增长6.0%，其中猪、牛、羊肉分别增长7.2%、6.8%和4.8%；禽蛋产量79.3万吨，增长5.9%；牛奶产量50.8万吨，增长5.6%。

【工业和建筑业】2013年，沈阳市全市规模以上工业增加值3522.2亿元，比上年增长10.0%。其中，重工业增加值2583.3亿元，增长10.9%；轻工业增加值939亿元，增长7.4%。装备制造业实现增加值1743.7亿元，增长12.1%，占全市规模以上工业增加值的49.5%。汽车及零部件、建筑产品、农副产品加工、化工产品制造业、钢铁及有色金属冶炼及压延业等五大优势产业实现增加值1807亿元，增长11.0%。规模以上工业实现高新技术产品增加值1615.4亿元，增长16.2%，占全市规模以上工业增加值的45.9%。工业出口产品交货值280.9亿元，下降0.3%。

全市建筑业增加值360.7亿元，按可比价计算，比上年增长11.0%。资质等级以上建筑业企业完成总产值2005.1亿元，增长17.9%。

【固定资产投资】2013年，沈阳市全年固定资产投资6383.9亿元，比上年增长13.5%。从投资主体看，国有经济投资1056.4亿元，增长2.1%；外商及港澳台经济投资998.5亿元，增长7.6%；民间投资4329.1亿元，增长18.2%。从产业分布看，第一产业投资77.9亿元，下降17.1%；第二产业投资2205.9亿元，增长15.1%，其中工业投资2149.5亿元，增长15.5%；第三产业投资4100.1亿元，增长13.4%。全年新增固定资产3731.4亿元，增长16.1%。

全年房地产开发投资2184亿元，比上年增长12.4%，其中住宅建设投资1574.6亿元，增长18.3%。房屋施工面积11568.3万平方米，增长5.1%；房屋竣工面积1459.8万平方米，下降29.4%，其中住宅1230.3万平方米，下降25.2%。商品房销售面积2262.3万平方米，下降8.4%，其中商品住宅销售面积2017.4万平方米，下降8.4%；商品房销售额1436.1亿元，下降8.0%，其中商品住宅销售额1225.3亿元，下降7.1%。

【科学技术】2013年年末，沈阳市全市拥有市及市以上独立科学研究与技术开发机构104个；省级以上工程（技术）中心214个，其中国家级14个；省级以上重点实验室261个，其中国家级14个。全年市以上登记认定的科技成果211项，其中应用技术成果190项。应用技术成果中，达到国际水平110项（国际领先18项，国际先进92项）；达到国内水平80项（国内领先69项，国内先进11项）。软科学成果及基础理论成果21项。各类技贸机构技术贸易成交额127.9亿元。专利申请13190件，其中发明专利申请7572件；专利授权6924件，其中发明专利授权1574件。

【国内贸易和对外经济】2013年，沈阳市全年社会消费品零售总额3186.1亿元，比上年增长13.7%。按地区分，城镇零售额3074.4亿元，增长13.3%；乡村零售额111.7亿元，增长25.5%。

全年进出口总额143.3亿美元，比上年增长12.4%。其中，进口总额73.3亿美元，增长8.1%；出口总额70亿美元，增长17.3%。

【交通、邮电和旅游】2013年，沈阳市全年货物运输总量16707.9万吨，比上年增长12.7%。其中，铁路529.5万吨，增长16.0%；公路16174万吨，增长12.6%；民用航空4.4万吨，下降1.5%。全年旅客发送量24483.2万人次，增长5.2%。其中，铁路3815.8万人次，增长14.0%；公路20254万人次，增长3.7%；民用航空413.4万人次，增长3.5%。

年末，全市民用汽车保有量125.3万辆，比上年末增长11.0%。其中，载客汽车109.3万辆，载货汽车14.7万辆。私人汽车保有量96.2万辆，增长18.5%。

全年邮电业务总量131.3亿元。其中，邮政业务总量13.7亿元，电信业务总量117.6亿元。年末固定电话交换机总容量280.3万门。城乡固定电话用户268.7万户，下降4.4%。移动电话交换机总容量1330.4万户。移动电话用户1015.9万户，新增20.3万户。国际互联网络登记注册用户152.7万户，减少23.2万户，其中宽带接入用户151.1万户，增加7.1万户。固定电话普及率32.5部/百人，移动电话普及率123部/百人。

全市国家A级旅游景区54家，旅行社188家，星级饭店98家。全年旅游总收入932.3亿元，比上年增长12.8%。其中，国内旅游收入890.7亿元，增长13.0%，外汇收入6.6亿美元，增长10.8%；接待国内外旅游者7503万人次，增长8.0%，其中，国内旅游者7422万人次，增长8.0%，入境旅游者81万人次，增长8.0%。

【金融和保险】2013年年末，沈阳市全市银行机构及网点1371家，金融机构本外币存款余额11576.6亿元，比年初增长10.9%，其中个人储蓄存款余额4821.6亿元，增长10.4%；本外币贷款余额9128.7亿元，比年初增长13.0%。

全市保险机构及网点290余家。全年保费收入147.6亿元，比上年增长3.4%。其中，国内财产险保费收入56亿元，增长16.5%；人身险保费收入89.8亿元，下降2.7%。全年赔付及给付支出58.8亿元，增长26.7%，其中国内财产险赔款支出31.7亿元，增长30.6%；人身险赔付金额26.3亿元，增长23.2%；农业险赔款支出0.8亿元。

2

2013年大连市经济发展概况

【经济总量】2013年，大连市全年实现地区生产总值（GDP）7650.8亿元，比上年增长9.0%。其中，第一产业增加值477.6亿元，增长4.8%；第二产业增加值3892亿元，增长9.4%；第三产业增加值3281.2亿元，增长9.1%。三次产业结构由上年的6.4：51.9：41.7调整为6.2：50.9：42.9，对经济增长的贡献率分别为3.2%、55.4%和41.4%。人均生产总值110600元，按年末汇率折算为18140美元。

【农业】2013年，大连市全年农林牧渔及服务业增加值477.6亿元，比上年增长4.8%。其中，农业增加值142.1亿元，林业增加值3.9亿元，牧业增加值89.3亿元，渔业增加值204.9亿元，农林牧渔服务业增加值37.4亿元，分别增长4.9%、4.4%、4.3%、4.7%和6.4%。

全年粮食总产量160.4万吨，平均每亩单产386.6公斤，分别比上年增长1.8%和2.3%；水果总产量202.3万吨，增长6.3%；蔬菜总产量255.1万吨，下降0.8%；肉产量81.6万吨，增长2.3%；蛋产量28.2万吨，下降1.5%；奶产量7.8万吨，下降6.3%；地方水产品总产量230.5万吨，增长6.3%，其中海参和杂色蛤产量分别为5.1万吨和50.6万吨，分别增长5.9%和8.8%。

【工业和建筑业】2013年，大连市全年全部工业增加值3438.6亿元，比上年增长10.0%。规模以上工业（下同）增加值3243.5亿元，比上年增长10.2%。按轻重工业分，重工业2382.1亿元，增长9.9%；轻工业861.4亿元，增长11%。按经济类型分，国有控股工业672亿元，下降1.3%；民营控股工业2023.6亿元，增长18.8%；外商控股工业548亿元，下降0.9%。销售产值11230.7亿元，比上年增长10.6%。工业产品销售率95.9%，比上年下降0.81个百分点。主营业务收入10819.1亿元，比上年增长9.7%；利税总额920.4亿元，增长6.6%；利润总额446.5亿元，增长26.1%。

全年资质以上建筑业总产值2318.6亿元，比上年增长14.2%。其中，公有制企业412.8亿元，增长10.4%，拉动资质以上建筑业总产值增长1.9个百分点；非公有制企业1905.8亿元，增长15%，拉动资质以上建筑业总产值增长12.2个百分点。全年房屋施工面积11611.9万平方米，比上年下降6.2%。

【固定资产投资】2013年，大连市全年固定资产投资（不含农户，下同）6478.1亿元，比上年增长15.2%。其中，建设项目投资4767.7亿元，增长12.8%；房地产开发投资1710.4亿元，增长22.5%。按产业划分，第一产业投资217.2亿元，增长6.3%；第二产业投资2091.8亿元，增长13.4%，其中工业投资2008.3亿元，增长19.6%；第三产业投资4169.1亿元，增长16.6%。

【科学技术】2013年，大连市全年高新技术产业产值9852亿元，比上年增长20%。规模以上工业高新技术产品增加值1961.4亿元，增长32.7%。新认定高新技术企业84家、技术先进型服务企业18家，总数分别达到458家和111家。全年技术交易合同成交额达到90.3亿元。组建了先进制造与智能控制、智慧城市建设、新能源、新材料、节能环保等10个产业协同创新联盟。本市成为全省唯一入选的全国首批“智慧城市”试点示范城市、国家级文化和科技融合示范基地。

【国内贸易和对外经济】2013年，大连市全年社会消费品零售总额2526.5亿元，比上年增长13.6%。其中，批发业零售额289.3亿元，增长17.7%；零售业零售额1988.7亿元，增长13.6%；住宿业零售额31.9亿元，增长2%；餐饮业零售额216.6亿元，增长10.6%。在限额以上批发和零售业零售额中，金银珠宝类增长12.4%，服装、鞋帽、针纺织品类增长9.8%，通信器材类增长25.3%，家具类增长9.6%，石油及制品类增长26.3%。销售汽车18万辆，销售额301.3亿元，分别比上年增长6.8%和5.1%。其中新车12.6万辆，销售额248.1亿元，分别增长4%和2.8%。

全年大连地区（含中央、省公司）进出口总额688.23亿美元，比上年增长7.3%。其中，进口313.85亿美元，增长6.6%；出口374.37亿美元，增长7.9%。大连市自营进出口总额（下同）676.55亿美元，比上年增长8.1%。其中，进口309.03亿美元，增长7.0%；出口367.51亿美元，增长9.1%。机电产品出口173.71亿美元，下降3.6%，占47.3%。一般贸易出口164.71亿美元，增长21.9%，占44.8%。民营企业出口148.07亿美元，增长40.6%，占40.3%。日本、东盟、欧盟、美国、韩国、中国香港是六大主要出口市场。

【交通、邮电和旅游】2013年，大连市全年运输企业客货换算周转量8273.3亿吨公里，比上年增长5.1%。货物周转量8190.3亿吨公里，增长5.1%；旅客周转量204.4亿人公里，增长6%。

沿海港口货物吞吐量4.1亿吨，比上年增长8.9%。其中，外贸吞吐量1.2亿吨，增长6.8%；集装箱吞吐量1001.5万标箱，增长24.2%。空港旅客吞吐量1408.3万人次，增长5.6%；纯货邮吞吐量13.2万吨，下降3%。

全年电信业务总量95.9亿元，比上年增长1.35%；邮政业务总量11.5亿元，增长14.4%。年末城乡固定电话用户253万户，下降1.4%；移动电话用户909万户，增长8.2%。年末互联网宽带接入用户129.6万户，下降8.4%。

全年接待国内游客5230.9万人次，比上年增长8.7%；接待海外游客119万人次，下降7.6%。旅游总收入900.8亿元，增长17.4%。其中，国内旅游收入850.4亿元，增长19.6%；旅游外汇收入8.13亿美元，下降8.2%。截至年末，全市拥有旅游宾馆（饭店）253家，比上年增加11家，其中星级宾馆（饭店）163家；旅行社398家，其中出境旅行社41家；国家A级旅游景区（点）45个，增加1个，其中5A级2个，4A级12个。

【金融和保险】截至2013年年末，大连市全市金融业拥有各类金融机构639家，其中银行机构61家、保险机构47家、证券机构64家、期货机构76家。拥有各类融资服务类机构391家。金融资产超2万亿元，金融营业网点3000余个，从业人员7万余人。

全年保险业原保险保费收入176亿元，比上年增长9.6%。其中，财产险63.6亿元，增长10.3%；人身险112.4亿元，增长9.2%。支付各类保险赔款及给付60.1亿元，增长31.1%。其中，财产险32.1亿元，增长

22.9%；人身险28亿元，增长41.9%。全市保险深度（保费收入占GDP比重）2.3%；保险密度（人均保费收入）2535元。

3

2013年鞍山市经济发展概况

【经济总量】2013年，鞍山市全年实现地区生产总值（GDP）2623.3亿元，按可比价格计算，比上年增长8.9%。其中，第一产业增加值131.9亿元，增长4.9%；第二产业增加值1392.0亿元，增长10.3%；第三产业增加值1099.4亿元，增长7.3%。三次产业增加值占地区生产总值的比重为5.0：53.1：41.9。人均生产总值74940元，按可比价计算，比上年增长9.1%。

【农业】2013年，鞍山市全年农林牧渔业增加值131.9亿元，按可比价计算，比上年增长4.9%。

全年粮食作物播种面积20.9万公顷，比上年下降1.5%。其中，稻谷播种面积3.6万公顷；玉米播种面积16.6万公顷；大豆播种面积0.5万公顷。经济作物播种面积4.1万公顷，下降0.4%。其中，油料播种面积0.5万公顷；蔬菜播种面积3.4万公顷；瓜果播种面积0.2万公顷；药材播种面积0.06万公顷。

全年粮食总产量140.4万吨，比上年增长7.7%，为历史第4高产年。其中，稻谷产量28.3万吨；玉米产量109.7万吨；大豆产量1.3万吨。全年蔬菜产量270.9万吨；油料作物产量1.6万吨；瓜果产量8.9万吨。

【工业和建筑业】2013年，鞍山市全年全部工业增加值1245.7亿元，按可比价计算，比上年增长10.3%。

全年规模以上工业增加值1048.5亿元，按可比价计算，比上年增长10.3%。

在规模以上工业中，按经济类型划分，国有控股工业增加值246.8亿元，比上年增长2.7%；民营工业增加值801.7亿元，增长12.9%。按隶属关系划分，中省营工业增加值210.1亿元，增长4.2%；市地方工业增加值838.3亿元，增长12.0%。按企业规模划分，大中型工业增加值457.8亿元，增长3.1%；小微型工业增加值590.7亿元，增长16.9%。按重点产业集群划分，钢铁及深加工产业增加值352.7亿元，增长8.2%；装备制造业增加值174.3亿元，增长14.7%；菱镁新材料产业增加值204.5亿元，增长8.7%；农产品深加工产业增加值155.7亿元，增长14.5%；纺织服装产业增加值47.6亿元，增长20.3%；精细化工产业增加值68.5亿元，增长0.3%；光电产业增加值26.9亿元，增长6.8%；新能源电池产业增加值0.9亿元，增长19.9%。

全年建筑业总产值655.2亿元，比上年增长19.3%。建筑业增加值146.3亿元，按可比价计算，比上年增长9.7%。年末具有资质等级以上的总承包和专业承包建筑企业404个，比上年增长5.2%。全年房屋施工面积3173.5万平方米，比上年增长7.9%。全年实现利润13.6亿元，比上年增长20.4%。

【固定资产投资】2013年，鞍山市全年固定资产投资总额1858.4亿元，比上年增长13.2%。其中，城镇固定资产投资1495.8亿元，增长7.3%；农村固定资产投资362.6亿元，增长45.8%。

全年基础设施建设投资185.7亿元，比上年增长141.5%。其中，电力、热力生产和供应业投资17.5亿元，增长6.0%；燃气生产和供应业投资29.8亿元，增长148.0%；道路运输业投资49.8亿元，增长101.3%；公共设施管理业投资44.7亿元，增长281.9%。

按产业划分，第一产业投资34.5亿元，比上年下降46.2%；第二产业投资935.2亿元，增长12.8%；第三产业投资888.7亿元，增长18.6%。固定资产投资三次产业构成为1.9：50.3：47.8。

【科学技术】2013年年末，鞍山市全市拥有省级以上高新技术企业97户，比上年增加6户。规模以上工业企业高新技术产品增加值471.6亿元，比上年增长41.2%。全年共取得科技成果81项，达到国际领先的5项，国际先进的20项，国内领先的39项。其中，应用技术成果81项。全年受理专利申请2856件，增长1.5%；授权专利2055件，下降5.4%。签订技术合同204项，技术合同登记金额1.35亿元，技术合同成交金额3.0亿元，引进海外研发团队16个。

【国内贸易和对外经济】2013年，鞍山市全年社会消费品零售总额800.1亿元，比上年增长13.7%。

按城乡分，城镇市场消费品零售额674.2亿元，比上年增长14.0%；乡村市场消费品零售额125.9亿元，增长12.2%。按消费形态划分，批发业零售额39.3亿元，增长8.1%；零售业零售额663.9亿元，增长14.5%；住宿业零售额5.1亿元，增长10.0%；餐饮业零售额91.8亿元，增长11.0%。

全年进出口总额48.8亿美元，比上年增长19.0%。其中，出口总额27.0亿美元，增长13.6%；进口总额21.8亿美元，增长25.8%。

全年一般贸易出口25.9亿美元，比上年增长14.5%；加工贸易出口5686万美元，增长0.7%。主要出口商品中，钢材出口14.1亿美元，下降8.4%；机电产品出口4.3亿美元，增长39.0%；纺织品出口2.0亿美元，增长61.8%；镁砂出口9908万美元，下降34.4%；滑石出口5032万美元，增长5.0%；化工产品出口7515万美元，增长0.3%；农产品出口1437万美元，增长10.3%。

【交通、邮电和旅游】2013年，鞍山市全年各种运输方式完成客运量7383.8万人，比上年增长5.0%。其中：公路客运量6632.0万人，增长4.2%；铁路客运量751.8万人，增长12.2%。全年各种运输方式完成货运量26514.8万吨，比上年增长8.9%。其中，公路货运量25176.0万吨，增长9.0%；铁路货运量1338.8万吨，增长6.1%。

全年邮电业务总量38.6亿元，比上年增长19.5%。年末城乡固定电话用户达98.0万户，增加1.7万户；移动电话用户达354.5万户，增加14.6万户。年末全市国际互联网络宽带接入用户63.6万户，增加3.6万户。

全年接待国内旅游者3828万人次，接待入境旅游者44.0万人次。全市旅游总收入397亿元，比上年增长33%。其中，旅游外汇收入4.0亿美元，增长13.3%；国内旅游收入374亿元，增长35%。年末全市有星级宾馆21家，A级景区23个。

【金融和保险】2013年年末，鞍山市金融机构本外币各项存款余额2530.1亿元，比年初增加259.3亿元，比上年增长11.5%。其中，人民币各项存款余额2516.3亿元，比年初增加257.2亿元，比上年增长11.5%。在人民币各项存款中，单位存款837.7亿元，比年初增加84.5亿元；个人存款1618.2亿元，比年初增加166.9亿元。

年末金融机构本外币各项贷款余额1546.5亿元，比年初增加152.7亿元，比上年增长11.3%。其中，人民币各项贷款余额1423.4亿元，比年初增加111.2亿元，比上年增长8.8%。在人民币各项贷款中，短期贷款730.1亿元，比年初增加118.2亿元；中长期贷款664.4亿元，比年初增加16.2亿元。

全年保费收入44.4亿元，比上年增长2.6%。其中，财产险收入16.7亿元，增长11.6%；人身险收入27.7亿元，下降2.1%。支付各类赔款及给付金额18.6亿元，比上年增长28.5%。其中，财产险9.6亿元，增长23%，人身险9.0亿元，增长34.4%。

4

2013年本溪市经济发展概况

【经济总量】2013年，本溪市全年实现地区生产总值（GDP）1193.66亿元，按可比价格计算，比上年增长9.5%。其中，第一产业增加值63.35亿元，增长4.7%；第二产业增加值712.92亿元，增长9.9%；第三产业增加值417.39亿元，增长9.3%。三次产业增加值结构由上年的5.41：60.65：33.94调整为5.3：59.7：35.0。人均地区生产总值69123元，按可比价格计算，比上年增长9.4%。

【农业】2013年，本溪市全年农作物总播种面积58341公顷。粮食作物播种面积49448公顷，比上年减少481公顷，同比减少1.0%，其中，稻谷播种面积8859公顷；玉米播种面积35428公顷；谷子播种面积685公顷；高粱播种面积128公顷；豆类播种面积2663公顷；油料作物播种面积448公顷；药材作物播种面积3718公顷；蔬菜作物播种面积4365公顷；瓜果播种面积213公顷。

全年粮食总产量28.8万吨，比上年增产1.8万吨，增长6.7%。其中，水稻产量5.5万吨，下降3.1%；玉米产量21.7万吨，增长11.5%；谷类产量0.13万吨，下降55%；豆类产量0.52万吨，下降8.8%。在非粮食作物中，油料产量0.16万吨，比上年增长14.8%；蔬菜作物产量21.8万吨，比上年增长2.8%；瓜果产量0.57万吨，比上年增长3.6%；水果产量5.7万吨，比上年下降32.5%；园参产量178吨，比上年增长1.41%。

【工业和建筑业】2013年，本溪市全年全部工业增加值641.46亿元，按可比价格计算，比上年增长10.2%。其中，年主营业务收入在2000万元及以上的工业企业（以下简称为规模以上工业企业）工业增加值589.46亿元，按可比价格计算，比上年增长10.4%。

全年具有资质等级的建筑业企业共签订工程合同额371.48亿元，比上年增长6.0%。初步核算全市建筑业实现增加值71.5亿元，按可比价格计算，比上年增长7.2%。完成建筑业总产值330.14亿元，比上年增长15.3%。其中，建筑工程产值255.97亿元，比上年增长8.3%；安装工程产值47.24亿元，比上年增长26.8%；其他建筑产值26.93亿元，比上年增长1.1倍。竣工产值227.13亿元，比上年增长21.3%。全年房屋建筑施工面积1097.6万平方米，比上年增长10.5%。实际投标承包面积786.0万平方米，比上年增长11.3%。期末从业人员7.3万人，比上年增长15.1%。

【固定资产投资】2013年，本溪市全年实现全社会固定资产投资843.0亿元，比上年增长17.0%。其中，城镇完成固定资产投资833.0亿元，比上年增长17.0%。在城镇固定资产投资中，建设项目固定资产投资700.3亿元，比上年增长15.3%。房地产开发投资132.7亿元，比上年增长27.1%；农村完成固定资产投资10.0亿元，比上年增长13.2%。

从城镇固定资产投资结构看，第一产业完成投资12.8亿元，比上年增长10.3%；第二产业完成投资388.6亿元，比上年增长6.9%；第三产业完成投资441.6亿元，比上年增长27.8%。

【科学技术】2013年，年末有科学研究开发机构8个。全年财政科学技术经费支出达0.24亿元，比上年增长0.23%。全年有60项成果获市科技进步奖。其中，一等奖15项、二等奖24项、三等奖21项。有9项成果获省科技进步奖。其中，三等奖9项。受理专利申请508件，比上年下降0.9%，授权专利290件，比上年下降28%。全市有国家级企业研发中心1家，省级工程技术研究中心14家，市级企业研发中心32家，市级重点实验室6家。

全年规模以上工业企业实现高新技术产品产值713.8亿元，比上年增长49.9%，实现高新技术产品增加值182.97亿元，比上年增长30.5%。全市高新技术产品增加值占GDP比重为15.3%。

【国内贸易和对外经济】2013年，本溪市全年批发和零售业增加值96.6亿元，按可比价格计算，比上年增长8.7%；住宿和餐饮业增加值20.7亿元，增长6.4%。

全年实现社会消费品零售总额297.4亿元，比上年增长13.9%。按销售单位所在地看，城镇社会消费品零售总额286.4亿元，比上年增长13.9%。其中，城区社会消费品零售总额269.8亿元，比上年增长14.0%；乡村社会消费品零售总额11.0亿元，比上年增长12.8%。

全年出口创汇26.96亿美元，比上年增长12.1%。引进外资项目6个。新签合同外资额32599万美元，比上年下降38.35%。外商直接投资额51449万美元，比上年增长11.5%。引进内资项目340个，引进内资实际到位资金额375.6亿元，比上年增长27.2%。

【交通、邮电和旅游】2013年，本溪市全年公路货运量9142万吨，比上年增长12.8%；公路货运周转量1221000万吨公里，比上年增长12.0%。公路客运量3212万人，比上年增长7.0%；公路客运周转量199992万人公里，比上年增长4.2%。全年铁路货运量3019万吨，比上年下降1.3%。铁路客运量1690万人，比上年下降3.2%。全年完成邮政业务总量11469万元，比上年增长2.6%。

电信业务总量157537万元，比上年增长3.1%。

全年接待国内旅游人数3216.1万人次，比上年增长11.7%。国内旅游收入285.9亿元，比上年增长20.6%。接待入境旅游人数62.0万人次，比上年增长7.1%。旅游外汇收入48636.26万美元，比上年增长7.7%。全年旅游总收入316.0亿元，比上年增长15.0%。

【金融和保险】2013年年末，本溪市全市金融机构本外币各项存款余额1029.3亿元，比年初增加84.2亿元，同比多增加84.9亿元，增长9.0%。其中，金融机构单位存款余额338.4亿元，比年初增加6.5亿元，同比多增加6.5亿元，增长2.0%；个人存款余额673.8亿元，比年初增加70.0亿元，同比增长11.7%，同比多增加70.7亿元。全市金融机构本外币各项贷款余额766.1亿元，比年初增加47.5亿元，同比增长6.9%，同比多增加49.5亿元。从结构上看，短期贷款余额470.7亿元，比年初增加5.6亿元，同比增长1.6%，同比多增加7.6亿元；中长期贷款余额213.9亿元，比年初减少5.0亿元，同比下降2.3%。金融机构票据融资余额73.8亿元，比年初增加46.7亿元，同比增长1.7倍。

全年人寿保险承保金额2809624.19万元。承保件数377353.2件。业务收入144604.4万元，比上年增长2.67%。给付金额37406.39万元，赔款金额4017.35万元。全年财产保险承保金额27131845.1万元。保费收入49025.5万元，比上年增长8.6%。赔款金额27234.0万元，比上年增长2.4%，赔付率为55.6%。

5

2013年丹东市经济发展概况

【经济总量】2013年，丹东市全年实现地区生产总值（GDP）1107.3亿元，按可比价格计算，比上年增长9.3%。经济总量稳居全省第9位。其中，第一产业增加值147.8亿元，增长5%；第二产业增加值547.4亿元，增长9.8%；第三产业增加值412.1亿元，增长10%。三次产业增加值比重为13.4：49.4：37.2。人均地区生产总值46206元，按可比价格计算，比上年增长9.8%。

【农业】2013年，丹东市全年农作物播种总面积20.47万公顷，比上年下降1.4%。其中，粮食作物播种面积（不含薯类）16.26万公顷，经济作物播种面积4.21万公顷，粮经作物种植面积比例为79.4：20.6。

全年粮食总产量95.9万吨，比上年增产7000吨，连续三年喜获丰收。其中，玉米产量55.4万吨，增长4.9%；水稻产量37.1万吨，下降2.9%；大豆产量1.1万吨，下降21.4%。经济作物中，油料产量1.15万吨，增长0.2%；烤烟产量0.96万吨，增长13.5%；水果产量19.9万吨，增长1.8%；蔬菜产量110.4万吨，增长7.1%；草莓产量29.5万吨，增长6.8%；柞蚕茧产量2.45万吨，增长0.6%；板栗产量6.8万吨，下降24.4%。

【工业和建筑业】2013年，丹东市全年全部工业增加值458.1亿元，按可比价格计算，比上年增长9.5%。

全年规模以上工业增加值按可比价格计算，比上年增长9.6%。工业用电量63.4亿千瓦时，比上年增长30.6%。年末全市规模以上工业企业823户。

全年建筑业实现增加值89.2亿元，按可比价格计算，比上年增长11.7%。全市具有资质等级以上建筑业企业243户，全年完成建筑业总产值376.9亿元，比上年增长24%。其中，建筑工程产值330.2亿元，增长25.6%。安装工程产值21.6亿元，下降20.3%。房屋建筑施工面积1104.9万平方米，增长13.2%；房屋建筑竣工面积728.7万平方米，增长23.6%。

【固定资产投资】2013年，丹东市全年全社会固定资产投资预计完成1029.5亿元，比上年增长17.6%。

全年固定资产投资（不含农户）完成1003.7亿元，比上年增长17.6%。其中，第一产业投资5.8亿元，下降39.9%；第二产业投资379.4亿元，下降7.5%，第二产业投资中工业投资372.6亿元，下降4.6%；第三产业投资618.5亿元，增长42.7%。固定资产投资产业构成为0.6：37.8：61.6。

【科学技术】2013年，丹东市全年受理发明专利申请395项，比上年增长30.4%；授权发明专利90项，下降10%。全年组织实施科技计划项目122项。全市已认定的高新技术企业50家。全年高新技术产品产值460亿元，比上年增长34.5%；高新技术产品增加值137.9亿元，增长33.1%。全年科技奖励项目42项，增长40%。

【国内贸易和对外经济】2013年，丹东市全年社会消费品零售总额427亿元，比上年增长13.6%。分城乡看，城镇零售额362.2亿元，增长13.7%；乡村零售额64.8亿元，增长13.3%。分规模看，限额以上批发零售业零售额109.4亿元，增长12.8%；限额以下批发零售业零售额268.9亿元，增长14.4%。限额以上住宿餐饮业零售额22.2亿元，增长12.6%；限额以下住宿餐饮业零售额26.5亿元，增长10.1%。

全年外贸进出口总额49.82亿美元，比上年增长8.4%。其中，出口总额32.72亿美元，增长13.8%；进口总额17.1亿美元，下降0.7%。从贸易方式看，一般贸易出口17.69亿美元，增长20.4%；边境小额贸易出口7.3亿美元，增长15.7%；来料加工贸易出口2.65亿美元，下降1.5%；进料加工贸易出口1.73亿美元，下降18.8%；保税仓库进出境货物出口2.91亿美元，增长5.8%。

【交通、邮电和旅游】2013年，丹东市全年公路货运量8137万吨，比上年增长9%；水上货运量532万吨，增长17.4%；民航货运量0.1万吨，下降28.6%。全年公路客运量5686万人，比上年增长4%；水运客运量43.1万人，下降4.2%，民航客运量17.06万人，下降5.1%。全年港口货物吞吐量12065万吨，比上年增长24.9%。其中，集装箱150.8万标箱，增长20.6%。

全年邮电业务总量24.86亿元，比上年增长5.4%。在邮电业务总量中，全年邮政业务总量2.22亿元，增长8.3%。特快专递61.7万件，下降4.8%；函件192.7万件，下降58.2%；订销报纸累计份数2349万份，增长6.5%；订销杂志累计份数102万份，增长13.3%。年末用户交换机容量287.52万门。城乡固定电话用户73.56万户，比上年下降0.5%。年末移动电话用户220.68万户，比上年增长12.3%。年末互联网宽带接入用户139.25万户，增长8.9%。

全年接待境外入境人数53万人次，增长8%。全年旅游总收入377亿元，比上年增长12%。其中，国内旅游收入358.6亿元，旅游外汇收入2.98亿美元，分别增长12%。

年末全市共有A级旅游景点10个。其中国家级风景名胜区3个、自然保护区2个、森林公园1个。全市拥有星级宾馆42家，旅行社78家。

【金融和保险】2013年年末，丹东市金融机构本外币各项存款余额1363亿元，比上年增长9.5%。其中，个人存款余额1021.4亿元，个人存款中储蓄存款余额992.9亿元，增长10.4%；金融机构本外币各项贷款余额788亿元，比上年增长15.5%。分贷款类型看，短期贷款余额400.2亿元，比上年增长21.9%；中长期贷款余额370.3亿元，比上年增长16.6%。

年末全市保险主体机构共有45个，比上年增加7个。其中，财险公司15个，寿险公司21个，专业代理保险公司9个。年末全社会保险承保额3330亿元。其中，财产险保额1937亿元，人身险保额1393亿元。全年财、寿险总计实现保费收入26.9亿元，其中，财产险保费收入7.3亿元，人身险保费收入19.6亿元。全地区保险理赔支出金额11.5亿元。其中，财产险赔付支出4.1亿元，增长17%；人身险给付支出7.4亿元，增长76%；意外险赔付0.11亿元，下降15%。

6

2013年营口市经济发展概况

【经济总量】2013年，营口市全年实现地区生产总值（GDP）1513.1亿元，按可比价格计算，比上年增长9.6%。分产业看，第一产业增加值109.6亿元，增长4.9%，第二产业增加值797.7亿元，增长10.5%，第三产业增加值605.9亿元，增长9.2%。三次产业增加值占生产总值的比重为7.24：52.72：40.04。人均地区生产总值61937元，按可比价格计算，比上年增长9.5%。

【农业】2013年，营口市全年粮食总产量达67.9万吨。蔬菜产量86.0万吨，比上年增长4.2%。水果产量81.4万吨，比上年增长10.9%。全年农作物总播种面积105.5千公顷，比上年有所减少。其中，粮食作物播种面积89.4千公顷；非粮食作物播种面积16.0千公顷。

【工业和建筑业】2013年，营口市规模以上工业增加值按可比价格计算比上年增长11.4%。其中，轻工业增长9.2%，重工业增长11.9%。在全市37个工业大类行业中，34个行业增加值保持增长，22个行业增加值增速超过全市平均水平。

全年建筑业增加值85.8亿元，按可比价格计算，比上年增长9.2%。具有建筑业资质等级的总承包和专业承包建筑企业共签订工程合同额456.0亿元，比上年增长27.6%；实际施工的房屋建筑面积2248.2万平方米，增长30.7%；上缴税金14.7亿元，增长40.5%；实现利润30.8亿元，增长44.7%；按建筑业总产值计算的全员劳动生产率38.4万元/人，比上年增长0.5%。

【固定资产投资】2013年，营口市全年固定资产投资（不含农户，下同）1271.2亿元，比上年增长17.2%。其中，城镇投资完成1160.3亿元，占投资总量的91.3%。新增固定资产900.7亿元，比上年增长33.6%。

在固定资产投资中，第一产业投资3.1亿元，比上年下降55.9%；第二产业投资649.7亿元，增长31.3%；第三产业投资618.4亿元，增长6.1%。投资三次产业构成为0.2：51.1：48.7。固定资产投资分行业看，其中，制造业完成投资606.0亿元，增长33.4%；批发和零售业投资63.6亿元，增长153.3%；科学研究、技术服务和地质勘查业投资12.4亿元，下降5.6%；文化体育、娱乐业投资9.8亿元，下降5.7%；居民服务和其他服务业投资7.4亿元，增长5.0倍。基础设施建设完成投资226.0亿元，增长15.0%。其中，电力、燃气及水的生产和供应业投资31.6亿元，增长63.2%；交通运输、仓储和邮政业投资84.3亿元，增长11.6%；水利、环境和公共设施管理业投资93.9亿元，增长11.6%。

【科学技术】2013年，营口市全年完成专利申请1013件，比上年增长23.8%，其中发明专利申请293件，增长39.5%；授权专利641件，增长16.8%。全年获科学技术奖40项，其中，省级科学技术奖6项，市级科学技术奖34项。省级工程技术研究中心20个，其中新组建省级工程技术研究中心1个；省级重点实验室3个，其中新组建省级重点实验室1个。

全年研究与试验发展（R&D）经费支出17.9亿元。从事科技活动人员0.74万人，其中研究与实验发展（R&D）人员0.57万人。

【国内贸易和对外经济】2013年，营口市2013年，批发零售业实现增加值127.4亿元，按可比价计算，比上年同期增长12.0%、住宿餐饮业增加值41.4亿元，增长7.3%。

全年社会消费品零售总额389.2亿元，比上年增长14.0%。按销售单位所在地分，城镇实现零售额352.4亿元，比上年增长13.3%；乡村实现零售额36.9亿元，比上年增长21.1%。按行业分，批发业实现零售额40.3亿元，比上年增长6.2%；零售业实现零售额284.8亿元，比上年增长15.2%；住宿业实现零售额4.5亿元，比上年增长9.6%；餐饮业实现零售额59.7亿元，比上年增长14.4%。

全年进出口总额66.9亿美元，比上年增长21.8%。其中，出口总额43.7亿美元，增长12.6%；进口总额23.2亿美元，增长44.2%。从贸易方式看，一般贸易出口28.5亿美元，增长27.4%；加工贸易出口2.7亿美元，下降5.6%。一般贸易进口15.8亿美元；加工贸易进口2亿美元。从企业经济类型看，国有企业出口5.2亿美元，增长23%；外商投资企业出口10.9亿美元，下降7.4%；私营企业出口26.4亿美元，增长26.8%。外商投资企业进口6.2亿美元，下降17.7%；国有企业进口11.9亿美元，增长81.6%；私营企业进口5.1亿美元，增长148.4%。

【交通、邮电和旅游】2013年，营口市全年交通运输、仓储和邮政业实现增加值167.1亿元，按可比价计算，比上年同期增长9.0%。

全年完成公路货运量16136万吨，增长21.0%，水运货运量744万吨，增长17.9%，公路客运量4559万人，增长5.3%。全年港口货物吞吐量32013万吨，比上年增长6.3%。其中，集装箱530.1万标箱，增长9.3%；外贸货物吞吐量6221万吨，增长22.8%。

全年完成邮电业务总量27.0亿元，比上年增长8.6%。其中，邮政业务总量1.7亿元，比上年增长21.4%，电信业务总量25.3亿元，比上年增长7.4%。年末全市固定电话用户61.9万户，比上年增长4.2%。其中，城市电话用户38.1万户，农村电话用户23.8万户；移动电话用户266.4万户，比上年增长0.4%；互联网络宽带接入用户40.8万户，比上年增长13.6%。

全年接待国内外旅游者共1709.1万人次，比上年增长9.0%。其中，接待国内旅游者1685万人次，增长8.1%；接待入境旅游者24.1万人次，增长21.7%；港澳台同胞2.49万人次，增长25.3%。旅游总收入226亿元，比上年增长22%。其中，国内旅游收入218.4亿元，增长17.6%；旅游外汇收入12334万美元，增长

47.9%。

【金融和保险】2013年年末，营口市金融机构本外币各项存款余额1510.7亿元，比年初增加215.5亿元，比上年同期增长16.7%。人民币各项存款余额1499.7亿元，比年初增加218.3亿元，比上年同期增长17.1%。其中，个人储蓄存款余额939.1亿元，比年初增加127.1亿元，增长15.8%；单位存款余额539.6亿元，比年初增加101.8亿元，增长23.0%。年末金融机构本外币各项贷款余额1361.2亿元，比年初增加207.8亿元，比上年同期增长18.4%。人民币各项贷款余额1311.4亿元，比年初增加178.6亿元，同比增长16.2%。其中，人民币中长期贷款余额634.2亿元，比年初增加84.4亿元，同比增长15.4%；人民币短期贷款645.1亿元，比年初增加123.1亿元，同比增长24.5%。

2013年全市保险主体机构共37家，其中，财产险保险公司18家，人寿险保险公司19家。全年全行业共承担风险责任保障金额5405.0亿元，比上年增长52.6%。实现保费收入32.7亿元，比上年增长19.3%。其中，财产险公司保费收入13.4亿元，增长20.0%；人寿险公司保费收入19.3亿元，增长18.8%。产寿险公司共支付赔款与给付金额10.5亿元，同比增长14.4%。其中，财产险公司支付金额7.9亿元，增长9.6%；寿险公司支付金额2.5亿元，增长32.3%。营口地区保险深度（保险费与地区生产总值之比）2.2%，比上年同期增长0.2个百分点；保险密度（人均保险费）1328.8元，比上年同期增加198.2元。

7

2013年阜新市经济发展概况

【经济总量】2013年，阜新市全年实现地区生产总值（GDP）615.1亿元，按可比价格计算，比上年增长8.7%。其中，第一产业增加值133.4亿元，增长4.9%；第二产业增加值285.0亿元，增长10.9%；第三产业增加值196.7亿元，增长8.4%。三次产业增加值比重为21.7：46.3：32.0。人均生产总值34231元。

【农业】2013年，阜新市全年农林牧渔业增加值133.4亿元，按可比价格计算，比上年增长4.9%。其中，农业增加值70.1亿元，增长6.1%；林业增加值5.5亿元，增长1.3%；牧业增加值53.5亿元，增长4.0%；渔业增加值0.67亿元，增长3.4%。

全年农作物总播种面积792.4万亩，下降0.1%。粮食作物播种面积487.9万亩，增长4.3%；油料播种面积261.3万亩，下降7.1%，其中花生播种面积267.0万亩，下降4.6%；蔬菜播种面积32.2万亩，增长0.8%。

【工业和建筑业】2013年，阜新市全年全口径工业增加值237.2亿元，比上年增长9.6%。全市年主营业务收入2000万元及以上工业企业（简称规模以上工业企业）完成增加值228.0亿元，比上年增长9.7%。实现工业出口交货值13.2亿元，比上年增长12.3%，占工业销售产值的1.5%。按轻、重工业分，轻工业完成增加值47.2亿元，增长24.9%；重工业完成增加值180.8亿元，增长6.7%。按经济类型分，国有工业完成增加值52.5亿元，下降4.2%；集体企业完成增加值1.8亿元，增长15.9%；股份制工业完成增加值130.0亿元，增长

17.3%；外商及港澳台商投资企业完成增加值16.6亿元，增长18.7%；其他经济类型工业完成增加值27.1亿元，增长7.3%。

全年建筑业增加值47.8亿元，按可比价格计算，比上年增长17.1%。全年221家具有建筑业资质等级的总承包和专业承包建筑企业共实现建筑业产值264.1亿元，比上年增长21.0%。实际施工房屋建筑面积为1253.4万平方米，比上年增长19.4%；房屋建筑竣工面积为731.1万平方米，增长34.4%。全年实现主营业务收入200.9亿元，同比增长13.7%，上缴税金7.7亿元，比上年增长17.2%。

【固定资产投资】2013年，阜新市全年完成固定资产投资573.2亿元，比上年增长15.1%。按城乡分，城镇完成投资448.0亿元，比上年增长13.8%；农村非农户完成投资125.3亿元，增长20.0%。按产业分，第一产业完成投资21.2亿元，比上年增长10.5%；第二产业完成投资270.7亿元，下降6.9%；第三产业完成投资281.3亿元，增长49.7%。

【科学技术】2013年，阜新市全年共取得各项科研成果107项，其中，国内领先和国内先进水平的12项。有94项科研成果得到推广应用。全市规模以上工业高新技术产品增加值69.6亿元，增长44.9%，增幅居全省首位。

【国内贸易和对外经济】2013年，阜新市全年批发和零售业增加值37.6亿元，住宿和餐饮业增加值10.3亿元，按可比价格计算，分别比上年增长8.6%和7.4%。

全市进出口总额33342万美元，比上年增长17.4%。其中，出口总额26580万美元，增长40.9%；进口总额6762万美元，下降29.1%。

【交通、邮电和旅游】2013年，阜新市全年交通运输、仓储和邮政业增加值21.2亿元，按可比价格计算，比上年增长2.8%。

全年阜新地区境内铁路货运量1244.1万吨，比上年增长5.9%；客运量205.2万人次，比上年增长15.9%。公路货运量4827万吨，增长14.0%，公路货物周转量738764万吨公里，增长12.7%；客运量1158万人次，增长4.4%，客运周转量89873万人公里，增长5.1%。

全年完成邮电业务总量18.5亿元，增长12.5%。其中，邮政业务总量0.6亿元，增长4.0%；电信业务总量17.9亿元，增长12.9%。完成函件66.21万件，比上年下降7.9%，特快专递10.43万件，下降12.1%。全市固定电话用户47.38万户，下降3.8%。年末移动电话用户185.94万户，比上年末增长0.2%，其中3G用户22.04万户。年末国际互联网宽带用户32.36万户，比去年同期增加3.24万户。

全年共接待旅游人数977.7万人次，增长11.3%。其中，外国人4.33万人次，港澳台同胞1.29万人次，国内旅游人数972.1万人次。

全年旅游业总收入138.03亿元，同比增长36.6%，其中，国内旅游收入136.3亿元，增长36.4%。

【金融和保险】2013年年末，阜新市全市金融机构各项存款余额801.5亿元，比年初增加117.7亿元，同比增长17.3%。其中，单位存款余额267.9亿元，增加42.2亿元；个人存款余额509.8亿元，增加66.1亿元。金融机构各项贷款余额627.4亿元，比年初增加95.6亿元，同比增长18.5%。其中，短期贷款余额286.1亿元，比年初增加53.2亿元；中长期贷款余额330.2亿元，比年初增加40.8亿元。

全年实现保费收入15.13亿元，比上年下降3.9%。其中，财产险收入5.56亿元，增长14.4%；寿险收入9.57亿元，下降12.0%。全年支付各类赔款总额3.3亿元，其中，财产险支付3.02亿元，人寿险支付0.28亿元。

8

2013年辽阳市经济发展概况

【经济总量】2013年，辽阳市全年实现地区生产总值（GDP）1080.0亿元，按可比价格计算，比上年增长9.0%。其中，第一产业增加值67.6亿元，增长4.8%；第二产业增加值679.8亿元，增长9.7%；第三产业增加值332.6亿元，增长8.3%。三次产业增加值比重为6.3：62.9：30.8。人均地区生产总值58236元，按可比价格计算，增长9.1%。

【农业】2013年，辽阳市农林牧渔业增加值67.6亿元，按可比价格计算，比上年增长4.8%。其中，农业增加值30.1亿元，增长19.4%；林业增加值1.4亿元，增长13.1%；牧业增加值26.5亿元，下降9.7%；渔业增加值8.1亿元，增长8.5%；农林牧渔服务业增加值1.5亿元，增长20.2%。

粮食作物播种面积139.1千公顷，比上年下降1.5%；经济作物播种面积22.5千公顷，下降4.2%，其中蔬菜及食用菌播种面积18.7千公顷，下降4.9%。

粮食总产量101.7万吨，比上年增产9.7万吨，增长10.6%。其中，稻谷产量40.9万吨，与上年持平；玉米产量58.6万吨，增长19.6%。蔬菜及食用菌产量92.7万吨，增长2.1%。水果产量（含瓜果类）20.3万吨，增长9.9%。

【工业和建筑业】2013年，辽阳市规模以上工业增加值531.1亿元，按可比价格计算，比上年增长9.9%。其中，冶金及金属加工业增加值149.1亿元，增长21.5%，占规模以上工业增加值总量的比重为28.1%；装备制造业增加值25.5亿元，增长22.3%，比重为4.8%；农副产品加工业增加值63.7亿元，增长22.5%，比重为12.0%；矿产建材业增加值184.2亿元，增长19.4%，比重为34.7%；化工化纤及塑料业增加值100.5亿元，下降18.6%，比重为18.9%；其他行业增加值8.0亿元，下降7.7%，比重为1.5%。

建筑业增加值41.0亿元，按可比价格计算，比上年增长8.1%。具有建筑业资质等级的总承包和专业承包建筑企业共签订工程合同额359.5亿元，增长2.3%。房屋建筑施工面积970.9万平方米，增长15.9%。

【固定资产投资】2013年，辽阳市固定资产投资（不含农户）696.3亿元，比上年增长17.3%。其中，城镇固定资产投资685.4亿元，增长18.2%；农村非农户固定资产投资10.9亿元，下降22.0%。城镇固定资产投资中，建设项目投资538.5亿元，增长18.7%；房地产开发投资146.9亿元，增长16.4%。

在固定资产投资（不含农户）中，按经济类型分，国有及国有控股企业投资117.6亿元，比上年下降

0.6%；民间投资515.9亿元，增长35.9%；港澳台及外商投资62.7亿元，下降34.5%。按产业分，第一产业投资8.3亿元，增长9.4%。第二产业投资419.0亿元，增长15.7%。其中，工业投资415.7亿元，增长22.3%；建筑业投资3.4亿元，下降86.4%。在工业投资中，采矿业投资52.8亿元，下降24.4%；制造业投资334.0亿元，增长32.9%；电力、燃气及水的生产和供应业投资28.9亿元，增长54.5%。第三产业投资269.0亿元，增长20.0%。其中，批发和零售业投资15.7亿元，增长53.1%；交通运输、仓储和邮政业投资7.8亿元，增长1.5倍；水利、环境和公共设施管理业投资53.3亿元，增长69.6%；居民服务、修理和其他服务业投资4.0亿元，增长2.3倍。固定资产投资三次产业构成比例为1.5：60.2：38.3。

【科学技术】2013年，辽阳市公共财政科学技术支出2.1亿元，比上年增长1.4%。规模以上工业研究与试验发展（R&D）经费支出18.6亿元，增长49.9%；年末从事科技活动人员6057人，其中研究与试验发展（R&D）人员4369人。年末各类科学研究与技术开发机构30个。其中，政府部门所属科研机构21个，高等院校所属科研机构1个，大中型工业企业所属科研机构8个。省级工程技术研究中心23个，产业技术创新战略联盟1个。专利申请544件，下降5.7%，其中发明专利申请184件，增长38.3%；授权专利351件，增长2.9%，其中授权发明专利38件，增长5.6%。有5项成果荣获省科技进步奖，有43项成果荣获市科技进步奖，其中，一等奖20项、二等奖16项、三等奖7项。技术市场成交各类技术合同43项，技术合同成交额4012万元。

【国内贸易和对外经济】2013年，辽阳市批发和零售业增加值66.2亿元，按可比价格计算，比上年增长10.6%；住宿和餐饮业增加值13.3亿元，增长7.1%。

社会消费品零售总额322.4亿元，比上年增长13.6%。按销售单位所在地分，城镇305.8亿元，增长14.2%；乡村16.6亿元，增长3.0%。按行业分，批发业23.1亿元，增长13.1%；零售业255.2亿元，增长13.7%；住宿业0.9亿元，下降15.5%；餐饮业43.2亿元，增长14.0%。按规模分，限额以上104.9亿元，增长17.9%；限额以下217.5亿元，增长11.7%。

进出口总额9.2亿美元，比上年增长0.8%。其中，出口总额6.8亿美元，增长14.3%；进口总额2.4亿美元，下降24.9%。按贸易方式分，一般贸易出口6.5亿美元，增长29.9%；加工贸易出口0.3亿美元，下降64.5%。按经济类型分，国有企业出口0.1亿美元，下降92.7%；外商投资企业出口1.1亿美元，下降12.1%；私营企业出口5.6亿美元，增长24.8%。

【交通、邮电和旅游】2013年年末，辽阳市公路里程总计3494公里，比上年末增长8.5%。年末民用汽车拥有量15.2万辆，下降4.5%。其中，载客汽车12.6万辆，增长5.8%；载货汽车2.4万辆，下降27.5%。年末个人汽车拥有量11.6万台，新增3573台，增长3.2%。公路货运量1.5亿吨，增长20.6%；货物周转量219.8亿吨公里，增长15.9%。公路客运量4225万人，下降11.7%；旅客周转量17.3亿人公里，下降11.9%。

邮电业务总量20.1亿元，比上年增长6.1%。其中，邮政业务总量1.6亿元，增长6.8%；电信业务总量18.5亿元，增长6.1%。年末固定电话用户53.0万户，增长5.8%。其中，城市电话用户31.6万户，增长3.6%；农村电话用户21.4万户，增长9.2%。年末移动电话用户196.4万户，增长12.4%。年末国际互联网用户37.6万户，增长8.0%。

接待国内外旅游者2458.6万人次，比上年增长14.8%。其中，接待国内旅游者2454.2万人次，增长13.8%；接待入境旅游者4.4万人次，增长15.1%。接待入境旅游者中，外国人4.2万人次，增长14.3%；港澳台同胞0.2万人次，增长33.7%。旅游总收入222.3亿元，增长19.4%。其中，国内旅游收入220.6亿元，增长20.2%；旅游外汇收入2869万美元，增长15.2%。年末有注册旅行社38家；国家A级旅游景区11个，其中2A级景区2个，3A级景区6个，4A级景区2个。年末星级以上宾馆6家，其中五星级宾馆1家。

【金融和保险】2013年年末，辽阳市金融机构本外币各项存款余额1322.1亿元，比年初增加166.7亿元。其中，人民币各项存款余额1295.4亿元，比年初增加152.1亿元。人民币个人储蓄存款余额749.9亿元，比年初增加71.2亿元。年末金融机构本外币各项贷款余额874.1亿元，比年初增加108.5亿元。其中，人民币各项贷款余额807.8亿元，比年初增加107.9亿元。

保险保费收入20.6亿元，比上年增长14.5%。其中，财产保险9.2亿元，增长21.9%；人寿保险11.4亿元，增长9.1%；意外保险3223万元，增长15.5%；健康保险7242万元，增长37.0%。支付各类赔款和给付总额8.2亿元，增长15.5%。其中，财产保险4.5亿元，增长3.4%；人寿保险3.7亿元，增长34.5%；意外保险737万元，下降42.4%；健康保险2925万元，增长66.1%。

9

2013年盘锦市经济发展概况

【经济总量】2013年，盘锦市全年实现地区生产总值（GDP）1351.1亿元，按可比价格计算，比上年增长9.4%。其中，第一产业增加值114.5亿元，增长4.9%；第二产业增加值911.3亿元，增长10.2%；第三产业增加值325.2亿元，增长8.8%。三次产业增加值占地区生产总值的比重分别为8.5%、67.4%和24.1%。年人均地区生产总值94052元，按可比价格计算，比上年增长8.7%。

【农业】2013年，盘锦市全年农林牧渔业增加值114.5亿元，按可比价格计算，比上年增长4.9%。其中：农业增加值50.7亿元，增长4.2%；林业增加值0.3亿元，下降0.9%；牧业增加值17.2亿元，增长8.0%；渔业增加值44.7亿元，增长4.6%；农林牧渔服务业增加值1.6亿元，增长3.5%。

全市粮食作物播种面积128076公顷，增长0.5%。在粮食作物中，水稻播种面积107582公顷，增长0.2%，玉米播种面积15281公顷，增长3.1%。在非粮食作物中，蔬菜播种面积16064公顷，增长2.7%。全市化肥施用量（折纯）5.0万吨，增长0.9%。

【工业和建筑业】2013年，盘锦市全年全部工业增加值840.3亿元，按可比价格计算，比上年增长10.3%。其中，规模以上工业增加值767.2亿元，按可比价格计算，比上年增长10.5%。

在规模以上工业中，分经济类型看，国有及国有控股企业增加值比上年增长2.6%，集体企业增加值增长20.3%，股份合作企业增加值增长19.8%，股份制企业增加值增长9.9%，外商及港澳台投资企业增加值增长22.0%；分门类看，采矿业下降0.4%，制造业增长17.8%，电力、热力、燃气及水生产和供应业增长10.6%；分主要行业大类看，石油和天然气开采业下降0.5%，石油加工业增长12.1%，化学原料和化学制品制造业增长20.7%，专用设备制造业增长15.5%。

全年建筑业实现增加值71.1亿元，按可比价格计算，比上年增长8.6%。具有建筑业资质等级的总承包和专业承包建筑企业共签订工程合同额391.0亿元，比上年增长17.8%；房屋建筑施工面积934万平方米，比上年增长6.1%。

【固定资产投资】2013年，盘锦市全年固定资产投资（不含农户）1137.7亿元，比上年增长17.6%。新增固定资产783.3亿元，比上年增长5.8%。

在固定资产投资中，第一产业投资3.9亿元，比上年增长9.4%；第二产业投资559.5亿元，比上年下降5.6%；第三产业投资574.3亿元，比上年增长54.5%。工业投资573.9亿元，比上年增长6.1%。全年基础设施建设完成投资297.5亿元，比上年增长1.9倍。全市园区完成投资321.1亿元，比上年增长11.2%。

【科学技术】2013年，盘锦市全市各类科学研究与技术开发机构18个，其中政府部门所属科研机构4个，大中型工业企业所属科研机构14个。全年专利申请862件，比上年增加119件。其中发明专利申请199件，增加11件；授权专利527件，增加82件。科技成果59项，比上年减少1项，其中省级科技成果12项。高新技术企业31家，比上年增加5家。企业研发中心17个，比上年减少15家，其中，省级企业研发中心17个，比上年减少6个。签订技术合同34项，成交额0.41亿元。

【国内贸易和对外经济】2013年，盘锦市全年批发和零售业增加值65.0亿元，按可比价格计算，比上年增长8.1%。

全年社会消费品零售总额286.7亿元，比上年增长13.8%。分城乡看，城镇零售额256.2亿元，增长14.1%；乡村零售额30.5亿元，增长10.9%。从规模看，限额以上零售额125.1亿元，增长18.6%；限额以下零售额161.6亿元，增长10.3%。

全年进出口总额13.1亿美元，比上年增长17.6%。其中，出口总额8.2亿美元，比上年增长15.9%；进口总额4.9亿美元，比上年增长20.5%。从贸易方式看，一般贸易出口6.6亿美元，比上年增长1.3倍；加工贸易出口0.3亿美元，比上年下降79.7%。一般贸易进口4.5亿美元，比上年增长29.4%；加工贸易进口0.3亿美元，增长12.4%。从企业经济类型看，国有企业出口0.9亿美元，比上年下降60.9%；三资企业出口0.3亿美元，比上年增长29.0%；其他企业出口5亿美元，比上年增长10.8%。国有企业进口0.7亿美元，比上年下降6.0%；三资企业进口1.3亿美元，比上年下降16.7%；其他企业进口2.8亿美元，比上年增长62.0%。从商品类型看，机电产品出口2.8亿美元，比上年下降13.7%；高新技术产品出口0.1亿美元，比上年下降16.1%。机电产品进口0.7亿美元，比上年下降56.2%；高新技术产品进口0.1亿美元，比上年增长72.9%。

【交通、邮电和旅游】2013年，盘锦市全年各种运输方式（不包括铁路）完成货物周转量130.2亿吨公里，比上年增长12%；货运量11762万吨，比上年增长11.4%。旅客周转量20.5亿人公里，比上年增长3.6%；

客运量4255万人，比上年增长4.2%。全年港口货物吞吐量2998万吨，比上年增长71.0%。

全年邮政业务总量2.14亿元。电信业务总量19.4亿元，比上年增长10.2%。全市固定电话用户42.2万户，下降16.1%。其中，城市电话用户30.4万户，农村电话用户11.8万户。移动电话用户164.5万户，下降5.5%。全市固定电话普及率32.7部/百人。年末国际互联网络用户29.8万户，增长22.7%。

全年接待国内外旅游者459.85万人，比上年增长24%。其中，接待国内旅游者453.5万人，增长24%；接待入境旅游者6.35万人，增长16%。接待入境旅游者中，外国游客2.85万人，增长13%；港澳台同胞3.5万人，增长19%。全年旅游总收入264.6亿元，比上年增长25%。其中，国内旅游收入253.8亿元，增长25%；旅游外汇收入15882.4万美元，增长25%。

【金融和保险】2013年年末，盘锦市全部金融机构本外币各项存款余额1237.6亿元，比年初增长11.5%。其中，单位存款余额435.4亿元，比年初增长5.1%；个人存款余额786.1亿元，比年初增长14.8%。存款中人民币存款余额1224.7亿元，比年初增长12.1%，其中，储蓄存款余额770.0亿元，比年初增长13.5%。全部金融机构本外币各项贷款余额702.5亿元，比年初增长3.7%。其中，短期贷款余额372.3亿元，比年初下降1.2%；中长期贷款余额321.7亿元，比年初增长12.9%。农村信用合作社人民币贷款余额52.4亿元，比年初减少5.9亿元。

全年保险公司保费收入26.4亿元，比上年增长15.0%。其中，寿险业务保费收入17.9亿元，财产险业务保费收入8.6亿元。支付各类赔款13.0亿元。其中，寿险业务给付8.2亿元，财产险业务赔款4.9亿元。

10

2013年铁岭市经济发展概况

【经济总量】2013年，铁岭市全年实现地区生产总值（GDP）1031.3亿元，按可比价格计算，比上年增长6.5%。其中：第一产业实现增加值205.8亿元，同比增长4.9%，拉动GDP增长0.9个百分点；第二产业实现增加值521.8亿元，同比增长5.9%，拉动GDP增长3.1个百分点；第三产业实现增加值303.7亿元，同比增长8.5%，拉动GDP增长2.5个百分点。三次产业增加值占生产总值（GDP）的比重分别为20.0%、50.5%和29.5%。人均GDP达到34143元，比上年增加2013元。

【农业】2013年，铁岭市全市农林牧渔业总产值实现458.5亿元，可比价增长5.1%。农林牧渔业增加值实现205.8亿元，可比价增长4.9%。

全市粮食总产量按国家统计局辽宁调查总队确认数为369.0万吨；二是蔬菜生产迈出新步伐。全市蔬菜产量达369.4万吨，比上年增长0.3%。其中，设施蔬菜产量为100.2万吨，比上年增长16.7%；三是特色产业开发扎实推进。全市果树株数达3641万株，比上年增加80万株，增长2.2%；水果产量达34.9万吨，比上年增长0.5%，全年榛林面积达121.2万亩，其中，当年新增8万亩，榛子产量达3.7万吨。

【工业和建筑业】2013年，铁岭市全市年主营业务收入2000万元及以上工业企业（以下简称规模以上工业）工业总产值比上年增长0.4%，其中：国有控股企业工业总产值比上年下降2.2%；轻工业总产值比上年增长7.2%，重工业总产值比上年下降2.2%；大中型企业工业总产值比上年下降7.8%。全市规模以上工业销售产值比上年增长0.9%。产品销售率为98.1%。在销售产值中，轻工业增长8.0%，重工业下降1.8%。按可比价格计算，工业增加值比上年增长4.5%。

全市建筑业增加值完成49.5亿元，按可比价计算，比上年增长11.6%。资质等级以上建筑企业完成施工产值311.8亿元，比上年增长8.7%。

【固定资产投资】2013年，铁岭市全年完成固定资产投资1044.4亿元，同比增长15.3%。其中：城镇固定资产投资1001.8亿元，同比增长15.1%，农村非农户固定资产投资42.6亿元，同比增长18.2%；建设项目投资800.4亿元，同比增长15.7%，房地产开发投资244.0亿元，同比增长13.7%。按经济类型划分，国有经济投资176.0亿元，同比增长447.5%；非国有经济投资868.4亿元，同比下降0.6%。

在固定资产投资中，第一产业完成投资15.5亿元，同比增长355.5%；第二产业完成投资595.7亿元，同比下降7.5%，其中，工业完成投资581.0亿元，同比下降6.8%；第三产业完成投资433.2亿元，同比增长67.5%，其中，房地产业投资253.1亿元，同比增长16.5%。三次产业投资之比由上年的0.4：71.1：28.5调整为1.5：57.0：41.5。

【科学技术】2013年，铁岭市全市拥有市级科研机构10个，从事科研活动241人，科研经费支出1958万元；全年组织实施各类课题项目15项。全市已经省认定的高新技术企业43家，本年新培育认定高新技术企业12家；到2013年年末全市高新技术产值实现602.3亿元，高新技术产品增加值实现175亿元，分别比上年增长29.1%和28.1%。吸纳技术签订合同235项，成交额1.8亿元；输出技术签订合同22项，成交额3444.6万元；专利申请量806件，其中，发明专利达258件，专利授权525件，发明授权36件。

【国内贸易和对外经济】2013年，铁岭市全市批发零售业实现增加值50.4亿元，按可比价计算，比上年增长0.3%。批发零售业商品销售总额实现826.1亿元，比上年增长5.6%。其中：限额以上批发零售企业商品销售额206.3亿元，同比下降17.4%；限额以下批发零售企业商品销售额619.8亿元，增长16.4%。

全市进出口总额完成85428万美元，比上年增长22.9%，其中：进口完成21814万美元，比上年增长156.5%；出口完成63614万美元，比上年增长37.0%。

【交通、邮电和旅游】2013年，铁岭市全年交通运输仓储邮政业实现增加值41.7亿元，按可比价计算，比上年增长9.8%。全社会货物运输量完成8860万吨，比上年增长7.4%，货物周转量完成1364000万吨公里，比上年增长2.6%；公路客运量4947万人，比上年增长1.0%，旅客周转量136890万人公里，比上年增长3.5%。

全年完成邮政业务总量14022万元，比上年下降25.0%。在邮政业务中，全年完成函件131.7万件，比上年下降22.4%；特快专递15.2万件，比上年下降13.0%；全年电信业务总收入157127万元，比上年增长4.6%。年末固定电话用户44.4万户，比上年减少5.2万户，下降10.5%；移动电话用户达252.5万户，比上年增加24.8万户，增长10.9%。年末宽带用户数达32.2万户，比上年增加5.9万户，增长22.4%。

全年共接待国内旅游者1710万人次，比上年增长20.2%；实现国内旅游收入183.2亿元，比上年增长31.5%。接待入境旅游者7.0万人次，比上年增长6.3%；实现旅游外汇收入4689万美元，比上年增长15.8%。

【金融和保险】2013年，铁岭市全市金融机构各项存款余额917.4亿元，比年初增加87.7亿元，同比增长10.6%，其中：单位存款余额199.6亿元，比年初增加4.8亿元，同比增长2.5%；城乡居民储蓄存款余额700.2亿元，比年初增加79.7亿元，同比增长12.8%。金融机构各项贷款余额702.3亿元，比年初增加88.0亿元，同比增长14.3%，其中：短期贷款余额335.0亿元，比年初增加30.3亿元，同比增长9.9%；中长期贷款余额332.5亿元，比年初增加38.1亿元，同比增长12.9%。票据融资余额34.8亿元，比年初增加19.7亿元，同比增长130.5%。

全年实现保费收入22.9亿元，同比增长27.9%。其中：寿险收入15.6亿元，同比增长27.5%；财产险收入7.3亿元，同比增长27.6%。全年支付各类赔款和给付总额6.6亿元，同比增长20.0%。其中：寿险给付和赔款3.3亿元，同比增长43.5%；财产险赔款3.3亿元，同比增长6.5%。

11

2013年朝阳市经济发展概况

【经济总量】2013年，朝阳市全年实现地区生产总值（GDP）1002.9亿元，按可比价格计算，比上年增长8.9%。其中，第一产业增加值218.4亿元，增长4.9%；第二产业增加值500亿元，增长11.1%；第三产业增加值284.5亿元，增长7.4%。三次产业增加值比重为21.8：49.8：28.4。全市人均生产总值33591元（折合5510美元），按可比价格计算，比上年增长9.1%。

【农业】2013年，朝阳市全年农林牧渔业总产值441.0亿元，比上年增长7.8%。其中，种植业产值217.2亿元，增长3.1%；林业产值34.1亿元，增长22.6%；牧业产值181.9亿元，增长11.1%；渔业产值0.5亿元，增长9.0%。

全年粮食总产量250.9万吨，比上年下降16.5%，为历史第三高产年。油料产量1.9万吨，同去年持平。水果总产量71.7万吨，增长7.7%，其中园林水果产量54.8万吨，增长11.6%。蔬菜及食用菌总产量560.2万吨，增长11.3%，其中棚菜产量459万吨，增长40.2%，占蔬菜总产量的81.9%。

【工业和建筑业】2013年，朝阳市全年全部工业增加值407.5亿元，按可比价格计算，比上年增长10.2%。

规模以上工业增加值按可比价格计算比上年增长10.6%。其中，重工业增加值增长10.5%，轻工业增长11.1%。

全年规模以上工业总产值1425.7亿元，比上年增长13.2%。其中，私营工业总产值完成884.8亿元，增长10.9%。17家超十亿元以上的工业企业实现产值463.4亿元，增长26.4%。在全市拥有的31个工业大类行业中，有21个行业产值保持增长，14个行业产值增速超过全市平均水平。

全年建筑业增加值完成92.5亿元，按可比价格计算，比上年增长15.6%。具有建筑业资质等级的总承包和专业承包建筑企业户数为216户，比上年增长3.8%。签订工程合同额438.36亿元，比上年增长19.9%；完成建筑业总产值383.4亿元，增长18.2%；实际施工的房屋建筑面积2193万平方米，增长18.4%，其中新开工面积1629.7万平方米，增长16.6%；房屋竣工面积1429.3万平方米，增长31.2%。全员劳动生产率18.4万元/人，增长15.8%。

【固定资产投资】2013年，朝阳市全年固定资产投资（不含农户）820.3亿元，比上年增长14.8%。其中，城镇固定资产投资778.3亿元，增长16.1%；农村非农户投资42亿元，下降4.4%。在城镇投资中建设项目完成投资643.2亿元，比上年增长14.3%；房地产开发投资完成135.1亿元，增长25.2%。

按经济类型划分：国有经济固定资产投资227.6亿元，比上年增长50.5%；集体经济固定资产投资0.3亿元，是上年的3倍；其他有限责任公司固定资产投资162.4亿元，是上年的2.3倍；私营经济固定资产投资419.9亿元，下降12.7%；外商及港澳台固定资产投资完成4.3亿元，是上年的3倍；其他经济完成投资5.8亿元，下降38.3%。

【科学技术】2013年，朝阳市全年有43个项目列入国、省科技计划，其中1个项目列入国家科技惠民计划。全年高新技术产品增加值实现164.3亿元，增速保持全省前列。新增高新技术企业10家，总数达到25家。有效发明专利增长15%以上，专利申请量380件。全市省级工程技术研究中心达到19家，市级工程技术研究中心达到30家。全年培训农民技术员260名。全年组织了“朝阳—辽宁科技大学矿产品加工产学研对接会”、“农产品深加工科技成果产学研对接会”等大型产学研活动，促成20多家企业与东北大学、中国车辆研究所、北京科技大学、中钢研等多家高校院所达成实质性合作，转化科技成果10余项，与我市建立市校战略合作的院校达到了14所。

【国内贸易和对外经济】2013年，朝阳市全年社会消费品零售总额335亿元，比上年增长13.8%，扣除价格因素，实际增长11.4%。按销售地区分：城镇消费品零售额303亿元，增长13.9%；乡村消费品零售额32亿元，增长13.2%。按行业分：批发零售业零售额303.7亿元，增长14.2%，其中限额以上零售额83.3亿元，增长22.5%；住宿餐饮业零售额31.3亿元，增长10%，其中限额以上零售额7.6亿元，下降9%。

全市实际利用外商直接投资额21020万美元，比上年增长16.1%，全年出口总额50423万美元，增长26.7%。

【交通、邮电和旅游】2013年，朝阳市全市公路建设共完成省以上投资9.9亿元。截至年末，全市共有高速公路386公里；普通公路14368公里，比上年新增639公里。普通公路晴雨通车里程8443公里，比上年新增342公里。普通公路绿化里程5118公里，比上年新增72公里。全市共有普通公路桥梁96125米/3291座，比上年新增2259米/64座。

全市共完成公路客运量4242万人，公路旅客周转量185498万人公里，完成货运量4643万吨，货物周转量781508万吨公里，分别同比增长4.7%、5.4%、10.0%和12.0%。全市共有公交运营车辆674辆，运营线路总长度4440.8公里，年运营里程5842万公里。新辟公交线路2条，调整公交线路1条。国省干线改造任务全面完成。京沈线燕阳山南路扩宽改造和朝青线哨口大桥亮化等计划外政府重点项目按期保质完成。完成农村客运站建设一座。新建和改造城市公交候车亭24个。京沈客专征地拆迁工作全面启动。交通工程质量监督实现全覆盖。

全年邮政电信业务总量23.5亿元，比上年增长8.8%。年末城乡固定电话装机数68万户，下降3.7%；全市移动电话用户259.6万户，增长5.2%；年末互联网用户36.9万户，增长6%。

【金融和保险】2013年年末，朝阳市全部金融机构本外币各项存款余额1160.9亿元，比上年末增长13.4%，比年初增加136.4亿元。其中，人民币各项存款余额1157.6亿元，比上年末增长13.5%，比年初增加137.2亿元。在各项存款中，城乡居民本外币储蓄存款余额840.7亿元，比上年末增长14.4%，比年初增加105.4亿元；单位本外币存款余额298.5亿元，比上年末增长9%，比年初增加24.7亿元。金融机构本外币各项贷款余额725.5亿元，比上年末增长17.9%，比年初增加107.9亿元。其中，人民币各项贷款余额721.2亿元，比上年末增长18.6%，比年初增加110.9亿元。在各项贷款中，本外币短期贷款余额252.1亿元，比上年末增长1.8%，比年初增加1.9亿元；本外币中长期贷款余额451.6亿元，比上年末增长33.1%，比年初增加112.2亿元。

全年保险行业承保金额4561.3亿元，比上年增长52%。其中，财产险承保金额1840.2亿元，增长25.2%；寿险承保金额2658.1亿元，增长85.8%；健康险承保金额62.9亿元，下降588%。全年原保险保费收入20.8亿元，比上年增长9.6%。其中，财产险原保险保费收入8亿元，增长33.71%；寿险原保险保费收入12.2亿元，下降1.5%；健康险保费收入0.6亿元，下降3.7%。支付各类赔款和给付总额4.9亿元，比上年下降13.6%。其中，财产险赔付支出3.8亿元，增长13.9%；寿险赔付支出0.9亿元，增长13.3%；健康险赔付支出0.17亿元。

12

2013年葫芦岛市经济发展概况

【经济总量】2013年，葫芦岛市全年实现地区生产总值（GDP）775.1亿元，按可比价格计算，比上年增长7.2%。其中，第一产业增加值101.6亿元，增长4.8%；第二产业增加值363.5亿元，增长6.5%；第三产业增加值310.0亿元，增长9.0%。生产总值三次产业构成为13.1：46.9：40.0。人均生产总值29973元，比上年增长12%。

【农业】2013年，葫芦岛市全年农林牧渔业增加值101.6亿元，按可比价格计算，比上年增长4.8%。其中，种植业增加值42.8亿元，增长9.3%（现价增幅下同）；林业增加值1.5亿元，增长15.3%；牧业增加值

34.9亿元，增长2.0%；渔业增加值20.1亿元，增长5.5%；农林牧渔服务业增加值2.4亿元，增长7.1%。

全年粮食总产量128.2万吨，增长2.1%，其中玉米110.4万吨，增长1.7%，水稻6.1万吨，增长17.3%。粮食作物种植面积19.0万公顷，与上年基本持平。花生产量5.4万吨，增长12.6%。蔬菜产量271.5万吨，增长27.3%。园林水果产量107.8万吨，增长6.7%，其中苹果53.5万吨，下降0.9%，梨46.2万吨，增长18.8%。

【工业和建筑业】2013年，葫芦岛市全年规模以上工业（以下工业数据均为此口径）增加值203.3亿元，增长4.5%。规模以上工业总产值996.8亿元，比上年下降1.6%。按轻重工业分，轻工业总产值143.6亿元，增长25.3%；重工业总产值853.2亿元，下降5.1%。按经济类型分，国有企业总产值53.8亿元，下降13.9%；集体企业总产值18.9亿元，下降4.2%；股份合作企业总产值2.9亿元，下降23.5%；股份制企业总产值840.2亿元，下降2.1%；外商及港澳台商投资企业总产值23.2亿元，增长36.0%；其他经济类型企业总产值57.8亿元，增长10.3%。国有控股企业总产值519.9亿元，下降12.6%。全年工业出口交货值66.1亿元，下降3.7%。

全年建筑业企业（资质等级以上）318个，比上年增加38个。建筑业增加值实现59.4亿元，增长4.1%。建筑业总产值完成358.8亿元，增长14.8%，其中：建筑工程产值280.2亿元，增长14.0%；安装工程产值44.1亿元，增长12.1%；其他产值34.5亿元，下降10.7%。全年房屋建筑施工面积完成1424.7万平方米，增长23.7%；房屋建筑竣工面积775.7万平方米，增长24.3%。建筑业企业期末从业人员10.7万人，其中工程技术人员1.2万人。建筑业全员劳动生产率4.2万元/人，增长2.4%。

【固定资产投资】2013年，葫芦岛市全年固定资产投资632.6亿元，比上年增长15.7%。其中，城镇固定资产投资完成581.0亿元，增长18.9%；非农户固定资产投资完成51.7亿元，下降11.3%。在城镇固定资产投资中，建设项目完成投资399.1亿元，增长12.9%；房地产开发完成投资181.9亿元，增长34.7%。从产业看，第一产业投资6.0亿元，增长104.2%；第二产业投资193.4亿元，下降12.4%，其中工业投资193.1亿元，下降12.5%；第三产业投资433.2亿元，增长34.2%。固定资产投资产业构成由上年的0.6：40.4：59.0调整为0.9：30.6：68.5。从固定资产投资行业投向看，增长较快的行业有：农林牧渔业投资6.0亿元，增长104.2%；交通运输仓储和邮政业投资61.8亿元，增长40.5%；住宿和餐饮业投资27.8亿元，增长140.5%；信息传输软件和信息技术服务业投资5.5亿元，增长510.7%；房地产业投资140.0亿元，增长32.2%；租赁和商务服务业投资28.0亿元，增长899.2%。

【科学技术】2013年，葫芦岛市全年专利申请591件，比上年增长25.5%，其中发明专利申请194件；授权专利378件。葫芦岛市共取得科技成果47项，其中省级成果3项，获得省科技进步二等奖1项，三等奖1项。评出市政府科学技术奖52项，其中科学技术功勋奖2项，科学技术进步一等奖20项，二等奖24项，三等奖6项。全年高新技术产品产值实现123.9亿元，比上年增长17.5%；高新技术产品增加值实现26亿元，增长28.2%。

【国内贸易和对外经济】2013年，葫芦岛市全年批发和零售业增加值71.9亿元，按可比价格计算，比上年增长5.5%；住宿和餐饮业增加值18.7亿元，增长3.2%。

全年社会消费品零售总额实现360.9亿元，比上年增长13.6%。按销售地区划分，城镇零售额完成272.9亿元，增长14.3%；乡村零售额完成88.0亿元，增长11.6%。按行业划分，批发和零售业销售额完成511.1亿元，增长8.9%，其中：限额以上批发和零售业销售额完成173.3亿元，增长5.2%；限额以下批发和零售业销售额完成337.8亿元，增长15.7%。住宿和餐饮业营业额完成41.5亿元，增长9.9%，其中：限额以上住宿和餐饮业营业额完成4.7亿元，下降18.1%；限额以下住宿和餐饮业营业额完成36.8亿元，增长14.9%。葫芦岛市限额以上批发零售和住宿餐饮法人企业共有178家。

全年外商直接投资6.5亿美元，比上年增长21.7%。进出口总额实现13.3亿美元，增长1.9%，其中：出口总额实现11.0亿美元，增长15.8%；进口总额实现2.3亿美元，下降43.8%。

【交通、邮电和旅游】2013年，葫芦岛市全年交通运输、仓储及邮政业增加值57.0亿元，按可比价格计算，比上年增长7.1%。

葫芦岛市公路总里程达7505.4公里，其中：国道234.2公里，省道556.5公里，县道794.9公里，乡道2664.3公里，村道3255.5公里。公路密度141.9公里/百平方公里。黑色路面总里程达4625.4公里，桥梁总数达到80873.4米/2731座，其中大桥29390.7米/149座。1067个行政村全部实现村村通油路。葫芦岛市拥有地方铁路、专用铁路和铁路专用线路15条，总长187.8公里。

全年邮政业务总量实现3.1亿元，比上年增长6.2%；电信业务总量实现20.9亿元，增长2.3%。全年完成快递775.8万件，函件117.6万件，包裹10.4万件，订销报刊杂志累计份数2963.9万份，其中，报纸2861.7万份，杂志102.2万份。

全年旅游总收入实现271亿元，比上年增长25%。接待国内外旅游者2726万人次，增长34.9%。葫芦岛市现有AAAA级旅游区6处，AAA级旅游区5处，AA级旅游区4处。旅行社71个，其中国际社2个。星级宾馆24个，其中：五星级1个、四星级3个、三星级18个、二星级1个。

【金融和保险】2013年，葫芦岛市全年金融保险业增加值实现26.5亿元，比上年增长14.3%。

年末全部金融机构存款余额1205.8亿元，比年初增长12.2%，其中：单位存款余额376.4亿元，比年初增长11.0%；城乡居民储蓄存款余额795.2亿元，比年初增长11.3%。年末全部金融机构贷款余额731.5亿元，比年初增长14.7%，其中：短期贷款336.6亿元，比年初增长12.0%；中长期贷款357.9亿元，比年初增长24.1%。

全年保险费收入20.1亿元，比上年增长16.8%，其中：财产险保费收入9.2亿元，增长21.2%；人寿险保费收入10.9亿元，增长15.8%。处理赔（给）付各类保险金5.0亿元，增长8.7%，其中：财产险赔付额4.7亿元，增长7.5%；人寿险赔（给）付额0.3亿元，增长29.2%。承保件数76.1万件，增长12.2%，其中：财产险承保件数49.3万件，增长17.1%；人寿险承保件数26.8万件，增长4.3%。

吉林省

| 长春市 | 吉林市 | 四平市 | 辽源市 | 白山市 | 松原市 | 白城市 | 通化市 |

1

2013年长春市经济发展概况

【经济总量】2013年，长春市全年实现地区生产总值5003.2亿元，按不变价格计算，比上年增长8.3%。其中，第一产业增加值332.0亿元，比上年增长3.5%；第二产业增加值2658.7亿元，增长9.4%；第三产业增加值2012.5亿元，增长7.8%。三次产业结构为6.7：53.1：40.2。对经济增长的贡献率分别为：2.7%、59.5%、37.8%。人均生产总值达到66286元(按户籍年平均人口数计算)，比上年增长8.3%，折合10872美元。

【农业】2013年，长春市全年完成农林牧渔业总产值602.7亿元，比上年增长4.9%。其中，种植业产值307.2亿元，增长6.9%；林业产值2.3亿元，下降40%；牧业产值272.3亿元，增长3.1%；渔业产值5.2亿元，增长16.98%；农林牧渔服务业产值15.7亿元，增长3.5%。

全年农作物总播种面积134.0万公顷，比上年减少0.3%。粮食总产量达到984.4万吨，比上年增加73.2万吨。其中，玉米产量791.6万吨，增长6.4%；水稻产量152.9万吨，增加20.3%。猪出栏614.8万头，增长2.0%；牛出栏125.2万头，增长2.5%；羊出栏36.3万只，增长2.8%；家禽出栏2.5亿只，减少3.8%。肉蛋牛奶产量分别达到116.4万吨、31.5万吨和6.6万吨，分别下降1.8%、7.1%和2.9%。

【工业和建筑业】2013年，长春市全年完成规模以上工业增加值2103.3亿元，比上年增长10.2%。规模以上工业企业万元增加值综合能源消耗降低率为8.6%。

全年建筑业完成增加值436.5亿元，比上年增长6%。资质以上建筑业完成总产值1022.2亿元，比上年增长9.7%。实现工程结算收入986亿元，增长13.5%。

【固定资产投资】2013年，长春市全年完成全社会固定资产投资总额3408.4亿元，比上年增长20%。其中：房地产开发投资613.6亿元，下降5.6%。新增固定资产2572.3亿元。固定资产交付使用率为77.4%，比上年提高2个百分点。房屋面积竣工率为26.6%，比上年下降1.9个百分点。

从各产业完成投资情况看，第一产业投资38.3亿元，增长18.5%；第二产业投资1580.5亿元，增长20%；第三产业投资1705.7亿元，增长19.9%。从投资主体看，国有经济投资981.7亿元，增长36.4%；非国有经济投资2342.8亿元，增长14.2%，占全社会固定资产投资的比重为70.5%。全市工业投资1550亿元，增长19%，对全社会投资增长的贡献率达67.9%。民间投资2238.3亿元，增长18.1%。

【科学技术】2013年，长春市全年专利申请量由上年的6165件增加到7106件，增长15.3%。全年通过鉴定、验收和认定的科技成果209项，获得市以上科技进步奖励成果238项。其中：获国家级奖励3项，省级奖励187项。

2013年年末，在全市各级各类科技人员中，"两院"院士32人。全市拥有独立科学研究与技术开发机构91个。其中，自然科学和技术领域研究与开发机构59个，社会科学与人文领域研究与开发机14个，科技信息与文献领域机构3个。全市民营科技企业技术合同成交额达26.03亿元，累计技术合同成交额245.72亿元。市科技管理部门共投入科技经费8083万元。全市新认定高新技术企业31户。

【国内贸易和对外经济】2013年，长春市全年实现社会消费品零售总额1970.0亿元，比上年增长13.2%。分行业看，批发零售贸易业零售额1779.2亿元，增长13.5%。其中：限额以上批发零售贸易业零售额827.4亿元，增长8.2%；限额以下批发零售贸易业零售额951.8亿元，增长17.5%。住宿和餐饮业零售额190.9亿元，增长10.8%。其中：限额以上住宿餐饮业零售额25.8亿元，下降6.7%；限额以下住宿餐饮业零售额165.1亿元，增长13.9%。

全年实现进出口总额204亿美元，比上年增长3.7%。其中，进口171.1亿美元，增长2.0%；出口32.9亿美元，增长13.4%。在出口企业中：一般贸易企业出口25.9亿美元，增长27.0%；加工贸易企业出口6.9亿美元，下降18.9%。

【交通、邮电和旅游】2013年，长春市全年公路货物周转量346.9亿吨公里，增长11%；旅客周转量为53.5亿人公里，增长5.1%。民航完成货邮吞吐量6.8万吨，增长2.8%；完成旅客吞吐量673.3万人，增长15.7%。2013年末全市民用汽车保有量101.9万辆，增长16.2%。其中，私人汽车保有量83.8万辆，增长18.6%。

2013年完成邮电业务总量74.6亿元，增长2.8%。其中：邮政业务总量5.1亿元，增长13%；电信业务总量69.5亿元，增长2.1%。全年特快专递完成73万件，下降15%；邮政储蓄平均余额227.8亿元，增长12%。全市市话年末达到152.1万户，下降2.5%；农话年末达到25.6万户，下降5.3%。移动电话年末达到1126.1万户，增长0.7%。互联网用户已经达到617.2万户，下降3.6%，其中宽带用户101.2万户，增长10%。

全年来长旅游人数达到4229.5万人次，比上年增长15.7%。其中，接待入境游客37.8万人次，比上年增长6.1%；接待国内旅游者4191.7万人次，增长15.8%。全年旅游总收入685.8亿元，增长25.1%。旅游外汇收入24305.9万美元，增长8.6%。

【金融和保险】截至2013年年末，长春市全市拥有银行30家，保险公司28家，本地和异地驻长证券公司28家。

金融机构本外币各项存款余额7866.5亿元，比年初增长18.3%。其中，单位存款余额4112.9亿元，增长21.1%；储蓄存款余额3132.5亿元，增长12.2%。全市金融机构本外币各项贷款余额6543.2亿元，比年初增长12.2%。

全市拥有保险公司28家，全年保费收入106.6亿元，比上年增长19.1%。其中，财产险保费收入48.6亿元，增长24.8%；人身险保费收入58.0亿元，增长14.7%。全年赔付总金额44.8亿元，增长41.5%。其中，财产险赔付金额28.0亿元，增长38.3%；人身险赔付金额16.8亿元，增长47.4%。

2

2013年吉林市经济发展概况

【经济总量】2013年，吉林市全年实现地区生产总值（GDP）2617.4亿元，比上年增长8.3%。其中，第一产业增加值252.4亿元，增长4.1%；第二产业增加值1279.9亿元，增长8.7%；第三产业增加值1085.1亿元，增长8.7%。三次产业结构的比例关系由上年的10：49.7：40.3调整为9.6：48.9：41.5，产业结构进一步优化。全市人均生产总值达到60876.6元，按现行汇率折算为9984.8美元。

【农业】2013年，吉林市全市上下积极贯彻落实国家强农惠农富农政策，农业生产保持良好发展态势，全市粮食生产喜获丰收，在农业部荣获“产粮大市”称号，按市原口径统计粮食总产量达到582万吨，按省认定数粮食总产量为422.8万吨，比上年增长10.6%。其中，玉米总产量达到305.3万吨，增长14.7%；水稻总产量97.4万吨，增长3.2%；大豆总产量11.1万吨，降低17.3%。

【工业和建筑业】2013年，吉林市全市规模以上工业完成产值3255.4亿元，增长7.1%；完成增加值955.2亿元，可比增长8.5%。全市十大行业总体均保持了增长趋势，其中石化行业完成产值956.1亿元，增长3.1%；冶金行业完成产值376.4亿元，增长0.4%；能源行业完成产值121.4亿元，增长3.1%；汽车行业完成产值171.7亿元，增长6.8%；医药行业完成产值86.3亿元，增长30.3%；电子行业完成产值39.4亿元，增长25.5%；农产品加工行业完成产值606.6亿元，增长12.8%；建材行业完成产值219.5亿元，增长11.2%；轻纺行业完成产值240.4亿元，增长7.9%；装备行业完成产值353.4亿元，增长7.8%。工业产品销售率达到98.6%，比上年下降0.63个百分点。

全市建筑业完成增加值164.1亿元，同比增长11.2%，资质以上建筑业企业完成总产值322.8亿元，增长12.5%。企业房屋建筑施工面积1767万平方米，竣工面积858.5万平方米。

【固定资产投资】2013年，吉林市全市完成固定资产投资2000.3亿元，增长20.1%。其中：城镇完成投资1753.9亿元，增长16.8%；农村完成投资246.4亿元，增长50.9%。全年房地产开发完成投资229.9亿元，下降7.6%。

从九大投资方向看，工业投资占主导地位。其中，工业完成投资1251.6亿元，占全部投资比重为62.6%；房地产完成投资240.3亿元，占全部投资比重为12%；基础设施完成投资146.2亿元，占全部投资比重为7.3%，其中：交通运输完成投资75.2亿元，占全部投资比重为3.8%；商贸完成投资115亿元，占全部投资比重为5.8%；教育完成投资18.3亿元，占全部投资比重为0.9%；文化、体育完成投资14.9亿元，占全部投资比重为0.7%；医疗、卫生完成投资12亿元，占全部投资比重为0.6%；农业完成投资7.8亿元，占全部投资比重为0.4%；其他完成投资193.3亿元，占全部投资比重为9.7%。

【科学技术】2013年，吉林市全市科技工作成效显著，我市被评为全国科技进步考核先进城市。制定出台了《关于加快提升科技创新能力的实施意见》，有力地促进了吉林市科技创新体系建设；战略性新兴产业发展较快，占规模工业总产值比重比2012年提高了2.8个百分点，在重点推进的90项投资3000万元以上战略性新兴产业工业项目中，有30个项目建成投产；吉林医药学院院士工作站正式成立，东北电力大学科技园步入国家级大学科技园行列，在全省率先搭建了科技成果交易平台；共实施市级重大科技成果转化和重点科技攻关项目134项，投入扶持资金2970万元；共列入国家和省各类科技计划项目340余项，争取资金支持1.01亿元；专利申请量达到1375件，授权量达到788件；全市共获省科技进步奖50项，共被授予市科技进步奖122项。

【国内贸易和对外经济】2013年，吉林市全年实现社会消费品零售总额1066.7亿元，比上年增长14.0%。分地域看，城镇实现消费品零售额970.8亿元，比上年增长13.9%；乡村实现消费品零售额95.9亿元，比上年增长15.0%。分行业看，批发业实现零售额203.6亿元，比上年增长13.4%；零售业实现零售额758.2亿元，比上年增长14.6%；住宿业实现零售额11.0亿元，比上年增长7.4%；餐饮业实现零售额93.8亿元，比上年增长11.8%。

全市外贸进出口总额实现110197万美元，同比下降4.1%。其中出口51909万美元，同比增长5.7%；对外劳务合作营业额实现9340万美元，同比增长10.1%。全市有进出口业绩企业达到198家，进出口商品达到848种，与95个国家（地区）有经贸往来。

【交通、邮电和旅游】2013年，吉林市全年货物运输量6044万吨；货物周转量1999856万吨公里；全年旅客发送量4260万人次；旅客发送周转量213996.5万人公里，其中公路212149万人公里；水运1847.5万人公里，下降13.5%。

年末全市民用汽车拥有量达到86.3万辆（包括三轮汽车和低速货车），比上年末增长6.9%。其中私人汽车拥有量32.8万辆，增长14.77%；民用轿车拥有量19.05万辆，增长15.9%，其中私人轿车17.06万辆，增长17.3%。

全年邮政业务总量2.44亿元（按2010年价格计算），同比增长4.7%；电信业务总量38.37亿元（按2010年价格计算），增长5%。年末移动电话用户520.5万户，减少1.9%；年末本地电话用户94.12万户，其中：城市电话用户74.98万户，乡村电话用户19.14万户；年末住宅电话用户77.34万户；长途光缆线路长度2409.11公里；互联网用户58.65万户，增长5%。

全市积极构建游客满意的旅游消费环境，努力打造旅游度假名城和生态旅游热点城市。2013年，全市计划新建及续建重点旅游建设项目40个，其中新建项目17个，续建项目23个，旅游建设项目开工率达到100%，实际完成投资35.4亿元。其中，温泉文化休闲度假区扩建项目完成投资2.8亿元。

【金融和保险】2013年年末，吉林市全市金融机构本外币各项存款余额1987.7亿元，比年初增加262.3亿元。其中：本外币单位存款余额617.9亿元，比年初增加110.1亿元；本外币个人存款余额1312.5亿元，比年初增加150.8亿元。年末全市金融机构本外币贷款余额为1136.6亿元，比年初增加183.5亿元。人民币各项贷款余额为1127.2亿元，比年初增加179.4亿元，其中：短期贷款余额596.4亿元，中长期贷款余额490.1亿元。

全市共有财、寿险公司26家，其中财产险公司11家，寿险公司15家。全年保费收入46.88亿元，其中：财产险保费收入11.82亿元，寿险保费收入35.06亿元；财险赔款金额6.37亿元，寿险给付金额9.25亿元。

3

2013年四平市经济发展概况

【经济总量】2013年，四平市全年实现地区生产总值（GDP）1210.1亿元，按可比价格计算，比上年增长9.2%。其中，第一产业实现增加值293.7亿元，增长3.9%；第二产业实现增加值563.4亿元，增长11.2%；第三产业实现增加值353.0亿元，增长9.8%。人均生产总值达36409.4元，比上年增长9.9%。经济结构进一步优化，一、二、三产业占生产总值的比重24.3：46.5：29.2。一、二、三产对经济增长的贡献率分别为9.4%、57.4%和33.2%。规模以上工业万元增加值综合能源消耗降低12.3%。

【农业】2013年，四平市全年粮食播种面积85.9万公顷，比上年增加724公顷，增长0.1%，全年粮食产量达到801.3万吨，比上年增产30.2万吨，增长3.9%。全年玉米播种面积77.8万公顷，比上年增加7782公顷，增长1.0%，玉米产量达到728.2万吨，比上年增加34.8万吨，增长5.0%；水稻播种面积5.5万公顷，比上年减少4082公顷，下降6.9%，水稻产量达53.9万吨，减少4.5万吨，下降7.6%；大豆播种面积0.9万公顷，比上年减少1074公顷，下降10.6%。

【工业和建筑业】2013年，四平市全年规模以上工业增加值564.9亿元，比上年增长12.0%。实现工业总产值1952.2亿元，比上年增长14.2%。销售产值1931.9亿元，比上年增长14.4%。产销率98.96%，同比增长0.2个百分点。实现主营业务收入1662.7亿元，比上年增长14.2%。实现利润总额59.7亿元，比上年增长16.7%，税金总额25.3亿元，比上年增长16.4%。

全年实现建筑业增加值35.3亿元，比上年增长12.6%。全年资质等级以上的总承包建筑企业完成总产值95.24亿元，比上年增长20.4%。工程结算收入91.29亿元，比上年增长25.0%。建筑施工面积538.9万平方米，比上年增长18.5%，竣工面积402.3万平方米，比上年增长5.5%。

【固定资产投资】2013年，四平市全年完成全社会固定资产投资674.4亿元，比上年增长20.2%。

全年完成房地产开发投资48.6亿元，比上年下降17.1%。商品房销售面积173.5万平方米，比上年下降4.8%，住宅销售面积156.4万平方米，比上年下降4.8%。商品房销售额56.8亿元，比上年增长8.8%，住宅销售额47.5亿元，比上年增长8.7%。

【科学技术】2013年，四平市列入省及国家科技计划项目共110项，获得专项资金4506.8万元。市科技计划58项，补助资金225万元。实验区的申报和创建与四平科技项目的大批落地相得益彰。全市新增高新技术企业2户（全市高新技术企业达到14户）、吉林省创新型科技企业12户，吉林省科技企业2户（全市吉林省科技企业达49户）。组织推荐省级科学技术奖18项，共有14项获奖，达到历史最高水平。

【国内贸易和对外经济】2013年，四平市全年实现社会消费品零售总额450.0亿元，比上年增长14.0%。剔除价格上涨因素，实际增长11.9%。其中，城镇实现零售额377.4亿元，比上年增长14.2%；乡村实现零售额72.6亿元，比上年增长13.0%。分行业看，批发零售贸易业实现零售额400.3亿元，比上年增长13.8%；住宿餐饮业实现零售额49.7亿元，比上年增长15.4%。限额以上批发零售贸易业实现零售额211.6亿元，比上年增长5.3%，限额以下批发零售贸易业实现零售额238.4亿元，比上年增长22.9%。

全年进出口总额34333万美元，比上年增长6.4%。其中，进口总额达29903万美元，比上年增长15.9%，出口总额达4430万美元，比上年下降31.7%。

【交通、邮电和旅游】2013年，四平市全年完成交通运输、仓储、邮电业增加值48.1亿元，按可比价格计算，比上年增长8.6%。全年公路旅客发送量2056万人，公路货物发送量5154万吨，公路货物周转量1932111万吨/公里，旅客周转量127936万人/公里。年末，全市出租车达9096辆，比上年增长6.5%。市区出租车达2792辆，比上年下降8.7%。全市机动车保有量467800辆，比上年增长11.7%。其中载客汽车达到197289辆，比上年增长19.6%，载货汽车达到56005辆，比上年增长20.4%。

截至2013年年末，全市拥有邮政局、所113个，同比下降23.7%。邮路总长度1022公里。全年完成邮电业务总量180979.6万元，比上年增长6.7%。其中，邮政业务总量18965万元，增长16.1%；电信业务总量162014.6万元，增长5.7%。在邮政业务中，全年完成函件业务量132.8万件，比上年减少33.9%；包裹业务量8.3万件，增长2.5%；汇兑40.76万笔，下降11.3%；特快专递16.7万件，下降13.1%。年末全市固定电话用户数达41.46万户，比上年下降13.4%。年末移动电话用户达323.78万户，比上年下降16.1%。

全年接待旅游总人数195.3万人次，比上年增长15.6%。其中，接待入境旅游者2816人次，比上年增长5%。接待国内旅游者195.02万人次，比上年增长15.6%。旅游总收入24.8亿元人民币，比上年增长25.8%，其中旅游外汇收入92.9万美元，比上年增长10%，国内旅游人民币收入24.7亿元人民币，比上年增长25.8%。截至2013年年末，全市有旅行社25家，星级酒店3家。

【金融和保险】2013年，四平市全年实现金融业增加值22.1亿元，按可比价格计算，比上年增长9.6%。年末金融机构本外币存款余额836.4亿元，比年初增加97.9亿元。其中单位存款余额202.5亿元，比年初增加12.1亿元。个人存款余额616.4亿元，比年初增加75.4亿元。金融机构本外币各项贷款余额为551.8亿元，比年初增加102.6亿元。其中，短期贷款283.8亿元，比年初增加60.2亿元；中长期贷款242.7亿元，比年初增加40.0亿元。

全市有各类保险公司19家，其中，财产保险公司10家，人寿保险公司9家。全年保费收入217595万元，比上年增长26.1%。其中财产险保费收入72973万元，比上年增长29.2%；人寿险保费收入144622万元，比上年增长24.5%。各类保险赔款支出60269万元，比上年增长46.3%。其中财产险赔款支出34782万元，比上年增长34.3%。人寿险给付支出25487万元，比上年增长66.7%。

4

2013年辽源市经济发展概况

【经济总量】2013年，辽源市全年实现地区生产总值（GDP）700.2亿元，按可比价格计算，比上年增长9.5%。其中，第一产业增加值58.2亿元，增长4.5%；第二产业增加值414.2亿元，增长10.0%；第三产业增加值227.8亿元，增长10.1%。三次产业的比重为8.3：59.2：32.5，分别比上年下降0.6个、上升0.2个和上升0.4个百分点，对经济增长的贡献率为4.6%、60.3%和35.1%，分别拉动GDP增长0.4个、5.7个和3.4个百分点。人均地区生产总值为57413元，增长9.8%。

【农业】2013年，辽源市全年实现农林牧渔业总产值101.29亿元，比上年增长8.6%。农林牧渔服务业增加值实现58.18亿元，可比价增长4.5%（下同）。其中，农业增加值24.37亿元，下降15.1%；林业增加值1.32亿元，增长51.7%；牧业增加值31.61亿元，增长31.8%；渔业增加值0.36亿元，增长12.5%；农林牧渔服务业增加值0.52亿元，增长4.0%。

全市农作物播种面积为22.98万公顷，比上年下降0.2%。粮食总产量145.6万吨，比上年增产12.85万吨，增长9.7%。粮食作物播种面积为22.38万公顷，下降0.4%。其中，玉米产量130.29万吨，增长14.6%；水稻产量11.49万吨，下降5.9%。全市耕地总资源24.28万公顷，比上年增加0.35万公顷。

【工业和建筑业】2013年，辽源市全市规模以上工业企业306户，实现工业总产值1185.49亿元，比上年增长15.3%，实现工业增加值348.74亿元，可比价增长10.3%，占全市GDP比重为49.8%，同比提高0.7个百分点。其中，轻工业实现增加值116.75亿元，增长11.4%；重工业实现增加值231.99亿元，增长8.5%。民营工业实现增加值311.23亿元，增长11.7%。民营工业增加值占全市规模以上工业增加值比重为89.2%。

全年建筑业企业实现增加值48.7亿元，比上年增长14.8%。全市具有资质等级的总承包和专业承包建筑业企业实现总产值88.36亿元，增长6.7%。

【固定资产投资】2013年，辽源市全年全社会固定资产投资实现523.11亿元，比上年增长20.2%。其中，城镇投资实现473.90亿元，增长19.3%；农村非农投资实现49.21亿元，增长29.4%。从产业投资结构看：第一产业实现投资19.49亿元，增长121.0%，占全社会固定资产投资总量3.7%；第二产业实现投资303.83亿元，增长10.3%，占全社会固定资产投资总量58.1%。其中工业实现投资270.0亿元，增长22.0%，占全社会固定资产投资总量51.6%；第三产业实现投资199.79亿元，增长32.3%，占全社会固定资产投资总量38.2%。

【科学技术】2013年，辽源市全市共申报国家、省各类科技计划项目105项，批准61项，项目批复率为58.1%，共争取国家、省支持资金4102.1万元，争取省级专利资金补贴项目32项。全市获省科技进步二等奖2项、三等奖1项；市级各类科技成果88项。全年专利申请量为107件，其中发明41件、实用新型115件、外观设计14件。全市拥有院士工作站2个。

【国内贸易和对外经济】2013年，辽源市全市实现社会消费品零售总额167.55亿元，增长13.8%。按城乡分，城镇实现社会消费品零售总额151.54亿元，增长15.2%；乡村实现社会消费品零售总额16.01亿元，增长2.0%。按规模分，限额以上单位实现社会消费品零售总额46.95亿元，增长5.3%；限额以下单位实现社会消费品零售总额120.60亿元，增长17.5%。限额以上社会消费品零售总额占全市的比重为28.0%，比上年降低2.4个百分点。

全市实现外贸进出口总额22018万美元，比上年增长28.8%，比全省平均增速5.2%高23.6个百分点。其中，实现出口总值11536万美元，增长63.7%；实现进口总值10482万美元，增长4.4%。

【交通、邮电和旅游】2013年，辽源市全市交通运输、仓储和邮政业实现增加值25.52亿元，可比价增长11.7%。全市公路总里程4316.35公里。其中：高速公路136.53公里，一级公路195.79公里，二级公路517.4公里，三级公路73.93公里，四级公路3392.65公里。2013年新建公路66.21公里。

截至2013年年末市区内共有公交车384辆，万人拥有6.8标辆；出租车1049辆，万人拥有22.15辆。

全市实现电信业务总量6.54亿元。全市固定电话21.40万部，增长4.44%；移动电话108.16万部，下降0.9%。邮政业务总量8054.86万元，同比增长2.7%；实现营业收入10161.48万元，增长20.5%；全年发送信函195.08万件。

全市旅游人数达159.38万人，同比增长15.7%，占全省的比重为1.6%。旅游收入20.30亿元，增长25.9%，占全省的比重为1.4%。

【金融和保险】2013年年末，辽源市全市金融机构各项存款余额371.68亿元，比年初增加42.42亿元，比上年增长12.9%。其中，个人储蓄存款275.1亿元，比年初增加33.35亿元，增长13.9%；各项贷款余额276.92亿元，比年初增加47.20亿元，增长20.7%。其中，中长期贷款96.84亿元，比年初增加18.76亿元，增长43.0%。各项贷款余额增速超出各项存款余额增速7.8个百分点，有力地支持了地方经济社会发展。

截至2013年年末，全市共有各类市级保险经营主体15家，其中财产保险公司7家，寿险公司8家。所辖县、区机构财险12家、寿险14家。实现保费收入8.57亿元，比上年增长11.6%。其中，财险保费收入2.52亿元，增长3.7%；寿险保费收入6.04亿元，增长15.3%。累计赔款和给付金额1.77亿元，比上年增长15.4%。其中，财险赔款1.47亿元，增长15.7%；寿险给付0.30亿元，下降15.7%。

5

2013年白山市经济发展概况

【经济总量】2013年，白山市全年实现地区生产总值（GDP）673.6亿元，按可比价格计算，比上年增长6.4%。其中，第一产业实现增加值59.1亿元，增长4.5%；第二产业实现增加值400.5亿元，增长5.2%；第三产业实现增加值214.0亿元，增长9.2%。人均GDP达到52831元，增长12.8%。三次产业比例为

8.8∶59.5∶31.8。

【农业】2013年，白山市全年实现农林牧渔业增加值59.1亿元，按可比价格计算，比上年增长4.5%。其中，实现种植业增加值42.7亿元，增长24.6%；林业增加值7.6亿元，下降22.1%；牧业增加值5.5亿元，增长3.8%；渔业增加值2.7亿元，增长5.5%；农林牧渔服务业增加值0.5亿元，增长7.0%。

全年粮食作物播种面积49270公顷。全年粮食总产量26.2万吨，比去年增产9.8%，其中，玉米产量20.0万吨，增产9.9%；水稻产量0.8万吨，减产0.1%；人参产量1.5万吨，增产2.7%。

【工业和建筑业】2013年，白山市全市规模以上工业企业累计实现增加值379.5亿元，按可比价计算，比上年增长5.7%。受煤炭企业全面停产整顿影响，资源型行业成为制约我市工业增长的主要因素。全市规模以上资源型工业实现增加值187.0亿元，同比下降2.4%。轻工业同比增长10.1%，重工业增长0.2%，轻工业增速快于重工业9.9个百分点。

全年资质等级以上的总承包和专业承包建筑企业完成总产值60.1亿元，比上年下降15.4%。当年资质内建筑企业房屋施工面积达到470.0万平方米，比上年增长9.9%。

【固定资产投资】2013年，白山市全年完成固定资产投资504.8亿元，比上年增长20.8%。其中：完成工业投资270.0亿元，增长18.0%。

全年完成非国有投资339.7亿元，占全部投资总额的67.3%，其中完成私营企业投资124.3亿元。

【科学技术】2013年，白山市当年全市国内专利申请量232件，授权量93件。其中，发明专利申请量80件，授权量13件。2013年全市列入国家、省科技发展计划项目80项，获得无偿科技资金3961.2万元，比去年增长17.6%。6个项目获省科学技术奖，其中：科技进步一等奖一项、技术发明一等奖一项、科技进步三等奖四项。

【国内贸易和对外经济】2013年，白山市全年实现社会消费品零售总额217.6亿元，比上年增长14.4%。其中，全市实现城镇消费品零售额183.0亿元，增长14.0%，占社会消费品零售总额的84.1%；乡村实现零售额34.6亿元，增长16.2%，增速比上年下降1.3个百分点。住宿和餐饮业实现零售额45.4亿元，分别增长11.5%和12.2%。

全市实现进出口贸易总额22212万美元，比上年下降13.2%。其中，出口17584万美元，下降16.7%；进口4628万美元，增长2.8%。

【交通、邮电和旅游】2013年，白山市年交通运输、仓储及邮电通信业实现增加值24.8亿元，比上年增长11.2%。年末全市机动车保有量达到13.3万辆，汽车保有量8.3万辆，增长5.1%，家用私人轿车保有量2.7万辆，增长13.9%。全年完成公路货运量2114万吨，完成公路客运量5620万人次，分别比上年增长12.2%和7.0%。完成货运周转量44.8亿吨公里，客运周转量36.7亿人公里，分别比上年增长11.7%和7.1%。全市公路通车总里程达到6413.8公里。其中，高速公路达到55.2公里，国家级公路达到214.0公里，省级公路1075.6公里，县级公路664.6公里，乡级公路1538.8公里，村级公路1303.1公里，专用公路1562.6公里。

邮政业务总量1.62亿元，比上年增长12.7%。全年完成电信业务总量13.0亿元，增长18.6%。其中，全市移动电话交换设备容量149.4万门，局用交换机容量35.4万门；固定电话用户37.3万户，固定电话普及率29.3部/百人；移动电话用户132.7万户，移动电话普及率103部/百人；互联网络宽带接入用户21.1万户。

全年共接待国内游客561.2万人次，实现旅游收入62.7亿元，分别比上年增长16.1%和27.1%。全年接待入境游客4.2万人次，实现旅游外汇收入1711.4万美元，分别增长5.0%和8.2%。旅游业已成为全市重要的支柱产业之一。

【金融和保险】2013年年末，白山市全市金融机构本外币存款余额541.5亿元，比年初增加48.5亿元；金融机构本外币贷款余额358.7亿元，比年初增加55.8亿元。人民币居民储蓄存款余额为357.8亿元，比年初增加30.5亿元；人民币个人消费贷款余额为32.0亿元，比年初增加5.3亿元。全市小额贷款公司36家，发放贷款余额共计5.3亿元；全市有担保公司9家，全年累计担保额为12.8亿元。

全市有各类保险公司18家，保险行业当年实现保费收入17.0亿元，比上年增长46.6%。其中：财产保险费收入2.9亿元，增长11.5%；人身保险费收入14.2亿元，增长57.8%。当年支付各类保险赔款给付总额1.9亿元，下降5.0%。其中：财产险赔款金额1.5亿元，增长7.1%；人身险给付金额0.4亿元，下降42.9%。

6

2013年松原市经济发展概况

【经济总量】2013年，松原市全年实现地区生产总值（GDP）1650.5亿元，按可比价格计算，比上年增长8.2%。其中，实现第一产业增加值265.2亿元，增长4.1%；实现第二产业增加值784.1亿元，增长6.6%；实现第三产业增加值601.2亿元，增长12.9%。全市人均GDP达到57635元，比上年增长4.5%。三次产业结构比例由上年的15.9：48.6：35.5调整为16.1：47.5：36.4。

【农业】2013年，松原市全年实现农林牧渔业增加值265.0亿元，比上年增长4.1%。其中，实现农业增加值177.6亿元；林业增加值2.6亿元；牧业增加值73.9亿元；渔业增加值4.9亿元；农林牧渔服务业增加值6亿元。

全年粮食作物播种面积106.1万公顷，比上年增加2.9万公顷，增长2.8%。全年粮食总产量750.2万吨，增长4.9%。其中，玉米产量586.5万吨，增长9.4%；水稻产量96.6万吨，下降8.4%。

【工业和建筑业】2013年，松原市全市规模以上工业增加值690.1亿元，比上年增长7.1%。

在全市规模以上工业中，十个主要行业累计实现增加值575.7亿元，占规模以上工业增加值比重83.4%。

全年建筑业企业实现增加值92.7亿元，增长2.1%。全市具有资质等级的总承包和专业承包建筑业企业完成总产值269.5亿元，增长3.5%。

【固定资产投资】2013年，松原市全年完成全社会固定资产投资额1015.8亿元，比上年增长20.2%，人均投资达到36820元。其中，不含农户的固定资产投资为990.8亿元，增长20.2%。

在不含农户的固定资产投资中，第一产业完成投资74.7亿元，增长86.6%；第二产业完成投资650.7亿元，增长16.6%；第三产业完成投资265.4亿元，增长17.3%。

【科学技术】2013年，松原市全市组织申报了各类国家级、省级项目22项，有15项获批。松原大多油田配套产业公司申报的“陶瓷内衬复合钢管系列化产品产业化”项目进入省“双十”工程项目行列，获得1000万元的资金支持。省科技厅正式批准建立“前郭灌区国营红光农场院士工作站”。这是松原市首家省级院士工作站。国营红光农场是我国北方水稻新技术示范单位，水稻生产的基础条件和种植技术水平已经达到了规范化、标准化的阶段性水平，在东北寒地稻作区处于领先地位。

2013年国内专利申请量216件，授权量152件。其中，发明专利申请量49件，发明专利授权量4件。

【国内贸易和对外经济】2013年，松原市全年实现社会消费品零售总额514.8亿元，比上年增长13.6%。按经营地统计，城镇实现消费品零售额429.1亿元，增长13.8%；乡村实现消费品零售额85.7亿元，增长12.9%。按消费形态统计，实现商品零售额440.6亿元，增长14.1%；实现餐饮收入74.2亿元，增长10.9%。

全年累计实现外贸进出口总值9010万美元，下降32.1%。其中，实现出口总值8782万美元，下降31.3%；实现进口总值228万美元，下降53.8%。

【交通、邮电和旅游】2013年，松原市全市各种运输方式完成货物周转量1529689万吨公里，其中，公路货物周转量1529105万吨公里；水运货物周转量584万吨公里。公路货运量6368万吨；水路货运量79万吨。全市各种运输方式完成旅客周转量161441万人公里，其中，公路旅客周转量161188万人公里；水运旅客周转量253万人公里；公路客运量2765万人；水运客运量22万人。

截至2013年年末，全市公路总里程12046公里，其中，等级公路总里程8260.5公里，占公路总里程68.6%。在公路总里程中，高速公路366公里；等外公路3419.7公里，占公路总里程28.4%。

2013年年末，全年完成邮电业务总量14.8亿元，增长4.9%。其中，完成邮政业务总量1.69亿元，增长0.2%；完成电信业务总量13.1亿元，增长3.1%。在邮政业务中，全年完成函件业务量90.4万件，下降46.3%；包裹业务量2万件，下降46.8%；汇票28.2万笔，下降9.6%；累计订销报刊2899.6万份，下降0.1%；邮政储蓄平均余额50.5亿元，增长16.9%。

截至2013年年末，固定电话用户33.5万户，其中城市电话用户19.3万户，农村电话用户14.2万户，固定电话普及率11.8部/百人。移动电话用户325.8万户，移动电话普及率为115.2部/百人，增长5.2%。互联网络宽带接入用户25.5万户，增长8.1%。

2013年接待国内外旅游人数400.2万人次，增长15.9%；接待国内旅游者人数397.9万人次，增长15.9%；接待入境旅游者2.3万人次，增长4.6%；全年旅游总收入57.6亿元，增长25.6%。其中，国内旅游收入56.9亿元，增长25.9%；旅游外汇收入0.1亿美元，增长11.3%。

【金融和保险】2013年年末，松原市全市境内金融机构本外币存款余额750.1亿元，比年初增加92.1亿元；金融机构本外币贷款余额498.4亿元，比年初增加133.9亿元。人民币存款余额745.8亿元，比年初增加89.6亿元；储蓄存款470.3亿元，比年初增加64亿元；人民币贷款余额498.4亿元，比年初增加133.9亿元；人民币个人消费贷款3.1亿元，比年初增加0.4亿元。

截至2013年年末，全市有各类保险公司经营主体23家，兼业保险代理机构3家。全年原保险保费收入18.2亿元，比上年增长20.2%。其中，寿险收入11.5亿元，增长25.2%；健康险收入0.13亿元，下降60.6%；意外伤害险收入0.18亿元，增长14.2%；财产险收入6.7亿元，增长12.5%。全年原保险赔付额5.2亿元，增长40.6%。其中，寿险给付2.3亿元，增长43.2%；健康险给付0.05亿元，增长15.7%；意外伤害险赔款0.03亿元，增长15.7%；财产险赔款2.9亿元，增长38.6%。

7

2013年白城市经济发展概况

【经济总量】2013年，白城市全年实现地区生产总值（GDP）692.3亿元，按可比价格计算，比上年增长12.1%。其中，第一产业增加值115.6亿元，增长4.6%；第二产业增加值330亿元，增长14.1%；第三产业增加值246.8亿元，增长12.8%。按年平均人口计算，人均GDP达到34771元，比上年增长13.7%。

三次产业结构由2012年的18.0∶47.7∶34.3调整为16.7∶47.7∶35.6。2013年，第一产业对经济增长的贡献率为6.5%，第二产业贡献率为47%，第三产业贡献率为35.8%。

【农业】2013年，白城市全市实现农林牧渔业总产值215.5亿元，比上年增长7.81%。其中：农业产值140.8亿元，同比增长5.9%；畜牧业产值56.8亿元，同比增长16.9%；渔业产值5.4亿元，同比增长27.47%；林业产值6.3亿元，同比增长3.48%。农林牧渔服务业产值6.2亿元，同比下降23.24%。2013年，全市粮食总产量410.2万吨，同比增长18.2%，其中：玉米产量251.6万吨，同比增长19.6%；水稻产量85.8万吨。同比下降1.6%。农作物总播种面积81.5万公顷，其中：水稻播种面积12.8万公顷，玉米播种面积47.8万公顷。畜牧业经济继续保持平稳增长，其中肉类总产量10.4万吨，禽蛋产量5.0万吨，牛奶产量15.2万吨。

【工业和建筑业】2013年，白城市全市工业完成增加值315.6亿元，比上年增长13.8%。其中规模以上工业完成增加值187.2亿元，比上年增长15%，实现利润总额17.4亿元，比上年增长8.7%。

全年规模以上工业完成销售产值555.6亿元，比上年增长19.7%。工业产品销售率为97.7%，其中重工业为97.7%，轻工业为97.6%。国有企业、外商及港澳台和股份制企业分别为100.4%、98%和97%。

全年建筑业完成增加值14.3亿元，比上年增长21.4%。建筑业企业房屋建筑施工面积179.9万平方米，比上年增长8.5%。

【固定资产投资】2013年，白城市全年全社会固定资产投资完成508.76亿元，同比增长20.1%。第一产业投资完成39.09亿元；第二产业投资完成333.14亿元；第三产业投资完成136.53亿元。

全市亿元以上项目个数为212个，亿元以上项目投资完成投资400.46亿元，同比增长21.13%；县域投资完成358.00亿元，同比增长22.33%；工业投资累计完成260.1亿元，同比增长15.0%。

【科学技术】2013年，白城市全年共储备各类项目100项。全市共向国家、省申报各级各类项目84项。其中工业35项、农业40项、社会发展9项。截至2013年年末，已立项41项。其中，国家项目6项、省项目35项，争取项目资金2643余万元。组织实施市本级科技发展计划项目38项，投入项目资金100万元。推荐并获得省科技进步奖5项，其中二等奖1项，三等奖4项。新增认定科技型企业数12户。

【国内贸易和对外经济】2013年，白城市全年实现社会消费品零售额251.4亿元，比上年增长13.5%。按行业分：批发业完成15.8亿元，比上年增长17.5%；零售业完成205.6亿元，比上年增长13%；住宿业完成11.2亿元，比上年增长13.9%；餐饮业完成35.6亿元，比上年增长13.8%。按销售单位所在地划分:城镇消费品零售额217.5亿元，增长13.0%，其中城区消费品零售额195.6亿元，增长10.3%；乡村消费品零售额33.9亿元，增长17.5%。

全市外贸进出口总值12268万美元，同比下降31%。其中，进口2180万美元，同比下降8.7%；出口10088万美元，同比下降34.5%。

【交通、邮电和旅游】2013年，白城市全年交通运输、仓储和邮政业实现增加值26.3亿元，比上年增长3.4%。全市公路通车总里程达到9957.7公里。按行政等级分：国道373.7公里；省道841.3公里；县道732.7公里；乡道4194.7公里；专用公路33.4公里；村道3781.9公里。2013年全市公路专业养护里程9798.2公里。其中：干线公路养护里程1215公里；农村公路养护里程8583.2公里。全年完成公路货物运输1610万吨，货运周转量211826万吨公里。完成客运量2203万人，客运周转量104775万人公里。

全年邮政业务总量4788万元，同比增长8%；发送函件91万件，同比下降1%；特快专递10.07万件，同比下降24%。

全市共有星级宾馆7家，旅行社18家，AAAA级景区2处，AAA级景区1处，AA级景区4处。全市全年完成接待国内外游客236.13万人次，同比增长15.44%，实现旅游收入30.86亿元，同比增长25.05%。

【金融和保险】2013年，白城市金融机构人民币各项存款余额504.6亿元，比年初增加77.9亿元。其中，企事业单位存款余额189.8亿元，比年初增加31.8亿元；城乡居民储蓄存款余额307.6亿元，比年初增加46.6亿元。金融机构人民币各项贷款余额378.2亿元，比年初增加92.5亿元。其中，短期贷款余额210.7亿元，中长期贷款余额163.7，票据融资3.8亿元。

全年保费收入11.7亿元。其中：财产险保费收入2.5亿元，人身险保费收入7.9亿元，农业险保费收入12.6亿元。全市赔款给付金额3.3亿元。其中：人身险给付金额1.2亿元，财产险赔款金额1.8亿元，农业险给付金额0.36亿元。

8

2013年通化市经济发展概况

【经济总量】2013年，通化市全年实现地区生产总值（GDP）1003.45亿元，按可比价格计算，增长12.4%。其中，第一产业实现增加值94.20亿元，增长4.0%；第二产业实现增加值543.82亿元，增长15.6%；第三产业实现增加值365.43亿元，增长9.6%。人均GDP达到44909元，增长13.3%。

产业结构得到进一步优化。三次产业比例为9.4：54.2：36.4。第一、第二、第三产业对经济增长的贡献率分别为2.9%、69.2%、27.9%。规模以上工业增加值单位能耗降低7.35%。

【农业】2013年，通化市农业实现较快发展。全年农林牧渔业总产值达到164.2亿元，增长7.8%。

全年粮食作物播种面积达到29.3万公顷，与上年持平；粮食总产量191.3万吨，增长7.0%。其中，玉米产量120.8万吨；水稻产量62.8万吨。

【工业和建筑业】2013年，通化市工业继续保持较快增长，全年实现增加值432.16亿元，按可比价格计算，比上年增长14.9%。年末全市规模以上工业企业达到538户。

在全市规模以上工业中，医药、冶金、食品三大支柱行业完成增加值274.73亿元，占全市规模以上工业的63.6%。其中，医药工业完成增加值200.44亿元；食品工业完成增加值53.22亿元；冶金工业完成增加值21.07亿元。分别占全市规模以上工业增加值的比重达到46.4%、12.3%、4.9%。

全年资质等级以上建筑企业完成总产值229.49亿元，比上年增长25.3%；实现工程结算收入199.63亿元，比上年增长15.1%；实现利税总额13.79亿元，比上年下降9.0%；建筑施工面积1026.48万平方米，下降3.5%；竣工面积730.98万平方米，增长26.3%。

【固定资产投资】2013年，通化市全年完成全社会固定资产投资800.75亿元，比上年增长20.3%，其中城镇以上投资769.50亿元，增长20.5%。投资亿元以上的施工项目311个，完成投资417.29亿元，增长21.2%。

全年完成房地产开发投资84.61亿元，比上年下降21.8%。商品房销售面积185.87万平方米，下降14.2%，其中销售住宅162.25万平方米，下降14.2%。商品房空置面积156.51万平方米，比上年下降6.1%。商品房销售额59.60亿元，下降3.5%。

【科学技术】2013年，通化市全年共申报省各类科技计划项目91项，已列入省各类科技计划项目70项，共获得资金支持10950万元。向省推荐并通过认定高新技术企业6户，全市国家级高新技术企业达到30户。

全年共推荐省级科技进步奖16项，有13个项目获奖，其中一等奖1项，二等奖4项，三等奖8项。

全年专利申请量421件，授权286件，其中：授权发明专利82件。向省知识产权局申请到专利项目费用补贴37项，补贴金额共计13.1万元。

【国内贸易和对外经济】2013年，通化市全市实现社会消费品零售总额388.9亿元，增长14.6%，增幅比上年下降2.1个百分点。

全市外贸进出口总额达到58172万美元，比上年增长10.4%。其中，实现进口总额39970万美元，增长20.3%；实现出口总额18202万美元，下降6.5%。在出口总额中，艺术品出口5360万美元、钢材出口2687万美元，果仁出口2118万美元，分别占出口总额的29.4%、14.8%、11.6%。

【交通、邮电和旅游】2013年，通化市全市交通运输、仓储和邮政业实现增加值59.2亿元，比上年增长4.2%。

全市交通运输完成货物运输量3728.6万吨，其中铁路运输完成货物发运量962.6万吨，公路运输完成货物发运量2766万吨。全市交通运输完成旅客运输量9168.9万人，其中铁路运输完成旅客运输量356.9万人，公路运输完成旅客运输量8812万人。

全市实现邮电业务总收入15.4亿元，比上年增长7.7%。其中，邮政业务实现收入2.16亿元，增长16.8%。在邮政业务中，全年函件收入1211万元，增长1.6%；特快专递收入3965万元，增长4.3%。电信业务实现收入13.2亿元，增长6.8%。年末全市固定电话用户达到47.75万户，移动电话用户达到201.3万户。全市每百人拥有固定电话21.5部，每百人拥有移动电话90.6部。全市互联网用户达到28.6万户。

全年接待国内外旅游者644.38万人次，比上年增长15.4%。其中，接待入境旅游者13.44万人次，增长16.2%；接待国内旅游者630.95万人次，增长15.4%。全年旅游收入77.93亿元，比上年增长26.2%。其中，国内旅游收入76.05亿元，增长26.3%；旅游外汇收入3034.65万美元，增长23.1%。

【金融和保险】2013年，通化市全市金融保险业实现增加值19.82亿元，比上年增长11.4%。年末全市金融机构本外币各项存款余额820.16亿元，比年初增加81.52亿元。其中，单位存款229.11亿元，比年初增加17.2亿元；个人存款566.91亿元，比年初增加63.54亿元；财政性存款17.70亿元，比年初减少4.7亿元。金融机构本外币各项贷款余额500.75亿元，比年初增加82.18亿元。其中，短期贷款余额271.58亿元，比年初增加39.59亿元；中长期贷款余额211.58亿元，比年初增加32.96亿元。

截至2013年年末，全市已有开展保险业务的保险公司20家，全年保费收入18.53亿元，比上年增长14.6%。其中，寿险收入14.04亿元，增长14.1%；财产险收入4.49亿元，增长16.0%。全年支付各类保险赔款给付总额3.18亿元。其中：寿险给付0.51亿元，给付率3.62%；财产险赔款支出2.67亿元，赔付率59.42%。

黑龙江省

｜哈尔滨市｜齐齐哈尔市｜鸡西市｜伊春市｜佳木斯市｜牡丹江市｜
｜鹤岗市｜七台河市｜黑河市｜

1

2013年哈尔滨市经济发展概况

【经济总量】2013年，哈尔滨市全年实现地区生产总值（GDP）5010.8亿元，比上年增长8.9%。其中，第一产业实现增加值592.6亿元，增长7.5%；第二产业实现增加值1743.9亿元，增长9.0%；第三产业实现增加值2674.3亿元，增长9.0%。三次产业结构由上年的11.1：36.0：52.9调整为11.8：34.8：53.4。第一、第二、第三产业对地区生产总值增长的贡献率分别为9.0%、39.4%和51.6%。人均地区生产总值49565元，增长8.8%。非公有制经济实现增加值2717.1亿元，增长10.2%，占全市地区生产总值的比重为54.2%。十县（市）实现地区生产总值1780.7亿元，增长13.9%，占全市地区生产总值35.5%，比上年提高1.5个百分点，县域经济对全市经济增长的贡献率为49.5%。

【农业】2013年，哈尔滨市全年完成农林牧渔业总产值1089.5亿元，增长7.8%。其中，农业产值507.7亿元，增长7.1%；林业产值30.5亿元，增长6.2%；牧业产值506.6亿元，增长8.6%；渔业产值20.0亿元，增长6.1%；农林牧渔服务业产值24.7亿元，增长7.8%。

全市农作物播种面积3050.1万亩，增长0.5%。粮食作物播种面积2898.5万亩，增长0.4%。其中，水稻946.7万亩，增长8.0%；玉米1708.2万亩，增长3.0%；大豆204.5万亩，下降33.4%。

【工业和建筑业】2013年，哈尔滨市全年实现工业增加值1191.9亿元，增长9.5%。其中，规模以上工业实现增加值767.1亿元，增长11.1%。在规模以上工业中，轻工业实现增加值455.3亿元，增长15.1%；重工业实现增加值311.8亿元，增长6.2%。县域工业实现增加值256.2亿元，增长37.4%，占规模以上工业的33.4%。

全年建筑业实现增加值552.0亿元，增长8.0%。全市资质以上总承包和专业承包建筑企业1124户，其中有工作量的建筑企业858户，直接从事生产经营活动平均人数为63.0万人。

【固定资产投资】2013年，哈尔滨市全年完成固定资产投资5219.9亿元，增长32.2%。其中，第一产业完成投资189.0亿元，增长25.9%；第二产业完成投资1817.0亿元，增长41.8%；第三产业完成投资3213.9亿元，增长27.6%。

全年固定资产投资建设项目7505个，其中新开工项目6856个。在建项目中计划总投资亿元以上的项目723个，完成投资1502.5亿元，占全市固定资产投资的28.8%。实际完成投资亿元以上项目440个，完成投资1383.3亿元，占全市投资的26.5%。计划总投资100亿元以上项目3个，完成投资37.5亿元，占全市投资的0.7%。省重点推进产业项目开（复）工155个，完成投资612.8亿元，占省下达我市重点推进产业项目的117.3%。

【科学技术】2013年，哈尔滨市全市现有科研机构509个，拥有8个国家级企业技术中心和69个省级企业技术中心。R&D（研究与试验发展）人员4.4万人，其中研究人员3.0万人；R&D经费支出83.9亿元，增长18.1%，R&D支出占地区生产总值的比重为1.84%。受理专利申请18756件，增长20.1%；授予专利权10315件，增长5.3%。全年共签订技术合同2334项，成交额70.8亿元，增长10.3%。84项科技成果被授予科学技术奖。

【国内贸易和对外经济】2013年，哈尔滨市全年实现社会消费品零售总额2728.3亿元，增长13.9%。其中，城镇消费品零售额2470.0亿元，增长13.9%；乡村消费品零售额258.3亿元，增长14.1%。

分行业看，批发业零售额363.9亿元，增长17.2%；零售业零售额2010.3亿元，增长13.6%；住宿业零售额25.6亿元，增长15.9%；餐饮业零售额328.5亿元，增长12.3%。

与全球178个国家和地区建立贸易往来。全年实现进出口总值65.43亿美元（海关口径），增长40.3%。其中，出口29.0亿美元，增长53.4%；进口36.43亿美元，增长31.4%。从商品类别看，机电类产品出口12.32亿美元，增长42.0%，进口13.35亿美元，增长30.8%；农副产品类出口2.55亿美元，增长3.6%，进口19.57亿美元，增长37.5%。

【交通、邮电和旅游】2013年，哈尔滨市全年完成货物运输总量12382.2万吨，增长4.2%。货物运输周转量444.5亿吨公里，下降5.8%。

全年完成邮电业务总量113.9亿元，增长3.8%。其中，邮政业务总量7.7亿元，增长1.3%；电信业务总量106.2亿元，增长4.0%。固定电话年末用户227.0万户，下降1.1%。移动电话用户1154.8万户，增长15.8%。固定互联网用户153.9万户，增长10.2%。其中，宽带接入户153.7万户，增长10.1%。

全年共接待国内外游客5547.5万人次，增长9.3%。其中，国内游客5526.4万人次，增长9.4%；入境游客21.1万人次，下降12.7%。

【金融和保险】2013年，哈尔滨市全市金融机构各项存款余额（人民币，下同）8488.2亿元，比年初增加1120.9亿元。其中，单位存款余额4156.4亿元，增加448.3亿元；个人储蓄存款余额3593.6亿元，增加267.4亿元。金融机构各项贷款余额6275.9亿元，比年初增加701.6亿元。其中，短期贷款余额1920.1亿元，增加240.2亿元；中长期贷款余额4054.4亿元，增加421.8亿元。

全年保险公司保费收入139.7亿元，增长14.9%。其中，财产险收入40.3亿元，增长13.9%；人身险收入99.4亿元，增长15.3%。在人身险收入中人寿保险收入87.3亿元，增长14.9%；健康保险收入9.1亿元，增长21.5%；意外伤害险收入3.0亿元，增长9.7%。全年保险赔付支出47.8亿元，增长48.5%。其中，财产险支出

23.5亿元，增长40.6%；人身险支出24.3亿元，增长56.9%。在人身险支出中，人寿保险支出19.5亿元，增长64.7%；健康保险支出4.2亿元，增长32.9%；意外伤害险支出0.6亿元，增长26.0%。

2

2013年齐齐哈尔市经济发展概况

【经济总量】2013年，齐齐哈尔市全年实现地区生产总值（GDP）1230.4亿元，比上年增长8.5%。第一产业增加值280.3亿元，增长5.5%；第二产业增加值451.3亿元，增长9.3%；第三产业增加值498.8亿元，增长9.3%。三次产业结构为22.8：36.7：40.5。第一、第二、第三产业对GDP的贡献率分别为14.4%、44.5%和41.1%。人均地区生产总值23396元，增长9.5%。

【农业】2013年，齐齐哈尔市全市实现农林牧渔业总产值516.4亿元，比上年增长5.2%。其中，农业产值307.2亿元，增长4.4%；林业产值5.3亿元，增长1.4%；牧业产值193.8亿元，增长7.0%，占农林牧渔业总产值的比重为37.5%；渔业产值8.3亿元，增长2.9%；农林牧渔服务业产值1.8亿元，下降0.9%。

粮食继续获得丰收，粮食产量实现"六连增"。全年蔬菜产量104.8万吨，增长7.2%；瓜果类21.3万吨，下降3.4%；甜菜61.4万吨，下降42.3%；油料2.9万吨，下降38.7%。

【工业和建筑业】2013年，齐齐哈尔市全年规模以上工业企业完成增加值278.5亿元，比上年增长9.5%。其中，轻工业完成增加值124.0亿元，增长17.1%；重工业完成增加值154.5亿元，增长4.2%。全年装备工业完成增加值71.6亿元，增长1.6%；食品工业完成增加值111.0亿元，增长14.6%，两大工业基地增加值占规模以上工业增加值的65.6%。

全年建筑业企业实现增加值24.8亿元，按可比价格计算比上年下降9.7%。资质等级三级及以上的建筑业企业（指总承包及专业承包企业，不包括劳务分包企业）实现利润1.8亿元，比上年下降20.0%，完成房屋建筑施工面积327.0万平方米，下降2.8%，其中实行投标承包的房屋建筑施工面积占54.4%。

【固定资产投资】2013年，齐齐哈尔市全市固定资产投资801.4亿元，比上年增长18.3%。在投资中，民间投资633.8亿元，增长36.2%；国有及国有控股投资155.2亿元，增长21.0%；外商及港澳台投资12.4亿元，下降19.0%。装备、食品两大主导产业完成投资266.7亿元，增长4.9%，占工业投资的62.9%。新增固定资产557.4亿元，增长29.1%。全市房地产开发投资完成117.2亿元，增长12.6%；商品房销售面积290.5万平方米，增长2.9%；商品房销售额113.8亿元，增长19.1%。

【科学技术】2013年，齐齐哈尔市全年实施重点科技计划项目103项；获省级以上科学技术奖14项；科技成果鉴定240项；全年认定技术合同35项；高新技术企业产值达243.0亿元。

【国内贸易和对外经济】2013年，齐齐哈尔市全年实现社会消费品零售总额544.7亿元，比上年增长13.4%。分行业看，批零贸易业实现零售额503.6亿元，增长13.1%；住宿、餐饮业实现零售额41.1亿元，增长18.2%。分城乡看，城镇消费品零售额465.9亿元，增长14.7%；农村消费品零售额78.8亿元，增长6.6%。

全市实际利用外资额41550万美元，比上年增长19.3%。新批外商投资企业3户，总投资额10020.0万美元，合同外资4260.0万美元。全年实现进出口总额82458.7万美元，增长0.5%。其中，进口15699.5万美元，下降15.2%；出口66759.2万美元，增长5.1%。

【交通、邮电和旅游】2013年，齐齐哈尔市全年完成货物发送量11443.6万吨。其中，铁路1625.5万吨；公路9818.0万吨；航空930吨。客运量7875.0万人。其中，铁路1564.3万人；公路6285.0万人；航空25.7万人。

全市完成邮电业务总量34.1亿元，其中，电信业务总量31.2亿元，邮政业务总量2.9亿元。

年末固定电话用户81.6万户，下降1.2%，移动电话用户320.3万户，增长11.7%。固定宽带接入用户44.0万户，增长19.0%。

全年接待国内游客3036.3万人次，比上年增长16.0%；实现国内旅游收入124.5亿元，增长16.0%。全年接待海外旅游者47762人次，增长2.0%。其中，外国人38511人次，增长2.1%；旅游外汇收入1432万美元，增长2.1%。

【金融和保险】2013年年末，齐齐哈尔市全市金融机构各项存款余额1293.3亿元，比年初增长11.7%。其中，单位存款371.0亿元，增长8.3%；城乡居民储蓄存款865.3亿元，增长10.9%。金融机构各项贷款余额908.2亿元，增长19.4%。其中，短期贷款余额522.8亿元，增长15.1%；中长期贷款余额375.3亿元，增长30.1%。

3

2013年鸡西市经济发展概况

【经济总量】2013年，鸡西市全年实现地区生产总值（GDP）570.9亿元，按可比价格计算比上年增长0.9%。其中，第一产业增加值166.6亿元，增长6.7%；第二产业增加值220亿元，下降3.1%；第三产业增加值184.3亿元，增长2.1%。三次产业结构为29.2：38.5：32.3。第一、第二、第三产业对GDP增长的贡献率分别为180.4%、-148%和67.6%。人均地区生产总值30653元，增长1.5%。

【农业】2013年，鸡西市全市实现农林牧渔业增加值97.6亿元，按可比价格计算比上年增长6.7%。其中，种植业增加值66.6亿元，增长6.1%；林业增加值6.9亿元，增长8.3%；牧业增加值20.0亿元，增长7.9%；渔业增加值3.3亿元，增长10.0%；农林牧渔服务业增加值0.8亿元，增长8%。

全年粮食作物播种面积48.1万公顷，比上年增长1.9%；粮食总产量57.5亿斤（按照新口径测算的数据），增长6.3%。经济作物中，烤烟产量0.4万吨，增长1.0%；油料产量0.5万吨，下降22.1%；蔬菜产量18.0万吨，与上午持平。水果产量6.7万吨，下降8.4%。

【工业和建筑业】2013年，鸡西市全年规模以上工业企业增加值100.4亿元，比上年下降6.4%。其中，国有及国有控股企业增加值41.1亿元，下降8.5%；集体企业增加值2.1亿元，增长55%；股份制企业增加值49.3亿元，下降5%。从企业规模看，大中型企业增加值54.8亿元，下降10.1%；小型企业增加值45.6亿元，下降1.8%。规模以上工业企业主营业务收入实现304.1亿元，下降10.2%；利税总额23.9亿元，下降28.2%，其中，利润3.6亿元，下降57.6%。工业经济效益综合指数146.1，提高3.8点。全年规模以上地方工业增加值67.2亿元，下降6.9%；实现利税17亿元，下降32%。地方工业经济效益综合指数237.1，提高35.2点。其中，煤炭开采和洗选业、农副食品加工业、黑色金属冶炼及压延加工业分别下降8%、8.3%、53.7%；非金属矿采选业、医药制造业、电力、热力生产和供应业分别增长61.9%、11.5%、9.5%。

全年建筑业企业实现增加值8.6亿元，按现价计算比上年下降13.3%。资质等级三级及以上的建筑业企业（指总承包及专业承包企业，不包括劳务分包企业）完成房屋建筑施工面积145.9万平方米，下降26%，其中实行投标承包的房屋建筑施工面积占全部的64.3%；实现利润0.9亿元，增长34.7%；上缴税金1.6亿元，增长0.2%。

【固定资产投资】2013年，鸡西市全年实现固定资产投资（不含农户）272.2亿元，比上年下降1.9%。其中，城镇以上固定资产投资实现261.9亿元，下降5.0%。在全部固定资产投资中，第一产业投资5.6亿元，下降21.2%；第二产业投资149.4亿元，下降20.3%；第三产业投资117.2亿元，增长41.3%。全年固定资产投资在建项目599个，在建项目中计划总投资亿元以上的项目128个，共完成投资142.8亿元。全年新增固定资产227.4亿元。

全年完成房地产开发投资24.7亿元，比上年下降15.1%。商品房销售面积64.0万平方米，下降44.0%；销售额21.2亿元，下降44.4%。

【科学技术】2013年年末，鸡西市全市有科学研究开发机构5个。全年共取得重大科技成果73项。受理专利申请780件，比上年增长15.4%；专利授权446件，下降19.4%。

【国内贸易和对外经济】2013年，鸡西市全年实现社会消费品零售总额184.4亿元，比上年增长13.7%。从地域看，城镇消费品零售额153.9亿元，增长13.6%；乡村消费品零售额30.5亿元，增长14.0%。从行业看，批发业零售额40.2亿元，增长16.1%；零售业零售额114.0亿元，增长13.2%；住宿业零售额2.6亿元，增长12.8%；餐饮业零售额27.1亿元，增长10.2%。

全市实现进出口总值12亿美元，比上年增长11.3%。其中，出口10.7亿美元，增长12.7%；进口1.3亿美元，增长1.6%。一般贸易实现进出口3.5亿美元，下降25.5%；对俄贸易9.6亿元，增长35.2%。私营企业实现进出口总值10.9亿美元，增长13.5%，占全市进出口总额的90.8%。外商投资企业实现进出口总值0.15亿美元，下降25%。

【交通、邮电和旅游】2013年，鸡西市全年公路、铁路、航空完成货物运输量5325万吨，比上年下降9.5%。其中，公路运输量3378万吨，增长6%；铁路运输量1947万吨，下降15.6%；航空货物运输量0.03万吨，增长3.8%。公路、铁路、航空完成客运量4957.3万人，增长0.6%。其中，铁路415.8万人，下降11%；

公路4527万人，增长1.6%；航空14.5万人，增长9.8%。

全年完成邮电业务总量14.3亿元，比上年下降7.3%。其中，电信业务总量11.9亿元，下降8.1%；邮政业务总量2.4亿元，增长4.5%。局用交换机总容量259万门，增长19.9%。年末固定电话用户36.4万户，增长13.8%。移动电话用户173.8万户，增长31.5%。电话普及率达到112.6部/百人。国际互联网络用户22.9万户，增长9.0%。

全年共接待国内、外游客667万人次，比上年增长10.1%；实现旅游业总收入31.6亿元，增长12.4%。

【金融和保险】2013年，鸡西市全市金融机构人民币存款余额797.3亿元，比年初增加59.9亿元。其中，单位存款205.8亿元，比年初减少12.2亿元；个人储蓄存款余额561.3亿元，比年初增加59.8亿元。全市金融机构人民币贷款余额369.5亿元，比年初增加61.3亿元。其中，短期贷款205.5亿元，比年初增加44.3亿元；中长期贷款155.1亿元，比年初增加20.5亿元。

保费收入7.0亿元，比上年增长9.4%。其中，财产险收入1.8亿元，增长80.0%；寿险收入4.9亿元，下降24.1%。支付各类赔款4.3亿元，其中，财产险赔付1.4亿元；人身险赔付2.9亿元。

4

2013年伊春市经济发展概况

【经济总量】2013年，伊春市全市生产总值（GDP）实现2600471万元，比上年增长12.7%。分产业看，第一产业增加值906348万元，增长15%；第二产业增加值889108万元，增长10.4%；第三产业增加值805015万元，增长13%。第一、第二、第三产业增加值占全市生产总值的比重由上年的32.6：37：30.4调整为34.8：34.2：31。第一产业对GDP增长的贡献率为37.5%，第二产业对GDP增长的贡献率为31%，第三产业对GDP增长的贡献率为31.5%。全市人均生产总值20687元，按可比价格计算增长13.5%。

【农业】2013年，伊春市全年农作物总播种面积243241公顷，比上年减少212公顷，下降0.1%。其中粮食播种面积230207公顷，比上年下降0.4%；油料603公顷；蔬菜和食用菌6691公顷；瓜果426公顷。

全年粮食产量96.7万吨，比上年增加7.5万吨，增产8.4%。其中水稻29.7万吨，比上年增长7.4%；玉米39.3万吨，比上年增长37.1%；小麦1265吨，比上年下降69.7%；大豆26.4万吨，比上年下降16%。

【工业和建筑业】2013年，伊春市全年全部工业增加值751226万元，比上年增长11.5%。规模以上工业增加值440650万元，增长14.7%，其中国有及国有控股企业增长10.7%，股份制企业增长15.3%。分轻重工业看，轻工业增长26.2%，重工业增长11.9%。分企业规模看，大中型企业增长6.7%，小型企业增长27.9%。规模以下工业增加值310576万元，增长6.9%。

全年全社会建筑业增加值140976万元，比上年增长2.5%。全市具有资质等级的总承包及专业承包建筑企业70个，完成总产值227972万元，比上年下降3.1%。房屋施工面积168万平方米，比上年下降7.2%。房屋竣工面积146万平方米，比上年下降7%，竣工产值201430万元，比上年下降7.2%。

【固定资产投资】2013年，伊春市全年完成固定资产投资2181102万元，比上年增长35.4%。从经济类型看，国有及国有控股投资1043669万元，增长29.7%；民间投资1137433万元，增长41.2%。从三次产业看，第一产业投资100115万元，增长25.4%；第二产业投资917901万元，增长28.7%，其中工业814799万元，增长57.2%；第三产业投资1163086万元，增长42.2%。从隶属关系看，地方投资2161676万元，增长37.8%，中央投资19426万元，下降53.3%。全年到位资金2603693万元，比上年增长27.1%。

全年房地产开发投资162252万元，比上年下降8.3%。房屋施工面积1652537平方米，比上年下降16.4%，其中当年新开工面积829154平方米，下降11.4%。商品房销售面积498501平方米，比上年下降32.3%，其中住宅445729平方米，下降36%；商品房销售额118849万元，比上年下降17.6%，其中住宅99822万元，下降24.9%。

【科学技术】2013年年末，伊春市全市共有科研机构5个，实施科技项目30项，其中国家级科技项目1项，省级科技项目13项，争取经费1080万元；市本级科技项目16项，投入科技经费157.3万元。全年取得省部级科技成果10项，省级科学技术奖4项，市级科技成果33项，市级科技进步奖29项。全年申请专利557件，授权专利321件。技术合同交易额240万元。

【国内贸易和对外经济】2013年，伊春市全年社会消费品零售总额765165万元，比上年增长15.6%。从商品形态看，商品零售额560701万元，比上年增长14.2%；餐饮收入额204464万元，比上年增长19.6%。从地域看，城镇消费品零售额729361万元，比上年增长15.9%；其中城区消费品零售额576584万元，比上年增长17.6%；乡村消费品零售额35804万元，比上年增长8.7%。从构成看，吃、穿、用、烧类消费品零售额分别实现347298万元、188247万元、186129万元和43491万元，分别比上年增长12.1%、16.2%、23.1%和11.4%。

全年外贸进出口总值34805万美元，比上年增长0.1%。其中，进口总值23054万美元，比上年增长2%；出口总值11751万美元，比上年下降3.6%。进出口差额（出口-进口）-11303万美元，比上年减少902万美元。从贸易方式看，一般贸易进出口总值28624万美元，比上年增长3.7%；加工贸易进出口总值4102万美元，比上年下降4.9%；边境小额贸易进出口总值1808万美元，比上年增长9.4%。从企业性质看，私营企业进出口总值18727万美元，比上年下降11.6%；外资企业进出口总值2746万美元，比上年增长7.8%；国有企业进出口总值11444万美元，比上年增长44.6%。

【交通、邮电和旅游】2013年，伊春市全年公路运输货物周转量56.9亿吨公里，比上年增长8.1%；旅客运输周转量5.8亿人公里，比上年增长6%。全年公路货运量1269万吨。全年客运量1016.9万人，其中公路1010万人，航空6.9万人。

全年邮电业务总量87875.7万元，比上年增长21.4%。其中电信业务总量77711.7万元，增长22.4%；邮政业务总量10164万元，增长14.5%。全市年末局用交换机总容量189.7万门。光缆线路总长度13977.2公里。固定电话用户21.8万户，移动电话用户81万人，其中3G移动电话用户14.8万人。互联网用户52万户，其中手机上网35.6万户，固定互联网用户16.4万户（宽带接入14.3万户，光纤上网1.6万户）。

全年共接待旅游人数543.3万人次，比上年增长12.7%；旅游收入43.6亿元，增长23.5%。年末共有旅游建设项目32个，总投资7.96亿元。国家AA级以上景区27处，其中：AA级9处，AAA级10处，AAAA级8处。省级漂流旅游达标场所7个，省S级以上旅游滑雪场4个，国家级农业旅游示范点1个，省级农业旅游示范点1个。

【金融和保险】2013年年末，伊春市全市金融机构存款余额453亿元，比年初增加69.1亿元，比上年增长18%。其中居民储蓄存款余额309.8亿元，比年初增加38.8亿元。金融机构贷款余额124.5亿元，比年初增加23.4亿元，同比增长23.1%。其中短期贷款49.6亿元，比年初减少3.3亿元；中长期贷款58.8亿元，比年初增加15.6亿元。

全年保费收入72247.1万元。其中：财险保费收入13809.7万元；寿险保费收入58437.4万元。全年赔款及给付支出20805.8万元。其中，财险赔款8258.8万元；寿险赔款12547万元。

5

2013年佳木斯市经济发展概况

【经济总量】2013年，佳木斯市全年实现地区生产总值（GDP）747.2亿元，按可比价格计算比上年增长10.2%，其中，第一产业增加值225.1亿元，比上年增长5.2%；第二产业增加值198.1亿元，比上年增长16.4%，其中，工业增加值171.2亿元，比上年增长18.2%；第三产业增加值324亿元，比上年增长8.9%，三次产业比重为30.1：26.5：43.4。

【农业】2013年，佳木斯市全年实现农林牧渔业总产值382.9亿元。粮食总产再创新高，完成133.6亿斤，实现了“十连增”，其中：水稻产量62.9亿斤，玉米产量64.2亿斤，大豆产量3.6亿斤。

畜牧养殖业持续稳定增长。全市实现畜牧业总产值113.7亿元。年末奶牛存栏62893头。肉、蛋和牛奶产量分别增长20.2%、3.6%和1.6%。水产品产量5.7万吨。

【工业和建筑业】2013年，佳木斯市全市规模以上工业企业（主营业务收入2000万元以上的全部工业企业）完成增加值114.3亿元，增长17.3%。实现工业总产值623.9亿元，增长22.5%，其中，轻工业产值303.1亿元，增长31.9%，重工业产值320.8亿元，增长14.8%。

全年建筑企业实现增加值26.9亿元，比上年增长3.8%。全市资质等级三级及三级以上的建筑企业实现总产值96.5亿元，增长6.3%，实现竣工产值68.7亿元，增长1.8%，房屋建筑施工面积548.3万平方米，增长10.6%。招投标面积保持稳步扩大，全市实行投标承包面积达312.3万平方米，占全部施工面积的57%。

【固定资产投资】2013年，佳木斯市实现固定资产投资总额468.9亿元，比上年增长27.1%；其中房地产开发投资完成69.2亿元，比上年下降10.1%。工业投资保持快速增长，全市工业投资196亿元，比上年增长11.6%，占全部投资的比重达40.7%；房地产市场平稳发展，全市房地产开发投资69.2亿元，比上年下降

10.1%。商品房销售面积186.9万平方米，比上年增长15.2%，其中住宅169.5万平方米，同比增长24.6%；商品房销售额60.7亿元，比上年增长18.8%，其中住宅51.4亿元，比上年增长37.7%；商品房平均销售价格3249元/平方米，其中住宅3034元/平方米。

【科学技术】2013年，佳木斯市年末全市国有事业单位共有各类专业技术人员34121人，其中具有中级以上技术职称人员20305人。

佳木斯市共有14项成果获省科技进步奖，其中一等奖1项，二等奖5项，三等奖8项。市级科技成果转化率超过75%，共转化各类科技成果20项，登记科技成果12项，实现技术交易额8600万元。全市专利申请量为856件，授权量为741件。其中，发明专利授权量为26件。全年开展科技成果招商及对接活动10次，参加企业达到85户。企业与大学、院所共达成意向性协议56项，科技成果招商及转化成功对接项目10项，技术交易额达8600万元，项目总投资8.3亿元。征集企业技术需求51项，解决技术难题30项，重点在新材料、制备制造、生物医药、农产品深加工等领域，谋划产业项目21项，总投资额103亿元。新认定国家高新技术企业5户，复审通过高新技术企业1户，更名高新技术企业1户，全市高新技术企业总数达到21户，比上年末增长30%。新认定科技型中小企业20户。

【国内贸易和对外经济】2013年，佳木斯市全市城镇市场实现社会消费品零售总额318.2亿元，增长14.7%。城、乡市场协调发展，同步增长。城镇市场实现社会消费品零售额279.9亿元，比上年增长14.7%，其中城区实现社会消费品零售额238.6亿元，比上年增长14.7%，乡村市场实现社会消费品零售额38.3亿元，同比增长15%。从经营情况上看，各行业销售额、营业额均保持增势。批发业实现销售额109.2亿元，比上年增长16.3%，零售业实现销售额313.4亿元，比上年增长19%；住宿业实现营业额10.3亿元，比上年增长18.4%；餐饮业实现营业额40亿元，比上年增长17.1%。

全市（含抚远）对外贸易进出口总额实现30.5亿美元，比上年下降1.7%（不含抚远进出口总额实现22.7亿美元，比上年下降8.7%），其中，进口总额11.8亿美元，下降26.2%，出口总额18.8亿美元，增长24%。从贸易方式看，一般贸易进出口总额完成23.8亿美元，比上年下降2.8%，加工贸易进出口总额完成0.3亿美元，增长37.4%，边境小额贸易进出口总额完成5.7亿美元，下降1%，其他贸易进出口总额完成0.7亿美元，增长42%。从企业性质看，国有企业完成外贸进出口总额7.2亿美元，下降13.7%，外资企业贸易进出口完成0.5亿美元，增长7.6%；私营企业外贸进出口总额完成7.9亿美元，增长119.6%。

【交通、邮电和旅游】2013年，佳木斯市全年各种运输方式完成的货物吞吐量272423万吨。其中，铁路645万吨；公路271483万吨；水运294.6万吨；航空741吨。全年完成旅客吞吐量3915万人，增长34.7%。其中，铁路592万人；公路3173万人；水运108.2万人；航空41.7万人。全市营运客车1133辆，营运货车39856辆。

全年完成邮电业务总量18.8亿元，比上年增长3.4%，其中，电信业务总量16.7亿元，增长1.8%，邮政业务总量2.2亿元。年末局用交换机总容量达到136.5万门；本地固定电话用户40.6万户；移动电话用户234.2万户，增长0.9%；全市互联网接入业务用户达32.6万户，增长6.9%；本地网中继光缆线路总长度12913公里。

全年共接待国内、外旅游者335.6万人，其中接待国内旅游人数331万人，接待国际旅游人数4.6万人；实现旅游业总收入14.1亿元，其中，实现国内旅游收入13.6亿元，增长18.6%；创造旅游外汇收入828万美元，同比下降42.5%。

【金融和保险】2013年年末，佳木斯市全市金融机构各项存款余额922.3亿元，比年初增加116.5亿元，增长14.5%，其中单位存款253.7亿元，比年初增加11.9亿元，增长4.9%；个人储蓄存款621.2亿元，比年初增加76亿元，增长13.9%。金融机构各项贷款余额615.7亿元，比年初增加78.4亿元，增长14.6%。其中，短期贷款426.4亿元，比年初增加72.8亿元，增长20.6%，个人贷款及透支106.9亿元，比年初增加6.3亿元，增长6.2%。中长期贷款182.1亿元，比年初增加7亿元，增长4%。其中，个人贷款131亿元，比年初增加14亿元，增长12%，个人消费贷款69.3亿元，比年初增加14亿元，增长25.3%；单位贷款51.1亿元，比年初减少7亿元，下降12%；经营贷款3.5亿元，比年初减少5亿元，下降58.8%；固定资产贷款47.6亿元，比年初减少1.9亿元，下降3.9%。

全年保费收入26.1亿元。其中：财险收入9.3亿元，赔付6.5亿元；寿险收入16.8亿元，赔付1亿元。

6

2013年牡丹江市经济发展概况

【经济总量】2013年，牡丹江市全年实现地区生产总值（GDP）1092.6亿元，同比增长12.2%（含绥芬河为1216.1亿元，同比增长12.0%）。其中第一产业完成增加值196.0亿元，同比增长8.5%；第二产业完成增加值483.2亿元，同比增长14.4%；第三产业完成增加值413.4亿元，同比增长11.2%。三次产业结构为17.9：44.2：37.9（含绥芬河为16.2：41.0：42.8）；人均地区生产总值43682元（含绥芬河），同比增长12%。城镇居民消费价格总水平同比增长2.2%。从居民消费价格指数构成看，八大类呈五升两降一平的格局：食品类、衣着类、家庭设备用品及维修服务类、医疗保健和个人用品类、居住类同比上涨5.3个、1.3个、0.7个、1.2个和1.0个百分点，烟酒类、交通和通信类同比下降0.2个和0.7个百分点，娱乐教育文化用品及服务类保持不变。

【农业】2013年，牡丹江市农业全市粮食作物种植面积53.1万公顷，同比下降0.2%，其中优良品种播种面积比重为96%；粮食总产量271.9万吨，同比增长6.3%，其中主要粮食作物水稻、玉米、大豆产量分别为29.2万吨、201.4万吨和38.2万吨；经济作物播种面积9.9万公顷，同比下降0.2%；全市拥有180个绿色有机食品认证品牌，同比增加9个；绿色有机食品种植面积404万亩，同比增长6.3%；食用菌生产规模37.1亿袋，同比增加5.8亿袋。截至2013年年末，全市大牲畜存栏44.1万头，同比增长6%；生猪存栏116.2万头，同比增长6.4%；羊存栏48.1万只，同比增长8.2%；家禽存栏755.2万只，同比下降4.6%。全市肉类总产量20.1万吨，同比增长10%，其中，猪肉14.2万吨、牛肉2.9万吨、羊肉0.5万吨，同比增长13.5%、5.6%和5.6%；

鲜蛋产量4.4万吨，同比增长1.8%；奶类产量1.2万吨，同比下降27.8%。

【工业和建筑业】2013年年末，牡丹江市全市规模以上工业企业459户；实现增加值233.8亿元，同比增长18.8%；实现主营业务收入874.7亿元，同比增长18.3%；实现利税总额90.3亿元，同比增长13.4%；实现利润总额48.4亿元，同比增长10.5%。

在规模以上工业企业中，地方工业企业440户，占全市规模以上工业企业总数的95.9%；拥有资产总额523.7亿元，同比增长23.8%，占全市规模以上工业企业资产总额的83%；实现增加值217.2亿元，同比增长20.1%，占全市规模以上工业增加值的92.9%；实现主营业务收入816.9亿元，同比增长18.9%，占全市规模以上工业企业主营业务收入的93.4%；实现利税总额83.3亿元，同比增长11.6%，占全市规模以上工业企业利税总额的92.3%；实现应交税金38.4亿元，同比增长18.5%，占全市规模以上工业企业应交税金的91.7%。

截至2013年年末，全市有资质的建筑业企业185户，实现增加值47.5亿元，同比增长5.5%。其中总承包及专业承包企业173户，实现利润17亿元，同比增长66.7%；实现税金8.2亿元，同比增长46.9%；完成房屋建筑施工面积711.5万平方米，实行投标承包的房屋建筑施工面积占全部施工面积的67.5%。

【固定资产投资】2013年，牡丹江市全市完成固定资产投资884.3亿元，同比增长26.8%（含绥芬河986.6亿元，同比增长26.1%），其中产业项目投资为516.9亿元，占全部投资的58.5%。分经济类型看，国有及国有经济控股投资299.5亿元，同比增长29.4%；民间投资577.7亿元，同比增长27.5%。分产业看，第一产业完成投资66.4亿元，同比增长78%；第二产业完成投资464.9亿元，同比增长36.8%，其中工业投资373.8亿元，同比增长31.1%；第三产业完成投资353.1亿元，同比增长10.3%。从工程类别看，建筑工程完成投资557.7亿元，同比增长17.2%；安装工程完成投资47.4亿元，同比增长42.7%；设备工器具购置完成投资238.9亿元，同比增长68.9%。从投资规模看，计划投资亿元以上项目242个，完成投资398.9亿元，占全部固定资产投资的45.1%。

全市房地产开发完成投资99.2亿元，同比增长1.9%。全市房屋施工面积1434.3万平方米，同比增长5.2%；其中住宅1124.9万平方米，同比增长11.5%；新开工面积312.5万平方米，同比下降44.1%，其中住宅244.2万平方米，同比下降41.4%；商品房销售面积289.2万平方米，同比增长23%；商品房销售额109.4亿元，同比增长36.8%。

【科学技术】2013年，牡丹江市全市全年取得重大科技成果45项；签订技术合同25份，成交金额8553万元。

【国内贸易和对外经济】2013年，牡丹江市全市社会消费品零售总额实现398.1亿元，同比增长15%（含绥芬河418.2亿元，同比增长15%）。其中城镇消费品零售额实现334.2亿元，同比增长15%，占全市消费品零售总额的84%；乡村消费品零售额实现63.8亿元，同比增长14.7%。商品零售额实现337.1亿元，同比增长15.6%；餐饮业收入实现61亿元，同比增长11.8%。

全市（本部分含绥芬河）共实现进出口总额121.75亿美元，同比下降2.0%。其中出口总额54.9亿美元，同比增长11.5%；进口总额66.9亿美元，同比下降10.9%；对俄进出口实现70.1亿美元，同比增长6.2%；对日进出口实现1.2亿美元，同比下降3.7%；对韩进出口实现1.0亿美元，同比下降18.9%。从主要商品出口看，出口服装及衣着附件13.1亿美元，同比增长18.5%；出口机电产品9.5亿美元，同比增长7.4%；出口箱包及类似容器3.7亿美元，同比增长39.4%；出口鞋类7.0亿美元，同比下降5.5%。从主要商品进口看，进口原油368.5万吨、44.1亿美元，同比分别下降20.2%、10%；进口原木343.6万立方米、4.9亿美元，同比分别增长3.8%、3.3%；进口矿物肥料及化肥126.2万吨、4.7亿美元，同比分别下降10.9%、22.6%；进口锯材122.4万立方米、2.4亿美元，同比分别增长35.8%、14.8%。

【交通、邮电和旅游】2013年，牡丹江市全市（本部分含绥芬河）公路客运量3699万人，同比增长2.0%；旅客周转量22亿人公里，同比增长2.4%；公路运输货运量3977万吨，同比增长5.0%；货物周转量59.1亿吨公里，同比增长5.1%。全市共接待国内外旅游者1462.4万人，同比增长21.8%，其中国内旅游人数1345.2万人，同比增长22%；接待境外旅游人数117万人，同比增长20.1%。实现旅游业总收入90.7亿元，同比增长24.5%，其中：国内旅游收入56.7亿元，同比增长25.3%；外汇收入4.8亿美元，同比增长23.1%。

【金融和保险】2013年，牡丹江市全市金融机构各项存款余额1120亿元，比年初增加63.5亿元；金融机构各项贷款余额534.5亿元，比年初增加108.6亿元；城乡居民储蓄存款余额823.9亿元，比年初增加70.3亿元。

7

2013年鹤岗市经济发展概况

【经济总量】2013年，鹤岗市全年实现地区生产总值（GDP）320亿元，按可比价格计算，比上年下降9.5%。第一产业增加值93.6亿元，下降9%；第二产业增加值143.4亿元，下降12.4%；第三产业增加值83亿元，下降4.3%。三次产业比重为29.2：44.8：26。

【农业】2013年，鹤岗市全年粮食总产量达25亿斤，水田播种面积达185万亩，玉米播种面积110万亩。

畜牧业全年实现畜牧业增加值6.5亿元，比上年下降6.8%。奶牛存栏2.2万头，下降9.9%；生猪饲养量88.9万头，下降7.3%，其中能繁殖母猪存栏4.7万头，增长2.8%；家禽饲养量335.9万只，下降18.7%；肉类总产量4.5万吨，下降10.2%；牛奶产量6.1万吨，下降0.9%；禽蛋产量1.4万吨，下降4%。

【工业和建筑业】2013年，鹤岗市工业生产全年144户规模以上工业企业实现工业总产值220亿元，比上年下降26%；实现增加值74.6亿元，比上年下降28.4%。

建筑业全年拥有建筑施工资质等级的独立核算企业73户，实现建筑业总产值24.9亿元，比上年下降16.7%。

【固定资产投资】2013年，鹤岗市全年完成固定资产投资170.1亿元，比上年下降12.9%。其中国有及国有控股投资62.8亿元，下降7.5%；民间投资107.3亿元，下降15.7%。分产业看第一产业完成投资2.6亿元，下降1.6%；第二产业完成投资93.0亿元，下降28.0%，其中工业投资84.9亿元，下降34.1%；第三产业完成投资74.5亿元，增长17.5%。全年共完成产业项目投资118.2亿元，占总投资的比重为69.5%。

【国内贸易和对外经济】2013年，鹤岗市全年实现社会消费品零售总额106.8亿元，比上年增长10%。城镇消费品零售额99.8亿元，增长10%，乡村消费品零售额7亿元，增长9.2%；作为消费品市场主体的批发零售业实现零售额91.4亿元，占全市零售额的比重达85.6%。

对外贸易全年完成外贸进出口8158.5万美元，比上年下降37.1%。其中出口8138.3万美元，下降36.9%；进口20.2万美元，下降67.8%。全年实际完成利用外资6000万美元，增长15.4%。

【交通、邮电和旅游】2013年，鹤岗市交通运输业全年公路运输货物2000万吨，比上年增长3.4%；货运周转量为17.8亿吨/公里，增长3.5%；运输旅客422万人，客运周转量为3亿人/公里。全年铁路运输货物896.5万吨，运输旅客118.4万人次。

邮电通信业全年完成邮电业务总量9.2亿元。其中电信业务总量8.2亿元，邮政业务总量1亿元。年末固定电话用户16.2万户，比上年增长12.5%；移动电话用户112.4万户，增长12.3%。国际互联网络用户(包括拨号、专线和宽带接入用户)13.3万户，增长3.1%，其中宽带接入户11.2万户，增长5.7%。

旅游业全年共接待国内、外旅游者274.6万人次，比上年下降14.7%；实现旅游业总收入27.9亿元，比上年下降15.1%。其中接待国内旅游者270.9万人次，下降14.9%，实现国内旅游收入27.3亿元，下降15.5%；接待国外旅游者3.6万人次，实现旅游总收入1065万美元，增长2.7%。

【金融和保险】2013年年末，鹤岗市金融业金融机构本外币存款余额471.9亿元，比年初增加46.6亿元。其中单位存款余额134.2亿元，比年初增加15.3亿元；个人存款余额333.6亿元，比年初增加32.1亿元。金融机构本外币贷款余额308.7亿元，比年初增加31.4亿元。其中短期贷款余额210亿元，比年初增加50.5亿元；中长期贷款余额91亿元，比年初减少9.8亿元。

保险业全年保险行业保费收入达16.5亿元，比上年增长33.1%。其中财产险收入4.5亿元，增长18.4%；寿险收入12亿元，增长39.5%。

8

2013年七台河市经济发展概况

【经济总量】2013年，七台河市全年实现地区生产总值（GDP）241.0亿元，比上年减少58.2亿元，下降14.0%，增速是近十年来首次出现负增长。其中，第一产业增加值31.7亿元，比上年增长4.0%。第二产业增加值111.6亿元，下降22.4%，降幅为近十年来最大，主要是全部工业增加值108.5亿元，下降22.3%，占GDP比重45.0%。第三产业增加值97.7亿元，比上年增长2.5%。三次产业比重为13.2：46.3：40.5。GDP税收贡献率13.8%，比上年提高0.6个百分点。人均地区生产总值2.6万元，比上年下降13.6%。

【农业】2013年，七台河市全市总播面积266.7万亩。其中，粮食作物245.7万亩。全年粮食产量15.57亿斤，比上年增长5.05%。牧业生产实现较快发展，规模化养殖成为推动我市养殖业快速发展的主要因素，全年畜牧业实现总产值16.0亿元，比上年增长7.2%。全年肉类产量6.39万吨、增长16.8%；禽蛋产量为1.74万吨，比上年增长2.4%。2013年年末，全市黄牛及肉牛存栏4.87万头，生猪存栏28.87万头，羊存栏18.59万只，家禽存栏376.96万只，分别比上年下降5.4%、9.7%、2.4%和5.9%。生猪出栏36.17万头，下降17.7%；羊出栏13.66万只，家禽出栏1182.04万只，分别只增长2.6%和9.0%。

【工业和建筑业】2013年，七台河市全年规模以上工业增加值实现80.5亿元，比上年下降27.9%，其中，煤焦电化增加值实现73.8亿元，比上年下降23.1%，占规模以上工业比重为91.7%。其中，煤炭开采和洗选业实现增加值54.2亿元，比上年下降34.7%，占规模以上工业比重为67.3%；炼焦业6.1亿元，下降3.5%；电力生产和供应业11.5亿元，下降4.0%；化工业2.0亿元，下降55.5%。

2013年全市共有资质建筑企业50家，全年建筑业实现增加值2.98亿元，按可比价格计算，比上年下降27.7%。

【固定资产投资】2013年，七台河市固定资产投资完成191.7亿元，比上年增长17.2%，全市产业项目投资完成122.9亿元，占全部投资总额的比重64.1%。

2013年房地产开发投资完成12.38亿元，比上年下降8.6%。商品房销售面积29.83万平方米，下降14.4%；商品房销售额10.59亿元，下降16.7%。

【国内贸易和对外经济】2013年，七台河市全市社会消费品零售总额实现81.7亿元，比上年增长10.0%。分行业看，批发零售业实现69.4亿元，比上年增长3.7%；住宿餐饮业实现12.3亿元，比上年增长35.4%。分城乡看，城镇实现67.9亿元，比上年增长8.7%；乡村实现13.8亿元，比上年增长16.9%。

2013年全市外贸进出口额完成2444.96万美元，其中，出口2078.63万美元，进口366.33万美元。

【交通、邮电和旅游】2013年，七台河市全年铁路客运量48.1万人，比上年下降14.1%；铁路货运量1308.5万吨，下降20.0%。公路客运量1300万人，比上年增长4.7%；公路货运量1474万吨，比上年增长7.7%。

【金融和保险】2013年，七台河市全市金融机构各项存款余额347.3亿元，比年初增加8.5亿元，其中，单位存款95.1亿元，比年初减少3.9亿元；个人存款229.8亿元，比年初增加6.1亿元。各项贷款余额200.3亿元，比年初增加24.4亿元，其中，短期贷款83.8亿元，比年初增加10.1亿元；中长期贷款95.3亿元，比年初增加8.3亿元。

2013年保费收入8.6亿元，其中，财产险保费收入1.75亿元，人身险保费收入6.84亿元。赔款支出1.59亿元，其中，财产险赔款支出1.22亿元，人身险赔款支出0.37亿元。

9

2013年黑河市经济发展概况

【经济总量】2013年，黑河市全年实现地区生产总值（GDP）389.6亿元，同比增长8.1%。其中，第一产业增加值186.8亿元，增长5.6%。第二产业增加值68.1亿元，增长11.5%；在第二产业中工业增加值55.4亿元，增长13.5%。第三产业增加值134.7亿元，增长9.9%。三次产业占GDP比重分别为47.9%、17.5%、34.6%。

【农业】2013年，黑河市全市农林牧渔业总产值实现218.4亿元，同比增长5.7%。农林牧渔业增加值119.3亿元，增长5.6%。其中，农业增加值96.2亿元，增长4%；林业增加值6.5亿元，增长18.3%；畜牧业增加值13.8亿元，增长12%；渔业增加值1.3亿元，增长23%。粮食作物播种面积118.5万公顷，增长2.3%。粮食总产量323.7万吨，同比增长1.1%（按新的调查方法可比口径计算）。

【工业和建筑业】2013年，黑河市全市规模以上工业增加值37.1亿元，同比增长16.7%。其中，重工业29.3亿元，增长13%；轻工业7.8亿元，增长32.9%。国有及国有控股企业增加值8.3亿元，增长8.7%。中省直工业实现增加值1.7亿元，增长9.5%；地方工业实现增加值35.4亿元，增长17.5%。

全年实现建筑业总产值56.8亿元，同比增长25.8%。房屋施工面积188万平方米，增长0.6%；房屋竣工面积156万平方米，下降4%。

【固定资产投资】2013年，黑河市全市全社会固定资产投资243.4亿元，同比增长13.8%。其中，建设项目投资223.7亿元，增长15.2%；房地产开发投资19.7亿元，下降0.3%。投资结构继续改善。第一产业投资23.8亿元，增长50.7%，占全部投资额的9.7%；第二产业投资104.1亿元，增长13.6%，占全部投资额的42.8%；第三产业投资115.5亿元，增长8.4%，占全部投资额的47.5%。商品房销售额34.7亿元，商品房销售面积122.1万平方米，分别下降23.5%和20.8%。

【国内贸易和对外经济】2013年，黑河市全市社会消费品零售总额84.2亿元，同比增长14.6%。其中，城镇实现社会消费品零售额63.1亿元，增长14.5%；乡村实现社会消费品零售额21.1亿元，增长14.9%。从行业看，批发业26.7亿元，增长17%；零售业33.9亿元，增长11.9%。住宿业营业额9.1亿元，增长11.3%；餐饮业营业额15.5亿元，增长12.7%。从商品类别看，食品零售额42.1亿元，占零售总额的50%；服饰零售额18.3亿元，占零售总额的21.7%；日用品零售额19.8亿元，占零售总额的23.5%。

全市对外贸易进出口总值41.9亿美元，同比增长10.1%。其中，进口10.6亿美元，下降17.8%；出口31.3亿美元，增长24.4%。边境小额贸易7.5亿美元，下降7%；一般贸易28.9亿美元，增长2.4%；其他贸易5.3亿美元，增长5倍。

【交通、邮电和旅游】2013年，黑河市完成铁路货运量121.8万吨，铁路货物周转量18019万吨公里；公路货运量1085万吨，公路货物周转量140143万吨公里；水路货运量14.5万吨，水路货物周转量116.1万吨公里；航空货运量1000吨。完成铁路客运量149.3万人，铁路客运周转量28236.8万人公里；公路客运量808万人，公路客运周转量73369万人公里；水路客运量22.3万人，水路客运周转量178.6万人公里；航空客运量10.5万人。

全市共接待国内外游客494万人次，同比增长1.4%。全市旅游收入40.8亿元，增长4.2%。边境旅游出入境人数87.3万人次，下降21.1%。其中，出境人数43.8万人次，下降20.9%；入境人数43.5万人次，下降21.2%。边境旅游收入14.4亿元，下降13.2%。

【金融和保险】2013年，黑河市金融机构各项人民币存款余额543.3亿元，比年初增长8.5%，其中储蓄存款364.9亿元，比年初增长8.4%。金融机构各项人民币贷款余额273.5亿元，比年初增长17.1%，其中短期贷款168.7亿元，比年初增长21.1%。

江苏省

| 南京市 | 苏州市 | 无锡市 | 徐州市 | 常州市 | 南通市 | 连云港市 | 淮安市 |
| 盐城市 | 镇江市 | 泰州市 | 宿迁市 |

1

2013年南京市经济发展概况

【经济总量】2013年，南京市全年实现地区生产总值（GDP）8011.78亿元，按可比价格计算，比上年增长11.0%。其中，第一产业增加值204.64亿元，增长3.4%；第二产业增加值3450.58亿元，增长11.1%，其中全部工业增加值2997.63亿元，增长11.1%；第三产业增加值4356.56亿元，增长11.3%。按常住人口计算，人均地区生产总值为98011元，按平均汇率折算达到15827美元。

【农业】2013年，南京市全年完成农林牧渔及农林牧渔服务业总产值351.31亿元，比上年增长10.3%。其中，农业产值完成205.23亿元，增长11.9%；林业产值完成3.66亿元，增长8.1%；牧业产值完成52.04亿元，增长1.7%；渔业产值完成73.79亿元，增长12.7%；农林牧渔服务业产值完成16.59亿元，增长10.1%。

全年粮食作物种植面积242.03万亩，比上年下降1.3%；油料种植面积66.98万亩，下降1.2%；蔬菜播种面积131.48万亩，下降1.5%。全年粮食总产量116.95万吨，比上年下降0.5%；油料总产量10.79万吨，增长1.5%；蔬菜总产量306.24万吨，增长3.8%。全年肉类（猪、牛、羊、禽）总产量12.12万吨，比上年下降2.0%；禽蛋总产量7.56万吨，下降0.3%；牛奶总产量8.62万吨，增长4.4%；水产品总产量22.17万吨，增长6.8%。

【工业和建筑业】2013年，南京市全年规模以上工业企业实现工业总产值12647.14亿元，比上年增长10.3%。其中国有及国有控股企业增长11.3%，私营企业增长13.8%。分轻重工业看，轻工业实现产值2560.33亿元，增长21.4%，重工业实现产值10086.81亿元，增长7.8%。

全年实现建筑业增加值452.95亿元，按照可比价格计算，比上年增长11.0%。全市具有资质等级的总承包和专业承包建筑业企业完成建筑业总产值3128.16亿元，比上年增长18.2%，其中在外省完成建筑业总产值1073.79亿元，增长9.0%。建筑业竣工产值2145.95亿元，增长32.2%。

【固定资产投资】2013年，南京市全年全社会固定资产投资完成5265.55亿元，比上年增长12.4%。其中民间投资2818.14亿元，增长16.7%，民间投资占全社会固定资产投资比重为53.5%，比上年提高2个百分点。

从投资结构看，第一产业投资完成23.55亿元，比上年下降0.2%；第二产业投资完成2518.53亿元，增长

4.3%，其中工业投资完成2509.4亿元，增长4.5%；第三产业投资完成2723.47亿元，增长21.3%。

【科学技术】2013年，南京市全年南京地区共有32项重大科技成果获得国家科学技术奖励，其中获得国家自然科学奖二等奖5项；获得国家技术发明奖二等奖8项；获得国家科技进步奖特等奖1项、一等奖4项、二等奖14项。

全年完成专利申请量55094件，其中发明专利申请22482件，分别比上年增长28.9%和37.0%。完成专利授权量19484件，其中发明专利授权量4729件，分别比上年增长4.7%和6.6%。全年企业发明专利申请量7530件，增长32%；企业发明专利授权量1417件，增长15.3%。

【国内贸易和对外经济】2013年，南京市全年实现社会消费品零售总额3504.17亿元，比上年增长13.8%。按行业分，批发和零售业零售额3203.34亿元，增长14.7%；住宿和餐饮业零售额300.83亿元，增长4.8%。

全年完成进出口总额557.57亿美元，比上年增长0.9%。其中，出口总额322.66亿美元，增长1.1%。

【交通、邮电和旅游】2013年，南京市全年货物运输总量44052.08万吨，比上年增长4.9%。货物运输周转量5080.46亿吨公里，增长9.9%。全年港口货物吞吐量20201.19万吨，增长5.2%，其中外贸货物吞吐量2204.40万吨，增长26.5%。港口货物吞吐量中，集装箱吞吐量达266.92万标准箱，增长16.1%。

全年完成邮电业务总量146.53亿元，比上年增长8.7%。其中，邮政业务总量9.09亿元，电信业务总量137.44亿元，分别增长2.4%和9.1%。全年完成邮电业务收入（现价，下同）129.03亿元，比上年增长11.2%。其中，邮政业务收入10.82亿元，电信业务收入118.21亿元，分别增长11.0%和11.2%。

全年实现旅游总收入1360.67亿元，比上年增长15%。接待海内外旅游者8725.87万人次，增长9.1%。其中，接待国内旅游者8674.01万人次，增长9.1%；接待入境旅游者51.86万人次，下降6.6%。全年实现国际旅游创汇收入4.01亿美元，下降7.3%。经旅行社组织出境旅游人数54.23万人次，增长7.1%。年末全市拥有星级宾馆饭店117家。拥有5A级旅游景区2个，4A级旅游景区13个。拥有各类旅行社557家，其中具有组织出境游资质的旅行社33家。

【金融和保险】2013年年末，南京市全市金融机构本外币各项存款余额为18417.90亿元，比年初增加1838.77亿元。其中，居民储蓄4955.76亿元，比年初增加407.48亿元；单位存款12083.41亿元，比年初增加1076.96亿元。年末全市金融机构本外币贷款余额14538.65亿元，比年初增加1303.05亿元。其中，短期贷款4844.91亿元，比年初增加24.16亿元；中长期贷款8932.85亿元，比年初增加1155.31亿元。

全年实现保费收入264.75亿元，比上年增长12.3%。其中，人身险收入170.56亿元，增长10.4%；财产险收入94.19亿元，增长11.8%。全年累计赔付额84.43亿元，比上年增长24.5%。其中，人身险赔付29.68亿元，增长36.3%，财产险赔付54.74亿元，增长16.4%。

2

2013年苏州市经济发展概况

【经济总量】2013年，苏州市全年实现地区生产总值（GDP）13015.7亿元，比上年增长9.6%。其中，第一产业增加值214.5亿元，增长3.0%；第二产业增加值6849.6亿元，增长7.5%；第三产业增加值5951.6亿元，增长12.7%。人均地区生产总值（按常住人口计算）12.32万元，按年平均汇率计算近2万美元。

【农业】2013年，苏州市全市实现农林牧渔业总产值369.8亿元，按可比价计格算比上年增长2.7%。全年粮食总产量113.12万吨，比上年下降2.9%，其中夏粮总产量36.50万吨，下降0.6%；秋粮总产量76.62万吨，下降3.9%。

全市新增高标准农田6.2千公顷，累计105.58千公顷，高标准农田比重达到65%。新增设施农（渔）业面积4.1千公顷，累计45.35千公顷。年末全市建成万亩以上现代农业园区26个、千亩以上80个，现代农业园区总面积54.3千公顷。优质水稻、特色水产、高效园艺、生态林地“四个百万亩”全部落地上图。全年新增无公害农产品、绿色食品和有机食品85只，累计达到1807只。农业综合机械化水平达到87%。农业现代化综合指数连续三年位居全省首位。

【工业和建筑业】2013年，苏州市全市实现工业总产值35685.2亿元，比上年增长3.4%，其中规模以上工业总产值30392.9亿元，比上年增长4.1%。在规模以上工业总产值中，国有工业产值145亿元，增长3.4%；民营工业产值10013.6亿元，增长7.6%；外商及港澳台资工业产值19679.5亿元，增长2.7%。全市36个工业大类行业中有28个行业的工业总产值比上年增长，列统的189种主要工业产品中，有96种产品产量比上年增长，占列统产品数的50.8%。

全市完成建筑业总产值2020.1亿元，比上年增长15.8%，其中建筑、安装工程产值1995.9亿元，增长15.5%。竣工产值1565.3亿元，增长12.9%，竣工率达77.5%。全市资质以上建筑业企业房屋施工面积12164.4万平方米，增长10.5%，其中新开工面积5050.5万平方米，增长10.4%。年末拥有总承包和专业承包资质建筑企业1460家，实现利税147.4亿元，比上年增长15.9%。建筑业全员劳动生产率31.4万元/人，比上年提高7.2%。建筑业企业在外省完成建筑业产值356.2亿元，比上年增长18.7%。

【固定资产投资】2013年，苏州市全市围绕转型升级和结构调整，切实引导有效投入，提升产业素质，完善基础设施建设。全年完成全社会固定资产投资6001.9亿元，比上年增长14%。其中国有经济投资1517.2亿元，增长24.5%；私营个体投资1775.9亿元，增长10.4%；外商投资1222.2亿元，增长12.3%。第一产业完成投资6.7亿元，下降32.9%；第二产业完成投资2433.8亿元，增长11.4%，其中工业投资2431.3亿元，增长11.7%；第三产业完成投资3561.4亿元，增长15.9%，占全社会投资的比重达到59.3%，比上年提高1个百分点。全市新兴产业在建项目完成投资1346亿元，比上年增长18.8%。工业技改投资1580.1亿元，增长4.6%，占工业投资的比重达到65%。重大项目加快推进。全年新开工项目5398个，其中亿元以上项目

1529个，完成投资2751.1亿元，分别比上年增长3.4%、8.4%和20.5%。

【科学技术】2013年，苏州市全市专利申请量和授权量达到14.1万件和8.2万件，双双名列全国大中城市第一，其中发明专利申请量和授权量达到4.45万件和4413件，分别比上年增长39.1%和2.4%。知识产权结构进一步优化，发明专利申请占比由上年的22.9%提高至31.5%。万人有效发明专利拥有量达到14.19件，比上年增加4件。

【国内贸易和对外经济】2013年，苏州市全年实现社会消费品零售总额3627.6亿元，比上年增长12.9%。其中批发和零售业零售额3197.2亿元，增长13%；住宿和餐饮业零售额430.4亿元，增长12.4%。按经营单位所在地分，城镇消费品市场实现零售额3168.2亿元，增长12.9%；农村消费品市场实现零售额459.4亿元，增长13.1%。在限额以上批发零售贸易企业零售额中，通信器材零售额增长26%；建筑及装潢材料零售额增长22.2%；金银珠宝零售额增长21.6%；日用品零售额增长7.6%；家用电器和音像器材零售额增长6%；服装、鞋帽、针纺织品零售额增长5.1%；汽车零售额增长8.1%；石油及制品零售额增长5.7%。电子商务、网络购物、物流配送等新型商贸业态快速发展，全年实现电子商务网上交易额3500亿元，增长30%以上。

全市实现进出口总额3093.5亿美元，比上年增长1.2%。出口1757.1亿美元，增长0.6%；进口1336.4亿美元，增长2%。从经营主体看，其中外资企业进出口2134.4亿美元，下降6.1%；私营企业进出口711.6亿美元，增长31.3%。传统市场出口基本平稳，对美国出口增长2.7%；对日本出口增长2.3%；对欧盟市场出口下降7.6%，三大主体市场出口额882.9亿美元，占出口总额的50.2%。新兴市场出口保持增长，对东盟、南美和非洲等地出口255亿美元，增长1.8%，占出口总额的比重由上年的14.3%提高至14.5%。

【交通、邮电和旅游】2013年年末，苏州市公路总里程13155公里，其中高速公路550公里。全市完成公路、水路客运量7.18亿人次，旅客周转量321.2亿人公里，分别比上年增长4.1%和4.4%。公路、水路完成货运量1.85亿吨，货物周转量181.9亿吨公里，分别比上年增长6.8%和6.7%。全年铁路旅客发送量3035.1万人次，比上年增长15.5%。铁路货物发送量83.53万吨，货物到达量195.79万吨。汽车保有量继续增加。年末拥有汽车209.34万辆，其中私家汽车172.86万辆，分别比上年增长17.7%和19.6%。

全年邮政业务收入65.0亿元，电信业务收入201.2亿元，分别增长30%和7.4%。全年发送快递2.8亿件，增长55.6%，完成快递业务收入49亿元，增长37.6%。年末固定电话用户301.58万户；移动电话用户1669.06万户。年末互联网宽带用户数达329.19万户，比上年末净增45.62万户。

全市实现旅游总收入1522.9亿元，比上年增长11.9%。全年接待入境游客189万人次，旅游外汇收入13.6亿美元。全年接待国内游客9416.3万人次，比上年增长9.2%。旅行社组织市民出境旅游36.3万人次，增长49%。年末全市拥有星级宾馆142家，其中四星级及以上77家。拥有各类旅行社259家，比上年增加7家。苏州（吴中）太湖旅游区、沙家浜·虞山尚湖旅游区成为国家5A级旅游景区，全市共有5A级景区6家（11个点），4A级景区26家；全国农业旅游示范点30家、全国工业旅游示范点11家。成功举办第十六届中国苏州国际旅游节和第四届苏台灯会。

【金融和保险】2013年年末，苏州市金融机构人民币存款余额20037.6亿元，比年初增加2378亿元，其中储蓄存款余额6408.3亿元，比年初增加619.3亿元；单位存款余额12114.1亿元，比年初增加1368.8亿元。年末金融机构人民币贷款余额15495.2亿元，比年初增加1812.7亿元，其中短期贷款余额6424.3亿元，比年初增加651.8亿元；中长期贷款余额8563.4亿元，比年初增加1059.4亿元。

新增保险机构4家，年末保险机构共72家，其中外资保险机构20家。全年保费收入269.8亿元，比上年增长13.6%，其中财产险收入122.8亿元，增长17.2%；人身险收入147亿元，增长10.8%。保险赔款和给付支出94.3亿元，比上年增长31.7%。保险深度、保险密度分别为2.1%和2550元/人。

3

2013年无锡市经济发展概况

【经济总量】2013年，无锡市全年实现地区生产总值（GDP）8070.18亿元，按可比价格计算，比上年增长9.3%。按常住人口计算人均生产总值达到12.46万元，按现行汇率折算达到2.04万美元，继续名列全省首位。

全市实现第一产业增加值148.53亿元，第二产业增加值4207.43亿元，第三产业增加值3714.22亿元，三次产业比例调整为1.8：52.2：46.0。

【农业】2013年，无锡市全年粮食总产量79.64万吨，比上年下降2.5%；油料总产量8953吨，比上年增长3.5%，其中油菜籽7759吨，比上年增长3.8%；蚕茧总产量72吨，比上年下降6.5%；茶叶总产量6049吨，比上年下降9.1%；水果总产量17.01万吨，比上年增长9.6%。

全年粮食种植面积为112千公顷，比上年减少3.12千公顷；油料种植面积为4.25千公顷，比上年减少0.15千公顷；蔬菜种植面积46.94千公顷，比上年增加0.52千公顷；水果种植面积15.81千公顷，比上年增加0.27千公顷。

【工业和建筑业】2013年，无锡市全市规模以上工业企业实现增加值3057.34亿元，比上年增长7.0%。分轻重工业看，轻工业实现增加值631.51亿元；重工业实现增加值2425.83亿元。全市统计的244只主要工业产品中，产品产量比上年增长的有138只，占全市统计产品数的56.6%。在全市跟踪统计的22种重点产品中，有13种产品的产量实现增长。

全年全社会建筑业完成增加值313.86亿元，比上年增长5.9%；实现建筑业总产值644.06亿元，比上年增长15.8%。施工房屋建筑面积5240.57万平方米。2个建设工程项目获中国建设工程“鲁班奖”，2个建设工程项目获国家优质工程银质奖，103个建设工程项目获无锡市“太湖杯”优质工程奖。

【固定资产投资】2013年，无锡市全年固定资产投资完成4015.77亿元，比上年增长18.2%。按产业投向分：第一产业投资16.04亿元，比上年增长5.2%，第二产业投资1567.35亿元，比上年增长16.4%，第三产业投资2432.38亿元，比上年增长19.1%。按注册类型分：国有经济投资741.68亿元，比上年增长4.0%，三资经济投资604.55亿元，比上年增长8.5%，其他经济投资2669.54亿元，比上年增长20.4%。全年城镇固定资产投资建成投产项目2144个，项目建成投产率为78.1%；新增固定资产2897.56亿元，固定资产交付使用率为72.2%。

全年房地产业实现增加值381.72亿元，比上年增长5.3%。完成房地产开发投资1128.91亿元，比上年增长15.9%，商品房施工面积为6367.65万平方米，比上年增长13.9%，竣工面积1150.82万平方米，比上年增长39.3%。全年商品房销售面积909.44万平方米，下降1.8%，商品房销售额715.78亿元，下降7.8%。

【科学技术】2013年，无锡市全市专利授权量达39828件，列全省第二位，其中发明专利授权量2713件，比上年增长8.0%。获国家、省科技计划项目419项，获国家和省科技计划到位经费5.5亿元。

【国内贸易和对外经济】2013年，无锡市全年实现社会消费品零售总额2740.92亿元，比上年增长12.9%。其中，城镇零售额2382.94亿元，比上年增长13.3%，乡村零售额357.98亿元，比上年增长10.4%；批发和零售业零售额2535.82亿元，比上年增长13.2%，住宿和餐饮业零售额205.10亿元，比上年增长9.4%。在限额以上批发和零售业零售额中，书报杂志类增长25.1%，金银珠宝类增长26.5%，家具类增长30.9%，建筑及装潢材料类增长55.4%，家用电器和音像器材类增长19.9%。

全年实现外贸进出口总额703.73亿美元，比上年下降0.6%。其中，进口总额292.24亿美元，比上年下降0.8%；出口总额411.49亿美元，比上年下降0.4%。出口结构持续优化，一般贸易出口比重上升，实现出口额217.12亿美元，总量占比达52.8%，同比提高3.1个百分点。

【交通、邮电和旅游】2013年年末，无锡市全社会拥有车辆145.20万辆，比上年增长5.9%。其中汽车113.86万辆，比上年增长12.3%。私人汽车又有较快发展，年末达到88.35万辆，比上年增加13.03万辆。

全年邮电业务总量98.04亿元。邮政服务门类增多，投递速度加快。全年发送函件7105万件，比上年下降17.2%。城乡固定电话用户202.02万户。移动电话用户达到923.87万户，比上年增加21.73万户。计算机互联网用户达到184.05万户。

全年共接待国内游客6993.57万人次，比上年增长9.9%；接待旅游、参观、访问及从事各项活动的入境过夜旅游者39.12万人次，比上年下降19.2%。旅游总收入达1132.40亿元，比上年增长12.3%。全市拥有年接待游客10万人以上的景区51个，国家5A级景区3家，国家4A级景区20家，3A级景区9家，2A级景区15家。创建农业旅游点11个。年末全市星级宾馆已达60家，其中五星级宾馆11家，四星级宾馆18家。全市拥有旅行社156家，其中出境游组团社16家。

【金融和保险】2013年年末，无锡市金融机构各项本外币存款余额达11641.96亿元，比上年增长8.4%；各项本外币贷款余额8565.39亿元，比上年增长6.7%。存款中，单位存款余额7000.79亿元，比上年增长5.4%；城乡居民储蓄存款余额4120.67亿元，比上年增长9.5%。贷款中，短期贷款4517.26亿元，比上年增长3.2%；中长期贷款3618.28亿元，比上年增长10.2%。全年现金净投放369.88亿元。

全年实现保费收入174.86亿元，比上年增长14.2%。其中财产险收入67.03亿元，比上年增长18.6%；人寿险收入107.83亿元，比上年增长11.6%。保险赔款支出41.14亿元，比上年增长22.1%。保险给付支出14.85

亿元，比上年增长6.3%。

4

2013年徐州市经济发展概况

【经济总量】2013年，徐州市全年实现地区生产总值（GDP）4435.82亿元，按可比价计算，比上年增长11.8%。其中，第一产业增加值432.38亿元，增长3.2%；第二产业增加值2118.32亿元，增长12.3%；第三产业增加值1885.12亿元，增长12.8%。人均地区生产总值达到51714元，首次突破5万元大关。

【农业】2013年，徐州市全年粮食播种面积729.53千公顷，粮食总产451.13万吨，其中夏粮产量192.55万吨，秋粮产量258.58万吨。全年棉花产量3.63万吨，油料产量9.96万吨。

全年新增设施农业面积7.10千公顷，改造升级7.20千公顷，累计达到126.77千公顷，占耕地面积比重达19.8%，比上年提高1.1个百分点，设施农业新增面积、累计面积、耕地占比三项指标继续保持全省领先。新建高标准农田50.67千公顷，累计建成280千公顷。全市共有无公害农产品生产基地578.20千公顷，比上年增长13.3%；无公害农产品3490个，增长26.9%；获得绿色标志的农产品240个，增长16.5%。

【工业和建筑业】2013年，徐州市全市规模以上工业2874家，其中，产值超10亿元的企业64家，超50亿元的企业14家，分别比上年增加4和3家，超百亿元的企业5家。全市规模以上工业实现总产值10523.10亿元，增长17.1%。其中，轻、重工业分别增长22.3%和15.0%。分经济类型看，国有工业增长4.2%，集体工业增长19.2%，股份制工业增长17.3%，外商港澳台投资工业增长10.9%。全年规模以上工业增加值增长12.9%。

2013年年末全市资质以上建筑企业达到446家，全年实现建筑业增加值324.84亿元，按可比价格计算增长9.4%；完成建筑业总产值1089.66亿元，增长23.6%；施工面积9979万平方米，增长29.6%；竣工面积3853.46万平方米，增长54.4%。完成省外建筑业总产值523.40亿元，增长28.4%。

【固定资产投资】2013年，徐州市全市实现固定资产投资3090.13亿元，增长22.1%。其中，国有及国有经济控股投资404.18亿元，增长17.3%；外商投资59.55亿元，增长29.4%；民间投资2304.85亿元，增长22.3%，占固定资产投资比重达74.6%，比上年提高1.1个百分点。

全市第一产业投资31.09亿元，比上年下降18.1%；第二产业投资1707.9亿元，增长17.9%；第三产业投资1351.14亿元，增长25.1%；三次产业投资结构为1.0：55.3：43.7。工业投资中制造业投资1559.56亿元，增长24.7%；高新技术产业投资148.84亿元，增长3.8%。主要工业行业投资中，通用设备制造业、医药制造业和电气机械及设备制造业增速分别为48.9%、71.8%和112.1%。第三产业投资中，交通运输仓储和邮政业投资83.34亿元，增长78.9%；住宿和餐饮业投资122.52亿元，增长30.9%；水利、环境和公共设施管理业投资231.09亿元，增长68.7%。

【科学技术】截至2013年年末，徐州市全市完成市级科技项目验收358项，其中战略性新兴产业项目3项。全市科技进步贡献率达51%。全年授权专利12783件，比上年增长27.8%，其中发明专利申请6087件、授权674件，分别增长30.2%和45.9%。企业专利产出大幅提高，全市企业共申请专利14197件，授权专利5894件，分别增长53.6%和25.2%。创新平台建设步伐加快。全市新增省级研发机构43家，总数达211家。新建校企联盟293家，总数达到1000家。省级科技企业孵化器20家，在孵企业1000余家。

【国内贸易和对外经济】2013年，徐州市全市实现社会消费品零售总额1473.61亿元，增长14.0%。其中，限额以上企业实现消费品零售额1086.70亿元，增长17.3%。按经营单位所在地分，城镇市场零售额1177.21亿元，增长13.9%，乡村市场零售额296.40亿元，增长14.1%；按消费形态分，批发业零售额294.02亿元，增长12.7%，零售业零售额1019.57亿元，增长14.2%，住宿业零售额11.83亿元，增长13.3%，餐饮业零售额148.19亿元，增长15.1%；按商品类别分，食品类、中西药品类、服装类等刚性需求分别增长18.3%、17.3%和17.5%；汽车类、家用电器类和金银珠宝类等改善性消费分别增长19.9%、7.6%和23.2%。

全市进出口总额62.89亿美元，同比下降24.5%；出口总额48.97亿美元，下降22.1%。进出口总额中，一般贸易进出口54.98亿美元；加工贸易进出口7.64亿美元。机电产品、高新技术产品出口额分别为20.9亿美元和2.9亿美元，其中，光伏产品出口额为1.67亿美元，增长9.6%。私营企业出口额为11.10亿美元，下降1.8%。

【交通、邮电和旅游】2013年，徐州市全市高速公路交通网络全面建成，高速公路通车里程达441.37公里，所有县（市）均连通高速公路，2178个行政村通达客运班车。全年完成公路水路货物运输量2.52亿吨，货物周转量401.83亿吨公里；完成旅客运输量2.45亿人次，旅客周转量133.79亿人公里，分别比上年增长5.7%和5.3%。完成港口吞吐量8226万吨，增长14.1%，集装箱吞吐量达5123万标箱。民航机场全年进出港旅客111.28万人次，航空运输货物6927.9吨，分别增长14.2%和11.7%。机动车拥有量保持较快增长，年末全市机动车总计达133.87万辆，其中，私人汽车59.12万辆，增长17.8%；本年新注册机动车13.75万辆。

完成邮政电信业务总量71.35亿元，比上年增长12.9%，其中，邮政业务量11.79亿元，增长57.9%，电信业务量59.56亿元，增长6.8%；邮政电信业务收入70.42亿元，增长14.8%，其中，邮政业务收入10.49亿元，电信业务收入59.93亿元，分别增长42.9%和11.0%。全年寄送函件2613.4万件，包裹23.11万件；快递业务实现收入3.44亿元，增长112.4%；订销报纸1.18亿份、杂志427万份。2013年年末，固定电话用户达到155.32万户，比上年末减少12.32万户，下降7.4%。年末移动电话用户815.38万户，比上年末净增45.46万户。年末电话普及率达到113部/百人，比上年末增加4部/百人。网络信息化步伐进一步加快，年末全市互联网用户数达555.41万户，比上年末新增79.36万户，增长16.7%。

全市旅游业总收入368.45亿元，增长15.7%，其中，国内旅游收入360.47亿元，增长15.6%；旅游外汇收入2200万美元，增长30.1%。接待国内外游客总人数3089.73万人次，增长12.2%，其中国内旅游人数3087.15万人次，增长12.2%；入境旅游人数2.58万人次，增长28.1%。4A级旅游景区达10家，比上年增加1家。

【金融和保险】2013年年末，徐州市金融机构存款余额3884.46亿元，比年初增加520.40亿元。其中，储蓄存款余额2089.77亿元，比年初增加295.05亿元。年末金融机构贷款余额2360.80亿元，比年初增加313.57亿元。其中，短期贷款余额1303.82亿元，中长期贷款余额948.06亿元，分别增加137.92亿元和164.81亿元；个人消费贷款451.06亿元，增加95.87亿元，其中短期消费贷款21.48亿元，个人中长期消费贷款429.57亿元。对中小企业贷款支持力度加大，中小型企业新增贷款175.12亿元，占企业贷款总量的55.8%。

年末全市纳入统计范围的保险公司共53家，全年实现保费收入97.49亿元，比上年增长14.7%，其中财产险保费收入32.45亿元，寿险保费收入65.03亿元，分别增长14.8%和14.6%。全年各类保险赔款给付支出18.94亿元，比上年增长15.2%，其中产险支出16.87亿元，增长16.9%；寿险支出2.07亿元，增长11.6%。

5

2013年常州市经济发展概况

【经济总量】2013年，常州市全年实现地区生产总值（GDP）4360.9亿元，按可比价计算增长10.9%，其中第一产业完成增加值138.1亿元，增长3.1%；第二产业完成增加值2250.8亿元，增长11.2%；第三产业完成增加值1972.0亿元，增长11.2%。全市一、二、三次产业比重由上年的3.2：52.9：43.9调整为3.2：51.6：45.2。全市按常住人口计算的人均生产总值达92994元，按平均汇率折算达15016美元。

【农业】2013年，常州市全市实现农林牧渔业总产值240.1亿元，比上年增长9.4%。麦、油、稻单产齐超历史，小麦单产349.8公斤，油菜单产157.2公斤，水稻单产642公斤，分别比上年增加11.7公斤、11.6公斤和9公斤，水稻单产连续11年位居全省第一。“菜篮子”产品生产保持稳定，全市蔬菜播种面积达36.2万亩，蔬菜产量91.7万吨；出栏生猪80.5万头、家禽5800万羽，肉蛋奶总产达21.2万吨；水产品产量18.5万吨。

【工业和建筑业】2013年，常州市全市列统规模以上工业企业3887家，比上年增加224家。全年规模以上工业总产值首次突破万亿元大关，达到10067.9亿元，比上年增长11.5%。按省统一口径计算，全市完成规模以上工业增加值2178.4亿元，按可比价计算增长11.8%。规模以上工业企业主营业务收入达到10223.1亿元，同比增长12.5%；实现利税844.2亿元，利润512.6亿元，同比分别增长18.9%、18.6%。

建筑企业全年完成施工产值1158.5亿元，比上年增长10.3%；施工面积10079万平方米，增长14.9%；竣工面积3450.4万平方米，增长12.4%。建筑业按施工产值计算的全员劳动生产率达29.6万元/人，比上年增长9.2%。

【固定资产投资】2013年，常州市全年完成固定资产投资2902.8亿元，比上年增长18.2%。第一产业完成投资5.5亿元，比上年增长25.2%；第二产业完成投资1545.0亿元，其中工业投资1541.2亿元，分别增长16.3%、16.7%；服务业完成投资1352.3亿元，增长20.4%。大项目对有效投入的支撑作用显著增强，全年在建亿元项目485个（不含房地产开发项目），完成投资968.9亿元，对全市固定资产投资（不含房地产开发投资）增长的贡献率达74.4%。

房地产开发投资698.8亿元，比上年增长17.1%，其中住宅完成投资476.2亿元，增长14.4%，占房地产开发投资的比重达到68.1%；商业营业用房完成投资109.9亿元，增长23.0%；办公楼投资31.3亿元，增长43.4%。全年商品房屋施工面积4776.8万平方米，增长10.7%，其中本年新开工面积1305.8万平方米，增长18.7%。

【科学技术】2013年，常州市全年完成专利申请41705件，其中发明专利11840件；专利授权18207件，发明专利授权1173件；万人发明专利拥有量10.2件。全市新增高新技术企业136家，累计860家；新增高新技术产品750只，累计达到5417只；新认定民营科技型企业超1700家，累计超过6800家。预计完成规模以上高新技术产业产值超4100亿元，占规上工业总产值41%以上。

【国内贸易和对外经济】2013年，常州市全年实现社会消费品零售总额1597.0亿元，同比增长13.7%。分行业看，批发业实现消费品零售总额196.7亿元，同比增长18.0%；零售业1262.5亿元，增长12.9%；住宿业13.8亿元，增长5.3%；餐饮业124.0亿元，增长16.7%。从城乡市场看，农村消费市场潜力不断释放，全市乡村市场实现零售额114.6亿元，同比增长22.7%，增幅高出城镇市场9.6个百分点，乡村市场份额有所扩大。从商品类别看，书报杂志类、中西药品类、金银珠宝类消费增长较快，分别实现零售额6.5亿元、66.4亿元、28.0亿元，同比分别增长66.8%、59.8%、49.4%。

全年实现进出口贸易总额292.1亿美元，比上年增长0.6%，其中出口203.7亿美元，增长2.1%；进口88.4亿美元，下降2.7%。对日本、美国出口额分别为22.2亿美元、40亿美元，同比增长21.2%、7.2%；对欧盟市场出口仍未出现明显起色，全年出口总额34.3亿元，同比下降10.7%。新兴国家和地区的出口比重逐步提高，对东盟出口总额达23亿美元，增长10.8%，占全市出口的比重达11.3%，成为我市第三大出口地。从经营主体看，外商投资企业出口102亿美元，增长7.3%，自营生产企业出口79.3亿美元，下降4.2%。从出口产品看，机电、高新技术产品分别出口100.9亿美元、45.1亿美元，两者出口占全市外贸出口总量的比重超七成。

【交通、邮电和旅游】2013年，常州市全年营业性客运量18839万人，货运量19497万吨，分别比上年增长9.7%、13.7%。公路客运量17551万人，比上年增长9.5%，公路旅客周转量108.4亿人公里，比上年增长11.0%；公路货运量1.8亿吨，货物周转量110.3亿吨公里。铁路客运量（常州站、戚墅堰站、常州北站）1222.4万人。常州机场全年旅客吞吐量达到152.7万人次，比上年增长41.6%；货物邮吞吐量1.5万吨，比上年增长37.9%；起降航班19348架次，其中运输起降15385架次。全市港口完成货物吞吐量9966万吨，增长10.8%；其中沿江港口完成货物吞吐量3067万吨，增长15.0%；集装箱吞吐量完成14.9万标箱，增长4.4%。年末全市机动车拥有量达104万辆，比上年末增长9%；民用汽车拥有量76.5万辆，比上年末增长16.1%，其中私人汽车62万辆，增长18.5%，私人轿车44.4万辆，增长17.2%。

全年邮电业务收入64.5亿元，其中邮政业务总收入8.0亿元，比上年增长18.9%，通信业务收入56.5亿元，下降4.6%。年末本地网电话用户159.1万户，移动电话用户458.9万户；互联网用户数达136.7万户，增长6.9%，其中宽带网用户130.4万户，增长11.1%。

全年实现旅游总收入597.0亿元，旅游总人数4606.6万人，分别比上年增长20.1%、16.0%（原口径同比，下同）。其中国内游客4595.6万人次，国内旅游收入582.9亿元，分别比上年增长16.1%和20.2%；入境游客11万人次，旅游外汇收入0.8亿美元，分别比上年下降5.2%和4.2%。天目湖旅游度假区集散中心、天目湖旅游度假区"智慧旅游"一站式旅游网、常州旅游集散中心和常州智慧旅游一期项目建成投运，有效提升了旅游公共服务能力。成功举办第八届中国花卉博览会，共接待游客268万人次，旅游接待再添新星。截至年底，全市共有省级旅游度假区3家，国家5A级旅游区2家，国家4A级旅游区9家；全国工农业旅游示范点17家，江苏省四星级乡村旅游点19家，江苏省工业旅游点2家，江苏省自驾游基地6家；旅行社125家，2家旅行社进入全省旅行社20强，1家旅行社进入全国旅行社100强；星级酒店71家，其中五星级酒店9家，四星级酒店25家。

【**金融和保险**】2013年年末，常州市全市金融机构人民币存款余额6348.1亿元，比年初增加742.3亿元，其中储蓄存款余额2753.3亿元，比年初增加280.0亿元；单位存款余额3301.0亿元，比年初增加369.1亿元。年末金融机构人民币贷款余额4318.3亿元，比年初增加485.5亿元，其中短期贷款余额2344.6亿元，比年初增加249.2亿元；中长期贷款余额1842.4亿元，比年初增加223.7亿元。新设平安银行常州分行、南京银行常州分行、苏州银行常州分行和中成村镇银行四家金融机构，全市金融机构达25家。

截至年末，全市共有保险公司64家，比上年增加3家，其中产险公司27家，寿险公司37家；专业保险中介机构18家，其中法人机构5家。全年实现保费总收入118.4亿元，比上年增长9.8%，其中寿险79.0亿元，增长6.7%，财产险39.4亿元，增长16.7%；全年保险赔款支出25.9亿元，比上年增长22.5%，其中寿险2.6亿元，增长16.5%，财产险23.4亿元，增长23.2%。

6

2013年南通市经济发展概况

【**经济总量**】2013年，南通市全年实现地区生产总值（GDP）5038.9亿元，按可比价格计算，比上年增长11.8%。其中：第一产业增加值345.4亿元，增长3.1%；第二产业增加值2623.5亿元，增长12.0%；第三产业增加值2070亿元，增长12.9%。人均GDP达到69050元，按2013年人民币对美元的平均汇率计算，人均GDP达到11150美元。

【**农业**】2013年，南通市全市农林牧渔业总产值594.8亿元，按可比价计算，增长3.2%。其中，农业产值263.6亿元，增长3.2%；牧业产值138.3亿元，增长0.9%；渔业产值141.1亿元，增长1.6%。粮食播种面积779.5万亩，下降0.5%；棉花种植面积60.2万亩，下降6.2%；油料种植面积197.3万亩，下降0.4%；蔬菜种植面积180.9万亩，比上年增长2.7%。

【**工业和建筑业**】2013年，南通市全市规模以上工业增加值2583.9亿元，增长12.6%，其中，轻重工业分别增长10.8%和13.6%。分经济类型看，国有工业增长16.8%，集体工业增长8.4%，股份制工业增长14.1%，外商及港澳台投资工业增长10.5%。规模以上工业总产值11351.5亿元，增长12.6%，六大主导产业产值全面增长，其中新能源、能源及其装备制造业、化工医药业和电子信息业等三大产业分别增长18.5%、16.1%和15.3%。工业产值中，装备制造业5222.3亿元，增长14.1%，占全市规模以上工业总产值的比重达46.0%，比上年提高0.5个百分点。

全市建筑业增加值455.34亿元，增长7.9%。建筑企业承建施工面积6.1亿平方米，增长12.5%。全市建筑队伍人数132万人，建筑队伍遍及26个国家和地区，年末出国人数1万人；年末全市拥有特级资质建筑企业15家，拥有一级建造师5342人。

【固定资产投资】2013年，南通市全年固定资产投资额3298.7亿元，比上年增长20.8%，其中，民间投资2409.5亿元，增长17.8%，占固定资产投资的比重达73.0%；工业投资1856.1亿元，增长14.3%，其中技改投资987.5亿元，占工业投资的比重达53.2%。固定资产投资中，第一产业投资1.9亿元，下降53.1%；第二产业投资1856.1亿元，增长14.3%；第三产业投资1440.8亿元、增长28.5%。全年基础设施投资522.3亿元，增长17.5%。

全年房地产开发投资596.5亿元，增长23.8%。商品房施工面积4532.3万平方米，增长19.4%，其中，住宅施工面积3522.2万平方米，增长14.5%。全市商品房竣工面积925.7万平方米，增长25.9%，其中，住宅竣工面积772.5万平方米，增长27.5%。商品房销售面积1035.3万平方米，增长45.3%，其中住宅937.8万平方米，增长48.4%。

【科学技术】2013年，南通市全市拥有高新技术企业477家，本年度新增高新技术企业98家；新增高新技术产品762项；新增国家级创新型企业2家；全市省级工程技术研究中心共计271家（年度新增省级工程技术研究中心31家）；全市科技孵化器61家，孵化面积272万平方米，其中国家级8家、省级22家（本年度新增国家级科技孵化器1家、省级1家）；全年共有23个项目获省级以上科学技术奖，其中国家科学技术发明二等奖1项，省科技进步奖二等奖9个、三等奖13个。全年专利申请量40771件，其中发明专利申请量8029件，专利授权量22086件，其中发明专利授权量746件。万人发明专利拥有量6.41件，同比增长141.9%。全社会研发投入占GDP的比重达到2.35%，比上年提高0.08个百分点。

【国内贸易和对外经济】2013年，南通市全年社会消费品零售总额1927.1亿元，增长12.8%。其中，城市消费品零售额1402.6亿元，增长13.7%；农村消费品零售额524.5亿元，增长10.3%。分行业看，批发和零售业消费品零售额1775.3亿元，增长12.6%；住宿和餐饮业消费品零售额151.8亿元，增长14.8%。

全年进出口总值298.1亿美元，增长13.4%，其中，出口总值212.8亿美元，增长13.3%；进口总值85.4亿美元，增长13.6%。年末与南通市建立进出口贸易关系的国家和地区196个，全市有进出口业绩的企业4639家，增加6.5%。

【交通、邮电和旅游】2013年，南通市全年交通运输、仓储及邮政业增加值199.3亿元，比上年增长13.1%。年末南通机场民航航线13条，开通周航班量97班，增加30班；全年民航货邮吞吐量2.5万吨，增长

89.7%；旅客运输量67.6万人次，增长75.0%。年末铁路南通站始发列车10对，全年铁路货运量86.7万吨，下降8.1%；客运量234.7万人次，增长0.9%。全年公路、水路货运量3.0亿吨，增长13.3%；公路客运量2.2亿人次，增长3.6%。全年新建及改建农村公路280公里，危桥改造174座。

全年邮电业务收入85.2亿元，增长18.0%。其中，邮政业务收入19.5亿元，电信业务收入65.7亿元，分别增长108.0%和4.6%。年末固定电话用户252.5万户，比上年减少7万户，其中，城市电话用户115.7万户，增加3.6万户；住宅电话用户203万户，减少3.8万户。年末移动电话用户852万户，净增42.9万户。年末互联网用户724.5万户，新增142.1万户。

年末全市拥有旅游星级饭店109家，旅行社136家，A级旅游景区（点）46处，全国农业旅游示范点2个，全国工业旅游示范点4个。全年实现旅游总收入360.6亿元，增长15.8%，其中，外汇收入1.1亿美元，下降4.8%；国内旅游收入348.2亿元，增长16.3%。全年接待国内旅游者2737.3万人次，增长12.6%；其中旅游住宿设施和居民家中接待过夜海外旅游者21.7万人次，下降7.6%。

【金融和保险】2013年，南通市全年金融机构新增贷款666.2亿元，年末各项贷款余额4672.8亿元，比上年末增长16.6%。全年金融系统新增存款1069.4亿元，年末金融系统存款余额7542.1亿元，比上年末增长16.4%。其中，储蓄存款余额4150.5亿元，增长15.1%；企事业单位存款余额3177.5亿元，增长18.6%。

全年新增保险机构5家，年末保险机构总数达70家。全年保费收入139.9亿元，比上年增长8.1%。其中，财产险收入39.5亿元，增长23.8%；人寿险收入100.4亿元，增长3.0%。全年已决赔款及给付56.2亿元，增长52.9%。

7

2013年连云港市经济发展概况

【经济总量】2013年，连云港市全年实现地区生产总值（GDP）1785.42亿元，增长11.8%，居全省第六位，总量较上年增加182.00亿元。人均GDP突破40000元，达到40416元，较上年增加3946元，增长11.2%。其中市区人均GDP达到54815元。

第一产业增加值259.17亿元，增长3.1%；第二产业增加值807.42亿元，增长13.0%；第三产业增加值718.83亿元，增长13.1%。三次产业协调性增强，逐步形成一、二、三产业相互促进发展的格局。三次产业结构由上年的14.5：45.9：39.6调整为14.5：45.2：40.3，和上年相比第一产业持平，第二产业下降0.7个百分点，第三产业提高0.7个百分点。

【农业】2013年，连云港市全市粮食面积达748.02万亩，比上年增加1.62万亩；亩产474公斤，下降2.07%；总产达到354.73万吨，下降1.8%。秋粮种植面积387.53万亩，比上年减少1.75万亩；单产水平为559.7公斤，比上年减少3.2公斤；总产水平为216.87万吨，比上年减少2.25万吨。其中水稻种植面积305.91

万亩，比上年增加0.18万亩；单产水平为607.9公斤，与上年基本持平；总产水平为185.94万吨，比上年增加0.09万吨。

【工业和建筑业】2013年，连云港市全市着力强化政策支持和要素保障，力保工业企业健康运行，强力推进“双千双百”工程、大企业培育工程，工业经济实现了难中有进，增速始终保持全省前列。规模以上工业增加值820.94亿元，较上年增加148.47亿元，增长14.4%，增幅高于全省平均0.3个百分点，居全省第三位；应税销售收入1631.70亿元，增长14.5%；工业用电量88.73亿千瓦时，增长16.9%，居全省第三位。

建筑业总产值555.1亿元，增长28.6%。其中，建筑工程产值536.5亿元，增长26.8%，比重为总产值的96.6%；安装工程产值12.9亿元，增长53.6%。在省外完成的建筑业总产值222.8亿元，增长40.6%。

【固定资产投资】2013年，连云港市全社会固定资产投资1654.75亿元，增长24.8%。其中固定资产投资1350.12亿元，增长22.1%，居全省第三位，从全年看，投资增速虽较前三个季度有所减缓，但项目层次明显提升，全市亿元以上在建投资项目528个，增加27个，项目平均规模超亿元，达5.1亿元，增长0.9%。其中，新开工亿元以上投资项目285个，较上年增加39个，增长15.9%；新开工亿元项目投资457.0亿元，增长52.7%。

【科学技术】2013年，连云港市科技创新工作取得新进展。创新能力持续提高。新上新药创制国家科技重大专项2项，累计实施国家“重大新药创制”科技专项56项。建立科技型中小企业培育库，279家获批省科技型中小企业，6家企业进入省科技企业上市培育库，全年高新技术企业总量突破100家。新增国家战略性创新产品2个，国家重点新产品11个；省重点新产品15个，省高新技术产品209个。校企联盟发展到703家，引进高层次人才150人，其中2个团队入选省创新团队、15人入选省“双创”计划、18人入选企业博士计划。

【国内贸易和对外经济】2013年，连云港市社会消费品零售总额655.57亿元，增长13.9%，增速较一季度提高0.7个百分点，较三季度提高0.4个百分点，居全省第三位。其中，批发业实现零售额48.25亿元，下降16.7%；零售业实现零售额552.65亿元，增长18.3%；住宿业实现零售额7.84亿元，下降6.2%；餐饮业实现零售额46.83亿元，增长11.8%。

开放型经济增长较快。2013年以来，在全国外贸形势较为低迷的情况下，重抓招商引资，精心组织赴日韩、台湾、北京、苏南及陆桥沿线城市开展大型招商推介活动，实际利用外资8.70亿美元，增长43.9%，居全省第一位。内联客方到位资金767亿元。实现进出口66.41亿美元，下降17.0%，居全省第十二位。其中，出口37.84亿美元，增长5.1%，增速列全省第四位，较三季度提高0.7个百分点。

【交通、邮电和旅游】2013年，连云港市公路客运量1.68亿人次，增长6.0%；旅客周转量65.81亿人公里，增长2.0%；货运量1.41亿吨，增长8.0%；货运周转量94.63亿吨公里，增长6.0%。水运客运量28.83万人次，增长14.0%，旅客周转量5409万人公里，下降6.0%；货物运周转量122.27亿吨公里，增长1.0%。民航连云港机场飞机起降达8668架次，增长39.2%；旅客吞吐量56.36万人次，增长16.5%；货物吞吐量3935吨，增长9.0%。

邮政通信业务收入36.82亿元，增长6.7%；其中邮政快递业务收入5.57亿元，增长7.8%；移动电信业务收入31.25亿元，增长6.5%。年末电话用户数510.77万户，增长4.9%；其中移动电话用户413.17万户，增长7.8%。互联网用户301.96万户，增长18.0%。

【金融和保险】2013年，连云港市年末金融机构存款余额1709.93亿元，比年初增加171.98亿元。其中，企事业单位存款811.84亿元，比年初增加55.09亿元；居民储蓄存款850.95亿元，比年初增加118.15亿元。

保险费总收入44.06亿元，增长13.0%，较全省平均水平高1.9个百分点，增幅居全省第三位。从保险构成看，寿险收入25.04亿元，占保险费总收入的56.8%。财产险保费收入15.67亿元，占保险费总收入的35.6%。健康险保费收入2.25亿元，占保险费总收入的5.1%。

8

2013年淮安市经济发展概况

【经济总量】2013年，淮安市全年实现地区生产总值（GDP）2155.86亿元，按照可比价格计算，比上年增长12.0%。其中，第一产业增加值增长3.3%，第二产业增加值增长13.2%，第三产业增加值增长13.3%。经济结构进一步优化，三次产业比例由上年的12.9：46.3：40.8调整为12.6：45.6：41.8。人均GDP44774元，按年平均汇率折算为7230美元。

【农业】2013年，淮安市粮食连续十年丰收，全年粮食总产量461.02万吨，比上年增加4.91万吨，增长1.1%。其中夏粮172.77万吨，增长5.6%；秋粮288.25万吨，下降1.4%。全年粮食种植面积986.47万亩，增加5.97万亩。油料面积51.33万亩，减少2.61万亩，蔬菜面积141.95万亩，增加6.54万亩。全年完成造林面积8.3万亩，其中成片林4.8万亩。全年肉类总产量32.18万吨，增长0.5%，其中猪牛羊肉产量21.07万吨，减少1.3%；禽肉产量11.04万吨，增长3.9%。禽蛋总产量12.97万吨，减少1.8%。牛奶总产量3.17万吨，减少3.8%。全年水产品总产量25.93万吨，增长3.0%。年末农业机械总动力518.40万千瓦，增长12.6%。

【工业和建筑业】2013年，淮安市完成规模以上工业增加值1133.89亿元，比上年增长13.5%。其中国有工业增加值116.20亿元，增长7.1%；集体工业增加值4.12亿元，增长10.6%；股份制工业增加值591.60亿元，增长13.2%；外商港澳台投资工业增加值300.98亿元，增长16.5%。大中型工业企业增加值556.00亿元，增长10.9%。轻工业企业增加值490.39亿元，增长12.6%；重工业企业增加值643.50亿元，增长14.1%。

全市具有资质等级的总承包和专业承包建筑业企业661户。全年完成建筑业增加值163.55亿元，增长7.6%。完成建筑业总产值1032.10亿元，比上年增长23.0%，其中建筑工程产值981.65亿元，增长27.5%。

【固定资产投资】2013年，淮安市完成规模以上固定资产投资1453.05亿元，比上年增长22.1%。其中工业投资804.24亿元，增长22.4%；房地产开发投资312.22亿元，增长11.3%。民间投资894.07亿元，增长

26.0%，占全市规模以上投资61.5%。2013年，全市在建亿元项目551个，计划总投资达1439.39亿元，比上年增长16.1%；完成投资821.89亿元，增长29.8%，增速快于规上固定资产投资7.7个百分点。

【科学技术】2013年，淮安市全年R&D（研究与试验发展）经费支出32.30亿元。全市创新型企业累计达452家，其中创新型领军企业10家。新增省级高新技术企业57家，新认定市级高新技术企业62家。新开发市级以上新产品1033个，新认定市级高新技术产品161个、省级143个。全年专利申请12075件，增长29.5%；专利授权4573件，增长45.6%。每万人发明专利拥有量1.58件。

【国内贸易和对外经济】2013年，淮安市全年实现社会消费品零售总额721.22亿元，比上年增长13.9%。按经营地统计，城镇消费品零售额640.58亿元，增长14.6%，其中城区消费品零售额385.47亿元，增长9%；乡村消费品零售额80.64亿元，增长8.3%。按消费形态统计，批发零售业完成零售额648.36亿元，增长14.2%；住宿餐饮业实现零售额72.86亿元，增长11%。

完成进出口总额36亿美元，比上年下降15.1%。其中，出口总额27.8亿美元，下降17.4%；进口总额8.2亿美元，下降6.2%；贸易顺差19.60亿美元，比上年减少5.30亿美元。全市累计进出口超5000万美元、1000万美元、500万美元企业分别达17户、62户和112户。全年新培育进出口超亿美元企业2户、超千万美元企业15户。内资生产企业实现进出口6.30亿美元，比上年增长28.5%，其中出口增长15.7%、进口增长58.8%。

【交通、邮电和旅游】2013年，淮安市全年完成公路、水路客运量0.83亿人次、周转量88.58亿人公里，比上年分别增长5.2%和6.0%。货运总量1.03亿吨、增长11.96%，货运周转量311.57亿吨公里、增长14.0%。集装箱吞吐量6.84万标箱，增长23.9%。港口货物吞吐量6598万吨，增长15.8%。年末公路总里程达1.29万公里，比上年增加126公里，高速公路里程403公里，一级公路516.8公里。淮安涟水机场航班通达14个国内城市（含香港）。

全年邮电业务收入26.00亿元，比上年增长5.8%。其中，电信业务收入22.09亿元，增长5.1%；邮政业务收入3.91亿元，增长10.1%。全市年末固定电话（含小灵通）用户87.53万户，下降3.1%。全年移动电话用户294.69万户，增长6.3%；年末互联网注册用户52.65万户，增长15.9%。

全年接待国内外旅游者1834.26万人次，比上年增长13.6%，其中接待国内游客1833.2万人次，增长13.8%；入境游客1.06万人次，增长4.8%。入境游客中外国人5833人次，中国香港、中国澳门、中国台湾同胞4731人次。全年旅游总收入204.37亿元，比上年增长15.9%，其中国内旅游收入200.12亿元，增长15.9%；旅游外汇收入887.64万美元，增长6.5%。年末全市共有国家A级旅游景区32家，其中：AAAA级旅游景区10家，星级乡村旅游点30家，省级自驾游基地3家，省级旅游度假区1家，省级生态旅游区1家。星级旅游饭店44家，其中五星级旅游饭店1家。旅行社100家，其中四星级旅行社2家，出境社2家。持证导游3686人。

【金融和保险】2013年年末，淮安市金融机构本外币存款余额1737.07亿元，比年初增加216.27亿元、增长14.2%；本外币贷款余额1397.43亿元，比年初增加207.03亿元、增长17.4%。储蓄存款934.30亿元，比年初增加125.34亿元、增长15.5%。保险业保费收入42.8亿元，比上年增长17.6%。其中财产险增长21.1%，人身险增长12.3%，意外险增长27.9%，健康险增长64%。全年保险赔款和给付支出14.7亿元，其中财产险

7.7亿元，寿险6.2亿元，意外险0.27亿元，健康险0.58亿元。

9

2013年盐城市经济发展概况

【经济总量】2013年，盐城市全年实现地区生产总值（GDP）3475.5亿元，按可比价计算，比上年增长12.3%；其中第一产业实现增加值489.2亿元，比上年增长3.2%；第二产业实现增加值1636亿元，比上年增长14.0%；第三产业实现增加值1350.3亿元，比上年增长13.4%。产业结构持续优化。三次产业增加值比例调整为14.1∶47∶38.9，二三产业比重提高了0.5个百分点，人均地区生产总值达48150元（按2013年年平均汇率折算约7775美元），比上年增长12.2%。

【农业】2013年，盐城市全市实现农林牧渔业总产值991.7亿元，增长7.2%。粮食总产量连续十年实现增收。2013年，全市粮食总产量达到686.5万吨，比上年增长2.1%。棉花和油料播种面积有所减少。2013年，我市棉花播种面积100.3万亩，比上年下降17.3%；油料面积157.3万亩，比上年下降4.2%。棉花产量减少，油料产量有所增加。棉花总产9.75万吨，比上年下降10.7%；油料总产31.52万吨，比上年增长1.9%。

【工业和建筑业】2013年，盐城市全市规模以上工业企业实现总产值6454.58亿元，比上年增长15.1%。实现规模以上工业增加值1584亿元，比上年增长15.6%。其中轻、重工业分别增长9.8%和19.0%。国有工业增长22.7%；集体工业下降47.3%；股份合作制工业增长18.7%；股份制工业增长16.5%；外商港澳台投资工业增长18.8%；其他经济工业增长5.9%。全市规模以上工业企业实现利税总额703.6亿元，比上年增长12.8%；其中利润404.2亿元，比上年增长14.7%。全年工业用电量204.2亿千瓦时，比上年增长24.1%。

全市完成建筑业总产值1107.8亿元，比上年增长17.2%；实现建筑业增加值231.0亿元，比上年增长7.6%。建筑企业房屋建筑施工总面积达10485万平方米，比上年增长17.2%；房屋建筑竣工面积4100.6万平方米，比上年增长3.1%，其中住宅竣工面积2749.4万平方米，比上年增长4.7%。建筑业从业人数48万人，劳动生产率（产值）每人23.1万元。

【固定资产投资】2013年，盐城市全市完成固定资产投资2217.7亿元，比上年增长22.2%；其中工业投资1383.4亿元，比上年增长16.6%。投资结构进一步优化，全市第一产业完成投资32亿元，比上年增长27.9%；第二产业完成投资1383.4亿元，比上年增长16.4%；第三产业完成投资802.3亿元，比上年增长26.5%。民间投资1780亿元，比上年增长21.2%。

【科学技术】2013年，盐城市全市规模以上工业企业实现高新技术产业产值1774.4亿元，比上年增长36.2%。科技研发投入占地区生产总值的比重为1.7%。全市有387个项目获省级以上科技计划立项，争取科技经费超过4.5亿元。全年新认定省级高新技术企业96家，市级高新技术企业172家；新增省企业院士工作站1家，研究生工作站23家，省级工程技术研究中心12家。全市全年申请专利16689件，比上年增长8%，其中，发明专利申请3056件，比上年增长37.8%；专利授权4718件，其中发明专利授权283件，比上年增长19.4%；万人有效发明拥有量1.4件，比上年增长40.4%。

【国内贸易和对外经济】2013年，盐城市全市社会消费品零售总额完成1163.4亿元，比上年增长13.7%。分地域看，全市城镇实现社会消费品零售总额1113.2亿元，比上年增长14.6%，其中城区实现社会消费品零售总额559.4亿元，比上年增长16.8%，乡村实现社会消费品零售总额50.2亿元，比上年下降2.6%。分行业看，批发和零售业实现零售额1048.4亿元，比上年增长14%；住宿和餐饮业实现零售额114.9亿元，比上年增长10.8%。

全市坚持以开放促开发，实施北连央企、南接上海、东向出海战略，成功举办沿海发展央企投资合作洽谈会、日韩沿海招商说明会。新批3000万美元以上项目38个，注册外资实际到账15.5亿美元。2013年，全市新增进出口企业221家，完成进出口总额65.3亿美元，比上年增长13.5%，其中出口37.8亿美元，比上年增长9.1%，进口27.5亿美元，比上年增长20.1%。积极打造韩资集聚区、台资新高地，推动开发园区转型升级。19个重点园区业务总收入比上年增长42%，注册外资实际到账占全市比重70%。

【交通、邮电和旅游】2013年，盐城市全市交通基础设施完成投资55.2亿元。截至2013年年底，全市共有公路总里程19179公里，其中国道403公里、省道1178公里；拥有等级公路17133公里，其中高速公路323公里，一级公路1495公里，二级公路2687公里。全市基本形成以高速公路为主骨架，以国省干线为支撑，以农村公路为配套的通达城乡的公路网络。全社会客运量14931万人，比上年增长5.5%，客运周转量156.9亿人公里，比上年增长5.9%；全社会货运量19212万吨，比上年增长10.4%，货运周转量301.5亿吨公里，比上年增长10.4%。2013年全年保障航班3668架次，完成旅客运输量35.4万人次，货邮吞吐量3035吨，分别比上年增长9.5%、11.8%和6.8%。全市沿海港口完成货物吞吐量5010万吨，比上年增长59.7%；其中集装箱5万标箱，比上年增长130.4%。

2013年，全市完成邮电业务总量55.9亿元，比上年增长8.1%。其中邮政业务总量5.5亿元，电信业务总量47.6亿元，比上年增长10.2%，快递业务总量2.8亿元，比上年增长42%。

全市共接待海内外游客1757万人次，比上年增长13.7%；其中入境游客接待量2.6万人次。全市实现旅游总收入171亿元，比上年增长14%；其中国内旅游166.1亿元；实现旅游外汇收入0.3亿美元。

【金融和保险】2013年，盐城市全市共有银行业金融机构40家，年内净增6家。金融机构年末本外币存款余额3220亿元，比年初增加503.4亿元，其中居民储蓄存款1793.3亿元，比年初增加269.9亿元。金融机构年末本外币贷款余额2214.6亿元，比年初增加358.5亿元。其中中长期贷款951.5亿元，比年初增加189.5亿元。外汇存款余额3.9亿美元，比年初增加1.1亿美元；外汇贷款余额为5.7亿美元，比年初增加1.8亿美元。

2013年，全市拥有市级专业保险机构50家，其中产险机构19家，寿险机构31家，保险分支机构及营销网点524个，保险从业人员22000余人。保险专业代理机构50家，其中一级法人机构16家。全市实现保费收入69亿元，比上年增长7.8%。全市各项赔偿和给付28.7亿元，比上年增长40.6%，其中产险赔付11.3亿元、寿险赔（给）付17.4亿元，比上年分别增长27.8%和50.4%。

10

2013年镇江市经济发展概况

【经济总量】2013年，镇江市全年实现地区生产总值（GDP）2927.1亿元，比上年增长12.1%，其中，第一产业实现增加值129.1亿元，比上年增长3.1%；第二产业实现增加值1549.4亿元，比上年增长12.5%；第三产业实现增加值1248.6亿元，比上年增长12.3%。三次产业结构由上年的4.4：54.0：41.6调整为4.4：53.0：42.6，第三产业增加值占地区生产总值比重比上年提高1.0个百分点。按常住人口计算人均生产总值为92626元（按现行汇率折算为14957美元）。

【农业】2013年，镇江市全年实现农林牧渔业总产值196.1亿元，比上年增长11.1%。其中：农业105.7亿元，增长11.4%；林业8.1亿元，增长12.1%；畜牧业27.2亿元，增长7.8%；渔业28.0亿元，增长15.5%；农林牧渔服务业27.2亿元，增长8.8%。

全年粮食总产量125.8万吨，比上年增长0.1%；油料总产量5.8万吨，比上年增长2.5%。全年粮食播种面积265.1万亩，比上年减少0.54万亩；油料种植面积38.6万亩，比上年减少0.7万亩。畜牧养殖业发展稳定，全年肉类总产量8.54万吨，比上年增长0.6%，其中猪牛羊禽肉产量8.44万吨，增长0.7%；禽蛋总产量2.65万吨，增长16.2%；水产品总产量9.2万吨，增长3.5%。

【工业和建筑业】截至12月末，镇江市全市拥有规模以上工业企业2769家，比上年增加324家，其中大型企业37家、中型企业305家，小微型企业2427家。全年工业用电量163.4亿千瓦时，比上年增长7.8%，提高6个百分点。全年规模以上工业实现总产值7197.3亿元，比上年增长15.6%，其中大中型企业3948.0亿元，增长13.7%。按登记注册类型分：国有企业实现产值250.2亿元，下降5.2%；外商港澳台企业实现产值2452.5亿元，增长16.6%；民营企业实现产值4319.9亿元，增长16.8%，其中私营企业实现产值2847.2亿元，增长16.3%。民营企业产值占规模以上工业总产值比重60.0%，比上年提高0.6个百分点。按轻重工业分：重工业实现产值5953.8亿元，轻工业实现产值1243.4亿元，比上年分别增长17.3%和8.4%。

年末拥有资质以上建筑业企业401家，从业人员15.8万人。全年建筑业房屋施工面积2191.3万平方米，比上年增长18.9%，其中新开工面积1044.5万平方米，增长24.9%；房屋竣工面积797.3万平方米，比上年增长11.1%。全年建筑业实现总产值458.5亿元，比上年增长33.6%；实现利润总额13.5亿元，比上年增长24.6%；实现税收12.6亿元，增长28.3%。

【固定资产投资】2013年，镇江市全年完成固定资产投资1753.2亿元，比上年增长22.1%。按三次产业分：第一产业完成投资0.85亿元，下降18.5%；第二产业完成投资1014.3亿元，增长22.5%，其中工业完成投资1014.2亿元，增长22.4%；第三产业投资737.96亿元，增长22.3%，按登记注册类型分：国有投资301.0亿元，增长0.9%；外商港澳台投资232.0亿元，增长6.1%；民营投资1167.8亿元，增长28.1%，其中私营个体投资454.9亿元，增长37.3%。

【科学技术】2013年，镇江市全年专利授权数9809件，比上年增加574件，其中发明专利授权数874件。百亿元GDP专利授权数为335件，比上年增加10件；万人发明专利拥有量达9.7件，比上年增加2.4件。

【国内贸易和对外经济】2013年，镇江市全年实现社会消费品零售总额866.9亿元，比上年增长13.8%。按经营单位所在地分，城镇消费品市场实现零售额822.7亿元，增长13.9%；乡村消费品市场实现零售额44.2亿元，增长11.7%。按消费形态分，批发业实现零售额133.3亿元，增长18.5%；零售业实现零售额639.8亿元，增长14.3%；住宿业实现零售额6.6亿元，下降4.3%；餐饮业实现零售额87.2亿元，增长5.8%。

全年完成进出口总额99.5亿美元，比上年下降12.8%，其中出口总额62.2亿美元，下降19.6%；进口总额37.3亿美元，增长1.4%。外贸结构进一步优化，一般贸易出口额45.2亿美元，占比重72.7%；加工贸易出口额16.73亿美元，占比重27.3%。按国别地区分，对亚洲出口额62.3亿美元，比上年下降19.6%，其中：对东盟、日本、印度、韩国、中国台湾、中国香港出口额7.2亿、5.5亿、3.0亿、2.6亿、1.9亿和1.9亿美元，分别下降29.3%、10.7%、8.7%、22.0%、14.0%和47.4%；对欧洲出口额11.3亿美元，比上年下降22.6%，其中，对俄罗斯出口额1.8亿美元，下降1.4%；对美国出口额11.5亿美元，比上年下降12.0%。按登记注册类型分，外商投资企业出口额30.7亿美元，比上年下降2.2%，占比重49.3%；私营企业出口额28.8亿美元，比上年下降33.1%，占比重46.3%。按产品类别分，纸及纸制品出口额7.7亿美元，比上年下降12.5%；机电产品出口额23.9亿美元，比上年下降42.8%。

【交通、邮电和旅游】2013年年末，镇江市全市等级公路里程7200公里，其中高速公路里程240公里。全年完成旅客运输量、货物运输量（不含铁路、水路，下同）2.35亿人次、1.53亿吨，比上年分别增长8.7%和15.2%；完成旅客周转量、货物周转量155.25亿人公里、84.53亿吨公里，比上年分别增长9.2%和15.6%。完成港口货物吞吐量1.6亿吨，比上年增长5.0%，其中长江港口吞吐量1.4亿吨，增长4.7%，港口集装箱运量38万标箱，比上年增长1.3%。

全年信息化发展水平85.0%，比上年提高2.9个百分点。全年完成邮政电信业务总量38.9亿元，比上年增长3.9%。其中，邮政业务总量3.26亿元，电信业务总量35.59亿元，比上年分别增长7.7%和3.6%。邮政电信业务收入34.05亿元，增长9.4%，其中邮政业务收入3.52亿元，电信业务收入30.53亿元，分别增长7.2%和9.7%。年末固定电话用户数106万户，比上年减少6.9万户；年末移动电话用户数317.6万户，比上年增加18.7万户。年末互联网用户数74.2万户，比上年增加1.8万户。

【金融和保险】2013年，镇江市年末金融机构各项本外币存款余额3346.7亿元，比年初增加447.2亿元，比上年多增18.2亿元，其中：单位存款比年初增加222.2亿元，多增22.9亿元；个人存款比年初增加219.6亿元，多增12.2亿元。年末金融机构各项本外币贷款余额2422.7亿元，比年初增加294.5亿元，比上年多增1.8亿元。其中：短期贷款比年初增加187.2亿元，少增75.9亿元；中长期贷款比年初增加112.2亿元，多增94.4亿元。

全年保险业实现保费收入61.8亿元，比上年增长6.8%。其中：财产险保费收入17.9亿元，增长22.2%；人寿险保费收入43.8亿元，增长1.6%；健康险和意外伤害险实现保费收入3.1亿元，增长24%。保险兑现赔付额19.5亿元，比上年增长43.9%。其中：财产险赔付8.6亿元，增长17.3%；人寿险赔付10.9亿元，增长75%；健康险和意外伤害险赔付1.7亿元，增长88.4%。

11

2013年泰州市经济发展概况

【经济总量】2013年，泰州市全年实现地区生产总值（GDP）3006.91亿元，比上年增长11.8%。其中，第一产业增加值205.96亿元，增长3.1%；第二产业增加值1574亿元，增长12.1%；第二产业中工业增加值1362.24亿元，增长12.8%；第三产业增加值1226.95亿元，增长12.7%。三次产业结构调整为6.8∶52.4∶40.8。按常住人口计算，全年人均地区生产总值64917元，增长11.7%，人均地区生产总值按当年汇率折算突破1万美元，达10483美元。

【农业】2013年，泰州市全年总产量达326.68万吨，比上年增产2.91万吨，增长0.9%。其中小麦增产3.57万吨，水稻增产1.06万吨，玉米减产1.43万吨。全年粮食播种面积为657.78万亩，同比减少0.60万亩，下降0.1%。粮食单产496.6公斤/亩，同比增加4.9公斤/亩，增长1.0%。

全年新增造林面积9.4万亩；肉类产量26.63万吨，增长3.9%；禽蛋产量12.15万吨，增长4.3%；牛奶产量4.59万吨，增长8.4%；水产品产量37.30万吨，增长3.9%。规模养殖稳中有升。全年生猪大中型规模养殖比重达52%以上，肉禽、蛋禽、奶牛规模养殖比重分别达98%、98%和100%。

【工业和建筑业】2013年，泰州市全年规模以上工业总产值8501.65亿元，增长18.4%。分轻重工业看，轻工业产值2212.48亿元，增长20.7%；重工业产值6289.16亿元，增长17.7%。分经济类型看，国有、集体、股份制、外商和港澳台投资企业分别完成产值269.50亿元、154.25亿元、5120.31亿元、2205.54亿元，分别增长18.5%、-3.5%、19.7%、16.0%。分企业规模看，大型、中型、小型企业分别完成产值2609.17亿元、1639.41亿元、4215.27亿元，分别增长12.4%、20.2%、22.1%。分主要行业看，食品饮料行业624.54亿元，增长17.7%；纺织服装皮革行业396.99亿元，增长17.7%；石油化工行业1186.76亿元，增长17.7%；医药行业579.81亿元，增长20.8%；金属冶炼加工行业1391.44亿元，增长19.6%；设备制造行业1953.31亿元，增长14.5%；电子设备及电气机械制造行业1676.46亿元，增长21.0%。

年末具有资质的建筑业企业729家；建筑业总产值2009.16亿元，增长14.7%；房屋施工面积21661.46万平方米，增长14.1%；全年建筑业增加值210.91亿元，增长6.8%。

【固定资产投资】2013年，泰州市全年固定资产投资1764.17亿元，增长21.0%。从产业看，一产投资14.28亿元，二产投资992.22亿元，三产投资757.68亿元，分别增长11.8%、25.5%和20.1%；在二产投资中，工业投资982.51亿元，增长25.6%。从经济类型看，民间投资1353.70亿元，增长27.8%，民间投资占固定资产投资比重达76.7%，比上年提高4.1个百分点。从新开工项目看，全年新开工项目2466个，比上年增加469

个，完成投资1191.67亿元，增长30.4%；其中，亿元以上新开工项目147个，比上年增加11个，完成投资318.83亿元，增长17.9%。

【科学技术】2013年，泰州市连续5次入选全国科技进步先进市，获批国家创新型试点城市、国家知识产权示范城市。加快科技成果转化，组建东南大学国家技术转移（泰州）中心，成立全省首家外籍院士工作站，新建产学研联合体147家、省级以上工程技术研究中心14家。加强知识产权保护，新获专利授权8000件，其中发明专利240件。积极打造人才高地，全市引进高层次人才1619名，其中海外高层次人才349名，新增高技能人才2.36万人，新增国家“千人计划”专家12名、省“双创计划”人才22名。

【国内贸易和对外经济】2013年，泰州市全年社会消费品零售总额837.12亿元，增长13.5%。从城乡市场看，城镇消费品零售额755.64亿元，增长13.8%；乡村消费品零售额81.48亿元，增长10.4%。从行业看，批发和零售业零售额721.96亿元，增长13.9%；住宿和餐饮业零售额115.16亿元，增长10.9%。从限额以上单位看，全年限额以上社会消费品零售总额259.83亿元，占全社会比重为31.0%，零售额比上年增长9.8%；其中，限额以上批发零售业零售额245.90亿元，增长11.7%；限额以上住宿餐饮业零售额13.93亿元，下降15.2%。

全年进出口总额104.42亿美元，增长0.7%；出口62.92亿美元，下降9.4%；进口41.50亿美元，增长21.3%。按贸易方式分，出口额中，一般贸易出口35.75亿美元，增长1.8%；加工贸易出口26.24亿美元，下降22.3%。进口额中，一般贸易进口28.27亿美元，增长25.1%；加工贸易进口10.18亿美元，增长7.4%。按企业性质分，出口额中，外商投资企业出口40.13亿美元，下降15.6%；私营企业出口21.18亿美元，增长5.4%。进口额中，外商投资企业进口25.65亿美元，增长20.4%；私营企业进口15.48亿美元，增长24.4%。按商品类别分，机电产品出口31.73亿美元，下降20.9%，其中车辆船舶出口12.29亿美元，下降44.6%。按产销国别分，对亚洲出口26.87亿美元，下降13.3%；对非洲出口4.41亿美元，增长13.9%；对欧洲出口12.41亿美元，下降25.3%；对拉丁美洲出口4.21亿美元，下降11.7%；对北美洲出口12.30亿美元，增长29.6%；对大洋洲出口2.71亿美元，下降27.1%。

【交通、邮电和旅游】2013年，泰州市全年公路客运量9830万人，公路货运量4631万吨，分别增长3.8%和2.2%；水路货运量12874万吨，增长5.2%。港口吞吐量17943万吨，增长19.1%；其中泰州港区吞吐量15184吨，增长15.0%。年末民用汽车拥有量40.52万辆，增长19.4%；其中私人汽车拥有量33.64万辆，增长22.4%。城市居民公共交通出行分担率20.4%、镇村公共交通开通率63.5%，分别比上年提高4.4个和4.5个百分点。

全年邮政业务总量4.51亿元，增长4.9%；邮电业务收入42.20亿元，增长4.5%；年末移动电话用户403.22万户，下降1.0%；电信互联网宽带接入用户51.57万户，增长4.8%。

全年接待国内旅游者1640.46万人次，增长12.6%；实现国内旅游收入186.19亿元，增长15.7%。全年入境旅游人数2.66万人次，增长16.0%；创汇0.20亿美元，增长15.0%。年末国家A级以上景点20个，其中，AAAA级景点2个，AAAAA级景点1个；全国工农业旅游示范点6个，国家红色旅游经典景区2个，江苏省星级乡村旅游点31个。全市旅行社个数116个，持有导游员资格证书的人员1606人，旅游星级饭店数30个，其中三星级19个、四星级7个、五星级1个。凤城河风景区成为全省唯一的国家级城市中央休闲区，溱湖风景区入选首批国家生态旅游示范区，兴化被评为全国休闲农业与乡村旅游示范县。

【金融和保险】2013年年末，泰州市全市金融机构人民币存款余额3544.42亿元，增长16.9%。其中，居民储蓄1786.01亿元，增长15.5%；金融机构人民币贷款余额2344.27亿元，增长16.8%。人民币贷款中，短期贷款1334.2亿元，中长期贷款923.9亿元，分别增长15.3%、21.8%。

全年保险业务收入73.22亿元，增长4.8%。其中，财产险收入21.46亿元，增长18.3%；人寿险收入51.76亿元，与上年持平。全年赔款和给付26.75亿元，增长45.9%；其中，财产性赔付11.09亿元，增长23.8%；人寿险赔付15.66亿元，增长67.0%。

12

2013年宿迁市经济发展概况

【经济总量】2013年，宿迁市全年实现地区生产总值（GDP）1706.28亿元，比上年增长12.5%。其中一产实现增加值235亿元，增长3.0%；二产实现增加值815.61亿元，增长14.9%；三产实现增加值655.67亿元，增长13.0%。全市人均GDP达35484元，折合5730美元，比上年增长11.9%。14项经济指标增速位居全省前三，其中地区生产总值、规模以上工业增加值、固定资产投资、社会消费品零售总额、进出口总额和出口总额、金融机构人民币存款余额和贷款余额、城镇居民人均可支配收入和农民人均纯收入等10项指标增速位居全省首位。招商引资成果显著，全年共签订亿元合同项目355个，实现亿元开工项目244个，完成亿元竣工项目177个，竣工项目完成固定资产投资611.7亿元，有力促进了全市经济的跨越发展。

【农业】2013年，宿迁市全市实现农林牧渔业总产值445.35亿元，按可比价计算，比上年增长4.2%。

全年农作物总播种面积1058.69万亩，其中粮食种植面积859.07万亩，比上年增加1.28万亩。受不利天气影响，粮食产量小幅减产但仍属丰收，实现2004年以来的“十连丰”。全年粮食总产375.99万吨，比上年减少12.76万吨，减产3.3%。其中，夏粮152.59万吨，比上年减少7.22万吨，减产4.5%；秋粮223.4万吨，比上年减少5.54万吨，减产2.4%。

深入开展植树造林活动，全年造林11.7万亩，植树1625万株，完成抚育面积25万亩、试点示范面积2万亩。建设村庄绿化示范村62个，其中省级绿化示范村56个、森林生态示范村6个。发展以林药、林菌、林禽、林渔为重点的林下经济模式近30个，建立林下经济示范基地120个，示范面积2.2万亩，推广面积14.3万亩。全市林木覆盖率达29.3%，居全省第二，荣获“全国绿化模范城市”称号。

【工业和建筑业】2013年，宿迁市全部工业增加值比上年增长15.5%，其中规模以上工业增加值增长18.1%，高出全省平均增速6.6个百分点。按企业类型分，股份制企业增长16.4%，外商及港澳台企业增长

48.1%；按企业规模分，大中型企业增长12.1%，小型企业增长23.3%；按轻重工业分，轻工业增长11.0%，重工业增长29.5%。全年工业用电量94.86亿千瓦时，增长18.7%。

全市列统总承包和专业承包建筑业企业357家，全年完成建筑业总产值651.59亿元，比上年增长23.7%；完成竣工产值464.41亿元，增长14.7%；房屋建筑施工面积6044.52万平方米，增长24.8%；房屋建筑竣工面积2714.89万平方米，增长25.2%。

【固定资产投资】2013年，宿迁市全市完成固定资产投资1290.75亿元，比上年增长25.8%。从产业划分看，第一产业投资6.69亿元，下降13.5%；第二产业投资831.45亿元，增长25.0%；第三产业投资452.61亿元，增长28.2%。从项目规模看，项目个数和投资总规模均有所增长。全年共有1618个施工项目（不包括房地产开发项目），比上年增加210个。其中新开工项目1243个，增加238个。项目计划总投资2191.74亿元，比上年增长6.6%。其中新开工项目计划总投资1156.95亿元，增长9.2%。

【科学技术】2013年，宿迁市深入实施创新券制度，全年共发放科技创新券4747.4万元，为279个项目兑现科技创新券2577万元，带动科技投入3.63亿元。新增国家高新技术企业41家、总数达89家；新认定省级科技型中小企业162家；新增市级高新技术企业56家、总数达到194家。新增省级企业研发机构43个、总数达到131家。全市专利申请量达到7551件、比上年增长72.4%，授权量达到4488件、比上年增长114.2%，增速连续三年保持全省第一。

【国内贸易和对外经济】2013年，宿迁市全市实现社会消费品零售总额442.43亿元，比上年增长14.0%。按消费形态分，批发和零售业实现零售额385.44亿元，增长14.9%；住宿和餐饮业实现零售额56.99亿元，增长7.9%。按城乡市场分，城镇实现零售额345.13亿元，增长14.1%；乡村实现零售额97.30亿元，增长9.6%。

全市实现进出口总额33.22亿美元，比上年增长19.0%。其中出口27.80亿美元，增长20.0%；进口5.42亿美元，增长14.0%。全年新批外商投资企业84家，新批协议外资11.98亿美元；实际到账外资5.09亿美元，比上年增长16.0%。

【交通、邮电和旅游】2013年，宿迁市全年共实现邮电业务总收入33.07亿元，比上年增长33.5%。其中电信业务收入29.53亿元，增长37.6%；邮政业务收入3.54亿元，增长7.2%。年末局用交换机总容量640万门。年末固定电话用户79.58万户，比上年末减少6.48万户；移动电话用户438.26万户，比上年末净增55.99万户。全市电话普及率达107部/百人，与上年相比，每百人增加10部。年末国际互联网用户316.94万户，比上年末净增130.24万户。全年征订报刊5537万份，比上年增长7.9%；全年收寄各类快递9056万件，实现快递业务收入7.15亿元。

全年完成客运量16384万人，比上年增长9.3%；实现旅客运输周转量145.05亿人公里，比上年增长7.9%。完成货运量1.11亿吨，比上年增长9.9%。其中公路0.88亿吨，增长10.3%；水路0.23亿吨，增长8.1%。实现货物运输周转量192.97亿吨公里，比上年增长11.2%。其中公路136.50亿吨公里，增长12.5%；水路56.47亿吨公里，增长8.2%。完成港口货物运输吞吐量2116万吨，比上年增长16.3%。

旅游业三年突破计划圆满收官，重点旅游项目建设成效显著，初步形成产业规模，为旅游业的后续发展奠定了基础。全市新评3A级旅游景区5家，至此全市拥有4A级景区4个，3A级景区14个，2A级景区17个。全市实现旅游总收入100.69亿元，比上年增长49.1%；其中旅游外汇收入400万美元，下降39%。接待国内游客1002.02万人次，增长24.5%；接待入境过夜游客0.37万人次，增长33%。

【金融和保险】2013年，宿迁市全年金融业实现增加值72.85亿元，比上年增长21.8%，快于服务业增速8.8个百分点。截至2013年年末，全市共有银行业金融机构22家，保险机构32家，小贷公司达45家。金融机构存贷款快速增长。截至2013年年末，全市金融机构人民币存款余额1475.58亿元，比年初增加248.71亿元，增长20.3%；金融机构人民币贷款余额1282.09亿元，比年初增加279.23亿元，增长27.8%。金融机构存款余额和贷款余额净增量比2012年分别多19.63亿元和36.27亿元。企业直接融资额突破百亿元，达到105亿元。截至2013年年末，全市小贷公司贷款余额达38.67亿元，比年初净增2.54亿元。

全年实现保费收入33.84亿元，比上年增长11.8%。其中产险收入14.39亿元，增长19.6%；寿险收入19.45亿元，增长6.6%。保险赔付10.05亿元，比上年增长32.5%。其中产险赔付7.14亿元、寿险赔付2.92亿元，分别增长27.7%和45.9%。

浙江省

｜杭州市｜宁波市｜温州市｜嘉兴市｜湖州市｜绍兴市｜舟山市｜金华市｜
｜衢州市｜台州市｜丽水市｜

1

2013年杭州市经济发展概况

【经济总量】2013年，杭州市全年实现地区生产总值（GDP）8343.52亿元，比上年增长8.0%。其中：第一产业增加值265.42亿元，第二产业增加值3661.98亿元，第三产业增加值4416.12亿元，分别增长1.5%、7.4%和9.0%。人均生产总值94566元，增长7.4%。按国家公布的2013年平均汇率折算，为15271美元。三次产业结构由上年的3.3：45.8：50.9调整为2013年的3.2：43.9：52.9。

【农业】2013年，杭州市全市实现农林牧渔业增加值265.42亿元，增长1.5%。其中，农业增加值156.19亿元、林业增加值32.66亿元、牧业增加值45.89亿元，分别增长2.0%、4.7%和1.5%。渔业增加值27.08亿元，下降5.7%。新增省级现代农业园区18个、市级粮食生产功能区201个、市级“菜篮子”基地66个。全年粮食总产量95.92万吨，下降1.0%；肉类产量34.04万吨，增长1.6%；禽蛋产量15.29万吨、水果81.41万吨，分别下降2.8%和0.6%。全年茶叶、花卉苗木、水产品、节粮型畜禽、蔬菜、竹业等“六大优势产业”和水果、干果、蚕桑、药材、蜂业等“五大特色产业”实现产值276.38亿元，增长3.6%，占农林牧渔业总产值的69.1%。

【工业和建筑业】2013年，杭州市全市实现工业增加值3246.67亿元，增长7.8%，其中规上工业增加值2523.88亿元，增长8.0%。战略性新兴产业实现增加值636.59亿元，装备制造业实现增加值900.50亿元，高新技术产业实现增加值785.37亿元，分别增长7.1%、8.6%和8.9%。新产品产值率由上年的24.5%提高到28.2%。

全年实现建筑业增加值415.31亿元，比上年增长3.6%。全市有总承包和专业承包资格的建筑企业1520家，完成施工产值3666.82亿元，增长10.9%；房屋建筑施工面积29548.20万平方米，增长12.1%；房屋建筑竣工面积9228.85万平方米，下降10.0%。

【固定资产投资】2013年，杭州市全市完成固定资产投资4263.87亿元，比上年增长14.5%。从产业投向看，第一产业投资8.40亿元，增长96.9%；第二产业投资912.53亿元，增长7.0%，其中工业投资910.46亿元，增长6.9%；第三产业投资3342.94亿元，增长16.7%。

全市完成房地产开发投资1853.28亿元，比上年增长16.0%。房屋施工面积9327.52万平方米，增长12.6%；竣工面积1172.24万平方米，增长11.1%。全年商品房销售面积1139.13万平方米，增长4.5%，其中住宅销售968.78万平方米，增长5.3%。

【科学技术】2013年，杭州市全市专利申请量58279件，专利授权量41518件，分别比上年增长8.4%和2.1%。全年新增国家重点扶持高新技术企业223家，培育认定省级研发中心41家，企业技术中心64家。年内新增12个中国驰名商标，累计121个。新增国家“千人计划”人选13名，省“千人计划”人选15名，新增钱江特聘专家30名，新设博士后科研工作站14家，引进博士后研究人员50名，累计全市已有博士后科研工作站60家、博士后工作省级试点单位29家。全市研究和发展(R&D)经费支出相当于地区生产总值的比重由上年的2.92%提高为2.95%。

【国内贸易和对外经济】2013年，杭州市全市实现社会消费品零售总额3531.17亿元，比上年增长13.0%，扣除价格因素，实际增长11.3%。其中城镇消费品零售额3354.12亿元，增长12.9%；乡村消费品零售额177.05亿元，增长16.1%。分行业看，批发零售贸易业3161.97亿元，增长14.3%；住宿餐饮业369.21亿元，增长3.3%。国家电子商务产品监测中心落户杭州。武林商圈获“中国最具竞争力中央商务区”称号。

全市完成外贸进出口总额650.71亿美元，比上年增长5.5%。其中进口总额203.05亿美元，下降0.5%；出口总额447.66亿美元，增长8.5%(不含省属出口384.16亿美元，增长10.4%)。出口总额中，机电产品出口170.44亿美元，高新技术产品出口50.24亿美元，分别增长6.9%和6.3%。按贸易方式分，一般贸易出口364.03亿美元，增长9.5%；加工贸易出口74.32亿美元，下降5.9%。出口市场中，对美国、欧盟市场分别增长7.1%和4.2%，对日本出口下降1.8%；新兴及周边市场中，对巴西、东盟、俄罗斯出口增速相对较快，分别增长17.6%、21.8%和10.3%。

【交通、邮电和旅游】2013年，杭州市全社会货物运输总量3.07亿吨，比上年增长2.1%，其中铁路货运283.94万吨，下降11.9%，公路货运23884万吨，增长2.8%，航空货运21.52万吨，增长6.5%；旅客运输量3.64亿人次，增长1.6%，其中铁路客运3717.04万人次，增长19.4%，公路客运30994万人次，下降0.4%，民航客运1150.54万人次，增长16.4%。至年末，萧山国际机场已开通航线185条，其中国际航线22条，港澳台航线7条。境内公路总里程达到15900.31千米，其中高速公路549.53千米。全市社会机动车拥有量达254.30万辆，其中私人汽车167.85万辆，比上年末分别增长12.2%和19.2%。

全市完成邮政企业和规模以上快递服务企业业务收入70.27亿元，比上年增长31.8%；完成业务总量98.26亿元，增长48.3%。实现电信业务收入168.93亿元，增长8.5%。年末固定电话用户为330.93万户，下降4.4%，移动电话用户为1459.85万户，增长7.5%；计算机宽带用户达到286.53万户，增长13.9%。推进“智慧杭州”建设，实施“三网融合”，加快建设宽带和下一代互联网等信息高速公路。全市近四分之一家庭宽带用户已经升级为光宽带，4M以上宽带用户占60%以上。建成WiFi热点3600余个，AP（无线路由器）28000余个，“无线宽带城市”初步实现。

全年旅游总收入达到1603.67亿元，比上年增长15.2%，其中旅游外汇收入21.60亿美元，下降1.9%。接待入境旅游者316.01万人次，下降4.6%；接待国内游客9409.14万人次，增长14.2%。市民出境旅游102.50万人次，增长10.1%。至年末，全市各类旅行社达632家，增长4.3%；星级宾馆达到208家，其中五星级酒店23家，四星级酒店45家；A级景区42个，其中5A级景点3个，4A级景点27个。

【金融和保险】2013年，杭州市年末全市金融机构达到342家，其中外资金融机构30家，分别比上年末增长10.3%和7.1%，全市金融机构本外币存款余额22174.71亿元，增长10.1%；贷款余额19350.70亿元，增长7.0%，其中个人消费贷款余额2985.01亿元，增长14.8%。

全市保费收入279.23亿元，比上年增长12.6%，其中，财产险保费收入126.87亿元，增长11.9%，人身险保费收入152.36亿元，增长13.2%。共支付各类保险赔款102.40亿元，增长19.9%，其中财产险77.87亿元，增长25.4%，人身险24.52亿元，增长5.1%。

2

2013年宁波市经济发展概况

【经济总量】2013年，宁波市全年实现地区生产总值（GDP）7128.9亿元，按可比价格计算，比上年增长8.1%。其中，第一产业实现增加值276.4亿元，下降1.2%；第二产业实现增加值3741.7亿元，增长8.2%；第三产业实现增加值3110.8亿元，增长8.8%。三次产业之比为3.9：52.5：43.6，第三产业增加值占地区生产总值比重比上年提高1.1个百分点。按常住人口计算人均生产总值为93176元（按年平均汇率折算为15046美元）。

【农业】2013年，宁波市全市实现农林牧渔业总产值为429.9亿元，按可比价格计算，比上年减少1.5%。其中，完成农业产值202.3亿元，减少1.0%；林业产值11.5亿元，增长1.9%；牧业产值60.9亿元，减少9.4%；渔业产值149.0亿元，增长1.0%；农林牧渔服务业产值6.2亿元，增长3.4%。粮食作物播种面积222.9万亩，与上年持平，粮食总产量81.2万吨，同比减少6.2%。家禽生产形势依然严峻，家禽存栏、出栏同比分别减少10.4%和23.0%，禽肉总产量3.8万吨，减少24.2%。

【工业和建筑业】2013年，宁波市全市实现工业增加值3378亿元，按可比价计算，比上年增长8.4%。其中规模以上工业企业实现增加值2291.2亿元，增长8.0%。分行业看，在35个行业大类中，26个行业的全年增加值同比呈上升态势，行业发展普遍向好；占比前十位的行业共完成工业增加值1640.5亿元，占全部规模以上工业增加值的比重达71.6%，比上年提高0.8个百分点，其中电气机械和器材制造业完成增加值262.5亿元，居各行业之首；化学原料和化学制品制造业增长23.0%，增速居前十位行业之首。全年规模以上轻工业完成增加值802.1亿元，增长3.5%；重工业1489.1亿元，增长10.5%，轻重工业之比由上年的1：1.77变化为1：1.86。全年规模以上工业企业实现销售产值12381亿元，增长5%。其中，内销为9557.4亿元，增长6.9%；出口交货值为2823.6亿元，下降0.8%，内销增速高于出口7.7个百分点。全年规模以上工业企业实现利润664.6亿元，增长25.0%，实现利税总额1258.1亿元，增长17.2%。

全市完成建筑业产值3148.6亿元，比上年增长25.5%。全年总承包及专业承包建筑业企业签订合同额5123.3亿元，增长了17.7%，省外业务不断拓展，全年完成省外建筑业产值1271.2亿元，增长29%。全年房屋建筑施工面积25136.1万平方米，竣工面积7543.9万平方米。

【固定资产投资】2013年，宁波市全市完成固定资产投资3423亿元，比上年增长18%。分产业看，第一产业完成投资21.2亿元，下降21.7%；第二产业完成投资1069.5亿元，增长30.5%；第三产业完成投资2332.3亿元，增长13.5%，三次产业投资比例为0.6：31.3：68.1。全年完成民间投资1735.6亿元，增长26.6%，民间投资占固定资产投资的比重十年以来首次突破50%，达50.7%，比上年提高3.5个百分点。全年完成工业投资1065.2亿元，增长30.3%，对固定资产投资增长的贡献率达47.5%，其中工业技改投资完成762.5亿元，增长35.1%，占工业投资的比重达71.6%，比上年提高2.5个百分点。全年完成房地产开发投资1123.1亿元，增长27%，商品房销售面积730.1万平方米，增长23.7%。

【科学技术】2013年，宁波全市省级科学技术奖33项，其中一、二等奖15项，“HP2－52C全自动电脑针织横机”列入国家战略性创新产品。全年专利授权量5.8万件，其中发明专利授权量2246件，比上年增长8.8%。全年认定省级高新技术企业研发中心45家，省级企业工程中心13家，市级企业工程（技术）中心116家。培育市创新型试点企业42家，新认定高新技术企业197家，市级科技型企业216家，省级创新型示范企业7家，省级创新型试点企业5家；培育认定市重点实验室10家、市企业研究院32家、省企业研究院11家，引进共建创新载体74家，组建产业技术创新联盟2家。农业科技创新支撑效果明显，培育农业新品种12项，有15个农业与社会发展领域科技项目被列为“863”计划、科技支撑计划等国家科技项目。年末限额以上科技服务业企业258家，全年实现营业收入131.0亿元，实现利润总额22.9亿元，比上年分别增长24.3%和23.5%。

【国内贸易和对外经济】2013年，宁波市全市商品销售总额1.22万亿元，比上年增长15.4%。全年完成社会消费品零售总额2635.7亿元，增长13.3%。分城乡看，城镇消费品零售额2213.5亿元，增长13.3%；乡村消费品零售额422.2亿元，增长13.8%。在限额以上企业销售的商品类值中，汽车类增长10.6%，石油及制品类增长16.3%，食品、饮料、烟酒类增长7.7%，服装、鞋帽、针纺织品类增长14.9%，金银珠宝类增长32.1%。年末全市限额以上贸易企业达2960家，全年实现营业收入7596.1亿元，实现利润总额70.0亿元。

全市实现口岸进出口总额2119.0亿美元，比上年增长7.3%。外贸自营进出口总额首次突破1000亿美元，成为浙江首个、长三角地区第三个外贸总额超千亿美元的城市，全年自营进出口总额1003.3亿美元，增长3.9%，其中出口657.1亿美元，增长7.0%；进口346.2亿美元，下降1.4%。全年新增对外贸易经营备案登记企业2843家，累计达22500家。有进出口实绩企业13898家。全年一般贸易出口占全市出口总额的比重为81.0%，进口占全市进口总额的比重为71.9%，比上年分别提高1.0个和2.1个百分点。全年直接与我市开展贸易往来的国家和地区达221个，其中欧盟、美国、东盟、拉丁美洲贸易额占比分别为20.1%、15.6%、8.2%和7.8%。

【交通、邮电和旅游】2013年，宁波市全市交通完成基本建设投资182.6亿元。穿山疏港高速公路建成通车，大大缓解北仑疏港压力。深入推进国省道提升工程，18个提升工程共改造里程164公里。年末全市公路总里程达到1.09万公里，公路网密度111公里/百平方公里，达到中等发达国家水平。其中高速公路495.8公里，一级公路1058.9公里，二级公路775.3公里，三级公路1533.1公里，四级公路6354.9公里。全年实施重大铁路项目4个，新增铁路里程65.5公里，杭甬客专建成通车，现代化铁路南站正式投用，货运北环线、北站迁建工程按计划推进。国际强港建设加快推进，建成万吨级码头泊位7个，梅山港区集装箱3－5#泊位水工工程交工验收，大榭港区中油燃料油30万吨级油码头通过竣工验收；穿山港区五期集装箱码头水工工程、陆域工程已完工；大榭信海油品仓储项目一期60万立方米原油、燃料油储罐建成投产。

全市实现旅游总收入953.5亿元，比上年增长10.5%。接待入境旅游者127.3万人次，增长9.3%；旅游外汇收入7.96亿美元，增长8.2%；接待国内旅游者6225.8万人次，增长8.3%；国内旅游收入904.2亿元，增长10.8%。年末全市共有星级饭店160家，其中五星级20家，比上年新增1家；4A级旅游景区28处，5A级旅游景区1处。

【金融和保险】2013年，宁波市全市保险业实现保费收入185.5亿元，比上年增长12.6%。其中，财产险保费收入96.8亿元，增长12.3%；人身险保费收入88.7亿元，增长13.0%。支出赔款和给付103.9亿元，增长61.7%。其中，财产险赔付支出89.5亿元，增长72.5%；人身险赔付支出14.4亿元，增长16.2%。共为3.7万家次企业、229.5万辆次机动车和1210.9万人次提供各类风险保障6.59万亿元。全年共为全市3361家次企业提供981.5亿元出口风险保障。全市政策性农险试点险种扩大到22个，累计向14.2万户次农户提供风险保障46.1亿元，支付赔款1.85亿元，增长76.2%。

3

2013年温州市经济发展概况

【经济总量】2013年，温州市全年实现地区生产总值（GDP）4003.86亿元，按可比价计算，比上年增长7.7%，增幅比上年提高1.0个百分点。其中，第一产业增加值115.39亿元，下降0.8%；第二产业增加值2015.48亿元，增长7.8%；第三产业增加值1872.99亿元，增长8.0%。按户籍人口计算，人均地区生产总值49817元（按年平均汇率折算8044美元），增长7.1%。国民经济三次产业结构为2.9：50.3：46.8，第三产业比重较上年提升0.4个百分点。

【农业】2013年，温州市全年农林牧渔业总产值187.87亿元，按可比价格计算，比上年下降0.9%，其中：农业产值80.88亿元，增长1.6%；林业产值4.11亿元，下降5.2%；牧业产值37.45亿元，下降7.6%；渔业产值61.95亿元，增长0.2%；农林牧渔服务业产值3.49亿元，增长4.9%。

全年农作物总播种面积368.48万亩，比上年下降0.6%，其中粮食播种面积233.46万亩，下降0.6%。全年粮食总产量83.06万吨，下降10.4%。在经济作物中，除蔬菜、糖料减产外，水果、茶叶、油料等作物增产。

【工业和建筑业】2013年，温州市全市实现工业总产值7253.84亿元，比上年增长4.5%；工业增加值1767.98亿元，按可比价计算，增长7.6%。全市规模以上工业企业4313家，实现工业总产值4418.48亿元，比上年增长3.5%。其中，轻工业产值1532.58亿元，增长2.4%；重工业产值2885.90亿元，增长4.1%。规模以上工业销售产值4256.48亿元，增长2.3%，其中完成出口交货值695.77亿元，下降1.5%，占销售产值比重为16.4%。

全年建筑业实现增加值247.50亿元，比上年增长9.7%。全市拥有三级以上资质的建筑企业639家，实现建筑业总产值1149.14亿元，增长19.1%；实现利润总额24.34亿元，增长0.75%。年末拥有资产656.63亿元，其中固定资产原价103.61亿元。

【固定资产投资】2013年，温州市全社会固定资产投资2950亿元，比上年增长25.2%；其中限额以上固定资产投资2618.16亿元，增长24.1%。投资结构逐步优化，工业投资和基础设施投资增长较快，房地产开发投资比重下降。

全年房地产开发完成投资额734.37亿元，比上年增长6.8%。房地产开发投资占限额以上固定资产投资比重为28.0%，比上年回落4.5个百分点。全市房屋施工面积4242.04万平方米，增长12.5%；竣工面积367.05万平方米，增长4.9%。全年全市商品房销售面积349.73万平方米，比上年增长71.2%。其中住宅销售面积317.41万平方米，增长74.5%。

【科学技术】2013年年末，温州市全市拥有国家级科技创业服务中心2个、省级科技创业服务中心3个；国家级大学科技园1家，国家级高新技术特色产业基地3个、省级高新技术特色产业基地7个；国家级企业技术中心5家、省级高新技术企业研发中心178家。市级企业研发中心322家；科技强县6个。全年新增高新技术企业72家，累计525家。全年专利授权24069项，比上年增长39%；年末国家知识产权试点示范企业5家、省级专利示范企业96家。年末全市有国家级企业博士后科研工作站12家，省级15家，市级试点站14家。

【国内贸易和对外经济】2013年，温州市全年社会消费品零售总额2136.38亿元，比上年增长11.2%。其中，城镇消费品零售额1930.03亿元，增长11.2%；乡村消费品零售额206.35亿元，增长11.5%。按行业分，批发零售贸易业零售额1879.98亿元，增长11.2%；住宿餐饮业零售额256.40亿元，增长11.5%。

全年外贸进出口总额206.02亿美元，比上年增长0.8%。其中进口总额24.56亿美元，下降10.5%；出口总额181.46亿美元，增长2.6%。外贸依存度为31.9%，其中出口依存度为28.1%，分别比上年降低3.4个和2.5个百分点。至年末，与我市建立出口和进口贸易关系的国家和地区共计204个，拥有进出口经营权企业5828家。

【交通、邮电和旅游】2013年，温州市全年高速公路、港口、物流基地等建设力度加大，交通网络体系日臻完善。年末公路总里程14348公里，其中高速公路289公里，一级公路379公里，二、三级公路1850公里。公路绿化率71.2%。客运班车通村率89.8%。市区公共交通营运线路133条，年载客量3.35亿人次。

全年邮电业务收入128.84亿元，比上年增长2.0%，其中通信行业业务收入121.68亿元，增长1.5%。年末本地电话交换机总容量311.45万门，本地电话用户数239.88万户。年末移动电话装机总量2559.34万门，移动电话用户数1185.10万户。年末互联网用户数826.37万户，其中宽带用户数236.94万户，增长17.5%。

全年接待海内外游客5751.06万人次，实现旅游总收入582.43亿元，分别比上年增长16.3%和20.2%。其中接待国内游客5676.85万人次，增长16.2%，国内旅游收入556.38亿元，增长19.9%；接待海外游客74.21万人次，增长29.0%，国际旅游外汇收入4.21亿美元，增长23.6%。

【金融和保险】2013年年末，温州市金融机构本外币存款余额8095.48亿元，比上年末增长4.5%，其中人民币存款余额7771.16亿元，增长4.7%。年末城乡居民人民币储蓄存款余额3821.25亿元，增长5.6%。年末金融机构本外币贷款余额7263.33亿元，增长3.6%，其中人民币贷款余额7092.32亿元，增长3.7%。

全年保险业保费收入131.18亿元，比上年增长10.7%。其中，财产险保费收入54.23亿元，增长11.2%；人身险保费收入76.95亿元，增长10.4%。支付各类赔款及给付45.18亿元，增长22.2%。其中财产险赔付34.47亿元，增长32.8%；人身险赔付10.71亿元，下降2.6%。

4

2013年嘉兴市经济发展概况

【经济总量】2013年，嘉兴市全年实现地区生产总值（GDP）3147.66亿元，比上年增长9.3%，增幅比上年提高0.6个百分点。其中第一产业增加值155.62亿元，增长0.8%；第二产业增加值1726.73亿元，增长9.9%；第三产业增加值1265.31亿元，增长9.4%。按常住人口计算，人均生产总值69164元（按年平均汇率折算为11169美元），增长8.9%。三次产业结构由上年的5.2：55.5：39.3调整为4.9：54.9：40.2。

【农业】2013年，嘉兴市全市农林牧渔业总产值255.67亿元，按可比价格计算，增长0.5%。全年粮食种植面积312.1万亩，比上年增加0.3万亩；油菜籽种植面积29.0万亩，减少4.2万亩；蔬菜种植面积123.1万亩，增加0.9万亩；果用瓜种植面积14.9万亩，减少0.1万亩；花卉苗木种植面积16.9万亩，增加3.7万亩。粮经面积比由上年的59.7：40.3调至61.1：38.9。全年粮食总产量138.83万吨，增长0.3%；蔬菜总产量248.7万吨，增长0.9%。

【工业和建筑业】2013年，嘉兴市全市工业增加值1560.88亿元，可比增长10.4%，占全市生产总值49.6%。规模以上（主营业务收入2000万元以上）工业企业数4409家，工业增加值1206.46亿元，增长11.5%，增速比上年上升0.6个百分点，其中重工业增加值643.89亿元，增长14.3%；轻工业增加值562.58亿元，增长8.2%。

全市建筑业增加值165.86亿元，可比增长5.2%。具有建筑业资质的独立核算企业完成房屋施工面积

8489.0万平方米，同比增长6.7%，竣工面积3153.4万平方米，增长5.9%。

【固定资产投资】2013年，嘉兴市全市固定资产投资额1910.15亿元，比上年增长16.3%，其中投资项目（单位）投资额1399.33亿元，增长14.1%；房地产开发投资额510.83亿元，增长22.8%。在固定资产投资中，第一产业投资额16.49亿元，增长17.1%；第二产业投资额894.74亿元，增长13.8%；第三产业投资额811.18亿元，增长14.1%。基础设施投资额287.07亿元，增长22.4%。

【科学技术】2013年，嘉兴市全市发明专利申请量和发明专利授权量分别为2983件和407件，全市人才资源总量达93.20万人，比上年增加8.10万人，增长9.5%。全年获得市级以上各类科技成果113项，其中，获得省级科技成果奖10项，市级科技成果奖103项。技术市场发展平稳，全年经认定登记技术交易金额2.64亿元，交易合同数295项。全市年末国家级高新技术企业达334家，省级科技型中小企业993家，比上年增加174家。全市规模以上工业新产品产值2374.12亿元，增长26.2%。科技创新投入力度加大，全市研究与试验发展经费支出占全市生产总值比重2.49%。

【国内贸易和对外经济】2013年，嘉兴市全市全社会消费品零售总额1196.93亿元，比上年增长13.1%。城镇市场零售额1026.01亿元，增长13.2%；农村市场零售额170.92亿元，增长12.7%。批发零售贸易业零售额1077.17亿元，增长13.5%，住宿餐饮业零售额119.76亿元，增长10.0%。

全市进出口总值317.63亿美元，比上年增长10.5%，其中出口总值215.12亿美元，增长9.8%，进口总值102.51亿美元，增长12.1%。机电、服装及纺织类产品等居出口主导地位，机电产品出口67.97亿美元，增长5.6%，占全市出口总额的31.6%；服装类产品出口42.92亿美元，增长9.8%，占20.0%；纺织类产品出口37.80亿美元，增长13.0%，占17.6%。经济外向度保持较高水平，进出口总额占全市生产总值的比例62.5%（按当年汇率计算），其中出口额占比为42.3%。

【交通、邮电和旅游】2013年，嘉兴市全市公路通车里程8000公里，增长1.7%，其中四级以上公路7867公里，增长1.8%。各种运输方式（不包括铁路，下同）货物周转量228.26亿吨公里，增长1.7%，其中，公路89.39亿吨公里，增长3.7%；全年旅客周转量（营业性车辆）36.98亿人公里，增长1.3%。全年嘉兴港货物吞吐总量6605.19万吨，增长10.0%，其中，外贸货物吞吐量859.52万吨，增长17.0%，集装箱101.04万标箱，增长34.5%。

全年邮电业务总量87.35亿元，增长5.8%。其中，邮政业务总量4.07亿元，增长12.1%；电信业务总量83.27亿元，增长5.5%。年末城乡固定电话用户152.54万户，比上年末下降2.1%。移动电话用户560.65万户，增长2.9%。固定互联网用户131.73万户，增长17.2%。

全市接待海内外游客4725.39万人次，旅游总收入485.57亿元，分别增长13.1%和15.9%。其中，接待外国、港澳台游客65.78万人次，下降15.9%，旅游外汇收入2.44亿美元，下降11.9%；接待国内游客4659.61万人次，增长13.6%，国内旅游收入470.47亿元，增长17.2%。

【金融和保险】2013年，嘉兴市年末金融机构人民币存贷款余额分别为5072.69亿元和3860.03亿元，比上年末增长13.9%和12.9%。城乡居民储蓄存款余额2438.21亿元，增长13.7%。

全市保险业保费收入84.07亿元，比上年增长12.5%。其中，财产险保费收入38.47亿元，增长17.4%；人寿险保费收入45.59亿元，增长8.7%。全年赔付额25.72亿元，增长40.4%。其中，财产险赔付金额23.71亿元，增长39.9%；人寿险赔付金额（剔除期满给付）2.01亿元，增长47.2%。

5

2013年湖州市经济发展概况

【经济总量】2013年，湖州市全年实现地区生产总值（GDP）1803.2亿元，按可比价计算比上年增长9.0%。分产业看，第一产业增加值125.6亿元，增长0.7%；第二产业增加值953.2亿元，增长10.1%，其中工业增加值861.1亿元，增长10.8%；第三产业增加值724.4亿元，增长9%。三次产业结构比例为7.0：52.8：40.2。按户籍人口计算的人均GDP为68839元，增长8.7%，折合11116美元；按常住人口计算的人均GDP为61953元，增长8.7%，折合10004美元。

【农业】2013年，湖州市全年实现农林牧渔业总产值213.0亿元，比上年增长2.2%。其中，农业产值95.1亿元，增长1.5%；林业产值23.2亿元，增长0.3%；牧业产值45.9亿元，增长0.2%；渔业产值40.3亿元，增长6.3%。全年粮食播种面积204.1万亩，与上年基本持平；经济作物播种面积130.5万亩，减少1.3%，其中油菜籽面积28.9万亩，减少8.2%；蔬菜面积55.4万亩，增长0.4%；花卉苗木面积29.2万亩，增长6.2%。

全年粮食产量90.6万吨，增长0.7%；油菜籽产量4.3万吨，减少6.3%；生猪出栏163.7万头，增长4.5%；肉类产量19.2万吨，增长1.1%；蚕茧产量1.2万吨，减少12.9%；家禽出栏4625万羽，减少5.5%；禽蛋产量5.2万吨，减少9.0%；水产品产量28.8万吨，增长2.0%。

【工业和建筑业】2013年，湖州市全年规模以上工业实现增加值629.9亿元，按可比价计算比上年增长11.3%，其中轻工业增加值284.2亿元、重工业增加值345.7亿元，分别增长14.2%、9.0%。34个大类行业中，有32个行业实现增长，4个行业增加值超过40亿元。其中，纺织业83.3亿元，增长9.7%；电气机械及器材制造业63.6亿元，增长11.0%；非金属矿物制品业58.6亿元，增长18.0%；电力热力的生产和供应业40.9亿元，增长6.1%。

全市年末拥有建筑企业215家，其中一级资质企业39家、二级资质企业63家。全年建筑企业完成建筑业总产值527.1亿元，比上年增长13.4%，其中建筑工程产值468.2亿元，安装工程产值43.6亿元，分别增长16.9%和11.7%；房屋建筑施工面积4064万平方米，增长10.8%；竣工面积1564万平方米，下降2.9%。

【固定资产投资】2013年，湖州市全年限额以上固定资产投资项目2329个，完成限额以上固定资产投资1070.0亿元，比上年增长10.2%。其中，基础设施投资219.5亿元，增长31.7%；非国有投资866.4亿元，增长9.0%。按产业划分，第一产业投资6.8亿元，下降14.2%；第二产业投资529.2亿元，下降0.1%，其中工业投资528.4亿元，增长0.1%；第三产业投资534.0亿元，增长23.3%。

全年完成房地产开发投资267.6亿元，比上年增长26.7%。全年房屋施工面积2105.9万平方米，增长14.2%；房屋竣工面积242.8万平方米，增长26.5%；商品房销售面积308.5万平方米，增长12.8%，其中住宅250.9万平方米，增长9.4%；商品房销售额215.7亿元，增长15.9%，其中住宅175.2亿元，增长13.3%。

【科学技术】2013年，湖州市全年专利申请量16597项，比上年增长31.1%；专利授权量10326项，比上年增加456件，增长4.6%，其中发明专利521项，比上年增加15项，增长3.0%。全年经认定登记的技术成交项目483项，比上年增长50.9%；技术成交金额16666万元，比上年增长1.3倍。全市年末拥有省级高新技术研究开发中心149家，比上年增加23家；拥有国家级高新技术企业290家，增加55家。全年获市级以上政府奖的科技成果60项，其中省级16项。全年列入国家级火炬项目53项，比上年减少7项。

【国内贸易和对外经济】2013年，湖州市全年实现社会消费品零售总额766.2亿元，比上年增长13.1%。其中，批发零售业686.3亿元，增长13.3%；住宿餐饮业79.9亿元，增长10.9%。限额以上批发零售贸易企业实现零售额246.4亿元，增长10.4%。其中，食品类20.1亿元，增长19.6%；服装类13.2亿元，增长12.3%；金银珠宝类9.5亿元，增长48.7%；家用电器和音像器材类13.3亿元，增长1.4%；石油及制品类64.8亿元，增长6.9%；汽车类91.7亿元，增长8.5%。

全年外贸进出口总额95.3亿美元，比上年增长9.3%。其中，出口80.9亿美元，增长9.5%；进口14.5亿美元，增长8.3%。按出口贸易方式分，一般贸易出口73.3亿美元，增长9.5%；加工贸易出口7.6亿美元，增长9.2%。按出口企业性质分，生产企业出口43.8亿美元，增长14.8%；流通企业出口11.7亿美元，增长5.5%；外资企业出口25.4亿美元，增长3%。按主要出口产品分，纺织原料及纺织制品出口27.5亿美元，增长12.7%；机电产品出口24.8亿美元，增长9.6%。按主要出口市场分，非洲、亚洲和北美洲出口增长较快，分别达到19.3%、15.7%和13.3%；大洋洲、欧洲和拉丁美洲分别增长6.2%、1.3%和0.9%。

【交通、邮电和旅游】2013年，湖州市全市年末公路通车里程达到8216公里，其中高速公路289公里、一级公路433公里、二级公路565公里。全年完成客运量8363万人，比上年下降11.7%；客运周转量28.38亿人公里，下降13.6%。完成货运量16628万吨，下降14.6%，其中公路7192万吨，增长1.6%，水路9436万吨，下降23.8%；货运周转量202.2亿吨公里，下降15.7%，其中公路52.97亿吨公里，增长9.7%，水路149.23亿吨公里，下降22.1%。全年内河港口货物吞吐量15312万吨，下降14.2%。

全年实现电信业务收入31.6亿元，比上年下降6.4%；全市年末固定电话（含小灵通）用户97.03万户，比上年减少4.67万户；移动电话用户366.35万户，增加42.09万户；年末国际互联网宽带用户81.27万户，增加21.21万户，增长35.3%。

全年接待国内外旅游人数4956.8万人次，比上年增长17%。其中，国内旅游人数4903.5万人次，增长17%；入境旅游人数53.3万人次，增长12.7%。全年实现旅游总收入393.6亿元，增长21.6%。其中，国内旅游收入381.2亿元，增长21.8%；旅游外汇收入2.0亿美元，增长15.8%。全年旅游景区门票收入3.6亿元，增长16%。全市年末拥有星级宾馆46家，其中三星级以上宾馆37家，比上年增加1家。

【金融和保险】2013年，湖州市全市金融机构年末本外币存款余额2577.9亿元、贷款余额2145.4亿元，分别比上年增长12.8%、12.2%；年末本外币贷款余额比年初增加231.5亿元，同比多增31.3亿元；年末城乡居民本外币储蓄存款余额1243.8亿元，比年初增加160.5亿元，同比多增32.2亿元。年末金融机构年末不良贷款余额为43.3亿元，比年初增加13.5亿元，不良贷款率为2.02%，比年初上升0.46个百分点。

全年保险公司保费收入59.1亿元，增长24.2%。其中，财产险保费收入29.8亿元，增长49.9%；人身险保费收入29.3亿元，增长5.8%。各项保险赔款和给付支出23.7亿元，增长62.2%。其中，财险赔款19.2亿元，增长88%；寿险赔款4.4亿元，增长1.6%。

6

2013年绍兴市经济发展概况

【经济总量】2013年，绍兴市全年实现地区生产总值（GDP）3967.29亿元，比上年增长8.5%。其中，第一产业增加值193.27亿元，第二产业增加值2102.93亿元，第三产业增加值1671.09亿元，分别增长3.1%、8.6%和9.0%。GDP总量居全省第4位，增速居全省第6位。人均GDP（按常住人口计算）80212元（按年平均汇率折算为12953美元），增长8.3%。人均GDP列全省第4位，增速列全省第6位。第一、第二、第三次产业结构由上年的5.1：53.8：41.1调整为4.9：53.0：42.1。

【农业】2013年，绍兴市全年农林牧副渔业总产值291.26亿元，比上年增长3.0%。农作物播种面积330.71千公顷，下降0.1%。其中粮食播种面积188756公顷，比上年增长0.5%。油料播种面积25610公顷，下降0.7%；棉花播种面积1895公顷，下降8.3%；蔬菜种植面积65310公顷，下降2.1%；中草药材种植面积2231公顷，增长6.8%；果用瓜种植面积10400公顷，增长2.9%；花卉苗木种植面积16746公顷，与去年持平。

全年粮食产量120.68万吨，比上年增长0.5%。其中，早稻产量20.36万吨，增长2.7%；晚稻产量74.56万吨，下降0.70%。大小麦产量5.76万吨，增长1.9%。

【工业和建筑业】2013年，绍兴市全年全部工业增加值1882.10亿元，比上年增长9.0%，其中规模以上工业增加值增长9.2%。规模以上工业中，国有控股企业增加值增长4.0%，集体企业增加值下降4.9%，股份制企业增加值增长9.8%，外商投资企业增加值增长4.0%，港澳台商投资企业增加值增长5.7%，私营企业增加值增长10.2%。轻工业增加值增长6.9%，重工业增加值增长12.1%。

全年建筑业增加值220.83亿元，比上年增长5.4%。资质以上建筑企业利润总额145.07亿元，增长21.6%；税金总额201.64亿元，增长19.2%。

【固定资产投资】2013年，绍兴市全年固定资产投资2001.99亿元，比上年增长16.2%。国有投资382.34亿元，增长16.1%，占固定资产投资比重19.1%；非国有投资1619.64亿元，增长16.2%，占固定资产投资比重80.9%，其中民间投资1532.68亿元，增长18.7%，占固定资产投资比重76.6%。

固定资产投资中，第一产业投资15.05亿元，比上年增长60.1%；第二产业投资999.79亿元，增长

13.4%；第三产业投资987.15亿元，增长18.7%。全年施工项目3818个，比上年增长16.8%，其中新开工项目2426个，增长11.5%。

【科学技术】2013年，绍兴市全年财政用于科学技术支出15.87亿元，比上年增长20.0%，财政科技支出占财政支出比重为5.1%。全年新上创新基金、重点新产品、火炬计划、星火计划等国家级科技项目170项，新上省重大科技专项计划等省级科技计划项目145项，省级新产品1070项。新增省级高新技术产业园区1家，新认定国家需要重点扶持高新技术企业56家，省级以上创新型试点（示范）企业13家，省科技型中小企业292家，2家企业入选国家知识产权示范企业，9家企业入选国家知识产权优势企业。14家企业入围全省百强创新企业，入选数列全省第2位。新增科技孵化面积13万平方米、新增入孵企业145家，启动市区总计达50万平方米孵化器建设工程。新认定省级企业研究院9家，省产业技术创新战略联盟2家，省级高新技术特色产业基地、省级重点实验室、省级工程技术研究中心各1家，省级高新技术企业研发中心29家，市级科技企业孵化器3家。国家知识产权试点城市通过验收，成立知识产权维权援助中心，开通“12330”维权热线。全年共申请专利27651件、授权15123件，同比分别增长25.6%、22.4%，其中发明专利申请3351件、授权729件，同比分别增长9.4%、12.8%。

【国内贸易和对外经济】2013年，绍兴市全年社会消费品零售总额1318.39亿元，比上年增长13.8%。其中，城镇消费品零售额1142.90亿元，增长13.8%；乡村消费品零售额175.50亿元，增长13.5%。分行业看，批发零售业零售额1210.30亿元，增长14.4%；住宿餐饮业零售额108.09元，增长7.8%。

全年货物进出口总额333.70亿美元，比上年增长4.0%。其中，进口54.53亿美元，下降16.7%；出口279.16亿美元，增长9.2%。有进出口国家和地区197个，比上年减少8个。其中出口额超1000万美元的国家和地区109个，比上年减少2个。美国、阿联酋、巴西分别居出口额前三位国家，出口额分别为36.92亿美元、16.89亿美元和13.90亿美元。机电产品出口47.83亿美元，增长9.1%；化工产品出口17.65亿美元，增长11.8%；高新技术产品出口8.99亿美元，下降10.0%；纺织服装出口188.97亿美元，增长9.8%。新登记备案企业1696家，累计获进出口经营权企业17993家。全市出口超1000万美元企业627家，比上年增加49家。

【交通、邮电和旅游】2013年，绍兴市全年货物运输总量9871万吨，比上年增长6.4%，其中公路、水运货物运输总量分别为8560万吨、1311万吨，分别增长6.3%、7.2%。货物运输周转量1185468万吨公里，增长6.7%，其中公路、水运货运周转量877218万吨公里、308250万吨公里，分别增长7.1%、5.7%。

全年邮电业务收入61.80亿元，比上年增长6.4%。年末固定电话用户（含小灵通）179.04万户，移动电话用户（通话用户）526.90万户。固定电话普及率40.54号线/百人，比上年下降8.4%；移动电话普及率119.30部/百人，增长5.7%。互联网用户数（不含手机上网用户）134.53万户，增长6.6%。

年末有旅行社132家，比上年增加9家。

全年旅游总收入584.35亿元，比上年增长15.4%。其中，国内旅游收入569.25亿元，增长15.9%；旅游外汇收入24385.59万美元，增长1.1%。接待游客5683.34万人次，比上年增长15.2%。其中接待国内旅游者5613.71万人次，增长15.4%；接待入境旅游者69.63万人次，增长1.4%。

【金融和保险】2013年年末，绍兴市金融机构本外币各项存款余额6461.73亿元，比上年末增长9.1%，其中人民币存款余额增长8.9%。金融机构本外币贷款余额5644.15亿元，增长10.0%，其中人民币贷款余额增长10.4%。年末个人本外币储蓄存款余额2735.52亿元，比上年末增长9.3%。

全年保险业实现保费收入84.24亿元，比上年增长12.0%，其中产险收入40.24亿元，增长16.6%；人身险收入44亿元，增长8.1%。

7

2013年舟山市经济发展概况

【经济总量】2013年，舟山市全年实现地区生产总值（GDP）930.85亿元，按可比价计算，比上年增长8.5%。其中，第一产业增加值95.73亿元，第二产业增加值411.55亿元，第三产业增加值423.57亿元，分别比上年增长7.6%、9.2%和7.9%。三次产业结构比例为10.3：44.2：45.5。按常住人口计算，人均地区生产总值81582元，约13174美元，比上年增长8.3%。

【农业】2013年，舟山市全年农林牧渔业总产值188.81亿元，比上年增长15.4%。其中，渔业总产值172.58亿元，增长16.8%；农业总产值10.88亿元，增长4.7%；林业总产值0.33亿元，下降6.2%；牧业总产值5.01亿元，下降3.4%。

全年农作物播种面积23.13千公顷，比上年下降0.8%。其中，粮食作物播种面积10.66千公顷，增长0.5%。粮食产量5.14万吨，比上年下降1.5%；蔬菜产量14.35万吨，下降3.8%；水果产量8.13万吨，下降3.2%。

【工业和建筑业】2013年，舟山市全年全市工业总产值1750.43亿元，比上年增长10.4%。规模以上工业总产值1350.77亿元，增长10.3%；工业销售产值1312.79亿元，增长10.9%；工业产销率97.2%。其中，临港工业完成总产值1095.27亿元，增长9.1%，占规模以上工业总产值的比重为81.1%。规模以上工业中，重、轻工业分别完成工业总产值1051.06亿元和299.71亿元，分别增长12.0%和4.8%，重轻工业比为78：22。年末有工业总产值上亿元企业158家，比上年末增加8家，实现工业总产值1251.88亿元，比上年增长12.0%，占全部工业总产值的比重为71.5%。全市规模以上工业增加值264.50亿元，按可比价计算，比上年增长9.3%。产业集聚区实现规模以上工业总产值474.81亿元，比上年增长15.7%，拉动规模以上工业总产值增长5.3个百分点。

全年全社会建筑业增加值92.44亿元，按可比价计算，比上年增长6.6%。年末全市具有资质等级的总承包和专业承包建筑业企业133家，实现总产值174.33亿元，比上年增长6.5%；建筑（房屋）施工面积1634.17万平方米，增长3.3%，其中新开工面积448.04万平方米，下降3.4%。

【固定资产投资】2013年，舟山市全年全市固定资产投资750.02亿元，比上年增长20.6%。其中，建筑安装工程投资532.76亿元，增长30.7%；基础设施投资329.87亿元，增长47.0%；民间投资350.52亿元，增长2.1%。

全年房地产开发投资143.79亿元，比上年下降9.5%。其中，住宅、办公楼和商业营业用房投资分别为94.82亿元、9.09亿元和16.10亿元，分别下降8.6%、12.2%和8.5%。全年房屋竣工面积128.10万平方米，下降41.0%。商品房销售面积107.01万平方米，增长36.5%；商品房待售面积48.48万平方米，增长18.2%。

【科学技术】2013年，舟山市全年组织实施各类科技计划项目共595项。其中，国家级39项，省级255项。申请专利2483件，授权专利1656件。其中，申请发明专利604件，授权发明专利211件。年末全市有高新技术企业38家，省级创新型试点、示范企业10家，省级科技型企业154家，省级农业科技企业76家，省级高新技术研发中心28家，省级农业科技企业研发中心27家。

【国内贸易和对外经济】2013年，舟山市全年社会消费品零售总额331.65亿元，比上年增长14.1%，扣除物价因素，实际增长13.5%。分行业看，批发业零售额35.26亿元，增长14.8%；零售业零售额245.27亿元，增长15.4%；住宿业零售额12.47亿元，增长3.4%；餐饮业零售额38.64亿元，增长9.9%。从限额以上批发零售业商品零售类别看，汽车类零售额比上年增长55.5%，家具类增长45.5%，金银珠宝类增长29.2%。全年批发零售业商品销售总额1274.06亿元，比上年增长17.6%；住宿餐饮业营业额70.99亿元，增长13.0%。

全年外贸进出口总额（含保税仓库货物）126.72亿美元，比上年下降18.7%。其中，进口总额60.23亿美元，下降5.4%；出口总额66.49亿美元，下降27.8%。全年初级产品出口额40.34亿美元，比上年下降2.1%，其中水产品出口额8.06亿美元，增长6.8%。工业制成品出口额26.15亿美元，下降48.7%，其中，船舶出口额20.67亿美元，下降54.2%。

【交通、邮电和旅游】2013年，舟山市全年全市交通运输、仓储和邮政业实现增加值96.14亿元，按可比价计算，比上年增长6.3%。全年水路货运量16434万吨，比上年增长7.8%，水路货运周转量2063.40亿吨公里，增长10.3%；水路客运量2412万人，增长8.4%，水路客运周转量4.62亿人公里，下降1.6%。陆路货运量4958万吨，增长5.6%，陆路货运周转量111.73亿吨公里，增长5.8%；陆路客运量14254万人，增长2.7%，陆路客运周转量21.00亿人公里，增长3.5%。舟山普陀山机场全年完成客运量47.9万人，增长3.2%；货邮运量（不包括行李）286.2吨，下降32.7%。年末全市民用汽车拥有量9.94万辆，比上年末增长16.2%，其中，私人汽车拥有量7.28万辆，增长20.0%。

全年邮电业务收入17.27亿元，比上年增长5.2%。年末全市固定电话用户48.74万户，比上年末下降8.8%；移动电话用户156.60万户，增长1.5%，其中3G移动电话用户43.20万户，增长41.4%；宽带网用户35.60万户，增长16.6%；移动互联网用户87.60万户，增长4.3%；邮路长度1278公里，比上年末下降0.3%。

年末全市有旅行社134家，比上年末增加9家。全市有星级宾馆49家，客房4483间，床位7944张，星级宾馆客房入住率为48.9%。全市有A级景区12个。其中，5A级景区1个，4A级景区2个。全年接待国内外游客共3067.47万人次，比上年增长10.7%。其中，接待国际游客31.54万人次，增长1.6%。从主要景区看，普陀山景区接待游客594.68万人次，比上年增长6.9%；朱家尖景区接待游客427.80万人次，增长10.1%；桃花岛景区接待游客188.16万人次，增长10.3%。全年实现旅游总收入300.12亿元，比上年增长12.5%；实现旅游外汇收入16084万美元，增长1.4%。

【金融和保险】2013年年末，舟山市全市有各类金融机构56家。其中，银行业机构20家，保险业机构22家，证券业机构5家，小额贷款公司9家。年末金融机构本外币存款余额1497.11亿元，比上年末增长7.7%，其中储蓄存款549.61亿元，增长8.1%。金融机构本外币贷款余额1333.35亿元，比上年末增长2.9%。全市银行业金融机构表外融资业务余额333.75亿元，比上年末增长10.2%。市外金融机构融资总量770.56亿元，比上年增长24.6%。

全年保险公司保费收入21.71亿元，比上年增长4.8%。其中，财产险保费收入10.20亿元，增长4.8%；人身险保费收入11.51亿元，增长4.9%。保险公司赔款支出6.19亿元，比上年增长2.1%；保险公司给付支出1.44亿元，增长17.2%。

8

2013年金华市经济发展概况

【经济总量】2013年，金华市全年实现地区生产总值（GDP）2958.78亿元，按可比价计算，比上年增长9.1%。其中：第一产业增加值为140.20亿元，增长1.2%；第二产业增加值为1445.70亿元，增长9.4%；第三产业增加值为1372.88亿元，增长9.6%。全市人均生产总值达到62688元（按2013年年均汇率折算为10123美元），增长8.6%。第一、第二、第三产业增加值占地区生产总值的比重由上年的5.0∶49.8∶45.2变化为4.7∶48.9∶46.4，第三产业所占比重比上年提高1.2个百分点。

【农业】2013年，金华市全市农林牧渔业增加值140.20亿元，比上年增长1.2%。

全市农作物播种面积272.1千公顷，下降1.0%。其中粮食播种面积为153.4千公顷，总产量为88.30万吨，分别下降0.9%和1.6%；棉花播种面积6.8千公顷，下降5.6%，产量为1.07万吨，下降5.9%；油料播种面积为25.4千公顷，下降1.9%，产量为4.69万吨，下降2.3%；蔬菜播种面积为43.5千公顷，面积与上年持平，产量为93.1万吨，增长0.3%；药材播种面积7.1千公顷，下降4.1%；果用瓜种植面积10.4千公顷，下降1.9%，产量为23.02万吨，下降1.2%；花卉苗木种植面积14.4千公顷，增长3.6%。

【工业和建筑业】2013年，金华市全市完成工业增加值1256.66亿元，比上年增长9.6%，工业增加值占GDP的比重为42.5%。全市实现规模以上工业总产值4371.19亿元，销售产值4160.37亿元，分别增长9.9%和9.2%。规模以上工业企业完成出口交货值1015.34亿元，增长5.1%，占销售产值的比重为24.4%。

全市建筑业总产值达2722.2亿元，增长17.3%；完成建筑业地方税收27.8亿元，增长17.6%，占全市税收总收入的13.8%。建筑施工面积32162万平方米，完成房屋竣工面积9355万平方米。省外市场发展良好，2013年建筑业企业在省外完成产值1741.0亿元，占全省省外完成产值的17.3%，占全市建筑业总产值的

64.0%。

【固定资产投资】2013年，金华市全市完成固定资产投资1364.36亿元，比上年增长21.1%。其中，房地产开发投资384.97亿元，增长35%；投资项目（单位）投资979.39亿元，增长16.4%。民间投资快速增长，全年实现民间投资1099.3亿元，增长19.2%，占固定资产投资的80.6%。

在固定资产投资中：第一产业完成投资3.9亿元，下降35.8%。第二产业完成投资667.53亿元，增长18.2%；其中工业投资666.3亿元，增长18.3%。第三产业完成投资692.93亿元，增长24.6%。第二、第三产业投资比重分别下降和上升1.1个和1.3个百分点，三次产业投资结构调整为0.3：48.9：50.8。

【科学技术】2013年，金华市全市列入市级以上科技项目770项，其中国家级89项、省级388项，新到位上级科技资金12977万元，其中国家级3075万元，比上年增长22%。新立市级科技计划项目293项，其中工业类78项，农业类81项，社会发展类127项，农业科技成果转化项目7项。申请专利23356件，其中发明专利2379件；获专利授权15997件，其中发明专利480件。新认定省级企业研究院1家、工程技术研究中心1家，省级高新技术研发中心23家、市级32家，省级农业科技研发中心10家、市级8家，市级以上各类企业研发机构累计474家。

【国内贸易和对外经济】2013年，金华市全市实现社会消费品零售额1406.98亿元，比上年增长14.8%，其中：城镇消费品零售额为1166.87亿元，增长14.4%；乡村消费品零售额为240.11亿元，增长16.9%。分行业看，批发零售业零售额1277.16亿元，增长15.0%；住宿餐饮业零售额129.82亿元，增长13.2%。

全市完成进出口总额342.7亿美元，比上年增长50.8%。其中，出口总额325.3亿美元，增长52.7%；进口总额17.4亿美元，增长22.2%。出口有效主体增加。全年新增备案企业1810家，全年有出口实绩企业5799家，净增777家；其中出口超5000万美元企业145家，净增80家。出口市场结构优化。全市与219个国家和地区建立了贸易关系，其中出口超1亿美元的国家和地区67个，增加16个。

【交通、邮电和旅游】2013年，金华市全市交通建设共完成投资76.0亿元。其中高速公路完成投资7.14亿元，国省道、县道建设项目完成投资31.49亿元，大中修工程完成投资5.53亿元，农村联网公路完成投资0.95亿元，安保工程完成投资0.75亿元，病旧桥隧加固改造工程完成投资0.84亿元，场站建设完成投资27.80亿元，水运建设完成投资1.50亿元。全市境内公路总里程达到12036.79公里。年内公路旅客周转量91.69亿人公里，货物周转量167.30亿吨公里。

邮电业务收入82.74亿元，比上年增长5.6%。其中，邮政业务收入9.05亿元，比上年增长16.6%；电信业务收入73.69亿元，增长4.4%。年末城乡固定电话用户161.73万户，比上年末下降3.2%。其中住宅电话83.75万户，下降1.9%；公用电话20.97万户，下降4.4%。年末移动电话用户达985.03万户，增长3.7%；其中3G移动电话用户19.64万户，增长48.8%。移动电话普及率208.7部/百人，固定电话普及率34.3部/百人。互联网宽带接入用户达165.05万户，比上年末增长25.1%。

全市共接待游客4914.06万人次，比上年增长17.5%，实现旅游收入490.31亿元，增长22.7%，其中接待国内旅游者4834.36万人次，增长17.8%，实现国内旅游收入462.19亿元，增长24.0%；接待入境旅游者79.7万人次，增长2.6%，实现旅游外汇收入45417.36万美元，增长7.0%。

【金融和保险】2013年年末，金华市全市金融机构本外币各项存款余额6161.56亿元，增长15.7%。其中:单位存款余额2849.81亿元，增长15.4%；本外币储蓄存款余额3022.28亿元，增长12.6%。金融机构本外币各项贷款余额5157.32亿元，增长18.7%。其中短期贷款余额4078.25亿元，增长17.1%；中长期贷款余额978.78亿元，增长20.3%。本外币余额存贷比为83.7%。

全市保险机构全年保费收入120.79亿元，增长13.4%。其中财产险保费收入52.43亿元，人身险保费收入68.36亿元，分别增长17.1%和10.4%。全年支付各类赔偿及给付41.42亿元，增长25.7%。其中财产险赔款29.45亿元，增长21.5%；人身险赔款及给付11.97亿元，增长37.3%。

9

2013年衢州市经济发展概况

【经济总量】2013年，衢州市全年实现地区生产总值（GDP）1056.57亿元，按可比价格计算，比上年增长9.1%。其中：第一产业增加值83.15亿元，增长1.1%；第二产业增加值555.92亿元，增长10.4%；第三产业增加值417.50亿元，增长9.0%。在第三产业中：交通运输、仓储及邮政业增加值增长5.8%，批发和零售业增加值增长9.5%，住宿和餐饮业增加值增长8.1%，金融业增加值增长15.0%，房地产业增加值增长16.1%。三次产业增加值结构由上年的8.2：53.1：38.7调整为7.9：52.6：39.5。全市人均生产总值按户籍人口计算为41676元，合6730美元，比上年增长8.8%；全市人均生产总值按常住人口计算为49791元，合8040美元，比上年增长9.0%。

【农业】2013年，衢州市全年实现农林牧渔业总产值140.22亿元，比上年增长3.7%。

全年农作物播种面积346.27万亩，比上年增长0.3%。其中：粮食播种面积201.02万亩，与上年基本持平；油料播种面积58.96万亩，增长0.2%；蔬菜种植面积54.88万亩，增长1.5%；果用瓜种植面积7.78万亩，下降1.4%。

全年粮食总产量79.92万吨，比上年增长0.3%。油料产量6.51万吨，增长1.7%。蔬菜产量91.62万吨，增长1.3%。食用菌产量17.19万吨，下降7.5%。果用瓜产量14.28万吨，下降0.2%。茶叶产量6231吨，下降9.0%。水果产量82.48万吨，增长1.9%，其中柑橘产量64.07万吨，增长2.4%。

【工业和建筑业】2013年年末，衢州市全市共有规模以上工业企业单位983家，比上年增加43家，其中：主营业务收入亿元以上的企业261家，比上年增加17家；大中型企业94家，比上年增加1家。

全年全部工业增加值477.29亿元，按可比价格计算比上年增长11.0%。规模以上工业企业全年完成产值1474.87亿元，增长8.8%，其中：重工业1014.71亿元，增长7.4%；轻工业460.17亿元，增长12.1%。实现工业销售产值1443.73亿元，增长9.3%，产销率97.89%，比上年提高0.38个百分点。全年完成工业出口交货值110.03亿元，增长5.8%。

【固定资产投资】2013年，衢州市全年完成固定资产投资670.72亿元，比上年增长18.5%。其中：第一产业投资26.89亿元，增长76.8%；第二产业投资317.93亿元，增长4.4%；第三产业投资325.90亿元，增长32.3%。

全年完成工业投资317.93亿元，比上年增长4.6%，其中制造业投资267.49亿元，下降1.6%。饮料制造业、文教体用品制造业和医药制造业等13个行业的投资增长20%以上，非金属矿物制品业、金属制品业等13个行业比上年下降。有8个行业年投资额超10亿元，其中4个行业年投资额超20亿元：化学原料及化学制品制造业36.32亿元，增长11.6%；电气机械及器材制造业26.21亿元，增长16.5%；专用设备制造业21.32亿元，增长25.8%；造纸及纸制品业20.56亿元，下降28.1%。

【科学技术】2013年，衢州市全市拥有国家级高新技术企业89家，市级高新技术企业178家。国有独立研究开发机构11个，企业技术开发机构223个。全年获得市级科技进步奖40项。当年专利申请受理3836项，专利申请授权3287项，其中发明126项。

【国内贸易和对外经济】2013年，衢州市全年实现社会消费品零售总额443.67亿元，比上年增长13.8%。按经营地统计，城镇市场实现消费品零售额389.78亿元，增长14.8%；乡村市场实现消费品零售额53.89亿元，增长7.5%。按消费形态统计，批发业实现零售额71.85亿元，增长15.0%；零售业实现零售额323.08亿元，增长13.8%；住宿业实现零售额4.49亿元，增长1.1%；餐饮业实现零售额44.25亿元，增长13.9%。全市限额以上批发零售业实现零售额129.00亿元，增长12.4%。其中：食品、饮料、烟酒类增长18.6%，服装鞋帽、针、纺织品类下降5.7%，日用品类增长33.5%，化妆品类增长30.8%，中西药品类增长21.3%，家用电器和音像制品类下降6.0%，汽车类增长15.8%。

全年实现进出口总额37.76亿美元，比上年增长25.0%。其中：出口23.90亿美元，增长28.6%；进口13.86亿美元，增长19.4%。

【交通、邮电和旅游】2013年，衢州市全年完成交通运输、仓储和邮政业增加值34.84亿元，按可比价格计算，比上年增长5.8%。

全年各种运输方式完成货物运输量9077.67万吨，比上年增长3.9%，其中：铁路370.91万吨，增长0.7%；公路8703.00万吨，增长4.1%；水运3.68万吨，下降8.0%；民航771.40吨，增长64.1%。全年各种运输方式完成旅客运输量11585.15万人，比上年下降1.2%，其中：铁路241.92万人，增长12.1%；公路11315.00万人，下降1.5%；水运6.02万人，下降9.1%；民航22.21万人，增长16.8%。

全年邮电业务收入17.66亿元，比上年增长12.6%，其中邮政业务收入1.47亿元，增长13.1%；通信业务收入16.19亿元，增长12.5%。全年邮政传送函件1705.56万件，包件6.32万件，累计订销报纸4789.67万份，订销杂志327.73万份。年末全市共有快递企业30家，全年实现业务收入1.43亿元，快递收件1551.41万件，派件1229.43万件。年末城乡固定电话用户50.68万户，比上年减少1.41万户。年末移动电话用户226.12万户，增加7.22万户。电话普及率（含移动电话）108.89部/百人，增加5.94部/百人。互联网用户43.05万户，增加7.24万户，互联网普及率达到48.7%。

全年旅游总收入197.26亿元，比上年增长31.8%，其中：接待国内旅游者3277.90万人次，增长30.2%，国内旅游收入193.72亿元，增长33.2%；入境的旅游者12.10万人次，下降10.8%，国际旅游外汇收入5723.87万美元，下降14.0%。在入境的旅游者中：外国人4.60万人次，下降23.6%；中国香港、中国澳门和中国台湾同胞7.51万人次，下降0.6%。全市拥有星级宾馆饭店35家，客房总数3468间。

【金融和保险】2013年，衢州市全年完成金融业增加值61.53亿元，按可比价格计算，比上年增长15.0%。

年末金融机构本外币存款余额1492.71亿元，比上年末增长14.9%，其中人民币存款余额1481.46亿元，增长14.9%。年末金融机构本外币贷款余额1250.86亿元，增长16.0%，其中人民币贷款余额1237.02亿元，增长16.2%。年末城乡居民本外币储蓄存款余额706.81亿元，增长16.1%。

年末共有保险机构29家，全年保费收入30.27亿元，比上年增长15.8%，其中：寿险保费收入17.10亿元，增长12.5%；财产险保费收入13.17亿元，增长20.5%。支付各类赔款9.69亿元，增长19.5%，其中：寿险业务赔款2.47亿元，下降0.4%；财产险赔款7.22亿元，增长28.2%。

10

2012年台州市经济发展概况

【经济总量】2013年，台州市全年实现地区生产总值（GDP）3153.34亿元，按可比价格计算，比上年增长7.9%。其中，第一产业增加值213.30亿元，增长0.6%；第二产业增加值1515.55亿元，增长8.1%；第三产业增加值1424.49亿元，增长8.7%；三次产业结构为6.8：48.0：45.2。全市人均生产总值为53222元，比上年增长7.3%，按年平均汇率折算达8594美元。

【农业】2013年，台州市全市实现农林牧渔业总产值372.63亿元，按可比价格计算，比上年增长0.6%。其中，农业产值129.46亿元，增长0.5%；林业产值5.90亿元，与上年持平；牧业产值35.97亿元，下降2.8%；渔业产值197.93亿元，增长1.4%；农林牧渔服务业产值3.38亿元，增长4.6%。

【工业和建筑业】2013年，台州市全市实现工业增加值1357.40亿元，按可比价格计算，比上年增长8.0%。全市年主营业务收入2000万元及以上工业企业（以下简称规模以上工业企业）家数为3395家，实现工业增加值774.25亿元，比上年增长6.9%。

全市实现建筑业增加值158.15亿元，按可比价格计算，比上年增长9.0%。资质以上建筑企业完成房屋建筑施工面积17571.74万平方米，比上年增长20.2%；房屋竣工面积5307.19万平方米，增长2.2%。

【固定资产投资】2013年，台州市全市固定资产投资施工项目4644个，其中新开工项目2264个。全年固定资产投资总额1507.87亿元，比上年增长21.4%。其中第一产业完成投资11.33亿元，比上年增长11.5%；第二产业完成投资610.71亿元，增长21.3%；第三产业完成投资885.83亿元，增长21.5%。固定资产投资中，工业性投资600.20亿元，比上年增长20.4%；基础设施投资329.11亿元，增长11.7%；民间投资1091.33亿元，增长26.2%。

【科学技术】2013年，台州市被评为2013年度“全国科技进步先进市”，并进入浙江省首批创新型试点城市行列。全市实现规模以上高新技术产业增加值210.40亿元，比上年增长7.2%。全市共有省级企业研究院22家，省级工程技术研究中心和省级重点实验室8家，国家级创新示范企业3家，省级创新型示范（试点）企业49家，国家重点扶持的高新技术企业378家。全年申请专利16956件，比上年增长20.2%；专利授权12673件，比上年增长4.0%，其中发明737件。全年共签订各类技术合同192项，技术交易额7.63亿元。

【国内贸易和对外经济】2013年，台州市全市实现社会消费品零售总额1449.27亿元，比上年增长12.8%，扣除价格因素，实际增长12.5%。其中批发业实现零售额96.91亿元，比上年增长11.7%，零售业实现零售额1193.34亿元，比上年增长12.9%，住宿业实现零售额12.30亿元，下降15.1%，餐饮业实现零售额146.71亿元，增长15.5%。限额以上批发零售企业中，金银珠宝类、建筑及装潢材料类、家具类和汽车类零售额分别比上年增长16.9%、11.4%、10.4%和7.0%，家用电器和音像器材类零售额下降1.3%。

全年外贸进出口总额218.78亿美元，比上年增长6.1%。其中出口总额187.21亿美元，增长8.6%，进口总额31.57亿美元，下降6.7%。全年外贸企业出口31.77亿美元，增长27.7%；三资企业出口24.65亿美元，下降1.3%；生产企业出口130.79亿美元，增长6.7%。在出口总额中，一般贸易出口169.15亿美元，增长7.9%；加工贸易出口15.01亿美元，下降3.1%。全年服装机械、塑料模具、鞋类、灯具出口分别增长26.3%、20.4%、17.9%和17.9%。2013年台州市有进出口实绩企业4693家，比上年增加284家，其中进出口超1000万美元企业有462家，比上年增加22家。出口国家和地区205个。

【交通、邮电和旅游】2013年，台州市全年完成货物周转量1448.71亿吨公里，比上年增长9.3%；旅客周转量为110.18亿人公里，比上年增长3.7%。全年完成港口货物吞吐量5628万吨，比上年增长5.0%。其中外贸吞吐量977.09万吨，增长4.0%；完成集装箱吞吐量16.66万标箱，增长10.4%。民航完成旅客吞吐量61.08万人次，货邮吞吐量6912吨。全年铁路发送旅客547万人次，比上年增长28.4%。

全市邮电业务收入78.30亿元，比上年增长2.6%。年末国际互联网宽带接入用户151.21万户，移动互联网用户502.87万户，分别比上年末增加24.67万户和34.27万户。年末移动电话用户达744.77万户，其中3G用户216.96万户，城乡固定电话用户为152.04万户。

全年共接待旅游总人数5176.43万人次，比上年增长15.2%，其中接待国内游客5165.54万人次，增长15.6%；实现旅游总收入493.37亿元，比上年增长19.7%，其中国内旅游收入490.73亿元，增长20.7%。旅游产品进一步丰富，大神仙居景区、椒江潜艇观光基地、三门农博园等项目对外营业。全市共有4A级旅游区7个，3A级旅游区14个，2A级旅游区9个。共有星级饭店54家，客房7804间，床位12808张，旅行社145家。

【金融和保险】2013年年末，台州市全市金融机构本外币存款余额5219.72亿元，比上年末增长

15.8%，当年新增存款709.22亿元。年末本外币个人存款余额2775.34亿元，比上年末增长15.4%，当年新增364.74亿元。年末金融机构本外币贷款余额4454.11亿元，比上年末增长14.4%，当年新增贷款540.02亿元。年末金融机构本外币存贷比为85.3%，不良贷款率为1.06%。

全年保费总收入96.28亿元，比上年增长14.1%。其中财产险保费收入44.57亿元，人寿险保费收入51.71亿元，分别比上年增长13.9%和14.3%。全年各类赔款、给付支出36.23亿元，比上年增长24.2%。

11

2012年丽水市经济发展概况

【经济总量】2013年，丽水市全市生产总值983.08亿元，按可比价计算，比上年增长9.2%。其中，第一产业增加值84.65亿元，第二产业增加值497.87亿元，第三产业增加值400.56亿元，分别比上年增长3.4%、11.2%和8.0%。人均生产总值46383元（按年平均汇率6.1927折算为7490美元），比上年增长9.1%。三次产业增加值结构由上年的8.9：50.3：40.8调整为8.6：50.6：40.8。

【农业】2013年，丽水市农作物总播种面积169.69千公顷，比上年下降0.6%，其中粮食播种面积为96.86千公顷，下降0.5%；果用瓜种植面积3.19千公顷，下降3.1%；药材种植面积3.45千公顷，增长12.0%；油料种植面积9.85千公顷，下降1.9%；蔬菜种植面积45.80千公顷，增长0.1%；花卉苗木面积1.30千公顷，下降7.6%。全年粮食总产量为52.28万吨，比上年下降0.2%。

【工业和建筑业】2013年，丽水市规模以上工业增加值351.19亿元，比上年增长12.6%。规模以上工业销售产值1716.14亿元，增长14.1%，其中出口交货值147.34亿元，增长4.5%，出口交货值占销售产值的比重为8.6%，比上年回落0.6个百分点。规模以上工业企业产品销售率96.3%，比上年提高1个百分点。实现利润总额131.82亿元，增长18.5%。

全年建筑业增加值67.73亿元，比上年增长5.4%。资质以上建筑企业完成总产值204.76亿元，增长27.0%，实现利润总额9.48亿元，增长32.7%。

【固定资产投资】2013年，丽水市固定资产投资570.42亿元，比上年增长20.9%。固定资产投资中非国有投资336.27亿元，增长20.9%，占固定资产投资比重为59.0%。

在固定资产投资中，第一产业投资13.70亿元，比上年下降4.1%；第二产业投资184.35亿元，增长16.1%，其中工业投资182.97亿元，增长16.6%；第三产业投资372.37亿元，增长24.6%。

【科学技术】2013年，丽水市全年新增国家重点支持高新技术企业39家，高新技术企业认定新政策出台后，获批高新技术企业134家。全年国家、省级新产品140个（其中国家级2个，省级138个），国家、省创新基金项目4个。全年规模以上工业科技活动经费支出7.76亿元，比上年增长34.2%。购置技术成果费用2966万元，增长1.6倍。

全年通过市级以上验收、结题科技项目41项，科技成果登记200项，获得省级科学技术进步奖2项。知识产权保护工作得到加强，共获专利授权4277项，其中发明专利84项。

【国内贸易和对外经济】2013年，丽水市社会消费品零售总额420.80亿元，比上年增长15.4%。其中，城镇消费品零售额330.50亿元，乡村消费品零售额90.30亿元，分别比上年增长15.3%和15.6%。全市限额以上社会消费品零售总额145.31亿元，增长16.8%。

进出口总额25.89亿美元，比上年增长15.6%。其中，出口23.73亿美元，增长20.1%，进口2.16亿美元，下降14.8%。

【交通、邮电和旅游】2013年，丽水市交通运输、仓储和邮政业增加值27.88亿元，比上年增长2.1%。全市公路货物周转量711536万吨公里，与上年基本持平；公路旅客周转量250698万人公里，下降0.1%。铁路客运量98.65万人，货运量118.43万吨。

全年邮电业务收入20.90亿元，比上年增长6.2%。其中，邮政业务收入1.99亿元，增长11.0%；电信业务收入18.90亿元，增长5.7%。年末固定电话用户（含小灵通）达49.02万户，年末移动电话用户295.89万户；固定电话、移动电话普及率分别为23.1部/百人和139.4部/百人。全年新增互联网用户（含宽带用户）7.27万户，年末总量达45.01万户，比上年末增长19.3%。

全年共接待国内旅游者4543.88万人次，比上年增长27.6%。入境旅游者25.79万人次，增长25.3%，其中：接待国外游客23.34万人次，增长26.8%；中国香港游客0.44万人次，增长8.3%；中国澳门游客0.36万人次，增长11.8%；中国台湾游客1.65万人次，增长13.5%。实现旅游总收入266.29亿元，增长29.4%，其中国内旅游收入228.36亿元，增长29.6%；旅游外汇收入6.12亿美元，增长30.6%。

【金融和保险】2013年，丽水市金融机构本外币各项存款余额1681.14亿元，比上年末增长14.0%，其中人民币存款余额1585.12亿元，增长16.7%。金融机构本外币各项贷款余额1302.75亿元，比上年末增长16.5%，其中人民币贷款余额1286.81亿元，增长16.9%。年末个人本外币储蓄存款余额946.10亿元，比上年末增长13.3%。

全年保险业实现保费收入28.20亿元，比上年增长7.5%。其中，财产险业务保费收入12.94亿元，增长15.3%；人身险业务保费收入15.26亿元，增长1.7%。支付各类赔款及给付8.95亿元，增长24.4%，其中：人身险业务赔款2.08亿元，增长35.7%；财产险业务赔款6.87亿元，增长21.3%。

安徽省

| 合肥市 | 芜湖市 | 蚌埠市 | 淮南市 | 马鞍山市 | 淮北市 | 铜陵市 | 安庆市 |
| 黄山市 | 滁州市 | 阜阳市 | 宿州市 | 六安市 | 亳州市 |

1

2013年合肥市经济发展概况

【经济总量】2013年，合肥市全年实现地区生产总值（GDP）4672.91亿元，按可比价格计算，比上年增长11.5%。其中，第一产业增加值247.21亿元，增长3.2%；第二产业增加值2583.75亿元，增长12.9%；第三产业增加值1841.95亿元，增长10.6%。三次产业结构由上年的5.5：55.3：39.2调整为5.3：55.3：39.4，其中第三产业比重比上年提高0.2个百分点，工业增加值占GDP比重由上年的43.6%提高到43.9%。按常住人口计算，人均GDP达到61555元（折合9939美元），比上年增加6373元。

【农业】2013年，合肥市全年农作物总播种面积为74.33万公顷，比上年下降0.9%。其中，粮食作物48.50万公顷，增长0.4%；棉花3.27万公顷，下降1.4%；蔬菜7.96万公顷，增长6.0%；瓜果2.39万公顷，增长4.9%；油料11.56万公顷，下降11.1%。

全年粮食总产量299.68万吨，比上年下降1.2%。其中，稻谷239.17万吨，下降1.7%；小麦45.33万吨，增长4.1%。棉花产量3.25万吨，下降3.5%。蔬菜产量181.21万吨，增长5.3%。瓜果产量58.93万吨，增长8.4%。油料产量32.13万吨，下降4.0%。

【工业和建筑业】2013年，合肥市年末规模以上工业企业2330户，比上年净增243户，全年实现工业增加值1907.40亿元，比上年增长14.4%。其中，轻、重工业分别增长8.3%和18.4%；国有及国有控股企业增长5.9%，集体企业增长10.0%，股份制、外商及港澳台商投资企业分别增长10.4%和30.1%。

全年建筑业增加值530.18亿元，比上年增长7.9%。纳入统计范围的具有建筑业资质等级的总承包和专业承包建筑施工企业859户，比上年增加24户；实现利润总额90.31亿元，增长9.6%。房屋建筑施工面积18695.29万平方米，比上年增长16.5%；其中，新开工面积7845.48万平方米，增长19.8%。房屋竣工面积5566.75万平方米，增长1.8%。年末建筑业从业人员73.41万人，比上年增长1.5%。企业劳动生产率34.68万元/人，增长16.9%。

【固定资产投资】2013年，合肥市全年全社会固定资产投资4707.99亿元，比上年增长23.1%。其中，民间投资2777.97亿元，增长26.7%；文化产业投资310.11亿元，增长36.0%；城市基础设施投资806.19亿元，增长26.9%。

分产业看，第一产业投资72.49亿元，增长28.0%；第二产业投资1788.83亿元，增长19.2%；第三产业投资2846.67亿元，增长25.4%。工业投资1752.98亿元，增长18.9%。

【科学技术】2013年，合肥市全年有12项科技成果获国家科技奖，其中国家自然科学一等奖1项、二等奖2项，科技进步特等奖1项、一等奖2项、二等奖5项，创新团队奖1项。全年受理专利申请19425件，其中发明专利7671件，比上年增长61.6%；授权专利11487件，其中发明专利1547件，增长24.6%。签订各类技术合同5120项，成交金额61亿元，比上年增长44%。

【国内贸易和对外经济】2013年，合肥市全年社会消费品零售总额1480.84亿元，比上年增长14.8%。按消费形态分，商品零售额1392.07亿元，增长15.1%；餐饮收入88.77亿元，增长9.4%。按经营地统计，城镇消费品零售额1443.02亿元，增长14.9%；乡村消费品零售额37.82亿元，增长10.1%。

全年进出口总额181.90亿美元，比上年增长3.1%。其中，出口额118.99亿美元，下降12.1%；进口额62.91亿美元，增长56.8%。加工贸易出口额30.54亿美元，增长40.5%。机电产品出口额58.76亿美元，下降0.4%。高新技术产品出口额27.66亿美元，增长43.3%。

【交通、邮电和旅游】2013年，合肥市全年交通运输、仓储和邮政业增加值183.52亿元，比上年增长9.5%。旅客运输量4.01亿人，比上年增长16.5%；货物运输量3.91亿吨，增长16.0%。

全年邮电业务总量90.27亿元，比上年增长18.5%。其中，邮政业务总量5.75亿元，增长8.7%；电信业务总量84.52亿元，增长19.2%。年末本地固定电话用户176.61万户，比上年减少12.52万户。其中，城市119.41万户，减少7.92万户；农村57.2万户，减少4.61万户。移动电话用户703.32万户，增加74.98万户。基础电信运营企业计算机互联网接入用户102.99万户，增加9.59万户。

全年入境旅游人数38.93万人次，比上年增长3.8%；旅游外汇收入2.5亿美元，增长6.4%。国内游客5950万人次，增长11.0%；国内旅游收入509亿元，增长14.8%。年末拥有星级饭店75家，其中五星级9家、四星级20家；A级旅游景点48家。

【金融和保险】2013年年末，合肥市金融机构人民币各项存款余额8232.58亿元，比上年末增加1318.74亿元，增长19.1%；其中居民储蓄存款余额2355.77亿元，增长14.0%。金融机构人民币各项贷款余额7054.99亿元，比上年末增加918.96亿元，增长15.0%。其中，短期贷款余额1920.56亿元，增长26.2%，短期贷款中个人贷款及透支余额320.09亿元，增长45.0%；中长期贷款余额4927.11亿元，增长12.7%，中长期贷款中个人贷款余额1576.63亿元，增长20.7%。

全年保险公司保费收入109.11亿元，比上年增长22.1%。其中，财产险保费收入52.27亿元，增长30.6%；人身险保费收入56.84亿元，增长15.3%。支付各类赔款及给付46.11亿元，比上年增长53.8%。其中，财产险赔款与给付28.74亿元，增长42.9%；人身险赔款与给付17.37亿元，增长75.9%。

2

2013年芜湖市经济发展概况

【经济总量】2013年，芜湖市全年实现地区生产总值（GDP）2099.53亿元，比上年增长12.0%。其中，第一产业增加值128.60亿元，增长3.3%；第二产业增加值1388.22亿元，增长13.8%；第三产业增加值582.70亿元，增长9.4%。按户籍人口计算，人均生产总值54676元，比上年增长11.7%，按年末汇率折算为8963美元；按常住人口计算，人均生产总值58535元，比上年增长11.5%，按年末汇率折算为9596美元。三次产业增加值比例由上年的6.3：65.9：27.8调整为6.1：66.1：27.8。

【农业】2013年，芜湖市全年粮食种植面积198743公顷，油料种植面积49802公顷，棉花种植面积44442公顷。粮食产量132.71万吨，比上年减产0.7%；油料产量13.20万吨，减产13.7%；棉花产量5.42万吨，减产1.2%；蔬菜产量133.07万吨，增产6.2%；肉类产量15.29万吨，增长2.7%；水产品产量16.24万吨，与上年持平（参见附表）。当年完成造林面积11805公顷。新增无公害农产品认证20个，绿色食品认证46个，有机食品认证4个，农产品地理标志1个。超级杂交稻推广面积72.8万亩，实施了12万亩国家优质油菜生产基地建设项目。年末拥有省级及以上农业产业化龙头企业55家。

【工业和建筑业】2013年，全年实现工业增加值1264.41亿元，比上年增长14.5%，其中，年主营业务收入2000万元以上工业企业（以下简称规模以上工业）实现增加值1255.63亿元，比上年增长15.0%。在规模以上工业中，国有及国有控股企业实现增加值317.18亿元，增长9.1%；股份制企业实现增加值907.32亿元，增长16.3%；外商及港澳台商投资企业实现增加值222.77亿元，增长15.2%。轻工业增加值341.21亿元，增长17.0%；重工业增加值914.42亿元，增长14.3%。工业产品销售率达到97.6%。

年末具有资质等级的总承包和专业承包建筑业企业233家。全年完成总产值383.88亿元，比上年增长12.0%；实现利税26.05亿元，增长34.9%。全年房屋建筑施工面积2392.97万平方米，比上年增加96.44万平方米；房屋建筑竣工面积1003.18万平方米，比上年增加42.47万平方米。

【固定资产投资】2013年，芜湖市全年完成固定资产投资2040.65亿元，比上年增长20.0%。全年新增固定资产1242.61亿元。本年项目建成投产率65.4%，固定资产交付使用率60.9%。固定资产投资中，第一产业投资47.47亿元，增长119.0%；第二产业投资1006.87亿元，增长16.8%，其中工业投资995.88亿元，增长15.8%；第三产业投资986.31亿元，增长20.7%，其中房地产开发投资446.12亿元，增长21.7%。

【科学技术】2013年年末，芜湖市全市拥有省级及以上工程（技术）研究中心59个，其中国家级4个，新增国家级1个，省级11个；省级及以上企业技术中心111个，其中国家级8个，新增国家级1个，省级19个；省级及以上重点（工程）实验室16个；省级及以上质检中心5个，其中国家级2个，国家特种电线电缆产品质检中心、省级机械通用零部件产品质检中心基本建成；院士工作站12个，新增8个，国家级留学人员创业园挂牌。拥有高新技术企业357家，其中当年新认定58家；拥有省级高新技术产品594个，其中当年新认定258个。省级以上创新型（试点）企业51家，其中新增和升级共17家；国家创新型企业2家。各类科技企业孵化器12家，面积38.2万平方米，其中国家级孵化器1个。汽车电子及关键零部件创业园、江北科技企业孵化器一期基本建成。全年组织实施各类科技计划项目294项，其中国家项目41个；全年共登记各类科技成果209项，其中省部级以上125项；获各类科技奖54项，其中省级以上20项。专利申请量19019件，其中发明专利6404件；专利授权量9256件，其中发明专利750件。拥有中国驰名商标22个，当年新认定恒升机床、江淮电缆、华星电缆等8个商标为中国驰名商标；省著名商标208个，当年新认定56个。中国名牌产品6个，省级名牌产品167个。

【国内贸易和对外经济】2013年，芜湖市全年实现社会消费品零售总额559.95亿元，比上年增长14.6%。分区域看，城镇零售额507.10亿元，增长14.6%；乡村零售额52.86亿元，增长14.6%。分行业看，批发和零售业零售额488.03亿元，增长14.8%；住宿和餐饮业零售额71.92亿元，增长12.9%。

全年实现进出口总额54.33亿美元，比上年增长19.1%。其中，进口总额15.02亿美元，增长25.9%；出口总额39.31亿美元，增长16.7%。从出口产品类别看，机电产品出口额29.84亿美元，占出口总额的75.9%。从产品出口地区看，对欧洲出口7.53亿美元，占出口总额的19.1%；对亚洲出口14.24亿美元，占出口总额的36.2%；对北美出口8.0亿美元，占出口总额的20.4%。

【交通、邮电和旅游】2013年，芜湖市全年公路客运量16591万人，比上年增长13.2%；公路货运量16382万吨，增长16.3%。铁路客运量481.49万人，增长5.6%；铁路货运量142.24万吨，增长18.0%。水路货运量8937万吨，下降4.8%。港口货物吞吐量9313万吨，增长12.7%，其中外贸货物吞吐量189.87万吨，增长21.9%；港口集装箱吞吐量28.77万标准箱，增长14.9%。年末民用汽车拥有量27.59万辆，比上年增长13.8%，其中私人汽车拥有量22.48万辆，增长18.4%。年末民用船舶拥有量4085艘。全市公路里程9551公里，其中等级公路9153公里。在等级公路中，高速公路144公里，一级公路206公里，二级公路584公里。

全年邮电业务总量32.20亿元，比上年增长20.5%，其中，邮政业务总量2.52亿元，增长17.2%；电信业务总量29.68亿元，增长20.8%。本地固定电话用户70.62万户，减少8.19万户；移动电话274.38万户，新增5.02万户，其中3G移动电话用户为105.91万户，新增27.33万户。年末计算机互联网用户达到58.94万户，新增15.34万户。

全年接待国内外各类游客2407.3万人次，其中接待国内游客2382.53万人次。实现旅游业总收入267.97亿元，其中旅游创汇收入13220万美元。年末共有旅行社62家；星级饭店32家，其中三星级及以上25家；A级及以上旅游景点（区）27处，其中4A级及以上7处。成功举办各类会展60个。

【金融和保险】2013年年末，芜湖市金融机构本外币存款余额2175.96亿元，比年初增加299.77亿元。其中，单位存款1108.65亿元，比年初增加137.16亿元；个人存款1033.35亿元，比年初增加153.84亿元。金融机构本外币贷款余额1947.45亿元，比年初增加221.51亿元，其中，短期贷款751.14亿元，比年初增加71.13亿元；中长期贷款1021.86亿元，比年初增加112.00亿元。年末外汇存款余额78018万美元，比年初增加45713万美元；外汇贷款余额68644万美元，比年初增加19059万美元。社会融资总量4090.94亿元，较年初增加584.27

亿元。信义光能、海螺创业2家企业上市，宇业集团“借壳”上市。全市完成直接融资202.57亿元。

全年实现保费收入30.18亿元，比上年增长12.4%。其中，人身险16.57亿元，增长11.4%；财产险13.61亿元，增长13.7%。赔款及给付支出14.62亿元。其中，人身险7.01亿元，财产险7.60亿元。

3

2013年蚌埠市经济发展概况

【经济总量】2013年，蚌埠市全年实现地区生产总值（GDP）1007.85亿元，按可比价格计算，比上年增长11.1%。分产业看，第一产业增加值172.36亿元，增长3.9%；第二产业增加值515.68亿元，增长14.3%；第三产业增加值319.81亿元，增长9.5%。三次产业结构由上年的17.8：50.0：32.2调整为17.1：51.2：31.7，其中工业增加值占GDP的比重为45.3%，比上年提高1.3个百分点。人均GDP 31482元（折合5164美元），比上年增加3483元。

【农业】2013年，蚌埠市全年粮食作物种植面积45.76万公顷，其中，小麦面积23.77万公顷，稻谷面积10.79万公顷。油料种植面积6.62万公顷。棉花种植面积1.36万公顷。蔬菜种植面积6.73万公顷。

全年粮食产量263.60万吨，比上年增加2.38万吨，增长0.9%，连续十年丰收。油料产量37.91万吨，增长3.0%。棉花产量2.15万吨，下降24.2%。蔬菜产量251.30万吨，增长3.9%。水果产量101.97万吨，增长2.8%。

【工业和建筑业】2013年，蚌埠市年末全市规模以上工业企业达702户，比上年净增76户。全年规模以上工业增加值490.43亿元，比上年增长15.3%，其中轻、重工业分别增长10.1%和20.6%，轻重工业增加值比例由上年的50.5：49.5变化为47.7：52.3。

全年全社会建筑业增加值59.03亿元，比上年增长9.9%。具有资质等级建筑企业完成产值335.95亿元，增长38.0%。房屋建筑施工面积1924.99万平方米，增长35.2%；房屋竣工面积208.91万平方米，增长9.0%。

【固定资产投资】2013年，蚌埠市全年完成固定资产投资1060.89亿元，比上年增长21.6%。其中，城镇完成投资585.38亿元，增长1.3%；农村完成投资150.19亿元，增长35.2%。

分产业看，第一产业投资下降7.1%，第二产业投资增长8.8%，第三产业投资增长34.3%。分行业看，工业投资增长8.5%。三产中的房地产业增长61.9%，批发和零售业增长19.3%，教育业增长3.3%。

【科学技术】2013年，蚌埠市全年专利申请量8506件，同比增长41.3%，专利授权量3409件，下降1.4%。共签订各类技术合同409项，技术市场合同交易额12.56亿元，比上年增长28.0%。万人发明专利拥有量达2.91件，增长73.2%。全年共新建省级以上工程技术研究中心7家。全年新认定高新技术企业38家，创新型企业7家，高新技术企业总数达155家。新认定高新技术产品和重点新产品90项。高新技术产业产值同比增长24.8%，达615.3亿元。全市有国家重点（工程）实验室3个，省级（含重点）实验室14个。有省级以上工程（技术）研究中心41家，其中国家级3家。有国家级高新技术产业开发区1个。

【国内贸易和对外经济】2013年，蚌埠市全年社会消费品零售总额424.82亿元，比上年增长14.7%。按经营单位所在地分，城镇消费品零售额387.99亿元，增长15.2%；乡村消费品零售额36.83亿元，增长9.6%。按消费形态分，商品零售额381.58亿元，增长15.5%；餐饮收入43.24亿元，增长7.9%。按单位规模分，限额以上企业（单位）零售额187.01亿元，增长19.5%；限额以下企业（单位）零售额237.81亿元，增长4.1%。

全年进出口总额15.80亿美元，比上年增长38.9%。其中，出口11.50亿美元，增长24.2%；进口4.30亿美元，增长103.2%。

【交通、邮电和旅游】2013年，蚌埠市全年交通运输、仓储和邮政业增加值37.44亿元，比上年增长10.0%。

全年邮电业务总量24.15亿元，比上年增长15.0%。年末全市固定电话用户数52.42万户，比上年下降6.7%；移动电话用户数222.22万户，比上年增长11.1%。

全年实现旅游总收入91.4亿元，比上年增长29.8%，接待国内游客2105万人次，接待入境游客4.5万人次。全市星级饭店（宾馆）21个。旅行社46家，分社8家。A级旅游景区27个，其中，4A级旅游景区4个，3A级旅游景区7个，2A级旅游景区16个。

【金融和保险】2013年年末，蚌埠市全市金融机构各项存款余额（人民币口径，下同）1258.58亿元，比上年末增加282.72亿元，增长29.0%，其中城乡居民储蓄存款余额为604.20亿元，增长13.7%。金融机构各项贷款余额810.18亿元，比上年末增加178.44亿元，增长28.2%。其中，短期贷款余额350.82亿元，增长21.9%；中长期贷款余额423.38亿元，增长36.4%，中长期贷款中个人贷款余额204.80亿元，增长34.8%。

全年实现保费收入25.93亿元，比上年增长3.1%。其中，财产保险保费收入10.88亿元，增长20.5%；人身保险保费收入15.05亿元，下降6.7%。年末，全市保险公司已达32家。

4

2013年淮南市经济发展概况

【经济总量】2013年，淮南市全年实现地区生产总值（GDP）819.4亿元，按可比价格计算，比上年增长9.7%。其中，第一产业增加值66.2亿元，增长3.6%；第二产业增加值508.5亿元，增长10.5%；第三产业增加值244.7亿元，增长9.1%。三次产业结构由上年的7.8：64.0：28.2调整为8.1：62.0：29.9。全社会劳动生产率58823元/人，比上年增加1947元/人。人均GDP达34897元（折合5635美元），比上年增加1408元。

【农业】2013年，淮南市全年粮食种植面积204045公顷，比上年增长0.4%；棉花种植面积913公顷，增长3.2%；油料种植面积4817公顷，下降0.6%；蔬菜种植面积27215公顷，增长2.2%。

全年粮食总产量133.9万吨，比上年增长0.1%，其中夏粮产量61万吨，增长2.8%；秋粮产量72.9万吨，下降2.0%。油料产量1.5万吨，增长4.1%；棉花产量0.2万吨，增长8.6%。

【工业和建筑业】2013年，淮南市全市规模以上工业企业518户。全年实现规模以上工业增加值465.5亿元，比上年增长11.1%，其中轻、重工业分别增长26.9%和10.2%，轻、重工业增加值比例由上年5.0：95.0变化为7.1：92.9。

全年全社会建筑业增加值61.4亿元，比上年增长5.2%。年末资质内建筑企业90户，全年实现利税总额7.1亿元，增长1.5%。

【固定资产投资】2013年，淮南市全年固定资产投资800.5亿元，比上年增长25.1%。500万元以上项目固定资产投资672.3亿元，增长28.4%，其中：第一产业投资43.8亿元，增长88.6%；第二产业投资335.3亿元，增长27.6%；第三产业投资293.2亿元，增长23.4%。从行业看工业完成投资333.9亿元，增长28.1%。在工业投资中：煤炭开采和洗选业完成投资67.8亿元，下降34.9%；电力行业完成投资78.0亿元，增长63.9%；制造业完成投资181.2亿元，增长70.8%。

【科学技术】2013年年末，淮南市共有高新技术企业62家，全年高新技术企业实现总收入123.9亿元。高新技术产品288个。科研机构60个。科技人员16100人。全年专利申请量3585件，专利授权量1735件。其中发明专利申请1450件，发明专利授权135件，比上年分别增长1.1倍、58.8%。全年共取得省部级以上鉴定的科技成果38项；获得省科技进步奖一等奖1项，三等奖6项。其中，“沿空留巷Y型通风采空区顶板卸压瓦斯抽采的方法”荣获中国第十五届中国专利金奖。

【国内贸易和对外经济】2013年，淮南市全年社会消费品零售总额291.2亿元，比上年增长13.9%。分城乡看，城镇实现零售额250.8亿元，增长14.0%；乡村实现零售额40.4亿元，增长13.0%。分行业看，批发和零售业实现零售额258.5亿元，增长14.4%；住宿和餐饮业实现零售额32.7亿元，增长9.6%。

全年外贸进出口总额50487万美元，比上年增长44.7%。其中出口40634万美元，增长66.2%；进口9853万美元，下降5.5%。

【交通、邮电和旅游】2013年，淮南市全年交通运输、仓储和邮政业增加值24.5亿元，比上年增长8.2%。

全年旅客运输量8679.7万人，货物运输量15362.8万吨，分别比上年增长16.1%和5.6%。公路客运周转量78.7亿人公里，增长18%；公路货运周转量198亿吨公里，增长16.5%；水路货运周转量54.7亿吨公里，增长3%；港口吞吐量1615万吨，增长4.0%。

全年邮电业务收入167731万元，比上年增长4.2%。年末电话交换机容量287.9万门；固定电话用户40.2万户；移动电话用户156.7万户。城市家庭每百户拥有固定电话56部，移动电话210部；农村家庭每百户拥有固定电话43部，移动电话192部；年末计算机互联网用户32.4万户，增长15.8%。

全年接待国内外游客1190.5万人次，增长14.3%。其中：接待入境国际游客3.3万人次，增长29.7%。旅游总收入66.9亿元，比上年增长15.4%。其中，国际旅游收入1916.5万美元，增长41.3%。全市星级饭店31

家，星级饭店客房2991间，分别增长10%、25%。年末全市共有5个4A级旅游景区。

【金融和保险】2013年年末，淮南市全市金融机构各项存款余额（人民币口径，下同）1209.9亿元，比年初增加95.5亿元，增长8.6%。其中，单位存款522.8亿元，比年初增加9亿元，增长1.8%；储蓄存款651.6亿元，比年初增加80.2亿元，增长14%。金融机构各项贷款余额为879.2亿元，比年初增加97.4亿元，增长12.5%。其中，短期贷款379.4亿元，比年初增加82.3亿元，增长27.7%；中长期贷款453.1亿元，比年初增加21.3亿元，增长4.9%。

全年保险公司保费收入25.7亿元，比上年增长9.3%，其中财险保费收入7.6亿元，增长13.3%；寿险保费收入18.1亿元，增长7.7%。全年赔付支出14.1亿元，增长82.5%，其中财险赔付支出4.2亿元，增长25.6%；寿险赔付支出9.9亿元，增长125.3%。

5

2013年马鞍山市经济发展概况

【经济总量】2013年，马鞍山市全年实现地区生产总值（GDP）1293亿元，按可比价格计算，比上年增长11%。其中，第一产业增加值79.6亿元，增长3.5%；第二产业增加值834.1亿元，增长12.3%；第三产业增加值379.3亿元，增长9.1%。

【农业】2013年，马鞍山市全年完成农业总产值131.96亿元，比上年增长3.5%。全市粮食种植面积15.35万公顷，比上年增长0.2%。粮食作物在农作物所占比重达65.1%，比上年提高2个百分点。粮食产量实现“十连增”，达101.79万吨，比上年增长0.2%；棉花总产量1.27万吨，比上年下降19.4%；油料总产量9.84万吨，比上年下降3.9%。

【工业和建筑业】2013年，马鞍山市全年完成规模以上工业增加值560.02亿元，扣除价格变动因素，比上年增长14.2%。县区、开发园区工业生产快速增长，其中，三县规模以上工业增加值增长21%；三区规模以上工业增加值增长20.5%。

全年实现建筑业增加值77.47亿元，按可比价格计算，比上年增长5.1%。房屋建筑施工面积2050万平方米，房屋竣工面积896万平方米。

【固定资产投资】2013年，马鞍山市全年固定资产投资完成1431.6亿元，比上年增长19.2%。其中，房地产开发投资255.75亿元，比上年增长20.9%。

全年第一产业完成投资32.82亿元，比上年增长6.5%。第二产业完成投资659.39亿元，比上年增长10.1%，其中，工业性投资完成657.48亿元，增长9.9%。第三产业完成投资739.39亿元，比上年增长29.4%，其中，城市基础设施投资236.92亿元，比上年增长35.7%。

【科学技术】2013年，马鞍山市全年专利申请量5321件，比上年增长20.6%。92个项目被省级以上科技计划项目立项，其中，国家科技支撑计划、国家“973”计划、国家火炬计划等国家级项目42项。全年组建市级工程技术研究中心23家、重点实验室17家，组建我市第五家院士工作站——中钢天源院士工作站。新三馆（青少年宫、科技馆、妇女儿童活动中心）建成，华琪环保荣获国家技术发明二等奖。

【国内贸易和对外经济】2013年，马鞍山市全年实现社会消费品零售总额301.34亿元，比上年增长14.9%。分地区看，城市市场与农村市场同步发展，城镇和乡村市场分别实现零售额278.76亿元和22.58亿元，分别比上年增长15%和14.7%。分行业看，批发零售业实现零售额262.77亿元，比上年增长15.1%；其中，限额以上企业实现零售额125.55亿元，比上年增长19.6%。住宿餐饮业实现零售额38.57亿元，比上年增长13.5%；其中，限额以上企业实现零售额5.96亿元，比上年下降6.7%。

全年进出口总额36.3亿美元，比上年下降0.5%。其中，出口13.9亿美元，增长15.8%；进口22.4亿美元，下降8.6%。

【交通、邮电和旅游】2013年，马鞍山市全年铁路旅客发送量107万人，铁路货运发送量380万吨。港口货物吞吐量7489.2万吨，比上年增长9.8%；集装箱吞吐量7.1万标箱。马鞍山长江大桥正式建成通车，宁安城际铁路马鞍山段加快建设，205国道南段改建基本建成、北段改造加快推进，314省道改造全面完工，206省道、226省道改造稳步推进。

全年完成邮电业务收入18.43亿元，比上年增长23.3%。年末固定电话用户56.17万户，其中，城市电话用户39.83万户。年末移动电话用户166.75万户，年末宽带用户34.24万户。

全年旅游业总收入125.1亿元，比上年增长12.9%；其中，国际旅游外汇收入1.57亿美元，比上年增长12%。全年共接待海外旅游者9.22万人次，比上年增长12%。年末星级饭店19家；其中，五星级2家，四星级5家，三星级8家。现有A级景区15处，其中4A级景区1处。

【金融和保险】2013年，马鞍山市中信银行马鞍山分行开业运营，银行业金融机构增至21家。年末全市金融机构本外币存款余额1447.85亿元，比年初增加178.66亿元；其中，单位存款余额653.93亿元，比年初增加51.28亿元。年末金融机构本外币贷款余额998.5亿元，比年初增加121.35亿元；其中，短期贷款430.71亿元，比年初增加44.07亿元；中长期贷款471.82亿元，比年初增加80.71亿元。

全市各类保险机构20家。全年保费总收入23.12亿元，比上年增长1.5%；其中，财产险保费收入9.01亿元，比上年增长23.9%；人身险保费收入14.11亿元，比上年下降9.1%。

6

2013年淮北市经济发展概况

【经济总量】2013年，淮北市全年实现地区生产总值（GDP）703.7亿元，按可比价格计算，比上年增长9.1%。其中，第一产业增加值57亿元，增长3.5%；第二产业增加值473.2亿元，增长10.4%；第三产业增加值173.5亿元，增长7.3%。三次产业结构为8.1：67.2：24.7。按常住人口计算，人均GDP达到32996元（折合5328美元），比上年增加3711元。

【农业】2013年，淮北市全年实现农林牧渔业总产值96.1亿元，按可比价格计算，比上年增长3.5%。其中，农业总产值54.9亿元，增长2.6%；林业总产值3.3亿元，增长24.1%；牧业总产值31.2亿元，增长3.4%；渔业总产值4.2亿元，增长3.4%；农林牧渔服务业总产值2.5亿元，增长2.2%。

全年粮食播种总面积353.1万亩，粮食产量连续十年获得丰收，总产量达到120.1万吨，增长0.9%；其中夏粮88.6万吨，增长2.4%，秋粮31.5万吨，下降3.1%。油料产量4568吨，下降17.8%，棉花产量1517吨，下降3.9%，水果产量9万吨，下降11.6%，蔬菜产量50.2万吨，增长4.5%。全年新增造林面积5579公顷，新建完善农田林网6667公顷，新育苗244公顷；年末林木蓄积量279.45万立方米，森林覆盖率达到19.1%。全年出栏肉猪65.8万头，增长2.2%；出栏家禽1630.4万只，增长11.5%；出栏羊44.8万只，下降2.2%；年末猪存栏41.1万头，增长5.1%；家禽存栏994.7万只，增长8.6%；牛存栏13879头，增长14.2%；羊存栏27万只，增长5.2%。全年肉类总产量8.8万吨，增长2.8%；禽蛋产量5.3万吨，增长8.5%；奶类总产量1.1万吨，增长9.6%。水产品产量28230吨，增长3.2%。

【工业和建筑业】2013年，淮北市全年完成工业增加值437.6亿元，比上年增长10.7%。工业占GDP的比重达到62.2%，对全市经济增长的贡献达到73.1%，拉动全市GDP增长6.6个百分点。全年新增规模以上工业企业95家，总数达到714家；规模以上工业增加值比上年增长10.5%。全年规模以上工业企业实现主营业务收入2237亿元，比上年增长33%；实现利税129.2亿元，下降15.8%，其中利润57.6亿元，下降27.7%。工业经济效益综合指数235.1%，比上年提高5.7个百分点；产品产销率99.02%，比上年下降0.29个百分点。在重点统计的42种产品中，有31种产量实现增长。其中，原煤产量5356.7万吨，下降4.6%；洗煤3446.5万吨，下降8.4%；水泥904.3万吨，下降16.2%；纱6.3万吨，布8796.4万米，分别增长12.9%和19.0%。城市转型成效明显。非煤行业（煤电、煤化工以外的行业）总产值占全市工业比重达到73.7%，比上年提高7.2个百分点。非煤行业增加值平均增速达到21.6%，高于全市规模以上工业增速11.1个百分点；占全市规模以上工业增加值比重的56.8%，比上年提高9.2个百分点；对全市规模以上工业增长的贡献达到98.2%，拉动全市规模以上工业增长10.3个百分点。

年末全市资质内总承包和专业承包建筑业企业53家，从业人员38384人；全年完成建筑业总产值74.3亿元，下降10.5%；实现工程结算收入78亿元，下降4.7%，竣工产值56.8亿元，增长1.6%；建筑业劳动生产率20.7万元/人。全年房屋建筑施工面积366.7万平方米，竣工房屋面积190.2万平方米。

【固定资产投资】2013年，淮北市全年在建施工项目852个，其中新开工项目586个，计划总投资1648.3亿元。全年完成固定资产投资700.5亿元，增长21.4%。分城乡看，城镇投资664.1亿元，增长20.8%；农村非农户投资36.5亿元，增长33.6%。分产业看，第一产业投资12.4亿元，增长67.4%；第二产业投资402.4亿元，增长14.7%；第三产业投资285.8亿元，增长30.4%。全年工业完成投资402.4亿元，增长14.8%。其中采矿业投资26.5亿元，下降54.5%；制造业投资335.5亿元，增长23.5%；电力行业投资40.3亿元，增长95.6%。全年房地产开发投资134亿元，增长22.6%；商品房屋销售面积158.2万平方米，增长34.7%；商品房屋销售额74亿元，增长50.6%。全年保障性安居工程住房施工套数47088套，其中本年新开工19047套，竣工8779套。

【科学技术】2013年，淮北市全年全市新增科技型企业42家，国家高新技术企业23家，省创新型（试点）企业5家，省级知识产权优势企业3家。安徽山河矿业装备公司“EBZ260型掘进机”等10个产品获省重点新产品，获国家重点新产品2个，55个产品获批省级高新技术产品。全年高新技术产业总产值达到374.3亿元，总量和增速分别居全省第8位和第4位。市科技企业孵化器（海聚科技园项目）一期主体工程完工。省级淮北龙湖高新技术产业开发区获省政府批准筹建，濉溪经济开发区被省政府授予“安徽省创新型园区”，成功创建省级濉溪铝基材料高新技术产业基地和凤凰山农业科技园区，新增省级工程技术研究中心2家。全年共争取省级以上科技计划项目23项，争取科技经费1860万元。其中，国家级重大科技项目立项7项，争取项目经费640万元。“高活性载体催化剂和廉价金属催化的有机合成反应及应用”等10项科研成果分获2013年度安徽省科学技术一、二、三等奖。全年完成技术合同交易额3.13亿元，居全省第6位；完成专利申请量2588件，比上年增长15%，其中，发明专利申请量686件，增长68%；完成专利授权1747件，增长16%，其中发明专利授权量100件，增长59%。

【国内贸易和对外经济】2013年，淮北市全年实现社会消费品零售总额195.5亿元，比上年增长14.2%。按销售单位所在地分，城镇和乡村分别实现零售额155.9亿元和39.6亿元，分别增长14.2%和14.3%；按销售形态分，餐饮收入和商品零售分别实现零售额28.3亿元和167.2亿元，分别增长14.1%和14.2%。大润发二店、红星凯越广场开业运营，国购汽车文化产业园、口子文化博览园建设进展顺利。

全年完成外贸进出口总额46840万美元，比上年增长34.4%。累计完成出口43828万美元，增长42.2%。其中专业外贸公司出口5720万美元，增长9.0%；自营生产企业出口25300万美元，增长64.2%；外商投资企业出口12808万美元，增长26.0%。全年累计实现进口3012万美元，比上年下降25.5%。

【交通、邮电和旅游】2013年，淮北市全年公路客运量9235万人，旅客周转量312585万人公里，分别比上年增长14.2%和15.7%；公路货运量7725万吨，货运周转量1374926万吨公里，分别比上年增长16.5%和14.8%。年末全市公路里程3615公里（包括村道）。其中高速公路92公里，国道7公里，省道196公里，县道576公里，乡道622公里，村道2040公里，专用公路83公里。年末全市民用汽车拥有量134178辆，比上年增长10.9%，其中私人汽车拥有量111448辆，增长11.9%。全年完成交通基础建设投资5.2亿元，泗许高速公路淮北段提前半年建成通车。全年升级改造县乡道路76公里，改造危桥18座。

全年邮电业务总收入13.1亿元，比上年增长17.3%。其中邮政业务收入10878万元（全口径），比上年增长16.7%；电信业务收入120343万元，增长17.4%。年末固定电话用户37.2万户，比上年减少2万户，其中城市电话用户16.4户，农村电话用户20.7万户。年末移动电话用户166.4万户，比上年增加27万户。全市电话普及率达到94.9部/百人。年末国际互联网宽带接入用户27.6万户，比上年增加5万户。

全年共接待国内游客528万人次，比上年增长17.1%；接待入境游客1.39万人次，增长14.9%，其中外国人0.3万人次。全年国内旅游收入27.1亿元，增长17%；国际旅游外汇收入625.5万美元，增长14.8%。年末全市有星级饭店4家，星级饭店客房739间；名胜风景区和文物保护区7个。温哥华城五星级酒店、观澜郡五星级酒店、洪庄文化创意产业园等项目建设进展顺利；儿童梦幻王国、隋唐运河古镇、南湖景区等项目即将开工建设；东湖景区、临涣古城开发、双堆红色旅游、卧云湖生态旅游等项目正在积极谋划。

【金融和保险】2013年年末，淮北市全市金融机构各项存款余额863.9亿元，比年初增加76.2亿元，比上年增长9.7%；其中居民储蓄存款余额470.8亿元，比年初增加46.3亿元，增长10.9%；金融机构各项贷款余额612.1亿元，比年初增加103.5亿元，增长20.3%。金融存贷比达到70.9%，比上年提高6.3个百分点。交通银行、招商银行、英大泰和财险相继开业，濉溪湖商村镇银行筹建工作基本完成，浦发银行已将在淮设立分支机构列入计划，淮矿集团财务公司、濉溪县联社改制农村商业银行获银监会批准筹建。

全年全市保费总收入69449万元，比上年增长18.9%，其中财险保费收入3437万元，增长14.4%；人身保险保费收入117263万元，下降2.5%。全年赔付支出37059万元，增长24.8%，其中财险赔付支出2319万元，增长3.2倍；人身保险赔付支出7425万元，增长7.5%。

7

2013年铜陵市经济发展概况

【经济总量】2013年，铜陵市全年实现地区生产总值（GDP）680.6亿元，按可比价计算，比上年增长11.3%。分产业看，第一产业增加值12.6亿元，增长3.6%；第二产业增加值493.4亿元，增长12.9%；第三产业增加值174.6亿元，增长7.3%。按常住人口计算，全年人均生产总值92599元（折合14952美元），全社会劳动生产率147506元/人，比上年分别增加7780元和11732元。第一、第二、第三产业增加值在地区生产总值中的比例，由2012年的1.9：73.4：24.7调整为1.8：72.5：25.7，工业增加值占地区生产总值比重为67.3%。

【农业】2013年，铜陵市全年实现农林牧渔业现价总产值20.56亿元，增长3.6%，其中农业产值10.29亿元，增长1.5%；林业产值1.78亿元，增长3.5%；牧业产值3.82亿元，增长8.7%；渔业产值3.48亿元，增长4.4%；农林牧渔服务业产值1.19亿元，增长3.5%。

全年粮食产量15.25万吨，下降0.3%；油料产量1.87万吨，下降1.2%；棉花产量0.41万吨，下降4.1%；蔬菜产量10.86万吨，增长3.0%。

【工业和建筑业】2013年，铜陵市2013年全市规模以上工业企业，完成总产值1780.5亿元，增长9.3%；实现工业增加值455.9亿元，扣除价格因素增长14.4%。工业经济发展对全市经济增长的贡献率达80.1%，拉动GDP增长9.1个百分点。分经济类型看，国有企业增加值增长7.9%；集体企业增长33.7%；股份制企业增长12.1%；外商及港澳台商投资企业增长30.8%。分轻重工业看，重工业增加值增长15.2%；轻工业下降10.5%。从主导行业看，有色金属冶炼和压延加工业增长24.4%，其中常用有色金属冶炼增长29.3%；

电气机械和器材制造业增长12.2%；化学原料和化学制品制造业下降7.9%；电力、热力生产和供应业增长8.1%；非金属矿物制品业增长3.7%；计算机、通信和其他电子设备制造业增长24%。

全年全社会建筑业完成增加值35.48亿元，增长8.0%。全年房屋建筑施工面积888.5万平方米，比上年增加121.9万平方米；房屋竣工面积308.2万平方米，比上年增加8.5万平方米。

【固定资产投资】2013年，铜陵市全年固定资产投资650.2亿元，增长21.7%。其中，城镇固定资产投资497.4亿元，增长27.5%；农村固定资产投资27.3亿元，增长0.2%。

分经济类型看，国有及国有控股投资146.9亿元，同比下降6.9%；民间投资502.3亿元，增长35.6%。分产业看，第一产业投资17.0亿元，增长71.7%；第二产业投资307.6亿元，增长22.7%；第三产业投资325.6亿元，增长18.9%。分行业看，工业完成投资300.6亿元，增长24.9%，其中制造业投资257.9亿元，增长27.1%。全年房地产开发投资125.5亿元，增长7.4%；商品房销售面积126.2万平方米，增长10.9%；商品房销售额70.1亿元，增长28.9%。

【科学技术】2013年，铜陵市全年高新技术产业实现增加值172.6亿元、总产值753.7亿元。全市拥有国家高新技术企业111家，拥有国家级创新型企业2家、省级创新型企业8家、省级创新型试点企业8家，拥有21个省级工程技术研究中心、2个省级实验室、2个院士工作站、4个省级以上科技孵化器、3个生产力促进中心。全年获批省级以上科技计划项目96项（其中国家级项目44项），获得上级资助资金3665万元。全年有5项科技成果获安徽省科学技术奖（其中一等奖1项、三等奖4项）。2013年，全市申请专利3026件，其中申请发明专利1423件、实用新型1532件、外观设计71件；授权专利1972件，其中授权发明专利138件、实用新型1753件、外观设计81件。

【国内贸易和对外经济】2013年，铜陵市全年社会消费品零售总额155.6亿元，增长13.7%。分城乡看，城市零售额139.7亿元，增长13.6%；乡村零售额15.9亿元，增长14.0%。分行业看，批发零售贸易业零售额128.1亿元，增长13.7%；住宿和餐饮业零售额27.4亿元，增长13.8%。

全年新批外商投资企业10家。合同外资额1.6亿美元，增长155.6%。全年实际利用外资5.0亿美元，增长2.2%；实际利用市外内资682.5亿元，增长18.1%。

【交通、邮电和旅游】2013年，铜陵市全年交通运输、仓储和邮政业实现增加值23.4亿元，比上年增长9.0%。

全年铁路运输旅客发送量51.3万人，增长6.5%，货物发送量122.4万吨，下降13.1%。全市公路货物周转量78.2亿吨公里，增长16.1%；地方交通旅客周转量30.07亿人公里，增长16.2%。港口货物吞吐量5904.9万吨，增长7.2%。

全年完成邮电业务收入7.68亿元，增长15.8%。其中，邮政业务收入0.72亿元，增长7.5%；电信（含电信公司、移动公司、联通公司、铁通公司）业务收入6.96亿元，增长16.8%。年末城乡固定电话用户达19.74万户，比上年减少0.95万户；移动电话用户72.41万户，新增3.32万户；国际互联网用户18.6万户。

全年旅游总收入53.42亿元，增长13.78%。接待海外游客2.91万人次，增长7.45%；接待国内游客850.4

万人次，增长7.57%。年末全市共有星级饭店(宾馆)17个，房间数1415间；共有旅行社28家，其中国际旅行社2家；旅游商品定点生产单位20个，旅游线路6条，旅游景区（点）14个。全市旅游饭店客房住宿出租率为63.5%。

【金融和保险】2013年年末，铜陵市全市金融机构各项存款余额（人民币，下同）638.2亿元，比年初增加72.0亿元，增长12.7%。其中，单位存款305.0亿元，增长6.1%；城乡居民储蓄存款309.6亿元，增长16.5%。金融机构各项贷款余额为575.0亿元，比年初增加60.2亿元，增长11.7%。其中，短期贷款274.6亿元，增长12.6%；中长期贷款273.9亿元，增长12.1%。

全年保险业保费收入9.99亿元，增长8.2%。全年保险已决赔款和满期给付5.06亿元，增长52.5%。

8

2013年安庆市经济发展概况

【经济总量】2013年，安庆市全年实现地区生产总值（GDP）1418.2亿元，按可比价格计算，比上年增长10.5%。其中，第一产业增加值213.8亿元，增长3.3%；第二产业增加值754.1亿元，增长12.9%；第三产业增加值450.4亿元，增长9.3%。第二、第三产业对地区生产总值增长的贡献率为69.0%和26.7%，分别比上年提高0.9个百分点和1.8个百分点。地区生产总值中三次产业比例为15.0：53.2：31.8，人均生产总值26534元。

【农业】2013年，安庆市全市各地认真贯彻中央和省委有关文件精神，进一步加大支农力度，努力克服多种因素所带来的不利影响，农业生产形势总体稳定。全年粮食种植面积45.66万公顷。其中稻谷面积38.04万公顷，小麦种植面积3.95万公顷，棉花种植面积7.25万公顷，油料种植面积13.85万公顷，蔬菜种植面积7.54万公顷。

受旱灾影响，全年粮食总产量247.61万吨，产量下降1.8%。其中，夏粮12.41万吨，增长3.0%。早稻50.74万吨，增长0.4%。秋粮184.46万吨，下降2.7%。全年油料产量29.53万吨，增长3.1%。棉花产量9.45万吨，下降11.4%。蔬菜产量150.39万吨，增长1.0%。

【工业和建筑业】2013年，安庆市全年全部工业增加值661.8亿元，比上年增长13.7%。其中，规模以上工业实现增加值580.9亿元，增长14.3%。在规模以上工业中，国有及国有控股企业增加值82.3亿元，增长17.9%；集体企业5.7亿元，增长7.3%；股份制企业426.7亿元，增长13.9%；外商及港澳台投资企业25.8亿元，增长8.2%。重工业增加值325.9亿元，增长14.4%；轻工业增加值255.0亿元，增长14.2%。

全年全社会建筑业完成增加值92.3亿元，比上年增长6.7%。三级及以上建筑企业实现利税总额12.53亿元，增长24.6%。房屋建筑施工面积1940.17万平方米，比上年增加201.69万平方米；房屋竣工面积1016.95万平方米，比上年减少23.06万平方米。

【固定资产投资】2013年，安庆市全年全社会固定资产投资1185.7亿元，比上年增长22.0%。其中，城镇投资1107.1亿元，增长23.1%；农村非农户投资78.6亿元，增长8.1%。

全年第一产业投资29.2亿元，比上年下降15.1%；第二产业投资656亿元，增长22.2%；第三产业投资500.5亿元，增长24.8%。在投资中，工业完成投资648.6亿元，增长21.4%，上年增长16.9%；制造业投资600.7亿元，增长22.6%；电力等能源工业投资29.1亿元，增长20.5%；交通运输、水利和环境管理等基础设施投资215.4亿元，增长36.9%。

【科学技术】2013年，安庆市获国家级科技项目29项，省级科技项目42项，市级科技项目65项。全年认定高新技术企业28家，认定高新技术产品60项。全年受理专利申请量4309件，获得专利授权量1394件，已实施的专利授权量993件。全年签订各类技术合同5项，技术合同成交金额2278万元。

【国内贸易和对外经济】2013年，安庆市全年社会消费品零售总额523.6亿元，增长14.1%。分城乡看，全年城镇消费品零售额355.8亿元，增长14.0%；乡村消费品零售额167.8亿元，增长14.2%。分行业看，批发零售业零售额442.4亿元，增长13.4%；餐饮业零售额73.7亿元，增长18.1%；住宿业零售额7.5亿元，增长11.9%。

全年进出口总额18.04亿美元，比上年增长45.7%。其中，出口14.95亿美元，增长48.7%；进口3.1亿美元，增长32.4%。在出口中，机电产品、高新技术产品出口占全部出口的比重由上年的20.6%提高到20.8%。

【交通、邮电和旅游】2013年，安庆市全年邮电业务总量31.2亿元，增长12.5%。其中，邮政业务总量5.4亿元，增长31.0%；电信业务总量25.8亿元，增长9.4%。年末本地固定电话用户98.6万户；移动电话用户348.3万户；年末计算机互联网用户55.3万户。

全年接待海外游客96183人次，增长20.8%；接待国内游客3403.1万人次，增长14.4%。旅游总收入301.4亿元，增长15.8%。其中，旅游外汇收入8722.1万美元，增长26.5%；国内旅游收入296亿元，增长15.6%。

【金融和保险】2013年，安庆市全市金融机构存款年末余额为1980.57亿元，比上年末增加277.2亿元，增长16.3%。其中，单位存款余额664.4亿元，增长13.2%；城乡居民储蓄存款余额1268.47亿元，增长18.6%。全市金融机构贷款年末余额为1073.61亿元，比上年末增加213.41亿元，增长24.8%。

全年全市保险系统保费收入37.55亿元，比上年下降11%。其中，财产险业务保费收入13.93亿元，增长21.5%；人身险业务保费收入23.62亿元，下降19.5%。赔款和给付14.03亿元，增长20.0%。其中，财产险业务赔款支出7.11亿元，增长8.4%；人身险业务赔款和给付支出6.92亿元，增长34.9%。

9

2013年黄山市经济发展概况

【经济总量】2013年，黄山市全年实现地区生产总值（GDP）470.3亿元，按可比价格计算，比上年增长9.3%。其中：第一产业53.0亿元，增长3.0%；第二产业218.1亿元，增长11.5%；第三产业199.2亿元，增长8.5%。按常住人口计算，人均34725元，按平均汇率计算，达5607美元。

全市三次产业结构为11.2∶46.4∶42.4。工业增加值占地区生产总值的比重为36.5%，比上年提高0.7个百分点；第一、第二、第三次产业对经济增长的贡献率分别为3.6%、57.8%和38.6%。其中，工业对经济增长的贡献率为52.7%。高新技术产业增加值占规模以上工业增加值的比重为34.4%；战略性新兴产业产值占规模以上工业总产值的26.2%。

【农业】2013年，黄山市全市农林牧渔业总产值89.2亿元，比上年增长3.0%。其中，农业产值45.9亿元，增长2.6%；林业产值13.3亿元，增长7.6%；牧业产值25.4亿元，增长1.1%；渔业产值2.4亿元，增长8.4%。

全市农作物总播种面积129.5千公顷，比上年下降0.6%，其中：经济作物播种面积65.1千公顷，下降0.7%。在总播种面积中：粮食作物种植面积64.4千公顷，比上年下降0.6%；油料种植面积27.3千公顷，下降2.1%；中草药材种植面积5.9千公顷，下降5.9%；蔬菜种植面积22.9千公顷，增长2.2%。

【工业和建筑业】2013年年末，黄山市全市规模以上工业企业489户，比上年净增48户；全年规模以上工业增加值118.8亿元，比上年增长14.0%。分轻重工业看，轻工业增长15.4%，重工业增长12.9%；从大中小型企业看，大中型工业企业增长13.0%，小微型工业企业增长14.3%。

全年全社会建筑业增加值46.7亿元，比上年增长5.0%。资质内建筑企业完成总产值67.4亿元，增长3.8%，实现利税4.2亿元，增长18.8%；建筑业劳动生产率为18.8万元/人，增长0.1%，房屋建筑施工面积665.5万平方米，比上年减少9.3万平方米；房屋竣工面积330.5万平方米，比上年增加23万平方米。

【固定资产投资】2013年，黄山市全年固定资产投资完成525.1亿元，比上年增长17.6%，其中：城镇投资443.2亿元，增长11.2%；农村投资81.9亿元，增长75.1%。在全社会投资中，国有及国有控股投资222.8亿元，增长34.8%；外商投资15.2亿元，下降24.9%；民间投资287.1亿元，增长10.5%。

分产业看：第一产业投资19.6亿元，比上年增长9.4%；第二产业105.6亿元，增长1.6%；第三产业399.9亿元，增长23.7%。第二产业投资中：工业投资104.9亿元，增长0.9%，其中制造业94.0亿元，下降0.6%；高新技术产业占工业投资比重为13.5%。

【科学技术】2013年，黄山市全年专利申请量1347件，授权量927件，分别比上年增长0.5%和31.5%。其中，发明专利申请量312件，增长4.3%；发明专利授权量63件，增长28.6%。企业专利申请量1048件，增长41.2%，专利授权量720件，增长55.2%。全市高新技术企业55家，其中2013年新认定9家，累计实现高新技术产业产值160.3亿元，占规模以上工业总产值的31.2%。

【国内贸易和对外经济】2013年，黄山市全年社会消费品零售总额196.1亿元，比上年增长14.3%。按经营单位所在地分，城镇消费品零售额156.0亿元，增长14.3%；乡村消费品零售额40.1亿元，增长14.4%。按消费形态分，批发和零售业零售额155.1亿元，增长14.9%；住宿和餐饮业零售额39.1亿元，增长11.8%。按单位规模分，限额以上企业零售额85.2亿元，增长18.3%；限额以下企业零售额110.9亿元，增长10.3%。

全年外贸进出口总额80340万美元，比上年增长14.6%。其中：出口额70154万美元，增长11.9%；进口额10186万美元，增长37.0%。从贸易方式看，一般贸易进出口76202万美元，增长26.3%，加工贸易3724万美元，下降5.2%。从出口商品类别看：农业品16284万美元，增长22.3%；机电产品15347万美元，增长6.0%，化工产品12096万美元，增长4.1%；纺织服装10417万美元，增长9.1%。从出口区域看：对亚洲出口居首，达30525万美元，增长15.1%；非洲14020万美元，增长29.6%，欧洲13139万美元，增长17.3%；北美洲8136万美元，下降6.5%；拉丁美洲2895万美元，下降35.3%；大洋洲1017万美元，增长42.9%；从重点商品出口看：茶叶2.53万吨，出口金额10158万美元，增长43.8%；服装6677万美元，增长13.9%；家具2524万美元，增长31.2%。

【交通、邮电和旅游】2013年，黄山市全年各类运输方式完成货运总量8014.0万吨，比上年增长15.2%。其中，公路7996.0万吨，增长15.2%；铁路7.7万吨，增长3.7%；水运10.0万吨，下降9.1%；民航2521吨，增长33.7%。完成旅客运输总量3432.5万人，比上年增长14.4%，其中，公路3153.0万人，增长15.9%；铁路129.3万人，下降9.4%；水运95.0万人，增长15.0%；民航55.2万人，增长0.9%。年末，全市公路线路里程6259公里，比上年增长10.9%；黄祁高速公路建成通车，全市高速公路由上年的250公里增加到353公里。

全年全市完成邮电业务总量24.63亿元，比上年增长7.7%。其中，邮政业务量（包括快递业务）1.55亿元，增长43.5%；电信业务量23.08亿元，增长5.9%。全年函件492.14万件，包裹5.45万件，快递405.09万件。年末固定电话交换机总容量31.36万门，固定电话用户25.20万户；移动电话用户106.11万户，增长15.2%，其中：3G36.61万户，增长78.1%。互联网宽带接入用户20.16万户，增长15.9%。

全年接待海内外旅游者3732.6万人次，比上年增长2.5%。其中：接待国内旅游者3572.0万人次，增长2.6%，接待入境旅游者160.6万人次，增长0.2%。在入境旅游者中，外国人92.7万人次，同比下降0.2%；港澳台同胞67.9万人次，增长0.7%。全年旅游总收入314.5亿元，增长3.8%，其中：国内旅游收入284.4亿元，增长4.4%，国际旅游创汇4.87亿美元，增长1.0%。年末全市共有A级及以上旅游景点（区）54处，其中5A级景区3处；星级饭店68家，其中四星级以上饭店28家；旅行社达147家。

【金融和保险】2013年年末，黄山市全市金融机构人民币各项存款余额741.3亿元，比上年增长12.5%，余额比年初增加82.3亿元，同比少增17.3亿元；其中：城乡居民储蓄存款余额440.3亿元，增长17.2%，余额比年初增加64.6亿元，同比少增14.2亿元。金融机构人民币各项贷款余额472.0亿元，增长13.2%，余额比年初增加55.1亿元，同比少增12.7亿元。其中：短期贷款余额193.6亿元，增长15.5%；中长期贷款余额250.9亿元，增长11.4%，中长期贷款中个人贷款余额105.8亿元，增长12.2%。

全年保险业保费收入13.8亿元，比上年增长14.4%，其中：财产险保费收入4.9亿元，增长22.4%；寿险保费收入7.8亿元，增长9.3%；健康和意外伤害险保费收入1.0亿元，增长24.9%。各项赔款和给付4.9亿元，增长17.8%。其中：财产险公司赔款支出2.5亿元，增长10.6%，寿险赔付2.2亿元，增长40.3%；健康和意外伤害赔款0.2亿元，下降44.6%。

10

2013市滁州市经济发展概况

【经济总量】2013年，滁州市全年实现地区生产总值（GDP）1086.17亿元,比上年增长11.1%，连续八年实现两位数增长。在生产总值中，第一产业增加值208.2亿元， 增长3.7%；第二产业增加值575.6亿元，增长14.3%；第三产业增加值302.3亿元，增长9.8%。三次产业比为19.2：53：27.8。工业化水平达到46.9%，比上年提高0.9个百分点，人均GDP达27474 元（折合4438美元），比上年增加2824元。

【农业】2013年，滁州市全年农作物播种面积87.7万公顷，比上年增加4614公顷，增长0.5%。其中，粮食作物播种面积71.3万公顷，比上年增长0.4%；油料作物播种面积7.7万公顷，比上年减少0.2%；蔬菜播种面积4.5万公顷，比上年增长1.9%。

全年粮食总产量413.8万吨，比上年减产0.3%。全年油料产量20.6万吨，比上年增长0.8%。其他经济作物有增有减。其中，棉花产量9209吨，比上年减产7.9%；蔬菜产量139.2万吨，比上年增长2.5%。

【工业和建筑业】2013年，滁州市全年全部工业实现增加值509.0亿元，比上年增长15.1%。其中，规模以上工业比上年增长15.5%。在规模以上工业中，重工业、集体企业、外商和港澳台企业增长较快。

全年建筑业完成增加值66.6亿元，比上年增长8.0%。年末，资质以上建筑企业141户，全年共完成建筑业总产值199.03亿元，比上年增长29.03%；实现利润总额9.66亿元，比上年增长114.0%；完成房屋建筑施工面积1597.07万平方米，比上年增长19.1%，其中当年新开工面积880.94万平方米，比上年增长26.7%；房屋竣工面积850.59万平方米，比上年增长17.3%。

【固定资产投资】2013年，滁州市全年完成固定资产投资1075.8亿元，比上年增长21.9%，其中，城镇项目投资789.5亿元，增长23.4%；农村项目投资24.5亿元，增长87.1%。按产业分，第一产业投资13.8亿元，增长13.2%；第二产业投资556.0亿元，增长36.2 %；第三产业投资505.9亿元，增长9.5%。从行业看，制造业投资521.9亿元，增长37.0%；批发零售业投资9.8亿元，增长3.31倍；房地产业投资331.7亿元，增长9.3%；水利、环境和公共设施管理业投资79.9亿元，增长5.2%；居民服务、修理和其他服务业投资0.3亿元，增长24.8%；教育投资10.0亿元，增长10.4%；卫生和社会工作投资7.2亿元，增长17.2%；文化、体育和娱乐业投资10.3亿元，增长1.5倍。

【科学技术】2013年年末，滁州市全市共有各类专业技术人员5.6万人。民营科技企业483家，比上年末增加26家。全年专利申请数6944件，比上年增加20.0%。全年授权专利数3013件，比上年增加1.5%，其中发明专利150件，增加92件。全年获省部级以上科技成果38项、科技进步奖7项。年末，国家高新技术企业107家，比上年增加23家；省级工程技术研究中心18家；大中型工业企业技术中心171个，比上年增加9个。全年高新技术产业产值874.3亿元，占规模以上工业总产值44.7%。

【国内贸易和对外经济】2013年，滁州市全年实现社会消费品零售总额338.48亿元，比上年增长

14.4%，扣除价格因素实际增长11.8%。分实现区域看，城镇实现消费品零售额276.72亿元，乡村实现消费品零售额61.76亿元，分别比上年增长14.7%、13.0%。分行业看，批发零售贸易业零售额296.0亿元，增长14.7%；住宿和餐饮业零售额42.5亿元，增长11.8%。分构成看，商品零售额290.0亿元，增长14.7%；餐饮消费额48.5亿元，增长12.3%。分经营规模看，限上单位零售额171.1亿元，增长15.1%；限下单位零售额167.4亿元，增长8.5%。

全年商品进出口总额185545万美元，比上年增长23.8%。其中，出口总额138270万美元，增长19.2%；进口总额47275万美元，增长39.5%。从出口经营主体看，内资生产企业完成129812万美元，增长35.3%；外商投资企业完成55733万美元，下降2.7%。出口国别及地区达174个。

【交通、邮电和旅游】2013年，滁州市全年交通运输、仓储和邮政业增加值42.46亿元，比上年增长9.3%。全年货物运输周转量509.76亿吨公里，比上年增长16.6%。其中，公路货物运输周转量475.34亿吨公里，增长16.64%；水运货物运输周转量34.42亿吨公里，增长15.4%。全年旅客周转量94.72亿人公里，比上年增长17.1%。

电信、移动、联通等电信运营商全年业务总量25.83亿元，比上年增长13.8%。邮政部门业务总量1.32亿元，增长14%。年末，全市拥有电话338.54万户，比上年末增加2.9%，其中固定电话用户数65.64万户，减少10.6%；移动电话用户数272.90万户，增长6.8%。年末国际互联网用户42.56万户，比上年增长35.9%。

全年接待旅游人数1272.87万人次，比上年增长15.4%，其中接待外国和港澳台游客94264人次，增长4.8%。全年旅游总收入100.05亿元，比上年增长19.8%。其中，旅游外汇收入4043.1万美元，增长13.9%。年末，全市共有星级旅游饭店23个，星级饭店客房数2201间（套）。年末A级以上旅游景区（点）21个，名胜风景区2个。

【金融和保险】2013年年末，滁州市全市金融机构人民币各项存款余额1284.70亿元，比年初增加173.49亿元，增长15.6%。其中，单位存款509.06亿元，比年初增加61.22亿元；城乡居民储蓄存款712.04亿元，比年初增加112.79亿元。年末，金融机构人民币各项贷款余额892.68亿元，比年初增加184.52亿元，增长26.1%。从贷款期限看，短期贷款余额489.06亿元，比年初增加119.20亿元；中长期贷款389.59亿元，比年初增加73.51亿元，其中个人贷款余额197.43亿元，比年初增加29.7亿元。

年末，全市保险公司28家，比上年增加1家。其中寿险14家，财产险14家。全年保费收入26.91亿元，比上年增长21%，其中，财产保险保费收入11.83亿元，增长20%；人身保险保费收入15.07亿元，增长21.5%。财产险中机动车险保费收入8.89亿元，增长23%；农业险保费收入1.80亿元，持平。人身保险中，健康险收入0.74亿元，增长21%；意外伤害险保费收入0.82亿元，增长24%。全年保险赔款和给付 11.57亿元，比上年增长13%。其中，财产险业务赔款支出6.6亿元，增长11.9%；人身险业务赔款和满期给付支出4.97 亿元，增长12%。2013年共上缴税收5434万元。代扣代缴各项税款4791万元。

11

2013市阜阳市经济发展概况

【经济总量】2013年，阜阳市全年实现地区生产总值（GDP）1062.5亿元，按可比价格计算，比上年增长9.7%。其中，第一产业增加值272.6亿元，增长3.8%；第二产业增加值436.6亿元，增长12.9%；第三产业增加值353.3亿元，增长9.9%。三次产业结构进一步优化，由上年的25.9：41.3：32.8调整为25.6：41.1：33.3，第一产业占GDP的比重下降0.3个百分点，第二产业比重下降0.2个百分点，第三产业比重提高0.5个。工业化率达到35.8%。人均GDP达13839元（约折合2270美元），比上年增加1223元。全市万元GDP能耗0.9367吨标准煤，同比下降3.55%。

【农业】2013年，阜阳市全年粮食种植面积1000.9千公顷，比上年增加4.0千公顷；油料种植面积40.2千公顷，减少0.9千公顷；棉花种植面积13.1千公顷，减少0.9千公顷；蔬菜种植面积135.5千公顷，增加3.2千公顷。粮经面积比由上年的82.2：17.8调整为82.1：17.9。

全年粮食产量526.1万吨，比上年增加2.8万吨，增产0.5%，产量连续6年超过百亿斤。油料产量7.8万吨，增产0.8%。棉花产量1.6万吨，减产7.0%。蔬菜产量499.8万吨，增产4.9%。

【工业和建筑业】2013年，阜阳市年主营业务收入2000万元及以上工业（以下简称规模以上工业）增加值355.7亿元，增长14.5%。其中，重工业增加值188.1亿元，增长16.4%；轻工业增加值167.6亿元，增长12.4%。

全年建筑业增加值56.4亿元，按可比价计算，比上年增长6.5%。资质以上建筑企业实现利润4.4亿元，增长57.1%。房屋建筑施工面积1296.3万平方米，增长11.1%；房屋竣工面积525.2万平方米，增长24.8%。

【固定资产投资】2013年，阜阳市全年固定资产投资（不含城乡个体投资）645.3亿元，比上年增长25.3%。其中，第一产业完成投资12.7亿元，第二产业投资232.4亿元，第三产业投资400.2亿元。分行业看，农林牧渔业投资增长99.5%，制造业投资增长24.8%，电力热力燃气及水生产和供应业投资增长10.1%，批发和零售业投资下降24.4%，房地产业投资增长44.2%，租赁和商务服务业投资下降66.8%，水利环境和公共设施管理业投资增长9.3%，公共管理、社会保障和社会组织投资增长105.0%。

全年房地产开发投资140.5亿元，比上年增长59.7%。商品房施工面积1266.4万平方米，增长45.4%；竣工面积176.6万平方米，增长27.0%。商品房销售面积299.0万平方米，增长47.8%；商品房销售额147.6亿元，增长67.1%。

【科学技术】2013年年末，阜阳市高新技术企业30家。全年高新技术产业产值179.0亿元，比上年增长40.9%。全年专利申请量3751件，增长11.4%。其中，发明专利1713件，实用新型专利1606件，外观设计432件。全年专利授权量1916件，增长47.4%。其中，发明专利128件，实用新型1273件，外观设计515件。

【国内贸易和对外经济】2013年，阜阳市全年社会消费品零售总额508.0亿元，比上年增长14.3%。按经营地分，城镇消费品零售额358.0亿元，增长14.1%；乡村消费品零售额150.0亿元，增长14.6%。按企业规模分，限额以上企业零售额252.0亿元，增长15.1%；限额以下企业零售额256.1亿元，增长9.4%。

全年进出口总额13.7亿美元，比上年增长24.5%。其中，出口11.1亿美元，增长24.4%；进口2.5亿美元，增长24.8%。从出口贸易方式看，一般贸易出口9.7亿美元，增长63.3%；加工贸易出口1.4亿美元，增长13.6%。进出口额超百万美元的企业168家，比上年增加40家。

【交通、邮电和旅游】2013年，阜阳市全年交通运输、仓储和邮政业实现增加值46.5亿元，比上年增长8.0%。

全市境内火车站12个，铁路营运里程176公里。全市公路货物运输量3.3亿吨，旅客运输量3.0亿人次，分别比上年增长15.3%和14.1%。公路货物运输周转量1321.8亿吨公里，旅客运输周转量227.1亿人公里，分别增长16.0%和13.9%。港口货物吞吐量1019万吨，增长49.5%。阜阳机场航线7条，民航旅客吞吐量35.7万人次，同比增长72.8%。

全年邮电业务总量35.6亿元，比上年增长3.7%。其中，电信业务总量31.3亿元，增长1.9%；邮政业务总量4.3亿元，增长19.0%。

全年旅游总收入70.4亿元，比上年增长21.3%。其中，旅游外汇收入863.5万美元，增长12.5%；国内旅游收入69.8亿元，增长24.6%。全年共接待游客1555.4万人，同比增长23.3%。其中，入境游客1.6万人，增长17.1%。全市共有星级饭店12家，共有客房1217间，床位2043张。

【金融和保险】2013年年末，阜阳市金融机构各项存款余额（人民币，下同）1749.1亿元，比上年末增加260.0亿元，增长17.4%。其中，城乡居民储蓄存款1216.8亿元，增长15.5%。金融机构各项贷款余额784.6亿元，比上年末增加143.9亿元，增长22.5%。其中，短期贷款367.1亿元，增长22.8%；中长期贷款388.6亿元，增长24.4%。

全年保险业保费收入53.6亿元，比上年增长3.9%。其中，财产险保费收入21.5亿元，增长19.4%；寿险保费收入29.1亿元，下降7.9%；意外伤害险0.6亿元，增长42.5%；健康险2.5亿元，增长66.7%。

12

2013年宿州市经济发展概况

【经济总量】2013年，宿州市全年实现地区生产总值（GDP）1014.33亿元，按可比价格计算，比上年增长10.5%。分产业看，第一产业增加值251.17亿元，增长4.0%；第二产业增加值425.95亿元，增长13.9%；第三产业增加值337.2亿元，增长10.8%。三次产业结构比为24.8：42.0：33.2。其中，二、三产业比重分别比上年提高0.5个、0.6个百分点，工业增加值比重提高0.7个百分点。人均生产总值18784元（折合3081美元），比上年增加1746元。全社会劳动生产率28129元/人，比上年增加2976元/人。全年民营经济增加值

562.8亿元，增长18.9%。

【农业】2013年，宿州市全年完成农业总产值448.09亿元，比上年增长4.0%。其中，种植业产值243.16亿元，增长3.6%；林业产值16.81亿元，增长7.3%；畜牧业产值160.96亿元，增长3.9%；渔业产值9.65亿元，增长8.6%；农林牧渔服务业产值17.51亿元，增长6.4%。

全年粮食产量379.14万吨，比上年增长0.6%；其中，夏粮229.62万吨，增长2.6%；秋粮149.53万吨，下降2.4%。棉花产量2.6万吨，下降13.2%；油料总产量22.62万吨，下降2.2%；蔬菜及食用菌产量288.55万吨，增长4.9%。

【工业和建筑业】2013年，宿州市全年全部工业增加值376.52亿元，增长14.4%。其中，规模以上工业增加值300.69亿元，增长14.6%。全年战略性新兴产业产值65.3亿元，增长27.6%。农产品加工业产值644.6亿元，增长25.8%。

全年建筑业总产值170.25亿元，增长20.3%。实现利税19.54亿元，增长103.5%。房屋建筑施工面积765.70万平方米，增长17.9%。

【固定资产投资】2013年，宿州市全年固定资产投资773.30亿元，比上年增长26.0%。其中，城镇固定资产投资431.31亿元，增长18.8%；农村非农户投资199.49万元，增长35.6%。

分产业看，第一产业投资14.65亿元，下降0.04%；第二产业投资440.64亿元，增长21.4%；第三产业投资318.01亿元，增长34.8%。全年工业投资435.87亿元，增长20.7%。

全年房地产开发投资142.5亿元，增长37.7%。商品房销售面积420.33万平方米，增长45.4%。

【科学技术】2013年，宿州市全年研究与试验发展（R&D）经费支出4.66亿元，增长113.1%。全市院士工作站2家。23家企业列入省培育库，高新技术企业26家，其中新增企业12家。新认定高新技术产品31项，实现产值112亿元，增加值28.4亿元，分别增长39.0%、33.7%。全市专利申请量2275件，增长39.5%，其中发明专利申请量1037件，增长81.6%。

【国内贸易和对外经济】2013年，宿州市全年社会消费品零售总额303.67亿元，增长14.5%。其中，限额以上消费品零售总额145.72亿元，增长22.4%。从商品零售类值看，粮油、食品、饮料、烟酒类增长28.3%；服装鞋帽、针、纺织类增长23.1%；日用品类增长33.3%；中西药品类增长32.4%；家用电器和音像器材类增长28.1%；化妆品和金银珠宝类分别增长30.2%和32.8%。

全年海关进出口总额5.35亿美元，增长31.6%。其中，进口总额0.63亿美元，增长48.5%；出口总额4.72亿美元，增长29.7%。

【交通、邮电和旅游】2013年，宿州市全年交通运输仓储和邮政通信业实现增加值52.80亿元，增长9.9%。全年公路客运量7209万人，旅客周转量423576万人公里。公路货物运输量25179万吨，货物周转量7265642万吨公里。

全年邮电业务总量29.53亿元，增长20.2%；年末移动电话用户334.84万户，比上年增加34.64万户，增长11.5%；年末固定电话用户52.60万户，减少12.07万户；计算机互联网用户达到39.97万户，比上年增长

29.3%。

全年入境旅游人数2.35万人次，比上年同期增长13.4%；国际旅游外汇收入1241.78万美元，增长37.8%；旅游总收入69.06亿元，增长18.8%；国内旅游人数1149.45万人次，增长17.8%。

【金融和保险】2013年年末，宿州市金融机构各项存款余额达1155.88亿元，增长13.9%。其中储蓄存款762.96亿元，增长14.7%。年末金融机构各项贷款余额558.60亿元，增长20.6%。

全年保险业保费收入36.99亿元，增长22.0%。其中，财产险保费收入10.97亿元，增长21.8%；人寿险保费收入26.02亿元，增长22.1%。赔款和给付支出13.12亿元，增长60.6%。其中，财产险赔款5.66亿元，人寿险赔款和给付7.46亿元。

13

2013年六安市经济发展概况

【经济总量】2013年，六安市全年实现地区生产总值（GDP）1010.3亿元，按可比价格计算，比上年增长8.0%。分产业看，第一产业增加值209.6亿元，增长3.3%；第二产业增加值478.2亿元，增长10.7%；第三产业增加值322.6亿元，增长7.0%。三次产业结构由2012年的21.7：46.1：32.2调整为20.8：47.3：31.9。按常住人口计算，人均生产总值17778元（折合2916美元），比上年增加1530元。规模以上工业劳动生产率243984元/人，比上年增长2.5%。

【农业】2013年，六安市全年粮食种植面积71.93万公顷，比上年扩大3222公顷；油料种植面积7.98万公顷，比上年下降4074公顷；棉花种植面积1.19万公顷，比上年下降944公顷；蔬菜种植面积6.4万公顷，比上年增加784公顷。全年粮食产量444.1万吨，下降1.1%；油料产量17.5万吨，增长1.4%；棉花产量1.85万吨，增长4.6%。

全年肉类总产量52.8万吨，比上年增长3.2%，其中猪牛羊肉产量36.2万吨，增长3.3%。禽蛋产量11.8万吨，下降15.2%；牛奶产量25085吨，增长0.2%。水产品产量29.5万吨，增长3.7%。

【工业和建筑业】2013年，六安市全市规模以上工业企业数达到949户，比上年增加179户。全年规模以上工业实现增加值408.2亿元，增长11.9%。其中：轻工业增加值186.5亿元，比上年增长10.9%；重工业增加值221.7亿元，增长12.7%。分经济类型看：股份合作企业和外商及港澳台投资企业增长较快，分别增长18.0%和17.0%。分行业看：统计的34个行业大类中有32个行业增加值实现增长；在增加值达到15亿元的行业中，木材加工和木竹藤棕草制品业，金属制品业，黑色金属矿采选业增长较快，分别增长25.1%，24.1%和17.0%。规模工业全年实现主营业务收入1443.9亿元，增长10.6%；实现利税125.7亿元，增长3.6%，其中，实现利润86.3亿元，比上年增长4.6%；经济效益综合指数为278.7%，比上年回落2.4个百分点。规模以上工业统计的产品产量中，铁矿石原矿量增长17.0%，发电量增长9.5%，白酒下降42.9%，精制茶下降

40.1%，家用电冰箱下降16.3%。

全年实现建筑业增加值74亿元，比上年增长7.1%，建筑业企业实现利润总额9.3亿元，同比增长16.6%。

【固定资产投资】2013年，六安市全市完成固定资产投资845亿元，比上年增长23%。分产业看，第一产业投资31.6亿元，增长33.8%；第二产业投资413.1亿元，增长23.7%；第三产业投资400.3亿元，增长21.5%。

全年实现房地产企业开发投资额144.8亿元，增长19.2%；当年商品房屋新开工面积455.1万平方米，下降7.1%；施工面积1356.6万平方米，增长26.4%；竣工面积198.5万平方米，增长21.8%；商品房屋销售面积275.2万平方米，增长4.9%；销售额123.6亿元，增长5.4%。

【科学技术】2013年，六安市全市有省级工程技术研究中心14家。取得市级科技成果9项，取得省级科技成果11项，其中获省级科技奖2项。全年申请专利3658件，比上年增长26%，授权专利2656件，比上年增长46%。科技兴农力度加大，全年选派科技特派员705名，创建专家大院85家。

【国内贸易和对外经济】2013年，六安市全年社会消费品零售总额434.2亿元，同比增长13.8%。分城乡看，城镇消费品零售额198.2亿元，增长8.4%；乡村消费品零售额236亿元，增长18.7%。分行业看，批发零售业零售额389.4亿元，增长14.2%；住宿餐饮业零售额44.8亿元，增长10.5%。粮油、食品、饮料、烟酒类法人企业实现零售额21.3亿元，同比增长33%；服装、鞋帽、针纺织品类零售法人企业实现零售额16.1亿元，同比增长16.2%；日用品类、化妆品类、书报杂志类、金银珠宝类法人企业分别实现零售额2.6亿元、1.6亿元、2.7亿元和3.2亿元，同比分别增长18%、22.6%、3.7%和44.4%。按企业规模分，限额以上企业零售额163.7亿元，增长11.7%；限额以下企业零售额270.5亿元，增长15.1%。

全市实现进出口总额80064万美元，比上年增长8.7%。其中，出口77720万美元，增长9.4%；进口2344万美元，下降9.9%。

【交通、邮电和旅游】2013年，六安市交通运输、仓储及邮政业平稳增长，全年实现增加值43.8亿元，比上年增长8.3%。全年完成公路货运量3.4亿吨，增长17.2%，货运周转量1327.5亿吨公里，增长15.9%；客运周转量201.6亿人公里，增长16.7%；水上货运量6086万吨，同比增长2.7%，水运客运量22万人次，与上年持平，水上客运周转量299万人公里，增长10.7%。

邮政电信部门全年完成邮电业务总量28.0亿元；其中：邮政部门完成邮政业务量2.3亿元，增长9.5%；电信部门完成业务量25.7亿元，增长14.2%。电信部门年末拥有本地固定电话用户65.3万户，比上年减少11.6万户；移动电话用户360.1万户，比上年增加28.7万户。互联网用户39.8万户，比上年增加9.1万户。

全年接待海外游客70084人次，增长10.99%；接待国内游客2000万人次，增长33.33%。旅游总收入130亿元，增长36.8%。其中，旅游外汇收入6745.23万美元，增长55%；国内旅游收入122.7亿元，增长35.4%。年末全市共有A级旅游景点（区）61处，4A级以上旅游景点21家。

【金融和保险】2013年年末，六安市全市金融机构各项存款余额（本外币合计）1528.2亿元，增长

19.3%；比年初增加247.2亿元，增长10.8%。城乡居民储蓄存款余额876.5亿元，增长21.1%；比年初增加152.5亿元，增长6.8%。金融机构各项贷款余额824.3亿元，增长19.8%；比年初增加136.4亿元，增长24.9%；其中，短期贷款383.8亿元，增长20.7%；中长期贷款412.9亿元，增长22.6%。

截至2013年年末，全市共有保险公司分支机构28家，其中经营财产保险业务14家，经营人寿保险业务14家；全年保险业保费总收入33.61亿元，比上年增长7.83%；其中，财产险业务保费收入13.2亿元，增长19.2%；人身险业务保费收入20.41亿元，增长1.54%。赔款和给付6.94亿元，增长57.4%。

14

2013年亳州市经济发展概况

【经济总量】2013年，亳州市全年实现地区生产总值（GDP）791.1亿元，按可比价格计算，比上年增长9.7%。分产业看，第一产业增加值195.0亿元，增长3.8%；第二产业增加值320.1亿元，增长12.7%；第三产业增加值276.0亿元，增长10.2%。三次产业结构由上年的25.3：40.4：34.3调整为24.6：40.5：34.9，其中第三产业比重提高0.6个百分点、工业增加值占GDP比重由上年的33.7%提高到34%。人均GDP 16071元（折合2595美元），比上年增加1429元。

【农业】2013年，亳州市全年粮食作物种植面积854.2千公顷，比上年扩大3.5千公顷，其中优质专用小麦面积383.6千公顷，扩大9.8千公顷。油料种植面积11.4千公顷，比上年减少1.9千公顷。棉花种植面积14.2千公顷，减少0.3千公顷。蔬菜种植面积95.6千公顷，扩大3.1千公顷；药材种植面积54.5千公顷，扩大2.3千公顷。

全年全市粮食总产89.5亿斤，比上年增加1亿斤，增长1.1%，实现“八连增”。其中，夏粮总产63.2亿斤，增长2.8%，实现连续10年增产。全年油料产量4.8万吨，下降7.2%；棉花产量1.9万吨，下降0.1%。

【工业和建筑业】2013年，亳州市全年规模以上工业企业实现增加值205.5亿元，比上年增长14.9%，其中轻、重工业分别增长12.4%和17.9%。国有企业、外商及港澳台商投资企业和股份合作企业生产增长较快，增幅分别比规模工业高了0.3个、19.4个和16.8个百分点。

全年全社会建筑业增加值50.9亿元，比上年增长6.5%。资质内建筑企业利税总额3.1亿元，增长36.2%。房屋建筑施工面积269.7万平方米，增加33.6万平方米；房屋竣工面积180.8万平方米，增加4.4万平方米。

【固定资产投资】2013年，亳州市全年固定资产投资541.5亿元，比上年增长25.8%。其中，城镇投资509.5亿元，增长23.9%；农村投资32.0亿元，增长68.1%。工业及信息化产业技术改造投资79.7亿元，增长10.3%。六大高耗能行业投资比重较上年下降了1.1个百分点。

从产业看，第一产业投资下降27.8%，第二产业增长24.0%，第三产业增长29.8%。从行业看，工业投资增长24.4%，其中制造业增长24.6%。三产中的交通运输、仓储和邮政业增长52.6%，房地产业增长31.8%，水利、环境和公共设施管理业增长62%，公共管理和社会组织增长33.8%。

【科学技术】2013年，亳州市全市高新技术产业增加值51.1亿元，比上年增长12.3%。全年共取得省部级以上科技成果4项。主要科技成果有：基于物联网技术的数字化曲房综合管控系统技术开发及应用、古井贡酒生产工艺的研究及应用、大田作物（小麦、玉米）专用配方控制性肥料研发与应用、规模猪场粪污综合处理关键技术研究集成与推广等。全年专利申请1968件，授权专利971件，分别增长7.7%和2.5%。

【国内贸易和对外经济】2013年，亳州市全年社会消费品零售总额345.1亿元，比上年增长14%。按经营单位所在地分，城镇消费品零售额252.3亿元，增长14.0%；乡村消费品零售额92.8亿元，增长13.9%。按消费形态分，商品零售306.5亿元，增长14%；餐饮收入38.6亿元，增长13.9%。按企业规模分，限额以上企业零售额119.7亿元，增长19.8%；限额以下企业零售额225.4亿元，增长10.1%。

全年进出口总额4.3亿美元，比上年减少14.6%。其中，出口3.8亿美元，减少18.3%；进口0.5亿美元，增长32.1%。剔除异地旅游贸易因素，生产型企业进出口实现3.73亿美元，增长26.5%。从出口经营主体看，生产型企业出口增长25.7%；贸易型企业出口减少74%。从出口商品类别看，中药材1.6亿美元，增长9.3%；机电产品0.3亿美元，减少53.8%；高新技术产品0.1亿美元，减少44.5%。

【交通、邮电和旅游】2013年，亳州市全年交通运输、仓储和邮政业增加值41.7亿元，比上年增长9.5%。

全年公路旅客运输量9209万人，公路和水运货物运输量18960万吨，比上年分别增长16.7%和17.5%；公路旅客运输周转量72亿人公里，公路和水运货物运输周转量873.7亿吨公里，分别增长16.9%和16.8%。全年港口货物吞吐量1042万吨，增长29.6%。

全年邮电业务总量24.8亿元，较上年增长16.3%。其中电信业务总量22.3亿元，增长16.6%；邮政业务总量2.5亿元，增长13.6%。年末本地固定电话交换机总容量67.6万门，比上年减少49.9万门。本地固定电话用户44.4万户，减少8.7万户；移动电话用户267万户，增加33.8万户。每百人拥有电话（含移动）49.2部，增加2.2部。年末基础电信运营企业计算机互联网宽带接入用户26.9万户，增加4.6万户。

全年入境旅游人数3.03万人次，比上年增长25%；国内游客1094.9万人次，增长17.1%。旅游总收入76.7亿元，增长18.3%。其中，旅游外汇收入1114.1万美元，增长40.8%；国内旅游收入76亿元，增长18.2%。年末全市共有A级旅游景点（区）32处，星级酒店13个，旅行社31家。

【金融和保险】2013年年末，亳州市全市金融机构各项存款余额（人民币口径，下同）927.6亿元，比上年末增加114.5亿元，增长14.1%。其中，单位存款余额264.3亿元，增长12.2%；城乡居民储蓄存款余额639.2亿元，增长15.3%。金融机构各项贷款余额521.7亿元，比上年末增加94.5亿元，增长22.1%。其中，短期贷款257.8亿元，增长14.8%；中长期贷款243.7亿元，增长31.1%，中长期贷款中个人消费贷款95.2亿元，增长37.2%。

福建省

| 福州市 | 厦门市 | 莆田市 | 三明市 | 泉州市 | 漳州市 | 南平市 |
| 龙岩市 | 宁德市 |

1

2013年福州市经济发展概况

【经济总量】2013年，福州市全年实现地区生产总值（GDP）4678.5亿元，比上年增长（以下简称“增长”）11.5%，其中：第一产业增加值402.26亿元，增长4.6%；第二产业增加值2133.6亿元，增长13.2%；第三产业增加值2142.63亿元，增长10.8%。第一产业占地区生产总值的比重为8.6%，第二产业增加值比重45.6%，第三产业增加值比重45.8%。

【农业】2013年，福州市全市完成农林牧渔业总产值684.79亿元，增长4.7%，其中：农业产值176.21亿元，增长3.7%；林业产值18.80亿元，增长0.5%；牧业产值75.80亿元，增长2.1%；渔业产值392.97亿元，增长5.9%。全年粮食播种面积157.68万亩，同比下降1.7%；粮食产量55.53万吨，同比减少0.8%。农业生产结构持续优化，水产、果蔬、食用菌、茶叶等特色产业产销两旺，高优农产品生产规模进一步扩大。全年食用菌干鲜混合产量14.5万吨，增长10.8%；茶叶产量2.19万吨，增长12.3%；蔬菜瓜果产量323.67万吨，增长3.8%；水果产量45.46万吨，增长10.8%；肉蛋奶产量41.59万吨，增长0.3%；水产品产量207.7万吨，增长5.9%。

【工业和建筑业】2013年，福州市工业经济稳健增长，全市完成全部工业增加值1654.51亿元，增长13.2%。轻、重工业发展齐头并进，化学纤维制造业、非金属矿物制品业、电气机械和器材制造业、纺织业、黑色金属冶炼和压延加工业等主导行业保持较快增长，成为工业经济增长的领头羊。工业投资力度加大，转型升级步伐加快，工业投资完成1036.78亿元，增长25.1%。

全年全社会建筑业实现增加值479.09亿元，比上年增长13.1%。

【固定资产投资】2013年，福州市全市完成固定资产投资3834.22亿元，增长18.5%。民间投资快速增长，有力拉动全市固定资产投资增长，在固定资产投资中占比显著提高。三次产业投资结构持续优化，第二产业投资稳步增长，第三产业投资占据主导位置。高新产业投资增势良好，有力促进产业结构转型升级。

【科学技术】2013年年末，福州市全市共有高新技术企业346家，行业技术创新中心41家；共有国家创新型试点企业4家，国家创新型企业3家，省级创新型（试点）企业122家；共实施星火计划项目80项，其中国家级3项；火炬计划项目57项，其中国家级6项；全年共有4项科技成果获得市科学技术进步奖一等奖、14项成果获二等奖、42项成果获三等奖；全年共登记各类技术合同2010项，技术合同成交金额12.12亿元。全市实现高新技术产业增加值789.46亿元，增长25.0%。

【国内贸易和对外经济】2013年，福州市城乡消费市场协调发展，乡村市场商品零售额增势强劲，增幅领先城镇市场。限额以上企业商品零售额增长有力，消费热点不断涌现，食品饮料烟酒类、日用品类等基本生活消费品保持较快增长，通信、家装、健康保健、金银收藏等相关热点商品消费增长迅猛。城乡流通体系不断完善，全年新建和改造农家店50家、社区便利店100家，升级改造城乡农贸市场（含农改超）29个。年末共有大中型专业批发市场52个，总面积213.69万平方米；连锁经营企业170家，连锁网点3300个。

全市新批合同外资项目135项，新批合同外资金额20.57亿美元，下降0.03%；实际利用外资（按验资口径）14.31亿美元，增长6.9%。全年完成进出口总额314.29亿美元，增长11.9%，其中：进口总额120.92亿美元，增长21.1%；出口总额193.37亿美元，增长6.8%，产品主要出口美国、欧盟、东盟、日本、荷兰等地。对台贸易平稳增长，全年对台贸易额20.56亿元，增长7.9%，其中进口15.49亿元，增长8.4%；出口5.07亿元，增长6.4%。

【交通、邮电和旅游】2013年，福州市全年新增高速公路里程67.44公里，福永高速公路通车标志福州实现“县县通高速”；新增高速铁路里程117公里，向莆铁路开通拉近闽赣两省城市间距离；航线覆盖点日益增多，新开辟福州—南昌—重庆、福州—暹粒、福州—深圳—曼谷等20条航线。年末全市境内公路总里程10948.67公里，其中高速公路总里程488.14公里；高速铁路总里程274.9公里；福州港生产性泊位131个，其中万吨级以上泊位45个；福州空港国内航线（含港澳台）69条、国际航线8条。交通运输能力不断增强。货物运量中，公路货运量12234.06万吨，增长14.6%；水路货运量7294.5万吨，增长11.8%；民航货邮吞吐量11.02万吨，增长13.7%，其中货邮出港量6.50万吨，增长14.4%。旅客运量中，公路客运量18531.21万人次，增长0.7%；水路客运量100.32万人次，增长0.9%；民航旅客吞吐量892.59万人次，增长13.7%，其中旅客出港量458.90万人次，增长13.9%。全年港口货物吞吐量10504.87万吨，增长12.1%，其中外贸货物吞吐量4859.77万吨，增长17.9%；集装箱吞吐量197.79万标箱，增长8.4%。全年对台客运直航进出旅客14.44万人次，增长4.1%；对台直航集装箱吞吐量33.27万标箱，增长6.1%；榕台空中直航旅客吞吐量30.18万人次，下降4.0%，货邮吞吐量0.66万吨，增长22.8%。

全市完成邮政业务总量5.65亿元，增长6.95%，实现邮政业务收入7.18亿元，增长13.0%；完成电信业务总量108.9亿元，增长7.9%，实现电信业务收入106.9亿元，增长7.2%。年末全市共有邮政局（所）232处；固定电话交换机容量300.37万门，比上年末减少26.88万门；移动电话交换机容量635.60万门，与上年持平；固定电话用户213.9万户，比上年末增加7.1万户；移动电话用户901.5万户，比上年末增加67.2万户，其中3G电话用户294.6万户，比上年末增加108.2万户；互联网宽带接入用户197.1万户，比上年末增加26.2万户。

大力推进三坊七巷争创国家5A级旅游景区，永泰云顶旅游景区创建国家4A级旅游景区。积极开展马尾船政文化建设年主题活动。完成编制并推动实施《福州市"中国温泉之都"发展建设总体规划》。加快推进三江口旅游文化城、福清市东壁岛滨海旅游项目、黄岐环马祖澳旅游综合体项目等一批大型滨海旅游休闲项目建设。推出多款具有四季特色的闽江游产品，白马河旅游首段游船航线正式运营。年末全市共有A级景区26家，其中4A级旅游景区9家。全年共接待境内外游客（含一日游）3536.67万人次，增长17.1%，其中境外游客90.50万人次，国内游客3446.17万人次；实现旅游总收入403.17亿元，增长16.8%，旅游外汇收入12.88亿美元，增长16.2%。年末全市共有星级宾馆饭店62家，客房10995间。全年经福州口岸赴台旅游48982人次，增长18.6%。

【金融和保险】2013年年末，福州市全市共有金融机构（不含保险和证券机构）54家，比上年末增加8家，其中：银行业存款类金融机构41家，银行业非存款类金融机构1家，其他金融机构12家；各类金融机构营业网点1354个，比上年末增加62个；共有3家外资金融机构在福州设立分行。年末全市金融机构存款余额（本外币，下同）8950.14亿元，比上年末增长13.2%，其中：储蓄存款余额3296.65亿元，增长9.5%；单位存款余额4715.49亿元，增长12.5%。全市金融机构贷款余额8159.89亿元，增长15.7%，其中：短期贷款余额2652.03亿元，增长12.4%；中长期贷款余额5292.49亿元，增长17.1%。

年末全市共有各类保险营业网点395个，外资保险机构在福州设立9家分公司和2个代表处。全年保险业务保费收入147.22亿元，增长15.3%，其中：财产险保费收入54.83亿元，增长17.3%；人身险保费收入92.39亿元，增长14.1%。保险业务赔付支出50.67亿元，增长20.3%，其中：财产险赔付支出29.05亿元，增长14.6%；人身险赔付支出21.62亿元，增长28.7%。

2

2013年厦门市经济发展概况

【经济总量】2013年，厦门市全年实现地区生产总值（GDP）3018.16亿元，按可比价格计算，比上年增长9.4%。其中，第一产业增加值25.99亿元，增长0.2%；第二产业增加值1434.79亿元，增长11.1%；第三产业增加值1557.38亿元，增长7.7%。三次产业结构为0.9：47.5：51.6。按常住人口计算的人均地区生产总值81572元，增长7.6%，折合13166美元。全市万元地区生产总值耗电639.0千瓦时，比上年减少10.2千瓦时；万元地区生产总值耗水11.0吨，减少0.1吨。

【农业】2013年，厦门市全年农林牧渔业总产值42.38亿元，比上年增长0.4%。其中，农业产值20.11亿元，下降0.7%；林业产值0.13亿元，下降26.1%；牧业产值11.98亿元，增长1.8%；渔业产值6.49亿元，增长1.7%；农林牧渔服务业产值3.67亿元，增长0.5%。

全年农作物总播种面积40.78万亩，比上年下降2.2%。粮食播种面积10.44万亩，下降5.2%，粮食总产量3.88万吨，下降4.4%；蔬菜播种面积24.44万亩，下降0.6%，蔬菜总产量57.94万吨，下降0.1%；年末水果播种面积9.44万亩，下降8.8%，水果总产量1.10万吨，下降19.4%。肉类总产量5.40万吨，增长5.3%；蛋品总产量4034吨，下降16.6%；乳品总产量653吨，下降22.0%。年末全市生猪存栏数39.25万头，下降0.9%，生猪累计出栏66.20万头，增长0.7%；年末家禽存栏数137.01万只，增长3.4%，家禽累计出栏数340.98万只，增长3.8%；水产品产量3.15万吨，增长6.5%。

【工业和建筑业】2013年，厦门市全年实现工业增加值1212.17亿元，增长11.9%，占全市地区生产总值的40.2%。

截至年底，全市规模以上工业企业1664家，实现工业总产值4678.45亿元，比上年增长13.1%。其中产值超亿元的企业有507家，实现产值4214.49亿元，占全市规模以上工业总产值的90.1%。

建筑业增加值222.62亿元，比上年增长6.0%。全市具有资质等级的建筑业企业完成建筑业总产值742亿元，增长15.3%，其中，建筑工程产值638.26亿元，增长6.6%；安装工程产值97.68亿元，增长1.5倍；当年建筑企业新签合同价款900.41亿元，增长31.0%。

【固定资产投资】2013年，厦门市全社会固定资产投资1347.54亿元，比上年增长1.1%，其中固定资产投资（不含农户）1337.26亿元，增长1.1%。分产业看，第一产业投资持平，第二产业投资增长2.3%，第三产业投资增长0.3%，三次产业投资比例为0.4：20.5：79.1。全市191个重点建设项目完成投资849.8亿元，完成年度计划的112.5%。

房地产开发投资531.80亿元，增长2.5%，其中土地购置费132.69亿元，下降33%，占房地产投资的比重为25.0%，占全社会固定资产投资的比重为9.8%。全市商品房施工面积3785.86万平方米，增长5.8%；商品房新开工面积689.5万平方米，下降15.7%；商品房销售面积786.71万平方米，增长27.8%，其中住宅销售581.52万平方米，增长21.1%。

【科学技术】2013年，厦门市全市高新技术企业820家，其中国家火炬计划重点高新技术企业28家；创新型企业184家，其中国家级14家。科技企业孵化器12个，产业技术创新战略联盟12个，工程技术研究中心83个，企业技术中心152个，重点实验室51个，博士后工作站23个，技术贸易机构669家。国内专利申请量11162件，其中发明专利申请量2971件；国内专利授权量8255件，其中发明专利授权量890件；PCT国际专利申请量248件。登记技术合同2688项，合同总成交额31.1亿元。拥有视听通信、钨材料、软件、半导体照明、电力电器、生物与新医药六个国家特色产业基地。

【国内贸易和对外经济】2013年，厦门市社会消费品零售总额974.51亿元，比上年增长10.5%。其中，批发业零售额79.21亿元，增长27.4%；零售业零售额771.9亿元，增长10.1%；住宿业零售额22.10亿元，下降3.7%；餐饮业零售额101.30亿元，增长5.4%。

限额以上企业零售额584.35亿元，增长11.3%，占全市社会消费品零售总额的59.9%；限额以下单位实现零售额390.62亿元，增长9.4%。全年零售额超亿元的批发零售贸易企业112家，零售额459.93亿元，净增63.9亿元，增长16.1%；零售额超千万元的住宿餐饮企业86家，零售额44.63亿元，净减1.8亿元，下降3.9%。

外贸进出口总值840.94亿美元，比上年增长12.9%，其中，出口523.54亿美元，增长15.3%；进口317.40亿美元，增长9.1%；贸易顺差206.14亿美元，增长26.4%。

【交通、邮电和旅游】2013年，厦门市交通运输邮电仓储业增加值191.88亿元，比上年增长6.7%。旅客运输量1.48亿人次，增长1.8%；旅客运输周转量288.61亿人公里，增长9.4%；货物运输量1.57亿吨，增长15.4%；货物周转量1039.71亿吨公里，增长10.4%。截至年末，厦门港现有生产性泊位143个（含漳州），其中万吨级以上泊位63个；全年港口货物吞吐量1.91亿吨，增长10.8%；港口集装箱吞吐量800.79万标箱，增长11.2%。

全年邮电业务总量98.37亿元，比上年增长2.4%，其中邮政业务总量21.84亿元，增长3.9%；电信业务总量76.55亿元，增长2.0%。截至年末，全市固定电话用户174.19万户，增长12.2%；移动电话用户627.81万户，增长7.1%；全市电话普及率为220部/百人，增长8.9%；固定电话普及率为47部/百人，增长11.9%；移动电话普及率为171部/百人，增长6.9%；互联网宽带接入用户数为136.98万户，增长6.5%。

全年接待海内外游客4663.85万人次，比上年增长13.1%，旅游总收入620.95亿元，增长15.0%。其中，接待入境旅游者240.74万人次，增长4.7%，入境过夜游客166.94万人次，增长4.4%。旅游外汇收入16.47亿美元，增长4.4%。接待国内游客4423.11万人次，增长13.6%，过夜国内游客2047.99万人次，增长9.8%。国内旅游收入518.85亿元，增长17.8%。截至年末，全市共有星级酒店79家，其中五星级酒店17家。

【金融和保险】2013年，厦门市全市各类银行业金融机构主体40家，其中法人银行业金融机构8家，金融机构主体数比上年增加1家。年末，中外资金融机构本外币各项存款余额6380.63亿元，比上年末增长16.6%。中资金融机构人民币各项存款余额5789.94亿元，增长20.2%，其中城乡居民人民币储蓄存款余额1900.30亿元，增长13.1%；单位存款余额3577.46亿元，增长23.8%。

全市保险公司38家，比上年增加1家，其中财产保险公司21家、人身保险公司17家；保险专业中介机构36家。全年实现保费收入111.78亿元，增长20.3%，其中财产险实现保费收入48.13亿元，增长16.0%，人身险实现保费收入63.66亿元，增长23.8%；赔付支出36.32亿元，增长19.9%，其中财产险赔付支出24.10亿元，增长18.7%，人身险赔付支出12.22亿元，增长22.2%。

3

2013年莆田市经济发展概况

【经济总量】2013年，莆田市全年实现地区生产总值（GDP）1342.86亿元，按可比价格计算比上年增长12.5%。其中，第一产业增加值114.58亿元，增长3.1%；第二产业增加值783.46亿元，增长14.3%；第三产业增加值444.82亿元，增长11.5%。三次产业结构为8.5：58.4：33.1。人均地区生产总值47619元/人，比上年增长11.7%。

【农业】2013年，莆田市全年农林牧渔业完成总产值190.57亿元，按可比价格计算，比上年增长3.2%。粮食种植面积73.90万亩，比上年减少1.11万亩；油料种植面积24.21万亩，增加0.31万亩；蔬菜种植面积54.52万亩，增加2.42万亩。

全年粮食产量28.15万吨，比上年减产0.31万吨，下降1.1%；油料产量4.72万吨，比上年增产0.09万吨，增长1.9%；蔬菜产量116.27万吨，比上年增产1.82万吨，增长5.0%；水果产量21.08万吨，比上年减产0.05万吨，下降0.2%。

【工业和建筑业】2013年，莆田市全市工业实现增加值639.00亿元，按可比价格计算比上年增长13.3%。规模以上工业产值1980.09亿元，增长15.4%。规模以上工业产品销售率99.16%，比上年回落0.18个百分点。

全社会建筑业实现增加值144.46亿元，按可比价格计算比上年增长19.6%。全市资质等级以上的总承包商和专业承包建筑企业完成建筑业总产值371.08亿元（按注册地口径），增长51.6%。

【固定资产投资】2013年，莆田市全市全社会固定投资1191.11亿元，比上年增长28.0%。其中，固定资产投资（不含农户）1164.54亿元，增长29.3%；农户投资26.57亿元，下降10.6%。

在固定资产投资（不含农户）中，第一产业投资22.70亿元，下降0.7%；第二产业投资410.89亿元，增长44.4%，其中工业完成投资407.43亿元，增长43.6%；第三产业投资730.95亿元，增长23.2%。

【科学技术】2013年，莆田市全市培育国家级高新技术企业27家，省级企业技术中心27家，市级企业技术中心80家，新增省级创新型试点企业8家、省级创新型企业4家。全年专利申请受理3112件，专利授权1705件，分别比上年增长163.1%和42.4%。其中，发明专利申请280件，发明专利授权51件，分别增长45.1%和2.0%。截至2013年年底，全市共拥有有效发明专利155件；每万人口发明专利拥有量0.55件，比上年增加0.17件。

【国内贸易和对外经济】2013年，莆田市全市批发和零售业商品销售额1153.13亿元，比上年增长25.8%；住宿和餐饮业营业额52.43亿元，增长11.3%。实现社会消费品零售总额428.48亿元，增长12.5%。分城乡看，城镇零售额383.08亿元，增长12.9%；乡村零售额45.40亿元，增长9.8%。

全市外贸进出口总额48.66亿美元，比上年增长10.0%。其中，出口31.86亿美元，增长8.1%；进口16.80亿美元，增长14.0%。进出口顺差（出口减进口）15.06亿美元，比上年增加0.31亿美元。对主要贸易伙伴的贸易额有增有减。

【交通、邮电和旅游】2013年，莆田市全市交通运输、仓储和邮政业实现增加值51.87亿元，比上年增长6.6%。公路货物运输周转量42.97亿吨公里，增长17.1%，水路货物运输周转量46.04亿吨公里，增长14.0%。公路旅客运输周转量55.34亿人公里，增长2.4%，水路旅客运输周转量0.19亿人公里，增长15.8%。港口货物吞吐量2824万吨，比上年增长22.0%。

全年完成电信业务总量36.10亿元，增长6.4%；邮政业务总量11.35亿元，增长68.7%。邮政业全年完成邮政函件业务970.80万件，包裹业务10.75万件，快递业务量4274.81万件，快递业务量排名全国第41位。年末固定电话用户66.78万户；新增移动电话用户6.86万户，年末达到267.53万户，其中3G移动电话用户82.52万户。年末全市固定及移动电话用户总数达到334.32万户，比上年末增加5.80万户。互联网用户169.00万户。

接待国内外游客1461.16万人次，比上年增长20.1%；实现旅游总收入113.98亿元，增长17.2%。其中境外游客25.73万人次，增长4.6%；旅游外汇收入2.01亿美元，增长4.3%；接待国内游客1435.43万人次，增长20.4%；实现国内旅游收入101.56亿元，增长19.3%。

【金融和保险】2013年年末，莆田市全市金融机构本外币存款余额1294.78亿元，比上年末增长20.0%；金融机构本外币贷款余额1094.83亿元，增长19.9%。金融机构人民币各项存款余额1278.06亿元，增长20.2%；金融机构人民币各项贷款余额1067.19亿元，增长20.1%。

4

2013年三明市经济发展概况

【经济总量】2013年，三明市全年实现地区生产总值（GDP）1477.59亿元，比上年增长11.2%。其中，第一产业增加值230.97亿元，增长4.8%；第二产业增加值771.92亿元，增长14.8%；第三产业增加值474.70亿元，增长7.9%。人均地区生产总值58938元，增长11.2%。第一产业增加值占地区生产总值的比重为15.6%，第二产业增加值比重为52.3%，第三产业增加值比重为32.1%。

【农业】2013年，三明市全年农林牧渔业完成总产值369.44亿元，比上年增长4.8%。粮食种植面积320.69万亩，比上年增加4.36万亩，其中稻谷面积217.06万亩，增加1万亩；烟叶种植面积49.93万亩，增加2.97万亩；油料种植面积18.17万亩，增加0.59万亩；蔬菜种植面积155.76万亩，增加4.87万亩。

全年粮食产量114.79万吨，比上年增加2.17万吨，增长1.9%。其中，稻谷产量90.19万吨，增产0.95万吨，增长1.1%。

【工业和建筑业】2013年，三明市全年规模以上工业增加值710.85亿元，比上年增长14.7%。工业产品销售率98.75%，比上年提高0.15个百分点。

全年全社会建筑业实现增加值132.50亿元，比上年增长17.8%。全市资质等级以上的总承包和专业承包建筑业企业完成建筑业总产值390.08亿元，增长28.8%；房屋施工面积3897.16万平方米，增长32.7%；房屋建筑竣工面积1252.40万平方米，增长20.5%。

【固定资产投资】2013年，三明市全年固定资产投资（不含农户）1334.13亿元，比上年增长22.1%。其中，项目投资1172.10亿元，增长23.0%；房地产开发投资162.02亿元，增长15.7%。

在固定资产投资（不含农户）中，第一产业投资增长39.1%；第二产业投资增长22.0%，其中，工业投资增长21.9%；第三产业投资增长20.8%。

【科学技术】2013年，三明市全年研究与试验发展（R&D）经费支出12.44亿元，比上年增长26.7%，占国内生产总值的0.93%。市本级及12个县（市、区）均通过全国市县科技进步考核，永安市、沙县、泰宁县等3个县（市）获全国县（市）科技进步考核先进县（市）称号，建宁县被确定为福建省知识产权强县，全市共有5个县（市、区）被列为福建省知识产权强县，将乐县获批建设省级可持续发展试验区，泰宁县顺利通过省级可持续发展试验区验收。设立全省首支科技型中小企业贷款风险补偿金，福建三明高新区金沙园扩区获省政府批准，规划面积由18平方公里扩大至26.37平方公里。全市列入国家级、省级科技计划项目分别为33个和42个。新认定高新技术企业7家，共有38家。新增4家省级创新型企业、17家省级创新型试点企业，共有22家省级创新型企业、53家省级创新型试点企业。新增16家省级（企业）工程技术研究中心，累计达30家。获2013年度省科学技术奖10项，获2013年度省专利奖3项。全年共登记技术合同成交金额6087万元。全市专利申请1082件、专利授权837件，分别比上年增长16.5%和38.8%，其中：发明专利申请167件，发明专利授权57件。

【国内贸易和对外经济】2013年，三明市全年社会消费品零售总额360.39亿元，比上年增长12.9%。按经营地统计，城镇消费品零售额320.31亿元，增长13.1%；乡村消费品零售额40.09亿元，增长11.8%。按规模统计，限额以上批零和住餐业零售额156.51亿元，增长16.2%；限额以下批零和住餐业零售额203.89亿元，增长10.5%。

全年进出口总额16.32亿美元，比上年下降31.4%。其中，出口13.44亿美元，下降38.4%；进口2.89亿美元，增长59.3%。进出口顺差（出口减进口）10.55亿美元，比上年减少9.63亿美元。

【交通、邮电和旅游】2013年，三明市全市交通运输、仓储和邮政业实现增加值82.31亿元，比上年增长5.6%。公路累计通车里程14771公里，比上年增长7.9%。其中高速公路616公里，增长15.1%。共有1700个行政村开通客运班车，占全部建制村的98%。农村公路改造、硬化208公里，硬化路面通建制村率100%。

全市邮政业业务总量2.45亿元，比上年增长11.3%；邮政业务收入2.92亿元，增长11.4%。电信业务总量30.25亿元，增长8.1%；电信业完成主营业务收入20.21亿元，增长6.0%。年末全市电话用户总数310万户，本年净增1万户，其中：固定电话用户51万户，减少3万户；移动电话用户259万户，增加4万户。全市固定电话交换机容量71.2万门，与上年持平；移动电话交换机容量325万户，增长4.8%。互联网宽带接入端口85万个，下降3.8%。移动电话基站数7235个，新增1.6%。光缆线路长度达到5.91万公里，新增9.6%。全年共发送短消息4.92亿条，下降12.8%。

全年入境旅游、商务、探亲等人数4.58万人次，比上年下降5.9%。国际旅游外汇收入0.40亿美元，下降3.3%。全年接待国内旅游人数1480.26万人次，增长17.3%；国内旅游收入107.56亿元，增长18.9%。旅游总人数1484.84万人次，增长17.2%，旅游总收入110.01亿元，增长18.2%。

【金融和保险】2013年，三明市年末全市金融机构本外币各项存款余额1197.47亿元，比上年末增长11.1%；金融机构本外币各项贷款余额1121.87亿元，增长13.2%。

全年股票、基金、权证交易量1721.19亿元。内外资保险公司保费收入32.04亿元，比上年增长27.9%；支付各类赔款及给付9.83亿元，增长21.9%。

5

2013年泉州市经济发展概况

【经济总量】2013年，泉州市全年实现地区生产总值（GDP）5128.00亿元，按可比价格计算，比上年增长11.5%，经济总量连续15年保持全省第一。其中，第一产业增加值171.03亿元，增长2.1%；第二产业增加值3227.03亿元，增长12.6%；第三产业增加值1819.94亿元，增长10.2%。第一、第二、第三产业对GDP增长的贡献率分别为0.6%、69.5%和29.9%，分别拉动GDP增长0.1个、8.0个和3.4个百分点。三次产业比例为3.3：61.8：34.9。按常住人口计算，人均地区生产总值62679元（按年平均汇率折合10121美元），比上年增长10.2%

【农业】2013年，泉州市全年农林牧渔业完成总产值300.83亿元，比上年增长2.2%。

全年粮食种植面积218.04万亩，比上年减少2.22万亩；其中稻谷面积123.05万亩，减少3.45万亩；油料种植面积33.03万亩，增加0.17万亩；蔬菜种植面积107.09万亩，增加2.84万亩。粮食产量75.28万吨，比上年增加0.02万吨，其中稻谷产量48.32万吨，减产0.67万吨。

【工业和建筑业】2013年，泉州市全年全部工业实现增加值2892.55亿元，比上年增长12.6%，工业对经济增长的贡献率达62.6%。全年完成工业总产值10589.9亿元，其中规模以上工业9378.76亿元，分别比上年增长13.5%和13.9%。全年规模以上工业实现销售产值9084.86亿元，比上年现价增长10.6%，其中出口交货值1620.77亿元，现价增长18.0%。拥有超亿元企业1891家，比上年增加187家，其中超10亿元企业117家，比上年增加24家。

全社会建筑业实现增加值334.48亿元，比上年增长13.4%。全市资质等级以上的建筑企业有466个，完成建筑业总产值965.93亿元，增长24.4%。全市建筑房屋施工面积8528.22万平方米，实行投标承包面积6645.35万平方米，招投标率达77.9%。房屋竣工面积2545.12万平方米，增长13.8%；全市建筑业总产值达到亿元及以上的企业146家，其中5亿元及以上的企业39家。

【固定资产投资】2013年，泉州市全年全社会固定资产投资2502.44亿元，比上年增长24.1%。其中，项目投资1858.06亿元，增长18.5%；房地产开发投资585.45亿元，增长48.0%；农户投资58.93亿元，增长10.6%。全年固定资产投资（不含农户）按三次产业分，第一产业投资9.95亿元，下降9.7%；第二产业投资1021.55亿元，增长18.5%，其中工业投资1010.59亿元，增长19.6%；第三产业投资1412.02亿元，增长29.5%。

房地产开发投资按工程用途分，商品住宅投资383.44亿元，增长57.2%；办公楼投资39.58亿元，增长50.9%；商业营业用房投资87.66亿元，增长51.0%。商品房销售面积908.73万平方米，增长64.1%。商品房销售额624.82亿元，增长71.1%。

【科学技术】2013年，泉州市全年新增省级高新技术企业53家，总数达213家；新增国家火炬计划重点高新技术企业6家，总数达24家；拥有国家级、省级、市级行业技术开发中心分别有10个、65个和150个；拥有省级、市级工程技术研究中心39个和111个；有1家企业列入国家创新型试点企业，有83家企业被评为福建省创新型企业。全年共实施国家、省、市各级各类科技计划项目587项，其中，国家级58项，省级126项，市级403项。有26项成果获省科学技术奖。全年专利申请18448件，授权13267件，累计专利授权数达54051件。全年共签订各类技术合同36项，合同金额5.55亿元。

【国内贸易和对外经济】2013年，泉州市全年社会消费品零售总额1896.00亿元，比上年增长14.0%。按经营地统计，城镇消费品零售额1652.23亿元，增长13.7%；乡村消费品零售额243.78亿元，增长15.9%。按消费形态统计，商品零售额1693.51亿元，增长14.2%；餐饮收入额202.49亿元，增长13.1%。

全年进出口总额达291.54亿美元，比上年增长16.2%。其中，出口额164.9亿美元，增长33.3%；进口额126.64亿美元，下降0.5%。

【交通、邮电和旅游】2013年，泉州市全年共新建、改建公路754.19公里。全市公路通车总里程达15455.75公里，比上年增加754.19公里。其中，二级及二级以上高级公路里程2502.96公里，高级公路中高速公路里程496公里。公路密度达142.3公里/百平方公里。

全年完成邮电业务总量139.11亿元，增长17.2%。其中，邮政业务收入31.09亿元，增长75.1%；电信业务总量108.02亿元，增长7.0%。全年局用固话交换机总容量446万门，移动通信交换机总容量1508万门。全市城乡固定电话用户达239.25万户，移动电话用户1115.1万户。年末互联网用户797.08万户，其中，宽带接入用户208.24万户。

全年共接待国内外游客3729.27万人次，比上年增长14.9%。其中，国内游客3543.27万人次，增长14.8%；接待境外游客186.01万人次，增长15.8%。境外游客中，外国人及华侨24.18万人次，增长22.8%；港澳同胞130.2万人次，增长13.8%；台湾同胞31.62万人次，增长19.3%。全年实现旅游总收入446.96亿元，增长18.8%，旅游创汇10.75亿美元，增长18.5%。

【金融和保险】2013年年末，泉州市全市金融机构本外币各项存款余额5626.13亿元，比上年末增长20.0%，其中人民币各项存款余额5409.18亿元，比上年末增长19.9%。全市金融机构本外币各项贷款余额4287.88亿元，比上年末增长15.1%，其中人民币各项贷款余额4015.80亿元，比上年末增长13.8%。人民币贷款中，个人消费贷款余额696.78亿元，当年新增126.67亿元，其中住房贷款余额467.33亿元，当年新增95.74亿元。

全市保险业实现各项保费收入118.84亿元，比上年增长19.8%，其中，财产险保费收入39.66亿元，增长15.2%；人身险保费收入79.18亿元，增长22.2%。赔款支出35.50亿元，增长33.3%，其中财产险理赔支出20.06亿元，增长22.1%。人身险各项给付支出15.44亿元，增长51.2%。

6

2013年漳州市经济发展概况

【经济总量】2013年，漳州市全年实现地区生产总值（GDP）2236.02亿元，比上年增长11.5%。其中，第一产业增加值345.53亿元，增长4.8%；第二产业增加值1091.71亿元，增长15.3%；第三产业增加值798.78亿元，增长9.1%。第一产业增加值占地区生产总值的比重为15.5%，第二产业增加值比重为48.8%，第三产业增加值比重为35.7%。人均地区生产总值45494元，增长10.5%。

【农业】2013年，漳州市全年粮食种植面积174.21万亩，比上年减少1.54万亩；油料种植面积18.84万亩，增加0.16万亩；甘蔗种植面积5.51万亩，增加0.12万亩；蔬菜（含果用瓜）种植面积159.66万亩，增加1.76万亩；茶业种植面积43.28万亩，增加2.08万亩；水果种植面积251.42万亩，增加2.82万亩；食用菌种植面积2.32万亩，增加0.26万亩。

全年粮食产量69.27万吨，比上年减少0.99万吨，下降1.4%。其中，夏粮产量27.95万吨，下降3.0%；早稻产量6.96万吨，增长7.3%；秋粮产量34.36万吨，下降1.7%。其中，主要粮食品种中，稻谷产量47.77万吨，下降4.2%；甘薯产量12.24万吨，增长2.5%；大豆产量1.80万吨，增长0.27%；马铃薯产量2.98万吨，增长10.0%。

【工业和建筑业】2013年，漳州市全年全部工业增加值917.31亿元，比上年增长14.2%，其中规模以上工业增加值增长15.6%。在规模以上工业中，国有及国有控股企业增长8.5%；集体企业增长-10.2%，股份制企业增长19.9%，外商及港澳台商投资企业增长11.7%；私营企业增长12.3%。轻工业增长16.2%，重工业增长15.0%。

全年建筑业增加值174.40亿元，比上年增长22.3%。全市具有资质等级的建筑业企业实现利润298.78亿元，增长20.5%，其中国有及国有控股企业24.86亿元，增长10.74%。

【固定资产投资】2013年，漳州市全年全社会固定资产投资1761.48亿元，比上年增长18.5%。其中，固定资产投资（不含农户）1713.26亿元，增长18.6%；农户投资48.21亿元，增长12.6%。

在固定资产投资（不含农户）中，第一产业投资45.52亿元，比上年增长117.8%；第二产业投资780.59亿元，增长11.9%；第三产业投资887.15亿元，增长22.3%。

【科学技术】2013年，漳州市全年新认定高新技术企业36家，全市高新技术企业总数100家。漳州国家高新区正式获国务院批准，获得“全国科技进步先进市”四连冠，入选“中欧智慧城市合作中方试点城市”，成功举办海峡两岸（漳州）工业设计科技创新大赛、首届中国钟表设计大赛。漳州国家农业科技园区新增“国家科技特派员农村科技创业基地”和“国家农业科技园区协同创新战略联盟”两个国家级科技品牌。钟表基地入选国家外贸转型升级示范基地，金都海洋生物产业园被认定为“国家科技兴海产业示范基地”。13项科技成果荣获2013年福建省科学技术奖。其中一等奖1项，二等奖5项，三等奖7项，获奖成绩位居全省前列。全年专利申请数4404件，增长53.6%，发明专利申请数444件。全年专利授权数3148件，增长54.7%，发明专利授权数129件。截至年底，有效发明专利427件。

【国内贸易和对外经济】2013年，漳州市全年社会消费品零售总额701.28亿元，比上年增长12.9%。按经营地统计，城镇消费品零售额629.98亿元，增长12.6%；乡村消费品零售额71.30亿元，增长15.7%。

全年货物进出口总额97.38亿美元，比上年增长3.3%。其中，出口71.08亿美元，增长1.7%，剔除4家“一对一”企业基数增长7.9%。进口26.29亿美元，下降7.4%。进出口差额（出口减进口）44.79亿美元，比上年增加7.32亿美元。

【交通、邮电和旅游】2013年，漳州市全年货物运输总量6648.12万吨，比上年增长9.0%。全年港口完成货物吞吐量5529.20万吨，比上年增长7.1%，其中外贸货物吞吐量1028.43万吨，增长7.3%。港口集装箱吞吐量60.27万标准箱，增长21.6%。

全年完成邮电业务总量51.17亿元，比上年增长10.3%。其中，邮政业务总量6.02亿元，增长53.4%；电信业务总量45.15亿元，增长6.3%。邮政业全年完成邮政函件业务2344.93万件，包裹业务12.64万件，快递业务量1791.59万件。电信业全年局用交换机容量减少15.95万门，总容量205.01万门；新增移动电话交换机容量133.90万户，达到743.10万户。年末固定电话用户93.70万户，其中，城市电话用户33.99万户，农村电话用户54.47户。新增移动电话用户246.65户，年末达到520.83万户，其中3G移动电话用户139.64万户。年末全市固定及移动电话用户总数达到617.19户，比上年末增加24.43万户。

全年国内出游人数1590.07万人次，比上年增长17.8%；国内旅游收入152.22亿元，增长18.3%。入境旅游人数37.08万人次，增长12.2%。其中，外国人9.13万人次，增长17.7%；中国香港、中国澳门和中国台湾同胞27.95万人次，增长10.5%。在入境旅游者中。居民办理出境签证人数184437人次，增长144.7%。

【金融和保险】2013年年末，漳州市全部金融机构本外币各项存款余额1851.04亿元，比年初增加326.92亿元，其中人民币各项存款余额1829.67亿元，增加330.75亿元。全部金融机构本外币各项贷款余额1420.38亿元，增加202.66亿元，其中人民币各项贷款余额1362.10亿元，增加208.78亿元。全年社会融资规模为607.11亿元，按可比口径计算，比上年多117.36亿元。

全年保险公司原保险保费收入44.97亿元，比上年增长24.7%，其中寿险业务原保险保费收入28.14亿元；健康险和意外伤害险业务原保险保费收入3.48亿元；财产险业务原保险保费收入16.82亿元。支付各类赔款及给付15.06亿元，其中寿险业务给付6.95亿元；健康险和意外伤害险赔款及给付0.52亿元；财产险业务赔款8.12亿元。

7

2013年南平市经济发展概况

【经济总量】2013年，南平市全年实现地区生产总值1105.82亿元，按可比价格计算，比上年增长11.2%。其中，第一产业增加值257.00亿元，增长5.0%；第二产业增加值481.13亿元，增长15.0%（其中工业增加值366.90亿元，增长13.7%）；第三产业增加值367.69亿元，增长9.5%。人均地区生产总值42127元，比上年增长11.8%。三次产业结构由上年的23.5：42.8：33.7调整为23.2：43.5：33.3。

【农业】2013年，南平市全市农林牧渔业完成总产值423.39亿元，同比增长5.2%，其中：农业产值202.13亿元，增长3.8%；林业产值86.59亿元，增长6.5%；牧业产值95.60亿元，增长7.0%；渔业产值24.95亿元，增长4.4%；其他服务业产值14.12亿元，增长6.0%。

全年完成粮食播种面积373.99万亩，比上年增加1.82万亩；其中稻谷面积276.43万亩，减少0.27万亩；烟叶种植面积33.78万亩，增加3.79万亩；油料种植面积25.21万亩，增加0.07万亩；蔬菜种植面积153.38万亩，增加1.42万亩。

【工业和建筑业】2013年，南平市全年全社会工业实现增加值366.90亿元，比上年增长13.7%，其中规模以上工业增加值354.72亿元，增长14.5%。工业产品销售率96.6%，比上年回落0.2个百分点。

全社会建筑业实现增加值114.23亿元，同比增长20.2%。全市资质等级以上的总承包和专业承包建筑业企业完成建筑业总产值110.57亿元，增长29.3%；房屋建筑施工面积800.65万平方米，增长1.4%；房屋建筑竣工面积234.85万平方米，下降4.8%。

【固定资产投资】2013年，南平市全年全社会固定资产投资1214.45亿元，同比增长35.1%。其中，固定资产投资（不含农户）1186.59亿元，增长35.6%；农户投资27.87亿元，增长16.2%。

项目投资完成1053.27亿元，同比增长33.5%。其中，第一产业投资额为62.90亿元，增长26.2%；第二产业投资额为454.54亿元，增长41.5%（其中工业投资额为431.46亿元，增长39.9%）；第三产业投资额为535.83亿元，增长28.2%。

【科学技术】2013年，南平市全市全年规模以上工业企业研究与试验发展（R&D）经费支出8.24亿元，比上年增长2.9%。全年共争取国家、省级科技项目49项，下达项目补助经费3851万元，下达市级科技计划补助经费438万元。科技项目的组织实施，带动了企业持续创新力的提升。全市有高新企业19家，其中收入超过亿元以上企业11家。全市共有13家省级（企业）工程技术研究中心，创新型（试点）企业43家，省科技型企业51家。全市全年专利申请1316件，比上年增长24.0%。其中，发明专利申请206件，增长11.4%；实用新型专利申请502件，下降2.0%；外观设计专利申请608件，增长67.0%。全市专利授权841件，增长8.1%。其中，发明专利授权61件，增长1.7%；实用新型专利授权427件，增长7.8%；外观设计专利授权353件，增长9.6%。

【国内贸易和对外经济】2013年，南平市全年社会消费品零售总额400.23亿元，同比增长15.5%。分销售地看，城镇实现消费品零售额348.61亿元，增长16.4%；乡村实现消费品零售额51.62亿元，增长9.9%。分行业看，批发业实现零售额24.39亿元，增长26.9%；零售业实现零售额318.80亿元，增长13.9%；住宿业实现零售额3.34亿元，增长7.5%；餐饮业实现零售额53.71亿元，增长21.2%。按限上限下分，限额以上实现零售额136.46亿元，增长27.8%；限额以下实现零售额263.77亿元，增长10.0%。

全市进出口总额为16.70亿美元，同比下降12.7%。其中，出口总额为15.32亿美元，下降9.1%；进口总额为1.38亿美元，下降39.2%。出口达百万美元以上的企业达132家，出口总额达14.88亿美元；重点出口商品共计29类，累计出口11.53亿美元，下降5.3%；对中东、韩国、日本、中国台湾等市场出口额增速明显，分别增长78.7%、27.9%、22.6%、20.2%；但对美国、东盟、欧盟、中国香港等主要市场出口额出现不同程度的回落。

【交通、邮电和旅游】2013年，南平市全市交通运输、仓储和邮政业实现增加值41.34亿元，同比增长5.7%。全年旅客发送量（不含民航）3370.0万人，比上年下降0.1%；旅客周转量（不含铁路、民航）204198.8万人公里，增长3.6%。货物运输量（不含民航）4722.7万吨，增长14.5%；货运周转量（不含铁路、民航）887294.6万吨公里，增长15.6%。

年末全市民用汽车保有量63.20万辆（包括三轮汽车和低速货车），比上年末下降6.5%，其中私人汽车保有量11.47万辆，增长18.5%。摩托车保有量48.54万辆，下降5.2%。

全年邮电业务总量30.63亿元，比上年增长7.1%。其中邮政业务总量5.71亿元，比上年增长10.0%；电信业务总量24.92亿元，比上年增长6.5%。年末全市固定电话用户总数达到54.6万户，减少0.01万户；移动电话用户数255.9万户，减少2.74万户。全市电话交换机容量433.5万门，减少7.6万门。互联网用户数51.8万户，增加6.7万户。

全年共接待旅游总人数2105.90万人次，比上年增长14.5%，其中接待境外旅游人数29.56万人次，下降3.2%；实现旅游总收入258.53亿元，增长14.7%，其中旅游创汇1.16亿美元，下降10.5%。

【金融和保险】2013年年末，南平市全市金融机构本外币各项存款余额1144.60亿元，同比增长14.5%；各项贷款余额914.62亿元，同比增长14.3%。人民币各项存款余额1138.94亿元，同比增长14.9%；各项贷款余额910.98亿元，同比增长14.4%。

8

2013年龙岩市经济发展概况

【经济总量】2013年，龙岩市全年实现地区生产总值（GDP）1479.9亿元，按可比价格计算，比上年增长11.2%。其中，第一产业增加值177.81亿元，增长4.4%；第二产业增加值796.04亿元，增长14.5%；第三产业增加值506.05亿元，增长7.8%；人均地区生产总值57472元，比上年增长10.8%。三次产业比例由上年的11.9：55.4：32.7调整为12.0：53.8：34.2。

【农业】2013年，龙岩市全年农林牧渔业完成总产值290.63亿元，比上年增长4.6%。其中，农业产值126.62亿元，增长3.7%；林业产值39.27亿元，增长6.9%；牧业产值105.44亿元，增长4.7%；渔业产值12.54亿元，增长4.5%；农林牧渔服务业产值6.77亿元，增长4.2%。

粮食播种面积273.4万亩，比上年增加2.1万亩，其中稻谷面积223.77万亩，比上年减少0.66万亩；烟叶种植面积29.5万亩，增加1.96万亩；油料种植面积12.35万亩，增加0.46万亩；蔬菜种植面积113.19万亩，增加0.31万亩。全年粮食总产量108.04万吨，增长1.9%；其中，稻谷产量93.62万吨，增加0.95万吨，增长1.0%。蔬菜产量188.71万吨，增长1.0%。

【工业和建筑业】2013年，龙岩市全部工业增加值642.5亿元，比上年增长13.6%，其中，规模以上工业增加值482亿元，增长14.5%。工业产品销售率98.02%，比上年提高0.1个百分点。

全社会建筑业实现增加值153.54亿元，比上年增长18.9%。全市资质等级以上的总承包和专业承包建筑企业完成建筑业总产值467.81亿元，增长13.2%；房屋建筑施工面积1522.31万平方米，增长28.5%；房屋建筑竣工面积195.46万平方米，增长2.5%。

【固定资产投资】2013年，龙岩市全社会固定资产投资1298.87亿元，比上年增长29.8%，其中，固定资产投资（不含农户）增长30.3%；农户投资增长10.5%。在500万元以上固定资产投资中，第一产业投资增长74.5%，第二产业投资增长36.2%，其中工业投资增长36.1%，第三产业投资增长22.7%。

全市房地产开发投资165.13亿元，增长37.0%。其中，商品住宅投资90.51亿元，增长32.3%。商品房销售面积237.35万平方米，增长53.2%；商品房销售额155.42亿元，增长66.3%。

【科学技术】2013年，龙岩市全市启动实施市本级科技计划项目116个，新增省级重点实验室3家、累计4家（国家级1家），新增省级（企业）工程技术研究中心5家、累计16家，新增市级以上企业技术中心28家、累计178家（国家级3家、省级22家、市级153家），新增企业博士后科研工作站3家、累计10家。全市高新技术企业新认定10家、复审通过6家、累计60家，省级创新型企业新增4家、累计17家（国家级1家）。年度牵头完成科技成果获省科技奖12项（一等奖1项、二等奖6项、三等奖5项）、市科技奖30项（一等奖4项，二等奖7项，三等奖19项）。全市专利申请受理3119件（含发明专利371件），专利授权1882件（含发明专利114件），分别比上年增长29.3%和16.9%，每万人口发明专利拥有量1.292件，获第十五届中国专利优秀奖1项，获年度省专利奖4项（一等奖1项、二等奖2项、三等奖1项）、市专利奖25项（一等奖2项、二等奖8项、三等奖15项），全年共登记技术合同28项，全市技术合同成交金额2545万元。

【国内贸易和对外经济】2013年，龙岩市全年社会消费品零售总额480.77亿元，比上年增长13.5%，扣除价格因素，实际增长10.8%。按经营地统计，城镇消费品零售额434.41亿元，增长13.3%；乡村消费品零售额46.36亿元，增长15.2%。

全年进出口总额325816万美元，比上年下降6.6%。其中，进口114049万美元，下降17.3%；出口211768万美元，增长0.4%。

【交通、邮电和旅游】2013年，龙岩市全市交通运输、仓储和邮政业实现增加值85.13亿元，比上年增长6.1%。全年铁路货物运输周转量13.26亿吨公里，下降6.9%；公路货物运输周转量164亿吨公里，增长15.7%。铁路旅客运输周转量12.43亿人公里，增长53.9%；公路旅客运输周转量17亿人公里，增长0.2%。

全年邮政业务收入3.21亿元，比上年增长18.0%。全年电信业务收入26.09亿元，增长7.2%。年末全市固定及移动电话用户总数达339万户，减少9万户。其中：固定电话用户达50万户，减少3.3万户；移动电话用户达289万户，减少5万户。互联网用户达42.5万户，新增3.0万户，互联网宽带接入端口69万个，下降9.2%。

全年旅游总收入133.49亿元，比上年增长21.8%，其中，国内旅游收入131.21亿元，增长22.2%。全年接待旅游总人数1808.42万人次，比上年增长21.6%。其中，国内旅游人数1802.28万人次，增长21.7%；接待入境游客6.14万人次，增长3.2%。

【金融和保险】2013年年末，龙岩市全市金融机构本外币各项存款余额1272.91亿元，比上年末增长15.4%；金融机构本外币各项贷款余额1182.97亿元，增长12.0%。

全市保险企业各项保费收入34.84亿元，比上年增长22.0%，其中，财产险保费收入14.83亿元，增长16.0%；人身险保费收入20.01亿元，增长26.9%。全年财产险赔款支出7.74亿元，增长10.0%；人身险赔款支出4.74亿元，增长49.9%。

9

2013年宁德市经济发展概况

【经济总量】2013年，宁德市全年实现地区生产总值（GDP）1238.72亿元，比上年增长12.6%。分产业看，第一产业增加值223.65亿元，增长5.8%；第二产业增加值627.59亿元，增长18.1%；第三产业增加值387.48亿元，增长7.9%。人均地区生产总值43617元，比上年增长12.4%。第一产业增加值占地区生产总值的比重为18.1%；第二产业增加值比重为50.6%；第三产业增加值比重为31.3%。

【农业】2013年，宁德市全年农林牧渔业完成总产值386.02亿元，比上年增长5.9%。全年粮食种植面积200.78万亩，比上年增加1.27万亩，其中稻谷面积128.56万亩，减少1.68万亩；油料种植面积4.18万亩，增加0.23万亩；蔬菜种植面积115.42万亩，增加2.24万亩。全年粮食产量65.94万吨，比上年增加0.38万吨，增长0.6%，其中稻谷50.3万吨，减少0.36万吨，下降0.7%。

全年肉蛋奶总产量11.98万吨，比上年增长8.6%。肉类总产量10.15万吨，比上年增长11.4%。其中，猪肉产量8.94万吨，增长11.8%；牛肉产量0.08万吨，增长14.3%；羊肉产量0.16万吨，增长23.1%。生猪年末存栏82.0万头，增长10.7%；生猪出栏118.77万头，增长11.4%。奶产量0.24万吨，减产4.0%；禽蛋产量1.59万吨，下降5.4%。

【工业和建筑业】2013年，宁德市全年全部工业增加值514.64亿元，比上年增长17.5%。规模以上工业增加值增长19.0%，增幅连续九年居全省各设区市首位。在规模以上工业中，国有及国有控股企业增长16.2%，集体企业下降8.5%，股份制企业增长18.4%，外商及港澳台投资企业增长24.9%；轻工业增长23.2%，重工业增长17.0%。全市规模以上工业企业达1207家，其中产值超亿元企业506家，比上年增加106家。

全年全社会建筑业增加值112.95亿元，比上年增长21.0%。全市具有资质等级的总承包和专业承包建筑企业完成建筑业总产值182.37亿元，增长25.5%；房屋建筑施工面积1527.63万平方米，增长6.0%；房屋建筑竣工面积452.01万平方米，增长16.9%。

【固定资产投资】2013年，宁德市全年全社会固定资产投资934.49亿元，比上年增长47.1%，其中，固定资产投资（不含农户）910.02亿元，增长48.3%；农户固定资产投资24.47亿元，增长14.3%。

在固定资产投资（不含农户）中，第一产业投资增长105.9%；第二产业投资增长41.6%，其中工业投资增长42.5%；第三产业投资增长51.9%。

【科学技术】2013年，宁德市全年新增创新型试点企业12家，累计50家；新增创新型企业14家，累计27家。全市科研成果荣获省科学技术奖二等奖1项，三等奖6项。已争取国家、省级科技项目73项，其中国家创新基金项目37项；国家农业科技成果转化资金项目2项；国家级星火计划重大项目1项。引进全年专利授权1293件，比上年增长23.5%。其中发明专利授权81件，居全省第6位，同比增长6.6%。积极培育知识产权优势企业，全市有国家级优势企业5家，省级优势企业9家，试点企业单位10家，市级知识产权优势企业102家。

【国内贸易和对外经济】2013年，宁德市全年社会消费品零售总额370.11亿元，比上年增长15.4%。按经营地统计，城镇消费品零售额323.91亿元，增长15.3%；乡村消费品零售额46.21亿元，增长15.5%。按消费形态统计，商品零售额331.02亿元，增长16.0%；餐饮收入额39.09亿元，增长10.0%。

全年进出口总额32.57亿美元，比上年增长33.0%。其中，出口总额28.38亿美元，增长29.6%；进口总额4.19亿美元，增长61.0%。进出口差额（出口减进口）24.19亿美元，比上年增加4.88亿美元。对东盟、欧盟等主要贸易伙伴的贸易额保持较快增长。

【交通、邮电和旅游】2013年，宁德市全年交通运输、仓储和邮政业实现增加值54.62亿元，比上年增长6.9%。公路通车里程10653公里，其中等级公路9466公里，高速公路278公里。

全年完成邮电业务收入29.69亿元，比上年增长7.8%。年末固定电话用户53.53万户，比上年下降8.2%；移动电话用户306.48万户，比上年增长4.2%；全市固定电话交换机容量88.97万门，下降7.7%；移动电话交换机容量444.9万户，增长9.8%。光缆线路长度4.98万公里，增长13.4%。

全年接待旅游总人数1348.62万人次，比上年增长21.4%；旅游总收入104.04亿元，增长22.8%。其中，接待国内旅游人数1346.75万人次，增长21.4%；接待入境旅游人数1.87万人次，增长24.7%。太姥山成功创建5A级景区，成为全省唯一有2个5A级景区的设区市。周宁县九龙漈鲤鱼溪景区、柘荣东狮山分别成功创建4A级和3A级景区。新增5A级旅行社1家，4A级旅行社5家，3A级旅行社10家。

【金融和保险】2013年年末，宁德市全市金融机构本外币各项存款余额1032.81亿元，比上年末增长12.6%；金融机构本外币各项贷款余额1171.76亿元，增长15.2%。

年末全市股民资金开户数为10.15万户，比上年末增加0.99万户。全年股票、权证、基金交易量达554.52亿元，比上年增长44.9%。各类保险公司保费收入25.18亿元，比上年增长21.8%。其中寿险保费收入16.36亿元；财产险保费收入8.82亿元。支付各类赔款及给付10.11亿元，其中寿险业务给付5.01亿元；财产险赔款5.10亿元。

江西省

1

2013年南昌市经济发展概况

【经济总量】2013年，南昌市全年实现地区生产总值（GDP）3336.03亿元，按可比价格计算，比上年增长10.7%。其中GDP超500亿元县区1个，为南昌县，完成500.06亿元；超400亿元县区3个，为青山湖区、西湖区、东湖区，分别完成444.52亿元、406.30亿元、404.13亿元。全市三次产业结构调整为4.7∶55.5∶39.8。人均生产总值64678元，增长9.7%。在全市生产总值中，非公有制经济实现增加值1931.56亿元，增长11.6%，占全市生产总值的比重由上年的57.3%提高到57.9%。

【农业】2013年，南昌市全年完成农林牧渔及服务业现价总产值266.12亿元，比上年增长3.1%。其中，农业产值98.32亿元，增长3.8%；林业产值3.19亿元，增长7%；牧业产值98.36亿元，增长2.1%；渔业产值60.93亿元，增长2.9%；农林牧渔服务业产值5.33亿元，增长9.5%。

全年粮食种植面积555.08万亩，比上年下降0.7%；油料种植面积131.50万亩，增长1.2%；棉花种植面积2.88万亩，下降14.7%；蔬菜种植面积61.95万亩，增长6.3%。全年粮食总产量246.07万吨，比上年增长1.0%；油料总产量13.00万吨，增长3.4%；肉类总产量36.66万吨，增长1.8%；生猪出栏数349.80万头，增长2.1%；家禽出笼4859.06万羽，增长1.2%；禽蛋总产量16.66万吨，增长0.1%；牛奶产量5.22万吨，下降9.7%。

【工业和建筑业】2013年，南昌市全年完成规模以上工业增加值1159.48亿元，比上年增长12.9%。规模以上工业中，国有企业增加值增长14.2%；集体企业增加值增长19.6%；股份制企业增加值增长13.3%；股份合作企业增加值增长18.8%；私营企业增加值增长14.9%。全市35个工业大类中农副食品加工业，计算机、通信和其他电子设备制造业，非金属矿物制品业，化学原料和化学制品制造业，汽车制造业等13个行业增速高于全市平均水平。

全市共有资质以上建筑业企业479家，全年完成施工产值1723.31亿元，比上年增长29.5%；施工面积10994.52万平方米，增长32.9%；竣工面积3998.09万平方米，增长21.7%。以建筑业产值计算的全员劳动生产率为39.22万元/人，增长10.6%。

【固定资产投资】2013年，南昌市全市500万元及以上项目共完成投资额2909.76亿元，比上年增长

21.6%，其中，工业投资1246.61亿元，增长24.5%；房地产开发投资406.14亿元，增长17.9%。全年全市投资施工项目7054个，其中新开工项目6202个。

全市500万元以上固定资产投资中第一产业完成投资25.59亿元，比上年下降1.2%；第二产业完成投资1285.92亿元，增长25.2%；第三产业完成投资1598.25亿元，增长19.2%。三次产业在固定资产投资中所占比重由2012年的1.1：42.9：56.0调整为2013年的0.9：44.2：54.9。

【科学技术】2013年，南昌市全市公示新认定高新技术企业67家，累计拥有高新技术企业199家。累计拥有国家级生产力促进中心4家，省级生产力促进中心9家，市级生产力促进中心16家。全年服务园区企业1208家，为社会增加就业12629人，为企业增加销售收入489205万元。获得国家科技进步奖4项，省级自然科学奖17项，技术发明奖3项，科技进步奖55项，市级科技进步奖50项。2013年，全市专利申请量6190件，专利授权量3380件，分别比上年增长37.1%和12.6%。全年登记技术合同1967项，技术合同成交金额18.50亿元，比上年增长27.6%。全市新增省级产业技术创新联盟1家。获国家重点新产品12项、省级重点新产品156项。

【国内贸易和对外经济】2013年，南昌市全市实现社会消费品零售总额（法人口径）1270.01亿元，比上年增长13.7%。分地域看，城镇实现零售额1200.32亿元，增长13.7%；农村实现零售额69.68亿元，增长14.3%，城乡消费市场同步发展。分行业看，批发和零售业实现零售额1132.77亿元，增长13.8%；住宿和餐饮业实现零售额137.24亿元，增长13.0%。

据海关统计，2013年南昌地区内企业（含中央、省属公司）实现进出口总额97.22亿美元，比上年增长17.3%。其中，出口总额73.11亿美元，增长13.1%；进口总额24.11亿美元，增长32.3%。在出口产品中，高新技术产品出口11.65亿美元，增长34.1%，机电产品出口31.9亿美元，增长12.9%；一般贸易出口额57.96亿美元，增长45%，加工贸易出口13.03亿美元，增长11%。

【交通、邮电和旅游】2013年，南昌市全市各种运输方式共完成货物运输量10534.06万吨，比上年增长10.6%。其中，民航1.7万吨，增长3.7%；公路9545万吨，增长12.2%；铁路239.26万吨，下降19.4%；水运748.1万吨，增长4.5%。全年民航、铁路、公路完成旅客运输量11757.55万人，比上年增长10.7%。

全市完成邮电业务总量66.02亿元，比上年增长15.1%。其中，邮政业务总量11.54亿元，增长72.4%；电信业务总量54.48亿元，增长7.5%。发送快递4772.76万件，其中国内同城快递801.96万件、国内异地快递3945.45万件、国际及港澳台快递25.35万件，快递业务收入6.56亿元，订销报刊累计数9873.26万份。年末全市固定电话用户127万户，下降8.0%；移动电话用户629万户，增长1.2%，其中3G移动电话用户169万户，增长64.1%；互联网宽带接入用户数89.15万户，增长7.3%。年末移动电话交换机容量达1489.35万户，新增54.24万户。

全年共接待国内游客3282.16万人次，比上年增长30.3%；接待入境游客20.18万人次，增长9.4%。实现国内旅游收入271.99亿元，增长36.9%；旅游创汇6389.73万美元，增长20.6%。截至2013年年末，全市拥有星级宾馆（饭店）58家；拥有旅行社229家，其中出境组团社28家。

【金融和保险】2013年，南昌市全市金融机构各项存款余额为6624.57亿元，比年初增长15.7%。其中，单位存款3909.53亿元，增长18.1%；城乡居民储蓄存款2051.16亿元，增长10.7%。金融机构各项贷款余额5464.22亿元，比年初增长14.4%。其中，短期贷款2130.80亿元，增长17.6%；中长期贷款3273.14亿元，增长14.1%。

全市共有保险公司34家。全年实现保费收入77.49亿元，比上年增长19.7%。其中，财产保险25.92亿元，增长20.8%；人寿保险44.61亿元，增长18.0%。全年赔款及给付28.01亿元，增长39.4%。其中，财产保险14.50亿元，增长11.2%；人寿保险11.25亿元，增长1.1倍。

2

2013年景德镇市经济发展概况

【经济总量】2013年，景德镇市全年实现地区生产总值（GDP）680.28亿元，比上年增长10.2%。其中，第一产业增加值52.29亿元，增长4.0%；第二产业增加值396.48亿元，增长11.5%；第三产业增加值231.51亿元，增长9.1%。第一产业增加值占地区生产总值的比重为7.7%，第二产业增加值比重为58.3%，第三产业增加值比重为34.0%。非公有制经济增加值402.05亿元，比上年增长10.4%，占地区生产总值比重59.1%。居民消费价格稳定。全年居民消费价格比上年上涨2.5%，服务项目价格比上年上涨1.2%，消费品价格比上年上涨3.1%。在消费品中，食品价格上涨5.1%，医疗保健及个人用品价格上涨5.3%，居住价格上涨2.7%，衣着价格下降0.5%，烟酒及用品价格上涨0.1%，娱乐教育文化用品及服务价格上涨0.3%，家庭设备用品及维修服务价格下降2.1%，交通和通信价格下降0.2%。

【农业】2013年，景德镇市全年完成农林牧渔业总产值78.24亿元，比上年增长4.1%。其中，农业产值41.68亿元，增长4.5%；林业产值5.42亿元，增长4.9%；牧业产值21.72亿元，增长3.3%；渔业产值5.76亿元，增长2.3%；农林牧渔服务业产值3.65亿元，增长5.9%。

全年粮食产量620567吨，比上年增加15038吨，增产2.5%。其中，夏粮产量1691吨增产4.8%；早稻产量181918吨，增产4.1%；秋粮产量436958吨，增产1.8%。在主要粮食品种中，稻谷产量596329吨，增产2.4%；玉米产量8163吨，增产8.4%。

【工业和建筑业】2013年，景德镇市全年全部工业增加值348.18亿元，比上年增长11.8%。规模以上工业增加值225.32亿元，比上年增长12.1%。在规模以上工业增加值中，分经济类型看，国有企业增长6.3%，集体企业增长15.0%，股份合作企业下降2.2%，股份制企业增长12.9%，外商及港澳台商投资企业增长2.2%。分轻重工业看，轻工业增长5.0%，重工业增长14.2%。

全年全社会建筑业增加值48.30亿元，比上年增长8.7%。

【固定资产投资】2013年，景德镇市固定资产投资较快增长。全年完成固定资产投资538.72亿元，比上年增长18.0%。其中，城镇固定资产投资533.07亿元，增长22.7%；农村非农户投资5.65亿元，下降

74.6%。

在固定资产投资中，第一产业投资3.29亿元，比上年下降34.3%；第二产业投资410.48亿元，增长18.3%；第三产业投资124.95亿元，增长19.3%。

【国内贸易和对外经济】2013年，景德镇市全年社会消费品零售总额213.27亿元，比上年增长13.5%。按经营地统计，城镇消费品零售额187.42亿元，增长13.6%；乡村消费品零售额25.85亿元，增长13.0%。

进出口有升有降。全年进出口总额11.21亿美元，比上年下降12.1%。其中，出口总额10.96亿美元，下降9.6%；进口总额0.25亿美元，增长59.7%。进出口差额（出口减进口）10.71亿美元。

【交通、邮电和旅游】2013年，景德镇市全年货物运输总量2277.00万吨，比上年增长15.0%。货物运输周转量37.17亿吨公里，增长26.1%。

全年接待国内外游客人数达2242.45万人次，比上年增长12.1%；其中，境外旅游人数32.10万人次，增长12.1%。旅游总收入152.29亿元，增长21.6%；其中，旅游创汇1.13亿美元，增长15.3%。旅游收入占地区生产总值的比重为22.4%。

【金融和保险】2013年年末，景德镇市金融机构本外币各项存款余额672.48亿元，比年初增加88.58亿元，增长15.2%；其中人民币各项存款余额670.09亿元，增加87.78亿元，增长15.1%。金融机构本外币各项贷款余额362.69亿元，比年初增加54.57亿元，增长17.7%；其中人民币各项贷款余额360.55亿元，增加53.03亿元，增长17.2%。

3

2013年萍乡市经济发展概况

【经济总量】2013年，萍乡市全年实现地区生产总值（GDP）798.33亿元，比上年增长9.3%。其中，第一产业增加值56.32亿元，增长3.2%；第二产业增加值473.70亿元，增长10.1%；第三产业增加值268.31亿元，增长9.0%。三次产业对经济增长的贡献率分别为2.4%、69.2%、28.4%。三次产业结构为7.1：59.3：33.6。人均生产总值42515元，增长8.9%。非公有制经济快速发展，实现增加值538.07亿元，增长10.5%，占GDP的比重达67.4%。

【农业】2013年，萍乡市粮食全年总产量58.21万吨，增长1.2%。全年粮食种植面积83.41千公顷，比上年增长0.7%；油料种植面积25.85千公顷，增长4.4%；蔬菜种植面积25.11千公顷，增长0.1%。

全年肉类总产量14.57万吨，增长1.9%。年末生猪存栏79.01万头，增长4.5%；生猪出栏148.21万头，增长1.1%。全年水产品产量3.75万吨，增长2.2%。禽蛋产量0.88万吨，增长1.2%。

【工业和建筑业】2013年，萍乡市全年工业增加值428.75亿元，比上年增长10.2%，占生产总值的比重53.7%。其中，规模以上工业增加值377.49亿元，增长9.8%。

全年资质等级以上建筑业企业实现总产值86.81亿元，同比增长22.5%；全社会建筑业增加值44.95亿元，比上年增长9.4%。

【固定资产投资】2013年，萍乡市全年固定资产投资830.11亿元，比上年增长20.2%。分产业看，第一产业投资12.63亿元，下降2.1%；第二产业投资645.52亿元，增长17.0%；第三产业投资171.95亿元，增长36.5%。分投资主体看，国有经济投资65.03亿元，增长59.8%；非国有投资765.08亿元，增长17.8%，其中民间投资734.55亿元，增长26.5%。

全年房地产开发投资24.38亿元，比上年增长42.1%。商品房竣工面积32.92万平方米，下降3.0%；商品房销售面积63.94万平方米，增长66.1%；商品房销售额27.63亿元，增长88.3%。

【科学技术】2013年年末，萍乡市拥有省工程（技术）研究中心4家。全年通过省级科技主管部门鉴定的科技成果25项，新产品24项，成果1项。全年受理专利申请593件，增长33.0%；授权专利395件，增长41.6%。全年技术市场合同成交金额13000万元。高新技术产业增加值142.33亿元，增长12.0%，占生产总值的17.8%。

【国内贸易和对外经济】2013年，萍乡市全年社会消费品零售总额237.72亿元，比上年增长13.3%。分城乡看，城镇消费品零售额203.93亿元，增长13.2%；乡村消费品零售额33.79亿元，增长14.1%。分行业看，批发业零售额36.5亿元，增长13.9%；零售业零售额170.32亿元，增长13.7%；住宿业零售额2.16亿元，增长3.4%；餐饮业零售额28.74亿元，增长11.2%。在限额以上商品零售中，中西药品类零售额增长51.3%，汽车类零售额增长28.0%，金银珠宝类零售额增长21.5%，家具类零售额增长19.9%。

全年进出口总额13.73亿美元，比上年增长23.5%。其中，出口额13.48亿美元，增长22.5%。全年新批外商投资企业32家，实际使用外商直接投资2.55亿美元，增长20.0%。利用省外5000万元以上项目资金实际进资288.72亿元，增长20.7%。

【交通、邮电和旅游】2013年，萍乡市全年铁路旅客发送量250.13万人，比上年增长13.2%；货物发送量674.79万吨，比上年下降21.5%。全年公路社会客运量7480万人，比上年增长9.7%，社会客运周转量190565万人公里，比上年增长10.3%，社会货运量4584万吨，比上年下降53.4%，社会货运周转量487217万吨公里，比上年下降53.7%。

全年完成邮电业务总量14.4亿元，比上年增长7.9%。其中，邮政业务量1.1亿元，电信业务量13.3亿元。年末固定电话用户26.5万户。全年新增移动电话用户9.4万户，年末移动电话用户总数为152.5万户。3G移动电话用户43.9万户，增长1.03倍。年末互联网用户数23.97万户，增长22.9%。

全年接待国内旅游人数1707.22万人次，比上年增长22.5%；国内旅游收入109.45亿元，增长39.6%。接待入境旅游人数7.78万人次，增长4.0%；旅游外汇收入2540.13万美元，增长7.8%。

【金融和保险】2013年年末，萍乡市金融机构人民币存款余额621.71亿元，比上年增长14.9%。其中，单位存款余额224.52亿元，增长10.3%；储蓄存款余额366.73亿元，增长15.2%。金融机构贷款余额378.76亿元，增长20.8%。其中，短期贷款余额203.64亿元，增长21.2%；中长期贷款余额158.59亿元，增长26.8%。

全年保险公司保费收入12.33亿元，比上年增长25.9%，同比加快13.3个百分点。其中，财产险保费收入4.89亿元，增长18.6%；人寿险保费收入7.07亿元，增长33.5%；健康险保费收入0.21亿元，增长10.6%；意外伤害险收入0.16亿元，下降13.1%。支付各类赔款及给付6.17亿元，增长28.5%。其中，财产险赔款3.09亿元，增长26.1%；人寿险给付2.87亿元，增长130.9%；健康险赔款和给付0.1亿元，下降7.5%；意外险赔款0.11亿元，下降88.9%。

4

2013年九江市经济发展概况

【经济总量】2013年，九江市全年实现地区生产总值（GDP）1601.73亿元，按可比价格计算，比上年增长10.4%。其中第一产业增加值130.05亿元，增长4.0%；第二产业增加值898.24亿元，增长12.0%；第三产业增加值573.44亿元，增长9.1%。人均生产总值33500元，增长10.1%。三次产业结构调整为8.1∶56.1∶35.8。

【农业】2013年，九江市全年粮食作物播种面积27.66万公顷，增长0.2%；粮食产量160.80万吨，增长1.6%。油料作物播种面积13.31万公顷，增长2.2%；油料产量21.70万吨，增长3.8%。棉花播种面积6.28万公顷，增长0.6%；棉花产量9.14万吨，下降15.0%。

【工业和建筑业】2013年，九江市全年实现规模以上工业实现增加值784.83亿元，同比增长13.3%。十大产业集群完成工业增加值653.16亿元，增长10.5%，占全市规模以上工业增加值的比重为83.2%，对规模以上工业增长的贡献率达52%，拉动规模以上工业增长6.9个百分点。

全年实现全社会建筑业增加值141.52亿元，增长9.3%。全年资质内建筑企业完成总产值275.44亿元，下降1.1%。房屋建筑施工面积1588.08万平方米，比上年减少292.04万平方米；房屋竣工面积1077.96万平方米，比上年增加93.31万平方米。

【固定资产投资】2013年，九江市全年固定资产投资1507.78亿元，比上年增长25.0%。分产业看，第一产业投资9.08亿元，下降11.5%；第二产业投资1050.14亿元，增长23.6%；第三产业投资448.56亿元，增长29.0%。非国有投资1186.53亿元，增长30.0%。

全年房地产开发投资75.29亿元，增长29.6%。商品房竣工面积212.12万平方米，增长46.7%；商品房销售建筑面积304.84万平方米，增长55.2%；商品房销售额147.44亿元，增长100.8%。

【科学技术】2013年，九江市全市县以上独立研究开发机构15个。全市共组织实施市级以上各类科技计划项目322项，其中国家级29项，省级134项，市级159项，市本级科技三项经费投入1900万元，增长123.0%。全年受理专利申请1310件，授权专利880件。全市高新技术产业增加值186.09亿元。

【国内贸易和对外经济】2013年，九江市全年实现社会消费品零售总额435.63亿元，比上年增长

13.8%。其中城镇实现社会消费品零售总额255.84亿元，增长15.8%；乡村实现社会消费品零售总额179.79亿元，增长11.1%。住宿餐饮业实现零售额56.11亿元，增长16.9%；批发零售业实现零售额379.52亿元，增长13.4%。

全年进出口总额47.41亿美元，比上年增长4.9%。其中出口总额40.34亿美元，增长14.4%。

【交通、邮电和旅游】2013年，九江市全年旅客运输量12452万人，增长4.0%，其中，公路旅客运输量11491万人，增长3.1%；铁路旅客运输量913万人，增长17.6%。货物运输量13398万吨，比上年增长6.8%，其中，公路货物运输量10952万吨，增长11.5%；铁路货物运输量1261万吨，下降4.1%。

全年完成邮电业务总量31.66亿元，增长17.8%。年末城市电话用户39.14万户，下降0.4%；农村电话用户31.12万户，下降1.2%；移动电话用户355.29万户，下降1.7%。互联网用户达59.47万户，增长35.7%。

全年接待旅游总人数5613.86万人次，增长40.0%。其中境外游客32.36万人次，增长4.3%；国内游客5581.54万人次，增长40.2%。全年旅游总收入为401.93亿元，增长32.6%；其中外汇收入1.23亿美元，增长4.4%。

【金融和保险】2013年年末，九江市全市金融机构人民币存款余额1759.04亿元，比年初增加264.35亿元，其中单位存款余额743.74亿元，比年初增加116.26亿元；个人存款余额975.36亿元，比年初增加148.78亿元。金融机构各项贷款余额1056.05亿元，比年初增加130.89亿元，其中短期贷款余额为453.73亿元，比年初增加52.86亿元；中长期贷款为592.09亿元，比年初增加83.08亿元。

全年保险公司保费收入28.86亿元，增长11.5%。其中财产保险保费收入11.20亿元，增长18.5%；人寿保险保费收入17.66亿元，增长7.5%。赔款支出10.99亿元，增长36.5%。其中财产险赔款支出5.60亿元，增长17.9%；寿险赔款支出5.39亿元，增长63.1%。

5

2013年新余市经济发展概况

【经济总量】2013年，新余市全年实现地区生产总值（GDP）845.07亿元，比上年增长4.5%。其中，第一产业增加值50.95亿元，增长3.2%；第二产业增加值490.37亿元，增长4.0%；第三产业增加值303.75亿元，增长6.0%。三次产业对经济增长的贡献率分别为3.7%、57.4%和38.9%。三次产业结构调整为6.0：58.1：35.9。非公有制经济平稳发展，实现增加值518.87亿元，增长4.5%，占GDP的比重达61.4%。

【农业】2013年，新余市全年粮食种植面积100047公顷，比上年增长0.2%；油料种植面积12382公顷，增长0.4%；棉花种植面积3188公顷，下降4.6%；蔬菜种植面积10756公顷，下降2.4%。

全年粮食总产量59.8万吨，比上年增长2.7%。其中，早稻产量2.43万吨，增长1.7%；二晚产量30.37万吨，增长0.3%。

【工业和建筑业】2013年，新余市全年全部工业增加值430.16亿元，比上年增长3.9%，占地区生产总值比重为50.9%。其中规模以上工业增加值295.12亿元，增长3.6%。在规模以上工业中，分轻重工业看，轻工业增加值37.72亿元，增长9.6%；重工业增加值257.40亿元，增长2.8%。分企业类型看，国有企业增加值2.00亿元，下降3.5%；集体企业增加值3.62亿元，增长4.7%；股份制企业增加值125.45亿元，增长4.3%；私营企业增加值81.32亿元，增长9.8%；外商及港澳台商投资企业增加值82.74亿元，增长1.0%。全年十大战略性新兴产业增加值186.86亿元，增长4.0%。

全年全社会建筑业增加值60.20亿元，比上年增长4.7%，占地区生产总值比重为7.1%。全市具有资质以上建筑业企业实现总产值118.31亿元，比上年增长14.6%。

【固定资产投资】2013年，新余市全年固定资产投资（不含农户）704.04亿元，比上年增长5.0%。分产业看，第一产业投资51.15亿元，下降23.3%；第二产业投资400.26亿元，增长6.3%；第三产业投资252.63亿元，增长11.2%。分投资主体看，国有经济投资147.74亿元，下降10.5%；非国有经济投资556.30亿元，增长10.1%，其中民间投资528.91亿元，增长15.9%。

【科学技术】2013年，新余市全年研究与试验发展（R&D）经费支出12.30亿元，占GDP比重为1.46%，比上年下降0.09个百分点。年末拥有国家工程技术研究中心1个，省工程技术研究中心6个。全年通过省级科技主管部门鉴定的科技成果13项。全年受理专利申请674件，比上年增长15.0%；授权专利371件，增长6.3%。高新技术产业增加值85.08亿元，占地区生产总值的比重达10.1%。

【国内贸易和对外经济】2013年，新余市全年社会消费品零售总额170.83亿元，比上年增长10.9%。分城乡看，城镇消费品零售额155.52亿元，增长11.1%；乡村消费品零售额15.31亿元，增长9.4%。全年限额以上批发零售企业零售额50.32亿元，增长5.6%；限额以上住宿餐饮企业零售额8.71亿元，增长2.7%。

全年外贸进出口总额20.70亿美元，比上年下降15.5%。其中，出口总额10.73亿美元，下降24.5%；进口9.97亿美元，下降3.0%。

【交通、邮电和旅游】2013年，新余市全年铁路、公路、水运旅客运输量2117.32万人，比上年增长2.1%；货物运输量13336.31万吨，增长14.6%。

全年完成邮电业务总量11.03亿元，比上年增长8.0%。其中邮政业务量1.23亿元，电信业务量9.80亿元。年末固定电话用户18.24万户。全年新增移动电话用户1.26万户，年末移动电话用户达96.89万户。年末互联网用户数达19.11万户，比上年增长6.4%。

全年接待国内旅游人数855.17万人次，比上年增长25.9%；国内旅游收入70.68亿元，增长50.5%。接待入境旅游人数2.5万人次，增长26.0%；旅游外汇收入731.30万美元，增长35.7%。

【金融和保险】2013年年末，新余市金融机构本外币各项存款余额658.11亿元，比上年末增长9.0%；其中人民币各项存款余额655.16亿元，增长10.7%。年末金融机构本外币各项贷款余额547.92亿元，增长11.0%；其中人民币各项贷款余额541.81亿元，增长12.8%。年末城乡居民人民币储蓄存款余额339.63亿元，增长10.8%。

年末保险公司21家，其中寿险公司10家，财产险公司11家。全年保险公司保费收入11.47亿元，比上年增长7.6%。其中，寿险保费收入6.78亿元，增长4.0%；财产险保费收入4.69亿元，增长13.3%。支付各类赔款及给付3.43亿元，下降0.6%。其中，寿险给付2.37亿元，增长106.1%；财产险赔款1.06亿元，下降53.9%。

6

2013年鹰潭市经济发展概况

【经济总量】2013年，鹰潭市全年实现地区生产总值（GDP）553.47亿元，按可比价格计算，比上年增长10.3%。其中：第一产业增加值44.55亿元，增长4.5%；第二产业增加值346.37亿元，增长11.6%；第三产业增加值162.55亿元，增长9.1%。三次产业结构由上年的8.6：63.4：28.0调整为8.0：62.6：29.4。三次产业对经济增长的贡献率分别为3.6%、72.1%和24.3%。人均生产总值48542元，增长9.9%，按年均汇率折算为7838美元。

【农业】2013年，鹰潭市全市实现农林牧渔业总产值70.16亿元，按可比价计算，增长4.6%。其中，农业产值26.52亿元，增长4.3%；林业产值3.85亿元，增长1.5%；牧业产值30.13亿元，增长4.1%；渔业产值8.62亿元，增长8.4%。农作物总播种面积达到15.71万公顷，增长2.7%。粮食产量实现“十连丰”，全年粮食产量达到69.63万吨，增长1.9%，其中，早稻28.42万吨，增长2.2%。主要畜牧产品平稳增长。全年肉类总产量12.66万吨，增长2.4%，其中猪牛羊肉10.94万吨，增长2.3%，禽蛋产量2.09万吨，增长0.7%。生猪出栏131.7万头，增长2.4%。年末生猪存栏71.32万头，增长5.1%。水产养殖规模基本稳定，全年水产养殖面积为8249公顷，下降0.3%，水产品总产量4.77万吨，下降0.5%，其中养殖业产量4.42万吨，增长1.2%。

【工业和建筑业】2013年，鹰潭市全年规模以上工业完成增加值321.96亿元，增长12.3%。其中分企业类型看，国有企业完成151.16亿元，增长6.4%，集体企业完成0.05亿元，下降4.9%，股份制企业完成114.91亿元，增长17.2%，私营企业完成50.24亿元，增长22.1%，外商及港澳台投资企业完成5.59亿元，增长4%。分轻重工业看，轻工业完成38.62亿元，增长31.5%，重工业完成283.34亿元，增长10.1%。分产业看，铜产业完成254.51亿元，增长9.8%；非铜产业67.45亿元，增长22.8%。分行业看，在统计的25个行业大类中，有19个行业的增加值实现了增长。其中，化工原料及化学制品制造业完成7.83亿元，增长3.9%；医药制造业完成3.0亿元，增长6.1%；非金属矿物制品业完成3.23亿元，增长14.6%；有色金属冶炼及压延加工业完成246.88亿元，增长10.4%；电气机械及器材制造业完成18.28亿元，增长32.6%；仪器仪表制造业完成4.98亿元，增长12.5%；电力热力的生产和供应业完成4.33亿元，增长22.5%。

全市具有建筑资质等级的总承包和专业承包建筑业企业完成总产值142.2亿元，增长1.3%；建筑业增加值24.08亿元，增长15.4%。建筑业企业房屋建筑施工面积557.2万平方米，下降25.9%；房屋建筑竣工面积

181.8万平方米，下降40.2%，其中住宅竣工面积为113.7万平方米，下降19.5%。

【固定资产投资】2013年，鹰潭市全年完成500万元以上固定资产投资393.97亿元，增长20.1%。从投资主体看，国有经济投资105.01亿元，增长3.4%，非国有投资288.96亿元，增长27.6%，其中民间投资287.59亿元，增长33.3%。非国有投资占固定资产投资比重达73.3%，比上年提高1.5个百分点。从产业看，第一产业投资11.07亿元，增长3.2%；第二产业投资243.9亿元，增长14.7%；第三产业投资139亿元，增长32.8%。从行业看，工业投资243.9亿元，增长17.1%，其中制造业增长18.6%。在第三产业投资中交通运输、仓储和邮政业下降23.5%，租赁和商务服务业增长34.6%，卫生、社会保障和社会福利业增长57.1%。

【科学技术】2013年，鹰潭市全市共获国家、省各类科技计划项目53项，其中国家级科技计划项目7项，省级科技计划46项；省级重点新产品计划26项，12项新产品被评为省优秀科技新产品。科技成果鉴定登记26项，获省市科技进步奖24项，共中省奖2项。专利申请427项，增长11.2%；专利授权212件，下降25.9%，其中发明89项，增长28.7%。

【国内贸易和对外经济】2013年，鹰潭市全年实现社会消费品零售总额133.77亿元，增长13.3%。其中限额以上消费品零售额36.38亿元，增长12.1%。分地域看，城镇消费品零售额122.81亿元，增长13.4%；乡村消费品零售额10.96亿元，增长12.5%。分消费形态看，限额以上住宿和餐饮业零售额2.05亿元，增长1.6%；限额以上批发和零售业商品零售额34.33亿元，增长12.8%。从主要商品类别看，在限额以上企业商品零售额中，粮油食品饮料烟酒类增长28.1%，服装、鞋帽、针织品类增长40.7%，日用品类增长15.3%，化妆品类增长12.8%，金银珠宝类增长38.4%，文化办公用品类增长10.7%，建筑及装潢材料类增长29.9%，石油及制品类增长13.2%。

全市完成进出口总额44.21亿美元，比上年增加0.97亿美元，增长2.1%。其中，进口总额34.78亿美元，下降1.0%；出口总额9.43亿美元，增长16.6%。从出口企业性质来看，外商投资企业出口较快。全市外商投资企业出口4.28亿美元，增长50.4%；民营企业出口4.97亿美元，下降3%。从贸易方式来看，一般贸易出口5.36亿美元，增长24.9%；加工贸易出口4.07亿美元，增长48.4%；其他贸易完成12.6万美元，下降99.9%。从出口商品来看，五金矿产仍是出口热点商品。全年出口五金矿产3.57亿美元，增长53.5%，出口额占全部出口总额的37.9%。

【交通、邮电和旅游】2013年，鹰潭市境内公路通车里程达到4015.55公里，比上年增加1.55公里。其中高速公路通车里程89公里，与上年持平。全年铁路、公路、水路共完成客运量5978.73万人，增长4.1%，其中铁路旅客发送量531.46万人，增长6.9%，公路客运量5402万人，增长3.8%，水路客运量45.27万人，增长2.9%；完成货运量7633.5万吨，增长15.9%，其中铁路货物发送量392.03万吨，增长3.1%，公路货运量6794万吨，增长17%，水路货运量447.47万吨，增长15.3%。

年完成邮电业务收入73495万元，增长11.6%。其中，邮政业务收入11212万元，增长33.7%。邮寄国内函件237.64万件，下降19.9%；国内特快专递280.59万件，增长301.1%。集邮业务量达到340.87万枚，增长11.3%，集邮品册数达到9.25万册，增长27.8%。电信业务收入62283万元，增长8.4%。年末电话交换机总容量达到90.12万门，增长0.2%；固定电话用户数16.23万户，下降0.9%；移动电话用户82.89万户，增长3.1%。年末互联网宽带用户数16.45万户，增长8.9%。

全年接待国内旅游者1330万人次，增长23%，入境旅游者20.6万人次，增长11%；旅游总收入达96.5亿元，增长28.5%，其中旅游创汇3690万美元，增长11%，旅游总收入相当于服务业增加值比重为59.4%，比上年提高3.7个百分点。

【金融和保险】2013年年末，鹰潭市全市金融机构人民币存款余额481.04亿元，比上年末增长13.1%。其中，储蓄存款余额258.87亿元，增长13.1%。全市金融机构人民币贷款余额314亿元，比上年末增长16.2%。其中，短期贷款余额150.5亿元，增长30.9%；中长期贷款余额154.88亿元，增长9.3%。

全市共有各类保险公司15家，其中财产保险公司8家，人寿保险公司7家。全年实现保费收入89702万元，增长10.1%。其中财产险保费收入39443万元，增长11.5%；人身险保费收入50259万元，增长9.1%。各类保险赔款给付支出25443万元，增长23.3%。其中财产险赔款给付支出23573万元，增长24.1%；人身险赔款给付支出1870万元，增长13.4%。

7

2013年赣州市经济发展概况

【经济总量】2013年，赣州市全年实现地区生产总值（GDP）1508.43亿元，比上年增长11.9%。其中，第一产业增加值252.41亿元，增长4.8%；第二产业增加值696.78亿元，增长13.7%；第三产业增加值559.24亿元，增长13.2%。三次产业结构由2011年的17.4：47.2：35.4调整至2012年的16.7：46.2：37.1。非公有制经济实现增加值922.99亿元，增长13.9%，占GDP比重为61.2%。

【农业】2013年，赣州市全年粮食种植面积769.63万亩，比上年减少1.48万亩；烤烟面积14.64万亩，增加2.25万亩；蔬菜及食用菌面积162.29万亩，增加1.62万亩；花生面积48.89万亩，增加1.69万亩。茶园面积15.25万亩，增加1.74万亩；果园面积281.76万亩，增加7.37万亩。其中，脐橙面积178.12万亩，增加4.22万亩。

全年粮食产量280.03万吨，比上年增长0.5%；蔬菜及食用菌产量249.20万吨，增长3.0%；瓜果产量24.79万吨，增长0.1%；水果产量169.02万吨，下降4.0%，其中脐橙产量125.09万吨，下降6.2%。

【工业和建筑业】2013年，赣州市全年全部工业增加值603.48亿元，比上年增长14.0%。其中，规模以上工业企业完成增加值566.97亿元，增长14.8%。在规模以上工业企业中，轻工业增长18.4%，重工业增长13.6%。分企业类型看，国有企业增长12.2%，集体企业增长23.5%，股份制企业增长10.4%，私营企业增长21.7%，外商投资及港澳台企业增长15.0%。

全市具有资质等级的总承包和专业承包建筑企业完成产值181.25亿元，比上年增长28.3%。全市建筑业企业上缴税收21.56亿元，增长38.7%。

【固定资产投资】2013年，赣州市全年固定资产投资1110.91亿元，增长35.5%。其中，城镇固定资产投资额997.73亿元，增长25.2%；农村非农户固定资产投资额113.18亿元，增长394.2%。

在固定资产投资中，第一产业投资24.97亿元，比上年增长111.1%；第二产业投资465.80亿元，增长29.5%；第三产业投资620.14亿元，增长38.4%。分企业类型看，国有企业投资405.63亿元，增长31.7%；有限责任公司投资205.75亿元，增长2.4%；股份有限公司投资21.57亿元，下降1.8%；私营企业投资373.71亿元，增长68.7%；港澳台企业投资26.43亿元，增长3.0%；外商投资15.57亿元，下降3.6%；个体经营投资19.74亿元，增长391.2%。

【科学技术】2013年，赣州市全年通过国家和省市鉴定的科技成果90项，其中达到国内先进水平的21项。获省级科技成果奖7项，地区科技成果奖30项。受理专利申请1872项，批准授权专利1097项。

【国内贸易和对外经济】2013年，赣州市全年社会消费品零售总额492.42亿元，比上年增长15.0%。分城乡看，城镇消费品零售额405.46亿元，增长15.5%；乡村消费品零售额86.96亿元，增长12.5%。分行业看，批发业零售总额160.52亿元，增长18.7%；零售业零售总额289.43亿元，增长13.1%；住宿业零售总额5.37亿元，增长17.0%；餐饮业零售总额37.10亿元，增长14.1%。

全年货物进出口总额328949万美元，比上年增长12.5%。其中，货物出口283945万美元，增长12.6%；货物进口45004万美元，增长12.4%。主要出口国家（地区）是，美国62373万美元，同比增长20.8%；欧盟（25国）39715万美元，下降2.5%；日本37323万美元，下降50.1%；东盟24341万美元，增长62.4%；德国11304万美元，下降39.6%。出口额中，10个县（市、区）和赣州开发区超过5千万美元；6个县（市、区）和赣州开发区超过2亿美元，分别是章贡区、龙南县、开发区、信丰县、上犹县、瑞金市、赣县，它们的货物出口占全市货物出口总额的83.8%。

【交通、邮电和旅游】2013年，赣州市全年交通运输、仓储及邮政业增加值81.38亿元，比上年增长16.7%。

全年公路货物运输量17266万吨，比上年增长8.8%；旅客运输量9153万人，增长12.8%。铁路货物运输量1278.0万吨，增长56.0%；旅客运输量1302万人，增长6.2%。民航货物运输量4566.7吨，增长54.9%；旅客运输量60.17万人，增长16.8%。

全年邮政业务总量4.66亿元，增长33.5%；电信业务收入45.08亿元，增长34.0%。年末全市固定及移动电话用户总数达到604.21万户，比上年末减少1.77万户，其中固定电话用户94.21万户，减少17.56万户；移动电话用户510.0万户，增加15.79万户。电话普及率达到71.5部/百人。互联网上网用户67.90万户，增加17.87万户。

全年入境旅游人数15.22万人次，比上年增长15.8%；旅游外汇收入4674.97万美元，增长30.7%。国内旅游人数2131.51万人，增长20.8%。旅游总收入164.55亿元，增长21.3%。

【金融和保险】2013年年末，赣州市全部金融机构各项存款余额2268.74亿元，比年初增加421.14亿元。其中，单位存款892.64亿元，增加181.21亿元；储蓄存款1327.76亿元，增加227.38亿元。各项贷款余额1283.18亿元，增加247.76亿元。其中，短期贷款600.62亿元，增加185.92亿元；中长期贷款669.12亿元，增加59.00亿元。

全年实现保费收入41.86亿元，比上年增长11.4%。其中，财产险保费收入15.25亿元，增长23.5%；人寿险保费收入26.61亿元，增长5.5%。

8

2013年吉安市经济发展概况

【经济总量】2013年，吉安市全年实现地区生产总值（GDP）1123.90亿元，增长10.9%。分产业看，第一产业增加值197.11亿元，增长5.1%；第二产业增加值575.71亿元，增长13.3%；第三产业增加值351.08亿元，增长10.0%。三次产业结构为17.54：51.22：31.24。人均生产总值达到23126元，增长10.6%。非公有制经济增加值690.08亿元，增长12.2%，占GDP的比重达61.4%。

【农业】2013年，吉安市全年全市实现农林牧渔业总产值331.54亿元，增长5.1%。年末全市共有个215乡镇政府，乡村总户数101.26万户，乡村总人口393.6万人。乡村劳动力资源总数227.47万人，乡村从业人员201.3万人，外出（离乡）的从业人员112.34万人，其中出省从业的79.31万人。

全年全市粮食产量411.97万吨，比上年增加11.67万吨，增长2.9%；油料产量17.79万吨，增长3.6%；水果产量38.42万吨，增长12.7%；水产品产量20.65万吨，增长3.4%，其中特种水产品产量6.61万吨，增长3.4%；生猪出栏394.96万头，增长2.6%，年末生猪存栏241.18万头，增长0.8%；出笼家禽8139.62万羽，增长4.5%，年末家禽存栏2849.21万羽，增长1.6%；出售和自宰肉用牛49.77万头，增长2.0%，年末牛存栏88.29万头，增长9%。

【工业和建筑业】2013年，吉安市年末全市共有836家规模以上工业企业，实现增加值530.68亿元，增长13.8%，实现总产值2189.41亿元，增长16.0%。在规模工业总产值中，按行业分，国有经济增长8.1%，集体经济增长7.7%，股份制经济增长18.4%，其他经济增长12.7%；按轻重工业分，轻工业增长27.4%，重工业增长10.3%。

全年全市全社会建筑业实现增加值81.04亿元，增长10.8%。

【固定资产投资】2013年，吉安市全年全市完成固定资产投资1064.63亿元，增长20.2%。其中城镇以上投资完成887.19亿元，增长19.3%；农村投资完成177.44亿元，增长24.6%。全年全市施工项目1246个，新增固定资产687.48亿元，增长16.5%。

在固定资产投资中，国有投资253.92亿元，增长31.1%；非国有投资810.70亿元，增长17.1%。第一产业完成投资36.15亿元，增长73.6%；第二产业完成投资676.61亿元，增长10.8%；第三产业完成投资351.87

亿元，增长38.4%。

【科学技术】2013年，吉安市全年全市申请专利1520件，比上年增加779件，增长105.1%；授权专利659件，比上年增加214件，增长48.1%。

【国内贸易和对外经济】2013年，吉安市全年全市完成社会消费品零售总额300.29亿元，增长14.1%。分城乡看，完成城镇消费品零售额225.14亿元，增长12.8%，其中城区100.23亿元，增长17.2%；完成乡村消费品零售额75.15亿元，增长18.3%。

全年全市进出口总额356185万美元，增长30.4%，其中出口332283万美元，增长29.2%。

全年全市新签外资项目数125个，合同引资93280万美元，实际进资68427万美元，增长21.1%。

【交通、邮电和旅游】2013年，吉安市全年全市交通运输、仓储和邮政业实现增加值50.82亿元。

全年全市公路实现货物运输量8478万吨，增长6.7%，货运周转量348.74亿吨公里，增长20.1%；发送旅客4039万人，增长4.6%，客运周转量19.97亿人公里，增长2.6%。铁路（吉安站）全年发送旅客307.55万人，增长16.2%，到达旅客312.98万人，增长13.4%；货物发送1.8万吨，货物到达425万吨。

全年全市实现邮电主营业务收入23.05亿元，增长10.8%。年末全市固定电话用户数为49.78万部，移动电话用户数为274.64万户。

全年全市累计接待游客2671.9万人次，增长26.9%，实现旅游总收入204.8亿元，增长24.1%。其中：境外游客28.01万人次，增长21.5%，旅游外汇收入6630万美元，增长20.9%；国内游客2643.9万人次，增长27.1%；国内旅游总收入200.7亿元，增长24.3%。

【金融和保险】2013年，吉安市全年全市实现金融业增加值26.41亿元，增长19.9%。年末全市金融机构人民币存款余额1492.74亿元，比年初增加207.61亿元；金融机构人民币贷款余额714.73亿元，比年初增加147.22亿元，同比多增27.83亿元。

9

2013年宜春市经济发展概况

【经济总量】2013年，宜春市全年实现地区生产总值（GDP）1387.07亿元，增长10.1%。其中：第一产业实现增加值213.69亿元，增长3.5%；第二产业实现增加值765.91亿元，增长12.4%；第三产业实现增加值407.47亿元，增长9%。三次产业结构调整为15.4：55.2：29.4。人均GDP达到25352元，按年平均汇率（1美元=6.1932元人民币）折算为4093.65美元。非公有制经济快速发展，实现增加值841.95亿元，增长10.4%，占GDP的比重为60.7%。

【农业】2013年，宜春市全年完成农业总产值377.42亿元，增长3.5%。粮食种植面积954.66万亩、增长1.13%，实现粮食总产量421.45万吨、增长1.59%。年末生猪存栏383.97万头、增长4.54%；生猪出栏655.2万头、增长4.51%。全年油料作物总产21.03万吨，增长3.72%。肉类总产量63.81万吨，增长4.28%。家禽出笼

42.14万羽，增长2.78%。水产品产量33.63万吨，增长2.24%。

【工业和建筑业】2013年，宜春市全年全部工业完成增加值689.38亿元，同比增长12.6%。新增规模以上工业企业110户，净增87户。全年规模以上工业增加值631.89亿元，增长13.1%，其中轻工业完成增加值280.46亿元，增长12.1%；重工业完成增加值351.43亿元，增长13.8%。全市建材、机电、食品、电力能源、医药、化工和纺织服装鞋革七大支柱行业实现工业增加值492.1亿元，增长12.3%，占规模以上工业增加值比重达到77.9%；十大战略新兴产业实现工业增加值253.47亿元，增长12.3%。

全年全社会建筑业实现增加值76.5亿元，增长11.2%。全市具有建筑业资质等级的总承包和专业承包建筑业企业完成总产值163.4亿元，增长19.8%；竣工产值125.2亿元，增长25.1%，竣工率达76.7%。

【固定资产投资】2013年，宜春市全年500万元以上固定资产投资1124.6亿元，增长21.3%。分产业看，第一产业投资33.7亿元，增长20.2%；第二产业投资725.85亿元，增长11.1%，其中工业投资725.64亿元，增长11.6%；第三产业投资365.03亿元，增长48.7%。分投资主体看，国有经济投资127.1亿元，增长7.3%；非国有投资997.5亿元，增长23.4%，其中民间投资971.2亿元，增长24.9%。在资金来源中，自筹资金增长14.2%，占本年资金来源的比重达78.3%。

【科学技术】2013年，宜春市全市国有企事业单位拥有各类专业技术人员76621人，其中37316人具有中级以上职称。全年共争取省级以上科技计划170项，共验收鉴定科技成果和重点新产品114项，其中省级鉴定41项。共受理技术合同登记46项，专利申请1396项，争取科技经费13363万元。

【国内贸易和对外经济】2013年，宜春市全年实现社会消费品零售总额404.83亿元，增长14.2%。其中，城镇零售额323.49亿元，增长14.7%，乡村零售额81.34亿元，增长12.6%。按行业构成分，批发、零售、住宿和餐饮业零售额分别为98.52亿元、259.25亿元、2.46亿元和44.6亿元，分别增长13.2%、14.4%、8.6%和15.7%，零售业占社会消费零售总额的比重达64%。全年限额以上批发和零售业中，金银珠宝类商品、汽车类和石油类商品零售额增长较快，分别增长68.5%、21.8%、15.4%。

全市进出口总额19.83亿美元，增长20%，其中外贸出口总额18.32亿美元，增长22.8%，增速高于全省平均水平10.6个百分点。宜春海关申报工作进展顺利，高安、万载口岸作业区建设步伐加快。宜丰康替龙竹业建成全省首个企业内集装箱国检监管区。

【交通、邮电和旅游】2013年，宜春市全年全市公路汽车客运量8677万人，增长5%，旅客周转量43.21亿人公里，增长6%。公路、水路货运量17290万吨，增长13.5%，货物周转量471.67亿吨公里，增长16.1%；水路运输船舶拥有量达到1146艘43.72万吨，全年港口吞吐量1808.2万吨。全市民用汽车拥有量29.37万辆，增长23.5%。

全年完成邮电业务总量19.95亿元，其中邮政业务总量2.68亿元，增长10.3%；电信业务总量17.27亿元，增长7.1%。固定电话用户57.89万户，其中住宅电话51.56万户，固定电话普及率11部/百人；移动电话用户320.46万户，增长25.3%，移动电话普及率59部/百人；计算机互联网宽带接入用户35.77万户。

【金融和保险】2013年年末，宜春市全市金融机构各项存款余额1709.1亿元，较年初新增258.2亿元，同比多增15.3亿元；各项贷款余额916.44亿元，较年初新增183.1亿元，同比多增45.9亿元。金融体系进一步健全，兴业、浦发、交通、南昌4家银行相继开业，上饶银行宜春分行在筹建当中。直接融资取得新突破，奉新华春色纺成功发行全省首单中小企业私募债。全省首家中外合资中银富登村镇银行落户宜丰。

全市现有27家保险公司，其中财产保险12家、人寿保险15家，从业人员6550人。县市区机构123家，其中财产保险57家、人寿保险66家。乡镇机构157家（含城区服务部），其中财产保险15家、人寿保险142家。全年实现保费收入36.85亿元，增长21.2%；支付各类赔款及给付10.2亿元，增长24%。

10

2013年抚州市经济发展概况

【经济总量】2013年，抚州市全年实现地区生产总值（GDP）940.64亿元，比上年增长10.3%。其中，第一产业增加值163.48亿元，增长4.9%；第二产业增加值489.02亿元，增长12.9%；第三产业增加值288.14亿元，增长9.0%。三次产业比由上年的18.4：52.8：28.8调整为17.4：52.0：30.6。规模以上工业增加值完成285.99亿元，增长13.4%；全社会固定资产投资835.26亿元，增长19.7%；外贸出口总额124666万美元，增长19.2%；城镇化率42.09%，提高1.38个百分点。

【农业】2013年，抚州市全市粮食生产实现“十连丰”，粮食总产量达286.13万吨，比上年增长0.9%。其中，早稻总产量109.06万吨，增长4.1%。甘蔗产量20.14万吨，增长5.8%；油料产量5.47万吨，下降10.1%；蔬菜产量136.48万吨，增长1.5%；水果产量159.93万吨，增长31.7%；茶叶产量0.26万吨，增长4.3%；棉花产量0.37万吨，增长2.4%。肉类总产量34.29万吨，增长7.4%，其中猪肉产量23.74万吨，增长8.5%；禽肉产量9.89万吨，增长5.1%。全年水产品产量17.56万吨，增长4.3%。

【工业和建筑业】2013年，抚州市全市全部工业增加值408.03亿元，增长13.3%，占GDP的比重为43.4%。其中规模以上工业增加值285.99亿元，增长13.4%，增幅全省第二。国有企业5.50亿元，增长5.0%；集体企业0.28亿元，增长3.3%；股份制企业135.44亿元，增长15.8%；外商及港澳台投资企业22.56亿元，增长2.2%。

全年全市建筑业企业实现增加值80.99亿元，增长11.0%。全市具有资质等级的总承包和专业承包建筑业企业完成总产值207.72亿元，增长47.8%；全员劳动生产率212312元/人（按建筑业总产值计算），增长22.4%；实现利税13.99亿元，增长91.1%。

【固定资产投资】2013年，抚州市全年完成全社会固定资产投资835.26亿元，增长19.7%。其中，城镇固定资产投资794.10亿元，增长20.1%。城镇投资中，第一产业投资33.41亿元，下降14.4%；第二产业投资496.99亿元，增长29.4%；第三产业投资263.70亿元，增长10.1%。

全年工业完成投资496.99亿元，增长29.4%。其中：纺织业、纺织服装及服饰业、化学原料及化学制品制造业和电气机械及器材制造业投资分别为74.69亿元、41.36亿元和35.87亿元，分别增长18.1%、21.5%和2.9%。全市全年非国有经济完成投资641.34亿元，增长26.9%，占固定资产投资的80.8%。其中，私营企业完成投资293.11亿元，增长31.7%。

【科学技术】2013年，抚州市财政用于科技活动的经费支出2.30亿元，比上年增长41.1%。研究与发展（R&D）经费支出6.49亿元，增长98.6%，占全市生产总值的0.69%，同比提高0.17个百分点。年末从事科技活动人员11.43万人，增长5.2%，全市新增高新技术企业12家，省级工程技术研究中心1个，省级企业技术中心2个，省级创新型企业3家，省级民营科技型企业15家。全市争取到国家级科技计划项目19项，省级69项，共获得资助资金5500万元，是上年争取金额的2倍多，是目标任务的1.8倍多。取得科技成果登记65项，是目标任务的1.6倍多，江西海豹高科技有限公司"高浑浊海水养殖水域游弋式水下视频监控系统"等4项成果获省科学技术奖，创历史新高。全年专利申请量892项，比上年增长39.2%，授权量550件，比上年增长46.7%。技术市场活跃，全年技术贸易成交额2.80亿元。全市高新技术产业和战略新兴产业快速发展，高新技术产业增加值51.48亿元，比上年增长17.51%，占GDP的比重5.47%，抚州市十大战略新兴产业实现工业增加值60.12亿元，占全市规模以上工业增加值的21.02%，同比增长12.71%。2013年，我市荣获"全国科技进步先进市"称号，市本级及全市11个县（区）首次100%通过科技考核，综合排序列全省第一位。国家精细化工高新技术产业化基地落户抚州，取得历史性突破。

【国内贸易和对外经济】2013年，抚州市全市社会消费品零售总额339.60亿元，增长12.9%。分城乡看：城镇消费品市场实现零售额273.42亿元，增长13.0%；乡村消费品市场实现零售额66.18亿元，增长12.5%。分行业看，批发和零售业是社会消费品零售市场的主导力量，实现零售额301.15亿元，增长13.2%，占全市社会消费品零售总额的88.7%；住宿和餐饮业零售额38.45亿元，增长10.8%。

全市进出口总额126050万美元，增长19.5%。其中，出口总额124666万美元，增长19.2%。实际利用外商直接投资22089万美元，增长12.6%。全市新引进并已开工项目784个，其中5000万元以上工业项目335个，下降30.6%；亿元以上工业项目180个，下降33.3%。实际引进市外境内资金465.13亿元，增长11.5%。其中，5000万元以上工业项目实际进资317.72亿元，增长12.0%；亿元以上工业项目实际进资202.57亿元，增长66.1%。省"十二五"电源建设规划中的重点建设项目之一大唐抚州电厂获准正式开工建设。

【交通、邮电和旅游】2013年，抚州市全年交通运输、仓储和邮政业实现增加值59.91亿元，比上年增长9.8%。全年货物周转量464.66亿吨公里，比上年增长20.0%；旅客周转量28.81亿人公里，比上年增长2.3%。向莆铁路正式通车运营。全年完成邮政业务总量2.48亿元，比上年增长16.5%。

全年全市接待国内旅游1220万人次，增长22.0%，入境旅游7.08万人次，增长4.0%；国内旅游收入98.00亿元，增长26.0%，旅游外汇收入2460.31万美元，增长6.5%。旅游产业基本实现"县县有国家A级旅游景区"目标，名人雕塑园成为市中心城区首个国家4A级旅游景区。

【金融和保险】2013年年末，抚州市全市金融机构各项贷款余额599.08亿元，比年初增加124.34亿元，同比多增29.64亿元，增长26.2%。各项存款余额1111.24亿元，比年初增加173.62亿元，同比多增22.97亿元，增长18.5%。

保费收入20.87亿元，比上年增长19.3%。其中，财产险保费收入6.96亿元，增长17.4%；寿险保费收入13.91亿元，增长20.1%。

11

2013年上饶市经济发展概况

【经济总量】2013年，上饶市全年实现地区生产总值（GDP）突破1400亿元大关，达到1401.3亿元，按可比价格计算，增长10.0%。其中，第一产业增加值207.1亿元，增长3.8%；第二产业增加值715.4亿元，增长12.3%；第三产业增加值478.7亿元，增长8.9%。三次产业结构由去年同期的15.2：52.4：32.4调整为14.8：51.0：34.2。人均水平进一步提高，按平均人口计算，人均生产总值21061元，达到3401美元，比上年增加379美元。非公有制经济增加值910.9亿元，可比增长10.3%，占GDP的比重达65.0%。

【农业】2013年，上饶市农林牧渔业总产值达328.03亿元，剔除价格因素，比上年增长3.84%。粮食、油料、经济作物、畜禽、渔业等产量全面增长。全年粮食种植面积596.75千公顷，油料种植面积114.45千公顷，棉花种植面积3.55千公顷。蔬菜种植面积54.95千公顷。全年粮食产量345.48万吨，比上年增产2.07%，连续十年增产。油料产量19.06万吨，增产1.38%。

【工业和建筑业】2013年，上饶市全年实现全部工业增加值595.2亿元，比上年增长13.0%，全部工业增加值占GDP比重达到42.5%；其中，规模以上工业增加值突破500亿元，达到507.00亿元，增长12.90%，规模以上工业增加值占全部工业增加值的比重较上年提高14.64个百分点，达到85.18%。主要产品产量平稳增长：服装6978.8万件，增长8.4%；发电量为71.6亿千瓦时，增长1.0%；十种有色金属为18.0万吨，增长0.4%。

全市全社会建筑业增加值97.0亿元，下降11.8%。房屋建筑施工面积2111.0万平方米，增长13.1%；房屋建筑竣工面积1675.1万平方米，增长2.9%。

【固定资产投资】2013年，上饶市全年固定资产投资1164.77亿元，增长17.9%。从产业看，第一产业投资36.1亿元，增长17.2%；第二产业投资708.4亿元，增长24.8%；第三产业投资420.1亿元，增长8%。从行业看，工业投资增长30.7%，其中制造业投资增长32%。

全年房地产开发累计完成投资106.8亿元，增长13.8%。商品房屋销售面积238.8万平方米，增长20.6%，其中住宅销售面积211.8万平方米，增长18.8%。商品房屋销售额100.6亿元，增长31.5%。其中住宅销售额86.7亿元，增长35.9%。商品房空置面积163.9万平方米，增长24.1%。

【科学技术】2013年，上饶市2013年全年上报申请专利969件，全市专利（授权）564件；有3项科技成果达到国际先进水平。县属科研机构16个，科技人员134人，全市民营科技企业已达240家，从业人员38000

人，各类专业技术人员6200人，民营企业和县属科研机构全年科技活动经费支出为64000万元，研究与发展经费（R&D）经费支出36000万元。全市技术合同成交额15128.20万元，技术交易额9128.20万元。

【国内贸易和对外经济】2013年，上饶市全年社会消费品零售总额485.2亿元，增长13.6%。按所在地分，城市市场完成消费品零售额346.8亿元，增长13.9%；农村市场需求有所增长，完成消费品零售额138.4亿元，增长13.0%。分行业看，批发业完成零售额111.2亿元，增长12.6%；零售业完成零售额318.2亿元，增长14.9%；住宿业完成零售额9.1亿元，增长8.7%；餐饮业完成零售额46.7亿元，增长8.8%。

成功争取到国家中小商贸流通企业服务体系建设试点城市；引进了海西（上饶）胜记国际物流城、万达广场、万年青城等特大型物流和特大型商业综合体项目；坑口铁路物流专用线（上饶西货站）已与南昌铁路局签约。全年进出口总额31.8亿美元，增长18%。其中，出口30.5亿美元，增长16%；进口总额1.3亿美元，增长70%。从出口经营主体看，外贸流通企业出口19.8亿美元，增长12%；生产企业出口8.9亿美元，增长78%；三资企业出口1.8亿美元，增长11%。出口商品情况：纺织服装产品出口5.1亿美元，增长1%；农副产品2.3亿美元，下降7.6%；机电、高新技术产品11.27亿美元，增长27.9%。招商引资取得新成绩。全年实际使用外资7.537亿美元，增长12.17%。其中第二产业实际使用外资6.1798亿美元，增长4.89%；第三产业0.5234亿美元，增长29.36%。实际引进5000万以上省外项目资金370.28亿元，增长21.14%。合同引资5000万元以上的省外项目278个，合同引资亿元以上的省外项目171个。

【交通、邮电和旅游】2013年，上饶市全市公路总里程达到19033.9公里。其中，高速公路总里程达到617.5公里，高速公路总里程居全省第二，实现县县通高速公路。全年完成旅客运输量16548.1万人，货物运输量19305.4万吨，分别比上年增长2.8%和2.4%；旅客运输周转量460747万人公里，货物运输周转量3920908万吨公里，分别增长2.4%和10.1%。全年港口货物吞吐量1554.6万吨，比上年增长4.8%。

全年邮电业务收入29.2亿元，增长3.1%。其中，电信业务总量26.4亿元，增长3%；邮政业务总量2.8亿元，增长3.7%。年末本地固定电话交换机总容量134.5万门，比上年增加2.9万门。本地固定电话用户89.8万户，减少10万户；移动电话用户437.7万户，增加30.9万户，其中：3G用户达67.8户，比上年增长16.7%。年末计算机互联网用户数53.5万户，增加10.2万户。农村信息化建设成效显著。100%以上的行政村通上宽带，所有自然村通上电话，基本实现移动信号“全覆盖”的自然村达到89%以上。

婺源被国家旅游局、国家环境保护部批准为国家生态旅游示范区、婺源江湾景区成功创评国家5A级旅游景区，鄱阳湖国家湿地公园景区、三清山田园牧歌景区、婺源县汪口景区被批准为国家4A级旅游景区。全市有世界自然遗产地2处，国家地质公园2处，全球重要农业文化遗产1处，国家级风景名胜区5处，国家5A级景区2处，国家4A级景区11处，国家湿地公园3处；年末全市共有A级旅游景点（区）20个全年接待旅客5401.02万人次，增长29.09%，旅游综合收入433.59亿元，增长38.6%；其中，入境旅游32.38万人次，增长29.09%，旅游外汇收入1.29亿美元，增长36.4%。

【金融和保险】2013年年末，上饶市全市金融机构各项存款余额（人民币口径，下同）1665.2亿元，比上年末增加259.7亿元，增长18.48%。其中，单位存款525.2亿元，增长19.7%；城乡居民储蓄存款1069.9

亿元，增长18.01%。

金融机构各项贷款余额1004.9亿元，比上年末增加177.1亿元，增长21.4%。其中，短期贷款479亿元，增长27.3%；个人中长期消费贷款190.6亿元，增长19.8%。2013年新增保险机构1家。全年保险业保费收入28.62亿元，比上年增长10.6%。其中，财产险业务保费收入12.88亿元，增长13.4%；人身险业务保费收入15.75亿元，增长8.5%。

山东省

| 济南市 | 青岛市 | 淄博市 | 枣庄市 | 东营市 | 烟台市 | 潍坊市 | 济宁市 |
| 泰安市 | 威海市 | 日照市 | 聊城市 | 滨州市 | 菏泽市 |

1

2013年济南市经济发展概况

【经济总量】2013年，济南市全年实现地区生产总值（GDP）5230.2亿元，比上年增长9.6%。分产业看：第一产业增加值284.7亿元，增长3.9%；第二产业增加值2053.2亿元，增长10.1%；第三产业增加值2892.3亿元，增长9.7%。三次产业增加值比例为5.4∶39.3∶55.3。

【农业】2013年，济南市全年粮食播种面积667.0万亩，粮食总产量266.6万吨。棉花播种面积24.2万亩，减少8.8万亩；棉花产量2.0万吨，减产27.2%。油料播种面积22.7万亩，增加0.3万亩；油料产量5.7万吨，增产0.3%。蔬菜播种面积149.8万亩，增加0.9万亩；蔬菜产量657.1万吨，增产3.7%。

全年肉类总产量达到40.2万吨，增长1.1%。其中：猪肉产量23.0万吨，增长2.2%；牛肉产量6.8万吨，增长0.9%；羊肉产量2.4万吨，增长2.4%；禽肉产量7.6万吨，减少2.8%。禽蛋产量35.6万吨，减少1.5%。牛奶产量达到31.8万吨，减少4.2%。水产品产量4.6万吨，增长1.9%。全年生猪出栏316.1万头，增长4.0%；年末生猪存栏210.0万头，增长2.4%。

【工业和建筑业】2013年，济南市全年实现规模以上工业增加值增长11.3%。按经济类型看，公有制经济增加值增长5.0%，非公有制经济增加值增长18.2%。按轻重工业看，轻工业增加值增长12.6%，重工业增加值增长10.9%。

全年建筑业增加值362.6亿元，增长7.7%。年末资质内建筑业企业472家，实现总产值1378.1亿元，增长15.6%。其中在省外完成的建筑业产值458.7亿元，增长7.9%。签订合同额3197.5亿元，增长17.3%。其中本年新签合同额1736.4亿元，增长34.8%。

【固定资产投资】2013年，济南市全年固定资产投资2638.3亿元，增长20.7%。分产业看：第一产业投资98.2亿元，增长57.4%；第二产业投资907.9亿元，增长23.7%；第三产业投资1632.2亿元，增长19.3%。全市民间投资1641.1亿元，增长27.2%。

年末全市固定资产投资项目3216个，增加129个。其中亿元及以上投资项目851个，增加188个。

【科学技术】2013年年末，济南市创新型（试点）企业国家级2家，省级48家，市级218家；新认定国家级企业技术中心3家，总数达到21家。新增省级工程实验室（工程研究中心）3家，总数达到12家。全市获得国家科技进步二等奖1项，省科技进步一等奖4项，二等奖21项，三等奖12项。全市获得省技术发明一等奖1项。全年专利申请量22525件，下降2.5%。其中发明专利申请量11328件，增长31.7%。专利授权量12389件，下降13.8%。其中发明专利授权量2168件，增长2.1%。

【国内贸易和对外经济】2013年，济南市全年社会消费品零售总额2633.9亿元，增长13.4%。分城乡看，城镇社会消费品零售总额2424.2亿元，增长13.5%；乡村社会消费品零售总额209.7亿元，增长12.2%。

全年货物进出口总额95.7亿美元，增长4.7%。其中：进口40.9亿美元，增长19.5%；出口54.8亿美元，下降4.1%。在出口产品中，机电产品出口36.7亿美元，下降6.9%；高新技术产品出口7.0亿美元，增长8.9%。

【交通、邮电和旅游】2013年，济南市年末公路通车里程12696.7公里，增长3.3%。其中有铺装、简易铺装路面12422.3公里，增长3.5%。境内高速公路354.7公里，增长2.3%。年末拥有民用机动车141.9万辆，增长1.7%。其中民用汽车121.4万辆，增长14.6%。年末公交线路247条，线路长度4310.6公里；公交营运车辆4820辆，全年旅客运输量8.5亿人次，下降2.3%。执行航线150条，全年航空旅客吞吐量813.9万人次，增长6.2%；货邮吞吐量7.3万吨，下降2.0%。

全年邮电通信业营业收入75.8亿元，增长7.5%。年末邮政局所215处；固定电话用户180.0万户，下降6.8%；移动电话用户1243.6万户，增长27.2%；宽带网用户175.9万户，增长1.3%。

全年接待国内外游客5126.5万人次，增长9.8%。其中，接待国内游客5095.8万人次，增长9.9%；接待入境游客30.7万人次，下降2.8%。实现旅游总收入528.9亿元，增长14.5%。其中，国内旅游收入519.5亿元，增长15.0%；入境旅游收入1.5亿美元，下降5.7%。

2

2013年青岛市经济发展概况

【经济总量】2013年，青岛市全年实现地区生产总值（GDP）8006.6亿元，按可比价格计算，增长10%，其中，第一产业增加值352.4亿元，增长2.1%；第二产业增加值3641.4亿元，增长10.2%；第三产业增加值4012.8亿元，增长10.5%。三次产业比例为4.4：45.5：50.1。人均GDP达到89797元。

【农业】2013年，青岛市全市粮食播种面积50.0万公顷，下降2.7%，粮食总产量达到322.4万吨，其中，小麦151.8万吨，玉米165.8万吨。

全年完成造林面积1万公顷，增长7.8%；森林覆盖率39.4%，提高0.8个百分点。全年完成幼林抚育面积2.6万公顷，增长14.5%。

水产品总产量110.5万吨，下降1.8%，其中，捕捞产量26.7万吨，下降2.0%；养殖产量83.8万吨，下降

1.7%。海、淡水养殖面积5.1万公顷，下降2.1%。

【工业和建筑业】2013年，青岛市全年全部工业完成增加值3248.4亿元，增长10.4%。规模以上工业企业4856家，增加值增长11.3%，按轻重工业分，重工业增长12.2%，轻工业增长10.1%；按类型分，国有控股企业增长7.6%，集体企业增长12.4%，股份制企业增长13.0%，外商及港澳台商投资企业增长9.8%。

全年建筑业实现增加值393.0亿元，增长8.3%。实现利税总额70.8亿元，增长7.2%；其中，国有及国有控股企业实现利税21.6亿元，增长7.8%。

【固定资产投资】2013年，青岛市全市固定资产投资（包括城镇、农村500万元以上投资项目）5027.9亿元，增长21.1%。其中，第一产业投资93.9亿元，增长37.1%，第二产业投资2594.7亿元，增长29.8%，第三产业投资2339.2亿元，增长12.2%。

全年固定资产投资施工项目4679个，新开工项目3540个，竣工项目3227个；在建项目计划总投资规模12779.3亿元，增长19.6%。全年新增固定资产2895.1亿元，项目建成投产率69%，固定资产交付使用率57.6%。

【科学技术】2013年，青岛市全年全市共取得重要科技成果433项。获得国家级科技奖励5项，其中，技术发明奖3项，科技进步奖2项；获得省级科技奖励89项，其中，自然科学奖7项，技术发明奖2项，科技进步奖80项。

【国内贸易和对外经济】2013年，青岛市全年实现社会消费品零售额2904.3亿元，增长13.3%。分地域看，城市市场实现零售额2421.8亿元，增长13.5%；农村市场实现零售额482.5亿元，增长11.9%。分行业看，批发和零售业实现零售额2542亿元，增长13.4%；住宿和餐饮业实现零售额362.3亿元，增长12.4%。

全市实现外贸进出口总额779.12亿美元，增长6.5%。其中，出口额419.86亿美元，增长2.9%，进口额359.26亿美元，增长11.0%。

【交通、邮电和旅游】2013年，青岛市全年青岛港吞吐量4.5亿吨，增长10.6%；外贸吞吐量3.1亿吨，增长8.6%；集装箱吞吐量1552.2万标箱，增长7.0%。

全年完成邮电业务总量220.3亿元，增长5.6%。其中，邮政业务总量6.92亿元，增长15.0%；电信业务总量213.38亿元，增长5.3%。信函1.01亿件，增长19.3%。互联网用户累计达228.02万户，增长4.5%，使用时长达2373.73亿分钟，增长20.0%。年末固定电话用户达到236.39万户；全市移动电话发展到1262.19万户，其中，年内新增146.21万户。全年全市旅游总收入937.2亿元，增长16.1%。其中国内旅游收入886.1亿元，增长17.3%；入境旅游（外汇）收入8.3亿美元，增长0.1%。全年共接待国内外游客6289.6万人次，增长10.0%；其中国内游客6161.3万人次，增长10.2%；入境游客128.3万人次，增长1.0%。年末A级旅游景区76处，其中，5A级旅游景区1处，4A级旅游景区20处；星级饭店145家，其中，5星级饭店9家，4星级饭店32家。

【金融和保险】2013年年末，青岛市金融机构本外币存款余额11418.3亿元，比年初增加1551.5亿元；人民币存款余额10969.6亿元，比年初增加1486.8亿元，其中，个人存款4368.4亿元，比年初增加532.0亿元。本外币贷款余额9642.4亿元，比年初增加988.3亿元；人民币贷款余额8860.7亿元，比年初增加893.0亿元。全年全市承保金额49195.4亿元，增长9.1%，实现保费收入179.0亿元，增长11.7%。其中：财产保费收入75.1亿元，增长15.7%；人身险保费收入103.9亿元，增长8.9%。赔款支出金额62.7亿元，增长21.8%；其中财产险赔付金额39.7亿元，人身险赔付金额23.0亿元。

3

2013年淄博市经济发展概况

【经济总量】2013年，淄博市全年实现地区生产总值（GDP）3801.2亿元，按可比价格计算，比上年增长9.5%。产业结构得到改善。第一产业增加值137.8亿元，增长3.3%；第二产业增加值2171.3亿元，增长10.3%；第三产业增加值1492.1亿元，增长8.7%。三次产业比例由上年的3.5：59.0：37.5调整为3.6：57.1：39.3。人均生产总值82889元，比上年增长9.1%，按年均汇率折算为13391美元/人。

【农业】2013年，淄博市全年实现农林牧渔业总产值242.4亿元，比上年增长3.4%。其中，农业总产值161.6亿元，增长2.9%；林业总产值12.6亿元，增长6.5%；牧业总产值56.4亿元，增长3.9%；渔业总产值4.8亿元，增长4.4%；农林牧渔服务业总产值7亿元，增长5.8%。

受自然灾害和耕种面积减少等因素影响，全年粮食总产158.7万吨，比上年减产19.2万吨。其中，夏粮77.8万吨，比上年增加0.1万吨；秋粮80.9万吨，与上年减产19.3万吨。全年肉类、禽蛋、奶类产量分别为18.3万吨、7万吨和12.1万吨。水果、蔬菜产量分别为115.9万吨、230.8万吨。

【工业和建筑业】2013年年末，淄博市全市规模以上工业企业3182家。全年规模以上工业总产值11376.7亿元，比上年增长7.5%。规模以上工业增加值比上年增长11.3%。分轻重工业看，轻工业增长8%，重工业增长11.9%；分行业看，37个行业大类中有29个行业实现增长。产销率达98.2%，比上年提高0.3个百分点。在调度的218种工业产品中，产量增长的有90种，占41.3%。其中，发电量增长5.7%，水泥增长8.3%，原油加工量增长7.5%，汽车增长2%。

全市资质内建筑企业完成建筑业总产值833.6亿元，比上年增长11.7%。其中，建筑工程产值680亿元，增长14.2%；安装工程产值130.5亿元，增长10.4%。省外发展空间扩大，建筑企业在外省完成产值102.3亿元，增长9.8%。全年建筑业企业签订合同额1221.1亿元，增长11.6%。其中，本年新签合同额904.3亿元，增长10.9%。全年建筑业企业房屋建筑施工面积7351.4万平方米，增长17.3%。其中，本年新开工面积4241.3万平方米，增长13%。

【固定资产投资】2013年，淄博市全年完成固定资产投资2078.5亿元，比上年增长20%。分产业看，第一产业投资24.9亿元，增长10.3%；第二产业投资1134.7亿元，增长33.2%，其中工业投资1122.8亿元，增长33.9%；第三产业投资918.9亿元，增长7.2%。三次产业投资结构由上年的1.6：49：49.4调整为

1.2：54.6：44.2。民间投资仍占主体。全年完成民间投资1860.3亿元，比上年增长19.6%；民间投资占全部投资额的比重为89.5%。内涵效益型投资快速增长。改建和技术改造投资1389.6亿元，增长29%；占全部投资额的比重达66.9%，比上年提高4.7个百分点。项目建设力度加大。全年新开工项目累计2363个，比上年增加72个。亿元以上项目384个，比上年增加101个。其中，亿元以上新开工项目279个。房地产投资明显增长。全年房地产开发完成投资200.4亿元，比上年增长28.7%。

【科学技术】2013年，淄博市全年取得重要科技成果224项，比上年增加17项。其中，农业领域8项，工业领域148项，医疗卫生领域68项。达到国际、国内领先先进水平的科技成果数分别为65项和159项。获得省以上科学技术奖14项，其中，国家科学技术奖1项。全年签订技术合同482项，技术合同成交金额14.8亿元，比上年增长9.8%。国内发明专利申请量3148件，增长39.7%；发明专利授权量626件，增长15.7%；有效发明专利密度达5件/万人，增长25.3%；PCT国际专利申请量152件，增长16%。

【国内贸易和对外经济】2013年，淄博市全年实现社会消费品零售总额1547.1亿元，比上年增长13.5%。其中，限额以上企业实现零售额710.2亿元，增长13%。城镇市场实现零售额671.5亿元，增长13.3%；乡村市场实现零售额38.7亿元，增长6.9%。

全年实现进出口总额90.1亿美元，比上年下降5.6%。其中，出口52.5亿美元，下降1.3%；进口总额37.6亿美元，下降10.9%。进出口、出口降幅自四季度逐月收窄。从出口企业类型看，三资企业出口占主导地位，累计完成出口24.8亿美元，下降5.2%；国有企业出口3.1亿美元，下降23.6%。从出口贸易方式看，一般贸易出口完成37.2亿美元，下降1.3%，占出口总额的70.9%；加工贸易出口15.1亿美元，下降1.4%。从出口产品类型看，增幅较高的是农副产品和建材产品，出口额分别增长30.1%和28.6%；其次为冶金矿产和纺织品，出口分别增长14.4%和5.8%。出口份额较大的是石油化工产品，其出口额占全部出口总额的比重达24.3%。主要出口市场中，对南亚、巴西出口增长11.1%、2.9%，对欧盟、日本等传统市场出口降幅连续6个月收窄，对韩国出口降幅连续3个月收窄。

【交通、邮电和旅游】2013年年末，淄博市全市公路通车里程10924公里，比上年增加323公里。其中，高速公路通车里程206公里。机动车保有量96.2万辆；其中，个人拥有汽车58.7万辆，增加8.1万辆。现有公共汽车线路274条，增加2条；营运公交车2976辆，增加55辆；出租车6493辆。全年公路客运量4.2亿人次，与上年基本持平；货运量2.6亿吨，增长0.8%。公路客运周转量、货运周转量分别为140.8亿人公里和893.3亿吨公里。

全年邮政业务总量2.4亿元。函件总数1649.8万件；报纸、杂志累计份数分别达6789.4万份、327.3万份；集邮邮票258.7万枚。电信业务总量38.8亿元，增长9.5%，光缆线路总长度104万芯公里，增长6.3%。年末固定电话用户77.4万户，比上年减少8.8%；移动电话用户560.9万户，增长3.8%；国际互联网用户83.5万户，增长12.2%。

年末，国家A级旅游区（点）总量达44处，比上年增加7处。其中，AAAA级旅游区（点）达11处，新增1处；AAA级旅游区（点）18处，新增4处；AA级旅游区（点）15处，新增2处。全年实现旅游外汇收入

1.2亿美元，比上年下降9.6%；国内旅游收入346亿元，增长14.2%。接待海外游客21.9万人次，下降5.7%。其中，外国游客12.6万人次，中国香港、中国澳门、中国台湾同胞游客分别为4.7万人次、0.2万人次、4.4万人次。接待国内游客3815.8万人次，增长9.1%。

【金融和保险】2013年年末，淄博市人民币各项存款余额3455.3亿元，比年初增加289.3亿元，新增额同比少增150.1亿元。其中，单位存款余额1399.6亿元，居民储蓄存款余额1884.2亿元。人民币各项贷款余额2329.4亿元，比年初增加213.8亿元，少增23.7亿元。其中，短期贷款余额1504.3亿元，比年初增加131.5亿元，少增114.6亿元；中长期贷款余额743.7亿元，比年初增加99.3亿元，少增135.8亿元；个人消费贷款余额385亿元，比年初增加58.7亿元，多增15亿元。

年末，全市拥有商业保险分支机构51家，新增6家。其中，财产保险机构24家，人寿保险机构27家。保险从业人员2.6万人，比上年增长2.6%。实现保费收入75.5亿元，增长16.5%。其中，产险保费收入27.5亿元，增长14.2%；寿险保费收入48亿元，增长17.8%。支付各项赔款与保险金15.5亿元，增长13.9%。其中，产险赔付12.6亿元，增长16%；寿险赔付2.9亿元，增长5.4%。保险深度为2%，比上年提高0.2个百分点。保险密度为1776元，人均增加246元。

4

2013年枣庄市经济发展概况

【经济总量】2013年，枣庄市全年实现地区生产总值（GDP）1830.63亿元，比上年增长10.1%。其中，第一产业增加值149.81亿元，增长3.3%；第二产业增加值1037.55亿元，增长11.4%；第三产业增加值643.27亿元，增长9.0%。人均生产总值48346元，增长9.4%。

【农业】2013年，枣庄市农业增加值108.71亿元，增长3.3%；林业增加值1.59亿元，增长10.6%；牧业增加值27.13亿元，增长1.6%；渔业增加值4.64亿元，增长4.7%。

粮食作物种植面积400.57万亩，总产量171.20万吨，下降5.5%。植树造林17784公顷，年末林木蓄积量615万立方米，森林覆盖率34.1%；肉类总产量26.24万吨，下降1.2%；水产品产量9.29万吨，增长4.7%。

【工业和建筑业】2013年，枣庄市规模以上工业企业1492家，比上年增加111家。其中，年主营业务收入过10亿元的企业16家，过50亿元的企业2家，过100亿元的企业1家。规模以上工业增加值增长12.2%。其中，轻工业增长11.5%；重工业增长12.4%，重工业快于轻工业0.9个百分点。

年末三级及以上资质建筑企业228家，比上年增加6家。新签合同额316.83亿元，增长31.9%。完成产值277.49亿元，增长25.0%。完成增加值94.59亿元，增长10.3%。建筑业总产值超过亿元的企业有56家，产值过5亿元的企业9家，产值过10亿元的7家，占全部企业个数的比例分别为24.6%、3.9%和3.1%。

【固定资产投资】2013年，枣庄市固定资产投资1238.2亿元，增长20.5%。

第一产业投资24.1亿元，增长135.1%；第二产业投资579.3亿元，增长17.3%；第三产业投资634.8亿元，增长21.7%，高于投资增幅1.2个百分点，且占全部投资比重超过50%。

【科学技术】2013年，枣庄市获得省科技进步奖三等奖5项；获得省软科学优秀成果奖7项，其中一等奖1项、三等奖6项。取得市科技进步奖120项。鲁南技术市场完成技术合同登记385项，技术交易额突破5亿元，是上年的1.67倍。2013年推荐认定省级工程技术研究中心4个，新认定市级工程技术研究中心19个；新增省级院士工作站2个，新增技术创新战略联盟1个。专利申请3466件，增长15.6%，其中工业企业专利申请量1594件，增长12.2%；发明专利申请量997件，下降7.14%。专利授权量3084件，增长14.2%，其中工业企业专利授权量2084件，增长13.8%；发明专利授权量62件，增长0.5%。

【国内贸易和对外经济】2013年，枣庄市社会消费品零售总额627亿元，增长13.5%。分区域看，城镇零售额455.1亿元，增长15.0%；乡村171.9亿元，增长9.7%。分限额看，限额以上296.8亿元，增长19.5%；限额以下330.2亿元，增长1.1%。

全市189个新建外来固定资产投资5000万元以上项目到位资金150.4亿元。新建外来固定资产投资5000万元以上项目中，机械制造产业集群项目38个，战略性新兴产业集群项目25个，现代服务业项目45个。

【交通、邮电和旅游】2013年，枣庄市公路客运量7736万人，旅客周转量508622万人公里，分别增长2.23%和2.25%；公路货运量22894万吨，货物周转量2662805万吨公里，分别增长0.88%和5.52%。水路货物运输量1009万吨，水路货运周转量454885万吨公里，分别增长2.96%和2.12%。港口货物吞吐量2465.4万吨，增长16.26%。

邮政业务总量1.42亿元，增长15%。电信业务总量5.42亿元，下降5%；固定电话用户65.68万户，下降1.9%。移动电话业务总量50.90亿元，增长4.8%；移动电话用户345.06万户，增长8.8%。

共接待国内游客1540.39万人次，增长13.51%；国内旅游收入111.12亿元，增长16.83%；入境游3.15万人次，其中外国人1.21万人，港澳台同胞1.94万人；旅游创汇770万美元。

【金融和保险】2013年年末，枣庄市金融机构本外币存款余额1249.85亿元，增加102.88亿元。其中，本外币储蓄存款余额781.64亿元，增加86.28亿元。年末各项本外币贷款余额975.08亿元，增加53.70亿元。

实现保费收入43.51亿元，增长33.6%。其中财产险收入9.94亿元，增长9.8%；人身险收入33.57亿元，增长42.7%。支付赔款给付8.96亿元，增长43%。

5

2013年东营市经济发展概况

【经济总量】2013年，东营市全年实现地区生产总值（GDP）3250.20亿元，比上年增长11.2%。从三次产业看，第一产业增加值117.19亿元，增长3.5%；第二产业增加值2258.42亿元，增长11.8%；第三产业增加值874.59亿元，增长10.3%。三次产业结构由上年的3.5：70.8：25.7调整为3.6：69.5：26.9，第三产业占GDP的比重比上年提高1.2个百分点。

【农业】2013年，东营市全年实现农林牧渔业总产值230.65亿元，按可比价格计算，比上年增长3.7%。其中，农业总产值93.08亿元，增长4.3%；林业总产值2.15亿元，增长9.3%；牧业总产值64.60亿元，增长0.4%；渔业总产值52.51亿元，增长4.6%；农林牧渔服务业总产值18.32亿元，增长10.9%。全年粮食播种面积193.47万亩，比上年增长12.1%；粮食总产量72.31万吨，下降6.6%。其中，夏粮播种面积78.30万亩，增长0.6%，夏粮总产量34.10万吨，下降3.1%；秋粮播种面积115.17万亩，增长21.6%，秋粮总产量38.21万吨，下降9.5%。棉花播种面积192.14万亩，下降8.1%，棉花总产量9.54万吨，下降25.8%。

【工业和建筑业】2013年，东营市全年规模以上工业实现总产值11832.32亿元，比上年增长18.0%，其中地方工业总产值10652.60亿元，增长20.7%。全市规模以上工业增加值增长12.7%，其中地方工业增加值增长18.1%。分轻重工业增加值看，轻工业下降0.7%，重工业增长13.4%。分经济类型增加值看，国有经济增长20.3%，股份制经济增长10.7%，外商及港澳台商经济增长23.4%。工业产销衔接状况良好，全年规模以上工业企业产销率为99.06%，比上年提高0.41个百分点。

全年完成建筑业总产值322.81亿元，增长8.6%；竣工产值238.80亿元，增长12.3%。房屋施工面积947.46万平方米，增长11.6%；房屋竣工面积501.78万平方米，增长7.3%。

【固定资产投资】2013年，东营市全年完成固定资产投资2332.13亿元，比上年增长20.8%，其中地方项目完成投资2055.89亿元，增长21.9%。分产业看，第一产业投资65.50亿元，增长15.6%；第二产业投资1456.27亿元，增长17.4%；第三产业投资810.36亿元，增长28.7%。从到位资金情况看，全年到位资金2238.80亿元，增长19.1%。其中，国家预算资金下降15.7%，国内贷款增长16.5%，自筹资金增长19.5%，其他资金增长23.0%。

【科学技术】2013年，东营市全市新上省级以上科技计划项目114项，争取无偿经费1.87亿元；获省级以上科技奖励19项，其中获国家科技进步二等奖1项；“千人计划”特聘专家6名。签订技术合同2004份，实现技术交易额20.51亿元，比上年增加19.5%。截至年末，全市国家级工程技术研究中心1家，省级50家；省级企业重点实验室3家；省级企业院士工作站10家；国家技术转移示范机构2家；省级国际科技合作平台7家；国家级示范生产力促进中心2家，省级7家；国家级创业服务中心4家，省级1家；省级产业技术创新战略示范联盟6家。高新技术企业94家，市科技型企业193家。国家采油装备工程技术研究中心获批建设，实现了东营市国家级工程技术研究中心零的突破。全市建成国家级大学科技园1家，国家国际科技创新基地1家。全年规模以上工业高新技术产业实现产值3958.15亿元，增长15.5%，占规模以上工业总产值的比重33.49%，比年初提高1.1个百分点。全年发明专利申请量676件，发明专利授权量184件。

【国内贸易和对外经济】2013年，东营市全年实现社会消费品零售总额585.56亿元，比上年增长13.5%。其中，限额以上企业消费品零售额398.53亿元，增长15.0%。从城乡市场看，城镇零售额515.88亿元，增长13.1%；乡村零售额69.68亿元，增长16.1%。从行业结构看，批发零售业支撑作用明显。批发业实现零售额85.19亿元，增长22.1%；零售业实现零售额461.23亿元，增长13.1%；住宿业实现零售额5.06亿元，增长6.5%；餐饮业实现零售额34.08亿元，增长0.1%。

全年完成进出口131.48亿美元，比上年增长7.2%。其中，进口73.45亿美元，增长0.8%；出口58.03亿美元，增长16.5%。按贸易方式划分，加工贸易出口38.91亿美元，增长12.2%；一般贸易出口18.26亿美元，增长33.8%；其他贸易出口0.87亿美元，下降42.1%。从出口市场情况看，对亚洲地区出口22.48亿美元，增长22.4%；对欧洲出口10.07亿美元，增长9.4%；对北美出口11.11亿美元，增长49.7%；对非洲出口5.88亿美元，增长19.3%。从重点产品出口情况看，轮胎出口36.20亿美元，增长17.3%；石油机械设备出口8.58亿美元，增长2.7%；电器电子类出口1.23亿美元，下降30.7%；纺织服装出口1.65亿美元，增长20.6%。

【交通、邮电和旅游】2013年，东营市全年完成公路旅客运输量4420万人、旅客运输周转量42.64亿人公里，均比上年增长2.0%；完成公路货物运输量7029万吨、货物运输周转量161.38亿吨公里，分别增长2.1%和10.1%。完成港口货物吞吐量1421万吨，增长71.0%；完成水上旅客运输量66万人，旅客运输周转量440万人公里，分别增长11.6%和9.3%；完成水上货物运输量177万吨，货物运输周转量17.54亿吨公里，分别增长8.0%和10.0%。年末公路通车里程8609.2公里。其中，高速公路180.5公里，一级公路334.7公里，二级公路610.4公里，三级公路445公里，四级公路7038.6公里。

全年完成邮政业务总量1.36亿元，比上年增长8.5%。国内函件1029.14万件，下降11.1%；国内包件8.27万件，增长1.2%。电信业务总量44.36亿元，增长4.9%；实现营业收入22.06亿元，增长2.5%。移动电话用户数322.33万户，减少2.7%；固定电话用户数52.69万户，减少2.6%；互联网用户数52.80万户，新增8.18万户，增长18.3%；移动、固话交换机总容量530.19万门；光缆长度66.90万芯公里，增长18.8%。

年末，全市2A级以上旅游景区27家。其中，4A级景区3家，3A级景区10家。旅行社（分社）104家，出境组团社9家。星级饭店28家，其中五星级2家、四星级4家；星级餐馆25家。全年接待游客1103.13万人次，实现旅游总收入84.7亿元，比上年分别增长16.9%和20.0%。其中，接待国内游客1097.62万人次，实现国内旅游收入81.75亿元，分别增长17.0%和21.4%；接待入境旅游5.51万人次，增长3.3%，入境旅游收入4772万美元，下降6.1%。入境旅游中接待外国人38935人次，港澳台同胞16165人次；过夜旅游者271651人天。

【金融和保险】2013年年末，东营市全市本外币各项存款余额2848.00亿元，比年初增加453.19亿元，增长19.0%。其中，单位存款1685.06亿元，比年初增加316.73亿元；个人存款1086.74亿元，比年初增加133.68亿元。各项贷款余额2161.31亿元，比年初增加349.94亿元，增长19.7%。其中，短期贷款1567.86亿元，比年初增加243.79亿元；中长期贷款560.65亿元，比年初增加112.22亿元。

全年保费收入52.10亿元，比上年增长22.5%。其中，财产险保费收入21.16亿元，增长16.3%；人寿险保费收入30.94亿元，增长27.2%。全年赔付额13.10亿元，增长19.5%。其中，财产险赔付额11.67亿元，增长23.1%；人寿险赔付额1.43亿元，下降3.2%。

6

2013年烟台市经济发展概况

【经济总量】2013年，烟台市全年实现地区生产总值（GDP）5613.87亿元，按可比价格计算，比上年增长10.2%。其中，第一产业增加值420.99亿元，增长3.9%；第二产业增加值3075.12亿元，增长10.8%；第三产业增加值2117.76亿元，增长10.4%。第一产业增加值占生产总值的比重为7.5%，第二产业增加值比重为54.8%，第三产业增加值比重为37.7%。人均生产总值80358元，增长10.1%。全年居民消费价格（CPI）比上年上涨1.8%。其中，消费品价格上涨1.7%，服务项目价格上涨2.2%。八大类商品和服务项目价格中，食品类价格上涨3.6%，居住类价格上涨2.6%。全年固定资产投资价格比上年上涨0.6%。工业生产者出厂价格下降2.1%，工业生产者购进价格下降1.7%。新建住宅销售价格上涨4.7%，二手住宅销售价格上涨1.1%。

【农业】2013年，烟台市全年农林牧渔业实现增加值420.99亿元，增长3.9%。其中，农业增加值217.63亿元，增长0.9%；林业增加值8.76亿元，增长5.4%；牧业增加值66.72亿元，增长6.1%；渔业增加值114.73亿元，增长7.0%；农林牧渔服务业增加值13.15亿元，增长10.0%。

全年粮食总产量达到261.53万吨，比上年减少8.16万吨，下降3.0%。其中，夏粮101.02万吨，增长2.1%；秋粮160.51万吨，减少6.0%。全年粮食播种面积为40.03万公顷，比上年减少0.37万公顷；油料面积10.86万公顷，减少0.09万公顷；蔬菜面积3.93万公顷，下降0.05万公顷。全年油料产量45.39万吨，减少1.9%；蔬菜产量201.10万吨，增长2.8%；水果产量508.83万吨，增长0.5%，其中苹果产量419.0万吨，下降0.1%。

【工业和建筑业】2013年，烟台市全年全部工业实现增加值2757.80亿元，增长11.0%。规模以上工业实现增加值比上年增长11.5%，其中，国有企业增加值比上年减少1.5%，集体企业增长11.9%，股份制企业增长14.5%，外商及港澳台商投资企业增长9.2%。

全市资质以上建筑企业本年签订合同额597.07亿元，比上年增长11.7%；完成建筑业总产值617.86亿元，增长11.0%；竣工产值385.64亿元，增长8.7%。房屋施工面积4196.67万平方米，增长6.2%；房屋竣工面积1733.44万平方米，增长0.1%。

【固定资产投资】2013年，烟台市全年固定资产投资完成3538.19亿元，比上年增长20.1%。其中，国有经济投资604.18亿元，增长31.0%；集体经济投资517.62亿元，增长25.9%；股份制经济投资1185.49亿元，增长17.5%；个体私营投资850.89亿元，增长24.4%；外商投资为86.74亿元，下降40.6%。全年新开工项目2316个，增长3.4%，完成投资1928.11亿元，增长23.1%。

在固定资产投资中，第一产业完成投资47.25亿元，增长35.3%；第二产业完成投资1337.14亿元，增长16.0%，其中工业投资1330.99亿元，增长16.7%；第三产业完成投资2153.80亿元，增长22.5%。高新技术产业投资425.65亿元，增长22.6%。改建和技术改造投资完成1990.53亿元，增长40.1%，占全社会投资的56.3%。

【科学技术】2013年，烟台市全市规模以上工业高新技术产业实现产值5648.02亿元，比上年增长15.9%。我市第五次荣获“全国科技进步先进市”称号。全年新增高新技术企业45家，总数达到217家。全市共取得各类科技成果240项，其中，获国家科技进步二等奖3项，国家技术发明二等奖1项；35个项目获得省科学技术奖励，其中科技进步一等奖3项、二等奖13项、三等奖16项，技术发明一等奖1项、三等奖1项，国际科学技术合作奖1项。全市共完成国内发明专利申请3953件，同比增长8.6%，占同期专利申请量的43.3%；完成发明专利授权720件，同比增长9.4%。其中，立式全自动压滤机等5项专利项目获得“第十五届中国专利奖优秀奖”。

【国内贸易和对外经济】2013年，烟台市全市实现社会消费品零售总额2110.65亿元，比上年增长13.5%。按经营地统计，城镇消费品零售额1689.78亿元，增长13.3%；乡村消费品零售额420.87亿元，增长14.2%。按消费形态统计，商品零售1953.03亿元，增长13.4%；餐饮收入157.62亿元，增长14.1%。

全市实现外贸进出口总额493.13亿美元，比上年增长3.2%。其中，进口198.38亿美元，增长2.0%；出口294.75亿美元，增长3.9%。出口总额中，机电产品出口187.51亿美元，增长2.9%，占出口总额的比重为63.6%；高新技术产品出口106.54亿美元，增长32.2%，占出口总额的比重为36.1%。按贸易方式分，一般贸易出口112.28亿美元，增长19.5%；加工贸易出口157.57亿美元，下降7.6%。

【交通、邮电和旅游】2013年，烟台市全市交通运输仓储和邮政业完成增加值136.74亿元，按可比价计算，比上年增长2.6%。全年旅客运输量36733万人次，增长2.3%。其中，公路35369万人次，增长2.1%；铁路464万人次，增长4.6%；水路704万人次，增长10.0%；航空196万人次，增长23.6%。全年货物运输量21608.44万吨，增长2.3%。其中，公路17653.00万吨，增长8.6%；铁路459.88万吨，下降54.0%；水路3493.00万吨，下降9.5%；航空2.56万吨，增长22.5%。全年旅客周转量138.21亿人公里，增长1.0%。其中，公路旅客周转量132.07亿人公里，比上年增长1.2%；水运旅客周转量6.14亿人公里，比上年下降2.5%。全年货物周转量796.44亿吨公里，比上年下降8.6%。其中，公路货物周转量493.33亿吨公里，增长7.6%；水运货物周转量303.11亿吨公里，下降26.6%。沿海港口货物吞吐量28680万吨，增长6.1%，其中集装箱货物吞吐量215万标箱，增长16.2%。航空年末通航城市34个；全年起落架次3.83万架次，增长22.2%；全年旅客吞吐量达363.55万人，增长21.8%；全年全市货邮吞吐量4.83万吨，下降20.6%。年末公路通车里程17024.3公里。其中一级公路通车里程970.1公里，高速公路通车里程507.2公里。

全年完成邮电业务总量65.95亿元，比上年增长1.2%。其中，邮政业务总量4.48亿元，比上年下降0.1%；电信业务总量61.47亿元，增长1.3%。年末固定电话用户167.16万户，下降4.0%；移动电话用户829.52万户，下降0.5%，其中3G移动电话用户204.26万户，增长71.1%。计算机互联网用户达135.53万户，比上年增长13.0%，其中，宽带用户达130.38万户，增长17.1%。

全年实现旅游总收入543.05亿元，比上年增长14.2%。其中，国际旅游外汇收入4.63亿美元，减少

3.8%；国内旅游收入514.37亿元，增长15.6%。全年接待海内外旅游者5003.51万人次，增长11.1%。其中接待入境旅游者51.98万人次，下降2.0%。2013年年末全市拥有旅游星级宾馆饭店120家，其中四星级以上25家。A级旅游景区45家，其中5A级景区3家，4A级景区14家，3A级旅游景区14家，2A级旅游景区14家。各类旅行社214家，其中经营出境旅游业务的旅行社8家。全市共举办各类会展活动142个，比上年增加10个；展位总数2.40万个。

【金融和保险】2013年年末，烟台市金融机构本外币各项存款（含外资）余额6020.53亿元，比年初增加731.53亿元，其中居民储蓄存款余额3099.34亿元，增加310.68亿元。金融机构本币各项存款余额5750.54亿元，比年初增加693.25亿元。全市金融机构本外币贷款余额3942.99亿元，增加373.73亿元，其中本币贷款余额3760.70亿元，增加424.11亿元。其中，短期贷款增加215.84亿元，中长期贷款增加197.30亿元。

全市拥有地市级保险机构63家，全年完成保费收入121.39亿元，增长12.3%；赔付44.18亿元，增长35.6%。其中，人身险公司35家，全年完成保费收入79.99亿元，增长9.9%；人身险赔付23.20亿元，增长56.3%。财产险公司28家，保费收入41.39亿元，增长17.2%；赔付20.98亿元，增长18.3%，赔付率为59.11%。

7

2013年潍坊市经济发展概况

【经济总量】2013年，潍坊市全年实现地区生产总值（GDP）4420.7亿元，按可比价格计算比上年增长10.6%。一、二、三、四季度GDP分别增长10.9%、10.6%、10.6%、10.6%，呈现平稳发展趋势。其中，第一产业增加值433.1亿元，增长3.3%；第二产业增加值2297.4亿元，增长11.5%，其中工业增加值2063.2亿元，增长11.7%；第三产业增加值1690.2亿元，增长11.4%。一、二、三产业对经济增长的贡献率分别为2.96%、61.17%和35.87%，分别拉动GDP增长0.3个、6.5个和3.8个百分点。按常住人口计算，人均GDP达到47943元（按年末汇率折算为7864美元），比上年增长10.2%。三次产业比重由2012年的9.73：53.99：36.28调整为9.8：51.97：38.23，三产比重提高1.95个百分点，产业结构进一步优化。

【农业】2013年，潍坊市完成农林牧渔业总产值850.7亿元，按可比价格计算增长3.4%。

全市粮食播种面积达到1104.1万亩，比上年减少5.6%，全年粮食总产量475.3万吨；棉花产量3.9万吨，减少21.8%；油料产量24.7万吨，增长1.2%；烤烟产量3.9万吨，增长1.8%；蔬菜产量1165.6万吨，增长1.1%；水果产量91.5万吨，增长2.2%。

【工业和建筑业】2013年年末，潍坊市全市规模以上工业企业达到4201家，实现工业增加值比上年增长12.6%。其中，国有企业增加值增长17.8%，集体企业增长4.9%，股份合作制企业增长31.9%，股份制企业增长13.0%，外商及港澳台商投资企业增长10%。分轻重工业看，重工业增加值增长14.6%，轻工业增加值增长10.6%。

全市规模以上工业实现主营业务收入12180.1亿元，增长13.5%；实现利润总额675.1亿元，增长23.3%；实现利税总额1025.2亿元，增长22.8%；全年产品销售率为98.5%。装备工业企业1141家，实现主营业务收入3268.8亿元，同比增长19.5%，增加值同比增长17.4%。六大支柱产业海洋化工业、动力机械业、食品加工业、纺织服装业、电子信息业、造纸包装业全年共实现主营业务收入8771.7亿元，占规模以上工业的72.0%。其中，动力机械业实现主营业务收入2354.7亿元，增长20.9%；海洋化工业实现主营业务收入2309.7亿元，增长15.5%；造纸包装业实现主营业务收入468.4亿元，增长16.2%。

实现建筑业总产值707.5亿元，同比增长21.8%。全员劳动生产率为29.4万元/人，增长14.4%。其中，建筑工程完成产值598.3亿元，同比增长24.8%；安装工程完成产值91.8亿元，同比增长5.6%；其他产值17.4亿元，同比增长21.8%。签订合同额929.8亿元，同比增长15%，其中本年新签合同额606.6亿元，同比增长21%。

【固定资产投资】2013年，潍坊市固定资产投资完成3429.9亿元，比上年增长19.5%。4479个投资施工项目中总投资过1000万元的项目4375个，占总数的97.7%。其中，一产投资完成117.4亿元，同比下降5.8%；二产投资完成1350.5亿元，增长20.4%；三产投资完成1962.1亿元，增长20.5%。城镇投资完成2642.6亿元，增长18.5%；农村投资完成787.3亿元，增长22.8%。

【科学技术】2013年，潍坊市实施各类科技计划441项，争取省级以上科技计划项目366项。全市培育优秀科研成果462项，评审出市级科技进步奖150项，95%以上成果达到国内领先水平。获得省级以上科技进步奖36项，其中，山东俊富非织造有限公司的“医疗卫生用绵柔非织造材料开发与应用”等3项成果获山东省科技进步一等奖。全市承担省级以上各类科技计划项目366项，争取无偿经费8.2亿元。其中，“抗肠炎功能蛋白饲料添加剂研发应用及产业化”等2个项目列入国家科技支撑计划；福田雷沃集群实时作业服务与运维的物联技术研发与示范等4个项目列入国家863计划；歌尔声学股份有限公司的“图像传感器集成电路专用芯片及器件研发与产业化”等16个项目列入省10亿元自主创新专项计划。盛瑞传动股份有限公司的“高效节能自动变速器整车匹配及产业化”等17个项目列入省自主创新成果转化专项计划。山东天维膜技术有限公司等企业的16个项目入选国家重点新产品计划。

【国内贸易和对外经济】2013年，潍坊市全市实现社会消费品零售总额1758.8亿元，比上年增长13.4%。其中，城镇零售额实现1266.8亿元，增长13.2%；乡村零售额实现492.0亿元，增长13.7%。按消费形态分，商品零售1592.7亿元，增长13.9%；餐饮收入166.1亿元，增长8.5%。

全市完成进出口总额161.6亿美元，同比增长7.9%。其中，出口116.0亿美元，增长5.8%，进口45.6亿美元，增长13.7%。

【交通、邮电和旅游】2013年，潍坊市全年累计完成交通基础设施投资83.8亿元。其中，公路建设累计完成投资46.6亿元。港航、客运场站、物流园区、城市公交等完成投资37.2亿元。全市公路通车里程达到2.5万公里，公路密度达到156.0公里/百平方公里。全市营业性机动车辆11.6万辆，其中，线路客车（含旅游）2961辆，载货汽车10.4万辆，出租车4716辆，其他机动车及拖拉机4649辆。海运船舶结构趋于大吨位、专业化，运力达到91.2万载重吨。

完成邮政业务总量4.0亿元，增长1.2%。其中，包裹业务22.9万件，增长5.2%。实现电信业务总量70.3亿元，同比增长11.0%。电话用户总数为1173.1万户，普及率达127.3部/百人，同比增长6.5%。其中，固定电话用户166.3万户，固定电话普及率17.6部/百人；移动电话用户927.8万户，其中3G用户231.1万户，移动电话普及率109.7部/百人。互联网用户达到562.7万户（包括无线上网用户505.6万户），互联网普及率达到61.1%；通信光缆总长度131.4万芯长千米；互联网出口带宽540G。

全市共接待境内外游客4735.2万人次，增长11.3%。其中，国际入境游客33.5万人次，下降3.7%；国内旅游人数4701.7万人次，增长11.4%。旅游总收入441.1亿元，增长14.7%。其中，国内旅游收入426.7亿元，增长15.8%；国际旅游收入2.3亿美元，下降8.2%。全市A级景区共90家，其中，5A级景区1家，4A级景区18家。旅行社145家，其中国际社6家。

【金融和保险】2013年年末，潍坊市全市金融机构本外币各项存款余额为5059.8亿元，比年初增加620.5亿元，增长14.0%，其中储蓄存款2802.5亿元，增长13.9%。金融机构本外币各项贷款余额达4005.8亿元，比年初增加461.5亿元，增长13.0%。金融机构经营效益继续增长，实现利润总额152.0亿元，同比增长17.1%。

驻潍市级保险机构60家，其中，财产险公司28家，人身险公司32家；县市区保险机构284家，增加26家；全市实现保费收入111.1亿元，首次突破100亿元，比上年增长17.3%，各项赔给付37.4亿元，比上年增长36.5%。其中财产险实现保费收入42.8亿元，比上年增长14.8%，赔款支出23.2亿元，比上年增长25.4%；人身险实现保费收入68.3亿元，比上年增长18.9%，赔给付14.2亿元，比上年增长59.4%。承担社会风险17882.6亿元，比上年增长41.2%。

8

2013年济宁市经济发展概况

【经济总量】2013年，济宁市全年实现地区生产总值（GDP）3501.54亿元，按可比价格计算，比上年增长11.0%。分产业看，第一产业增加值418.93亿元，增长4.3%；第二产业增加值1789.75亿元，增长11.6%，其中工业1613.82亿元，增长11.8%；第三产业增加值1292.86亿元，增长12.1%。在第三产业中，交通运输、仓储和邮政业增加值164.27亿元、增长8.5%，批发和零售业375.10亿元、增长12.0%，金融业106.78亿元、增长16.8%，房地产业80.96亿元、增长13.9%。产业对GDP增长贡献率分别为4.3%、58.3%和37.4%，结构比例为12.0：51.1：36.9，与上年相比，第一产业提升0.4个百分点，第二产业下降1.4个百分点，第三产业提高1.0个百分点。人均GDP42796元（按年平均汇率折算为6897美元），比上年增加3631元，按可比价格计算增长10.5%。

【农业】2013年，济宁市农林牧渔业实现增加值418.9亿元，比上年增长4.3%。其中，农业增加值270.4亿元，增长4.3%；林业6.0亿元，增长8.8%；牧业104.8亿元，增长3.9%；渔业27.2亿元，增长4.7%；农林牧渔服务业10.6亿元，增长4.7%。农、林、牧、渔及农林牧渔服务业增加值比例为64.5：1.4：25.0：6.5：2.6。

粮食总产578.6万吨，比上年增长1.7%，单产509.2公斤/亩，增长0.1%。其中，夏粮266.4万吨、增长4.4%，秋粮312.2万吨、减少0.5%。棉花产量11.2万吨，减少6.3%。油料产量17.4万吨，增长0.1%。园林水果产量28万吨，增长1.9%。

【工业和建筑业】2013年，济宁市企业规模不断扩大，营业收入过百亿企业9家，比上年增加1家，4家企业上榜中国企业500强。

规模以上工业增加值同比增长12.5%。从工业门类看，制造业增长18.6%，实现增加值占规模工业的58.2%；采掘业增长4.1%，占30.5%；电力、燃气及水的生产和供应业增长9.4%，占11.3%。从经济类型看，国有企业增长9.6%，集体企业增长14.9%，股份合作制企业增长43.4%，股份制企业增长12.2%，外商及港澳台商投资企业增长20.5%，其他经济类型企业增长8.7%。从轻重工业看，轻工业增长19.8%，重工业增长10.3%，轻重工业比为26.0：74.0。

资质以上建筑企业384家，比上年增加13家，实现总产值564.4亿元、增长33%，利税34.8亿元、增长26.9%。建筑业增加值实现175.9亿元，增长10.5%。

【固定资产投资】2013年，济宁市全社会固定资产投资完成2256亿元，增长21.7%，其中，固定资产投资（不含农户）2188.3亿元，增长23.0%。固定资产投资（不含农户）中，从区域看，城镇投资完成1876亿元，增长24.6%；从产业看，第一产业投资44.0亿元、增长16.7%，第二产业投资1156.1亿元、增长25.6%，第三产业投资988.2亿元、增长18.2%。三次产业投资结构由上年的2.7：48.8：48.5调整为2.0：52.8：45.2。高新技术产业投资完成214.5亿元，增长20.6%，占全部投资的9.8%。

【科学技术】2013年，济宁市国家创新型试点城市建设扎实推进。全市实施科技计划项目399项，其中，国家级33项，省级78项，市级288项。技术创新成果丰硕。取得重要科研成果199项，有118项获得国家、省、市科技进步奖，其中国家级3项，省级16项。全市申请发明专利1450项，授权发明专利509项。

新增国家级高新技术企业56家，达到199家。拥有国家级创新型（试点）企业2家，省级创新型企业16家，省级创新型试点企业14家。省级产业技术创新战略示范联盟4家，市级产业技术创新战略示范联盟22家。新增省级以上工程技术研究中心56家、企业技术中心12家，省级工程技术研究中心已达68家，国家火炬计划特色产业基地4处。新建院士工作站8家，增至42家。农业科技示范园区国家级1处，省级3处，市级17处。科技企业孵化器面积达到135万平方米。

【国内贸易和对外经济】2013年，济宁市全市实现社会消费品零售总额1475.9亿元，增长13.5%，其中，限额以上批发零售住宿餐饮业完成877.4亿元，增长15.1%。从经营地看，城镇实现1186.2亿元，增长13.9%；乡村实现289.7亿元，增长12.1%。从消费形态看，批发零售业商品零售额实现1305.2亿元、增长

13.8%，住宿餐饮业170.7亿元、增长11.4%。限额以上批发零售住宿餐饮企业1415家，比上年净增101家，全市亿元以上商品交易市场26处，较上年增加1处。

全市完成进出口总额52.3亿美元，同比增长2.2%，其中，出口33.3亿美元、增长4.3%，进口19.0亿美元、下降1.2%。从企业性质看，国有企业出口5.4亿美元、下降11.6%，外商投资企业12.6亿美元、增长0.2%，民营企业15.4亿美元、增长15.4%；从贸易方式看，一般贸易出口23.0亿美元、增长8.7%，加工贸易10.3亿美元、下降4.2%；从目的地看，向亚洲出口13.5亿美元、增长9.1%，欧洲6.3亿美元、下降2.6%，北美洲4.7亿美元、增长12.9%，非洲4.2亿美元、增长4.2%，南美洲3.1亿美元、下降10.4%；从商品类别看，出口农产品6.7亿美元、增长15.7%，轻纺产品10.8亿美元、增长6.5%，药品1.1亿美元、增长4.6%，机电产品9.2亿美元、下降4.1%，化工产品4.9亿美元、下降3.8%。

【交通、邮电和旅游】2013年，济宁市全年公路建设投资59.8亿元，新建改建公路8186公里，其中，村庄道路硬化6622公里，涉及村庄1927个。公路通车里程18198公里，其中高速公路254.3公里。公路运输货运量完成2.4亿吨，比上年增长8.1%，货物周转量546.7亿吨公里，增长10.0%；客运量10198万人，增长1.7%，客运周转量65.2亿人公里，下降3.0%。内河航运货运量完成3270万吨，增长12.4%；货物周转量144.9亿吨公里，增长12.3%。济宁曲阜机场新开通4条航线，开行航线数增至13条，全年旅客吞吐量33.5万人次，增长19.0%。

年末全市固定电话交换机总容量79万门，较上年减少7万门；移动电话交换机容量1169.0万门，增加10万门。年末固定电话用户94.5万户（包含小灵通用户），减少11.3万户，其中，市内固定电话用户42万户（包含小灵通用户）、减少5.7万户，农村固定电话用户52.5万户、减少5.6万户；移动电话用户657万户，增加43万户；全市互联网用户83.2万户，增加11.8万户。邮电业务总量50.2亿元，其中，电信业务量46.2亿元，邮政业务量4.0亿元。

实现旅游总收入392.6亿元，同比增长14.7%。全年接待入境旅游35.4万人次、下降5.3%，创汇15965.3万美元、下降13.3%；接待国内旅游4700.5万人次、增长11.9%，收入382.7亿元、增长15.8%。

【金融和保险】2013年年末，济宁市金融机构本外币存款余额3561.1亿元，比年初增加368.9亿元。其中，居民储蓄存款余额1956.3亿元，比年初增加220.5亿元。各项本外币贷款余额2276.5亿元，比年初增加281.8亿元，其中，短期贷款1346.0亿元，比年初增加133.1亿元，同比少增143.9亿元；中长期贷款835.3亿元，比年初增加180.0亿元，同比多增159.5亿元。

全市累计保险金额达到21688亿元，增长125.5%，其中，人身险保险金额2733亿元，财产险保险金额18955亿元。全年各类保费收入101.64亿元，增长24.6%，其中，财产险保费收入30.7亿元、增长23.5%，人身险保费收入70.9亿元、增长25.0%。支付赔款和给付保险金30.6亿元，增长46.0%，其中，财产险赔付金额15.6亿元、增长35.0%，人身险赔给付金额15.0亿元、增长59.6%。

9

2013年泰安市经济发展概况

【经济总量】2013年，泰安市全年实现地区生产总值（GDP）2790.7亿元，按可比价格计算（下同），比上年增长10.6%，继续保持两位数增长，全年增速呈现逐季提高态势。第一产业实现增加值260.1亿元，增长3.7%；第二产业增加值1367.8亿元，增长11.1%；第三产业增加值1162.8亿元，增长11.3%。三次产业结构由上年的9.1：50.7：40.2调整为9.3：49.0：41.7，人均生产总值50296元，增长10.1%。

【农业】2013年，泰安市实现农林牧渔业总产值454.4亿元，按可比价格计算（下同）比上年增长3.8%。实现农林牧渔业增加值260.1亿元，增长3.7%。其中，种植业增加值160.2亿元，增长2.9%；林业增加值5.2亿元，增长4.2%；牧业增加值75.7亿元，增长4.4%；渔业增加值9.2亿元，增长5.6%。

【工业和建筑业】2013年，泰安市全市规模以上工业（全年主营业务收入2000万元以上的工业企业）增加值比上年增长12.5%，全年呈现增幅逐月稳步提高态势。其中，国有工业增长17.9%；集体工业增长18.6%；股份制工业增长11.6%，外商及港澳台商投资工业增长7.5%。轻、重工业分别增长12.6%和12.4%。

三级及以上建筑企业完成总产值685.4亿元，比上年增长11.8%，实现增加值194.0亿元，增长8.0%。预计实现利税60.7亿元，增长8.1%。其中，国有及国有控股企业完成总产值71.6亿元，实现利税4.3亿元。

【固定资产投资】2013年，泰安市固定资产投资保持平稳较快增长。全市固定资产投资完成1981.8亿元，比上年增长20.5%。其中，城镇投资完成1722.4亿元，增长25.1%。从投资项目建设性质看，改建和技术改造项目投资完成503.7亿元，增长34.5%，新建、扩建项目投资分别为579.5亿元和682.5亿元，增长11.4%和11.7%。

第一产业完成投资44.2亿元，增长1.3%。第二产业完成投资887.1亿元，增长14.9%，其中，工业投资886.1亿元，增长15.3%；制造业投资实现819.6亿元，占工业投资的92.5%，增长17.3%，是工业投资的主要投向。第三产业投资保持强劲增长势头，完成投资1050.5亿元，增长26.9%，其中，文化体育娱乐业、卫生和社会工作服务业、居民服务业和教育业等行业投资增长较快，分别增长122.0%、113.0%、69.6%和43.0%。高耗能行业投资规模继续缩小，全年完成投资176.7亿元，下降11.6%，占全部投资比重由上年的11.3%降至8.9%。

【科学技术】2013年，泰安市全市获奖科技成果151项。其中，国家级科技奖励成果3项，省级科学进步奖48项，市级科技进步奖100项；年末全市国家火炬计划重点高新技术企业5家，国家“863”科技成果产业基地2家；全年申请发明专利1921件，授权发明专利258件，增加62件；签订各类技术合同955项，比上年增加553项，合同金额9.72亿元，增长139.0%。

【国内贸易和对外经济】2013年，泰安市全市实现社会消费品零售总额1053.8亿元，比上年增长13.5%。其中，城镇930.3亿元，增长12.9%，市场份额为88.3%；乡村123.5亿元，增长18.8%。批发业、零售业、住宿业、餐饮业分别实现291.0亿元、635.7亿元、19.4亿元、107.7亿元，分别增长15.0%、12.5%、17.6%、15.2%。

全市完成进出口总额24.8亿美元，比上年增长15.2%，继续保持稳步回升增势。其中，出口13.7亿美元，增长11.8%；进口11.2亿美元，增长19.4%。一般贸易出口21.4亿美元，增长20.1%；加工贸易出口3.1亿美元，下降9.7%。

【交通、邮电和旅游】2013年年末，泰安市全市境内公路通车里程14328.9公里，比上年增加120.9公里，其中，高速公路238.8公里。全年公路、水路货运量12068万吨，货运周转量172.1亿吨公里，比上年分别增长4.5%和9.1%；客运量6416万人，客运周转量48.0亿人公里，分别增长5.4%和2.9%。年内更新环保型公交车100辆，城市公交网络覆盖率、出行分担率分别达到71.0%、22.6%。

全年邮电业务总量35.4亿元。其中邮政业务总量4.3亿元，比上年增长31.0%，电信业务总量31.1亿元，增长9.9%。全市邮政函件1549.3万件，增长38.1%；汇兑31.9万笔，下降7.0%；快递811.3万件，增长30.0%。年末固定电话户数96.8万户，增长0.1%；移动电话609.2万户，增长14.7%；上网用户212.7万户，增长32.5%。

年内共接待境内外游客4830.3万人次，实现旅游总收入441.7亿元，分别增长10.9%和14.0%。其中，接待国内游客4791.8万人次，实现国内旅游收入427.3亿元，分别增长11.0%和15.1%。全市重点景区运营情况良好，其中，泰山景区接待进山进景点游客497.6万人次，实现门票总收入3.8亿元；方特欢乐世界接待游客130万人次，实现门票收入2.4亿元；太阳部落景区接待游客67万人次，实现门票收入9600万元。年末全市A级旅游景区31家，其中5A级1家，4A级8家；旅行社167家，比上年增加11家。

【金融和保险】2013年年末，泰安市金融机构各项存款余额为2261.3亿元，比年初（下同）增长16.9%，其中城乡储蓄存款余额1375.1亿元，增长15.9%。各项贷款余额为1416.4亿元，增长15.4%。金融信贷对产业结构调整和民生质量改善支持力度明显，农、林、牧、渔业贷款增长125.7%，住宿和餐饮业贷款增长35.2%，信息传输、软件和信息技术服务业贷款增长84.1%，科学研究和技术服务业贷款增长63.7%，水利、环境和公共设施管理业贷款增长51.5%，文化、体育和娱乐业贷款增长63.5%。

全市保险公司增至42家，比上年增加4家，全年实现保费收入57.5亿元，增长11.4%。其中，财险收入14.4亿元，增长18.8%；人身险收入43.1亿元，增长9.2%。

10

2013年威海市经济发展概况

【经济总量】2013年，威海市全市实现生产总值2549.69亿元，按可比价格计算，比上年增长10.8%。其中，第一产业增加值203.47亿元，增长4.3%；第二产业增加值1312.93亿元，增长10.5%；第三产业增加值

1033.29亿元，增长12.5%。三次产业结构由上年的7.7：53.4：38.9调整为8.0：51.5：40.5。

【农业】2013年，威海市全年实现农业增加值48.08亿元，增长0.7%；林业增加值0.47亿元，增长6.1%；牧业增加值31.41亿元，增长6.2%；渔业增加值117.25亿元，增长5%；农林牧渔服务业增加值6.26亿元，增长10.9%。

据全面调查，粮食总产量保持稳定，达到101.78万吨。其中，夏粮产量44.68万吨，增长0.3%；秋粮产量57.1万吨，下降3%。秋粮减少的主要原因一是粮食种植面积减少，二是气候因素影响秋收作物生长。

【工业和建筑业】2013年，威海市规模以上工业企业达到1609家，实现增加值增长11.7%。其中，股份制企业增加值增长12.2%，外商及港澳台商投资企业增加值增长10.1%。轻工业增加值增长12.3%，重工业增加值增长11.1%，轻工业生产快于重工业1.2个百分点。在36个行业大类中，有29个行业实现增长，增幅较高的行业是：通用设备制造业增长24.6%，医药制造业增长21.6%。大中型工业企业实现增加值增长12.2%。

全市规模以上工业企业实现主营业务收入6232.59亿元，增长11.7%；实现利税519.68亿元，增长13.7%；实现利润322.09亿元，增长14.5%。产销衔接良好，产品销售率达98.3%。

全年实现建筑业增加值138.51亿元，增长8.9%。

【固定资产投资】2013年，威海市全年完成固定资产投资1923.71亿元，增长20.5%。第一产业投资12.18亿元，下降47.4%；第二产业投资678.12亿元，增长18.0%，其中工业投资629.6亿元，增长17.5%；第三产业投资1233.41亿元，增长23.5%。一、二、三产业投资结构为0.6：35.3：64.1。

全年完成房地产开发投资411.81亿元，增长12.5%。从房屋建设用途看，住宅投资337.53亿元，增长12%，占全部房地产开发投资的82%；商业营业用房投资40.1亿元，增长58.6%，占全部房地产开发投资的9.7%。全年房屋施工面积3919.52万平方米，增长9.7%；竣工面积752.81万平方米，下降12.6%；商品房销售面积878.83万平方米，增长20.7%，其中住宅销售面积占到92.1%。

【科学技术】2013年，威海市全年累计取得重要科技成果140项，其中国际先进以上47项。颁发市科学技术奖103项，获得省级奖励22项。全市专利申请量5296件，增长6.3%，其中发明专利申请量2102件，占总申请量的39.7%。专利授权量3075件，增长2.8%，其中发明专利授权量423件，占总授权量的13.8%。

新认定高新技术企业29家，总数达到142家；新认定科技型中小企业27家，总数达到146家。省级创新型企业达到16家，省级创新型试点企业达到37家。高新技术产业产值达到2312.44亿元，占规模以上工业总产值比重达到36.6%。

【国内贸易和对外经济】2013年，威海市全年社会消费品零售总额达到1047.29亿元，增长13.5%。从城乡领域看，城镇消费品零售额866.92亿元，增长13.7%；乡村消费品零售额180.37亿元，增长12.4%。从行业分类看，批发和零售业实现零售额948.95亿元，增长14.5%；住宿和餐饮业实现零售额98.34亿元，增长4.4%。从经济成分看，非公有经济实现零售额815.59亿元，增长14.2%；公有经济实现零售额231.71亿元，增长10.9%。从企业规模看，限额以上企业实现零售额595.95亿元，增长14.6%，增幅分别比限额以下企业和个体户高0.4个和8.4个百分点。从商品类别看，与人们日常生活密切相关的商品以及消费升级类商品全面增长。其中，金银珠宝类增长28.8%，粮油食品饮料烟酒类增长18.9%，日用品类增长15.8%，服装鞋帽针纺织品类增长14.3%，石油及制品类增长9.0%，汽车类增长8.2%。

全年实现对外贸易进出口总额171.50亿美元，增长0.2%。其中，出口总额107.02亿美元，增长0.5%；进口总额64.47亿美元，下降0.4%。从企业性质看，内资企业进出口额81.11亿美元，增长8.4%，占全市的47.3%；外商投资企业进出口额90.39亿美元，下降6.2%，占全市的52.7%。从贸易方式看，一般贸易进出口额78.96亿美元，增长13.5%，占全市的46%；加工贸易进出口额87.66亿美元，下降8.8%，占全市的51.1%；其他贸易进出口额4.88亿美元，下降11.5%，占全市的2.8%。从主要贸易市场看，威海市企业与202个国家和地区有贸易往来。其中，与韩国贸易额52.26亿美元，下降1.1%，占全市的30.5%；欧盟21.0亿美元，增长1.1%，占全市的12.2%；日本19.06亿美元，下降7.9%，占全市的11.1%；美国16.83亿美元，下降0.1%，占全市的9.8%。从出口商品看，机电产品出口45.79亿美元，下降5.0%，占全市的42.8%；纺织服装出口21.98亿美元，增长18.9%，占全市的20.5%；农产品出口14.86亿美元，下降1.7%，占全市的13.9%。

【交通、邮电和旅游】2013年年末，威海市公路通车里程达到7060公里（含农村公路），增长2.3%。全年铁路、公路、海运共完成客运量17760万人次，增长2.2%；货运量6398万吨，增长8.7%。全年铁路、公路、海运共完成旅客周转量83.1亿人公里，增长2.5%，其中，铁路3.9亿人公里；公路75亿人公里，增长2.0%；海运4.2亿人公里，增长3.6%。全年铁路、公路、海运完成货物周转量300.5亿吨公里，增长6.4%，其中，铁路0.8亿吨公里；公路94.4亿吨公里，增长9.3%；海运205.3亿吨公里，增长5.2%。完成港口货物吞吐量7001万吨，增长12.9%；集装箱吞吐量100万标箱，增长13.1%；港口旅客发送人数197万人，增长7.7%。机场旅客吞吐量达到114.6万人次，增长25.6%。全市新增机动车6.74万辆，保有量达到74.39万辆，其中新增小型汽车5.53万辆，保有量达到44.49万辆。

全年邮电业务总量27.64亿元，其中，邮政业务总量2.65亿元，电信业务总量24.99亿元。全市固定电话交换机总容量达122.5万门，用户总数68.65万户。移动电话交换机总容量达到659万门，用户总数298.71万户，其中3G移动电话用户87.04万户。城市出口带宽达440G，宽带用户总数76.09万户。

全年共接待旅游总人数2996.74万人次，旅游总收入338.85亿元，分别增长10.4%和14.0%。国内游客2952.79万人次，旅游收入324.08亿元，分别增长10.6%和15.2%。入境游客43.95万人次，旅游外汇收入2.39亿美元，分别下降3.8%和5.7%。

【金融和保险】2013年，威海市年末全市金融机构本外币存款余额2379.25亿元，比年初增加317.47亿元，其中城乡居民储蓄存款余额1336.69亿元，比年初增加129.82亿元。年末金融机构本外币贷款余额1564.98亿元，比年初增加184.42亿元，其中中长期贷款719.37亿元，比年初增加44.91亿元。

全年保险机构实现保费收入56.64亿元，增长13.6%。其中，财产险保费收入19.10亿元，增长17.6%；人身险保费收入37.54亿元，增长11.7%。共支付各项赔款和给付20亿元，增长48.4%。其中，财产险支付赔款和给付10.41亿元，增长16.1%；人身险支付赔款和给付9.59亿元，增长112.4%。

11

2013年日照市经济发展概况

【经济总量】2013年，日照市全年实现地区生产总值（GDP）突破1500亿元，达到1500.16亿元，按可比价格计算，比上年增长10.6%。其中，第一产业增加值131.45亿元，增长3.5%；第二产业增加值784.33亿元，增长10.7%；第三产业增加值584.38亿元，增长12.1%。固定资产投资突破1000亿元，达到1069.05亿元，增长20%。公共财政预算收入突破100亿元，达到100.09亿元，增长15.5%。港口货物吞吐量突破3亿吨，达到3.18亿吨，增长12.1%，其中外贸货物吞吐量2.24亿吨，增长12.4%。进出口总值突破300亿美元，达到330.39亿美元，增长30.6%。按常住人口计算，人均生产总值为52778元，比上年增长10%。产业结构继续优化，三次产业比例由上年的8.7：53.5：37.8调整为8.7：52.3：39，服务业、高新技术产业比重分别比上年提升1.2个和1.03个百分点。

【农业】2013年，日照市全年实现农林牧渔业总产值229.16亿元，按可比价格计算，比上年增长3.5%；实现增加值131.45亿元，增长3.5%。其中，农业增加值62.97亿元，增长3.2%；林业增加值2.31亿元，增长3.3%；牧业增加值31.62亿元，增长3.2%；渔业增加值28.94亿元，增长3.6%；农林牧渔服务业增加值5.62亿元，增长6.8%。

全市国家级农业标准化示范区达到10个，粮食总产量连续八年超过一百万吨。全年粮食作物种植面积248.7万亩，总产量102.02万吨，单产410.21公斤/亩。油料作物种植面积82.79万亩，产量24.62万吨，增长2.2%。全年猪出栏202.42万头，增长2.7%；羊出栏82.1万只，下降0.3%；牛出栏7.59万头，增长6.9%。全年肉类产量21.16万吨，增长1.3%；奶类产量2.18万吨，增长26.4%；蛋类产量12.2万吨，增长0.6%。全年水产品总产量56.61万吨，增长3.1%。其中，海水产品产量52.66万吨，淡水产品产量3.95万吨，分别增长2.2%和17.2%。

【工业和建筑业】2013年，日照市年末全市规模以上工业企业达578家，其中，年产值过100亿元的企业5家，比上年增加2家。全年完成工业总产值2675.37亿元，增长12.6%；实现工业增加值646.93亿元，增长11.9%。按轻重工业分，轻工业实现增加值234.99亿元，增长10.6%；重工业实现411.94亿元，增长12.7%。大中型工业企业实现增加值399.82亿元，增长15.1%。制造业实现增加值602.49亿元，增长12.4%。其中装备制造业实现增加值132.21亿元，增长14.7%。

全市资质等级三级及三级以上建筑业企业实现建筑业总产值215.15亿元，增长16%，其中，建筑工程产值197.84亿元，增长23.8%。实现建筑业竣工产值86.62亿元，增长8.1%。房屋建筑施工面积1328.05万平方米，增长11%。

【固定资产投资】2013年，日照市全年完成固定资产投资1069.05亿元，增长20.0%。固定资产投资施工项目1998个。其中，新开工项目1768个，增长17.0%，完成投资998.51亿元，增长16.4%；亿元以上投资项目313个，完成投资419.59亿元，增长4.6%；在建项目投资总规模1677.29亿元，增长17.4%。

全年一、二、三产业投资之比为3.2：40.6：56.2，第三产业投资比重提升2.1个百分点；完成改建和技术改造投资267.71亿元，增长30.6%，比上年提高22.6个百分点；完成高新技术产业投资71.46亿元，装备制造业投资69.87亿元，分别占全部投资的6.7%和6.5%。

【科学技术】2013年，日照市全年争取国家和省科技计划项目35个，扶持资金5144万元。其中，争取国家创新基金5个。全年发明专利申请量535件，增长18.4%；发明专利授权量125件，增长47.1%，增幅居全省第三位，电子申请率87.6%，列全省第二位。共取得重要科技成果93项，其中国际领先水平4项，国际先进水平10项，国内领先水平39项，获省级科技进步奖4项，颁发市科学技术奖77项，其中市科学技术最高奖1项。全市拥有国家认定企业技术中心2家、国家地方联合工程实验室1家，拥有省级工程技术研究中心22家、省级工程研究中心1家、省级工程实验室5家。

【国内贸易和对外经济】2013年，日照市全年实现社会消费品零售总额476.2亿元，增长13.4%，其中，限额以上企业消费品零售总额223.16亿元，增长13.1%。从城乡居民消费情况看，城镇消费品零售额实现387.4亿元，增长13.4%；乡村消费品零售额实现88.8亿元，增长13.3%。从消费形态看，商品零售实现440.1亿元，增长13.5%；餐饮收入实现36.1亿元，增长12.2%。

全年完成进出口总值330.4亿美元，增长30.6%，绝对值和增幅分别居全省第3位和第2位，增幅高于全省平均水平21.8个百分点。其中，出口38.8亿美元，增长0.1%；钢铁、水产品、汽车发动机和柠檬酸等为主要出口产品，出口额分别占32.2%、12.9%、9.3%和5.1%；东盟、日本、韩国、美国、欧盟、俄罗斯等国家和地区是主要出口市场，出口额分别占16.8%、14.5%、14.0%、10.2%、9.0%和8.4%。进口291.6亿美元，增长36.2%；铁矿砂、大豆、煤炭、铜及其制品等为主要进口产品，进口额分别占31.7%、28.7%、8.4%和5.5%；巴西、澳大利亚、美国、东盟、韩国等国家和地区是主要进口市场，进口额分别占24.6%、21.5%、13.1%、11.7%和7.4%。

【交通、邮电和旅游】2013年，日照市全年完成地方公路客运量4585万人次，比上年增长3.0%，公路旅客周转量31.60亿人公里，增长3.0%；地方公路货运量12966万吨，增长7.5%，公路货运周转量320.39亿吨公里，增长7.5%；地方海上货运量793万吨，增长9.7%，海上货运周转量90.01亿吨公里，增长8.1%；铁路发送旅客量117.73万人次，增长6.6%，铁路货运量6900.55万吨，下降0.2%。

全年完成邮政电信业务总量18.78亿元，其中邮政业务总量2.27亿元，电信业务总量16.51亿元。全年快寄业务量562.39万件，实现业务收入8362.98万元（2013年开始统计，无往年数）。年末本地固定电话用户45.35万户，比上年增长3.5%；年末移动电话用户298.33万户（非沉默用户），增长7.6%，其中3G用户66.89万户，增长88.3%。移动互联网用户167.93万户。国际互联网宽带用户43.52万户，增长10.7%。

获得2013年好客山东贺年会最佳组织奖、休闲汇优秀组织奖。全年共接待境内外游客3153.5万人次，比上年增长11.7%。其中，国内游客3125.4万人次，增长11.8%；受中韩客箱班轮阶段性检修影响，入境游客28.1万人次，下降4%。在入境旅游者中，外国人26.6万人次，港澳台同胞1.4万人次。全年实现旅游总收入210.1亿元，增长14.7%，其中国内旅游收入202.4亿元，增长15.9%，旅游外汇收入1.24亿美元，下降8.6%。

【金融和保险】2013年，日照市年末金融机构各项存款余额本外币合计1780.07亿元，比年初增加310.13亿元（人民币存款余额1737.54亿元，比年初增加294.26亿元）。其中，储蓄存款余额762.49亿元，比年初增加99.77亿元。年末金融机构各项贷款余额本外币合计1489.45亿元，比年初增加180.02亿元（人民币贷款余额1271.91亿元，比年初增加152.28亿元）。其中，短期贷款余额1044.60亿元，比年初增加160.57亿元；中长期贷款余额399.49亿元，比年初增加25.48亿元。全市信用总量2840亿元，比年初增加678.7亿元，增长31.36%。

全市保险公司30家，专业中介法人机构4家，分别比上年增加4家和1家。实现保费收入33.35亿元，增长23.0%。其中财产险保费收入15.12亿元，增长20.2%；寿险保费收入18.23亿元，增长25.5%。全市保险服务能力进一步提升，支付各项赔款与给付11.22亿元，增长24.0%。其中，财产险赔付6.92亿元，增长6.8%；寿险赔款及各项给付4.3亿元，增长67.3%。

12

2013年聊城市经济发展概况

【经济总量】2013年，聊城市全市实现生产总值2365.87亿元，按可比价格计算，比上年增长10.0%。其中，第一产业增加值287.15亿元，增长3.5%；第二产业增加值1258.15亿元，增长11.1%；第三产业增加值820.57亿元，增长10.3%。三次产业比例由上年的12.0：55.3：32.7调整为12.1：53.2：34.7，三次产业进一步协调发展，第三产业比重提高2个百分点。

【农业】2013年，聊城市农林牧渔业总产值521.00亿元。农林牧渔业增加值287.15亿元，比上年增长3.6%。农、林、牧、渔及农林牧渔服务业增加值分别增长3.7%、5.6%、1.9%、5.5%、9.2%。

全年蔬菜瓜类播种面积276.44万亩、总产量1017.68万吨，分别比上年增长2.4%、2.8%。高效农业较快发展。全市拥有种植业设施55.09万个，增长4.6%；设施占地面积73.93万亩，增长6.0%。

【工业和建筑业】2013年，聊城市全市规模以上工业企业2487家，比上年增加252家。实现工业增加值比上年增长12.3%。其中轻工业增长10.2%，重工业增长13.3%；轻重工业之比由上年的32.8：67.2调整为32.3：67.7，轻工业比重提高0.5个百分点。全市工业企业用电量221.99亿千瓦时，增长5.3%；占全社会用电量的比重为80.2%。

全市三级资质等级以上建筑业企业212家，实现建筑业总产值176.5亿元，比上年增长16.3%；竣工产值108.3亿元，增长28.3%。全市建筑业企业签订的合同总价款339.9亿元，增长19.4%。按建筑业总产值计算的劳动生产率为29.8万元/人，人均比上年增加3.2万元。

【固定资产投资】2013年，聊城市全市完成固定资产投资1511.09亿元，比上年增长20.5%。计划投资过亿的项目带动作用显著，全年过亿投资项目547个，其中新开工项目401个，个数均是上年的2倍；过亿项目完成投资788.33亿元，增长52.3%，对全部投资的贡献率为108.1%。

三次产业投资结构由上年的1.3：68.5：30.2调整为1.1：63.6：35.3。工业仍是拉动固定资产投资增长的主导力量，完成投资948.28亿元，比上年增长13.0%，占全部投资的62.8%。第三产业投资引领增长，完成投资533.86亿元，增长40.4%，占比提高5.1个百分点。

【科学技术】2013年，聊城市全市共争取省级以上科技计划项目111项，项目资金9098万元。其中日发纺机等三家企业承担的省自主创新专项项目获得4000万元的资金支持。全年专利申请2946件，其中发明专利627件；专利授权1915件，其中发明专利授权251件。

【国内贸易和对外经济】2013年，聊城市社会消费品零售总额820.82亿元，比上年增长13.4%。其中，批发零售业零售额725.71亿元，增长14.4%；住宿餐饮业零售额95.11亿元，增长6.1%。

全年进出口总值61.89亿美元，比上年增长10.6%，增幅比上年提高10.3个百分点。其中出口总值20.03亿美元，增长8.3%；进口总值41.86亿美元，增长11.8%。

【交通、邮电和旅游】2013年年末，聊城市全市公路通车总里程17402公里，其中高速公路181公里，一级公路492公里，二级公路762公里，农村公路15966公里。全市完成公路货运量1.57亿吨，比上年增长4.2%；货运周转量423.99亿吨公里，增长8.1%。公路客运量9305万人，增长2.8%；客运周转量51.72亿人公里，增长3.5%。

邮政业务总量3.94亿元，比上年增长15.5%；函件3139万件，增长8.8%。电信业务收入24.94亿元，增长5.7%。年末电话交换机容量686.1万门，增长11.0%。固定电话用户59.03万户，其中市话25.53万户，农话33.5万户；移动电话用户430.28万户，增长10.1%。宽带网用户62.59万户，增长4.6%。

全年接待国内游客1540万人次，比上年增长13.5%；实现国内旅游收入100.08亿元，增长17.3%。接待海外游客5.4万人次，下降2.5%；实现旅游外汇收入2392万美元，下降11.5%。

【金融和保险】2013年年末，聊城市全市金融机构人民币各项存款余额1930.94亿元，比年初增加257.27亿元，新增额同比少增58.53亿元。其中单位存款余额684.11亿元，个人存款余额1198.54亿元。各项贷款余额1414.58亿元，比年初增加165.75亿元，少增31.35亿元。其中，短期贷款1001.56亿元，比年初增加106.11亿元，少增64.11亿元；中长期贷款392.72亿元，比年初增加74.66亿元，多增65.89亿元。

年末，全市共有商业保险分支机构42家。其中，财产保险机构22家，人寿保险机构20家。实现保费收入49.64亿元，比上年增长8.7%。其中财产险保费收入19.29亿元，增长17.3%；人身险保费收入30.35亿元，增长3.8%。支付各项赔款与保险金16.77亿元，增长55.3%。其中财产险赔付11.43亿元，增长45.3%；人身险赔付5.34亿元，增长82.1%。赔付率33.8%。

13

2013年滨州市经济发展概况

【经济总量】2013年，滨州市全年实现地区生产总值（GDP）2155.73亿元，比上年增长9.8%。其中，第一产业增加值211.02亿元，增长3.7%；第二产业增加值1106.10亿元，增长11.5%；第三产业增加值838.61亿元，增长8.6%。三次产业结构由上年的9.5∶52.6∶37.9调整为9.8∶51.3∶38.9，服务业占比提升1个百分点。人均生产总值达到56770元（按年均汇率折算为9166美元），增长9.3%。

【农业】2013年，滨州市全年实现农业增加值129.92亿元，林业增加值4.49亿元，牧业增加值44.21亿元，渔业增加值23.57亿元，农林牧渔服务业增加值8.83亿元，分别增长1.5%、9.1%、4.4%、9.8%和15.9%。

全市粮食面积647.0万亩，总产量266.0万吨。棉花面积168.0万亩，总产量9.7万吨，单产57.8公斤/亩。蔬菜瓜类面积83.5万亩，总产量247.2万吨。水果总产量86.1万吨。

【工业和建筑业】2013年，滨州市规模以上工业企业（年主营业务收入2000万元及以上的工业法人企业）1133家，新增218家。其中，年主营业务收入过10亿元的企业74家；过100亿元的企业14家，比上年增加1家。

资质以上建筑企业218家，实现建筑业总产值173.55亿元，增长0.9%。房屋建筑施工面积1182.68万平方米，房屋竣工面积527.62万平方米。

【固定资产投资】2013年，滨州市固定资产投资总额1517.18亿元，增长19.6%，其中服务业投资571.16亿元，增长2.7%。改建和技术改造投资598.60亿元，增长23.2%，占全部投资的比重为39.5%。高新技术产业投资342.56亿元，增长36.5%，占全部投资的比重为22.6%。民间投资额1379.54亿元，增长20.9%，占全部投资额的比重达90.9%。新开工项目1059个，计划总投资亿元以上项目204个。

房地产开发投资127.09亿元，下降6.0%；其中，住宅投资103.05亿元，下降1.8%。商品房销售面积360.75万平方米，下降3.0%；其中，住宅销售面积327.04万平方米，下降6.8%。商品房销售额105.62亿元，下降0.6%。

【科学技术】2013年，滨州市全市规模以上工业实现高新技术产业产值1592.93亿元，增长13.9%，占规模以上工业产值比重达25.1%，比年初提高0.9个百分点，高新技术企业发展到70家。滨州高新技术创业服务中心被科技部认定为国家级科技企业孵化器，成为滨州市首家国家级孵化器。高新区顺利通过省级高新技术产业开发区审定。

全市申请专利4183件，其中发明专利申请735件，增长15.6%；全市授权专利2931件，其中发明专利授权204件，增长82.1%；申请PCT国际专利14件。启动专利权质押融资工作，全市知识产权质押融资额达1.37亿元。我市相继被列入国家知识产权试点城市、国家知识产权质押融资试点城市行列。共取得重要科技成果153项，其中44项成果达到国际先进水平以上，15项科研成果获得山东省科技进步奖励。获中国专利奖1项，省专利奖5项。完成科技成果鉴定及市计划项目立项查新337份。

【国内贸易和对外经济】2013年，滨州市全市实现社会消费品零售总额658.04亿元，增长13.2%。其中城镇市场450.69亿元，增长13.4%，农村市场207.35亿元，增长12.8%；限额以上单位实现商品零售额256.18亿元，增长6.9%；限额以下单位实现零售额401.87亿元，增长17.6%，同比提高5个百分点。

实现进出口总额83.25亿美元，增长32.4%，增速居全省首位。其中，出口额35.45亿美元，增长25.3%；进口额47.80亿美元，增长38.3%。主要出口商品大幅增长，纺织品、铝材及制品、农产品、钢铁制品出口额分别增长41.3%、45.5%、18.8%、34.4%；主要进口商品增势明显，铁矿石、铝矿砂、机电产品分别增长15.0%、53.6%、51.6%。

【交通、邮电和旅游】2013年年末，滨州市公路通车总里程达15857.9公里，其中高速公路199公里，二级以上公路2193.7公里。营运性汽车4.3万辆，其中客车1063辆，货车4.05万辆。港口吞吐量达到1112万吨，增长56.6%。13个改造、改建项目完工通车。新、改建农村公路3720公里，危桥31座1470延米。滨州港2×3万吨级码头成功试通航。民生工程成效显著。滨州至各县区城乡公交一体化改造取得突破，滨州至惠民、阳信、博兴线路改造完成。新购新能源公交车100部，城区新能源公交车实现全覆盖。新购校车21部，城区美式校车达到97部，校车车内GPS监控实现全覆盖。

邮政业务总量1.84亿元，增长8.0%，电信业务收入17.45亿元，增长2.2%。年末固定电话用户73.32万户，下降0.8%；移动电话用户403.69万户，增长6.4%。互联网用户数达到50.97万户，增长13.9%。

年内接待国内游客1117.77万人次，增长12.3%；实现国内旅游收入80.49亿元，增长15.7%。接待入境游客4.38万人次，下降4.5%，其中，外国人4.24万人次，港澳台同胞0.14万人次，过夜旅游者4.38万人次。实现国际旅游外汇收入1267.86万美元，下降5.7%。

【金融和保险】2013年年末，滨州市金融机构本外币存款余额1926.84亿元，增长13.5%。其中单位存款余额1044.39亿元，比年初增加91.36亿元；居民储蓄存款余额835.77亿元，比年初增加124.32亿元。本外币贷款余额1691.99亿元，增长12.5%。其中短期贷款余额1221.59亿元，比年初增加124.51亿元；中长期贷款余额434.20亿元，比年初增加48.11亿元。

全年实现保费收入50.94亿元，增长15.1%，其中，财产险保费收入19.50亿元，增长17.9%，人身险保费收入31.44亿元，增长13.5%。全年共赔款与给付17.05亿元。财产险支付赔款12.29亿元，其中政策性农业保险支付赔款1.26亿元；人身险赔款与给付共4.76亿元。市场主体继续增加，新增公司4家，年末共有35家全国性保险公司在我市设立分支机构，包括20家财险公司和15家寿险公司，我市还有6家保险代理机构、1家保险公估公司和1家保险经纪公司。

14

2013年菏泽市经济发展概况

【经济总量】2013年，菏泽市全年实现地区生产总值（GDP）2050.01亿元，按可比价格计算，比上年增长12.0%。第一产业增加值255.00亿元，增长3.0%；第二产业增加值1113.51亿元，增长13.8%；第三产业增加值681.50亿元，增长12.5%。三次产业结构由上年的13.5：54.5：32.0调整为12.5：54.3：33.2，第一产业增加值占地区生产总值的比重下降1个百分点，第二产业增加值占地区生产总值的比重下降0.2个百分点，第三产业增加值占地区生产总值的比重提高1.2个百分点，经济结构进一步优化。

【农业】2013年，菏泽市全市进一步加大“三农”工作力度，全面落实强农惠农政策，大力推进农业集约化、市场化进程，农业生产条件进一步改善，农业生产能力进一步提高，我市粮食生产喜获“十连增”。2013年全市粮食作物面积1644.64万亩，比上年增加40.34万亩，增长2.5%；粮食平均亩产819斤，比上年增加23斤，增长2.9%；粮食总产达到673.17万吨，比上年增加34.73万吨，增长5.4%，总产创历史最好水平。农林牧渔业全面发展。2013年，全市农林牧渔业实现总产值458.90亿元，增长5.8%，剔除价格因素，可比增长3.0%；林牧渔业实现产值154.83亿元，占总产值的比重达到33.7%。农林牧渔业实现增加值255.00亿元，可比增长3.0%。

【工业和建筑业】2013年，菏泽市全市工业完成增加值984.27亿元，同比增长14.2%，比地区生产总值增速高2.2个百分点。截至2013年年末，全市规模以上工业企业达2650家，规模以上工业增加值增长17.8%；全年各月份累计增速均稳定在18%左右，保持了稳定增长势头。分行业看，我市纳入统计的34个行业中，有30个行业实现增长，增长面达到88.2%，其中石油化工业、医药制造业和食品制造业分别增长59.4%、25.2%和18.2%。2013年，全市工业用电量100.90亿千瓦时，增长19.5%。

2013年，全市规模以上工业实现主营业务收入5413.65亿元，同比增长18.1%；实现利税729.98亿元，同比增长17.8%；实现利润450.85亿元，增长17.7%。总资产贡献率为35.44%，同比下降1.91个百分点；资产负债率52.66%，同比提高2.44个百分点；流动资产周转率5.68次，同比下降0.55次；全员劳动生产率33.15万元/人，同比增加5.58万元/人；产品销售率99.27%，同比下降0.34个百分点；经济效益综合指数397.32，比去年提高22.31个百分点。

【固定资产投资】2013年，菏泽市全市完成规模以上固定资产投资810.77亿元，比上年增长23.1%。第一产业投资2.06亿元，同比增长29.2%；第二产业投资420.42亿元，同比增长28.3%，其中工业投资416.34亿元，同比增长28.2%；第三产业投资388.28亿元，同比增长17.6%。投资结构进一步优化，2013年全市一、二、三产业投资占全社会投资的比重为0.25：51.86：47.89，投资结构的持续优化为菏泽市的经济结构升级打下了良好基础。

全年房地产开发投资完成206.18亿元，比上年增长16.9%。从房屋建设用途看，住宅投资完成180.73亿元，增长15.5%，占全部房地产开发投资的87.7%；商业营业用房投资完成21.57亿元，增长26.4%，占全部房地产开发投资的10.5%。全年商品房施工面积2922.45万平方米，比上年增长34.6%；房屋竣工面积372.13万平方米，增长4.5%。

【科学技术】2013年，菏泽市全市共组织科技计划96项，取得重要科技成果160项，其中2项获省级奖励。随着高新技术成果的推广应用，科技进步为地方经济发展带来的巨大推动力日益显现。

【国内贸易和对外经济】2013年，菏泽市全市实现社会消费品零售总额1027.75亿元，比上年增长13.7%。消费品市场中城镇实现零售额913.86亿元，增长13.6%；乡村实现零售额113.89亿元，增长14.5%。按消费形态分，商品零售实现929.57亿元，增长14.1%；餐饮收入98.18亿元，增长9.8%。随着菏泽市商贸物流基地建设的推进，全市商品交易市场类别不断增多，个数不断增加，成交额不断扩大。2013年年末，全市共有亿元商品交易市场65家，全年市场成交额207.5亿元，商品交易市场逐步走上规模化和专业化的良性发展轨道，充分发挥了集聚效应，有力推动了全市商品流通的发展。

2013年全市完成出口总值17.50亿美元，比上年增长14.5%；进口总值12.17亿美元，比上年下降23.5%；进出口总值29.67亿美元，比上年下降4.9%；全年新签利用外资项目14个，合同外资金额28095万美元，比上年增长0.3%；实际利用外资21818万美元，比上年增长32.2%。

【交通、邮电和旅游】2013年，菏泽市全市完成公路旅客运输量15835万人，增长0.15%；客运周转量65.20亿人公里，增长0.14%；完成公路货物运输量27689万吨，增长0.14%；货运周转量714.75亿吨公里，增长0.11%。截至年末，我市境内公路通车里程（含农村公路）已达21703.6公里，其中：国道555.1公里，省道1030.2公里，农村公路20118.3公里，全年新改建农村公路1319.2公里。年末高速公路通车里程达260.6公里。

2013年，全市完成邮政业务总量5.01亿元，比上年增长26.7%；完成电信业务总量41.82亿元，比上年增长10.9%。年末全市固定交换机容量1031万门，年末固定话机及小灵通用户总数达60.64万部，移动电话用户达681.41万户，固定互联网用户达到67.6万户。网络服务不断拓展，通信能力进一步增强。

全年接待游客1266.88万人次，增长15.1%，实现旅游总收入78.5亿元，增长20.0%；其中接待国外游客1.37万人次，旅游外汇收入272.81万美元，分别下降2.6%和9.8%。

【金融和保险】2013年年末，菏泽市全市金融机构本外币存款余额1918.86亿元，比年初增加310.91亿元；其中城乡居民储蓄存款1428.86亿元，比年初增加208.59亿元。年末金融机构本外币贷款余额1230.75亿元，比年初增加168.40亿元；其中短期贷款702.77亿元，比年初增加91.12亿元，中长期贷款478.42亿元，比年初增加106.14亿元。

截至2013年年末，共有31家保险公司在我市开展业务。2013年，全市保险业保费收入60.89亿元，增长28.3%。其中保险业财险保费收入13.19亿元，增长14.1%，人身险保费收入47.70亿元，增长32.9%。全市保险业赔款支出15.93亿元，增长26.2%。其中财产险赔款支出6.82亿元，增长21.7%，人身险赔付支出9.11亿元，增长105.7%。保险业务的不断拓展，为社会生产和人民生活提供了有效保障。

河南省

| 郑州市 | 开封市 | 洛阳市 | 平顶山市 | 安阳市 | 新乡市 | 焦作市 | 濮阳市 |
| 南阳市 | 商丘市 | 信阳市 | 周口市 | 驻马店市 |

1

2013年郑州市经济发展概况

【经济总量】2013年，郑州市全年实现地区生产总值（GDP）6201.9亿元，比上年增长10%；人均生产总值68070元，比上年增长7.9%。其中第一产业增加值147亿元，增长3.2%；第二产业增加值3470.5亿元，增长10.4%；第三产业增加值2584.4亿元，增长9.6%。其中交通运输、仓储和邮政业增加值365.5亿元，增长5.5%；批发和零售业增加值457.8亿元，增长9.1%；住宿和餐饮业增加值193.9亿元，增长0.3%；金融业增加值487.4亿元，增长26.6%；房地产业增加值281.8亿元，增长6.9%；营利性服务业增加值312.6亿元，增长5.1%；非营利性服务业增加值485.2亿元，增长9.7%。三次产业结构由上年的2.6：56.4：41.0调整为2.4：56.0：41.6。非公有制经济完成增加值3790.1亿元，增长9.7%，占生产总值的比重为61.1%。年末全市城镇化率达到67.1%，比上年提高0.8个百分点。

【农业】2013年，郑州市全年完成农林牧渔业增加值147亿元，比上年增长3.2%。粮食总产量168.3万吨，比上年下降0.7%；其中夏粮产量80.5万吨，下降0.3%；秋粮产量87.8万吨，下降1.1%。全年棉花产量0.2万吨，下降11.3%；油料产量17.4万吨，下降6.8%；蔬菜总产量301.2万吨，下降0.3%；水果总产量29.9万吨，下降3%。肉、蛋和水产品产量分别为26.2万吨、22.5万吨和15.5万吨，分别增长3.4%、1.3%和4.3%；奶产品产量49.9万吨，下降3.6%。

全年粮食作物种植面积363.4千公顷，比上年增长0.1%。其中小麦种植面积175.8千公顷，下降0.3%；蔬菜种植面积74.4千公顷，下降2.7%；油料种植面积50.3千公顷，下降2.2%；棉花种植面积2.1公顷，下降19.8%。

【工业和建筑业】2013年，郑州市全年全部工业企业完成增加值3101.4亿元，比上年增长10.3%。其中规模以上工业企业完成增加值2857.7亿元，增长11.3%；非公有制工业完成增加值2015.1亿元，增长12.7%；高技术业完成增加值310.6亿元，增长32%。分经济类型看，国有企业完成增加值674.3亿元，比上年增长7.8%；集体企业完成增加值31亿元，增长1%；股份制企业完成增加值1249.4亿元，增长9.4%；股份合作企业完成增加值6.6亿元，增长12.2%；外商及港澳台商投资企业完成增加值447.4亿元，增长24.1%；其他经济类型企业完成增加值449.2亿元，增长8.5%。分轻重工业看，轻工业完成增加值702.9亿元，增长5.5%；重工业完成增加值2154.9亿元，增长12.7%。七大主导产业完成增加值1932.1亿元，比上年增长13.6%；总量占规模以上工业增加值的67.6%，比上年提高3.7个百分点。其中汽车及装备制造业完成增加值492.7亿元，增长10.7%；电子信息业完成增加值320.8亿元，增长33.9%；新材料产业完成增加值411亿元，增长12.3%；铝及铝精深加工业完成增加值122.7亿元，增长9.9%；现代食品制造业完成增加值501.3亿元，增长8.1%；家居和品牌服装制造业完成增加值52.4亿元，下降3.5%；生物及医药产业完成增加值31.2亿元，下降0.5%。

全市建筑业完成总产值2323.1亿元，比上年增长27.9%；完成增加值369.1亿元，比上年增长12%。建筑施工企业施工房屋面积14723.6万平方米，增长22.7%；竣工房屋面积3918.9万平方米，增长6.8%。

【固定资产投资】2013年，郑州市全年全社会固定资产投资完成4509.3亿元，比上年增长22.9%；其中固定资产投资完成4400.2亿元，比上年增长23.6%。固定资产投资中，国有及国有控股单位完成投资1091.7亿元，增长41.1%；民间投资完成3165.4亿元，增长22.3%。分产业看，第一产业完成投资54.9亿元，下降25.7%；第二产业完成投资1380.9亿元，增长5%；工业投资完成1377.6亿元，增长5.1%；第三产业完成投资2964.4亿元，增长36.5%。

全年房地产开发投资完成1445.3亿元，比上年增长32%；其中住宅投资910.5亿元，增长34.8%。商品房屋施工面积9721.2万平方米，比上年增长17.8%；其中住宅施工面积6348.9万平方米，增长13.3%。商品房新开工面积2814.4万平方米，增长29.7%；其中住宅1976.5万平方米，增长45%。商品房屋竣工面积1137.5万平方米，下降21.5%；其中住宅760.6万平方米，下降27.1%。房屋实际销售面积1621.9万平方米，增长12.5%；销售金额1161.6亿元，增长28.8%。

【科学技术】2013年，郑州市全市共组织实施科技项目1254项，比上年下降14.8%；其中省级以上项目200项，下降37.8%；市级项目1054项，下降8.3%。全年完成重大科技成果447项，增长44.2%；其中基础理论成果25项，增长92.3%；应用技术成果386项，增长37.9%；软科学成果36项，增长111.8%。全年专利申请量达到20259件，增长24.6%；授权量10372件，增长14.4%。全年共签订技术合同5083份，下降7.6%；技术合同成交金额达90.9亿元，增长39.6%。拥有国家级企业技术中心14个，比上年增长16.7%；省级企业技术中心287个，增长13%。获得国家科技进步奖4项；省级科技进步奖35项。

【国内贸易和对外经济】2013年，郑州市全年完成社会消费品零售总额2586.4亿元，比上年增长13%。分城乡看，城镇消费品零售额2365亿元，增长12.7%；乡村消费品零售额221.4亿元，增长15.4%。分行业看，批发业零售额272.7亿元，增长13.3%；零售业零售额1910.2亿元，增长13.6%；住宿业零售额21.8亿元，下降10.6%；餐饮业零售额381.7亿元，增长11.3%。

全年全市直接进出口总额427.5亿美元，比上年增长19.3%。其中进口176.8亿美元，增长13.6%；出口250.7亿美元，增长23.7%。市属及以下企业直接进出口总额421.8亿美元，比上年增长19.5%。其中进口171.1亿美元，增长13.6%；出口250.6亿美元，增长23.6%。在出口总额中，一般贸易出口42.5亿美元，增长7%；加工贸易出口203.7亿美元，增长26.8%；机电产品出口219.7亿美元，增长25.5%；高新技术产品出口

201.8亿美元，增长27.1%。出口美国91.9亿美元，增长57.4%；出口欧盟62.9亿美元，增长23.8%；出口韩国2.8亿美元，增长30.6%；出口俄罗斯2.6亿美元，增长72.3%。

【交通、邮电和旅游】2013年，郑州市全年交通运输业各种运输方式完成货运周转量685.3亿吨公里，比上年增长8.6%。其中铁路217.2亿吨公里，增长0.3%；公路467.5亿吨公里，增长12.9%；航空5849.2万吨公里，增长6.8%。完成客运周转量372.7亿人公里，比上年增长6.9%。其中铁路128.0亿人公里，增长6.8%；公路188亿人公里，增长8.1%；航空26.6亿人公里，增长3.4%。

全年完成邮电业务总量136.1亿元（按2010年不变价计算），比上年增长3.2%。其中邮政业务总量6.8亿元，增长9.6%；电信业务总量129.3亿元，增长2.8%。移动电话用户年末达到1249.1万户，增长22.2%。本地固定电话用户年末达到242.8万户，比上年下降1.7%；其中城市192.1万户，下降2.5%；农村50.7万户，增长1.7%。年末互联网用户203.9万户，新增8千户，增长0.4%。

全年实现旅游总收入801亿元，比上年增长14.4%；其中国内旅游收入791亿元，增长14.6%；旅游外汇收入1.7亿美元，增长4.4%。来郑旅游人数7019.6万人次，比上年增长13.2%；其中国际旅游人数43.8万人次，增长3.9%；国内旅游人数6975.8万人次，增长13.3%。年末全市共有旅行社219家，星级酒店48个，A级旅游景区35个，4A级以上景区9个。

【金融和保险】2013年年末，郑州市全市金融机构各项存款余额12450.5亿元，比上年末增加1899亿元，增长18%；其中城乡居民储蓄存款余额4475.3亿元，增加629.8亿元，增长16.4%。金融机构各项贷款余额9342.3亿元，增加965.8亿元，增长11.5%。其中短期贷款3385.7亿元，增加619.8亿元；中长期贷款5802.9亿元，增加519.5亿元；票据融资145.1亿元，减少71亿元。

全年全市保险公司保费收入222.1亿元，比上年增长24.5%。其中财产险收入79.7亿元，增长26%；寿险收入124.6亿元，增长22%；健康险和意外伤害险收入17.8亿元，增长37.4%。全年赔付额61.4亿元，比上年增长29.1%。其中财产险赔付额36.3亿元，增长16.7%；寿险赔付额20.3亿元，增长61.8%；健康险和意外伤害险赔付额4.9亿元，增长23.9%。

2

2013年开封市经济发展概况

【经济总量】2013年，开封市全年实现地区生产总值（GDP）1363.54亿元，按可比口径计算，比上年增长10.8%。其中，第一产业增加值280.40亿元，增长4.5%；第二产业增加值609.59亿元，增长14.0%；第三产业增加值473.55亿元，增长10.0%。三次产业结构为20.6：44.7：34.7。

【农业】2013年，开封市全市粮食播种面积482.08千公顷，比上年增加9.48千公顷。其中，小麦播种面积298.29千公顷，增加1.37千公顷；棉花播种面积23.34千公顷，减少10.72千公顷；油料播种面积110.14千公顷，增加3.44千公顷；蔬菜（含菜用瓜）播种面积138.62千公顷，减少2.27千公顷。全年粮食产量272.53万吨，比上年增长2.02%；棉花产量2.66万吨，下降24.44%；油料产量47.64万吨，增长5.57%。全年肉类总产量39.97万吨，增长3.76%；禽蛋产量25.76万吨，增长0.12%；奶类产量26.63万吨，增长0.01%。水产品产量6.4万吨，增长6.67%。

【工业和建筑业】2013年，开封市全市全部工业增加值555.9亿元，比上年增长13.8%。其中规模以上工业增加值460.5亿元，增长17.2%；规模以下工业增加值95.4亿元，增长3.6%。工业对经济增长的贡献率为55.3%，拉动经济增长5.9个百分点。

全市规模以上工业中，国有企业完成增加值11.9亿元，增长15.1%；集体企业完成增加值9.5亿元，增长11.5%；股份制企业完成增加值295.1亿元，增长20.2%。分轻重工业看，轻工业完成增加值210.9亿元，增长17.5%；重工业完成增加值249.6亿元，增长17.0%。

【固定资产投资】2013年，开封市全市全社会固定资产投资完成979.07亿元，比上年增长26.3%，其中固定资产投资（不含农户）完成941.68亿元，增长27.6%。在固定资产投资（不含农户）中，第一产业完成投资14.58亿元，增长31.2%；第二产业完成投资513.48亿元，增长16.1%，其中，工业投资513.38亿元，增长16.1%；第三产业完成投资413.61亿元，增长45.1%。

全年全市房地产开发完成投资134.80亿元，比上年增长42.1%。商品房屋施工面积1286.01万平方米，增长40.2%，其中住宅施工面积1098.48万平方米，增长36.7%；商品房屋竣工面积198.43万平方米，增长21.6%；商品房屋销售面积253.03万平方米，增长32.0%。

【科学技术】2013年，开封市全市实施各类科技计划225项，其中，科技攻关165项，软科学研究20项，科技成果推广15项，国际科技合作与交流2项，科技平台建设1项，安排重大项目1个，重点项目7个，创新人才项目8个，中小企业创新基金项目6个。获得科技成果奖励48项，其中6项获省级奖励。全市有国家级工程技术研究中心1家，省级工程技术研究中心14家，市级工程技术中心40家，市级重点实验室14家。全市经省认定的高新技术企业已达25家。全市申请专利为890件，同比增长32.6%；获专利授权545件，同比增长30%。

【国内贸易和对外经济】2013年，开封市全年全市实现社会消费品零售总额577.81亿元，比上年增长14.8%。其中，批发业零售额85.90亿元，增长15.8%；零售业零售额414.59亿元，增长15.9%；住宿业零售额3.91亿元，增长2.9%；餐饮业零售额73.41亿元，增长8.2%。

全年完成进出口总额49988万美元，比上年增长24.2%，其中，出口总额41131万美元，增长43.5%；进口总额8857万美元，下降23.5%。合同利用外资55486万美元，增长11.0%；实际利用外资43898万美元，增长21.0%。

【交通、邮电和旅游】2013年，开封市全年完成客运量8568万人次，比上年增长8.4%，客运周转量75.73亿人公里，比上年增长8.0%；完成货运量9469万吨，比上年增长11.3%，货运周转量183.74亿吨公里，比上年增长10.7%。全年完成交通基础设施投资4.2亿元。

全年邮电业务总量29.63亿元，比上年增长10.3%。其中，邮政业务总量2.44亿元，增长15.0%；电信业务总量27.19亿元，增长9.9%。固定电话用户46.43万户，下降13.1%。

全年全市共接待海内外游客4990.2万人次，比上年增长13.0%；实现旅游总收入207.8亿元，增长15.1%。其中，接待国际游客26.8万人次，接待国内游客4963.4万人次。全市共有4A级旅游景区（点）7处，5A级旅游景区（点）1处。星级宾馆酒店19个，旅行社53家。

【金融和保险】2013年年末，开封市全市金融机构存款余额1134.27亿元，比年初增加172.95亿元，增长18.0%，其中，个人储蓄存款余额为763.83亿元，比年初增加105.42亿元，增长16.0%。金融机构贷款余额699.42亿元，比年初增加143.82亿元，增长26.2%。

3

2013年洛阳市经济发展概况

【经济总量】2013年，洛阳市全年实现地区生产总值（GDP）3140.8亿元，按可比价计算，比上年增长7.2%。其中，第一产业增加值248.9亿元，增长3.9%；第二产业增加值1813.4亿元，增长7.4%；第三产业增加值1078.5亿元，增长7.7%。三次产业结构为7.9：57.8：34.3，三次产业对经济增长的贡献率分别为3.8%、64.1%和32.1%。

【农业】2013年，洛阳市全年粮食种植面积793.2万亩，比上年下降0.4%。其中，夏粮面积377.1万亩，下降0.7%；秋粮面积416.1万亩，下降0.1%。蔬菜面积90.3万亩，增长1.7%；油料面积68.9万亩，增长3.5%；棉花面积3.9万亩，增长22.9%。

全年粮食总产量219.8万吨，比上年下降8.6%。其中，夏粮产量96.7万吨，下降14.1%；秋粮产量123.1万吨，下降3.7%。

【工业和建筑业】2013年，洛阳市全年全部工业增加值1590.0亿元，比上年增长7.2%。规模以上工业增加值1350.0亿元，增长8.1%。其中，轻工业240.5亿元，增长9.5%；重工业1109.5亿元，增长7.8%，轻重工业比例为17.8：82.2。在规模以上工业增加值中，非公有制工业实现增加值840.5亿元，增长11.5%，高于全市规模以上工业增速3.4个百分点，对规模以上工业的贡献率达82.2%。工业产品销售率为98.6%，比上年提高0.3个百分点。

【固定资产投资】2013年，洛阳市全年全社会固定资产投资2639.2亿元，比上年增长22.3%。其中，固定资产投资（不含农户）2589.0亿元，增长22.8%；农户投资50.2亿元，增长1.2%。

在固定资产投资（不含农户）中，第一产业投资121.8亿元，下降11.3%；第二产业投资1218.5亿元，增长25.6%，其中工业投资1214.9亿元，增长25.6%；第三产业投资1248.7亿元，增长24.6%。

【国内贸易和对外经济】2013年，洛阳市全年社会消费品零售总额1257.7亿元，比上年增长13.9%。分城乡看，城镇零售额1098.2亿元，增长13.7%；乡村159.5亿元，增长14.8%。分行业看，批发零售业零售额1066.8亿元，增长13.9%；住宿餐饮业190.9亿元，增长13.7%。

全年进出口总额179484万美元，比上年增长13.8%。其中，出口总额129256万美元，增长8.7%；进口总额50228万美元，增长29.5%。

【交通、邮电和旅游】2013年，洛阳市全年公路运输货物周转量468.81亿吨公里，比上年增长12.6%；货物运输量2.12亿吨，增长12.6%。旅客周转量146.38亿人公里，增长8.5%；旅客运输量1.89亿人，增长8.5%。

全年邮电业务总量52.8亿元，比上年增长3.8%。其中，电信业务总量49.2亿元，增长3.1%；邮政业务总量3.6亿元，增长12.9%。年末本地固定电话用户115.5万户，增长1.6%；年末移动电话用户601.3万户，增长5.7%；年末互联网用户383.2万户，增长15.2%。

全年接待国内外游客8608万人次，比上年增长10.8%。其中，接待入境游客70.0万人次，增长14.3%。旅游总收入485.0亿元，增长20.4%。其中，创汇收入20296万美元，增长13.1%。年末共有A级旅游景区35处，其中4A级以上景区17处。年末共有星级酒店63个，国际国内旅行社90家。

【金融和保险】2013年年末，洛阳市金融机构人民币各项存款余额3350.3亿元，比年初增加447.6亿元。其中，单位存款余额1512.9亿元，比年初增加214.9亿元；居民储蓄存款余额1659.8亿元，比年初增加194.5亿元。金融机构人民币各项贷款余额1966.0亿元，比年初增加314.8亿元。其中，短期贷款余额1095.5亿元，比年初增加158.8亿元；中长期贷款余额701.7亿元，比年初增加125.4亿元。

全年保险公司保费收入70.8亿元，其中财产险保费收入19.9亿元，人身险保费收入50.9亿元。全年赔付25.8亿元，其中财产险赔付9.0亿元，人身险赔付16.8亿元。

4

2013年平顶山市经济发展概况

【经济总量】2013年，平顶山市全年实现地区生产总值（GDP）1556.9亿元，按可比价格计算（下同），比上年增长6.6%，其中，第一产业完成增加值162.5亿元，增长4.4%；第二产业完成增加值906.6亿元，增长6.4%。其中工业完成增加值835.8亿元，增长6.2%；第三产业完成增加值487.8亿元，增长7.7%。人均生产总值达到31521元，增长6.5%。非公经济增加值占生产总值比重52%，较上年提高1.7个百分点。一、二、三产业的结构由上年的9.8：60.9：29.3变化为10.4：58.2：31.3。第一产业比重上升0.6个百分点，第二产业比重下降2.7个百分点，第三产业比重上升2个百分点。

【农业】2013年，平顶山市全年完成农林牧渔业总产值290.3亿元，比上年增长4.5%。其中农业产值135.3亿元，林业产值10.1亿元，牧业产值134.1亿元，渔业产值4.9亿元，农林牧渔服务业总产值5.8亿元，比上年分别增长3.1%、5.0%、5.8%、6.3%、6.2%。

全年粮食总产量201.1万吨，下降0.9%，其中夏粮99.05万吨，秋粮102.02万吨。经济作物中，棉花产量1757吨，增长2.4%；油料总产量16.0万吨，增长2.6%；蔬菜瓜果类总产量286.9万吨，增长1.6%；烟叶总产量3.9万吨，增长17.4%。

【工业和建筑业】2013年，平顶山市全年全部工业完成总产值2973.3亿元，比上年增长6.3%；完成工业增加值835.8亿元，增长6.2%，其中年主营业务收入2000万元以上的工业企业（简称规模以上工业企业，下同）实现增加值683.4亿元，比上年增长7.1%。分所有制类型看，国有及国有控股工业企业完成增加值248.1亿元，增长1.5%；集体工业企业增加值14.2亿元，增长12.4%。分轻重工业看，轻工业完成增加值108.3亿元，增长8.6%；重工业完成增加值575.1亿元，增长6.8%。

全年建筑业完成增加值70.7亿元，比上年增长8.8%。资质等级三级及三级以上独立核算建筑施工企业房屋施工建筑面积978.3万平方米，比上年下降5.3%；竣工面积341.6万平方米，同比下降5.1%。

【固定资产投资】2013年，平顶山市全年完成全社会固定资产投资1262.0亿元，比上年增长22.0%，其中固定资产投资完成1231.8亿元，增长22.6%，农村住户固定资产投资完成30.2亿元，增长1.4%。分三次产业看，第一产业完成投资110.1亿元，增长159.6%；第二产业完成投资642.9亿元，增长9.8%；第三产业完成投资478.8亿元，增长27%。其中房地产业完成投资247.1亿元，增长16.1%，公共设施管理业完成投资47.9亿元，增长52.9%，交通运输、仓储和邮政业完成投资46.1亿元，增长124.0%。

【科学技术】2013年年末，平顶山市全市拥有各类专业技术人员14.6万人。科技创新能力有新的增强，全年共申请专利2046项，增长8.3%。获市级以上科技进步奖112项，其中省级11项，国家级2项。

【国内贸易和对外经济】2013年，平顶山市全年实现社会消费品零售总额540.9亿元，比上年增长14.0%。分城乡看，城镇实现消费品零售额478.3亿元，同比增长13.8%；乡村实现消费品零售额62.6亿元，增长14.9%。分行业看，批发零售贸易业零售额449.6亿元，比上年增长14.6%；住宿和餐饮业零售额91.3亿元，增长11.0%。全年批发零售业和住宿餐饮业实现增加值162.2亿元，增长7.2%。

全年完成进出口总值47610万美元，比上年增长17.0%，其中出口总值36514万美元，增长28.5%，进口总值11097万美元，下降9.6%。实际利用外商直接投资45318万美元，比上年增长21.3%。年末实有“三资”企业385家，比上年增加12家。

【交通、邮电和旅游】2013年，平顶山市全年完成公路货物周转量256亿吨公里，比上年增长12.3%，公路客运周转量51.3亿人公里，比上年增长8.5%。

全年完成邮电业务总量33.0亿元，比上年增长8.5%。固定电话和移动电话用户414.4万部，增长17.1%，计算机互联网络用户47.1万户，增长6.0%。

2013年全市共接待国内外游客2912.7万人次，比上年增长15.0%。其中国内游客2910万人次，增长15.0%；入境游客2.7万人次，增长10.0%。国内旅游收入137.7亿元，增长16.0%；旅游创汇770万美元，增长10.0%。

【金融和保险】2013年年末，平顶山市全市金融机构存款余额1666.2亿元，同比增长14.3%；城乡居民个人存款余额1034.8亿元，同比增长12.6%。年末金融机构贷款余额1060.6亿元，同比增长13.4%，其中短期贷款余额577.6亿元，增长24.3%，中长期贷款余额449.8亿元，增长1.5%。

5

2013年安阳市经济发展概况

【经济总量】2013年，安阳市全年实现地区生产总值（GDP）1683.65亿元，增长8.5%，其中，第一产业增加值199.2亿元，增长4%；第二产业增加值966.1亿元，增长10.2%；第三产业增加值523.4亿元，增长6%。三次产业结构为11.8：57.1：31.1。

【农业】2013年，安阳市全年粮食种植面积843.8万亩，比上年增长1.3%，其中，夏粮种植面积461.49万亩，增长0.7%；秋粮种植面积382.3万亩，增长2.1%。棉花种植面积8.8万亩，下降37.3%。油料种植面积90万亩，增长7.7%。

全年粮食总产量达354.34万吨，比上年增长1.4%；棉花产量6560吨，下降30.9%；油料产量27.3万吨，增长11.9%。

【工业和建筑业】2013年，安阳市全年全部工业增加值855.5亿元，增长10.1%。规模以上工业企业增加值772亿元，增长12.4%，其中，轻工业增加值202.2亿元，比上年增长4.7%；重工业增加值569.8亿元，比上年增长15.1%。高技术产业增加值18.4亿元，下降1.2%。规模以上工业企业899家，年销售收入亿元以上企业415家，其中，100亿元以上企业2家，50亿元以上企业10家，10亿元以上企业57家。

全年全社会实现建筑业增加值105.6亿元，比上年增长11.2%。

【固定资产投资】2013年，安阳市全年完成全社会固定资产投资总额1368亿元，增长22.2%，其中，固定资产投资1328亿元，增长23%。

固定资产投资中，第一产业投资47亿元，比上年增长11.7%；第二产业投资699.2亿元，增长21.6%；第三产业投资582.4亿元，增长25.7%。采矿业投资20.3亿元，下降19.4%；制造业投资619亿元，增长20.8%；电力、燃气及水的生产和供应业投资59.9亿元，增长59.1%；批发和零售业投资36亿元，增长167.2%；住宿和餐饮业投资24.3亿元，增长94.8%；交通运输、仓储和邮政业投资54.4亿元，下降4.3%；信息传输、软件和信息技术服务业投资15.2亿元，增长769%；金融业投资1.6亿元，增长10.4%；水利、环境和公共设施管理业投资89.2亿元，下降5.8%；文化、体育和娱乐业投资20.1亿元，下降2.9%；科学研究和技术服务业投资1亿元，下降63.4%；教育投资22.1亿元，下降23.3%；卫生和社会工作业投资12.5亿元，增长74.2%。

【科学技术】2013年，安阳市是全国科技进步先进市和国家知识产权试点市，具有较雄厚的科技综合实力。现有科研院所8家，国家级重点实验室1家，省级工程技术中心19家。

【国内贸易和对外经济】2013年，安阳市全年社会消费品零售总额完成532.7亿元，增长13.6%，其中，批发业实现零售额为88.8亿元，增长14.5%；零售业实现零售额为377.4亿元，增长14.5%；住宿业实现零售额为3.7亿元，增长3%；餐饮业实现零售额为62.8亿元，增长7.8%。

全年进出口总额186712万美元，比上年增长45.6%，其中，进口总额142585万美元，比上年增长83.6%；出口总额44127万美元，比上年下降8.9%。实际利用外资38057万美元，比上年增长20.5%。

【交通、邮电和旅游】2013年，安阳市全年交通运输、仓储及邮政业实现增加值63.7亿元，比上年增长5.4%。公路货运周转量1042亿吨公里，比上年增长12.5%。公路客运周转量54.7亿人公里，比上年增长6%。

全年接待国内游客2726.63万人次，增长9.2%；国内旅游收入181.42亿元，增长8.1%。接待入境游客7.8万人次，增长11.9%；外汇收入2051万美元，增长12.1%。

【金融和保险】2013年年末，安阳市金融机构人民币各项存款余额1584.5亿元，比上年末增长17.1%，其中，城乡居民储蓄存款余额1056亿元，比上年末增长18.4%。金融机构人民币各项贷款余额753.2亿元，比上年末增长8.9%。

6

2013年新乡市经济发展概况

【经济总量】2013年，新乡市全年实现地区生产总值（GDP）1766.1亿元，同比增长9.5%。其中，第一产业增加值212.29亿元，同比增长4.4%；第二产业增加值999.5亿元，同比增长10.9%；第三产业增加值554.31亿元，同比增长8.5%。三次产业结构为12：56.6：31.4。

全年居民消费价格总水平比上年上涨2.8%。其中，粮食类价格上涨11.3%。河南工业生产者出厂价格下降1.5%；工业生产者购进价格下降0.7%。固定资产投资价格下降0.1%。农业生产资料价格上涨1.3%。

【农业】2013年，新乡市全年粮食种植面积627.78千公顷，比上年增加4.72千公顷，其中：小麦种植面积339.98千公顷，增加2.17千公顷，硬粒小麦种植面积占小麦种植面积的比重为90%。棉花种植面积7.35千公顷，减少2.58千公顷。油料种植面积82.7千公顷，减少0.6千公顷。蔬菜种植面积66.1千公顷，增加2.9千公顷。

全年粮食产量405.95万吨，比上年增产1%；蔬菜产量304.98万吨，增产4.5%；油料产量34.01万吨，增产0.5%；水产品产量6.02万吨，增产5.6%。

【工业和建筑业】2013年，新乡市全年全部工业增加值873.73亿元，比上年增长10.8%。规模以上工业增加值797.69亿元，增长12%。其中，规模以上轻工业增加值为311.96亿元，增长11.8%；规模以上重工业增加值485.74亿元，增长12.1%，轻、重工业比例为39.1：60.9。产品销售率98.5%。

全年全社会建筑业增加值125.77亿元，比上年增长11.3%。

【固定资产投资】2013年，新乡市全年完成固定资产投资1561.15亿元，增长22.8%。其中，国有及国有控股投资165.86亿元，比上年增长22.9%；民间投资1370.53亿元，增长23.1%；港澳台投资5.47亿元，下降48.2%；外商投资27.3亿元，增长157.9%。第一产业投资42.68亿元，下降8.5%；第二产业投资900.77亿元，增长28.1%；第三产业投资617.7亿元，增长18.4%。全年27个产业集聚区（含专业园区）累计完成投资1060.16亿元，总量占全市固定资产投资的67.9%。

全年房地产开发投资227.29亿元，比上年增长31.5%，其中，住宅投资177.55亿元，增长36.2%。房屋施工面积2325.67万平方米，增长22.8%，其中，住宅1962.11万平方米，增长19.9%。房屋竣工面积313.94万平方米，下降30.3%，其中，住宅245.57万平方米，下降40.5%。商品房销售面积571.86万平方米，增长30.9%，其中，住宅519.26万平方米，增长23%。

【科学技术】2013年，新乡市全年共取得省级科技进步奖10项，市级科技进步奖116项；申请专利3375件，其中发明专利910项；市级重大科技项目12项，科技专项项目135项。

年末共有产品质量监督检验机构13个。专业人员145人，其中高级工程师15人，中级工程师80人，助理工程师50人。河南省名牌产品14个。拥有国家地理标志产品保护产品1个。年末共有气象公益服务站8个。

【国内贸易和对外经济】2013年，新乡市全年批发和零售业增加值116.39亿元，比上年增长8.6%；住宿和餐饮业增加值39.27亿元，增长4.8%。

全年社会消费品零售总额615.19亿元，比上年增长13.9%。分城乡看，城镇消费品零售额548.81亿元，增长13.7%；乡村消费品零售额66.39亿元，增长14.8%。分行业看，全年批发业实现零售额64.28亿元，增长13.3%；零售业实现零售额483.66亿元，增长14.5%；全年住宿业实现零售额4.47亿元，增长3%；餐饮业实现零售额62.78亿元，增长10.2%。

全年进出口总额11.27亿美元，同比上升7.1%。其中：出口总额8.73亿美元，同比增长10.9%；进口总额2.54亿美元，同比下降4%。机电产品、高新技术产品分别出口1.55亿美元和0.24亿美元。

【交通、邮电和旅游】2013年，新乡市全年交通运输、仓储和邮政业增加值84.38亿元，比上年增长5%。年末公路通车里程13110公里，高速公路通车里程306公里，农村公路总里程11814公里。全年各种运输方式货物周转量298.35亿吨公里，比上年增长12.4%；旅客周转量30.36亿人公里，增长8.6%。

全年邮电业务总量48.02亿元，比上年增长10.5%，其中：邮政业务4.14亿元，增长12.5%；电信业务43.89亿元，增长10.3%。年末固定电话用户87.05万户，移动电话用户565.2万户。年末计算机互联网用户92.2万户，增长26.8%。

全年共接待国内游客2287.92万人次，增长14.5%，国内旅游收入146.4亿元，增长16.1%。海外来新旅游人数共10.3万人次。年末共有A级旅游景区16处，其中，4A级以上景区5处；星级酒店19家，国内旅行社58家，国际旅行社2家。

【金融和保险】2013年年末，新乡市全市银行业金融机构人民币存款余额1723.62亿元，比年初新增246.88亿元，比年初增长16.7%。其中，活期存款331.06亿元，比年初增加26.43亿元，比年初上升8.7%；城乡居民储蓄存款1081.82亿元，比年初新增153.18亿元，比年初增长16.5%。全市银行业金融机构人民币贷款余额1037.76亿元，比年初新增164.43亿元，比年初增长18.8%。其中，短期贷款578.18亿元，比年初新增

77.88亿元，比年初增长15.6%；中长期贷款447.46亿元，比年初新增90.19亿元，比年初增长25.2%。

全年保险公司保费收入52.28亿元，其中：财产险保费收入10.49亿元，人身险保费收入41.82亿元。全年赔款及给付14.85亿元，其中：财产险赔款支出4.7亿元，人身险赔付10.15亿元。

7

2013年焦作市经济发展概况

【经济总量】2013年，焦作市全年实现地区生产总值（GDP）1707.36亿元，比上年增长10.7%。其中：第一产业增加值133.07亿元，增长4.4%；第二产业增加值1151.02亿元，增长12.4%；第三产业增加值423.27亿元，增长7.2%。人均生产总值达到48545元。三次产业结构由上年的7.9：67.5：24.7变化为7.8：67.4：24.8，第三产业比重比上年提高0.1个百分点。

【农业】2013年，焦作市全年粮食种植面积411.53万亩，比上年增加2.28万亩，其中，小麦种植面积213.10万亩，增加1.48万亩，优质专用小麦种植面积占小麦种植面积的比重达到100%。棉花种植面积3.08万亩，减少0.09万亩。油料种植面积28.42万亩，减少0.24万亩。蔬菜种植面积61.78万亩，减少1.16万亩。

全年粮食产量205.62万吨，比上年增长0.4%；棉花产量0.2万吨，下降5.8%；油料产量9.12万吨，下降0.9%；蔬菜产量234.26万吨，增长0.2%。肉类总产量20.6万吨，增长2.5%；禽蛋产量29.05万吨，增长0.1%；牛奶产量24.8万吨，增长0.04%。

【工业和建筑业】2013年，焦作市全年全部工业增加值1083.61亿元，比上年增长12.6%，工业对经济增长的贡献率为79.2%。其中，规模以上工业增加值986.85亿元，增长14.2%；产品销售率98.9%。

全年全社会建筑业增加值67.41亿元，比上年增长8.6%。

【固定资产投资】2013年，焦作市全年固定资产投资（不含农户）1374.04亿元，增长22.7%。

在固定资产投资中，国有及国有控股投资184.77亿元，比上年增长19.6%；民间投资1178.97亿元，增长22.1%；外商投资8.87亿元，下降17.2%。按产业统计，第一产业投资21.56亿元，下降21.2%；第二产业投资944.58亿元，增长21.1%，其中工业投资944.58亿元，增长21.2%；第三产业投资407.90亿元，增长30.3%。

全年房地产开发企业投资117.00亿元，比上年增长64.6%，其中住宅投资94.80亿元，增长66.5%。商品房屋施工面积1006.12万平方米，增长19.5%；其中住宅845.59万平方米，增长18.5%。商品房屋竣工面积145.17万平方米，增长7.7%；商品房屋销售面积174.74万平方米，增长12.9%。

【科学技术】2013年年末，焦作市共有国家级企业技术中心4家，省级企业技术中心78家。全年共取得省级科技进步奖17项。申请专利2662件，比上年增长23.1%；授权专利1338件。签订技术合同387项，成交金额0.96亿元。269项国家级、省级科技项目获准立项。其中，93个项目获得上级经费4100.5万元。

年末共有产品质量监督检验机构76家，法定计量技术机构7家，全年强制检定计量器具20.99万台件，制定、修订地方标准达到7项。年末共有河南名牌工业产品52种，国家地理标志产品保护4种。共对895家企业生产的日用消费品、工业生产资料、农业生产资料等990批次产品进行监督检查，合格941批次，总体产品质量合格率95.05%。

【国内贸易和对外经济】2013年，焦作市全年批发和零售业增加值122.36亿元，比上年增长9.1%；住宿和餐饮业增加值49.57亿元，比上年增长6.9%。

全年全社会消费品零售总额494.7亿元，比上年增长13.2%。按经营地统计，城镇消费品零售额397.9亿元，增长13.6%；乡村消费品零售额96.8亿元，增长11.5%。按行业统计，批发业零售额69.7亿元，增长11.1%；零售业348.3亿元，增长13.9%；住宿业7.7亿元，增长11.1%；餐饮业69.1亿元，增长11.9%。

全年进出口总额22.6亿美元，比上年增长1.8%。其中，出口总额15.1亿美元，下降0.1%；进口总额7.5亿美元，比上年增长5.7%。在优化出口产品结构方面，高新技术和机电产品出口呈现持续增长趋势。机电产品出口实现1.6亿美元，比上年增长8.4%，增幅进一步加大。高新技术产品出口实现978万美元，比上年增长177.2%。全年新批合同个数14个，比上年增长27%；实际利用外商投资6.6亿美元，比上年增长11.2%。

【交通、邮电和旅游】2013年，焦作市全年交通运输、仓储和邮政业增加值59.20亿元，比上年增长5.1%。

年末高速公路通车里程204公里。全年公路货物周转量1017.8亿吨公里，比上年增长11.9%；公路旅客周转量28.3亿人公里，增长8.0%。

全年邮电业务总量29.2亿元，比上年增长6.6%。其中，邮政业务总量2.1亿元，增长13.8%；电信业务总量27.1亿元，增长5.4%。年末局用电话交换机总容量63.5万门，减少3.73万门；年末移动电话交换机总容量437.6万户，增加94.2万户；本地固定电话用户51.2万户，减少2.5万户；移动电话用户290.3万户，增加33万户。年末计算机互联网用户46.1万户，增加3.8万户。

全市共接待游客2955.19万人次，比上年增长13.4%；实现旅游综合收入233.20亿元，比上年增长16.5%；全市共有A级旅游景区11处，其中2A级旅游景区2处，3A级旅游景区3处，4A级旅游景区3处，5A级旅游景区3处。拥有星级酒店34家，具有独立法人的旅行社112家。

【金融和保险】2013年年末，焦作市全市金融机构各项人民币存款余额1151.52亿元，比上年末增长13.7%。其中，城乡居民储蓄存款余额722.91亿元，增长13.3%。各项人民币贷款余额773.4亿元，增长15.1%。其中，短期贷款余额456.22亿元，增长17.9%；中长期贷款余额283.55亿元，增长16.1%。全市农村信用社贷款余额150.41亿元，增长10.8%。全市金融机构个人消费贷款余额84.14亿元，增长50.71%。

全年保险公司保费收入42.67亿元。其中，财产险保费收入9.89亿元，人身险保费收入32.78亿元。全年赔款支出12.68亿元。其中，财产险赔款支出4.86亿元，人身险赔款支出7.82亿元。

8

2013年濮阳市经济发展概况

【**经济总量**】2013年，濮阳市全年实现地区生产总值（GDP）1130.48亿元，比上年增长12.0%。其中：第一产业增加值148.62亿元，增长4.6%；第二产业增加值748.11亿元，增长14.1%；第三产业增加值233.75亿元，增长9.1%。三次产业结构为13.1：66.2：20.7。人均生产总值31483元。

【**农业**】2013年，濮阳市全年全市粮食种植面积584.42万亩，比上年增长0.4%，其中：小麦种植面积328.56万亩，增长0.4%；棉花种植面积6.10万亩，下降9.3%；油料种植面积57.60万亩，增长0.7%；蔬菜种植面积95.50万亩，增长0.3%。

全年粮食产量261.50万吨，比上年增长0.5%；棉花产量0.39万吨，增长5.4%；油料产量17.60万吨，增长2.3%。肉类总产量25.63万吨，增长3.5%；禽蛋产量29.15万吨，增长1.5%；牛奶产量7.90万吨，增长0.5%。

【**工业和建筑业**】2013年，濮阳市全年全市工业增加值690.81亿元，比上年增长14.2%，增速比上年回落0.8个百分点。其中，规模以上工业增加值643.74亿元，增长15.7%。其中，轻工业增长20.0%，重工业增长12.8%，轻、重工业比例为43：57。产品销售率98.8%。

全年全社会建筑业增加值57.31亿元，比上年增长11.8%。

【**固定资产投资**】2013年，濮阳市全年全社会固定资产投资965.07亿元，比上年增长26.7%，增速比上年提升2.2个百分点，其中：固定资产投资（不含农户）941.89亿元，增长27.5%；农户投资23.18亿元，增长1.1%。

在固定资产投资中，国有及国有控股投资230.51亿元，比上年增长42.8%；民间投资708.45亿元，增长23.0%。第一产业投资53.34亿元，增长35.3%；第二产业投资560.17亿元，增长27.5%；第三产业投资328.38亿元，增长26.1%。

【**科学技术**】2013年，濮阳市全年研究与试验发展（R&D）经费支出4822万元，比上年增长20.8%。年末拥有科学研究与技术开发机构37个，从事科技活动人员2551人；共有国家级企业技术中心1个，省级企业技术中心17个。年末共有国家级创新型试点企业1家。全年共取得省级科技进步奖8项；申请专利1154件，授权专利812件，分别增长7.0%和2.0%。

【**国内贸易和对外经济**】2013年，濮阳市全年全市批发和零售业增加值45.81亿元，比上年增长9.3%；住宿和餐饮业增加值23.81亿元，增长4.2%。

全年社会消费品零售总额368.63亿元，比上年增长14.8%，扣除物价因素实际增长13.0%。分城乡看，城镇消费品零售额269.76亿元，增长14.2%；乡村消费品零售额98.87亿元，增长16.2%。分行业看，批发和零售业零售额298.70亿元，增长16.6%；住宿和餐饮业零售额66.63亿元，增长7.2%。

全年全市进出口总额7.29亿美元，比上年增长8.5%，其中：出口总额6.35亿美元，增长13.8%；进口总额0.94亿美元，较上年同期下降3.4%。机电产品出口1.28亿美元，增长1.2%。

【交通、邮电和旅游】2013年，濮阳市全年全市交通运输、仓储和邮政业增加值20.07亿元，比上年增长5.7%。

年末地方铁路营业里程100公里，高速公路通车里程143公里。全年公路、铁路货物运输量比上年增长11.1%；货物周转量增长11.6%。旅客运输量增长8.1%；旅客周转量增长8.0%。石油管道输气量下降0.4%，石油管道输油量下降0.4%。

全年邮电业务总量27.73亿元，比上年增长14.1%，其中：邮政业务2.20亿元，增长25.0%；电信业务25.60亿元，增长13.1%。年末局用电话交换机总容量390.20万门，本地固定电话用户31.61万户，移动电话用户308.16万户。固定电话普及率为40部/百人。年末计算机互联网用户32.03万户，增长16.3%。

全年共接待海内外游客457.13万人次，比上年增长13.2%，其中：接待入境游客1.72万人次，增长4.92%；接待国内游客455.42万人次，增长13.27%。旅游总收入6.76亿元，增长15.4%。年末共有A级旅游景区11处，其中，4A级以上景区2处。星级酒店11个，旅行社54家。

【金融和保险】2013年，濮阳市全年全市金融业增加值11.61亿元，比上年增加17.6%。

年末金融机构人民币各项存款余额971.49亿元，比上年末增长16.1%，其中，城乡居民储蓄存款余额686.07亿元，增长15.8%。人民币各项贷款余额379.05亿元，增长24.7%，其中：短期贷款余额215.77亿元，增长21.0%；中长期贷款余额154.69亿元，增长30.1%。金融机构个人消费贷款余额9.88亿元，增长233.8%。

全年保险公司保费收入38.41亿元，比上年增长2.8%，其中：财产险保费收入8.55亿元，人身险保费收入29.86亿元。全年赔付10.58亿元，其中：财产险赔付4.68亿元，人身险赔付5.90亿元。

9

2013年南阳市经济发展概况

【经济总量】2013年，南阳市全年实现地区生产总值（GDP）2498.66亿元，比上年增长8.7%。其中：第一产业增加值449.78亿元，增长4.4%；第二产业增加值1264.68亿元，增长9.9%；第三产业增加值784.21亿元，增长9.0%。人均生产总值24692元。三次产业结构为18.0：50.6：31.4。

【农业】2013年，南阳市全年全市粮食作物种植面积1277.92千公顷，比上年增长1.4%，其中：小麦种植面积672.35千公顷，增长0.5%；棉花种植面积35.04千公顷，下降26.0%；油料种植面积323.2千公顷，增长1.0%；蔬菜种植面积247.12千公顷，下降1.2%。

全年粮食产量617.21万吨，比上年增长0.9%。棉花产量3.36万吨，下降24.9%；油料产量126.99万吨，增长3.4%；蔬菜产量1007.18万吨，增长1.5%。肉类总产量74.26万吨，增长3.0%；禽蛋产量34.1万吨，增长

1.6%；牛奶产量25.72万吨，增长0.1%。

【工业和建筑业】2013年，南阳市全年全市全部工业增加值1110亿元，比上年增长9.7%。规模以上工业增加值880亿元，比上年增长11.8%，其中，轻工业增长10.7%，重工业增长12.5%，轻、重工业比例为40.4：59.6。产品销售率为98.1%。

全年全市建筑业增加值154.68亿元，比上年增长12%。预计全市具有资质等级的建筑企业利润总额13.34亿元，同比增长2.1%；税金总额13.40亿元，下降2.6%。

【固定资产投资】2013年，南阳市全年全社会固定资产投资2220.28亿元，比上年增长22.1%。其中：固定资产投资（不含农户）2121.40亿元，增长23.3%；农户投资98.88亿元，增长0.9%。

在固定资产投资（不含农户）中，国有及国有控股投资292.87亿元，比上年增长6.7%；民间投资1805.28亿元，增长26%；港澳台商控股投资11.20亿元，增长67.2%；外商控股投资14.85亿元，增长36.3%。从三次产业看，第一产业投资95.95亿元，增长36.4%；第二产业投资1326.96亿元，增长17.3%；第三产业投资698.49亿元，增长34.4%。

【科学技术】2013年，南阳市全年全市科学研究开发机构16个，从事科技活动人员2.50万人，科技活动经费支出24.21亿元，其中，研究与试验发展（R&D）经费支出21.91亿元。国家级企业技术中心8个，省级企业技术中心38个。省级工程技术研究中心34个，省重点实验室2个，省级创新型试点企业22家，重大科技专项8个。全年获得省级科技进步奖16项；专利申请3141件，授权专利1833件；签订技术合同53份，成交金额3600万元。

【国内贸易和对外经济】2013年，南阳市全年批发和零售业增加值147.32亿元，比上年增长7.1%；住宿和餐饮业增加值92.25亿元，增长4.8%。

全年社会消费品零售总额1216.46亿元，比上年增长13.1%。分城乡看，城镇消费品零售额949.96亿元，增长12.8%；乡村消费品零售额266.50亿元，增长13.8%。分行业看，批发业177.12亿元，增长8.9%；零售业852.93亿元，增长13.9%；住宿业11.48亿元，增长8.1%；餐饮业174.93亿元，增长13.5%。

全年进出口总额17.96亿美元，比上年增长36.1%。其中：进口总额5.43亿美元，增长8.3%；出口总额12.53亿美元，增长53.1%。在出口中，一般贸易出口10.45亿美元，增长47%；机电产品出口2.56亿美元，增长62.1%。

【交通、邮电和旅游】2013年，南阳市全年交通运输、仓储和邮政业增加值121.75亿元，比上年增长5.9%。年末高速公路通车里程643公里。全年完成客运量23776万人，比上年增长8.1%；货运量23472万吨，比上年增长12.0%；完成旅客周转量181.66亿人公里，比上年增长9.1%，货物周转量615.96亿吨公里，比上年增长11.8%。年末民用汽车保有量237.02万辆，增长7.1%。

全年邮电业务总量52.54亿元，增长19.5%，其中：邮政业务总量8.12亿元，增长18.0%；电信业务44.42亿元，增长19.8%。年末局用电话交换机总容量73.2万门，本地固定电话用户65.31万户，移动电话用户625.69万户。电话普及率为13.61部/百人。年末互联网用户72.34万户，增长8.1%。全年共接待境内外游客3502万人次，比上年增长18.2%，其中，国际游客1.67万人次，增长4.8%。旅游总收入180亿元，增长18.4%。年末共有A级旅游景区34处，其中，4A级以上景区13处。星级酒店81个，国际国内旅行社131家。

【金融和保险】2013年，南阳市全年全市金融业增加值55.31亿元，比上年增长17.1%。年末全市金融机构人民币各项存款余额2476.73亿元，比上年末增长17.7%；其中，单位存款余额811.98亿元，增长20.1%，城乡居民储蓄存款余额1586.56亿元，增长16.1%。年末金融机构人民币各项贷款余额1326.19亿元，比上年末增长19.1%；其中，短期贷款893.93亿元，增长22.3%；中长期贷款380.90亿元，增长16.5%。

全年保险公司保费收入80.77亿元，比上年增长10.9%，其中：财产险保费收入16.41亿元，同比增长25%；人身险保费收入64.36亿元，同比增长6.2%。全年赔款及给付额为22.57亿元，同比增长54.5%。其中：财产险赔付9.22亿元，同比增长33.1%；人身险赔付13.35亿元，同比增长59.9%。

10

2013年商丘市经济发展概况

【经济总量】2013年，商丘市全年实现地区生产总值（GDP）1538.22亿元，比上年增长10.5%。其中，第一产业增加值343.17亿元，增长4.5%；第二产业增加值719.99亿元，增长13.9%；第三产业增加值475.06亿元，增长9.4%。三次产业结构为22.3：46.8：30.9。

【农业】2013年，商丘市全年粮食种植面积1471.21万亩，比上年增长2.2%。其中，小麦种植面积860.42万亩，增长1.3%。油料种植面积136.24万亩，增长0.8%。棉花种植面积46.50万亩，下降31.9%。

全年粮食产量644.16万吨，比上年增长2.3%。油料产量42.15万吨，增长2.2%。棉花产量3.07万吨，下降34.9%。

【工业和建筑业】2013年，商丘市全年全部工业增加值624.39亿元，比上年增长13.6%。其中，规模以上工业增加值539.52亿元，增长16.2%。

全年全社会建筑业增加值95.59亿元，比上年增长15.8%。

【固定资产投资】2013年，商丘市全年全社会固定资产投资1310.72亿元，比上年增长22.6%。其中，固定资产投资（不含农户）1246.79亿元，增长24.0%；农户投资63.93亿元，增长0.9%。

在固定资产投资（不含农户）中，第一产业投资13.91亿元，增长41.1%；第二产业投资782.80亿元，增长21.9%；第三产业投资450.08亿元，增长27.3%。

【科学技术】2013年，商丘市年末拥有县级以上科学研究与技术开发机构7个。全年共取得省级科技进步奖4项；申请专利955件，授权专利602件；签订技术合同6份，成交金额343.3万元。

【国内贸易和对外经济】2013年，商丘市全年批发和零售业增加值82.68亿元，比上年增长9.1%；住宿和餐饮业增加值52.17亿元，增长6.7%。

全年社会消费品零售总额623.42亿元，比上年增长14.2%。分城乡看，城镇消费品零售额460.45亿元，增长14.0%；乡村消费品零售额162.97亿元，增长14.7%。分行业看，批发零售贸易业零售额518.74亿元，增长14.0%；住宿餐饮业零售额104.68亿元，增长15.1%。

全年进出口总额25218万美元，比上年增长17.1%。其中，出口总额21185万美元，增长27.5%；进口总额4033万美元，下降18.0%。

【交通、邮电和旅游】2013年，商丘市全年交通运输、仓储和邮政业增加值62.52亿元，比上年增长5.3%。

年末干线公路通车里程1418公里，农村公路通车里程21215公里，高速公路通车里程416公里。全年公路运输完成货物周转量938.33亿吨公里，比上年增长12.1%；旅客周转量完成105.87亿人公里，增长9.1%。货运量27199万吨，增长13.6%；客运量16314万人次，增长12.5%。

全年邮电业务总量48.94亿元，比上年增长16.2%。其中，邮政业务总量4.91亿元，增长13%；电信业务总量44.04亿元，增长16.9%。年末固定电话用户63.03万户，移动电话用户521.52万户。互联网宽带接入用户59.78万户，无线上网用户238万户。

全年共接待国内外游客1285.09万人次，比上年增长13.2%。其中，国际游客1.2万人次，增长4.7%；国内游客1283.89万人次，增长13.26%。旅游总收入23.42亿元，增长16.4%。其中，国际旅游创汇267.61万美元，增长11.4%；国内旅游收入23.24亿元，增长16.4%。

【金融和保险】2013年年末，商丘市金融机构各项存款余额1559.11亿元，比上年末增长15.2%。其中，城乡居民储蓄存款余额1098.58亿元，增长13.3%。各项贷款余额833.41亿元，增长18.9%。其中，短期贷款余额473.67亿元，增长16.2%；中长期贷款余额346.79亿元，增长23.0%。

全年保险公司保费收入27.05亿元。其中，财产险保费收入4.53亿元，人寿险保费收入22.52亿元。全年赔款及给付7.70亿元。其中，财产险赔款支出2.74亿元，人身险赔付4.96亿元。

11

2013年信阳市经济发展概况

【经济总量】2013年，信阳市全年生产总值1581.16亿元，比上年增长9.1%。其中，第一产业增加值419.53亿元，增长4.0%；第二产业增加值639.60亿元，增长11.5%；第三产业增加值520.53亿元，增长11.8%。三次产业结构为26.5：40.5：33.0，对GDP增长的贡献率依次为10.3%、57.2%、32.5%。全年人均生产总值24762元，比上年增长6.8%。

【农业】2013年，信阳市全年农林牧渔业总产值723.85亿元，比上年增长4.0%。其中，农业总产值462.67亿元，增长3.7%；林业总产值28.89亿元，增长4.8%；畜牧业总产值183.12亿元，增长5.0%；渔业总产值33.05亿元，增长1.1%；农林牧渔服务业总产值16.12亿元，增长5.0%。

全年粮食作物种植面积843.76千公顷，比上年增长0.1%。其中，水稻458.85千公顷，增长0.4%；小麦314.42千公顷，增长3.6%。油料作物种植面积235.69千公顷，下降3.2%。蔬菜种植面积110.36千公顷，增长5.5%。茶叶种植面积91.24千公顷，增长9.6%。

【工业和建筑业】2013年，信阳市全年工业增加值520.50亿元，比上年增长11.8%。其中规模以上工业企业增加值420.49亿元，增长14.7%。在规模以上工业中，国有控股企业增长4.6%，集体控股企业增长18.1%，私人控股企业增长16.1%，港澳台商控股企业增长22.2%，外商控股企业增长24.4%。

全年全社会建筑业增加值119.07亿元，比上年增长10.0%。具有资质等级的总承包和专业承包的建筑企业利润总额19.51亿元，增长45.8%。其中，国有及国有控股企业5.34亿元，增长50.2%；实现税金总额11.69亿元，增长30.0%。

【固定资产投资】2013年，信阳市全年全社会固定资产投资1549.96亿元，比上年增长21.6%。其中，固定资产投资1472.38亿元，增长23.0%；农户投资77.58亿元，增长0.8%。

在固定资产投资中，国有控股投资212.53亿元，比上年增长14.1%；民间投资1229.20亿元，增长24.9%；港澳台投资10.99亿元，增长71.2%；外商投资9.13亿元，增长9.2%。分产业看，第一产业投资51.41亿元，增长15.3%；第二产业投资557.10亿元，增长28.4%；第三产业投资863.87亿元，增长20.2%。

【科学技术】2013年年末，信阳市拥有河南省院士工作站4个；省级工程研究中心19家，市级89家；国家级企业技术中心1个，省级10个，市级12个；省级高新技术企业10个。全年安排科技计划项目83个，获省级科技进步奖项目6个，市级科技进步奖48个。申请专利863件，授权专利588件。签订技术合同25份，成交金额6100万元。

【国内贸易和对外经济】2013年，信阳市全年批发和零售业增加值73.93亿元，比上年增长9.3%；住宿和餐饮业增加值65.52亿元，增长6.8%。

全年社会消费品零售总额674.76亿元，比上年增长13.9%。分城乡看，城镇消费品零售额545.81亿元，增长14.1%；乡村消费品零售额128.95亿元，增长12.9%。分行业看，批发和零售业零售额481.30亿元，增长13.4%；住宿和餐饮业零售额193.46亿元，增长15.0%。

全年进出口总额68218万美元，比上年下降1.6%。其中，出口总额29037万美元，增长13.2%；进口总额39182万美元，下降10.3%。出口总额中，一般贸易24823万美元，增长9.0%；加工贸易637万美元，下降23.4%；机电产品3690万美元，增长14.7%；高新技术产品480万美元，增长26.6%。

【交通、邮电和旅游】2013年，信阳市全年交通运输、仓储及邮政业增加值74.28亿元，比上年增长5.6%。

年末公路通车里程（不含固始）21855公里，其中高速公路550公里。拥有各类民用汽车106.35万辆，比上年增长3.4%。其中，私人汽车保有量26.21万辆，增长14.8%。全年货物周转量（不含铁路）增长15.4%，旅客周转量（不含铁路）增长8.0%。

全年邮电业务总量34.63亿元，比上年增长10.3%。其中，电信业务总量30.95亿元，增长8.7%；邮政业务总量3.68亿元，增长25.6%。年末本地固定电话用户60.91万户，下降2.2%；移动电话用户384.28万户，增长1.7%。电话普及率69.81部/百人。年末计算机互联网用户42.57万户，增长1.4%。

全年来信阳旅游人数1813.2万人次，比上年增长23.0%。其中，入境游客1.2万人次，增长3.5%；国内游客人数1812万人次，增长22.1%。旅游总收入95.7亿元，增长37.9%，其中外汇收入258.4万美元，增长40.0%。年末共有A级旅游景区23处，其中4A级以上景区5处。星级酒店（三星级以上）33家，国际和国内旅行社43家。

【金融和保险】2013年，信阳市全年金融业增加值40.25亿元，比上年增长19.3%。

年末金融机构各项人民币存款余额1830.06亿元，比上年末增长19.1%。其中储蓄存款余额1306.03亿元，增长18.3%。各项人民币贷款余额909.49亿元，增长22.6%。其中，短期贷款余额531.02亿元，增长19.0%；中长期贷款余额363.00亿元，增长30.8%。金融机构消费贷款余额143.85亿元，增长43.9%。其中，个人住房贷款115.57亿元，增长28.8%。年末金融机构存贷比为49.7%，新增存贷比为57.0%。

全年保险公司保费收入42.21亿元。其中，财产险保费收入9.09亿元，人身险保费收入33.12亿元。全年赔付13.45亿元，其中，财产险赔付4.89亿元，人身险赔付8.56亿元。

12

2013年周口市经济发展概况

【经济总量】2013年，周口市全年实现地区生产总值（GDP）1790.65亿元，按可比价格计算，同比增长9.3%。其中：第一产业实现增加值445.96亿元，同比增长4.3%；第二产业实现增加值893.65亿元，同比增长13.1%，其中：工业增加值总量达到798.86亿元，同比增长13.2%；第三产业实现增加值451.04亿元，同比增长7.4%。三次产业结构由上年的26.2：48.2：25.6调整为24.9：49.9：25.2。二三产业占GDP的比重达75.1%，较上年提高1.3个百分点。居民消费价格总指数（CPI）同比上涨2.7%，其中城市上涨3.1%，农村上涨2.7%。农业生产资料价格指数比上年同期上涨2.0%。从与老百姓生活息息相关的八大类看：七升一降，食品类同比上涨5.9%，烟酒类同比上涨1.4%，衣着类同比上涨1.8%，家庭设备用品及维修服务类同比上涨1.2%，医疗保健和个人用品类同比上涨2.2%，交通和通信类同比下降1.1%，娱乐教育文化用品及服务类上涨0.5%，居住类同比上涨2.0%。

【农业】2013年，周口市全市农林牧渔总产值798.60亿元，同比增长4.3%。农林牧渔业增加值为445.96亿元，同比增长4.3%。其中：种植业增加值完成306.49亿元，同比增长3.9%；牧业增加值112.62亿元，同比增长4.6%。全市粮食作物播种面积1814.13万亩，比上年增长48.40万亩，增长2.7%；粮食总产量793.87万吨，比上年增加20.75万吨，增长2.7%，总产量实现了连续十年增产。其中：夏粮播种面积1005.32万亩，比上年增加17.00万亩，增长1.7%；亩产495.85公斤，增产1.48公斤，增长0.3%；总产量498.49万吨，增加9.9万吨，比上年增长2.0%，亩产、总产均创历史新高。全市秋粮播种面积808.81万亩，比上年增加31.40万亩，增长4.0%；亩产365.2公斤，减产0.80公斤，下降0.2%；总产量295.38万吨，增加10.85万吨，增长3.8%。全市猪肉、禽肉、禽蛋、奶产量分别达到49.50万吨、11.50万吨、26.00万吨和12.43万吨，同比分别增长5.3%、1.8%、2.3%和0.5%。

【工业和建筑业】2013年，周口市全市工业增加值总量达到798.86亿元，同比增长13.2%。其中，规模以上工业实现增加值672.84亿元，同比增长16.4%。高技术产业增加值74.87亿元，同比增长14.9%，占规模以上工业增加值的比重为11.1%，为规模以上工业增长创造10.5%的贡献率。高耗能行业比重下降。规模以上工业企业中，六大高耗能行业增加值占规模以上工业增加值比重为9.9%，较上年同期下降1.9个百分点，高耗能行业比重呈现逐年下降趋势。规模以上工业企业产销率为99.1%，产销衔接总体良好。分行业看，32个行业大类中有28个行业的产销率超过了90%，其中农副食品加工业、酒、饮料和精制茶制造业、纺织业、造纸和纸制品业、医药制造业、橡胶和塑料制品业等14个行业达到或超过99%。

全社会建筑业增加值94.78亿元，同比增长11.6%。具有资质等级的总承包和专业承包建筑业企业193家，利润总额23.51亿元，同比增长37.6%，利税总额38.87亿元，同比增长25.0%。

【固定资产投资】2013年，周口市全市完成全社会固定资产投资1261.43亿元，同比增长21.3%，其中：完成固定资产投资（不含农户，下同）完成1151.55亿元，同比增长23.7%。按产业分，第一产业投资50.74亿元，同比增长14.0%，占投资的比重为4.4%；第二产业投资718.31亿元，同比增长31.7%，占投资的比重为62.4%；第三产业投资382.50亿元，同比增长12.1%，占投资的比重为33.2%。民间投资完成1059.55亿元，同比增长28.2%，占投资的比重为92.0%。工业投资完成717.47亿元，同比增长31.5%，占投资的比重为62.3%。其中：制造业投资688.18亿元，同比增长32.8%；电力、燃气及水生产和供应业投资29.3亿元，同比增长8.2%。在制造业31个行业大类中，28个行业均有投资。其中有15个行业投资增速在30%以上，投资超10亿元的行业大类有18个。六大高成长性产业完成投资717.47亿元，同比增长31.5%，占投资的比重为62.3%。高技术产业完成投资109.24亿元，同比增长37.5%，占投资的比重为9.5%。其中：医药制造完成投资37.53亿元，同比增长17.0%；通信和其他电子设备制造业完成投资64.74亿元，同比增长53.4%；医疗设备及仪器仪表制造业完成投资1.67亿元，同比增长27%。在建项目（不含房地产开发，下同）1128个，同比减少94个，在建项目投资规模为2211.45亿元，同比增长33.6%，在建项目平均单个投资规模为1.96亿元；亿元及以上在建项目完成投资809.23亿元，同比增长42.2%，高于在建项目投资增速（24.6%）17.6个百分点；亿元及以上项目完成投资占项目完成投资的比重为85.7%。完成房地产开发投资207.20亿元，同比增长19.7%。其中住宅投资194.21亿元，同比增长23.8%。商品房销售面积为330.65万平方米，同比增长9.8%。商品房销售额100.81亿元，同比增长24.5%。

【科学技术】2013年，周口市全年共取得省级科技进步奖二等奖1项，三等奖3项。全年申请专利881件，授权专利546件，分别增长12.2%和0.05%。

【国内贸易和对外经济】2013年，周口市全市实现社会消费品零售总额756.8亿元，同比增长13.9%。城镇市场实现零售额612.1亿元，同比增长14.5%，乡村市场实现零售额144.7亿元，同比增长11.7%。限额以上批发零售、住宿餐饮业企业（单位）实现消费品零售额192.8亿元，同比增长14.8%，占社会消费品零售总额的比重达25.5%。批发零售业实现消费品零售额611.3亿元，同比增长14.2%。其中，批发业实现消费品零售额109.1亿元，增长10.5%；零售业实现消费品零售总额502.2亿元，增长15.0%。住宿餐饮业实现消费品零售总额145.5亿元，同比增长12.9%。其中，住宿业实现消费品零售总额7.6亿元，增长15.0%；餐饮业实现消费品零售总额137.9亿元，增长12.8%。限额以上批发和零售业实现消费品零售额172亿元，同比增长17.4%。其中，通信器材类增长35.9%、金银珠宝类增长22.4%，食品饮料烟酒类增长17.1%，服装鞋帽针纺织品类增长21.2%，体育娱乐用品实现商品零售额增长21.9%，汽车类实现商品零售额增长17.1%，家具类实现商品零售额增长26.9%，建筑及装潢材料类商品零售额增长19.6%。餐饮业零售额137.9亿元，同比增长12.8%。其中限额以上企业（单位）零售额16.1亿元，同比增长6.9%。

全市实现进出口总值77493万美元，同比增长38.2%。其中：出口总值58916万美元，同比增长57.0%，进口总值18577万美元，同比下降0.3%。实际利用外资44241万美元，同比增长21.7%。

【交通、邮电和旅游】2013年，周口市全年全社会货运量19045万吨，同比增长9.9%，货物周转量7669740万吨/公里，同比增长10.7%，客运量12811万人，同比增长7.9%，旅客周转量1649010万人/公里，同比增长8.4%。其中铁路货运量2617万吨，同比增长-3.9%，货物周转量371995万吨/公里，同比增长-2.9%，客运量44万人，同比增长-11.6%，客运周转量2894万人/公里，同比增长-12.2%；公路货运量14216万吨，同比增长14.0%；货物周转量6303418万吨/公里，同比增长12.1%；客运量12718万人，同比增长8.0%；旅客周转量1645856万人/公里，同比增长8.4%。水运货运量2212万吨，同比增长3.3%；货物周转量994327万吨/公里，同比增长7.5%；客运量49万人，同比增长6.8%；旅客周转量260万人/公里，同比增长3.5%。

全年完成邮电业务总量46.96亿元。其中邮政业务总量4.70亿元；移动业务总量27.56亿元，联通业务总量11.70亿元，电信业务总量3.00亿元。固定电话拥有量50.68万部，移动电话拥有量513.86万部。

全市旅游接待人数达到1753.09万人次，同比增长16.5%。其中：接待国内游客1750.1万人次，同比增长16.5%；接待入境游客2.99万人次，同比增长16.3%。旅游综合收入80.85亿元，同比增长16.5%。其中：国内旅游收入80.27亿元，增长16.5%；旅游创汇收入906.25万元，增长16.9%。旅行社48家。A级景区22家。其中：4A级景区2家；3A级景区5家。星级饭店28家。其中：四星级饭店4家；三星级饭店21家。

【金融和保险】2013年年末，周口市全市金融机构人民币各项存款余额1655.62亿元，较年初增加252.02亿元，增长18.0%。其中，储蓄存款余额1311.63亿元，比年初增加198.66亿元，增长17.9%；金融机构人民币各项贷款余额为703.71亿元，较年初增加64.5亿元，增长10.1%。

13

2013年驻马店市经济发展概况

【经济总量】2013年，驻马店市全年实现地区生产总值（GDP）1542.02亿元，按可比价格计算，比上年增长9.5%。分产业看，第一产业增加值393.84亿元，增长4.5%；第二产业增加值674.98亿元，增长12.3%；第三产业增加值473.2亿元，增长9.3%。三次产业结构由上年的26.4：43.4：30.2调整为25.5：43.8：30.7，其中第二产业比重提高0.4个百分点，第三产业比重提高0.5个百分点。人均生产总值22296元，比上年增加2705元。

【农业】2013年，驻马店市全年粮食作物种植面积1193.78千公顷，比上年增长0.66%，其中小麦种植面积671.51千公顷，增长0.65%。油料种植面积302.13千公顷，增长2.86%。棉花种植面积8.07千公顷，减少8.98%。蔬菜种植面积117.29千公顷，增长0.44%。

全年粮食产量708.45万吨，比上年增长0.87%。其中，夏粮434.48万吨，增长1.05%；秋粮273.96万吨，增长0.59%。油料产量11.19万吨，增长8.95%。棉花产量0.85万吨，下降3.75%。

【工业和建筑业】2013年，驻马店市全年规模以上工业增加值489.94亿元，比上年增长14.7%。其中，轻工业增加值260.04亿元，增长12.5%，重工业增加值229.90亿元，增长17.1%；非公有制工业增加值418.05亿元，增长17.1%；高技术产业增加值33.61亿元，增长10.8%。

全年建筑业总产值320.78亿元，增长16.8%。房屋建筑施工面积1469.01万平方米，比上年增长14.8%；房屋竣工面积885.98万平方米，增长14.1%。

【固定资产投资】2013年，驻马店市全年全社会固定资产投资1093.14亿元，比上年增长22.1%。固定资产投资1014.62亿元，增长24.1%，其中，国有及国有控股投资147.76亿元，增长28.7%；民间投资858.63亿元，增长22.9%。分产业看，第一产业投资36.43亿元，增长19.2%，第二产业投资503.16亿元，增长15.3%，第三产业投资475.31亿元，增长35.5%。

全年房地产开发投资181.32亿元，比上年增长7.8%。商品房销售面积607.32万平方米，增长25.9%；商品房销售额175.11亿元，增长41.4%。

【科学技术】2013年年末，驻马店市全市共有省级工程技术研究中心18个；省级创新型试点企业6个。重大科技专项11个。全年受理申请专利1006件，授权专利689件，比上年分别增长50%和59%。组织实施各类科技计划项目222项，争取省重大科技专项经费500万元。全市共有市级工程技术研究中心77个，市级重点实验室6个。获得省级科技进步奖3项，获得市级科技进步奖84项。

【国内贸易和对外经济】2013年，驻马店市全年社会消费品零售总额585.47亿元，比上年增长13.9%。按经营地统计，城镇消费品零售额428.33亿元，增长13.4%；乡村消费品零售额157.14亿元，增长15.1%。按行业统计，批发和零售业零售额504.47亿元，增长13.9%；住宿餐饮业零售额81亿元，增长13.6%。

全年进出口总额40439万美元，比上年增长48.6%。其中，出口31955万美元，增长47.7%；进口8484万美元，增长52.1%。全年合同利用外资46379万美元，增长12.1%，实际利用外资31590万美元，增长16.9%。

【交通、邮电和旅游】2013年，驻马店市全年旅客运输量18600万人，货物运输量25418万吨，比上年分别增长8%和13.2%；旅客运输周转量118.68亿人公里，货物运输周转量753.34亿吨公里，分别增长8%和14.9%。

铁路通车里程数84公里，高速公路通车里程373.5公里，年末汽车保有量27.6万辆。

全年接待国外游客人数2.67万人次，比上年增长28.4%；国内游客1685万人次，增长20.8%。旅游总收入86.68亿元，增长25%。其中，旅游外汇收入2667万美元，增长10.2%；国内旅游收入85亿元，增长25%。年末全市共有A级旅游景区19处，其中4A级以上景区4处。年末共有星级酒店38家。

【金融和保险】2013年年末，驻马店市全市金融机构各项存款余额1710.03亿元，比上年末增加280.49亿元，增长19.6%。其中，单位存款余额456.85亿元，增长24.5%；居民储蓄存款余额1196.83亿元，增长17.3%。金融机构各项贷款余额757.68亿元，比上年末增加111.87亿元，增长17.3%。其中，短期贷款余额443.83亿元，增长9.8%；中长期贷款余额309.54亿元，增长30.0%。

湖北省

｜武汉市｜十堰市｜宜昌市｜襄阳市｜鄂州市｜荆门市｜孝感市｜
｜荆州市｜黄冈市｜随州市｜咸宁市｜

1

2013年武汉市经济发展概况

【经济总量】2013年，武汉市全年实现地区生产总值（GDP）9051.27亿元，按可比价格计算，比上年增长10.0%。其中，第一产业增加值335.40亿元，增长4.5%；第二产业增加值4396.17亿元，增长10.3%；第三产业增加值4319.70亿元，增长10.0%。一、二、三产业比重由上年的3.8：48.3：47.9调整为3.7：48.6：47.7。

【农业】2013年，武汉市全年完成农业总产值530.27亿元，比上年增长4.5%。其中，种植业305.10亿元，增长8.5%。林业6.59亿元，增长22.9%。牧业118.67亿元，下降2.4%。渔业83.66亿元，增长0.6%。农林牧渔服务业16.25亿元，增长6.2%。

全年粮食种植面积222.45千公顷，比上年减少7千公顷。棉花种植面积26.25千公顷，增加0.02千公顷。油料种植面积89.48千公顷，减少4.12千公顷。蔬菜种植面积169.37千公顷，增加6.29千公顷。

【工业和建筑业】2013年，武汉市全年规模以上工业增加值3113.30亿元，比上年增长11.7%。规模以上工业总产值10394.07亿元，增长18.0%。其中，制造业增长19.4%，电力、热力、燃气及水生产和供应业增长6.4%。

全年建筑业增加值750.85亿元，比上年增长8.3%。建筑业产值4791.80亿元，增长18.6%。年末具有资质等级的建筑企业1369户。

【固定资产投资】2013年，武汉市全年全社会固定资产投资6001.96亿元，比上年增长19.3%。其中，民间投资3501.97亿元，增长35.6%，占全社会固定资产投资的58.3%。全年施工项目2650个，增长8.7%。新开工项目1711个，增长1.4%。完工投产项目1370个，增长7.8%。全年固定资产投资（不含农户，下同）5974.53亿元，比上年增长19.1%。其中，第一产业投资13.31亿元，下降23.5%；第二产业投资2266.73亿元，增长33.0%，其中工业投资2258.07亿元，增长32.7%；第三产业投资3694.48亿元，增长12.2%。

【科学技术】2013年年末，武汉市拥有政府部门属科学技术研究机构101所，国家重点实验室23个，国家实验室1个，国家工程实验室3个，国家级工程技术研究中心26个，国家级企业技术中心23个。两院院士

62人。全年研究与试验发展（R&D）经费支出255亿元，比上年增加43亿元。承担国家级科技计划项目2500项，实施市级科技计划项目1019项。市级登记科技成果405项，获奖科技成果404项，其中国家奖30项。专利申请25680件，增加1575件。其中，发明专利9735件，增加1664件。专利授权15901件，增加2203件。其中，发明专利授权3171件。每万人发明专利拥有量12.03件。技术市场合同成交额220亿元，增长29.6%。

【国内贸易和对外经济】2013年，武汉市全年社会消费品零售总额3878.60亿元，比上年增长13.0%。其中限额以上企业零售额2707.96亿元，增长14.0%。按行业分，批发零售业零售额3514.72亿元，增长13.6%；住宿餐饮业零售额363.88亿元，增长7.9%。

全年外贸进出口总额1350.36亿元，以美元计价为217.52亿美元，比上年增长6.9%。其中，进口608.94亿元，以美元计价为98.09亿美元，增长2.1%；出口741.42亿元，以美元计价为119.43亿美元，增长11.1%。在出口总额中，一般贸易出口60.33亿美元，增长35.6%；加工贸易出口49.59亿美元，下降10.4%。高新技术产品出口44亿美元，增长10.0%。出口国别和地区数189个。口岸货运量761.28万吨，增长16.0%。

【交通、邮电和旅游】2013年，武汉市全年交通客货运输换算周转量3342.25亿吨公里，比上年增长11.0%。全社会货运量44528.75万吨，增长4.9%；货物周转量2555.96亿吨公里，增长9.9%。全社会客运量29620.29万人，增长7.7%；旅客周转量1011.82亿人公里，增长12.8%。

全年邮电业务总量164.41亿元，比上年增长2.4%。年末移动电话3G用户487万户，增长52.3%。互联网宽带用户369万户，增长16.1%。光纤入户数233.40万户，增长16.5%。

全年接待国内旅游者17022.11万人次，比上年增长21.0%；接待海外旅游者161.37万人次，增长7.0%。实现旅游总收入1690.02亿元，增长21.1%。其中，国内旅游收入1633.40亿元，增长21.7%；国际旅游收入9.14亿美元，增长7.3%。年末旅游景区39个，其中5A级2个，4A级16个，3A级12个。旅游星级以上宾馆97家。其中，五星级14家，四星级31家，三星级40家。

【金融和保险】2013年年末，武汉市武汉地区金融机构本外币各项存款余额14915.69亿元，比年初增加1781.01亿元。其中，个人存款5421.80亿元，增加691.38亿元。金融机构本外币各项贷款余额12803.87亿元，增加1336.99亿元。境内贷款中，短期贷款3679.39亿元，增加598.55亿元；中长期贷款8332.94亿元，增加682.47亿元。个人消费贷款1722.56亿元，增加214.79亿元。其中，个人住房贷款1429.58亿元，增加196.89亿元；个人购车贷款93.66亿元，增加37.39亿元。

2

2013年十堰市经济发展概况

【经济总量】2013年，十堰市全年实现地区生产总值（GDP）1080.6亿元，按可比价格计算，比上年增长10.4%；按当年价计算，比上年增长13.1%。其中，第一产业增加值143.0亿元，增长5.0%；第二产业增加值547.0亿元，增长12.2%；第三产业增加值390.6亿元，增长9.2%。三次产业结构比为13.2：50.7：36.1。人均生产总值为32094元。在第三产业中，交通运输、仓储业增长9.1%，批发和零售业增长7.6%，营利性服务业增长9.0%，非营利性服务业增长10.2%。

【农业】2013年，十堰市全年实现农林牧渔业增加值143.0亿元，按可比价格计算，同比增长5.0%。其中，农业增加值84.2亿元，增长5.5%；林业增加值5.0亿元，增长5.6%；牧业增加值45.1亿元，增长3.8%；渔业增加值8.0亿元，增长7.4%；农林牧渔服务业增加值0.7亿元，增长2.6%。

全年粮食总产量达到116.1万吨，比上年增长4.0%。其中，夏粮34.0万吨，增长8.0%；秋粮82.1万吨，增长2.4%。全市粮食作物播种达到276.4千公顷，比上年增加2.0千公顷；油料面积80.2千公顷，增加3.3千公顷；蔬菜面积72.8千公顷，增加6.8千公顷。全年油料产量13.2万吨，比上年增长9.4；蔬菜产量152.5万吨，增长6.0%；水果产量40.4万吨，增长5.0%。

【工业和建筑业】2013年，十堰市全年完成规模以上工业增加值490.16亿元，增长13.0%。分轻重工业看，重工业增加值比上年增长12.9%，轻工业增长24.0%；分企业登记注册类型看，国有企业增加值比上年增长11.0%，集体企业增长7.0%，股份制企业增长16.3%，股份合作制企业增长20.9%，外商及港澳台商投资企业增长22.8%，其他类型企业增长8.5%；分行业看，汽车工业增加值增长19.2%；医药制造业下降0.6%；纺织行业增长18.3%；化学制品业增长8.6%；有色金属冶炼业增长7.4%；黑色金属冶炼业下降2.4%；电力生产及供应业下降3.4%。

【固定资产投资】2013年，十堰市全年完成全社会固定资产投资（含谷竹高速）931亿元，比上年增长30.6%，其中500万元以上固定资产投资853.5亿元，增长30.5%。亿元以上施工项目有453个，完成投资501.8亿元，增长44.1%。

在500万元以上固定资产投资中，按隶属关系分，中央单位投资13.0亿元，下降19.7%；市县属单位投资790.9亿元，增长34.2%；按建设性质分，新建投资567.9亿元，增长49.4%；扩建投资43.2亿元，下降32.5%；改建和技术改造投资102.4亿元，增长14.4%。按产业划分，全市第一、二、三产业投资分别为44.1亿元、233亿元和576.4亿元，分别增长21.5%、14.0%和39.5%。其中工业投资183.1亿元，增长2.3%。

【科学技术】2013年，十堰市全市安排市级科技项目86项，科技投入1360万元；省级以上科研项目102项，科技投入4329万元。专利申请受理1719项，比上年减少140项；专利授权1095件，比上年增加66项。全年共登记科技成果108项，获省科技奖14项，其中省科技进步二等奖5项，省科技进步三等奖6项，科技成果推广奖三等奖1项，中小企业创新奖2项。新认定国家重点新产品1项。全市规模以上企业实现高新技术产业增加值126.5亿元，比上年增长18.7%，占地区生产总值的比重达到11.7%。

【国内贸易和对外经济】2013年，十堰市全市实现社会消费品零售总额484.7亿元，比上年增长13.4%。分城乡看，城镇消费品零售额373.2亿元，增长13.3%；乡村消费品零售额111.5亿元，增长14.5%。批发零售贸易业销售总额383.8亿元，增长14.6%，其中，批发业实现销售额218.8亿元，增长13.7%；零售业实现销售额165.0亿元，增长15.8%。

全市外贸进出口总额50585万美元，比上年增长28.7%。其中，进口5957万美元，增长6.6%；出口44628万美元，增长32.3%。全市新批外资企业11个，实际利用外资15615万美元，增长18.6%。利用市外境内资金270.7亿元，增长59.0%，新增到资项目293个。

【交通、邮电和旅游】2013年年末，十堰市全市公路通车里程23398公里。等级以上公路里程22143公里，占公路总里程的94.6%。全市年末机动车拥有量51.6万辆，比上年增长6.0%，其中，私人机动车拥有量48万辆，增长5.8%。全年完成旅客运输量7957万人次，增长13.0%；旅客周转量70.6亿人公里，增长14.5%；完成货物运输量6070万吨，增长14.5%；货运周转量110.8亿吨公里，增长13.7%。

全年完成邮政业务总量2.1亿元，比上年增长16.7%。在邮政业务中，完成函件业务量400万件，增长1.8%；订销报刊累计数3595万份；EMS特快专递25.3万件。电信业务总量16.4亿元，增长12.3%。固定电话用户48.5万户；移动电话用户267.5万户，计算机互联网用户51.3万户。

全年实现旅游总收入202亿元，比上年增长25.4%。其中，国际旅游外汇收入5824万美元，增长3.1%。全年接待国内外旅游人数2910万人次，增长24.8%。其中接待入境旅游者17.1万人次，增长2.0%。全市拥有旅游星级宾馆饭店78家，A级旅游景区55家，各类旅行社72家。

【金融和保险】2013年年末，十堰市全市金融机构各项存款余额1436.6亿元，比年初增加219.2亿元。其中，城乡居民储蓄存款余额801.2亿元，增加114.2亿元。金融机构各项贷款余额731.5亿元，比年初增加153.1亿元，其中，中长期贷款484亿元，增加81.2亿元。

全市拥有地市级保险机构31家，全年完成保费收入43.8亿元，比上年增长54.2%；赔付16.4亿元，增长1.2倍。其中，寿险公司13家，全年完成保费收入34.3亿元，增长64.9%，人身险赔付11.4亿元，增长2.8倍，给付率为32.5%。财产险公司18家，保费收入9.5亿元，增长25.0%，赔付5.3亿元，增长20.5%，赔付率为55.6%。

3

2013年宜昌市经济发展概况

【经济总量】2013年，宜昌市全年实现地区生产总值（GDP）2818.07亿元，按可比价格计算，比上年增长11.5%。分产业看，第一产业增加值335.95亿元，增长4.8%；第二产业增加值1693.77亿元，增长12.6%；第三产业增加值788.35亿元，增长11.6%。按常住人口计算，人均地区生产总值68846元，增长11.1%，较上年增加7329元。

【农业】2013年，宜昌市全市实现农林牧渔业总产值555.63亿元，增长10.5%。年末实有耕地面积320.66千公顷，较上年增加2.47千公顷。全年粮食产量164.53万吨，增产2.6%；棉花产量3.26万吨，减产6.3%；油料产量23.92万吨，增产5.0%；茶叶产量5.60万吨，增产6.5%；水产产品产量18.84万吨，增产

5.2%；水果产量283.20万吨，增产5.1%，其中柑橘产量275.89万吨，增产4.9%；蔬菜产量384.21万吨，增产5.0%；肉类总产量61.52万吨，增产4.5%；生猪出栏621.19万头，增产3.1%；肉牛出栏5.60万头，增长6.5%；肉羊出栏147.53万头，增长6.5%。

【工业和建筑业】2013年，宜昌市全市规模以上工业实现增加值1405.84亿元，增长13.7%，高于全省平均增幅1.9个百分点。其中国有及国有控股企业同比下降3.8%，集体企业同比增长44.3%，股份合作企业同比增长33.2%，股份制企业同比增长18.3%，外商及港澳台商企业同比增长14.1%，其他经济类型企业同比增长27.0%。

【固定资产投资】2013年，宜昌市全年全社会固定资产投资2106.96亿元，比上年增长30.0%。其中，城镇500万元以上项目投资1362.91亿元，增长25.1%；农村500万元以上项目投资457.83亿元，增长53.4%。分产业看，第一产业完成投资130.04亿元，同比增长15.5%；第二产业完成投资1019.36亿元，同比增长28.2%；第三产业完成投资957.56亿元，同比增长34.3%。

全年房地产开发投资203.18亿元，比上年增长15.1%。全市房屋施工面积1827.21万平方米，增长26.0%；其中商品住宅1316.04万平方米，增长26.2%。房屋竣工面积208.28万平方米，同比下降0.3%；其中商品住宅167.86万平方米，增长5.4%。全市商品房销售面积（含现房和期房）460.13万平方米，增长40.0%；其中商品住宅406.54万平方米，增长44.8%。商品房销售额216.83亿元，增长34.7%；其中商品住宅170.63亿元，增长49.9%。商品房空置面积123.15万平方米，增长111.5%；其中商品住宅空置75.30万平方米，增长156.7%。

【科学技术】2013年，宜昌市全市重点科技成果登记200项。国家级高新技术企业177家，比上年新增63家。省市级工程技术中心100家，较上年增加26家；省市级重点实验室41家，与上年持平。全市专利申请量为6452件；专利授权量为2907件，其中发明专利243件。

【国内贸易和对外经济】2013年，宜昌市全年社会消费品零售总额860.03亿元，比上年增长14.9%。分地域看，城镇市场消费品零售额738.26亿元，增长15.1%；乡村市场消费品零售额121.78亿元，增长13.8%。分行业看，批发业和零售业零售额727.16亿元，增长16.6%；住宿和餐饮业零售额132.88亿元，增长14.9%。

全年实现外贸进出口总额23.50亿美元，比上年增长7.4%。其中，出口额20.17亿美元，增长21.3%，增幅比上年提高24.4百分点；进口额3.33亿美元，同比下降36.6%。四大出口基地产品共出口15.93亿美元，增长11.9%，占全市出口总额的79.0%。其中：机电及装备制造业基地出口4.34亿美元，增长30.4%；化工产品基地出口7.22亿美元，增长5.7%；医药基地出口1.67亿美元，同比下降3.8%；农产品基地出口2.7亿美元，增长0.6%。

【交通、邮电和旅游】2013年，宜昌市全年交通运输、仓储和邮政业完成增加值175.99亿元，比上年增长9.2%。全年公路、水运完成货物周转量368.41亿吨公里，增长22.8%；旅客周转量81.66亿人公里，增长16.0%。

年末全市民用汽车拥有量达到32.08万辆，比上年末增长21.5%，其中私人汽车拥有量26.91万辆，增长

24.8%。

全年完成邮电业务收入30.78亿元，比上年增长9.6%。其中，邮政业务收入2.55亿元，增长8.5%；电信业务收入28.22亿元，增长9.7%。年末全市共有固定电话用户65.17万户。新增移动电话用户64.58万户，年末达到397.28万户。互联网上网人数63.65万户，新增11.19万户。

全年接待国内外旅游人数3320.37万人次，比上年增长25.8%。入境国际旅游人数34.34万人次，增长4.4%，其中外国人27.20万人次，增长2.6%；香港、澳门和台湾同胞7.13万人次，增长11.7%。国际旅游外汇收入8273.10万美元，增长17.3%。国内旅游人数3286.03万人次，增长26.1%；国内旅游收入255亿元，增长30.2%。全市旅游总收入260.12亿元，增长29.8%。

【金融和保险】2013年年末，宜昌市金融机构本外币存款余额2381.91亿元，比年初增加367.26亿元，其中人民币存款余额2370.61亿元，比年初增加365.13亿元，城乡居民储蓄存款余额1203.02亿元，比年初增加167.35亿元。金融机构本外币贷款余额1749.06亿元，比年初增加289.21亿元，其中人民币贷款余额1724.39亿元，比年初增加278.80亿元。

全年保险公司保费收入53.1亿元，比上年增长14.9%，其中寿险保费收入增长12.2%；健康险和意外伤害险保费收入增长16.1%；财产险保费收入增长21.7%。全年支付各类赔付14.9亿元，比上年增长50.5%，其中寿险赔付增长109.7%；健康险和意外伤害险赔付增长22.2%；财产险赔付增长23.7%。全市保费收支增幅差距35.6个百分点，较上年扩大21.8个百分点。

4

2013年襄阳市经济发展概况

【经济总量】2013年，襄阳市全年实现地区生产总值（GDP）2814.0亿元（现价），按可比价格计算比上年增长11.4%。分产业看，第一产业实现增加值386.5亿元，同比增长4.8%；第二产业实现增加值1611.4亿元，同比增长13.3%；第三产业实现增加值816.1亿元，同比增长10.7%。三次产业结构为13.7：57.3：29.0。

【农业】2013年，襄阳市全市粮食种植面积756.8千公顷，比上年增加5.5千公顷；粮食产量实现“十连增”，全年粮食产量502.8万吨（100.56亿斤），比上年增长0.3%；棉花产量4.2万吨，增长1.0%；油料产量25.0万吨，下降1.0%；蔬菜产量312.8万吨，增长4.5%；茶叶、水果产量分别达到1.1万吨和121.3万吨，分别增长4.5%和4.0%。

【工业和建筑业】2013年，襄阳市全市规模以上工业增加值达到1372.7亿元，同比增长13.8%（可比价）。其中：轻工业实现增加值542.2亿元，同比增长12.4%；重工业实现增加值830.5亿元，同比增长14.7%。

全市建筑业实现增加值140.9亿元，同比增长13.3%。

【固定资产投资】2013年，襄阳市全市完成全社会固定资产投资2086.6亿元，同比增长30.4%，其中，固定资产投资1998.6亿元，同比增长29.9%。全市在建施工项目2008个，其中，新开工项目1338个。

全市第一产业完成投资52.9亿元，同比下降5.0%。第二产业完成投资1044.4亿元，同比增长23.2%，其中，工业投资1043.7亿元，同比增长23.2%。第三产业完成投资901.3亿元，同比增长41.9%。

【科学技术】2013年，襄阳市全市新认定高新技术企业69家，全年共有194个项目被列入国家或省级科技计划项目，全市共申请专利5347件，实用新型专利2971件，外观设计专利343件，发明专利2033件。

全市高新技术产业实现增加值494.2亿元，同比增长16.6%。其中，高新技术制造业实现增加值491.9亿元，增长16.7%。

【国内贸易和对外经济】2013年，襄阳市全市实现社会消费品零售总额925.5亿元，同比增长14.9%。分城乡看，城镇消费品市场实现零售额840.7亿元，同比增长15.8%；乡村消费品市场实现零售额84.8亿元，同比增长14.0%。其中，限额以上企业实现消费品零售额478.1亿元，同比增长17.9%。

全市外贸进出口总额161976万美元，同比增长28.8%。其中，外贸出口总额143429万美元，同比增长34.6%；进口总额18547万美元，同比下降3.7%。全市新批外资企业24家，同比下降7.7%；实际外商直接投资53746万美元，同比增长27.6%。

【交通、邮电和旅游】2013年，襄阳市全市公路里程26247.3公里，其中，等级公路通车里程24714.0公里。全年完成县乡公路改建123.4公里、通村公路694公里，基本实现村村通。设置乡镇五级站71个、简易站及招呼站2021个。新发展农村客运班线458条，村村通客车率达到100%。交通运输安全服务保障能力进一步提高。全市公路货物周转量221.9亿吨公里，同比增长17.9%；公路旅客周转量89.9亿人公里，同比增长16.1%。襄阳机场通达能力明显增强，现已开通13条航线，全年累计完成运输起降8724架次，同比增长41%；旅客吞吐量突破60万人次，达60.1万人次，同比增长50%；货邮吞吐量2151.5吨，同比增长110%。

全市邮政业务总量3.4亿元，年末全市移动电话用户413.8万户，固定电话用户74.8万户，年末互联网宽带接入用户62.0万户。

全年旅游总人数2829.1万人次，同比增长20.2%。其中，入境旅游人数4.9万人次，同比增长0.8%；国内旅游人数2824.2万人次，同比增长20.2%。旅游总收入180.9亿元，同比增长20.0%，其中，入境旅游收入2986.1万美元，同比增长1.3%；国内旅游收入179.0亿元，同比增长20.3%。

【金融和保险】2013年，襄阳市金融机构本外币存款余额2182.0亿元，比年初增加366.8亿元，其中，个人存款余额1332.6亿元，比年初增加217.0亿元。金融机构本外币贷款余额1244.8亿元，比年初增加245.5亿元，其中，短期贷款余额636.6亿元，比年初增加140.6亿元；中长期贷款余额595.8亿元，比年初增加99.6亿元。

全市保费收入45.8亿元，同比增长12.6%，其中，财产险保费收入13.9亿元，同比增长34.2%；人身险保费收入31.9亿元，同比增长5.2%。全年各项赔款和给付支出15.6亿元，同比增长51.8%。其中，人身险赔款和给付支出7.6亿元，同比增长94.9%；财产险赔款支出8.0亿元，同比增长25.3%。

5

2013年鄂州市经济发展概况

【经济总量】2013年，鄂州市全年实现地区生产总值（GDP）630.94亿元，按可比价格计算，比上年增长10.5%。其中，第一产业实现增加值78.51亿元，比上年增长4.9%；第二产业增加值375.08亿元，增长12.2%；第三产业增加值177.35亿元，增长9.0%。三次产业结构比由2012年的12.3：60.1：27.6调整为12.4：59.4：28.1。按常住人口计算，全市人均生产总值达到59791元，比上年净增6535元，增长12.3%。

【农业】2013年，鄂州市全市完成农业总产值138.5亿元，比上年增长7.4%。其中，种植业产值39.8亿元，增长4.6%；牧业产值34.2亿元，增长4.4%；渔业产值62.0亿元，增长13.4%。全年粮食产量达到35.51万吨，比上年增长2.94%；棉花0.7万吨，下降5.75%；油料6.08万吨，增长2.1%；蔬菜96.99万吨，增长2.4%；水产品42.8万吨，增长7.94%；生猪出栏120万头，增长5.94%；家禽出笼1559.43万只，增长5.5%。

【工业和建筑业】2013年，鄂州市全市规模工业企业达到487家，比上年净增45家，增长10.2%。全市规模以上工业完成增加值361.0亿元，比上年增长13.2%。其中，轻工业完成72.82亿元，增长14.79%；重工业完成288.18亿元，增长12.78%。全年全市生产铁矿石665.43万吨，比上年增长12.36%；粗钢451.44万吨，下降2.63%；生铁296.97万吨，下降19.39%；水泥1278.26万吨，增长3.75%；服装7766.12万件，下降9.62%。工业用电量恢复增长，全年工业企业用电49.91亿千瓦时，比上年增长5.85%。

全市新增资质以上建筑企业7家。全年实现建筑业总产值92.9亿元，比上年增长17.3%。实现主营业务收入91.3亿元，增长26.8%。全市房屋建筑施工面积855.5万平方米，比上年增加288.5万平方米，增长50.9%，其中，全年新开工房屋面积543.6万平方米，增长54.9%；房屋建筑竣工面积417.5万平方米，比上年增加28.5万平方米，增长7.3%。

【固定资产投资】2013年，鄂州市全市完成固定资产投资（不含农户）567.19亿元，比上年增长28.1%。从三次产业投资看，全市第一产业完成投资10.32亿元，增长83.2%；第二产业完成投资289.38亿元，增长38.9%；第三产业完成投资267.49亿元，增长16.9%。

2013年，全市制造业完成投资256.9亿元，比上年增长36.3%，占全市固定资产投资额的45.3%。电力完成投资5.3亿元，比上年增长81.6%。交通运输、仓储和邮政业完成投资58.7亿元，比上年增长29.7%。房地产业完成投资16.28亿元，比上年增长39.7%。完成商品房销售面积68.52万平方米，比上年增长46.7%。

【科学技术】2013年，鄂州市全市高新技术产业完成总产值317.46亿元，比上年增长16.93%，实现增加值90.2亿元，增长16.9%。全市新增高新技术企业12家，有34家企业纳入后备企业库，高新技术产品备案企业16家。全年组织申报各类科技计划项目103项，落实省级以上科技计划项目45项，9家企业12个项目获国家、省级重大科技创新计划奖，4人荣获省级科技创业领军人才。全年登记科技成果13项，其中2项成果获省级科技奖；登记技术合同68项，技术交易额3.2亿元。全市发明专利申请量317件，比上年增长23.0%。

【国内贸易和对外经济】2013年，鄂州市全市实现社会消费品零售总额205.1亿元，比上年增长13.1%。其中城镇市场实现零售额184.39亿元，比上年增长14.2%；乡村市场实现零售额20.72亿元，比上年增长3.85%，城镇市场增幅高于乡村10.35个百分点。从行业看，批发和零售业实现零售额184.2亿元，增长14.27%；住宿和餐饮业实现零售额20.9亿元，增长3.77%。

全年全市外贸进出口总值达到4.9亿美元，比上年增长15.6%。其中，海关出口总值1.76亿美元，增长12.0%；进口总额3.14亿美元，增长17.7%。全年完成招商引资总额361亿元，比上年增长41.0%。实际利用外资1.62亿美元，比上年增长16.3%。

【交通、邮电和旅游】2013年，鄂州市全市交通运输、仓储和邮政业完成增加值30.72亿元，比上年增长8.5%。全年共完成货物周转量38.29亿吨公里，比上年增长15.5%；旅客周转量14.49亿人公里，增长15.0%。全年港口货物吞吐量达到1894万吨，比上年增长5.2%。2013年，全市公路里程达到3237公里，比上年增长4.5%。其中等级公路达到2774公里。年末，全市民用车辆拥有量33934辆，其中，私人汽车拥有量达到26339辆，比上年净增4086辆。出租车499辆，公共汽（电）车运营车辆323辆。

全年邮电通信业完成业务总量9.19亿元，比上年增长4.0%。其中电信业务总量7.17亿元，下降0.3%，邮政业务总量2.02亿元，增长22.4%。年末移动电话用户达到95万户，互联网宽带接入用户达到16.16万户，比上年增加2.09万户，增长14.9%。

全年全市共接待国内外旅游者460万人次，比上年增加63.4万人次，增长16.0%，实现旅游总收入41.54亿元，比上年增长23.4%。年末全市拥有3A级旅行社7家，五星级农家乐4家。

【金融和保险】2013年年末，鄂州市全市金融机构存款余额达到397.82亿元，比年初增加50.39亿元。其中，个人存款余额达到236.75亿元，比年初增加38.62亿元。年末，全市金融机构各项贷款余额达到270.99亿元，比年初增加45.68亿元，其中，短期贷款余额达到147.83亿元，比年初增加25.58亿元；中长期贷款余额107.99亿元，比年初增加14.38亿元。

全年全市保险机构保费收入达到94918万元，比上年增长24.3%，其中财产险保费收入20601万元，增长11.5%；人身险保费收入74317万元，增长7.2%。各项赔款与给付支出25155万元，比上年增长53.2%，其中财产险业务赔款支出11924万元，增长12.7%；人身险业务赔款与给付13231万元，增长126.3%。

6

2013年荆门市经济发展概况

【经济总量】2013年，荆门市全年实现地区生产总值（GDP）1202.61亿元，比上年增长10.5%。其中，第一、第二、第三产业分别增长4.8%、12.4%、10.5%。三次产业结构为15.8∶54.2∶30.0，第一、第二、第三产业比重分别比上年下降0.7个百分点、上升0.1个百分点和上升0.6个百分点。

【农业】2013年，荆门市全年实现农林牧渔业总产值337.93亿元，比上年增长4.7%。全年粮食种植面积364.49千公顷，比上年增加8.27千公顷；棉花种植面积35.18千公顷，减少0.24千公顷；油料种植面积144.62千公顷，增加9.70千公顷；蔬菜种植面积46.44千公顷，增加2.29千公顷。主要农产品产量为：粮食267.60万吨，比上年增加5.46万吨，增长2.1%；棉花4.77万吨，减少0.15万吨，下降3.0%；油料38.80万吨，增加2.85万吨，增长7.9%；蔬菜197.83万吨，增加7.54万吨，增长4.0%。

【工业和建筑业】2013年，荆门市全年实现规模以上工业增加值655.75亿元，比上年增长13.0%。轻工业增长12.4%，重工业增长13.4%，轻、重工业结构比为42.5∶57.5。全市36个工业大类行业中，有33个行业增加值增长。规模以上工业企业年内净增140家，达到922家。

全年建筑业总产值91.06亿元，比上年增长34.2%。建筑施工工程竣工产值69.49亿元，增长29.1%。

【固定资产投资】2013年，荆门市全年完成全社会固定资产投资1014.64亿元，比上年增长27.7%。其中，固定资产投资（不含农户）978.50亿元，增长28.5%。

固定资产投资（不含农户）中：国有经济控股单位完成投资210.65亿元，比上年增长20.5%。第一产业完成投资52.15亿元，增长22.8%；第二产业完成投资496.24亿元，增长24.9%；第三产业完成投资430.11亿元，增长33.8%。主要行业中，制造业完成投资435.99亿元，增长23.3%；电力、燃气及水的生产和供应业完成投资39.78亿元，增长61.9%；交通运输、仓储和邮政业完成投资79.73亿元，增长20.7%；批发和零售业完成投资24.94亿元，增长27.9%；住宿和餐饮业完成投资19.47亿元，下降1.8%；房地产业完成投资171.49亿元，增长42.6%；水利、环境和公共设施管理业完成投资70.00亿元，增长23.7%；卫生、社会保障和社会福利业完成投资19.65亿元，增长81.0%。

【科学技术】2013年年末，荆门市全市共有科研机构10所，科研机构从业人员1178人。全市立项实施科技计划项目82项，其中国家级3项、省级36项。专利申请量1380项，专利授权量828项。

【国内贸易和对外经济】2013年，荆门市全年社会消费品零售总额达到395.48亿元，比上年增长14.0%。其中，城镇消费品零售额296.08亿元，增长13.8%；乡村消费品零售额99.40亿元，增长14.6%。分行业看，批发零售业零售额344.66亿元，增长14.0%；住宿餐饮业零售额50.82亿元，增长13.8%。

全年进口总额15945万美元，比上年下降9.0%；出口总额61752万美元，增长32.6%。在出口中，国有企业出口9792万美元，增长66.9%；三资企业出口15845万美元，下降7.1%；其他企业出口36115万美元，增长52.6%。

【交通、邮电和旅游】2013年，荆门市全年交通运输、仓储和邮政业实现增加值33.25亿元，比上年增长7.8%；信息传输、计算机服务和软件业实现增加值8.82亿元，增长2.7%。

全年货物运输量（不含铁路）12125万吨，增长14.9%；货运周转量（不含铁路）2211048万吨公里，比上年增长16.9%。全年旅客运输量（不含铁路）8016万人，增长12.3%；旅客周转量（不含铁路）554268万人公里，增长15.6%。

全年邮政业务总量1.79亿元，比上年增长15.0%；电信业务收入16.18亿元，增长4.6%。年末本地固定电话用户38.38万户，下降4.6%，其中，城市用户22.34万户，下降2.1%；农村用户16.04万户，下降8.0%。年末移动电话用户221.58万户，增长18.7%。互联网宽带接入用户32.23万户，增长19.5%。

全年接待海内外游客人数1807.11万人次，比上年增长20.1%。其中，入境旅游人数21513人次，下降6.1%。全年旅游总收入90.61亿元，比上年增长20.3%。其中，国内旅游收入90.29亿元，增长20.5%。全市共有星级饭店34家。

【金融和保险】2013年年末，荆门市全市金融机构各项存款余额1121.25亿元，比年初增加188.20亿元。其中，单位存款336.61亿元，比年初增加71.53亿元；个人存款738.57亿元，比年初增加118.64亿元。年末金融机构各项贷款余额560.42亿元，比年初增加123.08亿元。其中，短期贷款300.77亿元，比年初增加93.27亿元；中长期贷款256.68亿元，比年初增加27.77亿元。

全年保险业原保费收入34.47亿元，比上年下降1.8%；保险赔款及给付11.66亿元，增长44.6%。

7

2013年孝感市经济发展概况

【经济总量】2013年，孝感市全年实现地区生产总值（GDP）1238.93亿元，按可比价格计算，比上年增长10.8%。分产业看，第一产业增加值243.13亿元，增长4.8%；第二产业增加值602.31亿元，增长14.0%；第三产业增加值393.49亿元，增长9.6%。三次产业结构由上年的20.4∶47.8∶31.8调整为19.6∶48.6∶31.8。在第三产业中，交通运输、仓储及邮电通信业增长8.6%，批发零售贸易业增长9.3%，住宿餐饮业增长4.5%，金融保险业增长21.8%，房地产业增长6.2%，其他服务业增长10.3%。

【农业】2013年，孝感市全年全市完成农林牧渔业增加值243.13亿元，按可比价格计算，比上年增长4.8%。粮食种植面积534.41万亩，比上年增长0.7%；棉花种植面积44.49万亩，与上年基本持平；油料种植面积172.10万亩，增长2.4%；蔬菜种植面积144.77万亩，增长4.8%。粮食生产经受住干旱和高温双重考验，顺利实现“十连增”，粮食产量223.64万吨，比上年增长1.7%；棉花4.14万吨，下降7.3%；油料24.21万吨，增长8.3%；蔬菜356.28万吨，增长4.5%。

【工业和建筑业】2013年，孝感市全市1095家规模以上工业企业实现增加值599.48亿元，比上年增长13.6%。市本级工业完成增加值55.68亿元，增长12.5%。分门类看，采矿业增长0.6%，制造业增长14.2%，电力、热力、燃气及水生产和供应业增长7.3%。全市汽车机电、盐磷化工、纺织服装、食品医药、金属制品等五大支柱产业完成工业增加值348.58亿元，占全市58.1%，增长12.3%。

年末全市具有资质等级的建筑企业155家，实现总产值310.78亿元，比上年增长34.7%。在155家建筑企业中，承包、专业承包企业122家，劳务分包33家。

【固定资产投资】2013年，孝感市全年固定资产投资（不含农户）突破千亿元，达到1215.35亿元，增长29.3%。其中，第一产业投资33.58亿元，下降28.4%；第二产业投资674.98亿元，增长24.1%，其中工业投资668.31亿元，增长24.3%；第三产业投资506.79亿元，增长45.1%，其中房地产投资111.13亿元，增长48.3%。

【科学技术】2013年，孝感市全年全市新增高新技术企业36家，高新技术企业总数达到104家，总数居武汉城市圈前列。全年新增高新产品登记备案24种。全市168家高新技术企业及生产高新技术产品的企业，共实现高新技术产业增加值143.89亿元，比上年增长17.4%，占GDP的比重为11.6%。全市科技型中小企业达到410家。全年成功争取国家、省科技项目78项，获无偿研发补助资金5536万元，其中国家863计划2项，省级重大专项7项。孝感成功获批国家知识产权试点城市。全市2013年度完成专利申请1654件，其中发明专利申请460件；专利授权990件，其中发明专利授权124件，发明专利授权量居全省第三位。

【国内贸易和对外经济】2013年，孝感市全年社会消费品零售总额602.64亿元，增长13.4%。分行业看，批发业实现零售额77.05亿元，增长13.2%；零售业实现426.11亿元，增长13.4%；住宿业实现3.64亿元，增长13.8%；餐饮业实现95.84亿元，增长13.6%。分城乡看，城镇实现零售额478.10亿元，增长13.3%；乡村实现124.54亿元，增长13.9%。

全年实现外贸进出口总额突破10亿美元，达到10.25亿美元，比上年增长31.3%，其中：进口2.45亿美元，增长69.7%；出口7.80亿美元，增长22.6%。全年新批外资企业27家；新批合同外商投资3.37亿美元，增长29.4%；实际利用外资2.75亿美元，增长15.8%。

【交通、邮电和旅游】2013年，孝感市全年全市完成货物周转量61.80亿吨公里，比上年增长17.2%；旅客周转量65.14亿人公里，增长14.7%。等级公路里程13701公里，其中一级公路93公里，二级公路1080公里，三级公路1342公里，四级11186公里。全年新（改）建等级公路799公里。

全市通信业实现营业收入25.22亿元，比上年增长9.6%。其中，邮政业3.75亿元，增长16.1%；电信业21.47亿元，增长8.6%。电话拥有量384.35万部，其中固定电话57.85万部，移动电话326.5万部。宽带互联网用户49.93万户。

全市接待国内外游客1400万人次，比上年增长18.2%；旅游综合收入83.98亿元，增长19.0%；接待境外游客1.06万人次，创汇499.31万美元。全年新增3A级旅游景区1家，新增四星级饭店1家。

【金融和保险】2013年，孝感市全市金融机构各项存款余额1404.12亿元，比年初增加223.99亿元。其中，单位存款422.27亿元，比年初增加67.91亿元；个人存款950.58亿元，比年初增加156.45亿元。全市金融机构各项贷款余额659.09亿元，比年初增加106.34亿元。其中，短期贷款306.90亿元，比年初增加59.98亿元；中长期贷款343.07亿元，比年初增加43.00亿元。

全市保险行业保费收入32.20亿元，比上年增长12.8%，其中，财险保费收入6.70亿元，增长34.1%，寿险保费收入25.50亿元，增长8.2%。赔款给付支出5.06亿元，下降7.0%；给付率15.7%，比上年下降3.3个百分点。

8

2013年荆州市经济发展概况

【经济总量】2013年，鄂州市全年实现地区生产总值（GDP）630.94亿元，按可比价格计算，比上年增长10.5%。其中，第一产业实现增加值78.51亿元，比上年增长4.9%；第二产业375.08亿元，增长12.2%；第三产业177.35亿元，增长9.0%。三次产业结构比由2012年的12.3：60.1：27.6调整为12.4：59.4：28.1。按常住人口计算，全市人均生产总值达到59791元，比上年净增6535元，增长12.3%。

2013年，全市全社会从业人员总数达到64.85万人，比上年增长1.22%，其中从事第一产业20.78万人，第二产业20.85万人，第三产业23.22万人。全年全市城镇新增就业18437人，其中安置下岗失业人员再就业5197人。年末全市城镇登记失业率为3.32%，低于省控目标值1.18个百分点。

【农业】2013年，鄂州市全市完成农业总产值138.5亿元，比上年增长7.4%。其中，种植业产值39.8亿元，增长4.6%；牧业产值34.2亿元，增长4.4%；渔业产值62.0亿元，增长13.4%。全年粮食产量达到35.51万吨，比上年增长2.94%；棉花0.7万吨，下降5.75%；油料6.08万吨，增长2.1%；蔬菜96.99万吨，增长2.4%；水产品42.8万吨，增长7.94%；生猪出栏120万头，增长5.94%；家禽出笼1559.43万只，增长5.5%。

【工业和建筑业】2013年，鄂州市全市规模工业企业达到487家，比上年净增45家，增长10.2%。全市规模以上工业完成增加值361.0亿元，比上年增长13.2%。其中，轻工业完成72.82亿元，增长14.79%；重工业完成288.18亿元，增长12.78%。全年全市生产铁矿石665.43万吨，比上年增长12.36%；粗钢451.44万吨，下降2.63%；生铁296.97万吨，下降19.39%；水泥1278.26万吨，增长3.75%；服装7766.12万件，下降9.62%。工业用电量恢复增长，全年工业企业用电49.91亿千瓦时，比上年增长5.85%。

全市新增资质以上建筑企业7家。全年实现建筑业总产值92.9亿元，比上年增长17.3%。实现主营业务收入91.3亿元，增长26.8%。全市房屋建筑施工面积855.5万平方米，比上年增加288.5万平方米，增长50.9%，其中，全年新开工房屋面积543.6万平方米，增长54.9%；房屋建筑竣工面积417.5万平方米，比上年增加28.5万平方米，增长7.3%。

【固定资产投资】2013年，鄂州市全市完成固定资产投资（不含农户）567.19亿元，比上年增长

28.1%。从三次产业投资看，全市第一产业完成投资10.32亿元，增长83.2%；第二产业完成投资289.38亿元，增长38.9%；第三产业完成投资267.49亿元，增长16.9%。

2013年，全市制造业完成投资256.9亿元，比上年增长36.3%，占全市固定资产投资额的45.3%。电力完成投资5.3亿元，比上年增长81.6%。交通运输、仓储和邮政业完成投资58.7亿元，比上年增长29.7%。房地产业完成投资16.28亿元，比上年增长39.7%。完成商品房销售面积68.52万平方米，比上年增长46.7%。

【科学技术】2013年，鄂州市全市高新技术产业完成总产值317.46亿元，比上年增长16.93%，实现增加值90.2亿元，增长16.9%。全市新增高新技术企业12家，有34家企业纳入后备企业库，高新技术产品备案企业16家。全年组织申报各类科技计划项目103项，落实省级以上科技计划项目45项，9家企业12个项目获国家、省级重大科技创新计划奖，4人荣获省级科技创业领军人才。全年登记科技成果13项，其中2项成果获省级科技奖；登记技术合同68项，技术交易额3.2亿元。全市发明专利申请量317件，比上年增长23.0%。

【国内贸易和对外经济】2013年，鄂州市全市实现社会消费品零售总额205.1亿元，比上年增长13.1%。其中城镇市场实现零售额184.39亿元，比上年增长14.2%；乡村市场实现零售额20.72亿元，比上年增长3.85%，城镇市场增幅高于乡村10.35个百分点。从行业看，批发和零售业实现零售额184.2亿元，增长14.27%；住宿和餐饮业实现零售额20.9亿元，增长3.77%。

全年全市外贸进出口总值达到4.9亿美元，比上年增长15.6%。其中，海关出口总值1.76亿美元，增长12.0%；进口总额3.14亿美元，增长17.7%。全年完成招商引资总额361亿元，比上年增长41.0%。实际利用外资1.62亿美元，比上年增长16.3%。

【交通、邮电和旅游】2013年，鄂州市全市交通运输、仓储和邮政业完成增加值30.72亿元，比上年增长8.5%。全年共完成货物周转量38.29亿吨公里，比上年增长15.5%；旅客周转量14.49亿人公里，增长15.0%。全年港口货物吞吐量达到1894万吨，比上年增长5.2%。2013年，全市公路里程达到3237公里，比上年增长4.5%。其中等级公路达到2774公里。年末，全市民用车辆拥有量33934辆，其中，私人汽车拥有量达到26339辆，比上年净增4086辆。出租车499辆，公共汽（电）车运营车辆323辆。

全年邮电通信业完成业务总量9.19亿元，比上年增长4.0%。其中电信业务总量7.17亿元，下降0.3%，邮政业务总量2.02亿元，增长22.4%。年末移动电话用户达到95万户，互联网宽带接入用户达到16.16万户，比上年增加2.09万户，增长14.9%。

全年全市共接待国内外旅游者460万人次，比上年增加63.4万人次，增长16.0%，实现旅游总收入41.54亿元，比上年增长23.4%。年末全市拥有3A级旅行社7家，五星级农家乐4家。

【金融和保险】2013年年末，鄂州市全市金融机构存款余额达到397.82亿元，比年初增加50.39亿元。其中，个人存款余额达到236.75亿元，比年初增加38.62亿元。年末，全市金融机构各项贷款余额达到270.99亿元，比年初增加45.68亿元，其中，短期贷款余额达到147.83亿元，比年初增加25.58亿元；中长期贷款余额107.99亿元，比年初增加14.38亿元。

全年全市保险机构保费收入达到94918万元，比上年增长24.3%，其中财产险保费收入20601万元，增长

11.5%；人身险保费收入74317万元，增长7.2%。各项赔款与给付支出25155万元，比上年增长53.2%，其中财产险业务赔款支出11924万元，增长12.7%；人身险业务赔款与给付13231万元，增长126.3%。

9

2013年黄冈市经济发展概况

【经济总量】2013年，黄冈市全年实现地区生产总值（GDP）1332.55亿元，比上年增长10.5%。其中：第一产业增加值356.79亿元，增长4.8%；第二产业增加值521.28亿元，增长12.7%；第三产业增加值454.48亿元，增长11.9%。三次产业结构由2012年的27.90：38.97：33.13调整为26.77：39.12：34.11。在第三产业中交通运输仓储和邮政、批发和零售、住宿和餐饮、金融保险、房地产及营利性服务业分别增长8.0%、7.6%、4.2%、17.5%、10.2%和15.0%。人均地区生产总值达到21314元。

【农业】2013年，黄冈市农林牧渔业总产值532.22亿元，增长5.2%。粮食种植面积804万亩，增长0.03%；棉花种植面积80.13万亩，下降2.77%；油料种植面积375.99万亩，增长2.38%。种植业总产值268.05亿元，增长4.2%。粮食总产量318.98万吨，比上年增产6.49万吨，增长2.1%，其中：小麦18.49万吨，增长1.62%；稻谷266.52万吨，增长1.07%；棉花产量8.62万吨，减产0.71万吨，下降7.6%；油料产量55.39万吨，增加2.72万吨，增长5.2%；蔬菜产量279.55万吨，同比增长4.4%；水果24.05万吨，增长8.33%。

【工业和建筑业】2013年，黄冈市252家，实现工业增加值413.65亿元，当年净增51.46亿元，按可比价格计算，比上年增长13.8%。其中：国有控股企业增加值16.45亿元，增长12.4%；国有企业增加值3.54亿元，增长6.6%；集体企业增加值3.73亿元，下降2.1%；股份合作企业增加值6.6亿元，增长17.4%；股份制企业增加值301.78亿元，增长16.5%；外商及港澳台投资企业增加值42.93亿元，增长7.9%；其他经济类型企业增加值55.08亿元，增长6.3%；轻工业增加值169.53亿元，增长15.7%；重工业增加值244.12亿元，增长12.5%。

建筑业单位数229家，比上年增加28家，总产值634.47亿元，增加145.44亿元，增长30.4%。实现增加值110.52亿元，增长12.1%。建筑单位房屋建筑施工面积4053.9万平方米，其中：招投标承包面积3269.6万平方米，比上年增长138.7%。

【固定资产投资】2013年，黄冈市全社会固定资产投资1416亿元，增长28.4%，其中，投资额500万元以上项目固定资产投资完成1365.6亿元，增长28.8%。按经济类型划分，国有经济投资390.6亿元，增长45.7%；集体经济投资103.4亿元，增长17.5%；私营经济投资423.3亿元，增长41.3%；其他经济投资149.4亿元，增长20.6%。

房地产开发投资完成额132.7亿元，增长68.9%。商品房屋施工面积1245.8万平方米，增长91.8%，其中新开工面积605.3万平方米，增长79.6%；竣工面积430.6万平方米，增长68.7%；销售面积421.3万平方米，增长64.1%；商品房屋销售额132.4亿元，增长66.8%。商品房平均销售价格为3142元/平方米，比上年末上升51元/平方米，上涨幅度为2%。商品房屋空置面积197.6万平方米，上升152.3%。

【**科学技术**】2013年，黄冈市全市新认定高新技术企业75家。建立了8家省级工程技术中心、15家省级校企共建研发中心，7家省级制造业信息化示范企业，18家省级创新型试点企业，8家省级中小企业成长路线图企业。与武大、华科等20所重点高校、科研所签订战略合作协议，56名专家成为市政府咨询委员，开展了三批实习实训活动，吸引72所高校2万多名学生报名。全市科技特派员总数达到901人，新建科技特派员示范基地164个，创办企业54家，建立经济合作组织121家。引进、示范、推广农业新技术389项，新品种250个。创办合作社或各类专业技术协会322个，市级科技开发推广机构6个，县级科技开发推广机构72个。有15个示范基地和15个示范企业入选全省100家农业科技创新示范基地和100家示范企业。培训农民技术骨干50.2万人次，发放技术资料54.8万多份。2013年全市申请专利1500件，授权专利500件。

【**国内贸易和对外经济**】2013年，黄冈市社会消费品零售总额626.4亿元，增长13.2%。分行业看，批发零售贸易业实现社会消费品零售总额553.3亿元，增长13.7%，占全部消费品零售总额的比重为88.3%。其中零售业社会消费品零售总额为427.9亿元，增长13.7%。住宿餐饮业实现零售额73.1亿元，增长9.4%。分城乡看，城镇实现零售额549.9亿元，增长13.1%；农村实现零售额76.5亿元，增长14.1%。

外贸进出口总额53567万美元，比上年增长24.9%。其中，出口45133万美元，增长29.4%；进口8434万美元，增长5.4%。新批外资企业5家，比上年少批11家。合同外资金额12167万美元，下降21.9%，实际利用外资6749万美元，增长89.2%。

【**交通、邮电和旅游**】2013年，黄冈市交通运输邮电业增加值28.82亿元，增长8.0%。公路总里程2.59万公里，桥梁3965座。行政村通畅率100%，行政村通客车率98%。货运量5731万吨，货物周转量131.27亿吨公里，客运量12959万人，旅客周转量93.7亿人公里。

邮电业务总量29.28亿元，其中邮政2.82亿元，电信26.46亿元。全市营业网点148处，信筒（箱）317个，邮路总长度3112公里，农村投递路线总长度31930公里。函件212.6万件，快递24.8万件，报刊期发数42.9万份，累计7128万份。

接待游客1500万人次，实现旅游收入78.25亿元，增长21%。创建旅游强县3个、旅游名镇3个、旅游名村17个，4A级景区达到10家，3A级景区发展到16家，1A级景区总数达到33家，星级宾馆（饭店）41家，其中四星级6家、三星级18家。

【**金融和保险**】2013年年末，黄冈市银行业金融机构本外币各项存款1721.14亿元，各项贷款654.57亿元。人民币各项存款余额1719.43亿元，增长20%，当年新增286.57亿元，同比多增20.36亿元。人民币各项贷款余额654.21亿元，增长18.1%；当年新增贷款100.4亿元，同比多增14.16亿元。全市银行业金融机构实现账面盈利22.1亿元，比上年多盈利6.2亿元，增长38.92%。

全市商业保险机构实现保费收入45.07亿元，同比增长17.08%；各项赔付和给付支出16.2亿元，同比增长78.71%。

10

2013年随州市经济发展概况

【经济总量】2013年，随州市全年实现地区生产总值（GDP）661.94亿元，按可比价格计算，比上年增长10.6%。其中：第一产业完成增加值124.79亿元，增长4.8%；第二产业完成增加值320.26亿元，增长12.8%；第三产业完成增加值216.89亿元，增长10.5%。在第三产业中，批发和零售业增长9%，住宿和餐饮业增长5.7%，金融业增长20.8%。

居民消费价格总指数（CPI）为102.5%。分类别看，食品类价格上涨4.2%，烟酒及用品类价格上涨0.5%，衣着类价格上涨1.0%，家庭设备用品及维修费类价格上涨1.0%，医疗保健及个人用品类价格上涨1.9%，交通和通信类价格下跌0.1%，娱乐教育文化用品及服务类价格上涨0.5%，居住类价格上涨1.8%。

【农业】2013年，随州市全年实现农林牧渔业增加值124.79亿元，按可比价计算，比上年增长4.8%。粮食种植面积235.7千公顷，比上年增加2%；棉花种植面积14.38千公顷，增加7.6%；油料种植面积32.66千公顷，增加5.7%。粮食总产量158.2万吨；棉花总产量1.9万吨；油料产量7.37万吨，增产9.9%。

当年造林面积1.63万公顷，零星植树达到2476.36万株，木材采伐量2.39万立方米。

【工业和建筑业】2013年，随州市全市规模以上工业完成增加值296.81亿元，按可比价格计算，比上年增长13.5%。其中：国有企业完成增加值19.21亿元，增长60%；集体企业增加值2.1亿元，同比下降11.2%；股份合作企业增加值0.5亿元，增长20.8%；股份制企业增加值238.6元，增长13.5%；外商及港澳台投资企业增加值19亿元，增长21.1%；其他经济类型企业增加值17.4亿元，增长6.2%。轻工业增加值114.6亿元，增长10.6%；重工业增加值165亿元，增长15.4%。

建筑业发展步伐加快，92个资质以内建筑企业完成施工产值69.55亿元，比上年增长34%；实现利润4.06亿元，增长78.9%；税金3.14亿元，增长29.8%。建筑单位房屋建筑施工面积689.02万平方米，其中招投标承包面积524.72万平方米，招投标面为76.2%。新开工房屋建筑施工面积445.49万平方米，增长22.7%。

【固定资产投资】2013年，随州市全市完成全社会固定资产投资654.6亿元，比上年增长28.5%，其中500万元以上项目完成投资628.59亿元，增长28.4%；房地产开发投资29.23亿元，增长47.7%。按登记注册类型划分，内资企业投资623.25亿元，增长28.7%；港澳台投资2.88亿元，增长127.9%；外商投资1.48亿元，下降43.2%；个体经营投资0.98亿元，下降44.5%。按产业划分，第一产业投资26.24亿元，减少1.3%，第二产业投资366.62亿元，增长22.7%，第三产业投资235.73亿元，增长43.5%。

【科学技术】2013年，随州市全年争取省级以上科技项目36项，申请专利832件，实现高新技术增加值64.09亿元，比上年增长15.7%。

【国内贸易和对外经济】2013年，随州市全年实现社会消费品零售总额310.27亿元，比上年增长13.6%。分城乡看，城镇实现零售额252.97亿元，比上年增长14.3%；乡村实现零售额57.30亿元，增长

10.3%。分行业看（限额以上），批发业实现零售额48.33亿元，增长28.2%；零售业98.81亿元，增长17.7%；住宿2.97亿元，增长13.7%；餐饮业8.15亿元，增长36.1%。

全年实现外贸进出口总额126660万美元，比上年增长54.3%，其中：出口112671万美元，增长61.9%；进口13989万美元，增长12.1%。在出口中：国有企业4835万美元，下降18.7%；外资企业29266万美元，增长25.2%；民营企业78570万美元，增长95.1%。全年实际利用外资8774万美元，增长25%。

【交通、邮电和旅游】2013年，随州市全年完成货物周转量684401万吨公里，比上年增长16.2%；旅客周转量306444万人公里，增长11.6%。

邮电通信业完成邮电业务总量13.27亿元，比上年增长22.5%。光缆线路总长度23222公里，上升83.1%。其中，长途光缆线路总长度4205公里。本地电话总数289.57万户；固定电话用户34.31万户，其中：城市电话用户13.21万户，乡村电话用户21.03万户，公用电话总数1.77万户；移动电话用户255.26万户，其中3G移动电话用户126.4万户。计算机宽带互联网用户28.29万户。

全年接待国内旅游人数1449.2万人次，比上年增长20%；国内旅游收入90.4亿元，增长29%。接待海外游客1.08万人次，增长8%。国际旅游外汇收入0.11亿元，增长6%。

【金融和保险】2013年年末，随州市全市金融机构各项存款余额726.17亿元，比年初增加119.25亿元。其中：居民储蓄存款余额499.62亿元，增加78.26亿元。金融机构各项贷款余额328.88亿元，比年初增加67.68亿元。其中：短期贷款余额191.54亿元，增加47.27亿元；中长期贷款135.55亿元，增加21.18亿元。

全年保费收入16.71亿元，比上年增长16.9%。其中，财产险公司实现保费收入4.18亿元，增长33.9%；人寿险公司保费收入12.53亿元,增长11.9%。支付各类赔款及给付1.79亿元，比上年下降49.3%，其中，财产险公司赔付1.23亿元，下降27.6%；人寿险公司赔付0.56亿元，下降69.2%。

11

2013年咸宁市经济发展概况

【经济总量】2013年，咸宁市全年实现地区生产总值（GDP）872.11亿元，按可比计算同比增长10.6%。其中，第一产业增加值162.90亿元，同比增长4.8%；第二产业增加值423.09亿元，同比增长13.6%；第三产业增加值286.12亿元，同比增长9.0%。三次产业结构由去年的19.1：47.3：33.6调整为今年的18.7：48.5：32.8，第二产业增加值占比比去年同期提高了1.2个百分点，对经济的贡献率进一步提高。

【农业】2013年，咸宁市全年农林牧渔及服务业总产值264.70亿元，按可比价计算增长5.6%。农作物总播种面积626.77万亩，增长0.7%。粮食产量104.67万吨，增长1.5%。

全年蔬菜产量230.09万吨，增长4.4%；油菜产量8.0万吨，增长8.1%；茶叶总产量2.5万吨，增长

17.0%，增幅比上年提高5个百分点。

【工业和建筑业】2013年年末，咸宁市全年规模以上工业达780家，新增106家。全年全部工业增加值386.65亿元，增长13.1%。其中，规模以上工业增加值增长13.6%。在规模以上工业增加值中，从分行业看，采掘业增长15.6%，制造业增长11.6%，电力、燃气及水的生产和供应业增长56.8%。从分轻重工业看，轻工业增长11.8%，重工业增长15.0%。从分经济类型看，国有企业增长1.5%，集体企业增长10.2%，股份合作企业增长10.0%，股份制企业增长12.2%，外商及港澳台投资企业增长28.1%，其他企业增长11.8%。

全年资质以内建筑业企业109家，新增15家。全年建筑业增加值36.44亿元，增长18.9%；建筑业总产值99.23亿元，增长23.7%；房屋建筑施工面积645.48万平方米，下降8.3%；竣工面积493.19亿元，增长6.2%。

【固定资产投资】2013年，咸宁市全年全社会固定资产投资971.84亿元，增长28.5%。其中，固定资产投资（不含农户）953.00亿元，增长28.9%。第一产业投资69.54亿元，增长8.9%；第二产业投资468.21亿元，增长36.8%；第三产业投资415.25亿元，增长24.6%。

全年房地产投资112.06亿元，增长31.9%。商品房施工面积1101.46万平方米，增长27.6%；商品房销售面积271.31万平方米，增长15.9%；商品房销售额92.47亿元，增长36.0%。

【科学技术】2013年，咸宁市全年申报登记省、部级以上科技成果30项。按成果类型分，基础理论研究3项，应用开发研究27项；按成果水平分，国际先进2项，国内领先22项，国内先进6项。全年专利申请量845项，下降3.1%；专利授权量362项，增长25.7%。

【国内贸易和对外经济】2013年，咸宁市全年社会消费品零售额320.64亿元，增长13.8%。分城乡看，城市消费品零售额215.83亿元，增长14.0%；农村消费品零售额104.81亿元，增长13.5%。分行业看，批发业零售额36.57亿元，增长12.3%；零售业零售额224.68亿元，增长14.3%；住宿业零售额21.20亿元，增长12.9%；餐饮业零售额38.20亿元，增长13.6%。

全年商品进出口总额35906万美元，增长21.0%。其中，出口29107万美元，增长25.3%；进口6799万美元，增长5.4%。全年实际利用外资24674万美元，增长16.7%。新批准外资项目数6个，同比增加1个。

【交通、邮电和旅游】2013年，咸宁市全年货运量3662万吨，增长17.1%；货物周转量64.21亿吨公里，增长22.0%；客运量6800万人，增长11.6%；客运周转量45.42亿人公里，增长20.3%。

全年邮电业务总量14.34亿元，其中邮政业务总量1.38亿元，电信业务总量12.96亿元。光缆线路长度1.93万公里。固定电话年末用户41.87万户，下降1.5%。移动电话年末用户226.18万户，增长18.5%。其中，3G移动电话用户95.45万户，增长3.3倍。互联网宽带接入用户34.41万户，增长11.4%。

全年旅游收入130.43亿元，增长20.8%。其中，旅游外汇收入500.19万美元，增长3.1%。全年接待旅游人数2650.36万人次，增长26.0%。门票收入3.80亿元，增长21.9%。

【金融和保险】2013年年末，咸宁市全市金融机构存款余额776.62亿元，比年初增加133.11亿元。其中，居民储蓄存款余额448.83亿元，比年初增加66.85亿元。全市金融机构贷款余额442.58亿元，比年初增加84.88亿元。其中，短期贷款125.23亿元，比年初增加21.35亿元；中长期贷款312.96亿元，比年初增加66.42

亿元。全市金融机构不良贷款余额10.04亿元，比年初减少1.9亿元；不良贷款率2.26%，比年初下降1.07个百分点。

全年保险机构新增5家，达到26家。保费收入22.57亿元，增长21.5%。其中财产险完成保费收入5.12亿元，增长32.5%；人寿险完成保费收入17.45亿元，增长18.6%。全年财产险、人寿险累计赔款及给付达4.07亿元，综合赔（给）付率为18.46%。全年保险深度达到2.59%，保险密度达到917元/人。

湖南省

| 长沙市 | 株洲市 | 湘潭市 | 衡阳市 | 邵阳市 | 岳阳市 | 常德市 | 张家界市 |
| 益阳市 | 郴州市 | 永州市 | 怀化市 |

1

2013年长沙市经济发展概况

【经济总量】2013年，长沙市全年实现地区生产总值（GDP）7153.13亿元，比上年增长12.0%。分产业看，第一产业实现增加值291.15亿元，增长3.0%；第二产业实现增加值3946.97亿元，增长12.5%，其中工业实现增加值3352.34亿元，增长13.2%；第三产业实现增加值2915.01亿元，增长12.1%。第一、第二、第三次产业分别拉动GDP增长0.1个、7.0个、4.9个百分点，三次产业对GDP增长的贡献率分别为0.9%、58.4%、40.7%。按常住人口计算，人均GDP达99570元，比上年增长10.8%。三次产业结构调整为4.1：55.1：40.8。全部工业增加值占GDP的比重达46.9%。全市非公有制经济实现增加值4433.27亿元，占GDP的比重达62.0%。

【农业】2013年，长沙市全年完成农林牧渔业增加值291.20亿元，比上年增长3.0%，其中农业增加值171.31亿元，增长3.8%；林业增加值13.47亿元，增长3.6%；牧业增加值90.49亿元，增长1.0%；渔业增加值10.60亿元，增长5.3%；农林牧渔服务业增加值5.33亿元，增长5.0%。

全年粮食种植面积37.1万公顷，与上年持平，其中稻谷播种面积34.0万公顷，增长0.6%，优质稻种植面积所占比重为80.5%；蔬菜种植面积16.8万公顷，增长8.6%；油料种植面积5.0万公顷，增长1.3%；出栏肉猪835.7万头，增长0.3%。主要农产品产量保持稳定。

【工业和建筑业】2013年，长沙市全市实现工业增加值3352.34亿元，比上年增长13.2%，其中规模以上工业实现增加值2653.28亿元，增长14.0%。

全年具有建筑业资质等级的独立核算企业完成建筑业总产值2729.42亿元，比上年增长17.2%；实现利税总额197.62亿元；房屋竣工面积6200.88万平方米，增长36.8%。

【固定资产投资】2013年，长沙市全年完成固定资产投资4593.39亿元，比上年增长20.1%。分城乡看，城镇固定资产投资4254.57亿元，增长19.6%；农村投资338.82亿元，增长25.7%。全市计划总投资超过5000万元的在建项目1489个，全年完成投资1719.65亿元，占固定资产投资总额的37.4%。

在固定资产投资中，第一产业完成投资（不含水利建设投资）84.91亿元，比上年增长18.7%；第二产业完成投资1494.71亿元，增长25.2%，其中工业投资1467.85亿元，增长26.2%；第三产业完成投资3013.77亿元，增长17.7%。高新技术产业投资200.57亿元，下降17.7%。全年基础设施建设完成投资829.32亿元，增长30.8%。

【科学技术】2013年，长沙市全市拥有科学研究开发机构97个。全年共取得省部级以上科技成果471项。专利申请15956件，比上年增长6.6%，授权专利10362件；签订技术合同3012项，成交金额41.43亿元。高新技术产业增加值1499.24亿元，增长19.1%。

【国内贸易和对外经济】2013年，长沙市全年实现社会消费品零售总额2801.97亿元，比上年增长14.1%，增速回落1.6个百分点；剔除物价因素实际增长12.2%。按经营地统计，城镇消费品零售额2714.08亿元，增长14.2%；乡村消费品零售额87.89亿元，增长12.6%。按消费形态统计，商品零售额2524.58亿元，增长15.3%；餐饮收入额277.39亿元，增长4.7%。

全年进出口总额（海关口径）98.93亿美元，比上年增长13.8%，其中出口总额61.66亿美元，增长19.2%；进口总额37.27亿美元，增长5.9%。在出口总额中，机电产品32.42亿美元、高新技术产品11.75亿美元，分别占出口总额的52.6%和19.1%；在进口总额中，机电产品18.44亿美元、高新技术产品6.37亿美元，分别占进口总额的49.5和17.1%。

【交通、邮电和旅游】2013年，长沙市全年全社会运输周转量410.13亿吨公里，增长10.2%，旅客周转量增长8.7%，货物周转量增长10.7%。

全年完成邮电业务总量（2010年不变价）135.32亿元，比上年增长9.7%，其中电信业务总量114.17亿元，增长6.3%。完成邮电业务收入121.19亿元，比上年增长10.2%，其中电信业务收入102.79亿元，增长9.1%。年末本地固定电话用户194.7万户，下降8.0%。移动电话用户1086.5万户，增长10.4%。固定电话普及率为26.96户/百人，比上年减少2.65户/百人，移动电话普及率为150.46户/百人，比上年增加12.71户/百人。年末互联网宽带用户达142.98万户。

全年接待国内旅游者9485.36万人次，比上年增长18.8%；国内旅游收入958.00亿元，增长29.3%；接待入境旅游者116.97万人次，增长11.2%；国际旅游外汇收入7.79亿美元，增长17.2%；国际国内旅游总收入1006.30亿元，增长28.5%。

【金融和保险】2013年年末，长沙市金融机构各项存款余额（本外币合计，下同）10148.76亿元，比年初增加1345.90亿元，其中城乡居民储蓄余额3507.51亿元，比年初增加500.41亿元；年末金融机构各项贷款余额9633.02亿元，比年初增加1070.23亿元，其中短期贷款余额2331.67亿元，比年初增加330.72亿元，中长期贷款7165.55亿元，比年初增加772.13亿元。

全年保险机构原保险保费收入138.96亿元，比上年增长14.5%，其中财产险原保险保费收入62.44亿元，增长22.0%；人身险原保险保费收入76.52亿元，增长8.9%。赔付支出50.19亿元，增长30.0%。

2

2013年株洲市经济发展概况

【经济总量】2013年，株洲市全年实现地区生产总值（GDP）1948亿元，增长10.5%。其中第一产业增加值154.7亿元，增长2.9%；第二产业增加值1170.3亿元，增长11.4%，其中工业增加值1042.1亿元，增长11.6%；第三产业增加值623亿元，增长10.6%。

全市三次产业结构由上年的8.2：60.3：31.5调整为7.9：60.1：32，其中，第一产业比重下降0.3个百分点，第二产业比重下降0.2个百分点，第三产业比重提高0.5个百分点。第一、第二、第三产业对GDP增幅贡献点分别为0.2个、7个和3.3个百分点，贡献率分别为2.3%、66.4%和31.3%。

【农业】2013年，株洲市全市完成农林牧渔业增加值154.7亿元，增长2.9%。农业77.2亿元，增长3%；林业12.2亿元，增长3.3%；牧业55.6亿元，增长2.1%；渔业6.3亿元，增长5.6%。

全年粮食产量177.4万吨，下降1.8%；水果产量27.1万吨，增长11.5%；蔬菜产量246.8万吨，增长6%；水产品8.5万吨，增长7.7%；油料产量5.2万吨，增长21.4%；出栏牛羊60.7万头；猪、牛、羊肉总产量32万吨，增长0.5%。

【工业和建筑业】2013年，株洲市全市全部工业增加值首次突破千亿元，达到1042.1亿元，增长11.6%。规模工业实现增加值885.5亿元，增长12.6%；规模工业企业实现利润114.3亿元，增长32.7%；规模工业企业实现利税238.9亿元，增长32.9%；规模工业新产品产值476.4亿元，增长39.6%。

建筑业增加值128.2亿元，增长10.2%。

【固定资产投资】2013年，株洲市全市固定资产投资1505.3亿元，增长30.8%。其中公有制经济投资484.5亿元，增长35.5%；非公有制经济投资1020.8亿元，增长28.8%。分产业看，第一产业投资31.3亿元，增长1.4倍；第二产业投资786.3亿元，增长28.2%；第三产业投资687.7亿元，增长31.3%。全年施工项目2585个，本年度新开工项目2150个，增长21.1%；投资亿元以上项目个数172个，增长20.3%，亿元以上新开工项目70个，增长9.4%。

【科学技术】2013年，株洲市全市实现高新技术产业增加值409.3亿元，增长18.5%，占全部工业增加值比重39.2%。承担国家各类科技计划项目15项，国家“863”计划项目1个，共有国家级工程技术研究中心1个，省级17个；国家级企业重点实验室1个，省级6个；获得国家科技进步奖励1项，省部级以上科技成果31项；新申请专利4461件，其中发明专利1211件；授权专利2780件，其中发明专利330件。

【国内贸易和对外经济】2013年，株洲市全市社会消费品零售总额660.3亿元，增长13.9%。其中限额以上企业消费品零售总额257.7亿元，增长18%。按限额以上企业批发零售商品分，吃类商品零售额40.3亿元，增长21.6%；穿类商品零售额68.8亿元，增长17.1%；用类商品零售额145.9亿元，增长18.4%；烧类商品零售额85.7亿元，增长16.4%。

全年进出口总额25.7亿美元，增长19.4%。其中，进口6.4亿美元，增长103.9%；出口19.3亿美元，增长4.9%。从对外出口国家看，对美国出口2.8亿美元，增长5.8%；对日本出口0.3亿美元，下降6.8%；对欧盟出口3.7亿美元，增长29.1%。从重点商品类别看，机电产品出口4.3亿美元，增长88.1%；高新技术产品出口2.2亿美元，增长121%。

【交通、邮电和旅游】2013年，株洲市全市交通运输仓储邮政业增加值71.5亿元，增长5.5%。全市公路货运量1.9亿吨，增长13%；水运货运量0.9亿吨，增长11%。公路货物周转量213.9亿吨公里，增长14.9%；水运货物周转量43.1亿吨公里，增长18.3%。公路客运量1.6亿人，增长7.2%；水运客运量3.3万人，增长6.5%。公路旅客周转量83.7亿人公里，增长6.3%；年末公路通车里程1.4万公里，增长1.6%。年末民用汽车保有量61.9万辆。

全市邮政电信业务总量33.9亿元，增长7.1%，其中，电信业务总量32.2亿元，增长7.2%；邮政业务总量1.7亿元，增长6.5%。互联网宽带用户数56.3万户，互联网普及率50.8%。

全市入境旅游总人数12.8万人次，增长18.9%；国内旅游者2621.6万人次，增长17.6%；旅游总收入达到170.6亿元，增长21.7%；国际旅游外汇收入4935.2万美元，增长32.1%。

【金融和保险】2013年年末，株洲市全市金融机构各项存款余额为1844.4亿元，增长16.1%，其中城乡储蓄余额为1080亿元，增长14.6%。12月末，全市金融机构各项贷款余额938.3亿元，增长15.5%。全市存贷比为50.8%，下降0.3个百分点。

全市各项保费收入35.5亿元，增长11.5%，其中财产保险收入11.7亿元，增长21.8%；人身保险收入23.8亿元，增长7.1%。各项赔款和给付额12.9亿元，增长38.5%，其中财产保险赔付额5.9亿元，增长19.8%；人身保险赔付6.9亿元，增长59.8%。

3

2013年湘潭市经济发展概况

【经济总量】2013年，湘潭市全年实现地区生产总值（GDP）1438.1亿元，比上年增长11.0%。其中，第一产业增加值116.0亿元，增长2.9%；第二产业增加值851.8亿元，增长10.9%；第三产业增加值470.3亿元，增长13.3%。按常住人口计算，人均地区生产总值51538元，增长10.3%。

全市三次产业结构为8.1：59.2：32.7。第一、第二、第三次产业对经济增长的贡献率分别为2.4%、57.4%和40.2%。其中，工业增加值对经济增长的贡献率为53.0%。非公有制经济增加值904.7亿元，比上年增长14.1%，占地区生产总值的比重为62.9%。

【农业】2013年，湘潭市全市粮食播种面积213.6千公顷，比上年增长0.4%；油料种植面积18.0千公顷，与上年持平；蔬菜种植面积58.7千公顷，增长7.7%。

全市粮食总产量146.7万吨，比上年下降1.4%；油料产量1.9万吨，增长7.9%；水果产量6.8万吨，增长7.7%；蔬菜产量172.9万吨，增长7.4%。全年出栏生猪561.6万头，增长0.2%。

【工业和建筑业】2013年，湘潭市全市规模以上工业增加值比上年增长11.2%。规模以上战略性新兴产业增加值增长12.2%。规模以上高加工度工业和高技术产业增加值分别增长14.5%和26.9%。非公有制规模以上工业增加值增长14.9%。

全市建筑业增加值73.7亿元，比上年增长9.3%。房屋建筑施工面积2068.7万平方米，增长17.9%；房屋建筑竣工面积762.2万平方米，增长9.5%。

【固定资产投资】2013年，湘潭市全市固定资产投资（不含农户）1214.9亿元，比上年增长35.9%。按经济类型分，国有投资396.5亿元，增长33.3%；非国有投资818.4亿元，增长37.2%；民间投资761.4亿元，增长39.4%。按投资方向分，民生工程投资78.9亿元，增长1.6倍，生态环境投资30.4亿元，增长2.3倍；基础设施投资288.9亿元，增长79.9%；高新技术产业投资23.8亿元，增长17.1%；技改投资668.1亿元，增长23.7%。

全市房地产开发投资122.3亿元，比上年增长30.3%。其中，住宅投资86.98亿元，增长21.9%。商品房屋销售面积242.0万平方米，增长24.7%。其中，住宅销售面积218.6万平方米，增长20.2%。商品房销售额91.5亿元，增长39.6%。其中，住宅销售额79.8亿元，增长33.8%。

【科学技术】2013年年末，湘潭市全市有15个省级工程（技术）研究中心，比上年新增1个。承担国家各类科技计划项目4项，其中国家“863”项目3项。全年共取得省部级以上科技成果106项。签订技术合同249项，技术合同成交金额3.1亿元。全年专利申请量3738件，比上年增长13.0%；授权量1903件，下降11.2%。其中，发明专利申请量906件，增长51.1%；发明专利授权量233件，增长15.4%。高新技术产业增加值398.3亿元，增长17.5%。

【国内贸易和对外经济】2013年，湘潭市全市社会消费品零售总额398.0亿元，比上年增长14.0%。按行业分，批发和零售业零售额332.6亿元，增长13.8%；住宿和餐饮业零售额65.5亿元，增长15.2%。

全市进出口总额26.4亿美元，比上年增长27.6%。其中，出口9.8亿美元，增长15.2%；进口16.6亿美元，增长36.3%。按贸易方式分，一般贸易出口6.3亿美元，下降9.1%；加工贸易出口3.5亿美元，增长123.0%。

【交通、邮电和旅游】2013年，湘潭市全市公路货运量7638万吨，比上年增长9.4%；水运货运量1690万吨，增长7.6%。公路货物周转量79.2亿吨公里，增长14.9%；水运货物周转量40.7亿吨公里，增长54.3%。公路客运量5003万人，增长0.6%；水运客运量3.2万人，增长11.0%。公路旅客周转量24.2亿人公里，下降5.3%；水路旅客周转量15.7万人公里，增长59.4%。年末全市机动车保有量46.0万辆，其中私人机动车保有量44.0万辆。

全年邮政业务总量1.7亿元，比上年增长14.0%；电信业务总量24.6亿元，增长5.6%。年末固定电话用户38.6万户；移动电话用户238.4万户，新增12.1万户；年末互联网宽带用户26.6万户，增长6.6%。

全年接待国内旅游者2716.4万人次，比上年增长13.0%；接待入境旅游者8.7万人次。实现旅游总收入175.6亿元，增长25.6%。其中，国内旅游收入174.1亿元，国际旅游外汇收入2436.3万美元。

【金融和保险】2013年年末，湘潭市全市金融机构本外币各项存款余额1396.8亿元，比年初新增269.0亿元。其中，单位存款余额539.8亿元，比年初新增140.6亿元；个人存款余额832.6亿元，比年初新增122.9亿元。本外币各项贷款余额997.4亿元，比年初新增170.1亿元。其中，短期贷款余额508.4亿元，比年初新增74.0亿元；中长期贷款余额471.7亿元，比年初新增109.8亿元。

全年保险机构原保费收入29.9亿元，比上年增长5%。其中，寿险原保费收入20.1亿元，与上年持平；财产险原保费收入9.8亿元，增长19.0%。各项赔款和给付支出11.0亿元，增长40.0%。

4

2013年衡阳市经济发展概况

【经济总量】2013年，衡阳市全年实现地区生产总值（GDP）2169.44亿元，按可比价格计算，增长10.2%。其中，一产业实现增加值338.41亿元，增长2.8%；二产业实现增加值1039.42亿元，增长10.7%；三产业实现增加值791.61亿元，增长12.8%。第一、第二、第三产业对全市经济增长贡献率分别为4.3%、50.4%、45.2%，分别拉动全市GDP增长0.4个、5.2个、4.6个百分点。按常住人口计算，人均地区生产总值30030元，增长9.6%。

全市三次产业比为15.6：47.9：36.5。与上年相比，第一、第二产业占比分别下降0.9个、0.6个百分点，三产业占比提高1.5个百分点。其中，工业增加值占GDP比重为42.1%，对经济增长贡献率达46.1%，拉动GDP增长4.7个百分点；高新技术产业增加值占地区生产总值的比重为16.3%；非公有制经济增加值占地区生产总值的比重为62.3%。

【农业】2013年，衡阳市全市农林牧渔业总产值548.49亿元，增长2.8%。其中，农业产值249.45亿元，增长1.7%；林业产值28.41亿元，增长5.4%；牧业产值221.07亿元，增长3.2%；渔业产值37.48亿元，增长1.7%；农林牧渔服务业产值12.09亿元，增长11.6%。农作物总播种面积972.9千公顷，增长1.6%；粮食作物播种面积552.29千公顷，下降0.8%；油料种植面积214.73千公顷，增长6.5%；蔬菜种植面积103.07千公顷，增长3.9%。粮食总产量321.53万吨，下降2.5%；出栏肉猪964.45万头，增长0.3%；出栏牛13.19万头，增长4.8%；出栏羊60.16万头，增长5.2%；出笼家禽10820.12万羽，下降1.0%；水产品产量27.14万吨，增长4.4%。

【工业和建筑业】2013年，衡阳市全市规模工业增加值增长11.8%。在规模工业中，轻工业增长9.8%，重工业增长12.3%。规模工业的六大重点行业中，有色金属冶炼及压延业增长12.0%；电气机械及器材制造业增长2.1%；化学原料及化学制品制造业增长7.0%；黑色金属冶炼及压延业下降6.8%；煤炭开采和洗选业下降3.9%；非金属矿物制品业增长9.0%。

全市建筑业总产值351.98亿元，增长13.9%；全市建筑业增加值125.79亿元，增长9.5%。房屋建筑施工面积2943.19万平方米，增长15.8%；房屋建筑竣工面积1298.46万平方米，增长4.8%。

【固定资产投资】2013年，衡阳市全市固定资产投资1446.60亿元（含跨区项目投资9.3亿元，不计增速），增长35.1%。其中，城镇和非农户固定资产投资1326亿元，增长37.1%；国有投资382.47亿元，增长37.5%。年内新开工项目个数1901个，增长0.6%。

全市工业固定资产投资782.5亿元，增长35.4%。其中，工业技术改造投资648.55亿元，增长26.6%，工业投资占固定资产投资的比重为54.1%；制造业投资660.51亿元，增长35.9%；电力、燃气及水的生产供应业投资41.41亿元，增长45.9%。

【科学技术】2013年，衡阳市全年完成高新技术产业增加值353.26亿元，增长39.2%。专利申请量为2449件，授权量为1590件，分别增长10.2%、52.4%。成功创建了“衡阳国家农业科技园区”，是继衡阳国家高新区创建后又一张国家级名片。“衡阳国家高品质无缝钢管及深加工高新技术产业化基地”顺利通过科技部组织的专家论证，成功获批。“输变电装备制造基地”成功申报湖南省首批创新型产业集群试点。“衡阳国家火炬计划衡阳输变电装备产业基地”通过复核。目前，全市建成国家级重点实验室1家，省级重点实验室13家，省、市工程技术研究中心18家，省级产业技术创新战略联盟2家，省级应用基础研究基地1家，为企业创新活动提供了充足载体。

【国内贸易和对外经济】2013年，衡阳市全市社会消费品零售总额731.92亿元，增长13.9%。限额以上批发零售企业实现零售额287.22亿元，增长18.0%。其中，家用电器和音像类增长27.9%；家具类增长36.6%；文化办公类增长25.7%；通信器材类增长31.5%；汽车类增长25.5%。

全市进出口总额18.14亿美元，下降10.4%。其中，出口12.61亿美元，下降3.6%；进口5.54亿美元，下降22.7%。对外贸易中，加工贸易进出口总额10.07亿美元，增长5.8%；出口额5.43亿美元，增长27.6%；进口额4.64亿美元，下降11.9%。

【交通、邮电和旅游】2013年，衡阳市全市民用车辆拥有量达到64.14万辆。其中民用汽车为26.26万辆，增长15.8%；民用私人轿车已达到10.01万辆，增长24.4%。公水路客货运换算周转量388.34亿吨公里，增长15.9%，货物周转量376.45亿吨公里，增长16.0%，其中公路货物周转量达340.68亿吨公里，增长14.9%；水运货物周转量35.77亿吨公里，增长28.0%；客运周转量118.92亿人公里，增长12.9%。全市公路线路年末里程2.07万公里，其中高速公路572公里。

全市邮电业务总量40.8亿元，增长7.5%，其中邮政业务、电信业务总量分别为4.44亿元和36.36亿元，分别增长20.5%、5.2%。年末局用交换机总容量101.42万门，增长1.0%，移动电话交换机容量537万门，增长8.0%。年末固定电话用户85.61万户，下降1.0%。移动电话用户405.16万户，增长6.5%。年末互联网宽带用户数62.35万户，增长12.8%，固定电话普及率为11.8户/百人，每百人减少0.3户，移动电话普及率为55.7户/百人，每百人增加4户。

全市实现国内旅游总收入216.32亿元，增长25.5%，旅游外汇收入0.82亿美元，增长16.1%；接待国内外游客3873.00万人次，增长22.1%，其中：国内游客3854.94万人次，增长22.2%；国外游客18.06万人次，增长12.8%；年末全市共有等级旅游区（点）16个。

【**金融和保险**】2013年年末，衡阳市全市金融机构本外币各项存款余额2104.53亿元，增长17.3%。其中，单位存款544.25亿元，增长18.5%；居民储蓄存款1511.94亿元，增长15.2%。金融机构本外币各项贷款余额915.96亿元，增长31.3%。其中，短期贷款为335.96亿元，增长22.4%；中长期贷款477.29亿元，增长25%；中小企业贷款332.47亿元，增长33.0%。

全市保险保费收入达41.89亿元，增长8.7%。其中，财产险收入13.25亿元，增长19.0%；人身险收入28.63亿元，增长4.4%。全年各项赔款支出16.52亿元，增长32.1%。其中，财产险赔款支出7.6亿元，增长24.9%；人身险赔款支出8.92亿元，增长39.0%。

5

2013年邵阳市经济发展概况

【**经济总量**】2013年，邵阳市全年实现地区生产总值（GDP）1130.04亿元，比上年增长10.2%。其中第一产业完成增加值254.89亿元，增长2.8%，第二产业完成增加值439.5亿元，增长11.6%，第三产业完成增加值435.65亿元，增长12.8%。按常住人口计算，全市人均GDP15727元，比上年增长9.5%。三次产业结构由上年的24.4：38.7：36.9调整为22.5：38.9：38.6，三产业比重提升了1.7个百分点。非公有制经济实现增加值733.68亿元，比上年增长10.9%，占GDP的比重为64.9%。

【**农业**】2013年，邵阳市全市完成农林牧渔业总产值364.12亿元，比上年增长2.8%（可比价）。种植业完成产值204.44亿元，增长2.3%，粮食产量达到311.97万吨，比上年下降2.1%，油料总产量15.37万吨，增长14.4%，烟叶产量1.49万吨，增长12.0%，水果总产量75.11万吨，增长8.8%。畜牧业完成产值128.06亿元，增长2.9%，年内出栏生猪955.98万头，增长0.3%，肉类总产量78.42万吨，增长2.7%，禽蛋产量1.81万吨，增长3.2%，牛奶产量4.28万吨，增长6.0%。林业完成产值15.63亿元，增长6.6%。渔业完成产值10.67亿元，增长5.7%，水产品总产量10.25万吨，增长5.8%。

【**工业和建筑业**】2013年，邵阳市全部工业完成总产值1741.98亿元，增长19.1%（现价），其中规模工业（年销售收入过2000万元）完成产值1469.72亿元，增长19.7%。规模工业实现增加值414.67亿元，增长12.4%，其中国有企业实现增加值14.07亿元，增长3.5%，股份制企业286.77亿元，增长14%，外商及港澳台企业15.17亿元，增长11.0%；大中型企业141.14亿元，增长8.7%；轻工业169.52亿元，增长12.9%，重工业245.16亿元，增长12.0%；非公有制规模工业实现增加值367.9亿元，增长12.9%；省级重点园区规模工业实现增加值162.86亿元，增长12.3%。

全年建筑业实现增加值66.34亿元，按可比价格计算比上年增长12.2%，占第二产业比重为15.1%。具有资质等级的建筑企业签订合同金额449.80亿元，增长32.9%，完成总产值223.09亿元，增长20.7%，期末从业人员85910人，比上年减少932人，其中工程技术人员13738人，比上年减少483人。房屋建筑施工面积2465.42万平方米，增长19.5%，竣工面积1116.72万平方米，增长28.7%。

【固定资产投资】2013年，邵阳市全市固定资产投资（500万元以上项目）完成1029.99亿元，比上年增长35.2%。其中城镇投资796.02亿元，增长27.1%，房地产投资102.73亿元，增长36.1%，农村投资131.23亿元，增长119.3%。在全部投资中，国有投资188.07亿元，增长15.4%，非国有投资841.92亿元，增长40.6%，非国有投资占全部投资比重81.74%，比上年提高3.14个百分点。第一产业完成投资额96.57亿元，增长35.4%，第二产业投资551.93亿元，增长38.7%，第三产业投资381.49亿元，增长30.5%。

【科学技术】2013年，邵阳市高新技术产品生产企业197家，比上年增加36家，其中省厅认定的高新企业51家。全部高新企业实现产值501.43亿元，比上年增长32.4%，增加值143亿元。全年专利申请量1536件，比上年增加318件，增长26.1%，其中发明专利188件，增长7.4%，专利授权量792件，增长18.0%。签订技术合同865项，技术合同成交金额1.21亿元。财政科学技术支出9217万元，增长42.6%。

【国内贸易和对外经济】2013年，邵阳市全市社会消费品零售总额达到431.87亿元，比上年增长14.0%。城镇实现消费品零售额374.14亿元，增长14.3%，其中城区130.2亿元，增长14.5%，乡村实现零售额57.73亿元，增长11.9%。批发零售贸易业实现零售额379.87亿元，增长14.3%，住宿和餐饮业实现零售额51.99亿元，增长11.9%。

全年实现进出口总额59076万美元，比上年增长25%，其中一般贸易40293万美元，增长36.43%，加工贸易18778万美元，增长5.86%。出口52163万美元，增长26.4%，进口6913万美元，增长15.4%。在出口产品中，机电产品出口15661万美元，下降2.3%，高新技术产品出口1542万美元，下降18.3%，服装及衣着附件出口1970万美元，增长32.4%，农产品出口8347万美元，增长98.1%。主要出口国家和地区有：美国6376美元，下降29.1%，占出口额的12.2%，东南亚联盟国家9512万美元，增长0.1%，占18.2%，香港地区9334万美元，增长204.83%，占17.9%，其他有印度占7.7%，欧盟占7.5%等。

【交通、邮电和旅游】2013年，邵阳市全市拥有民用车辆64.5万辆，比上年增长7.7%，其中汽车26.3万辆，增长21.8%，轿车10.36万辆，增长26.8%。全市交通运输仓储业实现增加值35.59亿元，比上年增长6.4%。公路水路完成货运量2.06亿吨，比上年增长12.8%，货物周转量412.95亿吨公里，增长6.9%；客运量1.47亿人，增长5.6%，旅客周转量86.80亿人公里，增长8.8%。

全年完成邮电业务总量36.3亿元，比上年增长9.6%。其中，邮政业务量3.81亿元，增长5.5%，电信业务量32.49亿元，增长10.1%。年末局域交换机总容量644.44万门，比上年下降3.17%。年末固定电话用户达到69.64万户，比上年减少4.44万人，移动电话用户388.18万户，新增30.71万户，电话普及率达到63.5部/百人，比上年提高3.3部/百人。

全年实现旅游总收入140.2亿元，比上年增长37%。接待国内旅游者1895.4万人次，增长31%，实现国内旅游收入140亿元，增长37.6%；接待外国及港澳台旅游者4.6万人次，增长16.2%，其中外国人1.05万人次，增长12.8%，旅游外汇收入1404.31万美元，增长48%。

【金融和保险】2013年年末，邵阳市全市金融机构本外币各项存款余额1510.68亿元，比年初增加190.67亿元，比上年少增13.15亿元，同比增长14.4%。其中，单位存款余额344.20亿元，增长10.5%，城乡居民储蓄存款余额1101.50亿元，增长15.4%。年末全市金融机构本外币各项贷款余额645亿元，比年初增加119.14亿元，比上年多增18.68亿元，同比增长22.7%。其中短期贷款余额249.83亿元，增长11.7%，中长期贷款余额393.31亿元，增长31.5%。在全部贷款中，人民币消费贷款84.63亿元，增长58.5%，个人住房贷款52.84亿元，增长53.8%，房地产开发贷款23.66亿元，增长42.4%，中小企业贷款246.3亿元，增长9.5%。

年末全市共有24家保险公司，其中财险9家，寿险15家。全市保费收入合计39.11亿元，比上年增长8.8%，其中财产险保费收入10.19亿元，增长27%，人身险保费收入28.92亿元，增长3.6%。保险密度543元/人，比上年上升44元/人，保险深度3.46%，比上年略有提升。全年完成各项保险赔付金额达13.32亿元，增长41.2%，其中财产险赔付额5.61亿元，增长35.3%，人身险赔付额7.71亿元，增长45.81%。

6

2013年岳阳市经济发展概况

【经济总量】2013年，岳阳市全年实现地区生产总值（GDP）2430.52亿元，比上年增长10.2%。其中，第一产业增加值265.9亿元，增长2.1%；第二产业增加值1338.94亿元，增长11.0%；第三产业增加值825.68亿元，增长11.8%。预计人均地区生产总值43864元，增长9.4%。

全市三次产业结构为10.9：55.1：34.0，第一、第二、第三次产业对经济增长的贡献率分别为2.4%、61.5%和36.1%。其中，工业增加值对经济增长的贡献率为57.7%。高新技术产业增加值占地区生产总值的比重为16.7%，比上年提高1.1个百分点。非公有制经济增加值1484.01亿元，增长13%，占地区生产总值的比重为61.1%。

【农业】2013年，岳阳市4亿元，增长2%；渔业产值63.3亿元，增长3.5%。

全市粮食播种面积545.07千公顷，比上年增长1.6%；棉花种植面积40.57千公顷，增长2.4%；糖料种植面积0.74千公顷，下降2.6%；油料种植面积124.38千公顷，增长3.1%；蔬菜种植面积94.47千公顷，增长5.3%。

全市粮食总产量310.13万吨，比上年下降1.6%，棉花产量下降9.8%，油料产量增长7.9%，茶叶产量增长5.2%，水果产量增长4.2%，蔬菜产量增长4.7%。猪、牛、羊肉类产量增长1.9%，禽蛋产量下降2.5%，水产品产量增长4.8%。

【工业和建筑业】2013年，岳阳市全市全部工业增加值1216.78亿元，比上年增长11.3%。规模以上工业增加值增长11.6%。规模以上高加工度工业和高技术产业增加值分别增长13.1%和25.5%，增速比全市平均水平分别高1.5个和13.9个百分点；增加值分别占规模工业的26.3%和7.1%，比上年分别提高0.4个和0.8个百分点。六大高耗能行业增加值占规模工业的40.2%，比上年降低0.2个百分点。非公有制规模工业增加值增长14.2%，比规模工业增速快2.6个百分点。分轻重工业看，轻工业增加值增长8.6%，重工业增加值增长13.7%。

全市建筑业总产值262.9亿元，比上年增长10.8%；建筑业增加值122.16亿元，增长7.5%。

【固定资产投资】2013年，岳阳市全市固定资产投资（不含农户）1485.35亿元，比上年增长27.2%。其中，城镇投资1347.9亿元，增长25.7%；农村投资137.4亿元，增长43.7%。国有投资332.9亿元，增长23.8%；非国有投资1152.4亿元，增长28.2%。第一、第二、第三产业分别完成固定资产投资40.1亿元、872.8亿元、572.4亿元，分别增长-1.6%、26.1%、31.6%。民间投资804.5亿元，增长23.8%，占全市投资的比重达54.2%。

【科学技术】2013年年末，岳阳市全市有1个国家工程（技术）研究中心，14个省工程（技术）研究中心，65个市级工程（技术）研究中心。专利申请量1874件，授权量1164件。其中，发明专利申请量379件，增长26.3%；发明专利授权量113件，增长14.4%。企业、大专院校和科研院所的专利申请量分别为760件、38件和2件，专利授权量分别为593件、6件和2件。高新技术产业增加值405.69亿元，增长18.5%。

【国内贸易和对外经济】2013年，岳阳市全市社会消费品零售总额782.14亿元，比上年增长13.8%。按经营地分，城镇零售额578.24亿元，增长13.8%；乡村零售额203.89亿元，增长13.9%。按消费形态分，批发和零售业零售额622.13亿元，增长14.0%；住宿和餐饮业收入额160.01亿元，增长12.8%。

全市进出口总额6.44亿美元，比上年增长10.8%。其中，出口2.44亿美元，增长16.6%；进口4.0亿美元，增长7.6%。从贸易方式看，一般贸易出口2.14亿美元，增长23.1%；加工贸易出口0.3亿美元，下降15.1%。从重点商品看，机电产品出口0.36亿美元，增长5.2%；高新技术产品出口0.15亿美元，下降62.3%；农产品出口0.14亿美元，增长4.1%。

【交通、邮电和旅游】2013年，岳阳市全市货物运输量21316万吨，比上年增长10.3%。其中，铁路货运量1211万吨，减少2.9%；公路货运量13223万吨，增长13.0%。旅客运输量13658万人，增长13.3%。其中，铁路旅客654万人，增长9.4%；公路旅客12995万人，增长13.6%；水运旅客8.76万人，下降35.4%。

全市邮电业务总量（2010年不变价）36.2亿元，比上年增长7.0%。其中，邮政业务总量2.26亿元，增长9.2%；电信业务总量33.94亿元，增长6.9%。年末固定电话用户68.99万户；移动电话用户408.65万户，新增34.32万户。年末互联网宽带用户47.31万户，增长10.5%。

全市接待国内旅游者人次比上年增长17.5%；接待入境旅游者16.4万人次，增长13.2%。实现旅游总收入206.2亿元，增长20.7%。旅游外汇收入6568.8万美元，增长17.1%。

【金融和保险】2013年年末，岳阳市全市金融机构各项本外币存款余额1312.72亿元，比年初新增176.63亿元。其中，单位存款余额396.63亿元，比年初新增47.22亿元；居民存款余额858.63亿元，比年初新增112.32亿元。各项本外币贷款余额684.11亿元，比年初新增97.44亿元。其中，短期贷款余额317.84亿元，比年初新增62.48亿元；中长期贷款余额363.31亿元，比年初新增36.98亿元。

全年保险公司原保险保费收入36.45亿元，比上年增长10.7%。其中，寿险原保费收入24.18亿元，增长5.9%；健康险原保费收入1.5亿元，增长17.3%；意外伤害险原保费收入0.57亿元，增长18.2%；财产险原保费收入12.27亿元，增长21.3%。各项赔款和给付支出15.08亿元，增长34.5%。

7

2013年常德市经济发展概况

【经济总量】2013年，常德市全年实现地区生产总值（GDP）2264.9亿元，增长10.3%。其中，第一产业完成增加值323.7亿元，增长2.8%，对经济增长的贡献率为4.3%；第二产业完成增加值1102.4亿元，增长10.7%，对经济增长的贡献率为50.2%；其中工业完成增加值1001.4亿元，增长10.9%，对经济增长的贡献率为46.6%；第三产业完成增加值838.8亿元，增长13.2%，对经济增长的贡献率为45.4%。人均地区生产总值达到39169元。三次产业结构由上年的14.8：49.5：35.7调整为14.3：48.7：37.0。

【农业】2013年，常德市全市粮食播种面积695.3千公顷，增长1.6%；棉花种植面积99.8千公顷，增长3.8%；油料种植面积305.8千公顷，增长1.7%；糖料种植面积2.5千公顷，下降1.2%；蔬菜种植面积94.3千公顷，增长9.0%。

全年粮食总产量371.3万吨，比上年减产1.6%。棉花产量14.4万吨，减产10.1%。油料产量56.7万吨，增产6.9%。蔬菜产量207.5万吨，增产11.0%。水果产量85.7万吨，减产0.9%。茶叶产量1.5万吨，增产7.0%。

【工业和建筑业】2013年，常德市全市明确提出并加速推进新型工业化“1115”工程，紧紧围绕壮大工业产业，加大了园区改革与建设力度，支持区县市标准化厂房建设，实施扶持中小微企业发展的一系列措施。全年完成工业增加值1001.4亿元，增长10.9%。规模以上工业增加值增长11.2%。非公有制规模以上工业增加值增长18.7%。

全市建筑业完成增加值101.1亿元，增长8.8%。

【固定资产投资】2013年，常德市全市紧紧围绕“新常德新创业”，继续开展“项目建设年”活动，狠抓项目建设和项目引进。共完成固定资产投资1284.2亿元，增长35.7%。基础设施、工业投资、民生工程、房地产开发投资均保持快速增长态势。随着“三改四化”路改工程、东常高速、桃花源大桥（沅水西大桥）等重大项目的顺利推进，基础设施投资全面提速，完成基础设施建设投资295.4亿元，增长39.0%。同时，随着“1115”工程强力推进，工业投资增势强劲，共完成工业投资653.5亿元，增长34.3%，纳入省政府考核的十二大振兴产业完成投资423.2亿元，增长39.7%。全市民生工程完成投资58.9亿元，增长76.4%。公租、棚户区改造等保障房项目共完成投资13.4亿元。合格学校建设、学前普惠工程顺利达标，共完成投资达10.9亿元。全年完成房地产开发投资121.8亿元，增长28.4%。商品房竣工面积164.1万平方米，下降39.8%，商品房屋销售面积252.5万平方米，下降6.4%。其中商品房期房销售面积163.6万平方米，增长8.4%，商品房现房销售面积88.9万平方米，下降25.2%。商品房待售面积105.6万平方米，增长94.6%。商品房屋销售额102.5亿元，增长8.3%。

【科学技术】2013年，常德市全市拥有产品检测实验室1个，特种设备检验机构1个，法定计量检定机构1个，发放工业品、食品生产许可证分别为21张、139张。组织制定地方标准4项。

全年高新技术产品总产值达592.2亿元，比上年增长12.1%，高新技术产品增加值153.8亿元，增长14.1%。全年专利申请达1996件，增长11.6%，授权专利达1213件，增长2.2%。

【国内贸易和对外经济】2013年，常德市全市社会消费品零售总额726.8亿元，增长13.8%。分地域看，城镇社会消费品零售额624.7亿元，增长13.7%；乡村社会消费品零售额102.1亿元，增长14.6%。分行业看，批发业零售额39.2亿元，增长15.3%；零售业零售额582.6亿元，增长14.1%；住宿业零售额11.6亿元，增长1.8%；餐饮业零售额93.4亿元，增长12.7%。

全年完成进出口总值5.6亿美元，下降6.6%，其中出口3.8亿美元，增长17.3%；进口1.8亿美元，下降33.8%。

【交通、邮电和旅游】2013年，常德市全市完成交通运输、仓储和邮政业增加值105.8亿元，增长6.2%。公路及水路客运量1.6亿人，比上年增长15.8%，客运周转量76.6亿人公里，增长7.7%；公路及水路货运量1.2亿吨，增长5.1%，货运周转量233.2亿吨公里，增长6.6%。

全年完成邮电业务总量39.9亿元。其中邮政业务总量为3.0亿元，电信业务总量为36.9亿元。年末局用交换机总容量为568.4万门。年末固定电话用户数达58.5万户。年末移动电话用户348.8万户。年末国际互联网用户70.4万户。

全年接待海内外游客2456.2万人次，增长21.2%。接待国内旅游者2441.9万人次，增长21.4%；接待境外入境旅游者20.3万人次，增长3.7%。全年实现旅游总收入171.0亿元，增长26.8%。国内旅游收入167.8亿元，增长28.5%；国际旅游外汇收入0.48亿美元，增长14.2%。全市星级宾馆51家，旅行社54家。

【金融和保险】2013年，常德市全市金融机构存贷款稳步增长，金融机构本外币年末各项存款余额为1631.3亿元，增长17.2%，其中单位年末存款余额为490.0亿元，增长19.2%；个人储蓄存款1114.6亿元，增长18.4%。金融机构本外币年末各项贷款余额为798.7亿元，比去年增长24.6%，其中本外币短期贷款为296.4亿元，增长16.1%；本外币中长期贷款为499.1亿元，增长30.8%。

全市保险机构总数增加到38家，其中财险公司17家，寿险公司19家，代理公司2家。保费收入共46.0亿元，下降1.2%，其中财险保费收入12.8亿元（含农业险2.3亿元），增长16.6%；寿险保费收入33.1亿元，下降6.7%。赔款支出26.2亿元，其中财险赔付6.7亿元，增长18.0%，寿险赔给付19.5亿元（含退保金），增长97.9%。

8

2013年张家界市经济发展概况

【经济总量】2013年，张家界市全年实现地区生产总值（GDP）365.65亿元，比上年增长6.1%。分产业看，第一产业增加值44.10亿元，增长2.6%；第二产业增加值92.89亿元，增长9.8%；第三产业增加值228.67亿元，增长5.3%。第一产业增加值占地区生产总值的比重为12.1%，第二产业增加值比重为25.4%，第三产业增加值比重为62.5%。全市人均GDP24259元，比上年增长5.3%。分区县看，永定区实现地区生产总值150.25亿元，比上年增长6.2%；武陵源区实现地区生产总值35.81亿元，增长6%；慈利县实现地区生产总值123.95亿元，增长6.3%；桑植县实现地区生产总值60.56亿元，增长6%。全市非公有制经济实现增加值209.89亿元，增长9.3%。

【农业】2013年，张家界市全市全年粮食种植面积139千公顷，增长5.4%。棉花种植面积0.96千公顷，增长1.1%。油料种植面积43.84千公顷，增长10.1%。蔬菜种植面积29千公顷，增长4.5%。烟叶种植面积7.6千公顷，增长7.3%。

全年粮食产量59.19万吨，减产3.0%；油料7.17万吨，增产5.9%；棉花0.12万吨，减产3.5%；烤烟1.55万吨，增产8.6%；水果28.72万吨，增产7.9%；蔬菜57.25万吨，增产8%；猪肉7.84万吨，增产0.1%；水产品1.43万吨，增产5.8%；禽蛋1.35万吨，增产2.1%。

【工业和建筑业】2013年，张家界市全市实现工业增加值76.50亿元，增长10.3%。其中规模以上工业增加值增长11%。全市园区规模以上工业实现增加值12.19亿元，增长21.4%。

全市实现建筑业增加值16.39亿元，增长9%。全年房屋施工面积355.88万平方米，增长2.8%；其中新开工面积128.82万平方米，下降42.3%。房屋竣工面积174.79万平方米，增长48.4%。

【固定资产投资】2013年，张家界市全市完成固定资产投资总量210.84亿元，比上年增长24.0%。其中，固定资产投资（不含农户）142.84亿元，增长13.7%；房地产开发投资68.0亿元，增长52.7%。

固定资产投资（不含农户）中，第一产业投资9.19亿元，增长155.7%；第二产业投资44.20亿元，下降1.1%；第三产业投资89.45亿元，增长15.8%。新增固定资产84.33亿元，下降10.2%。

【科学技术】2013年，张家界市全市承担国家各类科技计划项目2个，获得省部级以上科技成果3项。签订技术合同6项，技术合同成交金额5192万元。全市专利申请量147件，其中发明专利110件。专利申请中，工矿企业申请119件，大专院校申请26件，机关团体申请2件。全市授权专利70件。全市实现高新技术产业增加值36691万元，增长21.9%。

【国内贸易和对外经济】2013年，张家界市全市实现社会消费品零售总额124.01亿元，比上年增长10%。其中，限额以上38.02亿元，下降1.6%；限额以下85.98亿元，增长16.1%。按城乡分，城镇消费品零售额106.09亿元，增长9.1%；乡村消费品零售额17.91亿元，增长15.9%。按行业分，批发和零售业103.77亿元，增长9.8%;住宿和餐饮业20.24亿元，增长11.1%。

全市外贸进出口总额4581万美元，增长18.5%。其中出口4522万美元，增长25.7%。出口按地区分，吉尔吉斯斯坦1122万美元，中国香港1965万美元，巴拿马280万美元，日本465万美元，土耳其72万美元，比利时87万美元，印度213万美元；按贸易方式分，一般贸易4522万美元。进口按贸易方式分，一般贸易19万美元，加工贸易40万美元。

【交通、邮电和旅游】2013年年末，张家界市全市公路通车里程8773.91公里，比上年增长1.2%，其中高速公路119.3公里。张家界至花垣高速公路建成通车，我市西南出省大通道进一步打通。铁路营运里程130公里，铁路电气化率100%。年末机动车保有量24.17万辆，增长18%。其中本年新注册4.1万辆，下降4.1%。年末汽车保有量6.84万辆，增长16.8%。其中私人汽车保有量5.62万辆，增长20.8%。私人汽车中，轿车2.61万辆，增长26.7%。

全市邮电业务总量12.35亿元，比上年增长13.6%。其中，邮政业务总量8926.02万元，增长18.7%；电信业务总量11.46亿元，增长13.5%。年末局用交换机总容量253.03万门，互联网宽带用户18.4万户，固定电话用户14.4万户，移动电话用户95.93万户。

全市国家等级旅游区（点）14家，其中4A级及以上的8家。旅馆898家，其中星级宾馆43家。旅馆床位6.36万张，其中星级宾馆1.3万张。旅行社62家，持证导游4875人，其中外语导游568人。

全年景点接待旅游人数3442.41万人次，下降4.1%。接待过夜游客1425万人天，下降4%；其中境外游客206.58万人天，下降4.3%。全市旅游总收入212.29亿元，增长1.7%。其中，门票收入17.56亿元，下降4.5%；外汇收入3.27亿美元，下降10.7%。

【金融和保险】2013年，张家界市全市承担国家各类科技计划项目2个，获得省部级以上科技成果3项。签订技术合同6项，技术合同成交金额5192万元。全市专利申请量147件，其中发明专利110件。专利申请中，工矿企业申请119件，大专院校申请26件，机关团体申请2件。全市授权专利70件。全市实现高新技术产业增加值36691万元，增长21.9%。

9

2013年益阳市经济发展概况

【经济总量】2013年，益阳市全年实现地区生产总值（GDP）1123.13亿元，比上年增长10.5%，增速居全省第5位。其中，第一产业增加值213.54亿元，增长3.0%；第二产业增加值507.78亿元，增长12.1%；第三产业增加值401.81亿元，增长12.6%。按常住人口计算，人均GDP 25773元，折合4227美元，增长9.8%。全市三次产业结构由上年的20：45：35调整为19：45.2：35.8，二三产业比重提高1个百分点。

【农业】2013年，益阳市全市农林牧渔业总产值336.43亿元，比上年增长3%，增速高于全省平均水平

0.2个百分点，增速居全省首位。

全市粮食播种面积416.89千公顷，比上年增长0.7%，其中稻谷369.72千公顷，增长0.9%；油料137.36千公顷，增长2.9%；棉花40.68千公顷，增长1%；蔬菜109.77千公顷，增长7.6%；药材2.81千公顷，增长27.7%。受7月、8月持续旱情影响，粮食总产量237.89万吨，下降1.6%，其中稻谷222.8万吨，下降1.2%；棉花6.24万吨，下降10%。因面积增加，油料产量达23.06万吨，增长6.5%；蔬菜313.94万吨，增长13.6%，药材3.15万吨，增长28.4%。全年出栏生猪479.62万头，增长0.4%；出栏牛19.21万头，增长10.3%；水产品产量33.88万吨，增长8.6%。

【工业和建筑业】2013年，益阳市全市866家规模工业企业实现增加值456.1亿元，增长12.6%，增速居全省第2位。规模工业中轻工业增加值193.8亿元，增长13.5%；重工业增加值262.3亿元，增长11.9%；高技术产业增加值43.9亿元，增长13.7%，增速比全市平均水平高0.9个百分点；六大高耗能行业增加值88.6亿元，增长12.5%，增加值占全部规模以上工业比重19.4%，比上年低0.5个百分点；非公有制工业增加值389.8元，增长15.2%，比全市平均水平高2.6个百分点；九大主要行业增加值385.5亿元，增长11.4%，增加值占全部规模以上工业比重84.5%。全市规模以上工业企业866家，其中：九大园区规模以上工业企业338家，实现增加值237.5亿元，增长12.7%。

全市具有资质等级的总承包和专业承包建筑企业102家，完成产值139.69亿元，比上年增长26.1%。其中建筑工程产值129.58亿元，比上年增长25.9%。建筑业实现增加值47.88亿元，比上年增长14.5%；房屋建筑施工面积1052.98万平方米，比上年增长8.9%，全员劳动生产率24.5万元/人，与上年基本持平。

【固定资产投资】2013年，益阳市全年完成固定资产投资842.37元，比上年增长34.7%，增速居全省第6位。其中城镇固定资产投资669.68亿元，增长26.4%。

从三次产业来看，一、二、三产业分别完成投资22.49亿元、455.93亿元和363.94亿元，三次产业投资比重由上年2.9：65.9：31.2调整为2.7：54.1：43.2，三产业比重明显提高。

【科学技术】2013年，益阳市全市共争取各类科技计划项目110项，其中国家级项目22项；省级项目88项。获得项目资金3704万元，比上年增长9%。共有32项成果获科技进步奖，其中省级一等奖1项，二等奖3项，三等奖3项；技术市场成交活跃，认定登记的技术合同67份，合同金额13824万元。全市98家企业完成高新技术产品产值384.5亿元，比上年增长31.8%；完成高新技术产业增加值117.4亿元，增长29.4%。

【国内贸易和对外经济】2013年，益阳市全市社会消费品零售总额402.8亿元，增长13.8%。分地域看，城镇消费品零售额346.3亿元，乡村零售额56.5亿元，分别增长13.8%和14.3%。分行业看，批发业零售额45.4亿元，增长16.4%；零售业零售额311.0亿元，增长14.1%；住宿业零售额8.2亿元，增长9.5%；餐饮业零售额38.2亿元，增长10.3%。全市限额以上批发零售业零售额150.9亿元，增长19.9%，占社会消费品零售总额的37.5%。

全市外贸进出口总额48219万美元，同比增长36.77%。其中出口43937万美元，增长37.74%；进口4281万美元，增长27.55%。一般贸易进出口额38857万美元，增长32.46%，占进出口总额80.58%；加工贸易进出口额9220万美元，增长60.95%，占进出口总额的19.12%。

【交通、邮电和旅游】2013年，益阳市全年全社会货物周转量195.99亿吨公里，增长12.5%；旅客周转量52.79亿人公里，增长6.0%。年末民用车辆拥有量54.96万辆，比上年增长7.5%，其中汽车18.76万辆，增长18.3%。私人汽车16.91万辆，增长19%。

全年电信营业收入20.99亿元，增长8%；全市年末固定电话用户40.28万户，比上年减少7.5万户；移动电话用户249.86万户，净增18.19万户；国际互联网用户39.81万户，净增10.82万户。平均每万人拥有移动电话5162部，拥有国际互联网用户823户。

全年旅游总收入133.8亿元，增长20.5%；接待国内外旅游者2240.63万人次，增长21.2%。益阳市博物馆成功创建国家3A级景区，湖南利源隆茶业有限公司成功创建省工业旅游示范点，南县德昌公园成功创建省级红色旅游示范点，桃花江竹海景区启动国家4A级景区创建，江南古城项目建设有推进序。

【金融和保险】2013年年末，益阳市全市金融机构本外币存款余额1023.23亿元，比年初增加148.16亿元。金融机构本外币贷款余额505.53亿元，比年初增加81.08亿元。其中短期贷款余额209.31亿元，比年初增加22.22亿元；中长期贷款余额292.34亿元，比年初增加60.74亿元。分类看，工业贷款余额122.09亿元，新增5.74亿元；涉农贷款余额292.48亿元，新增49.46亿元。城乡居民储蓄存款余额730.47亿元，比年初增加117.04亿元。证券业交易量回升，全年股票交易额501.98亿元，比上年增长46.2%。

年末全市共有保险公司29家，其中寿险17家，产险12家。全年保费收入28.58亿元，增长2.2%。其中：寿险20.04亿元，比上年下降4.0%；产险8.54亿元，增长20.2%。

10

2013年郴州市经济发展概况

【经济总量】2013年，郴州市全年实现地区生产总值（GDP）1685.5亿元，比上年增长11.1%。其中，第一产业增加值164.8亿元，增长2.8%；第二产业增加值970.5亿元，增长11.9%；第三产业增加值550.2亿元，增长12.2%。三次产业比重调整为9.8：57.6：32.6。

【农业】2013年，郴州市全市粮食播种面积342.2千公顷，增长0.3%；粮食产量182.2万吨，下降2.4%。油菜种植面积58.5千公顷，增长5.0%；产量7.8万吨，增长8.6%。蔬菜种植面积98.7千公顷，增长6.5%；产量252.8万吨，增长6.4%。烤烟种植面积26.1千公顷，增长0.7%；产量6.5万吨，增长11.2%。出栏生猪556.6万头，增长0.4%；出栏牛14.5万头，增长8.2%；出栏羊44.3万头，增长9.2%；出笼家禽3217.0万只，下降0.7%；水产品产量10.4万吨，增长5.3%。

【工业和建筑业】2013年，郴州市全市全部工业增加值901.6亿元，增长11.8%。规模以上工业增加值增长12.5%，其中，非公有制规模工业增加值增长12.8%。

全市建筑业增加值68.9亿元，增长12.5%。房屋建筑施工面积1407.3万平方米，增长18.8%；房屋建筑竣工面积554.6万平方米，下降17.8%。

【固定资产投资】2013年，郴州市全市固定资产投资（不含农户）1474.1亿元，比上年增长34.2%。其中，城镇投资1267.9亿元，增长27.2%；农村投资206.2亿元，增长103.7%。国有投资429.1亿元，增长24.8%；非国有投资1045.0亿元，增长38.5%。一、二、三产业分别完成固定资产投资97.2亿元、676.4亿元、700.5亿元，分别增长16.0%、23.4%、50.2%。

【科学技术】2013年，郴州市全市高新技术产业增加值283.9亿元，按现价计算，增长42.8%。全市取得各类科技成果60项，其中省部级以上科技成果10项。全年专利申请1784件，增长16.7%，其中发明专利申请294件，增长16.5%。授权专利937件，增长25.3%。

【国内贸易和对外经济】2013年，郴州市全市社会消费品零售总额626.1亿元，增长12.9%。城镇和乡村消费品零售总额分别为554.6亿元和71.5亿元，分别增长11.8%和13.2%。批发和零售业零售额538.1亿元，增长12.0%；住宿和餐饮业收入额88.0亿元，增长16.2%。

全市外贸进出口总额38.0亿美元，增长36.8%。其中，出口20.1亿美元，增长41.1%；进口17.9亿美元，增长32.2%。从贸易方式看，一般贸易进出口8.5亿美元，下降0.4%，其中出口4.7亿美元，增长8.7%；加工贸易进出口29.0亿美元，增长51.8%，其中出口15.2亿美元，增长53.7%。从商品类别看，未锻造银出口6.0亿美元，增长37.1%；天然石墨出口0.2亿美元，增长20.9%；机电产品出口2.6亿美元，下降0.2%；高新技术产品出口1.4亿美元，下降13.9%。

【交通、邮电和旅游】2013年，郴州市全市交通运输、仓储和邮政业增加值63.9亿元，增长6.2%。公路水运客货运周转量420.9亿吨公里，增长14.9%。其中，公路货物周转量414.4亿吨公里，增长14.9%。公路水运旅客周转量37.0亿人公里，增长7.0%。其中，公路旅客周转量36.7亿人公里，增长7.1%。年末全市各类民用车辆保有量（含汽车、摩托车、拖拉机等）64.2万辆，增长6.7%。其中，汽车24.2万辆，增长15.2%；私人汽车保有量21.0万辆，增长16.3%，其中私人轿车保有量9.9万辆，增长21.6%。

全市邮电业务总量31.0亿元，增长7.6%。其中，邮政业务总量2.99亿元，增长19.4%；电信业务总量28.0亿元，增长6.5%。年末固定电话用户59.6万户，下降3.2%，固定电话普及率为38.1户/百人；移动电话用户371万户，增长17.4%，移动电话普及率为137户/百人。年末互联网宽带用户89.3万户，增长136.2%。

年末全市共有国家等级旅游区（点）19家，其中4A级及以上旅游区（点）9家。全年接待国内旅游者2794.6万人次，增长19.1%；接待入境旅游者25.0万人次，增长5.4%。实现国内旅游收入188.2亿元，增长21.9%；旅游外汇收入1.1亿美元，增长18.4%。

【金融和保险】2013年年末，郴州市全市金融机构本外币各项存款余额1517.3亿元，比年初增加202.9亿元，增长15.4%。其中，单位存款余额478.3亿元，增长19.0%；个人存款余额1008.3亿元，增长14.2%。人民币各项存款余额1511.5亿元，增长15.4%。

全年保险公司各类保险保费收入28.5亿元，增长12.3%。其中，寿险保费收入19.6亿元，增长7.0%；财产险保费收入8.9亿元，增长25.9%。各项赔款和给付支出5.7亿元，增长34.8%。其中，寿险给付1.4亿元，增长94.2%；财产险赔款4.3亿元，增长22.9%。

11

2013年永州市经济发展概况

【经济总量】2013年，永州市全年实现地区生产总值（GDP）1161.75亿元、增长9.5%。其中，第一产业增加值249.70亿元、增长2.9%；第二产业增加值447.29亿元、增长10.1%；第三产业增加值464.76亿元、增长12.5%。按常住人口计算，人均地区生产总值21951元，同比增长8.3%。全市三次产业结构比重由上年的23.0：38.8：38.2调整为21.5：38.5：40.0，第一、第二、第三次产业对经济增长的贡献率分别为6.6%、41.6%、51.8%。

【农业】2013年，永州市全年完成农林牧渔总产值446.84亿元，增长2.9%；实现增加值249.7亿元，同比增长2.9%。其中，农业实现增加值137.21亿元，比上年增长0.5%；林业增加值29.11亿元，增长8.0%；牧业增加值66.31亿元，增长4.3%；渔业增加值15.44亿元，增长5.0%。粮食种植面积542.95千公顷、下降1.7%，蔬菜种植面积177.12千公顷、增长7.3%。全市粮食总产量308.67万吨、下降2.7%，油料产量14.31万吨、增长12.5%，烤烟产量4.56万吨、增长8.1%，蔬菜产量510.56万吨、增长7.3%。全年生猪出栏812.63万头、增长1.7%，牛出栏26.44万头、增长5.7%，羊出栏66.88万头、增长5.7%，水产品产量17.54万吨、增长5.0%。

【工业和建筑业】2013年，永州市全市新增规模工业企业90家，规模工业企业达737家。全年全市规模以上工业实现增加值255.4亿元、增长11.2%。从轻重工业来看，轻工业113.07亿元、增长10.6%，重工业142.33亿元、增长11.7%。按经济类型来看，国有企业完成增加值47.03亿元、增长7.9%，集体企业完成增加值2.17亿元、增长15.4%，股份制企业完成增加值131.82亿元、增长32.8%，外商及港澳台商投资企业完成增加值28.57亿元、增长22.6%，股份合作企业、其他经济类型企业分别增长12.5%、5.3%。非公有制经济完成增加值190.16亿元、增长12.3%。

全市资质以内建筑业企业91家，新增2家。全年实现建筑业增加值67.48亿元，同比增长10.3%。资质内房屋建筑施工面积1530.19万平方米，竣工面积933.77万平方米。

【固定资产投资】2013年，永州市全市共完成固定资产投资1074.34亿元，同比增长33.8%。其中，城镇单位完成投资748.37亿元、增长31.0%，非农户投资完成236.0亿元、增长62.2%，房地产投资完成89.97亿元、增长4.5%。从产业来看，第一产业完成投资67.58亿元、增长69.7%，第二产业完成投资470.0亿元、增长30.4%，第三产业完成投资536.76亿元、增长33.3%。

【科学技术】2013年，永州市全市R&D经费支出21511万元，比上年增加4526万元，增长26.7%。全市高新技术企业74家，全年实现高新技术产业产值127.69亿元、同比增长13.9%。全年申请专利1942件、同比增长34.3%；授权专利822件、同比增长28.1%；发明专利授权84件、同比增长44.8%。签订技术合同46项，成交金额0.34亿元、增长32%。

【国内贸易和对外经济】2013年，永州市全年全市完成社会消费品零售总额374.88亿元、增长13.8%。其中，城镇完成326.56亿元、增长14.2%，乡村完成48.32亿元、增长11.6%。住宿和餐饮业增长趋缓，全年营业额10.22亿元、27.32亿元，分别增长8.0%、11.2%。随着城乡居民消费水平逐步升级，部分行业增长较好，汽车持续热销，零售额完成24.39亿元、增长39.1%，家用电器类消费额14.25亿元、增长19.8%，金银珠宝类、家具类、文化办公用品类分别增长19.4%、20.9%、22.6%。

全年全市承接产业转移项目400个，其中投资过亿元项目113个。新增有进出口实绩的企业12家、总数达到62家，进出口超1000万美元的企业达到10家。实际利用外资62513万美元，增长15.3%。实现进出口总额4.5亿美元、增长55.2%。出口总额4.1亿美元、增长54.7%，其中，机电产品出口1.03亿美元、增长60.6%，农产品出口0.45亿美元、增长18.8%。进口0.4亿美元、增长60.3%，其中，一般贸易和加工贸易分别增长62.5%、80.8%。

【交通、邮电和旅游】2013年，永州市全年货运量10652万吨、同比增长12.4%，货物周转量240.4亿吨公里、增长14.8%。客运量9482万人、增长9.3%，旅客周转量71亿人公里、增长14.5%。年末全市民用汽车保有量57.8万辆、增长5.5%，新注册汽车6.6万辆、增长0.3%。全市年末汽车保有量18.3万辆、增长18.8%，其中私人汽车15.9万辆、增长19.5%。年末公路通车里程达2.5万公里，永蓝高速、郴州至宁远高速、S323新田至宁远段、S324蓝山段相继建成通车，厦蓉高速宁远至九疑山连接线、S207国道改造顺利开工，永州至昆明航线开通，湘桂铁路扩能改造全线铺轨完成，永州步入高铁时代。

全年邮电业务总量25.8亿元、增长9.2%，其中，邮政业务总量2.3亿元、增长10.6%，电信业务总量23.5亿元、同比增长7.8%。年末全市固定电话37.2万户、下降7.8%，移动电话253.8万户、增长16.3%，固定电话每百人7部，移动电话每百人47.7部。年末互联网宽带用户34.5万户，净增12.4万户。

全市旅游接待总人次为2444.34万人次，旅游总收入达126.2亿元，分别增长25.8%、26.7%。全省旅游等级区（点）达16个，4A以上景区4个。柳子景区成功创建4A景区，古舜帝陵创3A已通过验收，零陵干岩头村、宁远路亭村创省特色旅游名村，万喜登农业休闲园等五个景点创五星级乡村旅游区已通过评审，双牌县创省旅游强县进展顺利。全市四星级以下乡村旅游区（点）共66家。蓝山首届乡村文化旅游节暨第二届梨花节、阳明山“和”文化旅游节、江华首届茶文化旅游节、江华首届“欢乐潇湘·和美永州”民族音乐会、首届永州金洞漂流旅游文化节等大型活动丰富多彩。

【金融和保险】2013年，永州市全市金融机构各项本外币存款余额1172.56亿元、增长17.2%；贷款余额554.42亿元、增长19.7%。个人储蓄存款865.33亿元、增长15.6%。中长期贷款412.13亿元、比年初增加76.1亿元，增长22.6%。

全市保险公司23家（其中财产险公司12家，人身险公司11家），县区级支公司（营销服务部）86家，乡镇级营销服务部46家，银行代理机构89个。全市保险业保费收入296612万元，其中：财产险保费收入

87797万元、增长31%，人身险保费收入208815万元、增长18%。全市各项赔款和给付支出97915万元、同比增长49%。

12

2013年怀化市经济发展概况

【经济总量】2013年，怀化市全年实现地区生产总值（GDP）1110.55亿元，增长10.3%。分产业看，第一产业实现增加值151.82亿元，增长2.7%；第二产业实现增加值489.84亿元，增长10.3%；第三产业实现增加值468.9亿元，增长12.4%。第一、第二、第三次产业分别拉动GDP增长0.3个、4.7个、5.3个百分点，三次产业对GDP增长的贡献率分别为3.2%、45.5%、51.3%，三次产业结构调整为13.7：44.1：42.2。按常住人口计算，人均GDP达23137元，增长9.4%。全市非公有制经济实现增加值641.88亿元，占GDP的比重达57.8%。

【农业】2013年，怀化市全年完成农林牧渔业增加值151.82亿元，增长2.7%。全年粮食播种面积32.27万公顷，增长2.2%，其中，稻谷播种面积28.7万公顷，增长2.0%，优质稻播种面积所占比重为45.6%；蔬菜播种面积7.38万公顷，增长4.2%；油料播种面积11.65万公顷，增长4.5%。粮食产量177.03万吨；油料产量15.17万吨，增长8.0%；水果产量122.81万吨，增长6.2%；蔬菜产量127.92万吨，增长7.2%；年末存栏生猪251.30万头；全年出栏生猪334.99万头，增长0.3%；禽蛋产量1.56万吨，增长3.3%；水产品产量6.65万吨，增长7.0%。

【工业和建筑业】2013年，怀化市工业实现增加值436.16亿元，增长10.5%，工业增加值占GDP的比重达39.3%，规模以上工业增长11.0%。在规模以上工业中，重工业增长10.7%，重工业增加值占规模以上工业增加值的比重达71.8%，对规模以上工业增长的贡献率达71.0%。

全年具有建筑业资质等级的独立核算企业完成建筑业增加值53.68亿元，增长10.9%；房屋竣工面积360.5万平方米，增长3.4%。

【固定资产投资】2013年，怀化市全年完成固定资产投资801.40亿元，增长33.4%。全市计划总投资亿元以上的在建项目152个，全年完成投资231.70亿元，占固定资产投资总额的28.9%。分产业看，第一产业完成投资34.90亿元，增长19.4%；第二产业完成投资245.27亿元，增长14.6%，其中工业投资243.05亿元，增长18.5%；第三产业完成投资521.25亿元，增长45.7%。从资金来源看，国家预算资金67.37亿元，增长32.0%；自筹资金585.09亿元，增长51.3%。从投资方向看，高新技术产业完成投资22.50亿元，增长253.3%；基础设施建设完成投资277.37亿元，增长31.9%；民生投资44.31亿元，增长106.3%；技改投资256.29亿元，增长19.5%。从企业注册类型看，国有企业完成投资380.03亿元，增长37.8%；私营企业完成投资219.55亿元，增长22.2%。从城乡看，城镇完成投资705.75亿元，增长30.0%；农村完成投资95.67亿元，增长64.4%。

【科学技术】2013年，怀化市全市拥有科学研究开发机构14个。全年专利申请813件（其中，发明专利130项），增长39.0%，授权专利440件，增长19.2%。签订技术合同229项，成交金额1.21亿元。获得省部级以上科技成果2项，增长50.0%。高新技术产业增加值53.43亿元，增长12.7%。

【国内贸易和对外经济】2013年，怀化市全年实现社会消费品零售总额360.31亿元，增长13.8%。其中，城镇消费品零售额315.52亿元，增长14.0%，乡村消费品零售额44.79亿元，增长12.3%。批发和零售业零售额318.64亿元，增长14.0%。住宿和餐饮业消费额41.67亿元，增长11.7%。限额以上批发零售单位零售额145.98亿元，增长17.1%，其中，粮油、食品、饮料、烟酒类增长32.9%；服装、鞋帽、针纺织品类增长27.9%；金银珠宝类增长27.5%；日用品类增长37.3%；体育、娱乐用品类增长14.0%；石油及制品类增长12.4%；家用电器和音像器材类增长13.7%；汽车类增长12.6%。

全年进出口总额（海关口径）8335万美元，增长17.5%，其中，出口总额6977万美元，增长375.0%，进口总额1359万美元，下降75.9%。在出口总额中，机电、音像设备及其零件2031万美元、纺织原料及纺织制品965万美元、杂项制品924万美元，分别占出口总额的29.1%、13.8%、13.2%。在进口总额中，木及制品（木炭、软木，编结品）767万美元、纺织原料及纺织制品489万美元，分别占进口总额的56.3%和36.0%。全年利用外资项目（企业）16个，实际使用外商直接投资9415万美元，增长15.1%。全年实际到位市外境内资金项目510个，实际到位市外境内资金达312.24亿元，增长35.8%。

【交通、邮电和旅游】2013年，怀化市怀通高速、溆怀高速年内通车，全市高速公路通车里程达612.42公里，增长47.9%。全年全社会运输周转量（不含铁路）90.13亿吨公里，增长14.5%，客运周转量增长15.8%，货物周转量增长14.4%。公路运输周转量83.55亿吨公里，增长15.0%，水路运输周转量6.59亿吨公里，增长8.1%。年末全市汽车保有量15.67万辆，增长14.1%，本年新注册汽车3.27万辆，增长28.1%，其中，轿车1.60万辆，增长28.2%。

全年完成邮电业务总量（2010年不变价）30.01亿元，增长8.4%，其中，电信业务总量27.47亿元，增长7.9%，完成邮政业务总量2.55亿元，增长14.2%。完成电信业务收入24.73亿元，增长9.6%。年末本地固定电话用户48.34万户，下降15.9%。移动电话用户306.64万户，增长16.2%。固定电话普及率为10.02部/百人，减少16.8部/百人，移动电话普及率为63.55部/百人，增加15部/百人。年末互联网宽带用户达36.04万户，增长12.1%。

全市旅游等级景区（点）增加至23家，增长15.0%，其中，4A级景区（点）3家，增长50.0%。全年共接待旅游人数2408.01万人次，增长20.2%，其中，接待国内旅游人数2403.00万人次，增长20.3%，接待境外入境旅游人数5.01万人次，增长44.5%。全年实现旅游总收入148.80亿元，增长17.8%，其中，国内旅游收入148.10亿元，增长17.7%，国际旅游外汇收入1100.70万美元，增长68.3%。

【金融和保险】2013年年末，怀化市金融机构各项存款余额(本外币合计，下同)1128.38亿元，比年初增加148.66亿元，其中，城乡居民储蓄余额806.11亿元，比年初增加113.87亿元。年末金融机构各项贷款余额619.40亿元，比年初增加96.64亿元，其中，短期贷款余额143.42亿元，比年初增加19.20亿元，中长期贷款474.54亿元，比年初增加77.59亿元。证券交易额497.8亿元，增长39.4%。

全年保险机构原保险保费收入26.02亿元，增长10.7%，其中，财产险原保险保费收入8.69亿元，增长25.6%；人身险原保险保费收入17.33亿元，增长4.5%。赔付支出7.91亿元，增长38.4%。

广东省

| 广州市 | 韶关市 | 深圳市 | 珠海市 | 汕头市 | 佛山市 | 江门市 | 湛江市 |

| 肇庆市 | 茂名市 | 东莞市 | 中山市 | 潮州市 |

1

2013年广州市经济发展概况

【经济总量】2013年，广州市全年实现地区生产总值（GDP）15420.14亿元，按可比价格计算，比上年（下同）增长11.6%。其中，第一产业增加值228.87亿元，增长2.7%；第二产业增加值5227.38亿元，增长9.2%；第三产业增加值9963.89亿元，增长13.3%。第一、第二、第三次产业增加值的比例为1.48：33.90：64.62。三次产业对经济增长的贡献率分别为0.4%、29.0%和70.6%。

【农业】2013年，广州市全年粮食作物播种面积89.75千公顷，与上年持平；甘蔗种植面积6.68千公顷，增长3.1%；油料种植面积7.14千公顷，减少0.8%；蔬菜种植面积139.5千公顷，增长1.8%。

全年粮食产量43.55万吨，减少3.1%；甘蔗产量77.39万吨，增长1.2%；油料产量1.90万吨，增长0.6%；蔬菜产量345.37万吨，增长3.1%；园林水果产量40.39万吨，增长0.3%；茶叶产量61吨，与上年持平。

【工业和建筑业】2013年，广州市全年工业增加值4754.85亿元，比上年增长9.9%；其中，国有及国有控股企业增长10.0%，民营企业增长13.7%，外商及港澳台投资企业增长8.8%，股份制企业增长12.6%，集体企业增长19.2%，股份合作制企业增长28.0%。分轻重工业看，轻工业增长8.8%，重工业增长10.7%。

全年资质等级以上建筑企业880个，比上年增长12.1%；实现增加值472.53亿元，增长1.6%。

【固定资产投资】2013年，广州市全年完成固定资产投资4454.55亿元，比上年增长18.5%。分城乡看，城镇投资4255.27亿元，增长17.8%；农村投资199.28亿元，增长36.3%。分投资主体看，国有经济投资1246.81亿元，增长1.1%；民间投资1512.92亿元，增长31.6%；港澳台、外商经济投资876.15亿元，增长5.9%。

从三次产业看，第一产业完成投资10.84亿元，同比增长50.8%。第二产业完成投资716.80亿元，增长19.5%；其中，工业完成投资682.86亿元，增长18.2%。第三产业完成投资3726.91亿元，增长18.3%。

【科学技术】2013年年末，广州市全市县及县级以上国有研究与开发机构、科技情报和文献机构152个。全年受理专利申请39751件，增长18.9%；其中发明专利12156件，增长23.8%，占申请量的30.6%。专利授权26156件，增长18.6%；其中发明专利授权4055件，增长0.5%。

【国内贸易和对外经济】2013年，广州市全年社会消费品零售总额6882.85亿元，比上年增长15.2%。分地域看，城镇消费品零售额6819.70亿元，增长15.3%；乡村消费品零售额63.15亿元，增长3.6%。分行业看，批发零售贸易业零售额5985.87亿元，增长15.8%；住宿餐饮业零售额896.98亿元，增长10.9%。批发零售业商品销售总额41334.90亿元，增长30.0%。

全年商品进出口总额1188.88亿美元，比上年增长1.5%。其中，商品出口总额628.06亿美元，增长6.6%；商品进口总额560.82亿美元，下降3.7%。进出口差额（出口减进口）67.24亿美元，比上年增加60.30亿美元。

【交通、邮电和旅游】2013年，广州市全年交通运输、仓储和邮政业实现增加值996.25亿元，比上年增长6.9%。

全年港口货物吞吐量47266.86万吨，增长4.8%；其中外贸货物吞吐量11461.47万吨，增长3.4%。港口集装箱吞吐量1550.45万国际标准箱，增长5.2%。全年广州白云国际机场旅客吞吐量5246.42万人次，机场货邮行吞吐量172.77万吨，分别增长8.6%和5.7%。

全年完成邮电业务收入457.59亿元，增长9.5%。其中邮政业务收入124.66亿元，增长19.9%；电信业务收入332.94亿元，增长6.0%。

全年城市接待过夜旅游人数5041.92万人次，比上年增长4.8%。其中，入境旅游者768.20万人次，下降3.0%；境内旅游者4273.72万人次，增长6.4%。在入境旅游人数中，外国人278.99万人次，下降3.9%；香港、澳门和台湾同胞489.21万人次，下降2.5%。旅游业总收入2202.39亿元，增长15.2%。旅游外汇收入51.69亿美元，增长0.5%。

【金融和保险】2013年年末，广州市全部金融机构本外币各项存款余额33838.20亿元，比年初增加3546.85亿元，其中人民币各项存款余额32850.57亿元，增加3739.93亿元。全部金融机构本外币各项贷款余额22016.18亿元，增加1830.08亿元，其中人民币各项贷款余额20172.97亿元，增加1900.91亿元。

2013年年末，全市拥有保险机构610家，总部3家，市场主体80家。全年保费收入474.89亿元，增长12.9%。其中，财产险保费收入160.37亿元，增12.9%；寿险业务保费收入263.33亿元，增长12.2%；健康险和意外伤害险业务保费收入51.19亿元，增长16.5%。支付各类保险赔款及给付148.26亿元，增长18.2%。其中，财产险业务赔款支出87.50亿元，增长11.1%；寿险业务赔付支出46.18亿元，增长35.6%；健康险和意外伤害险赔付支出14.58亿元，增长15.4%。

2

2013年韶关市经济发展概况

【经济总量】2013年，韶关市全年实现地区生产总值（GDP）1010.1亿元，增长12.1%。其中：第一产业增加值131.3亿元，增长4.8%；第二产业增加值428.3亿元，增长16%；第三产业增加值450.5亿元，增长10.5%。三次产业结构为13.0：42.4：44.6。按常住人口计算，人均生产总值35063元，增长11.3%，按平均汇率折算为5662美元。分区域看：韶关市区生产总值510.7亿元；增长11.9%，占全市生产总值的49.4%，人均生产总值5.05万元；县域生产总值522.4亿元；增长13.2%，占全市的50.6%，人均生产总值2.79万元。在现代产业中，先进制造业增加值98.1亿元；增长25.5%，现代服务业增加值160亿元；增长9.1%。在第三产业中，批发和零售业增加值增长10.8%，住宿和餐饮业增加值增长8.5%，房地产业增加值增长16.1%。民营经济增加值523.3亿元，增长13.9%，占全市生产总值的51.8%。

【农业】2013年，韶关市全年农林牧渔业总产值216.4亿元，增长4.9%。其中，种植业增长4.6%，林业增长6.1%，渔业增长5.5%，畜牧业增长5%。

全年粮食作物播种面积235.62万亩，下降1.2%；甘蔗种植面积8.06万亩，增长0.8%；油料种植面积67.23万亩，增长3.4%；烟叶种植面积20.83万亩，下降0.4%；蔬菜种植面积127.58万亩，增长5.5%。

【工业和建筑业】2013年，韶关市全部工业增加值360.3亿元，增长16.1%。年末规模以上工业企业554个，比上年底增加72个，规模以上工业企业增加值306.77亿元，增长17.8%。在规模以上工业中，国有及国有控股工业增加值149.42亿元，增长9.3%。股份制工业132.26亿元，增长26.6%；民营工业109.54亿元，增长33.4%；外商及港澳台工业49.13亿元，增长16.9%。轻工业增加值100.27亿元，增长15.4%；重工业增加值206.5亿元，增长19.3%。年末产业转移园规模以上工业企业186个，工业增加值68.81亿元，增长27.9%。

全年年末资质等级及以上建筑企业102个、比上年增加3个，建筑业增加值67.96亿元，增长15.5%。完成建筑业总产值212.3亿元；增长29.8%，实现利润9.2亿元；增长89%，利税总额17.1亿元；增长22.3%。房屋施工面积1145.5万平方米，增长13.8%；房屋竣工面积566.5万平方米，增长30.6%。

【固定资产投资】2013年，韶关市全年完成固定资产投资664.5亿元，增长21.2%。分城乡看，城镇投资639.9亿元，增长26.1%；农村投资24.6亿元，下降40%。分投资主体看，国有及国有控股经济投资242.2亿元，增长4.4%；外商及港澳台经济投资42.6亿元，增长46.2%；民营经济投资379.8亿元，增长32.1%。分三次产业看，第一产业完成投资54.3亿元，增长72.8%；第二产业中的工业投资236.6亿元，增长9.8%；第三产业完成投资373.6亿元、增长23.9%，其中房地产开发完成投资123.6亿元、增长35.4%。

【科学技术】2013年年末，韶关市拥有省级工程技术研究开发中心12家，其中省级重点研发中心2家。国家级高新技术企业32家，省级民营科技企业81家，省级火炬计划特色产业基地3个。全年取得科技成果88项，其中3项获省科技进步奖、76项获市级科技进步奖。全年实施国家“火炬计划”1项，国家“星火计划”1项。全年专利申请量2266项，专利授权1438项，其中韶关市区661项；发明专利申请316项，发明专利授权61项，其中韶关市区34项。

【国内贸易和对外经济】2013年年末，韶关市限额以上批发零售企业268个，比上年增加120个；限额以上住宿餐饮企业186个，比上年增加52个。全年批发零售和住宿餐饮业销售额783.8亿元，增长18.6%。其中：批发零售业销售额718.3亿元，增长18.8%；住宿餐饮业营业额65.5亿元，增长15.9%。全社会消费品零售额471.1亿元，增长15%。其中：城镇消费品零售额411.3亿元，增长14.8%；乡村消费品零售额59.8亿元，增长15.9%。

全年进出口总额23.17亿美元，增长13.9%。其中：进口13.97亿美元，增长20.1%；出口9.2亿美元，增长5.7%。按贸易方式分：一般贸易出口3.58亿美元，下降2.1%；加工贸易出口5.62亿美元，增长11.4%。按经营主体分：国有企业出口下降4.8%，"三资企业"出口增长6.9%，私营企业出口增长3.2%。按出口商品分：玩具出口增长24.5%，机电产品出口下降5%，服装出口增长17.3%，高新技术产品出口下降27.3%。按出口市场分：对香港出口增长1.93%，对欧盟出口下降3.6%，对美国出口增长23.3%，对日本出口增长7.9%。全年新批外商直接投资项目69个，与上年持平。实际利用外资1.89亿美元，增长10.3%。全年规模以上工业企业工业产品出口交货值114.23亿元，增长9.1%。

【交通、邮电和旅游】2013年，韶关市全年交通运输、仓储和邮政业增加值68.4亿元，增长12.9%。

公路货运周转量161亿吨公里，客运周转量70亿人公里。年末公路通车里程15273公里（公路密度83公里/百平方公里），其中高级、次高级路面公路10742公里。等级公路14852公里，其中高速公路291公里、一级公路207公里、二级公路815公里。年末实有公共汽车营运车辆368辆，其中浈江和武江336辆。公共汽车客运总量5247万人次，其中浈江和武江5113万人次。

全年完成邮电通信业务总量（按2010年不变价格计算，下同）27.2亿元，增长6.4%。其中：邮政业务（含快递）总量2.9亿元，增长17.5%；通信业务总量24.3亿元，增长5.2%。年末电话交换机总容量320.6万门，固定电话55.5万户，移动电话用户272.2万户。按常住人口计算，电话普及率达到每百人113.3部。全市家庭宽带用户数37.8万户，手机上网用户数152.98万户，移动基站总数6022个，WLAN无线局域网985个，AP热点4507个。

全年接待旅游者人数2437万人次、增长15%，其中入境过夜旅游者10.8万人次、增长14.6%。旅游总收入187.2亿元，增长20.1%。

【金融和保险】2013年年末，韶关市金融机构本外币各项存款余额1255.8亿元，增长12.3%。其中，城乡居民本外币储蓄存款余额787.8亿元，增长12.3%。年末金融机构本外币各项贷款余额581.4亿元，增长16.8%。个人消费贷款138.7亿元，增长29.5%。其中，个人中长期消费贷款127.3亿元，增长26.1%；个人短期消费贷款11.4亿元，增长87.1%。交通银行、东亚银行在韶首家分支机构开业，汇丰银行新增一家支行。

全年保费总收入24.3亿元，增长9.9%。其中，寿险保费收入16.4亿元，增长4.6%；财产险保费收入7.9亿元，增长22.9%。财产险赔付支出4.4亿元，增长14.3%。

3

2013年深圳市经济发展概况

【经济总量】2013年，深圳市全年实现地区生产总值（GDP）14500.23亿元，比上年增长10.5%。其中，第一产业增加值5.25亿元，下降19.8%；第二产业增加值6296.84亿元，增长9.0%；第三产业增加值8198.14亿元，增长11.7%。第一产业增加值占全市生产总值的比重不到0.1%；第二和第三产业增加值占全市生产总值的比重分别为43.4%和56.6%。人均生产总值136947元/人，增长9.6%，按2013年平均汇率折算为22112美元。

【农业】2013年，深圳市全年农作物播种面积81472亩，比上年减少6.7%，其中，蔬菜播种面积81057亩，下降4.3%。水果播种面积38035亩，下降19.1%。

全年蔬菜产量101324吨，比上年下降2.5%；水果产量1745吨，下降35.3%。

【工业和建筑业】2013年，深圳市全年规模以上工业增加值5695.00亿元，比上年增长9.6%。其中，国有企业增加值222.63亿元，增长1.8%；股份制企业增加值2541.52亿元，增长16.5%；外商及港澳台投资企业增加值2863.94亿元，增长5.4%。分轻重工业看，轻工业增加值1124.40亿元，增长3.1%；重工业增加值4570.59亿元，增长11.4%。

全年建筑业增加值407.79亿元，比上年增长4.6%。

【固定资产投资】2013年，深圳市全年完成固定资产投资额2501.01亿元，比上年增长14.0%。其中，房地产开发项目投资887.71亿元，增长20.5%；非房地产开发项目投资1613.30亿元，增长10.7%。

从三次产业看，第一产业投资3.13亿元；第二产业投资380.18亿元，比上年下降21.9%，其中，工业投资377.28亿元，下降22.4%；第三产业投资2117.70亿元，增长24.3%。

【科学技术】2013年年末，深圳市全市各类专业技术人员121.63万人，其中具有中级技术职称及以上的专业技术人员39.21万人，分别比上年增长5.2%和4.2%。年末三项专利申请受理量80657件，增长10.3%。专利授权量49756件，增长2.2%。

【国内贸易和对外经济】2013年，深圳市全年社会消费品零售总额4433.59亿元，比上年增长10.6%。其中，批发和零售业零售额3954.54亿元，增长10.9%；住宿和餐饮业零售额479.05亿元，增长8.1%。在社会消费品零售总额中，限额以上零售额3424.28亿元，增长11.2%，占社会消费品零售总额的77.2%。

全年外贸进出口总额5373.59亿美元，比上年增长15.1%。其中出口总额3057.18亿美元，增长12.7%，占全国出口总额的13.8%，占全省出口总额的48.0%；进口总额2316.41亿美元，增长18.5%。外贸出口总额连续二十一年居内地城市首位。

【交通、邮电和旅游】2013年，深圳市全年货物运输总量29685.02万吨，比上年增长3.5%。货物运输周转量2101.91亿吨公里，增长6.1%。

全年邮电业务总量（2010年价格）586.66亿元，比上年增长26.5%。其中，邮政、快递业务量220.36亿元，增长89.6%；电信业务量366.31亿元，增长5.4%。全年订销报纸1.10亿份；订销杂志785万份；收寄函件1.46亿份；特快专递93.60万件（邮政口径）。年末全市有邮政、电信局（所）797所。全市固定电话交换机总容量597万门，增长2.8%；年末固定电话用户490.15万户。移动电话交换机容量2812万门；年末移动电话用户2553.52万户。国际互联网宽带用户433.26万户。

全年旅游住宿设施接待过夜游客4566.80万人次，比上年增长10.1%。其中海外游客1214.89万人次，增长0.7%；国内游客3351.91万人次，增长14.0%。在过夜海外游客中，外国游客166.82万人次，下降1.3%；港澳同胞1004.88万人次，增长1.3%；台湾同胞43.19万人次，下降5.1%。全年旅游外汇收入45.31亿美元，增长4.7%。宾馆、酒店、度假村开房率64.1%，比上年提高1.1个百分点。

【金融和保险】2013年年末，深圳市全市国内金融机构人民币存款余额29830.99亿元，比年初增长15.1%；国内金融机构人民币贷款余额19803.58亿元，比年初增长14.1%。

全年保险机构原保险保费收入468.76亿元，比上年增长16.8%。其中，财产险172.80亿元，增长11.8%；人身险295.97亿元，增长19.9%。各项赔付支出125.19亿元，增长16.2%。其中，财产险业务支出86.30亿元，增长10.3%；人身险业务支出38.89亿元，增长31.9%。

4

2013年珠海市经济发展概况

【经济总量】2013年，珠海市全年实现地区生产总值（GDP）1662.38亿元，同比增长10.5%。其中，第一产业增加值43.11亿元，增长5.4%，对GDP增长的贡献率为1.2%；第二产业增加值849.05亿元，增长11.8%，对GDP增长的贡献率为59.6%；第三产业增加值770.21亿元，增长9.2%，对GDP增长的贡献率为39.2%。三次产业的比例由2.6：51.6：45.8调整为2.6：51.1：46.3。在服务业中，现代服务业增加值441.64亿元，增长10.3%，占GDP的26.6%。在第三产业中，批发和零售业增长11.1%，住宿和餐饮业增长2.0%，金融业增长12.0%，房地产业增长18.4%。民营经济增加值535.77亿元，增长11.1%，占GDP的32.2%。2013年，珠海市人均GDP达10.48万元，按平均汇率折算为1.69万美元，同比增长9.7%。

【农业】2013年，珠海市全年完成农林牧渔业总产值76.75亿元，增长5.7%。其中农业产值11.58亿元，下降1.1%；林业产值0.13亿元，增长5.4%；牧业产值12.63亿元，增长9.2%；渔业产值45.17亿元，增长6.9%；农林牧渔服务业产值7.24亿元，增长3.7%。

全年农作物播种面积27.95万亩，比上年增加0.1万亩。其中，粮食作物播种面积10.70万亩，比上年减少0.66万亩；甘蔗种植面积1.23万亩，比上年增加0.004万亩；油料种植面积0.39万亩，比上年减少0.15万亩；蔬菜种植面积10.75万亩，比上年增加0.42万亩。水产养殖面积44.68万亩，比上年减少7.48万亩。

全年粮食总产量4.14万吨，减产6.7%；甘蔗产量8.41万吨，增产12.3%；油料产量0.07万吨，减产28.8%；蔬菜产量14.25万吨，增产1.7%；水果产量6.90万吨，增产10.2%。

【工业和建筑业】2013年，珠海市全市完成工业增加值775.57亿元，比上年增长10.6%；规模以上工业增加值744.99亿元，增长11.2%。其中，国有及国有控股企业增长10.5%，民营企业增长16.1%，港澳台及外商投资企业增长8.7%，股份制企业增长16.4%，集体企业下降5.6%，股份合作制企业增长8.8%。在规模以上工业增加值中，轻工业为319.14亿元，增长11.1%；重工业为425.86亿元，增长11.3%；规模以上轻重工业比例由上年的42.2：57.8调整为42.8：57.2。分地区看，香洲区、金湾区和斗门区规模以上工业增加值分别增长9.2%、13.2%和14.8%。

年末全市拥有资质等级以上独立核算总承包和专业承包建筑业企业306家，比上年增长80.0%；实现建筑业增加值73.48亿元，按可比价格计算比上年增长28.8%；实现利润总额9.31亿元，增长44.3%。

【固定资产投资】2013年，珠海市全年完成固定资产投资960.89亿元，比上年增长23.0%。其中，房地产开发投资272.58亿元，增长12.6%。分城乡看，城镇投资947.64亿元，增长21.7%；农村投资13.25亿元，增长47.8%。分投资主体看，国有经济投资456.42亿元，增长57.5%；非国有经济投资504.47亿元，增长8.6%；其中民营经济投资260.55亿元，增长7.5%；港澳台、外商经济投资113.53亿元，下降41.2%。分产业看，第二产业投资254.40亿元，增长36.2%，其中工业投资254.26亿元，增长36.2%，制造业投资114.18亿元，下降23.4%；第三产业706.14亿元，增长17.8%。全年在建项目559个，下降12.2%；新开工项目375个，增长46.5%。

【科学技术】2013年，珠海市有1个项目获国家科技进步二等奖，11个项目获广东省科学技术奖。全年登记的科技成果73项，其中，基础理论成果1项，应用技术成果69项，软科学成果3项。全年申请专利8017件，增长13.0%。其中，发明专利2729件，增长19.3%。专利授权量4805件，减少2.7%，其中发明专利授权量482件，减少4.2%。年末发明专利拥有量1919件，增长28.6%。《专利合作条约》（PCT）国际专利申请量80件，减少47.0%。全年经各级科技行政部门登记技术合同555项；技术合同成交额15.50亿元。截至年底，全市经认定的高新技术企业335家，新增62家，高新技术产品产值1800亿元，增长12%。经认定和年审通过的软件企业190家。全市共有产学研示范基地11家，科技创新公共实验室13家。拥有国家重点实验室分支机构5家，省重点实验室1家，省重点实验室产学研培育基地1家。国家级工程研究中心4家，省级69家，市级49家；国家级企业技术中心2个、省级33个、市级重点企业技术中心130个。拥有广东省战略性新兴产业基地5家。认定技术创新专业镇6个。全市共有国家产品质量监督检验中心2个，法定产品质量监督检验机构1个，法定质量计量综合检测机构1个，法定计量技术机构1个，标准化技术机构1个，特种设备综合检验机构1个。获得实验室资质认定审查认可授权（验收）证书机构2家，获得资质认证的实验室1家，获得管理体系认证证书2851张，产品获得3C认证企业398家。

【国内贸易和对外经济】2013年，珠海市全年社会消费品零售总额720.52亿元，比上年增长13.5%。其中，批发业零售额107.37亿元，增长14.0%；零售业零售额531.90亿元，增长14.3%；住宿餐饮业零售额

81.25亿元，增长7.7%。

全年完成进出口总额541.69亿元，增长18.6%。其中，出口266.06亿美元，增长23.0%；进口275.63亿美元，增长14.6%。进出口差额（出口减进口）9.57亿美元，比上年缩减14.50亿美元。

【交通、邮电和旅游】2013年，珠海市全年交通运输、仓储和邮政业实现增加值30.35亿元，比上年增长11.1%。

全年主要港口完成货物吞吐量10024万吨，增长29.5%，其中外贸货物吞吐量2036万吨，增长18.1%。港口集装箱吞吐量87.26万标准箱，增长7.6%。

全年完成邮电业务总量53.95亿元（2010年不变价，下同），增长9.9%，其中，邮政业务总量9.40亿元，增长66.9%；通信业务总量44.55亿元，增长2.5%。年末固定电话用户达到77.62万户，其中，城市电话用户58.62万户，乡村电话用户19万户。

全年接待入境旅游人数398.65万人次，下降9.0%。其中，外国人57.92万人次，下降11.2%；香港、澳门和台湾同胞340.73万人次，下降8.6%。在入境旅游人数中，过夜游客263.23万人次，下降11.5%。国际旅游外汇收入8.38万美元，下降11.8%。接待国内游客2423.9万人次，增长4.5%，其中过夜游客1308.9万人次，增长0.8%。国内旅游收入189.92亿元，增长8.0%。酒店平均开房率58.5%，比上年低0.6个百分点。全年各主要旅游景点共接待游客1031.63万人次，增长64.7%。旅行社组团国内游129.15万人次，增长6.8%；出境游38.37万人次，增长6.1%。实现旅游总收入241.8亿元，增长2.5%。

【金融和保险】2013年年末，珠海市全市中外资银行业金融业机构本外币各项存款余额4121.58亿元，同比增长19.5%。其中，单位存款余额2440.33亿元，增长18.7%；个人储蓄存款余额1360.23亿元，增长10.2%。年末中外资银行业金融机构本外币各项贷款余额2071.90亿元，同比增长7.9%。其中，境内短期贷款余额621.53亿元，增长2.8%；中长期贷款余额1342.27亿元，增长11.8%。银行业金融机构本年利润（税后）68.86亿元，同比增长27.4%。

全市共有各类保险营业机构（含网点）121个。全年实现保费收入58.02亿元，同比增长9.3%。其中，寿险公司保费收入39.59亿元，增长7.4%；财产保险公司保费收入18.43亿元，增长13.6%；健康险和意外伤害险业务保费收入3.72亿元，增长30.3%。保险深度（保费收入占GDP比重）3.5%，与上年持平。全年共赔（给）付金额20.8亿元，增长60.6%。其中，寿险公司赔（给）付支出11.44亿元，增长156.0%；财产保险公司赔款支出9.36亿元，增长10.3%；健康和意外伤害险赔付支出1.17亿元，增长65.1%。

5

2013年汕头市经济发展概况

【经济总量】2013年，汕头市全年实现地区生产总值（GDP）1565.90亿元，比上年增长10.0%。其中，第一产业增加值87.18亿元，增长3.9%；第二产业增加值817.79亿元，增长12.1%；第三产业增加值660.94亿元，增长7.9%。三次产业结构由上年的5.7：51.9：42.4调整为5.6：52.2：42.2，第二产业比重有所提高，第一和第三产业比重略有下降。在现代产业中，现代服务业增加值252.42亿元，增长7.0%。在第三产业中，批发和零售业增长11.9%，住宿和餐饮业增长4.9%，金融业增长10.4%，房地产业增长6.1%。民营经济增加值1102.69亿元，增长10.3%。全市人均GDP28661元，增长9.3%。

【农业】2013年，汕头市全年农林牧渔业增加值87.18亿元，比上年增长3.9%；农林牧渔业总产值158.15亿元，增长3.9%。其中，农业产值78.70亿元，增长4.0%；林业产值0.41亿元，增长10.4%；牧业产值29.95亿元，增长5.4%；渔业产值46.17亿元，增长3.6%；农林牧渔服务业产值2.92亿元，下降8.3%。

【工业和建筑业】2013年，汕头市全年完成工业增加值751.93亿元，比上年增长12.6%，占地区生产总值的比重由上年的47.6%上升为48.0%，工业对经济增长贡献率达到62.1%。其中，先进制造业和高技术制造业增加值分别为84.74亿元和29.07亿元，增长9.8%与4.5%。完成工业总产值3330.82亿元，增长12.4%，其中，规模以上工业总产值2504.17亿元，增长14.3%。规模以上工业产值占全部工业总产值75.18%。在规模以上工业总产值中，国有及国有控股企业增长14.6%、集体企业下降11.0%、股份制企业增长23.3%、外商及港澳台商投资企业增长13.7%；大中型企业完成产值1132.18亿元，增长15.4%；轻、重工业中重工业产值占规模以上工业总产值31.31%，比上年下降1.86个百分点。规模以上工业实现销售产值2406.68亿元，增长13.4%；完成出口交货值395.77亿元，增长8.3%；工业产品销售率96.11%，比上年下降1.04个百分点。全市工业用电量100.92亿千瓦时，增长7.0%。

全市资质等级以上建筑企业完成建筑业总产值359.88亿元，比上年增长23.1%。房屋建筑施工面积4659.11万平方米，增长54.5%；房屋竣工面积1013.28万平方米，增长19.1%。全年城镇竣工住宅面积147.92万平方米，下降29.9%。

【固定资产投资】2013年，汕头市完成固定资产投资额784.67亿元，比上年增长28.2%。其中，城镇投资727.98亿元、农村投资56.69亿元，分别增长40.2%和下降38.9%。从投资经济类型看，国有经济投资119.62亿元，下降0.6%；民营经济投资597.60亿元，增长33.4%。从三次产业看，第一产业投资8.57亿元，增长103.6%；第二产业投资405.67亿元，增长24.5%。其中工业投资额402.42亿元，增长24.5%；第三产业投资370.43亿元，增长84.9%。其中房地产开发投资额150.80亿元，增长80.9%；交通运输业投资额29.55亿元，下降18.2%；现代服务业投资额282.69亿元，增长25.1%。在固定资产投资资金来源总计中，国内贷款69.82亿元，增长28.8%；利用外资1.14亿元，增长36.0%；自筹资金627.03亿元，增长26.1%，其中企事业单位自有资金455.64亿元，增长37.2%。全年单位投资施工项目（不含房地产）2000个，增长13.4%，其中新开工项目1710个，增长12.4%。新增固定资产652.27亿元，增长33.9%。

【科学技术】2013年，汕头市全市签订各类技术合同67项，技术交易额8461.88万元。专利申请量与授权量分别为11000件和6833件，分别比上年增长5.9%与3.8%。至年底，全市民营科技企业802家，增长4.0%。

【国内贸易和对外经济】2013年，汕头市全年社会消费品零售总额1158.92亿元，比上年增长12.5%。其中，城镇消费品零售额824.16亿元，增长13.1%；农村消费品零售额334.76亿元，增长11.3%。分行业看，批发和零售业1085.92亿元，增长12.9%；住宿和餐饮业73.00亿元，增长7.7%。

全市进出口总额92.34亿美元，比上年增长4.9%。其中，进口总额26.32亿美元，下降0.3%；出口总额66.02亿美元，增长7.1%。在出口总额中，一般贸易出口52.38亿美元，增长13.0%；加工贸易出口13.08亿美元，下降13.6%。从经济类型看，国有企业出口2.51亿美元，下降14.0%；集体企业出口1.37亿美元，下降5.1%；外商投资企业出口23.10亿美元，下降0.2%；私营企业出口38.64亿美元，增长14.9%。从出口商品看，机电产品出口16.02亿美元，下降3.3%；服装及衣着附件出口16.41亿美元，增长12.7%；玩具出口9.69亿美元，增长2.7%；塑料制品出口3.06亿美元，下降4.7%；高新技术产品出口4.17亿美元，下降2.4%。从进出口的国家与地区看，进出口总额靠前的有：美国、中国香港、日本和阿联酋，分别为13.87亿美元、10.59亿美元、5.62亿美元和4.34亿美元，合计进出口额占全市总计的37.3%，比上年提高1.8个百分点。

【交通、邮电和旅游】2013年，汕头市全年交通运输、仓储和邮政业实现增加值38.72亿元，比上年增长9.3%。

全年完成邮电业务总收入58.16亿元，增长6.4%。其中，邮政业务收入2.64亿元，增长9.1%；电信业务收入55.52亿元，增长6.3%。电话交换机总容量550.31万门，接入网设备容量74.81万门。全市城乡固定电话用户137.25万户，移动电话总用户604.54万户。每百户拥有住宅固定电话91.95户，每百人拥有移动电话111.95部。计算机互联网络总用户93.71万户，增长3.4%。

全市接待过夜游客1155.86万人次，比上年增长11.0%。其中国际游客15.52万人次，增长5.0%；国内游客1140.34万人次，增长11.1%。各A级旅游景区接待游客533.34万人次，下降0.1%。旅行社组织出境游3.94万人次、国内游50.75万人次，分别增长2.0%和下降9.4%。实现旅游总收入147.01亿元，增长18.7%，其中旅游外汇收入5430.58万美元，增长4.9%。全市拥有旅行社69家，星级宾馆（酒店）35家，其中三星级及以上30家。

【金融和保险】2013年年末，汕头市全市金融机构（含外资）本外币存款余额2530.16亿元，比年初增加244.53亿元，增长10.7%。其中，单位存款余额695.27亿元，比年初增加56.08亿元，增长8.8%；个人存款余额1761.78亿元，比年初增加166.39亿元，增长10.4%。年末金融机构（含外资）本外币贷款余额971.93亿元，比年初增加159.98亿元，增长19.7%。其中，境内贷款970.28亿元，比年初增加159.77亿元；境外贷款1.65亿元，比年初增加0.21亿元。在金融机构（含外资）人民币的中长期贷款中，个人消费贷款110.78亿元，比年初增加14.48亿元，增长15.0%。银行结汇收入62.23亿美元，增长20.2%。

全市有保险公司38家，比上年增加5家；全年保费收入50.20亿元，比上年增长5.3%。其中财产险保费收入13.98亿元，增长18.3%；人寿险保费收入36.22亿元，增长1.0%。赔付支出金额23.97亿元，增长66.9%。其中财产险赔付支出金额10.77亿元，增长69.2%；人身险赔付支出金额13.19亿元，增长65.2%。

6

2013年佛山市经济发展概况

【经济总量】2013年，佛山市全年实现地区生产总值（GDP）7010.17亿元，比上年增长10.0%。其中第一产业增加值139.05亿元，增长2.8%；第二产业增加值4340.36亿元，增长11.4%；第三产业增加值2530.76亿元，增长7.6%。在第三产业中，交通运输、仓储和邮政业增长7.0%，批发和零售业增长8.6%，住宿和餐饮业增长4.1%，金融业增长9.8%，房地产业增长8.7%，其他服务业增长6.5%。三次产业结构为2.0：61.9：36.1。在现代产业中，先进制造业增加值1241.90亿元，增长13.5%；高技术产业增加值224.85亿元，增长14.9%；现代服务业增加值1470.38亿元，增长7.9%。民营经济增加值4283.01亿元，占全市生产总值的比重为61.1%。

【农业】2013年，佛山市全年粮食作物播种面积20.68千公顷，与上年基本持平。蔬菜种植面积59.69千公顷，下降3.0%。经济作物播种面积14.41千公顷，下降1.1%。

全年粮食产量9.82万吨，比上年增长0.9%；蔬菜产量141.40万吨，下降4.4%；水果产量5.00万吨，下降0.1%。

【工业和建筑业】2013年，佛山市全年规模以上工业增加值3652.82亿元，增长12.7%。其中，国有及国有控股企业增长5.2%，民营企业增长14.1%，外商及港澳台投资企业增长10.0%，股份制企业增长14.7%，集体企业增长21.3%，股份合作制企业增长19.9%。分轻重工业看，轻工业增长11.7%，重工业增长13.6%。分企业规模看，大型企业增长12.5%，中型企业增长9.3%，小型企业增长15.0%。

全年资质等级以上建筑业企业完成建筑业总产值399.61亿元，比上年增长20.2%。

【固定资产投资】2013年，佛山市全年固定资产投资完成2383.65亿元，比上年增长15.0%。分城乡看，城镇1242.28亿元，增长12.6%；农村1141.37亿元，增长17.8%。分三次产业看，第一产业7.62亿元，增长54.0%。第二产业925.06亿元，增长13.5%。第三产业1450.97亿元，增长15.9%。

【科学技术】2013年年末，佛山市全市共有各级工程中心856家，其中省级工程中心159家，市级工程中心285家。高新技术企业614家，其中国家火炬计划重点高新技术企业（集团）30家。比上年末新增省级工程中心54家。全年获省级科学技术奖励15项，市级科学技术奖励106项。新增中国驰名商标25件。全年获得广东省名牌产品119个，其中新增63个。全年发明专利申请量4674件，授权量1012件。

【国内贸易和对外经济】2013年，佛山市全年社会消费品零售总额2264.10亿元，比上年增长12.1%。分地域看，城市消费品零售额1715.65亿元，增长12.2%；农村消费品零售额548.45亿元，增长12.0%。分行业看，批发和零售业零售1974.36亿元，增长12.7%；住宿和餐饮业零售额289.74亿元，增长8.5%。

全年进出口总额639.35亿美元，比上年增长4.7%。其中出口425.3亿美元，增长5.9%；进口214.11亿美元，增长2.4%。实现外贸顺差211.19亿美元。

【**交通、邮电和旅游**】2013年，佛山市全年各种运输方式完成客运量49146万人，比上年增长14.5%。其中公路运输49060万人，增长14.5%；水路运输86万人，增长0.6%。完成旅客周转量125.27亿人公里，增长6.6%。其中公路运输124.24亿人公里，增长6.6%；水路运输1.02亿人公里，增长3.4%。

全年完成邮电业务总量152.73亿元，比上年增长7.0%。其中邮政业务总量12.85亿元，增长21.2%；电信业务总量139.88亿元，增长5.8%。年末本地电话用户295.99万户，增加24.6万户；移动电话用户1339.30万户，增加51.8万户。互联网宽带用户234.10万户，增加15.4万户。

全年接待旅游者人数3799万人次，比上年增长7.7%。在旅游人数中，接待过夜旅游者1118.8万人次，增长7.0%，其中外国人22.1万人次，增长4.4%；香港、澳门和台湾同胞112.5万人次，增长0.4%。全年旅游总收入431.09亿元，增长17.9%。

【**金融和保险**】2013年，佛山市年末全市中外资银行业金融机构本外币各项存款余额11387.13亿元，比年初增长11.8%。其中城乡居民储蓄存款余额5602.58亿元，比年初增长7.6%；企事业单位存款余额4908.90亿元，比年初增长11.1%。本外币各项贷款余额7111.31亿元，比年初增长11.3%。其中中长期贷款余额3595.84亿元，比年初增长9.9%。

全年保费收入175.81亿元，其中财产险保费收入69.31亿元，人身险保费收入106.50亿元。各项理赔和给付支出62.61亿元，其中财产险35.53亿元，人身险27.08亿元。

7

2013年江门市经济发展概况

【**经济总量**】2013年，江门市全年实现地区生产总值（GDP）2000.18亿元，比上年增长9.8%。其中，第一产业增加值158.81亿元，增长3.0%；第二产业增加值1013.03亿元，增长12.6%；第三产业增加值828.34亿元，增长6.8%。在第三产业增加值中，交通运输、仓储和邮政业增长11%，批发和零售业增长3.8%，住宿和餐饮业增长2.5%，金融业增长12.8%，房地产业增长12.3%。人均地区生产总值4.45万元，增长9.4%。

【**农业**】2013年，江门市全年粮食作物种植面积286.73万亩，下降1.9%；粮食产量92.67万吨，下降4.4%；肉类产量29.29万吨，增长0.2%，其中猪肉产量19.62万吨，增长3.7%。

【**工业和建筑业**】2013年，江门市全年规模以上工业增加值比上年增长14.1%，其中，轻工业增长14.2%，重工业增长14.0%。分经济类型看，国有及国有控股企业增长11.9%，外商及港澳台投资企业增长14.3%，民营企业增长14.7%。

全年资质等级以上建筑企业160个；建筑业增加值49.02亿元，增长3%；资质等级以上建筑企业实现利润额8.24亿元，增长10.4%。

【**固定资产投资**】2013年，江门市全年固定资产投资1000.84亿元，比上年增长17.7%。分经济类型看，国有经济投资332.85亿元，增长28.3%；三资经济投资130.36亿元，下降16.7%；民营经济投资526.59亿元，增长21.2%。分产业看，第一产业投资9.34亿元，增长59.4%；第二产业投资506.88亿元，下降0.1%，其中制造业投资下降11.4%；第三产业投资484.62亿元，增长43.8%。

【科学技术】2013年，江门市全年地方财政科学技术支出48767万元，比上年下降9.9%。新增国家级高新技术企业40家；国家火炬计划项目3项，省级以上农业攻关项目2项，省级科技攻关计划项目75项。专利申请量8439件，其中发明专利1634件；专利授权量5345件，其中发明专利272件。全市拥有各类专业技术人数17.09万人，其中中级职称以上5.44万人。

【国内贸易和对外经济】2013年，江门市全年社会消费品零售总额903.70亿元，比上年增长12.0%。分行业看，批发业零售额65.92亿元，增长17.1%；零售业零售额735.83亿元，增长12.2%；住宿业零售额11.16亿元，下降4.3%；餐饮业零售额90.79亿元，增长9.0%。分地域看，城镇消费品零售总额650.37亿元，增长12.8%；农村消费品零售总额253.33亿元，增长9.9%。

全年海关进出口总额197.3亿美元，比上年增长5.1%，其中，进口总额57.3亿美元，下降1.2%；出口总额140.0亿美元，增长7.9%。分贸易方式看，一般贸易出口83.4亿美元，增长11.2%；加工贸易出口56.2亿美元，增长3.7%。分企业性质看，国有企业出口1.2亿美元，下降4.1%；三资企业出口84.9亿美元，增长5.8%；私营企业出口53.9亿美元，增长11.8%。

【交通、邮电和旅游】2013年，江门市全年水陆货运量9999万吨，比上年增长11.2%；货运周转量135.07亿吨公里，增长17.2%。水陆客运量20102万人，增长2.7%；客运周转量67.31亿人公里，增长4.4%。港口货物吞吐量6737万吨，增长8.5%。

全年邮电通信业务总量59.45亿元（2010年不变价，下同），比上年增长5%，其中，邮政业务总量7.61亿元，增长38.7%；通信业务总量51.84亿元，增长1.3%。年末固定电话用户115万户，移动电话用户590.98万户。

全年旅游住宿设施接待游客1409.98万人次，比上年增长9.8%，其中，国际游客169.59万人次，增长2.7%；国内游客1240.39万人次，增长10.8%。全年旅游宾馆客房出租率61.2%。旅行社组织国内游54.57万人次，下降24.5%；组织国外游12.9万人次，下降13.5%。旅游总收入223.28亿元，增长21.2%，其中，国际旅游收入7.97亿美元，增长14.1%；国内旅游收入173.88亿元，增长23.2%。

【金融和保险】2013年年末，江门市金融机构人民币存款余额3207.33亿元，比上年末增长14.4%，其中，城乡居民储蓄存款余额2029.88亿元，增长9.5%；企业存款余额1023.73亿元，增长19.3%；财政性存款余额53.98亿元，增长20.1%。金融机构人民币贷款余额1563.15亿元，增长17.4%，其中，短期贷款余额628.83亿元，增长21.9%；中长期贷款余额900.22亿元，增长17.1%。

年末各类保险公司45家，保险中介机构（含分支机构）44家。全年保费收入58.19亿元，比上年增长0.6%，其中，寿险业务保费收入38.29亿元，下降7.7%；财产险业务保费收入19.90亿元，增长21.6%。共支付各项赔款24.13亿元，增长34.5%，其中，寿险业务给付13.81亿元，增长67.9%；财产险业务赔款10.32亿元，增长6.2%。

8

2013年湛江市经济发展概况

【经济总量】2013年，湛江市全年实现地区生产总值（GDP）2060.01亿元，按可比价格计算，比上年增长12.0%。其中，第一产业增加值421.44亿元，增长6.1%；第二产业增加值814.33亿元，增长13.4%；第三产业增加值824.24亿元，增长13.2%。三次产业结构20.5：39.5：40.0。在第三产业中，交通运输、仓储和邮政业增长7.9%，批发和零售业增长32.4%，住宿和餐饮业增长4.3%，金融业增长14.0%，房地产业增长13.2%，其他服务业增长9.1%。民营经济增加值1284.65亿元，比上年增长15.5%。全市人均GDP达到28859元，按平均汇率折算为4660美元。

【农业】2013年，湛江市全年完成农林牧渔业总产值664.19亿元，比上年增长6.3%。

全年粮食种植面积432.05万亩，下降6.72万亩；糖蔗种植面积198.09万亩，增加4.59万亩；花生种植面积80.92万亩，增加3.32万亩；蔬菜种植面积190.85万亩，增加2.95万亩。

全年粮食产量141.30万吨，减产11.27万吨，下降7.4%；糖蔗产量1231.29万吨，增产80.79万吨，增长7.0%；蔬菜产量320.75万吨，增产26.27万吨，增长8.9%；水果总产量262.86万吨，增产18.52万吨，增长7.6%。

【工业和建筑业】2013年，湛江市全年全部工业完成增加值726.17亿元，比上年增长13.6%。规模以上工业企业实现增加值659.51亿元，增长14.9%；其中：国有及国有控股企业实现增加值174.69亿元，增长13.9%；股份制企业实现增加值211.87亿元，增长32.6%；外商及港澳台企业实现增加值326.38亿元，增长7.4%；按轻、重工业分，轻工业增加值256.83亿元，增长25.3%；重工业增加值402.69亿元，增长9.7%。

全年建筑业完成增加值88.16亿元，比上年增长11.0%；全市资质等级以上建筑企业128家，实现总产值332.97亿元，比上年增长34.8%；实现利润总额6.18亿元，增长20.0%。房屋建筑施工面积3846.8万平方米，增长31.9%。

【固定资产投资】2013年，湛江市全年完成固定资产投资795.57亿元，比上年增长39.0%，其中：完成基础设施投资207.12亿元，增长45.7%；完成基础产业投资329.54亿元，增长27.5%。

在固定资产投资中，第一产业投资54.29亿元，增长17.4%；第二产业投资259.61亿元，增长27.5%；第三产业投资481.67亿元，增长49.4%。

【科学技术】2013年年末，湛江市全市县及县以上国有独立研究与开发机构、科技情报和文献机构共26个；大中型工业企业拥有技术开发机构49个。全年投入市级科技三项经费2673万元，比上年增长18.4%。民营科技企业115家；从业人员27300人。全年组织实施市科技计划项目505项；全年获市级科学技术奖52

项，获省部级以上科技成果10项。全年申请专利量1488件，比上年增长29.3%，其中发明专利289件，增长9.9%；专利授权量1088件，增长20.8%。全年共签订技术合同8项，技术合同成交金额84.6万元。全市共有省级以上高新技术企业48家，实现高新技术产品产值330亿元，增长10.7%。

【国内贸易和对外经济】2013年，湛江市全年批发和零售业实现增加值180.20亿元，增长32.4%；住宿和餐饮业实现增加值41.30亿元，增长4.3%。

全年社会消费品零售总额1010.7亿元，增长15.0%，扣除物价因素，实际增长14.0%。分地域看，城镇消费品零售额904.89亿元，增长16.0%，占全市社会商品零售额的89.5%；乡村消费品零售额105.82亿元，增长7.2%，占全市商品零售总额的10.5%。分行业看，批发业零售额141.25亿元，增长37.4%；零售业零售额743.49亿元，增长12.7%；住宿业零售额7.83亿元，下降7.1%，餐饮业零售额118.14亿元，增长12.3%。

全年外贸进出口总额55.13亿美元，比上年增长17.3%。其中：进口总额28.9亿美元，增长16.0%；出口总额26.23亿美元，增长18.7%。

【交通、邮电和旅游】2013年，湛江市全年交通运输、仓储和邮政业实现增加值158.81亿元，增长7.9%。

全年完成邮电通信业务总量比上年增长9.7%；其中通信业务总量增长8.5%，邮政业务总量增长25.9%。年末本地交换设备容量198.9万门，增加10.27万门，增长5.4%。年末本地电话用户75.13万户，其中城市电话用户48.75万户，乡村电话用户26.38万户。年末移动电话用户644.26万户，增加32.38万户。年末全市电话用户总数719.39万户，增加28.21万户。

全年接待旅游总人数2543.29万人次，比上年增长13.6%；旅游总收入151.84亿元，增长22.4%。接待国内旅游人数2518.58万人次，增长13.4%；国内旅游总收入151.84亿元，增长22.4%。接待境外游客人数19.03万人次，增长6.0%。其中，外国人8.67万人次，下降1.7%；香港、澳门和台湾同胞10.36万人次，增长13.5%。在国际入境旅游者中，入境过夜人数19.03万人次，增长6.0%。全年出境人数0.83万人次，比上年增长27.7%。国际旅游外汇收入5845.43万美元，增长21.4%。

【金融和保险】2013年，湛江市全年金融业实现增加值31.57亿元，比上年增长14.0%。年末全市金融机构本外币存款余额2173.39亿元，比年初增长13.8%，其中：金融机构人民币存款余额2157.99亿元，增长13.9%。

年末全市有各类保险公司35家，全年保费收入41.41亿元，比上年增长21.1%。其中，财产险保费收入11.65亿元，增长20.6%，占全年保费收入的28.1%；人寿险保费收入29.76亿元，增长21.3%，占全年保费收入的71.9%。全年各类保险赔付和给付支出13.82亿元，增长39.2%。其中，财产险赔款6.18亿元，增长25.6%；寿险给付和赔付7.65亿元，增长52.6%。

9

2013年肇庆市经济发展概况

【经济总量】2013年，肇庆市全年实现地区生产总值（GDP）1660.07亿元，比上年增长11.5%。其中，第一产业增加值增长5.6%，拉动经济增长0.8个百分点；第二产业增加值增长15.7%，拉动经济增长7.5个百分点；第三产业增加值增长8.5%，拉动经济增长3.2个百分点。三次产业的结构依次为15.8：47.7：36.5。在第三产业中，批发和零售业增长14.0%，住宿和餐饮业增长3.4%，金融业增长14.2%，房地产业增长10.1%。按常住人口计算，2013年人均地区生产总值41479元，增长10.5%。

【农业】2013年，肇庆市全年粮食作物播种面积201979公顷，比上年减少0.6%。其中，稻谷面积166549公顷，减少0.6%；玉米面积9983公顷，增长3.2%；薯类面积20913公顷，减少2.4%；糖蔗面积540公顷，减少22.4%；油料种植面积25354公顷，增长0.1%；蔬菜种植面积76240公顷，增长4.8%。

全年粮食产量112.27万吨，比上年减少2.5%。其中，稻谷产量97.63万吨，减少2.6%；玉米产量4.69万吨，增长4.3%；薯类产量8.74万吨，下降4.5%；糖蔗产量3.93万吨，下降20.4%；油料产量7.15万吨，增长0.6%；烟叶产量0.38万吨，增长9.4%；蔬菜产量223.99万吨，增长4.7%；水果产量130.65万吨，增长9.9%；茶叶产量0.53万吨，增长0.8%。

【工业和建筑业】2013年，肇庆市规模以上工业企业完成增加值813.45亿元，比上年增长18.1%。其中，从轻、重工业看，轻工业增长16.7%，重工业增长18.9%；从注册经济类型看，民营工业增速领先，全年民营企业增长22.2%，国有控股企业增长11.3%，外商及港澳台商投资企业增长20.4%；从企业规模看，中型企业为主要增长动力，大型企业增长17.8%，中型企业增长24.7%，小型企业增长18.8%。三大主导行业增长快，其中有色金属冶炼和压延加工业增长27.2%，非金属矿物制品业增长26.0%，金属制品制造业增长20.9%。

全年资质等级以上建筑企业104个，增长3.0%；实现增加值53.2亿元，增长0.3%；实现利润总额3.96亿元，增长78.4%；利税总额8.43亿元，增长34.2%。

【固定资产投资】2013年，肇庆市全年完成固定资产投资额1007.78亿元，首次超过千亿元，比上年增长20%。其中，全年完成民间投资额763.02亿元，增长23.4%，增幅比整体投资快3.4个百分点；文化产业完成投资额62.72亿元，增长53.0%；基础设施完成投资额213.69亿元，增长39.8%，其中城市建设投资68.95亿元，增长40.5%；工业投资内部结构优化，电子信息、石化、医药投资分别增长36.8%、123.9%和80.7%，六大高耗能行业投资增长10.9%，增幅比整体投资低9.1个百分点。

【科学技术】2013年年末，肇庆市县及县级以上国有研究与开发机构、科技情报和文献机构18个。大中型工业企业拥有技术开发机构58个，与上年持平。全市科学研究与试验发展（R&D）人员9300人年（折合全时当量），比上年增长3.2%。全市R&D经费支出约14.95亿元，增长19.1%。

全年获省部级以上科技成果9项（按成果登记数），全年申请专利量1777件，比上年增长14.6%，其中发明专利295件，下降8.7%。专利授权量1288件，增长9.8%，其中发明专利授权量116件，增长18.4%。《专利合作条约》（PCT）国际专利申请量14件，与上年持平。全年经各级科技行政部门登记技术合同2项，技术合同成交额237.6万元。

【国内贸易和对外经济】2013年，肇庆市全年完成社会消费品零售总额493.12亿元，比上年增长13.8%。从城乡来看，城镇累计消费349.79亿元，增长13.9%；乡村累计消费143.33亿元，增长13.6%。从行业来看，批发零售业仍是消费品市场发展的主导力量，累计实现消费440.69亿元，增长14.3%，占总消费比重达到89.4%，拉动增长12.8个百分点。

全年进出口总额70.17亿美元，比上年增长10.5%；其中出口总额48.25亿美元，增长27.6%；进口额21.91亿美元，下降14.8%。

【交通、邮电和旅游】2013年，肇庆市全年货物运输总量4471万吨，比上年增长21.5%，其中，公路3345万吨，增长20.2%；水路1126万吨，增长25.4%。货物运输周转量60.39亿吨公里，增长19%；其中，公路41.13亿吨公里，增长18%；水路19.26亿吨公里，增长21.3%。全市旅客运输总量7672万人，增长1.4%；旅客运输周转量42.72亿人公里，增长2.1%。港口完成货物吞吐量2941万吨，增长6.8%。港口集装箱吞吐量69.28万标准箱，下降2.1%。

全年完成邮电业务总量40.73亿元，比上年增长8.7%。其中，邮政业务总量3.81亿元，增长42.8%；通信业务总量36.93亿元，增长6.1%。

全年入境旅游人数170.21万人次，比上年下降43.7%。其中，外国人16.9万人次，下降42.9%；香港、澳门和台湾同胞153.31万人次，下降43.8%。在城市接待旅游者中，过夜旅游者1387.82万人次，下降0.3%。过夜旅游者中，国内游客达1292.02万人次，增长5.9%。全市旅游总收入205.87亿元，增长14.7%。

【金融和保险】2013年年末，肇庆市金融机构人民币各项存款余额1540.44亿元，比上年末增长16.3%，其中储蓄存款余额974.24亿元，增长14.0%。各项贷款余额1030.91亿元，比上年末增长17.6%，其中短期贷款余额196.67亿元，增长36%；中长期贷款余额811.68亿元，增长14.7%。

全年实现保费收入261663万元，比上年增长12.7%。其中，寿险业务保费收入134275万元，财产险业务保费收入99689万元，分别增长5.3%和18.2%；健康险业务收入20107万元，增长36.5%；意外伤害险业务保费收入7591万元，增长36.3%。财产险业务赔款支出57804万元，增长22.5%。

10

2013年茂名市经济发展概况

【经济总量】2013年，茂名市全年实现地区生产总值（GDP）2160.2亿元，比上年增长13.2%。其中，第一产业增加值373.2亿元，增长3.3%，对GDP增长的贡献率为4.1%；第二产业增加值893.3亿元，增长15.0%，对GDP增长的贡献率为48.4%；第三产业增加值893.7亿元，增长15.2%，对GDP增长的贡献率为47.5%。三次产业结构为17.3：41.3：41.4。人均地区生产总值36063元，增长11.9%。

【农业】2013年，茂名市全年粮食作物播种面积24.88万公顷，比上年减少2.1%；糖蔗种植面积0.42万公顷，增长4.8%；油料种植面积4.46万公顷，增长1.8%；蔬菜种植面积10.08万公顷，增长4.9%。水果种植面积23.53万公顷，减少0.1%，其中，荔枝面积9.36万公顷，减少0.2%；龙眼面积5.20万公顷，与上年持平。

全年粮食产量142.14万吨，下降6.6%；糖蔗产量30.12万吨，增长6.5%；油料产量13.26万吨，增长4.0%；蔬菜产量253.48万吨，增长4.6%。水果产量274.51万吨，增长5.0%，其中，荔枝产量46.90万吨，增长7.3%；龙眼产量29.88万吨，增长5.0%。

【工业和建筑业】2013年，茂名市全年实现工业增加值826.5亿元，增长15.2%，其中规模以上工业增加值529.1亿元，增长17.1%。全年工业经济效益综合指数475.1%，资产贡献率41.6%，资产保值增值率116.7%，资产负债率54.5%，流动资产周转次数6.6次，成本费用利润率6.1%，全员劳动生产率44.3万元/人年，产品销售率98.3%。实现主营业务收入2046.4亿元，增长16.1%；利润总额111.4亿元，增长24.1%；税金总额182.3亿元，增长10.6%；亏损企业亏损总额2.7亿元，增长37.7%。

全年资质等级以上建筑企业完成施工产值313.1亿元，增长25.9%；竣工产值193.8亿元，增长19.5%。

【固定资产投资】2013年，茂名市全年固定资产投资660.5亿元，增长54.6%。分隶属关系看，中央省属投资72.9亿元，增长11.5%；地方投资587.6亿元，增长62.3%。分产业看，第一产业投资19.5亿元，增长23.4%；第二产业投资386亿元，增长76.8%；第三产业投资255亿元，增长31.9%，其中房地产开发投资77.4亿元，增长4.6%。全年商品房施工面积1028.1万平方米，增长12.5%；竣工面积102.9万平方米，下降52%。

【科学技术】2013年，茂名市全年组织申报国家、省级各类科技项目150多项，已有4个项目得到科技部立项，其中国家创新基金项目立项3项，全年全市专利申请量2530件，增长58.5%，其中发明专利申请392件，增长127.9%。全市有高新技术企业21家，其中年产值在亿元以上的有13家。全市共有省级民营科技企业81家，其中年产值超亿元的有13家，超5000万元的21家，超1000万元的有44家。有22家民营科技企业具有工程技术研究开发中心。

【国内贸易和对外经济】2013年，茂名市全年社会消费品零售总额1008.8亿元，增长11.8%。分地域看，城镇消费品零售额604.5亿元，增长11.9%；乡村消费品零售额404.3亿元，增长11.7%。分行业看，批发零售贸易业零售额915.6亿元，增长11.9%；住宿和餐饮业零售额93.1亿元，增长11.4%。

全年进出口总额122396万美元，增长17.7%。其中，出口总额80622万美元，增长28.1%；进口总额41774万美元，增长1.7%。

【交通、邮电和旅游】2013年，茂名市全年完成公路客运量8620万人，增长6%；旅客周转量87.2亿人公里，增长9%；货运量6661万吨，增长14.7%；货物周转量114.2亿吨公里，增长14.9%。完成水路客运量

51.5万人，增长17%；水路旅客周转量711万人公里，下降40%；水路货运量461.7万吨，增长30.7%；水路货物周转量47.8亿吨公里，增长16.5%。港口货物吞吐量2370万吨，下降0.8%；集装箱10.3万标准箱，增长24%。

全年完成邮电业务总量52.9亿元，按2010年不变价计算，增长9.0%。其中邮政业务总量4.4亿元，增长28.5%，电信业务总量48.5亿元，增长7.5%。年末固定电话用户77.1万户，下降7.9%，移动电话年末户数360.3万户（有效用户），增长28.4%。

全年城市住宿设施接待过夜游客428.5万人次，增长7.0%。其中国际游客2.5万人次，与去年持平；国内游客426万人次，增长7.1%。旅行社组团国内游25.2万人次，出境游0.9万人次。全年旅游业总收入101.1亿元，增长8.6%。其中旅游外汇收入1394.6万美元，增长6.1%。星级酒店开房率71.5%。

【金融和保险】2013年年末，茂名市全市银行业金融机构人民币存款余额1567.0亿元，增长18.0%。其中，城乡居民储蓄存款余额1135.2亿元，增长15.4%；单位存款余额369.3亿元，增长20.9%。各项贷款余额637.1亿元，增长18.1%。其中，短期贷款余额195.0亿元，增长26.0%；中长期贷款余额440.3亿元，增长18.8%。

全市实现保费收入38.0亿元，增长9.0%。其中，寿险业务保费收入27.1亿元，增长4.0%；财产险业务保费收入10.9亿元，增长24.0%；健康险和意外伤害险业务保费收入1.6亿元，增长16.3%。全年共支付各项赔付和给付10.2亿元，增长26.9%。其中，寿险业务赔付4.8亿元，增长27.8%；财产险业务赔款支出5.4亿元，增长26.0%；健康险和意外伤害险赔付支出0.6亿元，增长13.8%。

11

2013年东莞市经济发展概况

【经济总量】2013年，东莞市全年实现地区生产总值（GDP）5490.02亿元，比上年增长9.8%。分产业看，第一产业增加值20.09亿元，下降0.3%；第二产业增加值2518.88亿元，增长10.3%；第三产业增加值2951.06亿元，增长9.4%。三大产业比例为0.3∶45.9∶53.8。人均地区生产总值66109元，增长9.4%。

【农业】2013年，东莞市全年完成农林牧渔业总产值33.15亿元，比上年下降（按可比价计算，下同）1.4%。其中农业产值18.93亿元，增长2.2%，占农林牧渔业总产值的57.1%；林业产值0.36亿元，增长115.3%，占1.1%；牧业产值5.24亿元，下降14.3%，占15.8%；渔业产值7.66亿元，下降1.1%，占23.1%。全年农作物播种面积36.78万亩、水果种植面积19.43万亩。全年粮食产量1.24万吨；水产品产量7.45万吨；蔬菜产量38.26万吨，下降1.0%；生猪出栏23.25万头，下降18.8%；家禽出栏462.60万只，下降19.8%。

【工业和建筑业】2013年，东莞市全年规模以上工业实现增加值2112.65亿元，比上年增长11.3%。在规模以上工业中，重工业增加值1181.95亿元，增长15.5%，占55.9%；轻工业增加值930.70亿元，增长

6.2%，占44.1%。

全年全市建筑业实现增加值82.73亿元，比上年增长4.5%。建筑企业完成总产值176.71亿元，增长15.2%；施工面积732.96万平方米，下降5.7%；竣工面积377.23万平方米，下降3%。建筑企业按施工产值计算的全员劳动生产率人均31万元，增长10.3%。

【固定资产投资】2013年，东莞市全年全社会固定资产投资1383.94亿元，比上年增长18.2%。按登记注册类型分，国有经济投资176.02亿元，增长54.3%，占固定资产投资总额的12.7%；集体经济投资120.19亿元，下降3.2%，占8.7%；民营经济投资883.52亿元，增长32%，占63.8%；外商及港澳台商投资256.68亿元，下降12.8%，占18.5%。

从产业投向看，投资集中在第二、第三产业。第二产业投资417.68亿元，其中制造业投资374.07亿元；第三产业投资965.09亿元。全年完成投资5000万元以上项目442个，共完成投资639.46亿元。

【科学技术】2013年，东莞市全年新增国家高新技术企业82家，111家企业拟通过认定，总数预计达675家。全市专利申请量29012件，下降0.6%，其中发明专利6454件，占专利申请量比例为22.2%；专利授权量22595件，增长8.1%，其中发明专利授权量1495件，增长8.3%。

【国内贸易和对外经济】2013年，东莞市全年全市批发和零售业实现增加值554.91亿元，增长9.8%；住宿和餐饮业实现增加值175.48亿元，增长0.6%。

全年社会消费品零售总额1486.66亿元，比上年增长9.8%，扣除物价因素影响，实际增长9.1%。分行业看，批发零售贸易业零售额1363.10亿元，增长10.4%；住宿餐饮业零售额123.56亿元，增长2.7%。

全年全市进出口总额1530.72亿美元，比上年增长6.0%。其中进口总额622.08亿美元，增长4.6%；出口总额908.64亿美元，增长6.9%。

【交通、邮电和旅游】2013年，东莞市全年全市交通运输、仓储和邮政业实现增加值153.28亿元，增长10.8%。

全年完成邮电业务收入175.80亿元，比上年增长3.4%。邮政发送信函4316万件，特快专递114万件，邮政汇款汇出金额188.61亿元。年末全市固定电话用户（含小灵通）321.99万户，比上年减少3.12万户；移动电话用户1850.39万户，增加96.29万户。全年长途电话通话时长219.04亿分钟，年末互联网用户216.11万户，比上年增加6.52万户；宽带接入用户207.55万户，增加2.83万户。

年末全市有星级酒店89家，其中五星级酒店22家。全市有旅行社64家，全年接待国际及港澳台游客418.04万人次，增长0.8%。其中接待外国游客138.28万人次，增长2.6%；接待港澳台游客279.76万人次，下降0.1%。国际旅游外汇收入14.50亿美元，增长14.2%。全年接待国内游客2408.29万人次，增长3.4%。国内旅游总收入346.43亿元，增长13.1%。全年东莞组团外出旅游160.39万人次，下降13.5%。其中，国内旅游143.51万人次，下降14.3%；出境旅游17.56万人次，下降1.4%。

【金融和保险】2013年年末，东莞市全市有各类金融机构121家，其中银行类机构33家，保险类机构52家，证券期货类机构36家。年末全市金融机构各项人民币存款余额8630.73亿元，比年初增长13.7%。其中城乡居民储蓄存款余额4476.43亿元，增长6.7%。各项人民币贷款余额4774.23亿元，比年初增长13.8%。在个人消费贷款余额中，个人住房按揭贷款余额1034.42亿元，增长9.9%；个人汽车消费贷款余额5.43亿元，下降14.9%。

全年全市各类保险保费收入207.13亿元，增长16.6%。其中财产险保费收入71.61亿元，增长17.3%；人寿险保费收入135.52亿元，增长16.2%。全年财产保险赔款与给付金额37.91亿元，综合赔付率为52.9%。

12

2013年中山市经济发展概况

【经济总量】2013年，中山市全年实现地区生产总值（GDP）2638.93亿元，按可比价格计算，比上年（下同）增长10.0%。其中，第一产业增加值66.87亿元，增长2.2%；第二产业增加值1463.71亿元，增长10.9%；第三产业增加值1108.35亿元，增长9.0%。三次产业结构调整为2.5：55.5：42.0。民营经济增加值1311.95亿元，增长7.1%，占全社会GDP的比重达49.7%。全市人均GDP达83393元（折13473美元），增长9.4%。

【农业】2013年，中山市全年农业总产值111.77亿元，增长2.2%。全年粮食作物播种22.4万亩，下降0.96%；经济作物种植9.34万亩，增长2.86%；蔬菜种植35.49万亩，增长2.06%；水果种植9.82万亩，下降1.35%。粮食总产量7.27万吨，下降6.2%；蔬菜产量51.04万吨，增长1.9%；水果产量16.73万吨，增长4.5%。

【工业和建筑业】2013年，中山市全年实现工业增加值1404.17亿元，增长11.6%。3000家规模以上工业企业完成增加值1257.02亿元，增长10.2%。分类型看，国有及国有控股企业增加值95.68亿元，增长16.8%；民营企业514.49亿元，增长9.3%；外商及港澳台商投资企业722.44亿元，增长9.9%；股份制企业413.60亿元，增长14.5%。分轻、重工业看，轻工业增加值687.28亿元，增长10.1%；重工业增加值569.75亿元，增长12.9%。

全市建筑业实现增加值59.54亿元，下降5.3%。全市资质等级以上建筑企业施工产值157.84亿元，增长1.9%；房屋建筑施工面积553.91万平方米，下降26.7%；房屋建筑竣工面积254.86万平方米，下降13.9%。建筑企业按施工产值计算的全员劳动生产率29.45万元/人·年，增长5.6%。

【固定资产投资】2013年，中山市全年固定资产投资962.93亿元，增长15.2%。其中房地产开发投资399.12亿元，增长15.2%。分投资主体看，国有投资119.87亿元，增长43.9%；集体投资44.72亿元，下降2.2%；外商及港澳台投资180.44亿元，下降16.5%；私人及其他投资617.89亿元，增长12.7%。分产业看，第一产业投资0.90亿元，增长4.9倍；第二产业投资295.54亿元，下降3.9%，其中工业投资294.72亿元，下降4.1%；第三产业投资666.49亿元，增长13.8%。

【科学技术】2013年，中山市全市专利申请量21818件，增长18.6%；专利授权量14218件，增长30.44%。其中发明专利申请量2432件，增长33.99%，发明专利授权量464件，下降1.28%。全年新增38个省级工程中心、28家市级工程中心、28家高新技术企业，全市市级以上工程中心增至384家，高新技术企业增至263家；新引进3个市级创新科研团队，累计引进7个创新科研团队（其中省级2个、市级5个）；新引进2个院士工作站，累计引进3个院士工作站。批准引进1家国家重点实验室分支机构，全市国家重点实验室分支机构增至5家。

【国内贸易和对外经济】2013年，中山市全年社会消费品零售总额890.55亿元，增长10.4%。分地域看，城镇消费品零售额815.08亿元，乡村消费品零售额75.47亿元，分别增长10.6%和8.4%。分行业看，批发和零售业零售额801.56亿元，增长10.9%；住宿和餐饮业零售额88.99亿元，增长6.0%。

全年进出口总值356.29亿美元，增长6.3%。其中，出口264.78亿美元，增长7.5%；进口91.51亿美元，增长3.1%。进出口差额（出口减进口）173.27亿美元，增长9.9%。从贸易方式看，一般贸易出口113.80亿美元，增长12.3%；加工贸易出口149.46亿美元，增长4.3%，占全市出口的56.45%。从经营主体看，国有企业出口14.56亿美元，增长25.66%；集体企业出口19.15亿美元，下降10.8%；外商投资企业出口175.6亿美元，下降5.9%；私营（个体）企业出口55.46亿美元，增长15.1%。从出口商品看，机电产品出口184.24亿美元，增长8.92%；高新技术产品出口59.01亿美元，增长2.9%；服装及衣着附件出口23.39亿美元，增长6.9%。从出口市场看，对香港市场出口67.94亿美元，增长1.6%；对欧盟市场出口45.36亿美元，增长10.3%；对美国市场出口60.84亿美元，增长10.3%。

【交通、邮电和旅游】2013年，中山市全年交通运输、仓储和邮政业增加值48.43亿元，增长12.2%。全市年末公路通车里程2304公里。全市机动车拥有量87.84万辆，增长9.0%。其中，汽车拥有量55.48万辆，增长14.9%。其中个人汽车49.26万辆，增长16.8%。全年货物周转量146.55亿吨公里，增长20.1%；旅客周转量277.03亿人公里，增长27.9%；港口货物吞吐量6833万吨，增长30.8%。

全年邮电通信业务总量86.25亿元（2010年不变价），增长7.5%。年末全市移动电话用户663.80万户，增长21.2%；本地电话用户109.04万户，下降5.9%。全市国际互联网络用户99.64万户，增长14.4%。

全年接待过夜海内外游客861.42万人次，增长7.6%。其中，外国游客和港澳台游客53.77万人次，国内游客807.65万人次。旅游景点接待游客1194.27万人次，增长4.5%；旅行社接待总人数260.37万人次，增长8.4%。组团国内游135.66万人次，增长1.5%；出境游25.28万人次，增长33.31%。全年旅游总收入198.0亿元，增长8.7%，其中旅游外汇收入2.39亿美元，增长9.57%。年末全市共有星级酒店30家，星级酒店客房数3632间，客房开房率48.8%。

【金融和保险】2013年年末，中山市全市金融机构本外币各项存款余额4021.81亿元，比年初增长15.9%。在人民币存款中，境内企业存款和个人储蓄存款分别为993.61亿元和1932.67亿元，分别比年初增长13.5%和10.5%。全市金融机构本外币各项贷款余额2315.87亿元，比年初增长17.6%。在人民币贷款中，短期贷款889.96亿元，比年初增长26.9%；中长期贷款1187.35亿元，比年初增长12.4%。个人消费贷款余额

669.89亿元，比年初增长19.4%。其中住房贷款589.08亿元，比年初增长15.3%。

年末全市各类保险公司49家，新增2家。商业保险全年保费收入82.85亿元，增长9.8%。其中，财产险保费收入28.10亿元，增长21.3%；寿险保费收入54.74亿元，增长4.7%。商业保险各类赔付（给付）25.00亿元，增长42.34%。其中，财产险赔付（给付）13.46亿元，寿险赔付（给付）11.54亿元，分别增长19.9%和82.2%。

13

2013年潮州市经济发展概况

【经济总量】2013年，潮州市全年实现地区生产总值（GDP）780.3亿元，比上年增长11%。其中，第一产业增加值54.9亿元，增长4.9%，对GDP增长的贡献率为2.8%，拉动经济增长0.3个百分点；第二产业增加值435.9亿元，增长14.2%，对GDP增长的贡献率为71.9%，拉动经济增长7.9个百分点；第三产业增加值289.5亿元，增长7.3%，对GDP增长的贡献率为25.3%，拉动经济增长2.8个百分点。在第三产业中，批发和零售业增长7.9%，住宿餐饮业增长6.0%，交通运输、仓储和邮政业增长6.8%，金融业增长10%，房地产业增长10%。三次产业比例关系为7：55.9：37.1。人均生产总值28837元，比上年增长10.5%。

【农业】2013年，潮州市全市农业总产值94.1亿元，比上年增长5.2%。农作物总播种面积96.02万亩，比上年下降0.6%。粮食播种面积66.40万亩，比上年下降3.3%。粮食总产量26万吨，比上年下降10.3%。水果总产量17.4万吨，比上年增长12.3%；茶叶总产量1.45万吨，比上年增长14.2%；蔬菜总产量45.9万吨，比上年增长5.3%。肉类总产量7.5万吨，比上年下降2.6%。水产品产量18.8万吨，比上年下降5.5%。

【工业和建筑业】2013年，潮州市规模以上工业总产值1006亿元，比上年增长19.6%。规模以上工业增加值277.5亿元，增长16.5%。分经济类型看，股份制企业增长18.7%，国有及国有控股企业增长2.4%。分轻重工业看，轻工业增长18.9%，重工业增长13.5%，轻重工业增加值比例为57.2：42.8。

全市资质以上等级建筑企业77家。实现建筑业总产值34.6亿元，比上年增长12.6%。房屋建筑施工面积629万平方米，比上年增长18.6%。房屋建筑竣工面积180万平方米，比上年增长64.1%。

【固定资产投资】2013年，潮州市全市固定资产投资253.6亿元，比上年增长19.3%，其中城镇投资101.5亿元，增长18.7%；农村投资110.2亿元，增长11.8%。分三次产业看，第一产业投资7.8亿元，比上年下降11.6%；第二产业投资135.5亿元，增长4.9%；第三产业投资110.4亿元，增长47.8%。房地产开发投资41.9亿元，增长46.7%。商品房施工面积470.7万平方米，增长12.4%，商品房竣工面积78.2万平方米，增长3.4%；商品房销售面积72.9万平方米，增长51.1%。

【科学技术】2013年，潮州市共组织申报国家和省科技项目163项，其中，国家级项目11项，省战略性新兴产业项目5项。共组织申报省级工程中心8个，组织申报省级工程中心提升建设计划2项。新认定省级和市级专业镇各2个，累计省级专业镇19个。全年专利申请量为4564项，同比增长29.37%；专利授权量2957项，同比增长23.1%。2项外观专利被评为第十五届中国专利优秀奖。

【国内贸易和对外经济】2013年，潮州市社会消费品零售总额354亿元，比上年增长11.6%。分地域看，城镇消费品零售额263.4亿元，增长12.2%；乡村消费品零售额90.7亿元，增长9.1%。分行业看，批发零售业零售额322.7亿元，增长11%，住宿餐饮业零售额31.4亿元，增长13.7%。

全年海关进出口总额39.1亿美元，比上年下降7.5%。进口总额11.3亿美元，比上年下降26.3%；出口总额27.8亿美元，比上年增长3.2%。从贸易方式看，一般贸易出口26亿美元，增长4.8%；加工贸易出口1.6亿美元，增长1.7%。各类商品中，陶瓷商品出口9.96亿美元，增长4%；机电产品出口3.8亿美元，增长0.3%；服装及纺织品出口3.93亿美元，增长5.1%；鞋类出口2.5亿美元，增长4.7%；食品出口3.4亿美元，增长25%。各大出口市场中，对欧盟出口3.9亿美元，下降9.6%；对美国出口4.5亿美元，增长2.7%；对东盟出口4.4亿美元，增长31.4%；对香港出口2.4亿美元，增长4%；对日本出口0.56亿美元，下降11.3%。

【交通、邮电和旅游】2013年，潮州市全年货运量为3988.4万吨，增长11.3%，货物周转量176.85亿吨公里，增长7.3%，客运量为3812.4万人，增长11.0%；旅客周转量为45.1亿人公里，增长10.8%。全市年末机动车拥有量56.93万辆，比上年增长2.4%。民用汽车拥有量达到16.7万辆，比上年末增长14.6%。其中，私人汽车15.04万辆，增长16.4%。民用轿车拥有量达到9.38万辆，增长16.1%，其中私人轿车8.92万辆，增长16.9%。摩托车40.21万辆，下降2.0%。

全年邮电通信业务总量28.96亿元，增长17.2%。电话总用户63.04万户，比上年增长0.3%，其中城市电话33.79万户，乡村电话29.25万户。移动电话总用户241.04万户，比上年增长16.1%。全市互联网固定用户40.8万户，比上年增长16.7%。

2013年，全市旅游收入89.9亿元，比上年增长20.2%；接待海内外游客人数590.4万人次，增长20.1%；其中，接待海外游客61万人次，增长12.6%，接待国内游客529.5万人次，增长21%；全市共有星级饭店14家，全年客房出租率54.6%。

【金融和保险】2013年年末，潮州市全市金融机构本外币存款余额919.3亿元，比年初增长9.9%；其中城乡居民储蓄存款余额647.5亿元，比年初增长10%。金融机构本外币贷款余额323亿元，比年初增长11.3%。其中，短期贷款158.3亿元，比年初增长4.7%，中长期贷款152.7亿元，比年初增长18.1%。存贷比为35.1%。

2013年，全市保险业实现保费收入18亿元，下降1.4%，其中，人身保险业务保费收入12.5亿元，下降9.2%；财产保险业务保费收入5.5亿元，增长22.7%；共支付各项赔款和给付9亿元，比上年增长44.4%，其中，人身保险赔付支出5.9亿元，增长65.2%；财产保险赔付支出3.1亿元，增长16.3%。

广西壮族自治区

| 南宁市 | 桂林市 | 梧州市 | 防城港市 | 玉林市 | 河池市 | 来宾市 | 贵港市 |

| 柳州市 | 钦州市 | 贺州市 |

1

2013年南宁市经济发展概况

【经济总量】2013年，南宁市全年实现地区生产总值（GDP）2803.54亿元，按可比价格计算，比上年增长10.3%。按户籍人口计算，全市人均地区生产总值38994元，按平均汇率折算达到6396美元。三次产业中，第一产业增加值349.93亿元，增长4.8%；第二产业增加值1110.89亿元，增长14.6%；第三产业增加值1342.73亿元，增长8.1%。

三次产业的比重为12.48：39.62：47.90。与2012年比较，第一产业比重回落0.42个百分点，第二产业比重上升1.24个百分点，第三产业比重回落0.82个百分点。

【农业】2013年，南宁市全年全市实现农林牧渔业总产值577.27亿元，比上年增长4.7%。其中，农业产值311.57亿元，增长5.72%；林业产值29.08亿元，增长0.27%；畜牧业产值184.95亿元，增长2.48%；渔业产值22.60亿元，增长7.35%；农业服务业产值29.06亿元，增长11.43%。占农林牧渔业的比重分别为：农业53.97%，比上年上升1.07个百分点；林业5.04%，上升0.02个百分点；畜牧业32.04%，下降1.44个百分点；渔业3.91%，上升0.1个百分点；农业服务业5.03%，上升0.24个百分点。

【工业和建筑业】2013年，南宁市全年全部工业总产值2661.97亿元，比上年增长19.92%。规模以上工业总产值2554.75亿元，增长20.63%；其中国有企业增长27.07%，集体企业增长21.99%，股份制企业增长18.68%，外商及港澳台投资企业增长31.05%。全年全部工业增加值820.60亿元，增长14.8%。工业对经济增长的贡献率为42.40%，拉动经济增长4.37个百分点。

2013年年末，全市具有资质等级的建筑企业540个，比上年增长0.56%。全年实现建筑业增加值290.29亿元，增长14.1%。全市建筑施工企业（资质企业）完成施工产值835.57亿元，增长16.18%；实现利润总额13亿元，增长45.25%；利税总额37.25亿元，增长27.92%。

【固定资产投资】2013年，南宁市全年完成全社会固定资产投资2475.01亿元，比上年增长23.40%。其中，固定资产投资（不含私人建房）2432.69亿元，增长23.66%。固定资产投资中，基本建设投资1109.74亿元，增长29.16%；更新改造投资728.33亿元，增长23.08%；房地产开发投资416.37亿元，增长14.79%。分投资主体看，国有经济投资794.04亿元，增长20.94%，占全社会固定资产投资比重的32.08%；集体经济投资49.34亿元，增长11.04%，比重为1.99%；私营个体投资822.52亿元，增长24.88%，比重为33.23%；其他经济投资809.11亿元，增长25.23%，比重为32.69%。

在全社会固定资产投资中，第一产业投资70.53亿元，增长66.09%；第二产业投资755.16亿元，增长21.16%，其中工业投资728.13亿元，增长19.22%；第三产业投资1649.31亿元，增长23.09%。全市固定资产投资主要集中在制造业、房地产业、信息传输、计算机服务和软件业、水利环境和公共设施管理等行业。

【国内贸易和对外经济】2013年，南宁市全年全市社会消费品零售总额1450.84亿元，比上年增长14.01%。分地域看，城镇消费品零售额1365.45亿元，增长13.92%；乡村消费品零售额85.39亿元，增长15.39%。

全年外贸进出口总值44.21亿美元，比上年增长6.60%。其中，出口总值23.53亿美元，下降6.54%；进口总值20.68亿美元，增长26.91%。

【交通、邮电和旅游】2013年，南宁市全年货物运输总量33594.75万吨，比上年增长12.8%。旅客运输总量12737.48万人，增长5.83%。其中，铁路货物运输量500.12万吨，下降18.82%；铁路旅客运输量1073.98万人，增长2.0%；公路货物运输量29851万吨，增长14.02%；公路旅客运输量11240万人，增长5.86%；水路货物运输量32.39万吨，增长8.57%；民航旅客发送量423.5万人，增长16.06%；航空货邮发送量4.9万吨，增长16.67%。

全年邮电业务总量100.92亿元，比上年增长7.00%，其中电信业务总量96.05亿元，增长6.99%；邮政业务总量4.87亿元，增长7.08%。

全年共接待国内旅游者5840.26万人次，比上年增长14.07%；接待境外旅游者35.11万人次，增长16.76%。其中，外国游客23.31万人次，增长11.06%；港、澳、台同胞11.80万人次，增长29.96%。国内旅游收入469.64亿元，增长19.45%。国际旅游收入1.37亿美元，增长28.31%。年末全市实有星级宾馆62家。拥有4A级旅游景区15个。拥有旅行社68家，其中出境旅行社21家。

【金融和保险】2013年年末，南宁市全市共有金融机构30家，营业网点1080个。年末全市金融机构各项存款余额6483.53亿元，增长15.22%。其中，单位存款余额3879.17亿元，增长13.58%；个人储蓄存款余额2321.16亿元，增长20.97%。金融机构贷款余额6115.88亿元，增长11.17%。

年末全市共有各类保险公司34家，比上年增加1家，其中，财险公司20家，寿险公司14家。全年保费收入100.85亿元，比上年增长30.47%。其中，财产险保费收入55.21亿元，增长55.39%；寿险保费收入45.64亿元，增长9.27%。全年各项保险赔款及给付32.67亿元，其中财产险业务赔款及给付25.93亿元；寿险、健康险和意外伤害险赔款及给付6.74亿元。

2

2013年桂林市经济发展概况

【经济总量】2013年，桂林市全年实现地区生产总值（GDP）1657.90亿元，按可比价格计算，比上年增长11.0%。其中，第一产业增加值299.44亿元，增长5.2%；第二产业增加值792.87亿元，增长15.5%；第三产业增加值565.59亿元，增长7.3%。三次产业增加值占地区生产总值的比重分别为18.1%、47.8%和34.1%。

【农业】2013年，桂林市全年农林牧渔业总产值469.92亿元，按可比价格计算比上年增长5.5%。其中，农业产值288.08亿元，增长6.7%；林业产值29.75亿元，增长4.9%；牧业产值129.17亿元，增长3.0%；渔业产值10.75亿元，增长6.3%；农林牧渔服务业产值12.16亿元，增长7.2%。

【工业和建筑业】2013年，桂林市全部工业总产值2068.11亿元，比上年增长18.8%，其中规模以上工业总产值1917.11亿元，增长20.1%。全部工业增加值662.66亿元，按可比价计算增长15.3%，工业增加值占GDP的比重为40.0%，其中规模以上工业增加值增长18.8%。在规模以上工业增加值中，国有及国有控股企业增长16.1%，集体企业增长24.3%，股份制企业增长18.2%，外商及港澳台商投资企业增长16.9%。从轻、重工业看，重工业增长19.4%，轻工业增长18.0%。从行业看，在32个工业行业大类中有26个行业增长，占行业面的81.3%。

全年全社会建筑业增加值130.21亿元，按可比价格计算，增长16.5%。具有资质等级的总承包和专业承包建筑业企业实现总产值235.20亿元，增长19.0%。

【固定资产投资】2013年，桂林市全年全社会固定资产投资1390.32亿元，比上年增长25.4%。其中工业投资546.87亿元，增长35.4%；固定资产投资(不含农户)1308.46亿元，增长25.3%。分区域看，市区投资292.17亿元，增长25.3%；县域投资1098.15亿元，增长25.4%。

【科学技术】2013年年末，桂林市全市拥有科研、设计机构14个。各类专业技术人员8.13万人，全年组织实施科技项目773项，其中国家级306项，自治区级426项，市级41项。全年完成科技成果90项，获奖60项。获科技进步奖58项，其中自治区级奖28项，市级30项。

【国内贸易和对外经济】2013年，桂林市全年社会消费品零售总额604.03亿元，比上年增长12.6%。

城镇消费品零售总额497.94亿元，增长12.5%；乡村消费品零售总额106.09亿元，增长13.4%。按消费形态统计，批发零售业零售额500.47亿元，增长11.1%，其中限额以上140.39亿元，增长10.2%；住宿和餐饮业零售额103.56亿元，增长20.4%，其中限额以上10.92亿元，下降3.1%；批发零售贸易业商品销售总额913.24亿元，增长11.7%，其中限额以上291.38亿元，增长6.8%。

全年外贸进出口总额9.24亿美元，比上年下降5.3%。其中，出口7.59亿美元，下降3.8%；进口1.65亿美元，下降11.6%。

【交通、邮电和旅游】2013年，桂林市全年交通运输、仓储及邮政业增加值71.11亿元，比上年增长

5.9%。年末公路总里程11784公里，增长3.2%。其中高速公路里程402公里。

全年邮电业务总量40.22亿元，比上年增长5.2%。其中，邮政业务总量2.50亿元，增长15.3%；电信业务总量37.72亿元，增长4.6%。年末固定电话用户64.82万部，移动电话369.22万部，互联网宽带接入用户67.14万户。

全年接待国内外游客3584万人次，增长8.9%。其中，国内游客3390.5万人次，增长9.0%；入境游客193.7万人次，增长6.2%。实现旅游总收入348.48亿元，增长25.9%。其中，国内旅游收入294.63亿元，增长27.8%；境外旅游收入53.85亿元，增长16.1%。

【金融和保险】2013年年末，桂林市金融机构本外币存款余额2067.01亿元，比年初增加237.59亿元，增长13.0%。本外币贷款余额1225.77亿元，比年初增加172.62亿元，增长16.4%。

全年保险业承保额合计7476.75亿元，比上年增长42.7%。其中，财产险业务承保额5522.23亿元，增长28.0%；寿险业务承保额1954.52亿元，增长111.4%。保费收入33.33亿元，比上年增长10.7%。其中，财产险业务保费收入10.92亿元，增长22.2%；寿险业务保费收入22.41亿元，增长5.8%。支付各类赔款及给付6.00亿元，增长24.1%。其中，财产险业务赔款5.44亿元，增长14.8%；寿险业务给付0.93亿元，增长6.2%。

3

2013年梧州市经济发展概况

【经济总量】2013年，梧州市全年实现地区生产总值（GDP）991.7亿元，按可比价格计算，比上年增长13.2%。分产业看，第一产业实现增加值115.3亿元，增长4.8%；第二产业实现增加值654.8亿元，增长16.8%；第三产业实现增加值221.6亿元，增长7.9%。三次产业的比重为11.6：66：22.4。

【农业】2013年，梧州市全市农林牧渔业总产值188.18亿元，比上年增长5.16%。其中，农业产值95.9亿元，增长4.14%；林业产值27.9亿元，增长14.23%；畜牧业产值49.6亿元，增长2.2%；渔业产值8.04亿元，增长5.95%；农林牧渔服务业产值6.7亿元，增长10.3%。

【工业和建筑业】2013年，梧州市全年实现工业总产值1804亿元，比上年增长26.5%。其中，规模以上工业总产值1745.5亿元，增长27.4%。在规模以上工业总产值中，轻工业总产值297.9亿元，增长20.7%；重工业总产值1447.6亿元，增长28.9%。全年实现全部工业增加值605亿元，同比增长19.4%；其中，规模以上工业增加值581.5亿元，增长20.2%。

2013年年末，全市具有资质等级的建筑企业46家。全年建筑业增加值49.8亿元，比上年增长10%；房屋建筑施工面积927万平方米，增长10.5%；竣工面积73万平方米，下降16.1%。

【固定资产投资】2013年，梧州市全年完成全社会固定资产投资总额850.3亿元，比上年增长30.6%。固定资产投资803.4亿元，增长30.4%；城镇固定资产投资769.7亿元，增长27.6%；其中，基本建设投资

329.9亿元，比上年增长21.4%；更新改造投资345.9亿元，同比增长36.2%。按产业分，第一产业投资29.4亿元，增长91.8%；第二产业投资356.7亿元，增长18.4%；第三产业投资417.3亿元，增长39.3%。投资结构出现变化，受第一产业投资快速增长的拉动，第一产业投资占比略有提高，三次产业投资比例由上年的2.5：49.4：48.1调整为今年的3.7：44.4：51.9。

【科学技术】2013年，梧州市全市共组织实施国家级科技项目5项，省级科技项目59项，安排市级科技项目50项，市级科技项目总投资5.6亿元，获得自治区级科技进步奖2项，获得市级科技进步奖25项。全年专利申请受理928件，其中发明427件；获得授权专利510件，其中发明35件。全年共签订各类技术合同2项，技术合同成交总额3600万元；农业科技服务机构15个。

【国内贸易和对外经济】2013年，梧州市全市实现社会消费品零售总额292.3亿元，同比增长13.7%，其中，批发和零售业分别实现销售额113亿元和293.9亿元，同比分别增长11.5%和20.2%；住宿和餐饮业分别实现营业额3.3亿元和24.3亿元，同比分别增长11.9%和15.7%。全年批发和零售业实现增加值53亿元，比上年增长8.8%；住宿餐饮业实现增加值13.1亿元，比上年增长5.9%。

全市有进出口实绩的企业163家，从业人员30305人。全市外贸进出口总额176506万美元（海关数），比上年增长45.9%。其中，进口总额126574万美元，同比增长64.6%；出口总额49932万美元，增长13.4%。在出口总额中，国有企业出口10407.3万美元，增长127%；外商投资企业出口23854.6万美元，下降9.1%；民营企业出口15669.7万美元，增长18.5%。

【交通、邮电和旅游】2013年，梧州市交通运输、仓储和邮政业实现增加值24.7亿元，比上年增长9.4%。公路水路客货运输周转量84.9亿吨公里，增长16.5%；公路客运周转量44亿人公里，增长10.7%，公路货运周转量32亿吨公里，增长20.2%；水路货运周转量48.4亿吨公里，增长14.7%；截至2013年年末，全市各类机动车保有量58.8万辆，比上年增长5.9%。其中，汽车111857辆，增长27.5%。在汽车拥有量中，私人汽车93983辆，比上年增长32.4%。

完成邮电业务总量18.7亿元，比上年增长5%，其中邮政业务总量1.46亿元，增长15.8%；电信业务总量17.2亿元，增长4.2%。

截至2013年年末，全市已有星级饭店23家；旅行社28家；A级旅游景区（点）7个；星级农家乐22家；工业旅游基地4家。全市累计接待入境游客18.26万人次，增长19.6%；国内旅游人数1131万人次，同比增长15.9%。累计入境收入5647万美元，增长33.5%；国内旅游收入100.11亿元，同比增长23.2%；全年旅游总收入103.61亿元，同比增长23.45%。

【金融和保险】2013年，梧州市全年实现金融业增加值24.2亿元，比上年增长11.7%。截至2013年年末，全市共有16家金融机构。全市金融机构人民币各项存款余额758亿元，同比增长14%；其中城乡居民储蓄余额480.8亿元，同比增长16.6%。金融机构人民币各项贷款余额537.4亿元，同比增长16.5%。其中，短期贷款余额216.5亿元；中长期贷款余额319.2亿元。

全市各类保险公司21个，比上年增加2个，其中财险公司12个，寿险公司9个。全年原保险保费收入

13.3亿元，比上年增长15.8%。其中，财产险公司原保险保费收入4.6亿元，增长16.9%；寿险公司原保险保费收入8.7元，增长15.2%。全年保险赔付支出4.6亿元，比上年上升了14.9%。

4

2013年防城港市经济发展概况

【经济总量】2013年，防城港市全年实现地区生产总值（GDP）525.15亿元，增长12.4%（按可比价格计算，同比，下同）。按常住人口计算，人均生产总值58810元。

从行业看，第一产业增加值68.45亿元，增长5.5%；第二产业增加值296.08亿元，增长17.9%，其中工业增加值257.02亿元，增长19.5%；第三产业增加值160.61亿元，增长5.9%。全市三次产业结构由上年同期的13.8∶52.6∶33.6调整为13.0∶56.4∶30.6。

【农业】2013年，防城港市全年农作物总播种面积124.58千公顷，比上年增加3.05千公顷。其中：粮食种植面积50.04千公顷，增加0.98千公顷，其中谷物、豆类、薯类种植面积分别为40.82千公顷、1.61千公顷、7.61千公顷，分别增加0.65千公顷、0.06千公顷、0.27千公顷；经济作物种植面积53.57千公顷，增加1.52千公顷，其中油料种植面积2.83千公顷，增加0.14千公顷；甘蔗种植面积48.67千公顷，增加1.56千公顷；蔬菜种植面积20.28千公顷，增加0.53千公顷。年末果园面积10.89千公顷，增加0.36千公顷。全年粮食总产量19.86万吨，增长3.1%；甘蔗产量352.41万吨，增长3.5%；油料产量0.58万吨，增长4.6%；水果产量6.70万吨，增长4.8%；蔬菜产量25.28万吨，增长4.4%。

【工业和建筑业】2013年，防城港市全年工业总产值1000.45亿元，增长23.3%；实现工业增加值257.02亿元，增长19.5%。其中，规模以上工业产值959.35亿元，增长24.2%；规模以上工业增加值246.97亿元，增长20.8%。

全年全社会建筑业实现增加值39.06亿元，增长8.9%。具有资质等级的总承包和专业承包建筑业企业47家，全年完成建筑业总产值74.57亿元，增长4.0%；房屋建筑施工面积409.24万平方米，增长18.9%；房屋建筑竣工面积231.87万平方米，下降1.0%。

【固定资产投资】2013年，防城港市全市完成全社会固定资产投资475.45亿元，增长14.5%。其中，城镇固定资产投资453.33亿元，增长15.1%；农村投资22.11亿元，增长4.3%。固定资产投资（不含农户）完成455.81亿元，增长14.9%。在固定资产投资中，基本建设投资累计完成228.14亿元，增长31.5%；更新改造投资完成123.12亿元，增长39.5%；房地产开发投资100.12亿元，下降22.8%。

在固定资产投资中，分投资主体看，国有投资214.60亿元，增长26.6%；非国有投资241.21亿元，增长6.2%，其中民间投资217.65亿元，占固定资产投资比重为47.8%。分产业看，第一产业完成投资12.76亿元，增长38.8%；第二产业完成投资188.54亿元，增长28.6%，其中工业投资188.54亿元，增长28.6%；第三产业完成投资254.51亿元，增长5.7%。三次产业投资比重由上年同期的2.3：40.0：57.7调整为2.8：41.4：55.8，第一、第二产业占比分别提高0.5个百分点、1.4个百分点，第三产业回落1.9个百分点。

【科学技术】2013年年末，防城港市全市拥有科研活动机构20个，从事科技活动人员3135人。全年全市共组织实施科技项目97项，同比增加20项，项目总投资11.64亿元，科技经费投入1842万元。引进推广农业新品种20个，同比增加10个；研制开发工业新产品19个，同比增加6个；推广应用工业农业新技术、新成果20项，同比增加10项；完成科技成果鉴定9项，同比增加3项。专利申请受理量595件，同比增加260件，授权专利154件，同比增加30件。年末高新技术企业10家，同比增加5家，高新技术产业产值169.41亿元，同比增长30.3%。

【国内贸易和对外经济】2013年，防城港市全年实现社会消费品零售总额81.43亿元，增长14.2%，扣除价格因素，实际增长12.6%。按经营地统计，城镇消费品零售额73.09亿元，增长14.4%；乡村消费品零售额8.34亿元，增长11.6%。

全年货物进出口总额43.00亿美元，下降12.2%，其中，进口总额32.22亿美元，下降20.8%；出口总额10.78亿美元，增长30.2%。外贸进出口规模在全区排第3位，进口依旧保持优势地位，占全区进口总量的22.8%，稳居全区首位。全年边贸成交额241.50亿元，增长19.6%，其中，进口140.38亿元，增长14.8%；出口101.12亿元，增长26.9%。

【交通、邮电和旅游】2013年，防城港市全年交通运输、仓储及邮政业实现增加值41.75亿元，下降1.8%。全年货物运输总量1.47亿吨，增长7.8%，旅客运输总量2700万人，增长6.3%；客货运周转量397.50亿吨公里，下降0.9%。

全年完成邮电业务总量（2010年不变价）9.97亿元，增长0.7%。其中，邮政业务总量0.52亿元，增长8.8%；电信业务总量9.45亿元，增长0.3%。年末固定电话用户11.97万户，其中，城市电话用户9.40户，农村电话用户2.57万户。全年新增移动电话用户4.70万户，年末达到86.68万户，其中3G移动电话用户32.41万户。年末固定及移动电话用户总数达到98.65万户，电话普及率达到110部/百人（按常住人口计算）。互联网用户13.50万户。

全年共接待国内外游客979.78万人次，增长19.6%。其中，国内游客965.11万人次，增长19.7%；海外游客14.67万人次，增长15.1%。全年旅游总收入达64.51亿元，增长22.6%。其中，国内旅游总收入61.79亿元，增长22.7%；国际旅游外汇收入4383万美元，增长22.5%。

【金融和保险】2013年年末，防城港市金融机构本外币各项存款余额443.47亿元，同比增长11.9%。其中，人民币各项存款余额433.62亿元，同比增长12.4%。金融机构本外币各项贷款余额354.27亿元，同比增长22.9%。其中，人民币各项贷款余额335.40亿元，同比增长21.9%。全年新增金融机构本外币贷款65.95亿元，同比增长17.5%。

全年保险公司原保险保费收入5.36亿元，增长9.7%。其中，财产险业务原保险保费收入2.49亿元，增长9.1%；人身险业务原保险保费收入2.87亿元，增长10.3%。全年支付各类赔款及给付2.25亿元，增长50.0%。

其中，财产险业务赔款及给付1.60亿元，增长65.2%；人身险业务赔款及给付0.65亿元，增长22.5%。

5

2013年玉林市经济发展概况

【经济总量】2013年，玉林市全年实现地区生产总值（GDP）1198.46亿元，按可比价格计算，比上年增长10.0%，从2004年起连续十年实现两位数增长。其中，第一产业增加值243.83亿元，增长4.2%；第二产业增加值526.62亿元，增长13.8%，其中工业增加值434.06亿元，增长12.9%；第三产业增加值428.01亿元，增长7.8%。三次产业对经济增长的贡献率分别为7.8%、65.1%和27.1%，其中工业贡献率为52.0%。按常住人口计算，人均地区生产总值21349元。

【农业】2013年，玉林市全年全市农林牧渔业总产值404.75亿元，比上年增长4.1%。其中，农业产值增长4.1%，林业产值增长15.2%，畜牧业产值增长1.5%，渔业产值增长8.8%，农林牧渔服务业产值增长14.8%。全年粮食总产量193.57万吨，增长2.4%。蔬菜产量271.47万吨，增长2.9%。油料产量4.43万吨，增长3.0%。甘蔗产量166万吨，增长9.3%。水果产量76.44万吨，增长7.7%。肉类总产量78.22万吨，增长1.1%；其中，猪肉产量45.87万吨，增长2.7%。生猪出栏614.76万头，增长2.3%。家禽出栏2.26亿只，下降1.6%。禽蛋产量6.31万吨，增长7.8%。水产品总产量13.81万吨，增长7.8%。

【工业和建筑业】2013年，玉林市全年全部工业增加值434.06亿元，比上年增长12.9%。规模以上工业增加值364.19亿元，比上年增长16.5%；规模以上工业总产值1228.55亿元，比上年增长15.7%。

全年全社会建筑业增加值92.56亿元，比上年增长18.9%。全市具有资质等级的总承包和专业承包建筑业企业实现利润37525万元，比上年增长24.96%。

【固定资产投资】2013年，玉林市全年全社会固定资产投资974.78亿元，比上年增长29.9%。固定资产投资953.59亿元，增长30.5%；其中，第一产业投资50.93亿元，增长49.8%，第二产业投资591.93亿元，增长36.3%，第三产业投资310.74亿元，增长18.3%；在第二产业投资中，工业投资591.43亿元，增长31.7%。城镇固定资产投资901.23亿元，增长31.0%；其中基本建设投资346.66亿元，增长40.2%，更新改造投资438.05亿元，增长35.6%，房地产开发投资87.09亿元，下降8.0%。本年施工项目3858个，增长17.9%，本年施工项目投资额866.51亿元，增长36.2%；其中亿元及以上的项目131个，增长2.3%，完成投资额116.11亿元，增长0.9%。本年新开工项目2630个，增长8.6%，完成投资额601.63亿元，增长27.8%。

【科学技术】2013年，玉林市全年获市（地区）级以上科学研究与开发项目359项，市（地区）级以上科技成果奖励项目31项。专利申请2051件。申请专利授权量861项，其中发明131项。

【国内贸易和对外经济】2013年，玉林市全年社会消费品零售总额482.91亿元，比上年增长14.21%；其中，限上零售额112.92亿元，增长14.16%。城镇市场零售额431.83亿元，增长14.24%，其中，城区市场零售额225.96亿元，增长14.60%。乡村市场实现零售额51.08亿元，增长13.93%。批发业零售额69.92亿元，增长20.19%；零售业零售额362.44亿元，增长12.80%；住宿业零售额3.28亿元，增长2.12%；餐饮业零售额46.62亿元，增长17.92%。从限额以上批发和零售业商品销售分类情况来看，粮油、食品、饮料、烟酒类零售额6.78亿元，增长14.68%；服装、鞋帽、针纺织品类零售额4.78亿元，增长33.86%；化妆品类零售额0.88亿元，增长22.81%；金银珠宝类零售额0.98亿元，增长62.67%；日用品类零售额2.48亿元，增长8.58%；书报杂志类零售额2.29亿元，增长34.53%；家用电器和音像器材类零售额9.26亿元，增长3.24%；中西药品类零售额5.11亿元，增长21.40%；石油及制品类零售额33.75亿元，增长20.19%；汽车类零售额21.51亿元，增长8.60%。

全年外贸进出口总额41679万美元，比上年下降29.2%；其中，进口总额12687万美元，下降44.8%；出口总额28992万美元，下降19.1%。实际利用外资2702万美元，增长43.8%。

【交通、邮电和旅游】2013年，玉林市全年公路货运周转量543.69亿吨公里，比上年增长14.1%；公路旅客周转量113.12亿人公里，增长9.4%。全年水路货运周转量15.06亿吨公里，下降1.2%。年末全市民用汽车保有量25.1万辆，其中私人汽车保有量21.7万辆。年末实有运营客车2352辆，公共汽车营运车503辆，出租汽车1228辆。

全年邮电业务总量33.79亿元，比上年增长6.8%。其中，邮政业务总量2.52亿元，增长17.5%；电信业务总量31.27亿元，增长6.0%。年末固定电话用户61.19万户，移动电话用户326.63万户，国际互联网用户45.82万户。

2013年年末，全市共有星级饭店23个、星级饭店客房2378间。全年累计接待游客1364.07万人次，比上年增长32.6%，其中，接待入境旅游者8.1万人次，增长39.9%；接待国内游客1355.97万人次，增长32.5%。实现旅游总收入117.86亿元，比上年增长31.4%。其中，入境旅游收入2.03亿元，增长42.1%；国内旅游收入115.83亿元，增长31.3%。

6

2013年河池市经济发展概况

【经济总量】2013年，河池市全年实现地区生产总值（GDP）528.62亿元，比上年同期增长6.03%（按2010年不变价格计算）。其中第一产业增加值133.78亿元，增长3.91%；第二产业增加值189.78亿元，增长8.14%；第三产业增加值205.06亿元，增长4.88%。第一、第二、第三产业增加值占地区生产总值的比重分别为25.31%、35.90%和38.79%，对经济增长的贡献率分别为14.22%、56.52%和29.25%。按常住人口计算，人均地区生产总值15440元。

【农业】2013年，河池市全年农林牧渔业实现总产值221.25亿元，比上年增长3.24%。其中农业产值

98.98亿元，增长5.3%；林业产值20.81亿元，下降6.63%；牧业产值90.77亿元，增长2.91%；渔业产值6.53亿元，增长6.06%；农林牧渔服务业产值4.16亿元，增长11.95%。

全年粮食种植面积278.46千公顷，比上年增加1.85千公顷；油料作物种植面积9.87千公顷，增加1.05千公顷；甘蔗种植面积87.43千公顷，减少3.80千公顷；蔬菜种植面积67.22千公顷，增加1.19千公顷。全市年末实有果园面积53.85千公顷，比上年增加2.94千公顷；桑园面积47.27千公顷，增加0.75千公顷；茶园面积0.46千公顷，比上年增加0.03千公顷。

【工业和建筑业】2013年，河池市全年全部工业实现总产值380.81亿元，比上年增长13.52%，增加值143.02亿元，增长7.18%，工业对全市经济增长的贡献率39.57%。规模以上工业总产值342.45亿元，比上年增长14.59%，增加值增长7.46%。

全年全社会建筑业实现增加值46.77亿元，比上年增长13.13%。全市具有资质等级的总承包和专业承包建筑业企业实现总产值46.55亿元，增长15.84%；利润总额2.51亿元，下降0.17%；上缴税金1.95亿元，增长13.91%。

【固定资产投资】2013年，河池市全年全社会固定资产投资349.14亿元，比上年增长37.55%，扣除价格因素，实际增长37.41%，其中固定资产投资（不含农户）296.88亿元，比上年增长33.84%；农户投资52.27亿元，增长63.23%。

在固定资产投资（不含农户）中，按登记注册类型分：内资企业288.55亿元，比上年增长37.63%；港、澳、台商投资企业1.35亿元，下降38.69%；外商投资企业1.28亿元，增长549.95%。按产业分：第一产业投资21.86亿元，比上年增长52.76%；第二产业投资95.80亿元，增长44.04%，其中工业投资95.05亿元，增长42.98%；第三产业投资179.22亿元，增长27.11%。

【科学技术】2013年年末，河池市全市城镇单位共有各类专业技术人员50863人，比上年增长3.24%。全市有各类科研所11个，科研所从业人员265人，其中从事科技活动人员225人。全年共组织实施新计划项目202项，比上年增加53项。其中自治区下达项目71项，比上年增加30项。通过科技成果鉴定验收42项，其中应用技术37项，比上年增加20项。

【国内贸易和对外经济】2013年，河池市全年社会消费品零售总额198.97亿元，比上年增长12.42%，扣除价格因素，实际增长10.98%。按经营地统计，城镇消费品零售额158.52亿元，增长12.20%；乡村消费品零售额40.45亿元，增长13.32%。

全年货物进出口总额4.84亿美元，比上年下降7.68%。其中，货物出口0.38亿美元，下降53.67%；货物进口4.44亿美元，增长0.13%。进出口差额（出口减进口）-4.06亿美元。

【交通、邮电和旅游】2013年，河池市全年交通运输、仓储和邮政业增加值30.71亿元，比上年增长4.80%。

全年完成邮电业务总量21.76亿元，比上年增长5.20%。其中，邮政业务总量1.38亿元，增长3.34%；电信业务总量20.38亿元，增长5.33%。邮政业全年完成邮政函件业务155万件，包裹业务5万件，快件业务140

万件。

全年国内游客1281.76万人次，比上年增长20.57%。国内旅游总收入111.81亿元，增长25.67%。入境游客7.00万人次，增长30.84%，其中外国人2.11万人次，增长36.13%。国际旅游外汇收入2569.69万美元，增长28.39%。

【金融和保险】2013年，河池市全年金融业实现增加值21.37亿元，比上年增长14.06%。年末全部金融机构本外币存款余额730.09亿元，比上年末增长16.19%，其中人民币存款余额725.52亿元，增长15.71%。个人本外币存款余额449.97亿元，增长15.74%，其中人民币存款余额449.65亿元，增长15.75%。年末全部金融机构本外币贷款余额419.53亿元，增长15.18%，其中人民币贷款余额412.94亿元，增长15.01%。

全年保险业累计实现保费收入9.63亿元，比上年增长12.63%。其中，人身保险业务保费收入4.85亿元，同比增长7.46%；财产保险保费收入4.79亿元，同比增长18.48%。全年支付各类保险业务赔款3.62亿元，同比增长73.03%，其中，财产险业务赔款2.00亿元；人身险业务赔款1.62亿元。

7

2013年来宾市经济发展概况

【经济总量】2013年，来宾市全年实现地区生产总值（GDP）515.57亿元，按可比价格计算，比上年增长3.0%。分产业看，第一产业增加值134.45亿元，增长5.1%，拉动经济增长1.1个百分点；第二产业增加值219.51亿元，下降0.5%，下拉经济增长0.3个百分点；其中工业增加值169.21亿元，下降2.0%，下拉经济增长0.9个百分点；第三产业增加值161.61亿元，增长7.8%，拉动经济增长2.1个百分点。三次产业结构由上年的24.7：45.9：29.4调整为26.1：42.6：31.3，其中工业增加值占GDP的比重为32.8%，比上年回落4.0个百分点。

【农业】2013年，来宾市全市实现农林牧渔业总产值216.53亿元，比上年增长5.3%，其中：种植业产值128.13亿元，增长4.7%；林业产值16.16亿元，增长21.2%；牧业产值61.09亿元，增长2.8%；渔业产值5.61亿元，增长6.5%，农林牧渔服务业产值5.55亿元，增长5.8%。实现农林牧渔业增加值134.45亿元，增长5.1%。

全年粮食作物种植面积177.51千公顷，比上年增长1.8%，甘蔗种植面积173.62千公顷，减少5.14千公顷；油料种植面积13.77千公顷，增加0.88千公顷；蔬菜种植面积51.59千公顷，扩大0.68千公顷。

【工业和建筑业】2013年年末，来宾市全市规模以上工业企业201户，比上年净增11户。全年实现全部工业总产值538.12亿元，比上年下降10.4%，其中，规模以上工业总产值500.18亿元，下降11.3%。全年全部工业实现增加值169.21亿元，比上年下降2.0%。全年规模以上工业增加值153.97亿元，比上年下降3.2%。四大支柱产业中，有色金属冶炼及压延加工业增加值增长10.6%、农副食品加工业增长0.7%；黑色金属冶炼及压延加工业下降15.7%、电力生产供应业下降3.0%。

全年全社会建筑业增加值50.03亿元，比上年增长7.1%。房屋建筑施工面积325.70万平方米，增加83.97万平方米；房屋竣工面积153.10万平方米，增加30.77万平方米。

【固定资产投资】2013年，来宾市全年全社会固定资产投资453.22亿元，比上年增长11.1%。分城乡看，城镇投资400.33亿元，增长11.2%；农村投资52.90亿元，增长10.7%。分管理渠道看，基本建设投资185.07亿元，增长19.8%；更新改造投资157.84亿元，增长13.5%；房地产开发投资52.99亿元，下降14.5%。分投资主体看，国有经济投资161.85亿元；民间投资282.12亿元；港澳台、外商经济投资9.25亿元。

分产业看，第一产业投资16.52亿元，下降3.0%；第二产业投资157.56亿元，增长21.1%；第三产业投资236.20亿元，增长6.1%。分行业看，工业投资增长21.0%，其中制造业增长30.7%。第三产业中的信息传输、软件和信息技术服务业投资增长56.1%，租赁和商务服务业增长478.1%，科学研究和技术服务业下降71.6%，文化、体育和娱乐业增长126.0%。

【科学技术】2013年年末，来宾市全市共有各类专业技术人员3.81万人，比上年增长2.6%。科研推广机构231个，从事研发活动人员1406人。全年共组织实施创新计划项目62项，比上年多4项，其中农业科技创新27项，工业科技创新15项，高新技术产业化项目4项。受理专利申请283件，比上年增长13.2%；获国家授权专利126项，增长63.6%；其中发明8项，比上年多2项。

【国内贸易和对外经济】2013年，来宾市全年社会消费品零售总额120.87亿元，比上年增长10.4%。按经营单位所在地分，城镇消费品零售额90.27亿元，增长9.8%；乡村消费品零售额30.60亿元，增长11.9%。按单位规模分，限额以上企业及个体户零售额22.57亿元，增长5.2%；限额以下企业及个体户零售额82.68亿元，增长11.4%。

全年进出口总额11965万美元，比上年下降16.5%。其中，出口总额4634万美元，下降29.4%；进口总额7331万美元，下降5.5%。其中一般贸易进出口总额11942万美元，占进出口总额99.8%，进料加工贸易新增进出口21.14万美元。从出口总额看，国有控股企业出口总额21.32万美元，下降91.9%，外商投资企业出口总额2362.41万美元，增长26.9%，其他成分企业出口总额2250.26万美元，下降49.3%。

【交通、邮电和旅游】2013年，来宾市全年交通运输、仓储和邮政业增加值19.86亿元，比上年增长7.0%。

全年公路旅客运输量4507万人，旅客运输周转量35.14万人公里，增长13.8%；全年公路水路客货运输周转量102.60亿吨公里，比上年增长13.3%，其中：公路客货运输周转量48.83亿吨公里，增长13.2%；水路货物运输周转量53.77亿吨公里，增长13.5%。全市港口货物吞吐能力521万吨，全年港口货物吞吐量1157万吨，增长10.4%。

全年邮电业务总量13.56亿元，比上年增长4.2%。其中，电信业务总量12.80亿元，增长3.8%；邮政业务总量0.76亿元，增长11.5%。年末本地固定电话用户14.15万户，减少2.21万户；移动电话用户139.01万户，增加19.15万户，增长16.0%。计算机互联网宽带接入用户17.56万户，增加2.60万户，增长17.4%。

全年入境旅游人数1.68万人次，比上年增长16.2%；国内游客1008.24万人次，增长33.8%。实现旅游总收入52.41亿元，增长26.3%。其中，旅游外汇收入701万美元，增长7.8%；国内旅游收入51.94亿元，增长26.5%。年末全市共有A级及以上旅游景点9处，比上年多3处；星级饭店18家，与上年持平。

【金融和保险】2013年年末，来宾市全市金融机构人民币各项存款余额448.10亿元，比上年末增加41.04亿元，增长10.1%；城乡居民储蓄存款余额254.34亿元，增长15.5%。金融机构各项贷款余额299.84亿元，比上年末增加41.66亿元，增长16.1%。其中，短期贷款余额107.76亿元，增长21.1%；中长期贷款余额188.06亿元，增长13.2%，中长期贷款中个人贷款余额55.43亿元，增长22.5%。

全年保险业保费收入5.15亿元，比上年增长12.9%。其中，财产险业务保费收入1.54亿元，增长15.4%；人身险业务保费收入3.61亿元，增长11.8%。赔款和给付1.73亿元，增长28.9%。其中，财产险业务赔款支出0.79亿元，增长17.5%；人身险业务赔款和给付支出0.94亿元，增长40.4%。

8

2013年贵港市经济发展概况

【经济总量】2013年，贵港市全年实现地区生产总值（GDP）742.01亿元，增长8.2%。其中，第一产业增加值160.76亿元，增长4.9%；第二产业增加值303.35亿元，增长11.1%；第三产业增加值277.9亿元，增长6.2%。第一、第二、第三产业对经济增长的贡献率分别为11.4%、62%、26.6%，分别拉动全市经济增长0.9个、5.1个、2.2个百分点。三次产业的比重为21.6：40.9：37.5，与上年相比，第一、第三产业的比重分别下降了0.3个百分点和0.3个百分点，第二产业的比重提高0.6个百分点。人均地区生产总值17650元，比去年增加1369元，增长7.4%。

【农业】2013年，贵港市全年农林牧渔业总产值269.87亿元，增长5.08%。其中，农业总产值118.3亿元，增长5.93%；林业总产值16.94亿元，增长12.5%；牧业总产值93.87亿元，增长2.46%；渔业总产值27.72亿元，增长6.01%；农林牧渔服务业总产值13.03亿元，增长6.98%。

全年粮食种植面积28.23万公顷，比上年增加7367公顷，总产量159.46万吨，增产6.93%，其中：稻谷产量131.77万吨，增产5.55%；玉米产量17.25万吨，增产15.38%。

【工业和建筑业】2013年，贵港市全部工业完成增加值253.11亿元，增长10.7%，对经济增长的贡献率为51.5%，拉动全市经济增长4.2个百分点，工业经济占国民经济总量的34.1%。其中，规模以上工业增加值增长12.4%，比去年同期增幅提高0.4个百分点。

全年建筑业实现增加值50.24亿元，增长13.7%。全市具有资质等级的总承包建筑业企业实现利润0.87亿元，增长52.6%；上缴税金1.73亿元，增长6.14%。

【固定资产投资】2013年，贵港市全年全社会固定资产投资完成496.25亿元，增长26%，其中：固定资产投资（不含农户）463.44亿元，增长25.8%；农户投资32.81亿元，增长28.9%。

在固定资产投资（不含农户）中，分管理渠道看，基本建设投资完成173.46亿元，增长21.3%；更新改造投资完成166.42亿元，增长46.1%；其他投资完成23.67亿元，增长23.1%；房地产投资完成54.31亿元，增长10.9%。分产业看，第一产业投资14.82亿元，增长28.8%；第二产业投资229.61亿元，增长40.5%；第三产业投资164.71亿元，增长14%。全年全市项目总个数2191个（不含房地产项目），比去年同期增加358个，完成投资409.13亿元，增长28.1%；其中，新开工项目1307个，比去年同期增加130个，完成投资264.57亿元，增长7.2%；亿元项目66个，比去年同期增加7个，完成投资69.54亿元，下降11.4%；5000万元以上项目478个，比去年同期增加82个，完成投资215.36亿元，增长3.8%；1000万元以上项目1495个，比去年同期增加160个，完成投资375.34亿元，增长5.76%。

【科学技术】2013年，贵港市全年专利申请受理量629件，全年获得专利授权294件，其中发明5项。各类专业技术人员5.1万人，其中中级技术职称以上人员2.17万人，农业技术人员724人。

【国内贸易和对外经济】2013年，贵港市全年社会消费品零售总额实现321.72亿元，增长13.3%。

分城乡看，城镇消费品零售额234.85亿元，增长12.3%，其中城区消费品零售额159.04亿元，增长19.75%；乡村消费品零售额86.87亿元，增长15.8%。乡村消费比城镇消费增速高3.5个百分点。

全年进出口总额22123万美元，下降5.4%。其中出口总额12143万美元，增长14.5%；进口总额9980万美元，下降21.8%。分运输方式看，江海运输19172万美元，下降8.4%；汽车运输2706万美元，增长22%；航空运输245万美元，增长9.5%。分贸易方式看，一般贸易进出口总额16293万美元，下降13%；加工贸易进出口总额5829万美元，增长25.7%。

【交通、邮电和旅游】2013年，贵港市全年交通运输、仓储及邮政业实现增加值60.7亿元，增长4.8%。

全市客货运周转量459.63亿吨公里，增长9.1%，其中公路客货运周转量59.71亿吨公里，增长14.4%；水路客货运周转量399.92亿吨公里，增长8.3%。港口实现货物吞吐量4900.56万吨，增长8.6%，集装箱吞吐量11.24万标准箱，增长11.44%。

邮电业务总量22.03亿元，增长8.68%，其中邮政业务总量1.97亿元，增长10.29%；电信业务总量20.06亿元，增长8.52%。年末固定电话用户43.82万户，比上年末减少5.22万户。年末移动电话用户222.18万户，比上年末增加38.24万户，增长20.79%，其中3G移动电话用户68.69万户，比上年末增加33.05万户，增长92.73%。互联网宽带接入用户达到31.18万户，比上年末增加4.67万户，增长17.62%。

全年旅游总收入85.88亿元，增长28.12%，接待旅游人数达到1103.09万人次，增长19.18%，其中：接待国际旅游者7.93万人次，增长16.45%，国际旅游外汇收入2646.56万美元，增长21.45%；接待国内旅游者1095.16万人次，增长19.2%，实现国内旅游总收入85.88亿元，增长30.8%。

【金融和保险】2013年，贵港市全年金融业实现增加值24.94亿元，增长14.8%。

年末全市金融机构本外币各项存款余额820.53亿元，比上年同期增加114.42亿元，增长16.2%，其中人民币各项存款余额817.52亿元，比上年同期增加113.66亿元，增长16.15%。在人民币各项存款余额中，个人存款余额589.74亿元，比上年同期增加88.93亿元，增长17.76%。金融机构本外币各项贷款余额480.45亿元，比上年同期增加68.55亿元，增长16.64%，其中人民币各项贷款余额480.23亿元，比上年同期增加68.62亿元，增长16.67%。在人民币各项贷款余额中，中长期贷款余额300.87亿元，增长13.63%；短期贷款余额177.71亿元，增长24.24%。

全年保险行业实现保费收入14.2亿元，增长14.79%，其中：财产险5.27亿元，增长16.34%；人身险8.93亿元，增长13.9%。全年赔款付给费用为5.12亿元，增长19.91%，其中财产险3.1亿元，增长19.23%；人身险2.02亿元，增长20.96%。

9

2013年柳州市经济发展概况

【经济总量】2013年，柳州市全年实现地区生产总值（GDP）2010.05亿元，按可比价格计算，比上年增长10.0%。其中，第一产业增加值159.29亿元，增长5.0%；第二产业增加值1274.93亿元，增长11.6%，其中工业增加值1166.65亿元，增长11.0%；第三产业增加值575.84亿元，增长7.6%。第一产业增加值占地区生产总值的比重为7.9%，第二产业增加值比重为63.4%，第三产业增加值比重为28.6%。

【农业】2013年，柳州市全年农林牧渔业总产值263.31亿元，按上年价格计算，比上年增长5.1%。其中，农业产值151.07亿元，增长5.5%；林业产值22.33亿元，增长6.0%；牧业产值73.92亿元，增长3.2%；渔业产值7.32亿元，增长8.9%；农林牧渔服务业产值8.67亿元，增长10.5%。

全年农作物总播种面积409.09千公顷，比上年增加0.55千公顷，增长0.13%。其中，粮食种植面积170.29千公顷，增加1.44千公顷；油料种植面积11.84千公顷，增加0.89千公顷；甘蔗种植面积109.92千公顷，减少4.93千公顷；蔬菜种植面积90.65千公顷，增加1.65千公顷；果园面积50.65千公顷，增加2.74千公顷；桑园面积31.54千公顷，增加0.37千公顷；茶园面积12.62千公顷，增加0.7千公顷。

【工业和建筑业】2013年，柳州市全年全部工业总产值4014.18亿元，比上年增长13.1%，其中，规模以上工业总产值3907.15亿元，增长13.4%。规模以上工业增加值增长11.6%。规模以上工业销售产值3752.5亿元，增长13.3%。

全年全社会建筑业增加值108.28亿元，增长18.2%。资质以上企业94家。

【固定资产投资】2013年，柳州市全年全社会固定资产投资1566.71亿元，比上年增长19.4%。其中，固定资产投资（不含农户）1522.12亿元，增长19.5%。

城镇固定资产投资1472.41亿元，增长20.3%；农村固定资产投资94.30亿元，增长6.9%。在城镇固定资产投资中，基本建设投资431.62亿元，增长7.1%；更新改造投资776.41亿元，增长34.5%，其中工业更新改造投资584.84亿元，增长31.2%；房地产开发投资245.85亿元，增长6.8%。

在固定资产投资中，第一产业投资49.36亿元，比上年增长41.5%；第二产业投资631.3亿元，增长30.3%，其中工业投资624.48亿元，增长30.1%；第三产业投资841.46亿元，增长11.6%。

【科学技术】2013年，柳州市全年共获科学技术奖59项。获市级技术发明奖3项，其中，技术发明奖一等奖1项，二等奖1项，三等奖1项；获市级科学技术进步奖56项，其中，科学技术进步奖一等奖10项，二等奖20项，三等奖26项。

专利申请量5245件，授权专利1405件。共签订技术合同77项，技术合同成交金额1.65亿元。

【国内贸易和对外经济】2013年，柳州市全年社会消费品零售总额758.42亿元，比上年增长14.6%。按经营地统计，城镇消费品零售额720.04亿元，增长14.7%；乡村消费品零售额38.38亿元，增长12.3%。分行业看，批发和零售业零售额686.12亿元，增长14.9%；住宿和餐饮业零售额72.3亿元，增长12.0%。

全年进出口总额28.8亿美元，比上年下降7.5%。其中，出口总额8.7亿美元，下降3.5%；进口20.1亿美元，下降9.1%。

【交通、邮电和旅游】2013年，柳州市交通运输、仓储及邮电通信业增加值62.23亿元，比上年增长2.3%。

公路货物运输10794.49万吨，比上年增长16.2%；水路货物运输780.4万吨，增长9.4%；民用航空货物运输4458.2吨。公路旅客运输量3546.52万人，增长14.3%；水路旅客运输量13.5万人，下降8.2%；民航旅客运输量73.38万人。

邮电业务总量37.5亿元，比上年增长5.0%。其中，邮政业务总量1.65亿元，下降2.7%；电信业务总量35.87亿元，增长5.4%。

全年接待入境游客16.74万人次，增长21.5%。国际旅游（外汇）收入5882.45万美元，增长23.6%。全市共有星级饭店45家。

【金融和保险】2013年，柳州市全年金融业增加值82.42亿元，比上年增长16.6%。

年末金融机构本外币存款余额2354.09亿元，比上年增长22.4%；年末金融机构本外币贷款余额1636.48亿元，比上年增长16.5%。

年末金融机构人民币存款余额2343.58亿元，比上年增长22.3%；金融机构人民币贷款余额1614.74亿元，比上年增长18.3%。

10

2013年钦州市经济发展概况

【经济总量】2013年，钦州市全年实现地区生产总值（GDP）753.74亿元，比上年增长7.9%。其中，第一产业增加值181.77亿元，增长4.6%；第二产业增加值316.85亿元，增长10.3%；第三产业增加值255.13

亿元，增长6.3%。三次产业对经济增长的贡献率分别为12.3%、63.6%和24.1%，其中工业对经济增长的贡献率为39%。三次产业结构由2012年24.1：41.8：34.1调整为2013年的24.1：42.1：33.8，第一产业比重持平，第二产业比重提高0.3个百分点，第三产业所占比重下降了0.3个百分点。按常住人口计算，人均地区生产总值（GDP）23957元，增长7.03%。

【农业】2013年，钦州市全市实现农林牧渔业总产值292.02亿元，比上年增长4.56%。其中，农业产值132.39亿元，增长5.48%；林业产值21.91亿元，增长1.95%；畜牧业产值76.82亿元，增长2.7%；渔业产值56.05亿元，增长5.22%；农业服务业产值4.86亿元，增长14.85%。

全市全年粮食种植面积220206公顷，比上年增加3832公顷；油料种植面积8611公顷，比上年增加281公顷；甘蔗面积56971公顷，比上年增加2514公顷；蔬菜面积56901公顷，比上年增加973公顷；木薯面积25352公顷，比上年增加359公顷；果园面积162822公顷，比上年增加1784公顷；桑园面积1516公顷，比上年增加5公顷。

【工业和建筑业】2013年，钦州市全年全部工业总产值1208.85亿元，比上年增长3.7%。规模以上工业总产值1136.55亿元，增长3.6%；全年全部工业增加值250.12亿元，增长7.7%。工业对经济增长的贡献率为39%，拉动经济增长3.1个百分点。规模以上工业增加值221.07亿元，增长8.1%。

全市实现建筑业增加值现价66.73亿元，比上年增长28.5%。全市建筑施工企业58个，完成产值204.26亿元，增长58.66%。

【固定资产投资】2013年，钦州市全年完成全社会固定资产投资609.72亿元，比上年增长32.9%。固定资产投资559.03亿元，增长35.0%。其中，城镇固定资产投资508.73亿元，增长33.8%；农村固定资产投资100.99亿元，增长28.3%。城镇固定资产投资中，基本建设完成投资209.14亿元，增长76.3%；更新改造完成投资220.78亿元，增长35.3%；房地产开发完成投资72.91亿元，增长6.5%。

在固定资产投资中，第一产业投资19.03亿元，增长148.3%；第二产业投资255.50亿元，增长61.7%。其中，工业投资254.32亿元，增长61.1%；第三产业投资284.51亿元，增长14.6%。

【科学技术】2013年，钦州市全年R&D内部经费支出6.6亿元，比上年增长37.5%。全市拥有9个科研所，从业人员为221人，其中专业技术人员160人。全市全年专利申请量590件，增长44%。专利授权量257项，其中发明专利44项。市级以上科学研究与开发项目218项，增长6%。获市（地区）级以上科技成果奖励34项。

【国内贸易和对外经济】2013年，钦州市全年全市实现社会消费品零售总额268.82亿元，比上年增长13.2%。分地域看，城镇消费品零售总额237.44亿元，增长13%；乡村消费品零售额31.39亿元，增长14.3%。分行业看，批发业零售额26.69亿元，增长11%；零售业零售额225.15亿元，增长13.8%；住宿业零售额1.12亿元，下降6.2%；餐饮业零售额15.62亿元，增长9.7%。

全年货物进出口总额35.30亿美元，比上年下降6.3%。其中，货物出口10.52亿美元，增长5.1%；货物进口24.78亿美元，下降10.4%。进出口逆差（出口减进口）14.26亿美元。

【交通、邮电和旅游】2013年，钦州市全年交通运输、仓储及邮政业实现增加值37.31亿元，比上年增长5.7%。

2013年年末全市境内公路里程6170.31公里，其中高速公路里程228.76公里；一级公路里程41.01公里；二级公路里程772.03公里；三级公路里程404.64公里；四级公路里程4399.74公里。

全年完成邮电业务总量18.71亿元，比上年增长7%。其中，邮政业务总量1.34亿元，增长13.9%；电信业务总量17.36亿元，增长6.5%。全市固定电话用户32.12万户，移动电话用户174.50万户，互联网宽带接入用户25.85万户。

全年全市接待国内旅游人数774.25万人次，国内旅游收入60.99亿元。接待入境旅游人数4.61万人次，国际旅游外汇收入1507万美元。旅游总收入61.92亿元。星级饭店26家。

【金融和保险】2013年，钦州市全年金融业实现增加值22.57亿元，比上年增长13.7%。年末金融机构本外币各项存款余额709.83亿元，比年初增长14%，其中人民币各项存款余额693.56亿元，比年初增长12.5%。年末金融机构本外币各项贷款余额516.02亿元，比年初增长15.4%，其中人民币各项贷款余额493.17亿元，比年初增长13.1%。

11

2013年贺州市经济发展概况

【经济总量】2013年，贺州市全年实现地区生产总值（GDP）423.85亿元，按可比价格计算，比上年增长8.7%。分产业看，第一产业增加值92.58亿元，增长4.4%；第二产业增加值196.3亿元，增长12.0%；第三产业增加值134.97亿元，增长6.1%。第一、第二、第三产业增加值占地区生产总值的比重分别为21.8%、46.3%和31.9%。按常住人口计算，人均地区生产总值21261元，增长7.9%。

【农业】2013年，贺州市全市农林牧渔业总产值146.1亿元，按可比价格计算比上年增长4.4%。其中，农业产值80.98亿元，增长4.6%；林业产值14.75亿元，增长8.3%；牧业产值39.62亿元，增长2.5%；渔业产值6.35亿元，增长6.7%；农林牧渔服务业产值4.4亿元，增长2.1%。

全年农作物总播种面积24.6万公顷，增长0.9%。其中，粮食播种面积14.03万公顷，增长0.6%；经济作物播种面积3.67万公顷，增长0.9%；其他作物播种面积6.89万公顷，增长1.6%。全年粮食总产量73.56万吨，增长2.4%。水果总产量55.08万吨，增长10.0%；蔬菜产量141.82万吨，增长3.3%。

【工业和建筑业】2013年，贺州市全年全部工业增加值143.55亿元，比上年增长13.9%。规模以上工业增加值增长16.5%。在规模以上工业中，轻工业下降4.6%，重工业增长22.4%。国有企业增长5.1%，集体企业下降62.2%，股份制企业增长1.2%，外商及港澳台商投资企业增长74.4%，其他经济类型企业增长12.2%。

全年全社会建筑业增加值52.7亿元，比上年增长11.2%。全市具有资质等级的总承包和专业承包建筑业企业实现利润0.29亿元，比上年增长107.1%；上缴税金0.6亿元，增长50.0%。

【固定资产投资】2013年，贺州市全年全社会固定资产投资483.2亿元，比上年增长18.0%。其中，固定资产投资451.8亿元，比上年增长18.4%。其中城镇投资中，基本建设投资245.4亿元，比上年增长23.0%；更新改造投资109.0亿元，增长8.5%；房地产开发投资22.8亿元，增长15.4%；其他投资39.4亿元，增长10.6%。固定资产投资中，第一产业投资49.5亿元，比上年增长19.7%；第二产业投资236.3亿元，增长11.8%，其中工业投资236.3亿元，增长11.8%；第三产业投资166.0亿元，增长28.8%。

【科学技术】2013年，贺州市全年国家安排科学研究与技术开发计划项目1项，资助经费70万元，自治区安排项目34项，资助经费1034万元，市级安排项目62项，资助资金70万元。全年专利申请量555件，比上年增长33.4%，其中发明专利申请量423件，增长43.88%。全年授权专利163件，其中授权发明专利48件。

【国内贸易和对外经济】2013年，贺州市全年社会消费品零售总额119.0亿元，比上年增长11.9%，其中，限额以上企业（单位）消费品零售额20.0亿元，增长6.5%。

全年货物进出口总额2.0亿美元（海关口径，下同），比上年增长28.0%。其中，货物出口0.72亿美元，比上年下降20.3%；货物进口1.27亿美元，增长95.0%。从出口企业性质看，国有企业出口1.02亿美元，比上年下降26.5%；外商投资企业出口0.54亿美元，下降32.8%；民营企业出口4.18亿美元，下降19.8%。全年实际利用外资（商务部口径）0.97亿美元。

【交通、邮电和旅游】2013年，贺州市全年交通运输、仓储和邮政业增加值14.93亿元，比上年增长6.3%。

2013年年末全市民用汽车保有量41.02万辆，比上年末增长4.0%，其中轿车3.68万辆，增长27.0%。年末私人汽车保有量39.49万辆，增长3.9%。全年公路客运量4477万人，比上年末增长7.5%，旅客周转量311966万人公里，增长7.2%；公路货运量1457万吨，比上年末增长14.0%，货运周转量447524万吨公里，增长13.0%。

全年完成邮电业务总量11.54亿元，比上年增长6.6%。其中，邮政业务总量0.7亿元，增长9.7%；电信业务总量10.8亿元，增长6.4%。年末固定电话用户达到14.45万户，移动电话用户119.7万户，互联网用户19.58万户，互联网普及率89.5%，比上年末提高5.9个百分点。

全年入境过夜游客30.96万人次，比上年增长15.9%；国际旅游（外汇）收入0.94亿美元，增长23.8%。接待国内旅客999.13万人次，增长27.6%，国内旅游收入96.05亿元，增长42.0%。旅游总收入101.89亿元，增长40.4%。

【金融和保险】2013年，贺州市全年金融业增加值12.73亿元，比上年增长18.6%。

年末金融机构本外币各项存款余额405.39亿元，比年初增加55.52亿元，其中人民币各项存款余额404.84亿元，增加56.09亿元。年末金融机构本外币各项贷款余额242.00亿元，比年初增加37.32亿元，其中人民币各项贷款余额241.98亿元，增加37.30亿元。

全年保险公司原保险保费收入7.55亿元，其中，财产险业务原保险保费收入3.20亿元，寿险业务原保险保费收入4.35亿元。支付各类赔款及给付1.73亿元。其中，财产险业务赔款1.49亿元；寿险业务给付0.24亿元。

海南省

| 海口市 | 三亚市 |

1

2013年海口市经济发展概况

【经济总量】2013年，海口市全年实现地区生产总值（GDP）904.64亿元，按可比价格计算，比上年增长9.9%。其中：第一产业完成增加值58.54亿元，增长6.3%；第二产业完成增加值217.03亿元，增长8.9%；第三产业完成增加值629.07亿元，增长10.5%。三次产业结构由2012年的6.8：24.6：68.6调整为6.5：24.0：69.5。第一、第二、第三产业对GDP增长的贡献率分别为4.4%、22.3%和73.3%。在第三产业中，交通运输仓储和邮政业、批发和零售业、住宿和餐饮业、金融业、房地产业、营利性服务业及非营利性服务业增加值分别增长17.7%、9.9%、6.5%、8.2%、21.7%、7.2%和7.2%。

【农业】2013年，海口市全年实现农林牧渔业总产值95.26亿元，比上年增长6.1%；其中种植业产值37.79亿元，增长8.3%；林业产值6.15亿元，增长6.2%；牧业产值37.62亿元，增长3.3%；渔业产值9.3亿元，增长9.6%。

【工业和建筑业】2013年，海口市全市工业完成工业总产值542.6亿元，比上年下降3.9%。全市实现工业增加值144.72亿元，比上年增长6%。其中规模以上工业实现工业增加值133.81亿元，增长6%。医药、烟草、机电三大支柱行业共实现增加值71亿元，占全市规模以上工业增加值的53%。工业对地区生产总值增长的贡献率为10.2%，拉动全市经济增长1个百分点。

全年完成建筑业增加值72.32亿元，增长15%；全年资质以上建筑企业完成建筑业总产值203亿元，下降2.5%。其中建筑工程产值172亿元，下降8.4%；安装工程产值13亿元，增长25.5%。当年建筑企业新签合同价款224亿元，建筑企业期末从业人员3930人，全员劳动生产率为4532元/人。

【固定资产投资】2013年，海口市全市完成固定资产投资649.33亿元，比上年增加139亿元，增长27.2%。新开工项目176个，增长20.5%。其中，亿元以上新开工项目97个，增长64.4%。三次产业投资结构由上年的0.7：12.6：86.7调整为0.5：8.4：91.1。从行业看，房地产业仍是投资的重点。房地产业累计完成投资301.29亿元，占固定资产投资总额的46.4%，增长52%；其次是交通运输业完成投资117.75亿元，占18.1%，增长92.5%；水利环境和公共设施管理业投资60.09亿元，占9.3%，下降5.1%；工业投资40.9亿元，下降36.5%，其中制造业完成投资35.22亿元，下降34.6%；信息传输计算机服务和软件业完成投资23.2亿元，下降17.1%；住宿和餐饮业完成投资10.51亿元，下降66%；教育完成投资12.58亿元，增长52.6%。

【科学技术】2013年，海口市全市拥有省级重点实验室25家，市级重点实验室22家；国家级工程研究中心1家，省级工程技术研发中心30家，市级技术研发中心16家；国家级创新型企业6家，国家级创新型试点企业4家，市级创新型企业33家；国家知识产权示范企业2家，国家级知识产权优势企业9家，省级知识产权优势企业9家。在今年的全国科技进步考核中，我市获得全国科技进步先进市称号。2013年市本级科学技术支出增长率高于本级财政经常性收入5.3%。

【国内贸易和对外经济】2013年，海口市全年批发业销售额1671.34亿元，增长29.1%；零售业销售额552.52亿元，增长9.2%；住宿业营业额30.73亿元，增长11.3%；餐饮业营业额43.74亿元，增长13.3%。全市社会消费品零售总额490.05亿元，比上年增长12.3%。其中，餐饮收入33.40亿元，增长9.2%；商品零售456.65亿元，增长12.6%。其中，城镇消费品零售额435.71亿元，比上年增长11.0%；乡村消费品零售额54.34亿元，增长24.0%，城乡市场零售额增幅差距比上年缩小8.3个百分点。

全年全市外贸进出口总额51.01亿美元，比上年增长21.0%。其中，出口总额18.85亿美元，增长4.8%；进口总额32.16亿美元，增长33.0%。一般贸易进出口总额37.3亿美元，增长37.9%，占进出口总额的73.1%。外商投资企业进出口25.7亿美元，增长12.6%，占进出口总额的50.3%。美国是最大贸易伙伴，中国香港为最大出口市场。对美国进出口20.2亿美元，增长71.3%，占进出口总额的39.6%；对中国香港出口4.3亿美元，占出口总额的22.8%。

【交通、邮电和旅游】2013年，海口市全年交通运输、邮电、仓储业实现增加值73.69亿元，比上年增长17.7%。各种运输方式共完成旅客运输量4.55亿人次，增长13.5%；完成旅客周转量485.79亿人公里，增长17.9%；完成货运量1.22亿吨，增长16.9%；完成货物周转量839.47亿吨公里，增长25.9%。2013年年末民用汽车拥有量38.96万辆，比上年增加5.83万辆，增长17.6%；其中，私人轿车21.41万辆，增长5.8%，占轿车拥有量的89.7%。当年新注册民用汽车6.16万辆，增长20.8%，其中新注册轿车3.64万辆，增长24.7%。

全年完成邮电业务总量51亿元，比上年增长7.5%。其中，电信业务总量49.2亿元，增长7.4%；邮政业务总量1.8亿元，增长9.5%。年末固定电话用户70万户，下降1.4%；移动电话用户398.6万户，增长8.3%。互联网宽带用户总数达53.8万户，增长10.7%。全年短信业务总量58.3亿条，下降2.9%。

全年共接待国内外过夜游客1044.31万人次，比上年增长9.6%。其中，接待入境游客15.66万人次，下降12.9%；接待过夜国内游客1028.65万人次，增长10.0%；人均逗留天数1.37天/人，延长0.01天。实现旅游总收入120.16亿元，增长18.3%。其中，入境旅游收入0.42亿美元，同比下降5.9%。全市A级旅游景区达8家，星级宾馆酒店47家，其中五星级宾馆酒店7家。琼北旅游率先在行业合作取得实际性的成效，已成为海南旅游的一个品牌以及省会经济圈建设的样板。重点旅游项目按时序推进。观澜湖电影公社、风情小镇、免税店进展顺利，红树林湿地公园东寨港大道已进场施工，演丰风情小镇已经顺利与演丰统筹城乡项目衔接。全年重点旅游项目完成投资额61.78亿元，完成年度计划152.4%。

【金融和保险】2013年年末，海口市金融机构本外币各项存款余额2955.19亿元，比年初增加316.07亿元，增长12%。其中，个人存款余额1132.22亿元，增加140.06亿元，增长14.1%。单位人民币存款余额

1677.05亿元，增加144.28亿元，增长9.4%。2013年年末金融机构本外币各项贷款余额3188.25亿元，增加259.61亿元，增长8.9%。其中，中长期贷款余额2407.07亿元，增加102.42亿元，增长4.4%；短期贷款余额547.87亿元，增加155.13亿元，增长39.5%。在发展总部经济政策的促进下，海口联合农商银行、浦发银行海口分行挂牌开业。

保费收入46.89亿元，增长11.9%。其中，财产险保费收入21.58亿元，增长25.4%；人身险保费收入25.31亿元，增长2.5%。支付各项赔款与给付13.50亿元，增长13.9%。

2

2013年三亚市经济发展概况

【经济总量】2013年，三亚市全年实现地区生产总值（GDP）373.49亿元（含农垦，下同），按可比价格计算，比上年增长10.1%，增速分别高于全年预期目标、全省增长水平0.1个、0.2个百分点，比上年同期提高0.8个百分点。其中，第一产业增加值49.82亿元，比上年增长6.4%；第二产业增加值73.80亿元，比上年增长9.2%；第三产业增加值249.87亿元，比上年增长11.1%。

【农业】2013年，三亚市全年农业克服了上半年农产品收购价格较低和下半年强台风“海燕”等不利因素影响，在不断加大支农惠农力度，加强对农业生产的管理和指导等一系列措施推动下，现代化热带高效农业发展成效显著，农业生产基本稳定。全市农林牧渔业总产值74.98亿元，同比增长 6.5%。从各行业看，三亚市不断加强国家冬季瓜菜生产基地、“菜篮子”基地、国家南繁育种基地建设，农业产业化水平不断提高，全年种植业产值45.64亿元，增长5.9%；在不断加大生态林保护补偿发放力度以及“绿化宝岛”行动的带动下，林业经济不断壮大，林业产值达3.16亿元，增长5.8%；不断加大能繁母猪补贴、财政扶持养猪良种补贴、稳定禽业生产财政补贴以及畜禽“菜篮子”基地建设等补贴力度，有效缓解了“猪周期”和H7N9禽流感对畜牧业生产的影响，牧业产值7.56亿元，增长5.8%；对远洋捕捞发放了各项补贴，克服了柴油、雇工价格不断上扬等不利因素影响，渔业产值15.76亿元，增长8.4%。随着农业科技推广服务体系建设的完善，三亚市农业服务能力显著提升。田头预冷库、工厂化蔬菜育苗中心等对农业服务的需求日益增加，休闲农业、花卉景区等农业与旅游不断融合，农林牧渔服务业产值2.85亿元，增长8.7%。

【工业和建筑业】2013年，三亚市全年全市工业总产值为61.45亿元，同比增长0.6%，增速分别比一季度、上半年、前三季度回落11.3个、9.6个、4.1个百分点。其中，轻工业实现产值6.48亿元，下降16.5%；重工业实现产值54.97亿元，增长3.1%。从各行业规模以上工业产值看，以水泥生产为主的非金属矿物制品业增长0.5%，占规模以上工业总产值的比重44.3%，电力热力生产和供应业增长0.5%，占规模以上工业总产值的比重29.5%。

全市完成建安工程投资372.50亿元，增长14.8%。建筑业完成增加值55.88亿元，同比增长10.4%。

【固定资产投资】2013年，三亚市全市累计完成固定资产投资523.29亿元，增长21.6%，高于全年预期目标（20%）1.6个百分点。其中，以基建投资为主的其他投资220.57亿元，增长14.9%。

从投资结构来看，第一产业完成投资 5.68亿元，增长3.5倍；第二产业完成投资26.67亿元，同比增长7.8%；第三产业完成投资490.94亿元，同比增长21.4%，占总投资的93.8%。其中，在西环高铁三亚段等项目的带动下，交通运输、仓储和邮政业完成投资26.73亿元，增长2.3倍；在全市中小学校舍建设、旅游职业学院等项目带动下，教育业投资增长1.3倍。

【国内贸易和对外经济】2013年，三亚市全年社会消费品零售总额达123.48亿元，增长17.8%。

全年批发和零售业商品销售额203.22亿元，增长16.9%，增速低于上年同期0.6个百分点。其中，批发业商品销售额103.65亿元，增长12.3%；零售业商品销售额99.57亿元，增长22.2%。

全市对外贸易企业进出口总额15000万美元，比上年增长7.1%。全年实际利用外资达2.42亿美元，比上年增长5.0%。

【交通、邮电和旅游】2013年，三亚市全市旅客运输量5458万人，比上年增长6.6%；货物运输量3695万吨，比上年增长2.1%。凤凰机场旅客吞吐量1287万人，增长13.4%，比上年提高3.4个百分点，其中进港647万人，增长13.5%。凤凰机场飞行88498班次，同比增长11.4%。民用航空线路157条，比上年增加15条，其中，国内航线131条，比上年增加15条；国际航线、区域航线分别为24条、2条，均与上年持平。

全市接待过夜游客1228.40万人次，增长11.5%，比上年增长3.5个百分点。从客源情况看，国内游客1180.21万人次，增长12.0%；入境游客48.19万人次，增长0.1%。从接待设施看，旅游饭店接待1014.43万人次，增长10.2%；其他旅游住宿设施接待19.82万人次，增长10.3%。随着邮轮游艇、休闲养生、文化旅游等高端旅游产品更加丰富，内涵逐步加深，游客在三亚停留时间、花费有较大提升。全年实现旅游总收入233.33亿元，增长21.4%，收入增速比接待过夜游客人数增速高出9.9个百分点，旅游发展转型升级取得显著成效。

【金融和保险】2013年，三亚市全市金融机构本外币存款余额930.89亿元，同比增长37.6%，其中，单位存款538.82亿元，同比增长50.4%；储蓄存款345.26亿元，同比增长18.0%。全市金融机构本外币贷款余额613.64亿元，同比增长101.1%，其中短期贷款20.24亿元，同比增长46.1%；中长期贷款592.76亿元，同比增长103.9%。

截至2013年年底，全市共有保险机构20家。全年实现原保费收入85217万元，比上年增长35.4%，其中，财产险收入43582万元，比上年增长42.2%；寿险收入41635万元，比上年增长28.9%。全市7家证券机构各类证券成交总量达到347.33亿元，比上年增长49.5%。

四川省

|成都市|自贡市|攀枝花市|泸州市|德阳市|绵阳市|遂宁市|内江市|
|眉山市|宜宾市|广安市|达州市|资阳市|

1

2013年成都市经济发展概况

【经济总量】2013年，成都市全年实现地区生产总值（GDP）9108.9亿元，比上年增长10.2%。其中，第一产业实现增加值353.2亿元，增长3.6%；第二产业实现增加值4181.5亿元，增长12.2%；第三产业实现增加值4574.2亿元，增长8.8%。按常住人口计算，人均生产总值63977元，增长9.3%。第一、第二、第三产业比例关系为3.9∶45.9∶50.2。

【农业】2013年，成都市全年实现农业总产值584.6亿元，比上年增长3.5%。其中，种植业308.2亿元，增长6.9%；牧业235.1亿元，下降0.9%。

全年农作物播种面积75.9万公顷，比上年减少1.0万公顷，其中粮食播种面积39.8万公顷，减少1.2万公顷。粮食总产量243.1万吨，比上年下降2.8%；油料总产量26.8万吨，下降1.0%；肉类总产量68.7万吨，下降0.6%。

【工业和建筑业】2013年，成都市全年全部工业增加值3493.1亿元，比上年增长13.0%。规模以上工业企业实现增加值2917.6亿元，增长13.4%。规模以上工业中，轻工业增加值增长8.1%，重工业增加值增长16.1%。工业企业产品产销率98.4%。

全年建筑业实现增加值688.4亿元，比上年增长7.7%。建筑企业完成总产值3654.6亿元，竣工产值1451.9亿元，施工面积23757.3万平方米，竣工面积5670.7万平方米。

【固定资产投资】2013年，成都市全年固定资产投资完成6501.1亿元，比上年增长10.4%。民间投资完成3595.3亿元，增长17.2%。全年新增固定资产3478.5亿元。分产业看，第一产业完成投资72.3亿元，增长31.9%；第二产业完成投资1626.5亿元，下降8.2%，其中工业投资1625.0亿元，下降7.1%；第三产业完成投资4802.3亿元，增长18.2%。分行业看，制造业完成投资1476.9亿元，下降7.4%；交通运输、仓储、邮政通信业完成投资665.4亿元，增长19.2%；水利环境公共设施管理业完成投资448.2亿元，下降23.9%。

【科学技术】2013年，成都市全年组织实施科技计划项目3054项，年内新上科技项目2233项，其中国家级240项，省级699项。科技项目投入资金46.7亿元，完成科技攻关279项，新认定高新技术企业310家。共申请专利59370件，其中发明17327件，实用新型22837件。专利授权33256件，其中发明3196件，实用新型16423件。

【国内贸易和对外经济】2013年，成都市全年实现社会消费品零售总额3752.9亿元，比上年增长13.1%。从行业看，批发业零售额225.0亿元，增长15.4%；零售业零售额3049.5亿元，增长14.1%；住宿和餐饮业零售额478.4亿元，增长6.5%。从城乡看，城镇实现零售额3705.3亿元，增长13.1%；乡村实现零售额47.6亿元，增长13.0%。

全年实现进出口总额505.8亿美元，比上年增长6.4%。其中，出口总额318.8亿美元，增长5.0%；进口总额187.0亿美元，增长8.9%。一般贸易出口额109.0亿美元，增长9.1%；机电产品出口额230.2亿美元，增长4.7%；高新技术产品出口额177.4亿美元，增长7.5%。对欧盟出口额54.6亿美元，下降10.6%；对美国出口额75.0亿美元，下降15.7%；对日本出口额10.8亿美元，下降7.8%；对中国香港出口额36.9亿美元，增长62.7%。

【交通、邮电和旅游】2013年年末，成都市公路总里程22514公里，其中高速公路592公里。全年新改建公路2050公里。年末全市机动车拥有量338.6万辆，比上年末增长11.3%；其中私人拥有汽车213.9万辆，增长18.8%。

全年完成邮电业务总量251.1亿元，比上年增长15.4%。固定电话用户412.0万户，增长3.6%；移动电话用户2274.8万户，年内净增87.6万户。固定互联网用户257.2万户。

全年接待国内游客15339.0万人次，比上年增长26.9%；国内旅游收入1285.4亿元，增长27.2%。组织出境旅游人数72.9万人次，增长10.2%；接待入境旅游人数176.4万人次，增长12.1%；旅游外汇收入7.3亿美元，增长16.5%。年末全市三星级以上饭店112家，旅行社340家。

【金融和保险】2013年年末，成都市全部金融机构人民币存款余额23662亿元，比上年末增长16.3%。全部金融机构人民币贷款余额17618亿元，增长12.7%。个人消费贷款余额3275亿元，增长17.1%，其中个人住房贷款余额2797亿元，增长15.6%。

年末有保险公司69家，全年保费收入400.1亿元。其中，财产保险公司保费收入153.2亿元；人身保险公司保费收入246.9亿元。各类保险赔偿与给付支出125.7亿元。其中，财产保险公司赔偿与给付支出76.7亿元；人身保险公司赔偿与给付支出49.0亿元。

2

2013年自贡市经济发展概况

【经济总量】2013年，自贡市全年实现地区生产总值（GDP）1001.60亿元，按可比价计算，比上年增长11.3%。其中，第一产业增加值119.42亿元，增长3.8%；第二产业增加值598.62亿元，增长12.6%；

第三产业增加值283.57亿元，增长11.5%。三次产业对经济增长的贡献率分别为3.6%、68.0%和28.4%。人均地区生产总值36746元，按照可比价计算增长10.2%。三次产业结构由上年的12.4：59.8：27.8调整为11.9：59.8：28.3。

【农业】2013年，自贡市全市粮食种植面积30.68万公顷，比上年增加9.19万公顷；油料种植面积2.64万公顷，增加0.09万公顷；蔬菜种植面积5.39万公顷，增加0.23万公顷。

全年粮食产量127.46万吨，增长4.4%；油料产量5.39万吨，增长2.9%；蔬菜产量182.04万吨、增长7.5%。

【工业和建筑业】2013年，自贡市全年实现全部工业增加值546.17亿元，增长11.3%，对GDP增长的贡献率达到56.6%。其中规模以上（年主营业务收入2000万元以上）工业实现增加值476.50亿元，增长11.5%。年末规模以上工业企业户数为540户，实现出口交货值44.75亿元，下降2.4%。工业产品销售率为98.8%。实现主营业务收入1547.51亿元，增长16.8%；盈亏相抵后，实现利润总额69.45亿元，下降7.6%，实现利税141.22亿元，下降0.2%。

全市具有三级资质及其以上建筑业企业有211户，其中纳入“四上”统计的建筑业企业133户，完成总产值156.28亿元，增长28.3%；全年实现建筑业增加值52.45亿元，增长28.2%。房屋建筑施工面积1342.35万平方米，增长25.9%。房屋竣工面积215.56万平方米，下降7.3%。

【固定资产投资】2013年，自贡市全年全社会固定资产投资完成531.61亿元，增长22.2%，其中，纳入统计的500万元以上投资项目完成524.81亿元，增长26.5%。项目投资中，第一产业完成投资31.84亿元，同比增长4.2%；第二产业完成投资148.83亿元，增长22.2%；第三产业完成投资350.94亿元，增长24.1%。从投资渠道看，基本建设完成投资293.16亿元，增长31.3%，更新改造投资完成130.44亿元，增长16.1%，房地产开发完成77.78亿元，增长23.9%。

【科学技术】2013年，自贡市全年实施国家、省重点科技项目76项，实施市以上重点科技项目106项，其中科技攻关项目69个，火炬计划项目1项。全市高新技术企业13户，高新技术产业产值达到56.95亿元。全年共申请专利1199件，比上年增长32.2%。授权专利681项，比上年增长23.1%。全年技术交易合同153个，登记合同金额3.16亿元。

【国内贸易和对外经济】2013年，自贡市全年实现社会消费品零售总额380.24亿元、增长14.2%。分地域看，城镇实现消费品零售额299.29亿元，增长14.7%；乡村实现消费品零售额80.95亿元，增长12.4%。分行业看，批发业零售额39.33亿元，增长15.8%；零售业零售额289.57亿元，增长14.6%；住宿业零售额1.91亿元，增长10.6%；餐饮业零售额49.44亿元，增长10.9%。

全市全年进出口总额101359万美元，增长16.0%。其中，出口额61555万美元，增长19.0%，进口额39804万美元，增长11.7%。

【交通、邮电和旅游】截至2013年年末，自贡市全市公路通车里程6360公里，其中，高速公路184公里，一级公路102公里，二级公路189公里，三级公路311公里，四级公路4191公里，等外级公路1383公里。全年完成公路客运量10381万人，客运周转量262156万人公里；完成公路货运量5075万吨，货物周转量566292万吨公里；水路客运量82万人、客运周转量665万人公里，水路货运量242万吨、货物周转量4213万吨公里。

全年完成邮电业务总量21.31亿元，比上年增长17.9%。其中，邮政业务总量2.18亿元，增长32.9%；电信业务总量19.13亿元，增长16.4%。全年光缆线路长度31162皮长公里，增长31.1%；新增互联网用户2.96万户，累计达到30.07万户。年末固定电话用户45.74万户，其中住宅电话40.09万户。年末移动电话达到189.42万户。电话普及率85.9%，其中固定电话普及率16.7%，移动电话普及率69.2%。

【金融和保险】2013年年末，自贡市金融机构人民币存款余额974.97亿元，同比增长18.7%，其中，企业存款余额182.29亿元，同比增长30.9%，居民储蓄存款余额634.37亿元，同比增长17.2%。金融机构人民币贷款余额449.33亿元，同比增长21.1%，其中，中长期贷款206.03亿元，同比增长21.7%；短期贷款232.71亿元，同比增长22.2%。

全年保费收入20.98亿元，增长12.9%，其中财产险收入6.41亿元，增长21.2%；人身险收入14.57亿元，增长9.6%。全年处理各种赔案支付额7.96亿元，增长44.6%，其中财产险赔付金额3.43亿元，增长17.9%；人身险赔付金额4.53亿元，增长74.6%。

3

2013年攀枝花市经济发展概况

【经济总量】2013年，攀枝花市全年实现地区生产总值（GDP）800.88亿元，按可比价计算，增长10.7%。其中：第一产业增加值27.88亿元，增长4.5%，对经济增长的贡献率为1.4%，拉动经济增长0.2个百分点；第二产业增加值597.19亿元，增长11.7%，对经济增长的贡献率为83.2%，拉动经济增长8.9个百分点；第三产业增加值175.81亿元，增长8.0%，对经济增长的贡献率为15.4%，拉动经济增长1.6个百分点。人均地区生产总值65001元，增长10.1%。三次产业结构由上年的3.5：75.8：20.7调整为3.5：74.6：21.9。全市非公有制经济实现增加值368.90亿元，增长13.0%，占GDP的比重为46.1%，非公有制经济对全市经济的贡献率51.4%。

【农业】2013年，攀枝花市全年全市农林牧渔业总产值48.08亿元，增长4.6%。其中：农业产值28.22亿元，增长5.1%；林业产值0.78亿元，增长4.3%；牧业产值14.55亿元，增长3.7%；渔业产值3.87亿元，增长4.2%；农林牧渔服务业产值0.66亿元，增长5.6%。

全年农作物播种面积6.91万公顷，增长0.9%。其中，粮食播种面积4.0万公顷，增长1.3%；油料播种面积0.24万公顷，增长1.4%；烟叶播种面积0.95万公顷，下降3.1%；蔬菜播种面积1.31万公顷，增长4.1%。

【工业和建筑业】2013年，攀枝花市全年规模以上工业累计完成工业总产值1437.12亿元，增长

12.8%；实现增加值452.90亿元，增长12.8%。分轻、重工业看，重工业实现增加值433.44亿元，增长13.0%；轻工业实现增加值19.46亿元，增长9.1%。分登记注册类型看，国有工业完成增加值18.45亿元，下降6.2%；集体工业完成增加值3.99亿元，增长51.1%；股份制工业完成增加值412.33亿元，增长13.0%。

全市年末资质等级以上总承包和专业承包建筑企业（含劳务分包）91个，建筑企业实现总产值182.10亿元，增长14.9%。

【固定资产投资】2013年，攀枝花市全年全社会固定资产投资完成额545.74亿元，增长17.8%，其中，固定资产投资完成额524.94亿元，增长16.1%。从管理渠道看，基本建设完成投资247.74亿元，增长23.2%；更新改造完成投资222.87亿元，增长14.7%；房地产开发完成投资51.16亿元，下降6.4%。从投资主体看，完成国有投资262.63亿元，增长48.0%，完成民间投资271.65亿元，增长3.7%。从三次产业看，第一产业完成投资15.79亿元，增长116.7%；第二产业完成投资250.43亿元，增长12.1%；第三产业完成投资279.51亿元，增长20.2%。

【科学技术】2013年，攀枝花市全年各项专利申请数1627项。高新技术产业实现产值121.46亿元。安排科技项目1552项，其中，安排高新技术项目220个，当年新上高新技术项目161个。各类科技项目获市级以上科技成果奖93项，其中省部级奖18项。新增国家高新技术企业16户，科技新增经济效益29.6亿元。

【国内贸易和对外经济】2013年，攀枝花市全年社会消费品零售总额219.33亿元，增长14.2%，其中，限上企业实现零售额104.86亿元，增长19.1%。按行业分，批发业10.27亿元，增长8.1%；零售业180.91亿元，增长14.5%；住宿业1.47亿元，增长46.0%；餐饮业26.68亿元，增长13.3%。

全年实现进出口总额18714万美元，下降29.0%。其中，出口总额12306万美元，下降44.1%；进口总额6408万美元，增长47.8%。

【交通、邮电和旅游】2013年，攀枝花市全市等级公路2958.33公里，其中高速公路144.72公里。全年完成公路旅客运输量6257万人，增长6.1%；客运周转量162978万人公里，增长20.5%；货物运输量12513万吨，增长9.3%；货物周转量603741万吨公里，增长6.2%。全市机动车保有量20.66万辆，其中，汽车11.78万辆，私人汽车9.39万辆；摩托车8.86万辆；营运车辆2.22万辆，出租汽车1477辆。

全年邮电主营业务收入12.21亿元，其中，电信业务主营收入11.38亿元，邮政业务主营收入0.82亿元。年末拥有邮电局（所）47处；全年报刊发行量2841.49万份；函件296.54万份；特快专递13.36万件；邮路长度（单程）1048公里。年末固定电话用户33.08万户；年末移动电话用户数128.04万户，其中，3G移动电话用户数40.41万户；国际互联网用户数24.24万户。

全年旅游总收入102.18亿元，增长52.8%。接待旅游总人数1039.58万人次，增长21.9%。全市共有名胜风景区和文物保护区13个，星级饭店、宾馆18个。

【金融和保险】2013年年末，攀枝花市金融机构人民币各项存款余额784.18亿元，比年初增加26.42亿元，增长3.5%。其中，储蓄存款余额395.94亿元，比年初增加36.95亿元，增长10.3%。金融机构人民币各项贷款余额608.93亿元，比年初增加76.74亿元，增长14.4%。

年末共有保险公司16家。全年实现保费收入16.60亿元。其中，财产保险保费收入6.94亿元；人寿保险保费收入9.66亿元。保险赔款支出6.50亿元，其中，财产保险赔款支出3.39亿元；人寿保险赔款支出3.11亿元。

4

2013年泸州市经济发展概况

【经济总量】2013年，泸州市全年实现地区生产总值（GDP）1140.48亿元，按可比价格计算，比上年增长11.2%。其中，第一产业增加值155.60亿元，增长4.3%；第二产业增加值684.37亿元，增长12.3%；第三产业增加值300.51亿元，增长12.0%。三次产业对经济增长的贡献率分别为4.8%、67.3%和27.9%。人均地区生产总值26848元，增长10.9%。三次产业结构由上年的13.9：60.6：25.5调整为13.6：60.0：26.4。

【农业】2013年，泸州市全年粮食播种面积36.67万公顷，比上年增长1.0%。经济作物中，油料播种面积2.39万公顷，增长0.2%；蔬菜播种面积6.11万公顷，增长5.8%；药材播种面积0.25万公顷，减少13.2%；烟叶播种面积1.57万公顷，增长6.6%。

全年粮食总产量198.07万吨，比上年增长3.3%。经济作物中，油料产量4.27万吨，增长0.3%，其中油菜籽3.64万吨，增长2.0%；烟叶产量2.03万吨，减少11.1%；蔬菜产量203.43万吨，增长10.0%；茶叶产量8636吨，增长15.3%；水果产量16.58万吨，增长13.1%；药材产量1.51万吨，减少24.4%；甘蔗7.07万吨，减少11.1%。

【工业和建筑业】2013年，泸州市面对白酒和煤炭产业市场萎缩的困难局面，工业企业积极应对，着力进行产业和产品结构调整，稳固增长态势。全年全部工业增加值637.54亿元，比上年增长11.2%，对经济增长的贡献率为57.9%。年末规模以上工业企业587户，全年规模以上工业增加值516.30亿元，增长11.3%。

年末具有资质等级的总承包和专业承包建筑企业165户，全年建筑业总产值408.49亿元，比上年增长39.6%，工程结算收入298.62亿元，增长28.5%，实现税金15.40亿元，增长91.8%，实现利润12.83亿元，增长90.1%。

【固定资产投资】2013年，泸州市全年全社会固定资产投资866.36亿元，比上年增长29.1%，其中计划投资500万元及以上的建设项目和房地产投资（不含农户）853.06亿元，增长27.9%。

全社会投资额中，第一产业完成投资10.27亿元，增长169.9%；第二产业完成投资442.18亿元，增长28.7%，其中工业投资438.77亿元，比上年增长27.8%；第三产业完成投资413.91亿元，增长27.8%；基础设施投资206.83亿元，增长10.6%；民生及社会事业投资95.85亿元，增长15.3%。

【科学技术】2013年，泸州市全市创新科技成果55项，其中市级科技成果51项，区县科技成果4项。全年专利技术申请受理量1260项，获专利申请授权545项，其中发明94项。

【国内贸易和对外经济】2013年，泸州市全年社会消费品零售总额411.94亿元，比上年增长14.9%。按经营地统计，城镇消费品零售额303.98亿元，增长14.8%；乡村消费品零售额107.96亿元，增长15.4%。

全年外贸进出口总额22654万美元，比上年增长21.8%。其中，进口2195万美元，下降21.7%；出口20459万美元，增长29.5%。

【交通、邮电和旅游】2013年年末，泸州市境内公路总里程13261公里，其中等级公路里程8914公里；其中国省干线577公里。在等级公路中，高等级公路854公里（含高速公路312公里）。公路营运车辆29506辆（未包括拖拉机），其中客车5015辆，货车24491辆。农村公路建设成效明显，农村公路总里程12373公里，全年新增农村客运班线46条、农村客运车辆82辆；全市已开行农村客运班线539条，农村客运车辆发展到1872辆，乡镇、行政村客车通达率分别达到100%、88.8%。铁路运营里程160公里。

全年完成邮电业务收入28.36亿元，增长15.8%，其中电信业务收入25.25亿元，增长16.8%，邮政业务收入3.11亿元，增长8.1%。年末固定电话用户50.50万户，减少4.9%。年末移动电话用户324.83万户，增长5.7%，其中3G移动电话用户91.15万户，增长67.5%。互联网固定宽带用户37.09万户，比上年增长6.8%，移动无线上网卡用户1.73万户，增长22.7%，手机上网用户195.38万户，增长8.9%。

全市拥有旅行社27家，旅行社分社20家。拥有星级宾馆（饭店）23家，其中五星级1家，四星级4家，三星级6家。拥有国家A级旅游景区18个，其中国家4A级旅游景区3个，国家3A级旅游景区6个，国家2A级旅游景区9个。拥有全国工业旅游示范点1个，全国农业旅游示范点3个，旅游商品生产企业43家。全年接待国内外游客2111.65万人次，比上年增长37.7%，实现旅游总收入143.03亿元，增长34.9%。

【金融和保险】2013年，泸州市全市地方公共财政收入109.6亿元，增长32.4%，其中税收收入68.53亿元，增长15.2%。公共财政支出249.76亿元，增长17.6%。其中，农林水事务支出38.25亿元，增长23.1%；教育支出54.04亿元，增长12.5%；医疗卫生支出25.83亿元，增长31.4%；社会保障和就业支出32.72亿元，增长23.1%；交通运输支出13.97亿元，增长31.7%；住房保障支出11.66亿元，增长4.0%，节能环保支出7.49亿元，增长32.4%；公共安全支出9.90亿元，增长13.4%。

年末在泸保险业务机构32家。按业务性质分，有财产险业务机构17家，寿险业务机构15家。全年保费总收入35.64亿元，增长12.4%。其中，财产险机构保费收入13.74亿元，增长23.8%；人寿险机构保费收入21.91亿元，增长6.3%。全年处理各项赔款和给付金额12.52亿元，增长24.7%。其中：财产险机构已决赔付金额6.89亿元，增长13.1%；人寿险机构赔付金额5.63亿元，增长42.5%。

5

2013年德阳市经济发展概况

【经济总量】2013年，德阳市全年实现地区生产总值（GDP）1395.9亿元，按可比价格计算，比上年增长10%，其中，第一产业增加值194.6亿元，比上年增长3.6%；第二产业增加值838.4亿元，增长11.4%；第三产业增加值362.9亿元，增长9.9%。三次产业比重为13.9：60.1：26。按常住人口计算的人均地区生产总值为39573元。

【农业】2013年，德阳市全年农作物播种面积45.2万公顷，比上年增加2630公顷，其中：粮食作物播种面积30.1万公顷，增加6197公顷；油料作物播种面积7.3万公顷，增加1817公顷；蔬菜播种面积5.9万公顷，增加801公顷。

全年粮食总产量188万吨，比上年增加1.8万吨，增长1%。油料总产量19.7万吨，增长3.5%。蔬菜总产量203.4万吨，增长3.1%。肉类总产量37.3万吨，增长3%；生猪出栏350万头，增长2.2%；出售和自宰家禽6096万只，增长3.2%。

【工业和建筑业】2013年年末，德阳市规模以上工业企业达到1190户，实现工业增加值705.6亿元，比上年增长11.2%。

全年建筑业实现增加值54.7亿元，比上年增长12.7%。实现主营业务收入239亿元，增长11.2%。

【固定资产投资】2013年，德阳市全社会固定资产投资完成807.4亿元，比上年增长10.5%。其中：基本建设投资416.8亿元，增长10.8%；更新改造投资280.8亿元，增长21.7%。总投资中民生类投资174.7亿元，增长16.6%。

第一产业投资13.3亿元，下降20.6%；第二产业投资411亿元，增长24.9%。其中：工业投资404.9亿元，增长24.1%；第三产业投资383.1亿元，下降0.5%。

【科学技术】2013年，德阳市全年争取国家级科技计划项目23项，争取省级科技计划项目103项，获科技进步奖70项。省认定高技术企业89户。全年共申请专利2406件，其中发明专利申请662件；专利授权1180件，其中授予发明专利权145件。全年共签订各类技术合同80项，成交金额2.2亿元。全市拥有国家级技术中心6个，省级技术中心33个，市级技术中心81个。

【国内贸易和对外经济】2013年，德阳市全年实现消费品零售总额467.7亿元，比上年增长14.6%。分地域看，城镇实现社会消费品零售额298.2亿元，增长15.3%；乡村实现社会消费品零售额169.5亿元，增长13.5%。分行业看，批发业实现118.5亿元，增长15.5%；零售业实现269.1亿元，增长15.3%；住宿业实现11.1亿元，增长12.3%；餐饮业实现69亿元，增长11.1%。

全年进出口总额33.9亿美元，比上年增长9.7%。其中：出口额23.5亿美元，增长29%。机电产品出口11.0亿美元，增长2.4%，占出口总额的45.6%；高新技术产品出口额1.1亿美元，增长29.4%，占出口总额的4.6%。全年进口总额10.4亿美元，下降18.1%。全年实际到位外资2.0亿美元，增长4.9%。

【交通、邮电和旅游】2013年年末，德阳市公路总里程8161.5公里，其中：等级公路7339.4公里，占公路里程总数的89.9%，高速公路186公里。境内铁路运营里程195公里，火车站13个。年末民用汽车拥有量达到29.9万辆，其中私人汽车拥有量26.2万辆。

年末移动电话用户312.2万户，其中，3G用户77.3万户。年末家庭固定宽带用户数51.1万户。

全年接待国内游客1734.7万人次，接待入境游客4101人次。实现旅游总收入92.6亿元，其中实现旅游外汇收入313万美元。境内名胜风景区和文物保护区33个，比上年增加1个，星级饭店11家，比上年增加2家。

【金融和保险】2013年年末，德阳市金融机构本外币存款余额达到1800亿元，比年初增长6.6%。金融机构本外币贷款余额999.7亿元，比年初新增贷款137.6亿元，比年初增长16%。

年末全市共有保险公司36家，其中：财险公司17家，寿险公司19家。全年保费收入42.9亿元，增长12.9%；其中财产险保费收入14.6亿元，增长16.2%；寿险保费收入28.3亿元，增长11.2%。全年支付各项赔款合计14亿元，增长33.4%，其中：财产险赔款支付7.4亿元，增长12.5%；寿险赔款及给付支出6.6亿元，增长68.2%。

6

2013年绵阳市经济发展概况

【经济总量】2013年，绵阳市全年实现地区生产总值（GDP）1455.1亿元，增长10.0%，其中：第一产业增加值239.0亿元，增长3.5%；第二产业增加值747.6亿元，增长12.2%；第三产业增加值468.6亿元，增长9.1%。三次产业结构由上年的16.3：52.4：31.3调整为16.4：51.4：32.2。非公有制经济全年实现增加值832.1亿元，增长12.5%，占全市经济总量的比重为57.2%，比上年提高1.2个百分点。

【农业】2013年，绵阳市全年实现农林牧渔业增加值239.0亿元，增长3.5%。其中：农业增加值增长3.4%，林业增加值增长3.1%，牧业增加值增长3.8%，渔业增加值增长3.4%。

全年农作物总播种面积66.1万公顷。其中：粮食播种面积42.0万公顷，比上年增长2.0%；油料作物播种面积13.8万公顷，增长1.6%。全年粮食总产量216.4万吨，增长0.5%。其中：大春粮食产量167.7万吨，增长1.4%；小春粮食产量48.7万吨，下降2.2%。主要农产品中：稻谷产量98.0万吨，增长0.9%；小麦产量40.6万吨，下降6.1%；油料作物产量33.8万吨，增长1.3%；蔬菜产量200.7万吨，下降0.3%。

【工业和建筑业】2013年，绵阳市全市全部工业实现增加值637.7亿元，增长12.0%。其中：规模以上工业企业实现增加值593.8亿元，增长10.7%。在规模以上工业中，分经济类型看，国有企业增长13.1%；集体企业下降24.8%；股份制企业增长12.3%；外商及港澳台商投资企业增长6.3%；私营企业下降4.9%。“2+4”重点产业。“2+4”重点产业累计实现工业增加值551.7亿元，增长11.2%，总量占全市规模以上工业增加值的比重为92.9%。其中：电子信息产业增长19.2%、化工节能环保产业增长10.5%、冶金机械产业增长9.2%、汽车及零部件产业增长1.0%、食品及生物医药产业下降2.7%、材料产业下降3.5%。

全市资质以上总专承包建筑企业331个，完成建筑业总产值262.9亿元，增长22.2%。其中：完成建筑安装产值256.6亿元，增长21.2%；完成其他产值6.4亿元，增长78.7%。分控股类型看，国有及国有控股企业完成62.1亿元，增长17.6%；其他企业完成200.8亿元，增长23.7%。

【固定资产投资】2013年，绵阳市全年全社会固定资产投资完成1001.0亿元，增长7.4%，总量首次突破千亿大关。其中：基本建设完成投资473.0亿元，增长4.1%；更新改造完成投资287.2亿元，增长10.2%；房地产开发完成投资170.0亿元，增长16.6%。分产业看，第一产业完成投资34.4亿元，增长15.7%；第二产业完成投资302.7亿元，增长7.8%；第三产业完成投资664.0亿元，增长6.8%。“2+4”重点产业。全年“2+4”产业完成投资243.7亿元，增长10.2%。其中：化工节能环保产业完成投资25.4亿元，增长69.1%；电子信息产业完成投资42.5亿元，增长65.9%；材料产业完成投资48.0亿元，增长28.7%；汽车及零部件产业完成投资42.4亿元，增长20.0%；冶金机械产业完成投资60.9亿元，下降15.4%；食品及生物医药产业完成投资24.5亿元，下降31.9%。

【科学技术】2013年，绵阳市全市共组织申报国家各类科技计划项目85项，落实无偿资金8000万元。组织申报省级科技计划项目240项，落实无偿资金4575万元。全市已通过高新技术企业认定101家，有国家级工程技术研究中心5家，省级工程技术研究中心16家。全市全年共申请专利4992件，专利授权2846件。

【国内贸易和对外经济】2013年，绵阳市全市实现社会消费品零售总额650.0亿元，增长13.5%。其中：批发业实现零售额57.7亿元，增长53.0%；零售业实现零售额487.5亿元，增长10.6%；住宿业实现零售额18.1亿元，增长14.7%；餐饮业实现零售额86.7亿元，增长10.2%。按经营地分，城镇消费品零售额448.0亿元，增长15.4%；乡村消费品零售额202.0亿元，增长9.4%。

全年外贸进出口总额28.1亿美元，增长27.0%。其中：进口总额10.1亿美元，增长19.9%；出口总额18.0亿美元，增长31.3%。

【交通、邮电和旅游】2013年年末，绵阳市全市公路通车里程19573.2公里。全年公路客运周转量44.3亿人公里，下降14.3%；公路货运周转量69.4亿吨公里，增长13.9%；水运客运周转量206.8万人公里，下降18.0%；水运货运周转量1.6万吨公里，下降82.7%；铁路旅客发送量514.9万人，增长12.5%；铁路货运量109.6万吨，增长2.3%；民用航空客运量91.7万人次，增长34.7%；民用航空货邮运量9128.1吨，增长8.9%。

全市共有邮政局（所）419处，全年实现邮政业务总量3.1亿元。全年实现邮电主营业务收入36.9亿元，增长14.0%。年末全市固定电话机用户76.0万户，增长1.5%，移动电话用户470.2万户，增长7.0%。国际互联网用户65.3万户，增长16.0%。

全年共实现旅游总收入205.2亿元，增长49.6%。其中：国内收入205.0亿元，增长49.8%；旅游外汇收入315.9万美元，下降46.5%。接待游客总人数2463.5万人次，增长28.2%，其中：国内旅游人数2462.5万人次，增长28.3%；入境旅游人数1.0万人次，下降50.6%。

【金融和保险】2013年年末，绵阳市金融机构人民币各项存款余额2410.3亿元，增长13.4%。其中单位存款1044.7亿元，增长8.9%；城乡居民储蓄存款余额1311.9亿元，增长16.9%。金融机构人民币各项贷款余额1252.8亿元，增长15.3%。其中短期贷款563.1亿元，增长25.1%；中长期贷款671.9亿元，增长9.1%。

年末全市共有保险公司42家，其中：财产险公司19家，寿险公司23家。全年各类保险保费收入50.0亿元，比上年增长6.9%，其中：人身险32.7亿元，增长1.6%；财产险17.3亿元，增长18.6%。各类保险赔款及期满给付支出18.5亿元，增长33.5%。

7

2013年遂宁市经济发展概况

【经济总量】2013年，遂宁市全年实现地区生产总值（GDP）736.61亿元，比上年增长11.1%。其中，第一产业增加值132.51亿元，增长3.3%，对经济增长的贡献率为5.4%，拉动经济增长0.6个百分点；第二产业增加值406.47亿元，增长13.9%，对经济增长的贡献率为71.1%，拉动经济增长7.9个百分点；第三产业增加值197.64亿元，增长10.5%，对经济增长的贡献率为23.6%，拉动经济增长2.6个百分点。三次产业结构由上年的18.90：54.75：26.35调整为今年的17.99：55.18：26.83。

【农业】2013年，遂宁市全年农林牧渔业总产值222.69亿元，增长3.1%。其中：农业总产值104.59亿元，增长1.7%；林业总产值8.26亿元，增长4.2%；牧业总产值97.45亿元，增长4.7%；渔业总产值8.17亿元，增长2.1%；农林牧渔服务业总产值4.22亿元，增长3.1%。农林牧渔及其服务业占农业总产值比重由上年的49.7：3.7：40.9：3.8：1.9调整为46.9：3.7：43.8：3.7：1.9。

全年农作物播种面积40.78万公顷，增加0.08万公顷，增长0.2%。全年粮食产量156.42万吨，增产4.11万吨，增长2.7%。

【工业和建筑业】2013年年末，遂宁市全市共有规模以上工业企业450家，增长2.0%。全年规模以上工业总产值1136.25亿元，增长14.3%；规模以上工业实现销售产值1116.29亿元，增长9.9%；产销率为98.3%，提高0.3个百分点。

年末全市施工总承包和专业承包资质以上建筑企业149个，下降3.9%。全年建筑企业实现总产值157亿元，增长20.3%。其中建筑工程产值140.4亿元，增长21.5%。

【固定资产投资】2013年，遂宁市全年完成全社会固定资产投资804.88亿元，增长22.9%。其中，基本建设投资499.79亿元，增长24.4%；更新改造投资165.58亿元，增长28.1%；房地产开发投资85.99亿元，增长12.0%。

全年新开工项目1047个，增长4.1%；其中计划总投资亿元以上项目98个，增长122.7%。全年新开工工业项目327个，增长8.6%；其中计划总投资亿元以上项目44个，增长76.0%。

【科学技术】2013年，遂宁市全年全市共组织申报省级科技成果20项、鉴定市级科技成果55项，推荐省级科技进步奖5项，获四川省科技进步一等奖1项、三等奖1项。组织评审遂宁市2012—2013年度科技进步奖35项；其中二等奖11项、三等奖24项（一等奖空缺）。全年共申请专利1116件（国家知识产权局已受理），其中发明专利申请量达217件，实施专利1422件，新增产值81.99亿元。全年实施科技成果转化项目17项，其中工业12项，农业5项。国家级高新技术企业46家、市级高新技术企业60家。

【国内贸易和对外经济】2013年，遂宁市全年实现社会消费品零售总额306.81亿元，增长14.6%。其中：城镇实现零售额236.12亿元，增长14.6%；乡村实现零售额70.69亿元，增长14.9%。批发业实现零售额50.43亿元，增长15.5%；零售业实现零售额215.64亿元，增长14.3%；住宿业实现零售额6.85亿元，增长16.3%；餐饮业实现零售额33.89亿元，增长15.3%。

全年共到位国内市外资金419.33亿元，增长13.4%；国内省外资金328.02亿元，增长11.8%。新引进1亿元以上重大项目103个，投资总额774.49亿元。其中：中石油龙王庙组气藏开发、中腾能源烷烃芳构化、威斯派克红外光谱设备产业化、隆基马中遂宁东盟城、上海广奕电子0.25微米6英寸芯片项目等投资30亿元以上项目9个；江淮汽车西南生产基地、大鹏通用航空产业园、云南天丹药业道地中药材种植加工交易暨珍稀苗木生态旅游观光、大百合现代创意农业主题公园等投资10亿—30亿元项目19个；渝榕电子、中山新歌电子、徐州思佳科技、福建华益塑业、福多纳等投资5亿—10亿元项目27个；蓝山咖啡、深圳珩必达、绝味食品等投资1亿—5亿元项目48个。

【交通、邮电和旅游】2013年，遂宁市全年共完成交通固定资产投资36.10亿元，增长18.6%；完成通乡油路（水泥路）建设197.30公里，通村联网公路634.00公里。年末全市机动车保有量为39.73万辆，增加1.62万辆。其中：营运车辆1.95万辆，增加0.17万辆；非营运车辆37.78万辆，增加1.45万辆。营运车辆中客运汽车0.37万辆，货运汽车1.47万辆；非营运车辆中民用车辆37.74万辆，其中民用汽车9.58万辆。

全年邮电业务总量15.28亿元，增长11.5%。全年通信业主营业务收入11.68亿元，增长10.9%。年末全市固定电话用户31.52万户，下降11.2%，其中：住宅电话29.39万户，下降5.6%；移动电话用户197.98万户，增长4.3%；互联网用户26.10万户，增长4.7%。

全年旅游接待总人数2012万人次，增长18.1%；实现旅游总收入167亿元，增长27.0%。全年新增A级旅游景区1个，累计达到13个；星级饭店累计达到23家。

【金融和保险】2013年年末，遂宁市金融机构人民币存款余额893.29亿元，比年初增长19.8%。其中：单位存款余额297.75亿元，增长33.8%；居民储蓄存款余额575.78亿元，增长13.3%。金融机构人民币贷款余额499.02亿元，比年初增长24.8%。其中：短期贷款余额194.28亿元，增长26.0%；中长期贷款余额300.69亿元，增长22.4%。

年末全市保险机构20家，全年实现保费总收入17.52亿元，下降7.4%。其中：财产险收入6.46亿元，增长18.8%；寿险收入11.06亿元，下降16.8%。全年处理各项赔款和给付金额7.00亿元，增长33.3%。其中：财产险赔付金额3.20亿元，增长15.2%；寿险给付金额3.80亿元，增长53.2%。

8

2013年内江市经济发展概况

【经济总量】2013年，内江市全年实现地区生产总值（GDP）1069.34亿元，同比增长10.3%。其中，第一产业增加值176.32亿元，增长4.0%；第二产业增加值661.33亿元，增长11.4%；第三产业增加值231.69亿元，增长10.7%。三次产业结构由上年的16.7：62.4：20.9调整为16.5：61.8：21.7。

【农业】2013年，内江市全年实现农林牧渔业总产值293.85亿元，增长4.1%；增加值176.32亿元，增长4.0%。

全年粮食总产量151.22万吨，比上年增加4.78万吨，增长3.3%，连续7年增产。油料产量10.14万吨，增长1.9%。

【工业和建筑业】2013年，内江市全市规模以上工业企业户数达500户。全年实现规模工业总产值1697.11亿元，增长18.2%，规模工业增加值增长11.2%。五大支柱产业实现产值1542.47亿元，增长18.2%，占规模工业的90.9%。

全市有资质等级建筑企业119个，实现建筑业总产值143.92亿元，增长17.2%。房屋建筑施工面积1044.86万平方米，增长12.0%；房屋建筑竣工面积517.52万平方米，增长24.4%。

【固定资产投资】2013年，内江市全年完成全社会固定资产投资575.93亿元，增长25.1%。全年新开工项目（不含房地产）806个。第一产业完成投资15.13亿元，增长33.5%；第二产业投资213.59亿元，增长17.5%，其中工业投资213.06亿元，增长17.5%；第三产业投资347.22亿元，增长30.0%，第三产业占全市固定资产投资的比重为60.3%。

全年完成国有及国有控股投资257.01亿元，增长40.2%；非国有投资318.93亿元，增长15.1%。非国有投资占全市投资总额55.4%。

【科学技术】2013年，内江市全市完成市级以上科技计划项目96项，取得市级以上科技成果20项。知识产权保护力度进一步加大，全年专利申请741件，专利授权412件。同时，采取有效措施发挥外援科技智力队伍的作用，全年企业与外智人才成功对接项目新增20个。

【国内贸易和对外经济】2013年，内江市全年实现社会消费品零售总额316.12亿元，增长14.5%。分地域看，城乡市场分别实现零售额202.56亿元和113.57亿元，分别增长14.9%和13.8%。分行业看，批发零售业零售额252.71亿元，增长13.7%；住宿餐饮业零售额63.41亿元，增长18.0%。按经营单位规模来分，限额以上批发零售和住宿餐饮业实现零售额100.15亿元，增长21.7%；限额以下批发零售和住宿餐饮业实现零售额215.97亿元，增长10.2%。

全年实现外贸进出口总值3.63亿美元，增长15.7%，其中，出口3.15亿美元，进口0.48亿美元。全市获权企业252户，其中：新批获权企业26户。全年实际利用外资9980万美元。

【交通、邮电和旅游】2013年，内江市全年交通建设项目投资完成33.65亿元。建成通乡、通村公路共计1150公里，其中水泥路1087公里，油路63公里。建成1个乡镇客运站，完成4个农村客运码头的建设，完成农村渡改桥7座，完成公路安保工程国省道158.4公里，整治公路危病桥434延米/7座。年末全市公路管养里程达9880公里(不含242公里高速公路)，其中，等级公路6267公里。

全年实现邮电业务收入17.61亿元，增长15.7%。年末固定电话用户47.45万户，下降6.1%；移动电话用户236.30万户，增长8.3%；每百人拥有移动电话55.4部，比上年增加4.2部。

全年接待游客1788.61万人次，增长29.8%；实现旅游总收入110.29亿元，增长28.0%。

【金融和保险】2013年，内江市全市金融机构本外币各项存款余额1079.47亿元，比上年增长21.3%，其中城乡居民储蓄存款余额747.12亿元，增长16.9%。金融机构本外币各项贷款余额514.35亿元，比上年增长26.4%。

全年各种保险机构保费收入24.69亿元，增长7.6%。其中，财产险保费收入7.35亿元，增长18.0%；寿险保费收入17.35亿元，增长3.7%。全年各项赔款和给付支出8.18亿元，增长48.8%。

9

2013年眉山市经济发展概况

【经济总量】2013年，眉山市全年实现地区生产总值（GDP）860.04亿元，按可比价计算比上年增长10.8%。其中，第一产业增加值144.57亿元，增长3.6%，对经济增长的贡献率为5.1%，拉动经济增长0.56个百分点；第二产业增加值491.23亿元，增长12.3%，对经济增长的贡献率为67.0%，拉动经济增长7.23个百分点；第三产业增加值224.24亿元，增长12.0%，对经济增长的贡献率为27.9%，拉动经济增长3.01个百分点。三次产业结构由上年的17.5∶57.2∶25.3优化为16.8∶57.1∶26.1。

【农业】2013年，眉山市全年农作物总播种面积42.45万公顷，比上年增长0.6%。其中，粮食作物播种面积29.57万公顷，增长0.4%；油料作物播种面积5.5万公顷，下降0.1%；药材播种面积2584公顷，增长1.6%；蔬菜播种面积5.25万公顷，增长6.0%。

全年粮食产量165.1万吨，增长1.6%。其中，小春粮食产量28.23万吨，下降1.8%；大春粮食产量136.87万吨，增长2.3%；油菜籽产量9.43万吨，增长0.5%；茶叶产量2.03万吨，增长6.4%；水果产量81.07万吨，增长5.4%；蔬菜产量137.54万吨，增长5.7%。

【工业和建筑业】2013年，眉山市全年全部工业增加值425.91亿元，比上年增长10.8%。规模以上工业企业户数605户，比年初增加26户。规模以上工业增加值增长11.0%。在规模以上工业增加值中：国有及国有控股企业增长0.6%，股份制企业增长12.1%，外商及港澳台企业增长6.9%，其他经济类型企业增长9.6%；轻工业增长13.2%，重工业增长9.8%。

全年全社会建筑业增加值65.32亿元，增长23.4%。具有资质等级的建筑企业106个，其中施工总承包和专业承包企业76个，劳务分包企业30个。

【固定资产投资】2013年，眉山市全年全社会固定资产投资756.12亿元，比上年增长25.7%。其中，第一产业投资17.17亿元，增长60.2%；第二产业投资314.14亿元，增长5.4%；第三产业投资424.80亿元，增长45.0%。500万元以上项目投资603.41亿元，增长18.1%；基本建设投资391.57亿元，增长22.3%；更新改造投资211.84亿元，增长11.1%。

全年房地产开发投资130.31亿元，增长66.7%。商品房销售面积286.18万平方米，增长43.5%。

【科学技术】2013年，眉山市组织实施市级以上科技计划项目197项，向上争取到位无偿科技项目资金4666万元，增长28%；2项科技成果获得2013年度省级科技进步奖。专利申请781件、授权497件。新增国家新技术企业6家，新增省级以上创新型企业2家。全年举办科技培训42期，培训人员2800人次。年末专业技术人员共34388人，其中农业技术人员3039人。

【国内贸易和对外经济】2013年，眉山市全年社会消费品零售总额283.11亿元，比上年增长14.2%。其中，限额以上消费品零售额95.85亿元，增长22.0%。按经营地统计：城镇消费品零售额186.98亿元，增长14.5%；乡村消费品零售额96.12亿元，增长13.7%。按消费形态统计：商品零售额244.89亿元，增长14.5%；餐饮收入额38.21亿元，增长12.9%。

全年进出口总额28802万美元，增长48%。其中，进口总额8805万美元，增长130.5%；出口总额19997万美元，增长27.9%。

【交通、邮电和旅游】2013年，眉山市全年公路货物运输总量5186万吨，增长7.2%；货物运输周转量545312万吨公里，增长14.4%。公路旅客运输量7029万人次，下降2.3%；公路旅客周转量224137万人公里，下降3.7%。

全年邮政业务总量1.88亿元，增长25%；电信业务总量13.84亿元，增长25.3%。固定电话用户41.72万户，下降3.9%；移动电话用户239.16万户，增长5.4%；宽带用户27.57万户，增长6.7%。

全年接待旅游人数1943万人，增长24.5%；旅游收入145.1亿元，增长31.7%。

【金融和保险】2013年年末，眉山市金融机构本外币各项存款余额1116.01亿元，比年初增长19.6%，其中人民币各项存款余额1115.04亿元，增长19.8%。单位存款增长17.8%，个人存款增长19.8%。全部金融机构本外币各项贷款余额532.38亿元，比年初增长24.4%，其中人民币各项贷款余额531.99亿元，增长24.4%。短期贷款增长31.8%，中长期贷款增长20.0%。

年末有保险公司23家，其中财险公司11家，寿险公司12家。全年保费总收入32.85亿元，增长3.4%。其中，财产险收入9.26亿元，增长21.5%；人身险收入23.58亿元，下降2.4%。支付各项赔款及给付6.38亿元，其中财产险赔付3.71亿元，人身险赔付及给付金额2.67亿元。

10

2013年宜宾市经济发展概况

【经济总量】2013年，宜宾市全市实现地区生产总值1342.89亿元，比上年增长8.1%。其中，第一产业增加值198.61亿元，增长3.6%；第二产业增加值814.46亿元，增长8%；第三产业增加值329.82亿元，增长

11%。三次产业对经济增长的贡献率分别为5.6%、62.8%和31.6%。三次产业结构由上年的14.6：62.3：23.1优化为14.8：60.6：24.6。

【农业】2013年，宜宾市全年农林牧渔业总产值328.6亿元，比上年增长3.7%。

全年实现农业产值153.4亿元，比上年增长3.9%。粮食种植面积达到38.77万公顷，粮食总产量达到215.3万吨，增长2.2%。经济作物中，油料产量9.52万吨，增长4.5%；蔬菜产量231.44万吨，增长3.9%；茶叶产量4.29万吨，增长12.9%；园林水果产量47.96万吨，增长5.8%。

【工业和建筑业】2013年，宜宾市全部工业实现增加值743.06亿元，增长7.4%，其中规模以上工业增加值增长7.6%。在规模以上工业中，轻工业增加值增长12.1%，重工业增加值增长2.1%。

2013年年末，具有资质等级独立核算的建筑企业209个，其中施工总承包和专业承包企业171个。施工总承包和专业承包企业全年完成建筑业现价总产值178.1亿元，比上年增长24.4%；房屋建筑施工面积1279.5万平方米，增长19%；房屋建筑竣工面积641.7万平方米，增长3.5%，竣工率50.2%。

【固定资产投资】2013年，宜宾市全年全社会固定资产投资总额达935.42亿元，比上年增长24.9%。其中，基本建设投资完成542.18亿元，增长27%；更新改造投资完成222.28亿元，增长14.9%；房地产开发投资完成141.13亿元，增长35%。从投资主体看，国有经济控股单位完成投资515.27亿元，增长34.5%，占全社会固定资产投资总额的55.1%。从产业投向看，第一产业投资30.83亿元，增长63.8%；第二产业投资368.36亿元，增长15%；第三产业投资536.23亿元，增长30.9%。从投资行业看，增长较快的行业有：公共管理和社会组织增长1.18倍，建筑业增长1.05倍，文化、体育和娱乐业增长89.8%，批发和零售业增长67.3%，居民服务和其他服务业增长63.3%，农林牧渔业增长49.4%，房地产业（包括房地产开发）增长37.6%，卫生和社会工作增长35.7%，科学研究和技术服务业增长32.8%，教育业增长30.7%。

【科学技术】2013年，宜宾市全市申请专利1577件，比上年增长18.8%，完成省下达全年目标任务的118.8%，其中发明专利申请398件，增长83.4%，完成省下达全年目标任务的183.4%；授权专利1134件，其中发明专利授权72件。全市累计专利申请量9180件，累计授权专利达6822件。

【国内贸易和对外经济】2013年，宜宾市全年社会消费品零售总额497.24亿元，比上年增长14.4%。分行业看，批发业实现零售额73.88亿元，增长26%；零售业实现零售额351.01亿元，增长12.8%；住宿业实现零售额8.95亿元，增长14.2%；餐饮业实现零售额63.4亿元，增长11.3%。

全年完成外贸进出口总额8.13亿美元，比上年增长4.6%。其中，进口实现2.5亿美元，增长6.5%；出口实现5.63亿美元，增长3.8%。全年实际利用外资4549万美元，增长0.3%。

【交通、邮电和旅游】2013年，宜宾市全年完成公路、水路货物运输量6466万吨，比上年增长5.6%，货运周转量637154万吨公里，增长21.5%；完成客运量15282万人次，下降10.5%，客运周转量525115万人公里，增长6%。

全年邮电业务总量完成35.84亿元，比上年增长14%。2013年年末，全市电话用户总数达405.35万户，增加6.74万户，其中：固定电话用户57.07万户，减少3.76万户，移动电话用户348.28万户，增加10.5万户。

互联网宽带接入用户数38.94万户，增加1.64万户。

2013年，旅游业继续壮大。全年实现旅游总收入208.7亿元，比上年增长25.8%，接待游客2498.18万人次，增长18.3%。

【金融和保险】2013年年末，宜宾市全市金融机构本外币各项存款余额1574.63亿元，比上年末增长7.4%，其中城乡居民储蓄存款余额767.62亿元，增长14%；金融机构本外币各项贷款余额762.03亿元，增长21.3%；其中短期贷款301.91亿元，增长20.5%，中长期贷款454.99亿元，增长22.5%。

2013年年末，全市共有保险公司28家。按业务性质分：财产险公司15家，寿险公司11家，养老公司1家，健康险公司1家；按资本国别属性分：中资公司26家，外资公司2家。全年原保险保费收入24.95亿元，比上年减少4.5%，其中财产险业务总收入12.04亿元，增长16.4%；人身险业务总收入12.91亿元，减少0.05%。全年支付各项赔款和给付10.28亿元，增长18.4%，其中财产险赔款支出7.39亿元，增长19%；人身险短期赔款支出2.88亿元，增长16.8%。

11

2013年广安市经济发展概况

【经济总量】2013年，广安市全年实现地区生产总值（GDP）835.1亿元，增长10.8%。其中，第一、第二、第三产业增加值分别为150.0亿元、437.4亿元和247.7亿元，分别增长3.5%、13.4%和10.5%，对经济增长的贡献率分别为5.5%、65.9%、28.6%，拉动GDP分别增长0.6个、7.1个、3.1个百分点。人均GDP为25933元，增长10.6%。三次产业结构由上年的18.6：52.2：29.2调整为17.9：52.4：29.7，其中三产业比上年提高0.5个百分点，为2005年三产业增加值占GDP的比重持续下降八年后首次反弹回升。

【农业】2013年，广安市全年完成农业总产值256.0亿元，增长3.5%。

全市粮食播种面积33.7万公顷，粮食总产量186.5万吨，比上年增加4.5万吨，增长2.5%。其中，水稻产量102.1万吨，下降1.0%；玉米产量29.4万吨，下降9.5%；小麦产量14.5万吨，下降1.9%。油料种植面积6.4万公顷，产量为13.1万吨，增长0.6%。蔬菜（含菜用瓜）种植面积6.6万公顷，产量为235.2万吨，增长1.8%。

【工业和建筑业】2013年，广安市全部工业增加值为345.7亿元，增长12.7%，对经济贡献率为49.7%，拉动经济增长5.4个百分点。全年新增规模以上工业企业90户，年末规模以上工业企业总户数为494户。实现工业总产值1143.7亿元，增长16.6%，其中，轻工业500.5亿元，增长15.2%，重工业643.2亿元，增长17.8%；煤炭、电力、建材、装备制造和。农产品加工五大支柱产业完成总产值730.8亿元，增长10.0%。规模以上工业增加值增长11.5%。全市工业化率为41.4%。

全年建筑业增加值为91.7亿元，增长16.0%，对经济的贡献率为16.2%，拉动GDP增长1.8个百分点。

四级以上资质等级建筑企业纳入统计共95户（不包括劳务分包企业），完成建筑业总产值267.7亿元，增长18.9%。房屋建筑施工面积1378.7万平方米，增长30.8%；房屋建筑竣工面积777.4万平方米，增长40.5%。

【**固定资产投资**】2013年，广安市全年完成全社会固定资产投资672.4亿元，增长28.3%。其中，项目投资完成598.4亿元，增长28.3%。其中，第一、第二、第三产业投资分别为17.8亿元、249.5亿元和405.1亿元，分别增长40.9%、25.6%和29.5%。

【**科学技术**】2013年，广安市全市共争取各类科技计划项目55项，到位项目资金2337万元。实施中省重点科技项目55项，引进应用先进技术90项，取得科技成果85项。专利申请量684件，其中发明专利申请量259件，专利授权量294件。新培育国家级高新技术企业8家，成功创建省级企业技术中心4家。

【**国内贸易和对外经济**】2013年，广安市全社会消费品零售总额为292.1亿元，增长14.6%。其中，城镇、乡村零售额分别为224.2亿元、67.9亿元，增长14.5%、15.3%。限额以上商贸单位实现零售额167.6亿元，增长22.4%。分行业看，批发业、零售业、住宿业和餐饮业零售额分别为7.8亿元、146.0亿元、1.0亿元和12.8亿元，增长分别为10.1%、24.3%、-1.5%和12.2%。

全年实际利用外资4104万美元，增长3.5%。外贸进出口总额9.9亿美元，增长31.7%，其中出口总额9.8亿美元，增长39.8%。新批外商直接投资企业21家，累计135家。新增外商投资企业1家，累计17家。实现外派劳务3892人次。成功创建国家级外派劳务公共服务平台2家。

【**交通、邮电和旅游**】2013年，广安市巴广渝、遂广高速公路广安境内段全面开工建设，广安港新东门作业区实现开港试运行，国道350线武胜嘉陵江二桥建成通车。全市公路通车总里程为10561公里，等级公路8971公里。其中，高速公路197公里，一级公路76公里，二级公路359公里，三级公路429公里，四级公路7910公里，等级外公路1590公里。道路运输完成客运量1.1亿人次，旅客周转量29.2亿人公里；货运量4780万吨，货物周转量35.4亿吨公里。水路运输完成客运量223.2万人，游客周转量1556.2万人公里；货运量532.1万吨，货物周转量30447万吨公里。

全年邮电业务总量为7.2亿元，增长9.7%。其中，邮政业务总量2.3亿元，增长14.4%；电信业务总量4.9亿元，增长7.6%。年末固定电话用户33.0万户，下降4.2%；移动电话用户209.3万户，增长1.3%；宽带用户22.6万户，增长6.7%。

邓小平故里成功创建为国家5A级景区，华蓥山旅游区获评省级旅游度假区，宝箴塞、神龙山巴人石头城、华蓥山天意谷创建4A级旅游景区通过省检。全年实现旅游收入135.3亿元，增长30.6%，旅游人数1997.6万人次，增长28.9%。

【**金融和保险**】2013年年末，广安市全市金融机构各项存款余额1113.9亿元，比年初增加176.6亿元，增长18.8%；住户存款796.2亿元，比年初增加113.9亿元，增长16.7%。金融机构贷款余额424.7亿元，比年初净增83.3亿元，增长24.4%。6家证券营业部的证券交易额为188.7亿元。

全市现有驻市保险机构20家，其中，财险公司10家，寿险公司10家。全年共收保费23.7亿元。其中，财产险保费收入6.4亿元，寿险保费收入18.2亿元，全年各项赔款给付7.9亿元。

12

2013年达州市经济发展概况

【经济总量】2013年，达州市全年实现地区生产总值（GDP）1245.41亿元，增长（比2012年，下同）10.2%。其中，第一产业实现增加值266.48亿元，增长3.7%；第二产业实现增加值661.87亿元，增长12.4%；第三产业实现增加值317.06亿元，增长10.4%。三次产业结构比为21.4∶53.1∶25.5。三次产业对经济增长的贡献率分别为7.2%、67.9%和24.9%，分别拉动经济增长0.73个、6.93个和2.54个百分点。

【农业】2013年，达州市全年粮食种植面积54.67万公顷，增长1.6%。其中，小麦6.71万公顷，下降2.6%；水稻17.30万公顷，下降0.4%；玉米10.04万公顷，增长2.4%；薯类15.20万公顷，增长5.9%；油料种植面积12.64万公顷，增长1.1%；蔬菜种植面积9.0万公顷，增长0.9%。

全年粮食产量281.69万吨，比上年增加7.35万吨，增长2.7%；油料产量31.03万吨，增长1.4%。

【工业和建筑业】2013年，达州市全部工业增加值584.43亿元，增长10.9%。其中：规模以上工业企业增加值338.1亿元，增长10.1%。

全社会建筑业实现增加值77.44亿元，增长26.6%。全市有资质等级的建筑企业实现总产值249.5亿元，增长26.4%。

【固定资产投资】2013年，达州市全社会投资完成1002.86亿元，增长21.4%。

全年建成投产项目1745个，项目建成投产率60.9%，新增固定资产723.48亿元。年内上亿元投资项目142个，其中：南大梁高速公路项目完成19.2亿元；川投燃气发电项目完成15.6亿元；中石油川东北高含硫项目完成15.2亿元。

【科学技术】2013年年末，达州市全市拥有高新技术企业12家，高新技术产业实现工业总产值174亿元，拥有国家级创新型企业1家，省级创新型企业31家，省级工程技术中心、重点实验室各1家，市（厅）级重点实验室5家。全市获国、省科技进步奖7项，授予市级科技进步奖32项，登记技术交易合同金额165万元。全市组建特色农业产业科技特派员团队6个，开展农业实用技术培训30余期，参训人数达2000余人次，发放技术资料2万余份。全年共申请专利671件，专利授权417件，其中企业申请专利181件，企业申请发明专利41件。

【国内贸易和对外经济】2013年，达州市社会消费品零售总额493.39亿元，增长14.8%。其中，城市消费品零售额317.07亿元，增长15.3%；农村消费品零售额176.32亿元，增长14.0%。

全年出口创汇13705万美元，增长45.4%。

【交通、邮电和旅游】2013年年末，达州市全市境内公路总里程19450公里，其中高速公路达370公里，完成公路货运周转量125.7亿吨公里，增长12.5%。

全年邮政电信业务收入27.17亿元，增长10.9%；年末固定电话用户58.35万户，年末移动电话用户达

333.31万户，其中：3G移动电话用户83.01万户。互联网用户36.64万户。全年订销报刊杂志累计份数4577.94万份。

全年共接待国内游客1242.9万人次，增长12.0%。旅游总收入75.22亿元，增长22.0%。

【金融和保险】2013年年末，达州市全部金融机构人民币存款余额1588.05亿元，增长20.6%；其中，城乡居民储蓄余额1133.69亿元，增长19.2%。全部金融机构人民币贷款余额655.58亿元，增长23.3%。其中，中长期个人消费贷款余额189.9亿元，增长29.9%。

全市保险市场已入会市级财寿险机构达31家，比上年新增2家。其中：人寿保险公司19家、财产保险公司10家、专业保险代理公司2家，加上中邮人寿达州代理业务分局，北京联合经纪、江泰经纪，实际市级保险机构已达34家。设有市辖营业部、县级分支机构111家，比上年新增5家。其中：寿险75家，财险36家。全行业实现保费收入38.25亿元，保费规模居全省第5位，增速全省第19位；承担各类财产风险保障责任3993.17亿元；支付各类赔偿及给付14.77亿元，其中：各类灾害事故财产保险赔款5.18亿元，人身险赔款及给付合计9.59亿元；上缴地方各类税金8713.89万元，代扣车船使用税3189.27万元。

13

2013年资阳市经济发展概况

【经济总量】2013年，资阳市全年实现地区生产总值（GDP）1092.4亿元，经济总量迈入全省“千亿俱乐部”，比上年增长10.6%。其中，第一产业增加值235.1亿元，增长3.6%；第二产业增加值607.7亿元，增长12.8%；第三产业增加值249.6亿元，增长10.7%。三次产业对经济增长的贡献率分别为6.4%、70.5%、23.1%，拉动GDP分别增长0.7个、7.5个、2.4个百分点。三次产业结构由上年的21.9：55.7：22.4调整优化为21.5：55.6：22.9。第三产业增加值占GDP比重比上年提高0.5个百分点，第三产业对GDP增长贡献率比上年提高3.4个百分点，为近年来首次实现第三产业占GDP比重、对GDP贡献“双提升”。

【农业】2013年，资阳市全年粮食作物种植面积51.2万公顷，比上年增长0.1%；油料作物种植面积10.1万公顷，增长1.0%。全年粮食总产量比上年增长4.1%，实现“七连增”。其中，稻谷产量增长8.9%。油料产量增长1.3%。蔬菜（含菜用瓜）产量增长2.2%。

【工业和建筑业】2013年，资阳市全年规模以上工业企业实现总产值2028.2亿元，实现增加值比上年增长11.5%。截至2013年年底，全市共拥有1个国家级企业技术中心、35个省级企业技术中心、2个中国名牌产品、13个中国驰名商标、63个四川名牌产品、51个省著名商标。

全年建筑业实现增加值61.4亿元，比上年增长22.0%。全市四级及以上资质等级建筑企业95个，全年房屋建筑施工面积1048.3万平方米，增长9.7%。

【固定资产投资】2013年，资阳市全年全社会完成固定资产投资760.7亿元，比上年增长25.6%。其中，第一产业投资23.9亿元，增长112.3%；第二产业投资247.6亿元，增长23.3%；第三产业投资489.2亿元，增长24.2%。

全年计划总投资5000万元及以上的项目（含房地产开发项目）达到604个，比上年增加121个，完成投资669.1亿元，增长26.8%，占全社会固定资产投资的88.0%。

【科学技术】2013年，资阳市全年共组织实施市级以上重点科技项目116项，其中国家级2项、省级71项。新发展高新技术企业13户，年末高新技术企业达31户。加强知识产权保护，全年完成专利申请量821件。

【国内贸易和对外经济】2013年，资阳市全年实现社会消费品零售总额336.5亿元，比上年增长14.7%。分行业看，批发业和零售业实现零售额254.6亿元，增长12.4%；住宿和餐饮业实现零售额81.9亿元，增长22.5%。

全年进出口总额54330万美元，比上年增长77.8%。其中，出口总额24902万美元，下降7.8%；进口总额29428万美元，增长727.8%。

【交通、邮电和旅游】2013年，资阳市全年公路运输完成客运周转量43.6亿人公里、货物周转量66.5亿吨公里，分别比上年增长17.7%和15.6%；水路运输完成客运周转量812万人公里，下降1.8%；货物周转量2927万吨公里，增长24.2%。

全年邮政业务收入3.5亿元，电信业务收入14.7亿元。年末固定电话用户数（不包括分机）33.1万户，比上年下降13.8%；移动电话用户数24.1万户，比上年增长5.2%；国际互联网注册用户数14.6万户，比上年增长4.0%。

全年实现旅游总收入145.1亿元，比上年增长26.7%。接待国内游客1857.2万人次，增长31.7%，国内旅游收入144.7亿元，增长26.7%；接待入境游客2.91万人次，外汇收入616.3万美元。

【金融和保险】2013年年末，资阳市金融机构各项存款余额1087.0亿元，比年初净增157.2亿元，增长16.9%；辖内金融机构各项贷款余额530.5亿元，比年初净增114.3亿元，增长27.5%。

全市27家保险机构全年实现保费收入30.6亿元，比上年增长23.7%。全年支付各项赔款和给付12.5亿元，增长104.7%。辖区4家证券营业部拥有证券交易客户数4.6万户，全年交易量284亿元，增长44.0%。

贵州省

｜贵阳市｜安顺市｜遵义市｜六盘水市｜

1

2013年贵阳市经济发展概况

【经济总量】2013年，贵阳市全年实现地区生产总值（GDP）2085.42亿元，比上年增长16.0%。分产业看，第一产业增加值81.52亿元，比上年增长6.3%；第二产业增加值848.64亿元，比上年增长18.6%；第三产业增加值1155.26亿元，比上年增长14.6%。三次产业结构为3.9：40.7：55.4。

【农业】2013年，贵阳市全年粮食播种面积11.35万公顷，比上年增长2.3%；油菜籽播种面积3.92万公顷，比上年下降1.4%；烤烟播种面积1.17万公顷，比上年下降4.8%；蔬菜播种面积10.59万公顷，比上年增长8.5%。

全年粮食产量43.26万吨，减产2.8%。其中，夏粮产量8.64万吨，增产5.1%；秋粮产量34.62万吨，减产4.6%。

【工业和建筑业】2013年，贵阳市全年全部工业增加值608.32亿元，比上年增长16.8%。其中，规模以上工业增加值550.98亿元，比上年增长16.0%。十大工业行业规模以上工业增加值391.40亿元，比上年增长10.6%。六大特色支柱产业规模以上工业增加值429.43亿元，比上年增长15.5%。工业园区规模以上工业增加值430.76亿元，比上年增长16.2%。

全市建筑业实现增加值240.32亿元，比上年增长24.4%。资质以上建筑企业房屋建筑施工面积6330.72万平方米，比上年增长12.2%；房屋建筑竣工面积1268.06万平方米，比上年增长23.4%。

【固定资产投资】2013年，贵阳市全年固定资产投资（统计口径为计划总投资500万元及以上固定资产项目投资和房地产开发项目投资）1958.14亿元，比上年增长26.1%。

分产业看，第一产业投资3.41亿元，比上年增长8.2%；第二产业投资438.86亿元，比上年增长14.3%；第三产业投资1515.87亿元，比上年增长30.2%。

【科学技术】2013年，贵阳市全年发展市级创新型企业73家，知识产权示范企业30家。设立中小企业创新基金600万元支持小微企业23家；工程技术研究中心、重点实验室和产业技术创新战略联盟107个，其中新认定市级工程技术中心31个；实施重点科技攻关项目114个，其中重大科技专项7个；培养、引进科技人才106名，同时引进科技人才团队8支。获得高新技术企业认定的企业136家，建立了首都科技条件平台贵阳合作站。

全年专利申请受理量为7039件，比上年增长29.4%。专利授权量3531件，比上年增长17.8%，其中发明专利535件，实用新型专利2185件，外观设计专利811件。

【国内贸易和对外经济】2013年，贵阳市全年实现社会消费品零售总额785.66亿元，比上年增长15.0%。分地域看，城镇消费品零售额779.64亿元，增长14.9%，其中城区763.04亿元，增长13.8%；乡村消费品零售额6.03亿元，增长27.6%。分行业看，批发业零售额76.27亿元，比上年增长33.6%；零售业零售额665.55亿元，比上年增长13.7%；住宿业零售额11.02亿元，比上年增长3.7%；餐饮业零售额32.82亿元，比上年增长9.8%。

全年外贸进出口总额63.18亿美元，比上年增长25.1%。其中出口55.79亿美元，比上年增长32.4%；进口7.39亿美元，比上年下降11.7%。

【交通、邮电和旅游】2013年，贵阳市全年各种运输方式完成旅客发送量60430.48万人次，比上年增长30.0%；完成货物运输量21281.10万吨，比上年增长27.9%。

全市年末民用车辆拥有量79.52万辆，比上年末增长18.1%，其中汽车拥有量65.02万辆，比上年末增长17.2%。私人汽车拥有量54.71万辆，比上年末增长18.0%。

全市邮电业务总量74.33亿元，比上年增长12.3%，其中邮政业务总量3.72亿元，比上年增长9.5%；电信业务总量70.61亿元，比上年增长12.5%。年末固定电话用户101.89万户，比上年下降0.1%；移动电话用户753.25万户，比上年增长17.5%，其中3G用户数210.41万户，比上年增长91.8%；互联网宽带接入用户93.63万户，比上年增长15.9%。

全市全年旅游总收入728.66亿元，其中旅游外汇收入达5229.79万美元；接待国内游客6009.08万人次；接待外国（海外）游客13.42万人次。

【金融和保险】2013年年末，贵阳市全市金融机构本外币各项存款余额5766.05亿元，比年初增加1349.39亿元，其中，居民储蓄存款余额1834.90亿元，比年初增加329.22亿元。金融机构本外币各项贷款余额4205.01亿元，比年初增加675.28亿元。全市年末金融机构人民币各项存款余额5742.09亿元，比年初增加1347.08亿元，其中，单位存款余额3436.32亿元，比年初增加854.84亿元；居民储蓄存款余额1827.14亿元，比年初增加328.56亿元。金融机构人民币各项贷款余额4177.93亿元，比年初增加690.09亿元，其中，短期贷款余额1145.43亿元，比年初增加247.46亿元；中长期贷款余额2956.78亿元，比年初增加463.59亿元。

全年保险保费收入69.55亿元，比上年增长22.2%。保险赔付支出26.34亿元，比上年增长30.3%。

2

2013年安顺市经济发展概况

【经济总量】2013年，安顺市全年实现地区生产总值（GDP）429.16亿元，比上年增长15.4%。分产业看，第一产业增加值60.99亿元，增长6.3%。第二产业增加值164.45亿元，增长18.6%，其中工业增加值133.06亿元，增长15.3%；建筑业增加值31.39亿元，增长37.2%。第三产业增加值203.72亿元，增长15.4%。三次产业结构比由上年的14.5：37.3：48.2调整为14.2：38.3：47.5。

【农业】2013年，安顺市全年农林牧渔业总产值93.86亿元，比上年增长8.0%。其中，农业产值46.43亿元，增长7.9%；林业产值2.38亿元，增长5.8%；牧业产值42.37亿元，增长7.7%；渔业产值2.08亿元，增长20.3%；农林牧渔服务业产值0.59亿元，增长5.8%。

全年粮食总产量63.13万吨，比上年下降3.1%。其中，夏粮产量7.56万吨，增长11.3%；秋粮产量55.57万吨，下降4.7%。蔬菜产量93.08万吨，增长10.8%。油菜籽产量7.84万吨，增长6.6%。烤烟产量1.90万吨，增长14.2%。

【工业和建筑业】2013年，安顺市全年规模以上工业（统计口径为年主营业务收入2000万元及以上工业企业）增加值108.56亿元，比上年增长15.5%。其中，从隶属关系看，省以上工业增加值34.51亿元，增长2.0%；市县区属工业增加值74.05亿元，增长25.0%。从登记注册类型看，公有制工业增加值44.61亿元，增长8.3%；非公有制工业增加值63.95亿元，增长23.1%。

年末共有资质等级建筑业企业24户，全年建筑业总产值13.30亿元，比上年增长61.5%。全市具有资质等级的总承包和专业承包建筑业企业实现利润总额0.46亿元，比上年增长181.0%。

【固定资产投资】2013年，安顺市全社会固定资产投资604.08亿元，比上年增长51.0%。固定资产投资（统计口径为计划总投资500万元及以上固定资产项目投资和房地产开发项目投资）294.09亿元，增长34.4%。分城乡看，城镇固定资产投资175.87亿元，增长9.0%；农村固定资产投资118.22亿元，增长105.8%。分产业看，第一产业投资9.68亿元，增长57.5%；第二产业投资80.82亿元，增长31.0%；第三产业投资203.59亿元，增长34.9%。

【科学技术】2013年，安顺市全年争取上级科技立项114项，比上年增长54%；争取科技资金6664万元，比上年增长90%。完成专利申请量1105件，专利授权数524件。我市成为全省唯一所辖全部县（区）连续两次通过国家科技进步考核的市。

【国内贸易和对外经济】2013年，安顺市全年社会消费品零售总额111.52亿元，比上年增长14.3%。其中城镇87.18亿元，增长14.7%；乡村24.34亿元，增长13.3%。

全年外贸进出口总额（海关数）3060万美元，比上年增长14.4%，其中：进口789万美元，增长31.3%；出口2271万美元，增长9.5%。

【交通、邮电和旅游】2013年，安顺市全年公路、水运完成货物周转量267188万吨公里，比上年增长42.2%；完成旅客周转量359119万人公里，增长39.7%。

全年邮电业务收入12.41亿元，比上年增长13.8%。年末固定电话用户19.31万部，下降11.6%。全市移动电话用户167.88万户，增长16.7%。年末互联网用户16.25万户，增长22.6%。

全年旅游总人数2584.05万人次，比上年增长25.2%，其中国内旅游人数2565.57万人次，增长25.4%。

旅游总收入249.07亿元，增长27.7%，其中国内旅游收入247.12亿元，增长28.0%。

【金融和保险】2013年年末，安顺市全市金融机构人民币存款余额609.77亿元，比年初增长26.2%。其中储蓄存款306.86亿元，比年初增长24.5%。金融机构人民币贷款余额431.19亿元，比年初增长23.1%。其中短期贷款154.02亿元，比年初增长31.0%；中长期贷款274.41亿元，比年初增长20.4%。

全年保险公司原保险保费收入7.76亿元，比上年增长28.6%；赔付支出3.30亿元，比上年增长26.2%。

3

2012年遵义市经济发展概况

【经济总量】2013年，遵义市全年实现地区生产总值（GDP）1584.67亿元，比上年增长14%。其中：第一产业增加值207.88亿元，增长6.3%；第二产业增加值744.14亿元，增长15.6%；第三产业增加值632.65亿元，增长14.5%，人均生产总值为25852元，比上年增长13.6%。

第一产业增加值占生产总值的比重为13.1%，上升0.4个百分点；第二产业增加值比重为47.0%，上升1.9个百分点；第三产业增加值比重为39.9%，下降1.5个百分点。初步统计，非公有制经济增加值765.41亿元，占全市生产总值的比重为48.3%，民营经济增加值782.83亿元，占全市生产总值的比重为49.4%，全面建设小康实现程度为78.6%。

【农业】2013年，遵义市全年粮食种植面积768.99千公顷，比上年增加13.38千公顷；油料种植面积142.84千公顷，增加0.31千公顷；烤烟种植面积68.03千公顷，增加2.56千公顷。

全年粮食产量259.8万吨，比上年下降5.9%。其中，夏粮产量67.77万吨，增长7.2%；秋粮产量192.03万吨，下降9.8%。

【工业和建筑业】2013年，遵义市规模以上工业增加值677.73亿元，比上年增长13.5%。其中：国有及国有控股企业480.21亿元，增长10.9%；集体企业1.33亿元，下降20.7%；股份制企业255.76亿元，增长18.5%；外商及港澳台投资企业4.01亿元，下降1.2%。在规模工业中私营企业实现增加值106.55亿元，增长16.3%。分轻、重工业看，轻工业508.91亿元，增长12.9%，重工业168.82亿元，增长15.5%。

全年全市具有资质等级建筑业企业实现总产值137.71亿元，增长34.8%。

【固定资产投资】2013年，遵义市全年全社会固定资产投资1761.8亿元，比上年增长34.9%。50万元以上固定资产投资1566.06亿元，增长33.1%。其中：基本建设完成投资1042.87亿元，增长31.8%，更新改造完成投资254.31亿元，增长6.5%，其他项目完成投资29.84亿元，增长70.7%，房地产开发完成投资239.04亿元，增长85.8%。

在50万元以上固定资产投资中（不含房地产开发投资），第一产业投资54.2亿元，比上年增长31.4%；第二产业投资505.02亿元，增长13.8%；第三产业投资767.79亿元，增长36.5%。

【科学技术】2013年，遵义市在国家实施了科技支撑计划三年后，获得省级以上科技专项重点项目280项、资金11750万元，其中，国家级项目82项、资金6601万元，省级项目198项、资金5149万元。遵义市共有高新技术企业50个，国家级企业技术中心3个，省级企业技术中心33个；省级重点试验室7个，省级工程技术中心7个，企业技术创新孵化平台3个。专利申请3806件，授权专利1449件。

【国内贸易和对外经济】2013年，遵义市全年社会消费品零售总额470.37亿元，比上年增长14.8%。其中城镇消费品零售额385.43亿元，增长14.8%；乡村消费品零售额84.94亿元，增长14.4%。分行业看，批发、零售、住宿和餐饮业零售额分别为81.33亿元、347.04亿元、3.35亿元和38.66亿元，分别增长8.7%、16.1%、14.4%和16.6%。

全年进出口总额37707万美元，比上年增长22.5%。其中，出口34597万美元，增长18.6%；进口3110万美元，增长94.3%。

【交通、邮电和旅游】2013年，遵义市全年交通运输、仓储和邮政业增加值117.87亿元，增长13.5%。

全年接待游客4302.8万人次，实现旅游综合收入358.99亿元，分别增长28.3%和28.2%。

【金融和保险】2013年，遵义市年末全部金融机构各项存款余额2222.59亿元，较年初增长29.8%。其中：单位存款1006.67亿元，较年初增长39.1%，个人存款1160.91亿元，较年初增长24%；个人存款中的储蓄存款1150.86亿元，较年初增长23.5%。

全年保险业务收入33.24亿元，比上年增长15.7%，其中财产保险18.02亿元，增长39.8%；人身保险保费收入15.22亿元，下降3.8%。保险业务支出14.38亿元，增长57%，其中财产险赔款7.94亿元，增长52.5%；人身险赔款6.43亿元，增长63%。

4

2013年六盘水市经济发展概况

【经济总量】2013年，六盘水市全年实现地区生产总值（GDP）882.11亿元，比上年增长15.9%。其中，第一产业增加值为58.06亿元，增长6.5%；第二产业增加值为503.79亿元，增长16.6%，其中工业增加值452.43亿元，增长15.4%；第三产业增加值为320.26亿元，增长16.0%，其中，交通运输、仓储和邮政业增长12.5%，批发和零售业增长9.4%，住宿和餐饮业增长9.5%。

第一、第二、第三产业增加值占生产总值的比重分别为6.58%、57.11%和36.31%。与上年相比，第一、第三产业比重分别上升0.84个和0.64个百分点，第二产业比重下降1.48个百分点。

【农业】2013年，六盘水市农业经济运行良好。全年种植业实现增加值31.31亿元，比上年增长6.3%。主要农作物种植面积继续扩大，全年粮食种植面积达到18.35万公顷（275.25万亩），增长1.9%；油料种植面积0.86万公顷（12.96万亩），增长9.9%；蔬菜种植面积2.19万公顷（32.91万亩），增长5.7%。年末果园面积0.73万公顷（10.99万亩），增长49.6%。今年雨水充沛，主要农产品产量有所增长，全年粮食总产量80.90万吨，比上年增长7.5%；油料作物产量1.15万吨，比上年增长10.2%。

【工业和建筑业】2013年，六盘水市全年规模以上工业（统计口径为年主营业务收入2000万元及以上工业企业）增加值完成351.75亿元，比上年增长15.6%。其中，轻工业增加值2.29亿元，增长63.9%；重工业增加值349.46亿元，增长15.3%。重工业增加值占规模以上工业增加值的比重为99.3%，比上年下降0.3个百分点。

全年实现建筑业增加值51.36亿元，比上年增长29.7%。资质内建筑企业施工房屋面积170万平方米，增长46.6%；房屋竣工面积77.45万平方米，增长67.3%，其中，住宅竣工面积48.00万平方米，增长27.6%。

【固定资产投资】2013年，六盘水市计划总投资50万元及以上的城镇投资、农村非农户投资和房地产开发投资1054.93亿元，比上年增长37.7%。其中，中央投资12.5亿元，增长7.8%；地方投资1042.43亿元，增长38.0%。

分产业看，第一产业投资76.46亿元，比上年增长115.8%；第二产业投资491.13亿元，比上年增长36.0%；第三产业投资487.34亿元，比上年增长31.8%。

【国内贸易和对外经济】2013年，六盘水市全年实现社会消费品零售总额209.33亿元，比上年增长14.5%。其中，城镇消费品零售总额增长14.2%，乡村消费品零售总额增长16.4%。批发业增长18.6%，零售业增长14.1%；住宿业增长5.1%，餐饮业增长14.2%。

全年进出口总额49758.00万美元，比上年下降33.5%。其中，进口总额49728.00万美元，出口总额29.00万美元。

【交通、邮电和旅游】2013年，六盘水市全年交通运输、仓储、邮电业完成增加值68.94亿元，比上年增长12.5%。2013年年末公路通车里程达12238.92公里，比上年末增长2.6%。

全年完成邮电业务总量21.72亿元，比上年增长10.4%。其中，电信业务总量20.13亿元，比上年增长12.4%；邮政业务总量1.59亿元，比上年下降10.0%。互联网用户、移动电话用户继续较快增长，年末移动电话用户和互联网用户分别为275.44万户和19.12万户，分别比上年增长35.6%和30.4%。

全年实现旅游总收入44.36亿元，比上年增长34.9%。

【金融和保险】2013年年末，六盘水市全市金融机构人民币各项存款余额754.42亿元，比年初增加78.21亿元，同比增长11.6%。金融机构人民币各项贷款余额599.88亿元，比年初增加91.50亿元，同比增长18.0%。

全年全市原保险保费收入14.54亿元，比上年增长19.9%，其中，财产险收入6.52亿元，较上年增长13.9%。人身险8.02亿元，比上年增长25.2%；全市原保险赔付支出5.21亿元，比上年增长24.0%。

云南省

| 昆明市 | 曲靖市 | 玉溪市 | 保山市 | 昭通市 | 普洱市 | 丽江市 | 临沧市 |

1

2013年昆明市经济发展概况

【经济总量】2013年，昆明市全年实现地区生产总值（GDP）3415.31亿元，按可比价计算，同比增长12.8%。其中，第一产业实现增加值175.27亿元，同比增长6.8%；第二产业实现增加值1537.11亿元，同比增长13.2%；第三产业实现增加值1702.93亿元，同比增长13.1%。三次产业结构为5.1：45.0：49.9。人均生产总值达到52094元。

【农业】2013年，昆明市全年实现农林牧渔业总产值298.66亿元，比上年增长7.2%。其中，农业产值165.24亿元，增长8.5%；林业产值8.87亿元，增长13.7%；畜牧业产值106.63亿元，增长4.8%；渔业产值7.58亿元，增长5.3%。

全年粮食种植面积27.39万公顷，产量123.01万吨；蔬菜种植面积8.83万公顷，产量250.95万吨；鲜切花种植面积0.7万公顷，产量47.78亿枝。

【工业和建筑业】2013年，昆明市全年工业增加值比上年增长11.4%，其中，规模以上工业增长11%。在规模以上工业中，轻工业增长8.4%；重工业增长13.1%。从行业看，烟草工业增长6.6%；冶金工业增26.5%；装备制造业工业增长11.4%；医药工业增长12.2%。

昆明市建筑业实现增加值437.04亿元，比上年增长17.8%。建筑企业完成总产值1816.45亿元，增长20.8%。建筑业完成房屋施工面积9259.32万平方米，竣工面积2968.32万平方米，分别增长17.4%和27.3%。

【固定资产投资】2013年，昆明市规模以上固定资产投资完成2931.5亿元，比上年增长25.0%。

在昆明市规模以上固定资产投资中，第一产业完成投资14.54亿元，同比下降37.2%；第二产业完成投资599.49亿元，增长15.0%；第三产业完成投资2317.47亿元，增长28.7%。

【科学技术】2013年，昆明市实施科技计划项目304项，其中，重大科技计划项目20项。全年受理专利申请7306件，获专利授权4321件。

【国内贸易和对外经济】2013年，昆明市社会消费品零售总额1702.3亿元，比上年增长14.0%。按经济成分划分，非公有制经济实现零售额1387.08亿元，增长12.9%；公有制经济实现零售额315.22亿元，增长18.9%。分地域看，城镇实现消费品零售额1632.89亿元，增长14.1%；乡村实现消费品零售额69.41亿元，增长10.8%。按行业划分，批发和零售业实现零售额1458.47亿元，增长13.7%；住宿和餐饮业实现零售额

243.83亿元，增长15.5%。

昆明市海关进出口贸易总额174.22亿美元，比上年增长20.8%，其中，出口总额104.1亿美元，增长83.1%；进口总额70.12亿美元，下降19.7%。

【交通、邮电和旅游】2013年，昆明市公路旅客运输量9803万人次，货物运输量16176万吨，公路旅客周转量114.0亿人公里，货物周转量115.87亿吨公里；铁路旅客运输量12515万人次，货物运输量18582.8万吨，铁路旅客周转量2747.61百万人公里，铁路货物周转量2741.51百万吨公里；全年昆明机场完成运输起降25.46万架次，同比增长27.1%；旅客吞吐量2968.82万人次，同比增长23.8%，货邮吞吐量29.36万吨，同比增长12%。全年共开通航线269条，其中国际航线39条。

昆明市完成电信业务收入95.3亿元，增长8.4%。邮政业务收入4.26亿元，增长9.2%。年末全市固定电话用户（含小灵通）164.37万户；移动电话用户898.6万户；固定宽带和移动互联网用户数804.25万户。固定电话和移动电话普及率86.83%。

昆明市共接待海外游客123.13万人次，增长8.3%，旅游外汇收入4.03亿美元，增长18.9%；国内游客5479.06万人次，增长19.6%，国内旅游收入490.92亿元，增长21.1%；旅游总收入515.89亿元，增长20.9%。

【金融和保险】2013年年末，昆明市金融机构人民币各项存款余额10085.36亿元，比年初增长14.03%，其中，单位存款余额6177.52亿元，比年初增长15.23%；个人存款余额3493.28亿元，比年初增长14.52%。金融机构人民币各项贷款余额9148.63亿元，比年初增长11.97%，其中，短期贷款2582.45亿元，比年初增长23.04%；中长期贷款6294.34亿元，比年初增长7.87%。

2013年，昆明市保险公司实现原保险保费收入127.83亿元，比上年增长18.91%。其中，财产险原保险保费收入60.05亿元，增长18.74%；人身险原保险保费收入67.78亿元，增长19.05%。全年赔款与给付支出合计47.17亿元，比上年增长20.17%，其中，财产险赔款支出31.63亿元，增长24.46%；人身险赔付支出15.54亿元，增长12.28%。

2

2013年曲靖市经济发展概况

【经济总量】2013年，曲靖市全年实现地区生产总值（GDP）1583.94亿元，按可比价计算比上年增长13.1%，人均GDP达到26599元。其中：第一产业实现增加值289.19亿元，增长7.0%，拉动GDP增长1.2个百分点，对经济增长的贡献率为8.9%；第二产业实现增加值838.45亿元，增长15.2%，拉动GDP增长8.4个百分点，对经济增长贡献率为64.6%；第三产业实现增加值456.30亿元，增长12.4%，拉动GDP增长3.5个百分点，对经济增长的贡献率为26.5%。三次产业结构为18.3：52.9：28.8。非公经济增加值实现718.23亿元，占生产总值的比重达45.3%，比上年提高2.0个百分点。

【农业】2013年，曲靖市全市实现农林牧渔业增加值289.19亿元，按可比价计算比上年增长7.0%。全年粮食播种面积1006.20万亩，粮食总产量达31.82亿公斤，增长4.3%；油料1.67亿公斤，减产18.8%；烤烟2.14亿公斤，减产4.9%；肉类总产量182.25万吨，增长9.1%；蔬菜种植面积220.14万亩，产量22.52亿公斤。

【工业和建筑业】2013年，曲靖市全年全部工业增加值实现736.41亿元，按可比价计算比上年增长14.9%，拉动GDP增长7.4个百分点，对经济增长贡献率为56.3%。规模以上工业企业实现增加值525.79亿元，增长15.5%；其中：轻工业实现增加值177.56亿元，增长4.1%；重工业实现增加值348.23亿元，增长22.0%。主要支柱产业中，煤炭开采和洗选业实现工业增加值165.52亿元，增长24.9%；烟草制品业152.07亿元，增长3.8%；电力热力的生产和供应业40.38亿元，增长9.0%；炼焦业32.68亿元，增长19.6%；黑色金属冶炼及压延加工业30.46亿元，增长1.05倍；有色金属冶炼及压延加工业26.83亿元，增长10.0%；化学原料及化学制品制造业22.36亿元，下降4.5%；食品加工及酒类制造业19.31亿元，增长17.9%；非金属矿物制品业15.88亿元，增长29.3%；汽车制造业4.39亿元，下降5.9%。

【固定资产投资】2013年，曲靖市全市500万元以上固定资产投资完成1020.83亿元，增长23.7%。在固定资产投资中，第一产业30.73亿元，增长31.7%；第二产业391.17亿元，增长22.6%；第三产业598.93亿元，增长24.1%。

【国内贸易和对外经济】2013年，曲靖市全年实现社会消费品零售总额378.32亿元，增长14.1%。从经济成分看，非公有制经济占主导地位，全年实现零售额304.47亿元，占全市零售总额的比重为80.5%。从城乡市场看，城镇实现消费品零售额275.91亿元，增长18.9%；农村实现消费品零售额102.41亿元，增长2.7%。从行业看，批发和零售业零售额328.99亿元，增长14.5%；住宿和餐饮业零售额49.33亿元，增长11.0%。

全年进出口总额达3.71亿美元，增长30.2%；其中出口总额为3.35亿美元，进口总额为0.36亿美元。

【交通、邮电和旅游】2013年年末，曲靖市全市公路通车里程达28080公里，其中高速公路265.29公里。年末全市机动车总量达94.91万辆，其中私人拥有机动车90.52万辆。年末全市拥有汽车39.71万辆，其中私人拥有汽车35.39万辆。全年公路运输总周转量134.60亿吨公里，增长20.1%。

年末全市移动电话用户441万户，比上年增长10.5%。固定电话用户达33.37万户，下降4.2%。互联网用户达37.26万户，增长8.3%；其中：宽带网用户达37万户，增长19.6%。全年邮政业务总量1.52亿元，增长20.1%；电信业务总量76.03亿元，增长23.6%。

全年共接待海外游客2.03万人次，增长6.6%；旅游外汇收入797.02万美元，增长8.0%；国内游客1025万人次，增长17.0%；全部旅游总收入达75.7亿元，增长18.8%。

【金融和保险】2013年年末，曲靖市金融机构各项存款余额1604.97亿元，比年初增加199.31亿元，增长14.2%；其中：单位存款余额760.33亿元，比年初增加77.42亿元，增长11.3%；储蓄存款余额807.83亿元，比年初增加118.93亿元，增长17.3%。金融机构各项贷款余额1017.57亿元，比年初增加155.03亿元，增长18.0%；其中：短期贷款452.78亿元，比年初增加97.18亿元，增长27.3%；中长期贷款523.21亿元，比年初增加43.24亿元，增长9.0%。

全市28家保险公司实现保费收入31.91亿元，比上年增长17.1%。其中：财产险保费收入13.87亿元，增长20.0%；人寿险保费收入14.64亿元，增长14.1%。全年支付（给付）赔款9.05亿元，增长12.9%。赔付率28.4%。

3

2013年玉溪市经济发展概况

【经济总量】2013年，玉溪市全年实现地区生产总值（GDP）1102.5亿元，按可比价格计算增长10.2%。分产业看，第一产业增加值112.4亿元，增长7.2%；第二产业增加值664.8亿元，增长9.1%；第三产业增加值325.3亿元，增长13.7%。三次产业结构由上年的9.7：62.4：27.9调整为10.2：60.3：29.5。第一、第二、第三产业分别拉动GDP增长0.6个、5.9个和3.7个百分点，对经济增长的贡献率分别为5.8%、57.8%和36.4%。全市人均GDP达到47215元，比上年增长9.7%。非公有制经济实现增加值363.7亿元，增长13.2%，占全市生产总值的比重达33.0%，比上年提高0.6个百分点。不含红塔集团，全市完成现价生产总值766.3亿元，按可比价格计算，增长14.3%。

【农业】2013年，玉溪市全市实现农林牧渔业增加值112.4亿元，可比价增长7.2%。其中：农业（种植业）增加值74.5亿元，增长7.3%；林业增加值3.2亿元，增长7.0%；牧业增加值31.7亿元，增长7.2%；渔业增加值1.6亿元，增长5.5%；农林牧渔服务业增加值1.4亿元，增长4.4%。

2013年全市粮食总产量为60287万公斤，增长3.9%；烤烟总产量9521万公斤，减少10.9%，烤烟收购206万担，收购金额22.8亿元，上等烟比例达67.5%，均价29.3元/公斤；油料产量3642万公斤，下降9.0%；园林水果产量46457万公斤，增长19.1%；甘蔗产量（预计）104622万公斤，增长12.6%；蔬菜产量183636万公斤，增长5.8%；核桃产量645.86万公斤，增长13.9%。

【工业和建筑业】2013年，玉溪市全市完成工业增加值634.2亿元，增长8.7%，拉动GDP增长5.4个百分点，对GDP增长的贡献率为53.0%。2013年规模以上工业企业318家，主营业务收入1233.7亿元，增长7.6%，增加值579.0亿元，增长6.8%。分轻重工业看：轻工业实现增加值380.8亿元，增长3.5%，其中：烟草制品业完成337.4亿元，增长1.5%；重工业实现增加值198.2亿元，增长13.2%，其中：黑色金属矿采选业完成36.6亿元，增长19.1%；黑色金属冶炼及压延加工业完成66.5亿元，增长7.5%；有色金属矿采选业完成14.3亿元，增长13.3%；有色金属冶炼及压延加工业完成16.5亿元，增长39.2%。

全市建筑业完成增加值30.6亿元，增长18.1%。全市具有资质的建筑施工企业169家，从业人员44104人，其中工程技术人员9383人，占从业人员总数的21.3%，其中一级建造师150人。2013年商品房施工面积1045.9万平方米，增长17.0%；商品房竣工面积188.4万平方米，增长89.6%。

【固定资产投资】2013年，玉溪市全市完成500万元以上固定资产投资393.7亿元，增长37.1%。其中，城镇固定资产投资完成342.5亿元，增长40.4%；农村非农户投资完成51.2亿元，增长18.6%。分产业看，三次产业投资全面增长。第一产业完成投资11.6亿元，增长90.0%；第二产业完成投资124.7亿元，增长26.1%；第三产业完成投资257.4亿元，增长41.3%。

【科学技术】2013年，玉溪市获省认定院士工作站1家，实现了玉溪市院士专家工作站建设零的突破。专利申请首次突破千件大关，达1046件，批准（授权）专利688件。10户高新技术企业通过认定复审，高新技术企业复审认定总数达到了57户，居全省第二。申报国家级科技计划项目39项，立项20项，比上年增加9项；申报省级科技计划项目67项，立项39项，比上年增加18项。全市实施国家和省各类科技计划项目98项，获国家、省奖励的科技成果项目10项，获市奖励的科技成果项目50项。省级重点新产品认定7个，省级优质种子种苗基地认定2家，省级农产品深加工科技型企业认定3家，省级农业科技示范园认定9家。认定市级重点实验室1个，工程技术研究中心4个。落实“仙湖蓝星”燎原行动，在澄江建立了268亩蓝莓种苗繁殖及产业化示范基地。实施省长办公会重大科技项目《杞麓湖南岸农业面源污染治理技术研究与示范工程》，建成一座7455m^2平均处理规模6000m^3/d^2的“组合型生态湿地”处理系统。

【国内贸易和对外经济】2013年，玉溪市全市实现社会消费品零售总额226.3亿元，增长14.0%。从销售地区看：城镇实现消费品零售额183.0亿元，增长16.0%；乡村实现43.3亿元，增长6.1%。从经济类型看：公有制经济实现58.4亿元，增长22.7%；非公有制经济实现167.9亿元，增长11.2%。分行业看：批发零售贸易业实现189.6亿元，增长15.6%；住宿餐饮业实现36.7亿元，增长5.8%。

全市完成外贸自营进出口总额71404万美元，增长34%。其中出口总额67935万美元，增长35.7%；进口总额3469万美元，增长7.6%。分企业情况看：78户私民营企业完成出口66692万美元，增长36.7%；12户外商投资企业完成出口1243万美元，下降4.5%。2013年自营出口商品中，金额达100万美元以上的商品有36种，累计出口额66653万美元，占全市出口总额的98.0%。

【交通、邮电和旅游】2013年，玉溪市全市交通运输、仓储及邮政业实现增加值38.2亿元，增长12.4%。公路建设成效明显，客货运输平稳发展。2013年年底全市公路通车总里程达到16582.5公里。其中：高速公路 232.7公里、一级公路105.8公里。高级、次高级路面占全市公路总里程的27.6%。全市公路运输客运量完成3737万人，增长1.3%；旅客周转量274212万人公里，增长8.7%。完成货运量6892万吨，增长11%；完成公路货物周转量124.6亿吨公里，增长16.6%。

2013年邮电业务总量26.9亿元，增长7.3%。全市移动交换机总容量达455.6万门，固定电话用户达19.2万户；移动电话用户达205.3万户，比上年增加9.6万户，增长4.9%。互联网宽带网用户28.5万户，增长9.3%。

2013年全市接待游客1756.8万人次，增长20.2%；旅游总收入85.6亿元，增长21.3%。年底全市拥有星级饭店38家；国际国内旅行社31家；A级景区19家；全国工业旅游示范点1个，云南省级特色旅游小镇3个。

【金融和保险】2013年，玉溪市金融业实现增加值43.4亿元，增长21.6%。年末金融机构人民币各项存款余额1129.2亿元，比上年增加127.5亿元，增长12.7%，其中城乡居民储蓄存款余额575.8亿元，增加76.2亿元，增长15.3%。全市金融机构人民币各项贷款余额708.4亿元，增加76.5亿元，增长12.1%。存贷比62.7%，比上年下降0.4个百分点。

2013年玉溪市共有财产险公司14家、寿险公司11家，代理公司1家。全市实现保费收入22.96亿元，增长6.6%，其中：财产险保费收入11.0亿元，增长15.3%；人寿险保费收入11.96亿元，下降0.3%。全市赔款支出7.2亿元，赔付（给付）率为31.2%。其中：财产险支付赔款5.75亿元，赔付率52.3%；人寿险给付赔款1.4亿元，给付率11.9%。

4

2013年保山市经济发展概况

【经济总量】2013年，保山市全年实现地区生产总值（GDP）449.74亿元，比上年同期增长13.2%。其中：第一产业增加值128.53亿元，同比增长7.2%；第二产业增加值155.26亿元，同比增长18.1%；第三产业增加值165.95亿元，同比增长12.9%。三次产业结构由上年的29：34.3：36.7调整为28.6：34.5：36.9。

【农业】2013年，保山市全市实现农业总产值211.19亿元，比上年同期增长7.6%；实现农业增加值128.53亿元，同比增长7.2%；粮食总产量达138.12万吨，增产4.45万吨，增长3.3%；烟叶产量8.58万吨，减产9.8%；烤烟产量7.38万吨，减产9.2%；甘蔗产量190.14万吨，减产3.8%；茶叶产量3.81万吨，增长7.1%。

【工业和建筑业】2013年，保山市全市实现工业总产值413.6亿元，比上年同期增长29.2%。其中：规模以上工业产值269.1亿元，同比增长32.2%；全部工业增加值115.6亿元，同比增长18.5%，其中：规模以上工业增加值94.8亿元，同比增长18%。

全市有资质的建筑业企业年末从业人员4.2万人，比上年末下降13.3%；建筑业总产值74.9亿元，同比增长21.7%；建筑业增加值39.7亿元，同比增长17.1%。

【固定资产投资】2013年，保山市全市实现规模以上固定资产投资（含房地产开发投资）288.3亿元，比上年同期增长29.5%，其中：民间投资176.2亿元，同比增长30.4%。分产业看：第一产业完成投资8.6亿元，同比增长2.75%；第二产业完成投资69.6亿元，同比增长18.3%，其中：非电力工业完成投资58.2亿元，同比增长27.1%；第三产业完成投资210.1亿元，同比增长30.1%；全年施工项目694个，同比增长13.8%，其中：本年新开工项目449个，同比增长1.1%。

【科学技术】2013年，保山市全市拥有县及县以上独立核算科研机构5个，科研经费支出2450万元，从业人员268人，其中科技人员230人。全市共有各类专业技术人员40689人，其中：高级3151人，中级15123人，初级19897人，未评聘2518人。全年共申报科技成果7项，申报专利142项，专利授权97项。组织实施省级科技项目69项，安排经费1859万元。其中：国家级科技项目7项，安排科技经费268万元；省级科技项目62项，安排科技经费1591万元；市级科技计划31项，安排科技经费150万元。新开展科技计划项目26项。

【国内贸易和对外经济】2013年，保山市全市实现社会消费品零售总额136.4亿元，比上年同期增长14.0%。其中：城镇92.4亿元，同比增长15.5%；农村44亿元，同比增长10.8%。分经济类型看：公有制经济41亿元，同比增长9.0%；非公有制经济95.4亿元，同比增长16.2%。分行业看：批发零售贸易业116.1亿元，同比增长13.6%；住宿餐饮业20.3亿元，同比增长16.1%。

全市实现外贸进出口总额20102万美元，比上年同期增长37.8%；其中：出口总额8546万美元，增长9.7%；进口总额11556万美元，增长70%。

【交通、邮电和旅游】2013年，保山市全市全社会货运量2255万吨，比上年同期增长12.98%；货物周转量506684万吨公里，同比增长17.21%；客运量1954万人次，同比增长0.36%；旅客周转量206851万人公里，同比增长9.55%。全市公路总里程12844公里，增加198公里。其中：地管公路11388公里，省管公路（含高速路）1455公里。全市汽车拥有量602763辆，增加5565辆，其中：载货载客汽车120924辆，增加14474辆。

全市邮电通信业务总量16.1亿元，比上年同期增长18.74%。年末固定电话用户达149902户，减少15713户，其中市话106040户，农话43862户。移动电话（含小灵通）达到1847811部，增加85401部，增长4.85%。

全市共接待国内外游客951.35万人次，比上年同期增长18.12%；实现旅游业总收入65.56亿元，同比增长28.17%。其中：旅游外汇收入3889.50万美元，同比增长15.67%；国内旅游收入63.15亿元，同比增长28.82%。

【金融和保险】2013年年末，保山市全市金融机构人民币各项存款余额555.74亿元，比上年同期增长15.01%。其中：单位存款余额205.25亿元，同比增长10.63%；城乡居民储蓄存款余额338.66亿元，同比增长18.63%。金融机构人民币各项贷款余额372.07亿元，比上年同期增长19.16%。其中：短期贷款106.88亿元，同比增长17.23%；中长期贷款265.08亿元，同比增长20.04%。

全市保险公司实现保费收入10.84亿元，比上年同期增长19.44%。其中：财险保费收入5.25亿元，同比增长28.1%；寿险保费收入5.59亿元，同比增长12.29%；赔给付支出3.36亿元，同比增长16.42%。

5

2013年昭通市经济发展概况

【经济总量】2013年，昭通市全年实现地区生产总值（GDP）634.7亿元，按可比价格计算，比上年增长13.4%。其中，第一产业增加值128.65亿元，增长7.2%，第二产业增加值318.94亿元，增长19.8%，其中：工业增加值241.99亿元，增长20.4%，第三产业增加值187.11亿元，增长6.2%；按常住人口计算，人均GDP为11933元，增长12.4%。三次产业对经济增长的贡献率为9.07%、76.45%、14.48%，分别拉动经济增长1.22

个、10.24个、1.94个百分点。

全年非公有制经济增加值263.1亿元，比上年增长16.4%，占GDP的41.5%，对GDP增长的贡献率为50.5%。

【农业】2013年，昭通市全年实现农林牧渔服务业总产值201.68亿元，按可比价计算，比上年增长7.6%。其中，农业产值92.49亿元，增长6.3%；林业产值6.24亿元，增长12.6%；畜牧业产值98.96亿元，增长8.6%。在农林牧渔服务业中的比重达49.1%，渔业产值0.89亿元，增长26.6%；农业服务业产值3.1亿元，增长3.4%。

全年粮食总产量达213.75万吨，比上年增长5.2%，实现了自2006年以来的“八连增”，其中：夏粮12.58万吨，比上年增长3.7%；秋粮201.17万吨，比上年增长5.3%。经济作物中，油料产量46.21万吨，增长11.3%；烤烟产量5.07万吨，下降4.7%；蔬菜产量121.86万吨，增长7.2%；水果产量29.73万吨，增长10.1%。

【工业和建筑业】2013年，昭通市全年实现全部工业增加值241.99亿元，比上年增长20.4%，对经济增长的贡献率为60.6%。季度审批后新建投产规模以上工业企业14户，年末规模以上工业企业户数208户。全年规模以上工业增加值增长24%。规模以上工业中，重工业增加值增长38%，轻工业增加值下降1.2%，重轻工业的比为69.9：30.1。

全年全社会建筑业实现增加值76.95亿元，比上年增长17.9%。年末施工总承包和专业承包本地建筑企业81个。房屋建筑施工面积320.33万平方米，增长0.6%；房屋建筑竣工面积178.2万平方米，下降25.8%，签订合同额52.53亿元，增长7.3%。

【固定资产投资】2013年，昭通市全年完成规模固定资产投资548.5亿元，增长30.04%。其中，第一产业投资完成5.49亿元，增长68.3%；第二产业投资完成286.39亿元，增长24.7%；第三产业投资完成256.62亿元，增长35.8%。全市重大工程项目投资进展顺利，溪洛度电站完成投资117.59亿元，增长72.6%；向家坝电站完成投资74.49亿元，下降8.1%；昭麻公路完成投资30亿元，三大项目占全市规模固定资产投资总额的40.5%。

【国内贸易和对外经济】2013年，昭通市全市实现社会消费品零售总额169.88亿元，增长13.6%。其中，限额以上社会消费品零售总额完成72.34亿元，增长2.9%；限额以下社会消费品零售总额完成97.55亿元，增长23%；批发业实现销售额167.65亿元，增长13%；零售业实现零售额152.6亿元，增长19.5%；住宿业实现营业额7.38亿元，增长13.5%；餐饮业实现营业额23.48亿元，增长18%。

全年全市共引进累计实施招商项目597个，累计新签约项目共179个，共到位市外资金340.98亿元，增长38%。省外资金到位完成248.89亿元，增长41.6%。实际利用外资1482万美元，比上年增长164.7%。招商引资成效明显。

【交通、邮电和旅游】2013年，昭通市全年实现旅游总收入58.22亿元，比上年增长41.96%。接待国内外旅游者1377万人次，增长35.7%，其中，接待入境旅游者1879人次，增长86.04%。

【金融和保险】2013年年末，昭通市全市金融机构人民币存款余额达858.59亿元，比年初增长11.7%。其中：单位存款余额380.91亿元，增长7.7%；个人存款余额436.78亿元，增长18.5%；储蓄存款余额435.88亿元，增长18.6%。金融机构人民币贷款余额达462.71亿元，增长9.9%。其中：短期贷款115.56亿元，增长1.4%；中长期贷款340.33亿元，增长12.5%。

全年保险保费收入85914万元，比上年增长16.1%。支付各项赔款和给付29954万元，比上年增长8.5%。财险赔付率达49.3%，寿险赔付率达14.1%。

6

2013年普洱市经济发展概况

【经济总量】2013年，普洱市全年实现地区生产总值（GDP）425.4亿元，比上年增长13.4%，增幅高于全国5.7个百分点，高于全省1.3个百分点。分三次产业看，第一产业增加值130.6亿元，增长7.1%；第二产业增加值162.3亿元，增长23.1%；第三产业增加值132.5亿元，增长7.1%。三次产业结构由上年的30.8：36.4：32:8调整为30.7：38.2：31.1。按常住人口计算，全市人均地区生产总值（GDP）达到16491元（按年平均汇率折合2663美元），比上年增长12.9%。全市民营经济完成增加值182.0亿元，占GDP的比重为42.8%，比上年提高2.1个百分点。

【农业】2013年，普洱市全年完成农林牧渔业总产值220.5亿元，比上年增长7.3%。粮食播种面积345328公顷，比上年增长0.1%，粮食产量达到114.0万吨，增长4.8%；烤烟播种面积34345公顷，增长4.1%；咖啡种植面积47757公顷，增长12.6%；油料播种面积15293公顷，增长6.7%；年末实有茶园面积105508公顷，增长3.5%；甘蔗播种面积35449公顷，增长5.1%；蔬菜种植面积30149公顷，增长9.7%；年末实有果园面积15090公顷，下降11.3%。

【工业和建筑业】2013年，普洱市全年实现工业增加值103.9亿元，比上年增长25.8%。规模以上工业增加值88.5亿元，同比增长27.5%。在规模以上工业增加值中，国有及国有控股企业增长43.6%；股份制企业增长41.8%，外商及港澳台商投资企业增长10.4%；其他经济类型企业增长8.8%。轻工业增长7.4%，重工业增长33.2%。

全年建筑业实现增加值58.4亿元，增长18.1%。属地具有资质等级的总承包和专业承包建筑业企业完成总产值77.5亿元，比上年增长22.7%；实现利润4.5亿元，下降5.5%；上缴税金3.1亿元，增长2.3%。

【固定资产投资】2013年，普洱市全年完成固定资产投资（不含农户）450.6亿元，同比增长28.4%。在固定资产投资（不含农户）中，第一产业投资22.97亿元，增长114.9%；第二产业投资157.66亿元，增长0.5%；第三产业投资269.97亿元，增长47.1%。固定资产投资（不含农户）施工项目1415个，比上年增加591个，其中本年新开工项目1090个，比上年增加503个。

【科学技术】2013年，普洱市共组织实施科技项目162项，比上年增加32项；投入经费2669万元；专利申请188项，获准专利授权119项，分别比上年增加26项和27项。年末全市有独立科研与技术开发机构6个，从业人员231人，其中专业技术人员181人；开展课题研究71项，发表科技论文51篇，经费投入4167万元。

【国内贸易和对外经济】2013年，普洱市全年实现社会消费品零售总额116.2亿元，比上年增长13.8%。按经营地统计，城镇消费品零售额92.6亿元，增长14.4%；乡村消费品零售额23.6亿元，增长11.5%。按消费形态统计，批发业零售额13.94亿元，增长12.9%；零售业零售额82.94亿元，增长13.9%；住宿业零售额1.05亿元，增长9.2%；餐饮业零售额18.31亿元，增长14.0%。按经济类型统计，公有制经济零售额16.88亿元，增长12.2%；非公有制经济零售额99.35亿元，增长14.0%。

全年外贸进出口总额进出口总额52835万美元，比上年增长94.6%。其中：进口总额34917万美元，增长166.9%；出口总额17918万美元，增长27.4%。进出口总额中，一般贸易进出口完成18039万美元，增长23.9%，其中：出口总额14615万美元，增长20.9%；进口总额3424万美元，增长38.8%。边境贸易成交额33950万美元，增长169.9%，其中：出口成交额2459万美元，增长25.1%；进口成交额31490万美元，增长196.7%。

【交通、邮电和旅游】2013年，普洱市全市民用汽车拥有量达到15.28万辆，比上年末增长9.6%。年末公路通车里程为19611公里。其中，高速公路通车里程200公里，一级公路4.5公里，二级公路917.6公里。全年各种运输方式完成货物周转量46.38亿吨公里，增长4.8%；完成旅客周转量34.88亿人公里，增长8.7%。机场旅客吞吐量22万人，增长15.7%。

全市实现邮电业务总量14.9亿元，比上年增长9.5%。年末全市固定电话用户达27.32万户；移动电话用户达到210.06万户，移动电话普及率达到81.4部/百人；年末互联网用户达18.13万户。

全年接待海外旅游者人数14.96万人次，比上年增长25.9%，实现旅游外汇收入1913万美元，增长11.9%。全年接待国内游客1128.48万人次，增长37.8%；实现国内旅游收入69.91亿元，增长40.4%；旅游业总收入71.09亿元，增长39.8%。

【金融和保险】2013年年末，普洱市金融机构各项人民币存款余额600.74亿元，比年初增加107.83亿元，增长21.9%。其中：单位存款余额271.69亿元，比年初增加51.75亿元，增长23.5%；居民储蓄存款余额303.07亿元，比年初增加44.17亿元，增长17.1%。年末各项人民币贷款余额398.51亿元，比年初增加71.56亿元，增长22.1%。其中：短期贷款余额为148.88亿元，比年初增加45.10亿元，增长44.2%；中长期贷款为249.20亿元，比年初增加29.10亿元，增长13.2%。

全市保费收入11.04亿元，比上年增长16.5%。其中，财产险公司保费收入5.14亿元，增长20.3%，寿险公司保费收入5.91亿元，增长13.3%。全年赔款和给付支出合计3.39亿元，增长8.0%。其中，财产险公司2.40亿元，增长7.2%；寿险公司0.99亿元，增长10.0%。

7

2013年丽江市经济发展概况

【经济总量】2013年，丽江市全年实现地区生产总值（GDP）248.81亿元，按可比价格计算，较上年增长14.2%，分别高于全国、全省6.5个、2.1个百分点。从三次产业看：第一产业增加值41.14亿元，增长6.6%，较上年下降0.4个百分点；第二产业增加值112.69亿元，增长23.2%，较上年提高1.8个百分点；第三产业增加值94.98亿元，增长7.7%，较上年下降5.9个百分点。第二产业成为经济增长的主要力量，其对经济增长的贡献率超过70%。第一、第二、第三产业对经济增长的贡献率分别为7.09%、70.64%和22.26%，分别拉动经济增长1.0个、10.1个和3.1个百分点。

【农业】2013年，丽江市全年完成农业总产值74.04亿元，较上年增加8.42亿元，增长6.6%。全年农作物总播种面积18.83万公顷，较上年增加0.24万公顷，增长1.30%。粮食播种面积13.58万公顷，较上年增加0.05万公顷，增长0.39%。粮食产量再创历史新高，总产量达到50.57万吨，较上年增加1.4万吨，增长2.86%，实现连续十年增产。全年肉类总产量13.4万吨，较上年增长0.5%。

【工业和建筑业】2013年，丽江市全年完成全部工业增加值73.12亿元，较上年增长26.0%，其中：规模以上工业增加值较上年增长27.5%。工业对国民经济的支撑和带动作用更加明显，全年工业对经济增长的贡献率首次超过50%，达到50.33%，拉动经济增长7.2个百分点。企业效益明显提高，全年规模以上工业企业实现主营业务收入145.22亿元，较上年增长17.5%，实现利税39.15亿元，较上年增长26.54%，其中：利润总额25.14亿元，增长35.41%。

年末全市资质建筑企业共有62家。全年完成建筑业增加值39.57亿元，较上年增长18.3%，对全市经济增长的贡献率为20.32%，拉动经济增长2.9个百分点。

【固定资产投资】2013年，丽江市全年规模以上固定资产投资（含房地产开发投资）完成372.67亿元，较上年增长26.09%，其中：500万元以上固定资产投资完成292.80亿元，增长26.53%。分产业看：第一产业完成投资7.55亿元，下降9.29%；第二产业完成投资118.95亿元，增长7.35%，其中：工业完成投资118.95亿元，增长8.86%；第三产业完成投资166.31亿元，增长48.12%。全年施工项目669个，增长15.54%，其中：本年新开工项目508个，增长20.09%。全年建设项目到位资金280.53亿元，增长25.35%，其中：国家预算内资金50.66亿元，增长48.62%；国内贷款资金35.73亿元，下降47.62%；自筹资金189.27亿元，增长91.33%。

【科学技术】2013年，丽江市全年实施国家和省各类科技计划项目12项，申报专利230件，有2项科技成果获省级以上科技进步奖。全市累计专利授权554件，其中：2013年专利授权数103件。

【国内贸易和对外经济】2013年，丽江市全年实现社会消费品零售总额74.85亿元，较上年增长14.0%。分城乡看：城镇完成消费品零售额55.24亿元，增长15.7%；乡村完成消费品零售额19.61亿元，增长

9.3%。分行业看：批发零售贸易业完成60.39亿元，增长16.8%；住宿和餐饮业完成14.47亿元，增长3.5%。分经济类型看：公有经济完成11.01亿元，增长16.7%，其中：国有经济完成9.4亿元，增长17.6%；非国有经济完成63.84亿元，增长13.5%。其中：私有经济完成60.31亿元，增长14.2%。

全年进出口贸易完成1.11亿美元，较上年增长31.0%，其中：出口11.1亿美元，较上年增长30.5%，进口51万美元，较上年增长325%。

【交通、邮电和旅游】2013年，丽江市全年公路货运量1307万吨，较上年增长15.56%，公路货物周转量206563万吨公里，增长19.22%；公路客运量2318万人次，增长8.32%，公路旅客周转量168952万人公里，增长9.63%。全年丽江机场保障航班37015架次，增长41.83%；旅客吞吐量399.94万人次，增长38.66%；货邮吞吐量6356.08吨，下降8.56%。机场航班放行正常率98.74%，名列全国主要机场前列。

全年完成邮电业务总量81926.9万元，较上年增长9.11%。其中：邮政业务总量4500.9万元，增长6.52%，电信业务总量77426万元，增长9.27%。订销报刊累计数1602.63万份，增长7.04%；函件143.83万件，增长19.01%；特快专递19.89万件，增长39.86%。全年电话交换机总容量达到32万门；年末固定电话用户14.57万户，固定电话普及率12.1部/百人；移动电话用户93.92万户，增长4.79%。

年末全市共有星级宾馆291家，其中：五星级宾馆3家，四星级宾馆18家，三星级宾馆52家；旅行社29家；A级旅游景点17家，其中：5A级景点2家，4A级景点6家；红色旅游基地1个，旅游配套设施服务水平和接待能力进一步得到提升。旅游业再创佳绩，旅游接待人数突破2000万人次，全年旅游业接待国内外游客人数达到2079.58万人次，较上年增长30.05%，实现旅游总收入278.66亿元，较上年增长32.17%。其中：接待国内游客1979.91万人次，增长30.74%；实现国内旅游收入256.51亿元，增长32.94%。接待海外游客99.67万人次，增长17.68%；实现旅游外汇收入3.58亿美元，增长23.83%。

【金融和保险】2013年年末，丽江市全市金融机构人民币各项存款余额为483.62亿元，较年初增加65.76亿元，增长15.74%；各项贷款余额为346.72亿元，较年初增加43.47亿元，增长14.33%。

全年保险业保费收入8.16亿元，较上年增长18.50%，赔付金额2.67亿元，增长41.45%，赔付率32.68%，较上年上升5.26个百分点。

8

2013年临沧市经济发展概况

【经济总量】2013年，临沧市全年实现地区生产总值（GDP）416.09亿元，比上年增长13.6%。其中，第一产业增加值130.35亿元，增长7.1%；第二产业增加值175.68亿元，增长18.5%；第三产业增加值110.06亿元，增长12.9%。人均GDP16839元，增长12.9%。

【农业】2013年，临沧市全年实现农林牧渔业总产值213.2亿元，比上年增长7.4%。其中，农业产值

132.36亿元，增长7.0%；林业产值14.22亿元，增长7.1%；牧业产值58.39亿元，增长8.3%；渔业产值4.44亿元，增长14.1%；农林牧渔业服务业产值3.79亿元，增长11.2%。

全年粮食种植面积29.75万公顷，比上年增加0.63万公顷；油料种植面积1.28万公顷，增加0.09万公顷；甘蔗种植面积10.33万公顷，减少0.17万公顷；茶叶种植面积8.63万公顷，增加0.1万公顷；烤烟种植面积2.91万公顷，增加0.07万公顷；核桃种植面积49.2万公顷，增加1.31万公顷。

【工业和建筑业】2013年，临沧市全年完成全部工业增加值130.25亿元，比上年增长18.7%。其中规模以上工业增加值100.18亿元，增长19.6%。在规模以上工业中，国有企业增长21.3%；股份制企业增长20.1%，外商及港澳台商投资企业增长1.1倍；其他企业增长27.1%。轻工业增长11.2%，重工业增长25.9%。

全年建筑业增加值45.44亿元，比上年增长18.1%。全市有工作量的本地建筑施工企业49个，实现总产值51.55亿元，增长8.1%。

【固定资产投资】2013年，临沧市全年完成规模以上固定资产投资417.26亿元，比上年增长37.6%。其中：第一产业投资17.8亿元，增长2.6倍；第二产业投资111.52亿元，增长18%；第三产业投资287.94亿元，增长41.3%。全年房地产开发投资完成96.04亿元，同比增长53.3%；房屋施工面积668.16万平方米，增长35.1%，房屋销售面积73.3万平方米，增长20.2%，其中：住宅销售面积54.07万平方米，增长15.4%，商业营业用房销售面积18.76万平方米，增长70.6%。

【科学技术】2013年，临沧市获得省级以上科技立项支持38项，其中国家7项，省级31项，申请专利67件，获得授权35件，其中发明专利9件，年末有高新技术企业5户。

【国内贸易和对外经济】2013年，临沧市全年完成社会消费品零售总额116.3亿元，比上年增长14.1%。按经营地统计，城镇消费品零售额66.77亿元，增长12.7%，乡村消费品零售额49.53亿元，增长15.9%。按消费形态统计，批发零售贸易业零售额101.2亿元，增长14.5%，住宿餐饮业收入15.1亿元，增长11.1%。

全年完成进出口总额35.35亿元，比上年增长64.6%，其中：进口总额13.12亿元，比上年增长40.8%，出口总额22.23亿元，比上年增长82.9%。

【交通、邮电和旅游】2013年年末，临沧市通公路里程14854.82公里，比上年增加228.42公里，年末机动车保有量56.35万辆（不含拖拉机），比上年增长18.7%，其中汽车保有量9.32万辆，增长17.7%。完成货运量1812万吨，增长14.7%，货物周转量171024万吨公里，增长17.9%，客运量927万人，增长6.6%，旅客周转量132678万人公里，增长10.2%。完成航空客运量19.97万人次，增长46.8%，客座率81.5%，比上年提高1.5个百分点。

全年完成邮电业务收入11.51亿元，比上年增长19.4%，有固定电话17.93万部，比上年下降4.1%，移动电话用户179.48万户，比上年增长10.2%，固定电话普及率7.2部/百人，移动电话普及率72.4部/百人，互联网入户数14.15万户，比上年增长27.5%。

全年接待国内外旅游人数461.62万人次，比上年增长21.5%，其中，接待海外旅游人数6.1万人次，比上年增长10.1%，实现旅游业总收入30.82亿元，比上年增长31.3%，外汇收入3592.25万美元，比上年增长17.8%。

【金融和保险】2013年年末，临沧市金融机构各项人民币存款余额404.77亿元，比上年增加57.69亿元。其中，单位存款177.35亿元，比上年增加21.3亿元，居民储蓄存款余额214.85亿元，比上年增加31.66亿元。年末金融机构各项人民币贷款余额321.06亿元，比上年增加51.92亿元。其中，短贷款112.56亿元，比上年增加35.87亿元；中长期贷款208.45亿元，比上年增加16.01亿元。

全年保险公司原保险保费收入7.95亿元，比上年增长30.7%。其中寿险、健康险公司原保费收入3.52亿元，增长20.4%；财产保险公司原保费收入4.43亿元，增长40.3%。

陕西省

｜西安市｜铜川市｜宝鸡市｜咸阳市｜渭南市｜延安市｜汉中市｜榆林市｜
｜安康市｜商洛市｜

1

2013年西安市经济发展概况

【经济总量】2013年，西安市全年实现地区生产总值（GDP）4884.13亿元，比上年增长11.1%。其中，第一产业增加值217.76亿元，增长4.8%；第二产业增加值2117.66亿元，增长13.9%；第三产业增加值2548.71亿元，增长9.3%。第一产业增加值占生产总值的比重为4.5%，第二产业增加值占生产总值的比重为43.3%，第三产业增加值占生产总值的比重为52.2%。

【农业】2013年，西安市全年粮食播种面积567.87万亩，比上年下降0.8%；油料播种面积7.67万亩，下降0.4%；蔬菜播种面积99.89万亩，增长2.1%；棉花播种面积2.57万亩，下降51.4%。全年粮食产量183.12万吨，比上年下降4.9%，其中，夏粮83.60万吨，下降12.7%；秋粮99.52万吨，增长2.8%。

【工业和建筑业】2013年，西安市全年全部工业增加值1484.63亿元，比上年增长14.5%。规模以上工业增加值1265.64亿元，增长15.4%。在规模以上工业中，轻工业增加值299.44亿元，增长14.7%；重工业增加值966.20亿元，增长15.6%。

全年建筑业增加值633.03亿元，比上年增长12.2%。全年具有资质等级的总承包和专业承包建筑企业416家。

【固定资产投资】2013年，西安市全年全社会固定资产投资5134.56亿元，比上年增长21.0%，扣除价格因素，实际增长20.0%。其中，固定资产投资（不含农户）5055.23亿元，增长21.3%；农户投资79.33亿元，增长2.4%。

在固定资产投资（不含农户）中，第一产业投资73.15亿元，比上年下降26.4%；第二产业投资983.09亿元，增长46.3%，其中，工业投资868.57亿元，增长50.2%；第三产业投资3998.99亿元，增长17.8%。

【科学技术】2013年，西安市全年实施市级科技计划项目408项，其中，高新技术专项27项。支持建设农业科技示范园14家，实施区县工业科技引导项目8个。全年技术市场交易额415.67亿元。申请发明专利量23534件，发明专利授权量3708件。

【国内贸易和对外经济】2013年，西安市全年社会消费品零售总额2548.02亿元，比上年增长14.0%，扣除价格因素，实际增长12.1%。按经营地统计，城镇消费品零售额2473.74亿元，增长14.1%；乡村消费品零售额74.28亿元，增长8.1%。按消费形态统计，商品零售额2324.18亿元，增长15.4%；餐饮收入额223.84亿元，增长0.7%。

全年进出口总额179.82亿美元，比上年增长38.2%。其中，出口总额84.76亿美元，增长16.1%；进口总额95.06亿美元，增长66.3%。

【交通、邮电和旅游】2013年，西安市全年货物运输总量5.01亿吨，比上年增长11.6%。货物运输周转量647.15亿吨公里，增长8.6%。旅客运输总量3.83亿人次，增长5.9%。旅客运输周转量363.49亿人公里，增长7.3%。

全年邮政业务总收入17.71亿元。电信业务总收入131.64亿元，增长13.3%。年末全市固定电话用户304.51万户。移动电话用户2160.67万户，其中，3G移动电话用户666.36万户。

全年接待国内外游客10130万人次，比上年增长27.0%；旅游总收入811.44亿元，增长24.0%。

【金融和保险】2013年年末，西安市全市金融机构本外币存款余额13892.77亿元，比上年增长13.1%。人民币存款余额13763.19亿元，增长13.5%，其中，城乡居民储蓄存款余额5357.05亿元，增长11.9%。金融机构本外币贷款余额10214.78亿元，增长16.0%。人民币贷款余额10023.63亿元，增长16.1%，其中，短期贷款余额2326.63亿元，增长21.3%；中长期贷款余额7385.37亿元，增长15.8%。

年末全市共有保险公司48家，其中，财产险23家，人寿险25家。保险专业中介机构119家。全年保费收入202.40亿元，比上年增长14.5%，其中，财产险保费收入62.99亿元，增13.1%；人身险保费收入139.41亿元，增长15.1%。全年支付各类赔款给付66.49亿元，比上年增长34.0%，其中，财产险、人身险分别为34.49亿元和32.00亿元，分别比上年增长15.2%和62.7%。

2

2013年铜川市经济发展概况

【经济总量】2013年，铜川市全年实现地区生产总值（GDP）321.98亿元，剔除价格因素，比上年增长13.8%；其中，第一产业增加值21.74亿元，增长4.9%；第二产业增加值215.07亿元，增长17.2%；第三产业增加值85.17亿元，增长7.8%。三次产业占比分别为6.8：66.7：26.5。按常住人口计算，人均生产总值38248元，比上年增长13.4%。

【农业】2013年，铜川市全年粮食播种面积89.64万亩，比上年增长0.8%；其中，夏粮38.05万亩，下降0.3%；秋粮51.59万亩，增长1.6%。蔬菜种植面积10.09万亩，比上年增长3.3%。粮食总产量23.98万吨，下降1.8%；其中，夏粮6.47万吨，下降14.2%；秋粮17.51万吨，增长3.8%。

【工业和建筑业】2013年，铜川市全年实现工业增加值195.37亿元，比上年增长18%。其中，规模以上工业增加值183.09亿元，增长18.7%。在规模以上工业中，重工业增加值169.69亿元，增长18.3%；轻工业增加值13.4亿元，增长24.1%。规模以上工业产销率达96.1%，比上年回落1.5个百分点。

全市建筑业实现增加值19.7亿元，比上年增长9.7%。全市资质等级以上建筑业企业29家，与上年持平；实现利税1.03亿元，增长20.5%。全年房屋施工面积376.51万平方米，增长7.6%。

【固定资产投资】2013年，铜川市全年全社会固定资产投资260.02亿元（含跨地市投资），比上年增长28%。其中，固定资产投资（不含农户）256.56亿元，增长30.1%；农户投资3.46亿元，增长2.2%。

【科学技术】2013年，铜川市全市共有民营科技企业93家，比上年增加5家。全年推广转化科技成果15项，受理专利申请250项，专利申请授权78项。其中，发明专利12项。

【国内贸易和对外经济】2013年，铜川市全年实现社会消费品零售总额72.36亿元，比上年增长15.9%；其中，限额以上企业（单位）实现消费品零售额38.06亿元，增长24.1%。

全年外贸进出口总额1629.8万美元，比上年增长31.3%。其中，进口总额112.1万美元，下降56.4%；出口总额1517.8万美元，增长54.2%。

【交通、邮电和旅游】2013年，铜川市全年公路客货周转量48.4亿吨公里，比上年增长11.7%。境内公路总里程4119.14公里。其中，高速公路158.3公里，国道117.11公里，省道68.7公里，县道578.17公里，乡道882.84公里，村公路2255.95公里，专用公路58.08公里。全年建成县乡油路51.96公里，通村油路61公里。年末全市民用轿车保有量达26229辆，增长20.3%。其中，私人轿车20883辆，增长26%。

年末移动电话用户88.92万户，比上年增长9.6%。其中3G移动电话用户27.88万户；固定电话用户12.53万户，下降7.1%。年末数字电视用户12.15万户，增长6.1%。互联网宽带用户9.81万户，增长11%。全年邮政、电信主营业务收入分别增长1.8%、11.3%。

照金红色旅游名镇一期项目如期建成使用，“照金效应”持续扩大，带动旅游行业加快发展。全年接待游客数量、旅游综合收入分别增长30.6%和42.8%。

【金融和保险】2013年年末，铜川市全市共有银行业金融机构10家，营业网点147家。年末全市金融机构各项存款余额392.82亿元，同比增加41.95亿元，增长12%。其中，个人储蓄存款248.6亿元，增长13.7%。各项贷款余额114.54亿元，同比增加14.81亿元，增长14.9%。其中，短期贷款42.92亿元，增长7.9%；中长期贷款67.31亿元，增长17.8%。

全市共有各类保险业机构18家，分支机构67家。证券机构3家。全年实现保费收入6.29亿元，比上年增长7.3%。其中，财产险保费收入2.49亿元，增长17.5%；人寿险保费收入3.8亿元，增长1.6%。支付各类赔款及给付1.45亿元，增长2.8%。其中，财产险赔付1.35亿元，增长1.5%；人寿险赔付0.1亿元，增长25%。

3

2013年宝鸡市经济发展概况

【经济总量】2013年，宝鸡市全年实现地区生产总值（GDP）1545.91亿元，比上年增长13.0%。其中，第一产业增加值157.65亿元，增长4.5%；第二产业增加值1017.45亿元，增长15.3%；第三产业增加值370.81亿元，增长9.5%。三次产业结构比为10.2：65.8：24.0。按常住人口计算，全市全年人均生产总值41327元，折合6778美元（汇率为1美元兑6.0969元人民币）。非公有制经济增加值773.27亿元，占全市经济总量的比重达50.02%。

【农业】2013年，宝鸡市全年农林牧渔及农林牧渔服务业完成总产值263.99亿元，比上年增长4.4%。其中，农业产值145.46亿元，增长4.1%；畜牧业产值98.63亿元，增长3.8%。

全年粮食播种面积33.75万公顷，与上年持平；油料播种面积1.13万公顷，比上年下降8.0%。粮食总产量145.59万吨，下降5.2%。其中：夏粮总产73.50万吨，下降12.1%；秋粮总产72.09万吨，增长3.0%。油料总产1.77万吨，比上年下降19.4%。

【工业和建筑业】2013年，宝鸡市全年全部工业增加值834.25亿元，比上年增长15.7%，其中规模以上工业企业实现增加值744.67亿元，增长16.4%。

全年全社会建筑业增加值183.20亿元，比上年增长14.5%（按现价计算）。全市四级以上总承包、专业承包和劳务分包建筑企业138户，完成建筑业总产值351.01亿元，增长22.6%，实现利润27.91亿元，增长23.1%，其中总承包和专业承包一级资质企业10户，完成建筑业总产值113.13亿元。

【固定资产投资】2013年，宝鸡市全年全社会固定资产投资1669.78亿元，比上年增长27.3%。其中固定资产投资1581.44亿元，增长28.5%；农户投资48.98亿元，增长2.3%；跨市区项目投资39.36亿元，下降24.0%。民间投资907.66亿元，增长45.9%。

固定资产投资按产业分：第一产业投资136.29亿元，增长56.2%；第二产业投资560.3亿元，增长17.8%；第三产业投资884.85亿元，增长45.3%。

【科学技术】2013年，宝鸡市全年组织争取国家、省科技计划项目103项，争取资金11875万元。其中，国家科技项目39项，争取资金6667万元；省科技统筹创新工程、特色科技产业基地建设项目等科技项目64项，争取资金5208万元。实施市级科学技术研究发展计划和重大科技专项计划项目91项，资金2895万元。其中，重大科技专项项目52项，资金2194万元；科学技术研究发展项目39项，资金701万元。专利申请量1799件，专利授权量1280件，其中发明专利申请量404件，发明专利授权量104件。全市技术合同登记额达到22.1亿元。2013年，宝鸡市获得"全国科技进步考核先进市"，金台区、凤翔县、眉县、凤县、岐山县荣获"全国科技进步考核先进县区"。

【国内贸易和对外经济】2013年，宝鸡市全年社会消费品零售总额469.99亿元，比上年增长14.7%。按销售单位所在地分，城镇消费品零售额427.37亿元，增长15.9%；乡村消费品零售额42.62亿元，增长3.7%。按消费形态分，商品零售额425.43亿元，增长15.5%；餐饮收入44.56亿元，增长7.1%。

全年外贸进出口总额8.88亿美元，比上年增长19.1%。其中，出口总额6.98亿美元，增长26.4%；进口总额1.90亿美元，下降1.7%。

【交通、邮电和旅游】2013年，宝鸡市全市境内公路总里程15898公里，公路密度达到87.7公里/百平方公里（含村公路），行政村通班车率94.7%。

全年完成公路旅客运输量10458万人，比上年增长4.6%，旅客运输周转量28.1亿人公里，增长5%，货物运输量9946万吨，增长11.3%，货物运输周转量107.1亿吨公里，增长11.7%。全市共有营运载货车辆20635辆，营运客车5784辆，其中出租汽车3233辆。全市共有27个出租车公司，43个汽车租赁公司。全市6个公共汽车公司，共有公共汽车896辆，其中市公共汽车公司有公共汽车826辆。

全年邮电业务总收入25.94亿元，比上年增长11.5%。其中：邮政业务收入3.53亿元，增长29.2%；电信收入22.41亿元，增长9.1%。年末全市固定及移动电话用户总数407.72万户，其中：固定电话62.9万户，移动电话344.82万户。电话普及率108.88部/百人。互联网用户42.52万户。

全市现有各类旅游景区（点）48个，其中人文景区27个，自然景区21个。全市A级旅游景区（点）31个，其中国家4A级旅游景区6个，3A级旅游景区19个，2A级旅游景区5个，1A级旅游景区1个。全国工、农业示范点5个；旅游特色名镇17家，农家乐1300户。年末国内旅行社43家，星级宾馆饭店36家。新发展旅游企业37家。通天河景区跻身国家4A级旅游景区行列。扶眉战役纪念馆、吴山风景区、蒙牛乳业（宝鸡）工业旅游景区、黄柏塬原生态风景区、麟游县碑亭景区跻身国家3A级旅游景区行列。启动了工业旅游示范企业创建活动，郭家河煤业、眉县农夫山泉、太白酒业等五户企业被确定为宝鸡市第一批工业旅游示范企业，并于2013年12月12日正式授牌。岐山县凤鸣镇、眉县汤峪镇、陇县固关镇、千阳县城关镇被评为省级旅游特色名镇，金台区硖石镇大柳树村、千阳县城关镇段家湾村被评为省级乡村旅游示范村。岐山县臊子面、文王锅盔、擀面皮获第十四届中国美食节暨2013江苏国际餐饮博览会、第六届中国南京美食文化节“中国名小吃”称号。宝鸡市社火脸谱系列荣获第三届陕西旅游商品博览会和第五届中国国际旅游商品博览会中国旅游商品大赛金奖。

【金融和保险】2013年年末，宝鸡市全市金融机构本外币存款余额1662.65亿元，比年初增加202.03亿元，增长13.8%。其中城乡居民储蓄存款余额1039.91亿元，比年初增加127.20亿元，增长13.9%。

年末共有保险公司33家，其中财产保险公司17家，寿险公司16家。全年实现保费总收入40.96亿元，比上年增长26.8%，其中：财产险保费收入8.79亿元，增长19.4%；寿险保费收入30.37亿元，增长28.3%；健康险和意外伤害险保费收入1.8亿元，增长42.9%。全年各类赔款与给付支出11.51亿元，增长49.9%。其中：财产险赔款支出4.95亿元，增长27.9%；人身险赔款与给付支出6.56亿元，增长72.2%。保险深度（保费收入/GDP）2.65%，保险密度（保费收入/总人口）1093.84元/人。

4

2013年咸阳市经济发展概况

【经济总量】2013年，咸阳市全年实现地区生产总值（GDP）1860.39亿元，按可比价格计算，比上年增长13.1%。其中，第一产业增加值315.44亿元，增长4.6%，占生产总值的比重为17.0%；第二产业增加值1076.17亿元，增长16.5%，占生产总值的比重为57.8%；第三产业增加值468.78亿元，增长10.7%，占生产总值的比重为25.2%。按常住人口计算，人均生产总值37695元，按年平均汇率折合为6087美元。全市县域经济平均规模达到110.4亿元，比上年增加17.7亿元。

【农业】2013年，咸阳市全年粮食种植面积598.23万亩，比上年下降0.4%。其中，夏粮336.29万亩，下降1.8%；秋粮261.93万亩，增长1.6%。棉花种植2807亩，下降26.3%。油料种植36.63万亩，增长2.7%。蔬菜种植134.44万亩，增长2.8%。

全年粮食总产189.43万吨，比上年减少10.8万吨，减产5.4%。其中，夏粮产量88.91万吨，减产13.4%；秋粮产量100.52万吨，增产3.1%。其中，主要粮食产品中，小麦产量88.78万吨，减产13.4%；玉米产量96.42万吨，增产4.2%。全年棉花产量130吨，比上年减产32.3%；油料产量4.15万吨，减产11.1%；蔬菜产量387.28万吨，增产5.2%。

【工业和建筑业】2013年，咸阳市全年全部工业增加值925.67亿元，比上年增长17.5%。其中，规模以上工业增加值834.97亿元，增长18.7%。

全年全社会建筑业增加值150.5亿元，比上年增长10.6%。全市具有资质等级的总承包和专业承包建筑企业86户，比上年增加1户；累计总产值516.7亿元，比上年增长13.5%。其中，国有及国有控股企业302.2亿元，增长4.9%。资质以上建筑企业共签订合同额905.9亿元，增长17.3%。全市建筑企业房屋建筑施工面积2731.8万平方米，增长17.7%。其中，新开工面积1176.2万平方米，增长3.7%。

【固定资产投资】2013年，咸阳市全年全社会固定资产投资完成2054.53亿元，比上年增长27.1%。其中，固定资产投资（不含农户）1958.05亿元，增长27.4%；跨地区投资45.52亿元，下降43.4%；农户投资50.96亿元，增长2.6%。

在固定资产投资（不含农户）中，第一产业投资73.5亿元，增长35.1%；第二产业投资687.84亿元，增长5.0%；第三产业投资1196.71亿元，增长44.8%。在第二产业投资中，工业投资669.61亿元，比上年增长7.3%。

【科学技术】2013年，评审了咸阳市2012年度科学技术成果奖65项，其中，一等奖6项，二等奖23项，三等奖36项。申报陕西省科学技术奖项目24项。全年专利申请受理量1529项，专利申请授权量879项，其中发明347项。全市技术合同成交总金额11.2亿元。

【国内贸易和对外经济】2013年，咸阳市全年社会消费品零售总额459.68亿元，同比增长15.4%。其中，限额以上企业（单位）消费品零售额187.08亿元，增长23.7%。按经营地分，城镇消费品零售额347.27亿元，比上年增长16.5%；乡村消费品零售额112.41亿元，增长11.9%。按消费形态分，餐饮收入57.51亿元，增长12.2%；商品零售402.17亿元，增长15.8%。在商品零售中，限额以上企业（单位）商品零售额163.5亿元，增长27.3%。其中，石油及制品类增长22.3%、家具类增长95.6%、建筑及装潢类增长25.0%、中草药及中成药类增长66.2%、日用品类增长26.6%，五金、电料类增长24.8%，服装、鞋帽、针纺织品类增长31.8%，粮油、食品、饮料、烟酒类增长22.2%，汽车类增长31.2%。

全年外贸进出口总额（海关口径）6.05亿美元，比上年增长39.9%。其中，出口总额4.78亿美元，增长28.1%；进口总额1.27亿美元，增长114.4%。

【交通、邮电和旅游】2013年，咸阳市全年交通运输、仓储和邮政业增加值64.48亿元，比上年增长5.4%。

全年公路客运量14069万人次，客运周转量450341万人公里；公路货运量8052万吨，货运周转量2088421万吨公里。年末实有公共汽车营运车辆580辆，公共汽车客运总量10135万人次，实有出租汽车2993辆。境内公路里程16978.7公里，其中高速公路里程337.4公里。

全年邮电业务总量30.98亿元，比上年增长12.6%。其中，邮政业务总量2.64亿元，增长25.7%；电信业务总量28.34亿元，增长11.5%。年末全市电话用户达488.02万户，比上年增长1.7%。其中，固定电话用户58.42万户，下降2.2%；移动电话用户429.6万户，增长2.3%。移动电话中的3G用户135.65万户，增长93.1%。电话普及率达到98.7部/百人。国际互联网用户达到56.83万户，增长7.8%。

全年共接待国内外游客4000.0万人次，比上年增长28.0%；旅游总收入200.0亿元，增长21.5%。其中，接待境外旅游者11.8万人次，创外汇收入0.74亿美元。全市乡村旅游接待游客1000.0万人次，实现旅游收入5.5亿元。

【金融和保险】2013年年末，咸阳市全市金融机构人民币（不含外资）各项存款余额1811.67亿元，比上年增长15.4%；比年初新增241.17亿元，同比增加5.85亿元。其中，个人储蓄存款余额1148.19亿元，比上年增长17.0%；比年初新增166.61亿元，同比增加11.28亿元。金融机构各项贷款余额762.4亿元，比上年增长18.0%；比年初新增116.31亿元，同比多增11.28亿元。其中，短期贷款236.63亿元，比上年增长22.5%，比年初新增43.43亿元，同比增加10.72亿元；中长期贷款499.72亿元，比上年增长18.2%，比年初新增76.91亿元，同比增加6.71亿元。金融存贷比为42.1%，比上年提高1个百分点。

全市保险主体机构36家，其中财产险公司19家，寿险公司17家。全年保险保费收入46.2亿元，同比增长12.3%。其中，财产险保费收入11.66亿元，增长25.0%；寿险保费收入34.54亿元，增长8.5%。全年保险业机构支付各类赔（给）付款13.15亿元，赔（给）付率为28.5%，比上年度上升4.9个百分点。其中，财险赔付5.73亿元，赔付率为49.2%，比上年度上升1个百分点；寿险赔（给）付7.42亿元，其中长期险给付7.04亿元，给付率22.9%，比上年上升7个百分点，短期险赔付0.37亿元，赔付率22.3%，比上年降低6.1个百分点。

5

2013年渭南市经济发展概况

【经济总量】2013年，渭南市全年实现地区生产总值（GDP）1349.01亿元，比上年增长12.0%。其中，第一产业增加值202.38亿元，增长4.7%，占生产总值的15.0%；第二产业增加值743.23亿元，增长15.3%，占55.1%；第三产业增加值403.40亿元，增长9.6%，占29.9%。人均生产总值25327元，比上年增长11.7%。

【农业】2013年，渭南市全年粮食播种面积520千公顷，比上年下降0.3%。其中，夏粮293千公顷，下降1.6%；秋粮227千公顷，增长1.5%。粮食总产量211.17万吨，下降5.9%。其中，夏粮97万吨，下降13.9%；秋粮114.16万吨，增长2.3%。

【工业和建筑业】2013年，渭南市全年实现工业增加值656.83亿元，比上年增长15.6%，其中规模以上工业企业完成增加值603.30亿元，增长16.3%。

全年建筑业实现增加值86.40亿元，比上年增长12.4%。资质以上建筑业累计总产值213.81亿元，下降35%，其中国有及国有控股企业140.48亿元，下降46.7%。资质以上建筑企业共签订合同额373.40亿元，下降4.1%。房屋建筑施工面积1370.73万平方米，下降1.9%。

【固定资产投资】2013年，渭南市全年完成全社会固定资产投资1467.62亿元，比上年增长25.2%。其中，固定资产投资（不含农户）1357.95亿元，增长27.3%；农户投资41.21亿元，增长2.1%。在固定资产投资（不含农户）中，第一产业投资87.39亿元，比上年增长153.7%；第二产业投资487.21亿元，增长2.8%；第三产业投资783.34亿元，增长39%。

【科学技术】2013年，渭南市全年受理专利申请量1554件，其中发明专利411件，实用新型专利561件，外观设计专利582件；专利授权量529件，其中授权发明45件，实用新型324件，外观设计160件。

【国内贸易和对外经济】2013年，渭南市全年社会消费品零售总额367.23亿元，比上年增长15.3%。其中，限额以上企业（单位）消费品零售额226.60亿元，增长22.3%。

2013年全年实现进出口总额24335万美元，较上年增长4.3%，其中出口总额20201万美元，增长40%；进口总额4135万美元，下降53.5%。

【交通、邮电和旅游】2013年，渭南市全年货运量1.38亿吨，比上年增长12.0%；货物周转量401.23亿吨公里，增长12.3%。客运量1.34亿人，增长5.1%；旅客周转量76.98亿人公里，增长5.4%。

全年完成邮政业务总量2.69亿元，增长10.0%；电信业务总量8.60亿元，增长6.0%。年末固定电话用户69.97万户，其中城市家庭28.93万户，农村家庭37.92万户；年末移动电话用户64.01万户，其中3G移动电话用户35.92万户；年末固定及移动电话用户总数133.98万户，比上年末增加9.43万户。电话普及率25部/百人。互联网宽带用户数42.17万户。

全年共接待游客2900万人次，较上年增长15.4%，实现旅游综合收入212亿元，增长36.3%。

【金融和保险】2013年年末，渭南市全市金融机构各项存款余额1522.40亿元，较年初增加174.67亿元，增长13.0%，其中储蓄存款余额990.62亿元，增加114.19亿元，增长13.0%。金融机构贷款余额726.02亿元，增加103.49亿元，增长16.6%，其中短期贷款323.22亿元，增加59.74亿元，增长22.7%，中长期贷款361.21亿元，增加59.71亿元，增长19.8%。

全市保险业保费收入40.57亿元，比上年增加5.16亿元，支付赔款6.97亿元，较上年多赔1.30亿元。其中，财产保险保费收入11.19亿元，赔付6.22亿元；人寿保险保费收入29.38亿元，赔付0.75亿元。

6

2013年延安市经济发展概况

【经济总量】2013年，延安市全年实现地区生产总值（GDP）1354.14亿元，比上年增加83.12亿元，按可比价计算（下同）增长6.5%，其中第一产业实现增加值107.43亿元，增长4.3%；第二产业实现增加值978.09亿元，增长5.6%；第三产业实现增加值268.61亿元，增长10.1%。三次产业结构由上年的7.6：73.6：18.8调整为7.9：72.2：19.8。人均生产总值为61493元，折合10081美元，高于全国、全省平均水平。文化产业实现增加值14.77亿元，增长28.8%。

【农业】2013年，延安市全年全市农林牧渔业完成产值187.81亿元，按可比价计算（下同）增长4.4%，其中农业产值145.76亿元，增长2.8%；林业产值7.08亿元，增长39.2%；牧业产值30.01亿元，增长4.5%；渔业产值0.49亿元，增长10.2%；服务业产值4.47亿元，增长8.1%。全年农林牧渔业实现增加值107.43亿元，增长4.3%。

全年全市粮食播种面积299.08万亩，比上年增加2.32万亩，增长0.8%；粮食总产量74.35万吨，下降2.9%。园林水果总面积428.12万亩，增长2.7%；水果总产量254.03万吨，下降6.3%，其中：苹果产量244.01万吨，下降6.2%。蔬菜面积32.66万亩，增长5.9%；蔬菜产量106.04万吨，增加6.01万吨，增长6.0%。年末蔬菜大棚16.98万座，增长16.5%。

【工业和建筑业】2013年，延安市全年全部工业实现增加值944.19亿元，按可比价计算（下同）比上年增长5.5%，其中：规模以上工业实现增加值925.64亿元，增长5.4%。

全年全市建筑业实现增加值33.90亿元，按可比价计算比上年增长9.9%。全市119个资质以上建筑企业完成产值84.79亿元，其中：国有及国有控股企业完成17.41亿元。全年共签订合同额134.17亿元，房屋建筑施工面积502.98万平方米。

【固定资产投资】2013年，延安市全年全社会完成固定资产投资1321.04亿元，比上年增长28.0%，其中：地方项目完成投资1153.29亿元，增长32.1%。在地方项目投资中，第一、第二、第三产业投资分别完成50.43亿元、634.85亿元和468.01亿元，分别比上年增长67.60%、29.7%和32.5%。

【科学技术】2013年，延安市全年共征集各类科技计划项目170项，其中：国家级科技计划项目3项，省级科技计划项目38项，市级计划项目129项。全市共引进新工艺64项，新技术137项，重点推广新技术93项。全年专利申请受理量672项，增长37.4%，其中：发明123项；授权量345项，增长1.4倍，其中：发明26项，增长33.3%。

【国内贸易和对外经济】2013年，延安市全年全市实现社会消费品零售总额170.26亿元，比上年增长13.0%，其中：限额以上单位零售额80.06亿元，增长11.9%。从经营所在地看：城镇消费品零售额136.21亿元，增长14.8%；乡村消费品零售额34.05亿元，增长6.1%。从消费形态来看：商品零售150.53亿元，增长14.5%；餐饮收入19.73亿元，增长2.6%。

【交通、邮电和旅游】2013年，延安市全年全市完成客运量8371万人次，增长5.0%，旅客周转量32.46亿人公里，增长5.0%；货运量6382万吨，增长11.7%；货物周转量82.34亿吨公里，增长11.5%。完成乡镇五级客运站建设107个，购置30辆节能环保公交车投入营运，有效地缓解了城市客运运力不足的矛盾，较好地解决了群众乘车难的问题。新修县乡和通村油路110公里，投放通村客运车辆765辆。干线公路优良里程为1201.2公里，优良率为90.0%。县乡实现年均优良里程1366.8公里，其中：县级里程666公里，优良率为49.8%；乡级里程700.8公里，优良率为43.2%。

全年全市邮电主营业务总量1.15亿元，同比增长15.4%；年末固定电话用户36.83万户；移动电话用户达到266.81万户；国际互联网用户达到25.84万户。

全年接待国内外旅游人数2847.70万人次，增长30.0%，其中:海外旅游人数6.90万人次。实现旅游综合收入151.90亿元，增长28.7%，其中：外汇收入660.90万美元。

【金融和保险】2013年年末，延安市金融机构各项本外币存款余额1104.47亿元，比年初增加116.70亿元，增长11.8%，其中：城乡居民储蓄存款余额566.98亿元，比年初增加64.79亿元，增长12.9%。年末各项本外币贷款余额566.87亿元，比年初增加90.00亿元，增长18.9%，其中：短期贷款220.56亿元，比年初增加32.48亿元，增长17.3%；中长期贷款340.76亿元，比年初增加57.45亿元，增长20.3%。

全市拥有各类保险机构27个，其中：财险机构15个，寿险机构12个。全年完成保费收入16.13亿元，增长21.7%，其中：财险业务收入7.95亿元，增长24.0%，在财险业务中机车险占78.0%；寿险业务收入8.18亿元，增长19.6%，在寿险业务中人寿险占92.6%，意外险和健康险仅占7.4%。全年赔款及给付7.23亿元，增长55.9%，其中：财险5.64亿元，增长59.68%，财险中机车险赔款3.87亿元，居各险种之首。寿险赔款及给付1.58亿元，增长43.6%，寿险中人寿险赔款1.40亿元，占88.4%。

7

2013年汉中市经济发展概况

【经济总量】2013年，汉中市全年实现地区生产总值（GDP）881.73亿元，按可比价格计算，增长12.7%。其中，第一产业增加值177.71亿元，增长5.2%；第二产业增加值397.68亿元，增长18.6%；第三产业增加值306.34亿元，增长9.5%。全年人均生产总值为25769元。

在地区生产总值中，第一、第二和第三产业增加值占比分别为20.2%、45.1%和34.7%。同2012年相比，第一产业比重下降1.0个百分点，第二产业比重提高2.6个百分点，第三产业比重下降1.6个百分点。

【农业】2013年，汉中市全市农林牧渔业完成总产值305.07亿元，按可比价格计算，增长5.2%。其中，农业产值174.26亿元，增长5.6%；林业产值12.74亿元，增长6.2%；牧业产值102.68亿元，增长4.6%；渔业产值4.21亿元，增长6.4%；农林牧渔服务业产值11.18亿元，增长3.4%。“猪、药、茶、菜”四大主导产业产值191.77亿元，占农林牧渔业总产值比重为62.9%。

全年粮食播种面积403.86万亩，比上年增加0.51万亩，粮食总产102.66万吨，比上年增长1.3%。其中，夏粮24.08万吨，秋粮78.58万吨。油料种植面积124.67万亩，增加0.49万亩，油料总产18.48万吨，增长3.2%。

【工业和建筑业】2013年，汉中市全市完成工业总产值976亿元，比上年增长25.1%。其中，规上工业完成产值856.10亿元，增长25.6%。规上工业中，轻工业完成产值214.15亿元，增长27.5%，重工业完成产值641.95亿元，增长25.0%。

资质以上建筑施工企业完成总产值102.70亿元，比上年增长16.9%。其中，建筑工程产值完成99.55亿元，增长17.9%；竣工产值63.82亿元，增长45.8%。已签订合同金额198.50亿元，增长7.8%。建筑业生产率达到人均23.48万元，增长1.9%，增加0.44万元。

【固定资产投资】2013年，汉中市全市全社会固定资产投资完成679.27亿元，比上年增长27.0%。其中，固定资产投资完成590.04亿元，增长27.3%。本年500万元以上施工项目1583个，计划投资总额比上年增加378.76亿元，其中，亿元以上施工项目136个，比上年增加18个。

【科学技术】2013年，汉中市全年共取得科技成果48项，达到国际先进水平1项，国内领先和国内先进水平的39项。全年专利申请量1403件，比上年增长82.4%，其中发明专利249件、实用新型832件、外观设计322件。专利授权869件，比上年增长69.7%，其中发明专利54件，实用新型574件，外观设计241件。

【国内贸易和对外经济】2013年，汉中市全市社会消费品零售总额248.05亿元，比上年增长14.9%。按经营单位所在地分，城镇消费品零售额201.36亿元，增长15.1%，乡村消费品零售额46.69亿元，增长13.8%；按消费形态分，商品零售额217.63亿元，增长15.8%，餐饮收入30.42亿元，增长8.3%。

全市对外贸易进出口总额7315.3万美元，比上年增长34.84%。其中，出口总额6699.7万美元，增长

27.49%，进口总额615.6万美元，增长261.48%。

【交通、邮电和旅游】2013年，汉中市全市公路总里程为17972公里。其中，等级公路15171公里，高速公路464公里。

年末民用车辆拥有量53.15万辆。其中，载客汽车11.36万辆；载货汽车1.89万辆；个人轿车拥有12.89万辆。

全年邮电业务总量23.95亿元，比上年增长8.03%。其中，电信业务总量20.41亿元，增长7.1%；邮政业务总量3.54亿元，增长13.5%。年末固定电话装机用户48.4万户，减少2%；移动电话用户274.4万户，增长5.3%；年末宽带接入用户31.6万户，增长12.9%。

【金融和保险】2013年年末，汉中市金融机构各项人民币存款余额1246.83亿元，比年初净增加173.96亿元，其中，城乡居民储蓄存款831.10亿元，比年初净增加123.38亿元。金融机构各项人民币贷款余额491.85亿元，比年初净增加89.40亿元。其中，短期贷款余额109.16亿元，比年初净增加10.64亿元；中长期贷款余额348.00亿元，比年初净增加65.57亿元。

全年保险业保费收入24.69亿元。其中，财产险保费收入6.14亿元，人寿险保费收入18.55亿元。全年各类保险赔款给付支出6.65亿元。其中，财产险赔款支出3.02亿元，人寿险赔付支出3.63亿元。

8

2013年榆林市经济发展概况

【经济总量】2013年，榆林市全年实现地区生产总值（GDP）2846.75亿元，比上年增长8.8%。其中，第一产业增加值139.68亿元，增长4.4%，占生产总值的比重为4.9%；第二产业增加值1985.56亿元，增长9.6%，占生产总值的比重为69.8%；第三产业增加值721.51亿元，增长7.1%，占生产总值的比重为25.3%。人均生产总值84634元，约折合13881美元。

【农业】2013年，榆林市农林牧渔业总产值232.74亿元，比上年增长4.6%。其中，种植业产值125.03亿元，增长4.1%；畜牧业产值92.30亿元，增长5.4%；林业产值6.23亿元，增长8.0%；渔业产值0.92亿元，增长5.7%；农林牧渔服务业产值8.26亿元，增长0.1%。

全年粮食播种面积473.99千公顷，比上年增长0.6%，总产量154.77万吨，增长0.5%。其中，夏粮产量4.31万吨，下降18%；秋粮产量150.46万吨，增长1.2%。蔬菜产量70.68万吨，增长11.1%。粮食生产实现十连丰。

【工业和建筑业】2013年，榆林市全年全部工业总产值3258.19亿元，比上年增长3.2%；工业增加值1943.56亿元，增长9.6%。其中，全市700户规模以上工业总产值3120.82亿元，增长3.3%；增加值1901.18亿元，增长9.6%。规模以下工业总产值137.37亿元，增长3.0%；增加值42.38亿元，增长9.0%。规模以上工业中，重工业增加值1868.86亿元，增长9.6%，占规模以上工业增加值的98.3%；轻工业增加值32.32亿元，增长20.6%，占1.7%。

全年建筑业总产值205.75亿元，比上年增长31.8%，增加值42亿元，增长12.3%。房屋建筑施工面积1144.08万平方米，增长19.0%，房屋建筑竣工面积451.16万平方米，增长2.9%。

【固定资产投资】2013年，榆林市全年全社会固定资产投资1827.91亿元，比上年增长3.2%。其中，本市固定资产投资1594.23亿元，增长6.7%；跨区投资200.81亿元，下降18.2%；农户投资32.87亿元，增长3.0%。在本市固定资产投资中，第一产业投资38.40亿元，增长26.4%，其中，农业投资13.81亿元，增长33.2%；第二产业投资1054.05亿元，增长10.3%，其中，采矿业投资442.83亿元，增长9.5%，制造业投资455.97亿元，增长30.8%，电力、燃气及水的生产和供应业投资132.35亿元，增长8.5%，建筑业投资22.90亿元，下降23.7%；第三产业投资501.78亿元，下降1.2%，其中，交通运输、仓储和邮政业投资112.08亿元，增长31.5%，批发和零售业投资22.90亿元，增长9.5%，信息传输、计算机服务和软件投资1.55亿元，下降29.3%。

【科学技术】2013年，榆林市组织评议登记科技成果47项，其中科技成果综合水平达到国内领先14项，获“陕西省年度科学技术奖”5项。申请专利1254件，申请发明专利736件，授权专利239件，技术交易合同登记额10.15亿元。

【国内贸易和对外经济】2013年，榆林市全年社会消费品零售总额298.62亿元，比上年增长10.5%。其中，限额以上企业（单位）消费品零售额220.87亿元，增长3.1%。

全年居民消费价格总水平上涨3.3%，农业生产资料价格指数上涨5.1%。

【交通、邮电和旅游】2013年，榆林市铁路运输中，神朔铁路货运量24678.35万吨，比上年增长19.3%，货物周转量5073143.04万吨公里，增长18.4%；公路运输中，货运量10740万吨，增长11.9%，货物周转量5541126万吨公里，增长12.3%，客运量7901万人次，增长4.9%，旅客周转量506441万人公里，增长5.1%；民航运输中，货邮量2875.2吨，增长26.8%，吞吐量120万人次，增长12.5%。

全年邮电业务收入41.43亿元，比上年增长8.8%。其中，邮政业务收入2.04亿元，增长5.2%；电信业务收入39.39亿元，增长9.0%。邮政业全年完成邮政函件业务182万件，订销报刊累计4348万份，订销杂志累计149万份，邮路长度达到5392公里，农村投递线路19043公里。全市固定及移动电话用户总数达到474.58万部，其中固定电话52.14万部，移动电话422.44万部。

年末全市共有旅行社90个（含分社、网点），星级以上饭店30家，对外售票的景点15个。全年共接待国内外游客1470万人次，比上年增长25.6%。旅游收入75.00亿元，增长28.2%。

【金融和保险】2013年年末，榆林市全市金融机构各项存款余额2428.70亿元，同比增长7.8%，比年初增加175.88亿元；各项贷款余额1803.81亿元，同比增长16.5%，增加255.73亿元。

全年有各类保险公司34家，全年保费收入25.88亿元，比上年增长4.5%。其中，财产险收入16.62亿元，增长4.4%；寿险收入9.26亿元，增长4.8%。各类保险公司累计赔付支出11.98亿元，增长23.6%。其中，财产赔付支出10.8亿元，增长25.1%；寿险赔付支出1.18亿元，增长10.3%。保险深度0.96%，保险密度719元/人。

9

2013年安康市经济发展概况

【经济总量】2013年，安康市全年实现地区生产总值（GDP）604.55亿元，比上年增长13.4%。其中，第一产业增加值90.57亿元，增长5.1%；第二产业增加值321.40亿元，增长19.8%；第三产业增加值192.58亿元，增长9.5%。第一、第二、第三产业占生产总值的比重为15.0：53.2：31.8。人均生产总值22938元，比上年增长13.3%。

【农业】2013年，安康市全年粮食播种面积26.99万公顷，与上年持平。其中，夏粮11.69万公顷，下降1.8%；秋粮15.30万公顷，增长1.4%。全年粮食产量86.23万吨，增长1.2%。其中，夏粮29.0万吨，增长0.3%；秋粮57.23万吨，增长1.7%。

【工业和建筑业】2013年，安康市全年全部工业实现增加值248.37亿元，比上年增长22.8%。规模以上工业增加值231.32亿元，增长24.8%。

全年全社会建筑业增加值73.03亿元，比上年增长14.9%。78家资质以上总承包和专业承包建筑企业实现总产值69.87亿元，增长26.4%；签订合同额121.03亿元，增长38.6%；房屋建筑施工面积715.1万平方米，增长19.2%。

【固定资产投资】2013年，安康市全年全社会固定资产投资482.56亿元，比上年增长26.9%。其中，固定资产投资426.99亿元，增长27.5%；农户投资27.89亿元，增长3.2%。

固定资产投资中，第一产业投资35.82亿元，比上年增长45.6%；第二产业投资128.19亿元，增长17.1%；第三产业投资262.98亿元，增长37.6%。

【科学技术】2013年，安康市全年受理专利申请量381件，其中发明专利53件，实用新型专利86件，外观设计专利242件，专利授权量130件，其中授权发明专利7件，实用新型专利57件，外观设计专利66件。

【国内贸易和对外经济】2013年，安康市全年实现社会消费品零售总额171.62亿元，比上年增长13.4%。其中：限额以上企业（单位）实现零售额75.39亿元，增长12.8%。

全年外贸进出口总额2925万美元，比上年增长22.66%，其中：出口总额2778万美元，比去年增长16.5%。

【交通、邮电和旅游】2013年，安康市全年公路和水路完成货运量7502万吨（不含铁路，下同），比上年增长7.3%；货物周转量41.68亿吨公里，增长12.1%。客运量8548万人，增长4.1%；旅客周转量32.24亿人公里，增长5.7%。

全年完成邮电业务收入15.64亿元，比上年增长12.6%。其中，邮政业务收入1.98亿元，增长11.8%；电信业务收入13.66亿元，增长12.7%。固定电话年末用户38.46万户，其中，城市电话用户20.81万户，农村电话用户14.78万户，公用电话用户2.87万户。移动电话用户年末达到197.38万户，其中3G移动电话用户31.75万户。全市固定及移动电话用户总数达235.84万户，互联网宽带接入用户数达25.80万户。

全年接待国内外游客2166万人次，同比增长17.9%；旅游总收入95.3亿元，同比增长25.0%。其中接待入境旅游者2.2万人次，增长10%；旅游外汇收入450万美元，增长12.5%；接待国内游客2163.8万人次，增长17.9%；国内旅游收入95.21亿元，增长25.0%。

【金融和保险】2013年年末，安康市全市金融机构人民币各项存款余额790.35亿元，比年初增加117.25亿元，增长17.4%；各项贷款余额383.11亿元，比年初增加74.14亿元，增长24.0%。

全年保险业实现保费收入13.85亿元，增长19.65%。其中寿险保费收入9.65亿元，财产险保费收入4.20亿元。财产险赔付2.23亿元，寿险公司给付1.73亿元（含满期给付），赔款支出0.22亿元，退保金支出0.68亿元。

10

2013年商洛市经济发展概况

【经济总量】2013年，商洛市全年实现地区生产总值（GDP）510.88亿元，比上年增长12.6%。其中，第一产业增加值88.54亿元，增长5.0%，占生产总值的比重为17.3%；第二产业增加值256.94亿元，增长18.0%，占50.3%；第三产业增加值165.4亿元，增长9.4%，占32.4%。按常住人口计算，全市人均生产总值21795元。非公有制经济实现增加值260.13亿元，占全市生产总值比重为50.9%。

【农业】2013年，商洛市全年实现农林牧渔业总产值达156.02亿元，增长5.5%。实现增加值88.54亿元，增长5.0%。全年粮食总产量为65.07万吨，增长1.2%。其中夏粮产量25.01万吨，秋粮产量40.06万吨。

【工业和建筑业】2013年，商洛市截至2013年年底，全市规模以上工业企业达到177户（含三县农电）。全年全市规模以上工业实现增加值145.2亿元，增长27.0%，实现总产值479.93亿元，增长36.8%。其中轻工业实现产值89.67亿元，增长45.1%；重工业实现产值390.26亿元，增长35.0%。全市23户大中型企业全年完成工业总产值211.9亿元，增长20.9%，占全部规模以上工业企业总产值的44.2%，支撑作用明显。

全年全社会实现建筑业增加值85.5亿元，比上年增长12.2%。全市资质等级以上建筑企业完成总产值111.41亿元，下降1.5%，其中国有及国有控股企业完成28.92亿元，增长4.3%。房屋建筑施工面积637.1万平方米，其中实行投标承包面积591.9万平方米，房屋竣工面积595.5万平方米。

【固定资产投资】2013年，商洛市全年完成全社会固定资产投资496.2亿元，增长26.7%。其中固定资产投资（包括项目固定资产投资和房地产固定资产投资）465.7亿元，增长28.2%；跨区投资14.9亿元，增长11.1%；农户投资15.5亿元，增长3.0%。

项目固定资产投资中，第一产业投资所占比重为7.5%，比上年提高1.6个百分点；第二产业投资所占比重为39.2%，比上年下降4个百分点；第三产业投资所占比重为53.3%，比上年提高了2.4个百分点。

【科学技术】2013年，商洛市全市专利申请量达到1004件，授权专利132件，其中发明专利46件。技术合同交易额3049万元。

【国内贸易和对外经济】2013年，商洛市全年实现社会消费品零售总额121.82亿元，增长13.6%。按经营单位所在地分，城镇消费品零售额93.98亿元，增长13.0%；乡村消费品零售额27.84亿元，增长15.3%。按行业分，批发业18.72亿元，增长15.6%；零售业89亿元，增长13.8%；住宿业1.53亿元，下降15.6%；餐饮业12.33亿元，增长13.2%。

外贸进出口总额完成0.63亿美元，下降18.6%。其中，出口总额0.48亿美元，增长637.2%；进口总额0.15亿美元，实现贸易顺差0.33亿美元。全市共签约招商引资项目172个，合同项目147个，招商引资到位资金309.89亿元，同比增长36.4%。

【交通、邮电和旅游】2013年，商洛市全年客运量3972万人次，客运周转量198933万人公里；货运量2839万吨，货运周转量405518万吨公里。

全年邮电业务总量达到9.7亿元。2013年年末，全市固定及移动电话用户总数达到210万部，电话普及率达到89部/百人。

全年共接待游客2764.5万人次，实现旅游综合收入135.43亿元，分别增长20.8%和32.1%。

【金融和保险】2013年年末，商洛市全市金融机构各项存款余额589.37亿元，增长13.6%。其中：城乡居民储蓄存款余额409.86亿元，增长17.6%。全市金融机构各项贷款余额248.08亿元，增长11.7%。其中，短期贷款为79.38亿元，增长22.6%；中长期贷款为161.98亿元，增长6.9%。年末人民币汇率为1美元兑6.0969元人民币，比上年末升值3.1%。

甘肃省

｜兰州市｜嘉峪关市｜白银市｜天水市｜武威市｜酒泉市｜
｜张掖市｜平凉市｜庆阳市｜

1

2013年兰州市经济发展概况

【经济总量】2013年，兰州市全年实现地区生产总值（GDP）1776.28亿元，比上年增长13.40%。其中，第一产业增加值49.12亿元，增长5.80%；第二产业增加值820.42亿元，增长13.50%；第三产业增加值906.74亿元，增长13.60%。三次产业比例为2.76：46.19：51.05。非公有制经济增加值753亿元，增长23%，占全市GDP的比重为42.4%。文化产业增加值达到41.06亿元，增长38.74%，占全市GDP的比重为2.31%。

【农业】2013年，兰州市全年农作物播种面积345.19万亩，其中粮食作物播种面积196.26万亩，比上年增长0.52%，玉米双垄全膜沟播面积42.83万亩。粮食总产量46.86万吨，比上年增长6.02%；其中：夏粮17.53万吨，比上年增长2.27%；秋粮29.32万吨，比上年增长8.40%。蔬菜播种面积88.49万亩，增长8.11%；蔬菜产量251.58万吨，增长9.72%。

【工业和建筑业】2013年，兰州市全市实现工业增加值614.45亿元，比上年增长14.10%。其中，规模以上工业增加值575.1亿元，增长14.2%。规模以上市属工业实现增加值122.5亿元，增长23.9%。规模以上工业产品销售率95.02%，比上年提高0.22个百分点。

全社会建筑业完成增加值205.97亿元，比上年增长11.90%。

【固定资产投资】2013年，兰州市全年完成固定资产投资额1316.86亿元，比上年增长27.42%。其中，房地产开发投资286.81亿元，增长28.43%。

在固定资产投资中，第一产业投资10.71亿元，比上年增长0.38%；第二产业投资363.07亿元，比上年增长15.26%；第三产业投资943.08亿元，比上年增长35.18%；三次产业投资额比重：0.81：27.57：71.62。全社会新增固定资产664.78亿元，比上年下降15.57%。

【国内贸易和对外经济】2013年，兰州市全年完成社会消费品零售总额843.87亿元，比上年增长14.70%。

全年进出口总额40.63亿美元，比上年增长19.63%。其中，出口总额35.93亿美元，比上年增长33.50%；进口总额4.7亿美元，比上年下降33.31%。成功举办了第十九届兰洽会，全年新批外商投资企业8

家，与上年持平；合同投资总额11444.22万美元，比上年增长44%；合同外资额6194.54万美元，比上年增长33.56%。

【交通、邮电和旅游】2013年，兰州市交通运输业稳步发展，交通基础设施进一步完善。

全年完成电信业务总量51.4亿元，邮政业务总量1.98亿元。全市拥有固定电话机86.27万部，其中公用电话16.63万部（含智能网专用接入终端公用电话）。移动用户达469.36万户。计算机互联网用户达54万户。

【金融和保险】2013年年末，兰州市金融机构各项存款余额5499.15亿元，比上年增长19.83%。各项贷款余额4407.71亿元，比上年增长20.01%。城乡居民储蓄存款余额2021.56亿元，比上年增长15.97%。

全年承保总额达13759.57亿元，比上年增长20.72%；保险业务收入65.9亿元，增长10.46%；赔付支出23.25亿元，增长42.28%。

2

2013年嘉峪关市经济发展概况

【经济总量】2013年，嘉峪关市全年实现地区生产总值（GDP）226.3亿元，比上年增长15.3%。其中第一产业完成3.86亿元，增长6.3%；第二产业完成171.21亿元，增长16.4%；第三产业完成51.2亿元，增长10.3%。其中批发和零售贸易业增加值12.6亿元，增长11.1%，住宿和餐饮业增加值1.1亿元，增长0.2%，金融保险业增加值4.9亿元，增长11.6%，房地产业增加值3.0亿元，增长3.3%。人均GDP为123683元。

三次产业结构由上年的1.4：81.8：16.8调整为1.72：75.56：22.62，与上年相比，第一产业所占比重上升0.32个百分点，第二产业所占比重下降6.24个百分点，第三产业所占比重上升5.82个百分点。

【农业】2013年，嘉峪关市全年粮食总产量12200吨，比上年增产24.5%。其中，夏粮产量2700吨，减产18.2%。粮食作物种植面积1.86万亩，比上年增加0.05万亩，其中：小麦种植面积0.59万亩，与上年持平；油料种植面积0.06万亩，比上年减少0.22万亩；薯类种植面积0.12万亩，比上年增加0.04万亩；蔬菜种植面积2.79万亩，增加0.13万亩。

【工业和建筑业】2013年，嘉峪关市工业生产稳定增长。2013年，嘉峪关市完成工业增加值163.3亿元，同比增长16.5%。规模以上工业实现增加值161.2亿元，同比增长16.6%。其中，市属规模以上工业企业完成工业增加值31.63亿元，增长24.2%。规模以上工业企业产品产销率94.4%，比上年回落1.7个百分点。

全市建筑业实现增加值7.88亿元，比上年增长11.9%。

【固定资产投资】2013年，嘉峪关市全年完成固定资产投资122.6亿元，比上年增长31.32%。从产业投向来看，第一产业完成投资1.3亿元，增长2.12倍；第二产业完成投资90.4亿元，增长43.11%；第三产业完成投资30.9亿元，增长3.77%。

城镇固定资产投资中，房地产开发投资22.5亿元，比上年增长15.38%，其中住宅投资18.72亿元，增长

19.93%。房屋施工面积211.85万平方米，增长14.88%；房屋竣工面积26.69万平方米，下降66.04%。商品房销售面积84.16万平方米，增长1.22%。

【科学技术】2013年，嘉峪关市全年安排科技费900万元，共组织实施科技计划75项，其中工业类27项、农业类24项、社科类24项，组织申报国家级科技计划项目9项、省级科技计划项目47项，目前已有9项科技计划项目、1家省级工程技术中心获得省科技厅立项，争取项目经费810万元。国家级技术研究中心1个。

【国内贸易和对外经济】2013年，嘉峪关市全年实现社会消费品零售总额379881.6万元，同比增长14.6%。扣除价格因素实际增长12.46%。按消费形态分，商品零售额316649.7万元，占社会消费品零售总额的比重为83.35%；餐饮收入为63231.9万元，占社会消费品零售总额的比重为16.65%。

全年外贸进出口总值为82770万美元，比上年下降3%。其中，出口总值为1315万美元，下降61%；进口总值为81455万美元，与上年持平。

【交通、邮电和旅游】2013年，嘉峪关市交通运输快速增长。全市公路运输业实现客运量5159万人次，比上年增长27.3%；旅客周转量74008万人公里，增长31.8%。货运量6273万吨，增长63.9%；货运周转量103220万吨公里，增长40.9%。旅游业旺盛带动航空运输业蓬勃发展。2013年，完成旅客吞吐量35.4万人次，增长29.6%，货邮吞吐量1000吨，增长5.7%。机动车保有量44544辆，其中个人汽车拥有量30006辆。

全年完成邮电业务总量43623.6万元，比上年增长11.4%。其中，邮政业务总量2630.9万元，增长18.4%；电信业务总量40992.7万元，增长11%。邮政业全年完成邮政函件业务51.87万件，包裹业务0.25万件，快递业务量11.53万件；快递业务收入109.15万元。

实现全社会旅游收入23.4亿元，比上年增长44.58%；接待旅游人数366.78万人次，增长30.33%；游客平均停留天数1.42天，与上年同期相比减少0.02天；客房出租率49%，比上年同期下降1个百分点。实现文化产业增加值3亿元，增长37.5%。

【金融和保险】2013年，嘉峪关市金融机构本外币各项存款余额297.7亿元，比上年末增长13.76%。其中，储蓄存款113.3亿元，增长17.22%。金融机构本外币各项贷款余额353.15亿元，增长18.63%。其中，短期贷款273.2亿元，增长17.96%；中长期贷款72.4亿元，增长25.28%。

全年保费收入51063万元。其中，财产险收入24063万元，增长19.19%；寿险收入27000万元，增长5.23%；支付各类赔款及给付14983万元，其中财产险业务赔款10618万元，寿险业务给付4365万元。

3

2013年白银市经济发展概况

【经济总量】2013年，白银市全年实现地区生产总值（GDP）463.3亿元，比上年增长12.7%。其中：

第一产业增加值53.83亿元，增长5.4%；第二产业增加值253.55亿元，增长15.2%；第三产业增加值155.92亿元，增长10.8%。三次产业结构比例由上年的11.2：57.31：31.49调整为11.62：54.73：33.65，其中:第一产业上升0.42个百分点，第二产业下降2.58个百分点，第三产业上升2.16个百分点。

【农业】2013年，白银市全年完成农作物播种面积455.76万亩，比上年减少0.01万亩。其中：粮食种植面积360.19万亩，增长0.26%。小麦播种面积69.48万亩，下降4.59%；玉米播种面积141.24万亩比上年增加5.44万亩，增长4.01%；薯类播种面积104.43万亩，增长1.86%；蔬菜种植面积27.37万亩，油料种植面积23.94万亩。粮食总产量达到77.76万吨，增长7.85%。其中：夏粮15万吨，下降13.79%；秋粮62.76万吨，增长14.67%。粮食亩产达到215.89公斤。蔬菜产量132.71万吨。油料、瓜类、水果产量分别为2.41万吨、11.47万吨、17.45万吨，红黑瓜子产量1.28万吨。

【工业和建筑业】2013年，白银市全年实现工业增加值212.86亿元，比上年增长15.7%，其中：规模以上工业企业完成增加值195.13亿元，增长16%。在规模以上工业中，中央企业完成增加值41.57亿元，增长2.8%；省属企业完成增加值112.35亿元，增长24.8%；市以下企业完成增加值41.21亿元，增长8.1%。规模以上工业中，有色行业完成增加值66.82亿元，同比增长23.23%；煤炭行业完成增加值38.65亿元，增长9.05%；化工行业完成增加值15.77亿元，下降1.56%；电力行业完成增加值23.86亿元，增长3.83%。四大行业占全市规模以上工业增加值的比重达74.36%。

全年完成建筑业增加值40.69亿元，比上年增长11.9%。全市具有建筑业资质等级建筑业企业70家，年末从业人数3.7万人，完成建筑业总产值76.37亿元，增长20.85%。

【固定资产投资】2013年，白银市全年完成固定资产投资352.02亿元，增长31.38%。其中：中央、省属单位完成24.58亿元，下降65.93%；市及市以下完成327.44亿元，增长67.25%。按产业分：第一产业完成投资28.88亿元，增长99.88%；第二产业完成投资210.08亿元，增长20.42%，其中完成工业投资152.19亿元，增长13.6%；第三产业完成投资113.06亿元，增长43.04%。

【国内贸易和对外经济】2013年，白银市全年完成社会消费品零售总额135.75亿元，增长14.8%。其中：城镇零售额116.43亿元，增长15.31%；乡村零售额19.32亿元，增长11.82%。批发业实现零售额10.08亿元，增长14.77%；零售业实现零售额110.08亿元，增长16.66%；住宿和餐饮业实现零售额15.59亿元，增长3.18%。

【交通、邮电和旅游】2013年，白银市全年交通运输和邮电通信业实现增加值30.79亿元，比上年增长15.6%。全年完成公路客运量7179.5万人，客运周转量295733.6万人公里；公路货运量11902.9万吨，货运周转量2097273.5万吨公里。

全年完成邮电业务总量12.23亿元，比上年增长11.38%。本地电话用户年末达到32.62万户；农话用户年末达到11.42万户；移动电话用户年末达到145.54万户，减少2.11万户；电话普及率达到111部/百人，每百人增加2部。

全年接待旅游人数501.7万人次，比上年增长35.6%；实现旅游综合收入27.32亿元，增长37.4%，旅游业新增直接就业人数13318人，增长23.22%。

【**金融和保险**】2013年年末，白银市全市金融机构各项存款余额524.29亿元，增长12.4%。其中:居民储蓄存款余额290.53亿元，增长11.68%。金融机构各项贷款余额329.66亿元，增长18.15%。其中：短期贷款余额186.84亿元，增长14.67%；中长期贷款137.65亿元，增长26.85%。

年末全市共有保险公司19家。其中：财产保险公司11家，人寿保险公司8家。全年实现保费收入13.34亿元，比上年增长8%，其中：财产险保费收入4.79亿元，增长10%；人身险保费收入8.43亿元，增长7%。全年处理财产险综合赔付率达到37.9%，赔款额2.3亿元。

4

2013年天水市经济发展概况

【**经济总量**】2013年，天水市全年实现地区生产总值（GDP）456.3亿元，按可比价格计算，比上年增长11.5%。其中第一产业增加值86.8亿元，增长6.5%；第二产业增加值174.5亿元，增长15.3%；第三产业增加值195亿元，增长10.1%。第一、第二、第三产业增加值占生产总值的比重19：38.2：42.8。

【**农业**】2013年，天水市全年全市实现农林牧渔业总产值138.75亿元，比上年增长4.54%。其中种植业产值117.8亿元，增长5.16%；林业产值1.96亿元，下降13.77%；牧业产值18.26亿元，增长2.65%；渔业产值0.11亿元，增长2.39%。

全市粮食作物播种面积469.61万亩，比上年增长0.43%。其中夏粮面积204.57万亩，下降0.23%；秋粮面积265.04万亩，增长0.94%。粮食产量117.76万吨，比上年增长0.91%。其中夏粮总产32.38万吨，下降7.9%；秋粮总产85.38万吨，增长4.71%。粮食亩产250.77公斤，比上年增长0.48%。其中夏粮亩产158.29公斤，下降7.68%；秋粮亩产322.16公斤，增长3.73%。小麦播种面积197.04万亩，比上年增长0.33%；亩产158.06公斤，下降8.31%；总产量31.14万吨，下降8.01%。玉米播种面积131.2万亩，比上年增长1.12%；亩产437.01公斤，增长5.57%；总产量57.34万吨，增长6.75%。洋芋播种面积102.27万亩，比上年增长0.92%；亩产228.98公斤，增长3.1%；总产量23.42万吨，增长4.04%。油料种植面积75.23万亩，比上年下降0.91%；产量7.8万吨，增长4.36%。蔬菜种植面积95.79万亩，比上年增长4%；产量217.12万吨，增长4.52%。药材种植面积16.84万亩，比上年增长5.78%；产量3.03万吨，增长5.11%。水果总产量105.16万吨，比上年增长8.64%。

【**工业和建筑业**】2013年，天水市全年规模以上工业企业完成工业增加值103.27亿元，比上年增长16.3%。其中市属工业企业增加值49.8亿元，增长25.6%。分轻重工业看，重工业增加值57.7亿元，比上年增长19%；轻工业增加值45.55亿元，增长11.2%。分经济类型看，股份制企业增加值48.55亿元，比上年增长24.5%；国有企业增加值50.8亿元，增长7.4%。

【固定资产投资】2013年，天水市全年完成固定资产投资442.88亿元，比上年增长25.91%。其中项目投资403.88亿元，增长27.92%。按三次产业分，第一产业投资25.69亿元，比上年下降2.95%；第二产业投资155.23亿元，增长27.36%。其中工业投资142.04亿元，增长39.49%；第三产业投资261.97亿元，增长28.8%。

【科学技术】2013年年末，天水市全市共组织实施市级以上科技项目242项，取得科技创新成果202项，其中20项达到国内先进以上水平。建成省级工程技术研究中心15家，重点实验室1家，国家、省级创新型企业及试点企业11家，其中国家级5家、省级6家，高新技术企业26家。

【国内贸易和对外经济】2013年，天水市全年实现社会消费品零售总额199.05亿元，比上年增长14.2%。按经营地统计，城镇零售额144.43亿元，比上年增长12.5%；乡村零售额54.62亿元，增长19.1%。

全年全市完成进出口总额3.68亿美元，比上年增长19.06%。其中出口2.69亿美元，增长20.88%；进口0.99亿美元，增长14.35%。

【交通、邮电和旅游】2013年，天水市全年全市公路通车总里程1.04万公里。全社会公路客运量6223万人，比上年增长6%；客运周转量28.5亿人公里，增长5.57%。货运量3106万吨，比上年增长42.22%；货运周转量67.71亿吨公里，增长41.69%。

全年全市完成邮电业务总量16.85亿元，比上年增长51.1%。年末本地固定电话用户29.07万户，比上年下降18.5%；移动电话（包含移动、联通、电信部门）用户231.29万户，增长9.7%。

全年全市累计接待海内外游客1340万人次，比上年增长29.11%；实现旅游综合收入76.56亿元，增长31.46%。

【金融和保险】2013年年末，天水市全市金融机构本外币各项存款余额792.07亿元，比上年末增长20.61%。金融机构人民币各项存款余额791.35亿元，比上年末增长20.78%。其中个人存款536.15亿元，增长20.89%。金融机构本外币各项贷款余额388.03亿元，比上年末增长17.57%。金融机构人民币各项贷款余额387.68亿元，比上年末增长17.6%。其中短期贷款115.2亿元，增长31.89%；中长期贷款271.89亿元，增长13.11%。

5

2013年武威市经济发展概况

【经济总量】2013年，武威市全年实现地区生产总值（GDP）381.18亿元，按可比价计算，比上年增长12.8%。其中：第一产业增加值89.2亿元，增长6.83%；第二产业增加值166.17亿元，增长16.4%；第三产业增加值125.82亿元，增长12.4%。

按常住人口计算，人均生产总值21057元，比上年增长12.25%。三次产业结构由2012年的

24.22：44.04：31.74调整为23.4：43.6：33，第一、第二产业所占比重分别下降0.82个和0.44个百分点，第三产业比重上升1.26个百分点。

【农业】2013年，武威市全年完成农作物播种面积366.72万亩，同比增加2.57万亩。其中：夏粮播种面积45.14万亩，下降15.91%，秋粮播种面积153.8万亩，增长3.1%，夏秋比由上年的26.5：73.5调整到22.7：77.3。其中：粮食作物总播种面积198.94万亩，下降1.93%，经济作物播种面积167.78万亩，增长4.02%，粮经比由上年的55.7：44.3调整到54.2：45.8。

【工业和建筑业】2013年，武威市全年完成工业增加值119.43亿元，按可比价计算，比上年增长18.3%。其中，规模以上工业增加值98.24亿元，增长17%。

全年完成建筑业增加值46.74亿元，增长13%。

【固定资产投资】2013年，武威市全市500万元及以上在建项目1018项，比2012年增加153项，计划总投资1428.4亿元，同比增加272亿元。完成全社会固定资产投资684.8亿元，增长34.11%。

完成规模以上固定资产投资545.46亿元，增长31.14%，其中，500万元及以上项目投资514.67亿元，增长30.94%。

500万元及以上项目中：第一产业在建项目65项，完成投资24.04亿元，增长12.51%；第二产业在建项目573项，完成投资329.85亿元，增长20.99%；第三产业在建项目380项，完成投资160.78亿元，增长62.31%。

【科学技术】2013年，武威市全年组织实施科技项目83项，其中国家级19项，省级34项，市级30项；组织鉴定各类科技成果70项；获得省部级奖励1项。

【国内贸易和对外经济】2013年，武威市全年实现社会消费品零售总额117.46亿元，比上年增长14.8%，其中，城镇实现零售额78.15亿元，增长15.8%；乡村实现零售额39.31亿元，增长12.9%。

全年实现外贸出口额2340.6万美元，增长26.18%。

【交通、邮电和旅游】2013年，武威市全年交通运输、仓储、邮政业实现增加值31.11亿元，增长21.6%。

全年完成公路运输周转量831709.9万吨公里，增长52.8%。其中，客运量4732万人，增长6.64%，客运周转量305859万人公里，增长7.04%；货运量2757万吨，增长46.51%，货运周转量801124万吨公里，增长55.36%。

全年邮电业务总量达到11.04亿元，增长11.18%。其中：邮政业务总收入0.63亿元，下降1.73%；电信业务总量达到10.41亿元，增长9.6%；年末固定电话用户19.93万户，比上年减少2.44万户；年末移动电话用户120.74万户，新增12.13万户；年末互联网宽带接入用户达到11.3万户，增加2.54万户。

全年接待国内外游客510.69万人次，比上年增长35.6%，其中接待入境旅游3380人，旅游创汇57.25万美元。实现旅游总收入24.93亿元，增长37.1%。

【金融和保险】2013年，武威市全年金融机构存款余额605.28亿元，增长24.29%，其中，城乡居民存款余额392.77亿元，增长20.81%。金融机构贷款余额399.17亿元，增长46.74%。

全市保险系统实现保费收入10.54亿元，增长16.68%。其中，财产险公司保费收入3.36亿元，增长20.52%；人身险公司保费收入7.17亿元，增长14.96%。累计赔付支出及期满年金给付2.93亿元，增长50.78%。其中，财产险公司支付赔款1.53亿元，增长36.17%；人身险公司死伤医疗给付0.3亿元，增长7.01%；人身险公司期满年金给付1.1亿元，增长103.58%。

6

2013年酒泉市经济发展概况

【经济总量】2013年，酒泉市全年实现地区生产总值（GDP）642.7亿元，比上年增长12.3%。其中，第一产业增加值77.8亿元，增长6.2%；第二产业增加值340.9亿元，增长15%；第三产业增加值224亿元，增长10%。按常住人口计算，全市人均GDP为58088元，按2013年平均汇率折算达9527美元。三次产业结构由上年的12.1∶53.5∶34.4调整为12.1∶53∶34.9。

【农业】2013年，酒泉市全年实现农林牧渔及其服务业总产值147.5亿元，比上年增长5.5%。

全市农作物播种面积256.95万亩，比上年增加3.37万亩，增长1.3%。其中，粮食种植面积58.87万亩，增加0.8万亩，增长1.4%；棉花种植面积38.05万亩，减少5.93万亩，下降13.5%；油料种植面积4.3万亩，增加0.14万亩，增长3.4%；蔬菜、瓜类、制种、啤酒花、药材、孜然等高效特色产业面积达到155.73万亩，增加4.2万亩，增长2.8%。

【工业和建筑业】2013年，酒泉市全年工业增加值达到283.4亿元，比上年增长15.5%，占GDP的比重为44.1%。地方工业增加值225亿元，比上年增长21.9%。全市规模以上工业增加值达到221.7亿元，比上年增长16%。其中，国有控股企业130.9亿元，增长6.3%；股份制企业185.6亿元，增长15.8%；外商及港澳台投资企业3.1亿元，增长10.8%；私营企业20.3亿元，增长23.7%。分轻重工业看，轻工业增加值19.5亿元，比上年增长14.3%；重工业增加值202.2亿元，比上年增长16.2%。

全年全社会建筑业增加值55.3亿元，比上年增长12.6%。全市具有资质等级的总承包和专业承包建筑业企业实现营业收入106.9亿元，增长22%，其中国有及国有控股企业11.2亿元，增长45.5%；上缴税金8.6亿元，增长26.5%，其中国有及国有控股企业0.8亿元，增长40%；实现利润14.7亿元，增长1.3倍。

【固定资产投资】2013年，酒泉市全市固定资产投资达到829.7亿元，比上年增长26%。分产业看，第一产业投资47.1亿元，增长49%；第二产业投资517.4亿元，增长14.5%，其中工业投资492.3亿元，增长14.6%，占全市投资额的比重达59.3%；第三产业投资265.2亿元，增长51.7%。分行业看，交通运输业投资28.9亿元，下降35.1%；水利、环境和公共设施管理业投资52.8亿元，增长79.7%；科学研究和技术服务业投资15.3亿元，增长1.1倍；教育投资4.7亿元，增长94.1%；文化、体育和娱乐业投资22.6亿元，增长2.9倍。

【科学技术】2013年年末，酒泉市全市共有各类专业技术人员22138人，比上年增长1.8%。其中具有中级及中级以上职称人员6194人，比上年增长2.5%。全市研究与实验发展（R&D）经费支出5.5亿元，比上年增长15%，占GDP的比重为0.86%。财政投入科技经费9144万元，比上年增长34.8%。全年申请专利1913项，比上年增加952项；授权专利439项，比上年增加129项。全年签订技术合同47份。技术合同成交额15亿元，比上年增长89.8%。

【国内贸易和对外经济】2013年，酒泉市全年社会消费品零售总额达到140.1亿元，比上年增长14.6%，扣除价格因素，实际增长10.8%。按经营地统计，城镇消费品零售额118.9亿元，增长16.2%；乡村消费品零售额21.2亿元，增长6.3%。按消费形态统计，商品零售额125.9亿元，增长16.9%；餐饮收入额14.3亿元，下降2.2%。

全市外贸进出口企业115个，实现进出口总额10710.5万美元，比上年增长47.2%。其中，进口总额775.4万美元，增长65.2%；出口总额9935.2万美元，增长45.9%。

【交通、邮电和旅游】2013年，酒泉市全年交通运输、仓储和邮政业完成增加值36.2亿元，比上年增长15.3%。

年末全市公路总里程达15543.94公里。高速公路里程463.68公里，等级公路里程14279.5公里。年末民用汽车保有量106446辆，比上年增长8.3%，其中本年新注册汽车18003辆，增长10.7%；轿车40786辆，增长19.2%。年末私人汽车保有量90843辆，增长10.6%，其中本年新注册汽车18003辆，增长10.7%。年末私人轿车保有量37019辆，增长21%，其中本年新注册轿车7207辆，增长18.2%。全年公路运输货运量3381万吨，比上年增长37.8%，货物周转量90.83亿吨公里，比上年增长41.9%；公路客运量5229万人，比上年增长6%，旅客周转量31.89亿人公里，比上年增长5.6%。

全年邮电业务总收入10.88亿元，比上年增长8.9%。其中，邮政业务收入5563.6万元，增长10.4%；电信业务收入10.32亿元，增长8.7%。年末电话交换机总容量达到315.17万门。其中，局用交换机容量91.27万门，移动电话交换机容量223.9万门。固定电话用户年末达到17.9万户，比上年减少1.43万户。其中，城市电话用户12.8万户，减少1.6万户；农村电话用户5.08万户，增加0.17万户。新增移动电话用户2万户，年末达到116.68万户。年末全市固定及移动电话用户总数达到134.58万户。全市电话普及率为121.4部/百人。数据通信出口带宽10.5万兆。国际互联网用户达12.05万户，普及率为33.4%。

全年旅游接待人数1100.72万人次，比上年增长36.7%，其中接待海外游客4.8万人次，下降7.5%。全年旅游收入95.95亿元，比上年增长35.4%，占GDP的比重为14.9%，比上年提高2.6个百分点。旅游创汇收入1168.37万美元，比上年增长2.7%，其中旅游商品创汇收入273.38万美元，增长2.7%。

【金融和保险】2013年年末，酒泉市金融机构本外币各项存款余额766.12亿元，比上年末增长16.6%，其中人民币各项存款余额764.35亿元，增长17.2%。金融机构本外币各项贷款余额466.85亿元，增长23.8%，其中人民币各项贷款余额466.83亿元，增长23.8%。全部金融机构人民币消费贷款余额29.18亿元，比上年末增长58.8%。其中，短期消费贷款余额6.86亿元，增长39.4%；中长期消费贷款余额22.32亿元，增长65.8%。

全年保险公司保费收入15.5亿元，比上年增长18.8%。其中，财产险收入4.1亿元，增长16.5%；寿险收入11.4亿元，增长19.7%。支付各类赔款及给付6.47亿元，比上年增长1.5倍。其中，财产险赔付金额2.23亿元，增长61.5%；寿险赔付金额4.24亿元，增长2.5倍。

7

2013年张掖市经济发展概况

【经济总量】2013年，张掖市全年实现地区生产总值（GDP）336.86亿元，比上年增长11.8%。其中，第一产业增加值93.11亿元，增长6.5%；第二产业增加值120.3亿元，增长14.8%；第三产业增加值123.45亿元，增长12.5%。

【农业】2013年，张掖市全年粮食作物种植面积277.68万亩，比上年增加6.81万亩；油料种植面积37.14万亩，减少0.02万亩；蔬菜种植面积38.3万亩，增加5.62万亩；棉花种植面积3.59万亩，减少0.6万亩；中药材种植面积20.68万亩，增加3.29万亩。

全年粮食总产量128.04万吨，比上年增加4.48万吨，增长3.6%。其中，夏粮产量40.3万吨，增长4.4%；秋粮产量87.74万吨，增长3.3%。主要粮食品种中，小麦产量30.81万吨，增长5.8%；玉米产量63.15万吨，增长4.6%。主要经济作物中，油料产量4.76万吨，下降3.7%；蔬菜产量147.18万吨，增长16%；棉花产量0.46万吨，下降9.5%；水果产量24.68万吨，增长6.2%；中药材产量7.01万吨，增长10.1%。

【工业和建筑业】2013年，张掖市全年完成工业增加值88.53亿元，比上年增长15.8%。规模以上工业增加值70.45亿元，增长16.1%。

全年建筑业实现增加值31.77亿元，比上年增长12.8%，扣除价格因素，实际增长11.7%。全市具有资质等级的总承包和专业承包建筑业企业实现利润5.7亿元，增长50.9%。

【固定资产投资】2013年，张掖市全年完成固定资产投资227亿元，比上年增长29.32%。按三次产业分，第一产业投资11.69亿元，增长65.8%；第二产业投资98.14亿元，增长15.85%，其中工业投资87.25亿元，增长24.96%；第三产业投资117.16亿元，增长39.87%。

【科学技术】2013年年末，张掖市全市事业单位拥有各类专业技术人员达到2.26万人，拥有科研机构5个。全年财政科学技术支出5929万元，比上年增长21.65%。全年共取得市、省级以上科技成果40项，获得奖励项目98项，比上年增加38项。全年受理专利申请540件，比上年增加240项；授权专利205件，比上年增加96项；授予发明专利权23件，比上年增加2项。全年共签订技术合同47项，比上年增加5项，技术合同成交金额9.3亿元，比上年增长24%。

【国内贸易和对外经济】2013年，张掖市全年实现社会消费品零售总额106.05亿元，比上年增长13.8%。按销售单位所在地统计，城镇实现社会消费品零售总额82.72亿元，增长15.5%；乡村实现社会消费品零售总额23.33亿元，增长8.1%。

全年外贸进出口总值为2323万美元，比上年增长28%。其中，出口总值2303万美元，增长34%；进口总值20万美元，下降79%。

【交通、邮电和旅游】2013年，张掖市全年交通运输、仓储和邮政业实现增加值20.76亿元，比上年增长16.5%。

全年完成客运量4170万人，货运量3083万吨。客运周转量304407万人公里，货运周转量339146万吨公里。年末全市客运线路350条，公交线路46条，公交车辆252辆，出租车辆1914辆，货车2.89万辆。年末全市汽车保有量达到9.65万辆，比上年增长20%。

全年完成邮电业务收入73456万元，增长10.2%。其中，邮政业务收入5350万元，增长6.1%；电信业务收入68106万元，增长10.5%。年末全市固定电话用户26.47万户，移动电话用户达到115.12万户，其中3G移动电话用户37.12万户。电话普及率达到117部/百人。年末互联网宽带用户达到14.48万户，增长24.1%。

全年接待国内外游客662.7万人次，比上年增长27%；实现旅游综合收入36.8亿元，比上年增长35.8%。

【金融和保险】2013年年末，张掖市全市金融机构各项贷款余额293.9亿元，比上年增加73.67亿元，增长33.45%。各项存款余额436.45亿元，增加63.39亿元，增长16.91%。其中，居民储蓄存款余额259.54亿元，增加24.62亿元，增长10.5%。

全年保费收入150794万元，比上年增长42.8%。其中，财产险收入38309万元，增长26.4%；寿险收入112485万元，增长49.4%。全年赔付支出28042万元，比上年增长63.5%。其中，财产险赔付支出13408万元，增长26.4%；寿险赔付支出14634万元，增长123.4%。

8

2013年平凉市经济发展概况

【经济总量】2013年，平凉市全年实现地区生产总值（GDP）341.92亿元，比上年增长11.3%。其中，第一产业增加值77.1亿元，增长6.6%；第二产业增加值146.58亿元，增长12.5%；第三产业增加值118.23亿元，增长12.5%。

按常住人口计算，人均生产总值16404元，增长11.0%。三次产业结构由上年的21.1：47.4：31.5调整为22.5：42.9：34.6，与上年相比，第二产业所占比重下降4.5个百分点，第一、第三产业比重分别上升1.4个和3.1个百分点。

【农业】2013年，平凉市全年粮食播种面积524.29万亩，比上年增加16.26万亩，增长3.2%；蔬菜种植面积达84.77万亩，比上年增加5.03万亩，增长6.31%；油料种植面积70.20万亩，比上年增加0.99万亩，增长1.43%；果园面积152.63万亩，比上年增加5.29万亩，增长3.59%。

全年粮食产量111.13万吨，比上年增加6.99万吨，增产6.71%。夏粮产量37.21万吨，减产4.76%；秋粮产量73.92万吨，增产13.6%。蔬菜产量125.38万吨，增产9.0%；油料产量7.65万吨，增产5.66%；水果产量101.40万吨，增产9.53%；药材产量4.33万吨，增产6.13%。

【工业和建筑业】2013年，全年全部工业完成增加值114.17亿元，增长12.5%。规模以上工业增加值102.47亿元，增长11.8%。规模以上工业企业产品销售率84.9%，比上年提高1.5个百分点。

全年全社会建筑业完成增加值32.41亿元，增长12.6%。全市具有建筑业资质等级的总承包和专业承包建筑业企业实现利润总额3.92亿元，增长19.07%。

【固定资产投资】2013年，全年固定资产投资完成442.84亿元，增长26.52%。实施500万元以上各类建设项目1006项，完成投资402.8亿元，增长25.73%；5000万元以上投资项目335项，完成投资378.68亿元，增长33.86%；亿元以上投资项目175项，完成投资294.62亿元，增长37.94%；过10亿元投资项目9个，完成投资67.31亿元，增长27.67%。

固定资产投资中，第一产业完成投资23.11亿元，增长28.01%；第二产业完成投资255.22亿元，增长34.71%；第三产业完成投资164.52亿元，增长15.44%。

【科学技术】2013年，全年争取国家和省上科技项目30项，资金994万元。国家项目7项，落实资金530万元；省列项目23项，落实资金464万元；安排实施市列科技项目8项，经费100万元。本年度共评出科技进步奖181项，一等奖21项，二等奖141项，三等奖19项。

【国内贸易和对外经济】2013年，全年社会消费品零售总额完成136.22亿元，增长14.2%。按经营地统计，城镇消费品零售额95.55亿元，增长14.62%；乡村消费品零售额40.67亿元，增长13.35%。从销售营业情况看，批发业实现销售额72.26亿元，增长7.11%；零售业实现销售额15.9亿元，增长27.26%；住宿业实现营业额7.2亿元，增长20.75%；餐饮业实现营业额24.58亿元，增长22.43%。

全年进出口总额1871.1万美元，增长1.8%。出口总额1742.8万美元，下降5.2%；进口总额128.3万美元，增长616.8%。

【交通、邮电和旅游】2013年，全年交通运输、仓储和邮政业实现增加值16.15亿元，增长21.5%。全年完成公路客运量3214万人次，客运周转量15.90亿人公里，货运量3371万吨，货运周转量68.77亿吨公里。

全年完成邮电业务总量12.17亿元，增长8.95%。电信业务总量11.63亿元，增长8.59%；邮政业务总量5421万元，增长17.97%。年末固定电话用户18.64万户，城市11.35万户，农村5.44万户，本年减少固定电话用户2.14万户。年末移动电话用户161.87万户，新增12.06万户，3G移动电话用户达41.11万户。年末互联网宽带接入用户12.95万户。年末局用交换机总容量47.08万门，电话普及率达到86部/百人。

全年接待国内外游客868.12万人（次），增长28.01%。国内游客868万人（次），增长28.1%；境外游客1162人(次)，增长11.6%。旅游综合收入44.6亿元，增长28.33%。国内收入44.59亿元，增长28.34%；境外收入118.71万元，增长11.9%。

【金融和保险】2013年年末，全市金融机构本外币各项存款余额590.79亿元，增长26.53%。人民币各项存款余额590.34亿元，增长26.54%。单位存款212.95亿元，增长35.25%；城乡居民储蓄存款347.91亿元，增长17.55%。年末金融机构本外币各项贷款余额319.63亿元，增长22.65%。人民币各项贷款319.45亿元，增长22.58%。短期贷款107.02亿元，增长35.27%；中长期贷款208.35亿元，增长15.69%。

全年保费收入8.52亿元，增长16.55%。财产险收入3.95亿元，增长21.17%；寿险收入4.09亿元，增长10.54%；健康险和意外伤害险收入4848万元，增长39.71%。全年赔付额2.28亿元，增长21.93%。财产险赔款1.54亿元，增长2.67%；寿险死亡医疗给付1645.83万元，增长5.14倍；满期年金给付5823.17万元，增长19.2倍。

9

2013年庆阳市经济发展概况

【经济总量】2013年，庆阳市全年实现地区生产总值（GDP）606.07亿元，按可比价计算（下同），比上年增长14.5%。其中，第一产业增加值80.29亿元，增长6.6%；第二产业增加值377.94亿元，增长16.6%；第三产业增加值147.84亿元，增长13.0%。国民经济主要比例关系为第一产业增加值占生产总值的比重为13.2%，第二产业增加值比重为62.4%，第三产业增加值比重为24.4%。按常住人口计算，人均生产总值23882元，增长15.8%。

【农业】2013年，庆阳市全市粮食作物播种面积696.65万亩，比上年增长2.5%，粮食总产量达到158.95万吨，增长2.1%。其中夏粮播种面积186.68万亩，下降6.6%，总产量34.02万吨，下降20.4%；秋粮播种面积509.97万亩，增长6.3%，总产量124.93万吨，增产10.5%。油料播种面积109.29万亩，增长0.2%，总产量14.04万吨，增产6.6%；蔬菜面积122.27万亩，增加1.89万亩，产量87.58万吨，增长9.8%；果园面积171.65万亩。

【工业和建筑业】2013年，庆阳市全年完成全部工业增加值345.93亿元，比上年增长16.6%。其中，规模以上工业增加值完成331.86亿元，增长16.5%，规模以上工业中地方工业完成增加值36.43亿元，增长25.7%。规模以上工业完成销售产值712.42亿元，产品销售率为95.9%。

全市资质以上建筑企业80户，比上年净增8户；全年建筑企业实现增加值31.97亿元，比上年增长13.3%。

【固定资产投资】2013年，庆阳市全市固定资产投资总额完成1138.97亿元，比上年增长28.0%。其中：第一产业投资额18.54亿元，增长41.7%；第二产业投资额779.06亿元（含长庆油田公司155.90亿元），增长12.9%；第三产业投资额341.37亿元，增长49.4%。在投资总额中，地方完成固定资产投资总额983.07亿元，比上年增长30.8%。

【科学技术】2013年，庆阳市全市事业单位各类专业技术人员42551人，其中，高级技术人员1944人。

全年共组织实施农业、工业、医疗卫生和社会公益事业等各类国家、省、市科技计划项目239项，其中国列4项，省列28项，共投入科技经费1752万元。评出市级科技进步奖101项，其中一等奖10项，二等奖75项，三等奖16项。

【国内贸易和对外经济】2013年，庆阳市全市完成社会消费品零售总额146.54亿元，比上年增长14.7%。其中，城镇消费品零售额118.15亿元，增长14.7%；农村消费品零售额28.39亿元，增长14.6%。分行业看，批发业36.88亿元，增长12.6%；零售业91.67亿元，增长17.2%；住宿业1.70亿元，下降1.4%；餐饮业16.3亿元，增长8.1%。

全市外贸出口创汇8668万美元，比上年增长18.3%；实现出口供货总值161240万元，增长6.5%。

【交通、邮电和旅游】2013年，庆阳市全市货物运输量4601万吨，比上年增长37.6%，货物周转量777056万吨公里，比上年增长41.5%；旅客运输量3732万人，比上年增长6.0%，旅客周转量145571万人公里，比上年增长5.7%。

全年完成邮政通信业务总量14.86亿元，比上年增长9.5%。其中，邮政业务总量0.87亿元，增长3.6%；电信业务总量3.88亿元，增长16.5%；移动通信业务总量8.93亿元，增长6.3%；联通业务总量1.18亿元，增长17.9%。固定电话用户年末累计达到24.35万户，下降9.8%；移动电话年末累计达到220.13万户，增长8.2%；互联网用户年末达到14.08万户，增长27.3%。年末全市各类电话普及率达到110部/百人，每百人比上年增加7.1部。

全年接待国内外旅游人数371.20万人次，实现旅游收入16.57亿元，分别比上年增长28.3%和38.9%。

【金融和保险】2013年年末，庆阳市全市金融机构各项存款余额599.98亿元，比上年净增93.91亿元，增长18.6%。其中储蓄存款余额395.05亿元，比上年净增54.46亿元，增长16.0%。各项贷款余额337.78亿元，比上年净增94.11亿元，增长38.6%。

全年保费总收入110961.20万元，比上年增长8.7%。其中，寿险保费收入61336.96万元，比上年下降1.1%；财产险保费收入49624.24万元，比上年增长23.7%。支付各类赔款及给付33922.77万元，比上年增长43.2%。其中，寿险支付9924.75万元，比上年增长54.1%；财产险支付23998.02万元，比上年增长39.1%。

青海省

| 西宁市 | 海东市 |

1

2013年西宁市经济发展概况

【经济总量】2013年，西宁市全年实现地区生产总值（GDP）978.53亿元，增长14.1%。其中：第一产业增加值36.10亿元，增长5.1%；第二产业增加值514.50亿元，增长18.0%；第三产业增加值427.93亿元，增长9.7%。第一产业对全市经济的贡献率为1.2%，拉动经济增长0.17个百分点；第二产业贡献率为69.3%，拉动经济增长9.77个百分点，其中工业拉动经济增长8.68个百分点；第三产业贡献率为29.5%，拉动经济增长4.16个百分点。三次产业结构比由2012年的3.7：51.6：44.7调整为2013年的3.7：52.6：43.7。

【农业】2013年，西宁市全年农作物播种面积182.95万亩，其中：粮食播种面积85.48万亩，下降1.9%；油料播种面积48.54万亩，下降5.1%；蔬菜播种面积32.32万亩，增长0.3%；中草药材播种面积1.30万亩，增长43.0%；其他农作物播种面积15.31万亩，增长31.96%；油料、蚕豆、马铃薯、蔬菜特色农作物播种面积达到121.86万亩，占总播种面积的66.6%。

【工业和建筑业】2013年，西宁市全年完成工业增加值440.75亿元，增长18.3%，其中，规模以上工业增加值380.38亿元，增长18.3%。

全市规模以上工业企业中，股份制企业完成增加值286.93亿元，增长24.5%；国有企业完成69.77亿元，增长4.4%；外商及港澳台完成13.66亿元，下降4.9%；股份合作企业完成4.29亿元，下降1.8%；集体企业完成0.55亿元，下降15.5%；其他经济类型完成5.18亿元，增长4.3%。

【固定资产投资】2013年，西宁市全市完成固定资产投资925.44亿元，增长32.1%。其中，市属固定资产投资700.79亿元，增长28.1%。

从产业看，第一产业完成投资27.59亿元，增长47.6%；第二产业完成投资450.45亿元，增长27.2%，其中：工业投资385.42亿元，增长25.0%；第三产业完成投资447.40亿元，增长36.6%。

【国内贸易和对外经济】2013年，西宁市全年完成社会消费品零售总额365.07亿元，增长15.0%。

从销售地区看，城镇实现零售额335.89亿元，增长14.8%；乡村实现零售额29.18亿元，增长17.4%。

全年实现进出口总值124115万美元，增长32.9%。其中：实现进口总值46242万美元，增长70.0%；实现出口总值77874万美元，增长17.6%。

【交通、邮电和旅游】2013年，西宁市全年货运总量3273万吨，下降0.2%，其中：铁路491万吨，下降

14.9%；公路2781万吨，增长2.9%；航空0.70万吨，增长45.8%。货物周转量226.47亿吨公里，增长1.0%，其中：铁路148.61亿吨公里，增长0.4%；公路77.75亿吨公里，增长2.0%；航空0.11亿吨公里，增长40.3%。全年客运总量5402万人次，增长3.2%，其中：铁路430万人次，增长6.5%；公路4816万人次，增长2.4%；航空156万人次，增长21.8%。客运周转量87.90亿人公里，增长10.5%，其中：铁路38.42亿人公里，增长8.6%；公路25.68亿人公里，增长3.5%；航空23.79亿人公里，增长22.9%。

全年完成邮电业务总量27.63亿元，增长3.5%，其中：邮政1.23亿元，增长3.4%；电信26.40亿元，增长3.6%。年末市话用户66.19万户，增长2.6%，其中：住宅电话42.34万户，下降10.8%。移动电话用户275.90万户，增长4.6%。互联网用户38.70万户，增长11.4%。

全年接待国内外游客1306.83万人次，增长15.9%。旅游总收入100.76亿元，增长34.0%。

【金融和保险】2013年年末，西宁市全市金融机构人民币各项存款余额2822.47亿元，比年初增加456.91亿元，同比增长19.4%，其中个人存款余额999.69亿元，增长20.9%。各项贷款余额2727.69亿元，比年初增加466.84亿元，同比增长20.8%，其中：短期贷款余额665.68亿元，增长34.3%；中长期贷款余额1928.16亿元，增长18.3%。

全年保费收入24.53亿元，增长7.6%，其中：财产险保费收入11.98亿元，增长17.5%；人寿险保费收入12.55亿元，下降0.3%。全年赔款支出7.00亿元，增长29.1%，其中：财产险赔款支出4.48亿元，下降5.0%；人寿险赔款支出2.52亿元，增长2.82倍。

2

2013年海东市经济发展概况

【经济总量】2013年，海东市全年实现地区生产总值（GDP）337亿元，按可比价计算，同比增长18.2%。其中：第一产业增加值52.1亿元，同比增长5.92%，拉动经济增长0.98个百分点，对GDP增长的贡献率为5.38%；第二产业完成增加值177亿元，同比增长27.5%，拉动经济增长13.07个百分点，对GDP增长的贡献率为71.84%；第三产业完成增加值107.8亿元，同比增长11.5%，拉动经济增长4.15个百分点，对GDP增长的贡献率为22.78%。

全市三次产业结构由2012年的16.16∶49.54∶34.3转变为15.46∶52.53∶32.01，其中第一产业比重下降0.7个百分点、第二产业提升2.99个百分点、第三产业下降2.29个百分点，经济结构明显优化。

【农业】2013年，海东市全市农作物播种面积303.46万亩，同比下降2.19%，其中：小麦44.47万亩，同比下降4.12%；马铃薯72.26万亩，同比增长0.91%；油料88.2万亩，同比下降3.36%；蔬菜36.77万亩，同比下降2.8%。

全市粮食总产量为53.24万吨，同比下降1.83%；油料总产量13.14万吨，同比下降3.19%；蔬菜总产量

71.1万吨，同比下降2.58%。

【工业和建筑业】2013年，海东市全市工业完成增加值137.8亿元，同比增长28%，其中规模以上工业完成增加值107.13亿元，同比增长26%。分行业看：煤炭开采和洗选业完成工业增加值3.95亿元，同比增长72.6%，有色金属矿采选业完成工业增加值6.78亿元，同比增长29.5%；酒、饮料和精制茶制造业完成工业增加值11.02亿元，同比增长24.6%；化学原料及化学制品制造业完成工业增加值4.59亿元，同比增长35.1%，医药制造业完成工业增加值7.99亿元，同比增长41%；有色金属冶炼及压延加工业完成工业增加值12.27亿元，同比增长63.2%；黑色金属冶炼及压延加工业完成工业增加值10.92亿元，同比增长36%；电力、热力的生产和供应业完成工业增加值21.21亿元，同比增长5.3%；非金属矿物制品业完成工业增加值17.07亿元，同比增长22.3%。

全年全社会建筑业创造增加值39.2亿元，按可比价计算，比上年增长37.3%。具有资质等级的总承包和专业承包建筑企业47家。

【固定资产投资】2013年，海东市全年累计完成固定资产投资405.45亿元，同比增长58.73%。其中：城镇完成投资282.5亿元，同比增长61.58%；农村完成投资122.95亿元，同比增长52.55%。从投资类型看：全市国有及国有控股企业完成投资155.08亿元，同比增长50.03%；民间投资231.86亿元，同比增长61.45%；港澳台及外商投资18.52亿元，同比增长118.8%。从三次产业投资看：第一产业完成投资67.89亿元，同比增长35.97%；第二产业完成投资131.42亿元，同比增长42.81%，其中：工业完成投资121.07亿元，同比增长51.58%；第三产业完成投资206.15亿元，同比增长81.65%。从资金来源看：全市全年到位资金437.63亿元，增长37%。其中：上年结余87.85亿元，同比增长328.1%。本年到位349.78亿元，增长17%，本年到位资金中：国家预算内资金54.06亿元，增长5.2%；省内贷款21.47亿元，同比下降74.4%；自筹资金222.1亿元，增长92.1%；其他资金50.26亿元，同比增长5.4%。

【科学技术】2013年，海东市全市有各类科技人员2.82万人。引进新技术25项、新品种70项；争取科技项目35项，项目总投资4.3亿元，争取无偿援助资金2389万元。

【国内贸易和对外经济】2013年，海东市全年累计完成社会消费品零售总额63.06亿元，同比增长14.3%。按行业划分，全市批发业实现12.3亿元，增长15.17%；零售业实现40.25亿元，增长14.86%；餐饮业实现10.48亿元，增长11.43%；住宿业实现328万元，下降28.67%。按消费区域划分，全市城镇实现消费品零售额39.47亿元，同比增长15.37%；乡村实现消费品零售额23.58亿元，增长12.55%。

【交通、邮电和旅游】截至2013年，海东市全市公路通车里程达8521公里，公路密度为64.74公里/百平方公里，每万人拥有公路里程61公里。全市年末营运车辆达20160辆。其中年末载客汽车拥有量1428辆，全年旅客运输量达4470.76万人，旅客周转量为16.47亿人公里；年末载货汽车拥有量为18732辆，全年货物运输量达3299.02万吨，货物周转量为39.21亿吨公里。

全市邮政通信业务总量累计完成6.22亿元，同比增长17.7%。其中邮政业务总量3157.73万元，同比下降1.17%；通信业务总量完成5.9亿元，增长18.9%。截至2013年年底，全市拥有移动电话用户128.83万户，同比增长0.81%；互联网用户4.7万户，增长23.68%；固定电话户数为10.64万户，同比下降9.06%。

全市共接待国内外游客675万人次，同比增长17%；完成旅游总收入17.03亿元，同比增长34%。

【金融和保险】截至2013年，海东市全市金融机构各项存款余额369.7亿元，比年初增加73.87亿元，同比增长25%。其中个人存款余额193亿元，比年初增加34.7亿元，增长22%。金融机构各项贷款余额166.87亿元，比年初增加52.37亿元，同比增长45.7%。其中短期贷款余额47.6亿元，同比增长33.2%；中长期贷款余额112.17亿元，同比增长55.4%。

全年保险公司保费收入43877.30万元，比上年增长39.14%，其中，寿险保费收入16093.03万元，增长15.4%；财产险保费收入27784.27万元，增长57.86%。全年保险赔付额16705.41万元，比上年增长99.97%，其中，寿险赔付额1159.01万元，增长42.3%；财产险赔付额15546.4万元，增长106.2%。

宁夏回族自治区

| 银川市 | 吴忠市 | 固原市 | 石嘴山市 | 中卫市 |

1

2013年银川市经济发展概况

【经济总量】2013年，银川市全年实现地区生产总值（GDP）1273.49亿元，按可比价格计算，比上年增长10.0%。分产业看，第一产业完成增加值55.71亿元，增长3.8%；第二产业完成增加值687.80亿元，增长11.8%；第三产业完成增加值529.98亿元，增长8.3%。按常住人口计算，人均地区生产总值61684元。三次产业结构比为4.4：54.0：41.6，对经济增长的贡献率分别为1.7%、63.7%、34.6%。

【农业】2013年，银川市全年完成农林牧渔业总产值98.99亿元，按可比价格计算，比上年增长4.0%。其中农业产值60.85亿元，增长2.8%；林业产值1.58亿元，增长7.2%；畜牧业产值24.15亿元，增长2.6%；渔业产值7.27亿元，增长15.5%；农林牧渔服务业产值5.15亿元，增长9.7%。

全年粮食作物播种面积11.03万公顷，比上年减少8.9%；其中小麦播种面积2.05万公顷，减少14.6%。蔬菜播种面积2.92万公顷，园林水果播种面积2.03万公顷。全年粮食产量85.01万吨，减产4.1%；其中小麦产量10.11万吨，减产14.6%。蔬菜产量142.81万吨，增长1.2%；园林水果23.79万吨，增长1.9%。肉类产量5.20万吨，增长5.6%，其中猪牛羊肉产量4.60万吨，增长6.2%。年末大牲畜存栏19.58万头，生猪存栏15.75万头。禽蛋产量1.54万吨，下降27.0%；牛奶产量41.65万吨，增长3.9%；水产品产量6.71万吨，增长11.3%。

【工业和建筑业】2013年，银川市全年规模以上工业实现增加值492.16亿元，比上年增长12.4%。其中全市大中型企业完成增加值403.20亿元，增长10.7%。按轻、重工业分，轻工业完成增加值79.54亿元，增长11.7%；重工业完成增加值412.62亿元，增长12.5%。按经济类型分，国有及国有控股企业完成增加值92.60亿元，增长8.4%；股份制企业完成增加值384.76亿元，增长13.8%；外商及港澳台商投资企业完成增加值13.52亿元，增长3.7%。按行业分，电力、热力的生产和供应业完成增加值114.26亿元，增长7.4%；石油加工、炼焦业完成增加值106.06亿元，增长25.1%；煤炭开采和洗选业完成增加值90.57亿元，增长11.5%；化学原料及化学制品制造业完成增加值66.63亿元，增长7.5%；纺织业完成增加值20.22亿元，增长13.7%。全市规模以上非公有制工业企业完成增加值168.50亿元，增长22.6%。

全年全市具有资质等级建筑业企业344个，实现建筑业总产值374.01亿元，增长32.2%；其中国有及国有控股企业实现产值133.63亿元，增长34.0%；建筑装修、装饰业实现产值6.15亿元，下降10.3%。房屋建筑施工面积3347.01万平方米，增长40.3%；房屋建筑竣工面积1322.81万平方米，增长39.4%。具有资质等级的建筑企业实现利润总额5.11亿元，下降28.1%；实现税金总额11.95亿元，增长29.0%。

【固定资产投资】2013年，银川市全年完成全社会固定资产投资1149.00亿元，比上年增长25.1%。其中，基本建设投资725.58亿元，增长38.8%；更新改造投资71.04亿元，下降28.4%；房地产开发投资330.81亿元，增长20.0%。分城乡看，城镇投资1061.92亿元，增长24.5%；农村非农户投资70.06亿元，增长38.7%。分投资主体看，国有经济投资513.44亿元，增长48.3%；非国有经济投资635.56亿元，增长11.0%。从投资结构看，第一产业投资9.50亿元，比上年增长58.7%；第二产业投资504.48亿元，增长15.5%，其中工业投资503.80亿元，增长15.7%；第三产业投资635.02亿元，增长33.4%。施工项目计划总投资4639.96亿元，其中新开工项目计划总投资1240.87亿元，增长27.4%。

【科学技术】2013年，银川市全年投入科技三项费用2160万元，比上年增长20.0%；实施各类科技计划项目142项。全年申请专利2345件，增长92.8%。

【国内贸易和对外经济】2013年，银川市全年实现社会消费品零售总额348.06亿元，比上年增长12.2%。分地域看，城镇消费品零售额338.94亿元，增长12.0%；乡村消费品零售额9.12亿元，增长18.8%。分行业看，批发零售业零售额314.01亿元，增长12.9%；住宿餐饮业零售额34.05亿元，增长6.2%。分经济类型看，国有经济实现零售额6.09亿元，下降2.1%；集体经济实现零售额1.35亿元，增长8.9%；股份制经济实现零售额181.91亿元，增长10.0%；私营经济实现零售额93.25亿元，增长6.5%；个体经济实现零售额62.29亿元，增长28.6%。

全年实现进出口总额24.11亿美元，比上年增长80.9%。其中，出口总额20.78亿美元，增长99.1%；进口总额3.33亿美元，增长15.4%。

【交通、邮电和旅游】2013年，银川市全年铁路货运量489.13万吨，下降9.8%；铁路客运量386.40万人次，增长17.8%。铁路货运周转量25.71亿吨公里，下降10.0%；铁路客运周转量25.16亿人公里，增长18.0%。公路货运量1.48亿吨，增长14.0%；公路客运量3451万人次，增长7.8%。公路货运周转量197.94亿吨公里，公路客运周转量30.41亿人公里，分别增长14.5%和8.8%。民航货运量0.96万吨，增长21.8%，民航客运量196.70万人次，增长9.9%；民航货运周转量1446万吨公里，增长22.6%，客运周转量25.81亿人公里，增长9.0%。年末全市各种民用汽车保有量44.34万辆，增长19.8%，私人汽车保有量37.44万辆，增长21.9%。

全年完成邮电业务总量36.61亿元。其中，邮政业务总量1.33亿元，电信业务总量35.28亿元。全年订销报刊3281万份，增长9.2%；完成邮政函件业务654万件，下降21.0%。年末本地固定电话用户52.02万户，增长2.4%；移动电话用户382.85万户，增长23.4%；计算机互联网用户38.59万户，增长13.6%。

全年接待国内游客798.61万人次，增长14.7%；接待海外游客1.83万人次，增长33.1%。国内旅游收入73.11亿元，增长24.9%；国际旅游外汇收入874.51万美元，增长1.2倍。

【金融和保险】2013年，银川市年末金融机构人民币各项存款余额2340.93亿元，比上年末增长11.0%。其中，城乡居民储蓄存款余额1015.22亿元，增长12.6%。人民币各项贷款余额2660.62亿元，比上年末增长16.5%。其中，短期贷款790.68亿元，增长15.4%；中长期贷款1795.08亿元，增长17.5%。

全年实现保费收入43.98亿元，比上年增长14.4%。其中，财产险保费收入18.16亿元，增长19.2%；人身险保费收入25.81亿元，增长11.3%。全年支付各项赔款及给付额13.40亿元，增长25.1%。其中，财产险赔款8.77亿元，人身险赔款及给付4.63亿元，分别增长24.5%和26.2%。

2

2013年吴忠市经济发展概况

【经济总量】2013年，吴忠市全年实现地区生产总值（GDP）349.06亿元，按可比价计算，比上年增长10.5%。其中，第一产业增加值51.98亿元，增长3.7%；第二产业增加值190.62亿元，增长13.9%；第三产业增加值106.47亿元，增长7.4%。第一产业增加值占全市生产总值的比重为14.9%，第二产业增加值比重为54.6%，第三产业增加值比重为30.5%。

【农业】2013年，吴忠市全年完成农林牧渔业总产值101.5亿元，比上年增长3.9%。其中，农业产值52.2亿元，增长3.5%；林业产值2.5亿元，增长6.9%；牧业产值41.4亿元，增长2.7%；渔业产值1.5亿元，增长25.9%；农林牧渔服务业产值3.9亿元，增长10.2%。全市农林牧渔业增加值52亿元，比上年增长3.7%。

【工业和建筑业】2013年，吴忠市全年工业增加值131.3亿元，比上年增长13.8%，占全市地区生产总值的37.6%。规模以上工业增加值119亿元，比上年增长13.7%。其中，大中型工业企业增加值66亿元，增长9.8%；国有控股工业企业增加值49.1亿元，增长8.9%。

全年建筑业总产值77.8亿元，比上年增长14.5%。全市具有资质等级的总承包和专业承包建筑企业74个，上缴税金3.1亿元，比上年增长30%。

【固定资产投资】2013年，吴忠市全年固定资产投资总额496.8亿元，比上年增长30.6%。其中，基本建设投资426.8亿元，增长27.8%；更新改造投资13.9亿元，增长59.5%；房地产开发投资56.1亿元，增长47.9%。

【国内贸易和对外经济】2013年，吴忠市全年货物进出口总额1.96亿美元，比上年下降24.7%。其中，出口总额1.23亿美元，下降27.7%；进口总额0.93亿美元，下降21.1%。

【交通、邮电和旅游】2013年，吴忠市全市行政村公路通达率100%。全年完成货物运输量7906万吨，比上年增长11.7%；完成旅客运输量4508万人，比上年增长6.1%。

全年完成邮电业务总量109820万元，比上年增长1.75%。其中，邮政业务总量3252.05万元；电信业务总量106588万元。年末固定电话用户10.4万户，比上年下降8.4%；年末移动电话用户112.34万户，比上年增长8.6%。互联网用户10.45万户，比上年增长16%。

全年接待国内游客222万人次，比上年增长19.4%；国内旅游收入12.88亿元，比上年增长19.8%。接待海外旅游者1190人次，比上年增长22%；实现海外旅游外汇收入3570万美元，比上年增长26.1%。

【金融和保险】2013年，吴忠市全年完成公共财政预算收入32.5亿元，比上年可比增长24.3%。其中，增值税、营业税、企业所得税、城市维护建设税、契税等主要税种分别收入4.9亿元、10.93亿元、1.16亿元、2.07亿元和1.58亿元，增长51.4%、6.8%、11.7%、1.7%和27.8%。

全年完成公共财政预算支出139.8亿元，比上年减少0.07%。其中，一般公共服务、教育、文体与传媒、社保与就业、医疗卫生、城乡社区事务和农林水事务等分别支出8.8亿元、19.13亿元、1.77亿元、13.26亿元、11.05亿元、21.28亿元和26.65亿元，增长10.9%、12.3%、27.4%、8.8%、24.2%、-7.4%和-6.9%。

3

2013年固原市经济发展概况

【经济总量】2013年，固原市全年实现地区生产总值（GDP）182.95亿元，按可比价格计算，比上年增长11.8%。其中：第一产业实现增加值44.72亿元，增长6%；第二产业实现增加值48亿元，增长16.3%；第三产业实现增加值90.23亿元，增长12.5%。经济结构由上年的23.7：26.9：49.4转变为24.5：26.2：49.3，第一产业比重上升0.8个百分点，第二产业下降0.7个百分点，第三产业下降0.1个百分点。

【农业】2013年，固原市全年实现农林牧渔业总产值93.13亿元，剔除物价因素，实际比上年增长6.2%，其中：农业产值58.51亿元，林业产值4.53亿元，牧业产值25.3亿元，渔业产值0.01亿元，农林牧渔服务业产值4.78亿元。实现农林牧渔业增加值44.72亿元，增长6%。

全市粮食播种面积393.92万亩，比上年减少4.98万亩，下降1.2%。其中：夏粮面积为115.31万亩，减少10.28万亩，下降8.2%；秋粮面积为278.61万亩，增加5.31万亩，增长1.9%。全市粮食总产量79.86万吨，比上年减少0.6%。其中：夏粮产量16.72万吨，减少20.4%；秋粮产量63.13万吨，增长6.4%。

【工业和建筑业】2013年，固原市全市完成工业增加值26.74亿元，剔除物价因素，实际比上年增长21.4%。其中：规模以上工业增加值13.47亿元，增长13.3%；规模以下工业增加值13.27亿元，增长38.1%。规模以上工业中，轻工业完成产值13.2亿元，增长25.9%；重工业完成产值26.46亿元，与上年持平。按经济类型分，国有工业完成产值24.69亿元，增长2.4%；股份制工业完成产值12.65亿元，增长13%；其他经济类型工业完成产值2.32亿元，增长43%。

全市具有资质等级的建筑业企业44个，实现建筑业总产值33.34亿元，比上年增长7.4%。全员劳动生产率达到31.75万元/人。房屋建筑施工面积182.17万平方米，增长27.4%，房屋建筑竣工面积97.77万平方米，增长9.8%。

【固定资产投资】2013年，固原市全市完成全社会固定资产投资231.2亿元，比上年增长31.9%。其中：完成厅局及农户投资44.44亿元，增长23%，占完成总投资的19.2%；完成地方项目投资186.76亿元，增长34.2%，占完成总投资的80.8%。地方项目投资中，第一产业完成投资18.38亿元，增长31.8%，占地方项目投资的9.8%；第二产业完成投资41.1亿元，增长10.5%，占地方项目投资的22%；第三产业完成投资127.28亿元，增长44.7%，占地方项目投资的68.2%，其中房地产开发完成投资45.4亿元，增长111.8%。

【科学技术】2013年，固原市全年争取科技项目91项资金4268万元，18家企业列入自治区科技型中小微企业融资需求库。市农业科技园区被科技部批准为国家农业科技园区。全市科技特派员达到596名，科技特派员创办各类经济实体346家，建立各类示范户860户。全年申报专利55项，授权专利26项。

【国内贸易和对外经济】2013年，固原市全年实现社会消费品零售总额49.53亿元，比上年增长14.5%。从城乡销售看：城镇零售额32.72亿元，增长17.1%；乡村零售额16.8亿元，增长9.7%。从经济类型看：国有经济实现零售额7.75亿元，增长13.1%；集体经济零售额1.03亿元，增长9%；私营经济零售额8.44亿元，增长14.5%；个体经济零售额29.29亿元，增长11.2%；股份制经济零售额3.01亿元，增长73.6%。分行业看，批发业实现零售额11.49亿元，增长23.8%；零售业零售额26.91亿元，增长11.5%；住宿业零售额1.84亿元，增长15.1%；餐饮业零售额9.29亿元，增长12.7%。

【交通、邮电和旅游】2013年，固原市全市境内等级公路里程达到7017公里。其中：国道主干线106公里，国道482公里，省道219公里，县道549公里，乡道1898公里，村道3763公里。年末民用车辆拥有量达到29.25万辆，其中：载客汽车5.93万辆，载货汽车2.45万辆，其他汽车2.59万辆，摩托车8.07万辆，拖拉机4.11万辆，挂车0.27万辆。全市营运车辆达4.14万辆，非营运车辆达21万辆。全年完成公路货运量4069万吨，比上年增长14.1%，货物周转量达到135.98亿吨公里，增长13.6%；完成公路客运量2926万人，增长6.3%，客运周转量达到19.61亿人公里，增长7.3%。全年铁路发送旅客量32万人次，减少27.3%；发送货物量62.9万吨，增长27.9%。全市城市公共交通运营车辆161辆，出租汽车达到3290辆。

全年完成邮电业务总收入6.62亿元，比上年增长15.5%，拥有固定电话8.3万部，移动电话104.93万部，固定电话上网用户达5.59万户，全市电话普及率91部/百人。

全市共有旅游景点9个，拥有4A级旅游景点2个，拥有3A级旅游景点3个。全市有7个注册旅行社，注册导游25人。全年共接待国内游客193.89万人次，接待海外游客930人次；接待国内游客总收入8.13亿元，国内游客人均花费419.56元，实现旅游外汇收入15.24万美元。

【金融和保险】2013年，固原市全市金融机构各项存款余额271.05亿元，比上年增长18.2%，其中：城乡居民储蓄存款余额143.73亿元，增长17.6%；各项贷款余额162.14亿元，增长27%，存贷比达到59.8%，比上年提高4.3个百分点。

全市各类保险保费收入4.19亿元，比上年增长28.2%；保险赔款支出1.98亿元，增长30.8%，保险赔付率为47.1%。

4

2013年石嘴山市经济发展概况

【经济总量】2013年，石嘴山市全年实现地区生产总值（GDP）446.32亿元，增长10.0%。其中：第一产业增加值24.24亿元，增长4.2%；第二产业增加值287.34亿元，增长12.3%；第三产业增加值134.74亿元，增长6.1%。三次产业比例为5.4：64.4：30.2，对经济增长的贡献率分别为2.2%、79.9%、17.9%。

【农业】2013年，石嘴山市全年实现农林牧渔业总产值45.36亿元，增长4.3%。其中：农业（种植业）实现产值31.59亿元，增长3.5%；林业实现产值0.57亿元，增长6.2%；牧业实现产值8.37亿元，增长5.1%；渔业实现产值3.35亿元，增长6.9%；农林牧渔服务业实现产值1.48亿元，增长9.1%。

全年粮食播种面积6.67万公顷，比上年下降0.3%。粮食产量45.80万吨，增长0.6%。

【工业和建筑业】2013年，石嘴山市全年实现工业增加值246.01亿元，增长12.0%，其中规模以上工业企业增加值增长12.1%。在规模以上工业增加值中，轻工业增长64.3%，重工业增长11.6%。

全市具有资质等级的建筑业企业43家，实现建筑业增加值41.33亿元，比上年增长14.6%。

【固定资产投资】2013年，石嘴山市全市完成固定资产投资459.16亿元，比上年增长20.5%。其中：第一产业投资11.6亿元，比上年增长26.0%；第二产业投资235.6亿元，比上年增长18.2%；第三产业投资212亿元，比上年增长22.8%。

【科学技术】2013年，石嘴山市全市全年研究与试验发展（R&D）经费支出1.25亿元，增长23.1%，R&D支出占地区生产总值的比重为0.44%。全年共争取上级科技项目62个，其中国家级科技项目10项、自治区级52项，争取项目资金1801.4万元，比上年增长73.2%。安排市（县）级科技创新项目58项。年内全市专利申请量129件，专利授权量70件。全市有企业技术研发中心15个，16家企业获得科技型中小企业认定。

【国内贸易和对外经济】2013年，石嘴山市全市实现社会消费品零售总额84.32亿元，比上年增长9.3%。按经营地统计，城镇消费品零售额78.57亿元，增长9.0%；乡村消费品零售额5.75亿元，增长13.4%。按行业统计，批发业实现零售额15.46亿元，下降11.2%；零售业实现零售额51.20亿元，增长17.4%；住宿业实现零售额0.42亿元，下降14.4%；餐饮业实现零售额17.25亿元，增长10.4%。

全市实现进出口总额4.77亿美元，比上年下降4.6%。其中，出口额3.46亿美元，下降15.0%；进口1.31亿美元，增长41.4%。

【交通、邮电和旅游】2013年，石嘴山市全市公路货运量7259万吨，比上年增长11.7%；货运周转量113.50亿吨公里，比上年增长12.0%。全年公路客运量2677万人，比上年增长6.2%；客运周转量7.77亿人公里，比上年增长7.3%。

全市民用汽车保有量达到9.01万辆，比上年增长11.4%，其中私人汽车保有量达到7.54万辆，增长13.5%。民用轿车保有量达到3.68万辆，比上年增长12.6%，其中私人轿车保有量达到3.36万辆，增长

13.8%。

全年完成邮电业务总量7.78亿元，比上年增长9.1%，其中：邮政业务总量0.41亿元,比上年增长2.5%；电信业务总量7.37亿元，增长9.4%。年末固定电话用户14.14万户，比上年下降1.8%。移动电话用户82.05万户，比上年增长6.8%。年末互联网用户10.75万户，比上年增长36.4%。

全年接待国内游客总人数252.83万人次，比上年增长18.3%；实现旅游收入13.24亿元，比上年增长16.9%；人均消费523.65元/次，比上年下降3.2%。

【金融和保险】2013年年末，石嘴山市全市金融机构人民币存款余额505.16亿元，比上年增长3.6%。其中：单位存款174.93亿元，下降7.5%；个人存款317.99亿元，增长11.9%。年末全市金融机构人民币贷款余额402.20亿元，比上年增长10.8%。其中：短期贷款255.87亿元，增长9.6%；中长期贷款122.05亿元，增长13.4%；票据融资23.36亿元，增长7.2%。

全年实现保费收入3.49亿元，比上年增长12.7%。其中，财产险保费收入1.89亿元，增长13.7%；人身险保费收入1.60亿元，增长11.5%。全年支付各项赔款及给付额0.94亿元，比上年下降17.4%，其中，财产险赔款及给付额0.83亿元，下降19.9%；人身险赔款及给付0.11亿元，下降7.3%。

5

2013年中卫市经济发展概况

【经济总量】2013年，中卫市全年实现地区生产总值（GDP）286.83亿元，比上年增长10.8%。其中，第一产业实现增加值46.33亿元，增长4.9%；第二产业实现增加值128.19亿元，增长15.1%；第三产业实现增加值112.31亿元，增长8.3%。三次产业结构由上年的16.4：44.3：39.3调整为16.1：44.7：39.2。三次产业对经济增长的贡献率分别为7.4%、63.6%和29%。人均地区生产总值24719元，增长9.2%。

【农业】2013年，中卫市全年实现农林牧渔业总产值87.19亿元，比上年增长5.1%（按可比价计算，下同）。其中农业产值62.27亿元，增长4%；牧业产值19.32亿元，增长6.6%；林业产值1.24亿元，增长6.6%；渔业产值1.91亿元，增长19.2%；农林牧渔服务业产值2.45亿元，增长9.4%。

全市农作物播种面积470.85万亩，下降2.3%。粮食作物播种面积228.89万亩，下降5.2%。粮食总产量67.56万吨，增长1.3%。其中，水稻产量8.55万吨，下降6.2%；玉米产量44.26万吨，增长10.6%；小麦产量4.0万吨，下降46.6%。全市油料产量3.59万吨，增长3.2%；蔬菜产量59.97万吨，下降3.5%；硒砂瓜产量109.04万吨，增长6.5%；枸杞产量4.27万吨，增长4.6%。

【工业和建筑业】2013年，中卫市全年全部工业增加值91.47亿元，比上年增长14.5%，对经济增长的贡献率为44.4%。其中规模以上工业增加值90.53亿元，增长16.0%。在规模以上工业增加值中，重工业实现增加值80.85亿元，增长18.3%；轻工业实现增加值9.68亿元，增长3.3%。

全年建筑业实现增加值36.72亿元，增长16.5%。全市具有资质的总承包和专业承包建筑企业51家，比上年增加2家，全年完成建筑业总产值47.6亿元，增长34.8%，实现利税55.8亿元，增长18.2%。建筑企业房屋建筑施工面积335.3万平方米，增加8.8万平方米；竣工房屋面积98.9万平方米，增加12.7万平方米。按建筑业总产值计算的劳动生产率为32万元/人，增长33.3%。

【固定资产投资】2013年，中卫市全年全市完成全社会固定资产投资316.5亿元，比上年增长28.3%。在地方投资中，第一产业投资8.71亿元，增长4.3%；第二产业投资170.14亿元，增长30.5%；第三产业投资103.88亿元，增长24.6%，三次产业投资结构由上年的4.0：59.7：36.3调整为3.1：60.2：36.7。

【科学技术】2013年，中卫市全市全年研究与试验发展（R&D）经费支出1.25亿元，增长23.1%，R&D支出占地区生产总值的比重为0.44%。全年共争取上级科技项目62个，其中国家级科技项目10项、自治区级52项，争取项目资金1801.4万元，比上年增长73.2%。安排市（县）级科技创新项目58项。年内全市专利申请量129件，专利授权量70件。全市有企业技术研发中心15个，16家企业获得科技型中小企业认定。

【国内贸易和对外经济】2013年，中卫市全年实现社会消费品零售总额50.45亿元，增长14.7%。分城乡看，城镇消费品零售额42.07亿元，增长16.2%；乡村消费品零售额8.38亿元，增长7.7%。分行业看，批发业零售额6.63亿元，增长23.2%；零售业零售额35.04亿元，增长14.2%；住宿业零售额0.54亿元，下降28.9%；餐饮业零售额8.24亿元，增长14.8%。

全年实现进出口总额1.52亿美元（海关口径），比上年增长34.2%。其中，出口总额0.44亿美元，增长17.7%；进口总额1.08亿美元，增长42.2%。

【交通、邮电和旅游】2013年年末，中卫市全市公路通车里程达到6985公里，比上年末增加126公里，其中高速公路通车里程达377公里。年末全市民用汽车保有量达到8.15万辆，比上年末增长19.9%，其中私人汽车保有量6.86万辆，增长22.5%。全市轿车保有量2.88万辆，增长31.3%，其中私人轿车2.66万辆，增长55.1%。全年公路货运周转量74.32亿吨公里，比上年增长4.2%；公路客运周转量13.74亿人公里，比上年增长4.5%；公路货运量2144万吨，增长2.3%；客运量2860万人次，增长1.4%。民航旅客吞吐量7.14万人次，下降19.4%。

全年完成邮电业务总量7.41亿元，比上年增长27.7%。其中，邮政业务总量0.25亿元，增长7.6%；电信业务总量7.16亿元，增长28.5%。年末电话用户96.04万户，增长8.4%，其中固定电话用户11.66万户，增长1%；移动电话用户84.38万户，增长9.5%。每百人拥有电话（含移动）85.4部，增加5.4部。计算机互联网用户10.08万户，增长29%。

全市旅游景区达12家，其中，A级景区4家，5A级景区1家，旅游度假区1家。全年全市共接待国内外游客297.0万人次，比上年增长16.5%，实现旅游总收入18.08亿元，增长24.1%。其中入境游客0.34万人次，增长42.7%，旅游外汇收入160.44万美元，增长181.3%。旅游总收入占第三产业增加值的比重为16.1%，比上年提高1.4个百分点，占国内生产总值的比重为6.3%，比上年提高0.5个百分点。

【金融和保险】2013年，中卫市全市金融机构各项人民币存款余额333.89亿元，比上年增长12.3%。其中，单位存款余额151.43亿元，增长15.3%，个人储蓄存款余额176.1亿元，增长12.8%。金融机构各项人民币贷款余额316.07亿元，增长25.6%。其中，短期贷款余额175.22亿元，增长23.2%；中长期贷款余额129.38亿元，增长29.0%。

全年保险业保费收入5.7亿元，增长9%。其中，财产险收入2.62亿元，增长6.2%；人身险收入3.08亿元，增长11.3%。在人身险收入中人寿保险收入2.61亿元，占84.8%；健康和意外伤害险收入0.47亿元，占15.2%。全年保险赔付支出1.87亿元，增长6%。其中，财产险支出1.28亿元，下降3.6%；人身险支出0.6亿元，增长35.1%。在人身险支出中人寿保险支出0.5亿元，占83.1%；健康和意外伤害险支出0.1亿元，占16.9%。

新疆维吾尔自治区

｜乌鲁木齐市｜克拉玛依市｜

1

2013年乌鲁木齐市经济发展概况

【经济总量】2013年，乌鲁木齐市全年实现地区生产总值（GDP）2400亿元，按可比价格计算，比上年增长15.0%。其中，第一产业实现增加值27亿元，增长6.2%；第二产业实现增加值930亿元，增长14.8%；第三产业实现增加值1443亿元，增长15.3%。三次产业分别拉动经济增长0.3个、4.7个和10.0个百分点；三次产业结构比例为1.1∶38.8∶60.1。

【农业】2013年，乌鲁木齐市全年完成农林牧渔业总产值59.03亿元，按可比价格计算，比上年增长6.5%。其中，农业产值29.14亿元，增长4.2%；林业产值3.73亿元，增长19.4%；畜牧业产值22.70亿元，增长6.6%；渔业产值0.96亿元，增长2.6%；农林牧渔服务业产值2.50亿元，增长25.9%。

【工业和建筑业】2013年，乌鲁木齐市全年全部工业企业实现增加值794.00亿元，比上年增长14.7%。在全部工业中，非石油工业实现增加值489.30亿元，增长21.8%；石油工业实现增加值304.70亿元，增长5.2%。在工业中，大中型企业实现增加值614.00亿元，增长10.5%；小型工业企业实现增加值180.00亿元，增长29.6%。工业企业产品产销率为97.5%，其中，轻工业为99.6%，重工业为97.4%。

全年建筑企业完成建筑业总产值655.01亿元，比上年增长9.8%。建筑企业房屋建筑施工面积3638.79万平方米，竣工面积1003.35万平方米。建筑业实现增加值136亿元，增长15.4%。建筑企业按总产值计算的全员劳动生产率达人均24.26万元，增长6.5%。

【固定资产投资】2013年，乌鲁木齐市全年完成全社会固定资产投资额（含跨地州项目）1271.59亿元，比上年增长25.9%。分城乡看，城镇以上完成投资1262.41亿元，增长25.9%；农村非农户完成投资9.18亿元，增长26.3%。

从产业投向看，第一产业投资5.45亿元，比上年下降2.4%；第二产业投资395.80亿元，下降16.0%；第三产业投资870.34亿元，增长63.1%。在第二产业中，工业投资368.70亿元，下降14.3%，其中，制造业投资226.31亿元，下降15.4%。

【科学技术】截至2013年年末，乌鲁木齐市批准成立工程技术研究中心16家；拥有各级重点实验室44家；各级创新型（试点）企业146家。经科技部认定的高新技术企业157家，占全疆高新技术企业总数的58.4%。全年专利申请量3702件、专利授权量2240件，分别比上年增长了24.5%和39.4%。国家及自治区名牌产品总数达85个，驰（著）名商标达136件。

【国内贸易和对外经济】2013年，乌鲁木齐市全年实现社会消费品零售总额970.05亿元，比上年增长16.3%。分行业看，批发和零售业零售额867.97亿元，增长17.4%；住宿和餐饮业零售额102.08亿元，增长7.8%。分城乡看，城镇零售额969.66亿元，增长16.3%；乡村零售额0.39亿元，增长4.2%。

全年实现全口径外贸进出口总额120亿美元，比上年增长15.0%。

【交通、邮电和旅游】截至2013年年末，乌鲁木齐市全市公路总里程2756公里，其中，高速公路192公里。年末拥有各种机动车辆63.96万辆，比上年末增长17.4%，其中私人拥有汽车45.91万辆，增长24.9%。

全年完成交通货运周转量342.94亿吨公里，比上年增长10.5%，其中，铁路完成86.80亿吨公里，增长9.6%；公路完成253.48亿吨公里，增长10.8%；民航完成2.66亿吨公里，增长10.7%。

全年实现邮电业务总收入65.53亿元，比上年增长11.9%，其中，邮政业务收入4.11亿元，增长4.2%；电信业务收入61.42亿元，增长12.5%。年末全市固定电话用户147.35万户，比上年末增加9.15万户；移动电话用户466.93万户，比上年末增加7.13万户；互联网用户85.85万户，比上年末增加10.95万户。

全年接待国内外游客（含一日游）1953.44万人次，比上年增长11.9%，其中，接待国外游客35.23万人次，增长3.3%。全年实现旅游总收入276.73亿元，增长12.2%，其中国际旅游收入13.50亿元，增长3.6%。

【金融和保险】截至2013年年末，乌鲁木齐市全市金融机构各项存款余额5611.86亿元，比上年末增长16.5%。其中，企业存款余额3339.83亿元，增长20.1%；城乡居民储蓄存款余额1896.30亿元，增长10.5%。金融机构各项贷款余额3938.42亿元，比上年末增长21.4%，其中，短期贷款1123.92亿元，增长19.1%；中长期贷款2249.87亿元，增长20.5%。

截至2013年年末，全市拥有保险公司179家。全年保费收入88.77亿元，比上年增长14.9%，其中，财产险保费收入27.29亿元，增长11.4%；人身险保费收入61.48亿元，增长16.5%。全年支付各类保险赔款及给付29.67亿元，比上年增长28.6%，其中，财产险15.28亿元，增长14.7%；人身险14.39亿元，增长47.4%。

2

2013年克拉玛依市经济发展概况

【经济总量】2013年，克拉玛依市全年实现地区生产总值（GDP）853.5亿元（现价，下同），按可比价计算，比上年增长6.8%。其中，第一产业增加值5.01亿元，增长4.0%；第二产业增加值739.5亿元，增长5.9%；第三产业增加值109.0亿元，增长14.4%。三次产业结构比例为：0.59：86.64：12.77。

【农业】2013年，克拉玛依市农林牧渔业增加值5.01亿元（现价，下同），按可比价计算，比上年增长4.0%。其中，种植业增加值1.89亿元，增长7.4%；林业增加值1.11亿元，增长13.9%；畜牧业增加值1.41亿元，增长6.6%；渔业增加值0.05亿元，增长48.5%；农林牧渔服务业增加值0.55亿元，下降20.6%。

农作物播种面积16.49万亩，比上年增长6.3%。其中，粮食作物播种面积2.0万亩，增长156.0%；棉花播种面积9.47万亩，下降14.2%；蔬菜类播种面积1.35万亩，增长98.7%。全年粮食产量1.25万吨，增长150.2%，蔬菜产量3.37万吨，增长67.5%。

【工业和建筑业】2013年，克拉玛依市全市规模以上工业企业实现工业增加值705.0亿元（现价，下同），按可比价格计算，比上年增长5.1%，工业产品销售率为100.0%。其中，中央石油石化企业实现工业增加值670.2亿元，增长4.7%，工业产品销售率为100.0%。规模以上地方工业企业实现工业增加值34.8亿元，增长15.0%，工业产品销售率为100.2%。

全社会建筑业增加值23.3亿元，按可比价格计算，比上年增长10.4%。全部建筑业企业完成产值143.9亿元，增长20.9%。竣工产值66.1亿元，增长10.7%。

【固定资产投资】2013年，克拉玛依市全社会固定资产完成投资422.5亿元，比上年增长40.1%。其中，中央项目投资245.5亿元，增长26.1%；地方项目投资177.0亿元，增长65.4%。按三次产业划分，第一产业投资0.8亿元；第二产业投资287.3亿元，增长24.4%，第三产业投资134.4亿元，增长89.9%。在第二产业中，工业投资277.7亿元，增长26.2%，其中，采矿业投资243.8亿元，增长28.5%；制造业投资23.1亿元，增长7.5%。

【科学技术】2013年，克拉玛依市第五次蝉联"全国科技进步考核工作先进市"，全市高新技术企业29家，民营科技企业91家。全市有2项科技项目获自治区科技进步二等奖以上成果，10项成果获自治区科技进步奖。全年受理申请评定（验收）的科技成果69项。申请专利683件（含驻市中央企业），授权专利328件，荣获自治区专利奖二等奖1项，三等奖2项。

【国内贸易和对外经济】2013年，克拉玛依市社会消费品零售总额53.5亿元，比上年增长11.5%，扣除价格因素，实际增长7.5%。

按经营地统计，城镇消费品零售额53.3亿元，比上年增长11.6%；乡村消费品零售额0.2亿元，增长5.6%。按行业统计，批发和零售业零售额48.2亿元，增长12.9%；住宿和餐饮业零售额5.3亿元，增长0.4%。

全年一般货物进出口总额7.8亿美元，比上年增长225.7%，其中，出口总额2.1亿美元，增长50.9%；进口总额5.7亿美元，增长479.3%。

【交通、邮电和旅游】2013年年末，克拉玛依全市民用汽车保有量达到10.2万辆（包括三轮车和低速货车），比上年增长12.6%，其中，私人汽车保有量7.1万辆，增长16.0%。全市共有城市公交汽车513辆，城市公交线路38条。

市邮政业务总量5333万元，比上年增长8%；邮政业务收入6840万元，增长5%。电信业务收入65567万元。固定电话用户16.3万户，其中，城市电话用户14.9万户，农村电话用户1.4万户。互联网用户11.8万户。

全年旅游业总收入23.4亿元，增长25.1%。入境旅游人数4452人次。其中，外国游客4240人次，香港、澳门和台湾同胞212人次。国际旅游外汇收入151.8万美元。

【金融和保险】2013年年末，克拉玛依市金融机构人民币各项存款余额1108.4亿元，比年初增加171.7

亿元，增长18.3%。其中，单位存款余额855.8亿元，增长22.2%；居民储蓄存款余额236.3亿元，增长2.2%。

2013年年末金融机构人民币各项贷款余额323.8亿元，比年初增加181.4亿元，增长127.4%。其中，短期贷款余额150.0亿元，增长103.4%；中长期贷款余额90.2亿元，增长32.2%。

全年保险公司各项保费收入13.2亿元，比上年增长5.0%。其中，财产险收入5.2亿元，寿险收入8.0亿元。赔款金额1.9亿元，增长1.4%。

THE 第四篇 FORTH CHAPTER

中国市长论城市经济

弘扬法治精神　建设法治洛阳

中共洛阳市委副书记、市长　李柳身

党的十八大以来，习近平总书记多次就社会主义法治建设发表重要论述，提出了许多关于社会主义法治建设的新思想、新观点、新要求；《中共中央关于深化改革若干重大问题的决定》明确了深化政治体制改革、建设社会主义法治国家的一系列重要举措。2013年“12·4”全国法制宣传日活动的主题是“大力弘扬法治精神，共筑伟大中国梦”，这不仅与党的十八大精神和《决定》内容高度契合，也是推进法治城市、法治县（市）区创建工作的有效载体。我们一定要按照完善发展中国特色社会主义制度、推进国家治理体系和治理能力现代化这一全面深化改革的总目标，大力弘扬法治精神，强力推进法制宣传教育和依法治理工作，全面提升全市法治化管理水平，为洛阳经济社会发展提供强大的法治支撑。

一、大力弘扬法治精神，加强法制宣传教育

社会主义法治精神是法治洛阳建设的核心和灵魂。在法制宣传教育中，要大力宣传国家根本政治制度、基本政治制度、基本经济制度、公民基本权利义务和国家生活的基本原则，教育和引导干部群众牢固树立党的领导、人民当家做主和依法治国相统一的观念，树立国家一切权力属于人民的观念，坚定走中国特色社会主义道路的信心和决心。

二、大力弘扬法治精神，改进提升地方立法

要充分发挥我市享有地方立法权这一优势，紧紧围绕主题主线，切实加强经济领域立法，抓紧制定有利于规范市场秩序、优化发展环境、促进全面协调可持续发展的地方性法规。要更加注重以改善民生为重点的社会领域立法，着力加强创新社会治理、改进公共服务、维护群众权益等方面的立法。立法过程要最大限度地扩大公众有序参与，排除部门利益干扰，把公正、公平、公开原则贯穿于每一部法律法规制定的全过程。

三、大力弘扬法治精神，深入推进依法行政

到2020年基本建成法治政府，是党的十八大提出的明确要求。要通过法制宣传教育，推进全市行政机关法治建设，健全完善执法程序制度，细化量化执法裁量权，严格落实行政执法责任制。要严格落实行政执法人员执法资格制度，增强行政执法人员公正文明执法能力，切实遵守执法程序，注重人性化执法。要加强执法过程中对人民群众的宣传教育。

四、大力弘扬法治精神，维护司法公平正义

要通过法制宣传教育，为公正司法营造良好的社会环境，确保法院、检察院依法独立公正行使职权，

不受外部干扰。要严肃查处损害群众经济权益、人身权利、民主权利的案件，着力解决群众求助难、申诉难、执行难等突出问题，共同维护法治权威。要加大以案说法的宣传力度，在化解矛盾纠纷中宣传法治、伸张正义，将每一个案件变成展示法律权威和法治力量的载体，让公众实实在在感受到法治带来的改善和进步。

五、大力弘扬法治精神，积极助推全民守法

各级领导干部要带头学法知法懂法，绝不可以言代法、以权压法、徇私枉法。要着力增强全体社会成员的法治观念，使法律知识广泛传播，法治精神深入人心。要在全社会培养起办事依法、遇事找法、解决问题用法、化解矛盾靠法的法治观念。

六、大力弘扬法治精神，服务洛阳经济社会发展

要围绕我市重大建设项目和开放招商、对外贸易，积极开展专项法律服务和依法治理活动，不断改善投资环境。围绕促进市场经济的公平有序，大力宣传整顿和规范市场经济秩序的法律法规，促进市场主体规范化、市场交易有序化、市场竞争公平化。要着眼加快形成党委领导、政府主导、社会各界参与、法治保障的社会治理体制。要坚持深化“法治区县”和“民主法治示范村（社区）”创建活动，广泛开展学法用法示范单位（机关）、诚信守法示范企业、依法治校示范学校等行业法治创建活动，不断提高社会治理的法治化、规范化、科学化水平。

坚持创新驱动　推动转型发展

中共娄底市委副书记、市长　易鹏飞

一直以来，娄底是国家资源型老工业基地、全省重要能源原材料基地和中部地区重化工业城市。历史原因导致传统工业份额过大，抵御市场风险的能力较低，长期采矿和工业生产引发的环境污染、生态破坏、安全事故等问题突出，而随着矿产资源日趋衰竭，资源消耗型发展模式已举步维艰。近年来，以科学发展观为指导，娄底实施创新驱动战略，开创了转型发展新篇章。

一、观念创新理清转型思路

科学谋划发展思路。娄底按照“科学发展，加速赶超”的战略要求，通过创新驱动，科学定位城市功能，打造“三基地、一中心、一枢纽”：新型能源原材料产业基地、特色装备与先进制造业基地、文化与生态旅游休闲基地和区域性商贸集散与现代物流配送中心、区域性交通枢纽。

同时，创新发展路径，以全省两型社会综合配套改革为契机，学习、对接、融入、服务长株潭，加强顶层规划、基础建设、产业发展等方面的对接衔接。

合理布局发展空间。实施“交通建设四年行动计划”，加快建设沪昆客运专线、洛湛铁路娄邵线和娄新、安邵、新溆、长韶娄高速，完成G207、S210等干线公路改造，打通东南西北四个出口。推进融城战略，启动“娄—双”、“娄—涟—冷—新”两条城镇带建设。加强园区平台建设，娄底经济开发区获批国家级经济技术开发区，全市工业园区规划面积达到130平方公里，建成区面积达到30平方公里。

着力调整产业结构。突出工业主导，构建现代产业体系，以新型工业化带动三产突进和农业现代化。工业提质，“传统产业新型化、新兴产业规模化、优势产业集群化”，改造提升煤炭、冶金、建材等传统产业，培育壮大先进制造、电子信息、新材料等战略性新兴产业。农业增效，用工业化的理念谋划农业，坚持产业强农、龙头带农、改革活农、劳务兴农。三产提速，全面启动“服务业发展四年行动计划”，大力发展现代物流、现代金融、信息科技、中介咨询等生产性服务业。娄底市高耗能产业占比由2008年的68.6%下降到52%，高科技、高加工度工业占比由14.8%提高到25%，园区规模工业增加值在全市规模工业中的占比达到30.8%。

二、科技创新提升转型动力

加快建设研发中心。娄底市把企业的科研平台建设作为创新发展的基础性工作来抓，相继建立了闪星锑业国家理化分析实验室、国家电子陶瓷产品质量监督检验中心、国家有色金属复合材料半固态工程（技术）研究中心、清华大学氢能源工程（技术）研究中心和轻型低速电动汽车及关键零部件研发中心、中南大学红太阳电池材料工程（技术）研究中心。

不断完善创新体系。发挥企业在技术创新决策、研发投入、科研组织和成果转化中的主体作用，加快建立“以企业为主体、市场为导向、产学研用紧密结合的技术创新体系”。支持行业骨干企业与科研院所、高等学校联合组建技术研发平台和产业技术创新战略联盟，合作开展核心关键技术研发和相关基础研究，共享科研成果。

重点支持技术创新。按照“技术+品牌+集群”的思路，支持企业加强核心技术的自主研发、加强知名品牌与著名商标打造。三年来，娄底荣获国家级科技奖励1项、省级科技奖励13项，专利授权3912项，荣获“中国名牌”1个、“湖南名牌”38个、著名商标104件，五个县市区中冷水江市、新化县、双峰县荣获全国科技进步先进县市。

三、机制创新增强转型活力

改革是发展的动力，面对转型发展中的用地难、融资难、征拆难等瓶颈问题，娄底以体制机制创新来破解。

创新用地供给机制。建立保障重点项目、产业项目、民生项目的引导机制，将有限的用地指标向投资强度高、财政贡献率高、就业率高的项目倾斜。

创新征地拆迁机制。出台《娄底市国有土地上房屋征收与补偿实施办法》和《娄底市集体土地上房屋拆迁补偿安置办法》，理顺征拆补偿安置机制，坚持“安置先行、同步推进”，加强失地农民的社会保障。

创新筹资融资机制。鼓励民间投资、引入BT、BOT、TOT模式等多项政策，改革金融体制，引进招商银行、华融湘江银行、交通银行、上海农商银行和湖南高新创投集团等多家金融机构。

创新招商引资机制。倡导全民招商，并发挥园区主体作用，开展产业招商和特色招商，提高招商引资的针对性和实效性。

创新环境优化机制。开展创先争优、效能制度落实年、三联三转三提高等活动，转变干部作风，集中整治“三乱”、“三强”等行为，并积极为企业排忧解难。

四、工作创新确保转型实效

以项目建设为抓手，提高工作的实效性和针对性。娄底市“以项目看能力、以项目评业绩、以项目论英雄”，开展“项目建设推进年”活动。2012年，施工项目1595个，增长24.5%，新开工项目1208个，增长31.9%，完成固定资产投资582亿元，增长37%，增速位居全省前三。

以六个“四年行动计划”为总揽，提高工作的长效性和规范性。相继出台了工业倍增、化解大班额、城乡环境整治与建设、绿化娄底、服务业发展、交通建设等六个“四年行动计划”，将工作任务量化到年度、量化到部门。

以绩效评估为标尺，提高工作的保障性和能动性。围绕转型发展的总体目标，不断完善和健全政府绩效考核体系，加强工作调度，加强考核督察，严格兑现奖惩。绩效考核成为引领发展的“指挥棒”、干事创业的“助推器”和评价干部的“检验尺”，激发了干部活力，增添了工作动力。

坚持绿色循环发展　倾力打造能源新都

中共庆阳市委副书记、市长　栾克军

庆阳历史悠久、文化灿烂，资源丰富、质优量大，开发潜力巨大，是正在建设的能源新都和全省重要的经济增长极。

一、庆阳独特的资源禀赋是打造能源新都的优势条件

石油资源是庆阳最大的优势，石化产业是庆阳的支柱产业。全市石油资源总量48亿吨，已探明地质储量20亿吨。随着中石油长庆油田、中石化华北油田在庆阳石油勘探开发步伐的加快，庆阳石化600万吨炼油升级改造项目的开工建设，采、炼双千万吨开发的大幕已经拉开。

煤炭资源是庆阳建设能源化工基地的重要支撑，煤炭开发转化是亟待培育壮大的主导产业。煤炭预测储量2360亿吨，已查明180亿吨。目前有13家大型企业参与开发。9个区块勘探、总产能3860万吨的8个矿井建设全面实施，正宁2×66万千瓦电厂等煤转电、煤化工项目正在积极推进。

天然气、煤层气是庆阳最具开发潜力的新兴产业。天然气预测储量1.5万亿立方米，资源潜力可达15.16万亿立方米。煤层气预测储量1.4万亿立方米，占鄂尔多斯盆地煤层气总资源量的30%，极具工业价值。

庆阳在资源开发上，主要有五个方面的有利条件：

一是政策叠加优势。国办〔2010〕29号文件、《陕甘宁革命老区振兴规划》和编制完成的《蒙陕甘宁能源“金三角”综合开发指导意见》，把庆阳确定为“战略性石化工业基地”“全国大型煤炭生产基地”“西电东送和西气东输基地”，从顶层设计上把事关庆阳发展的一揽子项目和规划纳入了国家中长期发展战略，能源化工基地建设由区域发展战略上升到国家层面。省委、省政府把庆阳确定为全省区域发展战略东翼核心区、重要的经济增长极和东部门户城市。这些的优惠政策正在转化为发展优势。

二是区位比较优势。庆阳自古就是“南卫关辅、北御羌戎”的地理要冲。随着庆阳机场通航，西长凤高速通车，西平铁路、雷西高速年内完工，银西铁路、甜罗高速即将开工建设，以民航、铁路、主干公路为重点的立体交通网络正在形成，庆阳在陕甘宁交会处“金三角”的区位优势更加凸显。

三是环境承载优势。纵贯东部的子午岭林区是黄土高原面积最大、植被最好的水源涵养林和天然生态屏障，全市森林覆盖率25.3%。境内年均地表水资源总量13.72亿立方米，地下水年可开采量3.87亿立方米。正在实施3河治理、4库建设等骨干水利工程。“十二五”末，全市供水总量可达6亿立方米，完全能够支撑大型能源化工基地和居民生产生活用水。

四是土地资源优势。境内有10万亩以上大塬12条，面积382万亩。136万亩的董志塬平畴沃野，一望无垠，开发条件优良。760多万亩的荒坡地可改造加以利用，为大型能源化工基地建设提供了可靠的用地保障。

五是后发赶超优势。近年来，庆阳经济强劲增长，民生持续改善，社会和谐稳定。去年全市生产总值530亿元，增长16.1%，人均突破3000美元。全市上下人心思进、思上、思变的愿望强烈，开放开发、干事创业的氛围浓厚，为大开发、大跨越奠定了坚实基础。

今天的庆阳，资源红利、生态红利、政策红利、改革红利叠加释放，日益成为一个经济快速增长、投资创业发展、人民安居乐业的好地方。

二、绿色循环低碳高效是建设能源新都的必由之路

面对当前世界经济新形势和能源市场新变化，如何做到依靠资源而不依赖资源，开发资源而不变卖资源，实现优势资源由单一开发模式向循环利用转变，由“黑色印象”向“绿色主题”转变，是庆阳急需着力破解的重大课题。基于此，我们对能源开发的总体考虑是：按照“资源开发市场化、资源应用产业化、资源效益最大化、资源利用永续化”的要求和“建设大基地、构筑大产业、实现大循环”的原则，秉持绿色、循环、低碳、高效开发这一理念，紧盯石油、煤炭、天然气、煤层气四种资源，采取绿色开发、深度转化、延伸增值、循环利用四种方式，全力打造千亿元石油石化、千亿元原煤转化、十亿立方米煤层气开发、百亿立方米天然气综合利用和能源转化废弃物循环再利用等全产业链、全循环链、全价值链的五大产业集群，努力建设能源新都。力争到“十二五”末，全市生产总值突破千亿元，实现转型跨越一级跳；“十三五”期间连续迈上1500亿元和2000亿元台阶，实现转型跨越二、三级跳。

（一）打造千亿元石油石化产业链。我们计划以实施石油开采加工“双千万”工程为抓手，原油产量每年以150万吨的速度递增，到“十二五”末建成千万吨级大油田。在加快庆阳石化600万吨升级改造的同时，超前谋划并启动实施1000万吨炼油升级改造工程。在石化后续产业发展上，我们规划采取4种模式：一是乙烯链式转化，利用重油催化裂化产生的乙烯，分期延伸生产20多种乙烯类高附加值产品。二是丙烯链式转化，发展丙烯类下游衍生的10多种高端合成树脂和有机原料。三是碳四链式转化，发展碳四类及下游10多种延伸产品。四是苯链式转化，发展多种苯类及下游精细化工产品。力争“十二五”末全市石油化工总产值达到700亿元以上，“十三五”末达到1500亿元以上，建成西部地区石化产业聚集中心。

（二）打造千亿元原煤转化产业链。全力推进煤炭资源整装勘查、规模开发、深度转化和高端研发、综合利用、系列销售“两个一体化”，努力形成以煤炭为基础、电力为支撑、化工冶材为主导的特色循环产业集群。规划到“十二五”末全市原煤产能达到6000万吨；“十三五”末达到1.2亿吨。主要采取2条路径深度转化、链式开发：一条是煤电冶材转化路径。规划建设11座燃煤电厂，积极争取建设庆阳—江西±800千伏特高压直流外输工程。力争到“十二五”末煤电装机达到1220万千瓦，“十三五”末达到2000万千瓦以上。同时，积极探索以建设地方自备电厂为载体，以优惠电价为要素，吸引高端企业发展高载能产业，构建企地联合循环经济产业区。

另一条是煤化工转化路径。规划发展一批附加值高、用途广泛的煤制下游产品，“十二五”末煤化工建设规模突破1000万吨，“十三五”末超过2000万吨。主要采取5种方式延长煤化工产业链：（1）煤制肥。重点抓好50万吨合成氨、80万吨尿素和100万吨缓释高效肥生产项目。（2）煤制气。规划建设60亿立

方米煤制气项目，分两期实施，“十二五”末达到20亿立方米。（3）煤制聚烯烃。规划建设年产60万吨聚烯烃及下游产品项目，生产农用、包装、工业塑料等产品。（4）煤制油。建设300万吨煤—渣油共炼项目，生产汽油、柴油以及航空煤油、军用燃料等特种油。（5）煤制兰炭。规划建设300万吨煤制兰炭项目，用于发展高载能产业，补充市场供应缺口。

（三）打造十亿立方米煤层气开发产业链。鼓励支持开发企业对煤层气区域分层次勘探开发、就近利用，采取先抽后采、治理与利用并举的方针，提前预抽瓦斯，解决煤矿建设和投产后的瓦斯困扰，确保煤炭资源安全开发。同时，配套建设煤层气压缩站、加气站、煤层气液化厂。计划到“十二五”末建成年产10亿立方米煤层气生产基地，到“十三五”末达到40亿立方米以上。

（四）打造百亿立方米天然气综合利用产业链。重点发展天然气清洁燃料产业，建设液化天然气项目，保障我市城市、工业和交通等领域的燃料用气。同时规划发展天然气乙炔、甲醇、丁二醇等高附加值的精细化工产品。目前，30亿立方米天然气开发利用和日处理90万立方米天然气综合利用项目已启动实施。

（五）打造能源转化废弃物循环再利用产业链。按照“吃干榨尽、变废为宝”的理念，以建立循环再利用示范基地为载体，努力实现能源加工转化过程中各类废弃物的全面综合利用。主要路径是：煤矸石、煤泥用于发电，电厂产生的粉煤灰用于采空区灌浆料和新型墙材加工；煤焦油加氢制特种油，产生的高浓度二氧化碳用于油田驱油，作为生产醋酸、尿素的原料；矿井水、化工废水，分级处理、分质回用，实现综合利用。

三、庆阳宜居宜商宜业、放心舒心开心的发展环境是建设能源新都的重要保障

庆阳作为一个资源富集区，要走出“富饶的贫困”，就要用最超前的理念、最科学的路径、最优质的服务，把优势资源开发转化利用好，用干部的辛苦指数换取群众的幸福指数，用政府的工作效率换取企业的发展效益。

第一，用科学规划指导能源新都建设。着眼于打造全国循环经济示范基地和国家级大型能源化工基地，编制完成了《国家级区域能源中心总体规划》《循环经济发展规划》《煤炭开发及深加工产业发展规划》《石油化工产业发展规划》《现代高载能产业发展规划》等多部能源产业发展规划，形成了科学指导能源新都建设的规划体系。

第二，用坚实基础支撑能源新都建设。计划通过3～5年的努力，实现高速公路通县区、二级公路连基地、油路覆盖乡和村、主要航线达八城、铁路连通大矿区、管道运输连成网；优化水资源配置，保障能源开发用水需求；加强重点开发区、人居环境区、生态脆弱区、生态保护区“四区”生态建设，做到资源开发与环境保护同步推进。

第三，用深度融合助推能源新都建设。采取“五个招商”的模式，积极引进“世界500强”“国内500强”“民营500强”等大型企业落户庆阳，参与资源深度转化、清洁生产和循环利用；全力为开发企业提供配套服务，企业做主业，地方做辅业；加强与科研院所、高等院校战略合作，为建设能源新都注

入强劲动力。

第四，用园区平台支撑能源新都建设。坚持“布局集中、用地集约、产业集聚”的原则，做大做强“一区四园”。在长庆桥石油煤炭产业园，发展以石油石化、煤化工、煤电冶材等为主导的循环产业；在西川装备制造产业园，大力发展石油、煤炭机械制造维修业，为建设能源新都搭建战略平台。

第五，用高效服务保障能源新都建设。坚持以宽松的政策环境吸附投资要素，以高效的政务环境服务企业发展，全面推行“一站式”服务，为企业提供注册登记、土地供应、税费减免等优惠政策，减轻企业负担，大力营造投资放心、发展舒心、收获开心的良好环境，让投资者享受满意服务、收获“真金白银”，共同谱写中国梦的庆阳美好篇章。

谋划农牧业发展新篇章

中共格尔木市委副书记、市长　罗保卫

中共青海省十二次党代会强调要“提高农牧业规模化、集约化、科技化、组织化水平”，提出用工业化的理念发展农牧业，用服务业的方法经营农牧业，推动农牧业与工业、服务业深度融合式发展，鼓励发展循环生态农牧业新理念。这对于担任现职之前，有多年工业管理经验的我既倍增信心，更感压力责任之大。3月13日，我带着一份牵挂和关心，先后到大格勒乡、五子湖万只羊养殖基地、河东农场、郭勒木德镇宝库村、红伟集团，通过与广大基层干部群众的深入广泛接触，有了一些感受、思考和体会。

在大格勒乡、郭勒木德镇宝库村等地，我走进田间地头、温室大棚，和乡镇负责人以及村两委班子成员、致富能手、枸杞种植户亲切交谈，在了解广大农民谋求新发展的愿望和想法后，我感受到我市枸杞等特色农业产业为广大农民增收致富拓宽了致富路，在带来良好经济效益的同时，也为我市发展壮大特色农牧业产业模式提供了良好借鉴。今后，应充分发挥政府职能作用，进一步探索农牧业产业循环发展的路子，切实做好市场研究和分析工作，为广大农民做好引导和服务工作，帮助大家进一步树立市场经营的理念，使他们真正成为田间地头的种植能手和市场经营的行家里手。要抢抓机遇，充分发挥我市的地域性特征，因地制宜，结合实际情况，种植适合不同档次和品位需求的枸杞及其他特色农产品，坚持以市场为导向，以科技为支撑，以农牧民增收为核心，打造本土枸杞等特色农业产业品牌。大格勒乡要积极总结枸杞种植的经验和教训，及早谋划，进一步发挥枸杞种植的示范和龙头作用，努力引领格尔木枸杞产业大发展。

在五子湖万只羊养殖基地，我感受到，近几年我市大力扶持牛羊养殖、蔬菜种植等主导产业和特色产业，积极探索现代农牧业发展的路子，为广大农牧业企业提供了良好的发展空间，搭建了很好的发展平台，企业在发展的过程中，要立足长远，坚持走养殖业和种植业融合发展的道路，通过延伸农业产业链，为养殖业饲草料提供原料，节省成本，提高效益：要结合自身发展环境和发展能力，务实发展、适度发展、借力发展。

针对农垦集团企业历史遗留和改制问题等具体情况，我认为应通过召开职工代表大会等形式，广泛征求职工的意见和建议，结合广大职工意愿，以保障职工利益为前提，不断谋求职工生存发展的新领域。要开展企业改制专题调研，摸清家底，理顺和盘活现有资产，持续稳妥地推进土地流转，通过释放企业自身的发展能量，赢得更为广阔的发展空间，要进一步谋划未来发展，切实转变观念，创新思路，加强管理，以更强的责任心，加快推进企业改制，避免企业发展恶性循环和竞争。

这次调研走访，给我以下启示：

启示之一：农牧业发展亟须懂科技会管理的人才。

增强农牧业科技自主创新能力，加快农牧业科技成果的转化应用，提高科技对农牧业增长的贡献率，促进集约生产、清洁生产、安全生产和可持续发展，建设现代农牧业，最终要靠有文化、懂技术、会经营的新型农牧民。发展现代农牧业，农业科技与人才队伍建设承载了更多责任。必须发挥农牧区的人才资源优势，增加人力资源开发投入，全面提高农村劳动者素质，为推进新农村建设提供强大的人才智力支撑。

启示之二：培育农牧产品品牌是提升农牧业发展整体水平的根本。

发展现代农牧业最终的落脚点，是发展能够占领市场的优势产品、特色产品，有效增加农牧民收入。品牌是现代农牧业的生命所在，是产品进入市场的通行证。有品牌、有特色，才能有市场、有效益。发展现代农牧业，最终目的是要打造有市场竞争力的拳头产品，让产品成商品、让商品成名品、让名品进名店，以产品的畅销带动农业发展和农民增收。以特色主导产业为依托，在农产品的精深加工和包装销售上下功夫、做文章，拉长产业链，提升附加值和竞争力；重视品牌建设，增强商品生产意识、质量安全意识和诚信营销意识，争创名牌、巩固品牌，发挥品牌效应，提高产品的信誉度和知名度；重视农产品促销宣传工作，在国内各大城市开办农产品销售窗口，让优势特色产品在市场上叫得响。通过以企带村、基地辐射等形式，吸引龙头企业和中介组织参与品牌农牧业开发，促进产业升级、农民增收和农村和谐，推进新农村建设。

启示之三：改善民生既靠政府投入也靠人民群众的努力。

人民群众对经济发展最主要的期待在于收入增加、生活改善。政府工作底线就是确保基本民生不出问题。低收入群体是社会困难群体，他们特别需要政府帮扶。而且随着经济增速的放缓和结构调整的推进，改善民生一方面要靠加大政府投入，在发展机遇面前，尤其要履好职，尽好责，倾听老百姓的呼声，切实为老百姓排忧解难，搞好技术指导，传达优惠政策，提供金融支持等；另一方面也要靠广大人民群众的自身努力，勤劳致富。

生态广州　共同行动

广州市市长　陈建华

2013年6月5日是第42个世界环境日。为响应联合国“思前，食后，厉行节约”及国家“同呼吸，共奋斗”的世界环境日主题，我市将“生态广州，共同行动”作为宣传纪念活动主题，旨在呼吁广大市民共同关注环境保护，积极参与环保行动，携手建设美好家园。

自然环境是人类赖以生存和发展的基本条件。保护好自然环境，建设生态文明，关系人民福祉，关乎民族未来，是功在当代、利在千秋的伟大事业。过去的一年，我市认真贯彻保护环境的基本国策，从实现可持续发展的战略高度，全面部署和深化环境综合治理和生态保护工作。围绕建设生态广州，着力优化产业结构，大力推进节能减排，全面实施空气污染综合防治十大行动，强化饮用水源保护，加强中小型客车总量调控，推进生活垃圾分类处理，加快城乡生态修复和景观林带建设，环境保护各项工作取得了积极成效，大气环境、水环境、交通环境和人居环境持续改善，生态保护水平不断提高，全民环保意识日益增强，有力地促进了经济社会全面、协调和可持续发展。在这一过程中，广大市民积极响应、热情参与和支持环境保护工作，为促进我市环保事业的发展做出了积极贡献。在此，我代表市委、市政府向广大支持、参与环保行动的市民朋友表示衷心的感谢和崇高的敬意！

建设美丽中国、实现中华民族永续发展，是党的十八大为我们描绘的美好蓝图。当前，全市上下正围绕这一目标，以促进新型城市化发展为抓手，加快建设人民满意的理想城市和低碳、智慧、幸福的美好家园。我们清醒地认识到，实现这一目标，还有很长的路要走，还有很多工作要做。尤其是在生态环境建设与保护方面，我们所做的工作和取得的成绩，与市民群众的期待还有一定差距。广州环境保护形势依然严峻，面临的困难与挑战仍然很多。对此，我们必须要有足够的认识和做好持久不懈努力的准备。

今后工作中，我们要继续把建设生态城市作为促进广州可持续发展的战略重点，认真贯彻保护环境的基本国策，坚持绿色发展、循环发展、低碳发展，坚决摒弃各种粗放式的发展方式，努力促进经济发展与人口、资源、环境相协调。要加快产业转型升级，强化对工业废气、机动车尾气、餐饮业油烟和工地扬尘污染的监管执法，着力优化能源结构，增加天然气、电力等清洁能源供应，实施工业锅炉等清洁能源改造，推广使用新能源汽车，大力发展低碳交通，强化中小型客车总量调控，持续巩固和改善空气质量；要继续推进江河水系综合治理，重点抓好荔枝湾涌三期、东濠涌二期工程和石井河截污升级改造，试点建设东濠涌深隧排水系统工程，加快建设挂绿湖、花都湖和龙头湖等重点工程，推进万绿湖直饮水、北江引水等工程建设，整体提升城乡水环境；要加大自然山体绿地的保护力度，大力发展立体绿化，实施门户景观绿地建设，加快森林进城和森林围城步伐，构建城乡绿色生态体系；要全面推动垃圾分类处理，按照“能卖拿去卖、有害单独放、干湿要分开”的要求，实现垃圾分类投放、分类收集、分类运输和分类处理，合理规划布局和加快建设一批垃圾分类处理设施，不断提高生活垃圾无害化、减量化、资源化处理水平；要抓好农村环境综合整治，强化农业面源污染治理和农产品质量监测，全力做好化肥、农药、重金属等危险废弃物对水和土壤的污染防治工作，着力改善农村人居环境；要加强环保宣传，加大环境监督管理和执法力度，切实维护好市民群众的环境权益，确保市民群众喝上干净的水、吸上新鲜空气、吃上放心食品，幸福生活在绿色、低碳、宜居、宜业的优美环境中。

保护环境，人人有责。建设生态广州，不仅需要各级政府和有关部门加大工作力度，而且更需要广大市民群众的支持和共同参与。今天，在第42个世界环境日到来之际，我倡议全市人民积极响应联合国和国家、省、市的号召，迅速行动起来，踊跃参加“生态广州，共同行动”的主题宣传纪念活动，牢固树立尊重自然、顺应自然、保护自然的生态文明理念，发扬主人翁精神，从我做起、从身边的小事做起，争当广州环境保护的宣传者、实践者和推动者，努力在全市形成人人参与环保、爱护环境的良好氛围，为营造“天蓝、地绿、水净”的美好家园尽一份责、出一份力，以实际行动建设生态广州、推动中华民族的永续发展！

探索农业大市新型城镇化路径

中共盐城市委副书记、市长　魏国强

党的十八大报告提出，坚持走中国特色新型城镇化道路，促进工业化、信息化、城镇化、农业现代化同步发展。盐城是江苏传统农业大市，要从根本上解决“三农”问题，必须大力实施“小城镇、大战略”，坚定不移走新型城镇化道路，促进城乡一体、共同繁荣。

第一，要全力加快城镇建设，增强以城带乡能力。农村地广人多、城镇建设滞后是农业大市的基本市情。盐城城市化率只有55.8%，比全省平均水平低7.2个百分点。推进新型城镇化，首先必须做大做强城镇，增强城镇承载能力。要走大中小城市与小城镇协调发展的城镇化之路。坚持规划引领，优化城镇空间结构，按照“紧凑型城镇、开敞型区域”的规划布局，合理确定城镇发展的定位、形态和增长边界，建立健全覆盖全市域的城乡规划体系，并从中心城市、县（市）城、乡镇三个层面重点推进城镇建设。要走注重内涵提升的城镇化之路。坚持新区建设与老城改造同步推进，进一步做大做强中心城市和县（市）城，加强生态小城镇和农村新型社区建设，健全城镇生产、居住、服务、生态、文化等各类功能，提高城市现代化和城镇化水平。要走具有地方特色的城镇化之路。坚持城镇建设差异化、个性化，把盐城的地域特点、人文特色体现在城镇规划建设之中，加快建设现代汽车名城、重教崇文名城、生态宜居名城，致力打造一批具有产业特色、乡村特点、生态特质的生态小城镇和新型社区，避免千城一面、千村一貌。

第二，要大力发展现代产业，增强产业支撑能力。一产比重偏大、经济基础薄弱是农业大市的基本特征。盐城土地面积占全省的17.4%，人口占10.4%，但经济总量仅占5.8%；一产增加值占地区生产总值的14.6%，高于全省平均水平8.3个百分点。推进新型城镇化，关键要做强产业，构建现代产业体系，促进城镇化与新型工业化、农业现代化联动发展。盐城正处在工业化加速期，要坚持新型工业化带动新型城镇化，大力发展产业特色鲜明、发展业态新颖、节能低耗环保、科技含量较高的现代工业，打造我国东部沿海新型工业基地。按照“产城融合、园城互动”的思路，切实加快市县开发区、乡镇工业集中区、镇村中小企业园建设，推动产业集群、企业集聚发展。要加快农业现代化助推新型城镇化，大力发展现代高效农业，加强现代农业园区建设，积极推行农场化、园区化、专业化经营模式，加快农业科技创新，建设农业强市。要提升现代服务业促进新型城镇化，以产业为依托、企业为主体、专业市场为重点，大力发展金融、商务、旅游、科技、社区服务等新型业态，加快服务业集聚区建设，促进信息、资金、人口、资源向城镇流动，增强城镇就业能力和发展活力。

第三，要努力健全服务体系，增强公共服务能力。优质资源短缺、公共服务不强是农业大市的薄弱环节。盐城农村中小学办学条件较差，基层医疗卫生机构公共卫生专业人员严重不足，万人拥有公共文化面积处于全省较后位次。新型城镇化的核心是人的城镇化，让更多的农民享受与城市居民一样的公共服务，分享改革发展带来的红利，是推进新型城镇化的根本目的。要坚持以人为本、民生优先，把人的城镇化摆上更加突出的位置，一方面消化现有存量，促进进城农民市民化；另一方面扩大增量，鼓励更多农民进城居住、就业创业。围绕实现城乡公共服务均等化，要着力推动城乡基础设施一体化，实施农村公路桥梁提档升级工程，加快城乡公交一体化步伐，加强水、电、气供应系统和防洪设施建设，切实改善农村的出行条件和居住环境，让农民看到实实在在的变化。推动城乡社会保障一体化，加强城乡社会保险、社会救助、社会福利制度的整体设计和有机衔接，逐步提高城乡居民基础养老保险标准，缩小农保与城保的差距，统一城乡医疗保险制度。推动城乡公共服务一体化，科学规划布局社会事业资源，加强城市社区和农村学校、医院、文化和体育场所、养老机构建设，保障城乡居民就近就读、医疗、文化娱乐、健身、养老等基本需求，进一步缩小公共服务城乡差距、区域差距。推动城乡生态建设一体化，围绕建设生态宜居美丽盐城，大力实施美好城乡建设行动，倡导绿色低碳的生活方式和消费模式，积极创建绿色生态城镇、生态社区、康居示范村，彰显"水绿盐城、湿地之都"特色，提高人民群众对生态环境的满意度。

第四，要着力破除制度障碍，增强改革创新能力。推进新型城镇化，制度创新是保障。农业大市城镇化基础相对薄弱，城镇化建设任务重、难度大，必须大力解放思想、改革创新，积极破除城乡二元分割体制障碍，把城镇化最大潜力和改革最大红利结合起来，形成叠加效应，增创持续动力。要深化土地管理制度改革，积极探索农村宅基地和承包地流转、退出机制，建立城乡土地产权交易市场，充分保障农民土地承包经营权、宅基地使用权、集体收益分配权。要加快户籍制度改革，进一步放宽城市、城镇户口准入条件，全面实施"居住证"制度，使城镇流动人口与户籍人口享有同样的待遇，把农民工逐步转为城市市民。要完善住房保障制度，建立以保障性住房为基础、以商品住房为主导、以市场租赁为补充的市场配置和政府保障相结合的住房供应体系，逐步将城市流动人口纳入住房保障范围。要创新投融资制度，建立新型城镇化建设基金，发挥政府投入的基础性、导向性作用；探索市场化、多元化投入机制，吸纳社会资本全面参与新型城镇化建设。同时，推进新型城镇化还应创新办法，坚持试点先行、注重实效，防止一哄而上、搞形式主义，确保新型城镇化在农业大市扎实有效推进。

推进产业延伸升级
打造国家有色金属生产加工基地

中共赤峰市委副书记、市长　包满达

有色金属产业是重要的基础原材料产业，产品种类多、应用领域广、产业关联度高。随着工业化、城镇化进程加快，国内市场对有色金属产品的刚性需求不断增强，产业发展前景广阔。2013年以来，自治区党委确定了"8337"发展思路，明确提出要把内蒙古建成有色金属生产加工和现代装备制造等新型产业基地，为进一步加快全区有色金属产业发展指明了方向，带来了契机。

赤峰市作为"中国有色金属之乡"和自治区有色金属产业最大集中区，具备推动有色金属产业延伸升级，做大做强有色金属产业，打造国家重要的有色金属生产加工基地的基础、优势和条件。一是资源富集。已发现矿产资源70余种、矿产地1200多处，其中大中型矿床25个，有色金属储量：铜160万吨、铅700万吨、锌1300万吨、钨20万吨、锡180万吨、钼180万吨、金150吨、银2万吨，潜在价值5万亿元以上。二是交通便捷。赤峰地处东北和华北两大经济区的结合部，是环渤海经济圈的资源腹地，距北京、天津、沈阳等大城市400公里左右，距锦州、秦皇岛等港口仅260多公里。境内实现了县县通铁路和高等级公路，乡乡通油路，村村通公路，4条高速已全部融入国家高速公路网，铁路运输四通八达，通航城市达11个，且现代物流发展迅速，为有色金属产品运输创造了方便快捷的条件。三是综合生产成本较低。全市电力装机已达648万千瓦，年发电量170亿度，每个旗县区至少拥有一座220千伏输变电站，电力供应充足，电价相对低廉；可利用水资源近30亿立方米，完全可以满足产业发展的用水需求；人力资源丰富，技术工人和管理型人才素质较高。四是产业基础较好。经过多年的培育和发展，全市规模以上有色金属企业104户，形成了日处理矿石12万吨、年冶炼68万吨、深加工20万吨的生产能力，年销售收入突破1000亿元，对全市工业贡献率达55.4%，在工业经济中占据了"半壁江山"。铜的采选和冶炼能力分别占自治区的31.2%和62%；铅+锌的采选能力占自治区的38.4%，铅、锌的冶炼能力分别占自治区的67%和41%。

我市有色金属产业正处于结构调整、转型升级的关键期，一些深层次问题亟待解决。一是地质勘查、探矿增储工作滞后。目前我市航空物探和地质调查仅占国土面积的40%，500米以下深部找矿工作尚未开展。占而不探、探而不投、以采代探、私挖滥采现象仍然存在。二是产业链条短、层次低。有色金属工业主要集中在采选和冶炼上，且产品以"原"字号、初级加工、中低档为主，深加工产品比例低，缺少高附加值的高精尖产品。三是产业抗风险能力需进一步增强。全市有色金属产业布局不够合理，集群规模还有很大的拓展空间，对现有企业亟须引联重组、整合提升，以尽快提高市场竞争力。四是环境污染治理力度仍需加大。有色金属行业还存在资源综合利用率低、能耗高、固体废弃物污染严重等问题。

今后一个时期，我们将按照"8337"发展思路和工作部署，进一步整合矿产资源，扎实推进有色金属行业科技进步和自主创新，推进有色金属企业引联重组、做大做强，推进有色金属产业节能减排、绿色发展。坚持在产业延伸升级上下功夫，延长产业链，提高附加值，努力实现产业规模合理、产品技术先进、产业结构优化、资源利用高效的战略目标。到2017年，全市有色金属日采选、年冶炼、深加工能力分别达到20万吨、150万吨、80万吨，销售收入突破2000亿元，建成国家重要的有色金属生产加工基地。

一是进一步提高资源保障能力。继续引进战略投资者开展风险探矿，鼓励多元主体对勘探空白区进行地质找矿和资源勘探，推进现有矿山企业实施探矿增储，加大二次找矿和500米以下深部找矿力度。加快推进地质勘查市场化步伐，鼓励多种主体对空白区进行地质找矿和资源勘探，在寻找和评价新的大型矿产地、重点矿山外围扩矿和危机矿山接替资源等方面寻求突破。提高矿业企业准入门槛，依法关停整合日处理矿石1000吨以下的小矿山，尽快改变矿业开发“小、散、乱”的发展现状。加快矿产资源整合，认真落实矿业权设置方案，推动矿产资源向技术先进、实力雄厚、环保达标和具有深加工能力的大企业集中。进一步扩大矿山企业采选能力，新建日处理矿石3000吨以上的矿山10处，万吨以上大矿山3处，使全市日处理矿石万吨以上矿山达到5处、5000吨以上矿山达到10处，3000吨以上矿山达到20处。

二是加快有色产业战略重组。继续与中色集团、云南铜业、东北特钢、山东黄金、铜陵有色等已入驻赤峰的大企业开展深度合作，引进一批新的有实力、有技术、深加工的战略投资者和合作伙伴，推动国内有色金属行业领军企业到我市投资兴业。加快推进市内企业间围绕铜、铅、锌、钼、锡等有色金属进行战略重组，扩大企业的经营规模，提高产业集中度，打造具有国际竞争力的企业集团。同时，积极争取国家和自治区的政策支持，进一步推进有色金属冶炼企业新建项目配套建设自备电厂，或是与电力企业进行联合重组，按企业自备电厂方式实施直供电，降低用电成本，打造有色产业竞争优势。

三是进一步提高科技创新水平。经过多年的高速增长，有色金属行业依靠资源密集、产量增多、劳动力成本和环保标准低等支撑发展的模式已经不可持续，资源、能源、人力、环保成本均在刚性上升，有色金属行业必须走依靠科技创新驱动发展的道路。要推动企业采用先进的生产工艺和技术，优化工艺流程，淘汰落后设备，提高生产效率。鼓励企业研发新产品，拓宽产品应用领域，调整产品结构，增强竞争能力。扩大与重点企业、科研院所的合作，共建一批合作基地，组建赤峰有色金属技术研究院，推进产学研合作深入开展。发挥有色金属产业技术创新战略联盟的作用，设立发展基金，整合优势技术资源，攻关产业发展的共性关键技术，着力培育自主知识产权和品牌，提高企业自主创新能力。

四是着力打造有色金属产业集群。采选方面，在阿鲁科尔沁旗、巴林左旗、林西县、克什克腾旗、松山区等地建成日处理矿石万吨以上的矿区10个，建设日采选能力万吨以上的矿山企业5家。冶炼方面，建成以喀喇沁旗、林西县为主体的铜冶炼基地，产能达到90万吨/年；建成以红山区、巴林左旗为主体的锌冶炼基地，产能达到40万吨/年；建成以巴林左旗和克什克腾旗为主体的铅冶炼基地，产能达到25万吨/年。加快推进金剑铜业和赤峰云铜两个百亿元企业的搬迁改建工程，以迁建为契机，壮大规模，延长产业链条，聚集配套产业，打造销售收入超千亿元的蒙东铜循环产业园区。同时，钼冶炼和锡冶炼产能分别达到2万吨/年和1万吨/年。深加工方面，加快推进3个铜产业深加工集中区建设，扩大喀喇沁旗亚鼎铜业、元宝山区贺麒铜业、翁牛特旗京铜铜业等企业的生产规模，实现全市50%的电解铜就地转化。

五是推动有色金属产业延伸升级。集中实施一批技改扩能项目，力争使精矿粉全部在市内冶炼转化，初级冶炼产品深加工率达到50%以上，深加工产品超过20种。以电解铜为基础，发展铜板带、管、箔、杆、线等深加工项目。重点开发电解铜箔、优质铜线杆、高精度铜板带、铜合金棒材等产品。鼓励铜加工企业产业链继续向下游延伸。大力发展特种电线电缆、特种漆包线，电器、电机用线材及各种异型线材、高档家电及电器专用铜板带等高精度产品。以铅锌为原料，重点发展镀锌板、高活性氧化锌粉及一定规模的传统铅酸蓄电池、新型碱性锌锰蓄电池。以锌基合金、铅基合金及锌铜合金等重质高强合金，积极发展耐热合金、高韧性合金、高耐磨合金材料等新型合金材料，最大限度促进本地资源就地转化增值。钼、钨重点开发生产硬质合金、钨钢、钼钢等产品。下大力量研发一批有色金属高精尖产品，在生产电力、电工、汽车、机械制造等行业所用金属材料的同时，结合当前高新技术的发展，研发信息产业、航空航天、生物工程、海洋工程、核电工程和新能源等领域所需金属材料，提高整个产业的核心竞争力。

六是加快有色金属产业绿色发展步伐。进一步增强矿山企业安全生产责任意识和标准化建设水平，加大安全生产监管力度，鼓励企业增加安全生产和环境保护领域的投入，打造一批新的标准化矿山和绿色矿山。按照“谁开发谁保护，谁破坏谁恢复，谁受益谁补偿”的原则，大力推行矿山环境治理备用金制度，进一步建立和完善资源有偿使用制度和生态补偿机制，做好采空区的回填和土地复垦、绿化工作，在具备旅游条件的区域建设矿山公园。不断完善资源开发过程中保护生态、保障群众利益的政策措施，对于矿山企业存在无证生产、占地补偿不到位、生产运输等环节严重影响周边群众生产生活、存在重大安全隐患及污染环境、破坏草原的，坚决依法关闭和停业整顿，确保矿山有序开发、矿业经济持续健康发展。加强资源的集约节约和综合利用，提高采矿回采率、选矿和冶炼回收率、共伴生金属综合利用率。推广冶炼废气回收制造工业硫酸、冶炼废渣生产水泥等循环经济发展模式，变废为宝，最大限度地实现资源转化增值。切实做好节能减排和重金属污染防控工作，全面推广清洁生产，建立重点污染企业达标排污强制机制，使工业废水、废气排放达标率达到95%以上，实现有害物质零排放。

转身向海全域发展 加快建设海洋强国

大连市市长 李万才

2013年7月11日是“2013中国航海日”，主题为“通江达海，兴海强国”。这一主题，切合了党的十八大报告关于建设海洋强国的战略部署，对于我市建设东北亚国际航运中心具有重大的现实意义。

大连依港建市、以港兴市，发展港航业具有得天独厚的资源禀赋。大连拥有2211公里的海岸线，其中1000多公里的宜港岸线，水深港阔、不淤不冻，具有建设航运中心的天然条件。加之背依广袤的东北腹地，为大连建设东北亚国际航运中心提供了广阔的发展空间。

2013年10月，党中央、国务院提出：“充分利用东北地区现有港口条件和优势，把大连建成东北亚重要的国际航运中心。”在辽宁沿海经济开发开放的国家战略中提出，东北亚国际航运中心建设是提升大连核心城市功能的首要任务。十年来，省委省政府和大连市委市政府举全省、全市之力加快推进国际航运中心建设，港口通过能力快速提升，目前，全市有各类码头泊位231个，万吨级以上生产性泊位93个。从2003年到2012年，大连海港年货物吞吐量实现了从1亿吨到3亿吨的跨越，2013年将突破4亿吨；集装箱吞吐量从2003年的167万标箱发展到2012年的806万标箱，增长近5倍，2013年将完成1000万标箱。2012年，港口和航运业对大连市GDP的贡献达19%，提供就业岗位贡献率达12%，带动腹地经济GDP增长量占经济总量的10%。

2010年，大连市把握东北老工业基地振兴和辽宁沿海经济带开发开放的双重机遇，依托得天独厚的资源禀赋，转身向海，全面启动了全域城市化战略，沿黄渤海岸、沈大和丹大高速两线拓展城市空间，将2299平方公里作为新市区进行统一规划建设，成立了金州新区和普湾新区，扩展了保税区；以花园口、庄河为核心的黄海城市组团和以长兴岛、瓦房店为依托的渤海城市组团加速形成，城市从“单中心”向“多中心”发展模式转型，规划了主城区、新市区、渤海区域、黄海区域“四大组团”，形成了19个各具特色的省级经济区，构建起多点支撑、组团发展、全域开发开放的新格局。全域城市化推进了“三个中心、一个聚集区”建设，核心城市功能进一步显现，现代产业体系加快形成。太平湾等一批港航基础设施建设全面推进，东北亚国际航运中心主体框架基本形成；保税物流的政策优势和区域核心城市的开放优势得到充分发挥，东北亚国际物流中心功能不断完善，区域性金融中心地位基本确立。当前，全域城市化已成为拉动大连跨越发展最强有力的引擎。

大连是我国东北地区最重要的港口城市，但与世界知名的国际航运中心尚有距离。因而在未来的一段时期内，我们依然要全力推进航运中心和物流中心建设，持续不断地研究世界各大航运中心和物流中心的形成轨迹和先进的管理经验，集思广益地倾听各界专家学者的建议，因地制宜地推动我市港航口岸快速发展，使我市港航口岸功能早日达到世界先进水平。港航口岸管理部门要积极探索发展路径，发挥港航经济引领作用，带动临港产业发展，实现产业集聚、人才集聚、资源集聚。

让我们以“航海日”活动为契机，广泛传播航海文化，增强全社会的海洋意识，做大做强我们世代相传的港航事业，为建设东北亚国际航运中心，早日实现海洋强国梦作出积极的贡献。

着力提升城市质量整体水平
创建全国质量强市示范城市

中共东营市委副书记、市长　申长友

质量是一个城市的名片，是衡量一个地区综合竞争力的重要标志。当前，东营正处在全力实施黄蓝国家战略，实现“两个率先”奋斗目标的关键时期，大力提高全市质量整体水平，事关全局，意义重大。东营作为首批25个全国“质量强市示范城市”争创城市之一，必须坚持以邓小平理论、“三个代表”重要思想、科学发展观为指导，以转变经济发展方式为主线，实施质量强市战略，大力开展创建活动，努力提升质量总体水平和质量安全保障能力，建设质量水平高、知名品牌多、质量竞争力强、群众满意度高的质量强市示范城市，为实施黄蓝国家战略、实现“两个率先”目标提供坚强保障。到2014年8月，全部县区达到验收标准，城市居民质量满意度指数达到85以上，创建成为全国质量强市示范城市。

一、充分认识创建全国质量强市示范城市的重要意义

（一）创建全国质量强市示范城市，是加快经济转型升级的战略举措。加快经济转型发展是当前东营面临的一项紧迫任务。要更加重视质量和效益，以创建全国质量强市示范城市为抓手，加快调整优化产业结构，在扩大经济总量中注重质的提升，以质量水平提升促进产业水平提升，以质量促进转型升级，努力走出一条速度、结构、质量、效益相统一的科学发展之路。

（二）创建全国质量强市示范城市，是增强城市综合竞争力的必然要求。当前，质量已成为市场经济条件下提升城市综合竞争力的核心。要把质量工作摆上战略位置来抓，靠质量树立品牌、靠质量提升实力、靠质量塑造形象，构筑起未来发展的核心动力和竞争优势，推动东营跨越崛起。

（三）创建全国质量强市示范城市，是构建和谐社会的迫切需要。质量不仅是事关经济发展的重大战略问题，也是关系社会和谐的重大政治问题。要以创建工作为抓手，进一步健全完善体制机制，大力提高产品、服务、工程等方面的质量水平，让广大群众吃得放心，用得舒心、住得安心，让人民群众过上有品质、有质量的生活，更好地享受到质量强市建设成果。

二、全力抓好全国质量强市示范城市创建工作

一要抓重点领域，提升质量总体水平。加大产品质量监管力度，提高产品质量合格率，确保产品质量稳定。加强对建筑工程质量的监督管理，推进节能建筑建设和改造，保障工程质量。加强服务业企业培育，做强骨干企业，提升服务质量。

二要抓质量基础，夯实质量工作根基。认真实施标准化战略，提升重点领域标准化水平。完善质量技术支撑、评价、诚信等基础工作体系，提高产品质量和竞争力。加强公共服务平台建设，建设一批国家

级、省级质检中心。

三要抓质量强企，增强企业竞争力。突出企业主体作用，大力加强企业质量管理，落实企业质量责任，创新质量管理方法，加快质量技术创新，促进企业提高质量保证能力。

四要抓品牌战略，发挥引领示范作用。加大品牌培育力度，提升品牌影响力和竞争力，打造品牌示范区。加强扶持引导，鼓励更多的企业争创政府质量奖，争取省级以上质量奖获奖数量居全国同级城市前列。

五要抓质量监管，筑牢质量安全底线。健全质量监管机制，推进质量安全分级分类管理。强化监管措施，把好市场准入关，严厉打击质量违法犯罪行为。建立完善风险预警机制，有效防范质量安全事故发生，切实维护群众生产生活安全。

三、确保创建全国质量强市示范城市工作取得实效

创建全国质量强市示范城市是一项系统性工程，必须加强领导，落实责任，形成合力。

一是强化组织领导。市创建工作联席会议办公室要切实履行牵头抓总职责，定期组织召开联席会议，全力推动创建工作开展。各级各部门要把推进创建工作摆上重要位置，集中精力抓紧、抓实、抓好。

二是强化工作保障。要进一步健全政府负总责、监管部门各负其责、企业是第一责任人的质量安全责任体系，构建起政府监管、市场调节、企业主体、行业自律、社会参与的工作格局。要进一步加大投入力度，建立财政投入稳定增长机制。要完善质量奖励制度，加大扶持力度，激励广大企业和全社会重质量，讲诚信、树品牌。要加强质量人才队伍建设，加大质量人才引进培养力度。要搞好宣传动员，大力弘扬质量文化，在全社会营造政府重视质量、企业追求质量、社会崇尚质量、人人关注质量的良好氛围。

三是强化督导落实。各级各部门要按照任务分工，逐一细化分解，快速落实。市创建工作联席会议办公室要定期通报进展情况，每半年进行一次集中检查考核，确保落实到位。

走节约集约之路　建生态文明之城

中共淄博市委副书记、市长　徐景颜

淄博市位于山东中部，是国务院批准的具有地方立法权的“较大的市”，是全国16个工业经济总量过万亿元的城市之一。淄博还是一座独具特色的组群式城市，城镇化率达到64.8%。2012年全市实现地区生产总值3557.2亿元，实现境内财政总收入518亿元，其中公共财政预算收入236.3亿元，城乡居民人均收入分别超过2.8万元和1.2万元。

一、增强忧患意识构建节约集约用地长效机制

党的十八大明确指出，国土是生态文明建设的空间载体，节约资源是保护生态环境的根本之策。淄博作为我国近代以来工矿业开发较早的地区之一，经过上百年的持续开发，土地资源日益稀缺，人均耕地面积只有0.74亩，远低于1.07亩的全省平均水平，是山东省人均耕地面积最少的市。对淄博而言，大力推进节约集约用地，事关经济社会可持续发展，事关老工业城市转型升级成败。

近年来，淄博市深入贯彻落实科学发展观，牢固树立资源忧患意识，按照“管住总量、控制增量、盘活存量、提高质量”的原则，坚持节流与开源并举，着力推进内涵挖潜改造，初步构建起了国土资源节约集约利用工作的长效机制，为全市科学发展提供了坚实支撑。

我们坚持把节约集约利用资源作为推动科学发展、转变经济发展方式的内在要求，纳入各级政府重要议事日程。成立了由市长任组长的淄博市创建国土资源节约集约模范市工作领导小组，及时研究破解难题，督察调度工作开展。

注重发挥激励约束机制的引领作用，将建设用地地均GDP和GDP增长率、新增建设用地地均固定资产投资、土地供应率、土地有偿使用率、土地招拍挂率、有效盘活存量建设用地等七项指标作为重要评价标准，纳入对区县政府年度目标考核，对耕地保护不到位、存在严重土地违法行为的区县、镇（办）实行“一票否决”，有效地提高了各级节约集约利用土地的积极性和主动性。

二、创新管矿思路提高资源节约利用水平

淄博矿业有着长达百年的辉煌历史，为国家建设和地方经济社会发展作出了重要贡献。新形势下，我们积极创新发展思路、调整战略布局、优化资源管理，加快推动矿业经济向绿色循环和集约高效方向发展。

稳定资源供给，支撑经济社会可持续发展。目前，淄博地区除石灰石外，其他主要矿产资源几近枯竭，成为影响全市经济社会持续健康发展的重要制约因素。为此，我们坚持开源与节流并举，在做好内部挖潜文章的同时，深入实施“走出去”战略，主动到新疆、内蒙古、贵州以及非洲、大洋洲、南美洲等矿

产资源富集的地区和国家勘查开采矿产资源，有效拓宽了资源供给渠道。

2009年，淄博宏达矿业有限公司成功并购秘鲁邦沟铁矿，该矿已探明储量9.53亿吨，远景储量30多亿吨，是目前山东省最大的境外资源开发项目。

发展矿业循环经济，大力建设绿色矿山。坚持把保护生态作为矿业发展的前置条件，不断化解粗放式发展带来的资源环境压力。积极开展矿区采空区充填治理工作，投入资金1.5亿元，彻底解决了全市铁矿采空区安全隐患。大力开展绿色矿山建设工作，金岭矿业股份有限公司召口矿、山东金鼎矿业有限责任公司王旺庄铁矿，被国土资源部确定为绿色矿山试点单位。同时，计划在2013—2015年，集中开展“矿山复绿”行动，目前已确定“矿山复绿”项目33个，治理面积851.734公顷。

节约资源、集约用地，功在当代、利在千秋。淄博市将以成功创建国土资源节约集约模范市为新的起点，加大改革创新力度，不断探索推进国土资源节约集约的新路子，坚决落实最严格的耕地保护制度和最严格的国土资源节约集约利用制度，使国土资源管理工作再上新水平，为推动淄博老工业城市转型发展，加快建成更高质量、更高水平的全面小康社会提供有力保障，作出新的贡献。

THE 第五篇
FIFTH CHAPTER
中国城市经济科研机构及专家汇编

▶全国高等院校城市经济院系汇编

中国人民大学财政金融学院

中国人民大学财政金融学院的前身——财政信用借贷系，始建于1950年，是中国人民大学最早设立的八大院系之一，也是新中国第一个培养财政金融领域高级人才的基地，为新中国财政金融学科的建立和发展作出了开拓性贡献。1997年，财政金融系与投资系合并，组建中国人民大学财政金融学院。著名财政学家安体富教授和金融学家陈雨露教授分别担任首任和第二任院长，现任院长为财政学家郭庆旺教授，党委书记为王宏伟副教授。

早在20世纪50年代，财政金融学院教师编写了新中国第一部金融学教材《货币信用学》和第一部财政学教材《财政学讲义》，以及第一部系统介绍西方货币银行体系的教材《资本主义国家的货币流通与信用》，第一部系统介绍西方财政的参考书《资本主义国家的财政论文选集》，奠定了新中国财政金融高等教育的基础。改革开放以后活跃在中国财政金融领域的学术带头人多是中国人民大学财政金融学院这一时期的毕业生。

1978年中国人民大学复校以后，财政金融学院获得了空前发展，编写了被誉为中国财政金融理论建设里程碑的著作《社会主义财政金融问题》和获得国家级优秀教学成果奖的核心课程教材《货币银行学》和《财政学》，奠定了其在财政金融高等教育领域领头雁的地位。进入21世纪以来，财政金融学院继续保持良好的发展势头，金融学、财政学于1988年、2001年、2006年教育部组织的国家重点学科评审中蝉联国家级重点学科。依托于此，学院已经发展成为国内财政金融领域的教学科研重镇。

财政金融学院汇集了我国财政金融学科领域的一大批著名学者，他们中既有黄达、陈共、王传纶、周升业等享誉海内外的学术泰斗，又有陈雨露、吴晓求、郭庆旺、张杰、赵锡军、任淮秀、汪昌云、朱青、岳树民、岳希明、张顺明等中青年学术带头人，还有以张成思、郑志刚、吕冰洋、魏丽、贾俊雪、汤珂、何青等为代表的一批青年学术骨干，形成一支老中青均衡组合、具有强大发展后劲和创新精神的学术梯队。学院现有教授27人，副教授33人，其中有14位教师毕业于剑桥大学、伦敦大学、曼彻斯特大学、波士顿大学等海外名校；有3位教育部长江学者特聘教授、2位国家杰出青年科学基金获得者、4位人事部百千万人才工程国家级人选、11位教育部新世纪优秀人才支持计划入选者。

财政金融学院现有全日制在校学生2208人，其中本科生1372人（含留学生61人）、硕士生527人（含留学生12人）、博士生272人（含留学生11人）、第二学士学位生37人；此外，还有金融EMBA和在职硕士研究生班等非全日制学生1241人。学院始终以培养能够“在东西方两个文化平台上自由漫步的人才”为目标，实施多项教学改革，积极探索人才培养模式，不断完善具有中国特色的财政金融高层次人才培养机制，培养了一大批财政金融领域的领袖人才。

“长风破浪会有时，直挂云帆济沧海。”在中国人民大学建设世界一流大学的总体规划指导下，财政金融学院继续秉持“薪火相传，兼容中西”的学科建设理念，发扬原有的办学特色和学科优势，不断深化改革，努力建成世界一流的财政金融学府。

清华大学建筑学院

清华大学建筑学院作为清华大学设置的19个学院之一，其前身清华大学建筑系由著名建筑学家梁思成先生于1946年10月创办，后于1988年成立学院。目前建筑学院下设建筑系、城市规划系、景观学系、建筑技术科学系。此外，跨院系成立的校级科研机构清华大学建筑与城市研究所、清华大学人居环境研究中心和清华大学建筑节能研究中心也依托建设于建筑学院。

清华大学建筑学院自成立以来，始终探索明确的办学思想；近三十年来，逐步确立了以“专业帅才”为目标的人才培养定位，和“一个基础、两点关注、三项结合”的办学思想——即以人居环境学科为基础、关注国家建设前沿和学科发展前沿、教学科研和实践三结合。

基于上述办学思想的指导，清华大学建筑学院已累计培养毕业生五千余名，为国家城乡建设事业及国内外建筑领域培养输送了大批优秀人才；同时还承担完成了大量科研与实践项目，成果获得包括世界人居奖、国家最高科技奖、国家自然科学一等奖等在内的重大国际国内学术奖励。

截至2012年年底，清华大学建筑学院共有在职教师111人，其中教授44人、副教授54人、讲师13人、博士后46人。教师队伍中拥有中国科学院院士和中国工程院院士4人、全国工程勘察设计大师1人、长江学者特聘教授1人、国家杰青基金获得者3人、百人计划支持者1人、教育部新世纪人才计划支持者4人等。

清华大学建筑学院每年通过全国高考以及清华大学自主招生的方式择优录取本科生，其中在全国各省市高考招生中的录取分数线多年名列全国前茅；同时通过本、外校推荐免试以及全国统考的方式择优录取研究生，生源优秀。截至2012年年底，建筑学院全日制在读学生共计1174人（含留学生121人），其中本科生626人（含留学生39人）、硕士研究生322人（含留学生65人）、博士研究生226人（含留学生17人）。

1992年以来，在历次全国高校建筑学和城市规划专业教育评估中，清华大学建筑学院的建筑学专业和城市规划与设计专业均以优秀表现通过评估。

在1988年和2001年的第一、二轮全国重点学科评选中，清华大学建筑学院建筑设计及其理论、城市规划与设计学科均被评为全国重点学科。在2007年第三轮全国重点学科评选中，清华大学建筑学院建筑学一级学科及其下所有二级学科再次均被评为全国重点学科至今。

在2003年和2008年全国学位与研究生教育发展中心开始进行的前两轮学科评估中，清华大学均获得建筑学一级学科评估全国排名第1。2011年经教育部学科目录调整，原建筑学一级学科调整为建筑学、城乡规划学、风景园林学3个一级学科。随后在2012年进行的第3轮全国学科评估中，清华大学建筑学院获得建筑学全国第1、城乡规划学全国第1、风景园林学全国第2的一级学科排名成绩。

上海交通大学建筑系

上海交通大学建筑工程专业设立于1907年，是我国历史上最早设立的土木工程专业之一。1952年全国院系调整时，全系师生并入同济大学。1985年上海交通大学恢复建立土木建筑工程系，1993年土木建筑工程系开设建筑学专业，并于当年开始招生。1998年建筑学专业与工业设计系联合建立设计艺术硕士点。2002年从建筑工程系分出，单独建系。2004年5月13日，上海交通大学正式批复新合并的船舶海洋与建筑工程学院成立建筑学系。

2006年我系首次参加并通过全国建筑学专业指导委员会组织的专业评估，取得建筑学学位授予权，并成为上海市建筑学会常务理事单位、上海市景观学会副理事长单位。目前，建筑学系设有建筑学本科专业（五年制）和建筑学科一级学科硕士点。

办学思想

自2004年建系以来，借助上海交通大学高水平学科平台及上海地域优势，建筑学系从当代建筑设计及大学教育的前沿发展趋势出发，在借鉴国内外优秀建筑学教育与实践成果的基础上，努力探索具有自身鲜明特色、跨越式发展一流建筑学学科之路。

在高起点、高要求标准下，我们逐渐确立了以现代建筑本体观为基础，与当代建筑技术前沿发展互动为特色，以城乡环境整体观、历史观拓展视野为导向，关注国际学科前沿发展与国家建设实际需求的办学思路。

人才培养

该系以培养知识、能力、素质协调统一的高水平、高素质、国际化高端建筑人才为己任，为造就未来的学科领袖、创新人才打下坚实基础。该系目前拥有上海市精品课程一门、上海市教委重点课程三门。在教学中，充分利用校内跨院系合作教学、中外建筑院校联合教学、国内外知名建筑师执教设计课程等方式，加上各类高水准学术讲座、论坛，不断提升、完善学术与教学环境。该系还与国内多家著名设计机构合作建立校外教学实践基地，以提高学生的社会实践能力和职业素质。

该系每年通过全国高考以及上海交通大学自主招生的方式择优录取本科生，在多个省市高考招生中的录取分数线优于很多国内知名建筑院校。该系每年平均招收建筑学专业本科生约50名，硕士研究生约20名，博士研究生3名。

该系学生在历届全国大学生建筑设计竞赛、作业评比及各类国内外设计竞赛中，屡获佳绩。有多名毕业生到美国哈佛大学、哥伦比亚大学、瑞士苏黎世高工、英国建筑联盟学校、日本东京大学等世界顶级建筑院校深造。此外，该系还非常注重学生多方面素质培养，曾荣获共青团中央、全国学联颁发的“中国大学生自强之星标兵”、“中国大学生自强之星”，“上海交通大学校长奖”等荣誉称号。

师资队伍

截至2012年年底，建筑学系共有专任教师31名，其中教授4名，副教授17名，是一支高素质、多元化的师资队伍。77%的教师具有博士学位，20%具有海外学位，90%具有海外学习、工作经历。另有中国工程院院士、国家设计大师等国内外著名专家学者担任系学术委员会顾问或兼职教授。

科学研究

该系学科主要研究方向包括：创新的建筑设计理论和方法研究，建筑节能技术研究，集约型城市规划技术研究，建筑与城市遗产保护更新研究等。

该系近5年获得多项重要科研项目，其中包括：国家自然科学基金项目，国土资源部、住房和城乡建设部重点项目，建设部“十一五科技支撑计划”课题，教育部人文社科项目，教育部留学回国人员科研启动基金项目，上海市科学技术委员会资助项目，上海市文物管理委员会资助项目等。

系主任：黄建云

副系主任：马文军、范文兵、连之伟

北京大学光华管理学院

北京大学光华管理学院（Guanghua School of Management,Peking University）前身是成立于1985年的北京大学经济管理系，1994年正式更名为光华管理学院。依托北京大学深厚的历史底蕴和文化积淀，作为北大工商管理教育的主体，北京大学光华管理学院是亚太地区最优秀的商学院之一。以“创造管理知识，培养商界领袖，推动社会进步”为使命，本科、学术型研究生、金融硕士、MBA、EMBA、MPAcc、高层管理教育等课程已获得国际权威认证。光华管理学院的著名教授包括厉以宁、张维迎等。现任院长是蔡洪滨。

北京大学在经济管理方面的学科建设可以追溯至1902年京师大学堂设立的商学科，这是中国高等院校中建立最早的商学系科。伴随着新中国的改革开放和经济发展，北京大学于1985年设立经济管理系，1993年经济管理系与管理科学中心合并成立北京大学工商管理学院，1994年更名为北京大学光华管理学院。

光华管理学院依托北京大学深厚的历史底蕴和文化积淀，以“创造管理知识，培养商界领袖，推动社会进步”为使命，历经近三十年的发展，学院在科研水平、师资建设、人才培养、国际合作等方面位居国内经济管理学院前列，成为亚太地区最为优秀的商学院之一。

光华管理学院有着完整的学科结构，现设有会计学系、应用经济学系、商务统计与经济计量系、金融学系、管理科学与信息系统系、市场营销系、组织管理系、战略管理系等8个系，其中国民经济学是国家重点学科点。

学院拥有一流的师资队伍，其中包括以厉以宁教授为代表的国内著名学者，以及一批有着国际学术影响力的中青年学术骨干。学院现有115名全职教研人员，78人获得海外知名学府博士学位，并有多位拥有丰富的海外任教经历。学院有4位国家“千人计划”教授，2位国际学会会士（Fellow），2位教育部“长江学者特聘教授”，7位国家杰出青年科学基金获得者，12位教育部新世纪优秀人才支持计划获得者。

学院的科研水平在国内商学院中名列前茅，国内问题研究方面也有着很大的社会影响。学院国际顶级学术论文的人均发表量已经达到并超过国际一流水平，并在国内商学院中常年保持领先位置。光华管理学院积极参与国家大政方针的研究与制定，对中国的经济改革和发展产生了积极的社会影响。

学院具有完整的人才培养体系。学位项目有本科、研究生、金融硕士、工商管理硕士（MBA）、高级管理人员工商管理硕士（EMBA）、会计硕士（MPAcc）项目等。2014年度《金融时报》公布的全球百强MBA排名中，光华MBA项目位居第57位，成为中国大陆高校中唯一上榜的商学院。光华金融硕士项目在《金融时报》2012年度全球金融硕士项目排名中位列第8位，也是排名榜前35位中唯一入选的亚洲院校。学院还设立了高层管理教育中心（ExEd），提供非学位的公开课程、定制课程和国际课程。

光华管理学院持续引领中国商学教育的国际化进程。学院已与百余所世界知名院校在教学、科研、学生交流等方面建立了紧密的合作关系，实现了中国学生出国交换的全覆盖，并吸引大量来自世界各国的留学生和交换学生，2013—2014年度在校的国际学生有183位，为扩大学院国际影响力奠定了坚实基础。

光华管理学院将继续不断创新、追求卓越，为世界一流商学院的发展目标而不懈努力。

浙江大学建筑工程学院

浙江大学建筑工程学院的前身为浙江大学土木工程学系，创建于1927年，是浙江大学最早建立的工科学科之一。1998年新浙江大学成立后，土木工程学系、建筑学系、区域与城市规划系联合组建成新建筑工程学院。2001年水利与海洋工程学系成立。

2012年恰逢浙江大学建筑工程学院建院85周年，经过八十余年的发展和壮大，学院积淀了雄厚的教学、科研力量，铸就了崇尚科学、探索真理、汇聚大师、追求卓越的办学精神，形成了兢兢业业教学、踏踏实实研究、把握发展机遇、瞄准国际水准、服务国家建设的发展理念。

学院目前由土木工程学系、建筑学系、区域与城市规划系、水利工程学系组成。现有国家重点学科一级学科1个：土木工程；国家重点学科二级学科2个：岩土工程、结构工程。拥有软弱土与环境土工教育部重点实验室、浙江省空间结构重点实验室、浙江省饮用水安全与输配技术重点实验室、国家工科力学教学基地，土木水利工程、建筑与城规技术科学2个校级实验中心，另有15个研究所（中心）、1个工程实验中心及8个校企联合研发中心。

目前学院拥有教职员工290余人，其中教授60余人。拥有中国工程院院士2名、国家“千人计划”2名、教育部长江特聘教授2名、国家杰出青年科学基金获得者4名、国家“百千万人才工程”第一层次1名、教育部新世纪人才支持计划获得者4名、浙江省特级专家1名。

学院共有土木工程、建筑学、城市规划、水资源与海洋工程（水利工程）4个本科专业，全部纳入浙江大学大类招生，目前在校生800余人。拥有国家质量工程项目创新人才模式实验区1个，国家级特色专业建设点2个，国家工科基础课力学教学基地1个（共建），国家级力学实验教学中心1个（共建），浙江省实验教学示范中心1个；获国家教学改革成果二等奖1项，浙江省教改成果一等奖2项，国家普通高等教育精品教材1部，教育部优秀教材1部，浙江省教学团队1个（共建），教育部“高等教育教学改革”项目1项，浙江省新世纪教改项目5项，十二五”国家级规划教材2部，浙江省重点建设教材5部，浙江省教学名师1人，国家级精品课程1门，浙江省精品课程4门。

学院在册研究生1000余人。目前拥有3个一级学科博士学位授予点；6个二级学科博士学位授予点；16个科学学位硕士授予点及4个专业学位硕士授予点。拥有土木工程、水利工程2个博士后流动站。

近年来，学院承担了国家重大水专项1项，大量省部级重点项目和国家自然科学基金项目、新上973首席科学家项目1项。取得了一批高水平研究成果，包括国家科技进步奖6项（含合作），省部级科技成果一等奖和二等奖共计30余项。目前拥有教育部创新团队1个、浙江省重点科技创新团队4个，浙江大学科技创新团队4个。

深圳大学建筑与城市规划学院

深圳大学建筑与城市规划学院的前身深圳大学建筑系成立于1983年9月。1997年4月，学校院系调整将建筑系、土木工程系、环境设计系、建筑设计研究院、世界建筑导报社合并成立“建筑与土木工程学院”。2006年8月经学科和院系调整，建筑与城市规划学院成立：由建筑学、城市规划等本科专业组成，含建筑设计及其理论、建筑历史与理论、城市规划与设计、建筑技术科学四个硕士研究生学位授予点。学院下辖建筑系、规划系、城市与建筑环境实验室、世界建筑导报社以及作为学院规划设计实践基地和对外窗口的建筑设计研究院、城市规划设计研究院。

建筑学院设置两个本科专业：建筑学与城市规划专业。建筑学本科每年招收1个班，约60人，学制5年，授建筑学学士学位；城市规划本科每年招收1个班，约30人，学制5年，授工学学士学位。

建筑与城市规划学院在4个二级学科上设硕士点：建筑设计及其理论、城市规划与设计、建筑历史与理论、建筑技术科学。授建筑学硕士学位（建筑设计及其理论硕士点）和工学硕士学位。

建筑学科现在是深圳大学的重点学科，1993年被列为广东省重点扶持学科，1999年被评为广东省重点学科。成为省内与华南理工大学建筑学专业双雄并列的两所重点学科之一。1996年通过了全国高等学校建筑学专业教育评估委员会的专业评估，获得建筑学学士学位的授予权。2002年，“建筑学”专业被评为广东省名牌专业。2006年被建设部评为创新先进单位。

建筑与城市规划学院目前在校学生总数为597人。其中本科生：466人（建筑学专业285人、城市规划专业181人）；研究生为：131人。

建筑学院在职教师56人，其中教授10人、副教授12人。其中教授级教师14人，副教授、高级工程师21人，讲师、建筑师15人；具有博士学位的14人，硕士学位31人；有国外留学或进修经历的占三分之一。学院教师队伍整体素质好，理论基础和基本功扎实，重教学、重教书育人、重团队精神，形成了严谨求实的教风，近年来又不断增强改革创新的活力，为进一步提高教学质量提供了坚实的基础。

深圳大学建筑与城市规划学院通过多年的重点建设，已经形成研、学、产紧密结合的学科特色，拥有一支较为年轻、素质较高、结构合理的学术队伍，学术带头人有较高的学术水平，并已经形成与社会实践紧密结合，稳定的研究方向，有较为充足的科研经费，专业科研基础良好，教学科研设备齐全，专业图书资料室在国内享有一定声誉。在教学、科研和社会实践中取得了丰富成果，在校本科生、研究生在国内外较高层次的设计竞赛中多次获奖，学术队伍也取得较为显著的基础研究和科研转化成果。

硬件设施

建筑与城市规划学院所在的建筑系馆于2002年5月投入使用，建筑面积约11000平方米，为学生提供设计课专用教室、讲课教室和美术教室；学院有学术报告厅、多功能厅、多媒体教室、CAAD教室以及各种实验室。

深圳大学建筑与城市规划学院设有城市建筑环境实验室（建筑物理实验室、建筑材料与构造实验室）、CAAD实验室、模型室、摄影室和数字城市（GIS）实验室。学校累计投入680余万元。其中由建筑物理实验室和建筑材料与构造实验室构成的城市建筑环境实验室正在积极申报深圳市重点实验室，未来将成为深圳市重要的公共服务平台。

学院一直把图书资料作为最重要的基本建设，设有建筑学专用图书馆和资料室，目前典藏流通的书刊共4.5万余册，其中外文书刊7600余册。订阅国内期刊87种，国外期刊86种。收藏幻灯片280余册，光盘资料280余张。

学术研究

建筑与城市规划学院实行教学、科研、实践三结合的方针，学术研究与设计规划创作紧密联系，针对国家城乡建设中的重大课题开展多学科的综合研究，在建筑学学科的各主要领域全面协调发展，使整体水平处于学术前沿。学院承担并完成多项国家级、省部级科研项目，内容涵盖城市交通、人口流动、居住问题研究，建筑设计及其理论研究，建筑历史及历史文化遗产保护研究，建筑环境控制与建筑节能研究等。学科研究一方面关注国内外当代城市和建筑设计理念动态，同时结合我国发展现状，进行大量的工程实践，立足深圳市，服务于广东省乃至全国范围内的城市规划、管理和建设。现有四个研究方向：1. 公共建筑设计及其理论；2. 居住建筑设计与环境研究；3. 建筑文化与建筑理论研究；4. 亚热带建筑技术研究。2000—2006年间，建筑与城市规划学院完成了包括国家自然科学基金重点项目“后小康居住建筑与环境——珠江三角洲城市居住模式研究”和“珠江三角洲城市流动人群聚居环境研究”在内的多项科研成果。六年间学院教师发表论文275篇；出版学术著作、译著和教材19部。

建筑系毕业生多年来受到了社会的好评，有多人被包括美国哈佛大学、UCLA、MIT及英国AA学院等国外名校录取深造，并在国外有出色表现。学生也多次在国内外主要的设计竞赛中获奖。建筑学科学生共获得全国和国际设计竞赛奖项12项，其中国际奖3项，全国大学生设计竞赛奖9项，其中在1999年全国建筑系大学生设计竞赛中获一等奖（三个一等奖之一，其他两位为清华、东南大学学生）；2005届同学在2004年获日本第十七届小泉国际照明设计比赛银奖；2004参加社区关爱国际学生设计竞赛，荣获三等奖。2002年以来在全国学生优秀作业展中共获优秀作业10项。

国际交流

该学院成立以来高度重视国与国间学术交流。不但积极与国内高校建筑学科展开多层次，经常性的学术交流，而且利用位于特区内的地域优势，历届领导积极开展与国外大学、学术机构和知名学者的交流。经常邀请国内外知名学者、著名大学的教授以及在国内外有广泛知名度的设计公司的总裁来学院里举办讲座。近年来，就有美国威斯康星州密尔沃基大学阿摩斯·拉普卜特（Amos Rapoport）教授、丹麦皇家艺术学院皇家建筑学院扬·盖尔（Jan Gehl）教授、英国AA建筑联盟学校Eva Castro和Eduardo Rico教授、德国包豪斯大学建筑Dieter Hassenpflug教授和来自美国夏威夷大学、澳大利亚新南威尔士大学、新加坡国立大学等国外著名大学的教授都曾在我院举办各类讲座。与此同时，来自全球各地，包括美国、英国、荷兰、德国、澳大利亚、香港的学者和设计公司总裁也经常在该院举办各类学术交流活动。

在“引进来”的同时，还积极鼓励“走出去”的交流。多年来该院与香港大学建筑系开展学生作业互评交流活动。2004年该院建筑系、规划系与美国休斯顿大学成功联合举办美国休斯顿唐人街“中国门”设计竞赛，并在竞赛中由我院学生获得第一名；2002年12月举办了“东亚建筑文化国际学术研讨回会”；2005年3月，在学校的支持下，成功举办“第二届中德建筑研讨会”，同时还组织了“中德学生交流会”；2005年本学科开始与维也纳技术大学建筑与规划学院（Vienna University of Technology）签署长期合作协议，计划每年互派3～5名本科及研究生交流学习。

深圳大学建筑与城市规划学院会继续充分利用自身地域优势，服务深圳经济发展，保持学科的优势，继续加强教学和科研基础建设，不断充实师资力量，提高科研学术水平，实现教学、科研并重的指导方针，扩大本学科作为广东省名牌专业在国内外的影响力。

广州城市职业学院

广州城市职业学院是2005年3月经广东省人民政府批准、国家教育部备案，由广州市人民政府举办的高等职业院校。学院于2005年9月揭牌成立。2009年5月，广州市政府批准学院加挂“广州社区学院”牌子，成为广州首家社区学院。

学院以“质量立校、人才强校、文化塑校、特色兴校”为办学理念。办学定位是：立足广州，服务广州，辐射华南，以产业需要和市民需求为导向，服务产业、服务社区、服务市民，使学院发展成为以社区职业教育为主、以岭南文化优良传统与时代精神相互交融为特征的高素质技能型人才培养基地，应用技术转化平台、社区教育与服务示范中心和市民终身学习园地。

学院位于国家中心城市广州，现有5个校区。广园南校区、广园北校区坐落在风景秀丽的白云山下、麓湖之畔，海珠、滨江及越秀3个校区分布在广州中心市区。学院建有多功能的现代化图书馆，教学大楼、实训大楼、宿舍楼、学生活动中心、室内外体育场馆等设施一应俱全。数字化校园整体建设和应用水平在全省高职院校中位居前列。

学院办学历史最早可以追溯至1962年，几十年来为社会各界培养了30多万人才，受到社会的广泛好评。2009年12月，学院以优异的成绩通过教育部人才培养工作评估。

2006年，学院率先在广州市属高职院校中将招生批次从3B提高到3A，目前面向广东、安徽、福建、江西、湖南、四川、广西、山西、内蒙古、河南、贵州、云南、甘肃等13个省、自治区招生。第一志愿上线率和新生报到率连年保持较高水平。学院围绕广州地区高新技术产业、先进制造业、高端化现代服务业和社区服务4个专业板块开设了10个专业群，设有信息技术系、机电工程系、商贸系、财会金融系、旅游系、公共管理系、艺术设计系、城市建设工程系、食品系、应用外语系、社科部、国学院、继续教育中心等13个教学单位，高职教育研究所和社区教育研究中心等科研机构。

学院拥有一支结构合理的专兼结合高素质教师队伍。现有教职工567人，其中专任教师368人，具有高级职称的142人，双师素质的教师195人。

跨入“十二五”发展新的历史时期，学院正推进办学体制机制创新，构建以学院为核心，校企双主体，依托市、区、街三级教育网络，校企社政四方合作的“一核双体三级四方”社区职业教育办学模式。通过优化师资队伍结构，改革人才培养模式，深化校企合作，加强内涵建设，不断提高人才培养质量。建有省市级精品课程15门，省市级示范专业12个，国家和省市级财政支持的实训基地建设项目11个，获得多项省、市级教学成果奖和教学科研课题立项；实施专业与课程体系改革，建立基于职业岗位工作过程的职业课程体系，全面强化学生职业能力培养。学生在国家、省级和市级技能竞赛屡获优异成绩。毕业生双证书获取率达到96.7% ，毕业生就业率连年超过98%，位居全省普通高校前列，毕业生社会评价满意率超过95%。

校企社政四方合作，实施实践教学基地合作共建工程，共建实训基地，共育人才。目前，学院建有集教学、技术开发、培训、考证等功能于一体的校内外顶岗实习基地194个，包括广州市动漫人才培养培训基地、广州市软件外包人才培训中心、广州城市职业学院珠江钢琴学院、广州城市职业学院碧桂园凤凰酒店管理学院。正在筹建广州城市职业学院远望谷物联网技术学院等。

学院注重培育校本文化根基，形成了“思诚贵和”的校风和“乐学善用”的学风。创建了国内高职院校中首个国学院，将社会主义核心价值体系融入人才培养全过程，将中华优秀传统文化精髓与职业道德、职业能力和职业精神培育有机结合，全面提升学生人文素质，造就既具有娴熟的职业技能，又拥有良好品德与和谐人格的高素质技能型人才。

学院发扬社区教育优良传统，构建以政府为主导、学院为主体、社区为中心、企业参与的社区教育与服务网络和工作体系，增强学院的社区教育与服务能力，彰显广州社区学院的功能。目前，广州市正依托学院成立“广州社区教育与服务指导中心”，学院与白云区政府合作建成广州社区学院白云分院。

学院坚持开放办学，加强国内外合作与交流，提升办学的国际化水平。目前已与德国、美国、英国、澳大利亚、香港等多个国家和地区外文化教育机构建立了校际合作关系，选派大批骨干教师赴国（境）外培训学习，提高教师职业教育能力。在选派教师出国培训的同时，也启动并成功实施了遴选学生出国进修实训工程，目前已有三批学生学成归来。与国家留学基金委员会东方国际教育交流中心合作组建成立了“广州城市职业学院东方国际学院”，与英国威尔士格林多大学合作举办专升本“3+1”项目，为学生提供了更高层次的国际教育交流与出国深造平台，并与国内多所高校开展合作办学。

今天，广州城市职业学院正秉承“立人立业”校训，抢抓机遇，迎难而上，创新社区职业教育办学模式，推进四方共育的人才培养模式综合改革，创造新的辉煌，努力将学院建成体制机制改革“先行校”、高素质技能型人才培养“创新校”、社区教育和社会服务“示范校”、高职文化建设“特色校”。

四川城市职业学院

四川城市职业学院位于四川省省会——成都市，是一所经四川省人民政府批准、教育部备案的全日制综合性普通高等学校，于2008年4月在具有十多年本科办学历史的四川师范大学信息技术学院、四川师范大学外事学院办学基础上组建而成。学院地处成都市东三环，紧邻成都铁路东客站、地铁2号线洪河站，区位优势十分明显。

学院自成立以来，恪守"修德砺能，务实拓新"的校训，弘扬"团结奋进，追求卓越"的学院精神，遵循"社会需求引领城市发展，高职教育开启幸福人生"的办学理念，强化"教会学生做人、教会学生做事"的人才培养理念，坚持"以服务为宗旨，以就业为导向；工学结合，校企合作；尊重市场，整合资源；用好机制，规范管理"、"服务城市化，专业产业化，课程国际化，教育信息化"的办学思路，设计了基于素质教育下的"一条主线三个层次"的人才培养模式，并获得四川省人民政府教学成果奖。

学院现拥有建筑工程系、经济管理系、公共服务系、汽车与信息工程系、艺术设计系、国际部共6个系（部），土木建筑类、财经商贸类、交通运输类、制造类、电子信息类、文化艺术类、公共管理类、旅游类、教育与体育类、资源环境与安全类等10大专业群、41个在校生专业，全日制在校生14500多名的办学格局，是四川省办学规模最大的民办高职院校。

学院规划面积1350亩，有成都校区和眉山校区两个校区。校园内既有完备齐全的教学、生活设施，也有碧波荡漾、水天一色的东湖，还有林木众多、曲径通幽的伴书山。校园绿化面积达到 65%以上，植被茂盛、四季繁花，被誉为"花园式"学校、四川省最美校园。优美的校园环境和校园风光，不但吸引了众多考生和各方嘉宾，同时，也成为四川省和成都市许多政府主管部门组织各类培训和考试的首选地，成为《林师傅在首尔》、《青春驿站》等众多影视剧组外景拍摄地。

学院有各类教师685人。教师队伍中，副高以上职称、研究生以上学历、"双师"素质教师约占专兼职教师总数的2/3。其中包括"全国优秀教师"2人，"四川省优秀教师"2人，"四川省三八红旗手"1人，"四川省突出贡献专家"1人，四川省学术技术带头人后备人选2人，四川省职称评定委员会专家2人、四川省高校设置委员会专家1人，"中国十佳时装设计师"1人，省级教学团队1个。学院教授、中国十佳时装设计师张晓黎参与了2014年APEC会议领导人"新中装"样衣制作工作，并获得会议筹备工作领导小组办公室颁发的优秀证书。

学院现已形成价值8亿多元的优质办学资产。校内拥有教学用计算机2129台，语音实验室12间998个座位，多媒体教室110间8402个座位，形体房5间，画室9间。教学科研仪器设备总值达6000多万元。学院图书馆建筑面积12600平方米，馆藏纸质图书104万册。拥有现代化的电子图书系统，能同时容纳近3000名学生阅览。

学院不但在校内建成50余个与各专业配套的各类实验实训室，还建成有中央财政支持的职业教育实习实训基地、四川省建设厅支持的四川省建筑工种实训基地，以及校企联建的工程实训中心、汽车实训中心、服装裁剪与制作实训基地等。学院建有经四川省人力资源和社会保障厅、成都市人力资源和社会保障局批准设立的大学生就业创业基地，每年学院有近500名学生可获得政府支持的免费就业创业培训，培训合格者可获得当地政府支持的1万元以上的创业基金。

为大力推行工学结合、校企合作、顶岗实习的人才培养模式，学院与500余家大型企业和行业协会建立了校企合作关系，其中建筑工程系与蓝光集团、华通造价、晟茂集团，经济管理系与长虹集团、北京华联、西南证券、省物流协会，汽车与信息工程系与建国汽车、迈普集团、思科网络、颠峰软件，公共服务系与成都地铁集团、国旅、万科物业、成都市物业协会、比如教育机构、成都精译通翻译， 艺术设计系与成都八益家具、柒牌集团、省市服装（服饰）协会、四川省家具协会等单位，共建180个校外实习实训基地。与成都地铁集团开办有“城市轨道交通管理与运营专业定制班”、与蓝光集团开办有“蓝光嘉宝定制班”等多个知名大型企业定制班。校企合作紧密，合作成效显著，为改善学院办学条件、创新人才培养模式、实现学生高质量就业提供了坚实支撑。

学院先后与韩国、台湾、英国、法国、澳大利亚等国家和地区进行国际交流与合作，其中与韩国全州大学、大丘韩医大学、济州观光大学已进行实际性联合办学。2013年，学院有130名国际部学生前往韩国留学，两年后在取得我院专科文凭的同时，将获取韩国大学本科文凭。2014年，也有近200名学生到韩国深造。学院现已建成中韩文化交流中心，今后还将建成代表韩国文化的世宗学院，并将与韩国全州大学、现代集团联合组建现代汽车学院，为现代汽车培养专门人才。学院也因此将成为我国西部中韩教育、科技、文化交流的大本营，成为较大规模的国际化学校。

经过六年的努力，无论是人才培养、科学研究，还是社会服务等方面都呈现出快速发展的态势，培育了一批特色专业和优势专业，学生的教育质量也获得了社会的认可，社会影响力和美誉度不断提升。六年来，学院师生在国家、省、市级各类竞赛中共获得100多个奖项，其中在全国数学建模竞赛、电子设计大赛、职业技能大赛、全国营销大赛、英语口语大赛等国家级比赛中不乏全国一等奖，学院的办学质量和内涵建设的成果得到了国家教育部、四川省教育厅以及同行的高度评价。学院的办学实践经验多次在全国、全省重要会议上作交流发言。2014年年底，接受省教育厅组织专家组对我院人才培养工作进行评估，并获全票通过。学院毕业生获得用人单位的普遍认可，相当一部分毕业生已成为用人单位的中坚力量，连续四届毕业生就业率均超过98%，获得“四川省普通高等学校毕业生就业工作先进单位”荣誉称号。2011年被评为“中国民办高等教育优秀院校”。

学院办学行为还得到了包括全国人大常委、民进中央副主席、中国民办教育协会会长王佐书，中国科学院院士、复旦大学原校长、英国诺丁汉大学校长杨福家，四川省高等教育协会会长、省人大常委会原副主任、四川大学原校长卢铁城，中国职业技术教育学会副会长、深圳职业技术学院原院长俞仲文等众多教育名家的高度肯定，认为“四川城市职业学院体制机制好，管理模式好，民办院校就应该这样办！”

2014年1月，中国科学评价研究中心（RCCSE）、中国科教评价网（www.nseac.com）发布了2014—2015年中国专科院校排行榜中的所有名单，包括全国1264所公办民办专科院校的总排名及所在地区的分地区排名。四川城市职业学院排名第176位，位列四川省50多所高职高专第2位。2014年1月，中国科学评价研究中心（RCCSE）、武汉大学中国教育质量评价中心和中国科教评价网（www.nseac.com）联合发布了2014年中国民办院校竞争力排行榜。四川城市职业学院在全国所有本专科民办院校中排名第136位，位列四川省50多所本专科民办院校第3位、民办高职院校第1位。

长江大学城市建设学院

办学历史悠久

1983年原江汉石油学院成立工民建教研室，挂靠教务处，1984年招收第一届工民建专业专科生，奠定专业发展基础，1987年经国家教委批准招收本科生，挂靠机械系，1992年成立建筑工程系，1999年立项建设结构工程硕士点，开办给水排水工程专业，2000年更名为土木与建筑系，开始招收建筑学专业学生，2003年开办工程管理专业。

1994年原湖北农学院成立建城系，招收工民建专业专科生，1997年开始招收本科生，2001年更名为工程技术系，开始招收城市规划专业学生。

2004年1月，原江汉石油学院土木与建筑系与原湖北农学院工程技术系合并组建长江大学城市建设学院。

专业学科齐全

学院现有5个本科专业：土木工程、给排水科学与工程、建筑学、城乡规划、工程管理。2个一级学科硕士点：土木工程、风景园林学，涵盖结构工程、岩土工程、市政工程、桥梁与隧道工程、防灾减灾工程及防护工程、供热供燃气通风及空调工程、建筑学、城市规划与设计、工程管理9个二级学科硕士点。1个工程硕士学位授予点：建筑与土木工程。本科生、研究生学生规模2000人左右。

师资实力雄厚学院现有专任教师78人，其中，高级职称教师43人，拥有博士学位教师19人。青年教师均具有硕士以上学历。赴美国、英国、加拿大访问学者4人，大多数教师均到访美国、欧洲、日本、新加坡、马来西亚、泰国及港澳地区。教师中，有博士生指导教师1人，硕士生指导教师16人。

实验设备精良

拥有1个省级实验教学示范中心：土木工程实验中心；1个中央与地方共建实验室：结构工程实验室；6个实验室：建筑材料实验室、土力学实验室、工程测量实验室、建筑模型室、建筑物理实验室、给水排水实验室。实验室面积3690平方米，设备1300多台（套），资产总值1441万元。

教学特色显著

从1997年开始，学院实施“产学合作，工学交替”教学改革试验，着力培养学生工程实践能力、工程设计能力和创新思维。历经16年探索，取得丰硕成果。2009年教学改革再上新台阶，获批学校第一个国家级人才培养模式创新实验区建设项目：“土建类应用型人才培养模式创新实验区”，2012年获批教育部-欧特克公司土建类专业综合改革项目。获湖北省高等学校省级教学成果奖一等奖2次、二等奖1次。

科研能力强劲

学院设有7个研究所：工程抗震研究所、结构鉴定与加固研究所、钢结构研究所、道路桥梁研究所、岩土工程研究所、CAD研究所、工程管理研究所。经过长期发展，逐步形成了以结构工程为先导，防灾减灾工程及防护工程、岩土工程为基础，建筑材料、道路与桥梁工程、建筑学与城乡规划、工程管理和水环境工程为发展范畴的整体学科分布。学院在工程结构震害防治理论及应用研究、在役结构防灾安全性评估、土木工程结构加固技术等研究方向具有特色与优势。近5年来，出版专著（教材）24部，在国内外核心期刊、国内外学术会议上公开发表学术论文700余篇，承担国家自然科学基金、湖北省自然科学基等纵向科研项目100多项。

设计成果丰硕

由学院承办的长江大学设计研究院拥有建筑设计甲级、岩土工程勘察乙级和城市规划丙级编制资质。设计创新能手多，现有国家一级注册建筑师4人，二级注册建筑师5人，一级注册结构工程师9人，注册城市规划师2人，注册造价工程师2人，注册监理工程师2人，注册公用设备工程师3人，注册土木工程师（岩土）2人。近几年主要设计项目有：荆州熊家冢遗址博物馆（楚王车马阵景区）建筑与景观设计，新洪湖宾馆（五星级）设计，安徽省庐江县第一人民医院规划与建筑设计，长江大学13、14号教学楼、艺术学院教学楼勘察及设计，长江大学武汉校区教学实验中心、体育训练馆设计，新疆生产建设兵团农二师30团华瑞家园、幸福花园、锦绣花园设计，荆州宏泰·中央华府一期B区高层住宅设计，荆州沙北新区徐桥A安置点住宅小区设计，荆州东方玫瑰园住宅小区设计，深圳森丰真空镀膜有限公司工业厂房及配套设施设计，华北油田华苑综合楼设计，荆州聚珍园地下商业广场基坑支护设计，远安县、当阳市、松滋市城镇及新农村规划设计等。多个项目荣获省级优秀勘察设计成果奖。设计研究院是学院师生的实习实践基地，是学院面向建设行业的桥梁，是学校规划建设的核心力量，更是学院科研孵化基地。

学生成人成才

学院突出教学中心地位，注重学生全面发展。学生事务倡导“美丽学习、快乐创新”、“设计城市、设计生活”，着力学生班集体和班主任队伍建设，打造“魅力城建”。开展我们的学风“一对一”主题班会、“感恩的心·眷念的情”主题班会、“国际视野社会良知专业素养”大讨论、“十佳学生”评选、“魅力班级”建设、党员教师联系学生、教工支部联系学生班级等主题实践活动，成为学校特色和品牌。建立“学生工作室”，吸收本科学生参与教师科学研究和设计工作。坚持学生集中晨读，坚持教师走进学生学习生活。设立校友和企业奖助学金，资助学生班级和学生个人。近几年，学生参加省级以上各类学科竞赛每年获奖70人次左右，毕业生一次就业率均在95%以上。基础理论知识宽厚、道德人格情感丰富、设计动手能力强、肯吃苦勤钻研凝固为传统，成为学生的竞争优势。

石家庄城市经济职业学院

石家庄城市经济职业学院是经河北省人民政府批准设立、国家教育部备案、河北省教育厅直属的培养城市经济建设发展与管理职业人才的全日制普通高等院校，面向全国招生。毕业由学院颁发教育部统一印制的普通高等学校专科学历证书。

学院地处河北省会石家庄经济技术开发区，交通便利。占地面积近360亩，校园环境幽雅整洁。无线网络覆盖整个校园，全部实现多媒体教学，教育教学软硬件设施一应俱全。学院逐步实现“专家治校、名师执教、准军事化管理、校园文化育人”。现有专兼职教师124名，外籍教师3名。教授、副教授及“双师型”教师占47%以上。学院2008年顺利通过教育部教学水平工作评估并受到各界好评。

学院为适应现代城市经济建设对职业人才的需求，不断拓展了新的专业领域。现设有财会、经贸、金融、工程、职业外语、科技信息、航空旅游与管理服务等八个主干专业，34个专业方向。在校生近3000人。

学院提出了“品德好、专业强、懂经济、会管理、善创业”的高素质技能型职业人才培养目标，旨在加强学生职业技能训练，提升学生综合就业和创业能力素质。为此，学院重视加强职业技能培训中心建设。目前拥有Y7型实体飞机一架、航空模拟方舱一座，以及会计电算化、金融实务、报关操作、营销策划、工程赏析、电子商务、情景外语、软件开发、动漫设计、酒店服务、形体训练等18个实训室。使学生在校既能系统学到专业知识，更能得到端正人生观、树立职业道德、强化商业思维、提高就创业能力的教育训练，力争使学生毕业时均能获得“双证”或“专本连读”，为学生适应未来职场竞争打下坚实基础。

学院秉持“以育人为根本、以就业为导向”的办学理念，注重内涵建设，坚持把培养道德素养放在首位，把培训学生创业技能贯穿始终。并逐步探索形成了“校企合作办学”、“订单培养”、“顶岗实习”、“课、证、赛一体”等教学模式，努力使学生学有所长、学有所用，积蓄潜能，顺利就业。学院还在北京、上海、深圳等大中城市设立了学生就业办事处。与国内银行、铁路、民航、教育等多家单位签署了联合培养协议。近年来学院毕业生均以“职业化程度高、综合能力素质强”的竞争优势受到用人单位欢迎。学院每届毕业生就业率达到96%以上，专接本率名列省内同类院校前茅。目前毕业生多在铁路、民航、银行、外语教学、进出口贸易、导游、翻译、销售、信息网络等多项工作领域大显身手，享有较稳定丰厚的工薪待遇。还有部分学生飞出国门赴美国、加拿大、德国、澳大利亚、新西兰等国家继续深造或加入外籍从事工作。

全国城市经济研究机构汇编

中国城市经济教育培训中心

中国城市经济教育培训中心，是中国城市经济领域科研、教育培训机构。由中国城市经济学会秘书处、《中国城市经济》杂志社和上海城市经济进修学院共同组建。

中国城市经济学会在“科学发展观”和“构建和谐社会”思想的指导下，邀请全国著名的专家、学者参与组织建设一所具有中国特色、能满足日新月异的城市化进程需求的教育培训和科研交流机构；为全国范围内的城市规划、建设及其经济发展，提供领导干部、专业人员培训和科研学术交流；努力为提高中国城市经济发展水平做出积极的贡献。

中心的宗旨

中国城市经济教育培训中心的宗旨是：“以人为本，崇尚科学，求真务实，服务城市。”

办学的目标

中国城市经济教育培训中心的目标是成为：全国城市经济领域的共享教育平台；引领知识经济时代的科研平台；主动与国际接轨的学术交流平台；勇破实践难题的咨询平台。

师资的联盟

中国城市经济教育培训中心将与中国社会科学院、北京大学、清华大学、中国人民大学、复旦大学、同济大学、上海交通大学、上海财经大学、上海师范大学、西安交通大学、华东政法学院、北京交通大学、英国利物浦大学、日本早稻田大学、澳大利亚教师进修学院等国内外多所名校合作，形成师资联盟体，为“城市经济”人才的教育培养提供丰富的教育支撑和强有力的科研后盾。

培训的模式

中国城市经济教育培训中心在全国相关城市设立培训基地，开展党政干部与各级城市管理人员培训，组织会员和相关城市管理干部和科研人员进行国内、国际城市之间的学术交流和经验介绍。同时，中心还与中国城市经济网、中国网络新闻网、邸讯网建立战略合作伙伴关系，协作开展网络教育和培训，共享城市经济教育、科研在全国的交流平台。

中国城市临空经济研究中心

中国城市临空经济研究中心（China Center Urban Airport Economy Research，以下简称“研究中心”）成立于2011年，由中国城市经济学会和中国城市经济专家委员会共同组建，兴华时代国际城市经济研究院负责日常运营，是国内较早开展临空经济研究，推动临空产业发展为宗旨的专业机构。

研究中心自成立以来，依靠中国城市经济学会和中国城市经济专家委员会数百名知名专家学者，按照“兼容并蓄”的科研理念，积极整合社会各方资源，打造开放式研究和产业融合平台。2011年6月，在京成立首届理事会，2013年12月，研究中心第二届理事会成立。理事会由来自政府、民航局、机场集团、航空企事单位、航空院校和国家发改委系统等近50名官、产、学、研、用各方人员共同组成。研究中心目前实行理事会领导下的秘书长负责制，中心下设产业规划部、通航研究部、咨询服务部、市场拓展部、项目开发部和中部临空经济研究所等部门，其中中部临空经济研究所为我中心和河南航空经济研究中心共建。

研究中心目前提供包括临空经济区（航空城）战略规划、产业规划、区域规划、投融资体系设计、营运体系构建、通航产业规划、机场建设项目的政策研究、口岸物流与保税物流协同发展规划及通用飞机制造的可研及项目申请等方面的咨询服务。近年来，研究中心先后完成《做实做强临空经济的创新平台——中国民航科技化产业化基地（天津）发展研究》、《洛阳民航发展战略研究》、《北京顺义区通用航空产业战略研究》、《东莞市通用机场布局规划研究》等多个课题，2014年中心积极探索航空产业与金融的融合发展，与平安银行总行合作，正在进行《中国通用航空产业发展的深度分析报告》的调研和编制工作，为产融结合摸索新的途径。

中心还先后举办“2013第一届中国临空经济发展研讨会(北京)”、“2013中国通用航空产业发展研讨会”“2014第二届中国临空经济发展研讨会(贵阳)”、“2014中国（重庆）临空经济高层研讨会”、“2014中国（绵阳）通用航空产业发展研讨会”、“机场建设和管理系列培训班”、“中国通用航空产业投资和发展系列培训班”、“哈尔滨临空经济发展高峰论坛”等专业培训班、论坛和会议。

研究中心积极推动中国通用航空产业的发展，为政府和企业搭建学术、产业和投资交流平台，目前与中航出版传媒有限公司联合出版《公务与通用航空》杂志。与中国航空传媒有限责任公司四川分公司合作，计划联合在中国十佳旅游期刊《中国航空旅游》平台上打造临空经济专栏，通过媒体服务大众、服务行业、促进商业。

研究中心与地方政府密切合作，先后在华北、中南、东北等多个城市的临空经济区和通航产业园建立产业实践基地，帮助地方政府进行产业规划和重点项目引进。

2013年，在第十五届北京国际航空展（国内第一个航展）期间全权负责航展主板块“临空经济区”展区设计和推广，组织国内临空经济区和通航产业园区组团参展，并组织天津东丽国家级航空航天产业基地、河南西华通用航空产业基地等进行专场推介，与全球航顶尖航空制造和服务企业现场进行洽谈，以务实的姿态推动中国航空经济的发展，践行理论研究与产业发展并举之路。

航空经济发展河南省协同创新中心
（河南航空经济研究中心）

航空经济发展河南省协同创新中心（河南航空经济研究中心）是河南省教育厅批准建设的省级协同创新中心和省级研究机构，是以航空经济为研究对象，为服务郑州航空港经济综合实验区建设而设立的科研机构。中心以郑州航空工业管理学院为牵头单位，与河南省发展和改革委员会、郑州市人民政府、河南省工业和信息化厅、河南省民航发展建设委员会办公室、河南省机场集团有限公司、河南民航发展投资有限公司、中国城市临空经济研究中心（北京）等多家单位联合组成的航空经济发展协同创新战略联盟体。

中心依托郑州航空工业管理学院8个省级重点学科和协同创新联盟体合作方资源，开展航空产业、航空物流、航空金融、航空贸易、航空信息、航空材料、航空维修、航空都市领域的技术研发、服务咨询和成果孵化与推广。聘请了John Kasarda（约翰·卡萨达，美国北卡来罗纳大学教授，世界航空城大会主席，美国科学促进协会院士）、Alex Kirby（阿历克斯·科比，世界航空经济咨询专家，世界航空城大会秘书长）、张宁（北京航空航天大学教授，博导）、耿明斋（河南大学教授，博导）为首席科学家，组建了24个创新团队，拥有一批省级实验室和科研机构。

中心面向郑州航空港经济综合实验区建设，先后承担了河南省市发改委、省民航办、省航投、富士康等单位委托的关于实验区建设相关航空物流、航空维修、航空人才、实验区投资规模等政策咨询、规划论证和研究项目29项，取得了良好的社会经济效益，多项成果获得升级奖励。中心与经济科学出版社合作出版了《航空经济论丛》第一批专著4部。

中心正努力打造成为航空经济理论研究的学术创新高地、航空港经济发展战略决策的高端智库、航空经济高端特色人才的培养基地和航空经济建设的国际交流平台，为郑州航空港实验区建设提供理论指导、决策咨询、信息支持、技术支撑和人才培训，为把郑州航空港实验区建设成为全国航空港经济发展示范区提供服务。

中国城镇建设投资指导中心

为全面深入贯彻党的十八大精神，继续推进中国特色社会主义建设，加快我国城镇化建设的发展，如期实现到2020年全面建成小康社会目标。

中国城镇建设投资指导中心的旨在集合各领域优势，紧紧围绕国家城镇化建设的需要，凝聚国内外多方力量，组成资源庞大的合作平台，为推进城镇化产业结构、促进经济发展、在城镇建设、城镇投资、节能环保、社会保障等一系列发展做出努力。

中国城镇建设投资指导中心的宗旨是：到2020年，全面建设惠及十几亿人口的更高水平的小康社会，以工业化、城镇化、市场化、国际化为标准，建设中国特色重点城镇，为农业、农村、农民服务，提高农村发展环境和促进社会进步。

中国城镇建设投资指导中心的工作内容是："1887工程"，是由建设部、发改委、民政部、国土资源部、农业部、科技部六部委联合在全国范围内选择确定了1887个重点城镇进行小康文化示范建设，宗旨是统筹城乡经济、建设现代农业、增加农民收入，扶持、培育重点城镇进行种植、养殖、加工、物流及旅游基地的小康示范建设以及人才开发、城乡文化、职业培训、紧急救助、捐资助学、援孤助残、国际交流等。

中国城镇建设投资指导中心，本着全面推进"1887"工程，辅助政府用现代物质条件装备农业，用现代科学技术改造农业，用现代产业体系提升农业，用现代经营形式推进农业，用现代发展理念引领农业，用培育新型农民发展农业，提高农业水利化、机械化和信息化水平，提高土地产出率、资源利用率和农业劳动生产率，提高农业素质、效益和竞争力。按照重点城镇建设总体要求，从中国重点城市建设理论研究、模式探索、经验推广，到提供重点项目投资、融资咨询及指导，走出一条具有中国特色的"农业现代化、农村城镇化、农民市民化"的发展路子，推动中国特色重点城镇建设，从而达到经济更加发展、民主更加健全、科技更加进步、文化更加繁荣、社会更加和谐、人民更加殷实。

中国城镇建设投资指导中心将充分整合、利用资源，促进地方政府与高科技产业企业之间、投资集团与政府之间的沟通与合作，推动国内外金融及科技产业的交流与互动，实现快速便捷的资源共享。

中国城镇建设投资指导中心拟采用会员制，选择高科技产业负责人，城乡建设负责人，作为理事会成员，选举产生常务理事长，副理事长和秘书长。中国城市经济城镇化建设专业委员会希望通过一套与实践紧密相结合的方法，造就一支数量充足、具有创新思维和创新能力的高技能人才队伍，推动城镇建设经济发展和居民幸福指数提高，为国家城镇经济建设和社会发展提供项目、资金、技术、人才等诸多方面储备。

中国城镇建设投资指导中心主任：贾东

中国城市旅游开发投资服务中心

中国城市经济专家委员会是由中国城市经济学会、中国投资协会、中国城市建设研究院、中国信息协会等单位联合组建的国家级科研、学术团体。中国城市经济专家委员会是一流人才技术支撑的、对口服务政府部门和大中型企事业单位。中国城市旅游开发投资服务中心隶属于中国城市经济专家委员会，主要负责中国城市经济专家委员会城市相关旅游方面的事务。旗下有城市旅游网（www.cucw.net），日常工作由中城旅文化传媒（北京）有限公司负责具体运营。

中国城市旅游开发投资服务中心以国际先进的旅游理念，广泛的旅游市场为前提，集中国社会科学院、国资委、发改委、环保部、国家旅游局等相关领导专家资源，为城市旅游提供咨询、调研、规划、培训、活动、出版、市场营销、招商引资、申请相关经费、宣传、舆情监测等方面提供全链条整合式解决方案。

中国城市旅游开发投资服务中心中国城市旅游开发投资服务中心致力为城市旅游事业贡献力量，我们以上千家中外媒体的传播度有效挖掘城市旅游文化品牌，我们来自各部委权威专家的咨询力，论证项目公关，为城市旅游资源再现价值力。中心以国际城市论坛高规格的国际力让城市旅游走向世界，我们以传统的视角再现中华民族的文化积淀。中心深信只有民族的才是世界的。我们根植伟大中华民族的文化力量引导国际旅游。中心整合城市旅游资源为城市旅游定位、传播、营销、招商、咨询、调研提供全链条服务，融会中西、只有适合的才是最好的。

中心的服务内容包括：城市旅游品牌定位，旅游产业规划与调研，形象包装与传播，名人活动的营销，国家政策项目扶持的培训，旅游地产的策划与招商，旅游产品的设计与开发，文化品牌的梳理与推广媒体传播与舆情的监测等服务。

规划设计

以中国城市建设研究院为主要依托，针对城乡规划、市政公用行业、建筑工程、风景园林、环境工程等十几个专业的问题，提供甲级资质和相关高层次的全面合作的专家团队，拥有许多达到国际先进和国内领先的城市规划建设研究设计项目案例。

会议论坛

中国城市旅游文化品牌论坛、国际城市发展论坛、中国城市经济论坛是中心的主要活动品牌。

论坛邀请的专家有两类：一、对中国或世界经济研究与社会发展有突出贡献的学者；二、具有丰富实战经验的国家或地方领导干部。他们要么是享有院士、学部委员或国务院特殊服务津贴荣誉的顶级专家，要么是参与国家重大项目、课题研究的学科带头人，要么担任中央或地方政府要职，在我国社会经济发展中有着举足轻重的地位。

培训讲座

中国城市经济教育培训中心作为我国权威的城市经济领域的培训机构，积极参与各级城市政府的科研培训和决策咨询，举办大型学术讲座、政府企业的培训，立足于培养具有国际视野和国际竞争力的旅游与经济管理人才。

媒体宣传

城市旅游网（www.cucw.net）针对省市级网站加盟商和旅游景区，提供全方位媒体传播。中心拥有千家媒体宣传通过报纸、杂志、网谈、电视、广播等手段，迅速扩大品牌影响，同时有覆盖1200余辆高铁动车传播品牌。

中国城市经济年鉴（旅游卷）

中国城市经济年鉴（旅游卷）是一部全国性、综合性、资料性年鉴，是各级领导科学决策和规划城市现代化建设与发展，专家学者研究中国城市经济和中国特色城镇化道路的必备参考书；是广大读者案头实用的知识性和综合性的图书；是一本有重要参考价值的文献图书。

中国城市旅游开发投资服务中心组织机构

主任：杜冰锬

执行主任兼秘书长：王爱文

副秘书长：胡建宏

副秘书长兼城市旅游网主编：朱裕丰

运营单位：中城旅文化传媒（北京）有限公司

中国城市发展联盟

中国城市发展联盟是由科研院所、高科技企业、社科组织、高等院校及地方商会等自愿联合发起成立，拟经国家民政部登记管理机关核准登记的全国性、不以营利为目的的社会团体组织，根据专业不同划分成立不同的专业委员会。

联盟维护联盟成员的合法权益，维护中国城市发展整体利益，反映联盟成员诉求，编写《中国城市发展联盟优秀项目大典》。以为中国城市发展提供高效服务，建立中国城市永续发展环境为宗旨；中国城市发展联盟利用多方优势进行适度整合，建立并提供中国城市发展的综合信息、咨询和技术平台；规范联盟成员市场行为，提高项目的科技水平，建立竞争有序的科技服务市场；保护知识产权，鼓励技术创新，加强联盟成员管理、教育、监督；应用各专业行业泰斗、学者、专家智慧，推广高科技项目落地实施；加强人文教育、科普教育、学术交流，服务于中国城市发展，建立永续发展环境。

中国城市发展联盟为中国城市发展实实在在做三件事情：

1. 为城市发展提供咨询；
2. 高科技项目推广及科技产业园建设；
3. 立体养老服务。

一、中国城市发展联盟概述

中国城市发展联盟是一个为中国城市发展提供信息、咨询和技术的平台；是一个具有多学科、多领域的综合平台；是一个在科技领域具有领导地位、在政策和行业咨询领域具有权威性的平台。为了更好地服务于城市发展在全国各城市设立办事处，编写《中国城市发展联盟优秀项目大典》，建设联盟专家库。

二、中国城市发展联盟成立

中国城市经济专家委员会、北京中国科学院老专家技术中心、中国智慧科学研究院等多家学术科研机构共同发起并于2014年5月16日成立了中国城市发展联盟。中国城市发展联盟在这样的时刻成立是顺应社会需求，主动承担社会责任，建立城市发展平台，为中国的城市发展应用联盟主体的智慧、资源和科技，建立中国永续发展理念，提出科学的建议，推荐优秀项目和高科技技术，使中国未来的城市发展走向理性、健康和永续。

2014年8月2日，中国城市发展联盟第一届代表大会第二次会议，表决通过《中国城市发展联盟章程》、《中国城市发展联盟成员手册》和《中国城市发展联盟自律公约》。并且在第一届一次主席联席会议中，增选常务副主席8名。中国城市发展联盟的成立是中国城市发展史上的里程碑，是中国社会职能体制改革的一种体现，是新型城镇建设、城市发展方向定位、城市环境建设、城市经济建设、城市智慧建设、城市人文建设和城市可持续性建设的智囊，是城市资源深度整合、区域经济规划、项目落地实施的平台。

三、中国城市发展联盟奋斗目标

中国城市发展联盟携手各级政府和广大企业，致力于我国的现代化城市建设事业，发展绿色经济，打造绿色城市，以国家新型城镇化规划为指导，以“社会文明昌盛，经济快速发展，环境质量良好，资源合理利用，生态良性循环，城市优美洁静，基础设施健全，生活舒适便捷”为标准，为中国城市发展提供新的经营发展理念，加强城市化管理创新和机制建设。坚持走以人为本、四化同步、优化布局、生态文明、传承文化的新型城镇化道路，遵循发展规律，积极稳妥推进城市化进程，从而不断寻找新的经济增长点，发展绿色经济，提高居民生活质量，树立城市新形象，建设各具特色、宜业宜居，充满生机与活力的现代城市。

联盟的宗旨是：为中国城市发展提供高效服务，建立中国城市永续发展环境。

四、中国城市发展联盟运营管理机制

中国城市发展联盟以发起单位为决策管理层，以战略合作伙伴为核心管理层，联盟成员为业务管理层，联盟秘书处负责联盟日常工作和开发建设全国城市范围内的中国城市发展联盟办事处。

中国城市发展联盟遵照发展联盟章程，在中国城市发展联盟主席、执行主席、常务副主席的领导下，由联盟秘书处执行联盟大会制定的工作内容，完成工作目标。不是以营利为目的运行模式开展工作，以收取会费和项目管理费为主要收入。

中国城市发展联盟是由战略合作伙伴和联盟成员组成，战略合作伙伴和联盟成员是联盟平台优秀项目的提供者，同时也是优秀项目的使用者和项目的建设者，与联盟平台是双向关系，在项目提供和项目建设中双项或多方共同受益。

五、中国城市发展联盟的组织职责

中国城市发展联盟维护联盟成员的合法权益，维护中国城市发展整体利益，反映联盟成员诉求。以为中国城市发展提供高效服务，建立中国城市永续发展环境为宗旨；中国城市发展联盟利用多方优势进行适度整合，建立并提供中国城市发展的综合信息、咨询和技术平台；规范联盟成员市场行为，提高项目的科技水平，建立竞争有序科技服务市场；保护知识产权，鼓励技术创新，加强联盟成员管理、教育、监督，应用各专业行业泰斗、学者、专家智慧，推广高科技落地项目、人文教育、科普教育、学术交流，服务于中国城市发展，建立永续发展环境。

中国城市媒体发展研究会

中国城市媒体发展研究会由中国城市经济学会、中国城市经济专家委员会、中国城市经济研究院、中国城市经济杂志社、中华英才半月刊社、法制日报社、中国网络新闻网、公益慈善报社、中国新闻报、蔬菜杂志社、中国网、林业经济杂志社、中国蓝图智业研究院等相关媒体领导同志联合发起成立。由中国城市经济专家委员会主管并指导工作，中国城市经济专家委员会主要从事城市经济理论研究，推动全国城市学术研究成果交流，繁荣城市经济，促进城市发展。

中国城市媒体发展研究会宗旨为："团结城市媒体，服务城市传播，促进媒体研究，共谋合作发展。"中国城市媒体发展研究会方向是研究城市媒体的发展经验，增强城市间媒体的协作与交流，更好传播城市品牌。

中国城市媒体发展研究会官方网站中国网络新闻网（www.wlxw.cn）是中国城市媒体发展研究会的官方门户网站。以"聚焦网事、走近网民、探索真相、影响舆情"为办网宗旨，坚持"主流价值社会责任"的办网立场，立足互联网，聚焦新媒体，力求把握网络发展脉搏，探索网络传播规律，传播网络先进文化，反映网络舆情民意，倡导网络生态文明，打造传统媒体与网络媒体相融共生的新平台。

会长：张巨功

执行会长：张月奎

常务副会长：韩平福　付　蓉

副会长：王福如　张书毅　张云柱　蔡圣长　孙德禄　蔡　励　罗友桂　李遵全　蒋泓峰　陈培桄　乔海印

执行副会长：张海燕

秘书长：李　罡

服务模式

媒体研究、媒体整合、课题研究、模式设计、维权调研、经济咨询、活动论坛、培训讲座、媒体策划、新闻发布。

课题研究

政府部门与企业在区域、城市及企业发展、公共管理与公共服务上遇到的各种情况，中国城市媒体发展研究会依托中国城市经济专家委员会上百位领导专家根据服务对象的需求，针对性地进行课题研究，或者提出课题研究方向，以供决策参考，调动中国网络新闻网地方频道有效开展领导专家咨询，专家服务到一线活动，帮助地方政府企业解决困难。

模式设计

以中国城市媒体专家为客户提供立体式解决方案，正确引导舆论，提炼核心文化，传播价值信息，促进客户与市场双赢，我们重点关注解决客户实际的问题与难题，以结果为导向，运用全方位立体人脉拓展多元化业务。

经济咨询

提供专业性、高层次的经济咨询服务，即根据客户需求，就经济活动中存在的问题进行调研、给出方案、并提供经常性的经济信息服务，运用国家级研究的专家团队，为中央、地方及企业的各类建设项目可行性论证提供优质服务。

活动论坛

中国城市媒体发展论坛、中国城市媒体项目洽谈会、国际城市发展论坛、中国城市驻外机构发展论坛论坛邀请的专家有两类：一是对中国或世界经济研究与社会发展有突出贡献的学者；二是具有丰富实战经验的国家或地方领导干部。他们要么是享有院士、学部委员或国务院特殊服务津贴荣誉的顶级专家，要么是参与国家重大项目、课题研究的学科带头人，要么担任中央或地方政府要职，在我国社会经济发展中有着举足轻重的地位。中国网络新闻网地方频道运用地方的人脉拓展地方论坛，助力地方政府企业品牌提升。

培训讲座

中国网络新闻网承接中国城市经济教育培训中心的相关培训业务，中国网络新闻网各地方频道可以依托中国城市经济教育培训中心开展有关地方政府和企业的培训。作为我国权威的城市经济领域的培训机构，积极参与各级城市政府的科研课题和决策咨询，举办大型学术讲座、政府企业的培训，立足于培养具有国际视野和国际竞争力的经济管理人才。

媒体传播

国内外城市媒体资源发布，软文稿件的策划营销，媒体的舆情监测，我们和上千家知名媒体建立了转载合作关系，网络覆盖超过上万名编辑记者的媒体资源，通过线上线下互动，策划营销，提供关键词导向。运用24小时全球咨询发布能力，帮助客户在全球范围内提高知名度，树立品牌形象，吸引潜在客户，商务合作伙伴和投资者。

媒体监测

监测国内外媒体、传统媒体加新媒体的舆论信息，舆情监测加效果导向立体化传播，快捷的套餐发布，关键词软文营销的设计，成本低廉全面周到的服务，收录显著效果明显品牌的全球落地，让您的关键词迅速占领互联网舆论阵地。

维权咨询

我们结合国家有关法律法规，运用媒体、律师、信访等资源为企业提供维权咨询服务，为企业发展保驾护航。

中国城市驻外机构研究会

中国城市驻外机构研究会是由中国城市经济学会秘书长张巨功、国务院机关事务管理局驻京办管理司前司长戚占云、国务院机关事务管理局驻京办管理司前副司长李金声、北京军区宣传部原部长、政研室主任张月奎、中共中央党校原校委会委员、组织部长、三农问题研究中心主任张虎林、北京市经济技术协作办公室原主任郑焕明、各省市驻京机构信息协会前会长李安才、中国文物学会会馆专业委员会会长、驻京历史研究专家汤锦程、驻京资讯、邸讯网出品人李罡等人发起成立。宗旨为："回顾城市驻外机构历史渊源，总结城市驻外机构发展经验，传播城市驻外机构研究成果，服务城市驻外机构发展，为城市经济发展做贡献。"

中国城市驻外机构研究会口号："中国招商　招商中国"

一、树立大数据，编辑出版中国城市驻外机构招商年鉴。

二、树立大品牌，组织召开中国城市驻外机构发展论坛。

三、树立大导向，通过研究驻外机构产业链引导驻京办。

四、树立大链条，逐步完善服务城市驻外机构产品体系。

五、设立健全的下属机构，政府招商引资服务中心、驻京医疗服务中心、人才交流服务中心、特色产品服务中心、友好城市对接中心、驻京消费服务中心、教育培训服务中心、城市宣传推广服务中心、城市咨询服务中心、驻京商会协作中心、技术科技协作中心。

六、服务体系和产品：城市经济报驻京资讯专刊、驻京在线邸讯网、中国城市驻外机构招商年鉴、中国城市驻外机构发展论坛、出版书籍。

《驻京资讯》以"服务驻京机构，发展地方经济，搭建交流合作平台"为办报宗旨，致力打造"最具影响力的驻京传媒"。《驻京资讯》拥有无与伦比的全球发行网络，每期将赠送上万多家政府企事业单位驻京机构。《驻京资讯》是政府及企事业单位驻京办事处等高端、权威人士的首选报纸。

驻京机构门户网站邸讯网，目前已开通35个频道和1个sns网络、1个社区，另外还有手机wap站和rss订阅模块，以及开发中的邸讯全国各省市特产礼品商城。据中国城市驻外机构研究会秘书长兼邸讯网董事长李罡介绍，该网站宗旨为专注驻京领域，网络搭台、经济唱戏。李罡表示，在互联网时代，网络是驻京机构信息收集工作必不可少的工具，邸讯网就是为了更好地传达信息，作为《驻京资讯》更有效的补充，使驻京机构间的横向交流更便捷，更高效地为驻京机构提供服务工作。

同时，邸讯网将为驻京机构提供一些专业化的网络服务、咨询和技术支持。内容上，提供包括资讯、财经、科技、生活、供求、投资、招商、合作、求医、教育等一系列和驻京机构职能密切相关的服务；功能上，提供包括供求信息发布、人脉资源交流、招商引资更新、项目活动发布等和驻京机构需求密切相关的各项内容；技术上，采用了国际IP和四线——网通、电信、教育网、铁通线路，实现全国无盲点、覆盖面广。此外，邸讯网采用独立的服务器、成熟的技术架构、科学的网站管理、一流的优化策略，相信会成为驻京机构工作、交流的一个必不可少的平台。

会长：张巨功

常务会长：戚占云

常务副会长：郑焕明　张虎林　李金声　江明藻　林智源　贾若愈　朱志林　张月奎

副会长：汤锦程　韩　立　李忠斌　孙德禄　曹　杰　黄登峰　李国玲　王东风　章兆平

秘书长：李　罡

常务副秘书长：杨惠紫　孟　龙　张　涛

副秘书长：吴长鑫　纪小洞　吴岩峰

研究会官方网站：www.zhujingban.cn

中国城市经济产业联盟

中国城市经济产业联盟（英文名称为“China Industrial Association for Urban Economic”，英文缩写为“CIAUE”，下简称“联盟”）是在充分贯彻落实《国家中长期科学和技术发展规划纲要（2006—2020年）》，以及国务院《关于充分发挥科技支撑作用，促进经济平稳较快发展的意见》（国发〔2009〕9号）中“加快建立以企业为主体、市场为导向、产学研相结合的技术创新体系，促进经济结构调整和产业优化升级，提升产业核心竞争力，实现创新驱动发展”的精神的前提下，严格遵循科技部等六部门《关于推动产业技术创新战略联盟构建的指导意见》（国科发政〔2008〕770号）、《国家技术创新工程总体实施方案》（国科发政〔2009〕269号），《国家科技计划支持产业技术创新战略联盟暂行规定》（国科发计〔2008〕338号），以及《关于推动产业技术创新战略联盟构建与发展的实施办法（试行）》（国科发政〔2009〕648号）等文件规定的背景下，由致力于促进中国城市经济健康、高效、绿色、可持续发展的有关研究机构、社会团体、相关企业、媒体、专家学者共同发起成立的。联盟旨在搭建成员企业与市场、社会以及政府的交流合作平台，建立成员宣传和推广的桥梁纽带，推动成员同各地、各行、各界力量进行交流和合作，弘扬联盟精神，建设联盟文化。

目前，联盟共有成员企业1000余家，涵盖了包括基础材料、消费者非必需品、消费者常用品、能源、金融、医疗保健、工业、信息技术、电信服务、公用事业等10余个行业部门，67个行业。联盟于2013年5月以来，不断摸索和研究，期间得到了社会各界的关怀和支持。在秉承“自我服务、自我管理、自我约束，共同成长”宗旨的前提下，联盟大力推动成员间的交流与合作，同时，不断扩大联盟与有关组织的交流，其中直接组织活动2次，参与或协办活动9次，学术沙龙、产品推荐、科学普及等小活动基本每周一次，成员企业普遍反映加入联盟，增进了了解，加深了认识，拓宽了视野，深化了想法。

今后，联盟仍将一如既往，努力服务好成员企业，向成员提供政策、资金、人才、信息、管理等方面的资源，团结互助、携手共进。

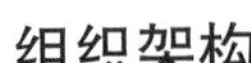
组织架构

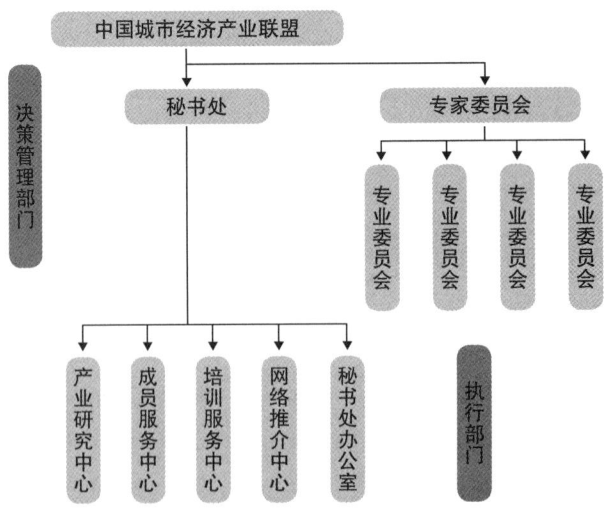

一、服务目的

实现一个核心目标：

促进中国城市经济健康、高效、绿色、可持续发展。

完成两个关键对接：

一是企业与市场的对接。中小企业不仅在国内市场上扮演着重要角色，而且在国际市场上也日益迸发出盎然生机与活力。联盟将通过培训、引导、提供平台、模式创新等方式，引导成员企业充分发挥自身的特点，积极发展科技型经济，参与国内外市场的竞争，完成各个层面上对接工作。

二是企业与政府的对接。在中小企业中普遍存在一个问题，就是对国家和地方政策不是很了解，对政策价值不是很有把握，政策申请程序，相应人员不具备，企业也不具备申请能力，导致很多政策实现不了。联盟将通过沙龙、座谈、实地考察、讲座等方式，努力提高企业政策敏感度，帮助企业家下力气通过科技政策的学习，通过运用政策支持，不断提高企业创新能力，完成成员与政府的对接。

二、服务依托

打造三个服务平台：

一是打造合作平台。通过联盟合作平台，有效地将盟内成员的资源进行整合，实现成员间的交流互动和信息共享，挖掘成员企业建设、发展过程中的典型经验，树立成员企业发展的典型标杆，为成员间的项目合作与对接提供便利。

二是打造学习平台。通过联盟学习平台，使盟内成员充分了解城市化进程中与自身企业发展相关的政策法规，掌握先进的企业管理理念和方法，提升企业从业人员的素质和能力，帮助企业改善管理，提升能力和组织绩效。

三是打造沟通平台。通过联盟沟通平台，使盟内成员能够有效地与地方政府项目形成对接，并依托联盟的资源整合能力、咨询服务能力、投融资规划能力、营销拓展能力、品牌策划能力以及关系维护能力，开展项目投资，形成推动城市化进程的有生力量。

三、服务内容

解决成员企业六类需求——政策需求、人才需求、资本需求、市场需求、科研需求、人文艺术需求。

一是解决政策需求。联盟将通过组织调研、圆桌会议、组织招商洽谈会、提供实证性分析等方式，努力学习政府支持企业开展“产、学、研”技术开发和为企业技术发展提供指导的政策。同时，联盟还严格按照国家科技部科技型中小企业创新基金管理中心组织的要求，设计了《成员企业创新发展政策需求调查问卷》，并定期进行收集和统计，向有关部门进行反馈和交流。

二是解决人才需求。联盟将帮助企业建立或完善内部的人才培养，并严格按照以下方式来进行：（1）以企业为主体，决策层支持，联盟帮助设计的外部培训；（2）以部门为主体，负责人为主讲，联盟进行引导的上下级指导;（3）以员工为主体，自我提升，联盟进行规划的权利激励；（4）以目标为导向，部门间分工，联盟进行协调的交叉督导。此外，联盟还将努力帮助企业拓展人才引进渠道，通过：（1）现场及联盟网络等平台招聘；（2）联盟成员举荐及内部人员介绍;（3）联盟科研单位合作培养的人员；（4）政府组织的各种公共性资源的有效使用；（5）联盟代为进行的专业性的匹配。

三是解决资本需求。联盟现已有金融类战略合作伙伴41个，其中银行10家，投资公司13家，基金管理公司1家，券商5家，财务公司2家，信托2家，资产管理公司8家，形成了一个多渠道、多层次、多角度、全方位的综合性金融服务体系。并且，联盟将根据成员的具体情况，设计出最为合适的融资方式，解决成员企业的资本需求。

四是解决市场需求。针对成员的个体问题，联盟将组成专项课题组，（1）深入、透彻分析产业环境、产业链竞争现状、生命周期与商业模式；（2）深入、翔实地进行市场研究数据的挖掘；（3）在对重点厂商重点产品的深度研究的基础上，为成员企业提供对市场结构、价格段、区域分布等多个角度市场变化的生动描绘，清晰发展方向；（4）利用并依托对市场的深刻理解，对品牌进行全面、深刻的竞争分析；（5）从市场格局、竞争策略、SWOT分析等多个维度，区隔领导者、挑战者等四象限归属。评点市场成功要素；（6）准确把脉用户消费行为及消费需求，聚焦消费者重点关注因素；（7）科学、完整的未来发展预测。建模回归与专家校验，并与相关产业环节进行关联分析，确保给出有价值的产业趋势分析与市场定量预测结果。

五是解决科研需求。联盟现聘有国务院发展研究中心、科技部、农业部、水利部、国家发改委宏观经济研究院等相关科研机构专家20余人，研究范围覆盖了宏观经济、农业、工业、商贸流通、服务业、金融行业等领域，无论是技术水平，还是研究实力都能够充分地满足成员的需求。

六是解决人文艺术需求。联盟现已搭建起了一条完整的艺术品创作—交流—评估—展览的链条，并且在各个环节上都有专业的人士负责运作，能够给成员企业提供全方位的艺术服务，充分贯彻我国社会主义精神文明建设的理念，在满足成员物质需求的同时，提升成员的艺术理解能力和鉴赏能力。

中国城市规划学会风景环境规划设计学术委员会

原名为风景与环境规划学组，于1982年5月成立，隶属于中国城市规划学会的专业学术团体。1991年10月更名为风景与环境规划学术委员会。2006年因原挂靠单位北京市园林局重组，经中国城市规划委员会同意，重新挂靠在城市建设研究院。

本会宗旨

以推动学会对城市和风景名胜区的风景名胜和城乡环境规划设计方面的科学研究、学术交流、规划设计咨询，以保护和利用风景环境为宗旨的学术组织。

业务范围

1. 组织本学术委员会成员和社会各方面相关组织和单位的成员开展风景名胜和城乡环境的研究及规划工作的学术交流活动，以推动学科的发展和进步；
2. 组织有关风景名胜和城乡环境的研究及规划设计的信息资料；
3. 积极向有关各级政府主管部门、风景名胜区管理部门和城乡建设主管部门提出技术性、政策性的建议和意见，并与兄弟学会合作开展各种评审和咨询活动；
4. 面向全国与挂靠单位和相关高等学校一起组织培训工作；
5. 组织本学术委员会的成员开展研究和规划设计咨询工作。

组织机构

本会最高权力机构是全体委员大会，为执行机构。由全体委员会选举产生常务委员会，履行职责。秘书办理日常工作。本学会有主任委员1名、副主任委员6名、秘书长1名、学术委员20名、学会会员200名。

主任委员1名：谢凝高（北京大学世界遗产保护中心博导）。

副主任委员6名：王磐岩（城市建设研究院副院长）、李炜民（北京市公园管理中心总工程师）、贾建中（中国城市规划设计研究院风景所所长）、刘彦（广东省肇庆市城乡规划局总工程师）、朱观海（江西省城乡规划设计研究院顾问总工）、樊晟（四川省城乡规划设计研究院院长）。

秘书长：李金路（城市建设研究院风景园林专业院院长）。

中国科学院城市环境研究所

中国科学院城市环境研究所成立于2006年7月4日，中国科学院下属的事业法人单位，是目前国际唯一的专门从事城市环境综合研究的国立研究机构，位于美丽的南方海滨城市——厦门市。

研究所目前拥有“环境科学与工程”、“生态学”专业一级学科博士、硕士学位授予点以及“环境科学与工程”博士后科研流动站。

一、主要任务

1. 面向国家城市化发展过程中的生态环境保护等重大战略需求，面向国际城市生态科学和环境科学与技术的发展前沿，在城市生态、环境与健康，城市环境治理与修复技术，环境治理工程与循环经济，城市规划与环境政策等领域，开展理论研究、技术研发、系统集成和工程示范。

2. 建立符合科技创新规律的现代研究所制度，建立有利于知识转移与技术转化的管理机制，建立与区域创新体系各单元联合合作的有效方式，建立面向城市生态与环境科技发展的公共技术研发平台，成为区域创新体系的有机组成部分，提升区域自主创新能力，带动区域相关产业发展，培育新兴产业。

3. 结合重大科技任务引进优秀人才，结合科技创新实践培养学术人才，结合知识转移与技术转化向社会输送技术人才，结合区域经济社会发展需求培训管理人才，成为城市生态与环境研究领域人才高地，成为区域创新创业人才培养高地。

二、研究重点领域

1. 城市生态健康与环境安全

（1）城市生态健康系统分析与监测；（2）城市环境复合污染机理与效应；（3）城市环境安全风险评价与预警；（4）城市环境分析技术与方法。

2. 城市环境污染控制与资源化技术

（1）城市水污染控制与资源化技术;（2）城市饮用水安全保障技术；（3）城市大气污染控制与资源化技术；（4）城市固体废弃物污染控制与资源化技术；（5）高效环境材料制备技术；（6）环境生物技术。

3. 城市环境工程与循环经济

（1）城市环境污染控制工程与示范；（2）生态产业工程与示范；（3）城市生态环境技术集成与示范；（4）城市循环经济建设模式示范。

4.城市生态环境规划与管理

（1）城市环境与全球变化；（2）城市发展与城市安全；（3）城市环境地空技术与数字城市；（4）城市生态环境规划理论与技术；（5）数字环境学的理论与应用；（6）城市环境管理与政策。

三、公共平台建设

研究所是中华人民共和国科学技术部“国际科技合作基地”、“国家级对台科技合作与交流基地”，拥有“中国科学院城市环境与健康重点实验室”、“厦门水环境安全与水质保障工程技术研究中心”、“中国科学院厦门生物产业技术研究开发公共服务平台”（国家高新技术产业发展计划项目）、国际科联“城市健康计划国际项目办公室”。仪器设备实验中心已通过国家实验室资质认可。

四、对外合作

研究所已与美国、英国、德国、法国、日本、加拿大、澳大利亚、荷兰、韩国等十多个国家及中国香港、中国台湾的高水平研究机构保持着频繁的交流和密切的合作关系，并与英国阿伯丁大学、美国佛罗里达大学、美国新泽西州立大学、中国香港理工大学等单位签署了全面合作协议。

五、人员规模

研究所人员规模为760人，其中工作人员410人，研究生300人，博士后、客座人员及访问学者50名。研究所现有国家杰出青年基金获得者2人、国家青年千人计划1人、“引进海外杰出人才”11人、国家青年科技奖获得者2人、博士生导师29人，在国际组织任职14人次。

六、观测研究站

根据“一所两站”的战略布局，研究所首个研究站——中国科学院宁波城市环境观测站在宁波市北仑区建立并投入使用。宁波站依托所本所，立足宁波市，辐射长三角，面向国家城市化发展过程中的生态环境保护等重大战略需求，面向国际城市生态科学和环境科学与技术的发展前沿，服务于区域经济和社会可持续发展，开展城市环境长期观测研究、城市生态环境与健康、城市环境治理与修复技术、环境治理工程与循环经济、城市规划与环境政策研究与开发以及技术转移、转化和规模产业化。

中国智慧科学研究院

中国智慧科学研究院（China Academy of Wisdom Sciences）成立于2012年，总部设立于北京，并在香港、上海、武汉、重庆、广州、沈阳等地设立分院。是由中国多个行业协会、知名大学、研究机构和产业联盟组成中国智慧科学和智慧产业研究的最高机构。是一家集合了全球智慧城市、产业资源和具有智慧科学领域的跨行业、跨领域、跨学科的多学科综合性研究机构。

中国智慧科学研究院作为中国智慧科学的奠基人、中国智慧城市建设的倡导者和智慧商城的创始人，在中国著名智慧产业研究专家胡宝钢院长的带领下，运用“三维复合定位法”的原理和“大成智慧学”精髓，被业界誉为“智慧大师”和“脑袋离脚最近的人”。中国智慧科学研究院主要从事与智慧城市、智慧产业及智慧科学及相关学科密切相关的智慧全产业链的基础研究和应用研究，四个重点研究方向为：智慧城市与产业系统：三维数字、云计算、物联网、移动互联网；三维立体电子商务系统：商学、哲学、科学；三维复合系统：产业规划、平台建设；资源整合的定慧系统。建院以来，先后承担并完成了国家重点科研项目和重大工程项目 30 多项，荣获国家多项科技专利和创新成果，参与制定和编写了《中国智慧城市指数》、《中国智慧城市年鉴》等智慧城市、产业、科学等国家标准和行业技术规定多项。智慧科学的研究成果广泛应用于智慧旅游、智慧商城、智慧新区、智慧交通、智慧环保等智慧科学以及城市建设方面，形成了独具特色的顶层设计方法和最佳实施路径，成为国内具有影响力的智慧科学和智慧城市的领军机构和规划企业。

中国智慧科学研究院及其属下机构，中盟智慧（北京）投资管理有限公司、网贸港集成科技有限公司、北京大学智慧商城与数字贸易课题组、全球智慧城市与产业联盟、中国智慧商城联盟等机构，成为集投资、规划、定位、策划、设计、招商、管理、运营于一体的大型企业集团和国际化专业、产业和科学研究机构。中国智慧科学研究院与住建部中国智慧城市年鉴编委会、中国城乡小康促进中心、中国智慧工程研究会、IMB（中国）云计算中心、中国城市发展联盟、《科技视界》、《中国信息界——智慧城市》、“央视网”等多家机构和媒体建立了长期的合作伙伴关系，与北京大学、上海交通大学、同济大学等国内多家重点院校联合开展 EMBA 和智慧科学等领域的论坛培训。

中国智慧科学研究院注重与当下迅速发展的智慧城市与产业密切结合，为行业、产业和企业、组织等提供以智慧科学、智慧产业为核心的专业化技术支持与服务。

中国智慧科学研究院具有“网贸港”、“微码购”、“智城慧人”、“定慧堂”、“智慧商城”等独家研究和创造的著名品牌和专利产品，同时，研究开发了“国家智慧科学公园”、“国家智慧农业公园”、“国家智慧文化公园”、“国家智慧商贸公园”等新一代智慧园区和智慧总部的新型产品，并在北京、沈阳、西安、上海等地，分别设立了中国智慧园区研究所、中国智慧商城研究所、中国智慧旅游研究所、中国智慧服装研究所、中国智慧景观创意设计中心等，构成中国智慧科学研究院的核心力量。

中国智慧科学研究院设有广泛的资源、网络和平台系统，办有《智慧科学研究》、《定慧》和《智慧科学与产业规划》专业内刊。尤其是，独家研制的“网贸港——微码购移动互联云平台”，成为打通商业地产任督二脉的“神器”和商贸流通“O2O”平台的“神画”。

中国智慧科学研究院积极开展国际和地区间的合作与交流，与美国 FORDHAM 大学、中国香港科技大学等建立战略合作关系，并派专家参加了《中国智慧城市指标体系》、《中国智慧城市年鉴》等编写工作；与北京大学、同济大学等研究机构建立了智慧项目合作研究课题和智慧人才的交流培训，并举办和联办了《2010 首届中国智慧商城创新论坛》、《后世博低碳生态科技论坛》等。通过产业转型和模式创新，中国智慧科学研究院建立了“开放、互动、共享、链接”新的智慧科学平台运行机制。通过“创新驱动、智慧转型、绿色增长”，组成了中国智慧科学研究院的新体制、新模式，同时，面向市场需求的智慧科学新技术资源群体；提供智慧城市、产业和科学科技信息、智慧等产业规划、投资融资、专业管理、招商运营的咨询顾问和研究、开发服务，并提供系统化的智慧全产业链服务。

中国智慧科学研究院的成功要素——《三维复合定位法》和《定慧论》；

中国智慧科学研究院的核心竞争——“智慧化系统整合、网络化迭代平台、产业化衍生价值”；

中国智慧科学研究院的文化思想——“开放、互动、共享、链接”；

中国智慧科学研究院的创新能力——“创造、创建、创新、创想”。

中国城市经济著名专家榜

陈志武

现任耶鲁大学金融经济学教授、清华大学社会科学院千人计划教授，曾是中央电视台大型纪录片《华尔街》、《货币》学术总指导。曾任教于俄亥俄州立大学（1995—1999年）和威斯康星大学（1990—1995年），在中国，曾任清华大学经济与管理学院和北京大学光华管理学院特聘教授。

同时是中国证监会国际顾问，中国石油股份、交通银行和诺德基金管理公司的独立董事，博茂集团高级顾问。曾是北京市十二五规划专家咨询委员会委员、耶鲁大学雅礼协会理事。在2007年为中国投资公司投建专家小组成员。曾经联合创办Zebra Capital Management基金管理公司并在2001年至2011年间为两位合伙人之一。1998年，他创办了ValuEngine公司。

主要研究和教学领域：金融经济学、金融社会学、制度与市场监管、资本市场、资产定价和投资管理、金融与文化、金融经济史等。

主要学术成就

中文著作包括《财富是怎样产生的？》、《媒体、法律与市场》、《为什么中国人勤劳而不富有》、《非理性亢奋》、《金融的逻辑》、《24堂财富课》、《陈志武谈中国经济》。获得过Top Graham and Dodd Award for 2013 Best Paper、默顿·米勒研究奖、芝加哥期权交易所研究奖等多项奖励。陈教授的2009年著作《金融的逻辑》获得过23项最佳年度图书奖，包括《亚洲周刊》华文“2009年十大好书”（非小说类）、光明日报“2009年年度图书”、中国图书评论学会“2009年度十大图书”、央视读书栏目和《中国图书商报》“2009年度30本最值得一读的好书”、《新京报》2009华语图书传媒年选·年度商业图书，以及中古读书报、新浪网、搜狐网与当当网“2009年度十佳图书”奖。2008年著作《为什么中国人勤劳而不富有》获得和讯网最佳图书头等奖。

方精云

1959年7月生，1989年毕业于日本大阪市立大学生物学系，获博士学位。现任北京大学长江特聘教授、环境学院生态学系主任、北京大学理学部学术委员兼秘书，2005年12月当选为中科院院士。

学术兼职

现任中国生态学会副理事长、SCOPE与IGBP全球碳问题快速评估（RAP Carbon Project）科学指导委员会委员、Global Carbon Project成员、美国生态学会主办刊物《Frontiers in Ecology and the Environment》编委（Editorial Board）、日本热带学会主办刊物《Tropics》（热带研究）科学指导委员会成员；任国内《植物生态学报》副主编、《植物学报》和《生态学报》常务编委、《生态学杂志》编委。

多个国际学术杂志的评阅人，如《科学（Science）》、《Environmental Science & Technology》、《Ecological Applications》、《Climatic change》等。

主要研究领域

主要从事植被生态学的研究和教学工作，研究领域包括植被生态、全球气候变化、生物多样性等。近20年来，对中国和日本的主要植被类型都曾做过实地调查，地点涉及包括我国西藏、海南、青海等在内22个省区以及日本的大部分地区。1995年参加我国首次北极科学考察，负责环境和生物的科考任务。

先后主持科研项目20余项，用中、英、日文发表论文110余篇，其中SCI论文25篇，在《Science》杂志上发表论文3篇。

主要学术成就

获首届国家杰出青年科学基金资助（1994）、国务院政府特殊津贴（1995），入选国家劳动人事部百千万人才工程第一、二层次（1996），教育部宝钢教育奖（2001）；2001年，碳循环的研究获“中国高校十大科技进展”、两项成果入选国家自然科学基金委优秀研究成果选集。

先后在日本千叶大学生物系（1992—1993）、加拿大McGill大学生物系（1996—1997）、加拿大Winnipeg大学生物系（1997）、美国University of Missouri 地学系（2001）、日本筑波大学生物系（2002）等大学作访问学者或讲学，是筑波大学“陆地生物群区的结构和功能”的主讲教授。目前，正与日本国立环境研究所开展“中国北方草地碳循环”的合作研究。

高玉玲

1992.09—1996.07　于曲阜师范大学攻读英语，本科。

1997.09—2000.07　于贵州师范大学攻读硕士学位，方向旅游文化。

2003.09—2006.07　于厦门大学攻读博士学位，方向旅游经济。

2007.03—2011.05　于云南大学民族学院民族学博士后流动站攻读博士后学位，方向民族旅游。

2009.03—2010.03　在贵州省黔西县挂职副县长，分管旅游。

2009.05—2012.05　被聘为毕节学院兼职教授。

2012年8月，被青岛市科学技术协会聘请为青岛市科普专家服务团成员。

2012年10月，山东省暨青岛市第九届社会科学普及周活动中，被中共青岛市委宣传部、青岛市社会科学界联合会评为先进个人。

主要科研成果

主持完成并参与实施各级课题研究十余项，发表论文四十余篇，教材与著作四部，其中《滨海型青岛旅游业的演进（1898—2000）》一书于2013年出版后被青岛市档案馆、青岛市图书馆、青岛市群众艺术文化馆、青岛大学图书馆、山东省图书馆、山东大学图书馆、北京大学图书馆、厦门大学图书馆收藏，并颁发荣誉证书。

奖励情况

1. 1999年《刍议生态旅游与环境保护》一文于被湖南省社会科学界联合会、湖南财经学院社科联评为湖南省纪念改革开放二十周年青年理论研讨会优秀论文奖。

2. 2002年《青岛市与贵阳市旅游文化资源开发比较研究》一文被“长江资源与西部大开发研讨会”确定为重点宣讲交流论文，荣获一等奖。

3. 《开埠后青岛城市建设与旅游业发端》一文于2007年获得2006年度青岛酒店管理职业技术学院科研成果奖；于2007年9月被评为第二十一次青岛市社会科学优秀成果三等奖。

4. 《试论20世纪30年代青岛崂山旅游资源的开发》一文于2006年荣获青岛市崂山文化研究会《崂山研究》优秀论文二等奖；2008年9月被评为第二十二次青岛市社会科学优秀成果三等奖。

5. 2008年6月《浅析20世纪20年代末—30年代中后期青岛文化名人效应的旅游价值》一文荣获青岛市社会科学界联合会建设滨海现代文化名城理论研讨会一等奖；2009年被山东省旅游局评为优秀作品。

6. 2010年7月《滨海型城市旅游业之演变——以青岛为中心（1898—2000）》荣获山东省档案局二等奖。

7. 《生态文明视阈下美丽青岛生态旅游探析》一文，于2013年5月在中共青岛市委宣传部、青岛市社会科学界联合会工作部署的山东省暨青岛市第十届社会科学普及周活动中，被中共青岛市委宣传部、青岛市社会科学界联合会评为“率先科学发展建设美丽”青岛理论研讨会三等奖。

胡星

复旦大学经济学硕士，河南财经政法大学经济学院教授，城乡经济发展研究所所长，区域经济学硕士研究生导师。郑州住房公积金管理委员会委员。

主要研究方向

城市经济、产业聚集与房地产金融。

主要学术成就

近年来，在产业聚集、要素流动与区域经济发展，以及城市房地产金融等相关学科领域独立发表科研论文30多篇。其中在《中州学刊》、《地域研究与开发》、《经济经纬》、《金融理论与实践》等全国中文类、经济类核心期刊上独立发表科研论文20余篇。主持出版学术专著2部。主持国家社科基金项目1项，主持完成省部级科研项目3项，厅局级科研项目多项。参与完成国家社科基金项目2项，省部级项目5项。获省级奖励2项，厅局级奖励多项。

主持完成省级课题

1. 河南省政府决策招标课题（B037）：《科技园区建设与战略性新兴产业发展研究》。

2. 河南省软科学研究计划项目（082400440650）：《科技园区建设与产业聚集研究》。

3. 河南省软科学研究计划项目（072400421270）：《产业转移背景下的河南省产业集群发展研究》。

主持在研项目

1. 国家社科基金项目《基于结构转型、时空质均衡演化的新型城镇化质量提升研究》（14BJL062）

2. 河南省教育厅人文社科研究项目《河南省产业集聚区集聚效应与可持续发展研究》（2014-GH-391）。

江六一

生于1975年，安徽安庆人，硕士研究生，2006年毕业于东北大学经济学系，现在安徽省铜陵学院经济学院从事教学工作，兼任铜陵市经济学会副秘书长、铜陵市职业经理人协会副秘书长。

主要学术成就

编写了高等学校工商管理类系列教材《微观经济学》（副主编），主持了两项皖江城市带课题，在公开刊物发表了若干篇学术论文，参与了多项国家级社科基金项目以及省市级（重大）项目。

林岗

1990年中国人民大学经济学院，先后担任该校经济学系副主任、副教务长、研究生院副院长，1995年任中国人民大学副校长至今。主要社会兼职有：国务院学位委员会学科评议组（理论经济学）成员、召集人，国家社会科学基金理论经济学评审组副组长，同时还兼任中国《资本论》研究会会长，北京市经济学总会会长，北京市社科联副主席，教育部教育科学规划领导小组成员，北京市哲学社会科学"九五"规划经济学科评审组成员，北京市学位委员会委员，全国自学考试委员会副主任、北京市社会科学联合会副主席等职务。

主要研究领域

所有制和产权理论；经济增长理论；微观经济行为理论和经济体制改革的理论和实际问题。

主要研究成果

论文：

在《新华文摘》、《中国社会科学》、《经济研究》、《中国人民大学学报》、《教学与研究》、

《高教理论战线》、《哲学研究》、《人口研究》等国内外重要刊物上发表论文50余篇，获国家级奖励一项，部（省）级奖一项。

著作（含译著）：《社会主义全民所有制研究——对一种生产关系和经济过程的分析》（专著）；《并存与竞争中的协调发展——公有制为主体的多种经济成分并存》（专著）；《市场化的国有企业制度》（专著）；《社会主义微观经济分析》（教材）；《增长经济学》（专著）；《马克思主义与制度分析》（专著）；《马克思主义与经济学》（专著）。

课题项目：目前承担国家级和部（省）级科研项目若干项。

马剑

主要职务

中国城市经济专家委员会副秘书长，中国城市临空经济研究中心秘书长。硕士学历、郑州航空工业管理学院兼职教授、河南航空经济协同创新中心副理事长。曾先后任职中国航空工业第二集团公司、中国青年出版社、中国城市经济学会等单位。

主要学术成就

近年来先后在主持完成《中国民航科技产业化基地（天津）发展研究》、《北京顺义区通用航空产业发展战略研究》、《洛阳民航发展战略研究》、《东莞市通用机场选址研究》等课题。在《中国民用航空》、《公务与通用航空》、《中国空管》、《中国城市经济年鉴》等专业期刊发表文章多篇。作为评审专家参与《厦门市通航产业发展规划》、《北京新机场临空产业发展规划》、《北京国际航空中心暨核心功能区战略发展规划》等多个大型项目的评审。

马先标

1992年8月至1998年8月，南京工业大学土木学院教师和辅导员。1995年1月至9月，江苏省驻灌云县农村扶贫工作组成员。

2008年7月至2010年8月，在浙大城市学院经济系担任B3岗副教授的教学科研工作。

2014年7月，南开大学优秀博士后出站，同月调入南昌大学经济与管理学院工作，担任南昌大学校聘教授、四级教授。

主要研究领域

体制改革、城镇化；关注组织与人力资源，产业政策等。

社会学术职务

担任经济社会体制改革与经济类知名刊物匿名审稿专家,中国区域经济学会理事（已通过学术审核），中国行政文化委员会理事。华东理工大学国家小城镇社会保障研究中心特邀研究员，山西大学产业经济研究所研究员。

主要学术成就

以独立或第一作者，在《新华文摘》、《经济社会体制比较》、《中国软科学》、《社会科学战线》、《中国社会科学文摘》等刊物发表论文50余篇。把握经济学、公共政策、货币金融等基本理论，并承担过这些领域核心课程教学。有向高层建言献策并获国家有关部门回复感谢的经历，有接受高层委托重要媒体内部咨询的经历；参加全国性学术会议，并担任会议点评专家或分论坛主持。

主持承担课题情况

1. 主持中国新住房体制构建研究，中国博士后第五批特别资助科学基金，2012年9月19日立项，基金编号为2012T50220。

2. 主持《中国式保障性住房公共服务体制构建研究》，中国博士后第四十九批面上科学基金，2011年6月22日立项，基金编号为20110490772，已取得总结性成果。

3. 主持《浙江高层次人才专项保障房制度安排研究》，2011年8月31日立项，浙江省人力资源和社会保障科学研究课题，课题编号R2011A005，取得总结性成果。

4. 中国人权研究会《2011年中国人权蓝皮书》第五项专题报告负责人：《发展公租房保障低收入公民住房权》。

欧阳杰

东南大学交通运输规划与管理专业博士，中国民航大学机场学院硕士生导师，教授，机场工程基地（机场）综合交通研究所所长。中国城市临空经济研究中心理事。

主要研究方向

机场规划、交通规划与管理。

主要学术成就

在《国际航空》、《综合运输》、《规划师》、《城市轨道交通研究》、《中国民用航空》、《华中建筑》、《中国民航学院学报》等杂志发表50多篇论文，其中10多篇中文核心期刊。出版《中国近代机场建设史》（航空工业出版社）专著，合编《中国民用机场集锦》（清华大学出版社）大型工具书，合译《机场规划与管理》、《机场系统：规划、设计和管理》等国外专著。主持《我国空铁联运模式的发展现状和应用前景研究》、《京津冀地区机场规划布局研究》、《天津市航空发展战略及渤海湾海上机场选址研究》、《北京新机场航空业务量预测及地面交通可达性研究》等10多个项目，参与《机场噪声实例研究》、《首都第二机场天津武清备选场址综合分析》、《北京新机场临空经济发展战略研究》等10多项省部级及横向课题。作为主要成员参加的《机场航空噪声控制研究》和《便捷航空运输工程研究》总局科研项目先后获得民航科学技术进步奖二等奖。

綦琦

南京航空航天大学民航学院交通运输（民航运输管理专业）工学学士，暨南大学经济学院国际贸易专业（硕士研究生）经济学硕士。2004—2005年任昌河飞机工业集团直升机公司试飞站的航空管制员。现为广州民航职业技术学院民航经营管理学院实验实训中心主任，获民航运输副教授资格，学院教学骨干教师。

主要学术成就

主编《值机业务与行李运输实务》和《民航国内国际客票销售》，参编专业书籍《民航国内客票销售》、《航空运输地理》、《民航概论》、《民航旅客运输》、《民航货物运输》等专业图书。发表论文《Z11民用市场开发浅析》、《灰色系统理论在机场旅客吞吐量预测中的应用》、《论打造民航运输专业教育产业链》、《关于飞行员合理流动模式的设想》、《中国民航碳减排的压力与对策》、《对中国支线机场一线工作岗位设置创新性研究》、《现阶段中国航空公司市场环境分析与战略探讨》、《现阶段中国航空公司市场环境分析与战略探讨》等10多篇论文。参加马广岭主持《高职民航运输专业工学结合实践教学体系研究与设计》项目；2012年5月，以结题报告第一执笔人完成中国航空运输协会《中国民航客货运输标准体系建设及实施方案项目》（北京）结题；2013年12月作为第一负责人完成深圳市坪山新区经济服务局委托项目《坪山新区建设通用机场和发展通航产业可行性研究》。

陶澍

1977年毕业于北京大学地质地理系，1981年、1984年获美国堪萨斯大学硕士、博士学位。1984年至今在北京大学工作。2009年当选为中国科学院地学部院士。现为北京大学城市与环境学院教授（1991年），长江学者（2000年）。曾获杰出青年基金（1995）、创新研究群体（2001）和包括面上、重点、重大和重大国际合作在内的多项自然科学基金项目。

目前兼任中国地理学会副秘书长，国家环境咨询委员会委员，International Panel for Chemical Pollutants

委员，Pacific Basin Consortium for Environment and Health委员，全球清洁炉灶联盟研究顾问委员会委员，ES&T顾问编委，EP、JEGH和JESH等国际刊物编委。主要研究微量污染物、有毒污染物排放、环境行为、归趋和效应等区域尺度环境过程以及污染物形态与生物的有效性。

主要研究方向

微量污染物、有毒污染物的排放、环境行为、归趋和迁移。

主要学术成就

国家自然科学基金重点：中国大气与表土多环芳烃污染的空间格局、成因与健康影响。

环保部公益项目：环境空气中POPs被动采样监测技术开发与示范研究。

北京市自然科学基金：京郊农村室内固体燃料导致的室内空气污染及其危害。

NIEHS：PAHs in Highly Exposed Populations: Composition, Exposure, and Mutagenicity.

曾芬钰

1966年3月生，湖南湘潭人，教授，硕士导师，厦门大学经济学博士，同济大学管理科学博士后，曾任上海电力学院经济与管理学院副院长，现任上海电力学院图书馆馆长。

主要研究领域

区域经济、能源经济、城市管理、公共政策。

主要学术成就

主持教育部人文社科项目、上海市哲学社会科学研究项目、上海市容绿化行政事务受理中心、上海安享国际汽车城、宁波电力局等单位委托的多项课题研究。在《学术研究》、《宏观经济研究》、《当代经济研究》、《调研世界》、《福建论坛》等核心期刊发表论文30余篇。在《中国能源报》、《中华读书报》等发表多篇评论性文章。参加包括联合国环境规划署、中国城市经济学会、澳大利亚Edith Cown University等多家单位主办的国际/国内学术会议多次，并做大会主题发言。

讲授环境与资源经济学、微观经济学、第三产业经济学、公共政策（双语）、国际贸易理论、国际营销（英）等课程。2009年度上海市第一批高校示范性全英语 “国际营销”课程负责人、2013年度上海高校第一批外国留学生英语授课示范性课程“国际营销”课程负责人。

先后荣获“上海市育才”奖、上海电力学院“我心目中好老师”、“优秀教师”、“优秀主讲教师”、优秀教育工作者等荣誉称号。

张辉

南开大学经济学院经济学学士，北京大学环境学院理学硕士、博士，现为北京大学经济学院副院长、发展经济学系副教授。

主要研究方向

区域经济学、产业经济学、土地经济学。

主要著作

《全球价值链下北京产业升级研究》（专著）、《中国都市经济研究报告2007——中国都市房地产宏观调控研究》（副主编）、《中国都市经济研究报告2006——北京地方产业集群发展研究》（副主编）、《全球价值链下地方产业集群转型和升级》（专著）、《中国产业集群发展报告（2007—2008）》（编委，撰写第七章理论综述）、《中国市场经济发展研究市场化进程与经济增长和结构演进》（参著）、《中国都市经济研究报告2008：改革开放以来北京市产业结构高度演化的现状、问题和对策》（专著）、《中国经济增长报告2010：从需求管理到供给管理》（参著）、《北京市产业空间结构研究》（专著）、《经济学教程中国经济分析》（教材）（副主编）、《中国经济增长的产业结构效应和驱动机制》（专著）、《北京市产业结构优化调整路径研究》（合著）等。

奖励情况

1. 北京大学2010年中国工商银行教师奖。
2. 2010年北京市第十一届哲学社会科学优秀成果一等奖。
3. 2011年北京大学第十一届人文社会科学研究优秀成果二等奖。
4. 2013年教育部第六届高等学校科学研究优秀成果奖（人文社会科学）一等奖。

周力平

1990.08—1993.01　英国East Anglia大学环境学院。

1993.02—1996.09　剑桥大学考古系、物理系。

1996.10—1999.09　剑桥大学地球科学系。

1999.10—2002.06　北京大学城市与环境学系。

2002.06—现今　北京大学环境学院。

主要学术成就

国家杰出青年科学基金　欧亚黄土区极端气候事件的识别，特征及年代学 2000—2003。

国家自然科学基金　黄土的Be-10加速器质谱测量与地磁极性倒转的位置 2003—2005。

973计划“我国大陆季风——干旱环境系统发展过程的科学钻探研究”，近代和现代环境过程与环境替代性指标的量化研究 2004—2008。

国家自然科学基金委重大研究计划重点项目　中国北方中纬度地区深海氧同位素第3期环境演化特征 2005—2008。

THE 第六篇 SIXTH CHAPTER

中国城市特色经济研究成果汇编

中国城市竞争力2013年度综述

——沪苏浙皖：一个世界超级经济区已经浮现

倪鹏飞　李　超[①]

一、引言：中国梦，城市梦

21世纪被认为是中国的城市世纪。在这场史无前例的城市化加速进程当中，城市化本身已不仅仅成为社会转型过程的一部分，而且也将是当前中国应对转型过程中诸多挑战的重要措施。最近公布的国家新型城镇化规划（2014—2020年）显示，2020年我国常住人口城镇化率的预期目标为60%左右，联合国经济和社会事务部发布的《世界人口展望：2010年修订版》认为2030年中国城市化率将稳步提高到68.7%，万广华和蔡昉（2012）甚至提出了2030年城市化率达到80%的远景设想。但是相对于城市化的速度提升而言，城市化质量的提高显得尤为重要。改革开放以来，我国以常住人口为统计口径的城市化率已经由1978年的17.9%提高到2013年的53.7%，年均提高大约1.02个百分点，但是以户籍人口为衡量标准的真实城市化率仅为36%左右。尽管城市化率的统计口径存在差别，但是总体而言，"半城市化"现象的存在已是不争事实。即以常住人口为统计口径的城市化率要始终高于以户籍人口为统计口径的城市化率，并且在最近十年内两者之间的差距还在逐步扩大。这就意味着有相当一部分人口脱离了农村却并未获得城镇户籍。根据国际城市化经验，一旦城市化率越过50%的临界点之后，城市化进程将会迈入由量变到质变、由粗放到集约的变革阶段，即从城市化初期的产业发展带动城市发展，转变为城市化中后期的以"空间资源配置"为主要驱动因素的新阶段。

中共十八大以来，城市化被新一届政府提升为国家的长远发展战略和未来中国经济增长的新引擎。通过与其他国家的横向对比来看，中国当前的城镇化率不仅远低于发达国家80%的平均水平，也低于人均收入与我国相近的发展中国家60%的平均水平；从服务业发展来看，服务业增加值占国内生产总值比重不但与发达国家74%的平均水平相距甚远，与中等收入国家53%的平均水平也有较大差距。可以预期的是，这场人类历史上波澜壮阔的城镇化史诗仍将续写。随着城镇化水平的不断提高，农业剩余劳动力将会向制造业和服务业大量转移，要素配置效率也将不断提高，城镇消费群体不断扩大、消费结构不断升级、消费潜力不断释放，也会带来城市基础设施、公共服务设施和住宅建设等巨大投资需求，这将为中国经济转型和发展提供不竭动力。

---

① 李超，经济学博士，中国社会科学院财经战略研究院助理研究员，中国社会科学院城市与竞争力研究中心特约成员，主要研究领域为区域经济协调发展与产业结构演进。

2013年是“中国梦”的起航之年，也是中国城市化推进阶段的节点之年。从后发国家城市化的历史经验来看，如果在城市化水平在位于50%～70%的时期进展顺利，城市化的集聚效应将会助推经济收敛、技术赶超和产业升级，从而进入可持续发展的稳定轨道（以日韩为代表的“东亚模式”）；如果进展不顺利，城市化的负外部性将会抑制产业转型、降低国家竞争力，从而导致经济增长与社会发展脱节，易陷入“中等收入陷阱”（以巴西、阿根廷为代表的“拉美模式”）。在中国城市化进程的快速推进阶段，许多处于“城市病”阵痛期的国内城市已经清醒地意识到，城市发展和竞争力提升将更加依赖于生活质量和城市活力，而后者则取决于基础设施和公共服务、节能环保技术、生态环境质量、可负担的住房，以及城市或整个大城市群管理效率和决策协调能力提高等多因素的综合作用。一个以建设高效、绿色、创新城市为目标的城市化发展战略，将为中国在城市规划、都市交通、绿色技术等领域创造巨大的创新空间。成功的创新将取决于国家层面战略的精心设计，以及地区层面的贯彻实施（Howells，2005）。因此，对于一个发展中大国的城市化而言，面临的核心问题可以归结为两个方面：其一是在时间上，城市要保证自身的永续生存与发展；其二是在空间上，城市要不断巩固和提升自身在全球、国内以及城市体系中的地位。前一个方面主要表现为城市可持续发展的问题，后一个方面主要表现为城市竞争力的问题。在2013年度的《中国城市竞争力报告》中，我们通过构建综合经济竞争力和可持续竞争力指标评价体系，为中国城市规划自身发展蓝图、确定自身发展方向提供了重要决策参考。经过一年的研究积累，本年度报告中我们将继续沿用既有理论框架，但在指标体系上有了进一步的丰富和改进。

二、城市竞争力：现状与格局

根据城市综合经济竞争力指数、宜居城市、宜商城市竞争力指数以及可持续竞争力指数，可以分析包括港澳台在内294个城市的综合经济竞争力的现状与格局，以及港澳及内地289个城市宜居城市和宜商城市竞争力、可持续竞争力的现实状况及其与理想城市的差距。通过各区域的统计描述比较，可以更为清晰地勾勒出中国城市竞争力的总体格局。

（一）综合经济竞争力指数

2013年综合经济竞争力指数排名前十的城市依次是：香港、深圳、上海、台北、广州、北京、苏州、天津、佛山、澳门。其中，港澳台地区占3席，东南沿海的内地城市占5席，环渤海地区占2席，而广大中西部地区没有一个城市进入综合经济竞争力十强，总体上与2012年的格局相差不大；中部地区排名最靠前的城市武汉列第13位，而西北地区排名最靠前的西安仅列第34位。可见，区位优势对城市综合经济竞争力的影响十分明显。从城市的行政等级来看，特别行政区、直辖市、副省级城市和计划单列市、省会城市的综合经济竞争力要明显高于其他地级城市。

从全国及各大区域综合经济竞争力指数来看，港澳台城市、东南沿海城市、环渤海城市的综合经济竞争力指数均值要高于全国平均水平，其他区域均低于全国平均水平，各大区域排名依次是港澳台地区、东南地区、环渤海地区、东北地区、中部地区、西南地区和西北地区。从区域城市内部的综合经济竞争力差距来看，港澳台城市的变异系数最高，中部城市的变异系数最小。环渤海地区和东南地区的综合增量竞争力位列七大区域前两位，而在综合效率竞争力方面，港澳台地区以0.425的指数均值高居各大区域首位（见图2-1，表2-1）。

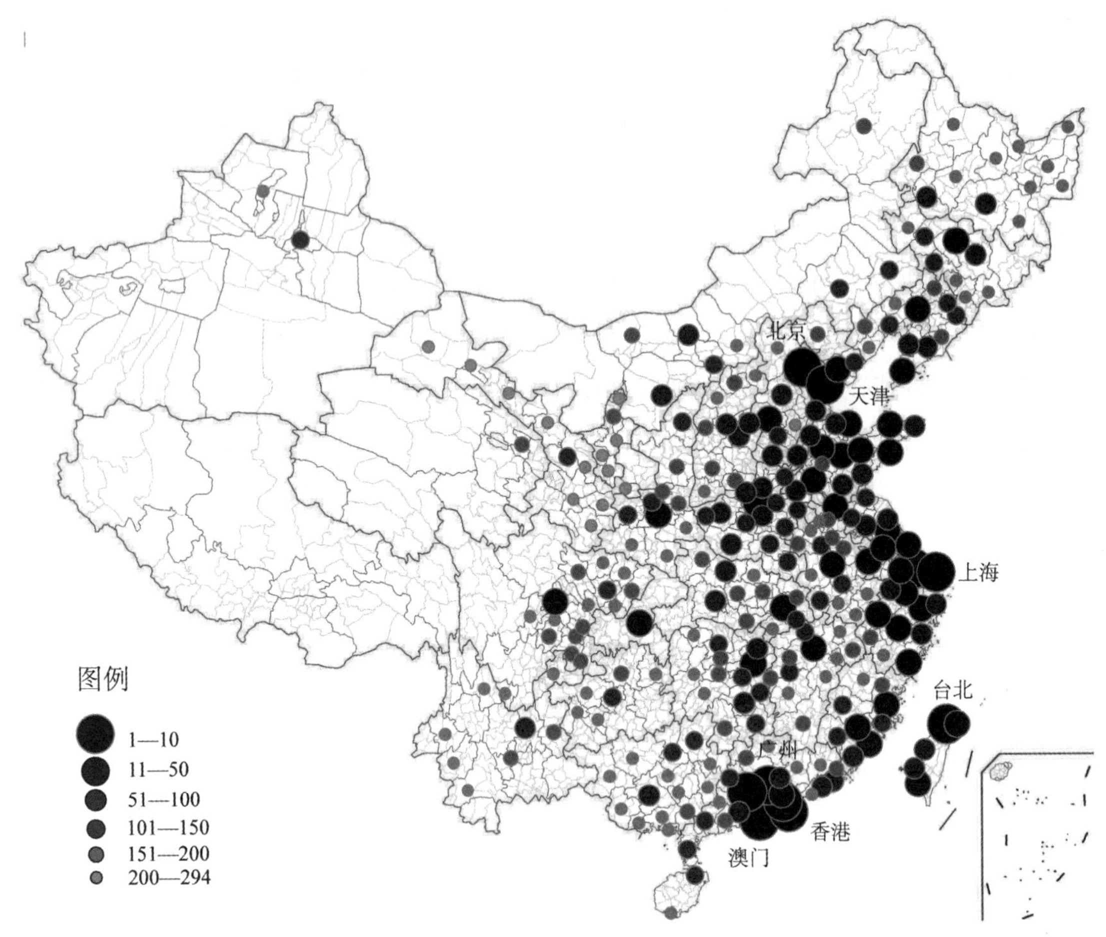

图2-1　2013年294个城市综合经济竞争力排名分布图

注：图例中的单位为位次，“○”越大，颜色越深，代表排名越高。

（二）宜居城市与宜商城市竞争力指数

位列宜居城市十强的城市分别是：珠海、香港、海口、三亚、厦门、深圳、舟山、无锡、杭州和上海。总体来看，东部沿海城市特别是海滨城市的宜居城市竞争力指数较高，国家五大中心城市中仅有上海位居宜居城市竞争力十强；与2012年相比，2013年中国城市整体的宜居竞争力指数得到了一定程度的提升。宜商城市竞争力得分的前十名分别是香港、上海、北京、深圳、广州、武汉、成都、天津、南京和重庆，去年位列前十名的佛山、苏州、青岛和杭州等今年未进入十佳榜单（见图2-2）。

从宜居城市竞争力的区域分布状况来看，七大区域的排名情况分别为港澳台地区、东南地区、环渤海地区、中部地区、西南地区、东北地区和西北地区；从宜商城市竞争力的区域分布状况来看，七大区域的

表2-1　2013年全国及各大区域综合经济竞争力及分项指数

区域范围	变量	城市数目	均值	标准差	最小值	最大值	变异系数
全国	综合经济竞争力	294	0.103	0.115	0.022	1.000	1.113
	综合增量竞争力	294	0.110	0.144	0.000	1.000	1.302
	综合效率竞争力	294	0.021	0.092	0.000	1.000	4.344
港澳台地区	综合经济竞争力	7	0.387	0.332	0.108	1.000	0.857
	综合增量竞争力	7	0.109	0.116	0.036	0.363	1.061
	综合效率竞争力	7	0.425	0.436	0.052	1.000	1.026
东南地区	综合经济竞争力	55	0.169	0.168	0.043	0.886	0.992
	综合增量竞争力	55	0.190	0.204	0.022	1.000	1.073
	综合效率竞争力	55	0.030	0.048	0.002	0.297	1.575
环渤海地区	综合经济竞争力	30	0.141	0.094	0.056	0.443	0.669
	综合增量竞争力	30	0.204	0.201	0.031	0.869	0.989
	综合效率竞争力	30	0.015	0.012	0.001	0.051	0.771
中部地区	综合经济竞争力	80	0.077	0.042	0.034	0.294	0.540
	综合增量竞争力	80	0.078	0.074	0.011	0.448	0.951
	综合效率竞争力	80	0.008	0.007	0.001	0.041	0.962
西南地区	综合经济竞争力	49	0.063	0.041	0.028	0.266	0.646
	综合增量竞争力	49	0.068	0.118	0.004	0.726	1.739
	综合效率竞争力	49	0.004	0.005	0.000	0.029	1.116
东北地区	综合经济竞争力	34	0.077	0.049	0.029	0.237	0.634
	综合增量竞争力	34	0.095	0.105	0.006	0.419	1.113
	综合效率竞争力	34	0.005	0.006	0.000	0.025	1.147
西北地区	综合经济竞争力	39	0.057	0.032	0.022	0.176	0.557
	综合增量竞争力	39	0.060	0.071	0.000	0.269	1.179
	综合效率竞争力	39	0.003	0.004	0.000	0.020	1.316

资料来源:中国社会科学院城市与竞争力指数数据库。

排名状况分别为港澳台地区、环渤海地区、东南地区、中部地区、东北地区、西北地区和西南地区（见表2-2）；从2013年宜居城市与宜商城市竞争力的相关关系来看，宜居城市建设包括人口素质的提升、市政设施和居住环境的改善，可以显著提高宜商城市竞争力（见图2-3）。因此，随着经济社会的发展和人民收入水平的提高，宜居城市建设的重要性更加凸显。

（三）可持续竞争力指数

2013年可持续竞争力指数排名前十的城市依次是：香港、上海、深圳、北京、澳门、广州、杭州、厦

图2-2　2013年289个城市宜居（左）和宜商（右）竞争力指数四分位图

注：竞争力指数用小方块表示，颜色越深代表竞争力指数越高。

资料来源：中国社会科学院城市与竞争力指数数据库。

表2-2　2013年全国及各大区域宜居城市和宜商城市竞争力指数

区域范围	变量	城市数目	均值	标准差	最小值	最大值	变异系数
全国	宜居城市竞争力	289	0.454	0.159	0.000	1.000	0.350
	宜商城市竞争力	289	0.299	0.175	0.000	1.000	0.584
港澳台地区	宜居城市竞争力	2	0.855	0.173	0.733	0.978	0.202
	宜商城市竞争力	2	0.759	0.341	0.517	1.000	0.450
东南地区	宜居城市竞争力	55	0.584	0.142	0.327	1.000	0.244
	宜商城市竞争力	55	0.404	0.185	0.069	0.921	0.458
环渤海地区	宜居城市竞争力	30	0.506	0.119	0.330	0.734	0.234
	宜商城市竞争力	30	0.417	0.167	0.211	0.918	0.401
中部地区	宜居城市竞争力	80	0.444	0.124	0.167	0.713	0.280
	宜商城市竞争力	80	0.277	0.126	0.116	0.726	0.452
西南地区	宜居城市竞争力	49	0.388	0.161	0.059	0.871	0.415
	宜商城市竞争力	49	0.219	0.158	0.044	0.705	0.725
东北地区	宜居城市竞争力	34	0.382	0.132	0.137	0.637	0.344
	宜商城市竞争力	34	0.248	0.142	0.007	0.630	0.572
西北地区	宜居城市竞争力	39	0.374	0.139	0.000	0.691	0.372
	宜商城市竞争力	39	0.228	0.145	0.000	0.611	0.635

资料来源:中国社会科学院城市与竞争力指数数据库。

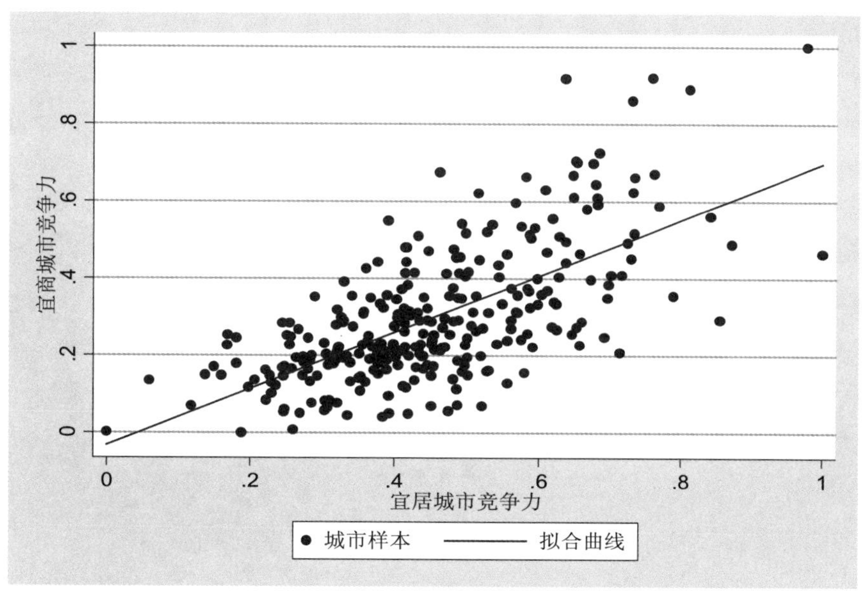

图2-3　2013年宜居城市与宜商城市竞争力相关关系图

资料来源：中国社会科学院城市与竞争力指数数据库。

门、青岛、南京。与综合经济竞争力的表现一样，仍是港澳台地区、东南地区和环渤海地区三分天下。其中，港澳台地区占2席，东南地区占6席，环渤海地区占2席。东北地区排名最靠前的城市大连列第14位，中部地区排名最靠前的城市武汉列第17位，西南地区排名最靠前的城市成都列第18位，西北地区排名最靠前的城市西安列第27位（见图2-4）。从各分项指数情况来看，多元一本的文化城市、城乡一体的全域城市得分均值较低，表明中国城市在文化建设和推进城乡一体化方面有待加强。

从全国及各大区域的可持续竞争力指数来看，港澳台城市、东南沿海城市、环渤海城市的综合经济竞争力指数均值要高于全国平均水平，其他区域均低于全国平均水平，各大区域排名依次是港澳台地区、东南地区、环渤海地区、东北地区、中部地区、西北地区和西南地区。从七大区域的变异系数来看，可持续竞争力总体水平最高的港澳台地区变异系数最小，而总体水平较低的西南地区和西北地区变异系数较大，表明各区域的竞争力水平与区域内部差距之间大致呈现出负相关关系（见表2-3）。

2013年中国城市的可持续竞争力与综合经济竞争力呈现出典型的倒U形关系，即城市的可持续竞争力在初期会随着综合经济竞争力的上升而迅速增加，但上升至一定阶段后，可持续竞争力的上升幅度会有所趋缓，甚至会出现下行趋势。因此，提升中国城市竞争力的关键不在于现实综合经济竞争力的大小，而在于如何促进可持续竞争力的提高，增强中国城市的发展后劲，这也是未来中国经济社会发展模式转型的内在要求和不竭动力（见图2-5）。

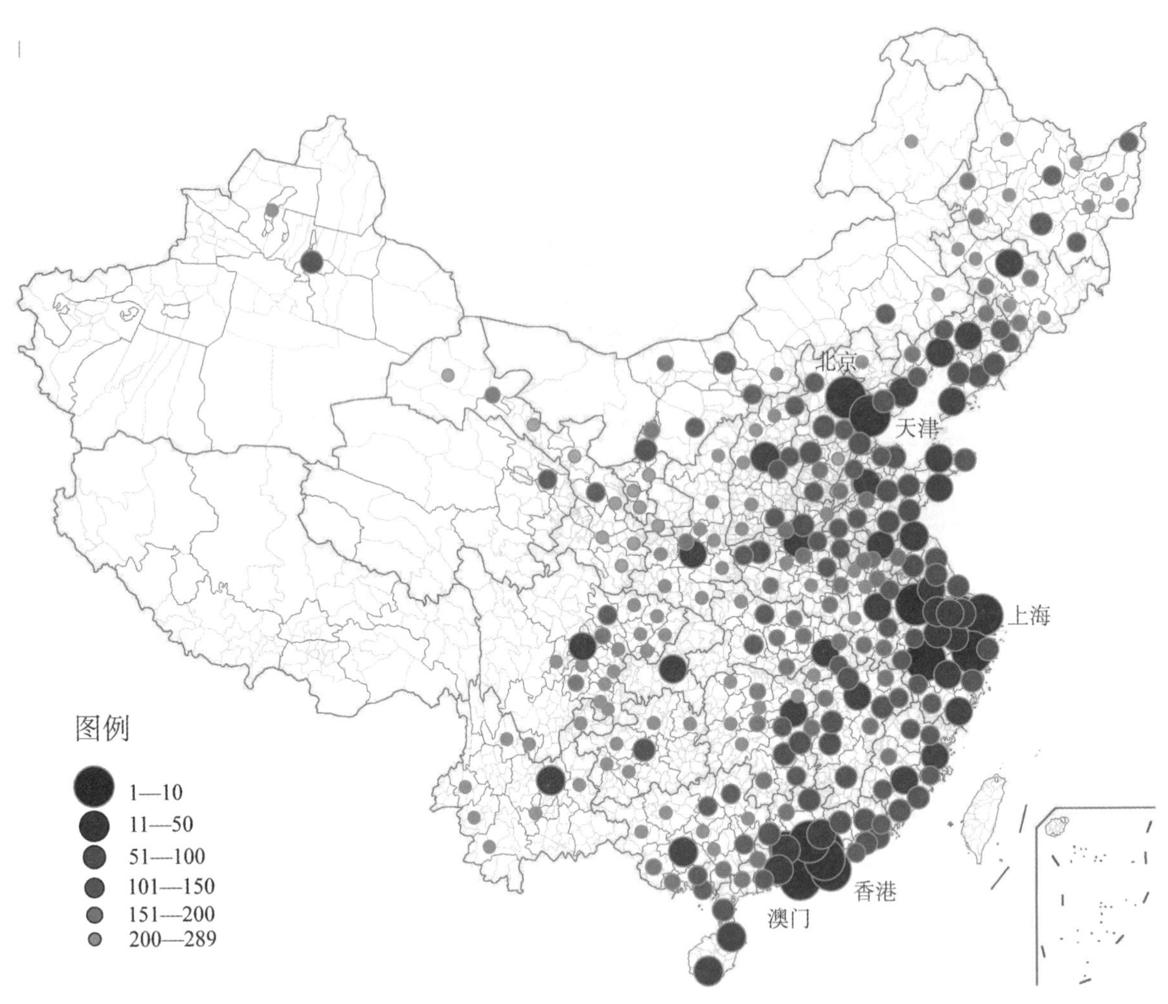

图2-4 2013年289个城市可持续竞争力排名

注：图例中的单位为位次，“○”越大，颜色越深，代表排名越高。

表2-3 2013年全国及各大区域可持续竞争力及分项指数

区域范围	变量	城市数目	均值	标准差	最小值	最大值	变异系数
全 国	可持续竞争力	289	0.303	0.152	0.000	1.000	0.502
	创新驱动的知识城市	289	0.312	0.181	0.000	1.000	0.578
	公平包容的和谐城市	289	0.339	0.139	0.000	1.000	0.411
	环境友好的生态城市	289	0.452	0.198	0.000	1.000	0.438
	多元一本的文化城市	289	0.266	0.152	0.000	1.000	0.572
	城乡一体的全域城市	289	0.242	0.150	0.000	1.000	0.620
	开放便捷的信息城市	289	0.419	0.189	0.000	1.000	0.452
港澳台地区	可持续竞争力	2	0.893	0.151	0.787	1.000	0.169
东南地区	可持续竞争力	55	0.430	0.145	0.207	0.809	0.336
环渤海地区	可持续竞争力	30	0.360	0.137	0.193	0.793	0.382
中部地区	可持续竞争力	80	0.276	0.100	0.085	0.592	0.363
西南地区	可持续竞争力	49	0.207	0.133	0.000	0.577	0.642
东北地区	可持续竞争力	34	0.296	0.114	0.079	0.594	0.384
西北地区	可持续竞争力	39	0.229	0.112	0.062	0.530	0.489

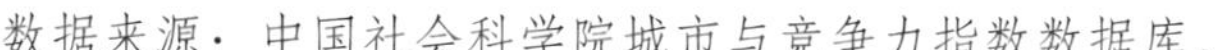
数据来源：中国社会科学院城市与竞争力指数数据库。

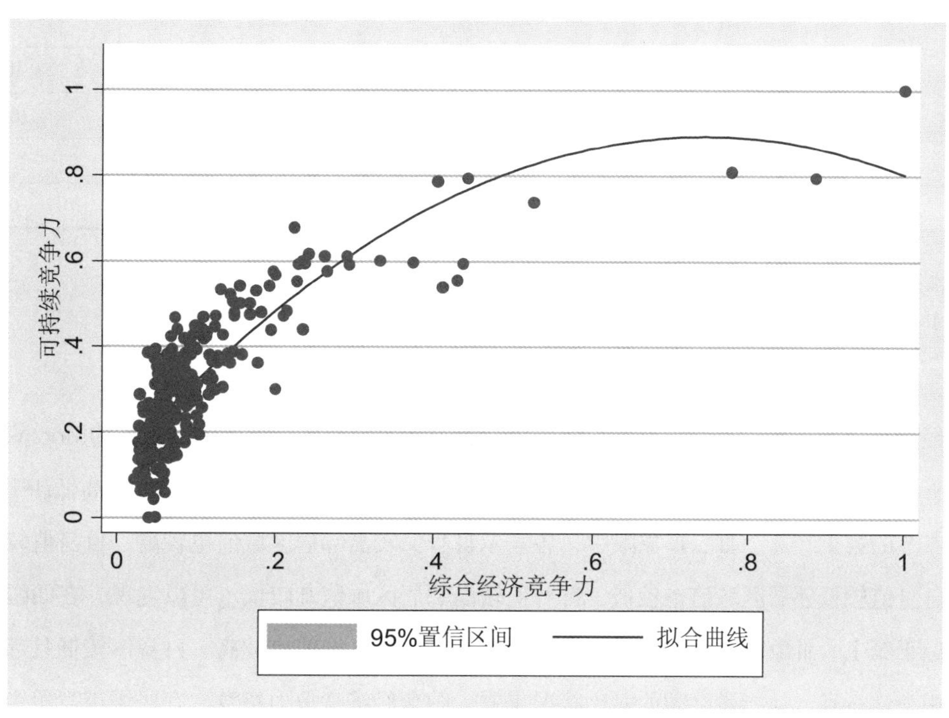

图2-5 2013年289个城市可持续竞争力与综合经济竞争力相关关系图

（四）空间分布规律

2013年289个样本城市的综合经济竞争力指数、宜居城市、宜商城市竞争力指数以及可持续竞争力指数与区位因素之间的空间关系呈现出不同特点。我们通过纳入各城市的经纬度，测算出各城市距离最近海港的球面距离，可以发现出中国城市竞争力指数的空间变化规律。如表2-4所示，2013年289个样本城市的综合经济竞争力指数和宜居城市竞争力指数呈现出Fujita etal.（1996）所预测的典型的“∽”规律。也就是说，距离港口城市越近，城市的综合经济竞争力越高；随着距离的增加，城市的综合经济竞争力先下降后上升，直至达到第二波峰后最后开始下降，这与新经济地理的结论是大致吻合的。而2013年289个样本城市的宜商城市竞争力和可持续竞争力指数却呈现出正“U”形空间变化规律。即距离港口城市越近，城市的可持续竞争力越高；随着距离的增加，城市的可持续竞争力呈现出先下降后上升的态势（见表2-4）。

表2-4　中国城市竞争力的空间变化规律

	综合经济竞争力	宜居城市竞争力	宜商城市竞争力	可持续竞争力
距离最近海港距离	−0.3457***	−0.6356***	−0.3076***	−0.3426***
	(0.066)	(0.086)	(0.046)	(0.038)
距离最近海港距离平方项	0.3032***	0.5008***	0.1106***	0.1374***
	(0.085)	(0.111)	(0.027)	(0.023)
距离最近海港距离三次方项	−0.0719***	−0.0979***		
	(0.025)	(0.032)		
常数项	0.1711***	0.5904***	0.3937***	0.4028***
	(0.012)	(0.015)	(0.016)	(0.013)
样本数	289	289	289	289
R^2	0.161	0.313	0.165	0.243

数据来源：中国社会科学院城市与竞争力指数数据库。

注：括号内为标注误，***代表p<0.01，**代表p<0.05，*代表p<0.1。

从综合经济竞争力指数、宜居城市、宜商城市竞争力指数以及可持续竞争力指数的Moran’s I散点图来看，可以把所考察的289个城市分为四个部分，即：高高H−H、低高L−H、低低L−L、高低H−L四个区域，分别位于散点图的第Ⅰ、Ⅱ、Ⅲ、Ⅳ象限中，各表示自身值较高邻居区域值也较高、自身值较低邻居区域值却较高、自身值较低邻居区域值也较低、自身值较高邻居区域值却较低。可以发现，在四幅图中，大多数城市散点位于第Ⅰ、Ⅲ象限中，即呈现出自身值较高且邻居区域值也较高、自身值较低且邻居区域值也较低的空间相关性特点。从指数之间的对比状况来看，综合经济竞争力指数、宜居城市竞争力指数和可持续竞争力指数的Moran值均在0.4以上，表现出很大的空间相关性特点，即城市的这三项竞争力指数与周边城市的竞争力状况密切相关；而宜商城市竞争力指数的Moran值略低于其他三项指数，表明在中国城市在

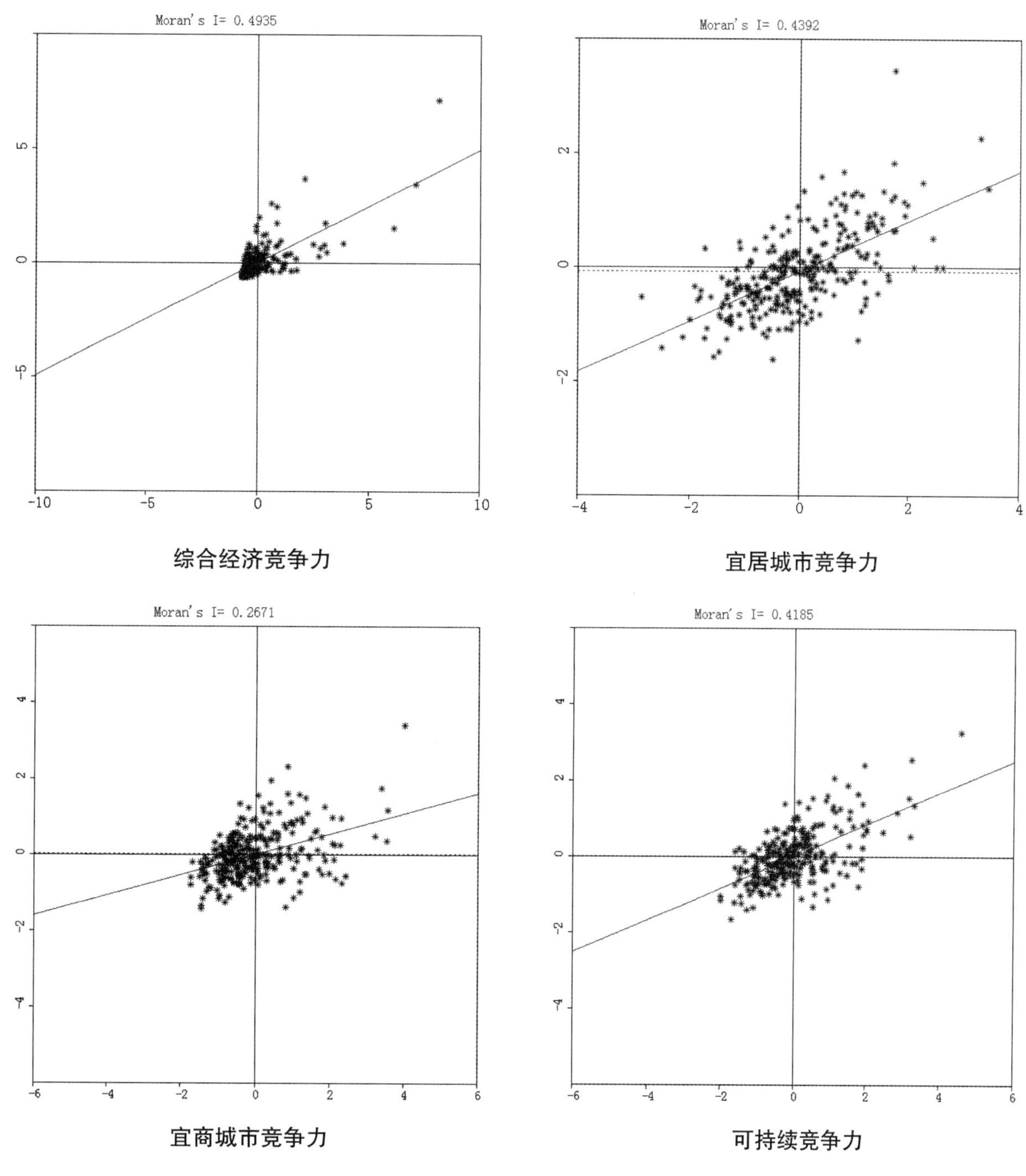

图2-6　Moran's I散点图

宜商环境建设上并未出现区域联动的局面，个别地区在招商引资上存在着与周边地区争利的现象（见图2-6）。

（五）“两横三纵”格局

两横三纵是《全国主体功能区规划》确定的国家城镇化战略格局，是我国当前和未来城镇化的主要区域。为了更好地从全局考察“两横三纵”的城镇化格局，本部分将289个城市划分为两横（即陆桥通道和长江通道）、三纵（即沿海通道、京广京哈通道、包昆通道）五个轴线带，并综合比较轴线内外城市竞争力的差异状况。其中，沿海通道轴线城市综合经济竞争力最强，其次分别为京广京哈通道、长江通道、包昆通道和陆桥通道；在可持续竞争力方面排名分别为沿海通道、京广京哈通道、长江通道、包昆通道和陆桥通道；宜居城市和宜商城市竞争力格局也大致如此，大致呈现出自南向北、自东向西的递减规律（见表2-5，图2-7）。

（六）小结

通过对2013年中国城市竞争力及各分项指标的分析可见，中国城市竞争力状况存在明显的空间差异，大致呈现出由东南向西北递减的态势。并且这种差距不仅体现在区域之间，而且在区域内部也十分明显。以294个城市的综合经济竞争力为例，在0.103的均值情况下，变异系数竟高达1.113。其次，若将各分项竞争力水平的最高值1视为理想城市的标准，我们可以清晰地发现中国城市与理想城市的状态相距甚远，各分项竞争力指数中均值多数在0.4以下，可见中国城市竞争力的整体提升仍任重而道远。

三、城市可持续发展：问题与挑战

2013年中国城市化水平已达到53.7%，已经跨越传统意义上的由量变增到质变的临界点（即城市化率为50%）。而中国经济的长期增长，正经历着由工业化阶段结构性加速向城市化阶段结构性减速的转型过程。过去以经济发展为中心目标，以外向型工业化为中心动力，以地方政府为主导，以土地为主要内容，以规模扩张作为发展方式，以物质资本大量投入为驱动要素的城镇化模式已不可持续。城市的可持续发展正处于改革转型的阵痛期，暴露出了诸多亟待解决的重要问题。主要体现在如下方面：

（一）宜居城市建设：雾霾和高房价成为突出难题

雾霾问题当前已经成为我国一些城市的标志性难题，而且程度正在加重、范围正在扩大。世界卫生组织下属的国际癌症研究机构（IARC），首度将空气污染列为“第一类致癌物”，与烟草、石棉、砒霜等致癌物同级。IRAC的研究表明，中国、印度等亚洲国家的空气污染最为严重。2013年雾霾已经波及25省份、100多个大中型城市，全年全国平均雾霾天数达29.9天，创52年来之最。“十面霾伏”何时破解成为城市宜居面临的重要挑战。同年，中国百城房价持续整年上涨，北京、上海和深圳新建住宅均价已超过3万人民币，居不易问题更加突出。30%的城市房价收入比超过国际公认的警戒标准，超过城镇总人口30%上的居民居住在非正规住房里。从目前看来，高房价成为城市宜居的突出制约因素，“贵城”住不起、“鬼城”无人住的问题已经成为城市宜居建设的一道难题。许多宜居程度不高的城市，已经出现了高素质和高收入居民“用脚投票”的现象，从长期来看将不利于城市的可持续发展和竞争力水平的提高。此外，一些城市也面临着空间无序开发、人口过度集聚，重经济发展、轻环境保护，重城市建设、轻管理服务，城市管理运行效率不高，公共服务供给能力不足等问题，如何能更有效地提出应对措施成为当前宜居城市建设面临的重要难题。

表2-5 “两横三纵”轴线内外城市竞争力统计描述

区域范围	变量	城市数目	均值	标准差	最小值	最大值	变异系数
两横之陆桥通道	综合经济竞争力	29	0.079	0.047	0.027	0.235	0.589
	可持续竞争力	29	0.265	0.107	0.085	0.530	0.404
	宜居城市竞争力	29	0.426	0.111	0.167	0.691	0.260
	宜商城市竞争力	29	0.280	0.158	0.000	0.621	0.563
两横之非陆桥通道	综合经济竞争力	260	0.103	0.115	0.022	1.000	1.124
	可持续竞争力	260	0.307	0.156	0.000	1.000	0.508
	宜居城市竞争力	260	0.457	0.163	0.000	1.000	0.358
	宜商城市竞争力	260	0.301	0.177	0.000	1.000	0.586
两横之长江通道	综合经济竞争力	62	0.132	0.117	0.040	0.778	0.885
	可持续竞争力	62	0.371	0.148	0.107	0.809	0.399
	宜居城市竞争力	62	0.537	0.154	0.180	0.789	0.286
	宜商城市竞争力	62	0.375	0.181	0.129	0.921	0.482
两横之非长江通道	综合经济竞争力	227	0.092	0.107	0.022	1.000	1.173
	可持续竞争力	227	0.284	0.148	0.000	1.000	0.521
	宜居城市竞争力	227	0.431	0.153	0.000	1.000	0.355
	宜商城市竞争力	227	0.279	0.167	0.000	1.000	0.601
三纵之沿海通道	综合经济竞争力	68	0.193	0.188	0.046	1.000	0.974
	可持续竞争力	68	0.456	0.163	0.141	1.000	0.357
	宜居城市竞争力	68	0.615	0.140	0.327	1.000	0.227
	宜商城市竞争力	68	0.448	0.192	0.121	1.000	0.428
三纵之非沿海通道	综合经济竞争力	221	0.072	0.041	0.022	0.294	0.574
	可持续竞争力	221	0.255	0.112	0.000	0.593	0.440
	宜居城市竞争力	221	0.404	0.129	0.000	0.713	0.319
	宜商城市竞争力	221	0.253	0.140	0.000	0.726	0.554
三纵之京广京哈通道	综合经济竞争力	59	0.162	0.186	0.046	1.000	1.149
	可持续竞争力	59	0.382	0.182	0.079	1.000	0.475
	宜居城市竞争力	59	0.511	0.169	0.150	1.000	0.331
	宜商城市竞争力	59	0.384	0.217	0.007	1.000	0.564
三纵之非京广京哈通道	综合经济竞争力	230	0.084	0.073	0.022	0.778	0.869
	可持续竞争力	230	0.282	0.136	0.000	0.809	0.484
	宜居城市竞争力	230	0.439	0.153	0.000	0.871	0.349
	宜商城市竞争力	230	0.277	0.155	0.000	0.921	0.560
三纵之包昆通道	综合经济竞争力	31	0.081	0.052	0.028	0.266	0.637
	可持续竞争力	31	0.270	0.134	0.058	0.577	0.497
	宜居城市竞争力	31	0.392	0.135	0.168	0.651	0.345
	宜商城市竞争力	31	0.306	0.168	0.129	0.705	0.549
三纵之非包昆通道	综合经济竞争力	258	0.103	0.116	0.022	1.000	1.126
	可持续竞争力	258	0.307	0.154	0.000	1.000	0.501
	宜居城市竞争力	258	0.461	0.160	0.000	1.000	0.347
	宜商城市竞争力	258	0.298	0.176	0.000	1.000	0.589

注：“两横三纵”轴线上的样本城市选择参见附录。

资料来源：中国社会科学院城市与竞争力指数数据库。

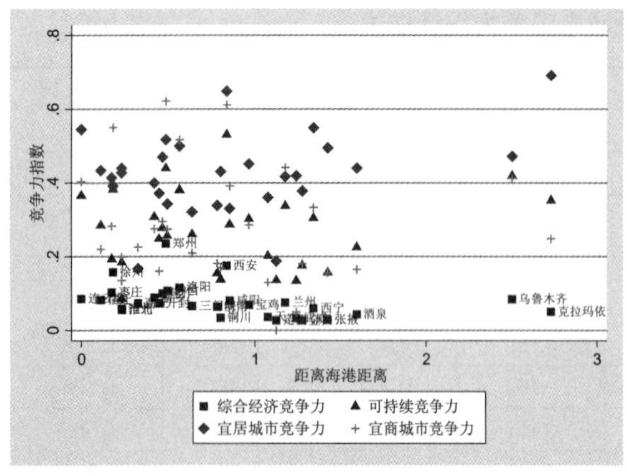

陆桥通道

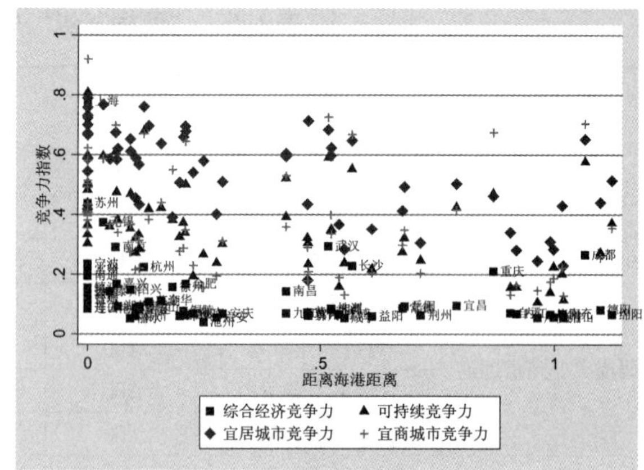

长江通道

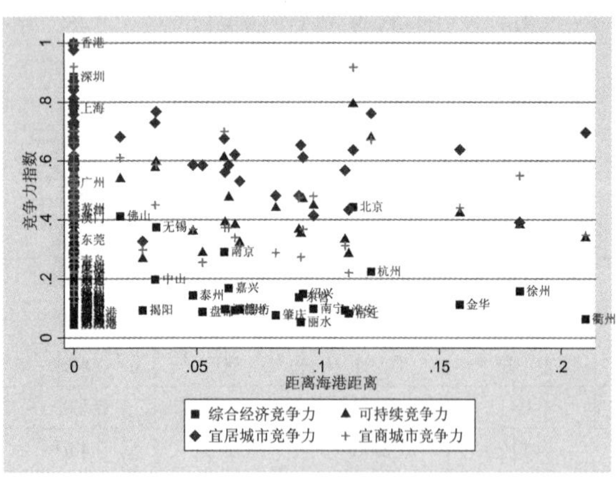

沿海通道

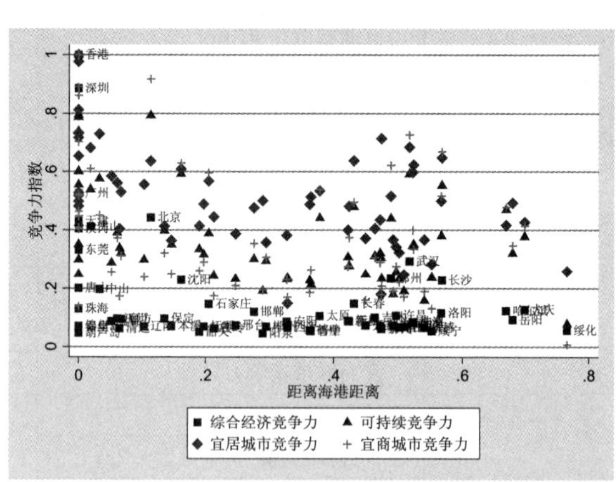

京广京哈通道

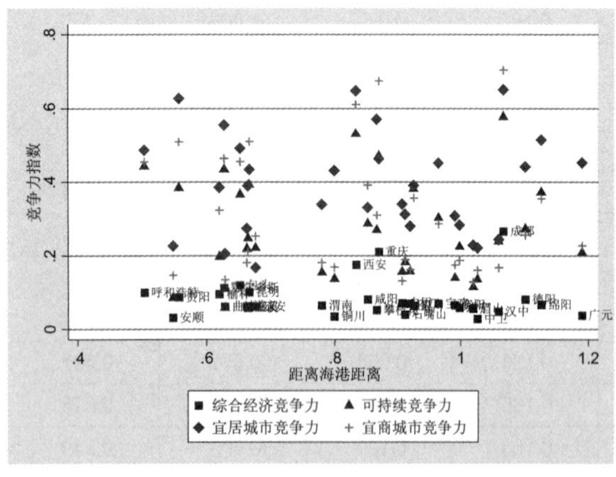

包昆通道

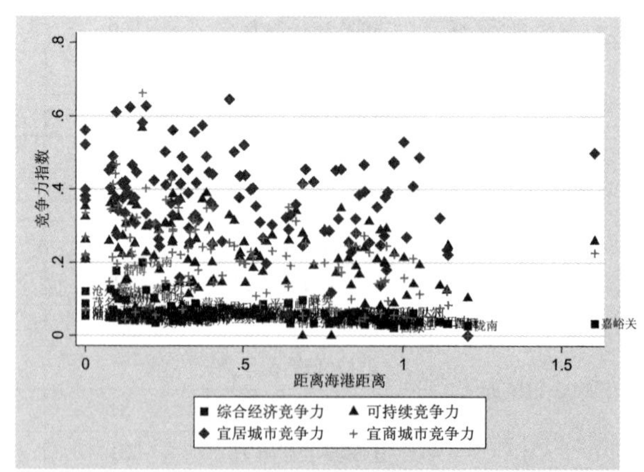

非两横三纵城市

图2-7　2013年两横三纵轴线内外城市竞争力状况

（二）宜商城市建设：营商环境建设刻不容缓

2013年，中国城市的宜商竞争力指数均值较2012年有小幅下滑，并且城市间的差距有所扩大。宜商竞争力与经济发达程度高度一致的空间不平衡状态，既是我国城市的宜商特征表现，也是拉低当下及未来宜商竞争力得分的重要因素。这一特征与经济发展的区域差距一样容易“固化”，宜商竞争力的这一表现更加不利于落后地区实现追赶，进一步发展受到很大限制，从而进一步扩大空间不平衡状态。同时，为了实现招商引资的目标，各地仍在围绕以包括审批、土地、税收、用水用电、财政补贴支持等各方面的优惠政策做工作，尽管招商承诺会带来“要素成本”的降低，但经常出现承诺难以兑现、企业落户后不断增加负担等现象让不少城市政府信用受到影响。不少城市在引资时仍缺乏目标性和长远考虑，缺乏对企业发展的恰当引导，特别是在中小微企业融资问题上，无论是大城市还是中小城市，通常将精力和优惠政策倾向于大企业集团、知名品牌，而对中小微企业的关注不够，社会服务体系不完善。在更为根本的商业环境营造上力度有所欠缺，忽略了发展创业至上的环境氛围。总体而言，我国城市政府在提升宜商竞争力方面的目标和定位尚不明确，工作思路和方法亟须转型。

（三）知识城市建设：从要素驱动到创新驱动

随着我国经济发展方式的转变，长期以来主要依靠要素投入推动城市化快速发展的模式已不可持续。工业化、信息化、城镇化和农业现代化发展不同步，导致城乡区域差距过大、产业结构不合理等诸多问题。同时，中国城市在营造创新环境方面的步伐缓慢，以科技进步为动力、以自主创新为主导、以创新文化为基础的城市形态并未建立。当前较为突出的问题是：知识城市区域发展不均衡、建设创新驱动的知识城市缺乏着重点、高等教育缺乏，专业人才供不均衡、知识产权保护不足，知识的产业转化率低，竞争力强的城市辐射功能发挥相对不足等。2013年中国知识城市竞争力指数均值为0.312，与其他分享竞争力指数相比较低，而变异系数高达0.578，高居各分项竞争力第二位。可见中国知识城市建设总体水平较低，并且内部差异很大。通过对各城市科技支出占财政收入比的实证分析发现，由于投入绝对值少、人才匮乏、以前的科技投入欠账较多等原因，使得中小城市专利申请和论文发表数量极低，严重地影响我国知识城市的全面转型。而在沿海发达地区，许多城市政府仍希望更强大的产业政策，数量化的转型指标强力推动转型，加大投资，保持增长，这实际上已经不符合发展阶段的内在规律。因此，从国家层面必须改变这种传统发展理念，加快创新驱动的知识城市建设，以效率持续改进来推动可持续竞争力提升。

（四）和谐城市建设：问题倒逼改革

在建设和谐社会的过程中，我国城市的和谐度总体上也得到了一定提升，但由于我国目前正处于社会的转型期，随着户籍人口与外来人口公共服务差距造成的城市内部二元结构矛盾日益凸显，主要依靠非均等化基本公共服务压低成本推动城镇化的快速发展模式已不可持续，经济社会发展不协调的矛盾比较突出，约束市场弊端的社会保护机制没有建立起来，导致我国社会整体和谐程度仍有进一步提升空间。反映在和谐城市竞争力指数上，与国外发达国家或者我国的香港、澳门地区相比，我国的和谐城市竞争力总体偏低，具有非常明显的转型国家的特征。同时又由于我国是个区域不平衡的发展中大国，不同城市处于不同的经济发展阶段，在和谐城市建设中面临的困难和任务差别极大。随着我国城市化进程的推进，一些社会问题和社会矛盾还会进一步呈现出来，我国城市和谐竞争力水平总体上还不会得到很大提升，但不否认一些发达地区的大中城市和中小城市，在发展水平进入到一定阶段后会通过主动的改革，大大提升本市的和谐竞争力水平。

（五）生态城市建设：如何走出EKC困局

随着我国城镇化的快速推进，城市生态环境问题日益严重，已经成为新闻媒体及“两会”最为关注的焦点问题。2013年，我国生态城市建设中面临的形势和问题更加严峻。在政府重拳治理的前提下，城市环境污染引发的重大事件仍呈爆发式增长，雾霾、水污染、植被破坏等问题也都呈现常态化趋势。这种生态环境问题已经严重影响了我国城镇化的质量，越来越多的城市居民对当前的城市环境状况不满，这催生出很多“环境移民”，很多人开始因为环境问题而“逃离”大城市，选择环境更优美的中小城市或跨国移民。同时，目前我国很多地区在经济发展中，普遍存在将高污染、高排放的生产企业和污染源放在本地区的边缘地带或江河、湖泊、海洋中，这种以邻为壑的做法很容易导致“公用地悲剧”的发生，加速城市和区域之间的污染转移。可以说，生态环境问题成为影响中国未来进一步发展的瓶颈，不仅影响到我国城镇化的进程，也会影响到经济发展、社会安定等各个方面。在制度建设方面，与部分地方政府实施的汽车限号、转移污染企业等治标措施相比，国家层面的生态建设制度框架、环保法律法规的完善、生态补偿机制的建立、排污权交易等环境保护和治理的长效机制显得尤为重要。

（六）文化城市建设：历史积淀和特色逐步消亡

在快速城市化的过程中，一些城市景观结构与所处区域的自然地理特征不协调，部分城市贪大求洋、照搬照抄，脱离实际建设国际大都市，“建设性”破坏不断蔓延，城市的自然和文化个性被破坏。一些农村地区大拆大建，照搬城市小区模式建设新农村，简单用城市元素与风格取代传统民居和田园风光，导致乡土特色和民俗文化流失，导致“千城一面”、“城乡一体”，城市特色和历史文化底蕴逐步消亡。同时，对外来文化的理解和运用又不得要旨，不加思考地效仿国外使得主导文化出现断裂，甚至不加选择地抹去自身原有文化，这造成部分城市在文化建设方面底气不足，无从下手。在城市规划过程中主观性和随意性较强，缺乏对城市建设规律的遵循以及对城市在精神、人文、个性方面的深层思考和理解。许多城市按照功能性分区的规划理念，教条式地将城市分成商业区、居住区、行政区、娱乐区等做法，使本来饱含历史余韵、丰富多彩的城市人为地结构化、简单化，把城市生活变得机械且单调。从城市文化的物质、制度和精神层面看，在物质文化建设层面，缺乏文化意识、文化自觉以及以人为本的理念；在制度文化建设层面，缺乏大胆创新意识、科学制度设计以及系统执行力；在精神文化建设层面上，塑造力度和宣传力度不强。从城市文化的内容结构来看，城市文化建设在民俗文化、节庆文化、精品文化等方面取得了不错的成就，但是休闲文化、大众文化、饮食文化、旅游文化、生态文化、体育文化等方面还需要进一步加强。

（七）全域城市建设：城乡二元结构亟待破解

当前全域城市建设面临的主要问题包括：城乡收入差距较大、公共服务供给城乡失衡、城乡基础设施差异较大、城市化落后于工业化的发展、空间布局无序。从城乡收入差距来看，城乡收入比一直超出合理的范围。从公共服务供给来看，农村在养老保险、医疗保险、生育保险、失业保险以及社会救助等方面，全面落后于城市。从城乡基础设施来看，农村基础设施供给无论在数量、质量、品种和属性等方面都落后于城市。从城市化与工业化的适应性来看，城市化发展滞后于工业化的发展，人口城乡结构落后于产业结构和就业结构，人口城市化滞后于非农产业的发展。从城市间的横向对比来看，虽然部分东南沿海城市、主要大中城市的全域城市化建设已经取得一定成绩，但由于发展城乡统一的资金约束、工农业生产率差异、城乡二元体制的制度惯性、缺乏城乡一体的合理规划以及城市倾向的经济政策，包括现行城乡分割的户籍管理、土地管理、社会保障制度，以及财税金融、行政管理等制度，固化着已经形成的城乡利益失衡格局，制约着农业转移人口市民化，阻碍着城乡发展一体化。因此，从长期来看，中国城市的全域城市建设仍然任重而道远。

（八）信息城市建设：长效机制任重而道远

中国信息城市建设总体上还处于起步阶段，城市和区域之间的相对差异较大，大致呈现出东高西低、南高北低的态势。从物质交流和信息交流上看，我国的信息基础设施目前还稍逊于交通基础设施的发展，信息基础设施建设并未与城市的发展保持同步。物联网、云计算、大数据等新一代信息技术创新应用在很多城市才刚刚起步，应用于我国关键领域的比例还严重偏低，先进信息技术研发并没有充分发挥它的创新驱动作用，信息基础设施的建设远远不能满足城市居民的生活需求。从城市与区域之间的横向对比来看，在交通设施、邮政等行业的投入上，中、西部不发达地区的投入相对偏小。据工信部工业行业两化融合评估报告，我国24.5%的评估企业两化融合还处于起步阶段，43%处于局部覆盖阶段，不同行业的融合水平差异较大，跨部门、跨行业、跨地区的政务信息共享和业务协同还有待加强。因此，推广智慧化信息应用和新型信息服务，促进城市规划管理信息化、基础设施智能化、公共服务便捷化、社会治理精细化的长效机制建设仍任重而道远。

四、理想城市：经验案例与政策启示

（一）以人为本的宜居城市：走“防治结合”的道路，确保人居环境的越来越好

墨尔本：城乡完美融合、古今交相辉映的生活品质之都。主要启示：注重城市文脉的保护与传承，强化城市风貌的区域管控，实现现代建筑与历史建筑的和谐统一，凸显人文宜居在现代宜居城市建设中的重要地位；优先安排居住区的公共设施用地，将居住区配套设施的达标作为房屋预售的重要前提，坚决实行居住区建设的配套设施一票否决制；大力发展公共交通，在地铁、轻轨和BRT等多种交通方式中因地制宜科学选择适合自己的发展重点；注重城市管理在宜居城市品质中的关键作用。

珠海：人与自然和谐、经济环境协调的幸福乐居之地。主要启示：以规划理念的世界眼光、国际标准与城市发展本土优势相结合为引领，确立正确的宜居城市建设理念；以高端规划编制和坚定城市发展发展目标为抓手，推动宜居城市特色化和高水平发展；合理控制房价，不断提高收入房价比是确保城市居民住有宜居的关键；推进城市管理向城市治理转型，发挥政企社多元主体在宜居城市建设中的合力。

（二）创业至上的宜商城市：走“质量领先”的道路，创造营商环境的竞争优势

新加坡：政府做好良好治理和周到服务。新政府长期以来奉行亲商政策，高度重视对投资者的服务，建立“一站式”服务，精简审批项目，清理行政收费，并为招商引资实行了一系列奖励措施。除征收很少的关税外，保护性关税在逐步取消，不搞其他发展中国家通常都实行的外汇管理制和国内价格控制，不控制私人企业和私人投资，没有反垄断法，对利润汇出和资本撤回不加限制等，在法治和政府管理的框架下给商业活动提供足够的自由度。此外，新加坡将人才立法放入移民法框架内，吸引人才与吸引投资相结合，恰当地处理了补充简单劳动力和限制不需要的人员入境的关系。

香港：自由规范的制度环境。香港一贯坚持经济自由的理念，被誉为“经济自由的最后堡垒”和全球最自由的经济体，在美国传统基金会和华尔街日报发布的《经济自由指数》报告中亦连续11年稳居榜首。综合香港经验来看，在较为完善的基础设施条件下，坚持法治精神规范地奉行自由宽松的制度环境，时刻以市场理念为核心，尊重各个市场主体的利益，加强与世界各地的密切联系和合作，是提升宜商竞争力的根本所在。

（三）创新驱动的知识城市：走“创新驱动”的道路，确保城市“引领未来”

伦敦：历史名城、创新引擎。雄厚文化底蕴的伦敦，拥有丰富的大学资源给予知识城市竞争力提高提供有利的条件，文化多样性，开放、和谐的社会环境实现知识共享与交流，倡导低碳经济，合理规划区域划分，符合可持续发展，为知识城市提供了可持续竞争力，大力培养与引进金融人才，充分发挥金融业优势，不断创造知识经济，提高知识城市竞争力，伦敦这种提高可持续的知识城市竞争力的途径值得借鉴与学习。

杭州：创意天堂、东方硅谷。杭州的互联网技术及电子商务业处于全国领先地位，是一个具有创意的城市，其利用自身优势，不断创新，促进高科技技术不断向前发展，并能够将科技成果结合自身优势形成更大的知识外溢与知识经济转化效益；优化知识创造环境，以企业为主体，市场为导向，以产学研合作为纽带，搭建了一个面向国内外的知识产权创造的新平台，在知识产权工作中形成的“创造是源头、管理是基础、保护是手段、运用是目的、企业是主体、市场是导向”成功经验值得全国同类城市学习与借鉴。

（四）公平包容的和谐城市：走“包容增长”的道路，确保市民社会的“公平正义”

柏林：多元、开放、高效、公平的包容性城市。主要启示：社会公平与市场经济的结合是德国社会保障制度的特点，柏林作为德国的首都不仅为一般市民提供了覆盖面比较齐全的保障体系，更是以弱势群体为重点，建立了各种社会救济、补助和促进就业的计划，促进了整个社会的稳定和谐。柏林虽然在经济发展上没有优异的表现，但在政府的干预下，以住房为代表的城市生活成本相对较低，即适合本地居民居住也吸引了国外各种人才到柏林创业和生活，使柏林保持了比较好的活力和创造性。在城市管理方面，在德国柏林的行政执法体制中，秩序局集中行使处罚权的成功经验，对我国推行集中行政处罚权具有借鉴意义。

厦门：美丽、活力、幸福、共享的温馨和谐之城。主要启示：建设和谐城市的关键在于政府转型，由管理型政府变为服务型政府，由政府决策变成公共决策，由原来以经济建设为中心转为以社会建设为中

心，提高居民的生活质量。同时，和谐城市建设既要注重城乡公平也要注重不同阶层、本地人与外地之间的公平，厦门市率先在全国建立的城乡一体、内外一致的“全民医保”、义务教育资源配置和社会保障体系，为其他地区提供了很好的借鉴。不设门槛的保障房性住房建设，为保护中产阶层的利益发挥了重要作用，也值得其他地区借鉴。

（五）环境友好的生态城市：走“绿色发展”的道路，确保生态环境的“自然优美”

伯克利：优秀理论指导下的全球最佳生态城市。主要启示：以雷吉斯特的生态城市理论做指导进行了大规模的城市规划和建设，极大改善本地生态环境；在土地开发过程中，主要依托就近开发、鼓励土地混合利用、高密度开发等原则，极大提高土地的利用效率；加大对历史文化遗产的保护力度，并将多样性的文化和民族特征体现在生态城市中，很好地延续了伯克利的历史；以步行原则建设交通和商业区，在城市交通系统建设中，建设了大量的慢速道街道，鼓励居民步行或自行车出行，尽量减少小汽车的利用。

黄山：“对污染说不”的生态城市。主要启示：量身定制生态环境保护专项规划，重点建设生态旅游及服务业、新型工业及循环经济、生态农业及农村能源等工程；依托生态资源推动产业发展，“坚决不上一个有污染的工业项目”；在现有生态资源的基础上加大整治和保护力度，积极探索建立生态建设与保护的有效机制，通过积极推进林权制度改革，鼓励和促进社会化、市场化的多元投入，引导和激励全社会参与生态建设；建立完善的生态保护机制，着力构建政府引导、部门联动、社会参与的工作机制。

（六）多元一本的文化城市：走“守土开放”的道路，确保城市的“世界个性”

巴黎：世界文化名城、时尚之都。主要启示：对老城区进行严格缜密的保护，从单纯的文物建筑局部保护上升到整体老城区的保护，从强调物质形态到转而在经济、社会、环境、生态等诸多领域的完善与协调中强调传统空间形式和历史氛围；鼓励民众积极参与城市文化建设，定期举办文化活动，促进市民在与城市的互动中提高、增强保护意识和文化素质；大力扶植文化创意产业发展，致力于改善环境、繁荣文化、发掘创造力，创意产业一边来源于现实，源源不断，另一边回归到现实，满足市场的多样化需求，促进巴黎文化创意产业的蒸蒸日上。

上海：守土开放的魅力之都。主要启示：发挥文化在城市经济社会建设中的先导作用，建设相应的公共文化服务、文化产业扶持、文化市场监管政策支撑体系；促进文化事业产业协调发展，公益性文化事业与经营性文化产业实施双轮驱动、两翼齐飞；坚持本土文化和外来文化融合发展，紧密结合上海市情、地情、人情，积极发展本土文化，以文化的大开放、大思维推动文化的大融合。

（七）城乡一体的全域城市：走“融合均等”的道路，确保城市“反哺农村”

杜塞尔多夫：“欧洲最大的乡村。”主要启示：城市规划具有法定性、长期性、固定性、稳定性，而且综合性很强，包括土地利用、产业布局、环境保护和城市建设等方面。城市规划对统筹城市的全面发展起到了十分重要的作用，规划在决策前必须进行充分调研、反复公示，最终由议会审议、批准，并具备法律效力，任何擅自改变规划的行为都是不可能的；在进行经济结构转型的基础上，非常注重城乡联动发展，农民享有一切城市居民的权利，没有明显的城乡差别；强调市民参与城市规划，从方案的编制、修改到确定，每个环节都是在公众的广泛参与下展开。

深圳：没有农村的城市。首先改革行政管理体制，加大社区管理和公共服务的力度；通过土地和房屋管理制度改革，最大限度盘活了原农村土地资源，提高了开发建设水平，集体土地所有权的转变使原农村土地和房屋产权体制与城市接轨；在户籍制度和人口管理方面，深圳市将农业户口村民一次性办理农转非手续，转为非农业户口的城市居民，并规定转置的农业户口村民享受城市居民的最低生活保障标准，在制度设计上让农转非村民享有了与城市居民一样的社会和劳动就业保障等权利；将农村市政基础设施逐步统一纳入到城市管理体系中来，极大地改善了农村基础设施。

（八）开放便捷的信息城市：走“迎头追赶”的道路，确保城市“沟通无限”

东京：世界级智慧城市。在信息基础设施上，东京以实现“任何时间、任何地点、任何人、任何物”都可以上网的家家户户数字化为目标，通过搭建光纤数字网络等，实现了网络交通的迅速连接；在信息交通上，注重“智能化的高速公路”建设，通过物联网、传感器等的运用，实现交通设施智能化；逐步开始新的信息技术如云计算等新技术的应用，率先开始了智能政府的建设，以高效、统一、迅速应变，满足公众的生产、生活需求；用先进的信息技术来实现节能环保，通过高新技术的应用普及，促进低碳经济的发展。

广州：智慧之城、活力之都。在物质联系交流上，依托广交会和东、北、南的交通枢纽布局，着力打造国际商贸中心；在信息交流上，注重信息技术的发展应用，市辖区基本实现了光纤普及，并建立了宽带数据、交互式视频等业务平台，南沙、天河等智慧城市基础设施建设及无线城市、云计算数据中心等重点工程是广州在信息基础设施上的战略先行；通过信息技术发展将传统产业改造升级，并通过信息产业的战略发展布局，推动产业向高端化、低碳化方向发展；制订了一系列优惠政策，发挥信息主导产业的引导作用，大力发展云计算、物联网、数字新环保、新能源、新材料等产业，加快推进科技与创新应用的结合。

五、年度主题：一个世界超级经济区已经浮现

我们在城市和区域经济研究中，经过长期观察和反复比较，初步有了一个重大发现：长三角地区已经在原有基础上浮现出一个更大范围的世界超级经济区，并将带动中国区域经济格局发生重大变化。在此基础上，我们大胆设想、小心求证，从区域广化和深化的角度证明至2020年，这一在综合经济、交通体系、市场体系、产业体系等领域实现全面一体化的世界超级经济区将出现在北至陇海线，南抵浙南山区，西至京九线，东临黄海、东海的广袤空间里，包括沪、苏、浙、皖的40个城市。

（一）长三角的区域广化

时间维度：基于时间距离，两小时经济圈不断扩展。随着交通基础设施条件的迅速改善，各节点城市到中心城市上海的最短时间距离迅速缩短，长三角以上海为中心的两小时经济圈的空间范围不断扩大。至2020年，长三角“两小时经济圈”将覆盖上海、江苏、浙江全境以及安徽除亳州以外的总共40个城市。

届时，所有城市与中心城市上海之间的最短往返通勤时间将控制在4小时之内，能够实现当日工作往返，长三角将全面迈向“当日经济”。

空间维度：基于引力模型，中心城市影响范围持续扩大。以2003年长江三角洲城市经济协调会的16个会员城市为标准，依据引力模型，计算这一时期中心城市上海与外围其他会员城市的吸引力指数，并分别与2013年长江三角洲城市经济协调会扩容后的30个城市，以及2020年长三角两小时经济圈所包括的40个城市进行比较。结果显示随着城市数量的增多和空间范围的扩大，吸引力指数均值平稳上升，这进一步证明到2020年，长三角将形成以上海为中心，北至连云港、徐州，西至安庆、六安，南至温州、丽水，包括沪、苏、浙、皖40个城市的“超级经济区”。

（二）长三角的区域深化

综合经济一体化：核心城市带动外围城市，区域经济显著收敛。以地均GDP和GDP增量分别衡量经济发展效率和增长潜力。通过对长三角经济区40个城市2001年至2010年地均GDP和GDP增量进行考察，发现长三角在这十年间出现了明显的区域经济收敛，地区间差距进一步缩小，综合经济一体化程度不断加深。

交通一体化：区域交通高速化、网络化，可达性水平全面提升。以加权最短出行时间（average weighted travel times）测度长三角的区域可达性水平，结果显示从1990年到2020年，长三角可达性水平将不断提升，交通一体化水平全面改善，且区域内部的可达性水平更加均衡，外围城市的可达性迅速提升，长三角的整体空间格局由极化向均衡化发展。

市场一体化：“冰山”成本降低，区域共同市场逐步形成。以地区间相对价格法测度长三角市场一体化程度，结果显示从1990年至2010年，长三角的相对价格方差呈现出整体收窄的趋势，并逐渐平滑，最终稳定在极小区间里。在市场力和政府力的双重作用下，长三角的市场一体化程度不断加强。

产业一体化：产业结构趋同，区域合作实现集群优势。通过产业结构相似度和产业结构转换速度来测度长三角的产业一体化程度。结果显示2004年之后，长三角整体的产业结构相似度系数均值水平连续7年持续上升，2010年达到0.795，发生了明显的产业同构现象。随着产业关联度的提升，长三角各地的产业结构转换速度呈现出明显的同向变化趋势，产业一体化程度显著提升，产业同构成为一体化的基础，长三角作为一个整体进行产业升级和结构调整，并形成集群优势，对外参与国际分工与竞争。

（三）结论与展望

伴随长三角明显的区域广化和深化，一个覆盖沪、苏、浙、皖40个城市的世界超级经济区已经浮现。若政府能够顺应这一客观趋势，克服目前在战略规划、空间布局、体制机制、公共治理、产业体系、基础设施等方面存在的问题，制定促进区域合作的战略规划，优化带动纵深发展的空间布局，完善平衡各方利益的协调机制，建立深化区域一体的公共治理体系，培育提升竞争优势的产业集群，构建支撑全域开发的基础设施体系，促进这一超级经济区的建设，对于实现“两个百年”中国梦的奋斗目标将具有重大的战略意义。

参考文献：

倪鹏飞：《新型城镇化的基本模式、具体路径与推进对策》，江海学刊，2013年第1期。

倪鹏飞：《中国城市竞争力报告》，社会科学文献出版社，2013。

国家新型城镇化规划（2014—2020年）：http://news.sina.com.cn/c/2014-03-16/212029721385.shtml。

附表　2013年中国294个城市综合经济竞争力

2013年中国294个城市综合经济竞争力

城市	综合经济竞争力指数	排名	综合增量竞争力指数	排名	综合效率竞争力指数	排名
香港	1.000	1	0.363	18	0.733	3
深圳	0.886	2	0.694	6	0.297	4
上海	0.778	3	1.000	1	0.156	5
台北	0.653	4	0.106	82	1.000	1
广州	0.526	5	0.779	4	0.086	9
北京	0.443	6	0.869	2	0.051	17
苏州	0.437	7	0.689	7	0.065	14
天津	0.430	8	0.842	3	0.049	18
佛山	0.412	9	0.457	9	0.089	8
澳门	0.405	10	0.038	213	0.917	2
无锡	0.375	11	0.433	12	0.076	11
东莞	0.332	12	0.266	30	0.099	7
武汉	0.294	13	0.448	10	0.041	22
南京	0.291	14	0.384	17	0.048	19
成都	0.266	15	0.473	8	0.029	29
青岛	0.262	16	0.440	11	0.031	27
新北	0.252	17	0.108	80	0.134	6
厦门	0.242	18	0.157	55	0.083	10
大连	0.237	19	0.419	13	0.025	35
郑州	0.235	20	0.324	22	0.034	24
宁波	0.234	21	0.342	20	0.032	26
沈阳	0.229	22	0.409	15	0.023	37
长沙	0.228	23	0.388	16	0.024	36
杭州	0.224	24	0.413	14	0.022	38
常州	0.215	25	0.225	37	0.042	21
重庆	0.210	26	0.726	5	0.006	126
唐山	0.201	27	0.342	19	0.021	40
济南	0.200	28	0.273	25	0.028	31
中山	0.197	29	0.131	68	0.063	15
南通	0.195	30	0.266	29	0.026	34
烟台	0.193	31	0.336	21	0.018	47
泉州	0.182	32	0.283	23	0.020	43

续表

城市	综合经济竞争力指数	排名	综合增量竞争力指数	排名	综合效率竞争力指数	排名
淄博	0.177	33	0.209	38	0.028	30
西安	0.176	34	0.264	31	0.020	44
合肥	0.168	35	0.269	28	0.016	51
嘉兴	0.167	36	0.153	57	0.035	23
高雄	0.159	37	0.074	120	0.068	13
徐州	0.158	38	0.240	33	0.016	53
镇江	0.155	39	0.145	60	0.031	28
福州	0.155	40	0.244	32	0.015	61
长春	0.148	41	0.276	24	0.010	89
绍兴	0.148	42	0.175	45	0.021	41
石家庄	0.146	43	0.233	34	0.013	70
扬州	0.146	44	0.171	50	0.020	42
南昌	0.143	45	0.175	46	0.019	46
泰州	0.143	46	0.159	54	0.021	39
潍坊	0.139	47	0.228	36	0.011	83
东营	0.136	48	0.166	52	0.017	50
温州	0.134	49	0.174	47	0.015	59
济宁	0.133	50	0.192	40	0.013	72
台中	0.131	51	0.041	204	0.074	12
珠海	0.131	52	0.074	119	0.042	20
大庆	0.128	53	0.208	39	0.009	102
鞍山	0.127	54	0.169	51	0.013	69
泰安	0.124	55	0.148	59	0.015	57
哈尔滨	0.124	56	0.271	26	0.004	173
威海	0.123	57	0.126	69	0.019	45
台州	0.122	58	0.141	66	0.015	58
沧州	0.120	59	0.180	42	0.009	98
邯郸	0.120	60	0.163	53	0.012	77
包头	0.120	61	0.233	35	0.005	137
盐城	0.118	62	0.181	41	0.008	107
洛阳	0.116	63	0.174	48	0.009	101
临沂	0.116	64	0.180	43	0.008	108
汕头	0.114	65	0.069	133	0.032	25
鄂尔多斯	0.113	66	0.269	27	0.002	234
金华	0.112	67	0.138	67	0.011	80

续表

城市	综合经济竞争力指数	排名	综合增量竞争力指数	排名	综合效率竞争力指数	排名
芜湖	0.109	68	0.114	75	0.014	63
惠州	0.109	69	0.143	61	0.009	97
台南	0.108	70	0.036	224	0.052	16
许昌	0.107	71	0.101	89	0.016	52
太原	0.106	72	0.104	84	0.015	56
枣庄	0.103	73	0.089	97	0.017	49
聊城	0.103	74	0.118	73	0.011	82
吉林	0.101	75	0.171	49	0.004	170
焦作	0.100	76	0.081	109	0.018	48
德州	0.100	77	0.120	72	0.010	93
昆明	0.100	78	0.154	56	0.006	127
呼和浩特	0.099	79	0.142	64	0.006	122
营口	0.099	80	0.102	88	0.012	75
南宁	0.098	81	0.149	58	0.005	151
保定	0.097	82	0.143	62	0.006	135
襄阳	0.097	83	0.142	63	0.005	138
滨州	0.097	84	0.112	78	0.010	92
江门	0.097	85	0.109	79	0.010	90
廊坊	0.096	86	0.091	95	0.013	73
榆林	0.095	87	0.176	44	0.003	216
宜昌	0.095	88	0.141	65	0.005	149
岳阳	0.093	89	0.123	71	0.006	121
淮安	0.093	90	0.106	83	0.009	105
湖州	0.093	91	0.082	108	0.013	68
揭阳	0.093	92	0.086	100	0.012	76
漳州	0.092	93	0.113	76	0.007	115
新乡	0.089	94	0.093	94	0.009	99
舟山	0.089	95	0.041	203	0.027	32
马鞍山	0.088	96	0.070	131	0.014	62
日照	0.088	97	0.079	111	0.012	79
菏泽	0.088	98	0.107	81	0.006	120
南阳	0.087	99	0.124	70	0.004	164
衡阳	0.087	100	0.112	77	0.006	132
盘锦	0.087	101	0.070	132	0.014	65
茂名	0.087	102	0.095	93	0.008	111

续表

城市	综合经济竞争力指数	排名	综合增量竞争力指数	排名	综合效率竞争力指数	排名
常德	0.087	103	0.115	74	0.005	156
湛江	0.086	104	0.100	91	0.006	119
贵阳	0.086	105	0.090	96	0.009	103
安阳	0.086	106	0.084	105	0.010	88
莆田	0.086	107	0.067	139	0.013	71
连云港	0.086	108	0.083	106	0.009	96
平顶山	0.085	109	0.084	102	0.010	94
株洲	0.085	110	0.100	90	0.007	114
乌鲁木齐	0.085	111	0.103	86	0.006	124
宿迁	0.083	112	0.084	103	0.008	110
湘潭	0.083	113	0.070	126	0.011	81
柳州	0.081	114	0.103	85	0.004	163
德阳	0.081	115	0.070	124	0.010	91
咸阳	0.081	116	0.086	101	0.007	117
铜陵	0.078	117	0.031	234	0.027	33
周口	0.076	118	0.076	116	0.006	128
肇庆	0.076	119	0.087	99	0.004	162
兰州	0.076	120	0.084	104	0.005	147
开封	0.074	121	0.062	153	0.008	106
邢台	0.074	122	0.075	118	0.006	131
海口	0.073	123	0.037	216	0.016	54
松原	0.073	124	0.087	98	0.003	194
商丘	0.073	125	0.070	130	0.006	125
漯河	0.072	126	0.041	207	0.015	60
新余	0.072	127	0.047	192	0.012	74
黄石	0.072	128	0.054	174	0.010	87
通辽	0.071	129	0.102	87	0.001	259
本溪	0.071	130	0.067	140	0.006	123
自贡	0.071	131	0.050	183	0.009	100
锦州	0.070	132	0.067	141	0.006	134
郴州	0.070	133	0.079	112	0.003	186
辽阳	0.070	134	0.051	181	0.009	95
龙岩	0.070	135	0.078	115	0.003	192
九江	0.069	136	0.079	113	0.003	188
抚顺	0.069	137	0.068	136	0.005	152

续表

城市	综合经济竞争力指数	排名	综合增量竞争力指数	排名	综合效率竞争力指数	排名
内江	0.069	138	0.056	167	0.008	109
驻马店	0.069	139	0.070	128	0.004	165
宝鸡	0.069	140	0.076	117	0.003	193
长治	0.069	141	0.072	122	0.004	159
安庆	0.069	142	0.068	135	0.004	175
淮南	0.069	143	0.039	210	0.014	66
秦皇岛	0.068	144	0.057	164	0.007	116
南充	0.068	145	0.065	147	0.004	166
桂林	0.068	146	0.079	114	0.002	221
赤峰	0.068	147	0.097	92	0.001	278
四平	0.067	148	0.071	123	0.003	185
信阳	0.067	149	0.070	125	0.003	189
三明	0.066	150	0.073	121	0.003	217
赣州	0.066	151	0.080	110	0.002	241
绵阳	0.066	152	0.070	127	0.003	205
孝感	0.066	153	0.058	162	0.005	139
三门峡	0.066	154	0.062	154	0.005	153
资阳	0.066	155	0.053	175	0.005	142
黄冈	0.065	156	0.066	143	0.003	201
宜宾	0.065	157	0.064	149	0.004	168
濮阳	0.065	158	0.037	215	0.011	84
玉林	0.065	159	0.057	163	0.004	174
渭南	0.065	160	0.068	138	0.004	176
吕梁	0.064	161	0.070	129	0.003	214
清远	0.064	162	0.066	142	0.003	215
衢州	0.064	163	0.054	172	0.005	146
娄底	0.064	164	0.049	186	0.005	144
铁岭	0.064	165	0.063	152	0.003	187
银川	0.063	166	0.053	176	0.006	136
上饶	0.063	167	0.065	146	0.002	220
荆州	0.063	168	0.059	158	0.004	179
宁德	0.063	169	0.057	165	0.003	184
莱芜	0.063	170	0.031	238	0.014	67
宜春	0.063	171	0.064	148	0.003	208
乐山	0.062	172	0.059	157	0.004	183

续表

城市	综合经济竞争力指数	排名	综合增量竞争力指数	排名	综合效率竞争力指数	排名
荆门	0.062	173	0.057	166	0.004	177
达州	0.062	174	0.061	155	0.003	199
鄂州	0.062	175	0.026	249	0.016	55
呼伦贝尔	0.062	176	0.082	107	0.000	292
泸州	0.062	177	0.058	159	0.004	180
齐齐哈尔	0.062	178	0.065	145	0.001	255
遵义	0.062	179	0.068	134	0.002	236
乌海	0.062	180	0.030	241	0.014	64
曲靖	0.061	181	0.068	137	0.002	230
丹东	0.061	182	0.058	160	0.003	207
延安	0.061	183	0.064	150	0.001	247
滁州	0.061	184	0.054	171	0.003	195
朝阳	0.061	185	0.063	151	0.002	231
蚌埠	0.061	186	0.041	206	0.007	118
潮州	0.060	187	0.031	236	0.010	85
西宁	0.060	188	0.048	189	0.005	150
承德	0.060	189	0.066	144	0.001	250
萍乡	0.060	190	0.037	219	0.009	104
阜阳	0.059	191	0.046	195	0.004	160
益阳	0.059	192	0.052	178	0.004	181
宿州	0.059	193	0.048	190	0.004	169
晋城	0.059	194	0.047	191	0.005	157
临汾	0.059	195	0.056	168	0.003	210
十堰	0.059	196	0.058	161	0.002	238
朔州	0.059	197	0.051	180	0.004	172
玉溪	0.058	198	0.049	185	0.003	209
阳江	0.058	199	0.043	200	0.005	155
永州	0.058	200	0.055	170	0.002	229
牡丹江	0.058	201	0.060	156	0.001	262
运城	0.058	202	0.050	182	0.004	182
遂宁	0.058	203	0.037	217	0.006	133
邵阳	0.057	204	0.052	179	0.002	228
鹤壁	0.057	205	0.026	253	0.012	78
绥化	0.057	206	0.054	173	0.001	254
衡水	0.057	207	0.038	211	0.005	141

续表

城市	综合经济竞争力指数	排名	综合增量竞争力指数	排名	综合效率竞争力指数	排名
梧州	0.056	208	0.044	198	0.003	206
北海	0.056	209	0.032	232	0.008	112
眉山	0.056	210	0.039	209	0.005	158
钦州	0.056	211	0.045	196	0.003	203
吉安	0.056	212	0.052	177	0.002	239
六安	0.056	213	0.047	193	0.002	224
张家口	0.056	214	0.055	169	0.001	246
淮北	0.056	215	0.026	250	0.010	86
广安	0.055	216	0.038	212	0.005	145
南平	0.055	217	0.050	184	0.002	240
晋中	0.055	218	0.048	187	0.003	212
通化	0.055	219	0.047	194	0.002	218
咸宁	0.054	220	0.040	208	0.003	191
汕尾	0.054	221	0.032	230	0.005	143
怀化	0.054	222	0.048	188	0.001	244
丽水	0.053	223	0.042	202	0.002	223
抚州	0.053	224	0.043	201	0.002	232
辽源	0.053	225	0.031	233	0.005	154
攀枝花	0.052	226	0.036	221	0.004	161
韶关	0.051	227	0.041	205	0.002	227
景德镇	0.051	228	0.029	242	0.005	140
宣城	0.051	229	0.035	226	0.003	211
亳州	0.051	230	0.031	235	0.004	178
克拉玛依	0.050	231	0.028	245	0.005	148
河源	0.050	232	0.036	220	0.002	235
大同	0.050	233	0.036	223	0.003	202
三亚	0.049	234	0.014	272	0.007	113
巴彦淖尔	0.049	235	0.045	197	0.000	282
毕节	0.049	236	0.043	199	0.001	252
贵港	0.049	237	0.031	239	0.003	204
佳木斯	0.048	238	0.037	218	0.001	270
梅州	0.048	239	0.033	229	0.002	226
白山	0.048	240	0.035	227	0.001	245
随州	0.048	241	0.028	246	0.003	213
汉中	0.048	242	0.036	222	0.001	260

续表

城市	综合经济竞争力指数	排名	综合增量竞争力指数	排名	综合效率竞争力指数	排名
白城	0.048	243	0.035	225	0.001	266
葫芦岛	0.047	244	0.031	240	0.003	196
鹰潭	0.047	245	0.022	259	0.006	129
六盘水	0.047	246	0.033	228	0.003	197
乌兰察布	0.046	247	0.038	214	0.001	281
阳泉	0.046	248	0.023	256	0.006	130
防城港	0.046	249	0.026	251	0.003	190
双鸭山	0.044	250	0.029	243	0.001	265
酒泉	0.044	251	0.032	231	0.000	294
百色	0.044	252	0.031	237	0.001	272
阜新	0.043	253	0.027	248	0.002	222
鸡西	0.043	254	0.027	247	0.001	263
云浮	0.043	255	0.022	258	0.003	198
崇左	0.043	256	0.023	255	0.001	249
忻州	0.043	257	0.029	244	0.001	264
庆阳	0.042	258	0.024	254	0.001	275
来宾	0.042	259	0.026	252	0.002	237
池州	0.040	260	0.019	262	0.002	225
昭通	0.040	261	0.021	260	0.001	268
安康	0.040	262	0.020	261	0.001	274
七台河	0.040	263	0.017	264	0.002	219
石嘴山	0.039	264	0.017	266	0.004	167
黄山	0.039	265	0.015	269	0.002	233
河池	0.039	266	0.022	257	0.001	277
巴中	0.038	267	0.015	271	0.001	251
雅安	0.038	268	0.016	267	0.001	261
广元	0.038	269	0.018	263	0.001	257
商洛	0.037	270	0.017	265	0.001	271
天水	0.036	271	0.013	274	0.001	256
贺州	0.035	272	0.013	276	0.001	248
鹤岗	0.035	273	0.013	275	0.001	267
铜仁	0.035	274	0.015	270	0.001	269
保山	0.034	275	0.013	277	0.001	276
张家界	0.034	276	0.011	279	0.001	242
铜川	0.034	277	0.009	284	0.003	200

续表

城市	综合经济竞争力指数	排名	综合增量竞争力指数	排名	综合效率竞争力指数	排名
黑河	0.034	278	0.014	273	0.000	293
普洱	0.034	279	0.012	278	0.000	290
武威	0.034	280	0.009	283	0.000	287
白银	0.034	281	0.015	268	0.001	273
嘉峪关	0.033	282	0.008	286	0.004	171
安顺	0.031	283	0.010	281	0.001	243
临沧	0.031	284	0.009	282	0.000	283
吴忠	0.030	285	0.011	280	0.001	279
平凉	0.030	286	0.009	285	0.001	258
张掖	0.029	287	0.007	287	0.000	291
伊春	0.029	288	0.006	290	0.000	289
中卫	0.028	289	0.007	288	0.001	280
丽江	0.028	290	0.004	291	0.000	286
定西	0.028	291	0.003	293	0.000	285
金昌	0.027	292	0.007	289	0.001	253
陇南	0.027	293	0.003	292	0.000	288
固原	0.022	294	0.000	294	0.000	284

中国总部经济空间格局及演变趋势*

北京市社会科学院中国总部经济研究中心
北京方迪经济发展研究院

总部经济是企业基于区域间的资源优势差异，将总部与生产制造环节（一般服务环节）进行空间分离，从而实现企业价值链与区域资源最优空间耦合，并由此产生总部集群布局的一种经济形态。目前，发展总部经济已经成为北京、上海、广州、深圳、天津、重庆等许多中心城市加快经济发展方式转变的重要战略选择。总部经济在城市经济发展中的地位日益突出，总部经济的空间分布及其空间格局演变对全国区域经济空间格局也产生重要影响。

一、全国总部经济空间分布特征

发展总部经济，其主体是总部型企业。从理论上来说，总部型企业是指“在企业组织结构中具有战略决策、资源配置、资本经营、业绩管理及外部公关等全部或其中几种职能的组织单元”①。在发展实践中，现有的统计体系并没有关于总部型企业的相关统计。目前，北京、上海、天津、南京、深圳等一些城市为引导总部经济健康发展，正在积极地探索总部型企业的统计工作，根据各城市发展总部经济的重点，制定了各自关于总部型企业的认定标准。但是，这些城市关于总部型企业的认定标准不统一，不具可比性。因此，本研究基于可统计性和可比性的考虑，选取2008—2013年全国500强、制造业500强、服务业500强、上市公司企业总部等具有较强影响力的总部型企业为样本数据，对全国总部经济空间分布特征进行分析。

（一）全国500强企业总部空间分布特征

1. 全国500强企业总部总体情况

（1）全国500强企业入围门槛逐年提高，企业规模持续扩大

近年来全国500强企业入围门槛不断提高，2013年入围企业营业收入门槛达到198.7亿元，约为2008年上榜企业的2.1倍②。2008—2013年，入围全国500强的企业营业收入规模和经营能力呈现整体提升趋势，其中排名首位的企业营业收入由12278.6亿元增长到28306.1亿元，增长了1.3倍；营业收入超过1000亿元和500亿元的企业分别由2008年的46家和87家增加到2013年的123家和215家（图1-1）。

从全国500强企业的整体经济效益来看，2013全国500强企业实现营业收入总额50.0万亿元，较2008年年均增长18.0%；资产总额151.0万亿元，较2008年年均增长20.4%；实现净利润总额2.2万亿元，较2008年

---

* 课题组组长：赵弘；课题组成员：赵燕霞、刘宪杰、单联香、汪淼、史嘉、张劲文。

① 赵弘，《总部经济》，中国经济出版社，2004.03，p.22。

② 资料来源：本研究中心，2008—2013年度中国500强企业、中国制造业500强企业、中国服务业500强企业相关数据均出自中国企业联合会、中国企业家协会联合编写的《中国500强企业发展报告》。各年度500强排行榜中企业数据均为企业上一年度各项经营指标情况。

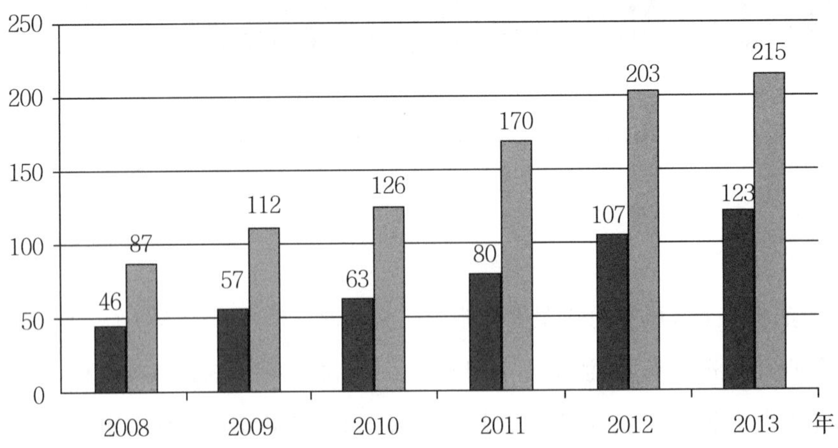

图1-1　2008—2013年全国500强企业大型企业数量变动情况

年均增长9.5%；纳税总额达到3.7万亿元，较2008年年均增长16.0%，占全国税收总额（10.06万亿元）的36.3%。由此可见，全国500强企业对国民经济和国家财政的支撑和贡献作用十分突出。

（2）国有企业仍占据主导，民营企业与国有企业的差距持续扩大

从企业发展的所有制构成来看，2013年全国500强中，国有及国有控股企业共310家，占总数的62%，国有及国有控股企业为主导的格局进一步凸显。国有及国有控股企业营业收入达到41.0万亿元，占2013年全国企业500强企业营业收入总额的81.9%；实现利润总额1.9万亿元，占500强企业利润总额的85.9%。

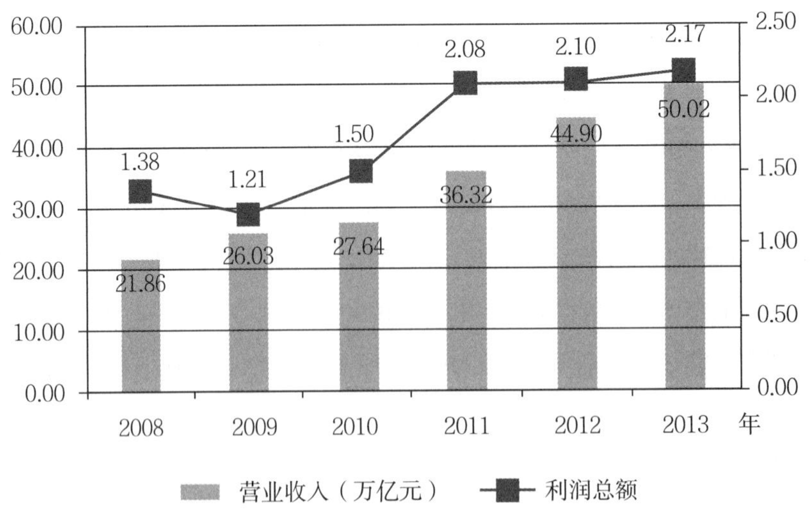

图1-2　2008—2013年全国500强企业营业收入与净利润变化情况

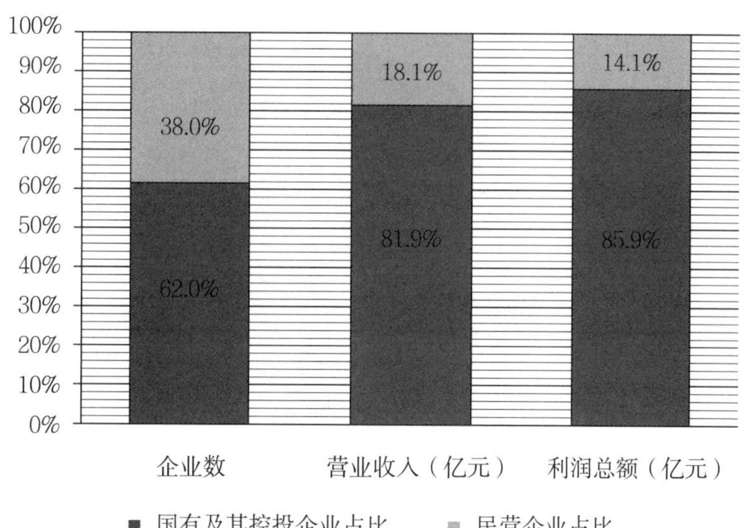

图1-3　2013年全国500强不同所有制企业发展情况

虽然近年来入围全国500强的民营企业数量有小幅提升，但是，无论是从总规模还是平均规模来看，民营企业与国有企业的整体差距进一步增大。2013年全国500强企业中，国有企业的资产总额和利润总额分别为民营企业的10.44倍和6.10倍，且近两年来这两项指标还有增大趋势（表1-1）。

（3）制造业企业比重较大，服务业企业盈利水平较高

全国500强企业主要集中在制造业领域，2013全国500强企业中制造业企业比重达到53.6%，服务业企业比重仅为28.2%[①]。从具体行业来看，全国500强企业主要集中在一些传统行业领域，企业总部数量排名前五

表1-1　近3年全国500强中国有企业与民营企业发展情况比较（亿元）

年份	项目	资产总额	平均资产	营业收入总额	平均营业收入	利润总额	平均利润
2011	国有	977367.9	3092.9	300782.9	951.8	17059.6	54.0
	民营	103756.3	563.9	62372.7	339.0	3775.4	20.5
	国有/民营	9.4	5.5	4.8	2.8	4.5	2.6
2012	国有	1167306.8	3765.5	367576.1	1185.7	17530.0	56.5
	民营	134299.9	706.8	81393.6	428.4	3437.1	18.1
	国有/民营	8.7	5.3	4.5	2.8	5.1	3.1
2013	国有	1377815.7	4444.6	409867.2	1322.2	18659.4	60.2
	民营	131955.0	694.5	90340.3	475.5	3060.3	16.1
	国有/民营	10.4	6.4	4.5	2.8	6.1	3.7

① 数据说明：此处根据国民经济行业分类标准(GB/T 4754—2011)，将2013年全国500强企业分为农业、采矿业、建筑业、电力热力燃气及水生产和供应业、服务业、制造业六大类。

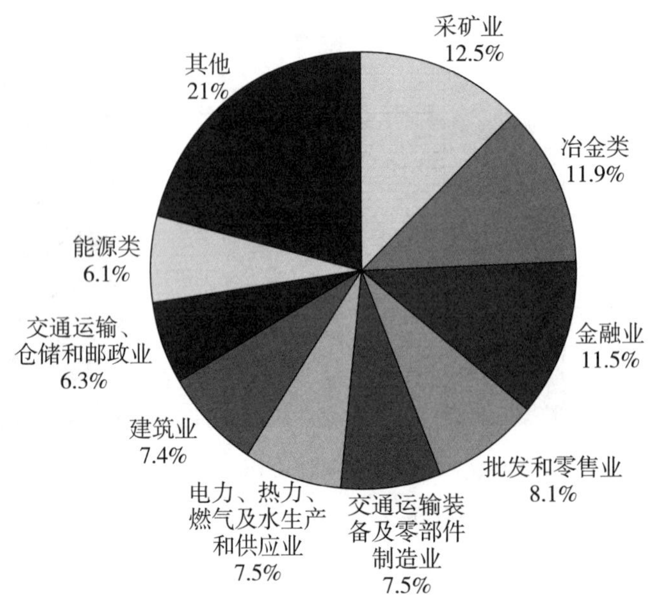

图1-4 2013年全国500强企业总部行业构成

位的行业分别为冶金业、批发零售业、建筑业、采矿业和交通运输装备及零部件制造业。

从不同行业企业的盈利能力来看，2013全国500强企业中服务业企业的平均收入利润率为8.6%，高于制造业6.4个百分点；人均利润为14.2万元，约为制造业的3.4倍。其中，金融业，房地产业，信息传输、计算机服务和软件业等现代服务业的盈利能力都远远超过其他行业（图1-5）。虽然服务业的整体盈利能力强于制造业，但部分服务业细分领域的盈利能力相对较低，如批发零售业的收入利润率仅为0.8%。

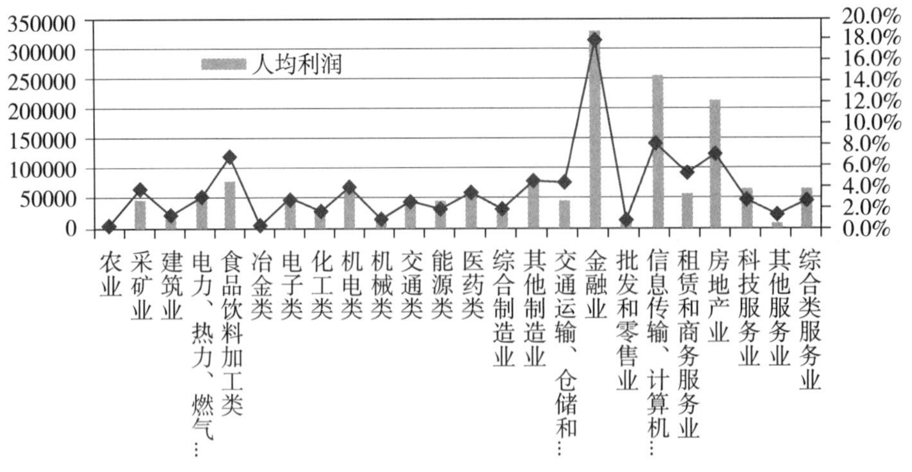

图1-5 2013年全国500强细分行业收入利润率与人均利润

（4）全国500强企业“走出去”步伐加快，国际竞争力显著提高

近年来，特别是金融危机爆发后，我国越来越多的企业加快实施“走出去”战略，抓住世界各国跨境投资政策放宽的机遇，纷纷通过设立海外投资性公司、海外并购等方式，加速拓展国际市场，企业的国际竞争力不断增强。比如，华为技术有限公司自1999年以来在海外设立了15个研发机构，与全球主流运营商成立25个联合创新中心，通过国际化的研发体系获取先进技术等创新资源，直接参与国际先进科技领域的开发与合作，不断增强自己的综合竞争力，迅速成为全球性的企业网络主流设备供应商。再比如，2012年三一重工联合中信产业投资基金（香港）顾问有限公司，以3.6亿欧元全资收购了德国普茨迈斯特股份有限公司100%股权，在获得技术领先的“德国制造”品牌及创新资源的同时，也将获得了海外广阔的市场与分销服务网络。

随着我国企业国际竞争力的逐步提高，近年来我国入选世界500强的企业数量逐年增加，2013年达到95家[①]，仅次于美国（132家），排在全球第二位。入围2013年世界500强的95家企业中，有84家企业世界排名大幅上升或与上一年持平，如工商银行由2012年的54名提升到2013年的27名，上海汽车集团股份有限公司由2012年的130名提升到2013年的103名。同时，2013年北京汽车集团、正威国际集团、中国民生银行等18家企业新入围世界500强，新入围企业数量世界排名第一。

2. 全国500强企业总部空间分布格局

（1）全国500强企业总部主要分布在东部发达地区

2013年全国500强企业总部主要集中布局在东部发达地区，东部地区企业总部数量达到378家，占全国的75.6%；中部和西部地区仅为70家和52家，分别占全国的14.0%和10.4%（图1-6）。东部地区的企业总部规模也相对较大，平均营业收入达到1121.1亿元，分别为中部和西部的1.5倍和2.4倍（图1-7）。

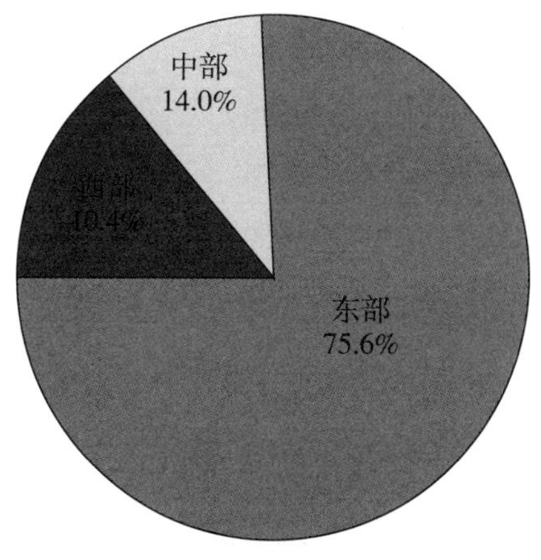

图1-6 2013年全国500强企业总部空间分布情况

① 数据来源：商务部公布的入围2013年世界500强中国公司名单。

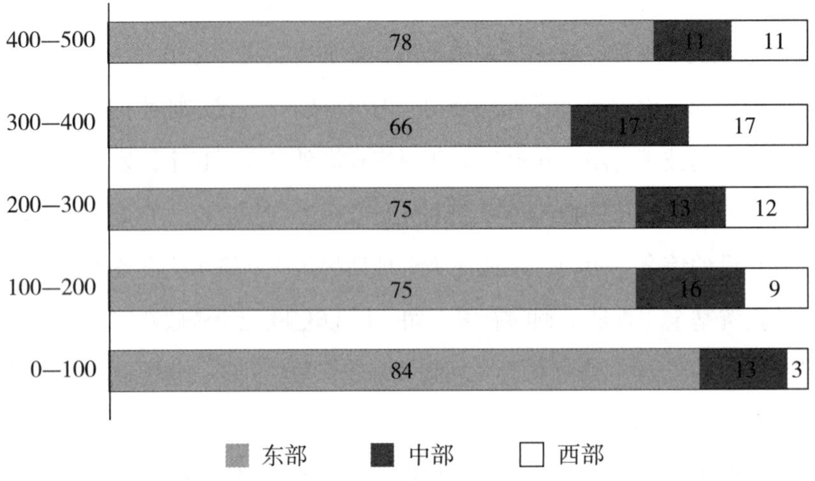

图1-7　东、中、西部地区入围2013年全国500强企业营业收入情况

从全国500强企业总部的省份分布来看，全国500强企业总部主要集中在经济发展水平相对较高的直辖市以及江苏、浙江、山东、广东等省份（表1-2）。这些区域的经济实力雄厚，整体投资环境较好，为总部型企业的成长和发展提供了坚实基础；反过来，总部型企业的快速发展也为这些区域的经济发展做出巨大贡献。

表1-2　全国500强总部排名与地区经济总量排名的比较[①]

省份	500强企业数量	500强企业数量全国排名	GDP（亿元）	GDP全国排名	人均GDP（元）	人均GDP全国排名
北京	99	1	17879	13	87091	2
江苏	49	2	54058	2	68256	4
浙江	48	3	34606	4	63184	6
山东	46	4	50013	3	51641	10
广东	35	5	57068	1	53868	8
上海	26	6	20182	11	84782	3
河北	24	7	26575	6	36467	14
天津	20	8	12885	20	91181	1

① 2013年全国500强企业反映的是企业2012年经营情况，因此对应的GDP和人均GDP选取的是2012年数据。受地域面积较小影响，北京、天津、上海三个直辖市GDP总量在全国排名并不处于前列，但其人均GDP则在全国处于前列。

从行业分布特征来看，东部地区入围全国500强的企业总部主要集中在制造业和服务业两大领域，占企业总部数量的比重分别为51.3%和33.3%。而中部和西部地区入围全国500强的企业主要集中在采矿业以及能源、冶金类等传统制造业领域（表1–3）。

表1–3 不同区域入围2013年全国500强的企业行业分布情况（家）

行业分布	东部	中部	西部	总计
农业	1	1		2
采矿业	11	16	2	29
建筑业	33	4	7	44
电力、热力、燃气及水生产和供应业	13	3		16
服务业	126	9	6	141
制造业	194	37	37	268

（2）区域性中心城市和东部外向型城市成为全国500强企业总部的主要集聚地

全国500强企业总部的城市空间分布呈现分布广、集中度高的特点。2013年全国500强企业总部分布在全国的114个城市，占到全国地级以上城市数量的39.8%。拥有全国500强企业总部数量最多的前十位城市，其企业总部数量占到50%，这些城市对总部的集聚能力相当强，各年度入围全国500强企业的总部数量总体也较为稳定。

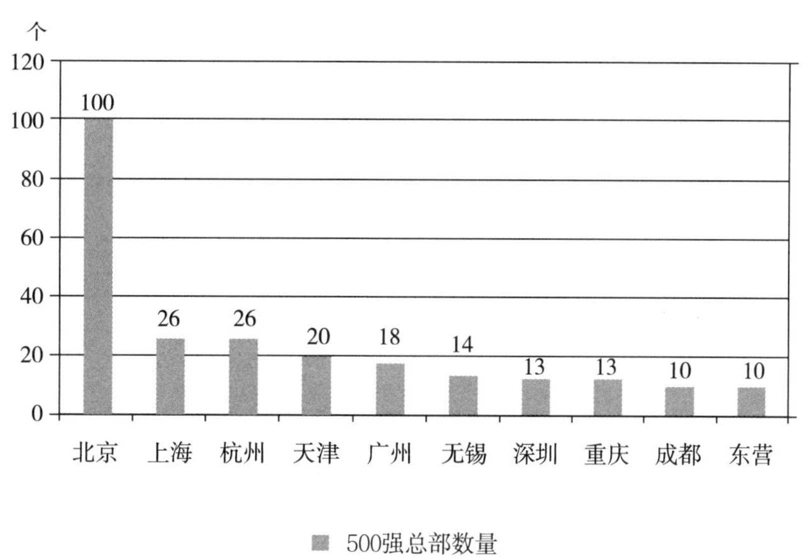

图1–8 2013年全国500强企业总部数量前十名城市

总体上看，全国500强企业总部主要集中在两类城市：第一类是区域性的中心城市，如北京、上海、广州、天津、重庆、成都等城市。其中，北京聚集的全国500强企业总部数量最多，占全国500强总量的20%，而且国有企业总部集聚特征明显。这些区域性中心城市大多是直辖市以及省会城市，经济实力较强，科教资源丰富，国际化程度较高，成为全国500强企业总部集聚的重要区域。第二类是东部沿海地区经济较为发达的外向型城市，如无锡、苏州、青岛、宁波等。这些城市凭借沿海地区的开放政策和良好的投资环境，成长出一大批外向型的民营企业总部。

（3）一些城市依托其特色行业优势也成为全国500强企业特色总部聚集地

近年来，一些二三线城市建设步伐加快，综合实力大幅提升，对企业总部的吸引力逐步增强，依托特色主导产业，不断培育和发展起一批具有较强竞争力的企业总部。以东营为例，依托石油、造纸、纺织印染、橡胶轮胎等特色主导产业，东营入围全国500强的企业数量逐年增加，山东大王、华泰集团等老牌500强企业规模不断扩大、排名逐步提升，利华益集团、西水橡胶、山东大海、山东昊龙等企业也多次入围全国500强。再如唐山，钢铁、机械装备、化工等产业优势突出，孕育出河北津西钢铁、唐山瑞丰钢铁、庞大汽贸集团等具有较强竞争力的全国500强企业。

（二）制造业500强企业总部空间分布特征

1. 制造业500强企业总体特征

（1）制造业500强企业总体规模大幅增长

制造业500强企业总体规模不断扩大。2013年中国制造业500强企业入围门槛为70亿元，较2008年提高了61%。2013年中国制造业500强企业实现营业收入总额达23.38万亿元，较2008年增长1.3倍。营业收入千亿元以上企业、500亿元以上企业（营业收入500亿～1000亿元的企业）数量分别由2008年的17家、20家增长到2013年的77家、53家（图1-9）。与2008年相比，2013年制造业500强企业入围全国500强企业的数量由293家减少到268家，制造业企业在全国500强企业中的比重呈下降态势。

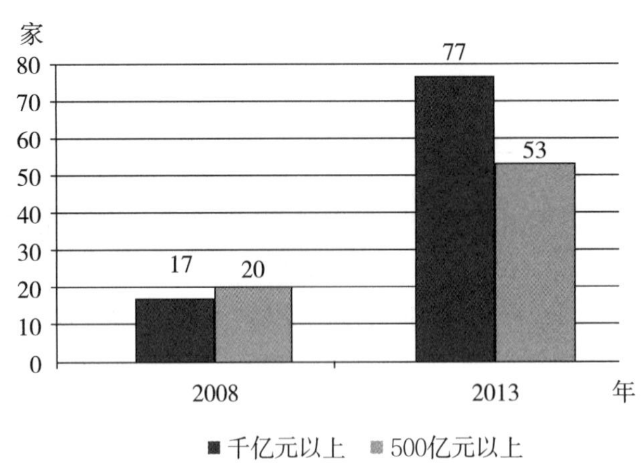

图1-9　2008年、2013年制造业500强企业中千亿元以上、500亿元以上企业数量

（2）国有企业数量比重下降，但营业收入仍占主导地位

从所有制分布情况来看，国有企业在制造业500强中占有很大比重，但企业数量在逐步减少，2008年制造业500强中国有企业为229家，到2013年下降到209家，占比由45.8%下降到41.8%（图1-10）。制造业500强中国有企业总体规模不断提升，营业收入总额由2008年的6.38万亿元上升到2013年的15.6万亿元，占比由62.93%上升到66.65%（图1-11）；利润总额占比由2008年的62.93%上升到2013年的68.47%（图1-12）。

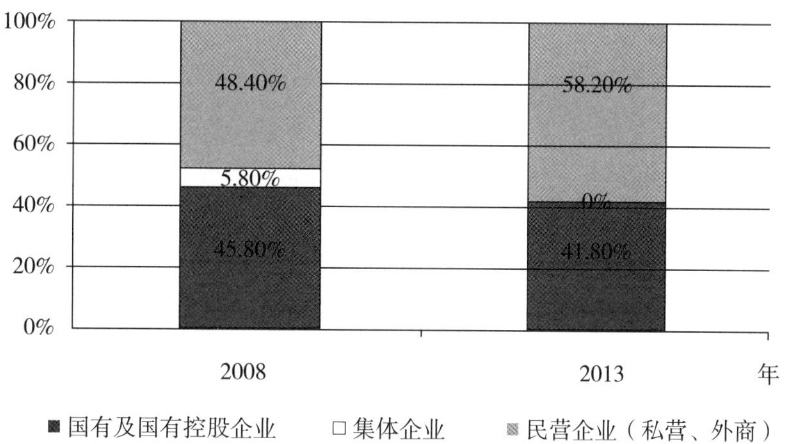

图1-10 2008年、2013年制造业500强不同所有制企业数量比重

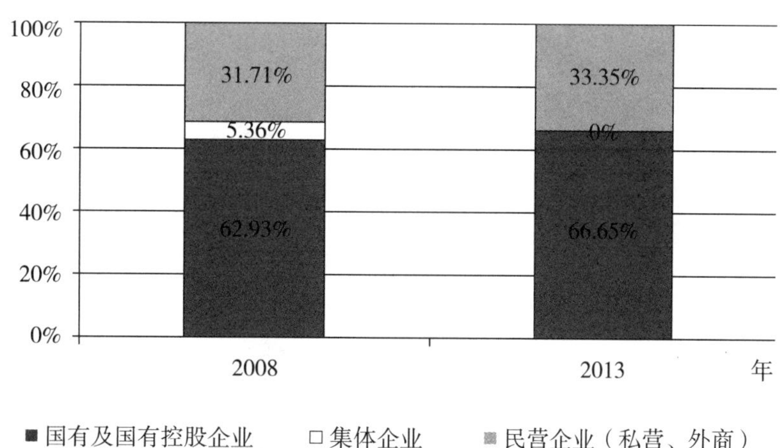

图1-11 2008年、2013年制造业500强不同所有制企业营业收入比重

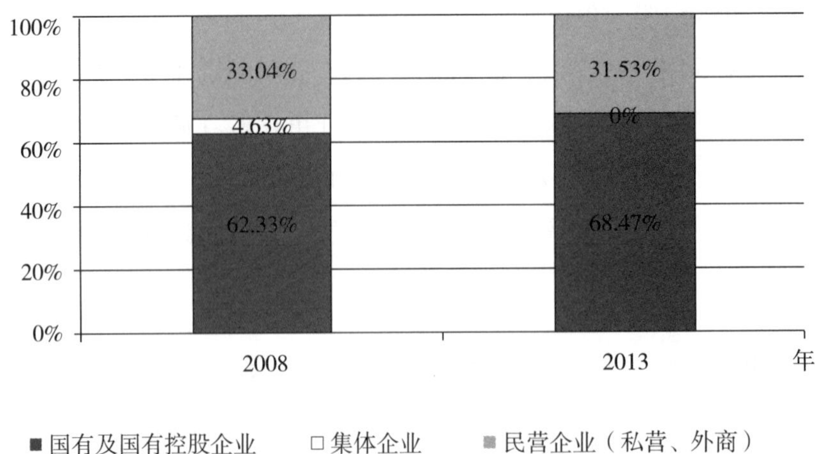

图1-12　2008年、2013年制造业500强不同所有制企业利润总额比重

（3）制造业500强企业主要集中在重化工业与传统行业领域

从行业分布情况来看，重化工业、传统行业领域入围制造业500强的企业数量占较大比重。2013年，入围制造业500强的冶金、化工、食品饮料加工、交通运输设备制造、能源加工等重化工业和传统行业领域的制造业企业分别为115家、72家、44家、44家和4家，占制造业500强的比重合计达56%；国家重点培育发展的医药制造、电子信息、机电设备制造等领域的制造业500强企业数量相对较少，分别为18家、26家和72

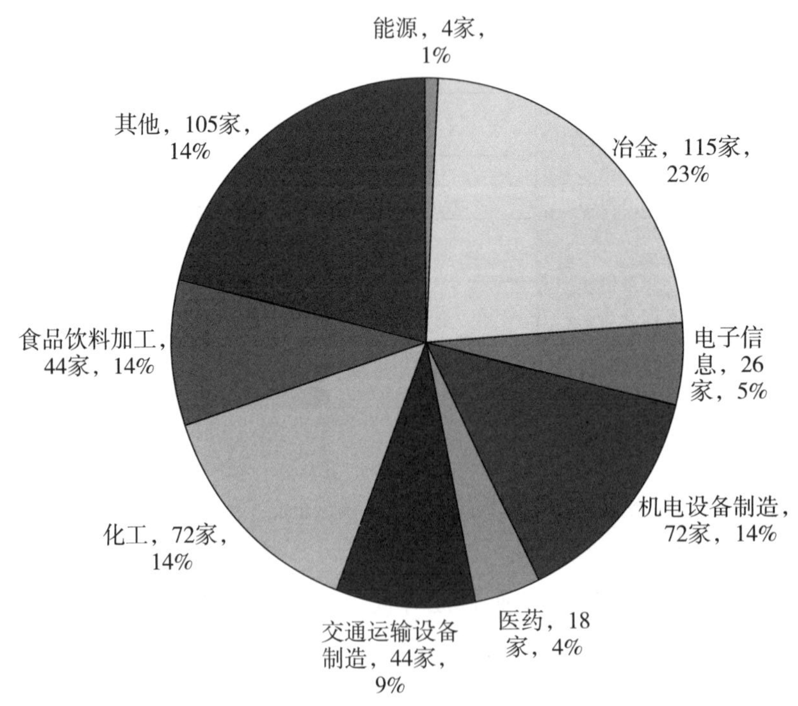

图1-13　2013年制造业500强企业行业分布情况

家，合计占23%[①]（图1-13）。

2. 制造业500强企业总部空间分布格局

（1）制造业企业总部主要分布在东部地区，中、西部地区在全国制造业总部格局中的地位快速提升

制造业500强企业总部主要分布在东部地区。2013年，东、中、西部地区制造业500强企业总部数量分别为374家，70家、56家，占制造业500强企业的比重分别为74.8%、14%和11.2%。

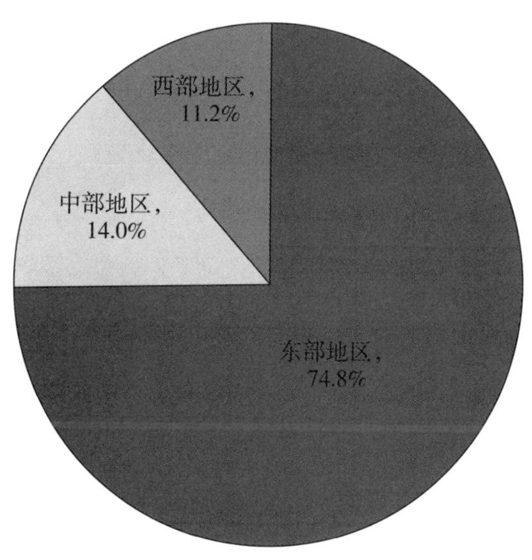

图1-14　2013年东、中、西部地区全国制造业500强企业数量占比

① 冶金类制造业包括黑色冶金及压延加工业，有色冶金及压延加工业；
机电设备类制造业包括工程机械、设备制造业，工业及农林业（含精密）机械、设备制造业，电力、动力及电气机械设备、器材、线缆制造业，仪器仪表及办公设备、机械制造业；
化工类制造业包括化学原料及化学制品制造业，化学纤维制造业，橡胶制品业，塑料制品业；
交通运输设备类制造业包括汽车、摩托车及零配件制造业，机车及其他交通运输、仓储机械、设备、设施制造业，船舶工业，航空、航天与兵器制造业；
食品饮料加工类制造业包括农副食品及产品加工业，食品加制造业，饮料加制造业；
电子信息类制造业包括家用电器及零配件制造业，通信设备、计算机及其他电子设备、元器件制造业；
能源类制造业包括石油加工、炼焦及核燃料加工业；
医药制造类制造业包括医药制造业；
综合类制造业主要指以制造业为主，同时还有部分服务业业务的综合型制造业企业。

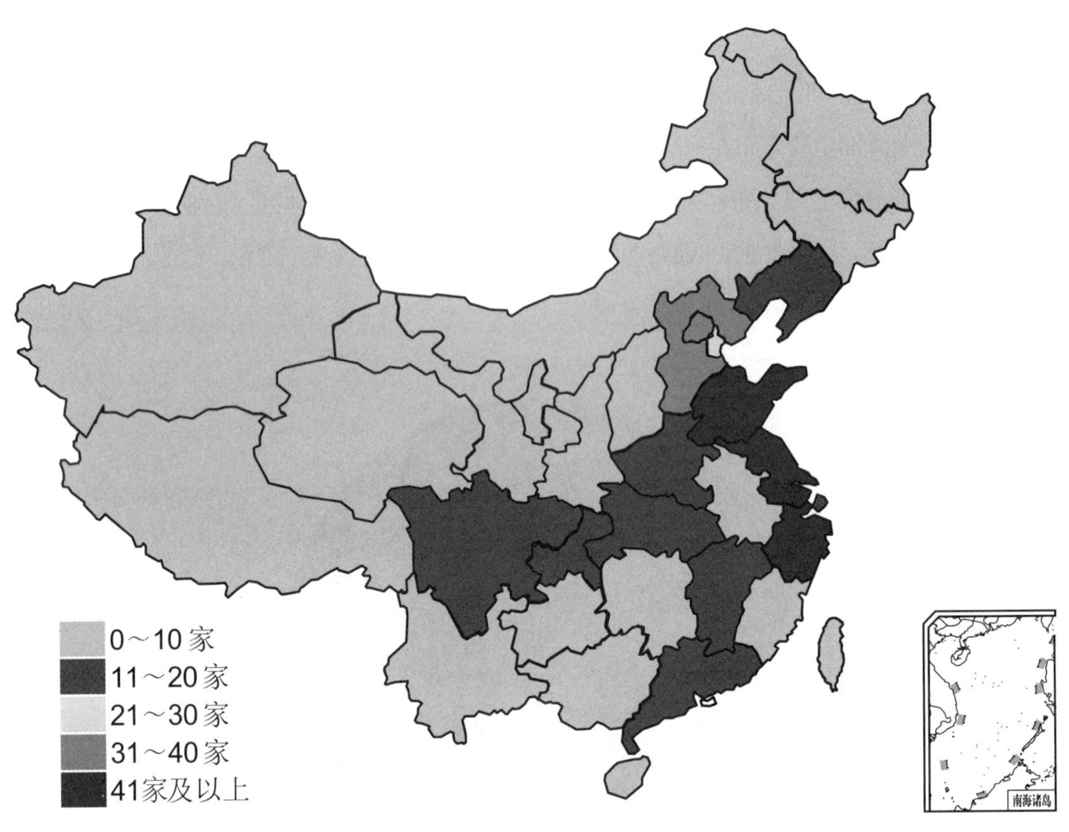

图1-15　2013年全国制造业500强企业分布格局示意图

受国内外宏观经济形势影响，东部地区制造业500强总部数量在全国的比重有所下降，中、西部地区在全国的比重均有不同程度的提升（图1-16）。近年来，我国陆续出台了西部大开发、东北等老工业基地振兴、促进中部地区崛起等一系列区域协调发展政策。在国家区域发展总体战略的指引下，中西部地区制造业加快发展，2007—2011年，中、西部地区工业增加值增长率分别达117%和123%，远高于东部地区的71%[①]。随着经济社会的快速发展，东部地区面临着土地成本、能源原材料成本、劳动力成本快速上升的压力和生态环境的约束日益严峻，东部地区传统制造业优势逐步减弱，制造业企业不断向中、西部地区转移。同时，国际金融危机对我国实体经济的发展带来一定影响，特别是东部沿海外向型经济发达地区的制造业受到较大冲击。2013年东部地区入围全国制造业500强的企业数量较2008年减少14家，占比下降2.8个百分点，其中江苏省由2008年的82家大幅减少到2013年的45家；中部、西部地区入围制造业500强的企业数量分别增加2家和12家，占比分别上升0.4个和2.4个百分点。

① 数据来源：根据2008年、2012年《中国统计年鉴》各省份工业增加值数据整理。

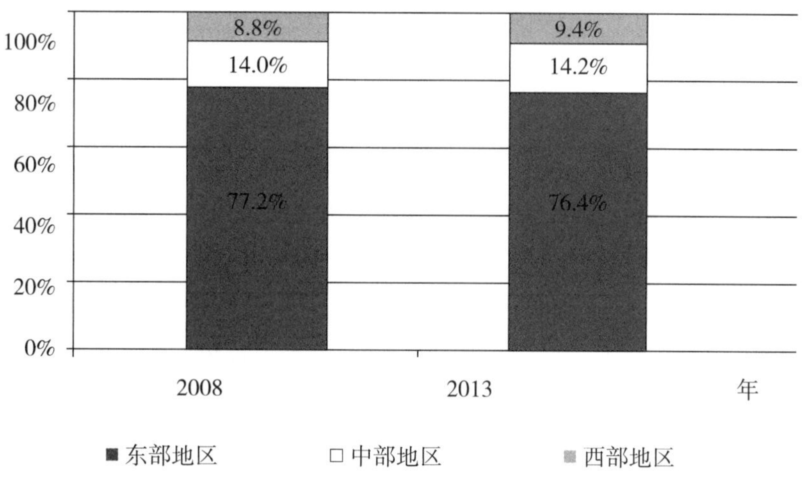

图1-16 2008年、2013年制造业500强企业空间分布格局变化情况

从收入规模来看，2008—2013年全国制造业500强企业空间分布格局变化不大，东部地区是全国制造业500强企业的重心，但比重有所下降。2008年东部地区制造业500强企业总营业收入79643亿元，占制造业500强企业营业收入总额的78.5%，中、西部地区分别占15.4%和6.1%；与2008年相比，2013年东部地区制造业500强企业营业收入比重有所下降，中、西部地区的比重有所提升（图1-17）。

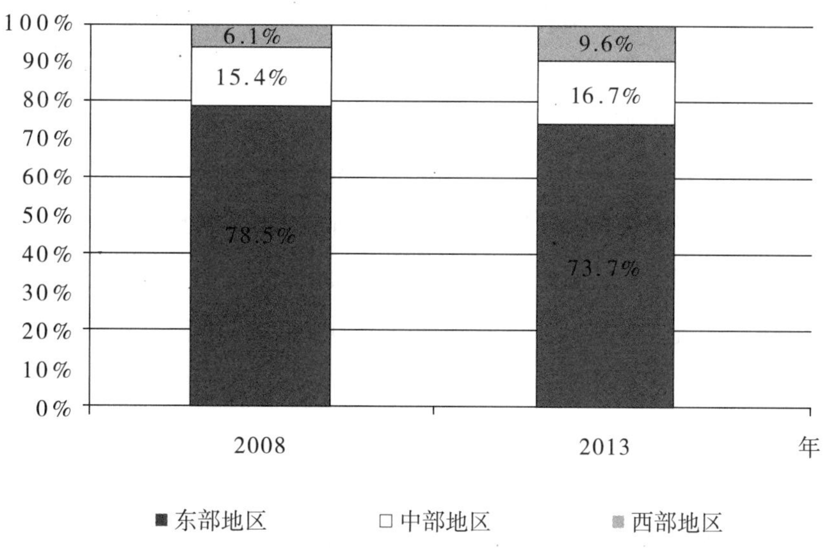

图1-17 2008—2013年制造业500强企业营业收入格局变化情况

（2）制造业500强企业总部主要集中在三类区域

制造业500强企业总部在全国各省市区的分布比较广泛，除西藏外，2008—2013年中国大陆其他30个省市区均有制造业500强企业总部分布。从空间分布特征来看，制造业500强企业总部主要集中在三类区域：

一是传统制造业大省。制造业500强企业空间分布与区域制造业发展基础紧密相关。总体上看，制造业500强企业总部主要集中在江苏、山东、广东、浙江、河北等传统制造业大省，与全国制造业空间分布格局相一致。2011年，上述五省规模以上工业企业工业总产值和主营业务收入均居于全国前列，占全国的比重合计均为47%[①]；2011年，上述五省拥有的全国制造业500强企业总部数量分别为48家、71家、19家、84家和31家，合计占全国的50.6%，是制造业500强企业总部空间分布最集中的区域（表1-4）。

表1-4　2011年主要制造业大省部分经济指标在全国的排名

省份	规模以上工业企业总产值	规模以上工业企业主营业收入	制造业500强企业数
江苏	1	1	3
山东	2	2	2
广东	3	3	8
浙江	4	4	1
河北	5	5	5

二是资源能源丰富的省份。重化工类制造业企业空间分布具有较强的资源指向性特征，河北、山东、辽宁等省份依托丰富的煤炭、石油等自然资源，聚集了一批重化工类全国制造业500强企业总部。2013年，河北、山东、辽宁三省拥有制造业500强企业分别为38家、76家和19家，合计占全国的26.6%。其中，冶金类制造业企业空间分布的资源指向性特征较为突出。2013年，入围制造业500强的冶金类制造业企业共计115家，其中有45家集中在河北、山东、辽宁、河南等资源能源丰富的省份，约占全国的40%。

三是具备信息、科技、人才等资源优势的省份。制造业企业总部选址时，除了对产业发展基础和区域自然资源禀赋具有一定指向性外，较高的国际化程度、高素质的专业化人才、优质的信息等基础设施和良好的产业配套服务环境等都是企业总部选址考虑的重要条件。北京、上海等省市经济发达，信息、科技、人才等资源丰富，也是全国制造业500强企业总部主要集中的区域。以北京、上海为例。2013年，北京、上海两市拥有全国制造业500强企业53家，占全国的11%，在我国制造业企业总部格局中占有重要地位。

3. 制造业500强企业总部分行业空间分布

总体上看，2008—2013年各行业入围制造业500强的企业总部的空间分布特征与制造业500强企业总部空间分布格局相一致。受行业发展条件影响，不同类型制造业对区域自然资源、劳动力素质和经济发展水

① 资料来源：根据2012年《中国统计年鉴》整理。

平等方面的要求也有所不同，不同类型制造业的空间布局也表现出一定的差异。

（1）冶金、能源、化工类制造业企业总部主要分布在资源密集地区或沿海港口城市

冶金、能源、化工类制造业资源、要素投入量大，原材料、产品的运输量也很大，这几类制造业的发展对区域资源、能源以及区域交通设施的依赖性较强。因此，采矿、冶金、化工类制造业企业往往选择资源密集的城市或交通便利、货物吞吐能力较强的沿海港口城市进行布局。2013年，入围制造业500强的冶金、能源、化工类制造业企业共计193家，主要集中在东营、邯郸、唐山等资源型城市以及天津、大连、杭州等港口型城市，其中杭州、东营、邯郸入围制造业500强的冶金、能源、化工类制造业企业均在10家以上，排在全国前三位；杭州、东营、邯郸、唐山、天津、大连六城市入围制造业500强的冶金、能源、化工类制造业企业合计为53家，占全国的27.46%。

表1-5　2013年部分城市入围制造业500强的冶金、能源、化工类制造业企业数

排名	城市	企业数（家）	占全国比重（%）
1	杭州	14	7.25
2	东营	13	6.74
3	邯郸	10	5.18
4	北京	10	5.18
5	唐山	6	3.11
6	天津	6	3.11
7	无锡	6	3.11
8	昆明	5	2.59
9	大连	4	2.07
10	滨州	4	2.07

2008—2013年，入围制造业500强的冶金、能源、化工类制造业企业空间分布，呈现出由南方城市向北方城市移动的变化态势。分行业来看，2008—2013年，邯郸、北京、东营、常熟、常州、柳州六个城市入围制造业500强的冶金类制造业企业数量变化较大，其中常熟、常州、柳州三个南方城市入围制造业500强的冶金类制造业企业数量均有所减少，合计减少8家；邯郸、北京、东营三个北方城市入围制造业500强的冶金类制造业企业数量均有所增加，合计增加8家。2008—2013年，东营、菏泽、绍兴、苏州、无锡等城市入围制造业500强的化工类制造业企业数量变化较大，其中东营、菏泽两个北方城市入围制造业500强的化工类制造业企业数量分别增加8家和3家，绍兴、苏州、无锡三个南方城市入围制造业500强的化工类制造业企业数量分别减少4家、4家、3家。

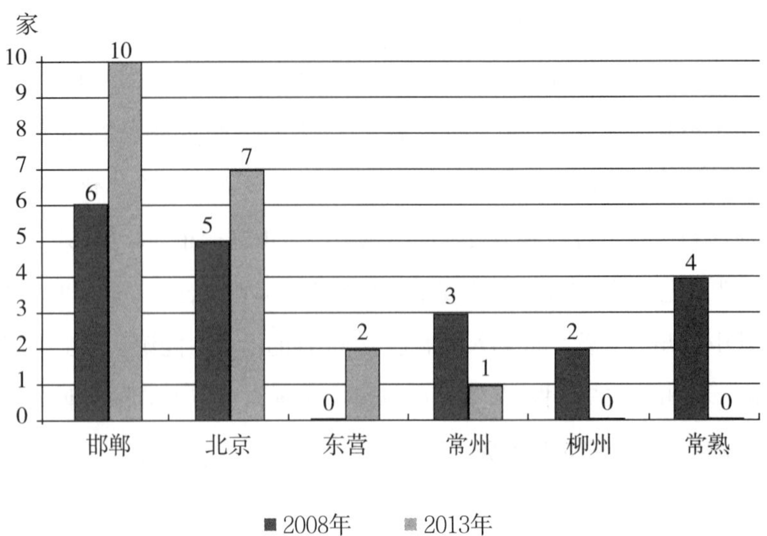

图1-18　2008—2013年部分城市入围制造业500强的冶金类制造业企业数量变化

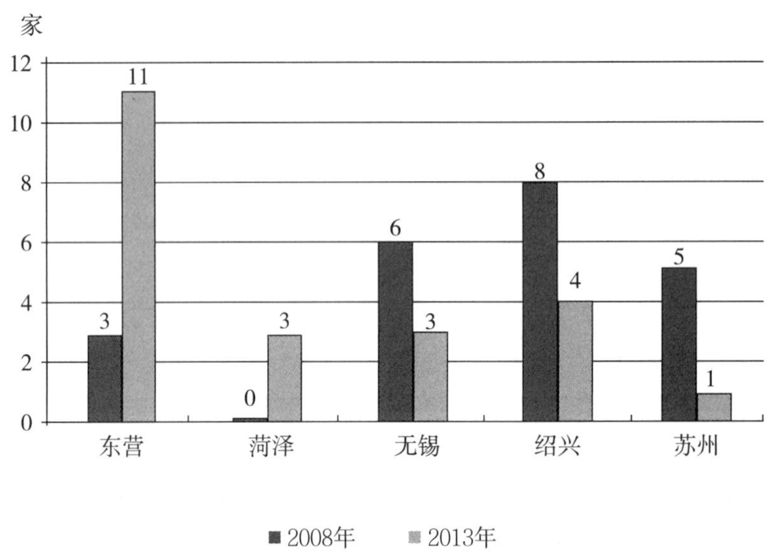

图1-19　2008—2013年部分城市入围制造业500强的化工类制造业企业数量变化

（2）机电、交通运输设备制造等现代制造业企业总部主要分布在东部地区

2013年，入围制造业500强的机电、交通运输设备制造业企业共计116家，分布在全国29个省份的54个城市，其中杭州、上海、北京、温州、沈阳等东部沿海城市或区域性中心城市是机电、交通运输设备制造业企业总部主要集中区域，上述5城市入围制造业500强的机电、交通运输设备制造业企业合计38家，约占全国的1/3。2013年，东部地区入围制造业500强的机电、交通运输设备制造业企业总数为89家，占全国的

76.72%，其中浙江、山东、江苏、辽宁、上海五省市入围制造业500强的机电、交通运输设备制造业企业数量分别为27家、13家、10家、9家、9家，排在全国前5位，合计占全国的近3/5（图1-20）。

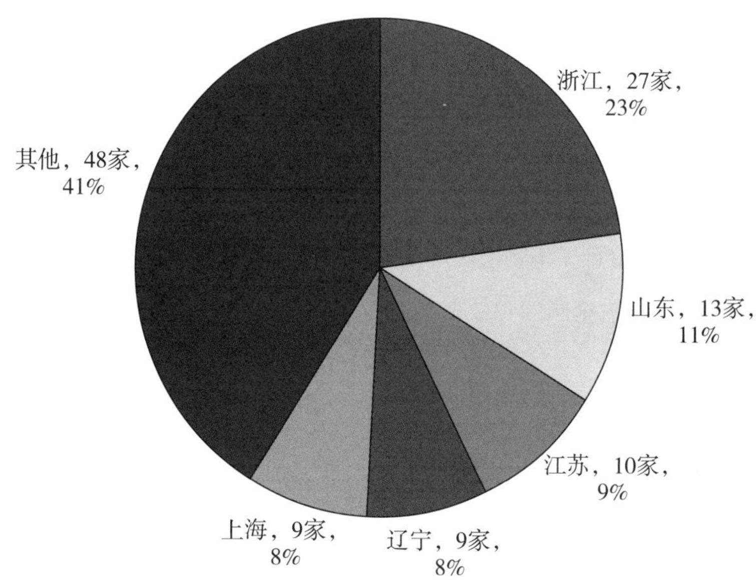

图1-20 2013年入围制造业500强的机电、交通运输设备制造业企业总部分布

2008—2013年，入围制造业500强的机电、交通运输设备制造业企业空间分布格局总体变动不大，东部地区始终是机电、交通运输设备制造等现代制造业企业主要集中区域。与2008年相比，2013年东部地区入围制造业500强的机电、交通运输设备制造业企业总部数量占全国的比重由74.11%提高到76.72%，提高了2.62个百分点。但个别省份企业总部数量变化较为明显。2008—2013年，入围制造业500强的机电、交通运输设备制造业企业数量有所变化的省份有19个，其中浙江、山东两省企业数量增加幅度较大，分别增加了10家和5家；江苏、广东、福建三省企业数量明显减少，分别减少了6家、3家、3家（图1-21）。

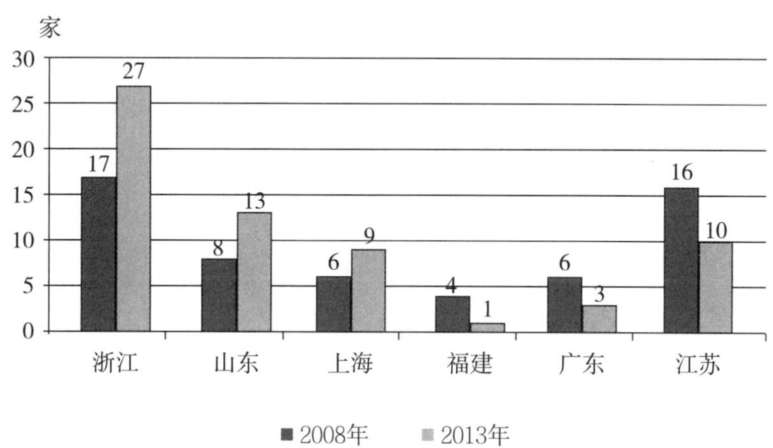

图1-21 2008年、2013年东部部分省份入围制造业500强的机电、交通运输设备制造业企业数量

（3）电子信息、生物医药等高科技制造业和战略性新兴产业企业总部主要分布在京津、“长三角”和“珠三角”地区

2013年，入围制造业500强的电子信息、生物医药等高科技制造业和战略性新兴产业企业共计44家，其中电子信息类26家，生物医药类18家，主要分布在全国13个省市的21个城市中。从区域分布来看，京津地区、长三角地区和珠三角地区等经济相对发达地区是电子信息、生物医药等高科技制造业和战略性新兴产业企业总部主要集中区域，2013年广东、天津、北京、浙江、上海五省市入围制造业500强的电子信息、生物医药等高科技制造业和战略性新兴产业企业合计27家，占全国的60%以上。天津、北京、杭州、广州、深圳五城市入围制造业500强的电子信息、生物医药等高科技制造业和战略性新兴产业企业总部数量位居全国前列，企业总部数量合计为19家，占全国的43.2%。

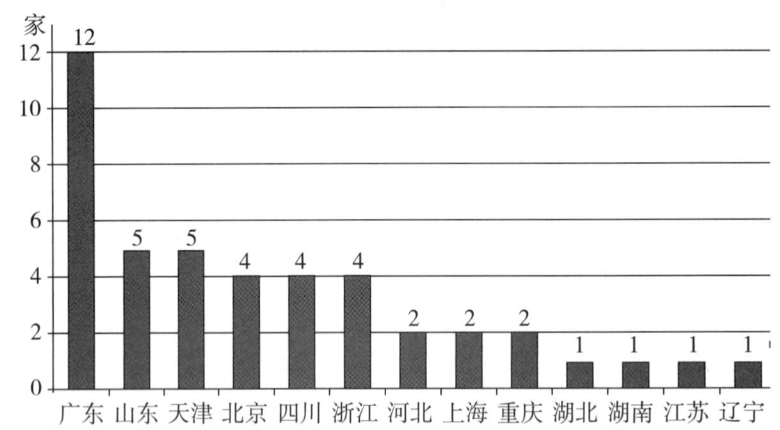

图1-22　2013年入围制造业500强的电子信息、生物医药制造业企业省份分布

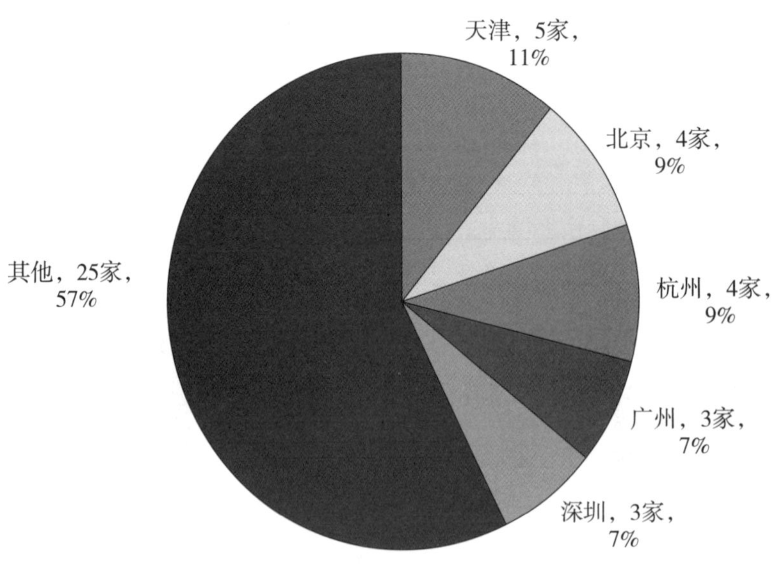

图1-23　2013年入围制造业500强的电子信息、生物医药制造业企业城市分布

2008—2013年，入围制造业500强的电子信息、生物医药等高科技制造业和战略性新兴产业企业有较大变化，入围企业数量由2008年的81家大幅减少到2013年的44家。尤其是受国际金融危机等宏观环境影响，电子信息类高科技制造业发展受到较大冲击，入围制造业500强的电子信息类高科技制造业企业整体收入规模由2008年的17090.5亿元下降到2013年的15720.3亿元，入围企业数量也由62家锐减到26家，其中江苏、广东、天津三个对外开放程度较高的东部省市减少尤为明显，分别减少了13家、7家和5家（图1-24）。受此影响，东部地区入围制造业500强的电子信息类高科技制造业企业总部数量由57家减少到23家，在全国的比重由91.9%下降到88.5%。中部地区、西部地区入围制造业500强的电子信息类高科技制造业企业总部数量基本稳定（图1-25）。

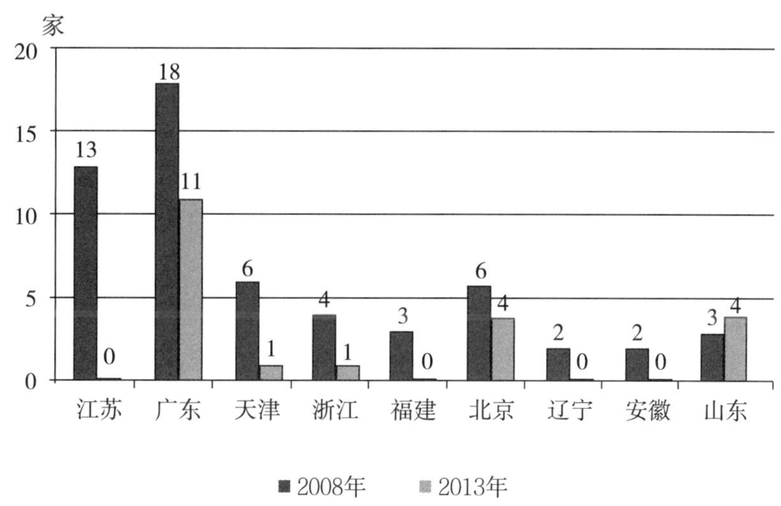

图1-24 2008—2013年各省市入围制造业500强的电子信息类制造业企业总部数量

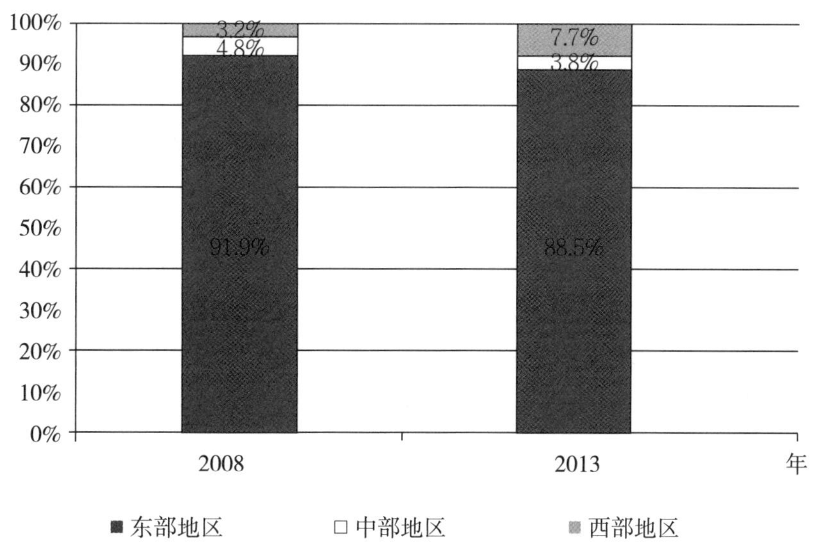

图1-25 2008—2013年入围制造业500强的电子信息类制造业企业总部空间分布

（三）全国服务业500强企业总部空间分布特征

1. 服务业500强企业总部总体特征

（1）总体规模显著增长，经济效益不断提升

2008—2013年，全国服务业500强企业规模增长显著，入围2013年服务业500强的企业共实现营业收入20.48万亿元，与2008年相比年均增长17.41%。2013年服务业500强企业中有148家入围全国500强，占全国500强企业的29.6%；有27家企业进入世界500强，除少数企业排名略有下降，大部分企业排名均大幅上升；千亿级企业迅速壮大，超过1000亿元的企业从2008年的19家增长到2013年的46家。

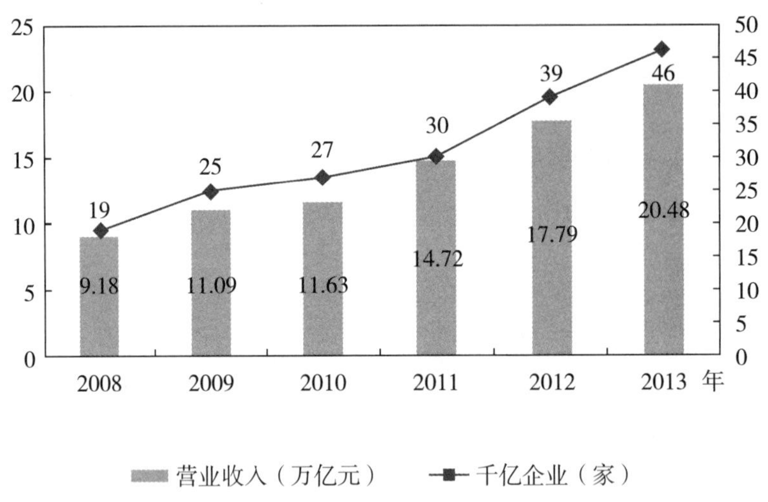

图1-26　2008—2013年服务业500强企业营业收入及千亿级企业情况

（2）国有及国有控股企业保持主导地位，民营企业盈利能力快速提升

服务业500强企业总部中，国有及国有控股企业仍保持主导地位，在入围企业数量、企业平均规模等方面都远远高于民营企业。2013年，国有及国有控股企业入围服务业500强的企业数量为285家，占服务业500强的57%。从企业营业收入来看，2008—2013年民营企业营业收入平均规模以年均25.54%的速度增长，但整体规模与国有及国有控股企业相比差距还很大。2013年，入围服务业500强的民营企业营业收入平均规模为173.35亿元，仅为国有及国有控股企业平均规模的29.38%。

但是，民营企业的运行效率较高，盈利能力较强。从2008—2013年不同所有制企业资产利润率来看，民营企业的盈利能力明显高于国有及国有控股企业（图1-29）。尤其是2008年民营企业资产利润率达3.75%，比国有及国有控股企业高2.32个百分点。

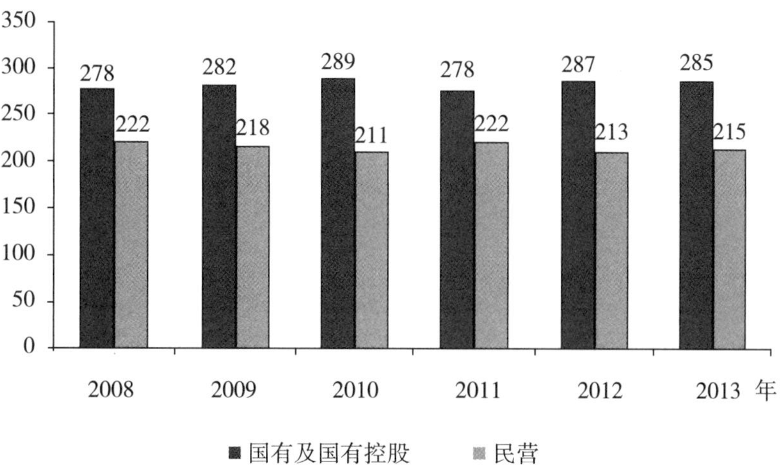

图1-27 2008—2013年不同所有制服务业500强企业总部数量

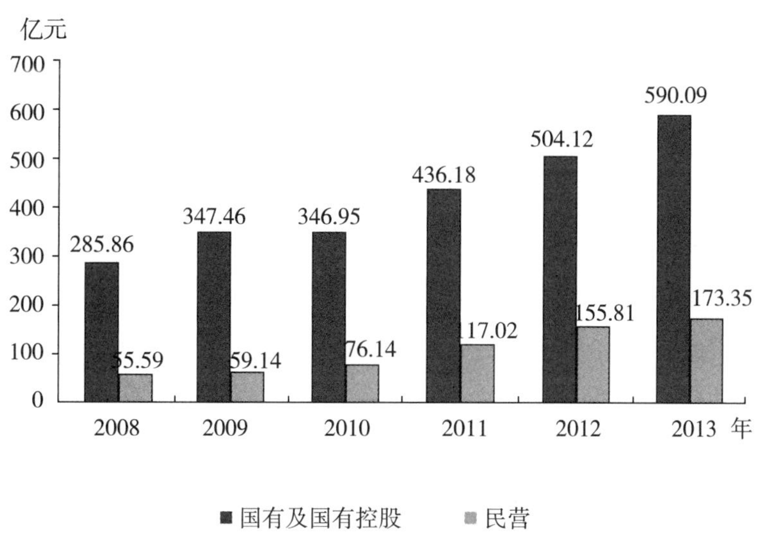

图1-28 2008—2013年不同所有制服务业500强企业总部平均规模情况

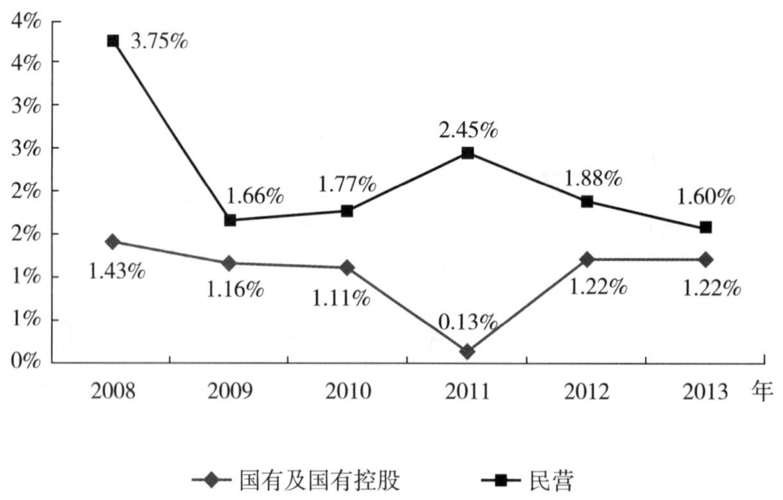

图1-29 2008—2013年不同所有制企业资产利润率情况

（3）服务业500强企业主要集中在传统服务业领域，现代服务业企业增长较快

从行业分布来看，2008—2013年服务业500强企业主要集中于以批发零售业、交通运输和邮政业为主的传统服务业领域。其中，批发零售业入围服务业500强企业总部数为228家，占服务业500强的45.6%；交通运输和邮政业入围服务业500强企业总部数为69家，占比为13.8%。从营业收入总额来看，2013年两个行业营业收入分别为52447.92亿元和34360.70亿元，分别占服务业500强总营业收入的25.61%和16.78%。

金融业、商务服务业等现代服务业领域入围服务业500强企业数量增加很快。入围服务业500强的金融业总部从2008年的33家增加到2013年的54家；商务服务业入围服务业500强的企业数量也从2008年的14家增加到2013年的20家。

2. 服务业500强企业总部空间分布格局

全国服务业500强企业总部空间分布格局相对稳定，且以东部发达地区为主。2013年东部地区共有全国服务业500强企业365家，占服务业500强的比重高达73%。其中，北京、浙江、广东、上海、江苏等省市服务业500强企业总部分布较密集，均在40家以上（图1-30）。

（1）全国服务业500强企业总部主要集中于区域性中心城市

区域性中心城市经济相对发达，各项基础设施比较完备，是服务业500强企业总部主要集中区域。2013服务业500强企业总部分布在全国73个城市，其中入围服务业500强企业总部数量排名全国前10位的城市分别为北京、上海、广州、天津、杭州、厦门、宁波、重庆、武汉、南京，全部为直辖市、省会城市或副省级城市。2013年上述10个区域性中心城市入围服务业500强的企业总部共有311家，占全国的62.2%。

表1-6　2008—2013年服务业500强企业行业分布情况

行业分类	2008年	2009年	2010年	2011年	2012年	2013年
电力、热力、燃气、给水等生产供应服务业	16	16	19	19	18	15
交通运输和邮政业	83	90	89	71	62	69
信息传输、计算机服务和软件业	5	6	4	5	7	6
批发零售业	231	237	228	230	238	228
餐饮业	6	4	4	3	0	0
金融业	33	41	38	42	48	54
房地产业	64	43	53	56	51	49
商务服务业	14	17	13	16	19	20
科技服务业	10	8	11	9	7	5
其他服务业	35	33	35	39	38	41
综合服务业	3	5	6	10	12	13
合计	500	500	500	500	500	500

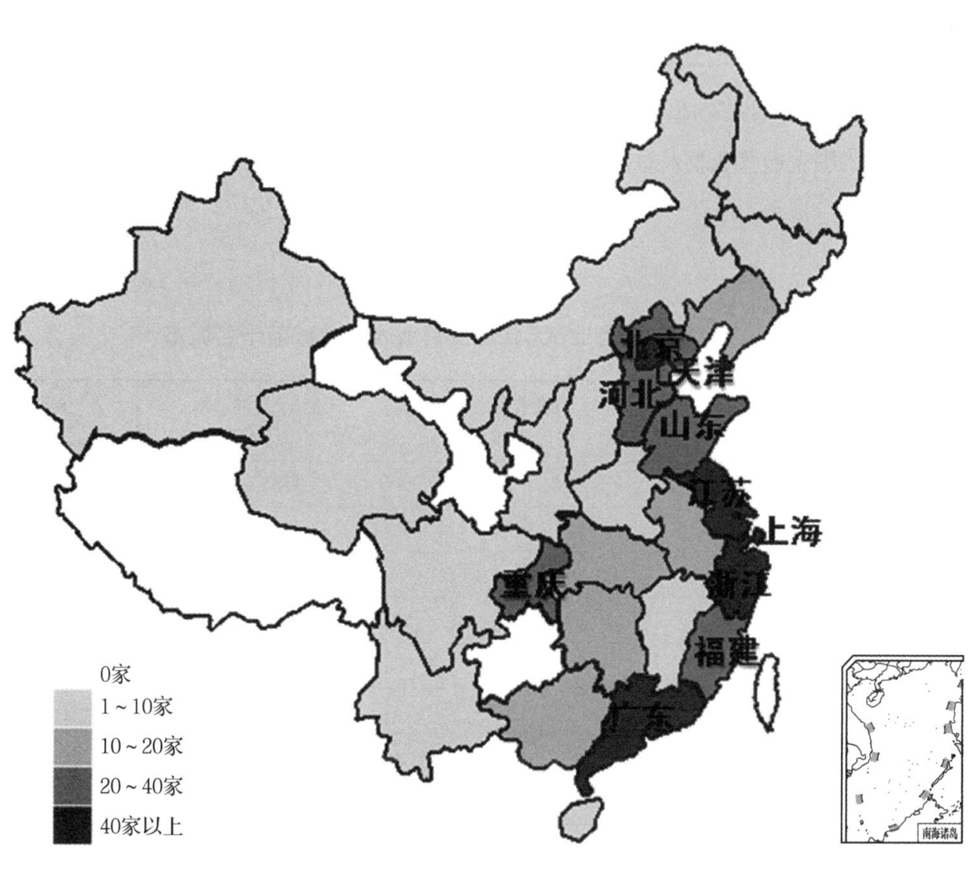

图1-30　2013年服务业500强空间分布情况

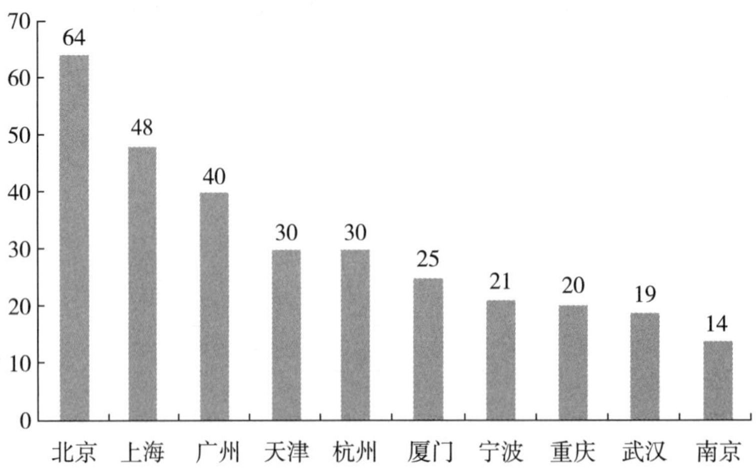

图1-31　2013年服务业500强总部数量排名前10位城市

从服务业500强企业总部所在城市企业营业收入规模来看，2013年排名前8位的城市分别是北京、上海、广州、深圳、杭州、天津、南京、厦门。总体来看，北京、上海、广州三个特大型城市无论是服务业500强企业数量，还是企业营业收入总规模、企业平均规模均排在全国前列。深圳入围服务业500强的企业数量相对较少，但其入围企业营业收入总额和企业平均规模较大，分别位列全国第四名和第二名。

表1-7　2013年服务业500强企业营业收入总额前十名城市

城市	营业收入（亿元）	营业收入总额全国排名	企业平均规模（亿元）	企业平均规模全国排名
北京	114118.68	1	1783.10	1
上海	15655.93	2	326.17	6
广州	12317.42	3	307.94	7
深圳	9867.13	4	1096.35	2
杭州	6558.49	5	218.62	12
天津	4820.75	6	160.69	19
南京	4757.12	7	339.79	5
厦门	4533.77	8	181.35	15

近年来，随着中、西部地区城市基础设施不断完善，城市综合服务能力不断提升，入围服务业500强企业总部数量逐渐增多，重庆、长沙、太原、合肥等城市也成为服务业500强企业总集聚的重要区域。2013年，重庆和成都分别有20家和9家企业入围服务业500强，在入围服务业500强总部数量城市排名中分别位列第8名和第15名。太原虽然入围服务业500强总部数量相对较少，但其企业总部营业收入平均规模在全国排名第4名，山西煤炭运销集团有限公司更是以1850.05亿元的营业收入位列服务业500强第26名。

（2）批发零售、房地产业企业总部主要分布于经济发达的区域性中心城市

入围服务业500强的批发零售业企业总部数量较多，表现出明显的向区域性中心城市集中的特征。2013年，上海、杭州、北京、厦门、天津、广州、宁波、重庆8个区域性中心城市入围服务业500强的批发零售业企业总部共计117家，占入围服务业500强的批发零售业企业总数的51.32%。综合分析批发零售业企业总部向大城市集中的原因，主要有以下两个方面：一是由于区域性中心城市经济社会发展水平较周边城市发达，各类消费需求比较旺盛，能够带动区域商贸业的快速发展。而且区域性中心城市区位优势明显、交通条件便利，消费辐射半径大，也是该区域的商贸中心城市，往往能够产生一批具有区域影响力的商贸企业。二是改革开放以后，国家大力发展对外贸易，大城市和东南沿海城市凭借优越的地理位置和人才资源等，扩大对外开放，发展出口导向型经济，为对外贸易发展创造了有利条件。特别是随着经济全球化的不断推进，服务贸易蓬勃发展，各类外贸型企业规模逐步壮大，跨区域、跨国经营能力逐步增强。如“长三角”地区共有85家批发零售业总部入围2013年服务业500强，占批发零售业总企业数的37.28%。

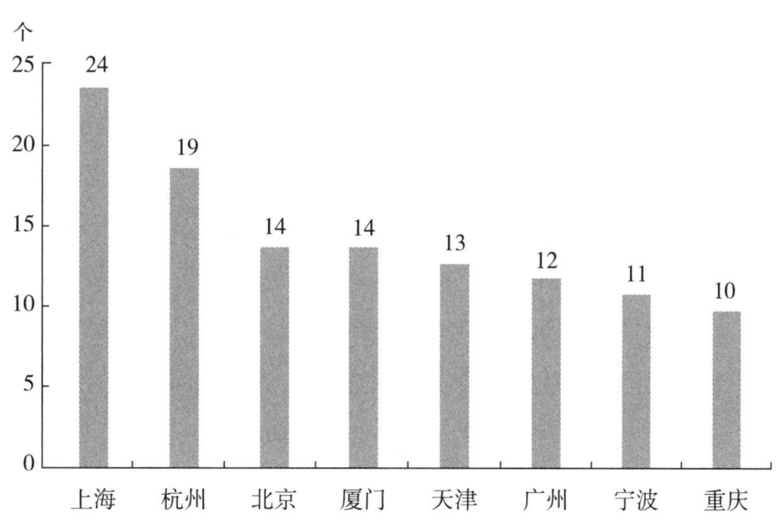

图1-32　2013年入围服务业500强的批发零售业企业数量前八名城市

房地产企业总部也主要集中于区域性中心城市。2013年，入围服务业500强的房地产业企业总部主要在天津、宁波、厦门、重庆、北京、上海、广州、杭州、大连、武汉等10个区域性中心城市集聚。从企业总部平均规模来看，上海、北京虽然入围服务业500强的房地产企业数量较少，均仅有3家，但企业平均规模较大，分别位列全国前两位。

表1-8 2013年入围服务业500强的房地产业企业数量前10名城市情况

企业数排名	城市	企业数（家）	营业收入平均规模（亿元）	平均规模排名
1	天津	7	85.96	15
2	宁波	6	88.30	13
3	厦门	5	34.21	18
4	重庆	4	159.50	10
5	上海	3	732.59	1
5	北京	3	575.46	2
5	广州	3	264.66	6
5	杭州	3	237.96	7
5	大连	3	144.90	12
5	武汉	3	86.96	14

（3）金融业总部主要集中于北京、上海、广州等一线城市

从全国服务业500强企业总部行业分布来看，金融业等领域的企业总部主要分布在北京、上海、广州等一线城市，其他城市只有零星分布。2013年，这三个城市金融业领域入围服务业500强的企业共26家，占入围服务业500强的金融业企业总数的比重为48.15%。从金融业的综合竞争能力来看，据深圳综合开发研究院CDI中国金融中心指数（China Financial Center Index，CFCI）显示，综合竞争能力排名前两名的金融中心为上海、北京。2013年，北京入围服务业500强的金融业企业数量和企业平均规模均位列全国第一，企业营业收入平均规模高达2592.02亿元，是上海企业平均规模的2.1倍，是广州的10.2倍。但从城市金融业实现增加值来看，2012年北京金融业实现增加值2536.9亿元，仅比上海高86.54亿元①。值得一提的是，深圳虽然仅有2家金融企业入围服务业500强，但其入围金融企业规模较大，营业收入平均规模为2578.74亿元，在全国排名第二，是上海的2.09倍。

北京、上海和广州均形成了较完整的金融服务体系，且各有特色、各具优势。北京是全国金融管理中心、资金清算中心和金融研发中心，金融总部以管理和监管业务为主，服务范围辐射全国，聚集了一大批

① 资料来源：2013年北京统计年鉴、2013年上海统计年鉴。

国内外知名的银行总部及金融监管机构，形成了较强的全国性的总部金融业务体系。上海金融业务丰富，金融市场成熟，开放程度高，已形成由币市、债市、股市、汇市和期市等组成的多元化金融市场格局。同时上海国际金融中心的建设步伐也不断加快。2009年3月，国务院原则通过了《关于推进上海建设国际金融中心和国际航运中心的意见》，进一步确立了上海打造国际金融中心的战略地位。广州则致力于区域金融中心建设，以加快建设珠江三角洲金融改革创新综合试验区为重要突破口，在人民币跨境贸易结算等金融创新方面成效显著，在金融基础设施尤其是支付结算方面功能强大，金融业形成了多层次、宽领域的对外开放格局，国际化特征明显。《广州市金融业发展“十二五”规划》提出，到2015年，广州金融业将打造1～2个跨区域的具有全国影响力的金融市场交易平台，汇聚一批具有国际视野和创新精神的金融高层次人才，基本建成与广州国家中心城市地位相适应的区域金融中心。

表1-9　入围2013年服务业500强的金融业企业总部所在城市情况

城市	企业数	平均规模（亿元）	平均规模排名
北京	17	2592.02	1
上海	5	1231.40	3
广州	4	254.22	5
厦门	2	880.45	4
重庆	2	137.41	7
深圳	2	2578.74	2
天津	2	117.35	9
武汉	2	73.49	12
长沙	2	69.94	13
青岛	2	59.45	14
南宁	2	54.58	15
沈阳	1	148.44	6
吉林	1	120.66	8
成都	1	99.81	10
合肥	1	92.32	11
洛阳	1	43.03	16
张家港	1	40.39	17
银川	1	40.01	18
日照	1	35.18	19
苏州	1	32.31	20
桂林	1	31.79	21
淄博	1	31.78	22
张家口	1	28.47	23

二、总部经济对区域发展的影响——基于上市公司的分析

企业总部在空间上的集群布局对区域经济发展产生重要影响，这种影响不仅体现在企业总部集聚对所在城市产生的税收与GDP贡献、产业乘数效应和消费带动等效应[①]，同时也表现在总部企业通过“总部—分支机构”在空间上的再配置，推动城市间分工合作模式由传统的产业链分工升级为基于功能环节的新的分工[②]，强化了区域之间的经济联系。本报告选取2012年全国上市公司作为样本空间，对全国上市公司“总部—分支机构”在不同地区的分布情况进行分析，进而分析我国总部经济发展对区域经济的影响。

（一）上市公司总部空间分布现状

2012年我国共有A股上市公司（下同）2488家，全年营业总收入合计达24.64万亿元，净利润总额达2.7万亿元。上市公司在全国的空间分布情况呈现出明显的东中西梯度差异，东部地区上市公司的企业营业总收入约为中、西部上市公司营业总收入之和的5倍，利润额更是超过了中、西部之和的9倍，东部地区的上市公司在企业数量和营业规模方面，均具有很大的优势，见表2-1。从上市公司的省市分布情况来看，数量排名前十的省市分别是广东省、浙江省、江苏省、北京市、上海市、山东省、四川省、福建省、湖北省和安徽省，“珠三角”和“长三角”地区的发展优势比较明显，见图2-1。从上市公司的城市分布情况来看，数量排名前十的城市分别是：北京市、上海市、深圳市、杭州市、广州市、南京市、成都市、武汉市、天津市和长沙市，京沪深的发展优势比较明显，见图2-2。

按照我国证监会对上市公司的行业分类方法，2012年我国的上市公司分别归属18个行业，不同行业的上市公司在空间分布上呈现出一定的特征。

1. 高技术制造业和高知识密集型服务业占据相当大的比重

与全国500强、全国制造业500强、全国服务业500强主要集中在传统产业领域相比，上市公司则呈现出不同的特点，高技术制造业和高知识密集型服务业领域占据相当大的比重。2012年上市公司中高技术制造业和高知识密集型服务业企业共有962家，占上市公司所有企业总数的35.8%，从高技术制造业[③]和高知识密

表2-1 我国A股上市公司东、中、西地区分布情况

地 区	数量（家）	营业总收入（亿元）	净利润总额（亿元）
东部地区	1689	205501.93	24362.84
中部地区	434	25033.42	1364.59
西部地区	365	15913.24	1256.92

① 赵弘，总部经济（第二版），中国经济出版社，2005年8月第2版。

② 赵弘，认识总部经济，北京出版社，2012年12月第1版。

③ 按照国家统计局关于高技术制造业的分类标准，高技术制造业包括医药制造业、航空、航天器及设备制造业、电子及通信设备制造业、计算机及办公设备制造业、医疗仪器设备及仪器仪表制造业、信息化学品制造业等6种行业。

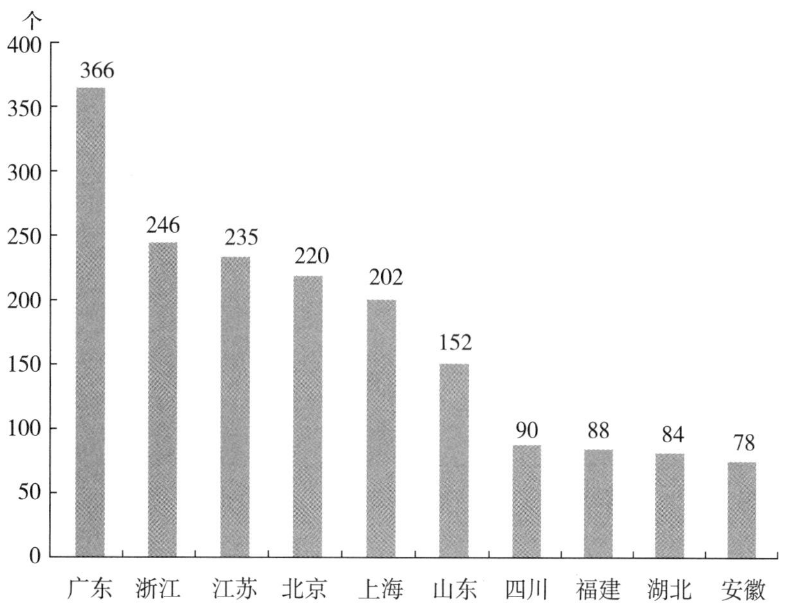

图2-1 2012年上市公司数量排名前10省市

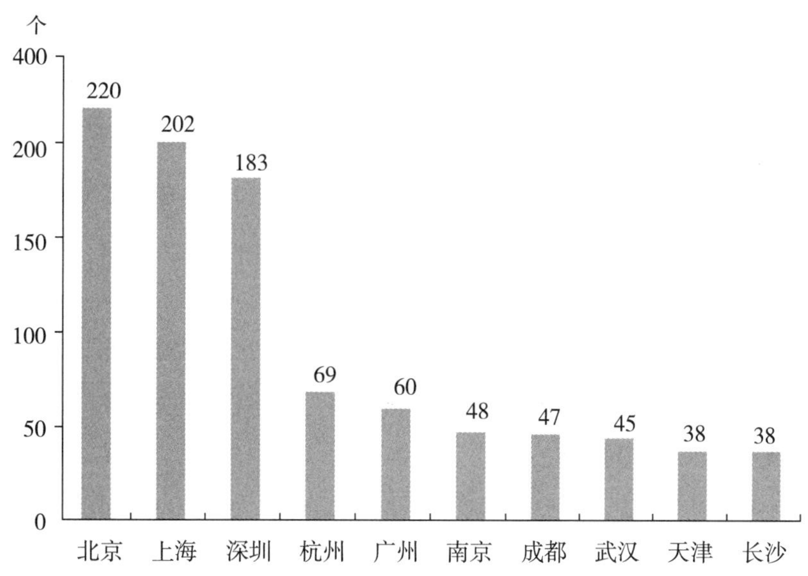

图2-2 2012年上市公司数量排名前10城市

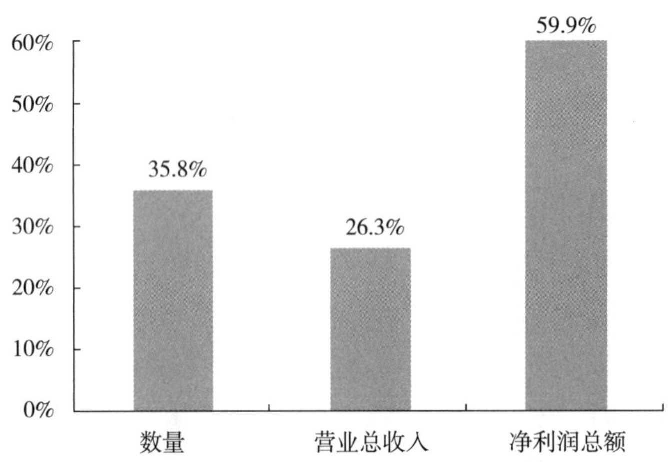

图2-3　2012年高技术制造业和高知识密集型服务业在上市公司中的比重

集型服务业[①]企业的营业规模来看，其营业总收入和净利润总额分别为64870.7亿元和16171亿元，分别占上市公司企业营业总收入和净利润总额的26.3%和59.9%，见图2-3。

2012年我国上市公司制造业企业共有1576家，占全国上市公司总数的63.3%，企业营业总收入和净利润总额分别占所有上市公司总额的32%和15.3%。从制造业内部的29个行业来看，上市公司高技术制造业企业数量所占比重较大，2012年上市公司高技术制造业企业数量占上市公司制造业企业总数的43.7%，营业总收入和净利润总额分别占上市公司制造业企业营业总收入和净利润总额的29.6%和38.6%（见图2-4）。

上市公司中的服务业企业共有745家，所占比例为29.9%，其营业总收入和净利润总额分别占上市公司企业总数的32.6%和66.3%。从服务业内部的14个行业来看，高知识密集型服务业共有201家，占服务业上市公司总数的27%，虽然数量不多，但其经营效益则相对较高，营业总收入和净利润总额分别占上市公司服务业企业总额的51.7%和81.5%（图2-5）。

可见，高技术制造业和高知识密集型服务业的营业规模在上市公司中都占据着相当大的比重，这与其行业发展特征有关。这些行业科技含量较高，企业生产的产品对市场的灵敏度较高，产品更新换代的周期较短。因此，这些行业企业通过上市可以在更广的范围内获得持续稳定的融资渠道，有效解决企业面对市场实时变化时的资金需求，实现企业资金的良性循环；同时，这些企业通过上市可以提高企业知名度，增强企业在市场中的竞争力，实现企业快速健康发展。

① 高知识密集型服务业包括教育、金融业、科学研究和技术服务业、信息传输、软件和信息技术服务业、租赁和商务服务业。

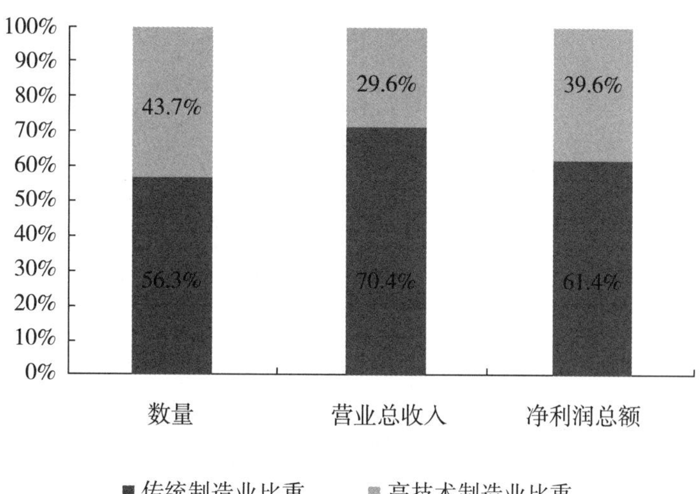

图2-4 2012年不同类型制造业上市公司主要经济指标

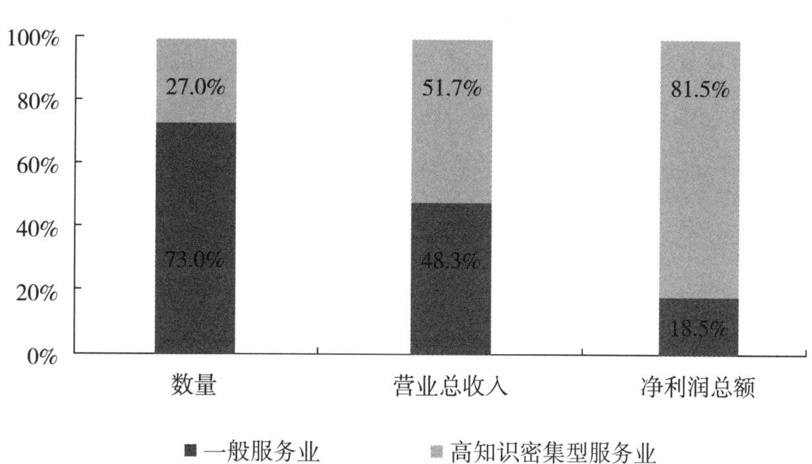

图2-5 2012年不同类型服务业上市公司主要经济指标

2. 制造业上市公司总部主要集中在“长三角”、“珠三角”地区

2012年1576家制造业上市公司中，东部地区制造业上市公司数量占制造业上市公司总数的66.1%，中部地区和西部地区制造业上市公司数量占比分别为18.7%和15.2%（图2-6）。其中，东部地区的制造业上市公司主要集中在经济发达的“长三角”和“珠三角”地区，这两个地区分布的制造业上市公司共有594家，占

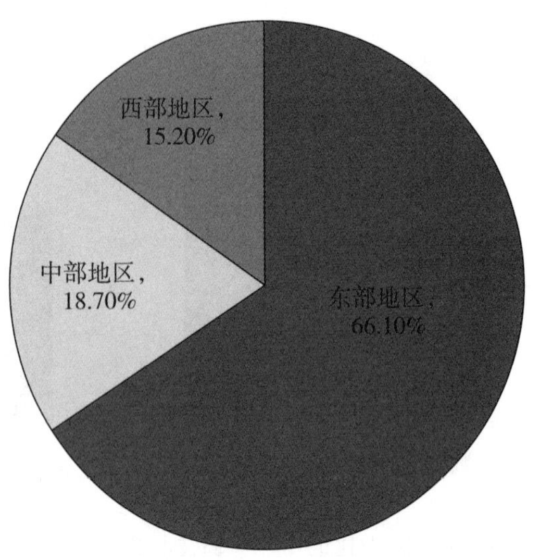

图2-6　2012年制造业上市公司空间分布情况

东部地区制造业上市公司总数的57%。

从制造业内部结构来看，传统制造业企业共有887家，其中“长三角”和“珠三角”地区的传统制造业上市公司共有340家，占传统制造业上市公司总数的38.3%，其营业总收入和净利润总额分别占传统制造业上市公司营业总收入和净利润总额的37.1%和47.2%。从传统制造业上市公司在全国各个城市的分布情况来看，传统制造业企业在全国排名前10的城市分别是上海市、北京市、深圳市、苏州市、无锡市、杭州市、绍兴市、成都市、广州市和宁波市，除了北京市和成都市之外，其他8个城市均处于“长三角”和“珠三角”区域（图2-7）。

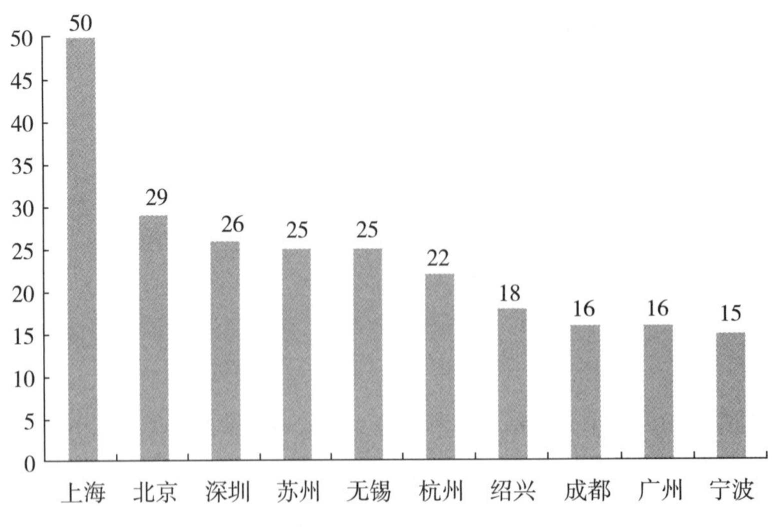

图2-7　2012年传统制造业上市公司数量全国排名前10城市

2012年高技术制造业企业共有761家，位于“长三角”和“珠三角”地区的高技术制造业上市公司共有592家，占高技术制造业上市公司总数的85.9%，其营业总收入和净利润总额分别占高技术制造业上市公司营业总收入和净利润总额的75.4%和69.2%。从高技术制造业上市公司在全国各个城市的分布情况来看，高技术制造业企业在全国排名前十的城市分别是：深圳市、北京市、上海市、苏州市、杭州市、广州市、武汉市、天津市、成都市和佛山市，7个城市位于“长三角”和“珠三角”地区（图2-8）。

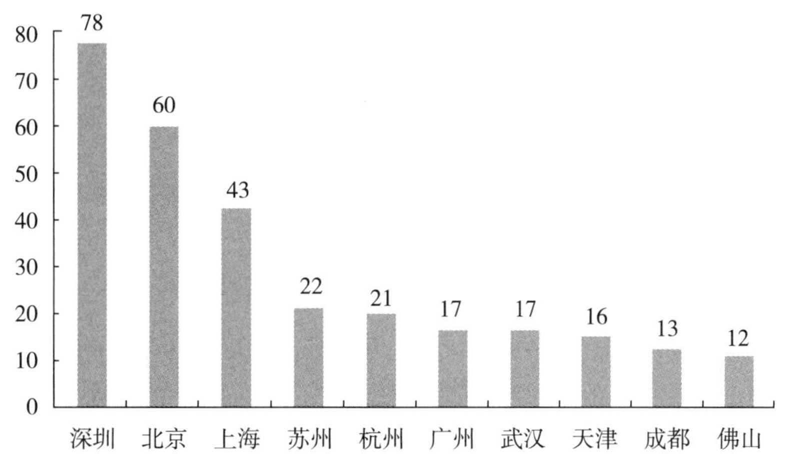

图2-8　2012年高技术制造业上市公司全国排名前10城市

3. 现代服务业主要集中在京沪深等特大城市

2012年全国共有现代服务业①上市公司392家，占服务业上市公司总数的52.6%，其营业总收入和净利润总额分别占服务业上市公司营业总收入和净利润总额的60%和88.7%。

从现代服务业上市公司在全国各个城市的分布情况来看，现代服务业企业在全国排名前10的城市分别是北京市、上海市、深圳市、杭州市、南京市、广州市、长沙市、福州市、重庆市和天津市（图2-9）。总体来看，现代服务业上市公司主要集中在北京市、上海市和深圳市三个特大城市，这三个城市的现代服务业上市公司数量占全国现代服务业上市公司总数的46.7%，其营业总收入和净利润总额分别占全国现代服务业上市公司营业总收入和净利润总额的87.9%和91.1%。

① 按照北京市统计局公布的京统发〔2005〕81号文件中对现代服务业的分类规定，包括信息传输、计算机服务和软件业，金融业，房地产业，租赁和商务服务业，科学研究、技术服务和地质勘查业，水利、环境和公共设施管理业，教育，卫生、社会保障和社会福利业，文化、体育和娱乐业等9种行业。

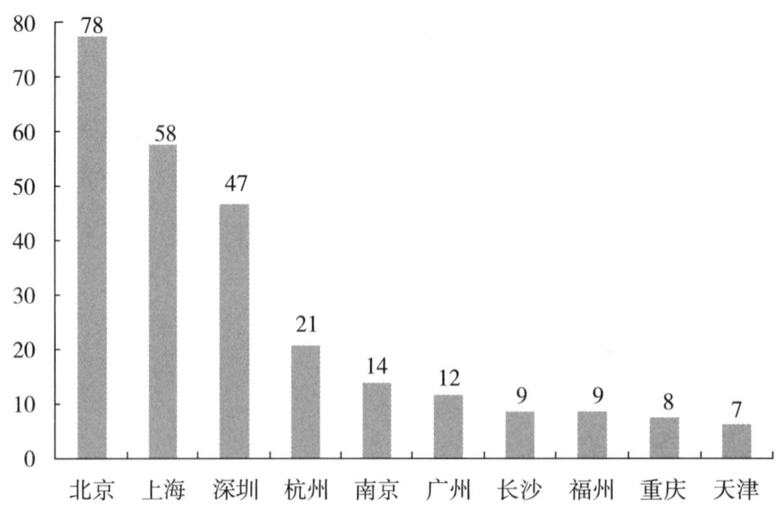

图2-9 2012年现代服务业上市公司数量全国排名前10城市

现代服务业上市公司在京沪深等特大城市的集聚与现代服务业行业特性密切相关。京、沪、深等特大城市能够为现代服务业在新服务领域和新服务模式中发挥其高文化品位、高技术含量、高增值服务、高智力密集和高服务质量的特性营造相对完善的环境，从而吸引高素质从业人员的集聚，同时也更有利于分布在该城市的上市公司可持续发展。

（二）北京上市公司发展对全国区域经济的影响

北京是我国总部经济发展能力和水平最高的城市，聚集了一大批跨国公司地区总部和国内大型企业集团总部。其中，上市公司是北京总部企业的重要组成部分。据初步统计，2012年，北京共有A股上市公司218家，上市公司一级子公司（以下简称“子公司”）3294家，其中在国内分布的子公司3130家。从空间分布来看，北京上市公司子公司遍布全国各省份，主要集中在东部地区。北京上市公司在东部地区设立的子公司数量达2102家，占北京上市公司子公司总数的67.2%（图2-10）。

从省份分布来看，北京上市公司子公司在北京市的数量最多（1036家），占33.1%；在江苏、上海、广东、辽宁设立的子公司数量位居全国第2～5位，占比均在5%左右。

从城市分布来看，北京上市公司子公司分布在266个城市，主要集中在区域性中心城市。其中，北京、上海、天津、香港、武汉、成都、深圳、重庆、大连、南京子公司数量位居前10位，合计达1770家，占子公司总数的一半以上（56.55%）。

上市公司分支机构在不同区域布局，会对分支机构所在区域的经济发展、产业结构、劳动就业等方面带来不同程度的影响。北京上市公司分支机构在全国布局较为广泛，其分支机构在全国的布局，一定程度上推动了北京与全国其他区域的协调发展。

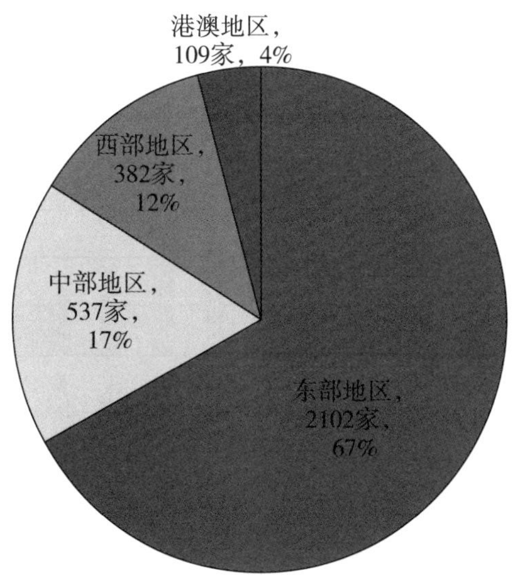

图2-10 2012年北京上市公司子公司在全国分布格局

1. 北京上市公司“总部—分支机构”空间布局提升分支机构所在区域的经济发展水平

北京上市公司3130家子公司在全国各地区的发展，一定程度上推动了子公司所在地区的开发建设进程，提升区域经济效益，促进了区域经济发展。据不完全统计，2012年，北京上市公司分布在外埠的子公司资产规模总计32934.55亿元，实现营业收入共计4407.3亿元，实现净利润2085.28亿元[①]。北京上市公司在香港、上海、天津、广东等12个省市（地区）的子公司资产总额均达千亿元以上（图2-11）；北京上市公司在上海、辽宁、山西等16个省市的子公司总营业收入均在百亿元以上（图2-12）；北京上市公司在18个省市的子公司净利润总额超过10亿元，其中在黑龙江、香港、内蒙古的子公司净利润总额达百亿元以上（图2-13）。

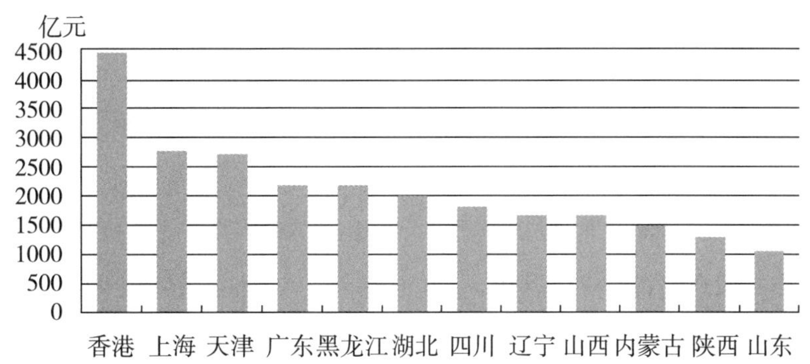

图2-11 2012年北京上市公司外埠子公司总资产千亿元以上省份（北京市除外）

① 资料来源：2012年北京市各上市公司年报汇总。其中部分子公司营业收入、净利润数据未在年报中公布，故子公司营业收入总数、净利润总数相对偏低。

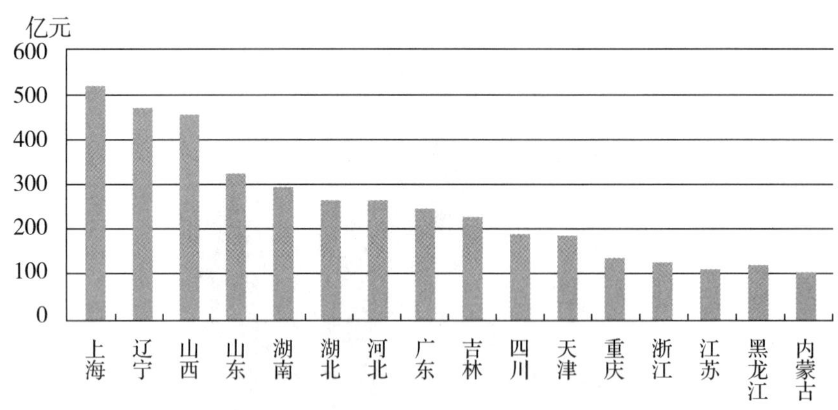

图2-12　2012年北京上市公司外埠子公司营业总收入百亿元以上省份（北京市除外）

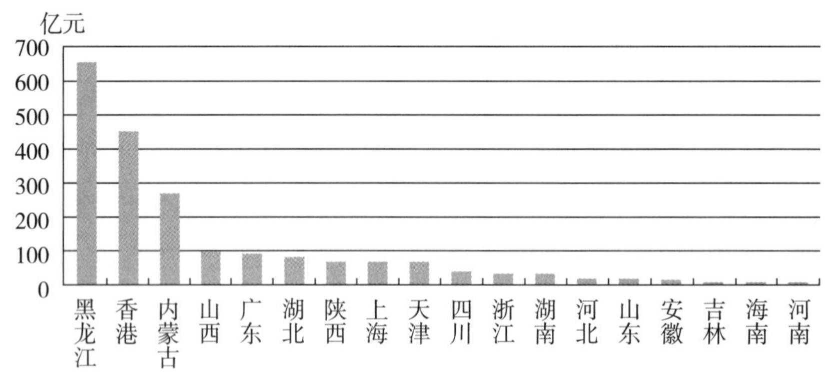

图2-13　2012年北京上市公司外埠子公司净利润总额十亿元以上省份（北京市除外）

2. 北京大型国有上市公司面向全国布局分支机构，增强了北京对全国的辐射带动作用

在北京上市公司中，中石油、中国神华、中国化学、中国建筑、中国中冶、中青旅等一批国有控股上市公司占有相当大的比重。2012年，北京218家上市公司中，国有控股企业为111家，占北京上市公司总数的51%。这些国有上市公司全国布局特征明显，究其原因，一方面是在传统计划经济体制下，国有企业按照全国生产力均衡布局的思路在各省全面布局的结果，如金融、电信、电力等行业的央企在各省省会城市均设立分支机构。另一方面，国有上市公司出于国家发展战略需要和企业自身长远发展的需要，凭借其雄厚的经济实力和国有垄断资源优势，加速在全国布局。国有上市企业的这种全国性布局，也使得北京与全国其他区域的经济联系更加紧密，通过“总部—分支机构”链条，把北京的人才、技术、信息、资金等优势资源辐射到全国其他区域，带动了全国整体经济的快速发展。

从北京市国有上市企业行业构成来看，不同行业的国有上市企业在全国布局的特征也有所不同：

资源类国有上市公司总部布局在北京，而其生产基地往往布局在资源丰富的资源型城市或者交通比较便利的港口型城市。以中煤能源为例。2012年，中煤能源在国内布局了53家子公司，其中主要分布在煤炭资源丰富的朔州（10家）、鄂尔多斯（6家）、大同（3家）、榆林（3家）、包头（2家）等资源型城市以及天津（2家）、上海（2家）、秦皇岛（2家）等港口型城市，占国内子公司总数的80%以上。

制造类国有上市公司将总部和部分高端制造布局在北京，而大规模生产制造环节则布局在劳动力密集、生产成本相对较低、具有一定生产技术优势、产业链配套较为完善的工业城市。例如，中国北车股份有限公司以华东、华南、华中等区域为重点，通过企业搬迁、整合重组等方式，在大连、长春、哈尔滨、唐山、太原等工业性城市建设了生产基地。2012年，中国北车在国内有子公司29家，分布在全国14个省市（含香港）的18个城市，其中大部分为工业城市。

服务类国有上市公司在全国范围内积极拓展服务市场，往往是在各大区域性中心城市以及“节点型”中小城市布局分支机构，增强了服务全国的能力。例如，中国工商银行、农业银行、建设银行等金融类上市公司在全国各大中心城市和节点型中小城市均布局了分（子）公司和各类网点，这些分支机构成为这些金融类上市公司拓展全国市场、服务全国的重要载体。又如，航天信息股份有限公司以市场需求为导向，积极开拓全国市场，在北京、南京、上海、长沙、广州等区位优势明显、人才资源密集、区域信息服务需求旺盛的区域性中心城市设立分支机构，支撑和带动当地及周边相关产业发展。2012年，航天信息股份有限公司在全国27个省份的38个城市布局了55家子公司，全国七大区域均有其子公司分布。

图2-14 2012年航天信息股份有限公司子公司在全国分布示意图

3. 北京高科技类上市公司通过技术创新成果在全国的转化落地，辐射带动其他地区发展

北京科技资源密集，科技创新活动活跃，是我国自主创新的重要源泉。各类科技创新成果在全国的转化落地，是北京推动区域经济协调发展的一条重要途径。高科技类上市公司是北京重要的科技创新主体，北京从事电子信息、生物医药、新材料、新能源等行业的上市公司占较大比重，2012年，上述四类高技术制造业领域的上市公司共计88家，占北京上市公司总数的40.37%。这些高科技类上市公司通过在全国其他区域布局产业化基地，将技术成果在更具成本优势的地区进行产业化，进而增强了北京与其他地区的经济联系与合作。

中关村作为国家自主创新示范区，是北京高科技上市公司的主要集聚地，对于引领带动全国创新发展发挥着重要作用。2012年中关村201家上市公司（不包括停牌、退市及过会未发行的23家企业）实现合并报表营业收入1.3万亿元，其中对外辐射营业收入超过1万亿元，占上市公司合并报表营业总收入的75.4%（图2-15），中关村上市公司通过“总部—分支机构”在全国的布局，有效提升了对其他地区的辐射带动能力。

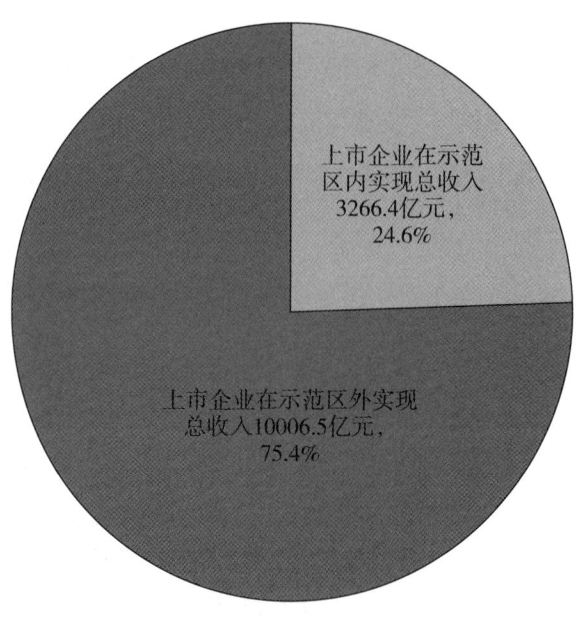

图2-15　2012年中关村上市公司对外辐射情况

以同方股份有限公司为例。同方股份依托清华大学科研平台，不断加大技术创新力度，目前已形成专利和软件著作权2000余项，围绕计算机、数字城市、物联网应用、微电子与射频技术、多媒体等十二大主干产业集群，在全国各地推进科技成果产业化落地。2012年，同方股份在国内拥有子公司48家，其中制造

类子公司19家，占子公司总数的40%。这些制造类子公司分布在北京、无锡、南昌、沈阳等11个城市，是实现公司科技成果产业化的主体。

（三）上海上市公司发展对“长三角”地区经济发展的影响

上海是我国总部经济发展较为成熟的区域之一，其经济发展腹地——“长三角”城市群是世界第六大城市群，在我国经济发展中具有重要的地位和作用。2012年，上海市共有上市公司202家，行业门类齐全。这202家上市公司共有子公司4412家，其中对母公司贡献较大的子公司共有2006家[①]。上市公司及其子公司的发展，对上海及其周边地区的经济发展产生了较为明显的辐射带动作用，一定程度上促进了“长三角”地区经济协调发展。随着上海自贸区建设加快，这一辐射带动作用将更加明显。

1. 上海上市公司对“长三角”地区的经济带动作用显著

2012年上海上市公司2006家子公司分布在我国146个城市及多个境外城市。上海上市公司在上海设立的子公司数量最多，达到1248家，占62.2%。除上海市外，上海上市公司子公司主要设立在苏州、北京、无锡、南京、重庆、成都、南通、天津、杭州、深圳等“长三角”地区和国内其他主要大城市（图2-16）。

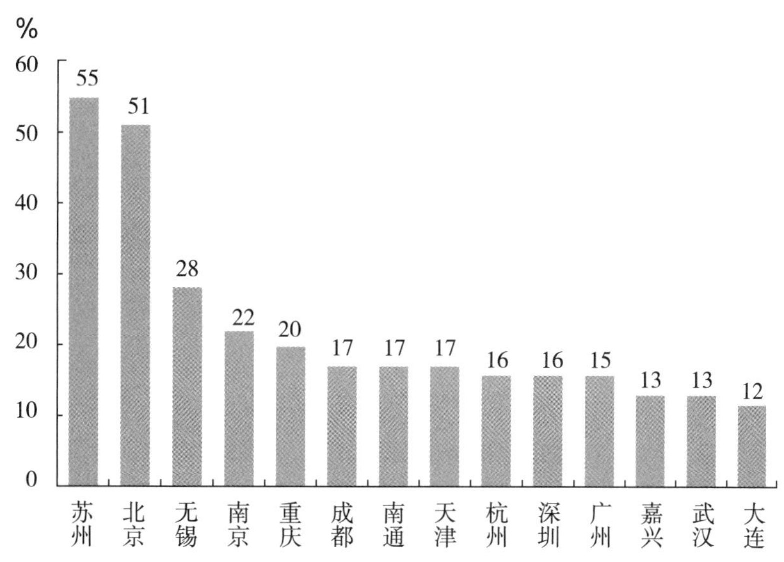

图2-16　2012年上海上市公司子公司数量较多的城市（上海市除外）

① 本部分将以这2006家分支机构为分析对象，研究上海上市公司“总部—分支机构”空间布局对区域经济发展的影响。

总体上看，上海上市公司子公司主要集中在“长三角”地区，共有1458家，占上海上市公司子公司总数的72.7%。2012年上海上市公司在“长三角”地区的子公司创造的营业总收入和净利润总额分别为139948.2亿元和6138.9亿元，分别占上海上市公司在全国所有子公司全年营业总收入和净利润总额的82.6%和73.2%（图2-17）。其中，在江苏省和浙江省分布了210家子公司，全年创造营业总收入共计12888.7亿元，净利润总额共计478.5亿元[①]。

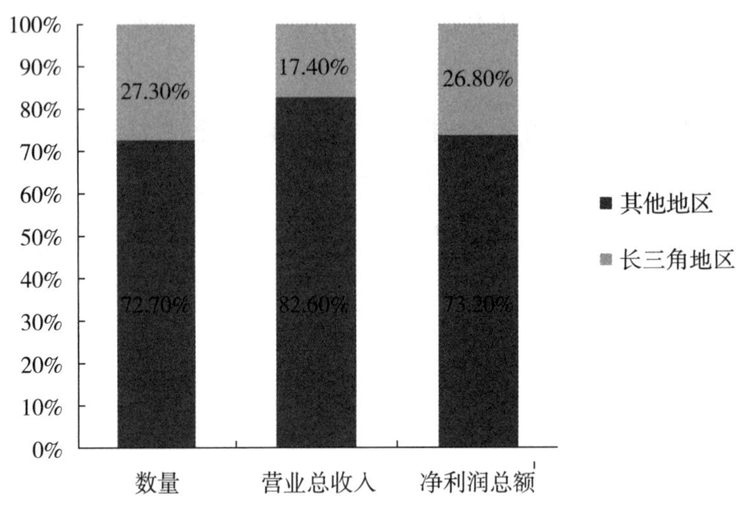

图2-17　2012年上海上市公司子公司在“长三角”与其他地区的规模比重

近年来，随着“长三角”城市群与周边省份的合作越来越密切，其对区域经济的辐射带动作用扩散到周边的其他省份。尤其是与“长三角”地区相邻的山东、安徽、江西和福建，这四个省拥有上海上市公司子公司共93家，这93家子公司在2012年创造的营业总收入和净利润总额分别为190.21亿元和34.53亿元。

2. 上海上市公司对“长三角”地区带动作用具有一定层次性

上海上市公司在“长三角”地区的子公司（上海市除外）有210家，分布在江苏省和浙江省的21个城市，只有江苏省的泰州市和浙江省的丽水市、衢州市没有分布。排名前五的城市分别是苏州、无锡、南京、南通和杭州，这五个城市分布了138家分支机构，占“长三角”地区上海上市公司子公司（上海市除外）的比重达65.7%（图2-18）；营业总收入和净利润总额分别占“长三角”地区上海上市公司子公司（上海市除外）营业总收入和净利润总额的99.6%和97.9%。

① 资料来源：2012年上海市各上市公司年报。其中部分子公司营业收入、净利润数据未在年报中公布，故子公司营业总收入、净利润总额的数值相对偏低。

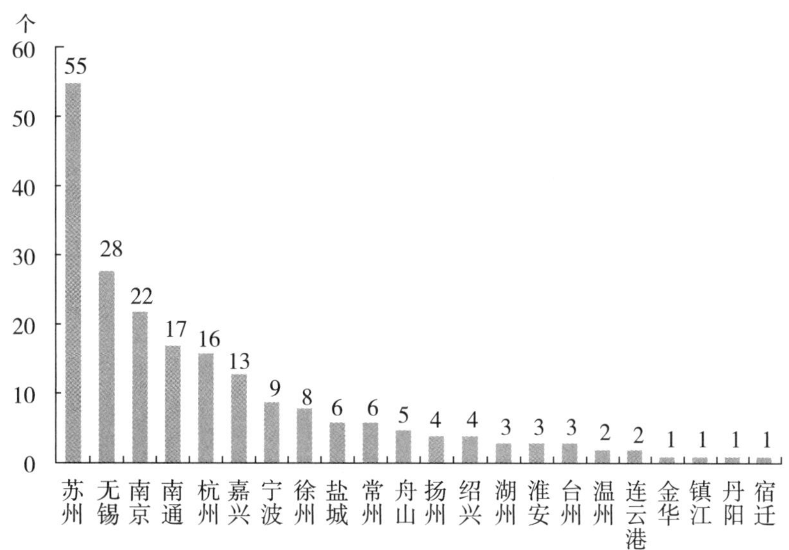

图2-18 上海上市公司子公司在“长三角”地区的分布情况（上海市除外）

上海上市公司子公司在“长三角”地区的分布呈现一定层次性特征。从城市等级来看，上海上市公司子公司主要分布在“长三角”地区的各类区域性中心城市，如南京、杭州、宁波等。从区域辐射程度来看，上海上市公司子公司在“长三角”地区的分布呈现明显的圈层结构，在紧邻上海的苏锡常都市圈分布最为集中，上海上市公司子公司在苏锡常都市圈分布的数量占“长三角”地区的42.4%（上海市除外）；其次是杭州都市圈和南京都市圈（图2-19）。

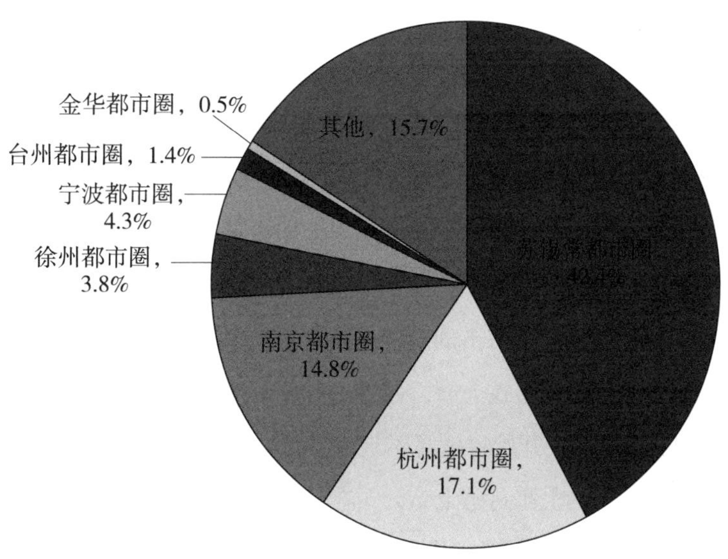

图2-19 上海上市公司子公司在“长三角”地区都市圈分布情况（上海市除外）

3. 上海制造类上市公司有力带动了“长三角”地区制造业集群建设与发展

上海是我国重要的制造业基地，培育出一大批知名的制造业上市企业。2012年，上海制造类上市公司子公司共797家，其中在“长三角”地区分布的共有580家，占上海上市公司在“长三角”地区分布的子公司比重达39.8%，其营业总收入和净利润总额分别占上海上市公司在“长三角”地区分布子公司的营业总收入和净利润总额的80.9%和59.5%（图2-20）。

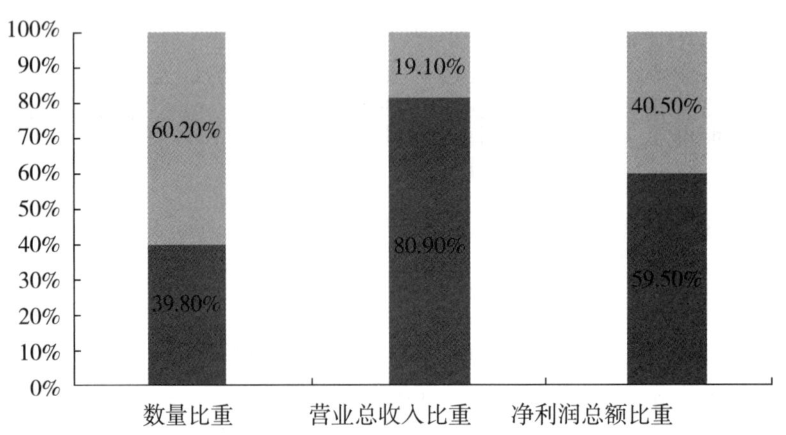

图2-20　2012年上海市制造业、非制造业上市公司子公司在“长三角”地区的分布情况

从“长三角”地区分布的580家上海制造类上市公司子公司的细分行业来看，主要集中在现代制造业领域，其中机械、设备、仪表制造业上市公司子公司共有261家，比重达45%。随着上海市制造业结构的优化升级，生物医药、电子设备等高技术产业领域的上市公司也加快向周边区域布局，带动了整体区域高技术产业的快速发展（图2-21）。

随着“长三角”经济一体化发展，上海市的制造业企业逐步以“总部经济”模式加快转型发展，越来越多的企业将企业总部、研发、营销等留在上海，而将生产环节外迁，寻找更低成本的生产基地或科技成果转化基地，周边城市的制造业企业也开始将总部环节迁往上海，上海市与周边地区“总部+制造基地”的分工合作模式逐渐形成规模。同时，上海这些上市公司在长三角地区设立子公司，也带动了上下游为其配套的中小企业集聚，带动了区域产业集群和产业链的形成与发展。

以上海汽车集团股份有限公司（简称“上汽集团”）为例。上汽集团以整车制造业业务为主，零部

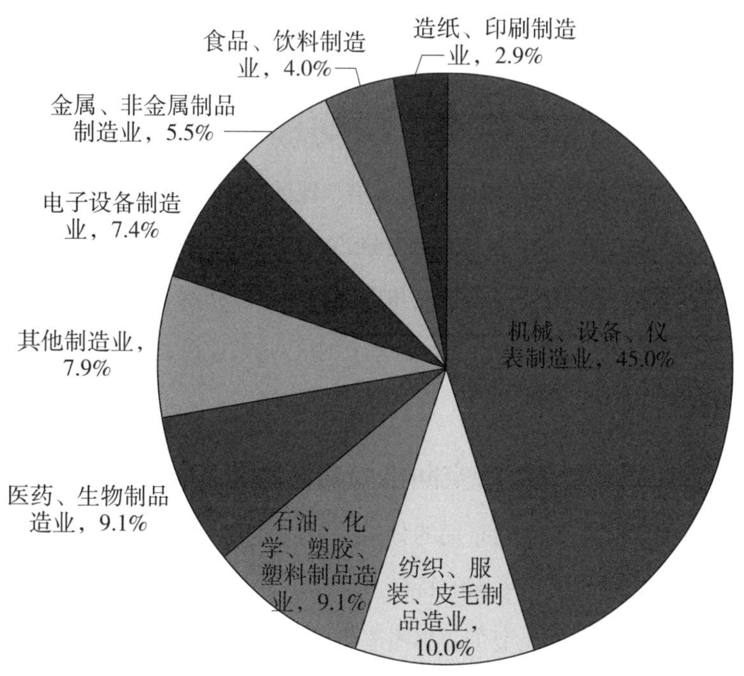

图2-21 2012年“长三角”地区上海制造类上市公司行业分布情况

件、服务贸易、汽车金融等上下游纵向产业和横向相关联产业都在上海市周边集中布局，形成较为完整的产业链。上汽集团在上海市周边的布局以南京依维柯整车制造基地、南京东华汽车零部件制造基地和江苏仪征汽车工业园的整车生产基地和自主品牌生产基地为主，仪征汽车工业园所在的扬州地区更是成为国家汽车及零部件火炬计划产业基地。

4. 随着上海加快国际金融中心和国际航运中心建设，金融类和贸易运输类上市公司的辐射带动作用日益明显

自2009年国务院《关于推进上海加快发展现代服务业和先进制造业建设国际金融中心和国际航运中心的意见》发布以来，上海市金融业、航运业以及其他关联产业呈现出快速发展态势，对“长三角”地区的相关产业发展也产生了积极的辐射带动作用。

上海在我国金融改革方面一直走在全国前列，创设了全国第一家证券交易所、全国第一家金融衍生品交易所。目前上海金融服务体系逐步完善，已经成为我国金融综合竞争力最强的城市，在全球金融城市排名也大幅提高。上海金融领域也涌现出一批实力雄厚的上市金融机构。2012年上海金融业上市公司共有子公司54家，其中在“长三角”地区分布的有32家，占上海金融业上市公司子公司的59.3%；这32家子公司2012年全年的营业总收入和净利润总额分别占上海金融业上市公司子公司营业总收入和净利润总额的99.7%和99.9%。2012年上海上市公司子公司中金融业企业是盈利能力最高的行业，人均利润率达28.9万元/人，远

高于上海上市公司子公司中的其他行业，是其他所有行业人均利润率平均水平的2倍。

近年来，依托国际航运中心建设，交通运输类、国际贸易类企业不断向上海集聚，也带动了周边区域相关领域的发展。上海交通运输类上市公司在“长三角”地区分布的子公司有103家，占上海交通运输类上市公司子公司的77.4%。批发零售类上市公司在“长三角”地区分布的子公司有138家，占上海批发零售类上市公司子公司的88.5%，营业总收入和净利润总额分别占上海批发零售类上市公司子公司营业总收入和净利润总额的35.8%和50.6%。这两类上市公司在长三角地区的跨区域布局，不仅仅使得上海上市公司总部的规模实力和影响力得到进一步提升，支撑了上海国际航运中心城市建设，而且对于带动长三角其他城市该领域服务业发展质量提升发挥了积极作用。

三、新的宏观环境下我国总部经济空间格局演变趋势

通过上述对我国大型企业集团总部空间布局的分析，可以看出，我国总部经济空间格局与我国现阶段生产力布局基本一致，呈现出区域发展不平衡的特征。但是，近年来随着我国整体经济的快速发展以及区域发展总体战略的实施，中西部一大批大型企业集团逐步成长起来，总部布局的不平衡性得到一定程度的缓解，而且许多国内大型企业集团开始按照总部经济模式加速在全国布局，对于带动整个区域经济的协调发展发挥了重要作用。

当前，国内外宏观环境发生新的变化，从国际来看，国际金融危机后世界经济格局发生新的变化，中国等新兴市场国家成为世界经济新增长中心，这为我国总部型企业做大做强带来了难得的机遇；从国内来看，党的十八大确定了“经济建设、政治建设、文化建设、社会建设和生态文明建设”五位一体的中国特色社会主义总体布局，更加强调全面协调可持续发展，标志着我国进入全面深化改革、加快转变发展方式的关键时期，这既对我国总部经济发展提出了更高要求，也为总部企业发展创造了更好更有利的发展环境。这些国内外宏观环境的变化在深刻影响我国总部经济发展趋势的同时，对总部经济空间格局也产生重要影响。

2013年长三角城市发展问题与前瞻报告

一、2013年长三角城市发展新成就

2013年，是全面深入贯彻党的十八大精神的开局之年，是实施“十二五”规划承前启后的关键之年，也是各城市积极探索与上海自贸区联动竞合发展的起始之年。一年来，面对世界经济复苏艰难、国内经济下行压力加大、区域发展多重功能重叠和多重矛盾交织的复杂形势，长三角各城市坚持以科学发展观为指导，坚持稳中求进的工作总基调，着力稳增长、调结构、促改革，经济社会发展取得明显成绩，社会和谐稳定，民生持续改善。

（一）城市经济发展取得新成效

1. 国民经济运行稳开稳走

2013年，长三角25市实现GDP118332.5亿元，占全国GDP的20.8%，其中第一产业增加值5560.0亿元，第二产业增加值55568.5亿元，第三产业增加值57204.0亿元。三产比例为4.7：47.0：48.3。三次产业首次呈现“三、二、一”的发展格局。

表1 2013年长三角25市生产总值一览表

城市	GDP		第二产业增加值		第三产业增加值	
	数值(亿元)	增速(%)	数值(亿元)	增速(%)	数值(亿元)	增速(%)
上海	21602.12	7.7	8027.77	6.1	13445.07	8.8
南京	8011.78	11	3450.58	11.1	4356.56	11.3
无锡	8070.18	9.3	4207.43	8.7	3714.22	10.3
徐州	4435.82	11.8	2118.32	12.3	1885.12	12.8
常州	4360.93	10.9	2250.8	11.2	1972.01	11.2
苏州	13015.7	9.6	6849.59	7.5	5951.62	12.7
南通	5038.89	11.8	2623.5	12	2069.98	12.9
连云港	1785.42	11.8	807.42	13	718.83	13.1
淮安	2155.86	12	983.15	13.2	900.13	13.3
盐城	3475.5	12.3	1636	14	1350.3	13.4
扬州	3252.01	12	1693.7	12.3	1333.84	12.7
镇江	2927.09	12.1	1549.4	12.5	1248.63	12.3
泰州	3006.91	11.8	1574	12.1	1226.95	12.7
宿迁	1706.28	12.5	815.61	14.9	655.67	13
杭州	8343.52	8	3661.98	7.4	4416.12	9

续表

城市	GDP		第二产业增加值		第三产业增加值	
	数值(亿元)	增速(%)	数值(亿元)	增速(%)	数值(亿元)	增速(%)
宁波	7128.87	8.1	3741.72	8.2	3110.8	8.8
温州	4003.86	7.7	2015.48	7.8	1872.99	8
嘉兴	3147.6	9.3	1726.73	9.9	1265.31	9.4
湖州	1803.15	9	953.19	10.1	724.4	9
绍兴	3967.29	8.5	2102.93	8.6	1671.09	9
金华	2958.78	9.1	1445.7	9.4	1372.88	9.6
衢州	1056.57	9.1	555.92	10.4	417.5	9
舟山	930.85	8.5	411.55	9.2	423.57	7.9
台州	3153.34	7.9	1515.55	8.1	1424.49	8.7
丽水	983.08	9.2	497.87	11.2	400.56	8

资料来源：各城市政府网站、统计局快报数据。

2013年，江苏13市实现人均GDP74607元，比上年增长9.3%，三次产业结构调整为6.1：49.2：44.7；浙江11市实现人均GDP68462元，比上年增长7.9%，三次产业结构调整为4.8：49.1：46.1；上海市实现人均GDP90100元，比上年增长6.0%，三次产业结构调整为0.60：37.16：62.24。

2. 产业结构优化成效明显

2013年，长三角25市三次产业结构中，第一产业比上年下降了0.1个百分点，第二产业比上年下降了2.5个百分点，但第三产业比上年提升了2.6个百分点，达到48.3%，首次呈现“三、二、一”的发展格局。

从第一产业比重看，长三角25市中仅有连云港、盐城、淮安、舟山4市一次产业比重超过10%，最高为连云港14.5%，上海、苏州、无锡、南京、温州、常州、杭州、宁波、镇江、金华、嘉兴、绍兴12市第一产业比重低于5%。

从第二产业比重看，嘉兴（54.9%）、衢州（53.1%）、绍兴（53.0%）、镇江（53.0%）、湖州（52.8%）、苏州（52.6%）、宁波（52.5%）、台州（52.4%）、无锡（52.2%）、扬州（52.1%）、常州（51.6%）、温州（50.3%）、丽水（50.3%）13市第二产业比重超过50%，工业仍是这些城市经济发展的主导产业，但除丽水市上升0.3个百分点外，其他12市第二产业比重都有所下降。

从第三产业比重看，上海（62.24%）、南京（54.4%）、杭州（52.9%）3市比重超过50%。同时，上海、南京、杭州、舟山4市三次产业比重呈现“三、二、一”的产业结构分布。其他21市三次产业结构“二、三、一”分布，第三产业比重都较上年有了一定提升。第三产业在区域发展中的作用越来越明显。

表2 2013年长三角25市三产结构情况

城市	2013年三产比重	2012年三产比重	城市	2013年三产比重	2012年三产比重
上海	0.60：37.16：62.24	0.64：39.36：60.00	宿迁	13.8：47.8：38.4	14.9：47.1：38.0
南京	2.3：43.3：54.4	2.6：44.0：53.4	杭州	3.2：43.9：52.9	3.3：45.8：50.9
无锡	1.8：52.2：46.0	1.8：53.0：45.2	宁波	3.9：52.5：43.6	4.1：53.9：42.0
徐州	9.7：47.8：42.5	9.5：49：41.5	温州	2.9：50.3：46.8	3.1：50.5：46.4
常州	3.2：51.6：45.2	3.2：52.9：43.9	嘉兴	4.9：54.9：40.2	5.2：55.5：39.3
苏州	1.7：52.6：45.7	1.6：54.1：44.3	湖州	7.0：52.8：40.2	7.42：53.44：39.14
南通	6.8：52.1：41.1	7.0：53.0：40.0	绍兴	4.9：53.0：42.1	5.1：53.8：41.1
连云港	14.5：45.2：40.3	14.5：45.9：39.6	金华	4.7：48.9：46.4	5.0：49.8：45.2
淮安	12.6：45.6：41.8	12.9：46.3：40.8	衢州	7.9：52.6：39.5	8.2：53.1：38.7
盐城	14.1：47：38.9	14.4：47.5：38.1	舟山	10.3：44.2：45.5	9.8：45.2：45.0
扬州	6.9：52.1：41.0	6.95：53.04：40.01	台州	6.8：48.0：45.2	6.9：49.0：44.1
镇江	4.4：53.0：42.6	4.4：54.0：41.6	丽水	8.6：50.6：40.8	8.9：50.3：40.8
泰州	6.8：52.4：40.8	7.1：53.1：39.8			

3. 地方财政收支保持增长

2013年，江苏13市公共财政预算收入6568.5亿元，比上年增长12.1%；公共财政预算支出7731.2亿元，比上年增长10.0%。浙江11市公共财政预算收入3797亿元，比上年增长10.3%；公共财政预算支出为4731亿元，比上年增长13.7%。上海市公共财政预算收入4109.51亿元，比上年增长9.8%；公共财政预算支出4528.61亿元，比上年增长8.2%。

表3 2013年长三角25市财政收入情况

城市	公共财政预算收入		公共财政预算支出	
	数值(亿元)	增速(%)	数值(亿元)	增速(%)
上海	4109.5	9.8	4528.61	8.2
南京	831.31	13.4	851.01	10.6
无锡	710.91	8	711.49	9.7
徐州	422.84	15.3	585.86	11
常州	408.88	7.9	403.9	3.2
苏州	1331.03	10.5	1212.7	8.9
南通	485.88	15.8	1060.7	13.1
连云港	233.3	11.7		
淮安	271.42	16.2		

续表

城市	公共财政预算收入		公共财政预算支出	
	数值(亿元)	增速(%)	数值(亿元)	增速(%)
盐城	366.77	17.3	557.4	14.1
扬州	259.26	15.2	302.65	6.3
镇江	254.52	18.1	280.3	20
泰州	259.26	11.2	342.2	13.7
宿迁	185.12	17.1	300.06	10.2
杭州	945.2	9.9	855.74	8.8
宁波	792.81	9.3	939.89	13.5
温州	323.98	11.9	437.96	12.9
嘉兴	282.31	9.5	303.67	16.5
湖州	154.66	11.6	197.61	18
绍兴	293.07	10.3	312.11	12
金华	242.47	12.8	322.25	18.5
衢州	72.75	14.7	165.51	19.2
舟山	92.63	8.3	189.83	22.3
台州	247.73	12.4	329.03	14.3
丽水	73.7	14.1	195.38	16.3

资料来源：各城市政府网站、统计局快报数据。

4. 投资消费拉动效果明显

2013年，长三角25市完成固定资产投资61824.29亿元，比上年增长15.2%。工业投资26651.85亿元，比上年增长13.7%，占总投资的43.1%，比重较上年下降2.4个百分点；第三产业投资34674.32亿元，比上年增长16.4%，占总投资的56.1%，比重较上年增长1.2个百分点54.9%，其中房地产投资17892.79亿元，比上年增长15.3%。全年实现社会消费品零售总额43813.55亿元，增长11.9%。

（二）对外经济合作取得新作为

1. 对外贸易顺差加大

2013年，长三角25市全年完成进出口总额13280.38亿美元，出口总额达到7818.94亿美元，贸易顺差达2357.5亿美元。分城市看，江苏13市完成进出口5508.4亿美元，比上年增长0.5%，其中，出口3288.5亿美元，增长0.1%；进口2219.9亿美元，增长1.1%；浙江11市完成进出口总额3358亿美元，比上年增长7.5%，其中进口870亿美元，下降1.0%；出口2488亿美元，增长10.8%；上海市完成进出口总额4413.98亿美元，比上年增长1.1%，其中，进口2371.54亿美元，增长3.1%；出口2042.44亿美元，下降1.2%。

表4 2013年长三角25市固定资产投资情况

城市	固定资产投资		工业投资		房地产开发投资	
	累计（亿元）	增减（%）	累计（亿元）	增减（%）	累计（亿元）	增减（%）
上海	5644.1	10.4	1236.35	-4.4	4387.32	11.1
南京	5265.55	12.4	2398.96	10.5	2723.47	21.3
无锡	4015.77	18.2	1565.6	16.3	2432.4	19.1
徐州	3090.13	22.1	1707.9	17.9	1351.14	25.1
常州	2902.8	18.2	1541.2	16.7	1327.2	20.4
苏州	6001.9	14	2431.3	11.7	3561.4	15.9
南通	3298.73	20.8	1856.06	14.3	1440.8	28.5
连云港	1350.12	22.1	849.33	23.1		
淮安	1453.05	22.1				
盐城	2217.69	22.2	1383.4	16.6	802.3	26.5
扬州	2025.18	20.3	1146.9	12.3	856.7	28.6
镇江	1753.15	22.1	1014.19	23.1	738	22.3
泰州	1764.17	21	982.51	25.6	757.7	20.1
宿迁	1290.75	25.8	831.2	25	452.61	28.2
杭州	4263.87	14.5	910.46	6.9	3342.94	16.7
宁波	3422.95	18	1065.19	30.3	2332.26	13.5
温州	2618.16	24.1	605.55	29	1936.58	21.8
嘉兴	1910.15	16.3	893.44	14.1	998.92	18.6
湖州	1070.05	10.2	528.4	0.1	534.01	23.3
绍兴	2001.99	16.2	999.79	13.4	987.15	18.7
金华	1364.36	21.1	666.3	18.3	692.93	24.6
衢州	670.72	18.5	317.93	4.6	325.9	32.3
舟山	750.02	20.6	240.19	19.9	494.85	26
台州	1507.87	21.4	600.2	20.4	885.83	21.5
丽水	570.42	20.9	182.97	16.6	372.37	24.6

资料来源：各城市政府网站、统计局快报数据。

表5 2013年长三角25市对外经济情况

城市	进出口总额		出口总额		外商直接投资实际到位金额	
	数值（亿美元）	增速（%）	数值（亿美元）	增速（%）	数值（亿美元）	增速（%）
上海	4413.98	1.1	2042.44	-1.2	167.8	10.5
南京	557.57	0.9	322.66	1.1	40.33	-2.0
无锡	703.71	-0.6	411.48	-0.4	33.39	-16.7
徐州	62.89	-24.5	48.97	-22.1	15.0	26.6
常州	292.15	0.6	203.74	2.1	35.3	5.1
苏州	3093.48	1.2	1757.06	0.6	86.98	-5.0
南通	298.14	13.4	212.78	13.3	22.87	10.4
连云港	66.41	-17	37.84	5.1	8.7	43.9
淮安	36.61	-13.6	27.81	-17.3	13	
盐城	65.28	13.5	37.79	9.1	15.5	
扬州	95.07	-6.5	75.5	-7.6	18.28	-9.1
镇江	99.5	-12.8	62.23	-19.6	30.97	43.1
泰州	104.41	0.7	62.91	-9.4	13.23	18.7
宿迁	33.22	19.0	27.8	20	1706.28	12.5
杭州	650.71	5.5	447.66	8.5	52.76	6.4
宁波	1003.29	3.9	657.1	7.0	32.75	12.4
温州	206.02	0.8	181.46	2.6	5.02	25.9
嘉兴	317.63	10.5	215.12	9.8	22.07	23.9
湖州	95.33	9.3	80.88	9.5	10.59	3.2
绍兴	333.7	4.0	279.16	9.2	8.08	-15.3
金华	342.75	50.8	325.32	52.7	2.3	3.3
衢州	37.76	25.0	23.9	28.6	0.66	29.8
舟山	126.72	-18.7	66.49	-27.8	2.09	14.1
台州	218.78	6.1	187.21	8.6	4.0	-15.8
丽水	25.77	15.6	23.73	20.1	1.28	23.1

资料来源：各城市政府网站、统计局快报数据。

2. 利用外资保持增长

2013年，江苏13市新批外商投资企业3453家，新批协议外资472.7亿美元；实际使用外资332.6亿美元，比上年增长1.0%。新批及净增资9000万美元以上项目250个。

浙江11市新批外商直接投资项目1572个，合同外资243.8亿美元，实际到位外资141.6亿美元，分别比上年增长15.7%和8.3%，其中第三产业合同外资151亿美元，实际利用外资78.8亿美元，分别比上年增长41.0%

和21.9%，分别占外资总额的61.9%和55.6%。

上海市全年新设外商直接投资合同项目3842项，合同金额249.36亿美元，实际到位金额167.8亿美元，增长 10.5%。第三产业实际到位金额135.67亿美元，增长7%，占比达到80.9%。截至年末，在上海投资的国家和地区达157个。年内新增跨国公司地区总部42家，其中亚太区总部11家；投资性公司18家；外资研发中心15家。截至年末，在上海落户的跨国公司地区总部达到445家，投资性公司283家，外资研发中心366家。

3. 贸易自主能力增强

江苏13市完成一般贸易出口额1455.3亿美元，比上年增长4.3%；加工贸易出口额1500.6亿美元，下降6.4%。按产品类别分，机电产品、高新技术产品出口额分别为2142.6亿美元和1279.7亿美元，占出口总额比重为65.2%和38.9%。按经济类型分，外商投资企业出口额1942.2亿美元，比上年下降5.1%，占出口总额的59.1%；私营企业出口额996.8亿美元，增长11.9%，占出口总额的30.3%，比重较上年同期提高3.2个百分点；按贸易市场分，对欧盟、美国、日本、中国香港出口额分别为571.2亿美元、654.3亿美元、312.4亿美元和368.3亿美元，比上年分别增长-9.7%、2.6%、1.3%和9.2%；对东盟、韩国、中国台湾省出口额分别为334.4亿美元、167.5亿美元和119.7亿美元，分别增长9.0%、2.1%和13.2%；对拉丁美洲、非洲、俄罗斯出口额分别为198.2亿美元、93.0亿美元和49.3亿美元，分别下降9.6%、6.0%和9.9%。

浙江11市完成一般贸易出口额1963.4亿美元，比上年增长9.3%；加工贸易出口额322.5亿美元，下降7.0%。按产品类别分，机电产品、高新技术产品出口额分别为1015.6亿美元和142.8亿美元，占出口总额比重为40.8%和5.7%。按经济类型分，外商投资企业出口额193.3亿美元，比上年下降6.1%，占出口总额的7.8%；私营企业出口额1573.0亿美元，增长21.0%，占出口总额的63.2%；按贸易市场分，对中东、东盟、中国台湾省出口额分别为70.5亿美元、117.0亿美元、110.0亿美元，比上年分别上涨15.6%、3.2%、1.1%；对欧盟、日本、美国、韩国出口额分别为101.8亿美元、101.4亿美元、74.4亿美元、65.6亿美元，比上年分别下降1.2%、9.9%、11.5%、9.0%。

上海市实现一般贸易出口817.25亿美元，增长3.5%；加工贸易出口943.8亿美元，下降7%。按产品类别分，机电产品和高新技术产品分别出口1433.95亿美元和887.13亿美元，下降1.4%；按经济类型分，外商投资企业出口1367.75亿美元，下降1.4%；私营企业出口361.31亿美元，增长6.4%；按贸易市场分，对美国、中国香港、中国台湾省出口额分别是506.50亿美元、167.70亿美元、57.91亿美元，比上年分别增长1.0%、5.0%、1.6%；对东盟、中东出口额分别是214.02亿美元、75.49亿美元，比上年分别增长2.3%、3.3%；对欧盟、日本、韩国、俄罗斯出口额分别是362.63亿美元、249.09亿美元、62.12亿美元、29.90亿美元，比上年分别下降7.4%、0.2%、10.6%、8.4%。

（三）科技人文建设取得新跨越

1. 高新技术产业发展迅速

2013年，江苏13市组织实施省重大科技成果转化专项资金项目144项，认定省级高新技术产品8827项、国家重点新产品190项。已建国家级高新技术特色产业基地121个。全年实现国家和省级高新技术产业开发区实现技工贸总收入达42503亿元，比上年增长18.9%。具体到行业来看，汽车制造业、医药制造业、专用设备制造业、电气机械及器材制造业、计算机、通信和其他电子设备制造业产值达到5765.7亿元、2768.3亿元、5028.1亿元、14621.4亿元、17323.2亿元，比上年同期分别增长25.0%、19.8%、12.4%、12.8%、5.1%。

浙江11市新认定高新技术企业797家，新培育省级创新型试点企业56家，示范企业56家。截至年末，共有国家认定的企业技术中心70家。全年高新技术产业和装备制造业增加值增幅均高于规模以上工业，所占比重分别为25.6%和33.8%，均比上年提高0.3个百分点；战略性新兴产业增加值比重为23.5%。

上海市国家级创新型企业达到15家，国家级创新型试点企业19家，市级创新型企业达到500家。全年共认定高新技术成果转化项目709项，其中电子信息、生物医药、新材料等重点领域项目占86.3%。年末，科技小巨人企业和小巨人培育企业共1014家，高新技术企业5140家，技术先进型服务企业298家。具体到行业来看，汽车制造业、石油化工及精细化工制造业、生物医药制造业产值分别是4884.08亿元、4148.22亿元、836.80亿元，比去年同期增长15.9%、8.4%、14.9%。

2. 科技投入力度不断加大

江苏13市全社会研究与发展（R&D）活动经费1430亿元，占地区生产总值的比重为2.42%。全年授权专利24万件，其中发明专利1.7万件。全年共签订各类技术合同3.1万项，技术合同成交额达585.6亿元，比上年增长10.1%。13市区域创新能力连续五年保持全国第一，科技进步贡献率达57.5%，比上年提高1个百分点。同时，拥有中国科学院和中国工程院院士93人，已建国家和省级重点实验室102个，科技服务平台303个，工程技术研究中心2480个，企业院士工作站337个，经国家认定的技术中心74家。

浙江11市公共财政科技投入191.9亿元，增长15.6%；财政科技拨款占财政支出的比重为4.06%。研究与试验发展经费支出（R&D）占生产总值比重约为2.2%，比上年提高约0.12个百分点。全年专利申请量、授权量分别为29.4万件和20.2万件，分别比上年增长17.9%和7.3%，其中发明专利申请量4.27万件，增长28.5%；专利授权量20.2万件，增长7.3%。共有26项科技成果获国家科学技术奖。有国家认定的企业技术中心70家。新认定高新技术企业797家，累计5309家。新培育省级创新型试点企业56家，示范企业56家，累计分别为415家和246家。

上海市全年用于研究与试验发展（R&D）经费支出737亿元，相当于上海市生产总值的比例为3.4%。国家级创新型企业达到15家，国家级创新型试点企业19家，市级创新型企业达到500家。全年共受理专利申请量86450件，比上年增长4.6%，其中发明专利39157件，增长5.4%。全年专利授权量48680件，下降5.5%，其中发明专利10644件，下降6.5%。

3. 教文卫体事业协调发展

2013年，江苏13市普通高等教育本专科招生43.95万人，在校生168.45万人，毕业生47.38万人；研究生教育招生4.8万人，在校研究生14.59万人，毕业生4.03万人。高等教育毛入学率达48.6%，比上年提高3.2个百分点。小学学龄儿童净入学率达100%，初中毕业生升学率达98.1%。共有文化馆、群众艺术馆118个，公共图书馆113个，博物馆282个，美术馆17个，综合档案馆172个。广播综合人口覆盖率和电视综合人口覆盖率分别达99.99%和99.88%。共有各类卫生机构31005个，卫生技术人员42.9万人，新型农村合作医疗人口覆盖率达98%以上。县级公立医院综合改革全面启动。13市镇、街道均已建成体育健身活动中心。体育健儿在重大国际比赛中获世界冠军5项，创全国纪录12项；在重大国内、国际比赛中，187人次获金牌。

浙江11市共有普通高校106所（含独立学院及筹建院校），研究生招生19535人，在学研究生57801人。普通本专科招生28.3万人，比上年增长0.9%；在校生96.0万人，增长2.9%，毕业生24.5万人，减少1.1%。研究生、本科、专科招生比例为1：7.8：6.7；普通高考录取率为85.9%，与上年基本持平；高等教育毛入学率为51.7%，比上年提高2.2个百分点。小学学龄儿童入学率为99.99%，初中入学率为99.95%。共有艺术表演团体70个，群艺（文化）馆102个，公共图书馆98个，博物馆148个。广播、电视综合覆盖率分别为99.6%和99.65%。共有卫生机构3万个（包括村卫生室），卫生技术人员35.2万人，增长7.1%。体育健儿在各类国际性、洲际性、全国性比赛中共获得世界冠军19个、亚洲冠军23个、全国冠军348个。共有省级青少年体育俱乐部360所，国家级青少年体育俱乐部133所；省级青少年户外活动营地37个，国家级营地4所。

上海市共有普通高等学校（含独立学院）68所，全年招收研究生4.62万人，在校研究生13.48万人，毕业研究生3.57万人。九年义务教育入学率保持在99.9%以上，高中阶段新生入学率达96.6%。年内成功举办第三十届“上海之春”国际音乐节、第十五届中国上海国际艺术节、第十六届上海国际电影节、第九届中国国际动漫游戏博览会等重大文化活动，并成功举办首届市民文化节。全市共有文化馆、群众艺术馆27个，艺术表演团体189个，公共图书馆25个，档案馆37个，博物馆115个。共有医疗卫生机构4929所，专业卫生技术人员15.64万人。成功举办57次国际级比赛和76次国家级比赛。创办市民体育大联赛，共举办10个大项赛事2669场。开展“30分钟体育生活圈”建设试点，新建71条健身步道、28个百姓健身房和8家百姓游泳池。

（四）民生改善持续取得新进展

1. 就业总体形势进一步好转

江苏13市年末就业人口为4759.89万人，其中第一产业为956.74万人，第二产业为2041.99万人，第三产业为1761.16万人。城镇地区就业人口为2973.76万人，城镇登记失业率为3.03%；促进下岗失业人员再就业81.61万人，其中就业困难人员就业15.43万人；新增农村劳动力转移26.85万人。

浙江11市年末城镇登记失业率为3.01%，与上年末持平，城镇新增就业人员104.3万人，其中46.3万名城镇失业人员实现再就业。

上海市新增就业岗位60.05万个，其中农村富余劳动力实现非农就业11.15万个。全年新安置就业困难人员17550人，新消除零就业家庭375户。帮助成功创业人数10788人，帮助7051名长期失业青年实现就业。高技能人才占技能劳动者比例达到28.1%。累计有498人和442人分别入选国家和上海“千人计划”。全年共完成职业培训59.67万人，其中农民工29.52万人。截至年末，全市城镇登记失业人员26.37万人，城镇登记失业率为4.2%。

2. 物价上涨势头进一步遏制

2013年，江苏13市居民消费价格总水平比上年上涨2.3%，涨幅比上年回落0.3个百分点。八大类商品中，食品类价格上涨幅度最大，达4.1%，只有交通和通信价格下跌，幅度为0.3%。

浙江11市全年居民消费价格总水平比上年上涨2.3%，涨幅比上年略升0.1个百分点。八大类商品中，食品类价格上涨幅度也最大，达3.8%，烟酒及用品、交通和通信类价格有所下降，幅度达0.2%和0.6%。

上海市全年居民消费价格总水平比上年上涨2.3%，涨幅比上年回落0.5个百分点。八大类商品中，食品类价格上涨幅度同样最大，达4.4%，衣着类、医疗保健和个人用品类价格与上年持平。

表6　2013年长三角25市居民消费价格指数（上年价格为100）

城市	指标	城市	指标	城市	指标
上海	102.3	盐城	102.7	湖州	102.1
南京	102.7	扬州	102.2	绍兴	102.0
无锡	102.1	镇江	102.1	金华	103.1
徐州	102.3	泰州	101.9	衢州	102.6
常州	102.2	宿迁	102.4	舟山	102.1
苏州	102.1	杭州	102.5	台州	101.8
南通	102.2	宁波	102.2	丽水	102.9
连云港	102.2	温州	101.9		
淮安	102.2	嘉兴	101.7		

3. 人民生活水平进一步提升

2013年，长三角25市居民人均可支配收入呈现全面上升态势，居民人均可支配收入水平列前五位的城市为：上海市（43851元）、宁波市（41657元）、苏州市（41143元）、绍兴市（40454元）、南京市（39881元）；另有9市居民人均可支配收入超过35000元：杭州市（39310元）、嘉兴市（39087元）、无锡市（37971元）、温州市（37852元）、舟山市（37646元）、台州市（37038元）、常州市（36946元）、金华市（36423元）、湖州市（36220元）；居民人均可支配收入低于30000元的城市有7个：徐州市（29347元）、丽水市（29045元）、衢州市（28883元）、盐城市（28402元）、连云港市（26898元）、淮安市（25456元）、宿迁市（20325元）。

江苏13市城镇居民人均可支配收入达32538元，比上年增加2861元，增长9.6%；中位数为28654元，增长10.3%。城镇居民人均消费性支出20371元，增长8.2%，城镇居民家庭恩格尔系数为34.7%。年末城镇居民人均居住房屋面积为36.8平方米。

浙江11市城镇居民人均可支配收入37851元，比上年增长9.6%，中位数为33860元，比上年增加3247元，增长10.6%。城镇居民人均消费支出23257元，增长7.9%。城镇居民家庭恩格尔系数为34.4%。年末城镇居民人均住房建筑面积38.82平方米。

上海城市居民家庭人均可支配收入43851元，比上年增长9.1%。其中，工资性收入28518元，增长6.6%；经营净收入2317元，增长2.2%；财产性收入788元，增长36.8%；转移性收入12228元，增长15.4%。城市居民家庭人均消费支出28155元，增长7.2%。

表7 2013年长三角25市居民人均可支配收入表

城市	数值(元)	增幅(%)	城市	数值(元)	增幅(%)
上海	43851	9.1	宿迁	20325	11.0
南京	39881	9.8	杭州	39310	10.1
无锡	37971	9.3	宁波	41657	9.5
徐州	29347	9.4	温州	37852	8.7
常州	36946	10.0	嘉兴	39087	9.5
苏州	41143	9.6	湖州	36220	9.8
南通	33136	9.7	绍兴	40454	9.6
连云港	26898	10.5	金华	36423	9.8
淮安	25456	10.7	衢州	28883	10.1
盐城	28402	9.8	舟山	37646	10.0
扬州	30690	9.6	台州	37038	9.0
镇江	32352	9.8	丽水	29045	10.4
泰州	30069	9.5			

4. 社会保障体系进一步完善

2013年，江苏13市实现城乡居民低保、医疗和养老保险全覆盖，社会保险主要险种覆盖率达95%以上。企业职工基本养老保险、城镇职工基本医疗保险、失业保险参保人数分别达2457.83万人（含参保离退休人员）、2274.73万人（含参保退休人员）和1389.34万人，分别比上年末增加149.78万人、119.26万人和57.16万人。享受企业职工基本养老保险离退休人员556.25万人，享受城镇职工基本医疗保险退休人员543.66万人。年末，城镇居民基本医疗保险参保人数为1150.78万人，比上年末增加29.31万人。新开工保障性住房26.21万套，基本建成23.92万套（户），分别完成年度目标的113.9%和132.9%。浙江11市全年参加企业基本养老保险人数2272.5万人、城镇职工基本医疗保险人数1790.5万人、失业保险人数1144.3万人、参加工伤保险人数1826.1万人、生育保险人数1173.1万人，分别比上年增加189.2万人、119.5万人、78.8万人、94.4万人和88.3万人。共支出医疗救助资金8.7亿元，比上年增加1.2亿元。新建成社区居家养老服务照料中心3491个。新开工建设保障性住房19.4万套、竣工11.1万套，其中开工建设公共租赁住房4.6万套。上海市参加城镇职工基本养老保险、城镇职工基本医疗保险分别有1342.98万人（包括离退休人员）、1325.5万人（包括离退休人员），城镇居民基本医疗保险参保人数（含普通高等院校学生）达256.4万人。截至年末，共有各类提供住宿的收养性社会服务机构637个，其中养老机构631家。有社区居家养老服务社230家，社区老年人日间服务中心340家，社区老年人助餐服务点533个。共支出城镇居民最低生活保障金12.88亿元、粮油帮困资金0.59亿元、医疗救助金1.63亿元。新建筹措保障性住房和实施旧住房综合改造11万套，完成大型居住社区外围市政配套项目40个。

（五）低碳环保安全取得新突破

1. 低碳节能得到强化

2013年，江苏13市大力实施节能减排重点工程，鼓励发展循环经济，严格控制高耗能项目，加快淘汰落后产能，推动重点耗能企业能效提升。截至年末，电力行业淘汰落后产能50万千瓦。单位GDP能耗下降、化学需氧量、二氧化硫、氨氮、氮氧化物排放削减等均完成年度目标任务。浙江11市全年规模以上工业企业能源消费比上年增长1.9%，单位工业增加值能耗下降6.0%。其中，千吨以上和重点监测用能企业能源消费比上年分别增长0.4%和0.8%，单位工业增加值能耗分别下降6.7%和6.4%。上海市启动碳排放交易试点，发布实施节能减排地方标准，探索社区低碳化管理新模式，减少居民生活领域的能源消耗和碳排淘汰落后产能660项，单位生产总值能耗比上年下降3.5%以上，单位生产总值二氧化碳排放量比上年下降3.5%左右，二氧化硫、氮氧化物排放量分别比上年削减2%，化学需氧量和氨氮排放量都比上年削减1%，圆满完成年初制定的工作任务。

2. 生态环保得到加强

2013年，江苏13市加强生态文明制度建设，制定生态文明建设规划，划定生态红线保护区域。共设立自然保护区31个，其中国家级自然保护区3个，自然保护区面积56.6万公顷；实施900项大气治理工程，完成2450千瓦发电机组脱硝改造，PM2.5监测实现县（市）全覆盖；深入开展重点流域治理，太湖流域水质持续改善，南水北调江苏段水质达标；加强绿色江苏建设，林木覆盖率提高到21.9%，国家生态市（县、区）达到22个。

浙江11市完成造林面积39455公顷，森林覆盖率达到60.82%（含灌木林）。加快平原绿化和绿色通道建设步伐，增强森林抚育，提高林分质量，完成中央投资森林抚育面积66667公顷。累计建成国家级生态县6个、国家环境保护模范城市7个、诸暨市已通过国家环境保护模范城市的验收，国家级生态示范区45个、国家级生态乡镇450个。开展烟尘控制区建设和高污染燃料禁燃区创建工作，近岸海域共发生赤潮18次，累计面积约1417.4平方千米，其中有害赤潮1次。与上年同期相比，赤潮发生次数增加1次，但累计面积有所减少，有害赤潮发生次数大幅降低。城市生活垃圾无害化处理率为99.83%，比上年提高0.86个百分点；城市用水普及率为99.83%；城市燃气普及率98.87%；人均公园绿地面积12.83平方米，比上年增长2.89%。

上海市全年全社会用于环境保护的资金投入607.88亿元，相当于上海市生产总值的比例为2.8%。全年新建绿地1050公顷，其中公共绿地519公顷。截至年末，建成区绿化覆盖率达到38.4%。全年新增造林面积927公顷，森林覆盖率达到13.1%。全年环境空气质量优良率（AQI）为66%。全年清运生活垃圾736万吨，生活垃圾无害化处理率达到94%，比上年提高2.6个百分点；年内新增7016个垃圾分类收集处置试点场所，实现生活垃圾分类居住区覆盖家庭205万户。

3. 社会安全得到巩固

2013年，江苏13市安全生产形势平稳，事故起数和死亡人数实现“双下降”，全年发生各类生产经营性事故3323起，死亡2052人，同比分别下降5.7%、2.1%。亿元GDP生产安全事故死亡人数为0.088人，同比下降11.1%。浙江11市共发生各类事故18933起、死亡5518人、直接经济损失28531.4万元，分别比上年下降5.0%、2.2%和8.4%，未发生重大及以上事故。共发生道路交通事故18298起、死亡4860人、直接经济损失7522.8万元，分别比上年下降5.0%、2.1%、6.2%。上海市共发生道路交通、工矿商贸、火灾、铁路交通、农业机械生产安全事故11882起，造成死亡1224人。其中，工矿商贸生产安全事故264起，造成死亡236人；道路交通事故2011起，造成死亡914人；火灾事故9587起，造成死亡73人；铁路交通事故1起，造成死亡1人；农业机械事故19起，未发生死亡事故。全年亿元生产总值生产安全事故死亡人数为0.057人。

二、长三角城市发展中需要注意和把握的问题

2013年，长三角城市群主动应对各种风险和挑战，努力克服外部经济环境依然错综复杂、结构性问题和深层次矛盾依然存在、转型升级发展压力不断增大、资源要素瓶颈制约更加凸显、节能减排工作任务更加艰巨等困难，创新实干、奋勇争先，各项工作取得了新进展、新成效，但也存在值得关注，并引起重视的新情况、新问题。

（一）整体经济发展水平稳步提升，但差异性仍然很大

近年来，长三角城市群经济总量稳步增长，占全国GDP的比重始终保持在20%以上。2013年，三次产业比重更是首次呈现“三、二、一”的发展格局，三产比重达48.3%。分城市看，上海市、苏州市、无锡市和浙江11市发展平稳，温州、台州等城市受世界经济复苏缓慢影响较大，其他11市经济增长仍然保持在较高水平，尤其是苏中3市、苏北5市，增幅达12%左右，呈现出较强的发展后劲。但是，城市间的差异仍然较大，差距依旧不小。上海等几个特大城市、大城市的发展优势依然明显，人才、文化、金融等要素集聚效应明显，成了城市发展、科技进步的助推器。分城市看，GDP方面，最高依然是上海、苏州，分别为21602.12亿元、13015.7亿元，也是仅有的两个GDP超过万亿元量级的城市；较低的依然是舟山和丽水，分别为930.85亿元、983.08亿元，也是仅有的两个未达到千亿元量级的城市，其与上海、苏州的差距达23倍、14倍和22倍、13倍，差值虽有缩小，但差距依然很大。浙江沿海7市GDP总量达30675.33亿元，对经济增长的贡献率更是达到81.7%，较2011年提高了0.8个百分点。三次产业方面，苏北5市第一产业比重都高于9.7%，连云港更是达到了14.5%，而苏南5市第一产业比重均低于4.5%；呈现“三、二、一”产业结构的城市达到4个，其中上海、南京、杭州三市三次产业比重超过50%。地方财政收入方面，最高的是上海、苏州，分别为4109.5亿元、1331.03亿元；数值最低的是丽水，仅为73.7亿元，差距为55.8倍、18.1倍。人均可支配收入方面，上海、宁波、苏州、绍兴4市超过40000元，徐州、丽水、衢州、盐城、连云港、淮安、宿迁等7市低于30000元，其中宿迁20325元最低，仅为上海的46.4%。

（二）城市之间交流合作不断加强，但协同性显然不好

加强城市合作是长三角实践《区域规划》的主要支撑。目前，为合理推进长三角区域合作发展，已形成多个层次的区域合作协调机制，一是决策层，每年年底召开长三角地区主要领导参加的高层会议；二是协调层，每年三四月份举行城市群常务副市长参加的长三角城市经济协调会市长联席会议；三是执行层，由专业委员会、研讨推进会、城市经济合作协调会等组成。以这些协调机制为依托，长三角城市群在不同层面、不同领域、不同程度地加强合作交流，共享共赢。近年来，“园区共建”、“陆海联动”、“协商转移”等要素跨地重组、产业跨市移植、效益异城同享频出，并且在全国范围内的园区合作项目中份额超出“半壁江山”。同时，城市群内部经济圈合作得到深化，杭州都市圈在交通共联，产业共兴，环境共保，节点县市合作等方面的成果显著：都市圈市长联席会、市政府秘书长工作会等系列协调沟通机制正常运转；杭州、湖州、嘉兴、绍兴4市签订《杭州都市圈大气污染联防联控工作合作框架协议》，合理推进大气改善；嘉绍大桥、杭宁铁路客运专线、杭甬铁路客运专线、杭州东站综合交通枢纽及配套设施等重大项目顺利完成，使城市间联系更便捷、沟通更紧密。《苏南现代化建设示范区规划》获批、苏中和沿江地区发展两大文件出台、《宁镇扬同城化发展规划》编订待批等等一系列举措，有力有序推进区域融合快速发展。然而，在注重沟通、协同发展、创新突破等方面仍然存在一些不足。一是协调机制更多是松散型行政磋商，行政区划分割导致的矛盾依然存在，区域合作发展的长效机制和执行机制还未真正建立，《区域规划》短时间落实比较困难；二是长三角城市群在整体上仍然处于工业化进程中，每个城市又几乎无一例外地把加快工业发展当作本地经济发展和提升城市地位的主要路径，再加上传统思维、陈旧体制的制约，大部分城市为了做大经济总量，不约而同地把主导产业放在电子信息、石油化工、汽车及汽车零件、医药等大容量的制造业上，产业结构趋同使得各城市还不能发挥好自己的比较优势，过度竞争造成生产能力的闲置和资源的浪费，同时，新兴战略产业也未能按《区域规划》的要求进行合理布局；三是2013年上海GDP占长三角比重降至18.3%，而南京、杭州、苏州、无锡、宁波 5市地位正逐渐提高，作为区域城市中心的地位不够突出、作用不够明显、影响不够深远；四是城市群长江水域港口众多，“单打独斗、各自为政、甚至内耗”现象时有发生，类似此类争相抢夺资源、缺乏合理分工、服务体系不完善等情况屡见不鲜，一定程度上给区域合作、协同发展带来较大负面影响。

（三）区域协调均衡发展有所增强，但可持续性依然严峻

《城市群蓝皮书：中国城市群发展指数报告2013》将上海、南京、杭州、苏州、无锡、南通、泰州、扬州、镇江、常州、湖州、嘉兴、宁波、舟山、绍兴等15个城市作为长三角城市群组成，研究得出综合指数长三角城市群仅次于珠三角，位居第二， 但在人口、经济、社会生活、文化和城市层级体系的发展相对比较均衡。按区域城市发展中心度比重看，上海、杭州等传统中心城市在长三角区域的经济比重有所下降，GDP中心度下降了2.5个百分点，上海市地方财政收入中心度更是下降了16.75个百分点，而苏州、南京、徐州等城市的发展势头持续向上，苏州市GDP中心度超过了10%，达10.82；其他城市经济总量稳步增长的同时，产业结构、财政收入、外资利用、重大项目建设等诸多方面得到有效加强，区域均衡发展得到

表1 长三角城市群多中心化趋势

城市	年份	GDP中心度（%）	财政收入中心度（%）	实际利用外资中心度（%）
上海	2003	22.00	45.14	20.01
	2013	17.95	28.39	8.71
杭州	2003	7.39	2.40	3.46
	2013	6.93	6.53	2.74
南京	2003	5.55	3.06	8.11
	2013	6.66	5.74	2.09
苏州	2003	9.86	6.54	23.30
	2013	10.82	9.20	4.52
徐州	2003	3.19	0.65	1.17
	2013	3.69	2.92	0.78
无锡	2003	6.69	1.67	9.24
	2013	6.71	4.91	1.73
南通	2003	3.45	0.78	2.50
	2013	4.19	3.36	1.19
宁波	2003	6.29	5.19	5.92
	2013	5.93	5.48	1.70
嘉兴	2003	3.02	0.66	2.73
	2013	2.62	3.58	1.15
绍兴	2003	3.83	0.81	2.54
	2013	3.30	2.03	0.42
温州	2003	4.32	2.42	0.41
	2013	3.33	2.24	0.26

一定提升，呈现出从中心到外围的空间演化过程，逐渐形成长三角区域的多中心发展结构。

然而，从绿色可持续发展的角度看，长三角情况不容乐观。《城市群蓝皮书：中国城市群发展指数报告2013》中也同样指出，长三角地区经济快速发展对环境质量的损害比较严重，部分地区生态环境恶化趋势尚未得到有效遏制，抗灾能力不强，从这个角度看，其城市群经济则落后于珠三角、京津冀等地区。同时，区域多数城市服务业集聚辐射能力不够，自主创新能力还不强，先进制造业发展后劲不足，战略性新兴产业尚处于培育阶段，25市在不断加大科技创新投入的同时，积极承接产业转移、促进产业提档升级、推进产业结构优化，其政策力度、执行效率、措施效果等方面仍有一些理解不深刻、方法不得当、落实不到位的地方，三次产业结构调整的幅度和效果不一。25市中，研发经费占国民生产总值比重较高的上海市（3.40%），但和北京市（6.16%）、深圳市（4.0%）等城市相比，差距还比较明显，投入力度依然不够。

城乡居民收入持续稳定增长的基础还不稳固，经济发展中的结构性问题和深层次矛盾依然存在，过多依赖低端产业、过多依赖低成本劳动力、过多依赖资源环境消耗等问题还没有根本改变，社会矛盾依然多发、易发。

表2　2010—2013年长三角25市研发经费情况表

类别 年份	研发经费（亿元）				R&D占生产总值比重			
	上海市	江苏13市	浙江11市	全国	上海市	江苏13市	浙江11市	全国
2010	481.70	840	495.5	6980	2.81	2.1	1.82	1.75
2011	597.71	1070	614.4	8610	3.11	2.2	1.92	1.83
2012	679.46	1230	706.0	10240	3.37	2.3	2.04	1.97
2013	737	1430	840	11906	3.40	2.42	2.19	2.09

表3　2013年珠三角、环渤海个别城市研发经费情况表

类别 年份	研发经费（亿元）				R&D占生产总值比重			
	广东21市	北京市	深圳市	天津市	广东21市	北京市	深圳市	天津市
2013	1398.69	1200.7	580.01	402.36	2.25	6.16	4.0	2.8

2012年中国循环经济综述

《中国循环经济年鉴》编辑部

循环经济是实现资源节约、环境保护、经济增长有机统一的经济发展模式，其原则是减量化、再利用、资源化和减量化优先，实质是节约、低碳、生态、环保，核心是资源高效利用和循环利用，目标是建设资源节约型、环境友好型社会，增强可持续发展能力。大约在1998年，我国开始引进循环经济理念。从引入理念、开展理论研究到大规模宣传和实践，并上升到国家发展战略和立法，纳入“十一五”、“十二五”规划纲要，前后只有10多年时间。特别是党的十八大报告把循环发展与绿色发展、低碳发展共同确定为我国经济社会可持续发展的基本路径。这充分表明，全国上下对加快循环经济发展已形成全面共识，并使其成为中国经济发展的一个普适模式，已经在生产和生活的所有领域深入开展，并取得了巨大成就。“十五”、“十一五”以来，通过发展循环经济，我国单位国内生产总值能耗、物耗、水耗大幅度降低，资源循环利用产业规模不断扩大，资源产出率有所提高，初步扭转了工业化、城镇化加快发展阶段资源消耗强度大幅上升的势头，促进了结构优化升级和发展方式转变，为保持经济平稳较快发展提供了有力支撑，为改变“大量生产、大量消费、大量废弃”的传统增长方式和消费模式探索出了可行路径。2012年通过加强领导、编制和颁布专项规划、深入开展示范试点、建设和完善法规政策体系、强化技术标准支撑、加强宣传和国际合作，促使循环经济又取得了新的进展。

一、党和国家持续倡导和推进循环经济发展

2012年11月8日，中共中央总书记、国家主席、中央军委主席胡锦涛在题为《坚定不移沿着中国特色社会主义道路前进为全面建成小康社会而奋斗》的中国共产党第十八次全国代表大会上的报告中，把大力推进生态文明建设纳入社会主义现代化建设总体布局，与经济建设、政治建设、文化建设、社会建设统一起来，成为五位一体；着力推进绿色发展、循环发展、循环经济发展，建设美丽中国，实现中华民族永续发展。3月9日，中共中央常委、全国人大委员长吴邦国在向十一届全国人大五次会议作全国人大常委会工作报告中强调，坚持不懈地推进节能减排，强化法律规范、政策引导，加强重点领域节能减排和生态保护，坚决淘汰落后产能，严格控制高耗能高污染产业盲目扩张，促进清洁生产，发展绿色产业和循环经济，完善生态补偿机制，推动经济增长建立在可持续发展的基础上。国务院总理温家宝3月5日在全国“两会”所作的《政府工作报告》中，强调“深入贯彻节约资源和保护环境基本国策。开展节能认证和能效标识监督检查，鼓励节能、节水、节地、节材和资源综合利用，大力发展循环经济”。

按照中央和“十二五”规划纲要，国家各有关部委和各省市区加强领导，大力发展循环经济。

国家发展改革委2011年12月10日印发《“十二五”资源综合利用指导意见》和《大宗固体废物综合利用实施方案的通知》，提出了“十二五”资源综合利用工作的指导思想、基本原则、主要目标、重点领

域以及政策措施，同时提出了在工业、建筑业和农林业等领域选择产生堆存量大、资源化利用潜力大、环境影响广泛的固体废物编制实施方案。2012年4月9日至10日，国家发展改革委在昆明召开全国发展改革系统资源节约和环境保护工作会议在昆明召开。国家发展改革委副主任解振华同志出席会议并做了题为《统一思想狠抓落实扎实推进资源节约和环境保护工作》的工作报告，把壮大循环经济，努力提高资源产出率作为重点工作进行部署。6月8—10日，首届“中国再生资源产业发展高峰论坛”在青岛举行。国家发改委解振华副主任发表了题为“加快建设城市矿产示范基地，促进再生资源产业化发展”的主旨讲话。资源再生利用是循环经济的重要组成部分。解振华提出从建立起先进完整的再生资源回收体系、规模化利用、高值化利用、建立完善的环保设施四个方面推动再生资源产业发展，树立再生资源产业化发展新形象。2013年4月17日国家发展改革委、教育部、工业和信息化部、环境保护部、商务部、工商总局、质检总局、国管局、全国妇联发出《关于深化限制生产销售使用塑料购物袋实施工作的通知》，要求加大宣传力度，大力营造绿色消费氛围；加强执法，开展全面监督检查；修订相关法规，完善政策保障体系，为巩固和扩大“限塑令”成果。

商务部姜增伟副部长2012年4月10—11日赴黑龙江省哈尔滨市调研再生资源回收体系建设情况。调研期间，姜增伟副部长组织召开座谈会，听取省、市商务主管关于相关工作情况的汇报，并实地考察了中顺汽车产业园、再生资源回收站点和黑龙江省中再生资源开发有限公司，流通发展司向欣司长陪同调研。4月19日，商务部办公厅发出《关于开展再生资源回收体系建设项目督查工作的通知》，称：为加强对再生资源回收体系建设项目监管，确保试点项目顺利推进并达到预期成效，决定自2012年4月中旬起，组织对再生资源回收体系建设项目进行督察。8月16日，商务部、国务院机关事务管理局在石家庄举行部分省市公共机构废旧商品回收体系建设签约仪式，要求各级公共机构开展废旧商品回收体系建设工作。签约仪式上，河北、辽宁、吉林、安徽、江西、山东、湖北、重庆等8个省市分别与当地废旧商品回收企业签署合作协议，协议双方将在本地区合作推动公共机构废旧商品回收体系建设工作，开展废纸、废塑料、危险废弃物、废弃电器电子类资产等废旧商品的分类收集和科学处理。12月27日商务部流通发展司在北京召开废旧商品回收体系建设部际联席办公室会议。会议总结了2012年各部门开展废旧商品回收体系工作情况，并就2013年拟开展的重点工作安排进行了充分讨论。会议由商务部流通发展司王旭斌副司长主持。发展改革委、教育部、科技部等各成员单位办公室成员参加会议。6月28日，商务部在北京召开废旧商品回收体系电视电话会议，贯彻落实《国务院办公厅关于建立完整的先进的废旧商品回收体系的意见》（国办发[2011]49号）精神，落实重点工作任务分工，研究部署下一步工作。商务部副部长姜增伟出席会议并讲话，发展改革委、工业和信息化部、财政部和环境保护部等部门出席会议。各省、自治区、直辖市、计划单列市及新疆生产建设兵团商务、发展改革、工业和信息化、环境保护、财政部门负责同志在各地分会场参加了会议。姜增伟强调，各部门应以贯彻落实废旧商品回收体系分工方案为契机，着重推动以下几个方面工作：加强组织领导，形成废旧商品回收体系建设工作的合力；认真落实49号文件的分工方案，营造良好的政策环境；围绕重点领域和关键环节，全面提升废旧商品回收利用水平。争取到“十二五”期末，初步建立起完整先进的废旧商品回收体系，全国重点品种回收率达到70%以上。

一直以来，废旧商品回收利用是供销合作社的传统主业。进入21世纪，供销合作社通过深化改革、加快发展，特别是近年来大力推进“新网工程”建设，废旧商品回收利用行业重新焕发出生机，呈现出良好的发展态势。目前，全系统有县及县以上废旧商品回收利用企业2000多家，销售额1亿元以上企业200家；各类废旧商品交易市场613家，交易额1亿元以上的市场32家；专业回收网点15万多个，从业人员100多万人，年回收总额达1500亿元以上，占社会回收额的50%以上。2012年5月10日全国供销总社出台了《关于加快推进供销合作社废旧商品回收利用体系建设的意见》，提出按照国办49号文件要求，发挥供销合作社在废旧商品回收利用领域的传统优势，统筹规划、合理布局、分类推进、加强联合、有效整合、改造和提升系统现有回收利用网络资源，进一步巩固回收基础、扩大加工能力、提升技术水平、做强龙头企业、完善行业管理、推进产业化进程，尽快形成村镇和城市社区有回收网点、重要集散地有分拣中心、资源富集区有产业园区的一体化网络体系，在建立我国完整的先进的废旧商品回收体系中发挥主导作用。到“十二五”末，供销合作社全系统废旧商品回收总额占全社会回收总额的比重达到60%以上，在80%以上的城市社区设立规范化的回收站点，80%以上的废旧商品实现规范化的交易和集中处理，培育年收入超50亿元的大型龙头企业10家，建立功能齐备、设施先进的废旧商品集散市场1000个。基本构建起基础回收网络、分拣加工中心或集散市场与产业基地三级层次分明，回收、加工、利用三个环节有机链接，覆盖面广、功能完善、技术先进、高效利用、生态环保的供销合作社再生资源现代回收利用体系。

二、以规划引领，目标明确，措施得力

（一）国家“十二五”规划纲要专章规划“大力发展循环经济”，首次提出“提高资源产出效率提高15%”的目标

2011年3月14日，全国人大十一届四次会议通过的《中华人民共和国国民经济和社会发展第十二个五年规划纲要》单列“大力发展循环经济”一章。《纲要》提出，按照减量化、再利用、资源化的原则，减量化优先，以提高资源产出效率为目标，推进生产、流通、消费各环节循环经济发展，加快构建覆盖全社会的资源循环利用体系。推行循环型生产方式；健全资源循环利用回收体系；推广绿色消费模式；强化政策和技术支撑。“纲要”着重提出了循环经济七大重点工程，并首次提出将资源产出率作为循环经济重要评价指标，并明确到“十二五”末提高15%的目标。

（二）国务院印发《“十二五”节能减排综合性工作方案》，要求循环经济从六个方面突破

2011年8月31日，国务院印发《“十二五”节能减排综合性工作方案的通知》，要求加强对发展循环经济的宏观指导，全面推行清洁生产，推进资源综合利用，加快资源再生利用产业化，促进垃圾资源化利用，推进节水型社会建设。“通知”提出了编制全国循环经济发展规划、清洁生产推行等规划，深化、实施各项示范试点等具体政策措施，并提出了两个数字目标：到2015年，工业固体废物综合利用率达到72%以上，实现单位工业增加值用水量下降30%。

（三）编制和出台我国第一部循环经济“十二五”规划

2011年1月28日，国家发展改革委印发《关于印发〈循环经济“十二五”规划编制指南〉的通知》，标志着我国第一部循环经济“十二五”规划编制工作也全面启动。此后，国家发改委组织全国各相关领域的专家学者，分42项专题，用了一年多的时间进行调查研究，形成了国家“十二五”循环经济发展规划初稿，又经过广泛征求意见，历经半年多的反复修改完善，2012年12月12日，国务院总理温家宝主持召开国务院常务会议，研究部署发展循环经济。会议讨论通过《“十二五”循环经济发展规划》，明确了发展循环经济的主要目标、重点任务和保障措施。（一）构建循环型工业体系。（二）构建循环型农业体系。（三）构建循环型服务业体系，推进社会层面循环经济发展。（四）开展循环经济示范行动，实施示范工程，创建示范城市，培育示范企业和园区。2013年1月以《循环经济发展战略及近期行动计划》（以下简称《行动计划》）的形式正式颁布执行。

《行动计划》提出重要的抓手是实施“十百千”示范工程。“十”是十大工程，“百”是百个循环经济示范市县，“千”是千家循环经济示范企业和园区。其目的是在全国范围内推广循环经济典型模式，构建循环经济产业体系。“十”是指十大示范工程，包括：资源综合利用示范工程、产业园区循环化改造示范工程、再生资源回收体系示范工程、“城市矿产”基地建设示范工程、再制造产业化示范试点工程、餐厨废弃物资源化利用和无害处理示范试点工程、生产过程协同资源化处理废弃物示范工程、农业循环经济示范工程、循环型服务业示范工程、资源循环利用技术产业化示范和推广工程。

“百”是指百个循环经济示范城市（县），就是选择100个左右城市（县），示范在全部行政管辖范围内实现循环化发展，并与管辖区外实现物质流科学循环管理的模式与运行机制，示范城市（县）要全面推行循环型生产方式和绿色消费模式，率先构建起覆盖全社会的资源循环利用体系，资源产出率提高超出全国平均水平，探索实现经济发展模式向循环化转型发展经验。

“千”是指千家循环经济示范企业（园区），就是选择1000家不同行业不同类型的骨干企业或园区，在示范企业内部或园区范围内实现基于循环型基础设施建设的物质资源循环利用模式，使资源产出率、土地产出率、单位产值能耗、物耗、水耗、产业废弃物综合利用率、工业用水重复利用率等指标达到国内领先水平和国际先进水平。

循环经济“十百千”示范行动，将以试点示范主体自主投资为主，各级政府通过现有政策和资金渠道给予必要的资金支持，重点支持相关公益性基础设施、公共服务平台、重点项目、能力建设、关键共性技术产业化示范及推广应用等。引导金融和投资机构投向循环经济重大工程。鼓励企业通过自有资本、银行贷款、上市融资、发行债券等方式实施循环经济重大工程。

《行动计划》提出了8个方面的保障措施。一是要完善国家促进循环经济政策，具体包括产业、投资、价格和收费、财政、税收、金融等方面的支持政策。二是健全法规和标准，完善《循环经济促进法》相关配套法规规章，研究制定限制商品过度包装条例、循环经济发展专项资金管理办法、汽车零部件再制造管理办法等，建立健全循环经济相关标准和计量检测体系。三是加强循环经济管理和监督，实行生产者责任延伸制度，加强循环经济管理，探索市场化管理机制，加强监督检查。四是强化循环经济技术和服务支撑，加快共性关键技术开发，加大技术装备产业化示范，加快先进适用技术推广应用，健全循环经济服务体系。五是建立循环经济统计评价制度，建立统计核算制度和数据发布制度，制定循环经济评价指标体系，把资源产出率作为评价循环经济发展成效的综合性指标，加强统计能力建设。六是强化循环经济宣传教育和人才培养，普及循环经济知识，宣传典型案例，推广示范经验，在全国建设一批循环经济教育示范基地，把循环经济理念和知识纳入基础教育、职业教育和高等教育相关课程。七是加强循环经济交流与合作，利用各种国际交流平台，创新合作方式，宣传循环经济理念和模式，建设中日韩循环经济示范基地，共同推动绿色发展。八是加强循环经济组织领导，国务院建立健全发展循环经济组织协调机制，研究有关重大问题，部署重大任务，把握实施进度和效果，进行定期监督检查。

（四）部署园区循环化改造

2012年3月21日，国家发展改革委、财政部联合发布《关于推进园区循环化改造的意见》（以下简称《意见》），就推进园区循环化改造进行部署。《意见》提出了“十二五”期间园区循环化改造的目标：一是50%以上的国家级园区和30%以上的省级园区实施循环化改造；二是培育百个国家循环化改造示范园区，示范、推广一批适合我国国情的园区循环化改造范式、管理模式；三是循环化改造后园区的主要资源产出率、土地产出率大幅度上升，固体废物资源利用率、水循环利用率、生活垃圾资源利用率显著提高，主要污染物排放量大幅度降低，基本实现“零排放”。

（五）推出城镇生活垃圾无害化处理规划

2012年4月19日，国家发改委、住建部、环保部联合印发的《“十二五”全国城镇生活垃圾无害化处理设施建设规划》（以下简称《规划》）出台，为我国城市生活垃圾无害化处理设施建设提出发展要求。《规划》提出将加大无害化处理能力建设列为首项任务。“十二五”期间，全国城镇将新增生活垃圾无害化处理设施能力58万吨/日。同时，《规划》安排投资1730亿元用于无害化处理设施建设，占总投资额的65.6%。

（六）固体废物综合利用“十二五”规划出台

2012年3月2日，工业和信息化部发布《大宗工业固体废物综合利用“十二五”规划》。称：为贯彻落实《中华人民共和国国民经济和社会发展第十二个五年规划纲要》和《工业转型升级规划（2011—2015年）》的总体部署，落实国务院发展节能环保等战略性新兴产业的具体要求，全面推进我国大宗工业固体废物综合利用工作，提高综合利用水平，工业和信息化部制定了《大宗工业固体废物综合利用“十二五”规划》。

（七）制定废物资源化科技专项规划

2012年4月13日科技部、发展改革委、工业和信息化部、环境保护部、住房和城乡建设部、商业部、中国科学院等联合制定的《废物资源化科技工程十二五专项规划》印发。

（八）颁布绿色建筑和绿色生态城区发展规划

2012年4月24日，住房和城乡建设部公布《“十二五”绿色建筑和绿色生态城区发展规划》。《规划》提出选择100个城市新建区域按照绿色生态城区标准规划、建设和运行；2014年起，政府投资的党政机关、学校、医院、博物馆、科技馆、体育馆，直辖市、计划单列市及省会城市建设的保障性住房，以及单体建筑面积超过两万平方米的机场、车站、宾馆、饭店、商场、写字楼等大型公共建筑，将率先执行绿色建筑标准。同时，引导商品房执行绿色建筑标准，鼓励房地产开发企业建设绿色住宅小区，2015年起直辖市及东部沿海省市城镇的新建房地产项目力争50%以上达到绿色建筑标准。绿色建筑不仅指节能，土地资源的节约、水资源节约与循环利用，还包括材料使用的节约，比如在办公室使用旧的家具，垃圾的分类收集等，都是绿色建筑的范畴。此外，绿色建筑还是一个全生命周期的概念，绿色建筑考虑范畴包含前期规划设计、建造、运营以及拆除后的材料、垃圾的循环利用等。

（九）生物质能发展“十二五”规划联袂颁发

2011年11月，《可再生能源“十二五”发展规划》中附有《生物质能源专项发展规划》。《规划》提出的“十二五”期间生物质能源发展目标是：到2015年年底，生物质发电装机容量将达1300万千瓦，到2020年将达3000万千瓦，在2010年年底550万千瓦的基础上分别增长1.36倍和4.45倍。其中“十二五”末，农林生物质发电将达800万千瓦，沼气发电将达200万千瓦，垃圾焚烧发电将达300万千瓦。生物质固体成型燃料利用量将达1000万吨，生物质乙醇利用量将达350万到400万吨，生物柴油利用量将达100万吨，航空生物燃料利用量将达10万吨。

2012年12月28日，国家能源局印发的《生物质能发展“十二五”规划》提出，到2015年，生物质能年利用量超过5000万吨标准煤。其中，生物质发电装机容量1300万千瓦、年发电量约780亿千瓦时，生物质年供气220亿立方米，生物质成型燃料1000万吨，生物液体燃料500万吨。分析人士认为在国家大力发展新能源背景下，生物质能市场前景越发明朗。《规划》指出，到2015年，促进生物质能产业形成较大规模，在电力、供热、农村生活用能领域初步实现商业化和规模化利用，在交通领域扩大替代石油燃料的规模，生物质能利用技术和重大装备技术能力显著提高，出现一批技术创新能力强、规模较大的新型生物质能企业，形成较为完整的生物质能产业体系。据预计，到“十二五”末，生物质能产业将新增投资1400亿元，生物质能产业年销售收入可达到1000亿元，生物质能产业将初具规模，成为带动农村经济发展的新型产业。《规划》还承诺，对于生物质发电项目，继续给予优惠电价支持。对于新型生物质能技术研发及产业化示范项目，以及涉及农村生活用能的生物质能项目建设，中央财政给予资金支持。12月29日国务院发出《关于印发生物产业发展规划的通知》（国发〔2012〕65号）。

同时，科技部发布《“十二五”生物技术发展规划》明确“十二五”期间生物能源技术主攻方向：大力发展非粮生物乙醇、生物柴油等生物能源产品相关关键技术和专用设备，研究开发微藻生物固碳核心关键技术，建立年固定二氧化碳总量超过万吨的工业化示范系统，率先在国际上首次实现微藻固碳的产业化，在“十二五”期间获得突破性进展，并促使相关技术形成在全球范围内的领先地位。《规划》还提出，要“研究开发非粮生物乙醇、生物柴油、生物燃气、生物制氢等生物能源产品制造过程的共性关键技术和专用设备，以工业和城市生活废弃物为原料，建立生物能源产品的规模化生产技术示范”。2012年，全国农村能源建设成效显著，农村沼气发展迅速，沼气数量稳步增长、功能不断拓展、服务体系日益完善。目前，全国沼气用户已达4241.82万户，沼气工程9.2万处，年总产气量157.62亿立方米；农村太阳能热水器推广面积达到6801.8万平方米、太阳房2353.04万平方米，太阳灶220.72万台；推广省柴节煤炉灶炕1.77亿台，还开展了秸秆沼气集中供气、秸秆气化和秸秆固化成型示范。2012年，中央财政支持秸秆养畜项目资金1.44亿元，建设示范项目138个。全国饲用秸秆总量达到2.1亿吨，其中经青贮、氨化处理的秸秆9800万吨，秸秆处理利用率达到46.7%。农业部召开的全国秸秆循环农业现场会上透露，全国已累计建设秸秆固体成型加工点超过100处、年产成型燃料30万吨以上，秸秆沼气集中供气工程150多处，秸秆热解气化站近900处，生物质直燃发电项目40多个、总装机容量约82万千瓦。据测算，秸秆新型能源化开发利用量约640万吨。

（十）各省市区制定和实施循环经济专门规划

2012年11月，河南省政府印发了《河南省循环经济发展“十二五”规划》，《规划》总结回顾了“十一五”期间全省循环经济工作取得的成效，分析了“十二五”循环经济工作面临的形势和挑战，提出了工作目标和重点任务。《规划》确定“十二五”循环经济发展总体思路：突出“四个着力”，即着力发展循环经济新兴产业，着力抓好重点领域和关键环节，着力深化试点示范，着力创新循环经济发展模式和体制机制，优化资源利用方式，促进发展方式转变和消费模式转变，促进新型城镇化、新型工业化和新型农业现代化“三化”协调科学发展，促进人与自然和谐和经济社会可持续发展。把握“四个坚持”基本原则，即坚持优化布局，促进规模化发展；坚持示范带动，促进产业化发展；坚持创新引领，促进高端化发展；坚持政策引导，促进市场化发展。江苏省编制印发了《江苏省工业循环经济“十二五”发展规划》，以项目为抓手，推进工业循环经济重点工程实施，利用省级专项资金支持74个项目实施。广西相继实施了《广西循环经济发展“十二五”规划》、《广西战略性新兴产业“十二五”规划》、《广西再制造产业发展“十二五”规划》、《广西“十二五”清洁生产推行规划》、《广西环境保护和生态建设“十二五”规划》、《广西资源综合利用规划》等一批重点规划。通过规划引领和全局统筹，明确全面推进生态文明建设和促进循环经济发展的指导思想、发展目标、重点领域、重大项目、主要措施和政策保障等。内蒙古自治区积极推进《内蒙古自治区“十二五”循环经济发展规划》编制工作，努力构建资源节约型和环境友好型社会，促进内蒙古经济社会又好又快发展。争取到2015年，实现初步建立起循环经济发展法规政策体系、科技支撑体系；培育一批循环经济试点示范企业、园区和城市，逐步形成以循环经济模式为核心的农牧业、工业、服务业新型产业体系，基本形成公众广泛参与的循环型发展的社会氛围；能源和资源保障能力提高，生态环境得到改善，资源利用水平显著提高，可持续发展能力增强，主要资源产出率比“十一五”末提高15%。

三、展开多元化、多层面的试点示范

（一）实施循环经济示范行动，推广循环经济先进典型和模式

2005年和2007年，经国务院批准，国家发展改革委，原国家环保总局，科技部、财政部、商务部、统计局等六部委组织开展了两批国家循环经济示范试点工作，试点范围涉及重点行业（企业）产业园区、重点领域以及省市，共计178家单位。示范试点工作开展以来，各地及各试点单位高度重视，制定了发展循环经济的实施方案和规划，推动了技术进步和节能减排，促进了新兴产业发展，在各自领域探索循环经济发展路径和模式，取得了良好的经济社会环境效益，为建设资源节约型、环境友好型社会发挥了重要作用。目前两批试点工作的试点期均已结束，2013年7月30日国家发展改革委、环境保护部、科学技术部、工业和信息化部、财政部、商务部、国家统计局发出了《关于组织开展国家循环经济示范试点单位验收工作的通知》。

经过各方面的共同努力，涌现了一大批先进单位和模式。2012年8月16日，国家发改委发布关于全国循环经济工作先进单位备选名单的公示，称：为表彰先进，树立典型，推动循环经济形成较大规模，根据《循环经济促进法》和国务院有关文件要求，国家发展和改革委员会拟对各地在循环经济发展过程中，表现突出、循环经济发展成效显著的先进单位进行表彰。初步确定了77个拟表彰的单位，为体现公开、公平、公正的原则，充分发挥社会各界的监督作用，现将拟表彰的全国循环经济工作先进单位名单予以公示。10月9日国家发展改革委发出《关于表彰全国循环经济工作先进单位的通报》（发改环资〔2012〕3125号），称：各有关单位开拓创新，践行循环经济理念，涌现出一批发展循环经济的典型企业和园区。为表扬先进，树立典型，进一步推进生产、流通、消费各环节循环经济发展，加快构建覆盖全社会的资源循环利用体系，国家发展改革委决定将北京水泥厂有限责任公司等76个企业和园区确定为全国循环经济工作先进单位，并予以表彰。2012年，青海省柴达木循环经济试验区实现工业增加值425亿元，西宁经济技术开发区实现工业增加值227.5亿元，两个国家级循环经济试点产业园区占规模以上工业增加值的比重72.7%，已成为循环经济主战场和全省转变经济发展方式的领头羊，发挥了重要的示范带动作用。柴达木循环经济试验区、西宁经济技术开发区内的青海洁神环境能源产业有限公司两个国家级循环经济试点产业园区都被国家发展改革委评为全国循环经济工作先进单位。

同时，国家发改委总结了60种模式，标志着我国循环经济从节约环保手段上升为经济发展模式，由试点探路向示范推广转变；实施循环经济十大示范工程、资源综合利用示范基地、废旧商品回收体系示范城市、城市餐厨废弃物资源化利用等。湖北省先后组织开展了两批循环经济试点，共确定了65家企业、12个园区和5个县市为试点单位。建设了一批循环经济关键链接项目，区域、园区和企业的循环经济发展模式逐步建立。已经形成了以宜化、兴发为代表的化工循环经济发展模式，以武钢为代表的钢铁循环经济发展模式，以华新、葛洲坝为代表的建材循环经济发展模式，以格林美为代表的再生资源回收利用模式，以东风康明斯、千里马为代表的再制造发展模式。

在试点推动和先进典型、模式带动下，我国循环经济出现了深入发展的新局面。

（二）“双百工程”试点、示范

2012年3月27日，国家发改委发出通知开展资源综合利用“双百工程”建设的通知，决定开展资源综合利用“双百工程”建设，“十二五”期间将在全国重点培育和扶持百个资源综合利用示范工程（基地）和百家资源综合利用骨干企业，发挥示范引领作用，带动整体水平提升。根据“通知”，到“十二五”末，“双百工程”形成资源综合利用能力将超过2亿吨/年，占全国新增利用能力的30%。示范工程（基地）内的矿产资源总回收率与共伴生矿产综合利用率分别达到40%和45%以上；实现资源综合利用产值超过1000亿元，吸纳就业人员超过200万人，培育一批资源综合利用上市企业和具有国际竞争力的大型集团公司。

“双百工程”包括三大建设领域：一是矿产资源综合利用，即共伴生矿产及尾矿资源综合利用（煤层气发电除外）。二是产业废物综合利用，即煤矸石、粉煤灰、工业副产石膏、冶炼渣、建筑废物综合利用（煤矸石发电除外）。三是废旧资源综合利用。

“通知”明确，此次试点工作是在2010年基础上进行的，从当时的5个省（区、市）扩展到17个省（区、市），并有6个省在全行政区范围内开展统计试点。计划通过此次试点工作，进一步完善区域层面主要资源消耗量的统计指标、报表制度和核算方式，为建立循环经济“可量化、可操作、可考核”的评价考核指标体系奠定基础。这项省域层面的资源产出率核算工作在我国刚刚起步，在世界范围内也属于一项创举。

11月26日，国家发展改革委办公厅发出《关于印发资源综合利用“双百工程”示范基地和骨干企业名单（第一批）及有关事项的通知》（发改办环资〔2012〕3309号），要求高度重视，加强领导；精心组织，认真实施；加强督导，及时总结。至此，“双百工程”试点、示范正式展开。

（三）推进“城市矿产”示范基地建设，开展城市餐厨废弃物资源化利用和无害化处理体系建设试点

“城市矿产”是对废弃资源再生利用的形象比喻，是指工业化和城镇化过程中产生和蕴藏于废旧机电设备、电线电缆、通信工具、汽车、家电、电子产品、金属和塑料包装物以及废料中，可循环利用的钢铁、有色金属、贵金属、塑料、橡胶等资源，其利用量相当于原生矿产资源。

2010年7月，国家发展改革委、财政部联合发文，在全国组织开展“城市矿产”示范基地建设。同年，天津子牙循环经济产业区等7个示范基地已率先开始建设，成效比较显著。2011年10月，国家发展改革委、财政部将上海燕龙基再生资源利用示范基地等15个园区确定为第二批国家“城市矿产”示范基地，批复了其建设国家“城市矿产”示范基地实施方案。2012年国家发展改革委批复了第三批7个示范基地，截至目前，国家发改委和财政部已经累计确定了三批共29个国家“城市矿产”示范基地，整体进展顺利。11月19日国家发展改革委环资司和财政部经建司在湖南省长沙市召开“国家‘城市矿产’示范基地建设现场会”，总结几年来国家“城市矿产”示范基地建设经验，进一步推进示范基地建设工作。国家“十二五”规划纲要提出，要在全国建设50个左右国家“城市矿产”示范基地。中央财政设立了循环经济发展专项资金，累计安排近30亿元资金支持示范基地建设。河南省政府对长葛大周示范基地采取一系列政策措施把示范基地打造成技术先进、环保达标、管理规范、规模利用、辐射周边的国家“城市矿产”示范基地，成立

了省发展改革委主管领导为组长、财政厅主管领导为副组长，科技、工信、环保、商务等相关部门为成员的示范基地建设领导小组，制订了示范基地建设管理办法，对项目管理程序、资金拨付使用等进行了规范。截至2012年年底，“城市矿产”示范基地内3个行政村搬迁合并工作已经顺利启动，道路、供排水、天然气、电力供应等各项基础设施稳步推进，示范基地建设规划实施的15个重点项目有12个已经开工建设，累计完成投资12.9亿元，占总投资的51.6%。为加快国家“城市矿产”示范基地广西梧州再生资源循环利用园区建设，梧州市引进市场机制，与广西置高投资发展有限公司签订土地开发和项目引进协议，解决示范基地开发初期资金短缺、项目落户难等问题。截至2012年年底，示范基地已有入园企业71家，20家企业建成投产，完成固定资产投资63亿元，实现工业产值210亿元。基础设施基本完善，海关、检验检疫、污水处理厂、固废堆场等配套设施投入运行，并顺利通过国家环保部、海关总署、质量监督检验检疫总局三部委联合验收，成为全国第四家通过“圈区管理”验收的再生资源加工园区。

经过几年的建设，国家“城市矿产”示范基地已成为国家重要的资源供应地，29个示范基地形成每年约3500万吨的再生资源聚集加工能力，其中宁波金田产业园年回收利用49万吨再生铜，界首田营循环经济工业区年回收利用40万吨再生铅，已成为国家重要的再生铜和再生铅供应地。此外，通过建设国家“城市矿产”示范基地，吸引大批再生资源经营户和企业入园发展，实行污染物的集中治理、统一监管，实现了基础设施共享，土地集约利用，大大促进了产业集聚发展，提高了再生资源利用的水平，有效解决了分散经营状态下行业二次污染严重的问题，改善了当地的环境状况。12月3日，第一届“城市矿产”博览会在北京开幕。博览会以“开发城市矿产，发展循环经济”为主题，展示我国“城市矿产”示范基地和再生资源回收利用企业在促进循环经济发展，建设资源节约型和环境友好型社会中取得的重要成果，着力搭建提高我国“城市矿产”开发利用水平的交流合作平台以及产、学、研互动研讨平台。

（四）工业和信息化部开展资源节约型环境友好型企业创建试点和工业固体废弃物综合利用基地建设试点、机电产品再制造等试点

2012年2月13日，工业和信息化部、财政部科学技术部批复资源节约型环境友好型企业创建试点方案（工信部联节〔2012〕78号），要求试点企业要按照科学发展观要求，结合地区和行业发展规划以及企业实际情况，认真抓好试点实施方案的组织实施，确保试点工作取得实效。要切实加强领导，健全试点工作组织管理体系。对方案提出的目标、任务、重点工程逐一分解落实到具体承办单位和人员，积极落实试点工作需要的科研和建设资金等建设条件。各试点企业应于每年6月底和12月底前分别将上半年和年度试点工作进展情况通过地方工业和信息化主管部门或中央企业集团报工业和信息化部。

3月22日工业和信息化部发出《关于印发工业循环经济重大示范工程（第一批）的通知》（工信厅节〔2012〕62号），称：为推动工业领域循环经济发展，加快形成资源循环利用产业模式，我部于2011年组织开展了工业循环经济重大示范工程推荐申报工作。经对各地区报来的备选示范工程进行评审和论证，我部确定了第一批23项工业循环经济重大示范工程，现印发你们供参考借鉴，并请有关地方工业主管部门定期向我部报告相关示范工程建设进展情况。

（五）商务部开展再生资源回收体系建设试点

从2006年开始，我国建立由商务部和发展改革委、公安部、建设部、工商总局、环保总局等部门有关司局参加的协调机制，已先后启动了两批再生资源回收体系建设试点，共确定了55个试点城市和11个区域性回收基地，其中试点城市已初步形成了社区回收网点、分拣加工中心、集散市场三位一体的回收发展模式。2011年4月7日，商务部在上海召开全国再生资源回收体系建设现场会议，会上，商务部与2011年10个获得资金支持的试点城市政府主管领导及20个获得资金支持的回收利用基地所在地省级商务主管部门主管领导签订了责任书。2011年4月11日，为加强对再生资源回收体系建设项目监管，确保试点项目顺利推进并达到预期成效，商务部办公厅印发了《关于开展再生资源回收体系建设项目督查工作的通知》，决定自2012年4月中旬起，组织对再生资源回收体系建设项目进行督察。主要开展项目自查和组织第三方督察，建立定期督察制度，每半年报送一次督察报告。2011年4月11日，为加强对再生资源回收体系建设项目监管，确保试点项目顺利推进并达到预期成效，商务部办公厅印发了《关于开展再生资源回收体系建设项目督察工作的通知》，决定自2012年4月中旬起，组织对再生资源回收体系建设项目进行督查。主要开展项目自查和组织第三方督察，建立定期督察制度，每半年报送一次督察报告。

2012年2月5日，商务部办公厅发出《关于确定第三批再生资源回收体系建设试点城市的通知》，同意河北承德等35个城市作为第三批再生资源回收体系建设试点城市。商务部办公厅2012年6月28日发出《关于开展第三批再生资源回收体系建设试点工作的通知》，启动第三批再生资源回收体系建设试点工作。北京市按照“规范站点、物流配送、专业分拣、厂商直挂”的工作思路，在全市建成了由22家主体回收企业、15个分拣中心、近4700个回收站点构成的再生资源回收网络和体系，在300多个社会单位设置了分类回收架，提高了我市再生资源回收的覆盖范围和接收能力。

与此同时，交通运输部持续开展了低碳交通试点；住建部开展了绿色低碳建筑和低碳小城镇建设的试点示范；全国15个省（区、市）开展生态省建设，1000多个县（市、区）开展生态县建设，53个地区开展生态文明建设试点。这些试点的目标、任务和主要路径同样是循环发展、低碳发展和绿色发展。2012年3月，农业部会同国家发改委、财政部联合印发了《关于开展农业清洁生产示范项目建设的通知》，正式启动了第一批示范建设，优先在新疆和甘肃地膜使用面广、残留量大的地区，四川、河南和湖南生猪规模养殖区以及河北、山东和广西蔬菜主产区，以县市为单位，试点开展地膜回收利用、生猪清洁养殖、蔬菜清洁生产示范项目建设，同时加强农业清洁生产能力建设，积极解决农业生产过程中农业废弃物不合理处置、利用所造成的环境污染等问题。

（六）各地着力推进多种试点、示范

河北实施3255循环经济示范工程，努力培育3个示范市、20个示范县（市、区）、50家示范园区和50家示范企业，探索循环经济发展模式。一是成立领导机构强化组织管理。成立了由省政府主管副秘书长任组长，省发展改革委、省财政厅、省环保厅等14个省直部门为成员单位的3255循环经济示范工程领导小组，推动落实国家及省关于发展循环经济的工作部署，协调解决3255循环经济示范工程中的重大问题，为开展试点示范工作提供了有力保障。吉林省探索循环型农业体系建设。结合我省实际，开展了“种植—食用菌—养殖业—种植”、“种植—食品加工—养殖—种植”等农业循环经济产业链示范试点。北京市市级循环经济试点单位经过几年建设，循环经济工作取得积极进展。其中北京水泥厂、盈创再生资源等五家企业列为国家循环经济试点企业，北水协同处置废弃物、德青源生态农业循环经济发展模式入选国家典型模式案例。延庆县康庄镇农业循环经济示范项目加快建设，通过完善基础设施建设，完成循环经济发展的物理连接，建成种、养、加、农为一体的循环产业链。四川认真组织开展省级循环经济示范单位创建工作，确定了攀枝花市等2个循环经济示范市、成都市青白江区等9个循环经济示范县（市、区）、四川新津工业园区等22个循环经济示范园区、四川高宇集团有限公司等45户循环经济示范企业，充分发挥先进典型企业的示范引领作用。山西省在原有69个循环经济试点单位的基础上，增加循环经济试点企业数量，我委组织各市政府及省属企业积极申报，经过专家两次遴选，本着成熟一批、发展一批、动态调整的原则，选定并公布省级第二批52个试点企业和园区，第三批65个试点企业，基本形成“一市一园”、“一县一企”的循环经济试点局面。

（七）资源产出率统计试点

在全国六省市展开。北京作为国家6个开展资源产出率统计试点的省市之一，按照国家要求，在总结2010年循环经济试点调查经验的基础上，发布《关于开展资源产出率统计试点工作的通知》，制定《北京市资源产出率统计试点调查实施方案》，集中开展资源产出率统计试点调查，对全市3746家工业企业和3588家建筑业企业进行全领域的资源消耗量统计，在深入了解主要资源循环利用现状的基础上，科学评价资源消费与产出情况，完善指标统计方法，探索建立适合北京市实际情况的资源产出率统计核算方法。甘肃省顺利完成了全国资源产出率统计试点工作，以资源产出率试点为契机，初步建立了市州、部门、园区三个层次的循环经济统计体系。山西省5月申请获得国家2012年全省域范围内资源产出率统计试点，并参加了国家试点工作培训，6月至9月组织省内各市、县培训，开展资源产出率统计调查，11月圆满完成循环经济试点统计数据的核算任务。

四、建立和完善法律法规政策保障体系

《循环经济促进法》于2009年1月1日起施行，标志着我国循环经济进入法制化管理轨道。在此前后，公布实施了《废弃电器电子产品回收处理管理条例》、《再生资源回收管理办法》等法规规章，发布了200多项循环经济相关国家标准。

2012年2月29日，十一届全国人大常委会第二十五次会议表决通过了《全国人民代表大会常务委员会关于修改〈中华人民共和国清洁生产促进法〉的决定》。国家主席胡锦涛签署第54号主席令予以公布，自2012年7月1日实施。

修改后的《清洁生产促进法》主要在以下方面做出了新的规定：一是强化了执法主体。规定由国务院清洁生产综合协调部门负责组织、协调全国的清洁生产促进工作。国务院环境保护、工业、科学技术、财政部门和其他有关部门，按照各自的职责，负责有关的清洁生产促进工作。二是强化了推行措施。规定

由国务院清洁生产综合协调部门会同国务院环境保护、工业、科学技术部门和其他有关部门，根据国民经济和社会发展规划及国家节约资源、降低能源消耗、减少重点污染物排放的要求，编制国家清洁生产推行规划，报经国务院批准后及时公布。国务院有关行业主管部门根据国家清洁生产推行规划确定本行业清洁生产的重点项目，制定行业专项清洁生产推行规划并组织实施。三是加强了中央预算投入。规定中央预算应当加强对清洁生产促进工作的资金投入，包括中央财政清洁生产专项资金和中央预算安排的其他清洁生产资金，用于支持国家清洁生产推行规划确定的重点领域、重点行业、重点工程实施清洁生产及其技术推广工作，以及生态脆弱地区实施清洁生产的项目。中央预算用于支持清洁生产促进工作的资金使用的具体办法，由国务院财政部门、清洁生产综合协调部门会同国务院有关部门制定。四是规范了清洁生产审核制度。新规定有下列情形之一的企业，应当实施强制性清洁生产审核：污染物排放超过国家或者地方规定的排放标准，或者虽未超过国家或者地方规定的排放标准，但超过重点污染物排放总量控制指标的；超过单位产品能源消耗限额标准构成高耗能的；使用有毒、有害原料进行生产或者在生产中排放有毒、有害物质的。新修改的《中华人民共和国清洁生产促进法》自2012年7月1日实施。

“十一五”国家各有关部委相继制定实施了一系列法规政策，深化资源性产品价格改革，实行了差别电价、惩罚性电价、阶梯水价和燃煤发电脱硫加价政策。实施成品油价格和税费改革，提高了成品油消费税单位税额，逐步理顺成品油价格。中央财政设立了专项资金支持实施循环经济重点项目和开展示范试点。开展资源税改革试点，制定了鼓励生产和购买使用节能节水专用设备、小排量汽车、资源综合利用产品和劳务等的税收优惠政策。完善了环保收费政策。出台了支持循环经济发展的投融资政策。2012年又出台了一批规章、政策。3月1日，环境保护部印发《关于做好2012年全国城市环境综合整治定量考核工作的通知》。3月6日财政部、国家税务总局、工业和信息化部印发《节约能源使用新能源车船税政策的通知》，自2012年1月1日起，对节约能源的车船，减半征收车船税；对使用新能源的车船，免征车船税。5月1日，商务部发布的《旧电器电子产品流通管理办法》（以下简称《办法》）正式实施。届时，经营者收购旧电器电子产品时须对所收购产品进行登记，向购买者出具销售凭证或发票，并提供不少于3个月的免费保修服务。财政部、国家发改委规范循环经济发展专项资金管理，印发了《循环经济发展专项资金管理暂行办法》，自2012年9月1日施行。《办法》要求，财政部会同国务院循环经济发展综合管理等有关主管部门按照职责分工对专项资金使用情况实施监督检查、追踪问效，对专项资金使用管理情况实施专项核查。对达不到要求的，责令限期整改，经整改仍达不到要求的，扣回已拨付资金；专项资金应当坚持专款专用，任何单位和个人不得以任何形式、任何理由截留、挤占和挪用。违反本办法规定的，国务院财政部门会同循环经济发展综合管理等有关主管部门将视情节分别给予通报批评、取消申报资格、停止资金拨付或收回已拨付补助资金，并按照《财政违法行为处罚处分条例》（国务院令第427号）规定对有关单位和个人予以处罚。

一些地方也制定了循环经济促进条例。2006年7月1日，《深圳特区循环经济促进条例》实施，成为我国第一个关于专门循环经济的条例。之后，2010年10月1日，《大连市循环经济促进条例》实施。2011年12

月1日陕西省颁布实施了全国第一部省级循环经济地方性法规《陕西省循环经济促进条例》。该“条例”于2011年7月22日陕西省省人大常委会审议通过，标志着陕西省循环经济工作步入新的发展阶段。“条例”明确要求各级循环经济行政主管部门严格实行总量控制制度，废弃物排放限额制度和节能总量交易制度等，运用严格的奖惩机制，从源头上控制资源消耗，从总体上消减污染物排放，调动社会各界节能减排的积极性。2012年3月28日，甘肃省十一届人大常委会第二十六次会议审议通过了《甘肃省循环经济促进条例》，于2012年6月1日起正式施行。该《条例》结合甘肃省情，创新管理制度，明确主体责任，完善了重点能耗监管、循环经济评价和考核体系、淘汰名录管理、产业结构调整等规定；细化了绿色交通、现代物流、禁止使用一次性用品、抑制过度包装、餐厨废弃物无害化处理等规定，体现了地方特色。另一方面，《条例》注重与上位法的衔接，细化和完善了《中华人民共和国循环经济促进法》的主要制度，明确规定了支持循环经济发展的财税、价格、信贷等优惠政策。2012年10月1日，《山西省循环经济促进条例》实施。青岛市作为国家首批资源综合利用“双百工程”唯一的建筑废物综合利用示范基地，制定了《青岛市建筑废弃物资源化利用条例》，自2013年1月1日起施行。12月26日，厦门制定《厦门市再生资源回收体系建设专项资金管理暂行办法》，设专项资金用于扶持再生资源的回收利用，建成一个城市再生资源回收体系。专项资金采用直接补贴方式，用于支持厦门市列入试点的龙头企业，建设标准化回收站点、回收分拣中心和集散市场等项目。试点企业在工矿企业、机关团体、高等院校、居民集中区专门设立的进行再生资源回收、分类、存储、中转的回收场所。每个回收站点中央资金扶持0.5万元。回收分拣中心，最高补贴400万元。集散市场方面，最高补贴700万元（不得超过项目总投资的30%）。江西省出台了《江西省资源综合利用条例》、《关于全面落实科学发展观加强资源节约的若干意见》、《江西省实施〈中华人民共和国节约能源法〉办法》等。

此外，有关部门还出台了一系列贯彻落实节约资源和保护环境的产业政策，绿色信贷、绿色保险、绿色电价、生态补偿、排污收费、绿色贸易、排污权交易等也开展了尝试。总体上来看，循环经济的法律、政策框架已经基本形成，正在逐步完善。

五、技术支撑体系不断增强

技术进步是发展循环经济关键，一直得到了高度重视。循环经济技术列入国家中长期科技发展规划，支持研发了一批关键共性技术。实施了一批循环经济技术产业化示范项目，推广应用了一大批先进适用的循环经济技术。汽车零部件再制造技术已达到国际领先水平，废旧家电和报废汽车回收拆解、废电池资源化利用、共伴生矿和尾矿资源回收利用等一大批技术和装备取得突破。

2012年6月7日，国家发改委、环保部、科技部、工信部共同公布了第一批《国家鼓励的循环经济技术、工艺和设备名录》，本名录涉及减量化、再利用和再制造、资源化、产业共生与链接四个方面、共42项重点循环经济技术、工艺和设备。这42项技术、工艺和设备是发改委历时4年，组织近百位专家，从各地推荐的600多个技术和设备中经多次论证筛选出来的。《名录》共分四个方面，其中，减量化类9项、再利用与再制造类7项、资源化类23项、产业共生与链接类3项。《名录》体现了循环经济的科技含量和技术水平，也为我国循环经济创新发展指明了方向。《名录》的发布，将对提升循环经济发展的科技支撑能力，促进循环经济形成较大规模产生积极作用。

1月，科技部社发司组织专家对“十一五”国家科技支撑计划“生活垃圾综合处理与资源化利用技术研究示范”项目进行了验收。验收组专家一致同意通过验收。该项目针对城市生活垃圾处理过程中的关键技术瓶颈问题，突破了混合生活垃圾综合分选技术、多列料层可调型二段往复式垃圾焚烧炉技术、带独立调湿减温塔的半干法烟气净化技术与设备、焚烧前生活垃圾预处理技术、垃圾焚烧发电厂二噁英达标排放的控制技术等一批关键技术；开发了大型生活垃圾焚烧处理装备、城市生活垃圾收运等关键技术装备；建立了深圳市区生活垃圾直接收运、上海市区生活垃圾内河集装化转运、北京市区生活垃圾分类收运等一批示范工程；完成了20多项生活垃圾处理标准规范的编制；解决了我国垃圾焚烧炉排炉国产化等一系列重大问题，首次实现我国大型的、拥有自主知识产权的炉排式垃圾焚烧技术和设备的出口，实现我国的垃圾焚烧技术和设备从引进国向输出国转变。累计增加合同总额超过8.0亿元，累计实现销售收入6.18亿元，实现利税6269万元。相关研究成果已在北京、上海、秦皇岛等地垃圾处理和利用中得到广泛应用。

2月24日，工业和信息化部节能与综合利用司组织召开再生资源综合利用先进适用技术交流会。工业和信息化部组织编制再生资源技术目录旨在促进产业技术创新及产业化进程，提高再生资源综合利用技术水平，增强企业市场竞争力。再生资源综合利用先进适用技术目录涵盖废弃电器电子产品、废旧轮胎橡胶、废旧金属和废玻璃、废塑料和废纺织品、建筑和农林废弃物、废纸张及其他等六大类产品综合利用产业领域的95项技术。实施再制造产品认定，3月12日工业和信息化部节能与综合利用司发出《关于再制造产品认定申请受理结果的通报》，认定重庆机床（集团）有限责任公司等11家单位申报材料基本符合认定受理要求，予以受理。

在循环经济标准制定方面，2012年国家发展改革委和国家标准化委员会启动实施“百项能效标准推进工程”，两年内制修订100项重要节能标准，促进节能减排，推动产业结构调整。截至2012年年底，“百项能效标准推进工程”组织有关单位编制、发布了54项国家标准，包括水泥、煤炭开采、轮胎、稀土、化工产品等高耗能行业能耗限额标准28项，电动机、鼓风机、计算机、无极灯等终端用能产品能效标准8项，能源计量器具配备、能源管理体系、企业能源统计等节能基础标准18项；1项技术性规范文件；2项LED联盟标准。以上57项标准对提高新建项目能效准入门槛，淘汰落后产能、推广高效节能产品、促进节能技术进步、提升能源管理水平具有重要意义。截至2013年年初，我国已发布了高耗能行业强制性能耗标准和终端用能产品强制性能效标准共109项。

在循环经济技术进步和制定标准方面，各地也做出积极努力。2012年7月31日，全国首个国家级循环经济研究基地，在武汉市光谷金融港正式成立。该基地将由湖北省商务厅引导，商务部流通发展司与深圳格林美高新技术股份有限公司共建，旨在集聚循环经济领域专家人才，推动社会各界、各部门研究资源整合；聚焦与废旧商品回收相关的重点领域、重点环节，促进技术研发与应用；创新回收利用模式，推动产业链各环节融合发展；组织开展宣传教育与国际交流，形成官产学研一体化、社会化和国际化的循环经济研究平台，为我国建立完整的、先进的废旧商品回收体系提供参考与决策依据。北京市发布《北京市2012年节能低碳技术产品推荐目录》，向社会推荐15类65项技术产品，编制形成《重点领域节能低碳技术解决方案和典型案例集》。8月16日，在北京昌平中国商用飞机有限责任公司与美国波音公司正式启动双方在技术领域的首个合作项目，一个总投资为25亿元的航空节能减排技术中心。其首个研究项目为探索使用废弃食用油（国内俗称为地沟油）提炼航空生物燃料。12月，山西省太原通过了国家级循环经济标准化试点城市中期评估。作为全国首个以省会城市为单位开展综合性循环经济标准化试点工作的城市，太原通过典型引路、示范推广，将企业层面的“小循环”、园区层面的“中循环”和社会层面的“大循环”有机结合，形成了政府推动、部门联动、企业主动、社会参与的良好氛围，具有太原特色的循环经济标准化试点市发展模式已初步形成。河南省制订了《资源节约与综合利用审核方法》、《建材产品中固体废弃物掺加量的测定方法》等地方标准，规范了综合利用技术审核机构的审核行为。青海省推动创新型盐湖化工循环经济特色产业集群建设，依托重点企业，与中科院、清华大学、华东理工大学等高校开展合作，积极推进循环经济重点领域科技攻关，研究开发出了一批拥有自主知识产权、达到国内乃至世界先进水平、具有市场竞争力的项目和产品，培养和锻炼了科技人才队伍，提高了企业技术创新能力。

由于循环经济技术支撑体系不断增强，推动循环经济产业发展。产业废物综合利用已形成较大规模，产业循环链接不断深化，再生资源回收体系逐步完善，垃圾分类回收制度逐步建立，“城市矿产”资源利用水平得到提升，再制造产业化稳步推进，餐厨废弃物资源化利用开始起步。

总体上看，通过发展循环经济，我国单位国内生产总值能耗、物耗、水耗大幅度降低，资源循环利用产业规模不断扩大，资源产出率有所提高，初步扭转了工业化、城镇化加快发展阶段资源消耗强度大幅上升的势头，促进了结构优化升级和发展方式转变，为保持经济平稳较快发展提供了有力支撑，为改变“大量生产、大量消费、大量废弃”的传统增长方式和消费模式探索出了可行路径。

同时，必须清醒地看到，我国循环经济发展面临严峻形势。我国目前仍具有重化工产业和城镇化加速发展的明显特征，资源约束强化，而我国主要资源人均占有量远低于世界平均水平，加上增长方式仍较粗放，国内资源供给难以保障经济社会发展需要，能源、重要矿产、水、土地等资源短缺矛盾将进一步加剧，重要资源对外依存度将进一步攀升，可持续发展面临能源资源瓶颈约束的严峻挑战。从环境的角度看，总体恶化的趋势尚未得到根本遏制，重点流域水污染严重，一些地区大气污染问题突出，“垃圾围城”现象较为普遍，农业面源污染、重金属和土壤污染问题严重，重大环境事件时有发生，给人民群众身体健康带来危害。如果要使2020年环境质量保持2000年的水平，资源生产率必须提高4~5倍，如果要是环境质量在现有基础上有明显改善，则资源生产率必须提高8~10倍。要人民让“喝上干净的水、呼吸清洁的空气、吃上放心的食物，在良好的环境中生产生活”，必然对循环经济发展提出了更高要求。在这样情景下，循环经济“规划”首次提出资源产出率提高15%的目标，不言而喻实现这一目标无疑是艰巨的。

就我国循环经济发展进程，也存在着一些亟待解决的问题。主要是：

一、必须进一步牢固树立和践行循环经济理念

循环经济发展关联生产、生活、消费各个领域，需要全社会大普及，全民参加。多年来，通过政府倡导，各种媒体、研讨会、论坛、博览会以及节能周、环境日等进行了大力宣传，但是目前循环经济理念尚未在全社会深入人心，一些地方和企业对发展循环经济的认识还不到位。不少人对循环经济的内涵和外延模糊，对“城市矿山”陌生，甚至不知所云。举个例子，“限塑令”已实施五周年，取得了可观成绩，但除了大型超市，在城乡数以万计的摊贩和广大民众买卖中，塑料袋仍可以说是满天飞。由此可见，在全社会、各企业、行政机构牢固树立和践行循环经济理念，还有大量事要做，还有很长的路要走。

二、产业化、规模化亟待提高

我们应该看到，循环经济整体上产业依然不成熟，规模还小。

发展循环经济，尤其是在初始，政府倡导和推动无疑是重要的。但是，循环经济既然是经济，就必须遵循市场经济规律，取向市场，主要依靠市场配置资源，企业成为发展循环经济的主体。如果总是“政府热”、“专家热”，靠政府这只“有形的手”扶植，批项目，资金支持，是很难“长大的”，搞得不当，还可能像光伏产业那样，弄出同水平、低水平的落后产能。因此，必须确定和实行政府、市场和企业的各自定位和职能。这当中，政府转型，分清市场、企业和政府的界限，明确政府职能又是关键。政府必须更加尊重市场规律，市场机制能够解决问题，政府应当退出；在当前机制、制度无法解决，但是通过完善市场机制能够解决问题的领域，政府也应当逐渐退出；政府的主要职能，是为市场和企业这个主体，提供公平的游戏规则，弥补市场机制配置资源时的不足。鉴于此，目前政府应当扮演的角色，一是逐步完善促进循环经济的发展法律法规体系，制定和实施《循环经济促进法》的配套的法规规章细则，又是当务之急；二是强化政策支撑体系，通过行政体制、财税、金融、投融资、价格等创新体系和有效地激励制约机制，完善有利于循环经济的发展体制、机制和政策环境，形成政府推动、企业实施、全社会共同参与的长效机制和政策体系；三是制定和实施资源产出率、资源化再利用等的硬约束指标，提高企业必须承担的环保、节能减排的社会责任在考绩考核中的权重，强化企业主体责任，确实形成企业成为循环经济主体的倒逼机制。北京市发展改革委与北京市财政局联合制定印发了《北京市用能单位能源审计推广实施方案（2012—2014年）》。根据方案，3年内，北京市将按照用能单位和公共机构的年综合能耗，分阶段、分批次地对全市年综合能耗5000吨标准煤以上的559家重点用能单位、年综合能耗2000吨标准煤以上的公共机构开展能源审计工作，并对上年未完成节能考核目标、能源利用状况报告审核不合格的重点用能单位实施强制能源审计。北京市的这项举措，值得仿效。

三、技术创新能力亟须加强

循环经济是经济，要真正形成气候，就必须具有经济性质和特征，经营者的投入低于产出，“有利可图”。目前循环经济技术创新体系和先进适用技术推广机制不健全，技术水平参差不齐、技术瓶颈等并存，致使资源循环利用成本过高，严重制约循环经济发展，发展循环经济技术已成为发展循环经济的重大战略需求。首先，要尽快建立健全推动循环经济技术发展应用的市场化机制，引导企业、私人资本投向循环经济技术的研发。

其次，发挥政府行政手段的作用，对新上项目严格把关并督促循环经济技术的推广应用，采用财政税收政策促进循环经济技术的研发和应用；对于大中型国有企业或政府投资的新建重点项目，采用后补贴制度鼓励充分应用具有世界先进水平的技术或先进适用技术。

再次，注重对循环经济消费模式的引导，促进其技术和产业的发展。一方面可通过建立和完善技术标准，从而鼓励消费者接受和使用循环经济技术和产品；另一方面应着眼于主动对消费模式和行为进行“循环经济”的引导，从而推动相关技术和产业的发展。

最后，强化企业主体责任，调动企业自主创新的积极性。政府应当引导而不是规定企业的投资领域和范围，应当建立一个有利于企业自主创新的市场环境，尊重市场规律和企业自身发展规律，使企业真正成为自主创新的主体，突破一批关键或共性技术，加快推广应用，促进循环经济产业发展。

新时期我国民航体制改革历程与启示

中国城市临空经济研究中心秘书长 马剑

新中国民航运输业诞生于1949年，经过60多年的发展，特别是改革开放以来的三十余年，民航运输业取得了巨大成就，产业面貌发生了翻天覆地的变化。回顾中国民航运输业新时期体制改革发展历程，对于中国民航业健康、快速、持续发展，更好地服务于中国特色社会主义现代化建设事业，不仅具有较高的研究价值，也具有很强的现实启示。

一、新时期我国民航运输业改革历程回顾

1978年年底召开的中国共产党十一届三中全会，是新中国历史的重要里程碑。这次会议实现了党和国家工作中心的根本转移，从传统僵化的计划经济体制逐步转向以市场为导向的市场经济体制，作为国民经济重要组成部分，中国民航运输业在20世纪80年代初启动了体制改革，从依靠统一的行政指令到市场化运作，中国民航运输业体制改革大致经历了以下四个重要阶段。

（一）改变管理体制，去军事化和企业化改革的初始阶段（1979年年底—1987年年初）

1978年前，民航行政管理体制总体上是一个以军队领导为主、政企合一、半军事化，管理粗放的行业。1980年邓小平提出“民航一定要企业化”，从此拉开了民航行政管理体制以“军转民和企业化”为核心的改革序幕。党和政府按照该指示，决定民航脱离军队建制，把中国民航局从隶属于空军改为国务院直属机构，实行企业化管理。直到1987年，初步实现民航运输业在整体形式上的企业化。在此阶段的主要改革措施包括：实施机构改革，改民航军事建制为行政建制；建立经济核算制，推行企业责任制，赋予管理局经营自主权；改革投资体制，拓宽资金来源渠道；放松进入管制，初步建立行政管理机构和企业化的体制。

虽然国家逐步开始改革开放，但是政府职能转变只能在计划经济框架内进行局部调整。虽然基本实现了民航产业市场化和企业化的破冰，但依然保留了计划经济的政企合一特征，这与当时计划经济仍占主体地位的宏观经济背景是分不开的。

（二）企业化改革和引入竞争阶段（1987年1月—2002年）

1987年1月30日，国务院批准了中国民航局《关于民航系统管理体制改革方案和实施步骤的报告》，决定对民航运输业进行以航空公司与机场分设为特征的体制改革。以此为标志，中国民航运输业的体制改革进入了新的历史阶段。从1987年1月到2002年，中国民航运输业以政企分开、放松进入规制、建立模拟竞争市场、促进产业内企业有效竞争为主要内容，开展了一系列深化改革的行动和措施，包括：改革民航组织机构；放松市场准入管制，允许有条件的地方组建地方航空公司。

（三）深化改革阶段（1997—2002年）

进入“九五”以后，随着各方环境因素的变化，原有的以管制政策为主导的产业政策已不能适应新形势的需要。在研究分析新的经济形势基础上，民航总局在五个方面继续推进自身的机构改革。严格进入管制，鼓励和引导企业联合兼并；尝试放松价格管制，加强竞争；加强新增运力的管制；加大国际航线经营的规制，培养国内航空公司的国际竞争力；推动产业内企业的改制改革，建立现代企业体制。

（四）以建立社会主义航空运输市场为目标，深化行政管理体制改革新阶段（2002年以来）

2002年1月23日，国务院第121次总理办公会议通过了国家计委上报的《民航体制改革方案》，标志着民航运输业新一轮重大改革的启动。2002年3月3日，国务院颁发2002年6号文件，批准了《民航体制改革方案》，民航改革正式进入实施。这轮改革按照中央建立健全社会主义市场经济体制的总体部署，充分结合了我国民航运输业的具体实际，提出了建立符合社会主义市场经济要求的新型民航运输业体制的总体改革目标。为充分发挥市场机制在我国民航运输业资源配置中的基础性作用，本轮改革从政企分开、打破垄断、规范行业秩序、促进产业发展等方面着眼，实施了一系列卓有成效的改革政策，主要有：民航总局直属企业的重组改革和脱钩；民航行政监管机构的深化改革；机场的属地化管理改革；民航公安体制改革；相关配套改革。这轮改革对我国民航运输业的发展和未来都产生了深远的影响。

二、当前中国民航运输业体制改革中存在的问题及对策

（一）当前民航运输业存在的问题

我国民航运输在体制改革后取得了飞速的发展，但是改革是长期的，解决所有积累的历史问题需要长期的过程。改革就是解决旧问题，发现新问题的过程，在民航发展迅速、改革深入的进程中，一些深层次问题和矛盾也不断显现出来。诸如：行政性垄断明显；市场法规体系不健全；空中管制问题严峻；运力结构和航线结构不合理；价格形成机制不完善。

（二）解决对策

由于我国的民航产业在改革之前一直处于长期的行政垄断下，带有浓厚的计划经济色彩，这就注定了其市场化改革的漫长性和艰难性。虽然三十多年的改革使民航较之以前取得了很大的发展。但是，由于一些深层次问题的存在，使得所谓的市场化仍然没有达到民航市场化的预期要求。如果这些问题得不到妥善解决，有可能使改革流于形式。因此，通过对民航体制改革的再认识，下一个阶段的体制改革目标及任务应以上述存在的问题作为出发点。为此，民航总局开展了多项政策：明确产权，政企分开；开放市场，引导竞争；控制全行业的运力水平；逐步完善价格机制；调整航空资源的分配政策；制定全球化发展战略。

三、关于中国民航运输业改革的几点启示

中国民航运输业推行以建立社会主义航空运输市场为目标的体制改革已经30多年了，取得了巨大的成就。同时也积累了宝贵的经验，为民航下一步深化改革提供了启示。

(一)解放和发展生产力始终是民航体制改革的内在要求

通过体制改革推动民航生产力的发展，一直是民航改革的目标。1980—2008年间，经过多次持续推进，彻底打破了高度集中统一的旧体制，民航生产力得到极大解放和提高。1978—2011年，我国民航运输总周转量增长191倍。作为民航生产力发展新形态的航空经济，要顺应民航生产力发展的新趋势，通过民航体制改革，将民航业发展纳入国家发展战略体系，建立高层级的民航发展综合性协调机制，推进空域管理体制改革。

（二）法治化是民航行业管理方式转型的大势所趋

在民航管理方式转型的阶段，市场化改革极大地动摇了政企合一基础上的传统管理方式，过去“关起门来是一家”的管理模式难以为继，势必要求建立法治化管理方式。但长期以来我国民航安全监管主要依仗行政层级权威，依赖人事权和财政权等行政资源来履行安全监管职能。通过市场化改革，客观上要求从法制上赋予民航管理部门的法律权威，引导行业管理部门逐步转变到使用法律方式来履行管理职能，依靠依法行政、执法监管来履行职责。

（三）民航行政体制改革要适应社会主义市场经济的需要，向精简、高效和服务型政府转变

当前的民航局及下属行政单位，行政行为依然带有干预航空运营的惯性，具体表现为职能交叉多、过多涉足微观经济领域、淡化了民航行政的服务和宏观管理职能，设置过多过细，对航空运输经济运行管理过于微观和具体。如服务质量标准，民航局还在制订颁布，因为服务质量涉及部门多，各航空公司、机场差异性大，还是由航空公司和机场依据各自情况去拟订更切合实际。民航局应把主要精力放在政策的制订上，如国际航空运输发展战略、防止国际货运被边缘化政策、发展支线航空的配套政策等等。深化民航体制改革，其中一个重要问题就是探寻“公共行政”的合理边界，促进民航局、地区管理局及监管办的继续转型，真正建立决策、执行分开的行政管理体制，并真正塑造服务型政府。

（四）要科学界定机场、空管等组织的公共性和企业性领域边界

机场不是空运市场的经营主体，而是非经营主体，是发展航空运输的公共性基础设施，机场应为航空公司、旅客、货主提供优质、平等的服务，而不以盈利为首要目标。诚然，不论大型还是中小型机场，也要树立“商业”和“企业经营”观念，即因地制宜地发展机场服务经济，发展非航空主业，在不与航空公司争利、不参加航空运输市场竞争的前提下开拓新的盈利渠道。欧美各国在发展航空运输历程中，尽管各国政府给予机场的扶助政策不同，但是，不让机场与航空公司进行航空运营竞争这点是相同的。而在这方面，中国民航的不少机场却分割了基地航空公司（含分、子公司）的生产经营活动，民航局对机场、航空公司的摇摆性改革政策，导致航空公司公益性、商业性边界模糊，也会使地方政府扶助机场发展的积极性消失。航空公司可在大型枢纽机场建设独立或合作运营候机楼，是国际民航界的通行做法，因为大型机场的候机楼可以按照商业性原则运营，而机场的飞行区是垄断性的公共基础设施，两者本质不同。

（五）把深化民航体制和机制改革作为推动民航大发展的重要动力

深化民航体制和机制改革，首先要对民航的改革重新反思和进行分类设计和推进。市场经济的实践告

诉我们，由于市场化主体内生着趋利动机和行为，一旦选择了企业商业化和市场化，这些趋利动机和行为就将强烈地起作用。

深化民航体制和机制改革，要围绕政企分开、界定空运市场主体、搞活做强航空公司进行。第一，明确机场的定位同时，机场也要有商业观念，因地制宜地发展非航空业务，提高非航空业务收入水平。第二，坚持航空公司与机场分设。第三，坚持机场属地化管理改革，下决心解决首都机场集团兼并机场过多、管理负担过重、资源配置效益不理想的问题。第四，民航局进一步简化行政管理，减少对航空运输经营管理的干预，强化飞行安全技术管理。第五，深化航空油料供应体制改革，机场的运、储及管道供油设施交还机场统一管理；深化航空运输信息运营改革，明确航空公司具有独立建设和运营信息系统的权利；进一步改革飞机统一订购，增加航空公司对飞机订购话语权和自主权。第六，采取措施完善航空公司经营自主权，理顺机场和航空公司生产运营关系。第七，在转轨期内给予承担公共事务的航空公司以财政扶助和政策支持。第八，加强宏观调控，适度抑制运力过快增长，适度抑制航空公司过多建立，促进客座率、载运率和收益率的逐年提高，促进航空公司走集约型发展道路。第九，促进航空公司推进各项企业制度改革，建立真正的现代企业制度。

以航空港为导向的机场临空经济地区综合开发模式

中国城市临空经济研究中心理事、中国民航大学机场学院教授　欧阳杰

一、智能走廊与国际机场的关联分析

在知识经济时代，根据新经济增长理论，知识外溢、专业化的人力资本、有意识的劳动分工以及研究和开发对经济的增长产生了更为巨大的作用，肯尼思·科里（Kenneth E.Corey，2000）指出IT和远程通信技术的驱动促进了数字产业和电子空间发展——智能走廊的形成。美国波士顿128公路地区、英国的M4高速公路走廊、瑞典斯德哥尔摩与乌普萨拉市之间的E4走廊等世界上著名的高技术走廊都验证了高新技术产业的研发制造与公路运输业、航空运输业的发展密切相关，科学研究机构以及高新科技园区不仅普遍依赖于交通走廊布局，而且还充分将邻近机场作为其重要考虑因素之一，以机场为枢纽节点的航空运输方式则提升这一交通走廊的等级（表1）。大型机场与机场所在城市中心之间普遍形成复合型的交通走廊，以公路为主体的交通走廊和以机场为核心的交通枢纽将强化技术走廊面向区域和全球的可达性，机场进场交通走廊由此普遍成为城市空间发展和高新技术产业布局的重点区位。安德逊等（1978）认为新经济增长的影响表现在新城市——区域空间的形成，即通过高效廊道把知识中心和大城市连接起来，这些高技术走廊的发展首先应该拥有一个国际机场，因为只有高可达性的地方才能孕育高水平的科技活动。

表1　世界著名高技术走廊与国际机场的关联

高技术走廊名称	依托机场	高技术交通走廊的构成	主要城镇和功能区
美国波士顿128公路高技术区	波士顿洛根机场	一条长90公里、呈半圆形环绕波士顿外围的半环形高速公路沿线地区，为世界上知名的电子工业中心，被称为“美国的科技高速公路”	包括米德尔塞克斯、萨福克、诺福克和埃塞克斯四县；以生物技术为中心的肯德尔园区；麻省理工学院
英国M4高速公路走廊	伦敦希斯罗机场	包括伦敦西部的新月形地带和M4沿线向西至南威尔士地带（伦敦—卡地夫—布里斯特）共同构成英国科技中心	伯克郡、哈福德郡；汉普郡；斯托克利产业园（高科技产业、物流产业及生活配套设施）；空港区
英国伦敦—斯坦斯特德—剑桥走廊地区	伦敦斯坦斯特德机场	南北向M11、A60和A1公路连接剑桥与伦敦，东西向A45公路连接剑桥与弗利克斯托、哈里奇	伦敦Western Sector地区；剑桥科技园（Silicon Fen）；剑桥大学城；彼得伯勒
瑞典斯德哥尔摩与乌普萨拉之间E4高新技术走廊	斯德哥尔摩阿兰达国际机场	依托欧洲A类道路——E4高速公路构成的智能走廊衔接阿兰达国际机场，符合“大学—机场”模式	乌普萨拉为文化及学术重镇；Kista为新兴的高科技发展带中心；机场城项目

续表

高技术走廊名称	依托机场	高技术交通走廊的构成	主要城镇和功能区
荷兰阿姆斯特丹城市物流和高科技产业走廊	阿姆斯特丹史基浦机场	A4与A9高速公路之间的机场外围地区为各种商务、工业、物流等园区和信息技术综合体，发展重点为机场—宙达—阿姆斯特丹市区之间约12公里宽的带状走廊	阿姆斯特丹市（欧洲商业的神经中枢）；阿姆斯特丹空港地区；新城市中心为宙达
华盛顿杜勒斯机场高速公路沿线地区	华盛顿杜勒斯机场和华盛顿里根机场	为华盛顿特区重要的城市发展走廊和美国著名高新技术产业集聚区，66号和270号高速公路沿线地区为创新聚集区	弗尼吉亚R-B和J-D两条轴状发展走廊沿线有Rosslyn、Ballston、Tysons Corner、Reston等新城
新加坡技术走廊	新加坡樟宜机场	以科技园为中心的新加坡西部一带为新加坡的“科技走廊”，技术密集型产业的发展以其为技术研发支撑	由大学教育区（含新加坡国立大学、欧洲工商管理学院、理工学院等）、科学园和纬壹信息科技城组成
马来西亚超级多媒体走廊	吉隆坡国际机场	吉隆坡机场至国油双峰塔的科技“走廊”地带由高速公路和高速轻轨连通，南北长50公里，东西宽15公里，总面积750平方公里	吉隆坡市中心；智慧型城市（赛博加亚）和新政府行政中心（布特拉加亚）
韩国首尔至仁川带状城市群	仁川国际机场；金浦机场	机场高速、机场快速铁路将新区、原首尔中心、仁川国际机场串接成带状走廊式的城市群发展模式，以取代首尔城市群“单极集中”模式	规划以新区和机场（含永宗区）为两大新增长极，衔接仁川、松岛信息技术新城、青罗

促进带状智能走廊成型和发展的最有效动力机制需要有四大要素：即大学和科研机构、高新技术产业、国际机场以及复合型交通走廊；依托高速公路的交通走廊主要承担智能走廊中的内部交流联络作用，以发挥培育研发机构密集的催化效应和高技术产业集群的集聚效应，推动大学、科研机构及高新技术产业与国际机场之间的密切结合，高技术带状走廊均依托国际机场作为支撑，以承担对外联络交流的航空客流职能和高新技术产品进出口的航空物流职能。例如，《大伦敦空间发展战略》（2004）提出了大伦敦地区四条具有发展潜力的区域空间发展走廊，包括北向的伦敦—斯坦斯特德—剑桥—彼得伯勒走廊、西部楔地和泰晤士河谷走廊、南向的伦敦—盖特威克机场走廊以及东向的泰晤士河门户走廊，其中前三大主要轴向发展方向均已经分布有机场，而泰晤士河门户走廊也有在泰晤士河河口地区新建大型机场的方案。总体来看，智能走廊往往具有知识中心指向和临空指向的双重特性，国际机场是智能走廊发展成熟过程中的不可或缺的基本要素。

二、新兴城市概念与国际机场的关联分析

由于机场普遍位于城市外部空间或城市边缘地区，机场地区与各种新兴的分散式城市类型存在密切的关联，机场地区快速城市化的进程是与边缘城市（edge city）、外围城市（outer city）、郊区城市（suburban city）、技术郊区（technoburbs）、TECHNOPLIS（技术化社会）以及信息城市（informational city）等新兴的城市空间形态或城市概念或多或少地存在某种程度上的联系。这些城市类型多以用地布局分散、地处市郊为其空间布局特征，在功能上依托高新技术产业和现代信息通信技术的进步，并将航空运输作为其主要的对外交通方式。推动这些城市空间形态快速发展的核心力量为大学及研发机构。可以预计，顺应网络城市、边缘城市、信息城市等各种新兴城市空间形态的发展，大型机场的周边地区将以航空交通枢纽为主要的动力机制，加快其城市化的进程，最终将形成呈现出各种城市空间形态的、具有新兴城市概念的航空城。

以新兴城市概念——“外部边缘城市”（outer edge city）为例，彼得·霍尔（1999）提出全球城市区域所应具备的多中心圈层空间结构形态，他认为外部边缘城市是中心市区和外部的联系点，与位于传统中心区附近的内部边缘城市不同，它由一些交通节点上的城镇所组成，往往与地处郊区的机场相伴出现，普遍位于通往主要机场的进场交通轴线上。这些交通节点上的城镇包括伦敦的Western Sector（斯坦斯特德机场地区）、巴黎Roissy（戴高乐机场地区）、斯德哥尔摩Kista-E4走廊（阿兰达机场地区）、阿姆斯特丹-Zuid（史基浦机场地区）等。美国学者弗里德曼（1986）也指出：目前世界主要城市之间，作为“全球性金融结合点”（global articulations）的联系已经越来越直接和紧密，而这些大城市周边新近成长的“边缘城市”通常或是围绕机场，或位于机场方向的主要轴线上。

机场地区外围地区也是培育各类新城的重要区域。以美国华盛顿特区新城开发的成功案例为例，在495号环线公路内的华盛顿里根机场和环外的杜勒斯机场之间的高速公路沿线地区为华盛顿特区重要的城市发展走廊，也是美国著名的高新技术产业集聚区，该地区66号和270号的高速公路沿线地区为创新聚集区，华盛顿杜勒斯机场高速公路沿线的弗吉尼亚阿灵顿县的Rosslyn-Ballston和Jefferson Davis两条主要发展轴沿线地区都产生了Rosslyn、Ballston和Tysons Corner等新的边缘城市，在R-B轴状走廊中，以城际轨道交通线沿线的5个车站为中心，沿线开发布局紧凑、功能混合的社区。在华盛顿市以西35公里的弗吉尼亚州费尔菲克斯县开发了美国最为成功、也是最大的新城——里斯顿新城，该新城占地约45平方公里，地处杜勒斯机场高速公路旁，距杜勒斯机场仅15分钟路程。

英国剑桥系统研究所对欧洲、日本和北美空港邻近地区进行的研究中表明：在大多数城市，围绕着空港的商业活动除了集中在空港相邻地区，还包括空港交通走廊沿线15分钟车程的范围内，即空港交通走廊沿线的高可达性地区。另外的研究表明：商务办公业也倾向于靠近机场地区发展，欧洲一些大城市新的办公园区多在机场附近选址建设（图1），通常位于市中心往机场的方向的土地租金高于城市其他方向的租金。

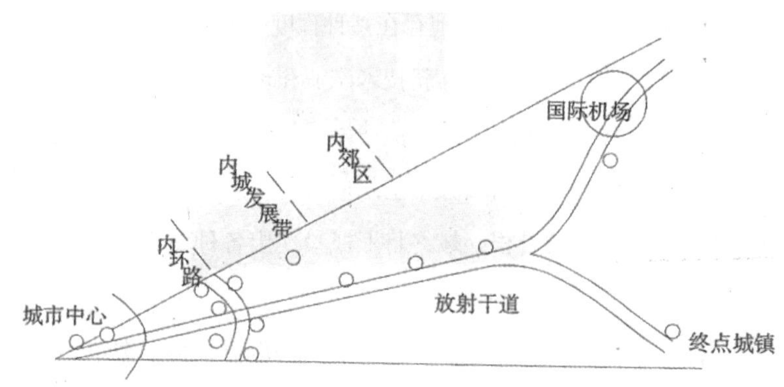

图1 欧洲大城市办公园区的区位分布（Berg et al.，1982）

三、以航空港为导向的AOD开发模式的概念

城市土地开发模式多种多样，从交通方式的导向来说，城市土地开发模式包括以步行为导向的POD模式（Pedestrian Oriented Development）、以小汽车交通为导向的AOD模式（Automobile Oriented Development）和以公共交通为导向的TOD开发模式（Transit Oriented Development）。其中TOD开发模式是以地铁、轻轨、快速公交（BRT）以及常规公交等公共交通方式为导向，以城市公共交通枢纽为核心的高强度土地利用模式，力求将已经有的或者规划的公共交通站点转化为城市新的发展中心，促进公共社区、市镇组团及核心城区等空间单元有机组合，并由TOD交通轴线连接，从而形成多中心、网络型、生态化的空间结构。

（一）以航空港为导向的AOD开发模式内涵与特性

在区域一体化和经济全球化的进程中，地处中心城市郊区的机场地区逐渐成为以公共交通枢纽为导向的城市土地开发的重点领域。根据不同城市背景和土地特性，可应用TOD开发模式对机场周边地区进行深度、广度和强度开发，由此而形成具有特色性的机场地区综合开发模式——以机场为导向的城市土地开发模式（Airport Oriented Development）。AOD模式是指以机场为导向，在机场周边地区和进场交通走廊沿线地区进行居住、产业开发的一种特殊类型的TOD模式，这种点轴式整体开发模式不仅局限于机场这一交通枢纽节点的开发，也衍生出进场交通走廊沿线地区的开发，其具有机场综合交通枢纽开发模式和进出机场综合交通走廊开发模式的双重属性。

AOD开发模式的特殊性表现在以下方面：一是机场进场交通兼备邻近市中心和机场的两种优势，普遍为城市规划建设中优先实施的交通线路，并由一般公路、专用高速公路或者各种轨道线路所组合构成的复合交通走廊，与其他方向的交通轴线相比，机场进场交通系统更能够显著地提高沿线地区的可达性；二是与城市其他方向的发展轴不同，机场方向的城市发展轴向外辐射的端部为机场地区，这样机场及其进场轴线所形成点轴效应将对城市空间的发展方向和发展重心有着引导作用，使得机场方向往往成为城市空间形态的主导发展方向，整个进场交通走廊沿线地区的TOD开发模式具有显著的市中心指向性和临空指向性的双重属性；三是与一般交通走廊相比，专用型的进场公路出入口或轨道交通沿线站点的数量有限，其沿线开发项目多为组团式、高端化的产业或居住项目。历史悠久的内城型机场（inner-city airport）地区的城市空间发展模式有所不同，在机场地区与市中心之间进行相向且长期的空间拓展背景下，机场地区将逐渐融入城市主体空间之中，最终将成为城市功能区的重要组成部分。如上海虹桥机场、成都双流机场等。

（二）机场地区的增长极开发模式

以机场地区及进场交通走廊为主体的AOD土地开发模式将产生由增长极和增长轴所共同构成的点轴开发模式，并分别产生极化效应和轴化效应。机场地区增长极开发模式是依托机场地区的极化效应而直接发展成为航空城，这一方面可在机场周边地区进行产业化开发，大力发展临空经济，进而实现机场外延地区的城市化；另一方面以机场陆侧交通枢纽为核心，实现地面交通枢纽化，并在航站区内进行商业或商务开发，融入办公服务、金融贸易、商业零售等功能，实现城市功能的内聚。如在世界旅客吞吐量排名位居前列的美国芝加哥奥黑尔机场已经成为芝加哥大都市区新的增长极，集聚了许多具有CBD性质的城市社会经济功能。而在芝加哥的就业岗位空间分布上，商务与轻工业也主要集中在奥黑尔机场地区以及芝加哥中央商务区和几个郊区中心。

随着机场周边地区高速公路网和轨道交通线的发展，机场地区的交通体系将由点线式地面交通向网络化交通体系转变，大型机场这一交通节点也趋于综合化和枢纽化，并有可能成为融合城市交通与对外交通的城郊型综合交通枢纽。具有良好区位交通条件的机场可发展成为以客运为主的交通枢纽型航空城。以上海虹桥综合交通枢纽为例，该机场综合交通枢纽开发模式依据上海轨道交通网络规划中所采用的“交通枢纽锚定网络”理论，按照“用地布局—客源生成—枢纽位置—网络—交通功能”的发展时序，构成集机场、国家高铁、城际铁路、磁浮交通、城市轨道交通、长途客运、城市公交、出租车及社会车辆等于一体的现代化大型综合交通枢纽，虹桥机场地区由此而将发展成为上海的城市副中心。

（三）机场进场交通沿线的增长轴开发模式

复合型的机场进场交通走廊是由多条公路（主路和辅路）、城市轨道交通线和铁路线所组成的综合交通走廊。它除了服务于机场之外，还可提高沿线地区的可达性，对城市空间发展方向和发展重心有决定性的影响，可直接引导城市空间的轴向发展。跨区域的机场综合交通走廊对城市群空间结构的集聚和扩散也有着调控作用，作为区域增长极也对区域经济有显著促进作用。

机场地区增长轴开发模式是以机场主要进场综合交通走廊沿线为增长轴，在沿线地区进行带状的综合开发，由此而产生轴化效应，尤其是在机场轨道交通的推动下，将加快机场地区及其沿线地区的城市化进程，而这些地区的城市化进程又向机场轨道交通方式提供了新的出行需求。机场轨道车站及其周边区域进行的大规模物业开发不仅可为航空客流带来方便，也为机场轨道线吸引了更多客流，提升了周边物业的人气，这样客流和物业之间互相促进，实现了沿线站点地区开发和机场快线良性运营的互补，带动机场轨道交通沿线区域的良性发展。

四、结语

在知识经济快速发展和经济全球化的背景下，国内外的大型机场地区及其进场交通沿线地区已经成为城市空间发展的主要区域之一，以由轨道交通为主体的综合进场交通走廊为增长轴、以机场综合交通枢纽为增长极的AOD开发模式也将成为一种新兴的城市综合开发模式，它将对机场周边城市的空间形态布局和空间发展方向以及以高新技术产业为主的产业空间布局都产生了深远的影响。

2013江苏城市可持续发展综合评价报告

（执笔：蔡之兵 储东涛）

江苏省城市发展研究院城市评价中心对江苏城市可持续发展进行综合评价，已经连续11年了。依据江苏省统计局及13个省辖市统计局关于《2013年国民经济和社会发展统计公报》所载2013数字，测定2013年江苏13个省辖市可持续发展综合评价得分（可持续发展度），前五名为苏州（81.42）、南京（79.94）、无锡（76.13）、常州（71.07）、南通（70.80）。全省13市中，综合评分在70分以上的有5座，60分到70分之间的有6座，60分以下的有2座。位列可持续发展水平前五位的是苏州、无锡、南京、常州、镇江；列可持续发展能力前五位的是苏州、南京、无锡、南通、常州。

一、城市可持续发展的内涵和评价标准

城市可持续发展是指在一定的时空范围内，以城市长期、稳定、持续的经济增长及其结构优化来实现城市化和城市现代化。在满足现在城市人口对生存与发展需要的同时，又要考虑到未来城市人口生存与发展的需要，保持相应的潜能储备，使城市始终保持均衡发展的态势。城市可持续发展是包括人口、经济、资源、环境、社会等的可持续发展。它不仅取决于资源、环境的诸多支撑条件，如城市原有资源、地理和人文环境、创造和集聚资本的能力等，更取决于城市人力资源的质量、经济结构的合理性、经济的增长速度、经济效益的优劣、对外开放程度、城市基础设施建设等多项指标。

提高城市发展的集约化和效益化水平与质量，将是今后对城市评价的主要特征。从创造一个稳定社会的角度，在经济发达、生活方便、文化丰富健康、医疗保险系统健全、教育普及、科学发达、资源保障率、生态平衡、环境洁净优美等诸多方面考虑，结合即期的表现与预期的潜力，来确定对江苏城市的评价标准。主要是围绕人口、资源和环境的协调，把以往强调当前城市高速发展的指导思想变为城市长期可持续发展的思路。

江苏地处沿海，人口密度大而且流动人口众多，平均承载量大，因而对城市发展的要求更严。应当围绕着人民的需求来进行分析，强调人口质量和培养人的社会环境和生存环境；对资源的评价，应强调它的有效利用和能给人民带来的物质文明；对环境的评价，主要是评价人民的良好生存环境，从而是科学的、可行的评价标准。

二、城市可持续发展的评价指标体系

本报告沿用了《2012江苏城市可持续发展综合评价报告》的指标体系。这个结构框架，由2个一级指标、15个二级指标、35个三级指标组成，并根据各项指标的含义，自上而下组成目标层、准则层、领域层和指标层，构成一个较为完整的层次体系（见图1），其中，目标层是由2个不同准则的准则层来加以说

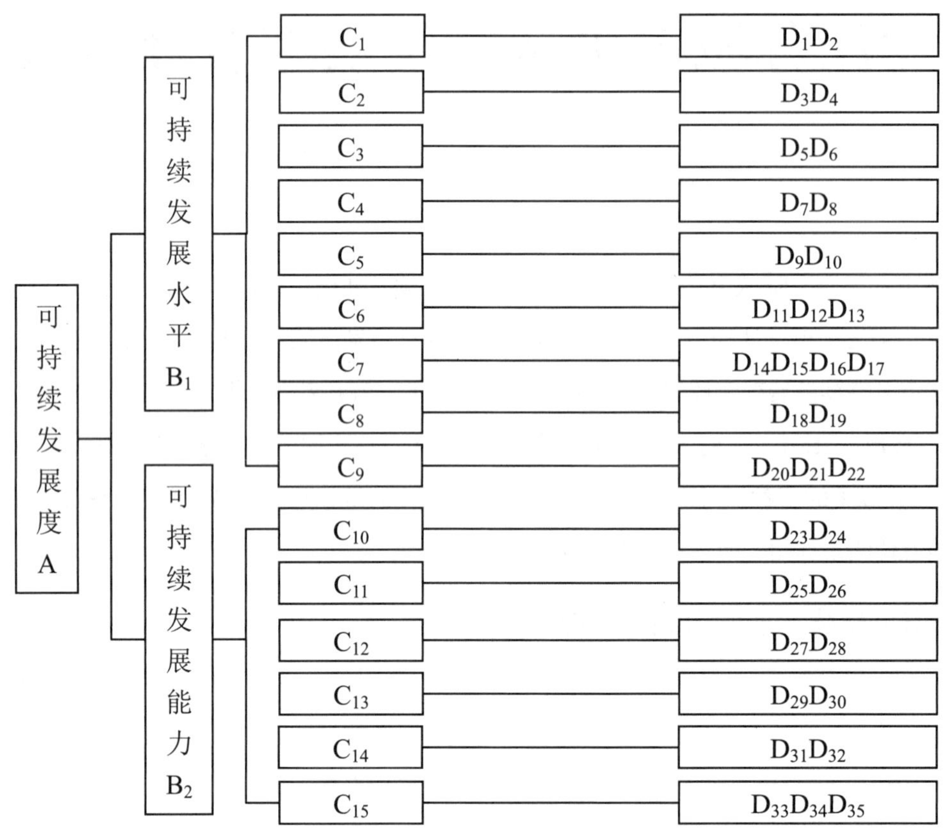

（注：A为目标层；B为准则层；C为领域层；D为指标层）

图1　江苏城市可持续发展评价指标体系结构框架图

明；准则层是由15个不同领域的领域层加以说明；领域层则由35个指标的指标层具体反映。

城市可持续发展的评价指标含义如下：

（一）综合指标A为可持续发展度

A用来综合衡量城市可持续发展水平和可持续发展能力的总体水平。评价可持续发展度，需要选择静态指标、动态指标、存量指标与流量指标等不同类型，使其在时间尺度和数量上反映城市系统的发展速度和变化态势，在空间尺度上反映整体布局和结构优化特征，反映城市的综合素质、发展能力和潜力，以及城市发展的后劲。

（二）一级指标B_1为可持续发展水平

B_1是城市的社会、经济、资源、环境等要素发展现状的最直观的外在表现。包含以下9项二级指标：

1. 经济规模（C_1）：含D_1（人均GDP（元/人））、D_2（GDP年均增长率（%））2项三级指标。

2. 经济效益（C_2）：它是城市经济运行质量的反映，选择D_3（工业全员劳动生产率（元/人））、D_4（资金利税率（%））2项三级指标来表示。

3. 经济结构（C_3）：它用D_5（二、三产业增加值占GDP比重（%））、D_6（高新技术产业产值占工业总产值比重（%））来表示。

4. 经济外向度（C_4）：用D_7（外贸依存度（%））、D_8（利用外资占GDP比重（%））来表示。

5. 人口结构（C_5）：选择D_9（人口自然增长率（%））、D_{10}（初中毕业生升学率（%））来表示。

6. 居民生活质量（C_6）：选择D_{11}（城镇居民人均可支配收入（元/人））、D_{12}（百户家庭电脑拥有量（台））、D_{13}（居民人均文教娱乐服务支出（万元））来表示。

7. 城市发展（C_7）：选择D_{14}（城市化率（%））、D_{15}（城镇人均居住面积（m^2/人））、D_{16}（万人拥有公共交通车辆（标台/万人））、D_{17}（人均道路面积（m^2/人））来表示。

8. 社会保障（C_8）：用D_{18}（城镇登记失业率（%））、D_{19}（万人拥有病床数（床/万人））来表示。

9. 环境质量（C_9）：用D_{20}（环境质量综合指数（%））、D_{21}（建成区绿化覆盖率（%））、D_{22}（市区人口密度（人/平方公里））来表示。

（三）一级指标B_2为可持续发展能力

B_2指标表示的是城市社会、经济、科技、资源、环境等各要素对城市发展的支撑以及保障和协调能力，是城市可持续发展的内在推动器，包括以下6项二级指标：

1. 经济发展能力（C_{10}）：用D_{23}（财政收入（亿元））、D_{24}（全社会固定资产投资总额占GDP比重（%））来表示。

2. 科技支撑能力（C_{11}）：用D_{25}（万人专利授权量（件/万人））、D_{26}（万人拥有科技人员数量（人））来表示。

3. 社会保障能力（C_{12}）：选择D_{27}（社会保险覆盖率（%））、D_{28}（每10万人交通死亡人数（人））来表示。

4. 资源利用率（C_{13}）：选择D_{29}（万元工业产值电耗（千瓦时/万元））、D_{30}（单位土地面积GDP（万元/公顷））来表示。

5. 资源支撑能力（C_{14}）：选择D_{31}（人均耕地面积（公顷/人））、D_{32}（人均水资源（m^3））来表示。

6. 环境治理能力（C_{15}）：选择D_{33}（“三废”综合利用产品产值（亿元））、D_{34}（环境污染治理投资占GDP比重（%））、D_{35}（城市污水集中处理率（%））来表示。

（四）城市可持续发展评价模型

本指标体系参照值，除D_7取江苏13地级市平均值外，D_9取国家环保总局“生态市建设实行指标”、D_{18}、D_{28}、D_{29}取13市最低值、其余均取13市最高值。而指标值D_3、D_6、D_{10}、D_{12}、D_{20}、D_{25}依据江苏省科技厅、省统计局发布的上一年“江苏省科技进步统计监测结果与科技统计公报”和当年省市相关数据测算，其余均为当年江苏省和各市统计公报提供。在采用聚类分析法和层次分析法构建上述可持续发展评价指标体系后，我们运用德尔菲法，通过专家咨询，确定了各层指标权重，然后建立可持续发展综合指数的评价模型：

$$A=\sum_{i=1}^{n} W_i \cdot X_i \quad (i=1,2,3\cdots35)$$

式中A为综合指数，W_i为第项指标的综合权重（$0<W<1$）（见附表1）。其计算方法为：$W_i=W_{Bk}\cdot W_{Cj}\cdot W_{Di}$，其中$W_{Di}$为指标层（D层）第i项指标的权重，$W_{Cj}$为该项指标所属领域层（C层）指标$C_j$的权重，$W_{Bk}$为更上一层（准则层，B层）指标Bk的权重。$X_0$为评分参照值，按理应选取国家或江苏有关部门设选的目标值，但由于难以获取，本报告选用了本区域相对最佳值。X_i为第i项指标的相对评价值，通过指标具体值的无量纲化获得，即对不同量纲的指标原始数据进行同度量处理。本研究报告采用较为简单实用的相对化处理来消除量纲的影响，即用指标的实际值X和相应的参照值X_0来比较，获得无量纲可相加的指标评价值。其计算方法为：

当X为正指标时，$X_i=\frac{X}{X_0}$；

当X为逆指标时，$X_i=\frac{X_0}{X}$；

当指标参照值为一个区间时，满足条件的指标，其指标评价值取1。而$W_i\cdot X_i$为第i项指标在综合指数A中所占份额，也即第i项指标的评价值。对35项指标的评价值求和，可得综合指数的评价分值。

三、江苏城市可持续发展综合评价

（一）江苏城市可持续发展的总体比较

根据附表3所列得分值：江苏全省13个省辖市的可持续发展度（A）从高到低依次为：苏州、南京、无锡、常州、南通、镇江、徐州、扬州、盐城、连云港、泰州、淮安、宿迁。

可持续发展度排在首位的苏州得分为81.42分，70分之上的为苏州、南京、无锡、常州、南通；60分到70分之间的为镇江、徐州、扬州、盐城、连云港、泰州。

（二）江苏城市可持续发展水平的比较

1. 从一级指标可持续发展水平（B_1）来看，全省13个省辖市从高到低的排序依次为：无锡、苏州、南京、常州、镇江、南通、扬州、泰州、徐州、连云港、盐城、淮安、宿迁。与可持续发展度的排序比较，一致性较高，可见，城市的可持续发展水平对城市可持续发展度具有较大的决定性。

2. 从二级指标来看（见附表4）

经济规模C_1的排序为苏州、无锡、镇江、南京、常州、扬州、南通、泰州、盐城、徐州、淮安、宿迁、连云港。

经济效益C_2的排序为徐州、苏州、南通、无锡、泰州、盐城、常州、南京、扬州、淮安、连云港、宿迁、镇江。

经济结构C_3的排序为镇江、南京、苏州、扬州、无锡、常州、南通、泰州、连云港、徐州、盐城、淮安、宿迁。

经济外向度C_4的排序为常州、南通、连云港、镇江、无锡、南京、苏州、扬州、泰州、徐州、淮安、盐城、宿迁。

人口结构C_5的排序为镇江、泰州、无锡、常州、扬州、淮安、徐州、南京、盐城、苏州、连云港、宿迁、南通。

居民生活质量C_6的排序为苏州、南京、无锡、常州、南通、镇江、扬州、泰州、盐城、连云港、淮安、徐州、宿迁。

城市发展C_7的排序为常州、南京、苏州、无锡、镇江、徐州、扬州、南通、宿迁、泰州、连云港、盐城、淮安。

社会保障C_8的排序为无锡、苏州、南京、徐州、南通、扬州、镇江、泰州、盐城、连云港、常州、淮安、宿迁。

环境质量C_9的排序为宿迁、连云港、镇江、淮安、盐城、南京、扬州、常州、苏州、南通、泰州、无锡、徐州。

（三）江苏城市可持续发展能力的比较

1. 一级指标可持续发展能力（B_2），从高到低的排序依次为：苏州、南京、无锡、南通、常州、镇江、盐城、徐州、扬州、淮安、连云港、泰州、宿迁。

2. 从二级指标来看（见附表4）

经济发展能力C_{10}的排序为苏州、南京、徐州、南通、无锡、常州、连云港、淮安、盐城、扬州、宿迁、镇江、泰州。

科技支撑能力C_{11}的排序为苏州、南京、无锡、南通、常州、徐州、镇江、盐城、连云港、扬州、淮安、泰州、宿迁。

社会保障能力C_{12}的排序为南京、苏州、无锡、徐州、镇江、常州、南通、扬州、盐城、连云港、泰州、淮安、宿迁。

资源利用率C_{13}的排序为无锡、苏州、南京、扬州、常州、南通、镇江、泰州、盐城、徐州、连云港、宿迁、淮安。

资源支撑能力C_{14}的排序为盐城、淮安、镇江、南通、宿迁、连云港、徐州、泰州、常州、扬州、无锡、南京、苏州。

环境治理能力C_{15}的排序为苏州、南京、镇江、无锡、南通、徐州、扬州、淮安、常州、盐城、连云港、泰州、宿迁。

四、2003—2013年江苏城市可持续发展总体评价排序

2003—2013年江苏城市可持续发展总体态势良好，各市11年的综合评价得分名次列表如下：

表1　2003—2013年江苏各城市综合评价得分排名

年份	南京	无锡	徐州	常州	苏州	南通	连云港	淮安	盐城	扬州	镇江	泰州	宿迁
2003	2	3	11	4	1	9	8	13	10	6	5	7	12
2004	3	2	11	4	1	8	10	12	9	5	6	7	13
2005	1	2	8	4	3	7	9	12	10	6	5	11	13
2006	2	3	8	4	1	6	9	11	13	7	5	10	12
2007	1	2	10	5	3	4	8	12	11	6	9	7	13
2008	1	3	11	5	2	4	8	12	10	6	9	7	13
2009	2	3	9	5	1	4	8	12	10	7	6	11	13
2010	3	2	11	4	1	6	10	12	9	7	5	8	13
2011	3	2	10	4	1	6	8	12	11	7	5	9	13
2012	2	3	8	4	1	6	11	12	9	7	5	10	13
2013	2	3	7	4	1	5	10	12	9	8	6	11	13

2003—2013年江苏城市可持续发展水平（B_1）排序情况如下：

表2　2003—2013年江苏城市可持续发展水平（B_1）排名

年份	南京	无锡	徐州	常州	苏州	南通	连云港	淮安	盐城	扬州	镇江	泰州	宿迁
2003	3	2	13	4	1	6	10	11	9	8	5	7	12
2004	2	3	13	4	1	6	11	10	9	8	5	7	12
2005	1	3	11	4	2	7	8	12	10	6	5	9	13
2006	3	2	9	4	1	5	11	10	12	8	6	7	13
2007	3	1	9	5	2	4	10	12	11	7	6	8	13
2008	3	2	10	5	1	7	9	11	12	6	4	8	13
2009	4	2	7	3	1	9	13	8	11	6	5	10	12
2010	4	2	10	3	1	6	11	12	9	5	7	8	13
2011	4	2	10	3	1	5	9	12	11	7	6	8	13
2012	2	3	7	4	1	6	11	12	10	8	5	9	13
2013	3	1	9	4	2	7	11	12	10	6	5	8	13

2003—2013年江苏可持续发展能力（B_2）排序情况如表3所示：

表3 2003—2013年江苏可持续发展能力（B_2）排名

年份	南京	无锡	徐州	常州	苏州	南通	连云港	淮安	盐城	扬州	镇江	泰州	宿迁
2003	1	4	8	3	2	13	7	10	11	6	5	9	12
2004	3	1	10	4	2	11	6	12	9	5	7	8	13
2005	1	2	5	4	3	10	8	11	7	9	6	13	12
2006	1	2	9	4	3	8	6	11	13	7	5	12	10
2007	1	6	10	8	4	2	5	12	9	7	11	3	13
2008	1	4	11	7	5	2	3	12	9	8	10	6	13
2009	3	5	11	6	4	1	2	12	7	9	8	10	13
2010	2	3	12	5	1	6	7	10	8	9	4	11	13
2011	2	3	11	4	1	6	8	9	10	7	5	12	13
2012	2	3	9	4	1	6	8	11	8	7	5	12	13
2013	2	3	8	5	1	4	11	10	7	9	6	12	13

2013年江苏省城市可持续发展排名有如下特点：2013年江苏省地级市可持续发展水平良好，5个地级市可持续发展度超过70分，创历年新高；6个地级市的可持续发展度超过60分，创历年新高；60分以下的只有两个地级市，创历年新低，就具体排名情况而言，苏州、南京、无锡以及常州仍然位居前四位，苏州位居第一不变，自2009年可持续发展综合得分排名超过南京后，苏州已连续5年排名第一，南京超过无锡位居第二且优势较为明显，两市之间的可持续发展度相差3.8个点左右；南通和徐州发展势头迅猛，南通已经超过镇江排名第五，而徐州则上升至第七名，同时南通与排名第四的常州差距进一步拉小，而徐州目前则与镇江存在较大差距，两者可持续发展度目前相差4个点左右；在后面几个城市中，盐城、泰州、连云港、淮安、宿迁等地发展势头良好，各自排名比较稳定。扬州和镇江城市排名下滑，各自下降一位，但是差距不大，都在1个点范围之内，宿迁仍处于最后一名，但是其可持续发展度也已经突破51分。无论对于可持续发展度位列前面或是后面的城市，分析二级指标，都可以找出本年度里在可持续发展水平与可持续发展能力方面反映出来的薄弱环节，均需加以切实改进。

纵观11年中江苏城市可持续发展的综合评价，江苏形成了两大梯队：第一梯队为苏州、无锡、南京、常州、南通、镇江6市；第二梯队为徐州、扬州、盐城、连云港、泰州、淮安、宿迁7市。第一梯队的6市，总体上可持续发展水平较高，可持续发展能力较强。

2013年位居江苏可持续发展度第一的苏州市，11年中8年是第一，1年第二，2年第三。2013年可持续发展水平和可持续发展能力均名列第一，除了资源支撑能力、环境质量、人口结构排名较为靠后，苏州市其他指标都处于前列，可持续发展实力强劲。2013年苏州GDP突破1.3万亿元，达到13015.65亿元，苏州入选“2013中国重点城市发展质量”前十名。在不含直辖市的中国重点城市发展质量前十名中，苏州排在第6位。良好的经济基础和走在全省乃至全国前沿的城市发展经验，为苏州的可持续发展提供了坚实基础。

2013年位居江苏可持续发展度第二的南京市，11年中有3年第三，5年第二，3年第一。2013年可持续发展水平名列第三，可持续发展能力名列全省第二。其中除了人口结构和资源支撑能力排名较为靠后，南京其他指标基本位于中前列。南京进入“2013年中国最具幸福感城市”排行榜，南京被排在第5位。在“十三五”即将开始之际，南京将大力实施创新驱动、富民优先、城乡一体化、绿色发展和城市国际化战略，大力提升可持续发展能力，精心打造玄武湖—紫金山城市中央公园，加快建设秦淮河百里风光带、滨江风光带等绿色风光带，加强青龙山、牛首山等森林公园的保护，发展绿色经济、强化节能减排，努力迈向现代化国际性人文绿都，率先基本实现现代化，建设人民幸福城市。

2013年位居江苏可持续发展度第三的无锡市，11年中有5年第二，6年第三。2013年可持续发展水平名列全省第二，可持续发展能力都名列全省第三。其中，经济规模、资源利用率名列第一，社会保障、城市发展、经济发展能力、人口素质、经济效益、科技支撑能力、居民生活质量、经济外向度、环境治理能力、经济结构排名都比较靠前，环境质量和资源支撑能力排名比较靠后。2013年，无锡人均GDP居全省之首，首次突破2万美元。无锡入选“2013中国重点城市发展质量”前十名。在含直辖市的十大城市中，无锡排在第5位；在不含直辖市的前十名中，无锡排在第3位；无锡进入“2013年十大创新型城市”最新排名榜，“2013年十大创新型城市”中无锡排在第3位。

2013年位居江苏可持续发展度第四的常州市，11年中有8年位于第四，3年位于第五，2013年可持续发展水平名列全省第四、可持续发展能力都列全省第五。其中，城市发展名列第一，除了社会保障、资源支撑能力、环境质量等指标，常州市其他指标都在中前列。常州市是全国可持续发展首批城市实验区。常州市在承接国际先进技术转移、完善城市基础设施和城市功能、加强新农村建设、旅游产业快速发展等方面取得了较大成就。

2013年位居江苏可持续发展度第五的南通，11年来首次进入前五，2013年可持续发展水平名列全省第七、可持续发展能力都列全省第四。其中经济效益、经济外向度排名第二，经济发展能力、经济发展效益、科技支撑能力以及资源支撑能力都位于前四。2013年南通家纺、电动工具分别建成国家级、省级新型工业化示范基地。海工、光伏等10条特色产业链和空港、光电等特色产业园进度显著。

2013年位居江苏可持续发展度第六的镇江排名稳定，近五年来三次排名第五，两次排名第六。2013年可持续发展水平名列全省第五、可持续发展能力都列全省第六。2013年镇江生态文明先行区开始启动，海峡两岸新材料产业合作示范区获国家批准。

第二梯队的7市实际上也存在可持续发展水平的高低、但是因为其波动较大，我们仍将这7市划为一部分，认为其可持续发展能力偏弱，但是值得我们注意的是在这7市中仍然存在不少亮点。如可持续发展度名列第10的盐城，其资源支撑能力名列第一；可持续发展度名列第13的宿迁，环境质量名列第一等。

附表：江苏省城市可持续发展综合评分表

	苏州	南京	无锡	常州	南通	镇江	徐州	扬州	盐城	连云港	泰州	淮安	宿迁
A	81.42	79.95	76.13	71.06	70.80	69.52	65.26	65.16	64.44	60.693	60.687	59.20	51.80
名次	1	2	3	4	5	6	7	8	9	10	11	12	13
B1	41.90	41.41	42.17	40.25	38.35	39.38	36.54	38.09	34.67	34.76	37.05	33.02	29.85
名次	1	3	2	4	6	5	9	7	11	10	8	12	13
B2	39.53	38.54	33.96	30.81	32.45	30.14	28.72	27.07	29.77	25.93	23.63	26.18	21.95
名次	1	2	3	5	4	6	8	9	7	12	11	10	13

浅谈中国生态城乡建设

中国城市经济专家委员会副秘书长、兴华时代国际城市经济研究院院长助理　何大勇

前言

城市问题从本质上来讲是人与自然的关系问题，从根源上来讲是人对自然的认识及作用方式的问题。从人与自然的关系角度来讲，城市的演变在经历了“自然本体论”、“人文本体论”之后，已开始进入“生态本体论”的阶段。

这样一种对城市、人与自然的关系的界定，无疑与现在所倡导的城市的可持续发展的理念有着密切的关系。然而，当目标成为一种追求的方向并需要在实践中加以贯穿的时候，却发现在有关生态城市的一些最基本的含义上我们仍存在着认识上的偏差，致使在生态城市的建设中陷入了种种的误区。如何改变这一状况，一是要正确理解生态城乡建设的含义；二是要认清当前生态城乡建设中的阶段、原则、误区；三是要发挥好政府在生态城乡建设中的主导作用。

1. 生态城市的含义

1.1 生态城乡建设的含义

生态城乡建设的提出始于20世纪60年代末和70年代初，当时，联合国教科文组织的“人与生物圈”计划提出了从生态学角度来研究城市的项目，指出城市是一个以人类活动为中心的人类生态系统，开始将城市作为一个生态系统来研究。1975年，联合国教科文组织又正式出版了《城市生态学》杂志，标志着生态城市研究进入了一个大规模发展的阶段。

生态建设主要是对受人为活动干扰和破坏的生态系统进行生态恢复和重建，是根据生态学原理进行的人工设计，充分利用现代科学技术，充分利用生态系统的自然规律，是自然和人工的结合，达到高效和谐，实现环境、经济、社会效益的统一。

生态城乡建设就是一个生态健康和谐统一的城市。具体地说，生态城市就是把城市看作是一个复合生态系统，运用生态科学和城市科学理论，采取生态工程、环境工程和社会工程等手段，保护和合理利用土地及其他自然资源，增强人类对城市生态系统的调控能力，建立起经济与环境宏观协调发展的高质量、高水准的生活工作家园。

1.2 生态城乡建设的特点

生态城市建议有以下几个特点：

一是和谐性。

生态城市的和谐性，不仅反映在人与人的关系上。生态城市不是一个用自然绿色点缀而僵死的人居环

境，而是要营造满足人类自身进化需求、文化气息浓郁、富有生机与活力的生态环境。

二是高效性。

包括高效益的运转系统，即在从自然物质—经济物质—废弃物的转换过程中，必须是自然物质投入少，经济物质产出多，废弃物排泄少。也包括高效率的流转系统，主要指构筑于三维空间并连接内外的交通运输系统，其主动脉是空中航线和海上运输航线以及相贯通的城市道路系统等，以及建立在通信数字化、综合化和智能化基础上的快速有序的信息传输系统，配套齐全、保障有效的物质和能源供给系统，网络完善、布局合理、服务良好的商业、金融服务系统，设施先进的污水废物排放处理系统和城郊生态支持系统等。

三是整体性。

生态城市不只是追求环境优美，而是要兼顾社会、经济和环境三者的整体效益，兼顾城乡之间的协调平衡，在整体协调的新秩序下寻求发展。

1.3 生态城乡建设包含的道家思想

道家的生态思想主要包括以下几个方面：第一，“天人合一”、“道法自然”的思想。道家宇宙观认为，人处于宇宙系统中，“道”是天地万物之祖宗，万物归根结底都是由“道”产生的。“道生一，一生二，二生三，三生万物”。老子认为，人源于自然，并统一于自然，人与自然共生于统一生态系统。《道德经》曰：“有物混成，先天地生，吾不知其名，强字之曰：道。故道大、天大、地大、人亦大。域中有四大，而人居其一焉。”

1.4 生态城乡建设中存在的误区

一是对生态城市的内涵存在片面的理解。误把“花园城市”、“绿色城市”等等同于生态城市，单纯追求自然环境的美化，简单增加绿地，使绿地时常处于交通和建筑规划后见缝插针的消极地位，因而不能在生态意义上起到积极的作用。

二是在城市生态建设中存在“急进化”的现象。

城市生态建设是一个渐进的、有序的系统发育和功能完善过程。但目前许多城市都存在着“急进化”的现象。譬如为了短时间内取得绿化的效果，而热衷于建设大规模的草坪，尤其是公共绿地、住宅小区的建设。城市自然生态系统形成中占主导地位的树木，尤其是乡土树木的种植比例较低，影响了城市综合生态效益的发挥。

三是城市河道整治中的“渠道化”现象。

城市河道是城市生态构成中的一个重要因素，世界上的许多城市都依傍于河流。然而，在一些城市，河道整治却往往只注重防洪，而不重视河岸乡土植被的保护，景观设计中多采取传统的工程措施，即拓宽河道、裁弯取直、水泥衬地、石砌护坡、高筑河堤等，这些措施虽然使河道景观看上去整洁、漂亮，但却不能体现河岸的综合功能。

2. 我国生态城乡建设的现状和政府作用

2.1 我国生态城乡建设的现状

生态化建设实践已在我国城乡蓬勃展开。在新一轮跨世纪城乡总体规划中，生态意识已大大提高，全国已有30多座城市（如上海、扬州、张家港、乐山、成都、日照、襄樊、十堰等）明确提出了建设生态城市的发展目标，还有浙江、海南、吉林、黑龙江、陕西、福建等省提出了建设“生态省”的奋斗目标。这些目标的提出可能与本文探讨的生态城市内涵不一定完全相同，但都从不同的侧面体现了生态化发展的进程。这种选择不管是出于“应急”或“调整”或“自觉”，可以看出各级政府决策部门和广大群众越来越意识到城乡生态化发展及建设生态文明的重要性和迫切性。

2.2 生态城乡建设的政府作用

生态城乡建设是一项政府所倡导和主导的行为，因此，在生态城乡建设中，城市政府的作用是至关重要。

2.2.1 明确规划原则。

生态城市的建设必须要有科学的、高起点又切合实际的规划，在规划思想里导入经济、社会、生态的因素。其基本的原则：

一是坚持以人为本。

《雅典宪章》明确指出：“人的需要和以人为出发点的价值是衡量一切建设工作成功的关键。”所以，生态城市的规划应坚持以人为本的宗旨，提高规划的社会满意度。一方面要满足人们在物质方面的需求，提供完善的基础设施，营造优美的人居环境；另一方面要满足人们在文化、艺术、社会参与等精神方面的需要，保证城市具有良好的社会风气与健康的精神风貌，提高社会系统的层次和文明程度。从而营造出现代城市富有人情味的公共空间，充分体现人与自然的和谐。

二是经济效益与环境效益相一致。

如果仅从短期效果来看，经济建设与生态建设在资源、资金分配方面会存在一定矛盾，但从长远来看，城市环境投资与经济增长之间却是互为促进的关系，城市经济发展可为生态建设提供物质基础和技术条件，而生态建设既是经济活动的有机组成部分，又能为其发展创造良好的外部环境，而且，生态环境的优化往往能使本地区，甚至可带动周边地区的经济腾飞。

三是科学性与艺术性的结合。

生态城市的规划涉及面广，内容繁杂，要确保其可行性，需要应用科学的方法，但作为一种居住形态和生态空间，城市不仅仅是一种科学的创造，还要能体现艺术的追求，能够调动人们的心灵，在客观的物质世界里创造更加深邃的精神世界。因此，在生态城市规划中，必须努力做到科学追求与艺术创造的结合。

2.2.2 加强政策引导

政策是调整城市经济和社会发展的重要手段，在以生态为导向的城市建设中，政府可通过加强与生态管理有关的政策的制定与完善，来引导城市建设及各项经济活动遵循生态型战略与规划的要求。如根据“谁污染谁治理”的原则，进一步完善现行的排污费用征收制度，使其真正起到减少与遏制污染排放的作用；建立城市生态资源的计价体系，将隐含在商品中的这部分费用通过价格反映出来，并纳入社会再生产价值运动的经济核算体系中，使生态要素价值逐步市场化，并发挥价格机制在城市生态环境资源利用中的调节作用。此外，还可以通过出台对“绿色产业”和环保事业在税收、信贷等方面的优惠政策，来促进城市生态建设。

2.2.3 加强组织协调

政府是城市规划实施的直接组织者，在涉及城市规模、功能布局、重大建设项目、重点工程等方面的建设时，只有政府才有能力承担组织者的角色，调集必要的人力、物力和财力。由于生态城乡建设所涉及的内容极广，因此，政府必须要发挥协调作用以理顺各种关系，协调好全局与局部、近期与远期、发展与保护等关系之间的矛盾。如理顺城建、土地、公安、环保、卫生等部门在生态城乡建设中的职责权限及其相互关系；建立综合管理机制，强化日常城市管理；通过宣传和教育促进“保护生态、人人有责”社会风尚的形成，并取得广大市民对生态城乡建设工作的理解和支持等等，从而形成各部门各尽其责，全社会共同参与的建设氛围，以确保生态城乡建设目标的实现。

3. 生态城乡建设条件、阶段、策略

城乡生态化意味着一场深刻的社会变革，因为它不仅涉及城乡物质环境的生态建设、生态恢复和生态重构，更涉及发展观、价值观、生活方式、政策法规等方面的根本性转变。我国是发展中国家，综合国力、科技水平、人口素质、意识观念与发达国家相比还有很大的差距，这些因素都将影响到城乡的生态化发展。上千年的生态退化和人口众多、资源相对短缺的国情更要求我们必须现在就行动起来，以新的生态视角开辟一条非传统式又非西方化的城乡生态化发展之路。

3.1 生态城乡建设的基本条件

（1）普及与提高人们的生态意识；

（2）协调的城市生态经济；

（3）发达的文化与教育；

（4）在生态学原理指导下精心编制的城乡规划与设计；

（5）政府的生态化决策以及政策、法规、管理与监控机制。

3.2 生态城乡建设的阶段

实施城乡生态化策略，建设生态城市可分三步走，即三个阶段：

第一步，起步期。

大力普及和提高公众的生态意识与环境意识，倡导生态价值观，唤起人们对城乡生态化建设的重视和环境意识的提高，制定行动计划，建立示范工程，加强能力建设，对社会经济组织结构、功能进行初步调整，为建设阶段做好准备、打好基础。

实现城乡生态化发展，首先必须大力宣传、普及生态环境知识。从我国的实际情况来看，无论是经济较发达地区或不发达地区，生态环境意识都需要极大的提高。自觉的生态环境意识是实现城乡生态化，建设生态文明的基础和动力。

根据《中国21世纪议程》、《全国生态示范区建设规划纲要》和《全国生态环境建设规划纲要》的总目标，就必须要改变一切不符合生态原则的政策，指定城乡各个领域、各个行业生态化发展的计划与措施，推行可持续城市和可持续小城镇的规划与设计，推广生态化示范试点小城镇、示范试点小区与示范试点村庄的规划与建设，推广生态技术、生态建筑，实施交通网络生态化，加快城乡生态化发展步伐。

第二步，发展期。

重在逐步调整、改造社会经济结构，提高生活质量，改善环境质量，加强生态重构和生态恢复，增强城市共生能力，大力推广示范试点工程，进一步增强人们的生态意识，使之更加自觉地参与到城乡生态化建设的活动中去。加强生态立法与管理，建立适应社会主义市场经济的城市生态化发展法律、法规体系。对不符合生态发展的行为采取必要的行政与经济手段。

第三步，成熟期。

实现城乡自然、经济、社会复合生态系统的全面生态化。这一阶段生态城市不是处于“静止”的理想状态，而要自觉地通过各种技术的、行政的和行为诱导的手段实现其动态平衡、持续发展，增强自行组织、自行调节能力。若其正负反馈失衡或自我调控失灵也导致衰败。

以上三个阶段，对于不同城乡因发展水平不同，每一阶段的时间跨度不相同。可喜的是我国已有不少城乡已处于起步阶段或发展期，但还有不少城市与农村仍在继续重蹈传统工业化的高能耗、高污染、低效率或“先污染，后治理”的城乡发展的老路。在新的生态价值观指导下，应用生态化理念和综合生态系统分析方法，系统地研究城乡规划建设的理论、原理、方法、手段、技术和法规、管理等一系列问题，新时期的城市政府决策者、城市规划管理部门，对规划师、建筑师来说，无疑将具有特别重要的理论意义与现实意义。

3.3 生态城乡建设的阶段

中国自改革开放以来，城市建设和社会经济取得了举世瞩目的发展，人们的物质和文化生活水平得到了很大的提高，但城市的发展与自然的演进严重失衡，生态环境问题日益突出，城市损害了自然！为挽救生态环境的破坏，解决城市发展的生态危机，人类首先必须以谦恭、友好的态度尊重自然，呵护自然，重构城市发展与自然演进的平衡机制。为此，我们需要在以下几个方面进行不懈的努力：

1. 倡导东方人“和谐”的哲学观念，“天人合一”。

2. 尊重城市的历史文脉与地域文化，复兴被冷落或被遗忘的城市历史场所，找回失落的空间，重新唤起对城市历史的记忆。实现城市现代化应与城市地域化、个性化相结合。

3. 建立大地园林化、城乡一体化，城乡互动、互惠共存的协调关系，实现城市生态化。

4. 建立城市的绿色平衡体系，加大公共绿地面积，增加城市绿地覆盖率，如努力做到人均公共绿地面积不少于10平方米，绿地覆盖率不低于35%，城市应普遍建设森林公园，增加居民的户外活动空间，充分发挥绿地系统的综合生态服务功能。

5. 建立人与生物互惠共存的协调关系。生物多样性是人类赖以生存的物质基础，也是城市生存的基本条件。保护城市及其周边地区的生物多样性对于维持城市与区域的生态平衡具有十分重要的意义。

6. 要像珍惜生命一样保护城市的山水体系，山脉、水系、水源保护地、郊野荒地、滨水岸线、湿地必须谨慎地加以保护。

7. 树立健康的生态价值观。发展生态产业，推广生态建筑、生态社区、生态出行与交通、生态材料，提倡生态化生产方式和消费方式。

参考文献：

[1]老子.道德经[M].安徽人民出版社,1991.
[2]城市生态学.刘悦秋著.气象出版社,2010.
[3]欧洲城市生态建设考察实录.栗德祥编,2011.
[4]生态建设论——中外城市比较研究丛书.王祥荣著,2004.
[5]城市林业生态圈建设研究.北京.中国林业出版社.
[6]2009北京生态园林城市建设.中国林业.
[7]生态城乡建设的论文与实践.鞠美庭著.北京.化学工业出版社,2007.
[8]城市生态文明建设知识读本.北京.红旗出版社.

THE 第七篇
SEVENTH CHAPTER

2013年区域和城市经济畅销书

《空间经济学（城市、区域与国际贸易）》（诺贝尔经济学奖获得者丛书）

作　　者：（日）藤田昌久，（美）克鲁格曼，（英）维纳布尔斯　著，
　　　　梁琦　主译
出 版 社：中国人民大学出版社
字　　数：385000　　　页　　数：349
开　　本：16开　　　　装　　帧：平装
ISBN　978-7-3001-6946-0　　版　　次：1　　　印　　次：1
出版时间：2013年1月

空间经济学已成为当代经济学中最激动人心的领域之一，空间经济理论被视为不完全竞争与收益递增革命的第四次浪潮，它为人们研究区位理论和解释现实经济现象提供了新的视角和方法。

《空间经济学（城市、区域与国际贸易）》由藤田昌久、保罗·R.克鲁格曼、安东尼·J.维纳布尔斯编著，《空间经济学(城市区域与国际贸易)》是世界著名经济学大家合作之结晶，正是由于《诺贝尔经济学奖获得者丛书·空间经济学：城市、区域与国际贸易》的出版，3位作者于2001年获得了亚洲最具影响力的“日经奖”；而藤田昌久和保罗·R.克鲁格曼又于2002年双双获得国际区域经济科学协会（RSAI）所设立的第一届“阿隆索奖”。本书已被翻译为多种文字在世界各国出版，任何想在空间经济学这一乐园流连或耕耘者，无疑都应该研读这部经典巨著。

《上海经济发展报告（2013）——城市功能和产业空间转型》（上海蓝皮书）

作　　者：沈开艳　主编
出 版 社：社会科学文献出版社
字　　数：387000　　　页　　数：343
开　　本：16开　　　　装　　帧：平装
ISBN　978-7-5097-4191-7　　版　　次：1　　　印　　次：1
出版时间：2013年1月

上海蓝皮书由总报告、功能篇、空间篇和创新篇四大部分共15份报告组成。2013年是上海实施“十二五”规划、加快推进“四个率先”、纵深推进“创新驱动，转型发展”的关键一年。上海在寻找经济转型中新增长动力后，面临的问题是：对应于新增长动力，城市功能要实现转型，城市产业体系和产业结构在空间布局上要优化调整。

总报告是2013年上海经济增长与发展趋势的预测。功能篇主要聚焦在上海“四个中心”建设之上。空间篇从对上海人口、土地和产业空间分布特征的分析开始，提出了上海在人地矛盾突出现状下的产业空间结构优化调整的思路与对策；从黄浦江两岸开发、世博园区后续开发、苏州河综合开发的实证分析视角，提出上海中心城区功能提升与空间创新的新思路；从上海率先实现城乡统筹出发，对上海城乡统筹发展趋势做了研判，提出对策建议；从上海郊区新城建设的历史、现状与挑战出发，分析了上海新城建设的趋势、目标与对策。创新篇着重对上海“营改增”税制改革试点做了政策评估和2013年的发展趋势预测；从张江国家自主创新示范区案例入手，分析了创新园区面临的体制机制问题；从大型客机项目案例入手，分析了大型创新性投资项目对深化经济发展可能带来的新增长效应。

《城市群经济与金融系统耦合机理研究》

作　　者：杨凤华　著
出 版 社：苏州大学出版社
字　　数：246000　　页　　数：214
开　　本：16开　　装　　帧：平装
ISBN　978-7-5672-0407-2　　版　　次：1　　印　　次：1
出版时间：2013年1月

《城市群经济与金融系统耦合机理研究》初步探索了城市群经济系统、城市群金融系统以及两者之间耦合发展的基本理论，尝试构建了城市群经济与金融系统耦合度的测评模型，深入剖析了城市群经济与金融系统耦合发展的实现机制，实证研究了长三角城市群经济与金融系统耦合发展的现状特征及完善对策。

《谁来推进长三角区域城市经济协调发展与服务》

作　　者：周肇光　主编
出 版 社：安徽大学出版社
字　　数：287000　　页　　数：372
开　　本：大32开　　装　　帧：平装
ISBN　978-7-5664-0413-8　　版　　次：1　　印　　次：1
出版时间：2013年2月

本书主要从城市中小企业融资协调与服务、城市产业集群协调与服务、城市环境保护协调与服务、城市信息共享协调与服务、国外城市经济协调与服务比较等方面进行研究，这对推进长三角区域经济协调发展，顺利实施国家区域经济发展战略，具有重要的现实意义。

《城市化质量研究：理论框架与中国经验》（中国经济文库·应用经济学精品系列（二））

作　　者：李琪　著
出 版 社：中国经济出版社
字　　数：150000　　页　　数：164
开　　本：16开　　装　　帧：平装
ISBN　978-7-5136-2036-9　　版　　次：1　　印　　次：1
出版时间：2013年3月

新中国成立以来，尤其是近年来，城市化的数量扩张非常迅速，但与此同时，城市化质量问题也渐渐凸显出来——如生态的破坏、环境的污染、城市交通的拥堵、温室效应的产生和城中村问题的出现，迫使人们不得不思考城市化的实质何在，以及提高城市化质量的路径选择问题。基于此，本书尝试构建一个系统的理论分析框架，对城市化质量进行清晰界定与准确度量，找出影响城市化质量的因素，并对城市化质量进行阶段划分，在此基础上对中国的城市化质量和分区域的城市化质量问题进行理论阐释与实证分析。

《2013中国区域经济发展报告——中国城市群的崛起与协调发展》

作　　者：上海财经大学区域经济研究中心，张学良　主编
出 版 社：人民出版社
字　　数：485000　　页　　数：499
开　　本：16开　　装　　帧：平装
ISBN　978-7-0101-1982-3　　版　　次：1　　印　　次：1
出版时间：2013年5月

《2013中国区域经济发展报告——中国城市群的崛起与协调发展》由张学良主编，本报告的研究思路和整体框架如下：第一部分为总论，包括第1章和第2章。第1章在分析中国区域经济发展的空间特征基础上，重点分析了中国城市群的空间特征及其格局变化，提出了中国城市群的战略目标、思路与展望；第2章结合本报告的主题，重点介绍了城市群的内涵与城市群协调发展的主要理论。第二部分为专题研究部分，是本报告的主体部分，包括从第3章到第8章的内容。第3章将中国城市群划分为成熟型城市群、发展型城市群与形成型城市群这三大类，并运用规范分析方法，对中国城市群的竞争力进行了详细分析；第4～6章根据第3章对中国城市群的划分，分别就成熟型城市群、发展型城市群与形成型城市群展开具体分析；第7章介绍了世界主要城市群发展的主要经验及对中国的启示，第8章对全书研究内容进行总结，就城市群协调发展提出了具体政策建议。第三部分为数据分析部分，包括第9章，重点整理了中国城市群的主要统计资料。需要说明的是，本报告在研究过程中参考了许多参考文献，并没有全部详细列出，敬请读者谅解。

《对经济社会转型的探讨：中国的城市化、工业化和民族文化传承》

作　　者：黄忠彩，张继焦　主编
出 版 社：知识产权出版社
字　　数：340000　　页　　数：338
开　　本：16开　　装　　帧：平装
ISBN　978-7-5130-2019-0　　版　　次：1　　印　　次：1
出版时间：2013年6月

由国际人类学与民族学联合会都市人类学委员会（CUA）和国际人类学与民族学联合会企业人类学委员会（CEA）联合主办的一个人类学民族学国际会议，于2012年9月10—14日在意大利那不勒斯举行。黄忠彩、张继焦两位同志组织了一个专题会议，其主题为“对可持续发展的探讨：中国的城镇化、工业化和海外华人传承民族文化”。此次在意大利举办的研讨中国的城镇化、工业化和民族文化等可持续发展的专题会议，是中国人类学展示自己的一次很好的机会。中国的人类学正在走向国际，向国际学术同行们介绍中国人类学当下的研究成果。

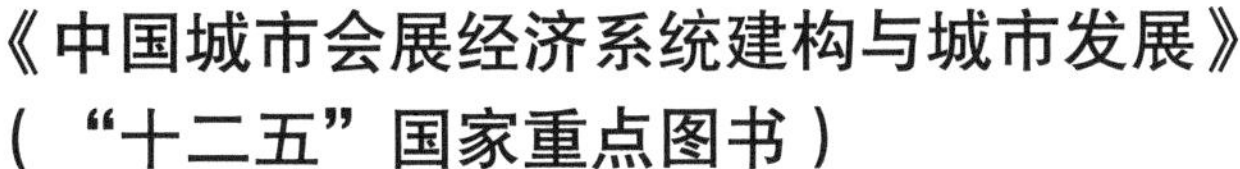

《中国城市会展经济系统建构与城市发展》（“十二五”国家重点图书）

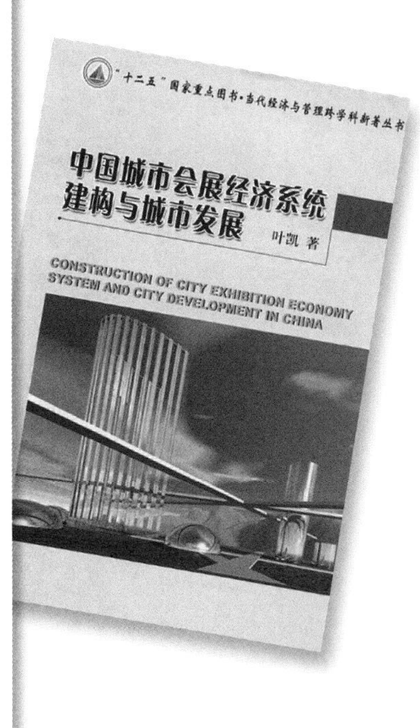

作　　者：叶凯　著
出 版 社：哈尔滨工业大学出版社
字　　数：200000　　页　　数：182
开　　本：16开　　装　　帧：平装
ISBN　978-7-5603-3880-4　　版　　次：1　　印　　次：1
出版时间：2013年6月

随着我国市场经济体制的逐步建立和完善，城市会展作为一种新型经济形态，在加强贸易往来与信息交流、促进城市经济建设与产业结构调整中发挥了重要作用。但是在全球市场竞争日趋激烈的背景下，我国城市会展经济发展存在很多误区，面临着严峻挑战。如何整合城市资源，为实现城市会展经济的科学发展和可持续发展创造有利的环境，是现阶段亟须解决的重要现实问题。

《“十二五”国家重点图书·当代经济与管理跨学科新著丛书：中国城市会展经济系统建构与城市发展》共7章，主要内容包括：城市会展经济发展与研究现状、城市会展与城市经济基本理论、城市会展经济系统建构、城市会展经济系统的因果关系与协整关系分析、城市会展经济系统耗散结构与发展模式研究、会展需求结构突变检验与实证分析、城市会展经济系统仿真分析等。

《“十二五”国家重点图书·当代经济与管理跨学科新著丛书：中国城市会展经济系统建构与城市发展》可供城市建设、会展经济管理、对外经济贸易相关政策部门及研究人员参考，也可作为高校相关专业教学参考书。

《中国城市经济要素与住房问题研究》

作　　者：陈俊华　著
出 版 社：中国经济出版社
字　　数：202000　　页　　数：226
开　　本：大16开　　装　　帧：平装
ISBN　978-7-5136-2414-5　　版　　次：1　　印　　次：1
出版时间　2013年6月

目前，关于中国城市住房方面的著作比较多，对住房价格、住房政策等的讨论也比较深入，但深入分析城市经济各要素与住房之间互动关系的著作并不多见。中国住房由社会主义福利产品向商品的转型，与同期发生的快速城市化、双轨劳动力市场、城市移民问题和双轨户籍制度等密不可分。抛开这些社会结构因素，单纯讨论中国城市住房问题，往往容易被中国住房市场和土地市场的特殊供需结构和体制所误导，缺乏对中国住房市场发展的制度性诱因的深入诠释。本书对住房问题的研究，尝试了城市经济、劳动经济和住房经济的多元视角，并运用跨学科的方法来审视和分析中国城市住房增长的特点和问题。全书对中国城市住房增长及其四个维度的分析，也有针对性地与中国的社会转型、住房结构的分层、移民融入等相关问题紧密相连，为理解中国城市住房状况提供了相对广阔的解释空间与理论启示。

《工业园区可持续发展模式及城市工业经济发展布局研究——以毕节试验区为例》

作　　者：张龙　石云龙　何国忠　编著
出 版 社：中国电力出版社
字　　数：127 000　　页　　数：164
开　　本：16开　　装　　帧：平装
ISBN　978-7-5123-4726-7　　版　　次：1　　印　　次：1
出版时间：2013年9月

工业园区作为毕节试验区工业经济发展的主要载体之一，是对外经济合作与交流的平台，工业园区的发展情况事关其能否顺利实现工业强区战略和城镇化战略；按照国发2号精神，同时响应毕节试验区新一轮改革发展要求，对毕节试验区工业园区可持续发展模式和经济发展研究具有重要的现实意义。

本书由贵州省高等学校人文社科研究基地毕节学院毕节试验区研究院首次面向全国招标课题“工业园区可持续发展模式及城市工业经济发展布局研究——以毕节试验区为例”、贵州省教育厅“毕节试验区改革发展启示研究”课题、毕节学院高层次人才科研启动基金“试验区跨越发展启示与综合问题对策研究”课题联合资助出版。全书围绕毕节试验区可持续发展相关内容展开，首先构建了毕节试验区可持续发展和谐评价的理论模型，并在理论模型的指导和国内外工业园区成功经验的指引下，选择了适合毕节试验区的发展模式；充分分析了影响毕节试验区发展的重要因素，并构建了毕节试验区工业园区可持续发展指标体系，并将其应用到了毕节试验区，对其进行了评价。最后提出了毕节试验区城市工业经济发展布局的思路和想法。

《知识溢出、城市集聚与中国区域经济发展》

作　　者：张美涛　著
出 版 社：社会科学文献出版社
字　　数：386000　　页　　数：330
开　　本：大16开　　装　　帧：平装
ISBN　978-7-5097-5104-6　　版　　次：1　　印　　次：1
出版时间：2013年9月

《知识溢出、城市集聚与中国区域经济发展》首次开辟全新的视角，将知识溢出、城市集聚水平与区域经济增长问题联系起来，并运用先进的空、司计量经济学方法，将空、司的相互关联因素融入促进区域经济均衡发展的层面。

本书较为完整地分析了中国各地区之间、省会城市之间、司由于知识存量以及城市化水平不同而导致的经济增长速度差异，主张在西部等欠发达地区走产业化支撑的大城市道路，为欠发达地区实现后发赶超找到了一条不同寻常的思路。

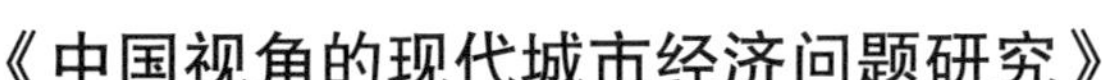

《中国视角的现代城市经济问题研究》

作　　者：王国均　秦甫　著
出 版 社：浙江大学出版社
字　　数：496000　　页　　数：444
开　　本：16开　　装　　帧：平装
ISBN　978-7-3081-2288-7　　版　　次：1　　印　　次：1
出版时间：2013年10月

《中国视角的现代城市经济问题研究》研究目的为：全面廓清我国众多城市生产力各要素在空间上的布局现状并揭示存在的问题，进而提出其优化集聚和辐射扩散的方向或对策，以使中国的城市经济更好更快地发展。著述的内容分为四部分；首先是城市经济问题研究的基础性部分，包括现代城市的起源和全球城市化浪潮，其特征和功能；现代城市经济的概念和特征、城市经济增长的策略；其次是城市经济的内部空间经济问题研究，包括我国现代城市经济结构、生产要素、三次产业及从服务业中分离出的第四产业、第五产业等方面存在的问题及对策；再次是我国城市的外部空间经济问题研究，包括如何正确开展城市间经济竞争与合作、发展城市圈经济、破解城乡二元经济、城市枢纽经济、沿海与中西部城市区位经济问题等；最后部分是城市竞争力评价指标体系和新旧城市经济考核体系的评价，论证了绿色GDP考核体系的适时性和可行性。

《中国中小城市发展报告（2013）》（中小城市绿皮书）

作　　者：中国城市经济学会中小城市经济发展委员会
　　　　　《中国中小城市发展报告》编纂委员会　编
出 版 社：社会科学文献出版社
字　　数：440000　　页　　数：350
开　　本：16开　　装　　帧：精装
ISBN　978-7-5097-5150-3　　版　　次：1　　印　　次：1
出版时间：2013年10月

党的十八大报告提出“坚持走中国特色新型工业化、信息化、城镇化、农业现代化道路，促进‘四化’同步发展”，开启了中国特色城镇化的新起点。2012年，中国城镇化率达到52.6%，中小城市城镇化率为35.1%。我国中小城市数量众多，中小城市加快推进新型城镇化，对于我国城镇化优化格局、转型发展意义重大。未来20年内，中小城市将成为我国新型城镇化发展的主要战场。

本书深入剖析了中小城市近年来城镇化发展的基本现状和存在的主要问题，系统阐述了中小城市在新型城镇化中的地位和作用、面临的主要挑战和加快推进新型城镇化的思路、对策，总结推出了百强中小城市和知名企业城镇化建设的典型经验和成功案例，以期为广大中小城市实施新型城镇化战略提供指导和借鉴。

《致力于绿色经济的城市模式：城市密度杠杆》

作　　者：联合国人居署　编著　周玉斌　应盛　译著
出 版 社：同济大学出版社
字　　数：156000　　页　　数：78
开 本：16开　　装　　帧：平装
ISBN　978-7-5608-5311-6　　版　　次：1　　印　　次：1
出版时间：2013年10月

在过去的几年里，我们见证了全球变暖和气候变化给世界城市带来的各种挑战。与此同时，全球很多城市还在继续使用着20世纪全球标准的城市化模式。这种城市化模式通常的特征包括：以高速公路作为城市骨架，城市遍布着超级街区，城市高度分区化和高楼林立等。这种城市化模式起初给城市带来了快速的发展。然而，这种城市化模式逐渐显现出其弊端，造成了对能源的高度消耗，对交通流动性的极大需求，甚至城市社会的割裂和不公平的发展。因此，当今的世界需要对城市的发展模式进行新的思考。

《致力于绿色经济的城市模式：城市集群竞争力》

作　　者：联合国人居署　编著　应盛　周玉斌　译著
出 版 社：同济大学出版社
字　　数：125000　　页　　数：63
开　　本：16开　　装　　帧：平装
ISBN　978-7-5608-5321-5　　版　　次：1　　印　　次：1
出版时间：2013年10月

在过去的几年里，我们见证了全球变暖和气候变化给世界城市带来的各种挑战。与此同时，全球很多城市还在继续使用着20世纪全球标准的城市化模式。这种城市化模式通常的特征包括：以高速公路作为城市骨架，城市遍布着超级街区，城市高度分区化和高楼林立等。这种城市化模式起初给城市带来了快速的发展。然而，这种城市化模式逐渐显现出其弊端，造成了对能源的高度消耗，对交通流动性的极大需求，甚至城市社会的割裂和不公平的发展。因此，当今的世界需要对城市的发展模式进行新的思考。

《要素集聚与我国城市经济增长研究》

作　　者：秦敬云　著
出 版 社：经济科学出版社
字　　数：430000　　页　　数：363
开　　本：16开　　装　　帧：平装
ISBN　978-7-5141-3850-4　　版　　次：1　　印　　次：1
出版时间：2013年10月

《要素集聚与我国城市经济增长研究》作者秦敬云在理论和实证研究资本流动促进城市空间结构演变的基础上，通过分析单个城市在城市体系中的定位即功能选择，与城市用地结构即功能载体的产业发展之间的相互作用，进而将单个城市视为开放经济体系下的小型开放经济体，来集中探讨要素集聚与城市经济增长问题。

《区域资源环境承载力评价与国土规划开发战略选择研究——以皖江城市带为例》（青年学术丛书·经济）

作　　者：刘蕾　著
出 版 社：人民出版社
字　　数：220000　　页　　数：206
开　　本：16开　　装　　帧：平装
ISBN　978-7-0101-2183-3　　版　　次：1　　印　　次：1
出版时间：2013年10月

刘蕾编著的《区域资源环境承载力评价与国土规划开发战略选择研究——以皖江城市带为例》以资源环境承载力与国土规划的关系为出发点，以皖江城市带为实证研究区域，通过构建资源环境承载力综合评价体系，借助ArcGIs空间分析，对皖江城市带的区域资源环境承载力进行综合评价和分级区划，并在此基础上提出该区域国土空间开发格局构想，为科学引导该地区合理承接产业转移以及差异化政策制定提供参考依据。《区域资源环境承载力评价与国土规划开发战略选择研究——以皖江城市带为例》适合从事资源环境研究、国土规划研究以及城市发展与城市规划研究的科研人员使用，也可作为相关专业的教学参考书。

《城市化转型与土地陷阱》

作　　者：华生　著
出 版 社：东方出版社
字　　数：340000　　页　　数：373
开　　本：16开　　装　　帧：平装
ISBN　978-7-5060-6926-7　　版　　次：1　　印　　次：1
出版时间：2013年11月

城市化转型与土地问题是事关中国改革方向和发展命运的重大问题，但同时又极其复杂，不仅在实践中出现了土地财政、地方债务、高房价等连锁问题，在学术界也引起了相当多的争议和分歧。本书指出，目前城市化转型面临的问题已不再是“农村、农民、农业”的老三农问题，而是“农地流转、农民离乡务工、农地非农用”的新三农问题。中国的城市化道路要从“土地城市化”真正走上“人的城市化”，并成功实现现代化转型，其核心是重新调整“土地开发权”的分配，实现公民权利的均等化和人力资本的普遍升级。城市化转型的制度设计与实践，围绕这一主线展开，重重难关和纠结就迎刃而解。

《企业和城市发展：并非全是经济的问题》

丛 书 名：致力于绿色经济的城市模式
作　　者：张继焦　主编
出 版 社：知识产权出版社
字　　数：385000　　　页　　数：379
开　　本：16开　　　　装　　帧：平装
ISBN　978-7-5130-2342-9　　版　　次：1　　印　　次：1
出版时间：2013年11月

《企业和城市发展：并非全是经济的问题（国际人类学民族学联合会第十六届大会文集）》涉及了六个分议题："企业与城市发展"、"企业的社会责任"、"商业行为研究"、"城市发展：文化产业、就业、教育与消费"、"宗教与市场营销、经济伦理"、"企业人类学的发展历程、实际应用和研究方法"等，试图对企业与城市发展问题进行理论性的和实证性的分析研究。比如，在很大程度上，人类学、民族学、社会学等非经济学的学者，可以跟宏观经济学、产业经济学、区域经济学、工商管理学等经济类和管理类的学者合作，共同探讨工业化、城市化中的生态环境保护、企业社会责任、城乡协调发展、民族文化传承、资源利用与可持续发展等有关问题。

《城市与区域循环经济竞争力、低碳竞争力研究》

作　　者：慈福义　著
出 版 社：经济科学出版社
字　　数：200000　　　页　　数：260
开　　本：32开　　　　装　　帧：平装
ISBN　978-7-5141-3966-2　　版　　次：1　　印　　次：1
出版时间：2013年12月

《城市与区域循环经济竞争力、低碳竞争力研究》包括三个组成部分，即都市圈循环经济竞争力的理论与实践研究——以济南都市圈为例，城市低碳竞争力研究——以济南为例和山东半岛蓝色经济区低碳竞争力研究。主要围绕循环经济相关领域展开研究。

图书在版编目（CIP）数据

2014中国城市经济年鉴 / 张巨功主编. —北京：中国城市出版社，2015. 1
ISBN 978-7-5074-3010-3

Ⅰ. ①2… Ⅱ. ①张… Ⅲ. ①城市经济—中国—2014—年鉴 Ⅳ. ①F299. 2-54

中国版本图书馆CIP数据核字（2015）第032408号

责任编辑	李　青（500007LQ@sina.com）
装帧设计	张宇民
责任技术编辑	张建军
出版发行	中国城市出版社
地　址	北京市西城区广安门南街甲30号（邮编：100053）
网　址	www.citypress.cn
发行部电话	（010）63454857　63289949
发行部传真	（010）63421417　63400635
总编室电话	（010）68171928
总编室信箱	citypress@sina.com
经　销	新华书店
印　刷	联成印刷（北京）有限公司
字　数	1107千字　印张48.625　插页16
开　本	889×1194（毫米）　1 / 16
版　次	2015年5月第1版
印　次	2015年5月第1次印刷
定　价	580.00元